Die Jagd

und ihre Wandlungen

in

Wort und Bild.

Von

R. Corneli,

Premier-Lieutenant a. D.

Verfasser von „Die deutschen Vorstehhunde", „Der Fischotter" u. s. w.

Amsterdam,

Verlag von Ellerman, Harms & Cie.

(F. Volckmar in Leipzig.)

Reprint der Originalausgabe von 1884
© KOMET Verlag GmbH, Köln
www.komet-verlag.de
Gesamtherstellung: KOMET Verlag GmbH, Köln
ISBN 978-3-89836-701-1

Vorwort.

Es war gewiß der schönste Erfolg der sonst vom Glücke und äußeren Erfolgen wenig begünstigten **Internationalen Jagdausstellung zu Cleve**, daß während der ganzen Zeit dieses Unternehmens in dem kleinen Städtchen an der Grenze des Reiches eine Reihe von Waidgenossen und jagdgerechten Künstlern allabendlich zu fröhlichem Stelldichein zusammentraf und im reichen Austausche von Wünschen, Meinungen und Plänen ein geistiges Band knüpfte, welches nicht zerrissen wurde, als die leichten Hallen der Internationalen Jagdausstellung den Wandlungen des Lebens und den herbstlichen Stürmen weichen mußten.

Damals, inmitten warmherziger Anerkennung und berechtigter Kritik der in der Jagdausstellung gebotenen Leistungen und erworbenen Erfahrungen, entstand auch die Anregung zu dem Werke, für welches ich mir hiermit Ihre Aufmerksamkeit erbitte.

Zugegeben, sagte man sich, daß auch in dieser Ausstellung manches unvollkommen gewesen sein mag, so war das ganze Unternehmen doch für jedes echte Waidmannsherz ein so frischer Born reicher Belehrung, daß es zu bedauern wäre, wenn eine so kostbare Fülle glanzvoller Leistungen, wertvoller Zeugnisse, altehrwürdiger Überlieferungen, außergewöhnlich praktischer Ergebnisse und hochherzigen künstlerischen Wollens ein nur so kurzes und zu so geringer Beachtung gelangtes Leben gefristet haben sollte. Nie wieder, darüber war man sich allseitig klar, wird eine Jagdausstellung von gleichem Werte ins Leben treten können, und schwerlich wird so bald wieder dem lebenden Geschlechte so überzeugend vor Augen geführt werden, welch unermeßlichen geistigen Schatz es in der Jagd und ihrer kaum noch gekannten Geschichte besitzt.

Der Unterzeichnete ist sich vielleicht am besten bewußt, daß alle diese schönen Erfolge nicht zu erzielen gewesen wären ohne die reiche, ihm zuteil gewordene Unterstützung, und nimmt daher auch an dieser Stelle Veranlassung, den hohen Staatsbehörden, den verehrl. Jagdschutz=Vereinen Deutschlands, der Niederlande und Österreichs, den zahlreichen einflußreichen Waidmännern aus Norwegen, Spanien, England, Belgien, Holland, Österreich und der deutschen Heimat, den Künstlern, deren genialer und altwaidmännischer Sinn der Ausstellung ein so romantisches Gewand verliehen, den Schriftstellern, deren glänzende Federn dem Wesen und Wollen des Unternehmens eine so beredte Interpretation gegeben und, last not least, den wackeren Ausstellern selbst seinen aufrichtigsten und tiefgefühltesten Dank abzustatten.

Das vorliegende Werk aber soll einen Markstein bilden in den Wandlungen der Jagd, welcher, auf den geistigen Resten der Clever Jagdausstellung errichtet, ebensowohl hinweisen soll auf das, was wir an Poesie und Berufsgeist in der Jagd verloren haben, als auch auf das, was wir gewannen und was es zu erstreben gilt. Die reiche Fülle thatsächlicher Erfahrungen, zu denen die Ausstellung selbst wie die während derselben vorgenommenen Suchen, Schliefen, Proben, Versuche u. s. w. Veranlassung gaben, soll uns in letzterer Beziehung leiten.

Möge denn dieses Werk nicht nur den Besuchern der Internationalen Jagdausstellung eine liebe Erinnerung sein, sondern jedem Waidmanne, ja überhaupt jedem, der sich für die Frische und Poesie des Waidwerks ein empfängliches Herz bewahrt hat, eine willkommene Lectüre bieten, und in seiner Gesamterscheinung sowohl eine Zierde des Salons wie der schlichten Jägerwohnung werden.

Berlin, im Januar 1884.

Mit Waidmannsheil

H. Corneli,
Premier-Lieutenant a. D., s. Z. stellvertretender Vorsitzender
der Internationalen Jagdausstellung.

Waidmannsheil!

ns ist in alten Mären
Des Wunders viel gesagt
Von Jägern hoch in Ehren
Und Kämpen unverzagt,
Von grimmer Recken Streiten
Und kraftbeschwingten Fey'n,
Die in Walhallas Weiten
Führten die wundenen Helden ein;

Wie den Einheriern allen
Ein selig Paradies
In Wodans heiligen Hallen
Der Skalden Mund verhieß:
Auf zottigem Bärenvließe
Sollten sie ruhen zumal
Und Harfenrauschen und Lieder
Sollten dort umtönen ihr waidelich Mahl.

Zur frühen Morgenstunden
Im goldenen Hain Glasur
Da schlugen sie sich Wunden
Und folgten des Wolfes Spur,
Doch mittags, wenn die Wale
Gekieset, wenn ohne Weil'
Man zog zum frohen Mahle,
War jede Wunde heil;

Dann scholl ein wildes Rufen,
Sie ritten vom Kampfe heim
Und tranken aus güldenen Kufen
Des schäumenden Methes Seim;
Der Ziege Heidrun Euter
Gab solchen Tranks die Füll',
Und Sährimnir, der Keiler,
Des feisten Bratens viel.

Die Humpen, voll des Methes,
Reicht' ihnen Randgrid dar
Und Reginleif, die schönste
Aus der Walkyren Schar;
Und wieder schwollen die Klänge
Zu brausender Melodei
Und wilde Schildgesänge
Zu mächtiger Phantasei;

Und wieder schliefen in Ehren
Die seligen Helden ein,
Das Herz von waidlichen Mären
Berauschet und güldenem Wein,
Und wiederum kiesten Wale
Die Maiden auf blutigem Feld,
Bis einst mit ihrem Strahle
Die Sonne schwand der Welt.

Drei Winter kamen Asgard
Voll Frost und grimmer Not,
Windzeit und Wolfzeit, Beilzeit
Und Schwertzeit blutigrot;
Da dämmerte das Ende,
Da brach die hohe Hall',
Da sammelten die Jöten
Sich zu der Asen Fall,

Da klaffte weit der Himmel
Von düsterer Lohe Glut,
In wildem Schlachtgetümmel
Floss all der Helden Blut;
Siegvater Wodan selber
Verfiel der Lohe Macht,
Die heißer lodert und gelber
Um die versinkende Pracht.

So künden alte Mären;
Nur Einer glaubt es nicht,
Der still nach Waidmannsweise
Des Waldes Sprache spricht;
Manch alte Rune las er
Auf bröckelndem Gestein,
Manch seltsam Raunen hört' er
Von unsichtbaren Fey'n,

Von Sleipnirs Trappe mit Grausen
Sah er das mächtige Mal
Und hörte Wodan brausen
Durchs nächtige Bodethal;
Auf flammenspeienden Rossen
Sah er die wilde Jagd
In Taumel und Toben und Tosen
Durchhetzen die herbstliche Nacht.

Und eine Rune raunt er;
Da lächeln gütig mild
Die jagenden Gestalten,
Die eben noch grimm und wild,
Und grüßen mit den Speeren
Nach alter Jägerart
Und auch der Waidmann lächelt
Und murmelt in den Bart:

„Gegrüßt, ihr alten Jäger;
Du Asgards hohe Zier,
Wunschwille Mantelträger,
Gegrüßet seist Du mir.
Ihr seid's, die alten Götter,
Ihr sauset zornentbrannt
Im wilden Herbsteswetter
Durch das versumpfende Land.

Aasjägern, Schlingenstellern,
Verfluchtem Diebsgesind'
Und junger Bäume Fällern
Gilt Euer Wetterwind!
Ich fürchte Euer Rasen
Und Euer Reiten nicht,
Und mit Euch will ich blasen,
Wenn einst mein Auge bricht.

Hei, wird ein Horridoh das
Und ein Hallali sein,
Wenn ich mit Euch einst reite
Um Fels und Wald und Stein!
Hoh! ewiger Waidlust Sehnen,
Hoh! ewigen Jagens Drang,
Euch soll mein Lob ertönen
Mit meinem letzten Sang.

Ihr wahnbetörten Spötter,
Ihr meint, daß Asgard fiel?
Glaubt nicht, daß tot die Götter,
Traut nicht dem Lügenspiel!
Noch heute prangt die Halle,
Noch heute lauschen dem Sang
Wohl die Einherier alle
Bei schwellendem Harfenklang.

Noch heut beu'n Schlachtenmaiden
Dem Wal den Eichenkranz
Und braunen Methtrunk reichen
Sie dar in Goldesglanz.
Doch Walhall ist verstecket
Inmitten Fels und Grat,
Und eine Rune decket
Den Eingang zu dem Pfad.

Wer diese Rune deutet,
Dem springt das Felsenthor
Und Wodan selber schreitet
Zu seinem Gruß hervor,
Auf Freyas Lippen winkt ihm
Heißroter Minne Ziel
Und frohe Waidlust blinkt ihm
Aus wilder Kämpfe Spiel.

Wohlan, ihr Jägersleute,
Den Humpen frisch zur Hand,
Daß ich den Spruch Euch deute,
Von alters her bekannt!
Die Rune, deren Zauber
Solch hohe Macht zuteil,
Ich raune sie Euch, ihr Grünen,
Sie lautet:

„Waidmannsheil!"

Erstes Kapitel.

Kurzer Abriß der Geschichte der Jagd.

*Durchs ganze Weltall geht die Jagd,
Wohin dein Blick auch wand're.
Von allem, was auf Erden lebt
Verfolget ein's das and're.*

Eine Geschichte der Jagd! Kann man die denn schreiben? Die Buchstaben stehen da so tot vor unseren Augen, und bei der bloßen Nennung jenes Namens umrauscht es uns so waldesfrisch, so zauberduftig, wie mahnende Erinnerung längstvergessener Tage!

Die Geschichte der Jagd ist ja die Geschichte unseres Volkes, und wie wenig wissen wir von diesem Volke, wie wenig trachtet leider auch heute noch die Mehrzahl der Gebildeten nach diesem Wissen! Oder wäre doch die Zeit gekommen, wo wir auch auf geistigem Gebiete das Joch der Fremdherrschaft abzuschütteln und wieder zu werden suchten, was unsere Väter waren?

Sie ist gekommen, wenn auch einstweilen nur den Berufensten der Nation, und wieder ist es die Jagd, aus deren ewig frischem Borne die Maler ihre herrlichsten Gebilde, die Musiker ihre stahlbewehrtesten Weisen, die Dichter ihre zaubermächtigsten Gedanken schöpfen. Und doch, muß man wieder fragen, was weiß die Mehrzahl der Gebildeten, ja selbst der Jäger, von diesem Borne? Für die Mehrzahl der Gebildeten ist der Begriff der Jagd mit einer modischen Ausrüstung, einem Jagdscheine und einer Doppelflinte abgethan, wenn es hoch kommt, mit der Vorstellung rotbefrackter Reiter, die über fabelhafte Hindernisse setzen oder vom sichern Schirme aus das vorbeigehetzte Wild niederschießen. Als ob es sonst nichts ums Jagen und um die Lust am Waidwerk wäre!

Eine Welt liegt zwischen dem Waidmann und dem Lottoschützen! Aber, fragt wohl dieser oder jener, warum diese waldumfriedete Welt der schnöden Herabwürdigung der Menge aussetzen? Warum die Bildungsphilister mit ihren Eierschalen und Zeitungswischen in unsere stillen Buchendome locken? Wir wissen es wohl, daß es nicht die Schlechtesten sind, die also denken, und wissen den Zorn der alten Grünröcke wohl zu würdigen, welche das Schwinden unseres Rotwildstandes in einen gewissen Zusammenhang mit der Anhäufung der Jagdlitteratur setzen. Dennoch schicken wir dieses Buch über Wald und Feld, nicht, um die Jagd zu profanieren, sondern um dazu beizutragen, daß ihre Bedeutung als Kulturträgerin in unserem Volke wieder, wie einst, die richtige Würdigung finde. Denn einst war die Jagd das Recht eines jeden waffentragenden freien Mannes, und wir meinen, daß unsere Zeit wieder dahin streben müsse, jeden freien Mann nicht nur zum

Waidwerkgänger, sondern zum Waidmanne, Waldmanne d. h. zum Naturmenschen mit scharfen Sinnen und offenem Freimute zu erziehen.

Freilich ist es heute nicht so leicht, den Begriff der wahren Freiheit zu deuten, wie ehedem. Aber der Vergleich zwischen der modernen Bildung und der Waffenübung des speertragenden Teutonen wird uns dazu führen, durch Gesetzgebung und Vereinsthätigkeit die Grundlage für eine allgemeine waidgerechte Erziehung unseres Volkes zu finden, wäre es auch zunächst nur durch Eröffnung eines frischen, fröhlichen Pirschganges auf Aasjäger, Schlingensteller und die traurige Schar der Sonntagsschützen.

Wir stehen nicht allein in diesem Streben nach geistiger Wiedergeburt. Durch unsere ganze Zeit zieht der ernste freudige Ruf: Blick' auf zu deinen Vätern, Deutscher! Blick' auf zu ihnen, wie sie dir geschildert sind in deines Volkes ältesten Heldenliedern! Wie sie dastehen in Wolfswams und Bronzespangen, die Waidwerkrecken mit dem strähnigen Blondhaar über dem festgezeichneten Gesicht mit den treuen deutschblauen Augen. Ja, nehmen wir selbst noch den Jäger des frühen Mittelalters, wie er mit Spieß und Keule dem Auerochs, Bär oder Keiler nachbirscht, so wird sein Mut uns die höchste Achtung abnötigen, und wir können uns der bedauerlichen Wahrnehmung nicht verschließen, daß die zunehmende Feigheit der Afterjäger gleichen Schritt hielt mit der Verbesserung der Waffen. Diese Thatsache und das treue Festhalten der wahren Waidmänner an dem eigentlichen Wesen der Jägerei sind es, welche sich durch die ganze Jagdgeschichte ziehen und zu der Ausbildung des Waidwerks im Sinne unserer besseren Auffassung geführt haben. Es würde aber eine durchaus irrige Annahme sein, wenn man glauben wollte, daß in der goldenen Jugendzeit der deutschen Jägerei auch die Wildbahnen einen unschätzbaren Reichtum aufgewiesen haben; im Gegenteil sind auch sie durch die Kultur verbessert worden und sind stets zurückgegangen, wenn infolge blutiger Kriege das Raubzeug überhand nahm. Diese beiden Thatsachen liefern den unwiderleglichen Beweis, daß die Jagd, obwohl ihrem Wesen nach in den Urzuständen unseres Landes wurzelnd, mit der Kultur verknüpft, ja, daß sie ein wesentlicher Faktor derselben ist.

Wenn also von den frühesten Jahrhunderten als von der Blütezeit der Jagd gesprochen wird, so ist dies nur in dem Sinne aufzufassen, daß die Jagd damals die vornehmlichste Beschäftigung des freien Mannes war. Zudem war sie die notwendigste, denn die große Zahl des Raubwildes zwang den Mann täglich zum Kampfe, sie lehrte ihn mit Mut Verschlagenheit paaren und lehrte ihn, seine weichen Gliedmaßen gleich des Waldes Tieren mit scharfen Waffen zu bewehren und mit harter Brünne zu decken. Und als die Forsten sich lichteten, als Bär und Luchs in die Schlupfwinkel des Gebirges zurückgedrängt waren und der Rotwildstand sich vermehren konnte, da blieb die einst vornehmlichste Beschäftigung des Mannes vornehmste; er überließ den Schwächeren und Friedliebenden die Beschäftigung mit Ackerbau und Viehzucht und birschte durch seine Wälder auf Ur und Elch und den starken Kronenhirsch. Die Waffen, deren er sich zum Erlegen des Wildes bediente, wiesen in der Stein- wie in der Bronzezeit eine verhältnismäßige Gleichartigkeit auf und ihre beiden Grundformen, Keule und Speer, erlitten selbst dann wenig Abänderung, als Bogen und Pfeile durch die Völkerwanderung bekannt wurden. Aus diesem Grunde war der Waidmann schon früh auf seinen treuesten Gefährten, den Hund, angewiesen, der ihm das Wild aufsuchte und stellte; die Unmittelbarkeit des Handgemenges, in welches der Jäger durch diese Art von Jagen geriet, erklärt es ja denn auch, daß die Schlag- und Stoßwaffe des Jägers treueste Stütze blieb. Der Hatz- und Spürhunde, zur Jagd des Auerochsen, dürfte in dem alemannischen Gesetze zuerst Erwähnung geschehen sein. Nach den kurzen, dort gegebenen Mitteilungen ist die Vermutung berechtigt, daß man sich dieser leichteren und stärkeren Rüden in der Weise bediente, wie dies zum Lobe der Jägerei noch heute von Jägern alten Schrotes und Kornes im Harze mit den Saufindern und Saupackern dem hauenden Schweine gegenüber geschieht. Auf Elch und Hirsch gebrauchte man jedenfalls schon sehr früh den edlen Leithund, mit welchem man am Hängeseil den Forst durchzog „fornahin, fornahin, daz dir wol geschê — vnde dem edel hirsen werde leid vnde wê". Es mag daran erinnert werden, daß in Norwegen die Jagd auf Elch noch heute in dieser sehr anstrengenden Weise betrieben wird und, wie dort noch heute, war auch in den deutschen Wäldern der beste Leithund „der wisse, daz ist der snê, — der bringt dem hirsen tot vnde wê". Als mit der noch weiteren Urbarmachung des Landes die Bedingungen der Jagd insofern wechselten, daß es mehr galt, die Schnelligkeit, als die Gefährlichkeit des Wildes zu überwinden, wurde die Jagd zu Pferde ausgeübt. Die deutsche Reiterei mit ihren kleinen wilden Pferden war ja schon früh ebenso gefürchtet als geehrt gewesen, und die wilde jauchzende Waidlust gewann in dieser Art von Jagd den Reiz der Gefahr wieder, den sie bei der Birsch verloren hatte: „Rossessprung — Grabesschluck." Als daher aus dem Morgenlande, wo es seit frühesten Zeiten geübt war, das Federspiel nach Deutschland kam, fand es hier begeisterte Anhänger, und des Morgenlandes „aschfarbener Falke, der die Beute raubt, wie Liebchens Stirnhaar die Herzen," wurde bald die Zierde aller deutschen Edelsitze und das Wappenzeichen berühmter Geschlechter:

„Ouch war da scoene Federspil,
Falcan, pilgerime vil,
smerline vnde spervaere"

heißt es im Liede von Tristan und Isolden. Zunächst allerdings bediente man sich bei der berittenen Jagd noch des alten Jagdspießes und eines langen Schwertes. In jene Zeit, weit vor Meister Gottfrieds traurigem Liede, in die Zeit der Regierung Karls des Großen, fällt der erste Wendepunkt der Jagdgeschichte. Nicht die Entwicklung der Waffen, noch staatliche Umbildungen waren es, welche den Wandlungen der Jagd ihr Hauptgepräge aufdrückten, sondern eine soziale Beschränkung, welche in dem allerschneidendsten Widerspruche zu den naturrechtlichen Anschauungen unseres Volkes stand und daher bei allen sozialen Unruhen und Umwälzungen bis in die neueste Zeit hinein stets erneuten Widerspruch gefunden hat. Diese erste Wandlung war die Beschränkung des Jagdrechtes zu Gunsten der Fürsten. Karl der Große war der erste, welcher sich anfangs kleinere, dann immer größere Länderstrecken zu seinem ausschließlichen Jagdbedarfe vorbehielt. Geschichte und wissenschaftliche Kritik können diese Handlung Kaiser Karls nicht anders als einen politisch unweisen Akt bezeichnen. Allerdings war das germanische Rechtsbewußtsein damals trotz des bereits hervortretenden Einflusses des römischen Rechtes im Volke noch zu rege, um Grausamkeiten aufkommen zu lassen, wie sie die Zeit des späteren Mittelalters und gar die verwelschte spätere Zeit zu beklagen hatte. „Um Wild verwirkt niemand seinen Leib" lesen wir noch im Sachsenspiegel (1254) und sehen in diesem Spruche noch ein Zeichen jener Achtung, welche man dem lebendigen Volksbewußtsein von dem allgemeinen Jagdrechte entgegentrug, indem man festsetzte, daß gegen einen Wilddieb nicht peinlich verfahren werden sollte. Dem Einflusse der französischen Maitressenwirtschaft war es vorbehalten, auch die deutsche Rechtspflege so tief herab zu würdigen, daß Wilderer mit dem Tode bestraft wurden, daß Augenausstechen, Abhauen der rechten Hand u. s. w. zur gewöhnlichen Tagesordnung wurden. Auch unerhört hohe Geldstrafen wurden über Wilderer verhängt, und Mecklenburg-Schwerin ließ sich die Landesüblichkeit der „Döllnitzer Karre" auch den Wilddieben gegenüber natürlich als „gebührendermaßen verordnet" nicht entgehen, wenn die Geldstrafe nicht beizutreiben war. (Wald- und Jagdordnung von 1706.)

Im Interesse der gesunden Entwicklung unseres positiven Jagdrechtes bleibt daher jener Schritt Kaiser Karls auf das lebhafteste zu beklagen. Selbstverständlich wurde es den vom Kaiser bestellten Wildgrafen leicht, die Bestimmungen des Jagdrechts aufrecht zu erhalten. Es hätte ja auch nun dieses kaiserliche Vorrecht sein mögen, hätten nicht die sämtlichen Fürsten den Übergriff in das allgemeine Grundrecht nachgeahmt, so daß die Jagd sehr bald ausschließliches Vorrecht der Großen wurde, das durch die hohen und grausamen Strafen, mit denen die Übergriffe belegt wurden, zu einem unversöhnlichen und thatsächlich unversöhnten Gegensatze führte. So wurde die Jagd, um derentwillen man einst die besten des Volkes als Wolthäter gepriesen, zum fluchbeladenen Wühler für alle Umwälzungen des letzten Jahrtausends, bis die neuere Gesetzgebung eine vernünftigere — nur leider in anderer Beziehung höchst ungenügende — Grundlage für die Ausübung des Jagdrechtes schuf. Als ein äußeres Merkmal jener unter Kaiser Karl vollzogenen Umgestaltung dürfte die Einführung der Jagdtücher zu bezeichnen sein, mit denen man große Waldabschnitte umstellte, was ohne die Vorrechte des Regals wohl nicht angänglich gewesen wäre. Der Kaiser jagte darin mit großem Gefolge zu Pferde das eingeschlossene Wild, dem, sobald es von den Hunden gedeckt war, der Fang gegeben wurde. Wildschwein und Bär wurden gleichfalls mit Hunden gehetzt und mit der Feder abgefangen, welche sehr früh schon die zweckmäßige Form annahm, in welcher sie sich bis auf den heutigen Tag erhalten hat. Wölfe und das niedere Raubzeug waren den Bauern überlassen, mit Ausnahme des Otter und Biber, für deren Jagd besondere Jäger angestellt waren, die mit eigens angeleiteten Hunden dem Wasserwilde nachstellten, ganz in derselben Weise, wie dies noch heute von einigen erfahrenen Leuten, z. B. dem bekannten Otterjäger Schmidt zu Schalksmühle in Westfalen geschieht. An kleinen Jagdhaltungen war der Otter- und Biberjäger in einer Person vereinigt. Wie übel es zu jener Zeit mit dem Raubzeuge bestellt war, mag die Thatsache beweisen, daß der Hase als kostbarstes Wildbret galt. Kein Wunder daher, daß bereits Kaiser Karl eine gewisse Schonzeit für das Rotwild bestimmte und durch Einführung der Fasanen und Rebhühner den immer mehr sich erweiternden Fluren neues Wild zuzuführen trachtete.

Unter solchen Bedingungen blieb sich die Jagd mehrere Jahrhunderte lang so ziemlich gleich als die edelste Hauptbeschäftigung der Fürsten, und es wird keinen Waidmann wunder nehmen, daß die Herrscher, die sich am meisten in ihr auszeichneten, oft die thatkräftigsten waren. Unter den berufsmäßigen Jägern aber bildete sich das Waidwerk zu einer „Kunst" aus, die des oft ihr beigelegten Verdachtes einer Verwandtschaft mit der schwarzen Kunst nicht bedurft hätte, um ihren schneidigen und schmeidigen Jüngern unter Männern und Weibsvolk Ansehn zu verschaffen. Das war die herrliche, auf immer verschwundene Zeit, wo Sang und Klang um das Waidwerk ein immergrünes Band deutscher Dichtung wanden, welches selbst von seinen kleinsten Verrichtungen den Schmutz des Alltäglichen abstreifte. Da sprach man in Witzwort und Reim das Wild waidelich nach seiner Fährte an, da trug man dem edelen Leithunde nach geschlossener Jagd das Gehörn des Kronenhirsches für und gab ihm sein Recht, da erkannte der Waidmann den hirschgerechten Genossen im alten Waidspruche und den launigen Rätselfragen, die ihm aus der Väter Zeit überkommen waren, da galt für sie alle der alte Kernspruch:

Er, lêr, wêr,
Kein man brukt mêr.

Aber eine andere Zeit kam. Kriege zogen über Deutschland und deutsche Art wurde niedergetreten, wie deutscher Name. Ganze Landstriche wurden verödet, die Wildstände ausgerottet, und nur die Wölfe hausten in den versengten Wäldern und Dörfern um die Wette mit den welschen Horden. Und im Herzen des geschändeten, zertretenen Volkes erlosch selbst die Erinnerung an seine eigene große Geschichte. Gewißlich waren die Jäger die letzten, in denen mit dem ohnmächtigen Zorne über die Schmach der Knechtschaft das deutsche Selbstgefühl weiter glomm; aber was vermochten sie der eindringenden Verwelschung entgegenzusetzen, die von oben kam. Wohl sahen sie allmählich mit dem Beginn des 18. Jahrhunderts die Wildbahnen sich erholen, die Forsten sich zu neuen Domen wölben, aber die Mannesart der Jägerei war dahin. Aus dem alten Waidgesellen war ein bekittelter Bedienter, aus dem hirschgerechten Birschgänger ein geckenhafter Komödiant geworden. Selbst das frohe Kampfspiel der Schweinshatz war zu einem widerlichen Gemetzel herabgesunken. An die Stelle der blanken, war die Feuerwaffe, an die Stelle des Hatzrüden die brackende Meute getreten. Es war die Zeit der Puderquaste und Perrücke, der französischen Köche, Friseure und Bedienten.

Welchen Triumph kann es einem Jagdherrn bereitet haben, armes Wild niederzuknallen, das aus Kasten und Gehegen zwischen hohen Wänden hindurch über künstlich hergestellte Hindernisse gehetzt wurde, und welches Bild bietet der deutsche Fürst, der unter den Takten welscher Ballettmusik hinter seinem Schirme hervorgaloppiert, um einen von den Hunden gedeckten und von den Jagdbedienten ausgehobenen Keiler abzufangen! Welches Bild bieten reifrockgeputzte Damen, die mit ihren Kavalieren geängstete Hasen und Füchse prellen, welches Bild schließlich bieten die frohnenden Bauern, die über ihre niedergetretene Saat das Wild hin und her treiben müssen. Es heißt den Höfen einen schlechten Dienst erweisen, wenn man diese blasierte Zeit verteidigen will, welche das Wild, weil alle anderen Metzeleien den Reiz der Neuheit verloren hatten, schließlich über Felsabhänge hetzte, von denen es, wie Matthisson in empfindsamer Elegie klagt, „herabperlte, gleich Tropfen eines Kataraktes." Vor allen Dingen aber heißt es der Jagd einen schlechten Dienst erweisen, wenn man diese Zeit als die „goldene Zeit ihrer höchsten Blüte" bezeichnet.

Freilich ist es richtig, daß die Vorbereitungen einer solchen Metzelei große waidmännische Geschicklichkeit der Jagdbeamten erforderten. Aber eine fortgesetzte Erfahrung, die Verfügung über einen zahlreichen Troß und frohnende Bauern, sowie über überfüllte Jagdzeughäuser und wohlbesetzte Hundezwinger machten auch diese Vorbereitungen zum gewohnten Handwerk. Und welch schmachvolles Bewußtsein lag für den Jägersmann darin, das Waidwerk so zu einem prunkenden Gladiatorenspiele herabsinken zu sehen.

Sank er selbst doch von seiner einst edeln Kunst zum Handwerk, in den Augen des Volkes zum Ränkeschmied und Speichellecker herab! „Wer gut den Fuchsschwanz streichen kann, ist bei Hofe der liebste Mann," hieß es, und: „Säufer, Buhle, Jäger — sind die Liebsten im Hofeläger." Selbstverständlich liegt es uns fern, einen Augenblick lang zu verkennen, daß auch in dieser Zeit unter den deutschen Fürsten mancher tüchtige kerndeutsche Mann zu treffen war, der seine kernige deutsche Art auch auf die Jägerei übertrug; nicht überall hatte der französische Geist deutsches Wesen zu verdrängen vermocht, nicht überall in Deutschland war die echte, waldfrische Waidlust unter Puderstaub und Odeurs erstickt. Wohl aber war dies in Frankreich der Fall; das Zeitalter war jenseit der Vogesen reif für die große Sintflut der Marat und Robespierre, und die Ausübung der Jagd, die Knechtung der Bauern, welche vom Adel als „verfassungsmäßiges Recht" in Anspruch genommen wurde, hatte den letzten Damm von dieser Flut niedergerissen.

Mit dieser großen Umwälzung in Frankreich und der von ihr ausgehenden Bewegung der Geister kommen wir in dem Drama der deutschen Jagdgeschichte zu dem dritten Akte, in dessen Schluß die Katastrophe liegt.

Die Frohnden fallen, der Grundbesitz wird für frei erklärt, die letzte Stunde der prunkvollen eingestellten Jagen auf fremdem Eigentum hat geschlagen, die Hochwildbahnen werden vergittert und bessern sich im Bestande auf, der Grundbesitzer darf das austretende Wild verscheuchen, mit kleinen Hunden und Schreckschüssen verjagen und für dennoch erlittenen Schaden Ersatz verlangen, kurzum es treten Umstände ein, welche einerseits dem Wilde, anderseits dem Grundbesitze genügenden Schutz bieten. Aber der Haß gegen Wild und Jagd ist durch die jahrhundertlangen Unbilden zu tief im Volke eingewurzelt, um durch die reiferen Bestimmungen einiger Jahrzehnte ausgerottet zu werden, und als die politische Gährung im Jahre 1848 überschäumte, rächen sich in der Jagd die alten Sünden: der losgelassene Janhagel, der Aasjäger und Sonntagsschütze zieht über die freigegebenen Fluren und knallt nieder, was ihm über den Weg läuft, gleichviel ob Ricke oder Kitzchen, junge Brut oder hochbeschlagenes Mutterwild. Zu spät erkennt man endlich den begangenen Fehler und führt die Jagdscheine ein.

Die Gesetzgebung konnte mit dieser Maßregel das Unheil nicht wieder gut machen.

Und wie soll die Frage sich lösen?

Durch die Rückkehr zu Verhältnissen, die dem ursprünglichen Wesen der altdeutschen Jägerei möglichst nahe zu kommen suchen und die Waffe jedem Manne gestatten, der durch den Wert seiner Persönlichkeit Anspruch darauf hat.

Ein bedingungsloses Recht war die Jagd nie; das wolle man nicht vergessen! Aber das Bestreben der zu Schutz und Trutz zusammengetretenen Jägerwelt muß darauf gerichtet bleiben, ihre Stammesbrüder zur Erfüllung der Bedingungen zu erziehen, welche für das Recht der Ausübung der Jagd gefordert werden müssen. Die Gesetzgebung muß darauf gerichtet bleiben, durch verständige Begrenzung der Jagdbezirke und Schonzeiten die Wildbahnen zu schützen. Wie das durch Mitwirkung des Einzelnen und durch die gemeinsame Thätigkeit der Jagdschutzvereine geschehen kann, wird im Nachstehenden noch öfters berührt werden.

Wenn auch noch nicht zu spät, ist es doch die höchste Zeit, daß dies ernstlich geschieht. Noch freilich tönt über die einsamen Felsenteile des Harz, über die Schluchten des Taunus und das Blättermeer der niederrheinischen Wälder der kampfesfrohe Schrei des brunstenden Edelhirsches, noch balzt in Schlesien und Westfalen der Auerhahn und Spielhahn, noch sudelt sich im Elsaß und Harzlande das Schwarzwild, noch äugt in den lichteren Waldungen das trauliche Rehwild dem einsamen Wanderer nach. Aber seine Tage sind gezählt, wenn sich nicht im Volke die Überzeugung Bahn bricht, welche glücklicherweise unsere Fürsten heute mehr, wie jemals erfüllt: die Überzeugung, daß es ein Etwas gibt, das über dem Preise des Wildes steht, im Gesamtleben des Volkes, nämlich den ewig jungen Born des Waidwerkes, auf den wir immer mehr angewiesen werden, je mehr uns in der Alltagsluft der Schreibstuben, Werkstätten und Ateliers Herz und Nieren verdorren.

Legen wir doch in unseren Städten grüne Rasenplätze an für die spielende Jugend und schattige Laubgänge für die Erwachsenen. Wohl! Auch die Jagd ist ein solcher quelldurchrauschter Buchendom! Sorgen wir, daß er unserem Volke erhalten bleibe und mit ihm die Seelenfrische des deutschen Forscherblickes, die Tiefe des deutschen Dichterherzens, das Gold der blauäugigen deutschen Mannestreue!

Zweites Kapitel.

Entwickelungsgeschichte der Waffen bis zur Neuzeit.

Die Kunst erhöhet Kraft und Mut,
Wir zielen scharf und treffen gut.

Im Steine fand der erste Mensch die erste Waffe, für den seine Hand die Schleuder bildete. Die erste Vervollkommnung dieser natürlichen Schleuder war die mittels eines Bogens. Und alle ferneren Bestrebungen zur Verbesserung der Geschoßwaffen bewegen sich in derselben Richtung, wie diese erste Vervollkommnung, nämlich der, die Flugbahn der Geschosse zu erweitern und rasanter zu machen. Zur Jagd aber hat man sich, namentlich in Deutschland, erst verhältnismäßig spät der Fernwaffen bedient; die Unwegsamkeit des Forstes, sowie die Plötzlichkeit und Gefährlichkeit des Kampfes wiesen den Jäger auf die Hieb- und Stoßwaffe an: die Steinart und den Spieß, dem man anfangs eine Feuersteinspitze, später eine Metallspitze gab. Von den Morgenländern lernte der Deutsche als Angriffswaffe den Bogen kennen; aber während dieser von den Angelsachsen in England sehr lange Zeit als wirksame Waffe gebraucht wurde, konnte er in Deutschland, wo es noch zu sehr an Ebenen und freier Bewegung fehlte, sich nicht recht entwickeln.

Es ist bezeichnend für die Verschiedenartigkeit der Bedingungen beider Länder, daß in England das Schießen mit dem Langbogen sich bis in die neueste Zeit in ähnlicher Weise als Sport erhalten hat, wie in Deutschland das leider in den letzten Jahrzehnten fast abgekommene Armbrustschießen.

König Heinrich VIII, der ein leidenschaftlicher Bogenschütze war, ging sogar so weit, das Halten einer Armbrust bei Strafe von 10 Pfund Sterling zu verbieten. Zu derselben Zeit stand in ganz Deutschland, insbesondere aber bei den Städten und bei den Waidwerksgängern die Armbrust in höchstem Ansehen und das Kunstgewerbe des vielbelobten Augsburg wetteiferte mit dem der Niederlande in der Ausschmückung dieser Waffe durch Einlegung des verbeinten Schaftes und pittoreske Bildung der ganzen Waffe. Heinrich VIII, der auf dem Felde von Cloth of Gold in der Ausrüstung eines Langbogenschützen durch seine Schützenkunst die Bewunderung der ihm gegenüberstehenden französischen Armbrustschützen erregte, hätte vielleicht einen schweren Stand gehabt, wenn ihm statt dieser Kaiser Maximilians Armbrust den Sieg bestritten hätte. Daß sich die Armbrust so lange neben den Feuerwaffen hielt, findet seine einfache Erklärung in der mangelhaften Beschaffenheit, in welcher diese lange Zeit verblieben. Die alte Hakenbüchse, welche allenfalls zur Verteidigung von Wällen taugen mochte, war denn doch eine zu schlechte

Waffe zur Pirsch und Suche und von der Trefffähigkeit bei der alten Knallbüchse, deren sich die Ritter bedienten, wird der Leser einen genügenden Begriff bekommen, wenn er einen freundlichen Blick auf die untergedruckte Nachbildung eines Ritters werfen will, den uns Marianus Jacobus (1449) im Bilde überliefert hat.

Trotzdem haben diese Dinger den Herren Franzosen in der Schlacht einen großen Schrecken eingejagt. Für die Jagd erhielt die Feuerwaffe selbst dann noch keine Bedeutung, als man ihr mit dem Luntenschlosse eine größere Handlichkeit gab. Dagegen scheint bei den Japanesen das Luntenschloß bessere Dienste geleistet zu haben, wie die Abbildung einer Waffe (Taf. I, 1) beweist, welche auf der Internationalen Jagdausstellung zu Cleve von der Fürstlich-Waldeck'schen Gewehrkammer zu Arolsen ausgestellt war. Die Schlösser dieses leichten Gewehres sind von Messing und der elegante Schaft zeichnet sich gleich allen japanischen Arbeiten durch sehr sorgfältige und dauerhafte schwarze Lackirung aus. — Mit der Erfindung des Radschlosses, 2a und 2b der

Tafel I, tritt das Feuergewehr in die Reihe der Jagdwaffen ein und sofort beeilt sich auch die alte Kunst der Waffenschmiede, dieser neuen Waffe die Weihe ihres Schmuckes aufzuprägen. Dazu kam, daß das Waffenschmiedehandwerk sich wegen des Verschwindens der Rüstungen nach anderen Gegenständen umsehen mußte, welche es, wie bisher jene, mit herrlichem Bildwerk schmücken konnte. Und so erfreuen uns denn die Waffen der Renaissancezeit, insbesondere die leichten Flinten, sogenannte Junker- oder Damenflinten, wie wir nebenstehend eine solche, in der Sammlung des Herrn Grafen Fink von Finkenstein befindliche in Abbildung Tafel I, 3 geben, die in Cleve ausgestellt war, durch herrliche Einlagearbeit in Elfenbein oder

Perlmutter, sowie kunstvolle Damascierung des Laufes, und die stets prächtig ciselierten Schlösser und Bügel sind Zeugen für die hohe Bedeutung der deutschen Schmiedekunst jener Zeit geblieben. Dem klassischen Zuge ihrer Zeit folgend, suchten die Augsburger, Regensburger, rheinischen und Wiener Büchsenschäfter nicht nur in der Jagd selbst die Anregung zu ihrem Waffenschmucke, sondern wie zur Blütezeit des Rüstungsschmuckes entlehnten sie die Stoffe für ihre Einlegearbeiten und Ciselierungen der Antike. Da sehen wir den Perseus mit abgeschlagenem Medusenhaupte, die Venus mit Amor in einer Linienführung, welche die Vorbilder eines Michel Angelo und Benvenuto Cellini nicht verkennen läßt. Daneben gefiel sich freilich der deutsche Kleinmeister auch oft in der Anlehnung an die naiveren Darstellungen der früheren deutschen Kunst; hatte sich doch in ihm selbst viel von deren Wesen erhalten. Wir geben als Beispiel hierfür die Abbildung einer etwas schwereren, gleichfalls der Sammlung des Herrn Grafen Fink von Finkenstein (Taf. I, 4) entstammenden Waffe, welche in der Zeichnung der bildlichen Darstellungen noch ganz den Einfluß der naiven spätgotischen Periode zeigt. Ja, diese drollige Naivetät hat sich bei den deutschen Büchsenschäftern trotz alles französischen Einflusses noch bis in das 17. Jahrhundert hinein erhalten. Auch die Erfindung der Laufzüge für die Kugelbüchse ist ein Verdienst deutscher Waffenschmiedekunst. Man legt gewöhnlich den Zeitpunkt dieser Erfindung in das Jahr 1440, doch ist anzunehmen, daß es sich dabei zuerst um geradlinige Parallelzüge handelte. Die Erfindung der spiralförmigen Drallzüge wird von den einen dem Wiener Büchsenschmiede Kaspar Köllner (1498), von

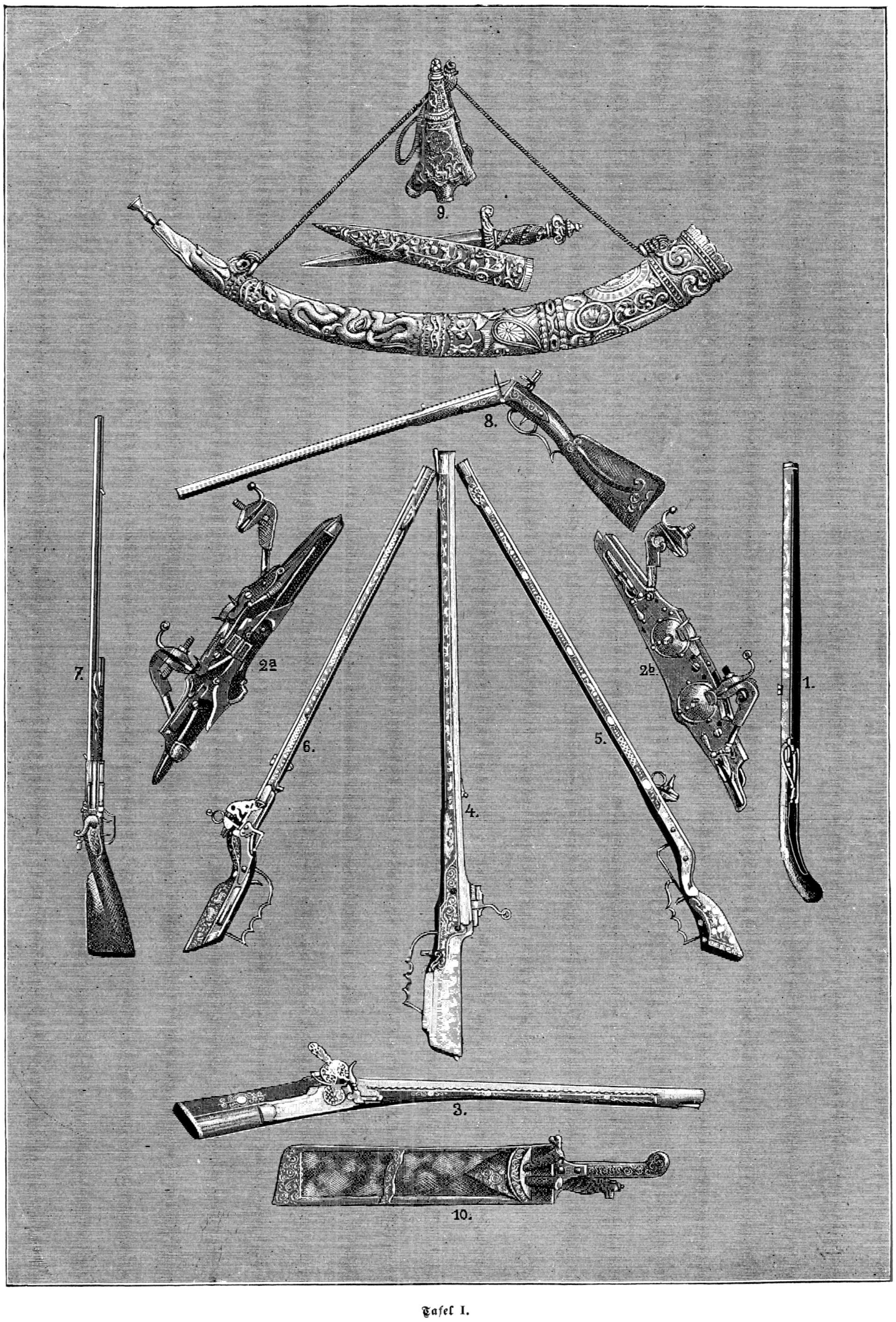

Tafel I.

den anderen August Kolter in Nürnberg (1500) zugeschrieben. Wie dem auch sei, jedenfalls ist diese Vervollkommnung der Waffe, wie fast alle späteren, ein Verdienst der deutschen Waffenschmiedekunst. Die deutschen Büchsenschäfter gewannen ihren Büchsen auch sehr schnell jene leichte und charakteristisch graciöse Form, auf die man im Beginn des 17. Jahrhunderts mit Recht so hohen Wert legte. So zeigt die Abbildung Taf. I, 5, eine Kugelbüchse aus der Waldeck'schen Sammlung, ganz die leichte Form, durch welche uns die Damenflinten entzückten. Im Gegensatze zu den italienischen Büchsenschäftern, welche häufig ein Zeichen auf ihre Waffen schlugen, setzten die Deutschen ihre Namen auf die Schlösser. So trägt die letzterwähnte Büchse den Namen des Meister Johann Balhasar in Breslau. Da diese originellen Radschloßbüchsen mit ihren kurzen ausgezackten Kolben nur an der Backe angeschlagen wurden, so mußte man für besonders gute Visierung sorgen. So finden wir denn in vielen dieser alten Büchsen ein Lochvisir, auf anderen Klappvisire, ferner Messingkapseln zur Sicherung des Radschlosses gegen Nässe und andere Vorrichtungen, die wir in verbesserter Form an unseren modernsten Scheibenbüchsen wiederfinden. Auch der Stecher am Schlosse, welcher eine größere Feinheit des Abkommens ermöglicht, war, wie die vorgedruckte Abbildung einer kurischen Büchse aus der Waldeck'schen Sammlung beweist (Taf. I, 6), bereits sehr früh bekannt. An dieser Büchse befindet sich die Stechvorrichtung noch vor dem Schlosse.

In der sogenannten Blütezeit der Jagd, d. h. der Barock- und Zopfzeit mit ihren überzuckerten Nichtswürdigkeiten der Maitressenwirtschaft und der üppigen Entfaltung der Prunkjagden wurde natürlich auch der Waffenschmuck ein Spiegelbild jener ausschweifenden Frivolität. An die Stelle der einfach vornehmen Einlagearbeit der Renaissancezeit trat die prahlende Goldeinlage und Touschierung. Der Lauf trug Goldverzierungen, die in reicher und ziemlich koketter Weise auf Eisen inkrustiert oder auch in massiver Weise eingelegt waren. Die reichhaltigste Sammlung derartiger Waffen, welche jemals auf einer Stelle vereinigt war, hat wohl die Clever Ausstellung geboten, deren Hauptschmuck gerade hierin mit beruhte. Da tauchte mancher alte Name von hochberühmtestem Klange zu uns auf, von Meister Remul in Straßburg, Jos. Fornewürth, Joseph Hamerl und Christ. Ris in Wien, S. Hauschka in Wolfenbüttel, von den Italienern Lazarino Cominazzo, Lazero Lezerino, Fr. Berselli, U. Bologna, Francesco Garato, Gabriel de Algora, Migona, den Spaniern Franco Tagarona und Nicholas Bis, dem Kunstschmiede Kaiser Karls V, und schließlich die etwas später gefertigten vorzüglichen Waffen des Meister Kuchenreuter in Regensburg. Überraschend ist es, zu sehen, daß schon zur Zeit des Feuerschlosses Ladevorrichtungen getroffen sind, welche man gewöhnlich für Erfindungen der Neuzeit hält, z. B. Revolverbüchsen. In der in Cleve ausgestellten Waldeck'schen Sammlung befand sich z. B. die in Taf. I, 7 abgebildete Revolverflinte, welche mit einer drehbaren Scheibe zu vier Schuß eingerichtet ist. An den etwa 6" langen Kanonen vom Kaliber des Laufes befinden sich die Pfannen und Batterieen, wogegen der Hahn am Kolben befestigt ist. Eine andere in Abbildung wiedergegebene Flinte (Taf. I, 8) gleicht bis auf die Schloßteile dem heutigen Lefaucheurgewehre. Wie bei diesem ist der Lauf kurz vor der Schwanzschraube aufzuklappen und eine Patrone einzuschieben. Auch Gewehre, bei welchen die Batterie im Laufe lag, wurden gearbeitet. Daneben fehlte es nicht an Spielereien, wie Waidmesser und Saufedern mit Pistolenläufen und derlei Scherzen, auf die wir hier nicht näher eingehen, weil sie keine waidmännische Bedeutung haben.

Gleichen Schritt mit der Ausbildung und Ausschmückung der Feuerwaffe hat die des Seitengewehrs gehalten, während der Spieß bald die Form der Saufeder annahm, die unter der Bezeichnung „hannoversche Saufeder" noch heute üblich ist. In der Renaissancezeit wurde von den ritterbürtigen Jägern eine Waidprax getragen, welche nicht die gerade Klinge und breite, stumpfe Zwinge des jetzigen Hirschfängers hatte, vielmehr war die Klinge etwas gebogen, die Zwinge spitz, die Kniestange hatte eine bügelartige Schweifung. Doch fanden sich auch kurze dolchartige Messer, wie ein solches Taf. I, 9 abgebildet ist mit reichgeschnitzter Elfenbeinscheide und antikisierenden Darstellungen. Während die Waidmesser und Schweinsschwerter der Renaissancezeit und das sogenannte couteau der Barockzeit links getragen wurden, trugen die Waidknechte rechts ein handbreites, kurzes Messer, das sogenannte Waidblatt. Dasselbe diente zum Zernicken des Hirsches und gelegentlich auch wohl einmal zum Pfunden seines Trägers, wenn derselbe sich gegen die Waidregeln vergangen hatte, ein Verfahren, welches bei dem prallen Sitze der damaligen Hose wohl die beabsichtigte Wirkung nie verfehlt hat.

Wir geben die Abbildung (Taf. I, 10) eines solchen Waidblattes, das von Herrn Oberförster Lindner in Cleve ausgestellt war. Es bedarf kaum der Betonung, daß die gleiche Sorgfalt auf die Ausschmückung des Pulverhornes ꝛc., insbesondere aber des Jagdhornes verwendet wurde. War doch dieses der letzte Rest, die letzte Erinnerung an die ritterliche Romantik der alten Jagd. Ist es nicht sehr bedeutungsvoll und bezeichnend, daß auf den Hörnern der späten Renaissancezeit, wie wir ein solches, dem Herrn Grafen Mirbach gehörig, hier (Taf. I, 9) in Abbildung geben, sich die alte Ornamentik der romanischen Zeit mit ihren Drachenleibern und Fabeltieren erhalten hat? Die respectlose Zopfzeit hatte natürlich vor diesen ehrwürdigen Ueberlieferungen nicht die mindeste Achtung, sie brachte anstatt des alten Hiffhornes das große, zweimal gewundene Piqueurhorn mit seinen allerdings wundervollen Tönen, und an Stelle

Tafel III.

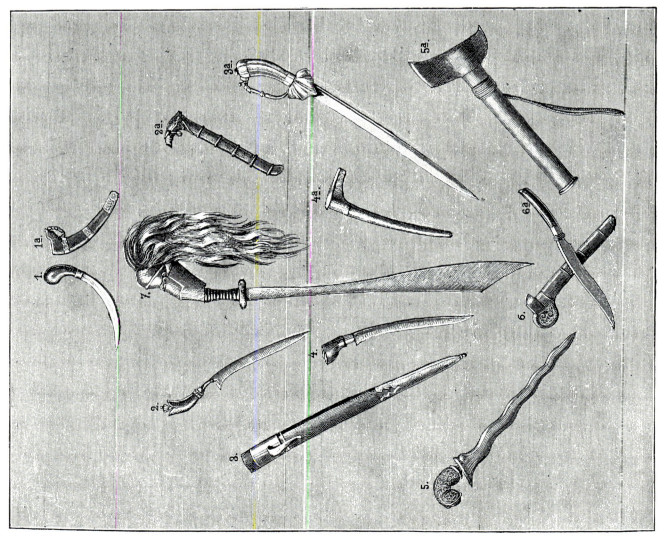

Tafel II.

dieses trat der sogenante Halbmond, welcher bei fürstlichen Jagden noch ab und zu gebraucht, meistens aber durch das Klapphorn verdrängt ist.

Werfen wir nun noch einen Blick auf die Heimat der blanken Waffen, Asien. Die alte, hochberühmte Klingenschmiedekunst der Sarazenen ist es, welche den Waffen aller asiatischen Völker seit einigen Jahrhunderten mehr oder weniger ihren Stempel aufdrückt. Mit der fortschreitenden Ausbreitung des Islam gewinnt der sarazenische Charakter sogar, was lebhaft zu bedauern ist, einen großen Einfluß über den Waffenschmuck der Indier und drängt die dem Hindudienste entlehnte Ornamentik mehr und mehr zurück. Es ist außerordentlich interessant, diesen geistigen Kampf zweier Weltanschauungen zu verfolgen, wie uns dies Taf. II und III mit Abbildungen indischer Waffen ermöglicht, welche Herr Capitain de Sitter zu Arnheim in Cleve ausgestellt hatte und die dort neben den Sammlungen des Herrn Baron Sloet in Arnheim, des Herrn Konsul Kniffler zu Düsseldorf, des Herrn General Verspyk in Haag, der zoologischen Gesellschaft zu Amsterdam und anderer Aussteller gerechte Würdigung und Bewunderung der erstaunten Waidmänner fanden. — Es war ein recht originelles Bild, den schlichten Grünrock aus dem rheinischen Forste vor diesen diamantbesetzten Krisen javanischer Fürsten zu sehen oder den bogunesischen Klemangs aus Bandjermassin, den kostbaren Lanzen indischer Sultane oder den reichverzierten, edelsteingeschmückten Wedono, wie sie die Tumengons des Sultans in den Palästen der javanischen Fürsten tragen. Und auch die auf diesen beiden Tafeln abgebildeten Waffen kann man nicht ohne tiefgehendstes Interesse betrachten. Jener reichgeschnitzte Ebenholzstock (Fig. 8) begeisterte wohl einen Jüngling von Nias, der Heimat der schönsten indischen Frauen, der sich dem Tode geweiht hatte, zum Kampfe. Jene Feuersteinbüchse (10) machte ein Beduinenfürst einem Javanen zum Geschenke, jenes langläufige Luntenschloßgewehr mit kupfernem Hahn (9) trug ein Padrier auf Sumatra; jenes Kugelhorn (15), aus schwarzem Horn geschnitten, wurde im Kampfe mit Seeräubern in der Südsee erobert; jene Krise aus Atjeh (2. 6. 14), jener aus Borneo (4), jener von Java (5), jener ParangLatok der Dajaks (15a), wie viel Blut erschlagener Feinde mag an ihnen kleben. Von welcher verschwindenden Kunst meldet jener Klenang (13) eines neuseeländischen Priesters, dessen Ornamentik noch jene Schlangenbildung aufweist, welche an die Blütezeit der altnordischen Ornamentik erinnert. Von welchem Blutbade erzählt jener Kopfschneller oder Klenang aus Borneo (3) mit dem modisch europäischen Griff und der herrlichen Damascenerklinge, jener Klenang von den Alfoeren (12), dessen Scheide zugleich das Scalpirmesser trägt, jener (11) von den Atjehes auf Sumatra, jenes Bade=Bade (1) aus Palembang mit der reicheingelegten Scheide, oder jener Klenang (7), an welchem noch die Scalpe von 35 erschlagenen Feinden hängen. Ja, wären es nur Feinde! Aber wie oft sind es Freunde und Nachbarn, denen der Dajaker in nächtlicher meuchelnder Weise die Köpfe abschlägt, um die schreckliche Sitte seines Landes zu erfüllen, welche solchen Prunkschmuck von jedem jungen Manne fordert, der auf Freiersfüßen geht. Ohne Frage hat diese entsetzliche Unsitte hauptsächlich die Entvölkerung des Dajakergebietes verursacht. Neuerdings sind die Dajaker auch in Besitz von Gewehren gekommen. Das alte Feuersteingewehr, welches in Deutschland längst seine Rolle ausgespielt hat, hat bei den Völkerschaften des holländischen Indiens noch eine Aufgabe zu erfüllen und wird in nicht allzuferner Zeit ohne Frage den vergifteten Speer des Wilden verdrängt haben, wie in Amerika die achtzehnschüssige Henrybüchse den Bogen der Rothaut verdrängt hat.

Drittes Kapitel.

Die Waffen der Neuzeit.

Ein gut' Gewehr, des Jägers Ehr.

Die unzähligen Abänderungen und Verbesserungen, welche die Schießgewehre seit ihrem Ursprunge erfahren haben, als deren wichtigste das Luntschloß, Radschloß, Feuerschloß, Stecher und Drall in Abschnitt II zur Besprechung gelangt sind, wurden durch die Erfindung der Knallpräparate weit übertroffen, indem diese Erfindung die Verwirklichung gar mancher alten Idee ermöglichte.

Die Hinterladung wäre im XIX. Jahrhundert ebenso nicht zu Stande gekommen, wie in früheren Jahrhunderten, wenn die Vorteile der Knallpräparate nicht bekannt geworden wären, wozu die Erfindung des chlorsauren Kalis führte.

Die Knallpräparate waren den Chemikern schon früher bekannt, nicht jedoch den Fachleuten. —

So machte Pierre Bouldure bereits 1699 Versuche mit explodirenden Zündstoffen, welche Nikolaus Lemery 1712 fortsetzte. —

Später wurden diese Versuche nicht nur von reichen Gelehrten, sondern auch von minder Bemittelten fleißig gepflegt, bis es 1764 einem armen französischen Apotheker namens Bayon gelang, das Knallquecksilber zu bereiten, welche Erfindung aber jetzt Howard zugeschrieben wird.*)
— Erst durch Howard wurde die Aufmerksamkeit noch anderer bewährter Chemiker dieser Sache zugewendet und sind in dem Zeitraum von 1785 bis 1787 mehrere ziemlich wichtige Präparate von Fourcroy, Vauquelin, Barcelo, Mirando, Bertholet und anderen bereitet worden, von denen Bertholets chlorsaures Kali 1786 als die für Feuerwaffen wichtigste Neuerung bezeichnet werden muß. Im Jahre 1788 versuchte Bertholet bei der Bereitung von Schießpulver den Salpeter durch sein Chlorkali zu ersetzen und so ein noch kräftigeres Pulver zu erzielen, welcher Versuch jedoch unglücklich endete, indem sich die Mischung von Chlorkali, Schwefel und Kohle durch den Stoß im Mörser entzündete, und die Pulvermühle zu Essone bei Paris zerstörte.

Bei so leichter Entzündbarkeit durch bloße Reibung oder Stoß mußte diese Komposition zum Ersetzen des Schießpulvers unbedingt als untauglich erscheinen, daher in dieser Hinsicht das Los aller früher oder später aufgetauchten Knallpräparate und Sprengmittel teilen, hat aber trotzdem eine unverhoffte Wendung in der Waffentechnik herbeigeführt.

---

*) Das Knallgold erfand Basilikus Valentinus um das Jahr 1410, Prinz Rupert (Pfalz) erfand nach der Mitte des XVII. Jahrhunderts ein Knallpulver, mit dem man auch schießen konnte. Tachenius lehrte 1666 Knallpulver zu bereiten.

Der schottische Büchsenmacher Alexander Forsyth kam nämlich auf den Gedanken, Bertholets Mischung statt des gewöhnlichen schwarzen Pulvers als Pfannenpulver zu benützen, und durch den hammerähnlich ausgearbeiteten Hahn des Batterieschlosses die Zündung herbeizuführen, was er auch 1807 patentieren ließ.

Das mit einem hammerähnlichen Hahn versehene Gewehrschloß erhielt den Namen „Perkussionsschloß" oder „Schlagschloß", Gewehre mit solchen Schlössern dann „Perkussionsgewehre" oder „Schlaggewehre", weil bei solchen der Schuß durch einen „Schlag" oder „Perkussion" herbeigeführt wird.

Es ist daher nicht richtig, wenn unsere Jäger und leider mehr noch die Gewehrfabrikanten unter dem Namen „Perkussionsgewehr" nichts anderes als einen Vorderlader verstehen wollen, während auch ein Lefaucheur oder Lankastergewehr etc. mit einem Schlagschloß versehen ist, demzufolge auch zu den „Perkussionsgewehren" gezählt werden muß.

Das Schlagsystem erfuhr bald verschiedene Verbesserungen, und zwar wurde vor allem der Zündpfanne eine entsprechende Form gegeben, und das Zündpulver zu Zündpillen geformt, welche schwach mit Firnis oder Wachs überzogen waren, um durch Feuchtigkeit nicht zu leiden.

Im Jahre 1808 wurde von Pauly in Frankreich ein Perkussionsschloß patentiert, welchem 1813 die Konstruktionen von Julien Leroy mit seitwärts beweglicher Schwanzschraube, und von Waldahorn mit nach aufwärts beweglicher Kammer folgen.

Lepage in Paris patentierte 1817 ein „wasserdichtes Gewehr", an dem bloß der Hahn außerhalb liegt und durch Vortreiben eines Stiftes das in der Rohrachse befindliche Zündhorn zündet.

1820 hat Gosset ein Schlagschloß konstruiert, wo der Hahn unten angebracht ist, und auf ein in Blei gehülltes Zündkorn schlägt.

Ebenfalls haben sich auch noch andere hauptsächlich französische Büchsenmacher, als Renette, Pouiforcet, Blancharde und Pichereau um die weitere Vervollkommnung des Schlagsystems verdient gemacht.

Bei diesen Vervollkommnungen handelte es sich namentlich darum, daß die Zündpille an der Zündpfanne geschützt wurde, was durch diverse Pfannendeckel, unter denen die selbstthätigen besonderer Erwähnung wert sind, geschah.

Weiter handelte es sich dann darum, daß der Schütze nicht vor jedem Schusse die Pille auf die Pfanne legen muß, und war schon das System Forsyth so eingerichtet, daß ein 30 bis 40 Pillen fassendes Magazin nach jedem Schusse eine neue Pille auf die Pfanne lieferte. Doch geschah es nicht selten daß bei dem Abfeuern des Gewehres auch die im Magazin befindlichen Zündpillen entzündet wurden, welcher Übelstand erst durch spätere Erfindungen beseitigt wurde.

Eines der vollkommensten Pillenmagazine war ohne Widerspruch das vom Mathematiker Paazig 1826 in Dresden erfundene, wo die in einem Röhrchen befindlichen Zündpillen vor dem Feuer der Zündpfanne durch einen beweglichen Schieber geschützt sind, der beim Spannen des Hahnes sich senkt und eine Pille auf die Zündpfanne fallen läßt. — Bald nach den Zündpillen wurden die sogenannten Zündröhrchen erfunden, welche eine bedeutende Änderung der Zündpfanne erforderten. Die am Schlosse befestigte Pfanne wurde beseitigt, und durch den im erweiterten Zündloche im Laufe festgeschraubten Wellbaum ersetzt.

Der Wellbaum ist eigentlich eine großköpfige Schraube, in welcher das Zündloch durch einen knieförmig gebohrten Zündkanal ersetzt ist, welcher in den Zündkegel mündet. Der Zündkegel (Piston, Cylinder) mußte bei den Zündröhrchen mit so weiter Bohrung versehen sein, daß man diese hineinstecken konnte. — Das im Piston eingesteckte Röhrchen wurde durch das Anschlagen des Hahnes gezündet, und dadurch auch die Pulverladung angeflammt.

Dieses System zeigte den Fehler, daß die Pulverkraft, außer auf das Geschoß, auch durch die weite Bohrung des Pistons auf den losgefallenen Hahn zurückwirkte, was auf den Schußeffekt großen Einfluß hatte, indem nicht selten durch die rückwirkende Pulverkraft sogar der Hahn bis zur ganzen Spannung zurückgeworfen wurde.

Einen weit besseren Erfolg haben die durch Joseph Egg in England 1818 erfundenen Zündhütchen herbeigeführt, welche der Büchsenmacher Deloubert nach Frankreich brachte, wo sie von ihm und von Prélaz verbessert wurden.

Das Chlorkali (von Bertholet) wurde in den Zündhütchen schon 1819 durch das Howardsche Knallquecksilber ersetzt, weil das bei der Zündung des ersteren sich entwickelnde Chlor sehr ätzend auf die Eisenteile einwirkte.

Die Zündhütchen erforderten eine abermalige Änderung des Pistons, indem sie nicht wie die Zündröhrchen in denselben eingesteckt, sondern an seine Spitze als Käppchen aufgesetzt wurden. — Die verschiedenen Versuche waren darin übereinstimmend, daß bei allen eine sehr feine Pistonbohrung angestrebt wurde und zwar erzeugte man Pistons mit durchgehend gleicher feiner Bohrung, andere wieder mit einem der Pistonspitze zu konisch zunehmenden Kanal. — Am besten bewährten sich die von William Greener in Newcastle erfundenen Cylinder mit von unten nach oben sich verjüngender Bohrung, und an der Spitze ebenfalls trichterförmig ausgehöhlt, so daß das meiste Zündfeuer durch den Hammer in den Zündkanal eingeschlossen wird, doch aber auch das Pulver in die Bohrung des Pistons weiter eindringen kann, so daß das Zündfeuer keinen großen Weg machen muß, um das Pulver anzufeuern. Zudem bleiben die Wände des Pistons stark genug, um den Schlag des Hahnes auszuhalten.

Erst nach der Einführung der Pistons war es möglich die schon lange vordem gepflegte Schwanzschraubenfrage zur Erledigung zu bringen. — Bei den Batterieschlössern mußte darauf Rücksicht genommen werden, daß das Zündfeuer von der Pfanne auf möglichst kurzem Wege zur Pulverladung gelangte und daß dabei von der Pulverkraft durch das Zündloch so wenig als möglich verloren ging; doch suchte man durch entsprechende Form des Kammerbodens und durch den Ort, wo das Zündfeuer zur Pulverladung gelangte, den Schuß zu verbessern, in der Meinung, daß eine von der Seite angefeuerte Pulverladung nie so genau das Geschoß, namentlich bei dem Schrotschusse, werfen kann, als wenn das Feuer in der Mitte des Kammerbodens die Pulverladung erreicht.

Auch suchte man den Rückstoß des Gewehres beim Schusse durch die Form des Kammerbodens zu vermindern, was nicht gelang.

Als die vorteilhafteste Bodenschraube wurde die von Henry Nock 1806 erfundene „Patentschwanzschraube" oder kurz „Patentschraube" erkannt, deren Vorteile darin bestehen, daß die ganze Pulverladung in der ausgehöhlten Bodenschraube Platz findet, während das Geschoß über der Höhlung bleiben muß. Durch diese Kammerschraube werden die Rohrwände eben dort, wo die Entzündung stattfindet, bedeutend verstärkt, und kann die vom Rohre abnehmbare Kammer wie auch das Zündloch durch Verstählung dauerhafter gemacht werden.

Die weiteren Neuerungen bezogen sich auf die Schloßeinrichtung.

1825 konstruierte Cooker ein Perkussionsgewehr, bei welchem ein in der Rohrachse befindliches Spiralfederschloß auf den in der Bodenmitte des Rohres eingeschraubten Piston schlägt. Dieses Schloßsystem wurde von J. N. Dreyse 1827 verbessert, und bewährte sich besser als an Vorderladern später an dem preußischen Zündnadelgewehr, so daß es bei der Mehrzahl der Militärwaffen, freilich vielfach verbessert, angenommen wurde.

Um dieselbe Zeit erdachte der später berühmte prager Büchsenmacher A. V. Lebeda für Doppelgewehre das sogenannte „Kastenschloß", welches von den Jägern und Büchsenmachern Deutschlands als „prager Schloß" bezeichnet wurde. — Die Idee besteht darin, daß beide Schlösser beisammen wie in einem Kasten sich befinden, und eine gemeinschaftliche Mittelwand haben, welche die beiden Schloßbleche ersetzt; nach außen präsentiert das Doppelgewehr statt den Schloßplatten nur große Studeln, in denen die Hahnplatten eingepaßt sind, so daß sie über dem Schafthalse nicht vorstehen.

Ein anderer prager Büchsenmacher, Ant. Kaliwoda, damals noch Werkführer bei A. Ch. Kellner in Prag, verbesserte das Kastenschloß dadurch, daß er die Schlagfedern statt unter den Läufen hinter denselben placierte, also vom Vorderschaft in den Schafthals verlegte. Die so angedeutete Idee, die Schlagfedern von den Pulverkammern rückwärts zu legen, wurde durch den Engländer Ant. Burkhardt weiter verfolgt, und fand unter dem Namen „rückliegendes Perkussionsschloß", „Rückschloß", oder auch „englisches Halbschloß" in kurzer Zeit fast allgemeine Anwendung, weil die Gewehre mit diesen Schlössern nicht nur schmäler und leichter, sondern auch für die Hand bequemer waren, und ein Doppelgewehr mit Rückschlössern zudem, weil der Schafthals der ganzen Länge nach an beiden Seiten mit Eisen bekleidet ist, auch dem Laien solider und dauerhafter zu sein scheint, als wenn er sich nur als Holz präsentiert.

Auch später tauchten noch — namentlich bei den Militärwaffen — eigentümliche Perkussionsvorrichtungen auf, von denen wir die Einrichtungen von Console und Augustin erwähnen. Solche Modelle haben jedoch bei Jagdgewehren keinen Eingang gefunden, weshalb wir eine nähere Beschreibung unterlassen.

Eine weitere wichtige Aufgabe war, bei den Schlagschlössern das zufällige Losfallen des Hahnes zu verhindern, was durch allerlei Gesperre versorgt wurde.

Von diesen ist als das gewöhnlichste und bequemste jenes anzuführen, welches, in Form eines Verreibers vor dem Hahn angebracht, gehoben den Hahn ohne Anstand funktionieren ließ; niedergedrückt hat es gleichfalls alle Bewegungen des Hahnes zugelassen, und hinderte ihn nur bei Losschlagen, den Piston und die an diesem aufgesetzte Kapsel zu erreichen.

Ein anderes war das englische Schiebergesperr, welches im Schloßbleche gelagert, bei in die erste Ruh gespanntem Hahn vorgeschoben werden kann, wonach es in den Hahn einfallend jede Bewegung desselben verhindert, und weder das Spannen noch das Fallen des Hahnes zuläßt. — Dieses Gesperr ist weit dauerhafter und verläßlicher als ersteres, und findet man dasselbe auch an manchen Batteriegewehren angewendet.

Die komplizierten selbstthätigen Gesperre, welche dem Hahn nicht anders als nur von der zweiten Rast herabzufallen gestatteten, müssen als eine zwecklose Spielerei bezeichnet werden.

Weit besser bewährte sich das Romershausensche Gesperr, welches den völlig gespannten Hahn nicht losschlagen läßt, so lange das Gewehr nicht in Anschlag genommen, und der Bügelgriff angezogen wurde. Der Bügelgriff ist nämlich nach vorne in einen Hebel verlängert, der ähnlich wie die Schloßstange in die Nuß des Schlosses einfällt, und auch dem bei dem Abdrücken resp. bei gehobener Schloßstange das Losschlagen nicht zuläßt; wird das Gewehr in Anschlag genommen, und dabei der Bügel an den Schafthals angezogen, so wird die Nuß der einen Haltung befreit, und muß dann der Hahn bei gewöhnlichem Abdrücken losschlagen.

Außer eben genannten Verbesserungen in Hinsicht auf die Konstruktion, kommen bei den Vorderladern des XIX. Jahrhunderts auch solche vor, welche teils das Laden erleichtern, teils den Schuß fördern sollten.

Von diesen erwähnen wir die Luftlöcher. Die Schützen erkannten bald, daß bei den Pistongewehren das Geschoß, namentlich die Kugel unvergleichlich schwerer durch den Lauf geht, als bei den Batteriegewehren. Die Ursache lag darin, daß bei dem Batteriegewehre, wenn die Paßkugel samt Pflaster in den Lauf gedrückt wurde, die im Laufe befindliche Luft durch das Zündloch freien Ausgang fand, während bei einem Pistongewehr, wenn der Hahn nicht vorher gespannt wurde, die Luft im Rohre komprimiert wird, und das Niederdrücken des Geschosses erschwert. — Um das Laden zu erleichtern, machten dann die Büchsenmacher an Kugelgewehren die sogenannten Luftlöcher, und zwar auf der Seite der Kammerschraube, nahe am Cylinder. Dieselben wurden wie die Zündlöcher der früheren Batteriegewehre teils mit Stahl, oder mit Gold und später mit Platina gefüllt, und mit einer feinen Nadel durchstochen.

Daß durch die Luftlöcher nicht nur beim Laden die Luft, sondern auch beim Schusse die Pulverkraft Abgang findet, wußten die Büchsenmacher sehr wohl, und trachteten deshalb, sie vor dem Ausbrennen durch erwähnte Gold- oder Platinaverkleidung zu schützen, oder machten, wenn es sich um guten Schuß handelte, nur falsche Luftlöcher, welche nur teilweise durchstochen waren, so daß weder die Luft noch Pulvergase entweichen konnten, um so ihre Kundschaften zu deren eigenem Vorteile zu täuschen.

Der französische Hauptmann Delvigne erleichterte 1828 die Ladung des Kugelgewehres dadurch, daß er statt der Paßkugel eine in den Lauf leicht gehende Kugel benutzte, und durch Anstoßen derselben mittelst Ladstockes gegen den Rand der Kammerschraube, deren Aushöhlung enger als der Durchmesser der Rohrseele war, breiter stauchte, so daß sie die Rohrseele ausfüllen mußte und beim Schusse keine Pulverkraft entweichen ließ.

Das deformierte Geschoß einerseits, und das nicht regulierbare Anstoßen des Ladstockes andererseits beeinträchtigten den Schußerfolg bei diesem System, da die Kugel nicht nur im Fluge, sondern sogar im Rohre sich zu überstürzen anfängt, wodurch der Schußeffekt immer in Frage gestellt wird.

Besser bewährte sich die Idee Thouvenins, welche in den französischen Militärwaffen 1846 verwirklicht wurde, und bald auch bei den Jagdbüchsen Anwendung fand.

Die Erfindung Thouvenins besteht darin, daß in der Kammer ein Stift eingeschraubt ist, welcher auch bei eingeführter Pulverladung über diese vorsteht, so daß die Spitzkugel in den Lauf gebracht und durch den Ladstock niedergestoßen, durch den Stift breiter getrieben wird, sich an die Rohrwände anlegt und das Kaliber ausfüllt.

Gleichwie bei Zündpillengewehren Vorrichtungen gemacht wurden, durch welche das Auflegen der Zündpille erspart werden sollte, machte man auch bei den Pistongewehren gleiche Versuche. Eines der wichtigsten und vollkommensten Kapselmagazine ist unbedingt das von George Henry Manson in England konstruierte, mittelst welchem beim Spannen des Hahnes das abgeschossene Zündhütchen beseitigt und auf den Piston ein neues aufgesetzt wird. Das Magazin besteht aus einer kreisförmigen, um eine Schraube beweglichen Büchse, in welcher ringsherum eine Reihe Zündkapseln liegt, welche von einer Schneckenfeder gegen den Piston gedrückt werden, und bei jeder Hahnspannung einzeln hervortreten. Die Büchse liefert so lange frische Kapseln an den Piston, als sie solche enthält.

Diese und andere ähnliche Magazine haben sich nicht lange erhalten, sondern haben es die Schützen vorgezogen, beim Laden das Zündhütchen separat, und mit der Hand aufzusetzen. Neben diesen Bestrebungen findet man den Gedanken, von rückwärts, also durch die Kammer die Feuerwaffen zu laden, stets wieder, und ist dies eine nicht viel jüngere Idee als die Feuerwaffen selbst, wie denn auch die älteste bekannte Kanone ein Hinterlader ist, und wir überall Versuchen begegnen, nicht nur bei den schweren Geschützen, sondern auch bei den Gewehren das Laden dadurch zu erleichtern, daß man den, auch an dem Kammerende offenen Lauf durch ein bewegliches oder abnehmbares Kammerstückschloß, und das Zündfeuer in gewöhnlicher Art der Pulverladung zuführte, — doch bewährte sich von den unzähligen Versuchen kein einziger derart, daß sich die Methode hätte erhalten können.

Wenngleich die Versuche der früheren Jahrhunderte in ihren Details unbekannt blieben, kann man doch nach den letzten Versuchen, welche im vorigen und in den ersten Jahren des gegenwärtigen Jahrhunderts gemacht wurden, auf die Unannehmlichkeiten der alten Rückladeversuche schließen.

Bei großen Geschützen brachte man sowohl bei der Vorderladung wie auch bei der Hinterladung die Pulverladung in Säcken in das Rohr, wo der Sack mittels eines in das Zündloch gesteckten Instrumentes aufgerissen wurde, damit das Zündfeuer von der Pfanne leicht zu dem Pulver in der Kammer gelangen konnte.

Beschwerlicher war es jedoch bei den Gewehren, wo es nicht leicht möglich war, die Leinwand oder Papierumhüllung durch das enge Zündloch aufzureißen, während bei nicht zerrissener Hülle das Zündfeuer nicht genug Kraft hatte, das Papier augenblicklich durchzubrennen, sondern höchstens das Papier, von den eingedrungenen Funken getroffen, zu glimmen begann, und der Schuß erst nach einigen Augenblicken erfolgte, oder, was noch häufiger vorkam, der Schuß gänzlich versagte. — Am besten bewährte sich das Pulver lose zu laden, wobei der Schuß ebenso schnell erfolgte wie bei der Vorderladung; doch war auch diese Ladungsmethode nicht befriedigend, weil das Pulver bei sehr unnatürlicher Haltung des Gewehres eingeführt werden mußte, und leicht zerstreut wurde, wodurch auch das Verschließen der Kammer erschwert wurde. — Die Schloßart machte in dieser Hinsicht keinen Unterschied, denn die Umstände waren sowohl bei den Luntschlössern wie bei den Rad- und Batterieschlössern immer dieselben, weil die Art der Zündung ein sichreres und schnelleres Abfeuern nicht unterstützte, sondern die Zündung der Pulverladung in allen drei Fällen nur durch einige Funken, welche von der Pfanne in das Zündloch eindrangen, bewirkt werden mußte.

Erst zu Ende des vorigen Jahrhunderts kamen manche Büchsenmacher auf die Idee, den hinten offenen Lauf in der Kammer weiter zu machen, und in diese erweiterte Kammer stählerne oder eiserne Rohrstücke einzupassen. Um das Gewehr zu laden, brauchte man nur den Verschluß zu öffnen und die Stahlpatrone, in welcher Pulver und Schrot bereit waren, in die Kammer einzulegen. Diese Patronen waren ziemlich stark im Eisen und trugen gewöhnlich auf der Seite eine eigene Pfanne mit Batterie, so daß bei dem Einführen der Patrone in den Lauf die Pfanne in einer Ausfeilung des Rohres Platz fand und sich mit der Batterie genau vor den Hahn stellte.

Bei Anwendung dieser Patronen war auch schon das Pfannenpulveraufstreuen erspart, da jede Patrone auch in in dieser Hinsicht voraus fertig war. — Doch waren die Patronen sehr teuer und schwer zu transportieren, so daß in der Jagdtasche nur eine geringe Anzahl fertiger Ladungen Raum finden konnte.

Erst nach Abnahme der Perkussionszündung, welche sehr schnell vor sich ging, so daß in wenigen Jahren die Mehrzahl der in Gebrauch stehenden Batteriegewehre auf Schlaggewehre umgeändert wurde, war es möglich, die alte Idee der Hinterladung praktisch und nachhaltig durchzuführen.

Den Anfang machte der Obrist Pauly in Paris, indem er ein von hinten zu ladendes Perkussionsgewehr konstruierte, dessen Lauf an Achsen ruht und sich in die Höhe drücken ließ, so daß die Patrone von hinten eingeschoben werden konnte. Die Zündung geschieht durch einen Stift in der Längenachse des Rohres. — Auf dieses System, welches 1809 konstruiert wurde, erhielt Pauly 1812 ein Patent. —

1813 tauchen die Systeme auf: Julien Leroy mit seitwärts beweglicher Schwanzschraube, und von Waldahorn mit nach aufwärts beweglicher Kammer.

Was die weiteren Rückladesysteme anbelangt, ist namentlich das von dem Pariser Arzte Robert 1831 erfundene hervorzuheben, weil es bereits für Einheitspatronen (das heißt eine Patrone, welche nicht nur Geschoß und Pulverladung, sondern auch die Zündkapsel enthält), eingerichtet war, wie auch das Davidsche Marinegewehr und die verbesserte französische Wallbüchse zu erwähnen. Doch sind diese Systeme eher für die Historie der Militärwaffen von Interesse als für die Chronik der Jagdgewehre, gleichwie auch der 1832 in Schweden adoptierte Hinterlader Ackersteins, wo der Lauf mit dem Schafte durch ein Scharnier verbunden war, an welchem er zum Laden geneigt werden konnte, welche Idee jedoch erst von dem Pariser Büchsenmacher Lefaucheur zur vollen Geltung gebracht und für Jagdgewehre annehmbar gemacht wurde.

Lefaucheur konstruierte auch eigene Patronenhülsen von Papier, welche sich gut bewährten und im Prinzip sich noch heute erhalten. — Wenn auch langsam, verbreitete sich das neue Hinterladesystem doch und namentlich in den fünfziger Jahren derart, daß gleich wie 20 und 30 Jahre früher die Batteriegewehre auf Perkussionsgewehre umgeändert wurden, man wieder die Vorderlader in Hinterlader nach Lefaucheur transformierte. Doch war es nicht in allen Fällen möglich, weil die passenden Lefaucheurpatronen eine Erweiterung der Kammer beanspruchten, wenn das aus der Patrone tretende Geschoß sofort die Rohrseele ausfüllen sollte, und die Wandstärke der Vorderladerläufe eben in der Gegend der Kammer auf das Minimum beschränkt war und eine merkliche Erweiterung der Kammer nicht zuließ.

Nach Lefaucheur kam das von dem englischen Gewehrfabrikanten Lancaster konstruierte Hinterladungssystem auf, bei welchem die Läufe nicht wie bei dem Lefaucheurgewehr am Scharnier sich neigten, sondern beim Aufdrehen der Kurbel vorgeschoben wurden, und dann erst sich am Scharnier neigten. Der Verschluß war freilich solider, die Behandlung jedoch viel umständlicher, als bei dem System Lefaucheur, weil sich die Läufe nicht nur an den Stoßboden anlegten, sondern gegen denselben gedrückt wurden und, in schließender Lage durch die Laufhaken an den Verschlußkasten angezogen, sich auf keine Seite verschieben oder rühren konnten.

Außerdem war auch die Zündungsmethode eine andere. Während Lefaucheur das Zündhütchen innerhalb der Patrone in der Mitte des massiven Patronenbodens plazierte und dasselbe durch das Anschlagen des Hahnes an einen ebenfalls im Patronenboden seitwärts liegenden Zündstift zünden ließ, benützte Lancaster die von Daw konstruierte Patrone mit in der Mitte des Hülsenbodens eingedrückter Zündkapsel, welche, durch einen im Stoßboden gelagerten Zündstift gezündet, das Feuer mitten in die Pulverladung lieferte.

Auch ist das sogenannte Schnelladesystem (von Daw) anzuführen, welches in den fünfziger Jahren weniger neu, als eher durch Umarbeitung der Vorderlader erzeugt wurde. Bei diesem System werden die Läufe durch Drehung eines Hebels von dem Stoßboden vorgeschoben, wonach sie sich gleich wie bei dem Originallancaster neigen. — Die Schnelladegewehrpatrone war von gewöhnlichem Papier gerollt und enthielt die ganze Ladung von Pulverschrot und Pfropfen, welche man daher auf einmal in die Kammer einführen konnte; der Stoßboden war mit gewöhnlichen Pistons versehen, auf welche in gewöhnlicher Weise Zündhütchen aufgesetzt wurden. Beim Abfeuern mußte das Zündfeuer die Papierhülle durchdringen, um das Pulver zu erreichen. —

Auf dieselbe Art, wie die Läufe der Schnellladegewehre, wurden auch die Rohre der Zündnadeldoppelgewehre durch Aufdrehen des Schlüssels vorgeschoben und geneigt, wobei jedoch auch die Schlösser selbstthätig gespannt wurden. Bei den Zündnadeldoppelgewehren, deren zwei wichtigste Modelle von den Firmen Dreyse in Sömmerda und Teschner in Frankfurt a/O. stammen, war die durch einen Nadelstich sich zündende und von J. N. Dreyse, dem Konstrukteur des preußischen Zündnadelgewehres, erfundenen Masse auch für Jagdgewehre verwertet, und zwar behielt Dreyse auch für Jagdpatronen die beim preußischen Gewehre angewendete Patroneneinrichtung, indem er auch bei diesen den mit der Zündpille versehenen Treibspiegel auf die Pulverladung setzte und die Nadel behufs Zündung die ganze Pulverladung durchdringen ließ. Teschner klebte die Zündmasse am Patronenboden, in einem von Papier gerollten Käppchen fest, und ließ dadurch die Ladung von hinten anfeuern, während Dreyse von vorne zündete. —

Der Unterschied der Zündung hat auch einen praktischen Wert, bei diesen zwei Systemen ist jedoch ein wirklicher Vorteil schwer zu finden. — Die Anhänger der Dreyseschen Zündung behaupten, daß bei gewöhnlicher Zündungsart, wo das Feuer der Pulverladung von hinten zugeführt wird, zuerst die hintersten Pulverschichten sich in die Gase verwandeln, das übrige Pulver jedoch mit dem Geschoß vorgeschoben wird, und, nur langsam abbrennend, zum großen Teile unverbrannt zur Rohrmündung heraustretend, kurz vor dem Laufe zwecklos zur Erde fällt, was man am frischgefallenen Schnee am besten erkennen könne. Werde das Pulver aber von vorne gezündet, so sehe man bei Schnee kein unversehrtes Pulverkorn. Daraus schließen dieselben, daß eben diese Zündungsart die richtige ist, weil alles Pulver im Laufe verbrennen muß, und daher die Pulverkraft vollkommen ausgenützt wird. Dem ist aber nicht so, denn wenn auch nicht bestritten werden kann, das alles Pulver im Rohre verbrennen muß, so ist doch festgestellt, daß ein merkliches Pulverquantum im Rohre zurückbleibt, und wenn das Geschoß bereits aus dem Rohre getreten ist, noch in der Kammer zwecklos nachbrennt und Rückstand ansetzt, während bei ersterer Zündungsmethode die meisten Rückstände mit herausfliegen, und die Kammer nicht verunreinigen. —

Alle diese voraufgeführten Systeme erhalten sich, wenn auch unzähligemal abgeändert und verbessert, noch heute, und werden immer noch Abänderungen und Verbesserungen an denselben gemacht, so daß gegenwärtig zur Bezeichnung eines „Systems" bei Jagdgewehren nicht nur die Zündungsart, sondern auch die „Konstruktion des Verschlusses" maßgebend sind. Im Allgemeinen versteht man heute unter dem System Lefaucheur nichts mehr, als ein Gewehr, aus welchem mit Lefaucheurpatronen geschossen werden kann; als Lancastergewehr wird jedes Jagdgewehr bezeichnet, welches gewöhnliche Perkussionsschlösser trägt und Patronen mit in der Mitte des Bodens plaziertem Zündhütchen erfordert. Als Zündnadelgewehre bezeichnen viele Schützen solche Hinterlader, zu welchen weder Lefaucheur noch Lancasterpatronen gebraucht werden können, namentlich aber Gewehre ohne Hähne, weil sowohl das Dreysesche wie auch das Teschnersche System keine Hähne hat.

Unvergleichlich mehr als die Jagdgewehrsysteme mehrten sich die Systeme, welche für den Kriegsgebrauch bestimmt waren, doch fanden, wie es nicht anders sein konnte, nur wenige Gnade vor dem Herrn, und wurden dann, wenn auch nur ausnahmsweise, außer zu Militärgewehren auch als Scheiben- und Standbüchsen- und noch seltener als Birschbüchsensysteme verwendet.

Von diesen muß in Deutschland und mit Rücksicht auf die letzten Jahre an erster Stelle das System Mauser, welches für die Gewehre der Reichsarmee 1871 gewählt wurde, genannt werden, während in Österreich das Werndlsystem häufiger als andere vorkommt. Die meiste Beliebtheit finden jedoch — weil in allen Ländern — die Fallblocksysteme, nach der Art des Henry Martinigewehres. —

Die Gewehre dieser Arten haben einen im Schafte festliegenden Lauf, welcher also zum Laden nicht geneigt werden kann, sondern durch einzigen Handgriff hinten geöffnet wird, so daß man die Patrone einführen kann. Den Verschluß der Kammer besorgt entweder ein in der Verschlußhülse verschiebbarer Verschlußkolben, oder enthält das Verschlußgehäuse einen Eisenblock, welcher den Verschluß bildet und entweder durch den als Hebel dienenden Abzugbügel gesenkt, oder durch anderen bequemeren Handgriff von der Kammer gehoben werden kann.

Die meisten der heutigen Militärgewehrsysteme sind so eingerichtet, daß durch das Öffnen der Kammer auch schon das Schloß gespannt wird, und wird außerdem bei allen, ohne Ausnahme, auch die abgeschossene Patronenhülse selbstthätig ausgeworfen. Der Schütze braucht also nicht mehr, als den Verschluß zu öffnen, die neue Patrone einzulegen und zu schließen, um das Gewehr schußfertig zu machen. —

Gegenwärtig sind alle diese Gewehre für massive Metallpatronen eingerichtet, welche bei ihrer etwas konischen Form beim Öffnen des Verschlusses durch den Anstoß des Auswerfers aus der Kammer beseitigt werden.

Mit Rücksicht darauf, daß bei den Birschgewehren immer noch andere als Militärgewehrsysteme vorwiegend benutzt werden, namentlich dieselben Systeme, welche auch für Doppelgewehre verwendbar sind, unterlassen wir eine nähere Beschreibung dieser Systeme, und beschränken uns auf die nähere Besprechung der Jagdgewehre der Gegenwart im nachstehenden Artikel.

Die Jagdgewehre der Gegenwart.

Nicht geschossen, ist auch gefehlt.

Lassen wir die Jagdwaffen der Gegenwart mit denen früherer Zeiten in Parallele treten, so zeigen die heutigen im Vergleich zu jenen ein sehr kompliziertes Bild. Während in früheren Jahrhunderten außer der Schieß- und der Seitenwaffe nur die Armbrust, in späterer Zeit auch Radschloßgewehre auf der Jagd vorkommen, wird dann beides durch die Steinschloßgewehre verdrängt, welche erst im zweiten Dezennium des XIX. Jahrhunderts dem Perkussionsgewehre weichen, welches ungemein schnelle Verbreitung findet, so daß in kurzer Zeit die Schlagschloßgewehre mit den Batteriegewehren gleichmäßig auf Jagden erscheinen.

Noch bevor das Schlagsystem das ganze Feld zu beherrschen Zeit hatte, tauchte aber schon die Hinterladung auf, welche zwar langsam, aber sicher einherging, um die Vorderladung ohne Rücksicht auf die Zündungsart zu verdunkeln und zu verdrängen. Heutzutage werden die Vorderlader nur noch ausnahmsweise meist als billigste Ware erzeugt.

Das an Alter nächstfolgende System Lefaucheur wird ebenfalls immer seltener, was aber weniger wegen etwaiger Vorteile anderer Zündungsarten, als lediglich deshalb geschieht, weil die Centralzündung modern ist, und manche Abarten derselben wieder in sehr auffallender Weise dem Schützen angetragen werden.

Das Übergewicht hat bei den heutigen Jagdgewehren die Zündungsart nach Lancaster, d. h. mit Papppatronen mit festem Boden, in deren Mitte die Kapsel liegt. — Doch hat sich das Originallancastersystem nicht erhalten, und erlitt vielfache Verbesserung.

So wurde z. B. bald eingesehen, daß das Vorschieben der Rohre in der Baskule beim Öffnen nicht nur unbequem ist, sondern auch die Konstruktion nicht dauerhaft macht, weil einzelne Teile bald abgewetzt werden. — Es wurde deshalb auch für die Lancastergewehre das einfache Scharnier der Lefaucheur-Baskulen angenommen.

Weitere Änderungen bezogen sich auf die Einrichtung der Zündstifte. Die Lancasterstifte, welche nicht vorgestoßen, sondern durch die Hahnenbrust nur vorgeschoben wurden, erforderten sehr starke Schlagfedern, wenn bei nur geringer Verunreinigung der Stifte die Versager vermieden werden sollten.

Man suchte auch das automatische Zurücktreten der vorgedrückten Stifte durch kleine Federn zu bewirken, wobei aber die Wirkung der Schlagfeder noch bedeutend geschwächt wurde, und bewährten sich auch andere meist ziemlich komplizierte mechanische Vorrichtungen, durch welche der Stift beim Hahnspannen zurückgezogen werden sollte, entweder gar nicht oder nicht dauernd.

Mehr Glück hatten die zur Rohrachse schräg stehenden Stifte, nach der Art des Zündstiftes am englischen Snidergewehr, welches auch in der französischen Armee als „système à la tabatière" Eingang gefunden hat.

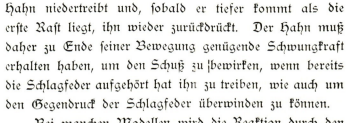

Ein Zündstift nach Snider wird nicht durch die Hahnenbrust vorgeschoben, sondern durch einen Schlag des Hahnenkopfes vorgestoßen, welcher Umstand eine weit schwächere Schlagfeder gestattet, wodurch das Spannen sehr merklich erleichtert wird. — Außerdem wird der Snidersche Zündstift, wenn nach dem Schusse der Hahn in die erste Rast gespannt wird, zugleich durch eine ihn in der Bohrung umgebende schwache Spiralfeder zurückgedrückt, so daß er nicht mehr an der Patrone liegt, daher die Läufe im Neigen an dem Baskulscharnier nicht hindert.

In den letzten Jahren ist auch die kleine Spiralfeder weggelassen, und liegt der Zündstift in seinem Lager ganz frei beweglich; eine kleine Stellschraube ist genügend, um die Bewegungen des Stiftes zu regulieren und das Ausfallen desselben zu verhindern. Früher und zur guten Hälfte noch jetzt wird die Stellschraube durch eine gebohrte Schraube ersetzt, welche von den Sniderstiften vererbt wurde.

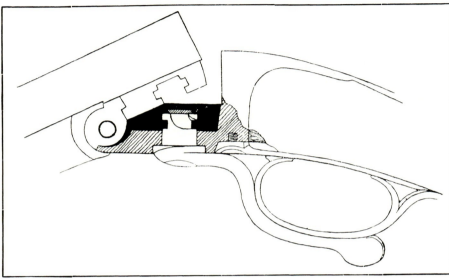

Fig. 1.

Auch sind die vielfachen Versuche zu erwähnen, durch welche sowohl bei Lancaster- wie bei Lefaucheurgewehren dem Jäger das Spannen des Hahnes in die erste Rast erspart werden sollte. Das automatische Heben der Hähne wurde gewöhnlich durch den Verschlußhebel oder einen mit diesem verbundenen Konstruktionsteil verrichtet, indem dieser entweder direkt die Nuß treffend sie bei der zum Öffnen erforderlichen Bewegung in die erste Rast hebt, oder dasselbe durch den Druck an einem eigens zu diesem Zwecke angebrachten Hebel verrichtet wird. Bei Lefaucheurgewehren kommen auch Einrichtungen vor, wo bei der Bewegung des Verschlußhebels an der Baskule zwei Stifte austreten, welche die Rückbewegung der Hähne bewirken.

Von diesen Versuchen bewährten sich nur wenige vollkommen, weil das Überwinden der beiden Schlagfedern die Öffnungsbewegung bedeutend erschwerte. Gegenwärtig finden die vor wenig Jahren erfundenen Reaktionsschlösser eine immer weitere — beinahe allgemeine — Verbreitung, und machen andere mechanische Vorrichtungen gänzlich überflüssig. Bei diesen Schlössern schlägt der Hahn nach dem Abdrücken in gewöhnlicher Art an den Zündstift, wonach er sofort wieder zurückspringt, so daß die Stange in die erste Rast fallen kann.

Die Art, wie das Zurückspringen des Hahnes bewirkt werden soll, hat eine Menge Konstruktionen hervorgerufen; bei den meisten ist es die Schlagfeder selbst, welche den

Hahn niedertreibt und, sobald er tiefer kommt als die erste Rast liegt, ihn wieder zurückdrückt. Der Hahn muß daher zu Ende seiner Bewegung genügende Schwungkraft erhalten haben, um den Schuß zu bewirken, wenn bereits die Schlagfeder aufgehört hat ihn zu treiben, wie auch um den Gegendruck der Schlagfeder überwinden zu können.

Bei manchen Modellen wird die Reaktion durch den Stangenschnabel bewirkt, am besten bewähren sich meist wegen ihrer Einfachheit Schlösser, wo sowohl die Schlagfeder wie auch der Stangenschnabel reagieren, und demzufolge das Schloß auch bei einiger Verunreinigung verläßlich fungieren muß.

Weitere Verschiedenheiten findet man an der Verschlußeinrichtung. —

Während bei den Lancastergewehren durchgehends die Baskule mit einfachem Scharnier angenommen wurde, sind doch die Vorrichtungen zum Festhalten der Läufe in derselben sehr verschieden. —

Der nach vorn liegende Hebel der alten Lefaucheurgewehre mit der zweifach eingreifenden Nuß hat sich trotz seiner Vorteile überlebt, und ist ihm zunächst das neue „System Anglais", welches wir in Fig. 1 wiedergeben, anzuführen, bei dem die Läufe durch die Nuß ebenso fest an die Baskule angezogen werden. Der Schlüssel oder Hebel liegt hier nicht nach vorn, sondern am Bügel, wird aber gleich wie der nach vorn liegende behufs Öffnung zur rechten Seite gedreht. Die Haltung ist bei diesem System eine so solide, daß besseres nicht zu wünschen ist, kann aber nur bei feiner Ware verwendet werden, weil nur gediegene Arbeiter und auch diese mit großer Vorsicht an diesem System, wenn es wirklich gut sein soll, arbeiten müssen.

Die meiste Verbreitung haben jetzt die Schiebersysteme, wo die Läufe mit ihren Haken durch einen Sperrschieber in dem Verschlußkasten festgehalten werden, welcher, wenn man die Läufe zuschlägt, in die entsprechenden Einfeilungen, durch eine Feder gedrückt, einschnappt, und sie vor möglicher Neigung am Scharnier sichert. Um das System zu öffnen, braucht nur der Verschlußschieber zurückgezogen zu werden, wonach sich die Läufe infolge des vorderen Übergewichtes am Scharnier neigen. Eben dieses Zurückziehen des Verschlußschiebers hat zu den verschiedensten Konstruktionen Anlaß gegeben. — Wenn ein Konstrukteur den Schieber durch einfaches Andrücken des beweglichen Vorderteiles des Abzugbügels zurückziehen ließ (Prager-System), brachte der andere einen am Bügel liegenden Hebel an, der, um den Schieber zurückzuziehen, vorgedrückt werden mußte. Wieder andere brachten den Hebel auf der Scheibe (Baskulschweif) an und mußte dieser behufs Öffnung am Schafthalse gehoben werden (Westley-Richard).

An der Seite unter dem Hahn liegende Hebel zu gleichem Zwecke — sogar bei ziemlich gleicher Einrichtung — folgten den obengenannten. Doch sind die Büchsenmacher und auch die Jäger selbst bisher nicht einig darüber, ob der Hebel unter dem rechten oder unter dem linken Hahn liegen soll. Die einen behaupten, daß der rechtsliegende Hebel dieser Art in vielen Fällen geniert, und auch nicht bequem ist, die anderen sagen dagegen, daß der linksliegende Hebel dem Zwecke nicht entspricht, weil bei dem Schnellfeuer die alten Patronen durch die linke Hand beseitigt werden müssen, und wenn die Rechte einmal das Gewehr hält, auch das Einführen neuer Patronen der Linken zu besorgen bleibt. — Wir wollen in dieser Hinsicht weder das eine noch das andere als besser erklären, indem hier auch die Gewohnheit eine Rolle spielt, und daher mancher Schütze besser mit dem Gewehre auskommen wird, wenn er den Hebel rechts hat, was wieder dem anderen minder entspricht. Wegen seiner eigentümlichen Krümmung hat dieser Hebel den Namen Schlangenhebel erhalten.

Sehr beliebt ist gegenwärtig der vom Engländer Scott zuerst verwendete und nach ihm genannte Hebel. Der Scotthebel liegt am Schafthalse zwischen den Hähnen, seine Achse, um welche er teilweise drehbar ist, nahe bei den Läufen. Der Hebel kann sehr bequem zur rechten Seite gedrückt werden, wodurch der Verschlußschieber gleich wie bei obenerwähnten Systemen zurückgezogen wird.

Der Scotthebel wird in den meisten Fällen zugleich mit dem sogenannten zweifachen oder dreifachen Verschluß verwendet. —

Während früher der Verschlußschieber nur einfach in die Laufhaken einschnappte und so den Läufen in dem Verschlußkasten neben dem Scharnierstift eine zweite solide Haltung bot, schnappt er bei dem zweifachen Verschluß an zwei Stellen in die Ausfeilungen der Laufhaken, was dem Laien wohl meistens imponieren wird. Wenn diese Einrichtung auch weit solider und verläßlicher zu sein scheint, ist die Solidität und Dauerhaftigkeit doch dieselbe wie bei dem einfach einschnappenden Schieber, weil in diesem Falle — wenngleich der Schieber an beiden Stellen nach dem Einschnappen verläßliche Haltung bieten würde, die Erschütterung beim Schusse sehr bald die vordere, dem Scharnier sehr nahe Haltung lockern müßte, weshalb die Büchsenmacher stets die meiste Sorgfalt der rückwärtigen Haltung widmen.

Bei dem dreifachen Verschluß finden die Läufe außer dem doppelt einschnappenden Verschlußschieber in der Baskule noch einen weiteren Halt, indem die Visierschiene nach hinten verlängert ist, und bei entsprechender Formung sich in eine Vertiefung der Scheibe einhängt; oder die Verlängerung ist ganz glatt gefeilt und paßt in eine Ausfeilung am oberen Rande des Verschlußkastens, wo in ihre Ausbohrung ein Stift einfällt und so den Läufen den dritten Halt bietet. — Der einschnappende Stift sichert die Läufe vor der Neigung am Scharnier, doch nicht so verläßlich wie der in die Haken eingreifende Verschlußschieber. Sonst hat der dritte Halt den Zweck, mehr die Läufe und den Stoßboden zusammenzuhalten, und so die Abbiegung auch einer im Eisen schwächeren Baskule zu verhindern.

Nach diesem glauben wir die weitere Aufmerksamkeit auf das von Herrn H. Pieper in Lüttich in den Handel gebrachte Dianagewehr lenken zu sollen.

Es ist nur billig, wenn wir diesem Gegenstande, der auf der internationalen Jagdausstellung mit den höchsten Preisen prämiiert wurde, und auch bei dem Konkurrenzschießen den Lorbeer erhielt, eine eingehendere Behandlung widmen.

Das Dianagewehr ist ein gewöhnliches Central-Doppelgewehr mit zweifachem oder dreifachem Verschluß, Seitenschlössern mit Reaktion, und englischem — d. h. backenlosem — Schaft mit Pistolengriff (vergl. Fig. 2 u. 3).

Trotzdem es den Jägern und auch vielen Gewehrerzeugern unglaublich erscheint, sind sämtliche Bestandteile des Dianagewehres mit Maschinen erzeugt, und die Handarbeit auf ein Minimum beschränkt.

Die Läufe sind mit der Maschine gebohrt, eine Hobelmaschine hat sie äußerlich geebnet und ihre Wandstärke

Fig. 2.

egalisiert. Die Baskule geht vom Schmied in die Maschinenhalle, wo sie von einer Maschine auf die andere gehend, ohne Meißel und Feile fertig gestellt wird, und werden sogar die Schlösser an einer Maschine in den Baskulblock eingelassen — oder eher eingepaßt. — Die Schloßteile sind Maschinenarbeit, so daß dem Schloßmacher beinahe nur das Zusammensetzen der Teile übrig bleibt. — Der Schaft wird mit einer Maschine aus dem Brett geschnitten, eine zweite gibt ihm die Länge — die dritte bereitet ihn für die Kopierdrehbank, an welcher er ziemlich in die Form eines Schaftes verarbeitet wird, wonach ihn eine zweite Kopierdrehbank gänzlich fertig stellt. — Scheibe, Schlösser, Garnitur werden in den Schaft durch Maschinen eingelassen, gleichwie auch der Vorderschaft (Schiffel) mit Maschinen erzeugt und mit den Eisenteilen durch Maschinen zusammengefügt wird. —

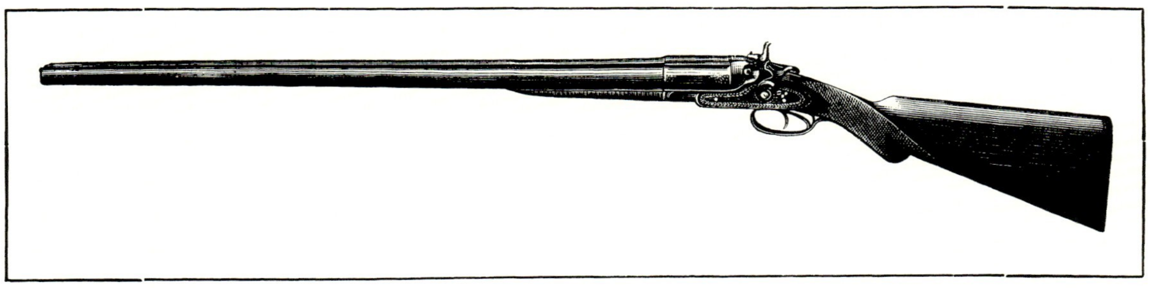

Besonders zu erwähnen ist die neue Art der Verbindung der Doppelläufe, welche Herr Pieper 1881 patentieren ließ und an seinem Dianagewehr mit Vorteil verwertete.

Während bei gewöhnlicher Verbindung die beiden, ursprünglich cylindrischen Läufe behufs Zusammenpassen an einer Seite geschwächt werden müssen, gar häufig sogar auch gebogen werden, damit die Konvergenz der verlängerten Rohrachsen verringert wird, läßt Herr Pieper die beiden Rohre cylindrisch und unverbogen, indem er die Verbindung der beiden am rückwärtigen Ende durch eine Doppelhülse, und am Mündungsende durch einen Doppelring erzielt. Sowohl die Doppelhülse, wie auch der Ring sind in fig. 4 u. 5 in zwei Ansichten dargestellt.

Die beiden Läufe werden in die Doppelhülse, die vorher in den Verschlußkasten (Baskule) eingepaßt wurde, von hinten eingeführt, und vorne durch den Doppelring verbunden. Schließlich werden die beiden Rohrschienen angelegt, mit Schrauben befestigt, und sämtliche Teile bei unbedeutender Erwärmung zusammengelötet.

fig. 6 zeigt die im Verschlußkasten eingepaßte Doppelbüchse. Der Kasten ist gleich den Rohren durch Maschinen hergestellt.

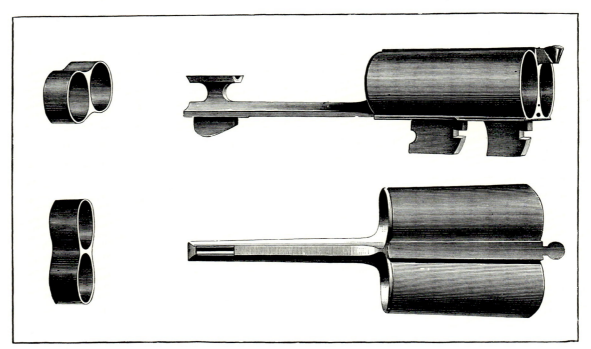

Fig. 3.

Fig. 4 und 5.

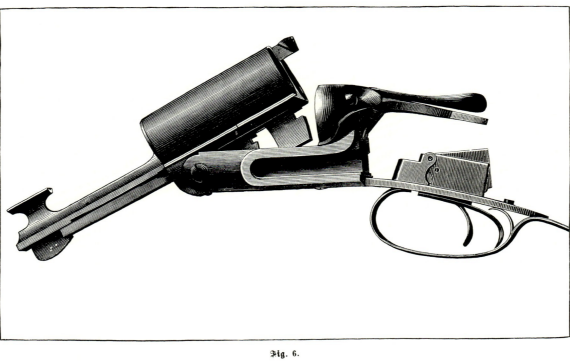

Fig. 6.

Die Gruppe fig. 7 bietet die Ansicht verschiedener Bestandteile des Dianagewehres, und zwar No. 1 bis 9 die Schloßteile, No. 10 den Zündstift, 11, 12, 18 und 19 die Teile der Abzugvorrichtung, 13 bis 16 Verschlußteile, 17 und 20 den Patronenzieher, 21 die Vorderschaftklappe, 22 bis 28 verschiedene Schrauben.

Fig. 8 bietet die Ansicht des kompletten Schlosses, wie einzelne Teile durch die Maschinen fertig gestellt werden. — Fig. 9 zeigt die Kolbenkappe des Gewehres, welche, von Hartgummi gepreßt, das Bild der Jagdgöttin und den Namen des Erfinders trägt.

In dem Pieperschen Etablissement stehen ca. 400 Maschinen, deren Bewegung eine Dampfmaschine von sechzig Pferdekräften besorgt. — Bedient werden die Maschinen von hunderten von Arbeitern — während andere Arbeiter in drei Etagen des geräumigen Hauses solche Arbeiten besorgen, welche durch Maschinen nicht verrichtet werden können.

Die im Pieperschen Etablissement aufgestellten Maschinen arbeiten vollkommen selbstthätig, so daß der Arbeiter das Arbeitsstück nur an die Maschine zu befestigen und die Maschine in Bewegung zu setzen braucht. — Eine besondere Erwähnung verdient aber, gleich vielen anderen vom Fabrikanten konstruierten Maschinen, die Ziehmaschine für Choke-rifle, welche nicht nur vollkommen selbstthätig arbeitet, die Rohrseele mit Rinnen, und am Mündungsende mit einer Verengung versieht, sondern sogar wenn der Lauf fertig ist, den Arbeiter durch ein Signal davon benachrichtigt, wonach dieser den fertigen Lauf abnimmt und einen anderen an die Maschine befestigt.

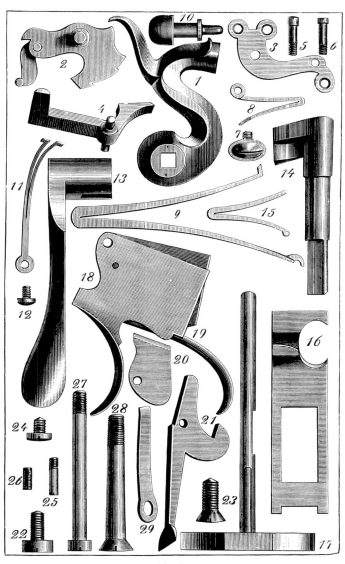

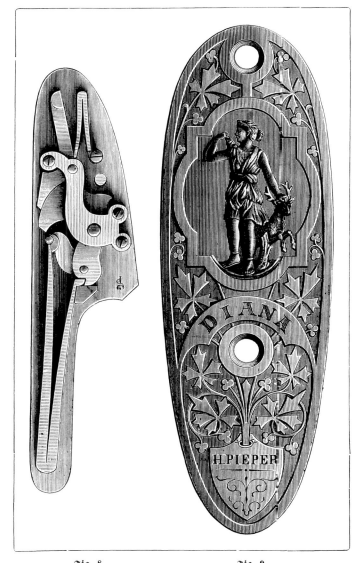

Fig. 7.   Fig. 8.   Fig. 9.

Das von Pieper erfundene Choke-rifle ist die Verbesserung einer amerikanischen Erfindung, des sogenannten „Choke-bore", was solche Läufe bezeichnet, deren Rohrseele genau cylindrisch gebohrt und an der Mündung verengt ist. Durch die Verengung wird das Projektil beim Schusse in seiner Bewegung plötzlich aufgehalten, dadurch dem Pulver mehr Zeit zur Verbrennung gelassen, so daß das Geschoß, nachdem die Pulverkraft das Hindernis überwunden hat, mit gesteigerter Geschwindigkeit seinen Flug antreten muß.

Pieper verbesserte die amerikanische Neuerung zuerst durch seinen Konzentrator, der, in die Mündung eines cylindrisch gebohrten Laufes geschraubt, oder eingelötet, diesen auch als Choke=bore gebrauchen läßt. Der Konzentrator ist ein dünnes Stahlröhrchen, welches, in die Bohrung des Laufes eingeführt, sich an die Rohrwände an allen Seiten fest anlegt. Seine Bohrung ist etwas konisch, so daß der Pfropfen aus der cylindrischen Laufbohrung in das Würgeröhrchen oder Konzentrator ganz leicht treten kann und erst hier aufgehalten wird.

In dem Choke=rifle gelang es Herrn Pieper die Vorteile der beinahe schon vergessenen, mit Sternzügen (gerade laufenden Zügen) versehenen Rohre mit denen des Choke=bore zu vereinigen. — Die geradegezogenen Schrotrohre schießen bekanntlich bedeutend schärfer, daher enger und weiter, als die glatten, weil der Pfropfen eine viel größere Reibungsfläche findet und deshalb mehr Pulver verbrennen läßt.

Bei dem Choke=rifle hat der Erfinder zu den geraden Zügen noch die Verengung an der Mündung beigefügt, was er durch am Mündungsende seichtere Züge erreicht, wobei aber die erhöhten Stellen zwischen den Zügen der ganzen Rohrlänge nach gleiche Höhe behalten und aus dem Rohre auch die Kugel zu schießen gestatten.

Bericht

der Jury der Internationalen Jagdausstellung über die Ausstellung der mechanischen Gewehrfabrik H. Pieper in Lüttich auf der Internationalen Jagdausstellung zu Cleve 1881.

Die mechanische Gewehrfabrik H. Pieper hat in dem Hauptportal des Dianapavillons die Fabrikation des ganz und in allen Teilen durch Maschinenarbeit hergestellten „Dianagewehrs" in umfassender Weise zur Anschauung gebracht. Für die Beurteilung dieser Ausstellung sind:
a) Die Konstruktion der Gewehrläufe,
b) Die Fertigstellung des ganzen Gewehrs auf maschinellem Wege,
c) Die Schießtüchtigkeit des Dianagewehrs
maßgebend gewesen.

a) Konstruktion der Gewehrläufe.

Zur Erreichung eines gleichmäßigen Schusses aus jedem Laufe eines Jagdgewehrs ist, neben einer gleichmäßigen Arbeit des Einzellaufes, ein Verbinden der Läufe ohne jede Difformation notwendig. Die Firma Pieper hat deshalb das Verfahren der Kupferzusammenlötung im Feuer, sowie das Garnierens mit der Feile — alles Handarbeit — als Grundursache der meisten Lauffehler vermieden und die Läufe wie folgt verbunden. Die beiden Einzelläufe sind am Kammerende durch eine Doppelhülse, an der Mündung durch einen kleinen Doppelring verbunden und mit Schienen verschraubt, mit Zinn leicht verlötet, um das Eindringen von Feuchtigkeit zu verhindern. Die Kammerhülse ist mit dem Verschluß und dem Vorderschafthaken aus einem Stücke gearbeitet und bildet, durchaus unabhängig von den einzelnen Läufen, den Verschlußmechanismus. Der Hauptvorteil dieser Konstruktion liegt darin, daß die Lauffabrikation sich auf die vollkommenste Ausbildung aller guten Eigenschaften des Einzellaufs zu beschränken hat und letztere nach der Verbindung durchaus keiner Nacharbeit bedürfen.

b) Fertigstellung des Gewehres auf maschinellem Wege.

Das „Dianagewehr" ist in allen Teilen durch Maschinenarbeit hergestellt und hat die Fabrik die einzelnen Gewehrteile in den verschiedenen Stadien der maschinellen Bearbeitung ausgestellt. Die erzielte Präcision der Arbeit und Auswechselbarkeit aller Bestandteile ist durch die Ausstellung der demontierten und durcheinander gemischten Teile von fünf Gewehren dargestellt, aus welcher jeder, ohne gerade Fachmann zu sein, leicht ein Gewehr zusammenstellen kann. Die Fabrik hat dadurch bewiesen, eine wie genaue, saubere und gleichmäßige Arbeit sie zu leisten vermag und hat durch diese Auswechselungsfähigkeit der Bestandteile dem Gewehre einen neuen Vorzug gegeben.

c) Schießtüchtigkeit.

Bei den in der ersten Hälfte des Monats August abgehaltenen Schießübungen legte die Fabrik der Konkurrenz vier Gewehre vor, an welchen die Patronenkammern noch nicht ausgebohrt waren und mit welchen daher noch nicht geschossen sein konnte. Die Konkurrenz wählte daraus ein Gewehr für die Schießversuche. Nachdem die Kammer auf dem Schießplatze ausgebohrt, erzielte dieses Gewehr auf sämtlichen verschiedenen Distancen, sowohl in Bezug auf Durchschlag, als auch auf Deckung die besten Resultate. Die Haltbarkeit der aus dekarbonisiertem Stahl gefertigten Läufe hat Fabrikant durch in Lüttich ausgeführte offizielle Proben bewiesen, für die Trefffähigkeit liefern die hier erzielten Schießresultate einen sicheren Anhalt. Der Preis des Gewehres beträgt nur 200 Mark.

Das Urteil der Jury, gestützt auf vorstehende verschiedene Thatsachen, geht dahin:

Daß die Firma H. Pieper in Lüttich in dem Dianagewehre eine Jagdwaffe geschaffen hat, die bei genauer, sauberer und gleichmäßiger Arbeit, bei bestem Schuß und einem bescheidenen Preise Vorzug vor allen bestehenden Systemen bietet, und hat die Jury im Einverständnis mit dem Staatskommissar, Herrn Oberforstmeister Freiherrn von der Reck, dem Fabrikanten H. Pieper für seine durch das Dianagewehr bekundeten Leistungen auf dem Gebiete der Jagdwaffen=Fabrikation die von

Sr. Majestät dem deutschen Kaiser

der Ausstellung allergnädigst verliehene einzige „Große goldene Staatsmedaille" als höchste Auszeichnung zuerkannt.

Cleve, den 1. September 1881.

Die Jury der Internationalen Jagdausstellung

R. Corneli.
Ed. van Hoboken van Oudelande.
Max Graf Loë Wissen.
Freiherr A. A. Steengracht=Moyland.
C. Schillings, Provinzialvorstand des Jagdschutzvereins für die Rheinprovinz.
von Weiler, Königl. Oberförster.

Nach dieser eingehenden Besprechung des maschinellen Piepergewehres erscheint es angezeigt, einer Gewehrfabrik auf deutschem Boden Erwähnung zu thun, welche sich die gleiche Aufgabe, „ein Gewehr komplett maschinell herzustellen", gestellt hat. Es ist dies die im Jahre 1751 in Suhl gegründete Gewehrfabrik von J. P. Sauer & Sohn. Es werden dort auch die Gewehrteile mittelst Maschine aus dem Rohmateriale so weit fertig gestellt, daß zur gänzlichen Vollendung nur wenige Handleistungen mehr erforderlich sind. Höchst interessant ist es, dem Laufe der Fabrikation zuzusehen. Da wird zuerst in der Rohrschmiede das Rohmaterial, kohlenstoffarmer Gußstahl, im Feuer erhitzt, sodann unter gewaltigen Hämmern, welche durch Wasserkraft bewegt werden, rund geschmiedet, und die Rohre so für die Bohrmaschine vorbereitet. In der Gesenkeschmiede werden sämtliche Gewehrteile, mit Ausnahme des Laufes, in die betreffende Form geschmiedet, oder auch gestanzt (z. B. die Schloßteile) und so für die Fraismaschine vorbereitet. Nun geht es an das Ausbohren der

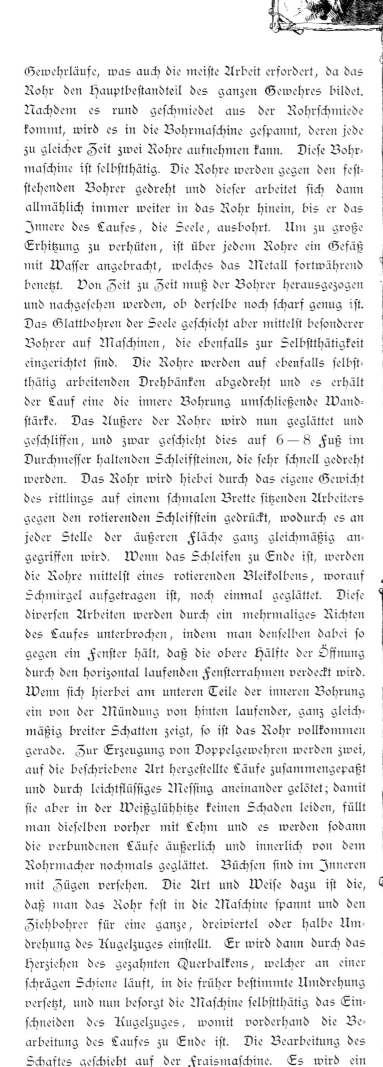

Gewehrläufe, was auch die meiste Arbeit erfordert, da das Rohr den Hauptbestandteil des ganzen Gewehres bildet. Nachdem es rund geschmiedet aus der Rohrschmiede kommt, wird es in die Bohrmaschine gespannt, deren jede zu gleicher Zeit zwei Rohre aufnehmen kann. Diese Bohrmaschine ist selbstthätig. Die Rohre werden gegen den feststehenden Bohrer gedreht und dieser arbeitet sich dann allmählich immer weiter in das Rohr hinein, bis er das Innere des Laufes, die Seele, ausbohrt. Um zu große Erhitzung zu verhüten, ist über jedem Rohre ein Gefäß mit Wasser angebracht, welches das Metall fortwährend benetzt. Von Zeit zu Zeit muß der Bohrer herausgezogen und nachgesehen werden, ob derselbe noch scharf genug ist. Das Glattbohren der Seele geschieht aber mittelst besonderer Bohrer auf Maschinen, die ebenfalls zur Selbstthätigkeit eingerichtet sind. Die Rohre werden auf ebenfalls selbstthätig arbeitenden Drehbänken abgedreht und es erhält der Lauf eine die innere Bohrung umschließende Wandstärke. Das Äußere der Rohre wird nun geglättet und geschliffen, und zwar geschieht dies auf 6—8 Fuß im Durchmesser haltenden Schleifsteinen, die sehr schnell gedreht werden. Das Rohr wird hiebei durch das eigene Gewicht des rittlings auf einem schmalen Brette sitzenden Arbeiters gegen den rotierenden Schleifstein gedrückt, wodurch es an jeder Stelle der äußeren Fläche ganz gleichmäßig angegriffen wird. Wenn das Schleifen zu Ende ist, werden die Rohre mittelst eines rotierenden Bleikolbens, worauf Schmirgel aufgetragen ist, noch einmal geglättet. Diese diversen Arbeiten werden durch ein mehrmaliges Richten des Laufes unterbrochen, indem man denselben dabei so gegen ein Fenster hält, daß die obere Hälfte der Öffnung durch den horizontal laufenden Fensterrahmen verdeckt wird. Wenn sich hierbei am unteren Teile der inneren Bohrung ein von der Mündung von hinten laufender, ganz gleichmäßig breiter Schatten zeigt, so ist das Rohr vollkommen gerade. Zur Erzeugung von Doppelgewehren werden zwei, auf die beschriebene Art hergestellte Läufe zusammengepaßt und durch leichtflüssiges Messing aneinander gelötet; damit sie aber in der Weißglühhitze keinen Schaden leiden, füllt man dieselben vorher mit Lehm und es werden sodann die verbundenen Läufe äußerlich und innerlich von dem Rohrmacher nochmals geglättet. Büchsen sind im Inneren mit Zügen versehen. Die Art und Weise dazu ist die, daß man das Rohr fest in die Maschine spannt und den Ziehbohrer für eine ganze, dreiviertel oder halbe Umdrehung des Kugelzuges einstellt. Er wird dann durch das Herziehen des gezahnten Querbalkens, welcher an einer schrägen Schiene läuft, in die früher bestimmte Umdrehung versetzt, und nun besorgt die Maschine selbstthätig das Einschneiden des Kugelzuges, womit vorderhand die Bearbeitung des Laufes zu Ende ist. Die Bearbeitung des Schaftes geschieht auf der Fraismaschine. Es wird ein sehr schnell rotierendes Zahnrad, welches durch ein an der einen Seite desselben befindliches Eisenmodell reguliert ist, derartig gegen das daneben eingespannte Holzstück geführt, daß letzteres nach beendigter Bearbeitung ganz die Form des eisernen Modells angenommen hat. Die Schloßteile werden alle ebenso auf Eisenfraismaschinen hergestellt. Schließlich kommen alle Teile: Lauf, Schaft, Schloßteile ꝛc. in die Zusammensetzungswerkstatt; dort werden sie nochmals einer Prüfung unterzogen, mit der Hand geglättet und dann durch verschiedene Büchsenmacher zu fertigen Gewehren zusammengestellt. Vor dem Schäften hat jeder Lauf bezüglich seiner Haltbarkeit eine Gewaltprobe zu bestehen, wobei mehr als die dreifache gewöhnliche Pulverladung verwendet wird. Die Fabrik hat ihren eigenen Schießstand, auf welchem die Gewehre, Büchsen u. s. w., sobald sie durch die Hand des Fertigstellers gegangen sind, bezüglich ihrer Treffsicherheit geprüft werden. Ferner besitzt die Firma ein Patent für das deutsche Reich auf ein dreiläufiges Hinterladungs-Jagdgewehr mit zwei Schrotläufen und einem Kugellauf. Die drei Läufe werden nur durch zwei Hähne abgefeuert und fungiert dabei eine eigene Sicherung, deren Hebel sich oben zwischen den Hähnen befindet. Wir glauben durch Vorstehendes der Überzeugung Raum gegeben zu haben, daß die erwähnte Suhler Fabrik den bedeutenden Fortschritten, welche die Konstruktion der Feuerwaffen in neuerer Zeit machte, nicht nachsteht und daher die allseitige Anerkennung ihrer Fabrikate eine wohlverdiente ist. Auf der internationalen Jagdausstellung war die Firma mit einer wenn auch bescheidenen, so immerhin interessanten Sammlung von Jagdgewehren vertreten.

Haben wir auf Seite 26 die Zündnadelgewehrsysteme „von Dreyse" und „Teschner" bereits flüchtig erwähnt, so sei derselben hier noch einmal eingehend gedacht.

Die Abbildung 10 zeigt das geöffnete Teschnergewehr. Das Öffnen besorgt ein dem alten Lefaucheux ähnlicher Hebel, welcher aber zur linken Seite gedreht wird, und mehr als eine Dritteldrehung macht. — Durch das Aufdrehen des Hebels werden die Läufe in dem Kasten vorgeschoben, wobei auch der Patronenzieher seine Pflicht erfüllt, so daß die Patronenhülsen, wenn sich die Läufe am Baskulscharnier neigen, bequem beseitigt werden können.

Durch das Aufdrehen des Hebels werden zugleich auch beide im Schafthalse gelagerten Schlösser gespannt, deren Einrichtung und Einfachheit aus der Abbildung 11 ersichtlich ist, welche das gespannte und gesicherte Schloß bei geschlossenen Läufen veranschaulicht.

Das Teschnersche Schloß besteht aus der Nuß, Abzug, der zugleich als Stange dient, und den Federn.

Beim Öffnen des Gewehres wird durch die Nuß des Verschlußhebels ein Schieber zurückgedrückt, der die beiden Nüsse spannt. — Außen sichtbare Hähne hat das Gewehr nicht, und besorgen deren Funktion unmittelbar die Nüsse, an denen die Zündstifte eingehängt sind, und daher beim Spannen durch dieselben zurückgezogen und beim Losschlagen vorgetrieben werden. — Das Teschnergewehr zeichnet sich vor anderen noch dadurch aus, daß die Schlösser selbstthätig gespannt werden, und braucht der Schütze daher nur zu öffnen, alte Patronen zu beseitigen und neue einzuführen, wonach durch Niederdrücken der Läufe und Zudrehen des Hebels das Gewehr geschlossen und schußfertig gemacht wird. — Die Gegner dieses Systems führen als Nachteile an, daß hier das geladene Gewehr nie abgespannt werden kann, sondern die Schlagfedern beständig in voller Spannung bleiben müssen, wodurch, wenn die Feder nicht springt, ihre baldige Schwächung herbeigeführt werde.

Gegen zufälliges Losschlagen sind die Schlösser durch das an der Scheibe angebrachte Gesperr vollkommen gesichert. Dieses Gesperr, von außen wie eine Flügelschraube sich präsentierend, hindert, wenn die Flügel am Schafthalse gerade stehen, die gespannten Schlösser im Losschlagen, auch dann, wenn absichtlich der Abzug gedrückt wird. Will man schießen, so braucht man das Gesperr durch Vierteldrehung am Schafthalse nur querzustellen und abzudrücken.

Das Teschnersystem wird vielseitig mit diversen Änderungen nachgemacht, wobei hauptsächlich die Verschlußart geändert wird; so werden namentlich die Systeme mit Verschlußschieber hier verwertet und der Verschlußschieber zugleich als Spannschieber benützt.

So bekannt der Weltruf der Firma N. von Dreyse-Sömmerda ist, so hervorragend der Name Dreyse durch die Erfindung des Zündnadelgewehres in der Geschichte des deutschen Vaterlandes geworden, so giebt es doch viele deutsche Waidmänner, denen entweder noch nicht Gelegenheit sich geboten hat, die von Dreyseschen Fabrikate auf dem Gebiete der Jagd kennen zu lernen, oder es waren vielleicht Waffen der bereits erwähnten veralteten Konstruktionen, welche neben vielen Freunden auch eine ziemliche Zahl von Gegnern hatten.

Der jetzige Besitzer des Etablissements, königl. Geh. Kommerzienrat Franz von Dreyse, welcher von frühester Jugend an in den Werken seines im Jahre 1867 verstorbenen berühmten Vaters Nikolaus von Dreyse sowohl in praktischer als auch in theoretischer Hinsicht die weitgehendste Gelegenheit fand, sein Talent auszubilden und reiche Erfahrungen in diesem Fache zu sammeln, hat es sich eingehendst angelegen sein lassen, den von Seiten der Jägerei laut gewordenen Wünschen zu entsprechen.

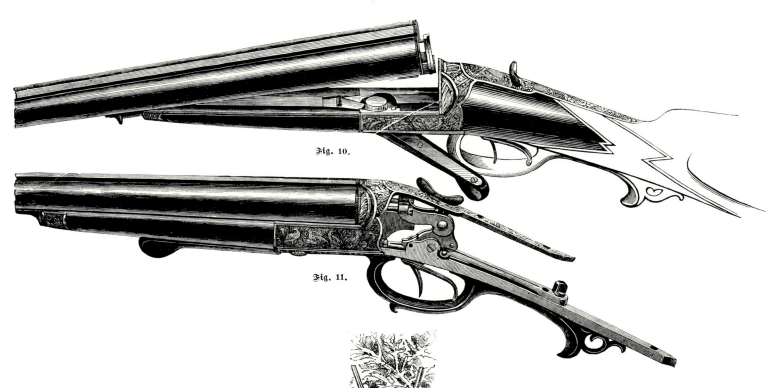

Fig. 10.

Fig. 11.

Da verdient zuerst die Zündnadeldoppelflinte neuesten Modells erwähnt zu werden, welche gegenüber der älteren Konstruktion jetzt infolge Beseitigung der von der Jägerwelt mehrseitig empfundenen Mängel als eine den Anforderungen der Gegenwart vollkommen entsprechende, sogar leichte und elegante Jagdwaffe bezeichnet werden kann. Dieses neue Modell 83 leistet bezüglich des Schusses durch die vermittelst Nadel und Zündpille erzeugte rapide und flammreiche Explosion des Zünders, resp. durch die damit bewirkte plötzliche Verbrennung des Pulverquantums und der anderweit hiermit verbundenen vorteilhaften Ausnutzung der zur Entwickelung gelangenden Pulvergase zum Forttreiben der Schroten außerordentliches, und wird vermöge des neuerdings in Anwendung gebrachten Patenttreibspiegels auch eine ganz vorzügliche Deckung erreicht.

Hinsichtlich des Gewichtes und der sonstigen Neuerungen beträgt ersteres bei einem Gewehre Kal. 16 nur $3{,}100$ bis $3{,}200$ kg und die sinnreiche Ummodelung des die Schloßteile enthaltenden Hinterstückes, die neu konstruierten kurz stehenden Abzüge, die Verdeckung der an der rechten Seite des Schaftes vorhandenen Öffnung, die Anordnung des automatisch funktionierenden Patronenschlittens dieses Gewehrs sind als wesentliche Verbesserungen anzuerkennen.

Wie seine Spezialität, das Zündnadelgewehr (Fig. 12), so pflegt Herr v. Dreyse auch die Zentralfeuer- (Fig. 14) und Lefaucheurdoppelflinte (Fig. 13), und auch diese beiden Systeme werden in verschiedenen Konstruktionen und Aus-

Bemerkenswert ist ferner, daß das Etablissement Waffen mit Metallpatronen für Zentralzündung, als Büchsflinten und Doppelbüchsen mit Erpreßzügen, liefert. Der Kugelschütze findet in Sömmerda Pürsch- und Scheibenbüchsen mit Kammer resp. Zylinderschloß und mit Blockverschluß v. Dreyfescher Konstruktion, in mehreren Größen und Kalibern von vorzüglichem Schuß. Die mit Kammerschloß versehenen Büchsen zeichnen sich durch die, jedem Laien leicht verständliche Konstruktion des Schlosses noch besonders aus und ist erwähnenswert, daß diese

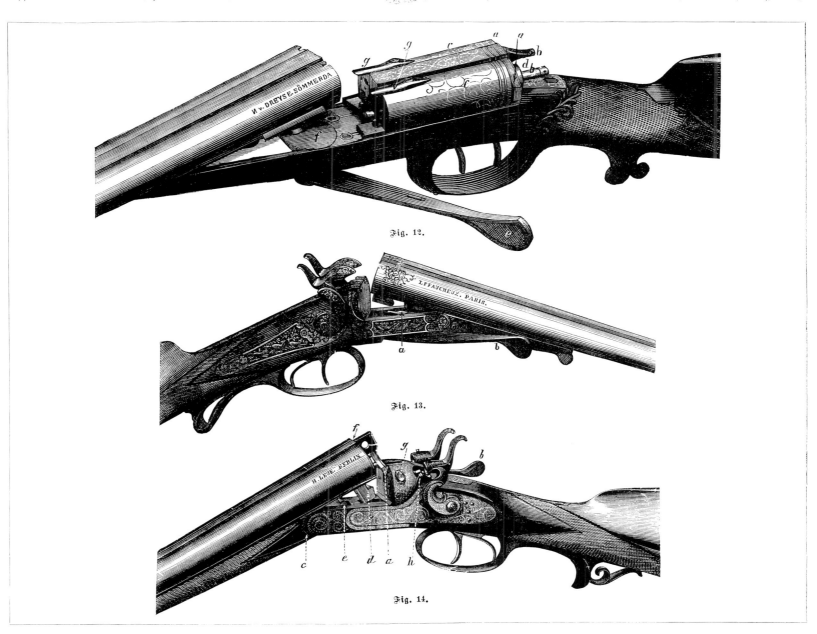

Fig. 12.

Fig. 13.

Fig. 14.

stattungen vorzüglicher Qualität von der gewöhnlichen Lefaucheurflinte an bis zu dem feinsten, nach englischer Art mit vorliegenden Schlössern und dreifachem Verschluß gearbeitetem Zentralfeuergewehre in den Werkstätten Sömmerdas angefertigt.

Außerdem dürfte es von Interesse sein, der Geschoßrotationsvorrichtung bei Zündnadel-, Zentralfeuer- und Lefaucheurgewehren, dienend zum gleichzeitigen Gebrauch dieser Gewehre für Schrot- und Kugelschuß, infolge bequem zu bewirkenden Wechsels zweier Einsatzzylinder, zu erwähnen.

Büchsen auch mit dem v. Dreyfeschen Repetiermechanismus neuester Konstruktion M/84 versehen werden, sie enthalten alsdann im Magazin, welches nach Belieben abzustellen ist, 2—9 Patronen, funktionieren mit großer Sicherheit und dürfte eine solche Büchse für größere Treibjagden Vorteile bieten.

Eine in nächster Zeit in den Handel kommende Waffe v. Dreyfescher neuester Konstruktion ist eine sechsschüssige Revolverrotationsbüchse. Auch diese dürfte, wie das vorstehend beschriebene Repetiergewehr, für Gewehrliebhaber von Interesse sein.

Wird bezüglich der Einrichtungen des Etablissements in Betracht gezogen, daß in Zeiten, wo dasselbe mit Armeelieferungen betraut ist, ca. 1200 und zu Zeiten, wo keine Staatsaufträge vorliegen, also nur Galanteriewaffen fabriziert werden, circa 300 Arbeiter beschäftigt sind, daß eine eigene Maschinenfabrik zur Anfertigung der zur Waffenfabrikation erforderlichen Werkzeugmaschinen vorhanden ist, neben einer ansehnlichen Wasserkraft drei Dampfmaschinen in Thätigkeit sind, so stehen wir vor einem deutschen Industriewerke, welches berechtigt ist, in der Waffenfabrikation den ersten Rang mit einzunehmen.

Sowohl diese Gewehrfabriken und mit ihnen eine nicht unbedeutende Anzahl größerer und kleinerer Fabriken, die gleichfalls in der Massenfabrikation von Jagdgewehren sehr leistungsfähig sind, liefern alle gleichartige Systeme und hauptsächlich Zentralfeuergewehre mit Hähnen (Lancaster) oder Lefaucheurgewehr.

Ebenso haben wir in Frankreich, Österreich u. s. w. keine besonders neuen Systeme kennen gelernt außer Fükert in Weipert (Böhmen), dessen neues System beachtet worden ist und noch besprochen werden wird. Dagegen bietet uns England und Nordamerika wieder ein Mehreres. Diese beiden Länder beherrschen infolge ihrer Leistungsfähigkeit in der Gewehrfabrikation den Weltmarkt und ist es besonders Birmingham, welches nach allen Erdteilen seine billigen und teuren Fabrikate verhandelt. Der englische Geschmack in der äußeren Ausstattung der Jagdflinten ist heute vorherrschend und mehr oder weniger tonangebend. In großem Maßstabe werden hier die Erfindungen aller Länder bearbeitet, verbessert und ausgebeutet. Die großen Jagdzeitungen (field) regen durch Preisausschreibungen und Preisschießen die dortigen Fabrikanten an, immer noch brauchbarere und praktischere Schußwaffen zu liefern. Die bekannten Büchsenmacher, deren es in den großen Städten Englands mehr giebt als in Deutschland, liefern die besseren Jagdgewehre in möglichst größter Vollkommenheit und übertreffen, wie bei uns nur in einzelnen Fällen, in neuen Erfindungen und speziell accuraten Arbeiten bei weitem die größeren Fabrikanten. Diese dagegen wiederum haben sofort ihr Augenmerk darauf gerichtet, sobald ein gutes System bekannt geworden ist, sich die neue Erfindung anzueignen und wenn dieselbe patentirt, das Patent anzukaufen, dann ihre maschinellen Einrichtungen zu treffen und zu billigern Preisen dasselbe den weniger anspruchsvollen Jagdliebhabern zugänglich zu machen. Unter den bekannten renommirtesten Büchsenmachern sind hervorragend Purdey, Grant, Holland, Lancaster in London. Unter den größeren Fabrikanten in Birmingham hat besonders W. Greener jetzt einen gewissen Ruf. Dieses Haus wurde im Jahre 1829 von William Greener, einem Büchsenmacher aus Newcastle on Tyne in jener Stadt begründet. —

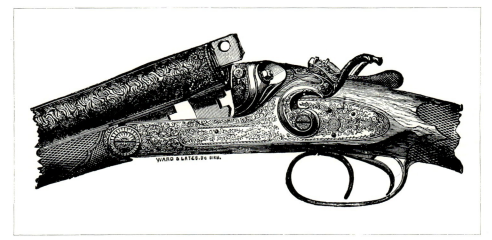

Fig. 15.

Überzeugt, daß Birmingham bessere Aussichten für Herstellung vollkommenerer Fabrikate biete, siedelte er im Jahre 1844 dahin über und erbaute in Rifle Hill eine Fabrik, in der er bis 1864 unermüdlich thätig war, in welchem Jahre er das Geschäft an seinen Sohn W. W. Greener, den jetzigen Inhaber, verkaufte, der es nach dem St. Marys Square verlegte.

Der jetzt verstorbene William Greener ist der Verfasser von „Science of Gunnery" (Kenntnis der Geschützkunde), „Gunnery us 1858" und verschiedener anderer Werke. Ein von ihm 1854 publiziertes Buch war in das Französische übertragen worden und danach „erfand" Minié sein berühmtes Geschoß, indem er das Greenersche Expansionsgeschoß, das in jenem Buche ausführlich beschrieben und erklärt war, ein klein wenig abänderte. Das englische Kriegs-Ministerium, welches an Minié für die Erlaubnis, seine Erfindung zu benutzen, eine gewisse Summe gezahlt hatte, wurde gezwungen, die Rechte des eigentlichen Erfinders anzuerkennen und zahlte an Greener eine Indemnität von 1000 £.

In den Händen von W. W. Greener nahm die Produktion der Fabrik rasch an Umfang zu, mit Nachdruck legte er sich auf die Herstellung von vollkommenen Hinterladern, hatte aber lange zu kämpfen, ehe diese sich Popularität erwarben. Der nächste Schritt war die Erfindung und Einführung einer dreifach keilfesten Büchse, welche in Fig. 15 abgebildet ist.

Viele andere Patente für Verbesserung kleinerer Teile von Gewehrschlössern und Selbstspannern folgten in ununterbrochener Reihe.

Im Jahre 1874 trat Greener, nach langer eifriger Arbeit und vielen kostspieligen Experimenten, mit seiner Chokebohrung an die Öffentlichkeit, deren Benutzung die Distanz für wirksamen Schrotschuß nahezu verdoppelt hat; die Anwendung dieses nicht patentfähigen Prinzips ist zwar bald eine universelle geworden, W. W. Greener hat jedoch dadurch auch einen Nutzen aus seiner Erfindung gezogen,

daß seine Fabrikate wegen ihrer Leistungsfähigkeit und Dauerhaftigkeit eine Berühmtheit erlangt haben.

An Greeners choke-bore-Gewehre fielen sämtliche Preise bei der Großen Londoner Gewehrprüfung (trial) von 1875, auch der Abnutzungsprüfung im selben Jahr, sie erwarben Preise bei den meisten großen Taubenschießen in England, Amerika und auf dem Kontinent in den Jahren 1876/77/78, ferner Auszeichnungen auf der Pulverprüfung in London 1878, bei der Prüfung für Bohrungen aller Art 1879, bei der Gewehrprüfung der Internationalen Jagdausstellung in Cleve 1881 erzielte, dagegen wurde das Anson- und Deeleysystem, das im Jahre 1875 eingeführt wurde sehr rasch beliebt, wofür die Ursache wohl in folgendem zu suchen sein dürfte. Das System an sich hat seine guten Seiten, die Kombination mit einem Hebel oben auf der Scheibe macht seine Handhabung sehr bequem und überdies wurde es von der Westley Richards-Gesellschaft in Handel gebracht, was ihm zum mindesten einen Achtungserfolg sichern mußte; die Fabrikanten sowohl, wie andere Büchsenmacher, von denen bekannt war, daß sie nur wirklich gute Verbesserungen führen und empfehlen, befürworteten eifrig und

Fig. 16.

und bei der Internationalen Amerikanischen Gewehrprüfung 1884.

Die nächste Erfindung, mit der Greener hervortrat, waren die Hammerleßgewehre.

Bereits 1856 hat Jos. Needham nachgewiesenermaßen die erste „englische" Hammerleßflinte angefertigt, ohne jedoch, wahrscheinlich infolge der mangelhaften Patronen, einen Erfolg zu erzielen. In den folgenden zwölf Jahren ist wenig oder nichts für die Verbesserung dieses Systems geschehen, Daws Flinte vermochte sich nicht einzuführen und als 1871 Murcott sein Hammerleßgewehr vorbrachte, machte sich ein Widerwillen gegen diese Art Waffen sehr stark geltend. Einigen Erfolg hat Murcotts Gewehr immerhin gehabt, aber erst mit der Einführung von Needhams zweiter Erfindung, dem ersten englischen Selbstspanner im Jahre 1874, war die allgemeine Benutzung der Hammerleßflinten gesichert.

Als das Needhamgewehr zuerst auftauchte, fand es nicht die Anerkennung, die es verdiente und später auch

unaufhörlich seine Benutzung, und schließlich war es wirklich das erste gute Hammerleßgewehr mit Hebel oben auf.

Aber die Hersteller irrten in der Annahme, daß damit der Höhepunkt erreicht sei, das Bessere ist stets der Feind des Guten und 1880 erfand W. Greener einen neuen Selbstspannermechanismus unter Anwendung eines vom Anson und Deeleyschen ganz verschiedenen Prinzipes. Die höchste Vollendung in Hammerleßgewehren und die höchste Entwickelung des Lefauchurprinzips ist aber in Greeners Hammerleßgewehr mit Hebel oben auf der Scheibe und Auswerfer zur Ausführung gebracht. (Fig. 16.)

Diese selbstthätigen Selbstspanner werfen die Hülsen abgeschossener Patronen mit Leichtigkeit heraus, während die etwa erforderliche Entladung des Gewehres, wie bei allen andern Gewehren vorgenommen wird. Um wiedergeladene Patronenhülsen zu verschießen, werden die Patronenauswerfer mit Ausziehern vertauscht.

Die nachstehende Beschreibung soll den Unterschied zwischen diesen selbstthätigen und dem gewöhnlichen selbstspannenden Hammerleßgewehr veranschaulichen. (Fig. 17.)

Um die Nuß zu spannen, ist am unteren Ansatz des Patronenlagers ein mit einem Ausschnitt versehener Haken drehbar befestigt, in welchen der Vorderarm der Nuß eingreift. Wird nun das Gewehr geöffnet und dadurch der Systemkasten samt Patronenlager und dem Haken in die Höhe gehoben, so nimmt der letztere die Nuß gleichfalls mit in die Höhe und zwingt sie, sich selbst zu spannen. Der Haken wird hierbei durch einen Schlitten unterstützt, der an seinem Vorderende einen kleinen Vorsprung hat; wird das Vorderende bewegt, so gleitet der Schlitten vorwärts und, wenn die Läufe (beim Öffnen) vom Schaft entfernt werden, unter die Nuß, sie auf diese Weise sichernd. Beim Zusammensetzen des Gewehrs ist es unwesentlich, ob das Schloß gespannt ist oder nicht.

In Greeners auswerfendem Hammerleßgewehr ist derselbe Haken angewendet unter Zufügung eines Stiftes, der etwa auf der Mitte des Hakens sitzt. Bis unmittelbar unter diesem Stift reichen die unteren Enden der beiden Auswerfer, drehbar auf dem Ansatz des Patronenlagers befestigt, die mit den Schenkeln des Ausziehers in Verbindung stehen. Der Auszieher ist in zwei Hälften gespalten, die unabhängig von einander, jeder nur mit seinem Lauf und Schloß in Verbindung sind. Ist das Gewehr abgeschossen worden, so ist der Hergang folgender: Beim Öffnen des Gewehrs wird die Nuß infolge des Eingreifens ihres Vorderarms, gestützt auf den erwähnten Stift, am Spannhaken in die Höhe gezogen; wenn fast gespannt, gleitet sie über den Stift weg und fällt scharf auf den Unterarm des Auswerfers, und der Auszieher, der bereits in bekannter Art durch den Hebel am Laufe teilweise aus der Lage gebracht ist, wird durch den Schlag in seiner ganzen Länge vorgetrieben und wirft die Patronenhülse aus. Ist nur eine Patrone verfeuert worden, so bleibt das andere Schloß gespannt und wirft nicht aus. In jüngster Zeit hat Greener seine Aufmerksamkeit der Sicherheit für hammerlose Gewehre zugewendet, einer neuen Bohrung für Schrotläufe, speziell der für dünne Metallpatronen eingerichteten, und der Verbesserung der Flintenläufe überhaupt. Bezüglich aller drei sind seine Bemühungen von Erfolg gewesen, so daß er nun garantiert, das Schießen mit seinem Gewehre übertreffe bei weitem alles das, was bei Gewehrprüfungen jemals gezeigt worden; 7/8 der Schrotladung werden auf 40 Yards Distanz in eine 30 Zoll große Scheibe gebracht.

Der zweite Sicherheits- oder Hinderungsriegel verhindert jede zufällige Entladung infolge fehlerhaften Mechanismus des Schlosses.

Fig. 18 und 19 zeigen seine Thätigkeit vortrefflich.

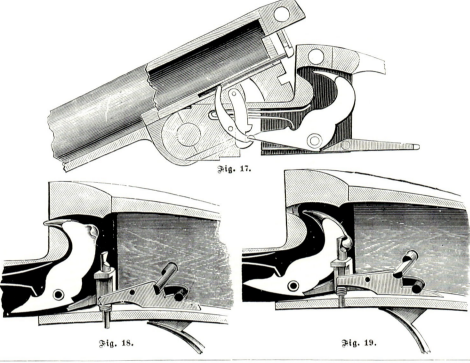

Fig. 17.

Fig. 18. Fig. 19.

Die Teile sind folgende: 1. der vertikal gleitende Schloßriegel oder zweite Sicherheitsriegel, eingelegt in und unterstützt durch den massiven Systemkasten; 2. ein Stift auf oder ein Ausschnitt in der Nuß, der als Rast für den zweiten oder Sicherheitsriegel wirkt; 3. eine Riegelfeder auf dem Abzugsblech, um den Riegel in die Rast zu treiben oder die Nuß aufzuhalten; 4. eine Verlängerung der Abzugsstange nach vorwärts, um auf den zweiten Sicherheitsriegel zu wirken und ihn fallen zu lassen. — Die Teile arbeiten folgendermaßen: Die Nuß wird beim Aufsteigen von den doppelten Schloß-Sicherheitsriegeln erfaßt und ihr Zurückfallen durch Pressen zwischen dem Stift auf der Nuß und deren Systemkasten verhindert. Sobald der zweite Sicherheitsriegel fest aufsitzt, gleitet die gewöhnliche Sicherheit gleichfalls in die Rast und hält das Gewehr gespannt. Wird abgedrückt, so wird das Schwanzende der einen Sicherheit gelüftet, während zugleich die vertikale heruntergeht, also zurückgezogen in keiner Weise dem Fall der Nuß im Wege steht.

Die beiden Abbildungen zeigen deutlich die beiden Positionen. In Fig. 18 ist die Nuß gespannt, durch die Sicherheit auf der Stelle festgehalten und ihr der Weg zur Patrone durch den zweiten Sicherheitsriegel gesperrt. Der Sicherheitsriegel faßt zugleich die Nuß an dem Stift, weit über dem Drehpunkt, und da zugleich der untere Riegel fest in den starken, breiten und tiefen Ausschnitt unterhalb des Drehpunktes eingreift, ist sie außerordentlich sicher wie in einem Schraubstock festgehalten. Es giebt nichts Einfacheres, aber auch nichts wirkungsvolleres. Fig. 19 zeigt die Nuß unten, die Spitzen beider Sicherheitsriegel niedergelassen und die Nuß frei von jeder Hemmung.

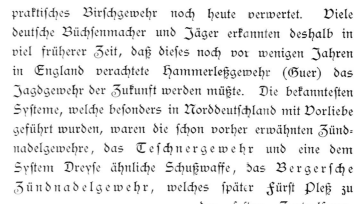

Diese doppelte Schloßsicherung wirkt durchaus automatisch in ihrer Hemmung der Nuß und ist unabhängig von allem Thun des Schützen; es ist unmöglich, daß sie jemals versagen könnte.

In jüngster Zeit hat Mr. Greener sich mit der Verbesserung von Flintenläufen, bezüglich der Mischung des dazu verwendeten Metalls, Stahl und Eisen, beschäftigt und ist durch sein eigentümliches Verfahren imstande, eine massive, mit Figuren versehene Metallstange ohne Schweißkolben zu fabrizieren, deren Muster sich spiralförmig rings um den ganzen Lauf windet. Er stellt auf diese Weise einen damaszierten Drahtlauf her, der an keiner Stelle zusammengeschweißt ist. (Fig. 20.)

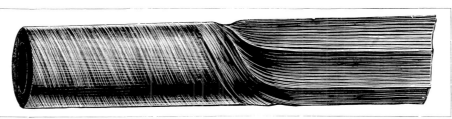

Fig. 20.

Mit der Anfertigung von derartigen Läufen von Hinterladerschlössern der verschiedensten Konstruktionen nach Greeners Patenten und der Fabrikation von Jagdflinten und Büchsen sind ständig etwa 160 Arbeiter beschäftigt, die von Dampf betriebene Maschinen aller Art, amerikanischer und englischer Herkunft, bedienen. Die Zusammenpassung der einzelnen Schloßteile, sowie das Zusammensetzen der Gewehre besorgen geschickte Mechaniker, die in der Fabrik selbst, jeder für sich mit seinen Lehrlingen in einem besonderen Raume arbeiten.

Von der Ausdehnung der Greenerschen Fabrik mag die Thatsache einen Begriff geben, daß stets gegen 6000 Jagdgewehre aller Art gleichzeitig in der Arbeit sind, so daß viele Tausende Gewehre jährlich den Großhändlern in England wie im Auslande zugesandt werden können.

Die Greenersche Fabrik hat zwar große Lieferungen für verschiedene Armeen ausgeführt, hat Wallfisch-, Handels- und Entdeckungsexpeditionen ausgerüstet, im großen und ganzen aber beruht das Geschäft auf der Anfertigung von Jagdwaffen.

Im Laufe des letzten Jahres sind große Speicher zur Aufbewahrung fertiger Gewehre und Werkstätten für Anfertigung von Patronen und zur Herstellung von Gewehrfutteralen aller Art erbaut, der Schießstand für Gewehrproben von 40 auf 60 Yards verlängert worden rc., so daß man wohl mit Recht sagen kann, dieses Haus habe an dem Aufblühen der Gewehrfabrikation in diesem bedeutenden Prinzipe des Handels in England seinen vollen und wohlverdienten Anteil.

Es ist bekannt, daß zuerst in Deutschland das Hinterladergewehr ohne Hähne praktisch verwertet wurde.

Die Einführung des Zündnadelgewehrs bei der preußischen Armee veranlaßte nicht allein den Erfinder von Dreyse in Sömmerda, sondern auch andre Fabrikanten, Hinterlader-Jagdgewehre ähnlich dieser militärischen Büchse zu konstruieren, und selbst diese Büchse wird als ein praktisches Birschgewehr noch heute verwertet. Viele deutsche Büchsenmacher und Jäger erkannten deshalb in viel früherer Zeit, daß dieses noch vor wenigen Jahren in England verachtete Hammerletzgewehr (Guer) das Jagdgewehr der Zukunft werden müßte. Die bekanntesten Systeme, welche besonders in Norddeutschland mit Vorliebe geführt wurden, waren die schon vorher erwähnten Zündnadelgewehre, das Teschnergewehr und eine dem System Dreyse ähnliche Schußwaffe, das Bergersche Zündnadelgewehr, welches später Fürst Pleß zu der festen Zentralfeuerpatrone nach seiner Idee umkonstruieren ließ, und welches dann unter dem Namen Fürst=Pleß=System bekannt geworden ist. Die Systeme Dreyse und Berger sind mit ihren einfachen Schloßteilen im Prinzip gleichartig konstruiert und unterscheiden sich nur wenig in ihrer äußeren Form. Beide Systeme haben den Exzenterverschluß, welcher mit einer vorstehenden Scheibe flach in den Laufhaken eingreift. Bei dem System Dreyse wird der vorn im Vorderkasten festliegende Lauf durch die Hebelbewegung seitwärts offen gelegt. Bei dem System Berger dagegen mit derselben Hebelbewegung klappt der Lauf, sich vorwärts schiebend, nach unten fallend, auf und ist ein doppelter Handgriff notwendig, um den Lauf in seine Verschlußlage zurückzubringen. Beide Systeme haben eine gleichartig funktionierende Sicherheit. Dieselbe hat den Vorzug, daß, ist das Gewehr geladen, die gespannten, aus Stahldraht spiralförmig gewundenen Schlagfedern vollständig außer Funktion gesetzt werden können. Die Schlößchen, in welchen die Schlagbolzen und Schlagfedern liegen, sind vermittelst einer Spannfeder in dem Schloßkasten festgehalten; sobald auf die hervortretende Feder ein Druck ausgeübt wird, tritt das Schlößchen nach hinten aus dem Schloßkasten heraus und bringt dabei die Schlagfeder außer Spannung. Das Einschieben dieser Schlößchen in den Schloßkasten macht das Gewehr wieder schußfertig. Diese aus Stahldraht gewundenen Schlagfedern wurden, infolge ihrer lahmen Schlagkraft, vielfach getadelt. Die praktischen Jäger konnten sich mit diesen langsam zündenden Hinterladern nicht befreunden.

Die mit einer Schlagfeder konstruierte Perkussionsflinte, von oben zu laden, entzündete den Schuß bedeutend schneller, und wurden deshalb mit derselben auf der Jagd größere Erfolge erzielt. —

Das Teschnersche Zündnadelgewehr stellte diesen eben erwähnten Übelstand der langsamen Zündung in etwas ab. Das Schloß, bei welchem die Spannung weder durch einen Hahn noch durch den Verschlußhebel verrichtet wird, mit einer Schlagfeder konstruiert, schlug schneller

Fig. 21.

Fig. 22.

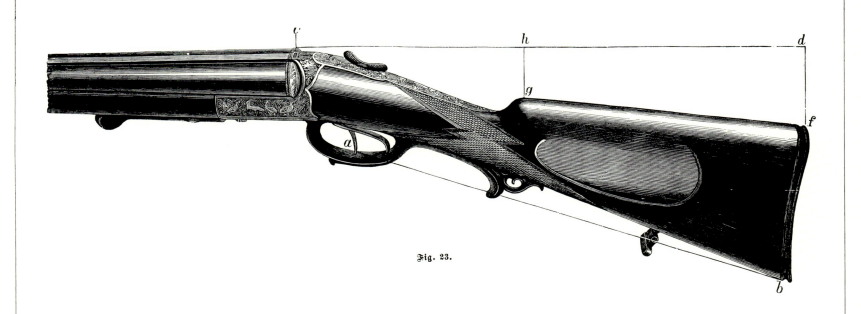

Fig. 23.

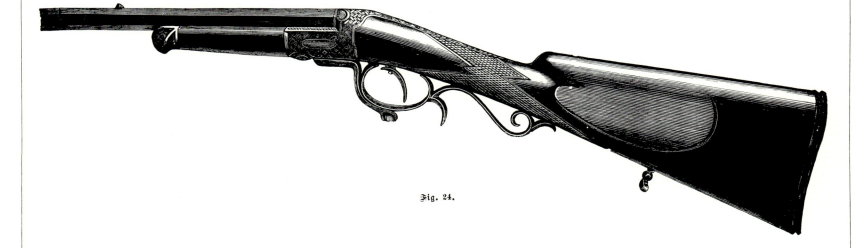

Fig. 24.

die Zündnadel vor. Fig. 21 und 22 zeigen eine Birschbüchse nach diesem System im Ruhestande zum Laden geöffnet, und das aus dem Schafte herausgenommene Schloß in Ruhe. — Fig. 23 und 24 zeigen das ganze schußfertige Gewehr.

Trotzdem die Vorzüge dieses Teschnerschen Zündnadelgewehrs nicht zu verkennen sind und dasselbe viele Liebhaber gefunden hat, mußte der Erfinder, um das Gewehr auf dem Weltmarkt zu erhalten, nicht allein die Konstruktion, sondern auch die Patrone oftmals umändern und den neuen Erfindungen anpassen. Beim öfteren Schießen verschleimten sich die Schloß- und Verschlußteile derartig, daß der Besitzer eines solchen Gewehrs gezwungen wurde, weil der Mechanismus aufhörte zu funktionieren, dasselbe nach jedesmaligem Gebrauch beim Büchsenmacher reinigen zu lassen, als andrerseits auch die dazu verwandten Papierpatronen, besonders bei Regenwetter, schlecht zu transportieren waren. Der Nachfolger Teschners, Collath in Frankfurt, ließ anstatt der Nadel einen Bolzen in das Schloß einlegen und eine neue Zentralfeuerhülse anfertigen. Diese Hülse besteht aus Papier, welches in einem festen Pappverschluß eingeklebt ist. Der Zündspiegel ist auf den Boden der Hülse festgeklebt und ein eingesteckter kleiner spitzer Stift zündet die gefüllte Patrone, sobald der Schlagbolzen gegen denselben schlägt. Alle diese vorstehend angeführten hahnlosen Hinterladergewehre konnten eine allgemeine Anerkennung unserer Waidmänner nicht erringen. Die französische Erfindung, das Lefaucheur-Gewehr, obwohl dasselbe vielfach geführt wurde, gefiel den meisten Jägern ebenfalls nicht; die Verschlußpatrone mit dem heraustretenden Stift (Fig. 25) wurde nicht beliebt und als ebenso gefährlich wie unpraktisch erklärt. Aus diesen Gründen und um den Ansprüchen unserer Jäger in der Verbindung mit seinen eigenen Ideen und Erfahrungen zu genügen, konstruierte H. Leue in Berlin eine hahnlose Jagdflinte, welcher er den Namen „Zentralfeuer-System ohne Hähne" beilegte. H. Leue verstand es bei diesem Gewehr, alle die Vorzüge, welche ein Bolzensystem nur haben kann, zur Geltung zu bringen, obgleich der Verschluß und die Schloßkonstruktion noch etwas kompliziert zusammengestellt war. Die Vorzüge dieses Systems waren folgende: 1. ein einfacher Verschluß, der sogenannte Schnappverschluß mit dem Spannhebel vor dem Bügel; 2. eine Schloßkonstruktion mit einer Schlagfeder und starken grade laufenden Schlagbolzen.

Fig. 25.

Letztere wurden direkt durch die in den Schaft liegenden Nüsse oder Hähne gespannt und vorgetrieben und waren die Schlagbolzen im gespannten Zustande sichtbar, weil dieselben aus der oben auf dem Schaft hochliegenden Scheibendecke lang herauslagen, also stets sofort erkannt wurde, welcher Lauf geladen, welcher abgeschossen war; 3. wurde eine vollständig geschlossene, festgearbeitete Patronenhülse mit einer Zentralzündung dazu verwandt, welche den Verschluß der Läufe derart dichtete, daß ein Verschmutzen der Läufe inhibiert war. Ebenso war die Laufbefestigung derartig konstruiert, daß die Läufe leicht in den Schaft ein- wie auszuheben waren. Es ist diese Gewehrkonstruktion wegen dieser anerkannten Verbesserungen sehr belobt worden und werden jetzt noch viele derartige Flinten benutzt. Einen durchschlagenden Erfolg konnte dieses Selbstspannergewehr jedoch ebenfalls nicht erringen. Die dazu verwandten neuen Zentral-Patronenhülsen wie die nöthigen Zündhütchen wurden in Berlin so schlecht fabriziert, daß trotz der besten Arbeit dieses Gewehrs ein öfteres Versagen des Schusses nicht vermieden werden konnte. Später, als diese Patronenhülsen von dem Auslande in der jetzt bekannten Güte bezogen wurden, hatte das Zentralfeuergewehr mit Hähnen (Lancaster) alle die erwähnten Selbstspannergewehre überflügelt. Dieses Zentral-Hahngewehr fand eine allgemeine Anerkennung; unsere Jäger zogen es schon deshalb allen anderen Konstruktionen vor, weil dasselbe dem so sehr beliebten Perkussionsgewehr in der schnellen Zündung als auch in der Konstruktion mit dem Hahn am ähnlichsten war. Dann wurden diese Lancastergewehre mit den verschiedensten Hebelkonstruktionen und Verschlüssen zu den verschiedensten Preisen fabriziert, so daß auch anspruchslose Liebhaber diese guten und praktischen Jagdgewehre kaufen konnten. H. Leue errang deshalb ebenfalls einen besseren Erfolg mit seinem in größter Vollkommenheit hergestellten und allgemein bekannten Zentralhahngewehr (vgl. Fig. 14) mit dreifachem feuerfesten Verschluß und Verschlußhebel oben auf der Scheibe, wie ebenfalls mit anderen Zentralfeuer-Hahnsystemen, welche billiger als das Selbstspannergewehr bei ihm gearbeitet wurden. Derselbe, von den besonderen Vorteilen eines hahnlosen Jagdgewehres überzeugt, und von praktischen Waidmännern dazu angeregt, welche mit ihm einer Ansicht waren, daß die Vorurteile gegen die hahnlosen Flinten mit der Zeit ganz und gar schwinden würden, konstruierte zwei neue Jagdflintenmodelle und nannte das System „Selbstspanner-

Hammergewehr." Das eine Modell dieses zweiten Selbstspannergewehrs hat die Beibezeichnung Modell 1878 erhalten, weil erst in diesem Jahre die Konstruktion von Leue so verbessert wurde, daß dieselbe allen Anforderungen genügte. Das andere Modell, welches erst einige Jahre später von ihm bekannt gemacht worden ist, erhielt den Namen Selbstspanner-Hammergewehr, Modell Patent 1881. Beide Systeme sind außerordentlich sinnreich, ebenso einfach als dauerhaft konstruiert und unterscheiden sich in der Art und Weise der Zündung und des inneren Schloßmechanismus wenig von einander. Das Modell 1878 mit dem Verschlußhebel auf der Scheibe hat einen dreifach feuerfesten Verschluß. Die starken Laufhaken liegen doppelt ein gegen die inneren Kastenwände und werden geteilt, durch den Schlittenkeil im Verschlußkasten doppelt gehalten. An den Lauf ist eine verlängerte Schiene angebracht, welche in den Systemkasten eingreift. Durch diesen verlängerten Schienenansatz geht wiederum ein beweglicher Verschlußkeil, welcher, als dritter Verschluß, das Rohr festhält. Der Schloßmechanismus liegt im Systemkasten und ist äußerst solide in nur wenigen Teilen konstruiert. Derselbe besteht aus einem Hammer oder Hahn, einer Stange, einer Schlag- und einer Stangenfeder und den beiden Abzügen. Diese Schlosse werden an beiden Seiten des Gewehres von einer Eisenplatte bedeckt, den sogenannten Schloßblechen. Auf diesen ist und zwar für jedes einzelne Schloß ein Sicherheitszeiger angebracht, welcher den Schützen zeigt, ob die Schlosse gespannt sind, respektiv anzeigt, ob ein Lauf abgeschossen ist. Die Sicherheit besteht aus einer Stahlplatte, welche quer in den Systemkasten flach einliegt und an der rechten Seite etwas aus diesem heraussteht. Wird dieselbe ausgezogen, so legt sich die starke Stahlplatte in der Weise vor die Schlagöffnungen, daß die Hähne durch dieselben nicht durchschlagen können und die Schlosse absolut getrennt von der geladenen Patrone sind. Eine unvorsichtige Berührung an den Abzügen oder sonst irgend ein Zufall kann das so gesicherte Gewehr unmöglich entladen, weil die Sicherheit nur mit dem bestimmten Willen des Schützen beweglich ist. Es ist an der Sicherheit eine Vorrichtung angebracht, welche verhindert, daß dieselbe vermittelst eines zufälligen Stoßes sich selbstthätig entsichern kann. Der Vorderschaft ist ebenso wie die Läufe leicht abzuheben und die letzteren sind bequem wieder in den Schaft einzulegen,

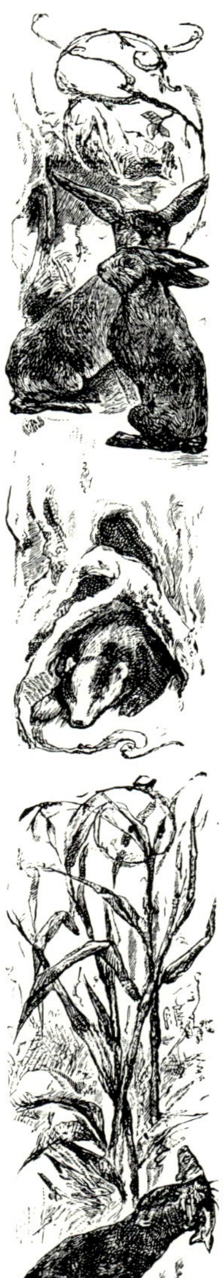

denn es sind hierbei ebenfalls die neuesten bekannten Verbesserungen verwertet. Das dritte Selbstspannergewehr ohne Hähne, „Zentralfeuer-Hammergewehr" Patent 1881 (Fig. 26), wird heute von vielen Jägern geführt und als eine solide, praktische Jagdwaffe gerühmt. Der Erfinder jedoch giebt dem Modell 1878 den Vorzug, weil dasselbe einfacher konstruiert ist. Das Modell 1881 hat den Verschlußhebel über dem Bügel liegen. Der Laufverschluß ist äußerst dauerhaft; wenn auch der Lauf im Verschlußkasten nicht an drei Stellen festgehalten wird, so ist immerhin der angebrachte doppelte Verschluß ebenso gut, weil der Verschlußkeil, zu gleicher Zeit Spannschlitten, sehr lang in die Laufhaken eintritt und eine Abnutzung derselben nie zu befürchten ist. Vermittelst eines Vordruckes des Verschlußhebels werden mit einer Bewegung die Schlosse gespannt, die Schlosse gesichert und die Läufe zum Laden offen gelegt. Die selbstthätige

Fig. 26.

Sicherheit ist oben auf der Verschlußkastenscheibe angebracht und besteht aus einem kleinen, herausstehenden Knopf mit einer kurz beweglichen Scheibe. Sind die Schlosse gesichert, so genügt ein Daumendruck auf diesen Knopf, um zu entsichern. Andrerseits kann diese Sicherheit vermittelst einer einfachen Bewegung der beweglichen Scheibe des Sicherheitsknopfes je nach Belieben in und außer Thätigkeit gesetzt werden, wenn auf großen Treibjagden ein schnelleres Schießen dem Schützen erwünscht ist. —

Beide vorstehend beschriebenen Selbstspannergewehre sind in ihrer äußeren Bauart sowohl als in der eleganten Ausführung mit der Verwendung eines vorzüglichen Materials einander sehr ähnlich und liefert der besagte Fabrikant auf besonderes Verlangen die Doppelflinten mit Choke Bore. Die gediegene Arbeit wie der vorzügliche Schuß der Leue'schen Gewehre als Expreßbüchsen ist unseren hervorragendsten Waidmännern aus eigenem Gebrauche dieser Waffen wohl so bekannt, daß ich diese Bemerkung nur für unseren Nachwuchs hier glaubte anführen zu sollen.

Wir stellten an anderer Stelle eine eingehende Besprechung des Fükertgewehres in Aussicht, welche wir nachstehend bringen.

Herr Fükert selbst führte sein System wie folgt ein: „Die Idee zur Erfindung eines Jagdgewehres, das nicht nur allein durch einfachere und praktischere Konstruktion ein schnelleres Laden und Schießen ermöglicht, sondern hauptsächlich die weitgehendste Sicherheit gegen unzeitiges Entladen in sich vereinigen sollte, gaben mir die zahlreichen Unglücksfälle, die sich trotz der größten Vorsicht der Jäger doch schon jedes Jahr wiederholt haben.

Die Abbildung Fig. 27 zeigt das fertige Gewehrsystem von der linken Seite gesehen, die rechte Seite ist genau ebenso gearbeitet. a zeigt den Abzug oder Drücker, b c den Bolzen mit der daran befindlichen Spiralfeder, d die Nuß, in welcher der Schlagstift mit einer kleinen Schraube befestigt ist, c die Stange, die in die Nuß eingreift. Will man nun das geladene Gewehr abfeuern, so braucht man blos an den Abzug zu drücken, wie man ein anderes Gewehr abfeuert, der Drücker schiebt den Bolzen b vor, und da die Nuß von der Stange festgehalten wird, muß sich die Spiralfeder zusammenschieben, resp. spannen; ist dieselbe genügend gespannt, so berührt der Bolzen mit seinem unteren Ende c die Stange c und drückt dieselbe los, so daß die Nuß mit dem Schlagstift, von der gespannten Spiralfeder getrieben, mit aller Kraft gegen die Patrone schlägt und diese entzündet. Nimmt man nach geschehenem Schusse den Finger vom Drücker weg, so geht derselbe, von einer leichten Feder getrieben, samt Bolzen, Nuß und Schlagstift in seine frühere Lage zurück, die Nuß wird von der Stange neuerdings erfaßt, und man kann wieder abdrücken. Man sieht also, daß das Schloß fortwährend in Ruhe, also nie gespannt ist, erst durch den Druck mit dem Finger an einen der beiden Abzüge spannt sich dasselbe und feuert los, nach geschehenem Schusse ist es abermals in Ruhe und zwar so lange, bis es neuerdings auf einen Moment durch das Losdrücken gespannt wird, und da man ein Gewehr doch nie früher losdrückt, als bis man das Wild sozusagen schon auf der Mücke hat, ist jeder Unglücksfall durch zufälliges Losgehen der Schüsse für immer ausgeschlossen, weil das nie gespannte Gewehr durch Fallenlassen oder Stoßen, oder damit Zuschlagen 2c. sich nie von selbst entladen kann. Außerdem ist auch noch auf der Scheibe eine kleine Sperrvorrichtung angebracht, womit man bei einer kleinen und leichten Umdrehung beide Schlösser ganz absperren kann, und nicht früher wieder mit dem Gewehr geschossen werden kann, als bis die Sperrvorrichtung wieder geöffnet ist. Da die Schlösser fortwährend in Ruhe sind, haben die Werke und Federn derselben gar nichts zu leiden, können sich daher weder abnützen noch brechen, und da die Thätigkeit der Schlösser beim Schießen nur ein Augenblick ist, können tausende von Schüssen daraus abgefeuert werden, es leiden die Federn und Werke noch lange nicht so viel, als ein Gewehr, das nur kurze Zeit mit gespannten Schlössern auf der Jagd geführt wird."

Dieses System hat H. Fükert noch verbessert. — Während der Schütze früher nur auf die sogenannten Fükertschen Patronen (nach der Art der Teschnerschen), beschränkt war, kann er bei dem verbesserten Gewehre auch gewöhnliche Lancasterpatronen benützen, und braucht zu diesem Zwecke nur den am Schafthalse angebrachten Deckel zu heben, die nun freiliegenden Stifte auszuheben und durch kürzere zu ersetzen, welche Manipulation

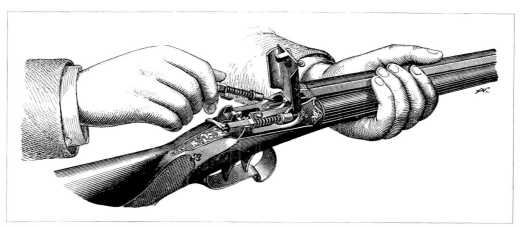

Fig. 27.

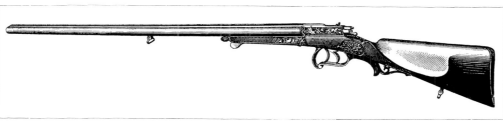

Fig. 28.

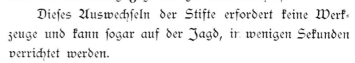

Fig. 29.

aus der Abbildung Fig. 28 gut erkenntlich ist. —

Dieses Auswechseln der Stifte erfordert keine Werkzeuge und kann sogar auf der Jagd in wenigen Sekunden verrichtet werden.

Fig. 29 bietet die Ansicht des ganzen Fükertgewehres.

Ein weiteres neues Gewehrsystem ist das patentierte „Hubertus-Gewehr" des Försters Herrn Chr. Feist. Es ist eine für den Forst- und Jagdbeamten praktische und nützliche Waffe.

Herr Feist schreibt über dieses Gewehr: „Das Hubertusgewehr ist ein Zentralfeuergewehr ohne Hähne, zu

Papp- und Messingpatronen eingerichtet, das starke Ladung verträgt, gut und gleichmäßig schießt. Gespannt wird durch Anziehen eines unter dem Kolbenhalse liegenden Spannhebels, welchen man möglichst weit nach hinten ergreift, bis der Gegenhalter einschnappt (es kann dies auch ohne Geräusch geschehen, wenn man hierbei leicht den Gegenhalter durch den kleinen Finger hemmt). Gesichert wird durch Druck des kleinen Fingers auf den hinteren Teil des Gegenhalters, während die übrigen Finger derselben Hand den Spannhebel langsam zurücktreten lassen. Dies Aufhalten des Spannhebels ist nöthig, um die Schlösser zu schonen. Spannen und Sichern kann man, gleichviel in welcher Stellung das eine oder das andere Schloß oder das Gewehr sich befinden, und kann durch diese Manipulationen nie ein Schloß losgehen, da die Einrichtung stets das Bestreben zum Sichern hat und die Finger des Schützen nicht zwischen die Drücker gebracht werden müssen, auch keine Verwechslungen nötig sind. Ist gesichert, so sind die Schlagfedern größtenteils entspannt, die Schlagarme durch vortretende Ansätze rechts und links an der beweglichen Sicherheitsschiene am Zuschlagen gehindert, ferner sind die Drücker durch eingreifende Riegel festgestellt, so daß ein Losgehen absolut unmöglich wird. Durch dies Entspannen der Schlagfedern konservieren sich dieselben so, daß selbst nach langer Gebrauchszeit keine Versager vorkommen. Ein zufälliges Selbstspannen ist dadurch vermieden, daß nur durch ein festes Umfassen des Kolbenhalses mit dem Spannhebel das Spannen bewirkt werden kann, ein Hängenbleiben gestattet der Spannhebel durch seine äußere Form und Kraft nicht, sollte er durch irgend welche Möglichkeit zurückgedrückt werden, so tritt er, sobald der Druck nachläßt, sofort wieder in die Sicherheit, wirkt also gerade entgegengesetzt, wie ein abgleitender Hahn. Das Gewehr ist sehr einfach herzustellen und infolge dessen wohl auch dauerhaft, indem Schloßbleche, Hähne und viele Schrauben wegfallen und die Stifte für zwei Schloßteile gelten. — Wenn es in der Ausschreibung heißt, der Jäger, welcher eine solche Waffe führt, sei dem Wilderer überlegen, so sind dafür folgende Gründe anzuführen: 1. Er ist augenblicklich und ohne jeden Zeitverlust schußfertig und zwar mit beiden Läufen, ohne eine Hand wechseln zu müssen, auch wenn er mit gesichertem Gewehr geht, was doch meistens der Fall sein dürfte; 2. braucht er keine Sicherheiten zu beseitigen, was oft zeitraubend ist, auch vergessen werden kann; 3. wird er auch bei der größten Eile nie fehlgreifen oder das Gewehr sich hierbei zur Unzeit entladen, auch kann das Spannen nicht vergessen werden, denn mit dem Gewehre ist auch der Spannhebel in der Hand des Jägers, er muß dem Gegner um verhängnisvolle Sekunden zuvorkommen.

Eine Neuerung der letzten Zeit ist endlich das System J. Wangler in Kuttenberg.

Bei diesem System werden die Läufe durch Herabziehen des nach vorne liegenden Hebels vorgeschoben, wobei die abgeschossenen Patronenhülsen durch federnde Patronenzieher angehalten, aus den Rohren gezogen und durch zwei an dem Stoßboden austretende Stifte seitwärts ausgeworfen werden.

Nach dem Einführen neuer Patronen wird der Hebel wieder angezogen und durch ein Keilstück selbstthätig in schließender Lage gesichert.

Eine Verbesserung dieses Systems besteht darin, daß der losgeschlagene Hahn auch den Patronenzieher andrückt, daher nur der Patronenzieher extrahierend wirken kann, dessen Hahn nicht gespannt ist, wodurch dem Schützen Gelegenheit geboten wird, zu laden, wenn nur eine Patrone abgefeuert wurde und die andere im Rohre bleiben soll.

Bereits auf Seite 26 haben wir darauf hingewiesen, daß eine Anzahl der bei Kriegswaffen angewandten, resp. verworfenen Systeme bei Birsch- und Scheibenbüchsen Verwendung gefunden hat. So begegnen wir denn bei dieser Art Waffen in Österreich-Ungarn dem Werndl-

in Deutschland dem Mauserſyſtem, in der Schweiz dem Syſtem Vetterli (fig. 31), in Frankreich dem Syſtem Gras, in Rußland dem Syſtem Berdan (fig. 30), in England neulich dem Martini-Henry-Syſtem, einem Syſtem mit Blockverſchluß, welcher Verſchluß nicht nur in England und der Schweiz, ſondern auch in vielen andern Staaten ſich großer Beliebtheit erfreut, was wohl in der Dauerhaftigkeit und bequemen einfachen Handhabung dieſes Verſchluſſes und des hierdurch bedingten ſchnellen Ladens ſeine Erklärung findet. —

Die einfache Bewegung eines Hebels genügt, um das Gewehr zu öffnen, die abgeſchoſſene Patrone auszuwerfen und das Gewehr zu ſpannen; man braucht nur die neue Patrone einzuführen und durch Anziehen des Hebels das Gewehr zu ſchließen, um ſchußfertig zu ſein. —

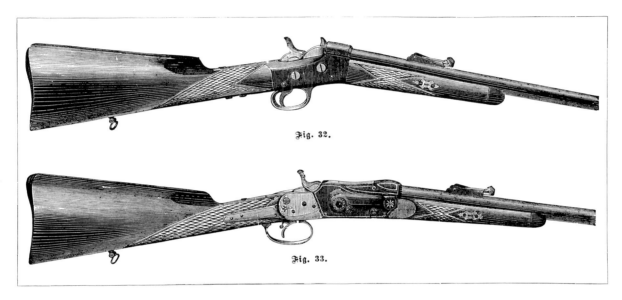

Fig. 32.

Fig. 33.

Das äußere Anſehen der Blockgewehre iſt in der Regel daſſelbe.

Ein ſehr ſchönes Blockſyſtem ließ im Jahre 1882 der Gewehrfabrikant H. Larſen-Chriſtiania e Lüttich patentieren. Bei dieſem Syſtem, welches in Fig. 32 u. 33 abgebildet iſt, wird das Öffnen der Kammer durch den an der rechten Seite des Gehäuſes liegenden Hebel beſorgt. Beim Aufdrehen deſſelben bewegt ſich der Verſchlußblock vom Laufe zurück, wonach er ſich neigt und die abgeſchoſſene Hülſe ausſpringen läßt. Nach dem Einführen neuer Patronen wird durch Zudrehung des Hebels der Block wieder gehoben und feſt gegen die Kammer gedrückt. Das Schloß liegt hinter dem Verſchlußgehäuſe, und wird deſſen Hahn beim Öffnen durch den rückgehenden Verſchlußblock in die erſte Ruh gehoben. — Das Larſengewehr hat den Vorteil, daß in demſelben die Vorteile der Blockgewehre mit den Forderungen der Jäger verbunden ſind, und der Verſchluß insbeſondere auch der Verwendung von Papierpatronen angemeſſen iſt. —

Ob bei Birſchbüchſen ein kleines oder großes Kaliber vorzuziehen iſt, darüber ſind die Anſichten der Jäger verſchieden. Wir geben dem größeren Kaliber den Vorzug, weil eine größere Kugel einen größeren Anſchuß und ſomit mehr Schweiß giebt, ohne jedoch die Vorzüge des kleinen Kalibers, raſante Pflugbahn und ſichere Erfolge bis 200 Schritt, zu unterſchätzen.

Von den bei Militär- und Scheibenwaffen vorkommenden Syſtemen, wo der Lauf am Schafte feſt, und nur das Verſchlußſtück beweglich iſt, gelangte einzig das Remingtonſyſtem auch an Doppelgewehren zur Verwendung. — Das einfache Gewehr des Syſtems Remington hat hinter einander ſtehende Hähne (daher Doppelhahnſyſtem), deren vorderer den Verſchluß der Kammer beſorgt, der andere als eigentlicher Perkuſſionshahn beim Abdrücken den im Verſchlußhahne gelagerten Zündſtift vortreibt und ſo den Schuß verurſacht. Bei dem eigentümlichen Profil der beiden Hähne kann der Verſchlußhahn nicht zurückgezogen werden, ſolange der hintere Hahn nicht völlig geſpannt iſt, während dieſer nicht abgedrückt werden kann, wenn der vordere nicht ſchließend an das rückwärtige Laufende ſich anlegt. Bei der Verwertung dieſes Syſtems für Doppelgewehre haben beide Läufe einen gemeinſchaftlichen Verſchlußhahn, welcher zwei Zündſtifte enthält. Die Perkuſſion beſorgen zwei im Verſchlußkaſten nebeneinander ſtehende Hähne.

Nach dieſem möchten wir noch einiges über „Entenflinten" ſagen. Enten- und Waſſerwildſchießen iſt wohl die einzige Jagdart, welche in den tropiſchen und kalten Ländern gleichmäßig auftritt. Dieſe Jagd beanſprucht Gewehre von beſonderem Kaliber und Tragweite. In Amerika iſt eine Doppelflinte Kal. 10 die Lieblingswaffe für Entenſchießen, und wird dieſes Gewehr auch in England und den Kolonien benutzt, jedoch zieht man die einfachen Entengewehre größeren Kalibers dort vor.

Die nachſtehenden Abbildungen veranſchaulichen zwei ſolcher Gewehre von Kal. 4 und Kal. 8. Dieſe Gewehre wiegen 15—18 Pfund und haben eine Lauflänge von 36—42".

Fig. 34 zeigt das ältere Syſtem, das jedoch auch heute noch gearbeitet wird, fig. 35 das neue hahnloſe Syſtem, Hebel oben auf und Kreuznagel.

Um nun aber recht große Jagdbeute an Waſſerwild zu ermöglichen, konſtruierte man noch ſtärkere Gewehre, wurde jedoch nun gezwungen, dieſelben auf den Booten zu befeſtigen. Dieſelben waren früher durchweg Vorderlader, und mußte man, um dieſelben zu laden, jedesmal an Land gehen. Seitdem jedoch eine brauchbare Patrone für

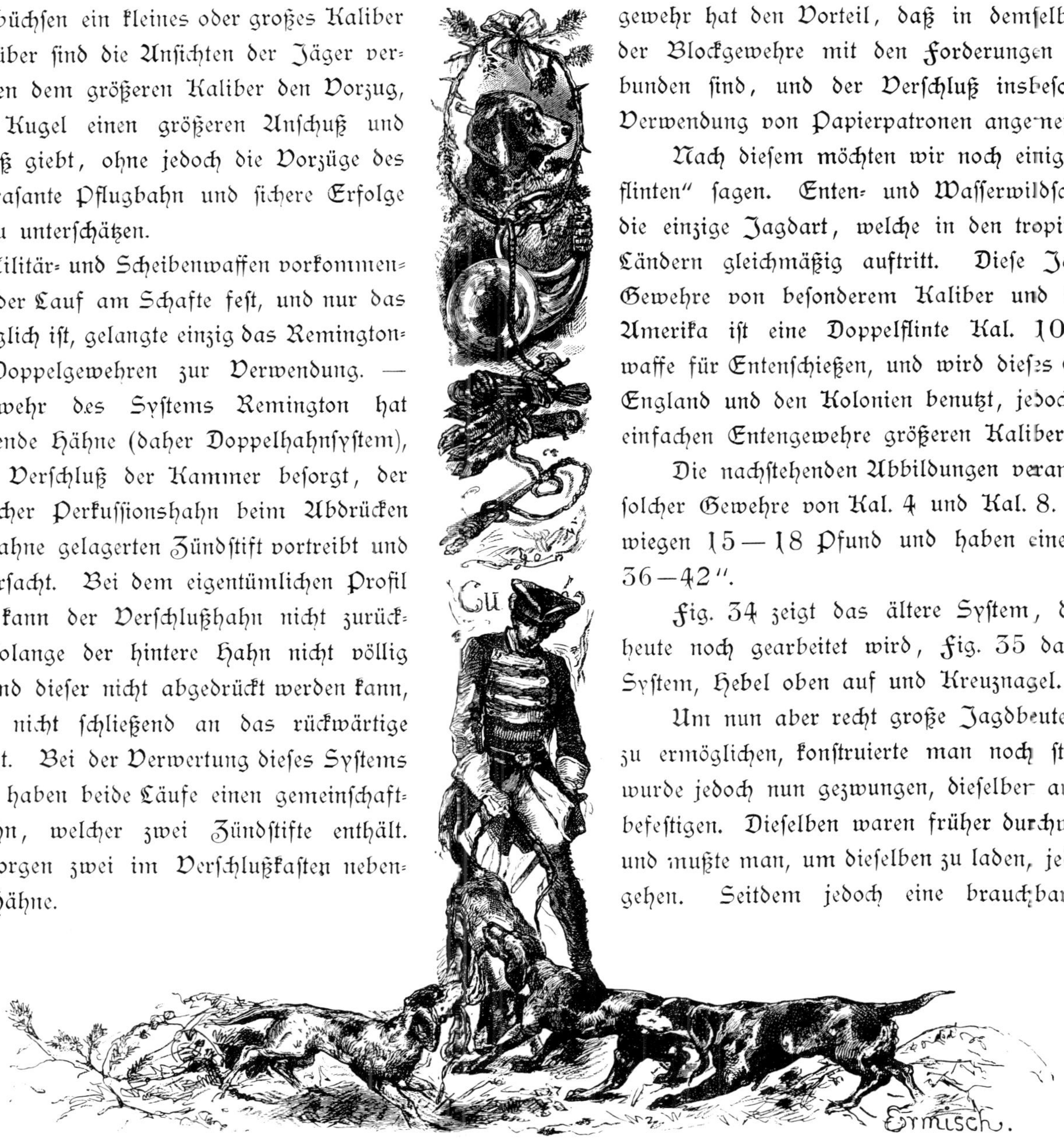

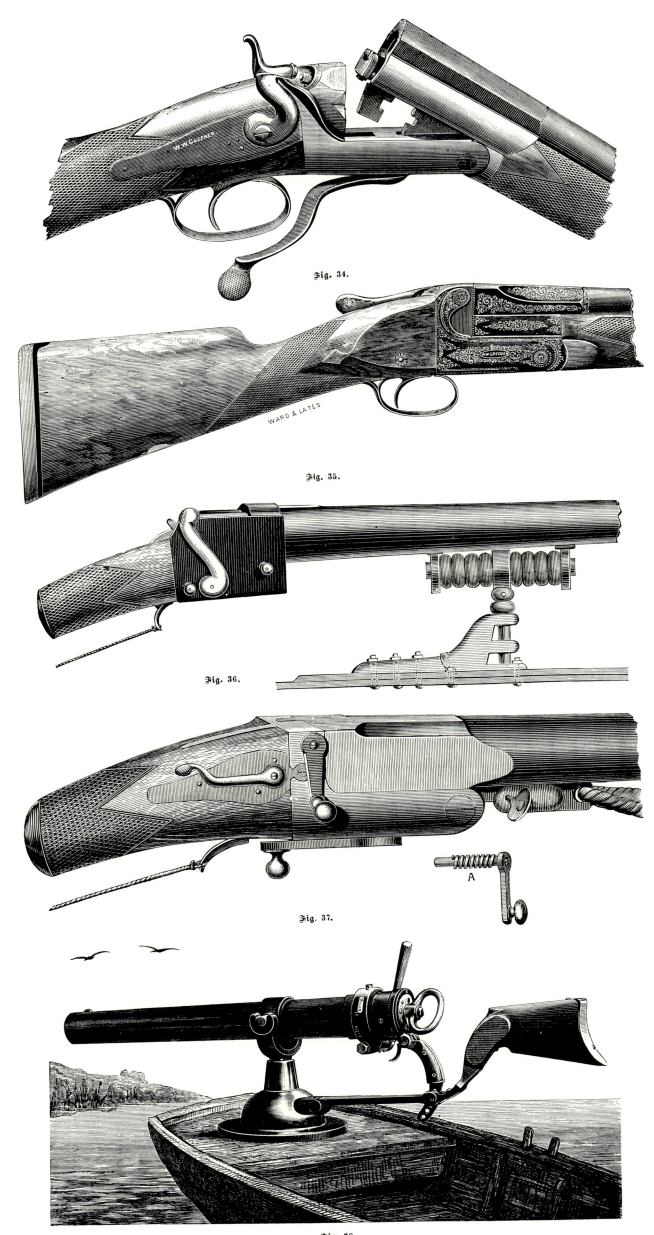

Fig. 34.

Fig. 35.

Fig. 36.

Fig. 37.

Fig. 38.

Hinterladergewehre dieser Art konstruiert worden ist, hat auch hier dieses System den Vorderlader bei den Entengewehren verdrängt.

Die Fig. 36 und 37 zeigen zwei solcher Gewehre und die verschiedene Art ihrer Befestigung.

Neben den Entengewehren ist in allerneuester Zeit eine Jagdmitrailleuse aufgetreten, deren Patronen mit Schrot geladen werden. Dieselbe findet Anwendung zur Jagd auf Flugwild.

Wie aus Fig. 38 ersichtlich ist, sind aber die Jagdmitrailleusen von denen bei der Artillerie eingeführten ein wenig verschieden; sie haben mit diesen nichts andres gemein, als daß mit derselben Waffe einige Schüsse mehr oder weniger schnell hintereinander abgefeuert werden können. Unsere Abbildung veranschaulicht eine Jagdmitrailleuse bester und verläßlichster Konstruktion. — Wir enthalten uns einer eigenen Kritik und lassen nur das Referat des bekannten Fachautors Herrn Libioulle folgen, welcher schreibt:

„Im Diana-Pavillon begegneten wir zwei Entenflinten in Mitrailleusenform. Es sind ganz neue, von Herrn Pieper in Lüttich erfundene und konstruierte Waffen, welche zur Jagd auf wilde Enten und Gänse dienen. Der Lauf, aus einem einzigen Stück Stahl gearbeitet und 75 cm lang, ist siebenschüssig für Kaliber 12 Patronen und choke rifled (mit Würgezügen versehen). —

Die Wirkung des choke rifled bei grobem Schrot ist geradezu erstaunlich. Bei einem Schießversuche mit diesen Jagd-Mitrailleusen, dem ich beiwohnte, wurde eine Salve in einer Entfernung von 100 m auf eine Scheibe von 2 m hoch und 2 m breit abgegeben. Die langen Eley'schen Hülsen mit 7 g Pulver und 60 g Schrott BB enthielten 80 Schrote, die sieben Schüsse demnach 560 Schrote. Und von dieser gewaltigen Masse schlugen 490 Schrote in die Scheibe. Es war unmöglich, eine Stelle zu entdecken, wo das Wild nicht wenigstens von 6 bis 7 Schroten getroffen worden wäre, so regelmäßig und konzentriert zeigte sich das Schußbild. Alle Zuschauer waren von diesem überraschenden Ergebnis im höchsten Grade erstaunt. Man kann dreist behaupten, daß auch auf 125 und selbst noch auf 150 m die Wirkung eines solchen Schusses, welcher einen Flächenraum von 3 m deckt, für einen Zug wilder Enten oder Gänse von wahrhaft verheerender Wirkung sein muß. Diese Waffe ist gewiß das fürchterlichste Jagdinstrument, das jemals erzeugt wurde.

Die bewegliche Kammer, außerordentlich einfach und solid konstruiert, wird durch eine Handhabe und einen Hebel bequem geöffnet und wieder geschlossen. Die abgeschossenen Hülsen wirft ein Extraktor beim Öffnen der Kammer heraus, und führt man die geladenen Patronen wie bei einem Gewehre ein. Dann wird die Kammer geschlossen und da die Schlagfedern durch die Öffnungsbewegung schon gespannt wurden, so ist die Waffe zum Schuß fertig. Der Abzug ist unter einem sehr handlichen Pistolengriff angebracht, der sich zu einem Gewehrschaft verlängert, so daß der Schütze die Waffe wie ein Gewehr an die Schulter und in die Visierlage bringen kann. Die Waffe selbst bewegt sich ohne die geringste Schwierigkeit auf einem sinnreich konstruierten Fuß nach allen Richtungen hin und her, sowie auf und nieder. Die Schüsse können durch rasches Abdrücken alle mit einander oder durch langsamen Druck nach einander in beliebiger Schnelligkeit abgegeben werden.

Diese originelle und mächtig wirkende Entenflinte ist gewiß die beste und handlichste, die jemals konstruiert wurde, denn um eine annähernd gleiche Schrotmasse zu schleudern, bedürfte es zweier gewaltiger Gewehre von 32 mm Kaliber, die bedeutend schwerer und länger, folglich unbequemer zu handhaben, obendrein weit kostspieliger sein würden, als eine Mitrailleuse, und dennoch blieben dieselben in Wirkung und Deckung weit hinter jener zurück.

Die Mitrailleuse kann ihres geringen Gewichts und ihrer unbedeutenden Größenverhältnisse wegen auf jedem gewöhnlichen Nachen angebracht werden. Sie bedingt weder mehr Geschicklichkeit in der Handhabung, noch größere Mühe in der Unterhaltung als ein gewöhnliches Centralfeuergewehr."

W. Greener, Birmingham, konstruierte dann noch ein „Elephantengewehr." Es ist eine Doppelbüchse Kal. 8 mit Metallpatronen, deren Läufe für das schwere Geschoß noch besonders gezogen sind.

Man konstruirte dieses Gewehr, weil die Expreß-Riflebüchse ebenso wie mehrere andere Büchsensysteme gegen

den Elephanten ungenügend wirkten, und selbst Explosionsgeschosse, weil dieselben zu früh explodierten, nicht anwendbar waren. Ein solches Gewehr wiegt 13—16 Pfund und hat 24" lange Läufe. (Fig. 39.)

Die im vorigen Jahre (1883) abgehaltenen Ausstellungen, namentlich die Internationale Ausstellung zu Amsterdam und die elektrische Ausstellung in Wien machten eine abermalige sensationelle Neuerung in Jagdwaffen bekannt, nämlich das elektrische Gewehr. Das erste Modell des elektrischen Gewehres ist bereits im Jahre 1874 in Paris hergestellt worden. Das Schloß

und besonders bei den älteren Arbeiten sind bedeutende Pracht- und Kunstwerke in allen möglichen antiquen Formen geschaffen worden, und errangen mit Recht in unsern Museen und Gewehrkammern die verdiente Bewunderung. Nach diesen Prachtwerken antiquer Kunst wurden in Deutschland und nicht weniger in der Türkei, Spanien und Frankreich die Waffen mit erhabener Gravirung und geschmackvollen Vorschneidungen in moderner Form ausgestattet. Je nach der Geschmacksrichtung ist hierbei sowohl in Gold und Silber eingelegten Arabesken als Figuren oft Vieles verschwendet worden. Unsere heutige

Fig. 40.

Fig. 41.

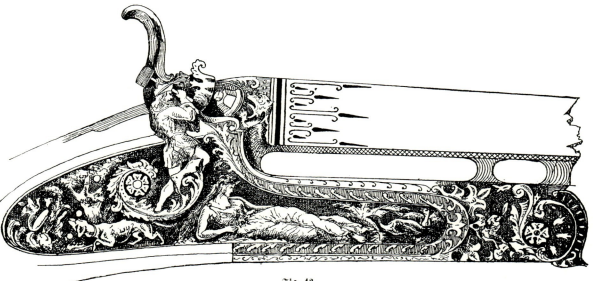

Fig. 42.

fehlte gänzlich und ersetzte dies ein im Schaftkolben untergebrachter Induktionsapparat mit Zinkbatterie, von welcher der Strom beim Abdrücken des Abzuges zur Kammer geleitet wurde. Der heutige Stand der Elektrizitätsfrage ist dem Bau elektrischer Gewehre bedeutend günstiger wie damals, und dürfen wir wohl erwarten, daß über kurz oder lang die Elektrizität, diese die heutige Zeit so bewegende Kraft, auch für Jagdwaffen eine nutzbare werden wird. —

Wir wenden uns schließlich der Ausstattung der Gewehre zu. — Alle Gewehrfabrikanten und Büchsenmacher haben in Anbetracht der handlicheren Führung und des schöneren Aussehens der Waffe auf die äußere Form und Ausstattung stets hohen Wert gelegt. In früherer Zeit,

Zeit sieht mehr auf eine solide und sich praktisch führende Jagdwaffe und haben deshalb bei den gebildeten Jägern die Jagdgewehre der besseren englischen Fabrikanten ein hohes Ansehen, weil diese in ihrem einfachen schönen Aussehen, in Verbindung mit gefälligen Formen und reinen Linien sich als die führlichste Jagdwaffe erwiesen haben. —

Die Rohre sind bei dieser Ausführung dunkel brüniert; die von außen sichtbaren Teile sind nur wenig im sogenannten englischen Doppelstich graviert, und dunkel gelassen, der Schaft ist matt geschliffen und mit Leinöl getränkt.

Neben diesen Gewehren der Praxis werden jedoch auch heute noch herrliche Kabinettstücke gefertigt, deren

Außenteile sehr künstlich graviert und ciseliert sind. Zwischen reichem Laubwerke lagern sich Wildgruppen, treten Jagdszenen mächtig hervor. — Leider sind die Gruppen manchmal in ihrem wechselseitigen Verhältnis, namentlich in den Größenverhältnissen nicht übereinstimmend, wodurch der Effekt des Ganzen beeinträchtigt wird. — Korrekt könnte eine derartige Ausstattung nur dann bezeichnet werden, wenn sämtliche Figuren in demselben Maßstabe ausgeführt wären, was aber, wenn an einem Schloßbleche Rebhühner, an dem anderen Hirsche graviert sein sollen, nicht thunlich ist, gleichwie eine am Schafte verschnitzte Figur nicht so klein und fein ausgeführt werden kann wie eine an irgend einem der Eisenteile. — Daher sind die in jeder Hinsicht befriedigend ausgestatteten Gewehre eine wahre Seltenheit. — Frankreich, namentlich Paris, wo gegenwärtig die meisten Prachtexemplare erzeugt oder mindestens ciseliert werden, bietet trotz höchst kunstvoller Ausführung in dieser Hinsicht nicht Besseres als deutsche Graveure, welche mit Vorliebe viele Mühe der Detailausführung zuwenden, den durch kräftigeres Anlegen des Meißels bei größeren Figuren erreichbaren Effekt jedoch noch oft vermissen lassen! Fig. 40 und 41 zeigen uns einige Prachtexemplare des Herrn A. Bartsch in Liegnitz.

Die Abbildungen fig. 42 und 43 liefern zwei Skizzen zur Ausstattung der Jagdgewehre, wobei namentlich an den durchgehend gleichen Maßstab der Figuren und auf einen Zusammenhang der Gruppen besonders Rücksicht genommen wurde.

Bei Skizze fig. 42 schmückt den Hahn das Bild des Vulkan, welcher den Hammer schwingend sich bei gespanntem Hahn anschickt, den Schuß zu bewirken, wogegen er bei ruhendem Hahn den Drachen neben dem Piston zu treffen sucht. Vor dem Hahn ruht erschöpft Diana, einen Vogel zu ihren Füßen, während ein Hase, die Jagdgöttin witternd, eiligst flüchtet. — Der Hund, von der Göttin sich wenig entfernend, wittert ein schöneres Wild, eine Nymphe mit einem Rebhuhn spielend.

Fig. 43 beschränkt die Anzahl der Figuren auf ein Minimum und verwendet größere Figuren wie die Skizze fig. 42.

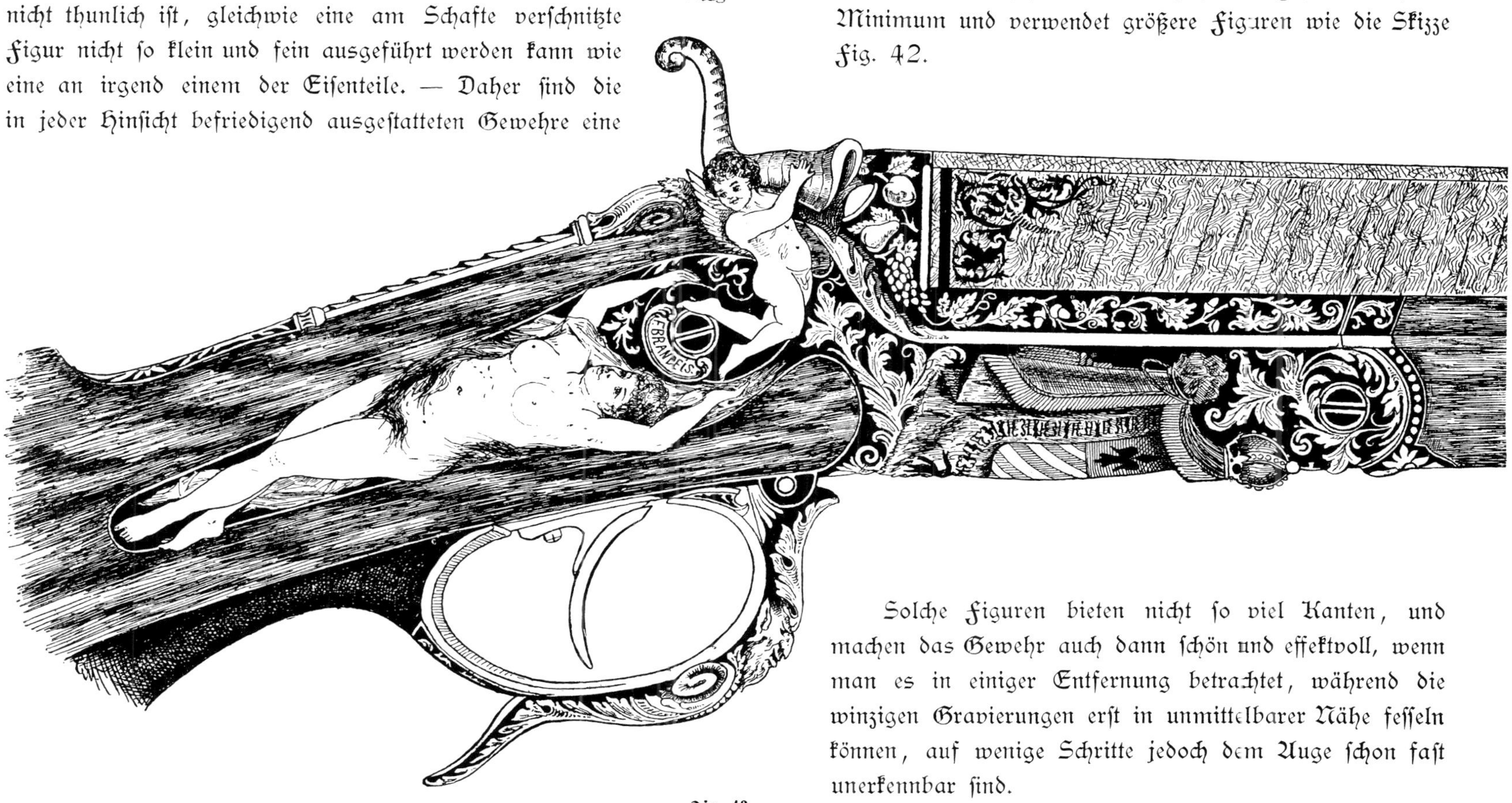

Fig. 43.

Solche Figuren bieten nicht so viel Kanten, und machen das Gewehr auch dann schön und effektvoll, wenn man es in einiger Entfernung betrachtet, während die winzigen Gravierungen erst in unmittelbarer Nähe fesseln können, auf wenige Schritte jedoch dem Auge schon fast unerkennbar sind.

Nach dieser letzteren Skizze kann der Grund, an welchem die Figuren und das Laubwerk erhaben vortreten, entweder in gewöhnlicher Art mit Punzen mattiert, oder in Gold eingelegt werden, damit die erhabenen Eisenstellen noch mehr vortreten. — In der Skizze ist der Grund schwarz markiert.

Die Intarsien, d. h. durch im Holz eingelegte Silberdrähte, Stiftchen zc. erzeugte und mit dem Holz geebnete Zeichnungen, Sternchen und Rosetten von Perlmutter, wie auch die von Elfenbein oder Metall ausgefeilten Figuren, welche in das Holz eingelassen, geebnet und graviert sind, finden heute nur wenig Anwendung. In den letzten Jahren hat man auch die in Gold eingelegten Figuren an den Eisenteilen aufgegeben, und beschränkt sich fast ausschließlich auf kleine niedliche Verzierungen oder Bordüren am hinteren Rohrende, wozu oft farbiges Gold genommen wird. —

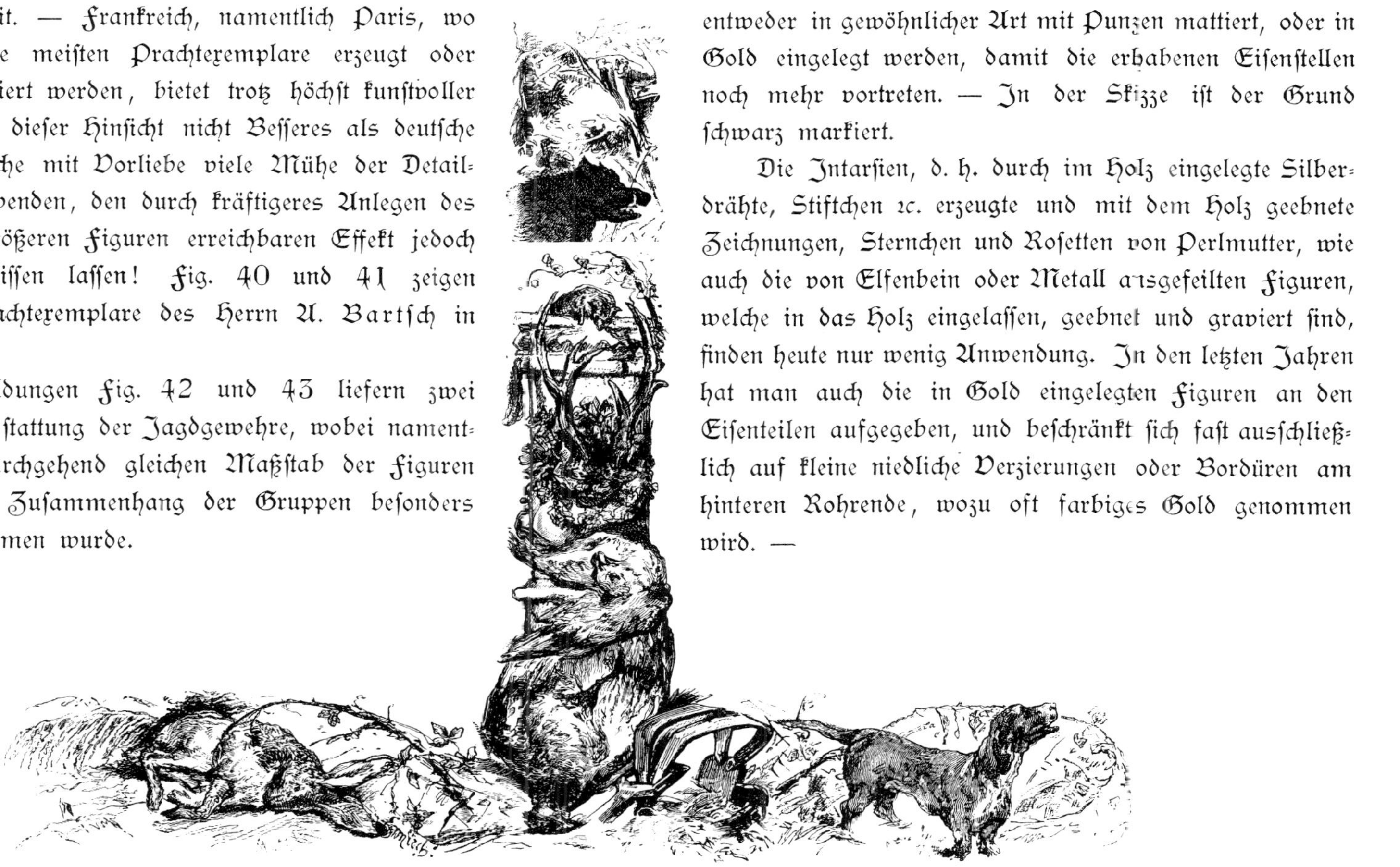

Gewehrfabrikation in England.

Geschichte und Beschreibung.

(Frei nach dem Englischen von W. W. Greener.)

Die Läufe der ersten Feuerwaffen waren aus einfachem Eisen gefertigt, in der Regel aus einem Streifen, der in rothglühendem Zustande um einen Dorn gebogen und dessen beide Enden dann zusammengeschweißt wurden. Später benutzte man zwei verschiedene Stücke, eines für das hintere Ende, die Pulverkammer des Laufes, das andere für das vordere Ende mit der Mündung, wie noch an alten Donnerbüchsen zu sehen ist, deren hinteres Teil aus Stahl oder Eisen, und deren vorderes aus Messing oder Glockenmetall hergestellt ist. Bereits 1808 wurden Läufe von einfachem Eisen gezogen, als ein gewisser Benjamin Cook sich ein Patent für seine neue Erfindung, Läufe für Vogelflinten und Musketen herzustellen, erteilen ließ. Seine Idee war, einen cylindrischen Eisen- oder Stahlblock herzustellen und ein Loch hindurch zu bohren. Durch dieses wurde dann ein Dorn gesteckt, die Stange rotglühend zwischen zwei konzentrischen Walzen mit konisch zulaufenden Ausfräsungen gebracht und auf die für den Lauf erforderliche Länge gestreckt. Das hintere Ende des Laufes wurde zuerst geformt, der Walzer mußte also die Gelegenheit abwarten, um seine glühende Eisenstange gerade dann zwischen die Walzen zu bringen, wenn sich ihm das größere Ende der Ausfräsungen zeigte. Diese Methode ist auch jetzt noch für Bessemer Stahlbüchsenrohre und Schrotläufe aus entphosphortem Stahl im Gebrauch; nur wird das Loch durch die Metallstange resp. den Metallblock jetzt mittelst Stanzen hergestellt und erst nachher allmählich über einen Dorn gestreckt. Nach diesem Prinzip erhält man Läufe ohne eine einzige Schweißstelle und erspart an Material.

Diese Methode gab man aber schon nach wenigen Jahren auf und vertauschte sie mit einer anderen, bei der die Rohre aus einem kurzen Streifen Eisen ausgewalzt wurden, der, um einen Dorn gelegt, durch die Walzen gezogen ward, indem sich zugleich die Enden beim Durchgehen durch die Walzen von selbst zusammenschweißten; der Dorn wird natürlich nur dazu benutzt, die Läufe zu bewegen, ohne daß er selbst durch die Walzen geht.

Hiernach wurde viele Jahre gearbeitet, alle Militärgewehre sind seinerzeit auf diese Art hergestellt und trugen die Schweißnähte längs der ganzen Unterseite des Laufes. Aber man hat auch damit wieder aufgehört, außer bei den allerordinärsten Läufen, und hat auf die oben beschriebene Art zurückgegriffen.

In dem erwähnten Cookschen Patent ist zugleich ein Verfahren enthalten, Büchsenläufe mit inneren Zügen zu walzen. Um das zu erreichen, werden die Läufe mit einer hindurchgesteckten kannelierten Stahlstange gewalzt und gestreckt, und erhalten durch die Auskehlungen der Stahlstange hier die Felder oder Balken des Zuges eingedrückt; sie werden dann so lange um sich selbst gedreht, bis sie den erforderlichen Drall haben. Bei allen einfach gestreckten Rohren läuft die Struktur des Metalls geradeaus längs des Laufes, nicht rund herum. Das ist sicherlich das beste für alle Läufe, die gezogen werden sollen, denn obgleich einfacher Stahl oder Eisen eine so große Beanspruchung Metall nicht aushalten würde, als um sich selbst gedrehte und wieder flach gearbeitete Eisenstangen (twisted iron), so ist doch gewöhnlich in gezogenen Rohren eine größere Metallstärke des Laufes erforderlich, um den Rückschlag zu paralysieren, so daß sie sehr selten springen und mit Vorteil für diese Zwecke verwendet werden dürften, zumal auch der Drall nicht quer durch die Körnung des Eisens schneidet, während in Läufen aus gedrehten Eisenstangen die Züge quer zur Struktur des Metalls laufen.

Für Schrotläufe ist plattes Metall durchaus ungeeignet, da ihre Metallstärke nicht kräftig genug ist, um der Gewalt der Explosion Widerstand zu leisten.

Die 1865 und in den folgenden Jahren fabrizierten kalt gestreckten Stahlläufe waren den einfachen eisernen und aus dekarbonisiertem Stahl gearbeiteten, die gewöhnlich benutzt wurden, bei weitem überlegen. Diese Rohre wurden in kaltem Zustande aus Stahlblöcken gestreckt, indem man diese mittelst Stanzen durch Öffnungen in einem schweren Rahmen durchpreßte, also gewissermaßen riesige Stahldrahtzangen fabrizierte, man konnte jedoch jedesmal nur etwa zwei Zoll strecken und mußte dann das Metall wieder ausglühen, ohne daß es von neuem in die Maschine gebracht werden konnte. Wegen der Langwierigkeit des Verfahrens und der enormen Kosten infolge Abnutzung von Werkzeug und Maschinen konnte die betreffende Gesellschaft nicht zu einem vernünftigen Preise produzieren und löste sich nach wenigen Jahren auf.

In Qualität zunächst stehen Rohre aus dichtem, in flüssigem Zustande komprimiertem Stahl, wie sie Sir J. Whitworth fabrizierte, weil sie sehr starke Ladungen weit besser aushielten, als selbst irgend eines der jetzt benutzten Rohre aus einfachem Metall; sie waren aber sehr teuer und wenig beliebt, weil sie, wie alle Läufe von einfachem Metall, nach der Fertigstellung keinerlei Muster zeigten, sondern im Aussehen dem Lauf einer Muskete glichen.

Der Besitzer eines solchen Rohres war niemals imstande zu sagen, ob er ein Gewehr aus „flüssig gepreßtem Stahl" führte, oder ob nicht der Büchsenmacher statt dessen gewöhnlichen, um $2/3$ billigeren Stahl verwendet habe, wogegen jeder Jäger die Qualität seiner Läufe, aus gedrehtem Eisen, sehr leicht, nach der Schönheit des Musters, richtig ansprechen kann. Aus diesem Grunde werden wohl auch Läufe aus einfachem Eisen für Waffen erster Güte niemals beliebt werden, solange es Rohre von gemustertem Stahl oder damascierte Läufe giebt.

Die erste Nachricht über die gemeinschaftliche Verwendung von Stahl und Eisen als ein Metall für Rohre findet sich 1798 in einem Patent für William Dupein. Er legte um einen eisernen Stab einen Streif Stahl und darüber eine Schicht Eisen oder „Eisen und Stahlgemisch." Das Ganze wurde zusammengeschweißt und dann der Eisenkern soweit ausgebohrt, daß ein Lauf von Stahl, resp. von „Eisen- und Stahlmischung" übrig blieb.

Wenige Jahre später kamen alte Hufnägel als Material für die Läufe en vogue; diese Nägel sind stets vom besten Eisen angefertigt worden und man glaubte, daß sie durch die Berührung mit dem Hufe eine besondere Kraft und Güte erlangt hätten. Solche Nägel wurden zu einer cylindrischen oder konischen Stange zusammengeschweißt, diese dann über einen Dorn geschlagen und demnächst eine Röhre daraus hergestellt.

Derartige Läufe erfreuten sich im Anfange des gegenwärtigen Jahrhunderts hohen Ansehens und großer Beliebtheit. Sie sind übrigens sehr leicht zu erkennen, da die Läufe gemustert sind, dies Muster verläuft der Länge nach auf dem Rohre, die Nägel markieren sich hell und jede einzelne Schweißstelle dunkel. Wir sind überzeugt, daß mit der Herstellung derartiger Hufnägeleisenstangen zum erstenmal der Versuch gelang, gemusterte Läufe zu fabrizieren.

Im Jahre 1806 erhielt J. Jones ein Patent auf eine verbesserte Methode zur Herstellung von Gewehrläufen. Er fertigte sie, indem er eine Eisenschiene mit abgeschrägten Ecken um einen Dorn derart bog, daß die Ecken sich übereinanderschlugen, dann zusammengeschweißt wurden. Einmal eingeführt, nahm die Fabrikation von Läufen aus gedrehtem Eisen schnell einen mächtigen Aufschwung. Zuerst drehte man Eisenschienen oder einfache Stäbe, später in gleicher Weise Hufnägelstäbe, und bald darauf folgte die Einführung damascierter Läufe. Die Fabrikation der Rohre aus Eisenabfällen unter dem Fallhammer war um 1845 in höchster Blüte, als aus der Fabrik des Fabrikanten John Clive in Birmingham allwöchentlich große Quantitäten von Läufen hervorgingen; der Besitzer hat sich dadurch einen Namen und ein beträchtliches Vermögen gemacht.

Vor langen Jahren wurden die besten Läufe aus gedrehten Eisenstäben in der Londoner City fabriziert, sie konnten sich aber allmählich gegenüber den von Birminghamer Läufefabrikanten gefertigten nicht auf ihrer Höhe erhalten und seit dem Jahre 1844 hat kein Flintenlaufschmied mehr in der Nachbarschaft der Hauptstadt sein Handwerk ununterbrochen betrieben. Der letzte Lauffabrikant von Bedeutung war William Fullard, Clerkenwell, London, ein Mann, der das beste Renommée für Jagdgewehre jeder Art hatte.

Die Herstellungskosten für Gewehre sind aber auch in London aus folgenden Gründen bedeutend größer. Mieten, Steuern und Abgaben, der ganze Lebensunterhalt sind dort höher und teurer als in Birmingham; Läufe, Schloßteile und Rohmaterial müssen durchweg erst von Händlern in Birmingham oder Lüttich bezogen werden u. s. w. Die Gewehre, welche wirklich in London gearbeitet werden, sind ausschließlich sehr teure aus dem einfachen Grunde, weil man Mittelsorten und ordinäre Gewehre nicht so billig herstellen kann, als sie in Birmingham käuflich zu haben sind, daher sind auch alle neuen Gewehre, die in London unter 20 Guineas (ca. 425 Mk.) verkauft werden, von Birminghamer Arbeit. Das Londoner Prüfungshaus wird hauptsächlich von Birminghamer Fabrikanten in Anspruch genommen, die für die Büchsenmacher in London und die Provinzen alle Gewehrteile herstellen.

Es ist einleuchtend, daß die Londoner Büchsenmacher verhältnismäßig höhere Preise für ihr Fabrikat haben müssen, um nur die höheren Produktionskosten zu decken. Sie geben auch selbst zu, daß sie höhere Arbeitslöhne zahlen, als dies anderwärts der Fall, und das ist ganz richtig, aber sie beschäftigen auch stetig abwechselndes Personal, zumal die Arbeiter meistenteils zwischen London und Birmingham hin und herziehen. Die von Londoner

Büchsenmachern oft aufgestellte Behauptung, daß sie geschicktere Arbeiter hätten, als in Birmingham überhaupt existieren, ist unbegründet, denn sehr häufige Besichtigungen von Waffen der besten Londoner Werkstätten haben erwiesen, daß diese in keiner Weise dem besten Birminghamer Fabrikat überlegen sind. Es haben sehr häufig schon Arbeiter ihre Stellungen in Birmingham aufgegeben und sind bei den ersten Londoner Firmen eingetreten, aber in der Regel nach Birmingham zurückgegangen, weil sie trotz der bedeutend höheren Arbeitslöhne dort nicht so gut leben konnten. Der bei weitem größte Teil der Londoner Büchsenmachergehilfen stammt entweder aus Birmingham oder hat wenigstens dort gelernt.

Überdies sind die hauptsächlichsten Verbesserungen an Jagdgewehren während der letzten 100 Jahre von Birmingham ausgegangen, wo die scharfe Konkurrenz den Erfindungsgeist anregt und stärkt, wo jede Gelegenheit geboten ist, Verbesserungen zu prüfen und wo die Waffenfabrikanten jeden Erfinder ermuntern und ihm mit Rat und That zur Seite stehen.

Birmingham hat unendlich viel mehr Verbesserungen an allem, was zum Gewehr gehört, gemacht, als London, von denen die folgenden nur einige wenige der bedeutendsten seit 1790 sind: die verbesserte Methode, Läufe zu richten, die patentierten Drahtläufe, die Erfindung des Musterstahles, das Ziehen von Läufen aus einem massiven Stahlblock, das Walzen von Militärgewehrläufen, die Expansionsbüchsenkugeln (Greener), die Doppelaktions-Revolverpistole (Tranter), Terry und Westley Richards Hinterladerkarabiner, Doppelverschluß-Hinderlader, Selbstspanner mit Verschlußhebel oben auf der Scheibe, zurückspringendes Gewehrschloß, die ersten brauchbaren Hammerlosgewehre, brauchbare choke bores (Greener), Hammerlosgewehre mit Verschlußhebel oben und Auswerfer ꝛc. Alle diese Verbesserungen, in Verbindung mit den unermüdlichen Anstrengungen der leitenden Gewehrfabrikanten, haben dazu gedient, das Brandmal wegzuwischen, das bis vor wenigem jedem in Birmingham fabrizierten Gewehr anhaftete, und es ist gegenwärtig eine allseitig anerkannte Thatsache, daß die jetzt in Birmingham fabrizierten Waffen in jeder Hinsicht den besten in der ganzen Welt gearbeiteten gleichstehen.

Gewehr-Prüfungsschießen.

Die ersten Gewehr-Prüfungsschießen fanden in den Jahren 1858 und 1859 in London statt. Zu denselben gaben Meinungsverschiedenheiten über den vergleichsweisen Wert des Vorder- und Hinterladers Veranlassung, die man, da der Wortstreit resultatlos bleiben mußte, durch einen thatsächlichen Versuch zu entscheiden beschloß. Die beiden Gun-Trials von 1858 und 1859 wurden mit großer Mühe und Sorgfalt ins Werk gesetzt und die thatsächlichen Ansprüche, welche man berechtigt an Vorderlader und Hinterlader stellen kann, zur Befriedigung aller vernünftigen Leute festgestellt. Bei diesen Versuchen bestanden die Scheiben aus Pappscheiben von 30 Zoll (englisch) Durchmesser; der Spiegel der Scheibe hatte eine Größe von 12 □Zoll, und wurde auf 40 Yards, durch 40 auf 60 Yards durch 20 Papierbogen, welche aufeinander befestigt waren, gebildet. Das verwandte Pulver war Laurence Nr. 2, als Schrot gebrauchte man Nr. 4, 290 Körner per Unze. —

Die Munitionsquanta wurden abgewogen, nicht abgemessen. Der beste Vorderlader brachte 63 Schrote mit dem rechten und 60 mit dem linken Lauf auf 60 Yards in die Scheibe, von denen 5 Schrote aus dem rechten und 2 Schrote aus dem linken je 20 Papierstärken auf diese Distanz durchschlugen. — Wenngleich diese Leistung eine bedeutende nicht genannt werden kann, so blieb doch der altmodische Vorderlader, wenn auch hart bedrängt von seinen jungen Rivalen, Sieger.

Im Jahre 1866 fand ein weiteres Gun-Trial statt, bei welchem jedoch nur Hinterlader konkurrierten, und zwar Kaliber 8, 12 und 16. Das Ziel bildete eine Scheibe von 30" Durchmesser, deren viereckiger 10□" großer Spiegel durch 40 Papierscheiben von Doppel-Imperialbramrompapier gebildet wurde. Distanz 40 Yards. —

Beim Zählen der Schrote wurden auch die, welche die Eisenscheibe getroffen hatten, gerechnet, für den Durchschlag zählten nur die Anzahl der Schrote, welche die Papierscheiben wirklich durchschlagen hatten. Jedes Gewehr feuerte 6 Schuß und ging Papes Lefaucheur-Hinterlader Kal. 12 mit 127,10 Treffern im Mittel und einem Durchschlagsdurchschnitt von 25,4 Papierscheiben siegreich aus diesem Trial hervor. —

Als im Jahre 1874 im „Field" aus eigener Erfahrung des Herausgebers konstatiert wurde, daß Mr. W. W. Greeners Choke bore Gewehre Kal. 12 bei einem Gewicht von 7¼ Pfund, drei Drachmen Pulverladung im Durchschnitt Resultate von 210 Schrotkörnern Nr. 6 Treffer auf eine 30" Scheibe bei 40 Yards Entfernung erziele, nahm man diese Mitteilung zuerst allseitig mit Unglauben auf. Da aber bald darauf andere Büchsenmacher behaupteten, daß ihre Gewehre dasselbe leisteten, wurde 1875 ein neues Trial arrangiert. Pulver, Schrot, Entfernung und Scheiben blieben dieselben, wie in den früheren Trials, jedoch wurden die konkurrierenden Gewehre diesmal in vier Klassen geteilt. —

1. Klasse: Gewehre Kal. 8 und 10, mit beliebigem Gewicht, Bohrung und Ladung.
2.   „   : Gewehre beliebigen Kal. bis zu Kal. 12, jedoch nicht schwerer wie 7¼ Pfund.
3.   „   : Gewehre Kal. 12 nicht über 7¼ Pfund.
4.   „   : Gewehre Kal. 20 und darunter jeder Art Bohrung, nicht über 6 Pfund Gewicht.

Es feuerte jeder Lauf 6 Schuß, und galt das Mittel dieser Schüsse als Resultat.

W. W. Greener siegte in allen Klassen.

In demselben Jahre fand auch ein Versuch auf Dauerhaftigkeit der Gewehre statt, an welchem sich drei Konkurrenten beteiligten. Jedes Gewehr mußte in sechs Wochen 2500 Schuß abgeben, und zwar jede Woche an einem Tage 200 Schuß Schnellfeuer in eine Grube (60 Schuß pro Minute) und nach einfachem Auswischen am nächsten Tage wieder 200 Schuß, und nach je 200 Schuß 12 Ronden auf die Scheibe. Dann wurde das Gewehr gereinigt und bis zur nächsten Woche unter Verschluß genommen. Auch bei diesem Versuche siegte Greener mit seinem Choke bore Gewehr. Seitdem haben solche Schießen schon bis zu 80 000 Schuß stattgefunden, ohne Schaden für die versuchten Gewehre. —

1876 und 1877 fanden auch Gun-Trials bei Taubenschießen statt. Wir erwähnen derselben nur der Vollständigkeit halber, da bei einem solchen Schießen die Geschicklichkeit des Schützen zu sehr mitspricht, als daß man die Resultate für das Gewehr allein in Anspruch nehmen könnte. —

Auch versuchte man auf 40, 50 und 60 Yards Cylindergewehre gegen Choke-bore, wobei sich das letztere auf größere Entfernung dem ersteren bedeutend überlegen zeigte. Ein weiteres interessantes Schießen fand dann 1879 in Wimbledon statt. —

Man versuchte die Kaliber 12, 16 und 20 gegeneinander, und feuerte je 12 Schuß auf 40 resp. 60 Yards gegen eine eiserne Scheibe mit Kraftmesser. Die verschiedenen Kaliber erhielten folgende Censurzahlen:

Kal. 16 Censurzahl 265,52
„ 20 „ 255,92
„ 12 „ 254,24.

In nachstehender Tabelle finden sich die Resultate dieser Trials zusammengestellt.

Zusammenstellung der Schußbilder der besten Gewehre der Londoner Trials 1859, 1866, 1875, 1878, 1879 und der amerikanischen Gewehrproben 1873, 1874, 1879.

		Drams Pulver	Oz Schrot			Schußbild Rechts	Links
London Trial 1859							
Vorderlader	Kal. 12	$2^{3}/_{4}$	$1^{1}/_{4}$	No. 6	290 Körner	158	118
Hinterlader	„ 12	3	$1^{1}/_{4}$	„ 6	auf das oz.	114	90
London Trial 1866							
Hinterlader	„ 12	3	$1^{1}/_{8}$	„ 6	280 Körner	131	123
Hinterlader	„ 16	$2^{1}/_{2}$	1	„ 5	auf das oz.	100^{3}	118^{4}
London Trial 1875						im Durchschnitt	
Hinterlader	„ 12	$3^{1}/_{4}$	$1^{1}/_{8}$	„ 6	270 Körner	214.5	
„	„ 10	4	$1^{1}/_{2}$	„ 6	auf das oz.	241.02	
„	„ 20	$2^{1}/_{8}$	1	„ 6	(Hartschrot)	245.03	
„	„ 8	6	$2^{1}/_{2}$	„ 6		358.09	
London Gewehrpulverproben 1878							
Hinterlader	„ 12	$3^{1}/_{4}$	$1^{1}/_{8}$	„ 6		220.08	
London Trial 1879							
Hinterlader	„ 12	$3^{1}/_{4}$	—	„ 6	Hartschrot	223.12	
„	„ 16	$2^{3}/_{4}$	—	„ 6	270 Körner	174.00	
„	„ 20	$2^{1}/_{4}$	—	„ 6	auf das oz.	174.00	
New-York Trial 1873							
Hinterlader	„ 12	3	$1^{1}/_{8}$	„ 6	Schrot in Papier-	$150^{1}/_{2}$	
„	„ 12	$3^{1}/_{2}$	$1^{1}/_{8}$	„ 6	patronen.	$211^{1}/_{2}$	
„	„ 10	$4^{1}/_{2}$	$1^{1}/_{4}$	„ 6		211	
Chicago Trial 1874							
Hinterlader	„ 12	4	1	„ 7	309 Körner	180.04	
„	„ 10	$4^{1}/_{2}$	1	„ 7	auf das oz.	$191^{1}/_{8}$	
Chicago Trial 1879							
Hinterlader	„ 12	$3^{1}/_{2}$	$1^{1}/_{8}$	„ —		170	
„	„ 10	4	$1^{1}/_{4}$	„ —	291 Körner	200	
„	„ 16	$2^{1}/_{2}$	1	„ —	auf das oz.	163	
„	„ 20	$2^{1}/_{2}$	1	„ —		138	

Nach den Engländern haben die Amerikaner in Chicago und New-York Gun-Trials veranstaltet, in Deutschland fand in Cleve 1881 ein Gewehrprüfungsschießen statt, dessen Resultat wir nachstehend geben.

Gewehrproben

abgehalten am 17., 18. und 19. August 1881 zu Cleve.

In den Fachblättern hatte der Vorstand der Internationalen Jagdausstellung für den 17., 18. und 19. August 1881 zu Gewehrproben aufgefordert, und für diese folgende Bedingungen aufgestellt:

Bedingungen für die am 17., 18. und 19. August stattfindenden Gewehrproben.

Zu den Gewehrproben sollen nur ausgestellte Gewehre zugelassen werden. Der Schütze wird von dem betreffenden Aussteller bestimmt.

Die Patronen.

Prämiiertes Pulver; keine Hilfsmittel; Schrot, Hülsen, Pfropfen beliebig; jedoch auf alle Distanzen dieselbe Ladung.

Distanz.

a) Doppelschrotgewehr 30 m, 40 m, 50 m.

Auf jede Distanz 1 Schuß mit Schrot No. 1, 3, 5 und 7.

Büchsflinte.

b) 1. Kugellauf: 50, 60, 70, 80, 90, 100 m.
2. Schrotlauf: 30, 40, 50 m.

Auf jede Distanz 1 Schuß mit Schrot No. 1, 3, 5 und 7.

Birschbüchse.

c) 50, 70, 90, 120 m.

Die Gewehre, welche geschossen werden sollen, müssen bis zum 12. August bei dem Vorstande abgeliefert sein.

Cleve, 1. August 1881.

Der Ausstellungsvorstand.

Am 16. August fand die Ablieferung der zu dem Probeschießen angeordneten Gewehre statt und wurde hierbei folgende Verhandlung aufgenommen:

Verhandelt Cleve, den 16. August 1881.

Behufs Feststellung der zu den Gewehrproben abgelieferten Gewehre hatte der Vorstand die verschiedenen Interessenten zu einer Sitzung auf 11 Uhr im Lesezimmer der Internationalen Jagdausstellung versammelt und waren anwesend die Herren:

N. Bodson, Lüttich; Sauer, Suhl; Libioulle i. V. Brünn, Birmingham; H. Pieper, Lüttich; Frau Bartels, Wiesbaden; Herr Scheibler i. V. für die Firmen: Heuse Lemoine, Nessouvaux; Bayet frères, Lüttich; W. W. Greener, Birmingham; Wunder & Günther, Leipzig; G. Fükert, Weipert; A. Janson, Lüttich; Jean van Maele, Brüssel; Leue & Timpe, Berlin; J. B. Witte, Zütphen; H. G. Cordes, Bremerhaven; E. Dotter, Mainz; Braendlin Armoury & Co., Birmingham; Herr Voelker i. V. für die Firmen: Joh. Jac. Reeb, Bonn; Georg Camphausen, Crefeld; Rud. Berger, Köthen; J. Janssen, Wesel; B. Beermann, Münster; Ferd. Neumann, Aachen; Collath, Frankfurt a/M.; Herr Henkel i. V. für die Firma: H. Barella, Berlin; Herr André i. V. J. Sackreuter, Frankfurt a/M.

Seitens des Komitees war anwesend: Herr R. Corneli.

Es wurde konstatiert, daß 71 Gewehre abgeliefert seien.

Der Vorsitzende verlas darauf die Bedingungen und ersuchte Herr Pieper den Vorsitzenden, den Anwesenden zu konstatieren, daß die Pieperschen Gewehre ohne Patronenlager vorgelegt sind, und bat darum, daß die Läufe markiert werden sollten, was Herr Bodson mit seinem Namen that. Die Läufe wurden dann zum Einbohren der Patronenlager Herrn Pieper zur Verfügung gestellt. Es sind die Nummern 158, 166, 170, 172.

Die Anfertigung der Patronen wurde auf 4 Uhr festgesetzt. Für die Distanzen wurde noch bestimmt, daß der Durchschlag der Patronen nur auf 40 m konstatiert werden solle, während auf 30 und 50 m nur auf Deckung gesehen werden solle. Die Munition für Kugelläufe wird den Ausstellern überlassen.

Protokoll über die zu Cleve abgehaltenen Schießproben.

Name des Ausstellers	No. des Gewehrs	System	Kaliber mm	Preis	Ladung Pulver gr	Ladung Schrot gr	Resultate und Bemerkungen über die Leistungen: 30 m Schrot 1	30 m 3	30 m 5	30 m 7	40 m 1	40 m 3	40 m 5	40 m 7	50 m 1	50 m 3	50 m 5	50 m 7	Total	
Heuse-Lemoine	880	Centralfeuer	12	nicht angegeben	6,57	44	2	3	1	4	1	2	3	2	1	2	2	2	**25**	
Derselbe		Centralfeuer	16	500 frcs.	5	32½	2	2	2	2	2	1	2	1	1	2	2	2	**21**	
Bayet frères	15016	Centralfeuer, choke bore	12	660 ℳ	6,57	44	3	4	3	2	1	2	2	1	1	3	2	3	**27**	
		Centralfeuer, glatt	16		5	32½	1	2	1	1	2	2	3	2	1	1	1	1	**18**	
W. W. Greener	19357	Centralfeuer, choke bore	20	650 ℳ	5	32½	3	4	2	3	4	3	4	3	2	2	2	3	**35**	
Derselbe	22533	Centralfeuer, choke bore	12	1750 ℳ	6,57	44	4	4	4	3	4	4	3	3	3	2	3	3	**40**	
Wunder & Günther	1	Lefaucheux	16	225 ℳ	5	32½	1	2	2	1	3	2	2	3	2	1	3	2	**24**	
G. Fükert	3	Centralfeuer, glatt	16	350 ℳ	5	32½	3	2	3	2	3	2	2	2	2	2	2	2	**27**	3 Versager
A. Janson	2	Centralfeuer, glatt	12	225 frcs.	6,57	44	2	3	3	3	4	4	3	3	1	3	2	1	**32**	(schwache Feder).
Derselbe	3	Centralfeuer, glatt	16	200 frcs.	5	32½	1	1	3	1	2	2	3	2	2	2	2	2	**23**	
van Maele	76009	Centralfeuer, glatt	16	600 frcs.	5	32½	4	2	3	2	4	4								Versagte den Dienst nach
		Centralfeuer, glatt	12		6,57	44	2	2	2	3	2	3	3	2	1	1	3	1	**25**	dem 6. Schuß.
N. Bodson	3	Centralfeuer, choke bore	12	750 frcs.	6,85	44	3	4	2	4	4	3	3	4	2	2	3	4	**38**	
Leue & Timpe	1980	Centralfeuer, choke bore	12	350 ℳ	6,57	44	3	3	3	2	2	2	2	3	1	1	1	3	**26**	
Dieselben	2043/44	Centralfeuer, glatt	16	1000 ℳ das Paar	5	32½	2	3	1	3	2	3	2	1	2	2	2	2	**25**	
Witte	6	Centralfeuer, glatt	16	225 fl.	5	32½														
Cordes	2	Centralfeuer, choke bore	12	400 ℳ	6,57	44	2	1	1	1	3	3	2	1	1	2	2	1	**20**	
Dotter	2	Centralfeuer, choke bore	16	500 ℳ	5	32½	2	2	2	1	2	2	2	1	2	2	1	1	**20**	
Braendlin	6919	Centralfeuer, glatt	12	240 ℳ	6,18	32½	3	3	4	4	4	4	4	4	2	3	3	3	**41**	
C. Bartels	7	System Bartels, choke bore	12	450 ℳ	6,18	44	3	3	3	4	4	3	4	4	1	3	2	3	**37**	
Barella	3150	Centralfeuer, glatt	16		6	30	1	1	1	1	4	3	3	4	1	2	2	2	**25**	
Neumann	2	Centralfeuer, choke rifled	12	400 ℳ	5½	45	4	4	3	4	4	4	4	3	1	3	3	3	**40**	
Pieper	?	Centralfeuer, choke bore	12	200 ℳ	6,57	38½	3	3	4	4	4	4	4	3	4	4	4	4	**45**	
Rödl	2	Centralfeuer, riffle	12	310 ℳ	6,18	38½	3	3	3	3	4	4	4	4	3	3	4	4	**42**	
Berger	1	Centralfeuer, choke bore	12	380 ℳ	5½	45	2	3	2	4	4	4	3	3	2	3	2	2	**34**	
Brunn	2	Centralfeuer, choke bore, Selbstspanner	12	560 ℳ	6,57	38½	3	3	2	2	3	3	4	4	1	1	2	2	**30**	
H. Janssen	1	Centralfeuer, glatt	12	160 ℳ	5½	45	1	2	1	2	4	3	2	2	2	1	2	3	**25**	
Camphausen	2	Centralfeuer, choke bore	12	400 ℳ	5½	45	1	4	2	3	3	3	4	2	3	3	3	3	**34**	
Beermann	1	Centralfeuer, glatt	12	450 ℳ	5½	45	3	2	1	2	4	4	2	4	2	2	3	2	**31**	
Sackreuter		Lefaucheux	16	90 ℳ	5	32½	1	1	2	2	4	3	3	4	3	2	2	3	**30**	
Derselbe		Centralfeuer, choke bore	12	600 ℳ	6,57	38½	2	3	3	4	4	4	3	3	3	3	1	3	**36**	
Derselbe		Centralfeuer, glatt	12		6,57	38½	2	4	3	4	4	4	4	3	2	2	2	1	**35**	
Witte		Centralfeuer, choke bore	12		6,57	38½	3	4	3	3	1	1	1	1	3	2	3	2	**27**	
Sauer Sohn	9	Drilling, glatt	16	190 ℳ	5	30	2	4	1	4	4	1	4	4	3	4	3	4	**41**	
							50 m	60 m	70 m	80 m	90 m									
Leue & Timpe	2004	Centralfeuer, Birschbüchse	11	275 ℳ			10	12	11	9	9 = **51 Ringe**									
Dieselben	2039	Centralfeuer, Büchsflinte	11	475 ℳ			12	8	6	8	10 = **46** „									
C. Bartels	2	Centralfeuer, Doppelbüchse	11½	400 ℳ			12	12	11	11	12 = **58** „									
Derselbe	11	Centralfeuer, Birschbüchse	11½	400 ℳ			12	12	12	11	11 = **58** „									
Sauer Sohn		Büchsenrohr	11				12	12	12	12	11 = **59** „									
Derselbe	7	Centralfeuer, Birschbüchse	11	105 ℳ			12	12	10	12	11 = **57** „									
Larsen		Birschbüchse, System Larsen					11	12	12	12	12 = **59** „									
Derselbe		Birschbüchse, System Remington					11	11	11	10	11 = **54** „									
Leue & Timpe		Centralfeuer, Doppelbüchse					11	12	7	10	10 = **50** „									Rechtes Rohr.
							11	12	10	9	9 = **51** „									Linkes Rohr.
Wunder & Günther		Centralfeuer, Birschbüchse					10	11	11											

Unterzeichnete bescheinigen hiermit, die in diesem Protokoll verzeichneten Zahlen über Deckung und Durchschlag, wobei galten: 4 = sehr gut, 3 = gut, 2 = genügend, 1 = schlecht, nach bestem Wissen und unparteiisch ermittelt zu haben

Cleve, 7. September 1881.

G. Hahn, Protokollführer. — Klimm, königl. Förster. — Keysler, königl. Förster. — Heise, Inspektor der Vereinigten Rheinisch-Westfälischen Pulverfabriken zu Köln.

Ein tüchtiger Fachmann, den ich um ein Urteil über die Vergleichsschießen angegangen, schreibt mir:

„Ich bin mit den Vergleichsschießen nicht einverstanden, denn meine Erfahrungen sind derart, daß ich mit jedem gut gebauten Gewehre beinahe sich gleichende Resultate erzielen kann, und ist es absolut gleichgiltig, ob dieser oder jener, ob Sauer oder Pieper, Teue oder Greener dasselbe gebaut hat. Jeder Büchsenmacher oder Fabrikant, welcher genau das Verhältnis zur Patrone zu machen versteht, wird im Durchschnitt unter zehn Flinten erst eine schlechte bauen, ebenso wie eine Kugelbüchse, ist sie normal angefertigt, immer schießen muß. Es giebt für mich nur gutes und schlechtes Pulver, gute und schlechte Pfropfen, gute und schlechte Patronen, kurz gute und schlechte Munition. Ob 136 oder 115, 121 oder 91 Körner auf den Bogen kommen, hat für den Jäger keinen Wert.

Nur dann erst können mir solche Proben etwas beweisen, wenn der Gewehrmacher imstande ist: „mit Schrot einen Kugelschuß auf 40 Meter zu erzielen und diesen Kugelschuß nach Belieben im Kreis zu erweitern versteht. Sobald dieses Problem gelöst ist, werde ich diese Vergleichsschießen anerkennen; denn dann macht es der beste Lauf am genauesten, und der beste Fabrikant wird den bestimmten Wünschen seines Auftraggebers am korrektesten entsprechen."

Alle Achtung vor diesem höheren Ziel, das sich mein Fachmann, der Büchsenmacher ist, gesteckt hat; ob es ihm gelingt, es zu erreichen, darein setze ich meine gelinden Zweifel, und müssen wir solange mit der geringeren Leistung vorlieb nehmen. Die vollkommene werden wir mit Freuden begrüßen.

Was leisten moderne Gewehre?

In der Nr. 51, Band II, der „Deutschen Jäger-Zeitung" schreibt Herr Hoppe von Groß-Rackwitz „Erfahrungen über den Schrotschuß." „Ich verfolge den Zweck — sagt er — Denjenigen, die da glauben mit ihren Schrotflinten auf 50 bis 60 m mit Sicherheit auf Wild schießen zu können, etwas von ihren Illusionen zum besten des armen Lampe und des übrigen Wildes zu rauben."

Die Mitteilungen über die Erfahrungen der Herren Hoppe, kurz und bestimmt ausgesprochen, nicht minder aber Bemerkungen dazu in der Nr. 53 derselben Zeitung, halten wir für sehr beachtenswerte Beiträge in Behandlung der Frage.

In Nr. 38 der „Neuen deutschen Jagdzeitung" bringt seitdem Ingenieur Karl Pieper, Berlin S.W., unter dem obenstehenden Titel Resultate von Versuchen, die gemacht sind, um die Leistung verschiedener Gewehre bei Anwendung verschiedener Munition zu bestimmen. Der Verfasser hat für unsere Zwecke seine Arbeit zu benutzen eingewilligt und Zusätze zu dem im übrigen unveränderten Text gemacht, welche, wie er meint, dem Studium entsprechen, das unsere Leser mehr noch in unserm Werke als in gelegentlichen Mitteilungen periodisch erscheinender Organe suchen. — Piepers Arbeit lautet:

„Man hört oft, wenn von „Verbesserungen" bei Gewehren oder Munition die Rede ist: Wer schießen kann, dem ist jedes Gewehr recht! oder: Darüber sind wir lange weg, war vor zehn Jahren auch 'mal Mode! — Mit solchem Wegwerfen hilft man sich notdürftig über neidische Gedanken und Indolenz, aber nicht über eine Superiorität, welche durch Beachtung rationeller Neuerungen und mit Verständnis bewirkter Versuche zu erlangen ist.

„Was heißt aber versuchen? Ist es richtig, nach dem Resultat von einer oder einigen Jagden ein Urteil zu fixiren? Wir glauben nicht. Wenn das Versuchen eine systematische Vorbereitung erfordert und zeitweise ununterbrochene Aufmerksamkeit voraussetzt, die mancher passionirte Jäger beim besten Willen der Sache nicht widmen kann, dann rechtfertigt es sich vielleicht, von Versuchsserien zu erzählen, aus denen auch zu erkennen sein dürfte, wie ein Probeschießen nicht gemacht werden sollte.

„Es kam uns während einer Zeit der aus Gesundheitsrücksichten gebotenen Enthaltung von allen berufsgemäßen Beschäftigungen darauf an, im Lauf der Jahre wiederholte Experimente zu vervollständigen und zwar mit verschiedenen Systemen von Gewehren, verschiedenen im Markte angebotenen Pulver- und Schrotsorten. Es würde Bogen füllen, wollten wir in Details gehen und die Protokolle über 10 Gewehre und gegenwärtig allein mehr als 800 Schüsse umfassender wiedergeben. Beschränken wir uns also, die leitenden Normen zu verzeichnen und, soweit wir glauben verläßliche Ergebnisse erlangt zu haben, sie im Durchschnitt zu registrieren.

„Bis vor einigen Jahren schien uns die glatte Dreysesche Zündnadelflinte ein Jagdgewehr, mit welchem alles vernünftig zu Erwartende zu erreichen sei. Und wir glauben nicht mit Unrecht. Demnach fanden wir, daß der — wenn man so sagen kann — promptere Schuß des Lancaster-Gewehres die abwechselnde Benutzung der beiden Jagdwaffen unpraktisch macht. Man sagt, die Zündnadelflinte schieße faul und meint damit den durch Konstruktion des Schlosses bedingten „langen Abzug", an welchem man sich recht wohl gewöhnen kann, wenn man vergleichsweise mehr vor- und resp. hochhält, als bei Dreyses oder anderen Lancaster-Gewehren. Die mehr und mehr gewürdigten Resultate, erreicht durch die Versuche, welche seiner Zeit von dem Fachblatt „Field", insbesondere mit dem Choke bore Gewehr angestellt wurden, hielten uns ab, Vervollkommnungen in der Gestaltung der Munition für das Zündnadelgewehr anzustreben.

„Um neuerdings zu erfahren, was mit den Produkten deutscher Büchsenmacher zu leisten sei und um auf einfache Weise den Vergleich zu ermöglichen mit dem, was bei großer Konkurrenz auf den englischen „field trials" erreicht wurde, trafen wir die Einrichtungen, welche bei den klassisch gewordenen englischen Probeschießen seit zum Teil mehr als 20 Jahren und gegenwärtig maßgebend sind. Man bestimmt dort bekanntlich die Anzahl der Treffer bei 36,56 m (40 Yards) Entfernung auf einer Scheibe von 76,2 cm (30 Zoll engl.) Durchmesser und die Durchschlagskraft. Wir beschränkten uns einstweilen auf Proben mit Flinten von Kaliber 16. W. W. Greener, der Birmingham-Altmeister, hält in seinem famosen Werk: „The gun and its development" (London bei Cassell, Petter, Galpin & Co.) Kaliber 12 für „Standard", und giebt deren Leistungen mit Vorliebe. Für die Feldjagd will uns eine Beachtung der Schußresultate des Kaliber 16 glatt, d. i. cylindrisch, und Choke bore ebenso nützlich erscheinen.

„Gewöhnlich sind weder Pulver noch Gewicht der Schrotladung bei den „field trials" vorgeschrieben. Die Wahl, welche die Büchsenmacher selbst treffen, kommt aber zur Verzeichnung, und es haben sich Normen in engen Grenzen herausgebildet. Nr. 6 englischer Hart-Schrot, von dem 270 Körner auf eine Unze (28,35 gr) zählen, giebt eine gebotene Einheit, d. h. das Wettschießen findet nach den Bestimmungen des Field in der Regel nur mit Hartschrot No. 6 von der bezeichneten Qualität statt. Das ist also feiner wie die Freiberger Nr. 10. Man wird erwidern, daß 36,56 m (= 116,26 preußische Fuß) für Cylinderläufe und so „dünnes Zeug" kein guter Maßstab sei. Wenn die Vorzüglichkeit des Choke-bore und das Verhalten von deutschen zu englischen Gewehren zu untersuchen ist, müssen wir bei dem Feststehenden zunächst verbleiben.

„Die Durchschlagskraft maß man bei den Versuchen des Field in den letzten Jahren mittelst Strohpappdeckel, deren cirka 40 Stück mit einem Zwischenraum von etwa 1 cm in einem Rahmen aufgestellt sind, oder mit der field-force-gauge-Maschine. Bei einer Abmessung von 6 Zoll engl. Breite und 7 Zoll Höhe wiegt die benutzte Pappe — und darnach wählten auch wir die Stärke derselben — pro 25 Stück solcher Scheiben 1 Pfund engl. (453,6 gr).

„Anstatt der englischen Rechnung zur Darstellung der „figure of merit" zu folgen (sie ist aus der Zahl der durchschlagenen Pappen und der Zahl der Treffer gewonnen), beachten wir die Faktoren einzeln und nennen die Anzahl der Treffer von der Anzahl der geladenen Schrotkörner in Prozenten. Da wir moderne Flinten vergleichen wollen, so genügt es wiederzugeben, daß man in England unter den oben angeführten Versuchsbedingungen von Flinten, welche, nur, müssen wir hierbei sagen,

cirka 200 Mk. kosten, bei Cylinderläufen erzielen kann: 42 % Treffer und bei Choke bore 66 %. Bei den 1879er „London trials" ergaben die beiden besten (viel teureren Choke bore Kal. 16 im großen Durchschnitt 62,3 % Treffer, und in demselben Jahre bei ähnlichen Versuchen in Chicago 56 %. Greener verlangt (vergl. Seite 417 w. o.), daß unter den bezeichneten Normalbedingungen Choke bore Flinten Kal. 16 mit 2 Dramm Pulver (etwa 4,15 gr) und 28,3 gr engl. Nr. 6 Schrot 66 % Treffer, ferner 2,5 Dramm Pulver (etwa 5,18 gr) und 28,3 gr engl. Nr. 6 Schrot 70 % Treffer geben, und daß im ersten Falle 17, im zweiten 19 der beschriebene Strohpappdeckel wenigstens von 3 Stück Körnern durchgeschlagen werden.

„Im Vergleich zunächst kurz zu sein: das haben wir mit dem von dem Hofbüchsenmacher Teue in Berlin W. patentierten und seit zwei bis drei Jahren dargestellten „Choke bore Hammergewehren" auch erzielt. Mit genau demselben Newcastle-Hartschrot Nr. 6 war die größte Leistung 73,4 %, und der große Durchschnitt bei recht regelmäßig erhaltenen Schußbildern 64,8 %, bei mehr oder weniger 4,6 gr Pulver. Daß das Schußbild bei dem zum Versuche benutzten Gewehre rücksichtlich des rechten und linken Laufes nicht unerheblich variierte, zeigt u. A. das angefügte Protokoll über die Schüsse No. 505 bis 508 auf Seite 62.

„Choke bore Gewehre vom Büchsenmacher Gründig in Dresden-Altstadt und J. P. Sauer & Sohn in Suhl leisteten im großen Ganzen dasselbe, ein Drilling von Gründig mit außerordentlicher Ebenmäßigkeit beider Läufe bei besonders schönen Schußbildern. Andere Choke bore fanden wir zu versuchen gegenwärtig keine Gelegenheit. Es sollte aber bemerkt werden, daß die genannten deutschen Gewehre, bei geschmackvoller Ausstattung die Hälfte, und anderenteils noch weniger kosten als die der gesuchtesten englischen Fabrikanten. Freilich ist wohl nie ein deutsches Gewehr solchen Proben ausgesetzt, wie Dr. Carvers Greener Kal. 12, das testiert ist, während mehr als 100000 (hundert Tausend) Schuß keiner Reparatur bedurft zu haben und zur Zeit noch als unverändert gilt. Aber warum nicht für ein ganzes Leben des passioniertesten Waidmannes die deutschen Fabrikate sollten dieselben Dienste thun, vermögen wir nicht einzusehen. Ob unsere deutschen Büchsenmacher solche Erfolge, zu ihren üblichen Preisen, wie z. B. Greener zu seinen Preisen garantieren, und welche das thun, wissen wir nicht. Es muß genügen zu konstatieren was die Leistung ist, ohne daß wir eine engere Wahl unter den Berliner, Suhler und resp. anderen Flinten machen konnten.

„Die oben nach Greener als das Ergebnis des Schusses aus cylindrischen Läufen citierten 42 % Treffer, bei übrigens all denselben Vorbedingungen, müssen als eine wohlbestimmte Durchschnittszahl auch für die deutschen

Gewehre gelten. Dreyses Zündnadel, Bornmüllers (Suhl) Lefaucheur und Centralfeuer ergaben bei mehr oder weniger großen Schwankungen in den Einzelresultaten ungefähr dasselbe. Aber erst bei einer Entfernung von 30 m kamen sie dem Choke bore Schuß auf 36,56 m und auch dann nur innerhalb größerer Schwankungen nahe. Von besonderem Interesse war es zu eruieren, daß Gewehre von 85 bis 105 Mark („samt allen Zuthaten"), sei es mit dem rechten oder anderseits dem linken Lauf, ziemlich stetig dieselben Schußbilder erbrachten, während meist ein Lauf, aus später vielleicht richtig angegebenen Ursachen, bei unkontrollierbaren Varianten immer unter, selbst geringem Durchschnitt blieb. Soll Massenproduktion um billigen Preis dafür entschuldigen? Den Fabrikanten, ja; aber kann ein Jäger es rechtfertigen, solche Gewehre zu benutzen? Das Schlimmste ist, daß wenig Jäger wissen, was ihr Gewehr thut und daß sie in dem Verhältnis der Pulver- und Schrotladung zu einander und in Gestaltung der Patronen die einzige Ursache für schlechte Erfolge suchen und zu den tollsten Extremen kommen.

„Viele Büchsenmacher haben an planlosem Manövrieren schuld durch die unselige Sitte, nicht verstellbare Pulvermaße als „Zuthat" mit Gewehren zu liefern. „Gestrichen und im Winter einen Haufen drauf", heißt es dann, „Schrot immer eben so viel." Ja, was für Pulver? feinkörnig, mittel oder grob, Schrot Nr. 8 oder Nr. 3? Hat man denn mit dem Volumen zu thun oder mit dem Gewicht? Wie das grammweise verschieden ist, darüber können unsere Tabellen Auskunft geben. Wir bitten nicht einzuwenden, daß darin zu relative Begriffe maßgebend gemacht seien. Von derselben (gewöhnten) Hand gemessen, sind die etwaigen Abweichungen konstant, demnach die Messungen an sich konstant anzusehen; ein anderes Auskunftsmittel giebt es eben nicht, wenn es ums Messen und nicht ums Wiegen geht. Wer es unthunlich erachtet, daß man dem Jäger zumute, alle Munition zu wiegen, für jede Patrone zu wiegen, dem wollen wir gern aus Erfahrung zugeben, daß einige Körner, selbst gröberen Schrotes, einen erheblichen Unterschied in Gestaltung des Schußbildes nicht machen. Für Versuche muß gewogen werden, weil z. B. ein Korn Nr. 3 Schrot, bei 25 gr Ladung, schon mit 2 % als Treffer rechnet. (S. Tabelle S. 62 r. o.) Wer messen und nicht wiegen will, sollte sich des gleichmäßigst dargestellten Schrotes und Pulvers, also am besten in Quantitäten für längere Dauer versichern und dann wenigstens immer selbst messen, nicht messen lassen.

„Soweit wir aus den Resultaten berechtigt sind zu urteilen, ist die sogenannte Perkussionskraft der verschiedenen Sorten Pulver für die Jagd nicht von belangreichem Unterschied und soweit sie von einander abweichen, dem Preise des Pulvers entsprechend. Ob man annehmen kann, daß es richtig sei zu sagen: je kleiner das Kaliber, um so feiner das Pulver, möchten wir gern besprochen sehen; für Lefaucheur und Zündnadel wollen uns die mittelfeinen Sorten als am besten anzuwenden erscheinen, wie Bautzener und insbesondere Hirsch-marke Nr. 3 der Vereinigten Rheinisch-Westfälischen Pulverfabriken zu Köln, weil dies schnell brennt und überhaupt alle Vorzüge vereinigt.

„Die Art der nächstfolgenden tabellarischen Darstellung läßt zugleich erkennen, wie Schrotgewicht neben Pulverladung und Art der Läufe den Schußerfolg beeinflussen. Es ist bei diesen Erwägungen nicht auf die Regelmäßigkeit schöner Schußbilder geachtet, vielmehr dafür später ausnahmslos weniger als 5 gr Pulver verwandt und 25 oder 26 gr Schrot. Wie sich dann herausstellte, wurde an Durchschlagskraft durch beiderseitige Verminderung (innerhalb der Grenzen der Versuche), nichts eingebüßt.

Für 36,56 Entfernung ergiebt der Durchschnitt von circa 200 Schüssen:

Position	Pulver. Sorte	gr	Schrot No.	gr	Pappen durchschlagen.	System.	Treffer %
1	Kölner Canister	5	10	30	9	Centralfeuer Choke bore	52,0
2	Diana	4	10	25	10	Centralfeuer w. o. Hartschrot	57,5
3	Hirsch 3	4,5	8	25	15	Zündnadel	45,0
4	do.	5	8	28,3	16	Cylinder-Läufe	40,4
5	Hirsch 4	4,5	8	28,3	14	do.	41,3
6	do.	4,75	8	30	17	Centralfeuer w. o.	53,7
7	Diana	4	8	25	16	do.	56,2
8	do.	4,75	8	28,3	15	do.	48,3
9	do.	5	8	28,3	14	Zündnadel w. o.	37,6
10	Bautzner Canister	4,5	8	25	15	do.	39,5
11	do.	5	8	28,3	15	do.	37,8
12	Kölner Canister	4,5	8	25	14	Zündnadel	49,9
13	do.	5	8	30	17	Centralfeuer w. o.	58,0
14	weiß Schultze*)	2	8	25	17	Zündnadel w. o.	42,0
15	do.	2,15	8	28,3	17	Centralfeuer w. o.	44,3
16	Hirsch 3	5	5	30	30	Zündnadel w. o.	44,6
17	do.	4,5	4	25	35	Centralfeuer w. o.	65,4
18	Diana	4,5	5	25	26	do. Hart-	68,2
19	do.	4,6	5	28,3	30	do. schrot.	69,3
20	do.	4,5	5	28,3	34	do.	57,3
21	do.	5	4	30	36	do.	56,7
22	Bautzner	4,8	5	28,3	30	Zündnadel w. o.	43,2
23	do.	5	5	30	32	Centralfeuer w. o.	57,7
24	Diana	4,5	3	28,3	35	Cyl. Läufe Kyn. P.	54,2
25	do.	4,75	3	30	41	do. Hartschrot	69,3
26	Bautzner	5	3	30	35	Zündnadel	54,0

Hartschrot ist sonach nur in Pos. 2, 17, 18, 19 u. 25 verwendet.

*) Das neuerdings in Deutschland dargestellte „Holzpulver" ist stärker als dies englische und in Ladung von nicht über 1,8 gr für Kal. 16 am besten zu verwenden.

„Die verhältnismäßig große Ebenmäßigkeit hieß uns die sehr zeitraubende Feststellung jener spezifischen Eigenschaft der Pulversorten nicht ausgiebiger zu versuchen. Wir wollen aber bemerken, daß in einer besonderen Serie von Proben ein Choke bore Gewehr mit englischem Hartschrot Nr. 6 regelmäßig 16 Karten durchschlug, mit Nr. 4 deren 24; 1=30 und BBB, der unserer Nr. 3 entspricht = 44 Karten, alle mit 4,6 gr Pulver und 28,3 gr Schrot. Auch weicher Schrot Nr. 0 durchschlug immer das ganze vorhandene Register von Pappkarten, von denen in Maximum 46 aufgestellt wurden. Von dem Hartschrot wurden in dem Versuchsregister nie deformierte Schrotkörner gefunden, bei Weichschrot bis zu 28 % (grob und fein im Durchschnitt gerechnet) und wir sind sehr geneigt anzunehmen, daß diese Deformationen im Flintenlauf entstanden, weil es andernfalls viel mehr sein müßten, da der Widerstand in den Strohpappen füglich als ebenmäßig gilt.

„Auch die Art des Verdrücktseins (Höhlungen, nicht Flächen) läßt auf die Ursache fast mit Bestimmtheit schließen und Schrote, welche während der Flugbahn sich drängten, kommen doch nur sehr vereinzelt in die Mitte der Schußbilder, wo unser Durchschlagsregister aufgestellt war.

„Daß Hartschrot weit vorzüglichere Schußbilder liefert, — ganz erklärlich nach diesen Erwägungen — beweist folgende Darstellung.

„160 Schüsse sind aus denselben Choke bore Läufen auf genau dieselbe Entfernung und unter übrigens denselben Bedingungen geschehen. Die Schrotstärke ist hier nach der meistüblichen deutschen Benennung wie in der letzten Tabelle angenommen.

Schrotstärke Nr.	Weich	Hart
8	49,5 %	64,2 %
5	59,7 %	72,2 %
4	65,6 %	76,0 %
3	70,0 %	77,5 %

Durchschnitt aller Treffer = 61,2 % (Weich); 72,5 % (Hart)

„Solche Ergebnisse brachten uns auf den Gedanken, daß es wohl nicht einerlei sei, welche Sorte Schrot man aus Choke bore Läufen schieße, hart oder weich, passend oder nicht passend. Wenn die Seele eines Laufes weiter als die Mündung ist, so muß hier ein Drängen solcher Schrote eintreten, welche, in den Querschnitt der Seele gelegt, diesen Querschnitt gerade ausfüllen. Solches „gerade ausfüllen" bezeichnen wir mit passend.

Das Ergebnis von 12 Schuß jeder Art ist:

Treffer von Schrot, der nicht in die Choke Bohrung paßt . . = 61,7 %

Treffer von Schrot, der frei durch die Choke Bohrung geht . . = 65,5 %

„Diesen Teil der Versuche werden wir fortsetzen. Die Frage über Paßschrot muß für glatte Läufe Bedeutung haben wegen ebenmäßigeren Antriebs.

„Während mehrerer hundert Schüsse haben wir jedesmal die Pfropfen und Pappzwischenlagen aufgesucht, um deren Erhaltung je nach Qualität zu beachten. Soweit nur trockene Filzpfropfen (also ohne Pappscheibe zwischen Pulver und Pfropfen und andernteils Pfropfen und Schrot) zur Verwendung kamen, rechneten wir mit den Schußresultaten unter sich, oder gar nicht. Sie konkurrieren nicht bei den Durchschnittsberechnungen. Es ist wohl bestimmt anzunehmen, daß bei lockeren, trockenen Pfropfen, die an der Pulverseite ganz zerfasert werden, eine Beeinträchtigung der Schußwirkung eintreten kann resp. muß. Die Frage wäre überhaupt nicht von neuem erwogen, wenn nicht Greener in seinem schon angezogenen Werke Seite 438 angäbe, daß er ganz ohne Pfropfen, unter den Field-trial-Bedingungen (40 Yards, 3 drs. Pulver und 32 gr Nr. 6 Schrot), 33 % Treffer auf 30 Zoll engl. große Scheibe mit Choke Bohrung bei Kaliber 12 gehabt hätte. Er meint, daß das Streuen viel größer sein müßte, wenn die Mischung der Pulvergase mit dem Schrot an sich das Streuen herbeiführte. „Mein Grund — sagt er — für Anwendung von guten, dicken Pfropfen zwischen Pulver und Schrot ist, daß ein elastisches Kissen von genügender Dicke die Schrotcharge allmählicher in Bewegung setzt und eine accelerierende Geschwindigkeit zuläßt, bis die Charge das Mundstück erreicht." Die vielfach gebräuchliche Pappscheibe zwischen Pfropfen und Schrot läßt Greener ganz fort und „kann deren Wert nicht finden." Diese letztere Anschauung kann man der Erfahrung nach nur unter der Voraussetzung annehmen, daß nicht zu weiche, gut gefettete und gut anschließende Pfropfen zur Verwendung kommen. — Über die Zweckmäßigkeit von Culots sind aber wohl Zweifel berechtigt. Wir fanden wiederholt hinter der Papierscheibe Culots, komplett mit einer Charge von 12 bis 13 ganz deformiertem Schrote Nr. 5, die also wie eine matte Kugel durch die Mitte der Flugbahn gegangen waren. Es ist sicher, daß die Schrotladung nicht zu stark war bei solchen Schüssen. Der mehrseitig erklärliche schlechte Einfluß auf das Schußbild liegt also klar zu Tage. Die Elasticität, welcher Greener den guten Effekt zuschreibt, geht durch eine Pappscheibe zwischen einem überhaupt elastischen Pfropfen und dem Schrot durchaus nicht verloren, aber wir nehmen dünne, nicht fest anschließende z. B. aus Spielkarten geschlagene Scheiben. Bei weichem Schrote können solche, allerdings harte Zwischenlagen möglicherweise eine Deformierung der Schrote verursachen; für Hartschrot vermeidet man durch die Kartenscheiben sicher die vorkommenden Nachteile des festen Einbettens der Schrote in den Filz, riskiert aber keine anderen ungünstigen Einflüsse.

„Eine gutpassende, fettdichte Pappscheibe zwischen Pulver und Pfropfen ist nicht allein ganz nützlich für Präservierung der Pulvercharge, sondern auch dienlich zu verhindern, daß der Pfropfen in der Mitte kegelförmig ausbrenne. Auch die dicksten, schwarz lackirten Pappscheiben werden vom Schuß konvex aufgetrieben und sorgen damit für geeigneten Schluß der Fettpfropfen an den Wandungen; gute Pfropfen fallen in der Regel auf 25—30 m von der Gewehrmündung unversehrt nieder. Die langsame Fortbewegung des leichten Filzkörpers hinter dem Schrot kann nie den Schuß beeinträchtigen. Andererseits konstatieren wir aber auf das Bestimmteste, daß schiefgeladene Pfropfen (und das kann bei dünnen Filzen wohl leicht vorkommen) das

Resultat des Schusses total in Frage stellen. Nachdem dergleichen zufällig passiert und absichtlich wiederholt wurde, war aus der Art des Verbranntseins des Pfropfens unzweideutig zu sehen, daß die Gase den Filz fast quer durch das Rohr getrieben hatten, d. h. also den Antrieb für die Schrote ungleichmäßig gestalteten. Eine schlechte Qualität von Pfropfen kann sicherlich mit gleichem Grunde sowohl die Zahl der Treffer als die Durchschlagskraft der in den Grenzen des Zieles ankommenden Schrote beeinflussen, daher also weiche Pfropfen zu vermeiden oder mit einem Kartenblatt darüber zu verwenden sind.

„Die Decke über dem Schrot soll so dünn, als praktisch zulässig sein. Man hat ja nur zu vermeiden, daß man die Schrote aus dem linken, während des Rückstoßes beim Feuern des rechten Laufes, nicht verliert. Warum aber vor dem Schrot einen harten oder dicken Körper in die Schußlinie treiben? Will man bei Choke bore Läufen einen größeren Streukegel, dann ist dies ein, wenn auch nicht das beste Mittel. „Um eine vollständige Verbrennung des Pulvers im Rohr zu erzielen", dazu darf ein Widerstand vor dem Schrot doch nicht dienen sollen. —

„Festes Würgen der Patronen zu verlangen, ist unvernünftig. Wir werden bald allgemein dahin kommen, auch die Metallhülsen nicht mehr wie kannelierte Zuckerhüte einzudrücken und damit den Widerstand unegal zu gestalten. Die Schlußdecke, welche aus dünnem Filz, überzogen mit weichem Aktendeckel besteht, und die mit einer Mischung von etwas Stearin in Wachs, nach leichtem Andrücken der Decke auf den Schrot festgemacht wird, scheint uns für alle Patronen leicht verwendbar und empfehlenswert. —

„Vor Abschluß unserer Versuche machten wir 86 Kontrollschüsse mit einem Ergebniß, welches berechtigt, zu sagen, daß man thatsächlich imstande ist, für abprobierte Choke bore Läufe Patronen darzustellen und unter den field-trial-Bedingungen zu schießen, sodaß sie innerhalb 2 bis 3% genau, eine bestimmte Anzahl Treffer ständig geben; das heißt also regelmäßige Schußbilder erzeugen, weil die Vorbedingungen für die Regelmäßigkeit erkannt sind. Für gute Läufe und englischen Hartschrot von unserer Nr. 3 Stärke sind das 80%, für die Nr. 4 = 74%, für Nr. 5 = 68%, für Nr. 6 = 67%.

„Woher kommen, wenn auch vereinzelt, bei guten Läufen und gleichgeformten Patronen Schußbilder vor, die in der Mitte sehr schlecht sind und im ganzen kaum halb so viel Treffer aufweisen, als Regel sein sollte?

„Man beobachtet sie besonders bei Rohren, in denen die Patronenlager nicht „verloren gebohrt" sind. Fliegt der umbörtelte Rand einer Papppatrone ringförmig oder stückweise ab, und verliert ein Teil der Schrote damit die strenge Führung, so kanten die Schrote an den Patronenlagerecken und rekochetieren den Lauf entlang im deformierten Zustande. Schon um dieses möglichen Nachteiles willen scheinen uns Kynoch- — also überhaupt Metallhülsen eine gute Neuerung. Daß der Schuß daraus bei gleichem Pulvergewicht „schärfer" sei, wollen wir kurz einfügen, hat sich nicht erkennen lassen. Der Vorteil, daß sie weniger zur Rauch- (Ruß-) Bildung Anlaß geben, muß anerkannt werden. Metallhülsen mit weißem (Schultze) Pulver*) chargiert, geben nie soviel „Dampf," daß man das Zielobjekt auch nur einen Moment aus den Augen verliert. Wir wollen gegenwärtig nicht auf Erörterung der Vorteile und, wie uns scheint, unrechtmäßig oft betonten Risiken bei Gebrauch des weißen (Holz-) Pulvers eingehen. Nach fast siebenjähriger, unausgesetzter Anwendung wenigstens im rechten Lauf, würdigen wir die Annehmlichkeiten womöglich immer mehr. In Verbindung mit der obigen Frage aber kann ein Nachteil wohl nicht geleugnet werden, das ist die schlechte Einwirkung unregelmäßig stark geladener Zündhütchen. Eine zu vehemente Zündung einer gemeinhin durchaus passenden Charge, besonders von weißem Pulver, beeinträchtigt den Schuß unkontrollierbar. Daß ein durch solche Umstände verursachtes Stoßen des Gewehres an sich nicht den Mißerfolg herbeibringt, beweist die Thatsache, daß ein ausgedehnter Streukegel, meist ohne Füllung in der Mitte, das sonst gutsitzende Schußbild abgiebt. Ein einziges Mal haben wir bei so abnormem Resultat einen guten Pfropfen in der Mitte kegelförmig ganz durchschlagen gefunden. Die Erklärung scheint nicht hypothetischer Art, wenn wir wissen, daß bei zu starken Pulverladungen das Schußbild gleichartig ebenso schlecht wird.

„Jedenfalls handelt es sich hierbei für den Jäger um Übelstände, denen möglichst vorzubeugen er nur die Mittel hat: die besten Patronenhülsen und Zündhütchen zu kaufen.

„Rostlöcher in den Läufen können wie die Kanten schlecht passender Patronenlager wirken.

„Es ließe sich noch mancherlei erzählen, aber der Raum für unsere Mitteilung ist wohl schon ungebührlich in Anspruch genommen. Wollten wir spekulativ verfahren, so wäre zu versuchen, einen Ladungsquotienten zu konstruieren, d. h. eine Zahl zu finden, die die Schrotladung zur Pulverladung normiert, also das gegenseitige Verhältnis, wie auch die Quantitäten fallen oder steigen mögen, feststellt. Das könnte aber doktrinär erscheinen, umsomehr als man wohl zugeben muß, daß solche Zahl nicht von allgemeinem Nutzen werden kann. Zudem giebt es 16 Kaliber Gewehre, die mit 4,25 gr Pulverladung unter allen Verhältnissen genug haben und die 4,15 gr nicht vertragen, ohne zu stoßen; andere dagegen,

---

*) Nach unserer Erfahrung ist das einzig von Voltz, Lichtenberger & Co., Ludwigshafen a/Rh., dargestellte Holzpulver noch ebenmäßiger als das englische Fabrikat, und giebt bei Schrot- und Kugelschuß eine sehr gleichmäßige Wirkung.

für welche man mit 4,25 gr anfängt und mit Vorteil bis zu 5 gr gutes Pulver laden kann. Das will probiert sein. Überhaupt: probieren sei Parole; nicht der Erfolg auf der Jagd, sondern ein systematisch bewerkstelligtes Schrotschießen auf die Scheibe, mit Auflegen, verschafft in kurzer Zeit ein treffendes Urteil über sein Gewehr, jeden Gewehrlauf sollten wir sagen. Wenn unsere Plauderei dazu beiträgt, daß Versäumnisse nach dieser Richtung nachgeholt werden, so ist damit dem Jäger aber nicht minder der Jagd gedient, wie wir zuversichtlich annehmen.

„Zum Schluß noch einen Auszug aus den Registern zu unseren Versuchen. Es muß dazu bemerkt werden, daß die Papierscheibe cirka 1 m im Quadrat gewählt war, also fast den ganzen Schuß aufnahm. Darauf wurde mitten im Schußbild ein Kreis von 0,762 m abgestrichen und darin die Treffer gezählt und kontrolliert. Hätten wir runde Scheiben von 0,762 m Durchmesser gewählt, so würden alle Schüsse nicht haben zählen können, bei denen das Schußbild nicht genau in der Mitte saß."

Tabelle betreff. Pulvermaße (vergl. S. 59 I. Mitte).

Pulver		Dreyse's Maße*) 6½/24	7/24	Dramm englisch 2½	2¾	3	Preis pro Kilo
Weißes (Schultze) ..	Diese Maße wiegen Gramm	1,9	2,14	2,25	2,4	2,5	9 Mark**)
Diana (Röhnfal) ..		3,75	4,3	4,4	4,75	5,2	4 „
Hirschmarke 4 (Köln)		3,75	4,3	4,4	4,4	5,2	4 „
Kölner Canist. (Hund)		4,11	4,16	4,9	5,25	5,7	2,5 „
Bautzner do.		4,11	4,166	5	5,14	5,8	3 „
Hirschmarke 3		4,3	4,9	5,2	5,6	6,11	4 „

*) Die Pulvermaßen sind leicht angeklopft und glatt gestrichen gemessen. 6½/24 und resp. 7/24 bei Dreyse sind Bruchteile des alten Lotes = 16⅔ Gramm. Position 1, 2, 3 sind grobkörnig, 4 fein, 5 und 6 mittel.
**) Leistung mehr wie doppelt so groß wie schwarzes Pulver. Fabrizieren in Deutschland ausschließlich: Volz, Lichtenberger & Co., Ludwigshafen a/Rh.

Zündnadel-Gewehr; rechter Lauf = a; linker = b.

Schuß No.	Distanz in Meter	Lauf	Schrote No.	gr	Körnerzahl	Pulver Sorte	gr	Pfropfen besteht aus:	Decke	Treffer-Scheibe von 0,762 m	%	auf 0,20 m Mitte	Pappen durchschlagen	Bemerkungen
301	36,56	a	8	25	178	Hirsch 3	4,3	Dreyse-Culot	Dreyse-Kappe	76	42,7	16	15	
302	36,56	b	8	25	178	„	4,3	„	„	86	48,3	14	14	
303	36,56	a	8	25	178	„	4,3	„	„	91	51	17	14	
304	36,56	b	8	25	178	„	4,3	„	„	64	36	11	15	und so fort, in der Regel eine Serie von 12 Schuß; 6 mit jedem Lauf. Schrot weich. Fabrik unbekannt.
81	36,56	a	5	25	82	Bautzner	4,25	Pappe. Fettpropfen Culot	Dreyse-Kappe	33	40,2	10	27	
82	36,56	b	5	25	82	„	4,25	„	„	45	54,9	8	27	
85	36,56	a	5	28,3	94	„	4,8	„	„	45	47,7	8	30	
86	36,56	b	5	28,3	94	„	4,8	„	„	38	40,4	7	31	
167	36,56	a	3	30	63	„	5	Dreyses trock. Culot	„	34	54	9	32	
168	36,56	b	3	30	63	„	5	„	„	32	50,2	6	37	
172	36,56	a	3	30	63	„	5	Treibspiegel	„	33	52,4	4	32	
173	36,56	b	3	30	63	„	5	„	„	39	62	12	35	

Centralfeuer, Choke bore; rechter Lauf = c; linker = d.

Schuß No.	Distanz	Lauf	Schrote No.	gr	Körnerzahl	Pulver	gr	Pfropfen	Decke	Treffer	%	auf 0,20 m	Pappen	Bemerkungen
35	36,56	c	8	31	226	Hirsch 4	4,75	Fettpropfen. Karte	Filzplatte	130	57,5	17	17	
36	36,56	d	8	31	226	„	4,75	„	„	121	53,5	17	17	Schrot weich.
37	36,56	c	8	31	226	„	4,75	„	„	125	54,4	14	17	
38	36,56	d	8	31	226	„	4,75	„	„	127	55,2	17	17	
521	36,56	c	cirka 5	25	94	Diana	4,3	lackierte Pappscheibe dann Fettpropf, endlich Kartenblatt	„	69	73,4	12	26	
524	36,56	d	„ 5	25	94	„	4,3	„	„	61	64,9	13	27	
527	36,56	c	schwach 5	25	109	„	4,3	„	„	80	73,5	13	25	Newcastle Hartschrot, Stärke nach meist gebräuchlicher deutscher Benennung
528	36,56	d	„ 5	25	109	„	4,3	„	„	70	64,2	10	26	
505	30	c	„ 4	28,3	80	„	4,6	„	„	73	91,2	18	14	nicht gemessen, aus der im Durchschnitt 36
506	30	d	„ 4	28,3	80	„	4,6	„	„	58	72,5	8		
507	30	c	„ 4	28,3	80	„	4,6	„	„	70	87,5	16		
508	30	d	„ 4	28,3	80	„	4,6	„	„	59	73,7	13		

Tabelle betreff. Schrotnummern (vergl. S. 59 I. Mitte).

Schrotbenennung No.		0000	000	00	0	1	2	3	4	5	6	7	8	9	10	11a	11b	12	Preis 50 Kilo
Freiberger, weich	Auf 28,35 gr gehen Körner ca.	19	22	25	31	36	47	55	61	71	87	107	134	160	230	338	472	633	15 Mark
Mündener, weich		29	38	44	55	71	81	97	135	157	203	328	423	574	715	.	.	.	16,5 „
do. hart				45	56	71	81	97	126	157	189	309	418	580	770	.	.	.	19,5 „
Hartschrot, Kölner ...		34	40	45	53	67	77	98	113	166	198	240	383	541	760	1110	.	1556	30 „
do. Newcastle ...		3 S G 14	.	.	3 A 40	105	122	140	170	218	270	340	450	580	850	1040	.	1250	30 „

Die Schrote sind direkt bezogen und Listen darüber, soweit veröffentlicht, mit direkter Zählung in Einklang gebracht.

C. P.

Viertes Kapitel.

Munition für Jagdgewehre.

*Wenn eine Maid die Büchse spannt,
Setzt's Pulver sich von selbst in Brand.*

Von Schießpulver, Geschoßpfropfen, Zündpillen, -Hütchen und Patronenhülsen fertigt man die Jagdmunition.

Wir beginnen mit dem Schießpulver, dessen Erfindung und Entwickelung. Wo und von wem das Schießpulver erfunden worden ist, darüber klären uns die alten Schriften nicht auf, wohl finden wir an der Hand derselben Spuren bis mehrere Jahrhunderte vor der christlichen Zeit. — Im allgemeinen stimmen diese dahin überein, daß das Schießpulver den Indiern, Arabern und Chinesen zuerst bekannt gewesen ist, jedoch bleibt es unmöglich, der vorkommenden Kontroversen wegen, eine bestimmte Behauptung zu motivieren. Die erste Erwähnung des Pulvers geschieht in den Gesetzen der Hindus, wo desselben, als bei Feuerwaffen angewendet, Erwähnung geschieht. Die Stelle lautet wie folgt: „Die Behörden sollen nicht Krieg führen mit tückischen Geräten oder mit vergifteten Waffen, oder mit Kanonen oder Gewehren oder irgend einer Art von Feuerwaffen, noch sollen sie im Kriege eine Person töten, welche als Eunouch geboren ist, noch einen Menschen der Pardon erfleht, noch eine Person, welcher die Flucht unmöglich gemacht ist." Dieser spezielle Kodex ist, wie man annimmt, kontemporär mit der Zeit des Moses. Nach diesem muß angenommen werden, daß Alexander der Große in Indien wirklich auf Feuerwaffen gestoßen ist, was auch eine Stelle in Quintus Curtius anzudeuten scheint. —

Ein Werk von Dutens enthält folgendes bemerkenswerte Citat aus dem Leben des Apollonius Topanaeus, welches von Philostratus geschrieben ist, das, wenn wahr, den Beweis liefert, daß den Eroberungen Alexanders in Indien durch den Gebrauch des Schießpulvers eine Grenze gesetzt worden ist. — Wir glauben diese wenn auch schon oft citierte Stelle unsern Lesern nicht vorenthalten zu sollen. Sie lautet:

Diese in Wahrheit weisen Menschen, die Onydracae, wohnen zwischen dem Hyphasis und dem Ganges; ihr Land hat Alexander nie betreten, abgeschreckt nicht durch die Furcht vor den Einwohnern, sondern wie ich annehme, aus religiösen Motiven; denn hätte er den Hyphasis passiert, so würde er sich ohne Zweifel zum Herren aller umliegenden Länder gemacht haben. Ihre Städte würde er aber niemals eingenommen haben, wenn er auch tausend

Streiter so tapfer wie Achilles angeführt hätte oder 3000 so brav wie Ajax. Denn sie kamen nicht heraus auf die freie Ebene, um die Angreifer zu bekämpfen, sondern diese heiligen Männer, geliebt von den Göttern, überschütteten ihre Feinde mit Gewitter und Donnerschlag, welche von ihren Wällen erdröhnten." Weiter wird erzählt, daß der ägyptische Herkules und Bachus, als sie in Indien eindrangen, auch in das Gebiet dieser Völker eindrangen und dasselbe zu besiegen versuchten mit kriegsmäßigen Maschinen, welche sie sich hergestellt hatten. Diese zeigten anfangs kein Zeichen von Widerstand, und verhielten sich anscheinend vollständig ruhig und sicher; als aber die Feinde in nächste Nähe anrückten, wurden sie zurückgetrieben mit Blitz und Donner, welche aus der Höhe auf sie geschleudert wurden."

Obgleich Philostratus nicht für den glaubwürdigsten der alten Autoren gehalten wird, so spricht doch auch noch manches andere für die Wahrheit dieser Erzählung und wird allgemein angenommen, daß die alten Hindus Kenntnis der Pulverfabrikation besessen haben. Sie gebrauchten vielfach Explosivmittel einschließlich Schießpulver zu Feuerwerkszwecken, und ist es daher nicht unwahrscheinlich, daß sie durch Zufall die Eigenschaft des Pulvers, Körper zu schleudern, entdeckten und dann diese Entdeckung praktisch verwerteten, indem sie Kanonen erfanden und gebrauchten. — Von den Chinesen wird berichtet, daß die jetzt noch gültigen Benennungen: Ty-lai, irdischer Donner, Ceho-vas, verzehrendes Feuer, Ce-tien-ho-fien, Kugel, das himmlische Feuer enthaltend, schon mehrere Jahrhunderte vor Christus von denselben angewandt wurden. — (Remaud und M. Favé).

Die geistreichste Theorie, betreffend die Erfindung des Schießpulvers, ist die des verstorbenen Henry Wilkinson; dieselbe lautet: „Es muß als höchst wahrscheinlich erscheinen, daß die erste Entdeckung des Schießpulvers mit der allerursprünglichsten Methode, Speisen mit Hülfe von Holzfeuer auf einem mit Salpeter stark imprägnierten Boden zu bereiten, wie man dies vielfach in Indien findet, zusammenfällt. — Es ist dies um die Zeit, wo die Ureingeborenen dieser Länder aufgehört haben, ihre Speisen in rohem Zustande zu verschlingen und ihre Zuflucht, um dieselben zu imprägnieren, zu vorstehend erwähnter Methode genommen haben müssen. Wurden dann die Feuer ausgelöscht, so werden wohl manche Portionen von dem Holz, teilweise in Holzkohle verwandelt, zurückgeblieben sein, und dies brachte ganz zufällig zwei der hauptsächlichsten und hauptthätigsten Ingredienzien dieser Komposition unter Umständen miteinander in Verbindung, sodaß ein leichtes Aufflammen, wenn auf derselben Stelle wieder neue Feuer entzündet wurden, unausbleiblich war. Es ist höchst wahrscheinlich, daß ein so zufälliges Zusammentreffen günstiger Umstände zu der Entdeckung geführt haben mag; obgleich die Zeit der Anwendung des Pulvers zu irgend welchen nützlichen Zwecken sehr weit entfernt liegen mag von der seiner ersten Entstehung. —

Die Einführung des Pulvers in Europa fand kurz nach Christi Geburt statt. Die einen glauben, es sei von den Mauren nach Spanien gebracht worden, die anderen, daß es durch die Griechen nach Konstantinopel kam. Beide mögen recht haben, aber soviel steht fest, daß Pulver, oder eine Substanz, welche sehr nahe damit verwandt ist, bei der Belagerung von Konstantinopel im Jahre 668 benutzt wurde. Die Araber oder Sarazenen sollen es im Jahre 690 bei der Belagerung von Mekka benutzt haben und manche Autoren betätigen, daß dasselbe Mohammed wohl bekannt gewesen ist. Markus Gräkus beschreibt in seinem Manuskript betitelt „Liber ignium ad comburendos hostes" Schießpulver als zusammengesetzt aus 6 Teilen Salpeter, 2 Teilen Holzkohle und 2 Teilen Schwefel. Dieses interessante Manuskript befindet sich gegenwärtig noch in der Staatsbibliothek zu Paris und wollen wir es nicht unterlassen darauf hinzuweisen, daß das Rezept, welches darin gegeben ist, sehr nahe verwandt ist mit der Formel, welche man heute noch benutzt, um die Schießpulveringredienzien zu mischen. — Weder die Notiz der „donnernden Mischung" des griechischen Feuers, das 668 nach Christus von dem Griechen Callinikus dem Konstantinus Pogonatus mitgeteilt wurde, noch die von Markus Gräkus enthalten Angaben über ein Geschützrohr, und ist die Annahme nicht ausgeschlossen, daß sich diese Notizen bloß auf fliegende Feuer und Raketen beziehen, wobei auch der Knall (donnerähnliches Geräusch) nicht ausgeschlossen ist. In der Eskurialbibliothek in Spanien giebt es eine Abhandlung über Schießpulver, welche 1249 niedergeschrieben ist, und erscheint es wahrscheinlich, daß Roger Bacon von diesem Werke oder aus dem Manuskript des Markus Gräkus seine Kenntnis des Schießpulvers hat, obgleich er dasselbe nur zur Verwendung von pyrotechnischen Zwecken erwähnt und in seiner Schrift „de nullitate magiae" der Wirkungen des Pulvers bloß im Sinne von Blitz und Donner ähnlichen Wirkungen, welche Schrecken verbreiten, Erwähnung thut. Roger Bacon war in Spanien gereist und hat wahrscheinlich unmittelbar nach seiner Rückkehr um das Jahr 1267 geschrieben. — Berthold Schwarz, ein Mönch in Freiburg i./B. (Deutschland) studierte Bacons Schriften über Explosivstoffe, und stellte Schießpulver her, während er experimentierte.

Die meisten deutschen Chroniken bezeichnen Berthold Schwarz als den Erfinder des Schießpulvers in den Jahren 1320 oder 1330, während z. B. Jos. Furttenbach in seiner Büchsenmeistereischule von 1643 die Entdeckung von Berthold Schwarz in das Jahr 1380 versetzt, die Jäger'sche Chronik die Erfindung einem Israeliten Tibseles um 1352 und schlesische Chroniken diese dem Severinus um 1382 zuschreiben. —

Furttenbach betitelt Schwarz: „Patter Bertold Schwartz, Franziskaner Ordens, Doctor, Alchimist und Erfinder der freyen Kunst des Büchsenschießens." — Berthold Schwarz gebührt jedenfalls die Ehre, die verborgenen Eigenschaften des Schießpulvers bekannt gemacht zu haben, und seinen Ankündigungen folgt schnell die Anwendung in Centraleuropa. Es ist nicht unwahrscheinlich, daß Schießpulver in Spanien und Griechenland weit früher bekannt war, als es in Central- und Nordeuropa benutzt wurde, und ist anzunehmen, daß die Eigenschaften des Pulvers zu Schießzwecken verschiedenorts nur teils unabhängig von einander allmählich erkannt worden seien, wobei dann auch das Geheimnisvolle in der Wissenschaft bald da, bald dort einen „Vermittler" zum „Erfinder" machte. — So heißt es z. B. auch in den Annalen der Stadt Gent von 1313: „Item, in dit jaer was aldereerst ghevonden in Duntschland het ghebrunk des bussen van einem mueninck." Daß vorzugsweise Mönche als Erfinder genannt sind, ist erklärlich, da diese zu jener Zeit die hauptsächlichsten Träger der Wissenschaft waren und solche möglichst bloß unter sich verbreiteten. Eine intensive Aufmerksamkeit wurde dem Pulver erst zugewendet, als es auch in Europa fabriziert wurde. —

Schon im fünfzehnten Jahrhundert fanden wir in Deutschland die Herstellung und Benutzung des Schießpulvers als Treibmittel bei Feuerwaffen allgemein bekannt. Die Chroniken von Köln, Nürnberg und Regensburg bestätigen dies. In England wurde vor der Regierung der Königin Elisabeth alles Schießpulver, welches in England gebraucht wurde, aus fremden Ländern importiert, und sind Deutschland, Spanien und Flandern die Länder, welche mit der Fabrikation von Schießpulver in ausgedehntem Maßstabe begonnen haben. In England trat im Jahre 1561 ein gewisser John Tornworth mit der Königin Elisabeth für die Beschaffung von Salpeter, Schwefel und Kohle in Unterhandlung. Im Jahre 1588 erhielt ein Mitglied der Familie Evelyn die Konzession auf 11 Jahre, in den Königreichen England und Irland nach Salpeter zu graben, und finden wir wenige Jahre später drei Mitglieder dieser Familie im Besitze eines Regierungsmonopols zur Fabrikation von Schießpulver in Südengland.

Von 1650 ab werden die Nachrichten über englische Pulverfabrikation häufiger, und finden sich Beschreibungen der verschiedenen Maschinen und Verfahren. Auch hier finden wir stets eine Mischung von Salpeter, Schwefel und Kohle. Alliance, Diamond-Grain, Treble Strong, Challenge, Basquet sind die Namen sehr guter englischer Pulversorten, für Entenflinten sind Col. Hawker punting powder Courtissand Harrey, und Mr. Piejous speciell punting powder am meisten in Gebrauch. — In Frankreich ist die Pulverfabrikation Regierungsmonopol, und jede Einfuhr verboten. Spanien braucht mehr englisches wie spanisches Pulver, Schweden und Norwegen braucht fast nur einheimisches Pulver, und nach einem Urteil eines englischen Fachmannes werden in Deutschland Pulversorten fabriziert, die, wie er sich ausdrückt, ebenso gut, wenn nicht besser wie die englischen, und vor allem sehr rein sind.

Das Verdienst der Benutzung des Pulvers im bergmännischen Gebrauch gebührt ebenfalls einem Deutschen, Anton Weigel, der im 17. Jahrhundert als Bergmeister im Harze lebte. Wie langsam sich aber beim Bergbau der Pulvergebrauch einführte, geht aus der Thatsache hervor, daß noch zu Mitte des 18. Jahrhunderts der Friedrichstollen im Harz ohne Pulver getrieben wurde.

Das Schießpulver, wie es ursprünglich benutzt wurde, bestand aus einem staubartigen Gemisch von Salpeter, Schwefel und Kohle. Erst später kam man auf die Idee, sowohl um Entmischungen der verschiedentlich spezifisch schweren Bestandteile auf dem Transport zu vermeiden, als auch um größere Gleichmäßigkeit in der Wirkung zu erreichen, das Pulver auf nassem Wege zu verdichten und in Körnerform zu bringen. Beträchtliche Verbesserungen des Pulvers blieben der Neuzeit vorbehalten, und ist mit der Behauptung, daß das Pulver des 30jährigen Krieges keine wesentliche Verschiedenheit gegen das in den ehemaligen deutschen Bundesfestungen verwendete aufgewiesen habe, nicht zu viel gesagt. Die Hülfsmittel, die zur rationellen Verbesserung des Schießpulvers dienten, sind hauptsächlich drei: Eine zuverlässige Methode

1. Zur Bestimmung des spezifischen Gewichts des Pulvers,
2. Zur Ermittelung der Geschwindigkeit der verfeuerten Geschosse,
3. Zur Messung des Gasdruckes in den Feuerwaffen.

Namentlich in Deutschland hat man es verstanden, sich diese Hülfsmittel recht zunutze zu machen, so daß die deutsche Pulverindustrie, noch vor einem Dezennium hinter der englischen stehend, heute den ersten Rang einnehmen dürfte, und während z. B. früher das englische Jagdpulver das Monopol als bestes Fabrikat besaß, gehen heute große Quantitäten alljährlich nach England, wo sie erfolgreich gegen die besten Marken konkurrieren.

Die größten und renommiertesten Privatpulverfabriken in Deutschland werden durch die Firmen:

Vereinigte Rheinisch-Westfälische Pulverwerke in Köln und Cramer & Buchholz, Röhnsahl und Rübeland repräsentiert.

Das erste Institut, aus einer Vereinigung der größten und renommiertesten Fabriken von Rheinland und Westfalen entstanden, besitzt eine Produktionsfähigkeit von weit über 100 000 Ctr. im Jahr; eine größere Zahl der Werke ist ganz neu umgebaut, mit den neuesten Einrichtungen und vollkommensten Apparaten versehen und daher imstande, die vollkommensten Fabrikate herzustellen. Es gilt dies sowohl für Jagdpulver (die Hirschmarke) als auch für Militärpulver. Als eine Spezialität betreiben die V. R. W. P. die Herstellung des prismatischen Pulvers. Auf diesem Gebiete hat die Firma, deren Leitung von Anfang an in den Händen des General-Direktors Heidemann liegt, in jüngster Zeit einen neuen beträchtlichen Fortschritt zu verzeichnen durch die Fabrikation des braunen prismatischen Pulvers, das bereits in der preußischen und verschiedenen ausländischen Armeen eingeführt ist und ohne Zweifel allgemeiner Benutzung entgegengeht.

Die Pulverfabriken der Herren Cramer & Buchholz zu Rönsahl-Rübeland bestehen aus zwei getrennten Abteilungen, nämlich den Rönsahler Fabriken und denen zu Rübeland im Harz.

Die Abteilung Rönsahl ist seit mehr als 100 Jahren im Besitz derselben Familie; die jetzige Firma wurde 1826 gegründet. Seit Bestehen der Fabrik ist die Herstellung der feinsten Qualität Jagdpulver Spezialität gewesen und hat die Firma auch hierdurch ihr verbreitetes Renommee erworben.

Im Jahre 1873 gingen die bei Rübeland unter der Firma H. Hampe Nachfolger betriebenen, bedeutenden Pulverfabriken durch Kauf in den Besitz der ebengedachten Firma über und bilden nun eine selbständige Abteilung. Die Rübelander Fabriken sind mit sehr bedeutenden Kosten von Grund aus umgebaut und erweitert; sie sind mit den neuesten Maschinen speziell auch zur Fabrikation von allen Sorten Kriegspulver versehen und haben allein eine Leistungsfähigkeit von 20 Tausend Zentner per Jahr und zwar nur bei Tagesarbeit. Die Wasserkraft ist ganz kolossal, sie beträgt weit über 100 Pferdekraft.

Die Rönsahler Werke stehen der Rübelander Abteilung an Größe nicht nach; dieselben arbeiten z. B. mit 24 Wasserrädern und zwei großen Dampfmaschinen, besitzen sowohl die alten bewährten Einrichtungen für Jagdpulverfabrikation, wie die neuesten Maschinen, als hydraulische und prismatische Presse, Körnmaschine für Preßtafeln rc.

Die Etablissements sind imstande, jedes beliebige verlangte Pulver anzufertigen. Die Hauptforce legt die Firma auf die Herstellung des feinsten und besten Jagdpulvers, und ihre alten Traditionen wurzeln in der Jagdpulverfabrikation.

Der Absatz erstreckt sich auf alle Teile Deutschlands; außerdem liefern die Fabriken nach allen europäischen Staaten, in denen die Einfuhr gestattet ist, und nicht unbeträchtlich nach England. Der Export nach überseeischen Ländern wird von Rübeland aus besorgt.

Die Inhaber der Firma sind die Herren Kommerzienrat C. F. Buchholz und dessen beide Söhne Eugen Buchholz und C. A. Buchholz

Endlich wollen wir noch das Schultze-Pulver erwähnen, dessen sich in letzter Zeit die Jäger mehr und mehr bedienen.

Das Schultze-Pulver ist von dem Oberstleutnant a. D. Herrn Schultze erfunden. Es wird aus leichtem faserigen Holz, ähnlich demjenigen, welches zur Herstellung der Holzkohle für das schwarze Pulver Verwendung findet, hergestellt. — Das Holz wird pulverisiert und dann in Salpeterholz verwandelt durch Behandlung mit Salpeter- und Schwefelsäuren. Die Mischung wird dann einem Reinigungsverfahren sehr durchgreifender Art unterworfen, welches vollständig alle Säuren oder zerstörenden chemischen Eigenschaften entfernt oder vernichtet. — Demnächst wird das Pulver hydraulisch gepreßt, die Ziegel zerbrochen und das Pulver durch einen besonderen Prozeß, welcher Geheimnis des Fabrikanten ist, gekörnt. Das Pulver muß durch Dampf getrocknet, der Luft ausgesetzt und einige Zeit in offenen Cylindern aufbewahrt werden.

Das erste, bereits vor zwanzig Jahren bekannt gewordene Holzpulver war eine gelbliche, feinen Sägespänen ähnliche Masse. Jedoch war die Handhabung sehr unbequem, weil die nicht gekörnte Masse sich schlecht abmessen ließ und in den Zügen der Vorderlader hängen blieb rc., sodaß an eine Konkurrenz mit dem schwarzen Pulver nicht zu denken war. Erst nach langer Pause tauchte das Schultze-Pulver in sauberer gekörnter Form auf und es existieren bereits seit längerer Zeit nach dem System des Erfinders angelegte Fabriken in England und Belgien, welche ein ganz gutes Produkt liefern. Es wurde jedoch durch die Transport- und andere Schwierigkeiten dem gewöhnlichen Pulver gegenüber so erheblich verteuert, daß es nur für Experiments- und Vergleichungszwecke diente.

Erst mit der von der Firma Voltz, Lichtenberger & Cie. in Ludwigshafen am Rhein errichteten, von dem Herrn Erfinder persönlich geleiteten ersten deutschen Holzpulverfabrik zu Hetzbach im Odenwald macht das Holzpulver dem schwarzen Pulver erfolgreiche Konkurrenz.

Anfangs Mai 1884 wurden in Suhl mit Büchsen- und Jagdpulver in Gegenwart namhafter dortiger Fabrikanten in Anwesenheit des Herrn Schützenmeisters Seib von Offenbach Schießversuche mit Holzpulver angestellt. Dasselbe entwickelte unter verhältnismäßig sehr schwacher Detonation fast gar keinen Rauch, auch blieb kein Rückstand in den Läufen der benutzten Büchsen. Die Treffsicherheit auf 175 Meter Standscheibe mit sorgfältig regulierten Gewehren, welche nochmals mit Schwarzpulver kontrolliert wurden, ergab dieselbe absolut zuverlässige Treffsicherheit wie das Rönsahler Netzbrandpulver. Das Laden geschieht auf gleiche bequeme Weise wie früher. Die Patronenhülsen verschmutzen nicht beim Wiederladen und ferneren Gebrauch und fällt deshalb das mühsame Ausschaben der Schwarzpulverrückstände und das lästige

Orydieren der Hülsen weg. Der Mangel des Rückstandes beweist, daß die treibende Kraft vollständig ausgenützt wird. —

Die Versuche wegen Anrostens der nicht gereinigten Läufe nach dem Schießen waren allerdings bei gegenwärtiger trockener Luft recht günstig und zeigten keine Spur von Rost.

Versuche mit einer Doppelflinte, Kaliber 16, befriedigten ebenfalls in Durchschlagskraft und Schnelligkeit der Zündung ꝛc. vollständig. Außer den Vorteilen, daß das Schultze-Pulver weder Rauch noch Rückstand erzeugt, ist es im offenen Zustande absolut explosionsfrei, in Verbindung mit Feuer gebracht, verbrennt es langsam; weder durch Reibung, noch durch Schlagen mit dem Hammer auf einen Eisenambos, noch durch Erhitzung bis zu 180° R. kann eine Explosion hervorgerufen werden. Das Schultze-Pulver ist demnach vollständig gefahrlos.

Die Ladungsverhältnisse sind beim Jagdgewehr:
1. für das Kal. 12 1,9 gr Pulver u. 35 gr Schrot,
2. " " 16 1,8 " 32 "
3. " " 20 1,6 " 30 "

bei Scheibenbüchsen für Kaliber 9½ 1,0 gr Pulver = 2 gr cirka im Rauminhalt nach der gebräuchlichen Grammladung, für Kaliber 10½ 1,1 gr Pulver.

Feststampfen des Pulvers in den Patronen ist zu vermeiden, weil die Schießresultate dann ungleichmäßig ausfallen. Die Patronen für Jagdgewehre dürfen deshalb nur lose gewürgt werden. Das Pulver muß an einem trockenen Ort aufbewahrt werden; sollte dasselbe naß werden, so kann es bei 30—40° R. getrocknet werden, jedoch muß man es vor der Verwendung 24 Stunden an einen kühlen Ort legen.

Das Schultze-Pulver gelangt für das Scheibenpulver in gelben, für das Jagdpulver in weißen Blechflaschen von netto 500 und 250 gr Inhalt nebst Angabe der Ladungsvorschrift zum Verkauf.

Pulverprüfungen.

Wie die ersten Gewehrprüfungen, so fanden auch die ersten Pulverprüfungen in England statt. — Veranlassung zu denselben gab das weiße Schultzesche Pulver, welchem der Versuch auch wohl in erster Linie galt. Es handelte sich nämlich darum, festzustellen, ob das Schultzesche Pulver sich für Jagdzwecke eigne. Die Gewehre wurden eingespannt geschossen, und mit 6 Choke und 6 Cilmoer-Boore-Gewehren, über 1000 Lagen abgegeben. —

Es konkurrierten drei Sorten schwarzes Pulver und das vorgenannte Schultzesche Pulver. Zwischen den versuchten schwarzen Pulversorten wurden nur sehr geringe Unterschiede gefunden. Das weiße Pulver zeigte durchgängig einen besseren Durchschlag, und gab bisweilen auch ein recht gutes Schußbild, wirkte jedoch ungleichmäßig. Der Unterschied zwischen dem schlechtesten und besten Schuß war so bedeutend, daß die Zensurzahl unter die Zensurzahl der schwarzen Pulver herabgedrückt wurde. Das Resultat war jedoch das, daß von nun ab Schultzesches Pulver von vielen Sportsmen adoptiert wurde, die sich vorher gegen die Benutzung desselben gesträubt hatten. —

W. W. Greener schreibt dann Seite 492 seines bereits erwähnten Buches wörtlich: Außer Gefahrlosigkeit vom Schultze-Pulver darzulegen und die Vorzüge und Nachteile verschiedener Gewehre bei Verwendung dieses oder jenes Pulvers nachzuweisen, blieb ein bestimmtes Resultat nicht bestehen, denn **jeder Pulverfabrikant beanspruchte für sein Fabrikat den Vorzug.** Tout partout, comme chez nous wird hier auch derjenige denken, der die Clever Pulverproben mit größter Gewissenhaftigkeit geleitet und später die Berichte der Konkurrenten in der Fachpresse verfolgt hat. —

Munitionsproben

abgehalten am 15., 16., 17. und 18. August 1881 zu Cleve.

Am 15., 16., 17. und 18. August 1881 fanden unter den in einer Konferenz am 25. Juli festgesetzten Normen, Munitionsproben statt.

Die Normen waren folgende:

Die Untersuchung des Pulvers teilt sich in zwei Abteilungen:
I. in die physikalische
II. in die ballistische.

Die physikalische soll sich erstrecken auf die Untersuchung des
a. kubischen (absoluten) Gewichts,
b. des spezifischen Gewichts;

a wird ausgeführt:

1. durch Wägung eines bestimmten Maßes, wofür das Litermaß in Übereinstimmung mit den Vorschriften der Königl. Preußischen Kriegsfeuerwerker für die Untersuchung des Gewehrpulvers gewählt wird;

2. der Bestimmung des sogenannten Placemento des Pulvers in der Patrone, d. h. es wird nach Einschüttung des Pulvers in die Normalpatrone der leer bleibende Raum von der Oberkante der Patrone bis zur horizontalen Oberfläche des Pulvers gemessen;

b wird ausgeführt durch Wägung des Pulvers in Quecksilber mittelst des sogenannten Quecksilber-Densimeter von Male Bianchi:

Bei der ballistischen Untersuchung soll vorab unterschieden werden zwischen der Untersuchung und Wirkung des Schrot- und Kugelschusses. —

Herr Heidemann, der Generaldirektor der Vereinigten Rheinisch-Westfälischen Pulverfabriken in Köln, der die Wichtigkeit und Bedeutung eines kubisch und spezifisch schweren Pulvers, speziell für den Kugelschuß besonders betont, wird für jede Schußkategorie eine besondere Sorte Pulver stellen, weil er behauptet, daß die Entwickelung und Wirkung des Schrot- resp. Kugelschusses bei unter sich verschiedenen Gesetzen und Einflüssen stattfindet. Er stellt zum Schrotschuß sein Prima-Jagdpulver (Hirschmarke), No. 0, zum Kugelschuß das gepreßte Büchsenpulver (Löwenmarke).

Die Herren Cramer & Buchholz in Rönsahl bestreiten die Richtigkeit der Behauptung des Herrn Heidemann und stellen für beide Schußkategorien ein und dasselbe, unter dem Namen „Diana-Pulver" eingeführte Fabrikat.

A. Der Schrotschuß.

Beim Schrotschuß wird gemessen:

1. Die Anfangsgeschwindigkeit mittelst des Boulangerschen Chronographen (Distanz 30 m).

2. Die Durchschlagskraft des Schrotes; im Zusammenhange damit wird gleichzeitig die Zahl der auf der Scheibe sitzenden Schrotkörner gezählt. Zur Ermittelung der Durchschlagskraft dienen Scheiben aus gepreßter Pappe, ungefähr $2\frac{1}{2}$ bis 3 mm stark; sie werden in der Größe von ca. 1 □m in der Weise zwischen Holzrahmen aufgespannt und aufgestellt, daß jeder Rahmen eine Doppelscheibe enthält, wobei die vordere Scheibe von der hinteren bis 20 mm absteht. Solcher Scheiben werden mehrere in einem Abstande von ca. 30 cm hintereinander aufgestellt.

Es ist einleuchtend, daß je größer die Triebkraft des Pulvers resp. Durchschlagskraft des Schrots ist, umsomehr Pappscheiben durchschlagen werden müssen.

Zur Verfeuerung der Schrotschüsse dient ein normales und gutes 12kalibriges Jagdgewehr, das seitens der Ausstellungskommission geliefert wird.

Es sollen Patronenhülsen von Eley Brothers und Schrot in 2 Nummern von Hagen in Köln und zwar No. 3 und 7 genommen werden. Distanz 30 und 60 m.

Das Schießen mit je einer Nummer des Schrots bildet eine Serie für sich.

Den Schützen stellt der Aussteller. Das Gewehr wird eingespannt und die Armierung der Patrone findet in Gegenwart der Beteiligten und der Jury statt. Pulver und Schrot wird einmal abgewogen und einmal wird das Pulver abgemessen.

B. Der Kugelschuß.

Die Kugelschüsse sollen mittels des in der preußischen Armee eingeführten Mausergewehrs ausgeführt werden und hierbei allein die Anfangsgeschwindigkeit mittels des Boulangerschen Chronographen auf 50 m ermittelt werden. Es werden normale Patronen und normale Geschosse genommen und im übrigen nach der bezüglichen Vorschrift der preußischen Kriegsfeuerwerkerei verfahren.

Schützen stellt der Aussteller, das Gewehr wird eingespannt.

Unter den gleichen Verhältnissen soll endlich zur Ermittelung der Gleichmäßigkeit des Pulvers und des mehr oder minder großen Rückstandes des Pulvers im Gewehrlauf, wodurch bekanntlich die Trefffähigkeit des Geschosses beeinträchtigt werden kann, ein Scheibenbild mit den beiden Pulversorten Löwen- und Dianapulver erschossen werden, in der Weise, daß 100 Schuß von je einer Sorte Pulver hintereinander ohne Reinigung des Gewehrs resp. der Büchse verfeuert werden.

Schützen stellt der Aussteller, ob freihändig oder aufgelegt, bleibt dem Schützen überlassen. Laden der Patrone öffentlich. Distanz 50 m.

Das offizielle Protokoll über die Versuche lautet:

Protokoll über die zu Cleve abgehaltenen Pulverproben.

Verhandelt, Cleve, 15. August 1881.

Zur Ausführung der am 25. Juli d. J. beschlossenen Munitionsversuche hatten sich auf Einladung des Vorstandes der Internationalen Jagdausstellung folgende Firmen eingefunden:

1. Die Vereinigten Rheinisch-Westfälischen Pulverfabriken in Köln, vertreten durch ihren Generaldirektor Herrn Heidemann.

2. Cramer & Buchholz, Rönsahl und Rübeland vertreten durch Herrn Direktor Mertens.

Außerdem waren anwesend die Herren:

Wicke, Vertreter der Firma Cramer & Buchholz; T. Göpner, Direktor der Rheinischen Dynamitfabrik zu Opladen; Heinrich Friemann, Vertreter obiger Fabrik zu Eisleben; Inspektor Sureth in Rönsahl; Inspektor Heyse, Köln; Verwalter Reichardt in Rönsahl; Beamter Gustav Schlosser und Meister Rüddel der Rheinisch-Westfälischen Pulverfabrik, sowie Henkel jr., Büchsenmacher, Cleve.

Die Beaufsichtigung übernahm für das Komitee Herr Corneli, welcher mit dem Verlesen der in der am 25. Juli stattgehabten Konferenz stipulierten Bedingungen begann. — Die Bedingungen wurden allseitig gut geheißen und bat Herr Mertens, statt des Quecksilber-Densimeters von Male Bianchi das spezifische Gewicht durch den Bodschen Dichtigkeitsmesser bestimmen zu können, womit sich die Anwesenden einverstanden erklären.

Herr Corneli forderte nunmehr die Fabrikanten auf, das zur Probe bestimmte Pulver zu übergeben.

Es übergab die Rheinisch-Westfälische Pulverfabrik 3 Packete Hirschmarke, 3 Packete Löwenmarke, die Firma Cramer & Buchholz 3 Packete Dianapulver.

Der Ordnung halber stellte der Vorsitzende an die Konkurrenzfirmen resp. deren Vertreter die Frage, ob die übergebenen Pulverproben, wie er selbstverständlich voraussetze, ihr eigenes Fabrikat seien. Herr Mertens gab darauf die Erklärung ab, daß das übergebene Pulver auf den, seiner Leitung unterstellten Werken in Rübeland nicht hergestellt sei, daß er aber nicht anders wisse, als daß dasselbe in Rönsahl fabriziert sei. Meister Sureth versicherte dies letztere.

Herr Heidemann gab die verlangte Erklärung für seine Firma und persönlich ab, und bat darum, der Vorstand möge eine gleiche Erklärung, wie er sie abgegeben, von den Herren in Firma Cramer & Buchholz verlangen.

Da auf die Frage, ob weitere Wünsche seitens der Interessenten bezüglich der Untersuchung zur Zeit noch vorhanden, beide Firmen mit nein antworteten, wurde in die Untersuchung eingetreten und mit der physikalischen begonnen.

Es begann die Firma:

1. Cramer & Buchholz. Es wurden 3 Packete Dianapulver geöffnet, in das Litermaß gefüllt, abgestrichen und in den untenstehenden Apparat geleert. Der obenstehende Apparat wurde abgehoben, das Pulver abgestrichen; das Pulver in eine Schale, welche auf einer genau wiegenden chemischen Wage stand, geschüttet. Das Gewicht wurde festgestellt zu 943,8.

2. Rheinisch-Westfälische Pulverfabriken. Hirschmarke feinkörnig; Löwenmarke grobkörnig. Es wurden $2\frac{1}{2}$ Packete Hirschmarke geöffnet und wie oben verfahren. Das Gewicht wurde festgestellt zu 1014,7 gr.

Löwenmarke grobkörnig. Es wurden 3 Packete übergeben und wie oben verfahren. Das Gewicht wurde festgestellt zu 926,9.

Untersuchung des spezifischen Gewichts des Pulvers.

Der Ballon des Densimeters wurde bei 16° Celsius-Quecksilber-Temperatur gefüllt, gewogen und das Gewicht 4623,8 gr konstatiert.

a. Es wurden 100 gr Dianapulver abgewogen und in den Ballon eingefüllt und die Operation wie vorher wiederholt, der Ballon dann abgenommen und an Gewicht konstatiert 3939 gr und wurde dabei ein spezifisches Gewicht ermittelt von 1,727 unter Zugrundelegung eines spezifischen Gewichts des Quecksilbers von 13,55703.

b. Dieselbe Manipulation wurde wiederholt und 100 gr Hirschmarke (Rheinisch-Westfälisch) eingefüllt und das Gewicht auf 3952 konstatiert, welches ein spezifisches Gewicht ergab von 1,7569, abgerundet 1,757.

c. Dieselbe Manipulation wurde wiederholt und 100 gr Löwenmarke (Rheinisch-Westfälisch) eingefüllt und das Gewicht auf 3976 konstatiert, welches ein spezifisches Gewicht ergab von 1,813.

Die Untersuchung wurde $1\frac{1}{4}$ Uhr geschlossen und die Fortsetzung auf 3 Uhr festgesetzt. Die Versuche wurden um 4 Uhr wieder aufgenommen. Die Wagen wurden festgestellt und von beiden Teilen als richtig anerkannt. Die Ladung wurde wie folgt festgestellt: Patrone Eley Brothers, 5 gr Pulverladen, Pappdeckelplättchen, Filzpropfen, 30 gr Schrot, Pappdeckelplättchen. 5 Schuß mit Schrot No. 3, 5 Schuß mit Schrot No. 7, No. 3 gewogen, No. 7 gemessen.

Die Schrote sind entnommen der Fabrik Gottfried Hagen, Köln.

Nachdem die Pulvermaße abgewogen und abgemessen, wurden die Patronenhülsen gefüllt und mit Pappdeckelplättchen belegt und hierauf der leer verbliebene Raum mit einem Millimeter graduierten Cylinder gemessen.

Es ergaben bei der Pulverladung nach Gewicht:

Rheinisch-Westfälische Pulverfabrik		Cramer & Buchholz	
Hirschmarke:	Löwenmarke:	Dianapulver:	
Nr. 1 = 42 mm	Nr. 1 = 40 mm	Nr. 1 = $39\frac{1}{2}$ mm	leeren Raumes von der Oberkante der Patrone bis zur Oberfläche des horizontal liegenden Pulvers.
„ 2 = 42 „	„ 2 = 40 „	„ 2 = $39\frac{1}{2}$ „	
„ 3 = 46,5 „	„ 3 = 40,5 „	„ 3 = 40 „	
„ 4 = 42 „	„ 4 = 40 „	„ 4 = 40 „	
„ 5 = 42 „	„ 5 = 40 „	„ 5 = 40 „	
„ 6 = 46 „	„ 6 = 40 „	„ 6 = 40 „	

Nach Armierung dieser Patronen wurden von jeder Sorte Pulver 6 Patronen nach dem Normalmaß, 5 Grad haltend, geladen.

Hierauf wurden die Patronen, die abgewogenes Pulver enthielten, mit je 30 gr Schrot No. 3,

die Patronen, die abgemessenes Pulver enthielten, mit je 30 gr Schrot No. 7 geladen.

Es wurden dann noch von Löwenmarke und Dianapulver je 10 Kugelpatronen (Mauser) mit 5 gr Pulver abgewogen, geladen; desgleichen 100 Patronen mit 5 gr Pulver abgemessen und normiert.

Hiermit wurden die Munitionsarbeiten für heute beendet und zum Verschießen dieser Munition übergegangen:

Ballistische Untersuchungen.

A. Anfangsgeschwindigkeit mittelst des Boulangerschen Chronographen, Abstand der Messungsdrähte 30 m.

Temperatur + 16° R. Barometer 762 mm. Während des Schießens heftiger Regen.

Prima Jagdpulver (Hirschmarke), Schrot Nr. 3 = 30 gr, 5 gr Pulver abgewogen.

Nummer des Schusses	Auf dem graduierten Lineal gemessen	Reduziert auf wirkliche Anfangsgeschwindigkeit bei 50 m Entfernung
1	535,0 m	321,0 m
2	521,0 „	312,0 „
3	542,0 „	325,2 „
4	501,5 „	300,9 „
5	keine Messung	
6	548,0 „	328,8 „
Im Mittel		317,7 m.

Dianapulver Nr. 5, Schrot Nr. 3 = 30 gr, 5 gr Pulver abgewogen.

1	427,7 m	256,6 m
2	keine Messung	
3	425,4 „	255,2 „
4	425,4 „	255,2 „
5	426,6 „	255,9 „
6	430,9 „	258,3 „
Im Mittel		256,2 m.

Löwenmarke, Schrot Nr. 3 = 30 gr, 5 gr Pulver abgewogen.

1	462,4 m	277,4 m
2	473,5 „	284,1 „
3	477,0 „	286,2 „
4	471,3 „	282,8 „
5	480,5 „	288,3 „
Im Mittel		285,8 m.

Prima Jagdpulver (Hirschmarke), Pulver gemessen, Schrot Nr. 7 = 30 gr.

1	512,0 m	0,6 = 307,2 m
2	515,0 „	309,0 „
3	515,0 „	309,0 „
4	511,0 „	306,6 „
5	488,0 „	292,8 „
Im Mittel		304,9 m.

Dianapulver Nr. 5, Schrot Nr. 7 = 30 gr, Pulver gemessen.

1	370,2 m	0,6 = 222,1 m
2	keine Messung	
3	363,5 „	218,1 „
4	keine Messung	
5	371,2 „	222,7 „
6	384,3 „	230,6 „
Im Mittel		223,4 m.

Löwenmarke, Schrot Nr. 7 = 30 gr, Pulver gemessen.

1	429,0 m	0,6 = 257,4 m
2	428,0 „	256,8 „
3	420,2 „	252,1 „
4	425,0 „	255,0 „
5	435,2 „	255,1 „
Im Mittel		256,5 m.

Geschossen im Centralfeuergewehr, Kaliber 12. Patronen von Eley Brothers, Schrot von Gottfried Hagen in Köln.

Cleve, 16. August 1881.

Temperatur: + 16° R. Barometer: 756 mm. Wetter: Regen.

Geschossen im Infanteriegewehr Modell 71, Gewehr der Vereinigten Rheinisch-Westfälischen Pulverfabriken, versehen mit dem Abnahmestempel der preußischen Militärkommission.

Ladung 5 gr Pulver, Geschoßgewicht 25 gr.

Abstand der Scheibe von der Mündung des Gewehrs.

Löwenmarke, spez. Gew. 1,819		**Dianapulver**, spez. Gew. 1,727	
Nr. des Schusses	Anfangsgeschwindigkeit	Nr. des Schusses	Anfangsgeschwindigkeit
1	455,5 m	1	475,0 m
2	458,0 „	2	468,3 „
3	454,0 „	3	463,3 „
4	455,8 „	4	472,8 „
5	452,3 „	5	469,3 „
6	453,3 „	6	467,3 „
7	453,8 „	7	474,2 „
8	449,7 „	8	468,3 „
9	459,0 „	9	464,8 „
10	453,0 „	10	468,0 „
Im Mittel	454,4 m.	Im Mittel	469,1 m.
Gradunterschied	9,2 m.	Gradunterschied	11,4 m.

Nach der Kriegsfeuerwerkerei, § 76, ist nachstehende Tabelle für das spezifische Gewicht des reinen Quecksilbers maßgebend:

Bei 8° C. = 13,57648	Bei 15° C. = 13,55946	Bei 22° C. = 13,54245
„ 9° „ = 13,57405	„ 16° „ = 13,55703	„ 23° „ = 13,54002
„ 10° „ = 13,57162	„ 17° „ = 13,55460	„ 24° „ = 13,53759
„ 11° „ = 13,56919	„ 18° „ = 13,55217	„ 25° „ = 13,53515
„ 12° „ = 13,56676	„ 19° „ = 13,54974	„ 26° „ = 13,53272
„ 13° „ = 13,56433	„ 20° „ = 13,54731	„ 27° „ = 13,53029
„ 14° „ = 13,56190	„ 21° „ = 13,54488	„ 28° „ = 13,52786

B. Durchschlagskraft.

Probeschießen ad A der Bedingungen.

Schrotschuß.

I. Distanz 60 m. Schrot No. 3, 35 gr. Pulver 5,3 gr.

Die Scheiben bestanden aus Bogen von starker gepreßter Pappe, je ca. 3 mm stark; die Bogen (Scheiben) waren auf ein Holzgerippe der Art genagelt, daß je 2 Scheiben, die ca. 50 mm von einander entfernt waren, eine Abteilung bildeten. Die Entfernung einer Abteilung von der anderen betrug ca. 70 m.

Dianapulver von Cramer & Buchholz.		**Hirschmarke der Rh.-Westf. Pulverfabriken.**	
Schieß-Nr.		Schieß-Nr.	
1	5 Bogen Pappdeckel à 3 mm	2	6 Bogen Pappdeckel à 3 mm
3	5 „ „ à 3 „	4	6 „ „ à 3 „
5	3 „ „ à 3 „	6	5 „ 4 „ à 3 „

II. Distanz 60 m. Pulverladung 5,3 gr. Schrot No. 7, 35 gr.

Die Aufstellung der Scheiben war dieselbe wie bei I resp. Schuß Nr. 1—6. Die Scheiben bestanden aber hier aus einzelnen, lose auf einander liegenden Bogen sehr starken Papiers, wie es zur Pappdeckelfabrikation verwendet wird.

Dianapulver von Cramer & Buchholz.		**Hirschmarke der Rh.-Westf. Pulverfabriken.**	
8	3 Scheiben à 10 Bogen	7	3 Scheiben à 10 Bogen
10	2 „ à 10 „	9	4 „ à 10 „
12	2 „ à 10 „	11	3 „ à 10 „

III. Distanz 30 m. Pulver 5,3 gr. Schrot 35 gr., Nr 3.

Dianapulver von Cramer & Buchholz.		**Hirschmarke der Rh.-Westf. Pulverfabriken.**	
14	4 Scheiben à 20 Bogen	13	5 Scheiben à 20 Bogen
16	2 „ à 20 „	15	5 „ à 20 „

IV. Distanz 30 m. Pulver 5,3 gr. Schrot Nr. 7, 35 gr.

Hirschmarke der Rh.-Westf. Pulverfabriken.		**Dianapulver von Cramer & Buchholz.**	
17	3 Scheiben à 20 Blatt	18	2 Scheiben à 20 Blatt
19	3 „ à 20 „	20	1 „ à 20 „
21	3 „ à 20 „	22	2 „ à 20 „

Die Richtigkeit vorstehender Notierungen wurde von den beiden konkurrierenden Firmen und den Vertretern der Kommission, sowie einer Anzahl Unparteiischer anerkannt und unterschrieben.

Probeschießen ad B der Bedingungen.

Kugelschuß.

Nachmittags 4 Uhr.

Unter Kontrole eines Mitgliedes der Jury war das Laden der Kugelpatronen vorgenommen worden. Die Bevollmächtigten der beiden konkurrierenden Firmen, die Herren Generaldirektor Heidemann, seitens der Rheinisch-Westfälischen Pulverfabriken, und Direktor Mertens von Cramer & Buchholz, hatten sich mit Rücksicht auf die vorgerückte Zeit dahin geeinigt, daß mit jedem Pulver 50 Schuß gefeuert werden sollten; Distanz 50 m, 5 gr gemessenes Pulver, Mausergewehr, Gewicht des Geschosses ca. 25 gr, Gewehr eingespannt. — Zur Abkühlung des Gewehrs trat, nach je 10 Schuß, eine Pause von 5 Minuten ein. Das Los entschied, daß die Herren Cramer & Buchholz zuerst feuerten; den Schützen, Verwalter Reichardt, stellte nach Programm die Firma.

Das Ergebnis war folgendes:

Zahl der Ringe:

I. Serie	11.	12.	10.	12.	12.	11.	12.	12.	12.	12.
II. „	12.	12.	12.	10.	11.	10.	12.	11.	12.	12.
III. „	12.	12.	12.	12.	12.	12.	12.	12.	12.	11.
IV. „	12.	12.	12.	10.	12.	12.	12.	12.	12.	11.
V. „	12.	12.	11.	11.	12.	12.	12.	12.	11.	11.

Summa 583 Ringe.

Dauer des Schießens: 1 Stunde 31 Minuten. — Da die Dunkelheit inzwischen eingetreten war, wurde das Feuern beendet.

Cleve, 18. August 1881.

Die Vereinigten Rheinisch-Westfälischen Pulverfabriken begann um 8 Uhr 46 Minuten zu feuern. Schütze Herr Carl Eichhorn, Rentner aus Jülich. Das Resultat war folgendes:

Zahl der Ringe:

I. Serie	11.	10.	12.	12.	11.	12.	12.	10.	12.
II. „	12.	12.	11.	12.	12.	12.	11.	12.	12.
III. „	11.	12.	11.	12.	12.	12.	12.	11.	12.
IV. „	12.	12.	12.	11.	12.	12.	12.	12.	10.
V. „	12.	11.	11.	12.	12.	12.	12.	12.	12.

Summa 585 Ringe.

Ende des Schießens: 10 Uhr 10 Minuten, somit Dauer 1 Stunde 24 Minuten.

Hiermit wurde das Protokoll geschlossen, von den beteiligten Herren anerkannt und unterschrieben:

gez. Heidemann, ppa. Cramer & Buchholz, C. Reichardt, C. F. Wicke, Anton Sureth, M. Mertens, C. Göpner, Carl Eichhorn jr., G. Hahn, H. Klee, Marqueur.

Die beteiligten Firmen wurden wie folgt prämiiert: Die Firma Vereinigte Rheinisch-Westfälische Pulverfabriken zu Köln: Große silberne Staatsmedaille für ausgezeichnete Leistung der Pulversorte „Hirschmarke" für den „Schrotschuß", Goldene Ausstellungsmedaille für geschmackvolle und reichhaltige Ausstellung von Pulversorten, Silberne Medaille des Jagdschutzvereins für Herstellung des besten, bis heute bekannten und sich bereits lange bewährten Jagdpulvers. Die Firma Cramer & Buchholz zu Rönsahl und Rübeland: Große silberne Staatsmedaille für ausgezeichnete Leistung des „Dianapulvers" im „Kugellauf", Goldene Ausstellungsmedaille für geschmackvolle Ausstellung mehrerer Pulversorten, Silberne Medaille des Jagdschutzvereins für Herstellung vorzüglichen und sich bereits lange als bestes bewährten Jagdpulvers.

Zusammenstellung der Ergebnisse, die von der Pulverfabrik Rottweil-Hamburg in ihrer Fabrik zu Rottweil bei der Untersuchung verschiedener Jagd- und Gewehrpulver gewonnen wurden.

		Rottweiler								Rheinisch-Westfälische Hirsch-Marke	Diana-Pulver von Cramer & Buchholz			Engl. Original-Patronenpulver von Curtis & Harvey	Bemerkungen.
		No. 00	No. 0	No. 1	No. 2	No. 3	No. 4*)	No. 5	No. 6		feinkörnig	mittelkörnig	grobkörnig		
Spezifisches Gewicht		1,740	1,733	1,700	1,717	1,756	1,765	1,753	1,753	1,725	1,707	1,717	1,745	1,756	Die in der Tabelle angegebenen Schießresultate sind die Mittel von 12 einwandfreien Schüssen.
Gewicht eines Liters Pulver in gr. .		934	922	942	932	977	940	965	979	1033	909	943	959	966	
Art und Kaliber des Versuchsgewehrs		Pieperschcs Dianagewehr Kal. 12, rechter Lauf mit Würgeröhrchen.													
		Entfernung: 36 m. Schrote: No. 6; 36 gr = 228 Stück. Pulverladung: 5,5 gr.													
Streuungskegel	Körner, die den Papierbogen nicht getroffen haben	37	33	37	28	29	23	20	22	40	34	44	41	30	Die mit + und − bezeichneten Zahlen geben die Schwankungen an, welche die extremsten Schüsse über und unter dem Mittel hatten.
	Körner im Papierbogen von 1,2 m im Quadrat	191 +14 −8	195 +10 −5	191 +8 −12	200 +12 −18	199 +4 −4	205 +17 −11	208 +3 −3	206 +6 −3	188 +6 −10	194 +5 −6	184 +7 −24	187 +2 −1	198 +10 −6	
	Körner auf der Metallscheibe . .	18	25	20	22	32	27	34	27	22	25	23	27	23	
	Körner im Kreise von 914,4 mm (= 3 Fuß Engl.) Durchmesser*)	140 +7 −5	154 +3 −6	153 +2 −2	162 +17 −12	173 +5 −5	176 +7 −10	175 +2 −1	159 +7 −6	141 +15 −12	159 +12 −8	156 +23 −24	145 +4 −4	164 +7 −5	*) Der Mittelpunkt des Kreises liegt im mittleren Treffpunkt der Schrote.
Durchschlagskraft der Schrote, gemessen in der Engl. Durchschlagsprobe (field-force-Gauge) im Mittel pro Schrot . . . . Grade		3,102	3,000	3,120	3,177	2,970	3,508	3,600	2,940	2,780	2,610	2,666	2,420	2,912	
Anfangsgeschwindigkeit der Schrote 25 m vor der Mündung des Gewehrs pro Sekunde m . . .		280,1 +5 −3,4	280,1 +2,8 −3,2	281,6 +3,5 −2	279,1 +6,9 −5,3	270,2 +1,1 −2,2	262,8 +1,5 −1,4	266,4 +1,4 −2,3	256,0 +1,4 −1,4	281,7 +2,6 −3,8	245,0 +1,2 −1,7	234,8 +6,7 −10,9	212,8 +2,1 −2,1	260,8 +2,7 −4,5	Die Anfangsgeschwindigkeit wurde gleichzeitig mit der Durchschlagskraft gemessen. Die eiserne Scheibe der Durchschlagsprobe war zu diesem Zwecke mit der Batterie des Chronographen in Verbindung gebracht.
Anfangsgeschwindigkeit des Gewehrs beim Rückstoß. Pro Sekunde in m . .		4,65	4,21	4,36	4,36	3,78	3,78	3,63	3,56	4,36	3,49	3,25	2,90	3,78	
Rückstoß des Gewehrs in Meterkilogramm		16,0	14,5	15,0	15,0	13,0	13,0	12,5	12,25	15,0	12,0	11,2	10,0	13,0	
		Entfernung: 54 m Schrote: No. 4; 36 gr = 160 Stück. Pulverladung: 5,5 gr.													
Streuungskegel	Körner, die den Papierbogen nicht getroffen haben	77	73	65	70	42	45	45	50	69	58	57	65	59	Bei der Ermittelung der Durchschlagskraft wurden solche Schüsse, die weniger als 8 Schrote in der eisernen Scheibe hatten, außer Rechnung gelassen.
	Körner im Papierbogen von 1,2 m im Quadrat	83 +8 −5	87 +12 −7	95 +4 −2	90 +9 −6	118 +5 −4	115 +4 −6	115 +10 −6	110 +7 −4	91 +6 −4	102 +4 −4	103 +6 −9	95 +15 −9	101 +7 −6	
	Körner auf der Metallscheibe . .	8	8	8	8	10	9	8	7	10	8	8	8	8	
	Körner im Kreise von 914,4 mm (= 3 Fuß Engl.) Durchmesser*)	55 +6 −3	57 +4 −4	62 +6 −5	63 +4 −2	86 +7 −9	86 +3 −4	81 +6 −5	80 +10 −6	58 +11 −8	69 +4 −5	66 +6 −8	66 +11 −6	62 +2 −3	
Durchschlagskraft der Schrote, gemessen in der Engl. Durchschlagsprobe (field-force-Gauge) im Mittel pro Schrot . . . . Grade		3,4	3,0	3,1	3,2	3,1	3,5	2,9	3,0	2,8	2,7	3,1	2,9	3,5	
		Der Gasdruck wurde im Crusher-Apparat mit dem Pieper'schen Diana-Gewehrlauf, Kal. 12, unter Verwendung von 6,3 gr Pulver und 42 gr Schrot No. 2 ermittelt.													Beim Schießen gegen die Papierbogen war das Gewehr in der Nähe des Schlosses im Schießbock befestigt.
Gasdruck in Atmosphären		1076 +12 −12	1004 +84 −20	836 +20 −10	872 +48 −49	698 +52 −53	660 +0 −0	674 +19 −14	605 +0 −0	920 +0 −0	599 +61 −23	594 +66 −32	unter 500 Atm.	807 +16 −17	
Widerstandsfähigkeit des Pulvers in der Entzündlichkeit gegen Stoß. Meterkilogramm		Wird das Pulver auf eine starke eiserne Platte gelegt und dann auf dasselbe ein eisernes Gewicht fallen gelassen, so entzündet es sich erst bei einem Stoße des Fallgewichts von etwas mehr als													Gewicht des Gewehrs = 3442 gr.
		91	91	70	70	No. 3: 70	No. 4: 70	No. 5: 91	No. 6: 91	68	68	68	68	57	

Die Geschosse.

a. Kugeln.

Die mannigfachen Verbesserungen unserer Jagdgewehre sind auch auf die Geschosse nicht ohne Einfluß geblieben. Auf 80 bis 100 Schritt schossen unsere Vorfahren die „ganz runde Bleikugel" aus der altehrwürdigen Birschbüchse, ihres Erfolges sicher, und waren mit dieser Leistung zufrieden. Die Kugel war stets etwas kleiner wie das Gewehrkaliber und wurde mit einem gefetteten Lappen umwickelt geladen, durch welche Einrichtung ihr eine bessere Führung in den Zügen gegeben wurde. Die späteren „Spitzkugeln" wurden auch mit einem derartigen Pflaster geladen, man ließ dasselbe dann fort, und wurden nur die Fettrinnen dieser Kugeln mit Talg ausgegossen. — Zur Erreichung einer größeren Schußpräzision stauchte man noch die Geschosse mit dem Ladestocke in der Kammer.

Die Einführung der Hinterladung brachte ein „längeres cylindrisches, vorn abgerundetes Geschoß". fig. a liefert die Ansicht eines dieser neueren Gewehrgeschosse in natürlicher Größe.

Um den durch die Abrundung des vorderen Geschoßendes weiter zurückverlegten Schwerpunkt des cylindrischen Geschosses auszugleichen, wurden die Geschosse am rückwärtigen Ende teilweise ausgehöhlt, wie in der Abbildung fig. a angedeutet ist. Bei Birschbüchsen fand diese Geschoßform wenig Anwendung, und bediente man sich hauptsächlich der in fig. b dargestellten Form.

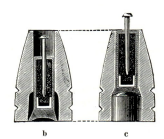

Seit einer Reihe von Jahren bedient sich nun eine Anzahl Jäger sowohl bei der Birsche wie im Treiben auf Hochwild der Expreßbüchse, mit welcher auch die „Expansions-" und „Explosionsgeschosse" sich wieder in den Vordergrund zu drängen suchen.

Die Expansionsgeschosse sind von der Bodenfläche aus ausgehöhlt, und werden durch die Kraft der in die Höhlung eintretenden Pulvergase so an die Rohrwände gedrückt, daß sie die Rohrseele vollständig ausfüllen. R. Schmidt beschreibt die Explosionsgeschosse in seinem Werke: „die Handfeuerwaffen" wie folgt:

„Das im cylindrischen Geschoßhohlraum eingesetzte Messingröhrchen, mit feinem Jagdpulver gefüllt und oben mit Asphaltkitt verstrichen, enthält unten das Zündhütchen und in seiner Längenachse den Zündstift, dessen Kopf circa 2 Millimeter unter der Geschoßspitze steht und daher gegen vorzeitige Zündung, beim Laden sowohl als auf dem Transporte, Sicherheit gewährt.

Die Basis dieses Röhrchens bildet ein Expansionsciclot und sitzt im unteren Teile der konischen Expansionshöhlung des Geschosses; dieser Cülot wird durch den Stoß der Pulvergase nach vorn getrieben, samt dem Brandröhrchen und Stift, welch' letzterer, der Geschoßspitze vorstehend, beim Anschlagen desselben auf den Zündsatz getrieben wird und das Geschoß zur Explosion bringt.

fig. b und c veranschaulichen die Einrichtung des Explosionsgeschosses nach Podewils, welches bereits im Jahre 1858 konstruiert worden ist.

Das Expansionsgeschoß schlägt sich nach dem Anschuß platt, während das Explosionsgeschoß wie eine wirkliche Sprengkugel in Stücke fährt.

Wir meinen, daß solche Geschosse von einem waidgerechten Jäger nie angewendet werden sollen, und lasen wir vor kurzem mit hoher Befriedigung, daß einige Jagdherren, so der Graf Arnim-Boitzenburg, Graf von der Schulenburg-Lieberose u. a. m. den Gebrauch dieser Geschosse bei ihren herrlichen Jagden untersagt haben! Ein „vorn abgeflachtes, breites Langgeschoß" dürfte das Richtige und der „vorn abgerundeten Kugel" vorzuziehen sein, weil ein solches Geschoß bei Berührung der Knochen weniger leicht von der direkten Bahn abweicht; der Spitzkugel gegenüber ergiebt aber dieses Blei immer einen größeren Anschuß.

Je nachdem nun ein größeres oder kleineres Kaliber beliebt wird, wird eine größere oder kleinere Schießdistanz erreicht werden, und werden diejenigen Jäger, welche das größere Kaliber vorziehen, sich mit einer Distanz von 120—150 Schritt zufrieden geben müssen, während ein kleines Kaliber, starke Pulverladung und stärkerer Drall eine rasantere Flugbahn uns leisten, und eine Entfernung bis zu 200 Schritt gestatten werden. Das kleinere Kaliber hat jedoch den großen Nachteil des kleinen und wenig Schweiß abgebenden Anschusses, ein Übelstand, der speziell bei Hochwildjagden sehr mitspricht.

Wenn schon das Expansionsgeschoß den Wert manches Stückes für den Käufer verringert, so thut dies das Explosionsgeschoß unter den meisten Umständen bis zu einem zur völligen Entwertung steigenden Maße, ja man hat gefunden, daß das Wildbret mit solchen Geschossen erlegten Wildes brandig und ungenießbar war. Auch dieser Umstand sollte den Gebrauch dieser Geschosse ausschließen. Berücksichtigt man nun noch, daß beim Nichtwirken des Geschosses wie beabsichtigt, der kleine Anschuß, der stellenweise ganz fehlende Ausschuß nur wenig Schweiß giebt, so dürften wohl die meisten Jäger mit mir einverstanden sein, solche Geschosse gar nicht, oder nur auf der Löwen-, Tiger- oder Bärenjagd zu verwenden.

Die alte Kugel wurde von vielen Jägern selbst gegossen. Heute werden die meisten zu Präzisionsgewehren passenden Geschosse gepreßt, und sind demzufolge gleich geformt, gleich schwer und bei gleichen Umständen auch gleich wirkend. Als Material wird fast ausschließlich Blei verwendet, die Engländer setzten jedoch Zinn im Verhältnis

von $1:12$ zu. Man nannte diese Komposition von 12 Teilen Blei und 1 Teil Zinn „Hartblei“, gewöhnliches Blei ohne Zinnzusatz „Weichblei“. Die gepreßten Geschosse sind stets von Weichblei erzeugt, und werden wie die Explosionsgeschosse ausschließlich von den Munitionsfabriken bezogen.

b. Posten und Jagdschrot.

Die hervorragendsten Jagdschrot-, Posten- und Kugelfabriken in Deutschland sind die Firmen Gottfried Hagen in Köln und Haendler & Natermann in Hann.-Münden.

Herr Premier-Leutnant a. D. Natermann teilt uns im „Waidmann“ einiges über die Schrotfabrikation mit, und entnehmen wir dem betreffenden Aufsatze folgendes:

„In fachmännischen Kreisen nimmt man allgemein an, daß die Erfindung der Jagdschrote aus Blei in runder Form zuerst in England gemacht wurde. Deutschlands Jäger fertigten sich vor dieser Zeit die Schrote in sehr primitiver Weise selbst an, indem sie flüssiges Blei aus geringer Höhe in ein Gefäß mit Wasser oder Öl gossen und sich sodann die rundesten Körner zum Gebrauch sortierten. Mit der Zunahme der Feuerwaffen auf der Jagd dachten Bleiwaren-Fabrikanten viel darüber nach, Jagdschrote rascher und gleichmäßiger herzustellen, bis dieses plötzlich einem erfahrenen Bleiarbeiter gelang. Derselbe sah nämlich im Traum einen fabelhaften Bleiregen auf sich herabfallen, der ihn auf die Idee brachte, daß sich das Blei, aus größerer Höhe gegossen, viel leichter zu runden Körnchen gestalten würde. Diese Idee wurde zuerst in England verwertet und von dort lange Jahre hindurch Jagdschrot nach Deutschland eingeführt. Es erklärt sich hieraus, daß das englische Fabrikat noch heute von ältern Jägern verlangt wird. Aus diesem Grunde ließen sich neu angelegte Fabriken in Deutschland das englische Schrotsortiment zum Muster dienen, und ordnete auch die Fabrik in Münden, die 1848 errichtet wurde, ihre Nummern nach dem damals gangbarsten englischen Sortiment. Herr Natermann ist der Ansicht, daß im Laufe der Jahre das Englische Sortiment, besonders in den dickeren Nummern, Änderungen erfahren habe, und erklärte so die zwischen der englischen Schrotnummerierung und der seiner Fabrik heute bestehenden Differenz, noch hinzufügend, daß die Nummern der Fabriken in Köln, Paris, Marseille und Lyon mit seinem Schrotsortiment fast übereinstimmen, während er den Grund für die abweichenden Sortimente der schlesischen, bayerschen und sächsischen Fabriken nicht in Erfahrung hat bringen können.

Die Firma Haendler & Natermann in Hann.-Münden ist Inhaberin einer Jagdschrot-, Posten- und Kugelfabrik.

Ihr Numerierungssystem und ihre Fabrikate sind folgende:

Jagd-Schrote

Nr.	000000.	000000.	0000.	000.	00.	0.	1.	2.	3.	4.	5.	6.	7.	8.	9.	10.	11.	12.	13.	14.
	$5^3/_4$	$5^1/_2$	$5^1/_4$	5	$4^3/_4$	$4^1/_2$	4	$3^3/_4$	$3^1/_2$	$3^1/_4$	3	$2^3/_4$	$2^1/_2$	$2^1/_4$	2	$1^5/_6$	$1^2/_3$	$1^1/_2$	$1^1/_3$	1 mm
	Grobe Schrote für Sauen, Hirsche, Wildgänse 2c.				Reh- und Hasen-Schrote.							Hühner- und Schnepfen-Schrote.					Vogeldunst.			

Jagd-Posten oder Röller

Nr.	I.	II.	III.	IV.	V.	
ca.	170	200	280	400	532	Stück p. kg.
	10	9	8	7	$6^1/_2$	mm.

Feinstes weiches Kugelblei in Stangen à ca. 1 und 5 kg.

Die Firma Gottfried Hagen in Köln führt Patentschrote, weich und gehärtet (chilled), Rebposten und Kugeln, ihr Nummersystem ist folgendes:

	Für Rehe			Für Hasen und Füchse			
Nr.	00000	0000	000	00	0	1	2
oder englisch:	AAA	AA	A	BB	B		
Stärke d. Korns in Millimeter;	$5^1/_2$	$5^1/_4$	5	$4^3/_4$	$4^1/_2$	$4^1/_4$	4
ungefähre Körnerzahl auf 10 gr Gewicht:	10	12	14	16	20	24	28

	Für Enten, Hühner und Schnepfen						Vogeldunst					
oder englisch:	3	4	5	6	7	8	9	10	11	12	13	14
Stärke d. Korns in Millimeter:	$3^3/_4$	$3^1/_2$	$3^1/_4$	3	$2^3/_4$	$2^1/_2$	$2^1/_4$	2	$1^3/_4$	$1^1/_2$	$1^1/_4$	1 mm
ungefähre Körnerzahl auf 10 gr Gewicht:	34	40	56	70	85	130	200	250	365	550	—	—

Kugeln.

No.	1	2	3	4	5	6	
	$10^1/_2$	$9^1/_2$	$8^1/_2$	8	7	$6^1/_2$	6 mm

Über Hartschrot teilt uns Herr Hagen folgendes mit:

„Während bisher die Ansicht vorherrschend war, daß Bleihagel für die Jagd so weich als möglich sein müsse, hat es sich als zweckentsprechender bewährt, demselben einen gewissen Grad von Härte zu geben. Das spezifische Gewicht wird dadurch nicht geändert und ist die Körnung die gleiche, wie bei Weichschrot.

Der Hauptvorzug des Hartschrots besteht darin, daß derselbe infolge seiner Härte, beim Durchgang durch den Gewehrlauf keine Veränderung seiner regelmäßigen Kugelform erleidet, wie dieses bei Weichschrot der Fall ist, welcher erfahrungsmäßig beim Verlassen des Laufes schon mehr oder minder abgeplattet worden ist. Der Hartschrot durchdringt infolge dessen die Luft mit geringerem Widerstande, er trägt also weiter. Ferner bleibt der Schuß mehr zusammen (d. h. die Streuung ist nicht so groß), er dringt demnach mit größerer Körnerzahl in den zu treffenden Körper ein, woraus sich von selbst ergiebt, daß der Hartschrot auf weitere Entfernungen noch tötlich wirkt, wo Weichschrot nur mehr anschießt.

Daß Hartschrot weniger die Läufe verklebt als Weichschrot, bedarf keiner weiteren Erörterung.“

Dem Schlußsatze wird man allgemein zustimmen, während die Vorteile des Hartschrotes gegen Weichschrot sehr auseinandergehen.

Ein zu Cleve abgehaltenes Konkurrenzschießen mit Patronen, welche gleiche Pulverladung und dieselbe Körneranzahl gleichnumerigen Schrotes, die einen Hartschrot, die anderen Weichschrot enthielten, ergab folgendes Resultat. Die Hartschrotpatronen erzielten weniger gute Deckung, ja bei einigen Schüssen fand sich in dem Pappdeckel, der als Scheibe diente, ein Loch, wie von einer Kugel herrührend, sonst nur versprengte Körner, so daß

angenommen wurde, die Körner seien vor Verlassen des Rohres zu einem Ballen aneinandergeschmolzen. Die Deckung der mit Weichschrot geladenen Patronen war gleichmäßig gut, auch durchschlugen genügend Körner die Scheibe. Bei der letzten Entfernung, 50 m, brachte die Hartschrot-Patrone mehr Körner durch die Pappe als der Weichschrotschuß, was wiederum für den besseren Durchschlag bei dieser Schrotsorte spricht. Für Glaskugelschießen findet der Hartschrot allgemein, und wohl mit Recht Verwendung, für Jagdzwecke hat er das Weichblei nicht verdrängen können. — Beide Firmen waren auf der Internationalen Jagdausstellung zu Cleve vertreten, und erwarben Auszeichnungen.

Durchaus runde und gleichmäßig sortierte Ware ist die erste Bedingung, die an alle Schrotsorten gestellt werden muß.

Wir lassen noch die englische und amerikanische Numerierungstabelle folgen:

Numerierungstabelle der englischen Schrote.

Lane & Nesham, London.		Newcastle Chilled Shot Co., Gateshead-on-Tyne.	
Nummer.	Zahl der Körner auf die Unze.	Nummer.	Zahl der Körner auf die Unze.
AAAA	30	AAA	40
AAA	35 to 40	AA	48
AA	40	A	56
A	45	BBBB	56
BBB	50	BBB	64
BB	58	BB	76
B	75	B	88
1	80	1	104
2	112 to 120	2	122
3	135	3	140
4	175 to 180	4	172
5	218 to 225	5	218
6	278 to 290	6	270
7	340	6*	300
8	462	7	340
9	568	8	450
10	985	9	580
Dust.	1672	10	850
*SG	11	11	1040
*SSG	15	12	1250
*SSSG	17	Large Dust.	1700
*LG	5½	Small Dust.	2800
MG	9	SG	8
—	—	SSG	11
—	—	SSSG	14

* Walker, Parker & Co. London Nummer.

Numerierungstabelle der amerikanischen Schrote.

Nummer.	T. O. Leroy & Co.	Tatham, Bros.	St. Louis Shot Tower.	Chicago Shot Tower.	Nummer.
TT	32 to oz.	31 to oz.	33 to oz.	27 to oz.	000
T	38 "	36 "	39 "	33 "	00
BBB	44 "	42 "	46 "	38 "	0
BB	49 "	50 "	51 "	46 "	BBB
B	58 "	59 "	60 "	53 "	BB
1	69 "	71 "	71 "	62 "	B
2	82 "	86 "	90 "	75 "	1
3	98 "	106 "	100 "	92 "	2
4	121 "	132 "	118 "	118 "	3
5	149 "	138 "	159 "	146 "	4
6	209 "	218 "	237 "	172 "	5
7	278 "	291 "	299 "	216 "	6
8	375 "	399 "	385 "	323 "	7
9	560 "	568 "	509 "	434 "	8
10	822 "	848 "	700 "	596 "	9
11	982 "	1346 "	1103 "	854 "	10
12	1778 "	2326 "	—	1414 "	11
—	—	—	—	2400 "	12

Wenden wir uns hiernach den in vorstehenden Zusammenstellungen wiedergegebenen Numerierungssystemen zu, so können wir uns der Thatsache nicht verschließen, daß dieselben eine Menge Mißstände im Gefolge haben, deren Quelle darin zu suchen ist, daß die Fabriken nicht dieselbe Schrotstärke mit derselben Nummer bezeichnen. Je nachdem nun der Händler, von dem der Jäger kauft, von dieser oder jener Fabrik bezieht, wird die gefragte Nummer dicker oder dünner sein, so daß derselbe, will er gleichmäßig gute Munition führen, nicht nach Nummer sondern nach Probe kaufen muß. —

Ganz besonders empfindlich macht sich die ungleiche Numerierung bei Einkauf fertig geladener Patronen fühlbar, und wohl jeder Jäger öffnet eine Patrone einer Sendung, um sich zu überzeugen, mit welcher Schrotstärke er es denn eigentlich zu thun hat. Hier hat nun Herr Pieper-Lüttich eine recht sinnige Einrichtung getroffen. Herr Pieper setzt auf die Schrote ein Plättchen Marienglas, auf welches er einen Pappdeckelrand setzt, so daß die Schrote durch das Marienglasplättchen sichtbar bleiben. —

Daß eine Einigung für Numerierung möglich ist, beweist uns England, wo alle Etablissements gleiches Numerierungssystem haben, daß diese für die Jägerei überaus wichtige Einigung auch ein Wunsch derselben ist, beweisen die mannigfachen Anregungen, welche in diesem Sinne bereits durch die Fachpresse gegangen sind. — Zur Lösung dieser Frage dürften unsere Jagdschutzvereine die berufenen Organe sein, und möchten wir glauben, daß wenn diesbezügliche Anträge in den Generalversammlungen dieser Vereine eingebracht werden, sämtliche Vereine Delegirte wählen, welche mit Bevollmächtigten der betreffenden Fabriken in Verhandlungen treten, die Frage sich rasch zu aller Beteiligten Nutzen und Freude lösen würde.

Wir finden übrigens auf der Tagesordnung der am 28. Mai dieses Jahres zu Stettin stattfindenden Generalversammlung des allgemeinen deutschen Jagdschutzvereins sub. 9: Antrag des Herrn Grafen zu Inn- und Knyphausen, betr. die Herbeiführung einheitlicher Schrotnummern.

c. Zündungen.

Lunte, Stahl und Feuerstein waren bis zum Jahre 1807, in welchem Alexander Forsyth, ein Schotte, in England ein Patent auf ein von ihm konstruiertes Gewehrschloß mit „Perkussionszündung" erhielt, die Zündmittel für die Schußladung. —

Bei der Perkussionszündung fand nie ein Zündsatz Verwendung, derselbe wurde durch einen Stoß oder Schlag entzündet, und so das Feuer der Pulverladung zugeführt. —

Die Zündmasse selbst bestand anfänglich und gewöhnlich aus 10 Teilen Jagdpulver und 5 Teilen chlorsaurem

Kali; hier und da wurde dem Chlorkali knallsaures Quecksilberoxydul mit Benzoëtinktur angefeuchtet vorgezogen, namentlich da es sich leichter formen ließ. Das Chlorkali behielt für Militärzwecke den Vorzug. —

Die Zündpillen wurden, um sie vor Feuchtigkeit zu schützen und ihnen durch „Ankleben" eine sichere Lage zu geben, mit kaltem, gut gereinigtem Wachse überzogen, und um das Verbrennen des Wachses zu fördern, in Schwefelblume leicht hereingerollt; indessen waren sie ihrer geringen Größe wegen nicht gut zu erfassen, gingen leicht verloren und hatten überhaupt keine gesicherte Lage.

Besseren Erfolg als die „Zündpillen" hatten die „Zündhütchen." Von Josef Egg in England im Jahre 1808 erfunden, gelangten sie in gleichem Jahre nach Frankreich durch Büchsenmacher Deboubert, woselbst sie von diesem und Prélaz verbessert wurden, welche auch gleichzeitig die für den Gebrauch des Zündhütchens erforderliche Veränderung am Gewehr ins Leben riefen. Das Zündhütchen in seiner jetzigen Form: Kupferkessel mit eingepreßter Zündmasse von Knallquecksilber verdanken wir Herrn Nicolaus Bellot, welcher im Jahre 1820 zu Paris die ersten derartigen Zündhütchen anfertigte. Nach verschiedenen mißglückten Versuchen mit anderen Umhüllungen als lakierten Papierkapseln, Federkielstückchen ꝛc. verfiel er auf die Kupferkapsel und gab dem gewöhnlichen Perkussionszündhütchen seine noch jetzt übliche Form. Diese Zündhütchen wurden zuerst von der heute noch existierenden Firma Tardy Blancher in den Handel gebracht. Bellots Versuch, seine Erfindung dem Kriegswesen zu Nutzen zu machen, begegnete von kompetenter Seite nur einem mitleidigen Achselzucken, und so beschloß er, sich vorerst an Sportkreise zu wenden und wählte als Operationsfeld das wildreiche Österreich.

In seinem als Bankier in Leipzig etablierten Landsmann Sellier fand er einen mit den nötigen Mitteln ausgestatteten Associé und so wurde im Jahre 1822 eine Fabrik in Prag unter der Firma Sellier & Bellot eröffnet, der aus Zollgründen im Jahre 1829 die deutsche Zweigniederlassung in Schönebeck a./E. folgte. — Nicolaus Bellot leitete seitdem den Betrieb beider Fabriken bis zum Jahre 1873, in welchem er seine Fabriken an die jetzige Firma „Zündhütchen- und Patronenfabrik von Sellier & Bellot" verkaufte. Er starb hochbetagt im Jahre 1881 in Prag.

Allmählich brach sich die Perkussionszündung auch bei den Militärverwaltungen Bahn und hatte fast jedes Land seine besondere Form von Zündhütchen. Es entstanden neue Zündhütchenfabriken, so Gevelot in Frankreich, Eley-Brothers in England, Braun & Bloem, Hosterei in Deutschland, der Kupferhammer bei Neustadt-Eberswalde.

Größe und Form kamen wegen leichtem Erfassen und Aufsetzen in Betracht und wurde solches — um das Erfassen zu begünstigen — bald mit einer Umbiegung (Rand, Krempe) versehen. Der Boden erhielt eine Erhöhung oder Wölbung, zur Aufnahme des Zündstoffes. Die Zündmasse, 24 Teile chlorsaures Kali, 6 Teile Schwefel und 4 Teile Kohle, wurde mit einer Firnißdecke überzogen, um sie gegen Feuchtigkeit und Herausfallen zu schützen (Siegels Patent für Schellackfirnis 1823. Statt Schellackfirnis fand auch das Einlegen eines Staniolblättchens Anwendung. —

Bei Vorderladern geschieht die Zuführung des Zündhütchenfeuers zur Pulverladung durch den Piston; bei Hinterladern finden wir die Zündpille in der Patrone selbst gelagert, das Zündhütchen bei den selbstdichteren Patronen stets im Hülsenboden und dringt das Feuer hierbei unmittelbar in die Pulverladung. —

Bei Randzündungen war der Zündsatz — und auch das Zündfeuer — hermetisch in der Patrone eingeschlossen.

Eine epochemachende Erfindung erfolgte dann durch Herrn von Dreyse in Sömmerda, auf dessen Munitionsfabrik wir noch einen kurzen Blick werfen wollen. —

Die Munitionsfabrik, eine Abteilung des bedeutenden Etablissements der Firma N. von Dreyse in Sömmerda, fertigt sowohl Jagd- als auch Kriegsmunition aller Art und geben wir in Fig. 45 eine Zusammenstellung der Fabrikate, welcher wir noch das von Dreysesche Zündnadelgewehr neuester Konstruktion beifügen.

Als Jagdmunitionsartikel werden fabriziert: Zündnadelpapierhülsen, Lancaster- und Lefaucheux-Pappkartouchen, Metallpatronenhülsen für Büchsen und auch für Lefaucheux- und Zentralfeuer-Doppelflinten, sämtliche Ladepfropfen von Pappe, Filz und Korke, Doppelkulots, Pappscheiben und schließlich als Spezialität Treibspiegel verschiedener Art, wovon eine in jüngster Zeit in den Handel gebrachte, durch R. P. Nr. 23890 geschützte, ganz vorzüglich zur Erreichung eines guten deckenden, scharfen Schrotschusses geeignet ist.

Zur Lieferung von Kriegsmunition ist das Etablissement eingerichtet auf sämtliche existierende Patronenhülsen und dazu gehörige Geschosse.

Zündhütchen werden im von Dreyse'schen Werke nicht gefertigt, anstatt derselben aber die so berühmten Zündpillen für Nadelzündung, deren Bestandteile und Fabrikation noch heute Geheimnis der Fabrik ist.

Die von Dreyse'sche Zündpille besitzt auf Grund stattgehabter Prüfungen selbst noch nach einer fünfjährigen Lagerung, welche sogar bei veränderter Temparatur stattfinden kann, ihre vollständige Zündfähigkeit.

Bei der Erfindung des Zündnadelgewehrs erfand sein Erfinder Nicolaus von Dreyse auch die Zündpille bei der in allen Fachkreisen bekannten, s. Z. viel Aufsehen machenden Vorderzündung, durch welche Dreyse eine vollständige Verbrennung des gesamten Pulverquantums der Patrone erreichte.

In dieser Zündungsart hatte das Zündnadelgewehr die Ursache seines, die damaligen vorhandenen Waffen an Tragweite übertreffenden Schusses.

Bei dieser Vorderzündung, die bei der preußischen Armee noch bis zum Jahre 1871 eingeführt war, befand die Zündpille sich eingepreßt an der, dem Pulver zugekehrten Seite des Zündspiegels, welcher gleichzeitig zur Führung des Geschosses diente.

Dieselbe Zündung wendete Dreyse auch bei seinen Galanteriewaffen und Doppelflinten (Fig. 44) an, letztere waren erst Vorderlader, man war ja mit den Schuß-

Ende verschlossenen, mit dem unteren offenen Ende in den Schlußspiegel der Patrone eingeleimten, bis zur Mitte der Pulverladung reichenden, röhrenartigen Zünder angeordnet ist.

Diese Art der Zündung vereinigt die denkbar größten Vorteile einer Zündung für Gewehre, nämlich eine äußerst flammreiche, intensive Explosion der Pille, und da diese in der Mitte des Pulvers stattfindet, eine plötzliche vollständige Entzündung des gesamten Pulvers, wodurch eine günstige Ausnutzung der von dem ganzen geladenen Pulver sich entwickelnden Gase zum Forttreiben der Geschosse bez. Schrote bewirkt wird.

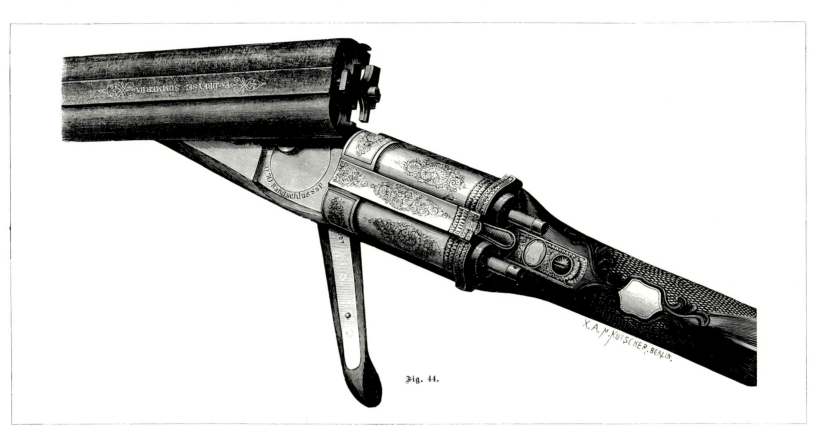

Fig. 44.

resultaten hinsichtlich der Schärfe und Tragweite sehr zufrieden, aber man fand später heraus, daß die durch den langen Nadelmarsch verursachte langsame Zündung bei Jagdwaffen einer Verbesserung bedurfte und der Sohn des Erfinders des Zündnadelgewehrs, der jetzige Inhaber des Etablissements Geh. Kommerzienrat Franz von Dreyse, der seinem seligen Vater bereits von früher Jugend an hilfreich zur Seite stand, nahm sich der Verbesserung der Jagdwaffen an und sah sich veranlaßt, bei den Doppelflinten den Zünder auf die andere Seite des Pulvers, am Boden der Patrone zu verlegen. Obgleich hierdurch eine schnellere Zündung erreicht wurde, so vermißte man doch die Vorzüge der früheren Vorderzündung bald, und um nun ein Mittel zwischen der Vorderzündung und Bodenzündung zu erreichen, konstruierte der Erfinder die bei den von Dreyseschen Jagdgewehren noch jetzt gebräuchliche, so vorzügliche Mittelzündung, ebenfalls noch bestehend aus der alten bewährten Zündpille, welche aber weder im Patronenboden, noch am Treibspiegel logiert, sondern in einem, am vorderen

Als Beweis hierfür mag beispielsweise angeführt werden, daß ein Zündnadelgewehr Kal. 16 circa 1 gr Pulver weniger schießt, als ein Lefaucheur- oder Lancaster-Gewehr desselben Kalibers, und mit diesem geringen Pulverquantum einen größeren Effekt bewirkt, als beide letztgenannten Systeme, bei denen vermöge der weniger flammreichen und auch weniger Wärme entwickelnden Bodenzündung ein gewisser Teil des Pulvers unverbrannt zum Laufe mit hinausgeschossen wird.

Zu erwähnen dürfte noch sein, daß die von Dreyseschen Zündpillen einen ziemlichen Grad von Feuchtigkeit vertragen, ohne an Zündkraft zu verlieren.

Pfropfen.

Die Pfropfen trennen das Pulver von dem Geschosse und schließen beim Schrotschuß die ganze Ladung ab. Der Pfropfen auf dem Pulver ist notwendig, damit das

Pulver sich nicht zerstreue, und ein Teil der Pulvergase nicht wirkungslos entweiche. — Bei den Vorderladern benutzten die Jäger kugelförmig gerolltes Papier, zuweilen auch Wergbüschel als Pfropfen, ja man erzählt sich, daß ein Jäger, dem auf der Jagd das Papier ausgegangen, sich des Laubes zu Pfropfen bedient habe. In späterer Zeit übertrug man die Erfahrung, die man bei dem Kugelschuß gemacht, der bekanntlich durch größere Reibung des Geschosses an den Rohrwänden, an Kraft und Präzision gewinnt, auf den Schrotschuß, indem man die an= aufgedruckt fand. — Erfahrene Jäger setzten in der Regel 2 solcher Pfropfen auf die Pulverladung, einen auf die Schrotladung. — Nach den Pappdeckelpfropfen führten sich die Filzpfropfen ein, denen man den Vorzug nach= rühmte, daß durch dieselben die Gewehre sauber gehalten würden; ich habe viele Jäger gekannt, die diese Pfropfen auf die Pulverladung setzten, für den Schrotschuß aber den alten Pappdeckelpfropfen beibehielten. Es folgten nun die Fettfilzpfropfen, und waren es namentlich die englischen, die rasch Aufnahme fanden. Ein Vorteil dieser

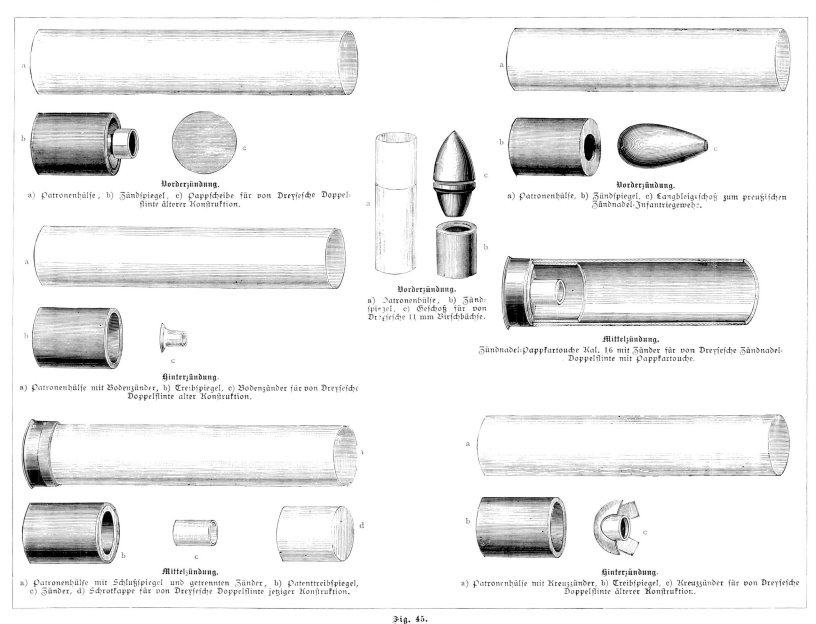

Fig. 45.

gestrebte Reibung durch Pfropfen erzielte. Es geschah dies mit der Einführung der Hinterlader.

Man griff zuerst zur Pappe, und schlug aus derselben durch ein eigens hierzu konstruiertes Instrument (das Pfropfeneisen) die Pfropfen für die verschiedenen Kaliber. Der Pfropfen wurde um ein geringes größer als die Rohr= seele gefertigt. — Die im Handel vorkommenden Pfropfen werden in der Regel aus einer 6—7 mm dicken grauen Pappe hergestellt, welche auf einer Seite mit weißem Papier beklebt war, auf welchem sich die Kalibernummer

Pfropfen besteht darin, daß dieselben vermöge der ihnen innewohnenden Fettigkeit beim Durchgang durch die Rohr= seele, die Pulverrückstände herausfegen und den Lauf einfetten. Die verengerte Reibung im Rohr und der zweifellos hierdurch geschwächte Schußeffekt ist ein Nach= teil derselben. —

Es giebt heute eine große Menge von Pfropfen= variationen: so Expreßflintenpfropfen, weiße Pfropfen hart und elastisch, graue Pfropfen hart und elastisch ꝛc. Eine der bedeutendsten Fabriken ist die des Herrn S. Steffan in Christofsgrund in Böhmen, welche Fabrik freilich Preise hält, es sich aber auch angelegen sein läßt, nur gutes Material, nicht wie dies auch vorkommt, Abfälle bei ihrer Fabrikation zu verwenden. —

Neben den Pfropfen führten sich allmählich die „Treib- und Hohlspiegel" ein. — Herr Fr. Brandeis, Redakteur des Waffenschmied zu Prag, teilt uns in seinem Handbuche des Schießsport hierüber folgendes mit:

„Die sogenannten Treibspiegel förderten wohl den Schuß, schädigten aber die Rohre derart, daß viele Anhänger der Neuerung dieselbe bald aufgegeben haben.

Diese Treibspiegel hatten ungefähr die Form nebenstehender Abbildung, waren von grauer, mit feinem Sand oder Glaspulver bestäubter oder vermengter Papiermachée gepreßt, an beiden Enden ausgehöhlt und sehr hart. Der Förderung des Schusses war hier in mehrfacher Hinsicht nachgestrebt. Die Reibung des Pfropfens an den Rohrwänden wurde durch die große Härte des Pfropfens unterstützt, somit auch der Widerstand hervorgerufen, durch welchen das Geschoß länger im Rohre aufgehalten und die Verbrennung des Pulvers beschleunigt wurde. Ohne Rücksicht auf die Härte der Treibspiegel ist zu bemerken, daß sie durch ihre Form den Rohrwänden eine fast dreifache Reibfläche bieten, daher auch ohne ihre Härte die Reibung dem gewöhnlichen Pfropfen gegenüber eine dreifache wäre.

Ueberdies wurde die Reibung auch noch anderweitig unterstützt, und zwar durch das Gaspulver oder den Quarzsand, den die Pappe enthielt, und welche dem Verbleien der Rohrwände vorbeugen, d. h. den Bleiansatz und den Pulverschmutz des vorhergehenden Schusses von dem Rohrmetall sozusagen wegfeilen oder wegschleifen sollte. Auch die Form der Treibspiegel unterstützte die Reibung, indem hier die Idee der Expansionsgeschosse verwendet war. Der Treibspiegel wird nämlich mit seiner in Fig. b mit e bezeichneten Aushöhlung der Pulverladung zugewendet. Die Pulvergase wirken auf die Wände der Aushöhlung derart, daß nicht nur der Pfropfen vorgeschoben, sondern der rückwärtige Teil des Pfropfens noch expandiert, daher an die Rohrwände noch stärker gepreßt wird, wodurch sich die Reibung abermals verdoppelt. —

Selbstverständlich mußte der Schußerfolg ein vorzüglicher sein; was machten jedoch die Läufe? Es wäre unsinnig, wenn jemand behaupten wollte, daß die Rohre durch die übermäßige Spannung und die auf alle mögliche Arten unterstützte Reibung nicht leiden, und daß auch der Schießeffekt beständig ist, ohne mit der Zeit abzunehmen. Der Vorteil, daß die Rohre bei Benützung dieser Pfropfen nicht gefascht werden müssen, wird durch die baldige Abnützung des Rohres aufgewogen, und muß auch jeder vernünftige Schütze die übermäßige Anstrengung des Rohrmaterials meiden. —

Die billigen Pappfropfen beherrschen wieder das Feld, ihre Wirkung ist dem Jäger genügend, dem Rohre nicht nachteilig und, was in letzter Zeit als Hauptsache gilt, sie können mit gleichem Vorteil bei Rohren gewöhnlicher Art, wie bei den an der Mündung verengten gebraucht werden. Die harten Pfropfen müssen bei vorn verengter Rohrseele unbedingt ein Zerschmettern des Rohres herbeiführen. —

Besser als die Treibspiegel bewährten sich die französischen „Hohlpfropfen" (Fig. a). Dieselben bestehen aus zwei, aus ungeleimtem starkem Karton gepreßten Schüsseln, welche mit ihrem Boden zusammenhängen. —

Bei diesen Pfropfen kann beliebig die eine oder andere Seite der Pulverladung zugewendet werden. Die Expansion ist hier leichter und deshalb verläßlicher als bei den Treibspiegeln; doch wird die Reibung nicht durch übermäßige Härte des Pfropfens oder durch Glaspulver oder andere Mittel gesteigert, und erwartet man deshalb von dem Pfropfen nicht, daß er zugleich die Rohrseele vor dem Bleiansatze schützt. Die Holzpfropfen fügen sich auch immer nach dem Rohre und taugen deshalb sowohl für die gewöhnliche Rohrseele, als auch für die neueren, vorn verengten Rohrbohrungen. Wenn aber bei den Treibspiegeln gerühmt wird, daß der Pfropfen vorn ausgehöhlt ist und so das Zusammenhalten der Schrote bewirkt, so entbehren auch die Hohlpfropfen nicht dieses Vorteils, weil auch hier der Pfropfen der Schrotladung zu hohl ist."

Herr H. Pieper-Lüttich verwendet, wie bereits erwähnt, zu seinen Patronen auch Marienglas als Schrotpfropfen. Dieselben bieten den Vorteil, daß der Jäger jederzeit sich überzeugen kann, welche Schrotstärke er ladet, was bei den leider bei uns noch bestehenden verschiedenartigen Schrotnumerierungen einen Vorteil abgeben mag.

Patronen.

Von Papier, Metall ꝛc. erzeugte Hülsen, welche die komplette Ladung für je einen Schuß enthalten, nennt man Patronen.

Wie es scheint, gebührt den Spaniern die Ehre der ersten Benutzung und der Erfindung von Patronen (für Vorderlader, also nicht im heutigen Sinne des Wortes), und zwar wird die Zeit der ersten Anwendung derselben gegen das Jahr 1569 bestimmt. In Frankreich fanden die Patronen erst 1644 Eingang, zugleich mit der 1630 von Gustav Adolf erfundenen Patronentasche.

Die von Papier gewickelten Patronen enthielten die entsprechende Menge Pulver und die Kugel. Um zu laden, mußte man die Papierhülle aufreißen, das Pulver einschütten, wonach das zusammengequetschte Papier als Pfropfen in den Lauf eingeführt und schließlich die Kugel aufgesetzt wurde. — Diese Art Patronen erhielten sich in den europäischen Armeen noch über die Hälfte des jetzigen Jahrhunderts, und haben auch die Jäger für den Schrotschuß ähnliche Patronen gebraucht.

Besser wie diese Art Patronen bewährten sich jedoch für Jagdzwecke blecherne, an beiden Seiten offene und in der Mitte mit einem Boden versehene Hülsen. Die eine Seite enthielt die Pulverladung und war mit einem Pfropfen geschlossen; die andere Seite enthielt Schrot und den zweiten Pfropfen. Beim Laden wurde zuerst das Pulver in den Lauf geschüttet, der der Patrone entnommene Pfropfen aufgesetzt, und nachdem auch in gleicher Art mehrfach überliegende Papier durchdringe, und die ganze Papierhülse während der Pulververbrennung zu Asche werde, noch andere ließen das Zündfeuer von der Seite die Patrone treffen, und machten die Hülsen von solchem Material — oder so stark, daß sie nur teilweise verbrennen und nach dem Schusse samt dem Boden aus der Kammer beseitigt werden konnte, oder es wurden die Überreste durch Einführen der neuen Patrone vorgeschoben, um beim nächsten Schuß mit herauszufliegen, was aber nicht ohne Einfluß auf den Erfolg des Schusses bleiben konnte, wobei auch die Möglichkeit des Rohrbruches nicht ausgeschlossen blieb.

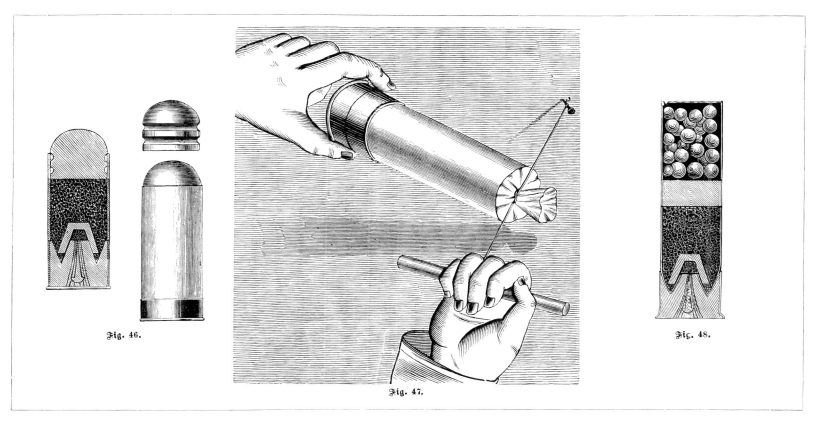

Fig. 46.   Fig. 47.   Fig. 48.

das Schrot geladen war, die Blechhülse wieder eingesteckt, um für die nächste Jagd neu geladen zu werden.

Die Papierpatrone fand gleichfalls bei den älteren Hinterladungsversuchen und auch noch im jetzigen Jahrhunderte bei den Kammerladungsgewehren Verwendung. Während man bei ersteren die Pulver und Geschoß enthaltende Leinwand- oder Papierpatrone, so wie sie in der Tasche getragen wurde, in die Kammer einzuführen suchte, mußte bei Batteriegewehren die Umhüllung auf irgend eine Art, dem Zündloch gegenüber, aufgerissen werden, damit die von der Zündpfanne kommenden Funken die Umhüllung durchdringen konnten, was nach der Einführung des Schlagschlosses von dem Zündhütchenfeuer eher zu erwarten war, und hat man diese Patrone auch bei einigen Kammerladungsgewehren, welche vor wenig Dezennien blühten, benutzt. — Manche Erfinder versahen die Patrone am hinteren Ende mit einem Pfropfen, der beim Einführen der Patrone beseitigt werden mußte, damit das Zündfeuer direkt die Pulverladung treffen kann. Andere verließen sich darauf, daß das Zündfeuer das

Bei allen diesen Patronen mußte das Zündhütchen separat aufgesetzt werden.

Nicht so bei den jetzt ausschließlich üblichen Einheitspatronen, das heißt solchen Patronen, welche nicht nur Pulver und Geschoß, sondern auch die Zündkapsel enthalten, und alles zum Schusse Nötige auf einmal in die Kammer einführen und die Zündmasse im Innern der Patrone explodieren lassen. —

Die erste gute Einheitspatrone war die von N. Dreyse, der seine Entdeckung, die Zündmasse durch einen Nadelstich zu entzünden, dadurch verwertete, daß er die Zündpille in die Mitte des Pulverpfropfens legte, und durch eine Nadel, welche die ganze Pulverladung vorher durchdringen mußte, deren Zündung bewirkte. — Bei der Konstruktion seines Zündnadelgewehrs war es nun ein Leichtes, eine Einheitspatrone zu fertigen, in welcher Geschoß und Pulver so zusammengebunden waren, wie in der Kammer seines früheren Vorderladers. — Dasselbe Prinzip wurde auch bei den Dreyseschen Schrotpatronen beibehalten.

Wenig verschieden von diesen sind die Patronen von Teschner in Frankfurt a./O. (gegenwärtig Firma Kollath), welche bereits wiederholt verbessert, im Prinzip aber sich bisher erhalten. — Umstehende Holzschnitte (Fig. 46, 47, 48) bieten die Ansichten der Teschnerschen Schrot- und Kugelpatronen. —

Die Hülse, welche das Pulver und Geschoß fassen soll, ist von schwachem Papier, und mit einem von Papiermasse gepreßten Boden versehen, der außen mit Metall bekleidet ist. Der ausgepreßte Bodenrand hat den Zweck, die Patrone vor sonst möglichem Vorgleiten in der

verwendet werden. Hierzu muß der Zündstift mit einer Zange teilweise herausgezogen werden, wonach das alte Zündhütchen selbst herausfällt oder leicht beseitigt werden kann. Zum Einsetzen des neuen Zündhütchens bedient man sich eines cylindrischen Kapselholzens (Fig. 50), in dessen oben befindliche Vertiefung ein Zündhütchen eingelegt wird. Die Hülse wird dann an das Holz derart aufgesteckt, daß der Stift derselben in den Schlitz b des Messingstreifens zu liegen kommt. Durch einfaches Andrücken gelangt die Kapsel in ihr Lager im Hülsboden, worauf der Stift mäßig eingedrückt wird.

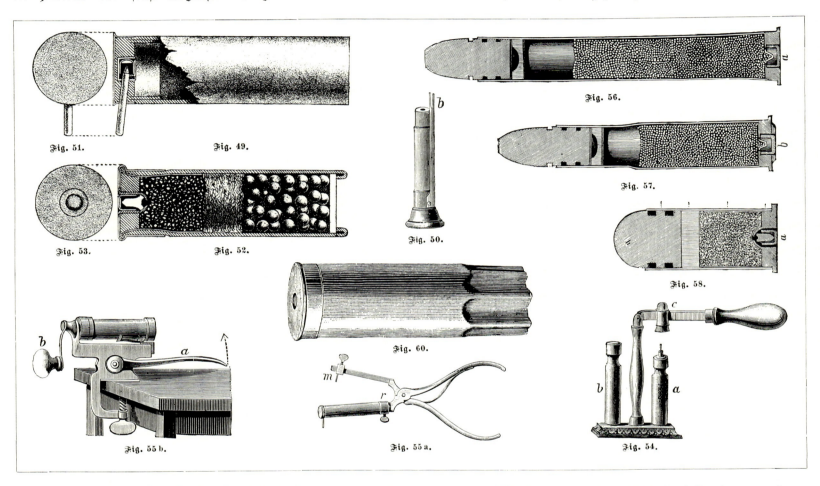

Kammer zu sichern. Die Zündmasse wird in einem von Pappe gepreßten Käppchen an die konische Erhöhung des Bodens durch ein Klebmittel befestigt. —

Die Zündung besorgt ein in der Mitte des Bodens gelagerter Stift, dessen Vortreiben der Zündstift des Gewehrs bewirkt. — Die Kugelpatrone enthält also gleich der Schrotpatrone die vollständige Ladung. Um dem Ausfallen des Pfropfens und der Schrote aus der Patrone, was in der Jagdtasche sehr leicht geschehen kann, vorzubeugen, muß die Hülse am vorderen Ende eingelegt und zusammengeklebt, oder wie in Fig. 47 veranschaulicht, mit einem starken Zwirnfaden zugebunden werden. —

Verschieden davon ist die Lefaucheurpatrone (Fig. 49), die vorstehend teilweise aufgerissen dargestellt ist. Die Hülse derselben ist von stärkerem Papier, so daß sie beim Schusse nicht verbrennt, sondern höchstens reißen kann; bei besserer Qualität kann dieselbe Patronenhülse auch einigemale

Die Lefaucheurpatrone hat ebenfalls einen von Pappmasse gepreßten und außen mit einem dünnen Metallmantel bekleideten Boden. Das gewöhnliche Zündhütchen ist im Innern der Patrone in einer Vertiefung des Bodens gelagert, wo es durch den von der Seite in den Boden eingefügten Stift gehalten wird. Bei geladenem Gewehr steht dieser Stift am Kammerende des Laufes vor, so daß er vom Hahn getroffen tiefer in die Patrone dringt und die Zündung verursacht. — Derselbe Stift erleichtert auch das Beseitigen der abgeschossenen Patrone aus dem Lager.

Die Abbildung liefert in der Nebenfigur auch die Ansicht des Bodens einer Lefaucheurpatrone. (Fig. 51.)

Die jetzt meist verwendete Daw'sche oder Lancasterpatronenhülse ist gleich der Lefaucheurhülse von festem Papier erzeugt, mit gepreßtem Boden und bedarf eines starken Bodenrandes; denn während die Lefaucheurpatrone durch ihren Stift in der Kammer genügend gesichert ist,

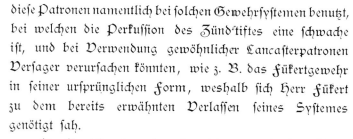

und an diesem auch ausgezogen werden kann, sichert die Lancasterhülse nur der starke Rand vor dem Vorgleiten im Patronenlager, und ist es auch nur dieser, an welchem der Extraktor, sich anlegend, die abgeschossene Hülse beim Öffnen des Verschlusses aus der Kammer zurückzieht (Fig. 52).

Das Neue war zur Zeit der Einführung die Errichtung des Bodens. Die Zündkapsel ist hier von außen in der Mitte des Bodens eingesetzt, wie aus vorgehender Zeichnung ersichtlich ist, und liegt unter derselben ein Amboß, welcher wenn die Kapsel durch den Zündstift angetrieben wird, die Zündung des Satzes bewirkt; durch eine kleine Öffnung dringt dann sehr kräftig das Zündfeuer in die Pulverladung ein. —

Fig. 59.

Die Abbildung zeigt außer dem Boden der Lancasterpatrone (Fig. 53) dieselbe mit voller Ladung und der Länge nach geschnitten. Die Mündungsränder sind eingebogen und verhindern so jede Verschiebung des Pfropfens, daher auch das Ausfallen der Schrotkörner. Zum Erneuern der Lancasterhülsen sind bereits mehrere Kapselsetzer konstruiert worden; die in Fig. 54 abgebildete findet jedoch die meiste Anwendung. An einer gußeisernen Platte stehen zwei cylindrische Messingsäulen a und b, deren Durchmesser genau dem innern Durchmesser der Patronenhülse entspricht. Die Säule a trägt am obern Ende einen metrisch genau zur Säule stehenden Dorn. Wird die zu erneuernde Hülse an die Säule aufgesetzt, so gelangt die Spitze in das Zündloch der Patronenhülse und bewirkt so das Heraustreten des alten Zündhütchens samt seinem Amboß aus der Hülse, sobald mit dem an einer dritten Säule befindlichen Hebel Stöckel c angedrückt wird. Die Hülse wird dann an die Säule b aufgesteckt, der Amboß in ein neues Hütchen einführt und dieses mittelst des Hebels und des Stöckels c in den Patronenboden eingedrückt. Nach dieser Erneuerung wird die Patrone beim Laden wie eine neue behandelt. Zum Abkürzen und Fertigen der Patrone bedient man sich der in Fig. 55a und 55b dargestellten Instrumente.

Bei solchen Vorteilen ist nicht zu wundern, daß in den letzten Jahren bei Patronenhülsen aus starkem Papier auch die Teschner'sche Zündungsart versucht wurde, und werden diese Patronen namentlich bei solchen Gewehrsystemen benutzt, bei welchen die Perkussion des Zündstiftes eine schwache ist, und bei Verwendung gewöhnlicher Lancasterpatronen Versager verursachen könnten, wie z. B. das Fükertgewehr in seiner ursprünglichen Form, weshalb sich Herr Fükert zu dem bereits erwähnten Verlassen seines Systemes genötigt sah.

Für Jagdkugelgewehre benutzte man in der Regel ähnliche Patronenhülsen, wie für Schrotgewehre; erst in den letzten Jahren kommen auf der Jagd auch für Militärgewehre passende Patronen vor. — Dieselben werden gegenwärtig überall aus Kupfer oder Tomback verfertigt, meist so, daß die Hülse samt Boden ein kompaktes Stück bildet und ähnlich wie bei den Lancasterpatronen nur die Zündkapsel separat eingesetzt zu werden braucht. Diese Patronen sind vollkommen wasserdicht und finden bei den Birschjägern ebenso günstige Aufnahme, wie schon längst in militärischen Kreisen. — Fig. 56 und Fig. 57 zeigen zwei verschiedene Arten von Metallhülsen. Fig. 56 ist die englische Expressionshülse Kaliber $450 = 11\frac{1}{2}$ mm mit 6 gr Pulver. Fig. 57 ist die deutsche Militärpatrone Mod. 71, Kal. 11, 15 mm mit 5 gr Pulver, während Fig. 58 eine Kugelpatrone Kal. 20 eines früheren Modells zeigt. Eine kurze Kulbkugel mit zwei tief eingeschnittenen Rändern sitzt auf einer einfachen Vorladung (Pfropfen von Pappe und dergl.), unter welcher sich das Pulver befindet. Die Hülse ist die englische Centralhülse von Eley Brothers=London.

Gegenwärtig erfreut sich die durch den Direktor der Fachschule in Ferlad, Herrn Heistig, gemeinschaftlich mit Herrn Oberstleutnant von Kropatsche= konstruierte Birschbüchsenpatrone einer wohlverdienten Beliebtheit bei Schützen. Sowohl die Ladung wie die Geschoßform sind den Jagdzwecken entsprechend, und vereinigt zugleich die Vorzüge der Militärpatronen.

Die Vorteile der für den Kugelschuß bestimmten kleinkalibrigen Metallpatronen, wiederholt geladen und benutzt werden zu können, bewegten Herrn Lorenz in Karlsruhe, dessen Fabrik Fig. 59 veranschaulicht, später auch Herrn

Altendorfer in Nürnberg, auch für den Schrotschuß Metallpatronen zu verfertigen, und bewährten sich auch diese Fabrikate in Bezug auf Dauerhaftigkeit auf das beste. — In praktischer Hinsicht machten sich aber einige Mängel erkennbar. Es war schwer, passende Pfropfen zu finden, denn an das Eindrehen oder Einwürgen des Mündungsrandes war nicht zu denken, und ohnedem wird ein gewöhnlicher Pfropfen an der glatten Fläche einer Metallpatrone schon unbedingt viel leichter vorgleiten, als an der weichen Pappe einer nicht eingewürgten Papierhülse. — Kork- und Kautschukpfropfen dienten zwar in dieser Hinsicht ziemlich gut, doch klagen die Jäger, daß bei Benutzung dieser Pfropfen der Schuß verdorben ist. Der Übelstand, daß Metallhülsen, welche längere Zeit sich in einem neuen ledernen Patronenhalter befunden hatten, sich mit Grünspahn überzogen, wurde durch Einreiben des Leders mit Stearinöl vollkommen beseitigt.

Billiger und praktischer sind die jetzt von England importierten Metallschrotpatronen von Kynock in Birmingham. Diese sind nicht aus einem Stück (Fig. 60) gezogen, sondern die Hülse separat, aus dünnem Messingblech ohne Lötung erzeugt und mit dem massiven Boden durch Pressung vereinigt. Um das Ausfallen des Schrotpfropfens zu verhindern, wird die dünne Hülse mit einem eigenen Apparat am Mündungsende eingedrückt. Nach dem Abfeuern ist die Hülse wieder ganz glatt, sodaß man nur die Zündkapsel zu wechseln braucht, um die Hülse wieder als neu benutzen zu können.

Die in letzter Zeit gemachten Versuche, auf einen massiven Metallboden eine Papierhülse anzuschrauben, sodaß, wenn die Hülse durch den Schuß zerrissen wurde, der Boden doch immer wieder neu benutzt werden kann, werden sich, wie es scheint, kaum erhalten; vor einigen Jahren hätten diese Neuerungen entschieden mehr Sensation erregt.

Zu dem im vorhergehenden Kapitel flüchtig erwähnten elektrischen Gewehr werden Patronen ohne Zündhütchen gebraucht, nur wird die Zündung durch den elektrischen Strom bewirkt. Zu dem Zwecke ist in dem Inneren der Patronenhülse ein Metallstift angebracht, der im Patronenboden isoliert befestigt einen Pol bildet, während der andere Pol durch ein von der mit dem Rohrmetall sich berührenden Metallwand der Patrone ausgehendem Züngelchen gebildet wird. Wie das elektrische Gewehr, so ist auch die Patrone für dasselbe eine nicht gelöste Preisaufgabe.

# Fünftes Kapitel.

Die Schießkunst.

Früh übt sich, was ein Meister werden will.

In der Broschüre „Talente und besondere Anlagen hat der Mensch nicht", sucht der Verfasser nachzuweisen, daß durch Erziehung, Fleiß, Ausdauer ꝛc. sich alles erreichen lasse. Ich kann nicht behaupten, daß ich diesen Gedanken auch nach Lektüre des Werkchens zu dem meinigen gemacht, glaube jedoch, daß wenn bei irgend einer Kunst das Wort „Es fällt kein Meister vom Himmel" zutrifft, dies bei der Schießkunst der Fall ist, für welche ich auch noch vor allem die Wahrheit der schönen Worte:

„Grau, Freund, ist alle Theorie;
Die Frucht reift nur am grünen Baum des Lebens"

in Anspruch nehme.

Und wenn ich es trotzdem unternehme einige Worte über die Schießkunst zu schreiben, so glaube ich dies einerseits der Vollständigkeit meiner Arbeit schuldig zu sein, anderseits dürften dieselben doch hier und da zu praktischen Versuchen anregen, die gewiß nicht resultatlos bleiben werden. — Lasen wir am Schlusse eines früheren Kapitels, daß die Feuerwaffe der Zivilisation die Wege gebahnt hat, so war diese hierzu nur in der Hand eines Mannes imstande, der sie zu führen verstand. — Die sichere Führung der Waffe, die Fähigkeit, unter den mannigfaltigsten Verhältnissen die verschiedenartigsten Ziele an gewollter Stelle mit dem Geschoß zu treffen, verlieh dem Schützen die Macht, die ihn zum Herrscher über das Tierreich, zum Schrecken seines Feindes machte. — Das war Tells Geschoß, rief der Tyrann aus, als er sterbend vom Pferde sank, und an anderer Stelle besingt Schiller, unser unsterblicher Dichter, den Schützen:

Ihm gehört das Weite,
Was sein Pfeil erreicht,
Das ist seine Beute,
Was da fleucht und kreucht. —

Die Schießkunst verlangt nun, je nach den Lebensaltern des Menschen, je nach den Waffen und Zielen, die angewandt werden, verschiedene Übungen und Leistungen, und ist gute Führung der Waffe hierbei von größter Wichtigkeit. — Ein geübter Jäger wird an der Hantierung des Gewehres bald erkennen, mit wem er jagt. Vorsicht beim Tragen der Waffe, die Mündung stets in die Erde ist ebenso geboten, wie Aufmerksamkeit beim Laden und Entladen, und wird der vorsichtige Jäger nie den Heimweg antreten oder sich in Gesellschaft begeben, ohne sein Gewehr entladen zu haben, was ja bei den heute allgemein geführten Hinterladungssystemen auch nur geringe Mühe verursacht. — Der Schütze muß ferner sein Gewehr genau kennen, und können wir die Versuche auf Wildscheiben bei verschiedener Distanz nicht genug empfehlen.

Vor kurzem hat die Berliner Schützengilde neue, man kann sagen, mustergültige Schießstände beim Schlosse Schönholz eingerichtet, deren Besichtigung ich gelegentlich eines Aufenthaltes in Berlin empfehle.

Auf einem ausgedehnten Grundstücke mit altem, prachtvollem Parke sind 25 Schießstände auf 300 resp. 175 m Entfernung unter Benutzung aller bis jetzt gemachten Erfahrungen so eingerichtet, daß dieselben als mustergültig bezeichnet werden können. Sodann ist speziell für Jagdliebhaber ein sogen. "Laufend-Wild-Stand" hergestellt, welcher eine gute Vorschule für die praktische Jagd ermöglicht. Die Einrichtung dieses Standes ist derart, daß auf 80 m Entfernung bewegliche, mit Bildern von Hochwild beklebte Scheiben eine ca. 4 m breite Schneise passiren, und zwar willkürlich von links oder rechts mit variablen Geschwindigkeiten. Das Ablassen der Scheiben erfolgt auf ein telegraphisches Signal, welches der Schütze selbst durch Auftreten auf einen Knopf erteilt. Sogar für Schrotgewehre sind bewegliche Scheiben, Fuchs, Hase ꝛc., vorhanden; die Distanzen auf diesem Stande können nach Belieben gewählt werden. Selbstverständlich stehen auch verschiedene Stände zum Einschießen von Büchsen, Büchsflinten ꝛc. zur Verfügung.

Die Schießstände dürfen gegen Entrichtung eines geringen Schießgeldes auch von Nichtmitgliedern der Berliner Schützengilde benutzt werden, und ist zu wünschen, daß die vortrefflichen Einrichtungen in Schloß Schönholz als gutes Beispiel zur Nachahmung anregend wirken mögen. Die Firma Jakob Sackreuter in Frankfurt a/M. liefert zu solchen Scheiben sehr zweckentsprechende Scheibenbilder.

Abgesehen davon, daß der Jäger die Wirkung seines Gewehres auf jede Distanz hierdurch genau kennt und mit Vertrauen zu seiner Waffe jagt, üben diese Proben auch das Auge im Distanzschätzen, gewiß auch ein wichtiges Moment für den erfolgreichen Schuß. Pfeilbogen, Blasrohr, Bolzenbüchse und Teschin sind die Waffen des Anfängers. Die Armbrust und das Feuergewehr finden wir in den Händen fortgeschrittener Schützen. Die ersten Übungen sind wohl die mit dem "Pfeilbogen" nach dem hölzernen Vogel oder den Sternen auf der Stange; Bolzbüchse und Blasrohr folgen dann. Mit der "Bolzbüchse" wird ausschließlich nach der Scheibe geschossen, zuerst auf geringere, dann weitere Distance. Der Anfänger übt sich hierbei im Zielen und findet Gelegenheit, jeden Schuß zu beurteilen und sich zu korrigieren, da der in der Scheibe steckende Bolzen ihm den Schußfehler nachweist. — Die Bolzen werden in das Rohr stets mit der Spitze nach vorn eingeführt. Der Bolzen hat vorne die Form eines Nagels, um in die Scheibe einzudringen. Den Kopf bildet eine kleine Hülse, welche an der der Spitze abgewendeten Seite offen ist, in derselben sind die Borsten pinselartig befestigt und empfiehlt es sich, die Borsten verschiedenfarbig zu wählen, damit bei mehreren Schüssen Irrtümer vermieden werden. — Durch den Luftdruck, der den Bolzen aus dem Rohre zu treiben hat, werden die Borsten an die Rohrseelenwände gedrückt, dadurch einem Abgange der Triebkraft vorgebeugt, und der Bolzen verläßt durch die ganze Kraft das Rohr mit ansehnlicher Geschwindigkeit.

E. von der Bosch empfiehlt in seiner Neubearbeitung von Dietzels Niederjagd die Anwendung des "Blaserohrs" und sagt hierüber unter anderem Folgendes:

Ein gutes Blaserohr muß:

1) weder zu kurz sein,
2) noch eine zu kleine Kugel schießen,
3) die gewöhnliche Ausfütterung aus Birnbaumholz bestehen, wenn man nicht einen Maulwurfspelz oder gar Messingfütterung erreichen kann. —

Zu kurz darf das Rohr nicht sein, weil man sonst, da die Kugel bedeutend steigt, zumal in der Nähe, sehr weit unter das Ziel halten muß, um nicht zu hoch zu schießen, während man mit einem Rohre von gehöriger Länge immer auf den Punkt selbst zielen darf, den man zu treffen wünscht. Zu klein darf die Kugel nicht sein, weil sie sonst nicht Kraft genug hat, dem Einflusse des Windes gegenüber ihre Richtung zu behalten, und verdient der Maulwurfspelz vor dem Birnbaumholz deshalb den Vorzug, weil eine solche Fütterung verhältnismäßig beinahe dieselbe Wirkung thut, wie bei der Kugelbüchse der Drall, indem der leichte Widerstand der überaus zarten Flocken eines solches Pelzes der Kugel mehr Gewalt und Stärke verschafft, während die allerbeste und zweckmäßigste Ausfütterung unstreitig die mit Messing ist, weil dadurch nicht nur das Gewicht des Blaserohrs vermehrt wird, was auf die Sicherheit des Schusses großen Einfluß hat, indem man mit einer leichten Waffe viel eher wankt als mit einer schweren, sondern auch, weil ein solches Rohr bei weitem mehr Dauer hat, und immer vollkommen rein gehalten werden kann, was bei den mit Maulwurfspelzen gefütterten nicht der Fall ist.

Die Blaserohrkugeln werden aus Töpfererde gemacht, unter die man etwas Hammerschlag zu mischen pflegt, um ihnen mehr Gewicht zu geben, und die zuvor sorgfältig geknetet, sowie auch von allen Steinchen gereinigt werden muß. Diese Kugeln dürfen aber nicht schnell, am allerwenigsten auf Kohlen oder in der heißen Sonne getrocknet werden, weil sie sonst zu stark schwinden und verdorren, mithin zu klein und zu leicht werden. — Die Vorteile, ungehinderte Bewegung in Feld und Wald, Möglichkeit der Übung in Zimmer und Salon, Billigkeit der Waffe und des Schießmaterials, welche das Blaserohr Pfeilbogen und Bolzenbüchse gegenüberstellt, bezeichnet von der Bosch dann als unwesentlich und nicht in Betracht kommen) neben dem Vorteil, den der fortgesetzte Gebrauch des Blaserohrs dem künftigen Jagdschützen gewähre, indem er ihn lehre, in allen vorkommenden Fällen immer den richtigen Augenblick zu benutzen, oder in anderen Worten, indem er ihn dadurch an eine der unentbehrlichsten Eigenschaften eines guten Jägers gewöhne, das heißt: an ein **schnelles Abkommen**, ohne welches man sich bekanntlich niemals, am allerwenigsten aber im Flugschießen, über die Mittelmäßigkeit erheben kann. Als Ziele empfiehlt von der Bosch endlich den Perpendickel einer Uhr, junge

Fig. 61 zeigt die Stellung des Jägers im Anschlag auf laufendes, Fig. 63 auf Flugwild, Fig. 62 in Ruhe.

Eine möglichst feste und bequeme Stellung ist gleichfalls beim Schusse höchst wichtig, damit der Schütze durch feste Stellung dem Rückstoß bedeutenden Widerstand bietet. Vieles Schießen nach **feststehenden** Zielen möchten wir dem Schützen, der sich zum Jäger bilden will, möglichst abraten, für ihn muß das Schießen nach beweglichen Zielen die Hauptsache bleiben. Das **Mitziehen** oder **Mitfahren** beim Zielen und das sogenannte **Vorhalten** sind für das Schießen nach beweglichen Zielen Haupterfordernis.

Fig. 61. Fig. 62. Fig. 63.

Sperlinge und junge Schwalben, deren Flug noch langsam und unsicher ist. Hat der Anfänger eine gewisse Sicherheit mit diesen Waffen erreicht, so ersetze man dieselbe durch ein Kapselgewehr (Teschine) welches bedeutend weiter schießt, und bei seinem schwachen Knall auch in einem geschlossenen Raume gebraucht werden kann, und zugleich den Schützen an Knall und Feuer gewöhnt. Anfänglich lasse man ihn nur damit zielen, oder höchstens den Stecher abdrücken, und erst dann gehe man zum Laden des Gewehres über, lasse ihn aber nur aus freier Hand schießen, und achte darauf, daß er sich das lange Zielen nicht angewöhnt und lasse ihn von Zeit zu Zeit auf näher stehende, oder mit größerem Punkt versehene Scheibe möglichst schnell, fast ohne zu zielen, schießen. —

Hat sich der angehende Schütze nun mit dem Teschin gehörig eingeschossen, wird die Distanz ihm dann zu eng, dann gebt ihm ein Gewehr. — Fortgesetzte Übung im Zielen sowohl wie im Schießen nach feststehenden und beweglichen Gegenständen werden den Schützen weiter bilden und ihn zu gutem Schießen erziehen. Ein sicherer Anschlag und ein schnelles Abfeuern ist immer eine Hauptsache und nimmt ein guter Schütze zuerst das Ziel, dann das Korn klar ins Auge und muß durch das Feuer das Resultat seines Schusses sehen. —

Regeln darüber zu geben, wieviel vorzuhalten ist, ist schwierig, der Jäger hat dies im Gefühl, und muß selbstredend um so mehr vorgehalten werden, je schneller der Lauf oder Flug des Wildes und je größer die Entfernung ist.

Zu Zielen beim Schießen nach beweglichen Gegenständen benutzt man geworfene mit Papier umwickelte Steine, rollende Holzscheiben, Flaschen, Tuchbälle, ein rollendes Wagenrad ꝛc., auch wird von Vielen empfohlen, von einem Berge herabrollende Steine, wobei die Vorsprünge des Berges das Rollen zu  einem unregelmäßigen bald schnelleren bald langsameren machen, als Ziele zu benutzen, ebenso Sperlinge, Feldlerchen und Schwalben, endlich das Tauben- und Glaskugelschießen. Das Schießen nach zahmen Tauben, welche aus einem sich plötzlich öffnenden Kasten emporfliegen, hat sich in den letzten Jahren zu einem besonderen Sport entwickelt und fanden die „Tirs aux pigeons" vor allem in Belgien, England, Holland, Italien, Frankreich, vereinzelt auch in Deutschland statt. — In Aachen besteht ein besonderer Klub für Taubenschießen, dessen Reglement wir hier folgend geben.

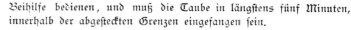

Reglement zum Taubenschießen.

§ 1. Die Tauben befinden sich in fünf Kasten, welche gleichweit vom Schützen entfernt sind. Zwischen je 2 Kasten ist ein Raum von 5 m. Die Kasten tragen, von links nach rechts gezählt, die Nummern 1—5, das Los entscheidet, welcher Kasten gezogen wird.

§ 2. Der Raum, in welchem die Tauben fallen müssen, um angerechnet zu werden, ist begrenzt durch einen, durch Fähnchen markierten Kreisabschnitt, von 80 m Radius, dessen Zentrum der weiteste Standort des Schützen, 30 m von den Kasten ist. Die Kasten sind also 50 m von dem Bogen des Kreises entfernt.

§ 3. Der Schütze muß sich genau an dem Orte aufstellen, welcher ihm angewiesen ist. Er darf nicht anschlagen, d. h. der Flintenkolben darf nicht bis zur Höhe der Schulter gebracht werden, ehe er „Pull" gesagt hat, und der Kasten gezogen ist.

§ 4. Der Schütze fragt, ehe er das Zeichen zum Öffnen des Kastens durch das Wort „Pull" giebt, „Ready?" oder „Fertig?", worauf der mit dem Ziehen des Kastens Betraute, mit „Ja" antworten muß, und darauf erst sagt der Schütze „Pull".

Öffnet sich der oder die Kasten, ehe der Schütze „Pull" gesagt, so kann er die Tauben verweigern. Schießt er aber, so hat er dieses Recht verloren. Wenn die Taube beim Öffnen des Kastens nicht sofort auffliegt, so kann der Schütze dieselbe ebenfalls verweigern. Er muß aber seine Absicht sofort aussprechen, indem er sagt: „No bird", oder „ich refüsiere die Taube". Wenn er aber einen Schuß abgegeben hat, so hat er sein Recht verloren.

Eine Taube, welche nicht ausdrücklich vom Schützen verweigert wird, ist als gefehlt zu betrachten, wenn er nicht darauf schießt.

Wenn der Kasten gezogen ist und die Taube sitzen bleibt, kann der Schütze darauf anlegen. Er darf aber erst schießen, wenn die Taube aufgeflogen ist.

§ 5. Wenn der erste Schuß versagt, so hat der Schütze das Recht, eine neue Taube zu verlangen. Wenn er aber den zweiten Schuß abgiebt, so verliert er sein Recht; es sei denn, daß dieser Schuß auch versagt.

Wenn der zweite Schuß versagt, so muß der Schütze in der Weise aufs neue schießen, daß er auf den ersten Lauf eine nur mit Pulver geladene Patrone setzt, und denselben zuerst abschießt, ehe er den zweiten, scharfgeladenen Lauf, abgeben darf.

Es versteht sich von selbst, daß auch der erste Schuß erst abgegeben wird, nachdem die Taube aufgeflogen ist und in deren Richtung.

§ 6. Die Taube ist für den Schützen verloren, wenn sein Gewehr durch seine Schuld nicht losgeht, d. h. wenn er entweder keine Patronen hineingesteckt, oder nicht übergezogen hat.

§ 7. Wer eine Taube im Sitzen schießt, muß dieselbe bezahlen, und aufs neue schießen.

Man hat nur das Recht, eine mit dem ersten Laufe angeschossene Taube, mit dem zweiten Laufe auf der Erde tot zu schießen. Der Schütze darf aber seinen Posten nicht schon verlassen gehabt haben.

§ 8. Wenn eine Taube aus den im § 2 angegebenen Grenzen herausgewesen ist und kömmt dann zurück, um tot in diesen Raum zu fallen, so kann sie doch nicht angerechnet werden.

§ 9. Um Streitigkeiten zu vermeiden, darf nicht eher weiter geschossen werden, bis die tote oder angeschossene Taube durch einen Jungen aufgenommen oder durch einen Hund apportiert worden ist. Auch steht es dem Schützen frei, sich seine angeschossene Taube selbst zu holen. Er darf sich aber hierzu keines Instrumentes und keiner

Beihilfe bedienen, und muß die Taube in längstens fünf Minuten, innerhalb der abgesteckten Grenzen eingefangen sein.

§ 10. Angeschossene Tauben, welche sich auf die begrenzende Hecke oder auf einen anderen Gegenstand, (Baum, Pfahl, Draht) innerhalb der Grenzen niedersetzen, sind als gefehlt zu betrachten.

§ 11. Wenn bei den Doublés der Schütze eine Taube geschossen hat, und die zweite bleibt sitzen, so kann er dieselbe verweigern, und es wird ihm dann eine neue gegeben. Der Schütze muß aber dann, analog dem § 5, den blind geladenen ersten Lauf zuerst abschießen.

§ 12. Wenn der Schütze, bei den Doublés, zwei Schüsse auf dieselbe Taube abgiebt und dieselbe fällt, so wird sie ihm nicht angerechnet. Auch, wenn die beiden Tauben mit dem ersten Schusse fallen, werden sie nicht angerechnet. Fallen aber beide Tauben beim zweiten Schusse, so werden sie angerechnet.

§ 13. Kaliber 12 ist als Normalkaliber, bei allen Angaben, angenommen.

Kal. 11 tritt ½ m
„ 10 „ 1 „ zurück
„ 14 „ ½ „
„ 16 „ 1 „ vor.

Die Kaliber unter 10 sind nicht gestattet; keine fernere Begünstigung ist den Kalibern über 16 eingeräumt.

§ 14. Es ist bei einer Strafe von 10 Mark verboten, zwischen die beiden großen Fahnen zu schießen, welche rechts und links hinter dem Schützen aufgestellt sind.

§ 15. Es ist bei einer Strafe von 5 Mark untersagt, das Gewehr anders als auf dem Posten zu laden, oder mit einem nicht entladenen Gewehr zurückzukommen.

§ 16. Wird ein geladenes Gewehr irgendwo vorgefunden, so hat sein Eigentümer 5 Mark Strafe zu zahlen; er bezahlt 25 Mark Strafe, wenn ein solches Gewehr sogar losgehen sollte.

§ 17. Jeder Zuruf, der den auf dem Posten stehenden Schützen im Schießen hindern kann, wird mit 5 Mark bestraft. Der Schiedsrichter kann unter Umständen dem Schützen eine neue Taube zuerkennen.

§ 18. Wird bestritten, daß eine eingebrachte Taube überhaupt angeschossen ist, so entscheidet der Richter.

§ 19. Alle in dem Reglement nicht vorhergesehenen Fälle werden durch den Vorstand resp. durch den oder die Schiedsrichter entschieden.

Das ordentliche Schießen.

In jedem Jahre finden mindestens acht ordentliche Versammlungen der Vereinsmitglieder zum Zweck des Taubenschießens statt.

Die Tage werden in der Generalversammlung im Januar oder Februar festgestellt, so daß, womöglich, das erste Schießen im April, und das letzte im August stattfindet.

Bei diesen Zusammenkünften werden jedem Schützen 10 Tauben zur Verfügung gestellt und zwar in folgender Reihenfolge.

2 Mal 1 Taube auf 24 m   1 Mal 2 Tauben auf 18 m
1 „ 2 Tauben „ 18 „   2 „ 1 Taube „ 28 „
(aus 1 Kasten)   (aus 2 Kasten)
2 „ 1 Taube „ 26 „

Den Preis dieser Tauben bestimmt der Vorstand. Nach dem ordentlichen Schießen beginnt, insoweit Tauben vorhanden sind, die Poulen. Die Mitschießenden vereinbaren den Einsatz unter sich. Der Klub erhebt von sämtlichen Einsätzen 5 %. Die Schützen werden nach dem Resultate des ordentlichen Schießens gehandikapt, und zwar für:

10 geschossene Tauben auf 28 m   7 geschossene Tauben auf 25 m
9 „ „ 27 „   6 „ „ 24 „
8 „ „ 26 „   5 oder weniger „ 23 „

Für jede gewonnene Poule tritt der Schütze einen Meter zurück, bis auf 30 m; der Richter kann nur für außergewöhnlich gute Schützen die Entfernung vergrößern.

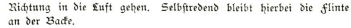

Das Taubenschießen hat viele und heftige Gegner, und sind es vor allem die Tierschutzvereine, die gegen dasselbe vorgegangen sind. Daß dieses Schießen, besonders wenn die kleine englische Taube dazu gebraucht wird, eine ausgezeichnete Übung ist, wird niemand bezweifeln. Die Engländer erhielten diese schnelle Taubenart dadurch, daß sie dem Lieferanten für jede Taube, die gefehlt wurde, den doppelten Preis zahlten, wie für die erlegte. — Ein Krankschießen dieser Tauben kommt höchst selten vor, da sie flink und fein gefiedert sind, und wenn getroffen, leicht fallen. Die Freunde dieses Sports sagen: „wir üben das Taubenschießen deshalb, um durch sicheres Treffen die Qualen der jagdbaren Tiere auf das durch menschliche Geschicklichkeit erreichbare Minimum zu verringern. — Wir begrüßen es mit Freuden, daß sich durch die Erfindung der Glaskugelwurfmaschinen durch Kapitän Bogardus ein neuer Schießsport neben dem Taubenschießen entwickelt hat, der die Fertigkeit im Schießen ebenso vermehrt, ohne zahme Tauben als Ziel zu gebrauchen. Das Schießen nach Glaskugeln als Ersatz für das Taubenschießen hat sich in kurzer Zeit, in den weitesten Kreisen schnell Eingang verschafft.

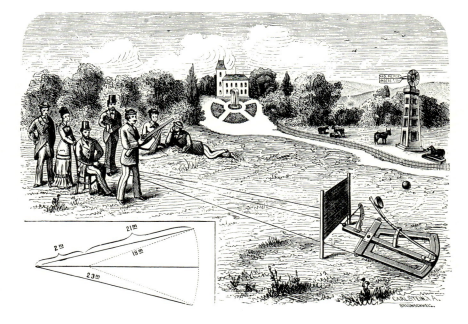

Einrichtung eines Schießplatzes für Clubs und öffentliche Schießstände an Vergnügungsorten u. s. w.

Für diesen Zweck muß ein Erdwall von ca. 10 Fuß Länge aufgeworfen werden, welcher hoch genug ist, um den Mann zu decken, der in dem durch das Aufwerfen des Walles entstandenen Graben sitzend die Bedienung der Wurfmaschinen besorgt. Zwei Maschinen sind auf starken Bohlen von 6—8 Fuß Länge befestigt und kann ihr Wurf je nach Wunsch reguliert werden, indem man unter das Vorderteil der Planke Steine oder Klötze schiebt. Bei Anfängern empfiehlt es sich, die Maschine vorn recht hoch zu stellen, damit sie einen hohen geraden Wurf erzeugt, gewandte Schützen werden das Vorderteil der Planke eher tief legen, damit die Fluglinie der eines aufsteigenden Huhnes mehr gleichkommt. Der Mann an der Maschine muß diese — und zwar ohne Vorwissen des Schützen — verschieden stellen, so daß die Kugel nach rechts, nach links oder geradeaus fliegt. — 20—25 Schritt hinter der Maschine resp. hinter dem Walle steht nun der Schütze, wenn er Kal. 12 führt; Kal. 16 muß 5 Schritt näher schießen, circa 5 Schritt hinter dem Schützen oder etwas zur Seite, ist das Gebäude für die Schießgesellschaft und für die Flintenstände.

Der Schütze, welcher an der Reihe ist, tritt bis zur vorschriftsmäßigen Entfernung vor und kommandiert „los", worauf die Kugel losgeschnellt wird; die zweite Kugel folgt auf gleiche Weise. Sind geübtere Schützen auf dem Stande, so wird der Mann an der Wurfmaschine dahin instruiert, daß er ohne nochmaliges Kommando beide Maschinen mit kurzem Intervalle hintereinander abschnellen läßt, wie „eins, zwei" zählend. Der Schütze muß aber auch hierbei nach dem ersten Schuß das Gewehr von der Backe nach der Brust herunterbringen und für den zweiten Schuß neu anlegen.

Noch schwieriger ist eine Doublette, bei welcher beide Kugeln auf das Kommando „los" mit einem Male, natürlich in verschiedener Richtung in die Luft gehen. Selbstredend bleibt hierbei die Flinte an der Backe.

Der Schütze muß beim Einnehmen seines Platzes die Flinte fertig halten, doch muß der Kolben derselben unterhalb des Ellenbogens ruhen, bis er „los" kommandiert hat und die Kugel im Fliegen ist. Werden, wie wir annehmen, nur Hinterlader verwendet, so ist ferner darauf zu sehen, daß der Schütze die Patrone erst dann in den Lauf steckt, nachdem er vorgetreten ist. Sollte der Schütze vergessen, die Hähne zu spannen oder ein anderes Versehen machen, durch welches ihn beim Versagen des Schusses die Schuld trifft, so wird der Schuß als verloren gezählt; wird jedoch nachgewiesen, daß eine versagende Patrone oder dergleichen die Schuld am Mißlingen trägt, so steht dem Schützen ein zweiter Schuß zu.

Es ist streng darauf zu halten, daß der zum Schuß vortretende Schütze nicht durch Zurufe oder dergleichen gestört wird.

Um beim Wettschießen langweiliges Abstechen zu vermeiden, ist es am zweckmäßigsten, wenn jeder Schütze eine gewisse Summe einzahlt und für jeden Treffer einen bestimmten Teil des Geldes zurückerhält. Ist die Kasse dann leergeschossen, so befindet sich der Gewinn natürlich im Besitze des besten Schützen.

Es empfiehlt sich, gleich bei Beginn des Schießens ein Mitglied der Gesellschaft als „Richter" zu erwählen. Dieser überwacht das Schießen, schlichtet vorkommende Streitfragen und entscheidet namentlich bei Kasseschießen, ob eine Kugel richtig getroffen ist, resp. ob sie als solche zählt oder nicht. Über festzustellende Ladungen an Pulver und Blei ist viel verhandelt, doch empfiehlt es sich, nach unserem Dafürhalten dies jedem Schützen zu überlassen. Wie auf der Jagd, so sind auch hier die Ansichten geteilt, der eine wählt gern und wie er glaubt, mit größerem Erfolge viel Pulver oder Blei, feineres oder grobes Schrot u. s. w., doch bietet gerade das Glaskugelschießen die beste Gelegenheit, die Richtigkeit solcher Ansichten festzustellen.

Für das Kugelschießen in Privatzirkeln, für gesellige Unterhaltung auf dem Lande u. s. w.

genügt eine Wurfmaschine. Es wird dann einfach ein Loch gegraben, in welchem, durch das aufgeworfene Erdreich gedeckt, der Mann Platz nimmt. Vor sich hat er dann die Wurfmaschine, neben sich eine Kiste mit Glaskugeln. Im übrigen richte man sich nach den in A gegebenen Schießregeln, suche einen recht angenehmen schattigen Platz aus, sorge für einen guten kühlen Trunk und kann dann sicher sein, für einige Stunden an schönen Sommer- oder Herbsttagen seinen Gästen einen angenehmen Zeitvertreib geschaffen zu haben. Auch Damen interessieren sich für diesen weniger grausamen Sport lebhaft und bilden sich dabei häufig zu guten Schützen aus.

Auf Jagden

nehme man nur eine Maschine nebst Kugeln mit. Ist nach dem Frühstück ein passender Platz gefunden, so gebe man dem zur Bedienung bestimmten Manne die nötige Deckung, indem man ihn hinter den Wall eines Grabens plaziert, oder indem man eine Stallthür durch einige in die Erde getriebene Pfosten stützt. Die Maschine muß dann so gestellt sein, daß die Glaskugeln nach allen Richtungen geworfen werden können, selbst direkt dem Schützen entgegen.

Reglement für Glaskugelschießen.

§ 1. Es wird eine Bahn mit drei Vorrichtungen vorhanden sein, von denen die mittelste 8 m entfernt von den beiden andern aufgestellt ist, während der Abstand jeder dieser Vorrichtungen vom Schießstande, hinter welchem alle Taue zusammenkommen, 17 m beträgt.

§ 2. Das Los bestimmt für jeden Schuß, welche Vorrichtung abgezogen und in welcher Richtung die Glaskugeln geworfen werden sollen.

§ 3. Die bei der Bestimmung des Kalibers angenommene Einheit des Kalibers ist Kaliber 12. Kaliber 11 und 10 (das größte, welches zugelassen wird) stehen jedes 1 m zurück.

Kaliber 14 und 16 stehen jedes 1 m vorwärts, kleineren Kalibern wird kein Vorteil zuerkannt.

§ 4. Jeder Schütze, welcher ein Hinterladegewehr benutzt, kommt mit ungeladenem Gewehr — derjenige dagegen, welcher ein Vorderladegewehr benutzt, mit geladenem Gewehr ohne Zündhütchen — auf den Schießstand.

Jeder auf einen kleineren als den bestimmten Abstand abgegebene Schuß wird als Fehlschuß bemerkt. Der Schießstand darf vom Schützen nicht mit einem Gewehr verlassen werden, welches mit geladener Patrone oder noch nicht abgeschossenem Zündhütchen versehen ist.

§ 5. Nachdem die Frage: „fertig?" gestellt und ehe der Befehl: „zieh!" (vergl. § 6) gegeben ist, darf das Gewehr nicht mehr von

b) wenn der zweite Schuß versagt,
c) wenn beide Schüsse versagen.

Wird im Fall a vom zweiten Schusse Gebrauch gemacht, dann verliert der Schütze sein Recht auf eine andere Kugel; — wird im Falle b aufs neue geschossen, dann muß die Patrone für den ersten Schuß nur mit Pulver (— von derselben Sorte, welche zum ersten Male angewendet worden war —) geladen und die er zuerst abgeschossen werden, jedoch nicht eher als bis die Kugel aufgeworfen ist.

§ 11. Es ist verboten, andere als diejenigen Schüsse abzugeben, welche im Preisschießen in Anmerkung kommen.

Das Schießen nach Glaskugeln, Bezugsquelle F. W. Otte jun., Charlottenburg bei Berlin, an deren Stelle auch Thon= und Holzkugeln Verwendung gefunden haben, geschieht in der Weise, daß Wurfmaschinen (Fig. 66) diese

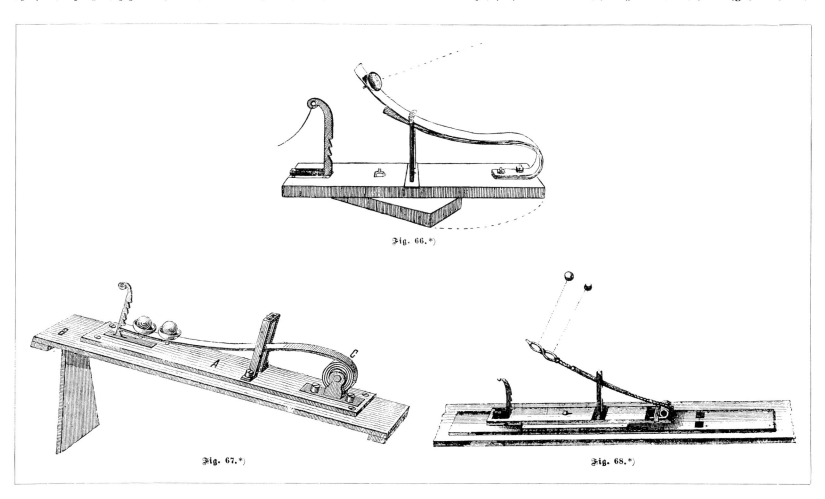

Fig. 66.*)

Fig. 67.*)   Fig. 68.*)

oder an die Schulter gebracht werden, jeder gegen diese Bestimmung abgegebene Schuß wird als Fehlschuß angerechnet.

§ 6. Ist ein Schütze zum Schießen bereit, so muß er denjenigen, welcher mit dem Aufwerfen der Glaskugeln beauftragt ist, fragen: „fertig?" Ist dieser bereit, so antwortet er mit „ja!" wartet dann aber mit dem Abziehen, bis der Schütze gerufen hat: „zieh".

§ 7. Ist die Glaskugel in die Höhe geworfen, ehe der Schütze das Wort: „zieh!" gerufen hat, oder auch nicht unmittelbar darauf oder wenn zwei oder drei Glaskugeln zugleich aufgeworfen werden, so hat der Schütze das Recht auf eine andere Kugel; schießt er aber, dann ist der Schuß auch giltig.

§ 8. Macht ein Schütze keinen Gebrauch von seinem Schuß, nachdem die Kugel gehörig aufgeworfen ist, so zählt dies als Fehlschuß.

§ 9. Jeder Schütze darf seine beiden Schüsse auf eine aufgeworfene Kugel abgeben, so daß, wenn auch der erste Schuß fehlt, der zweite noch gut sein kann. — Werden beide Schüsse gleichzeitig abgegeben, so gilt dies in jedem Falle als Fehlschuß.

§ 10. Sollte ein Gewehr versagen, so hat der Schütze das Recht, eine andere Kugel zu verlangen und zwar:

a) wenn der erste Schuß versagt und der zweite nicht abgegeben wird,

Kugeln in eine dem Schützen unbekannte Richtung schleudern, und von diesem unter Beobachtung gewisser Regeln zerschossen werden müssen (Fig. 65). Der Niederösterreichische Jagdschutzverein, der Leipziger Flugschützenklub und der Niederländische Verein „Nimrod" haben diesen Sport als gesellige Unterhaltung eingeführt, und erzielen einzelne der Mitglieder dieser Klubs sehr gute Resultate. So erzielte Hauptmann Brause, Leipzig, ein Jahresresultat von 80%, Herr Major von Winkler, Leutnant d. R. Limburger und Lomer 73%. Die Konstruktion der Maschinen setze ich als bekannt voraus. Neben den Glaskugeln führte dann Herr H. Rödl in Prag eine neue Wurfmaschine ein, welche eine aus Blech gefertigte Flügeltaube, die sogenannte mechanische Taube, wirft.

*) Zu beziehen durch: R. Weber, Fallenfabrik in Hainau i Schlesien.

Dieser Apparat ist 35 cm lang, wiegt 1,2 kg und wirft ein blechernes Projektil, welches den Flug einer Taube nachmacht, und wenn es getroffen wird, sofort zur Erde fällt.

Im anderen Falle kehrt dasselbe, einen hohen Bogen beschreibend, zu dem Ausflugorte zurück.

Die Geschosse oder Projektile wiegen per 100 Stück nur 3 kg, sie lassen sich immer wieder verwenden, da selbst die angeschossenen wieder gerade gerichtet werden können.

Bei dem Umstand, daß das Geschoß einem fliegenden Vogel ähnelt, und daß jedes einzelne Geschoß einen andern Weg nimmt, bieten diese Geschosse dem Schützen eine höchst angenehme Unterhaltung. —

Nach der Blechtaube tauchten Terrakottatauben, einfache Thonscheiben, die in ähnlicher Weise wie die Blechtauben geworfen wurden, auf. Dieselben fanden nur geringen Anklang. Neuerdings führte nun The Legowsky Clay Pigeon Co. eine Thontaube in den Handel ein.

Die Theorie des Fluges der Thontaube ist folgende:

Durch die Maschine fortgeschleudert, erhält die Thontaube eine gewaltsame rotierende Bewegung, wodurch die Luft innerhalb derselben zusammengepreßt und durch die Centrifugalkraft nach dem äußeren Rande gedrückt wird. Da der Rand nach innen gebogen ist, wird die Luft in der Thontaube festgehalten und giebt derselben eine gewisse Stabilität, diese in Verbindung mit der äußeren konvexen Form läßt die Thontaube leicht und schnell, dabei etwas unregelmäßig, die Luft durchschneiden.

Die Richtung wie die Schnelligkeit des Fluges der Thontaube ist durch die Wurfmaschine leicht zu verändern, kann also von einer langsam gleitenden Bewegung bis zum schnellen Fluge eines Novemberrebhuhns gesteigert werden, wodurch diese Erfindung Gelegenheit bietet, das Flugschießen systematisch und gründlich zu erlernen.

Die Thontaube hat eine rötliche Farbe, sticht daher, ohne in der Sonne zu blenden, vorteilhaft von jedem Hintergrunde ab und ist durch feines Schrot leicht zu zerschießen. Die Firma Leue & Timpe, Berlin, liefert diese Thontaube.

Was nun das Schießen auf lebendiges Wild anbelangt, so verweise ich auf die ganz ausgezeichneten Abhandlungen der Herren von Nathusius, von der Bosch und Friedrich Brandeis, Prag.

Daß Witterung, Licht, der Zustand des Gewehres und der Ladung, ja der körperliche und physische Zustand des Jägers auf Jagd das Schießen beeinflussen, ist gewiß jedem, der viel gejagt hat, bekannt, wie denn überhaupt zwischen dem Schießen auf Jagd und einer bloßen Übung nach leblosen Gegenständen, oder kleinen Vögeln, wobei keine Aufregung des Gemütes stattfindet, ein großer Unterschied ist, und glauben wir diese Abhandlung nicht schöner schließen zu können, als mit den trefflichen, dies so herrlich sagenden Worten Schillers, unsers unsterblichen Dichters:

„Das Schwarze treffen, das kann auch ein andrer,
Der ist mir der Meister, der seiner Kunst gewiß ist überall,
Dem's Herz nicht in die Hand tritt noch ins Auge."

Wir möchten jedoch diese ganze Abhandlung über Handfeuerwaffen und Munition nicht schließen, ohne noch der treffenden Worte B. Schmid's in seinem gediegenen Werke „Die Handfeuerwaffen" zu erwähnen, er sagt:

„Schießpulver und Feuerwaffen sind zum mächtigen Hebel der Zivilisation der Welt geworden. Mit den Fortschritten, welche die europäische Race in ihrem Kriegswesen gemacht und darin andere Völker so unendlich überholt hat, bewies dieselbe ihre Superiorität und brachte sie zur Geltung. Mit der Feuerwaffe hat sie die neuentdeckten Weltteile betreten und mit bewunderungswürdigem raschen Erfolge Land und Leute erobert, um sie der Kultur zu gewinnen.

Auch die uralten Kulturvölker Asiens würden für die eindringlichen Reformbewegungen unzweifelhaft weniger empfänglich gewesen sein, wenn sie nicht in der Ausbildung ihrer eigenen Kriegsmittel so wesentlich überholt worden wären. —

Diese geistige Überlegenheit der europäischen Race äußert sich nicht bloß in großen Aktionen, sondern auch bis ins Einzelne, wie z. B. der kühne Vorläufer der Kultur als Jäger oder Ansiedler mit der Büchse auf dem Rücken die Bäume des Urwaldes niederschlägt oder hinter dem Pflug einhergeht. —"

Sechstes Kapitel.

Die Jagdschutzvereine.

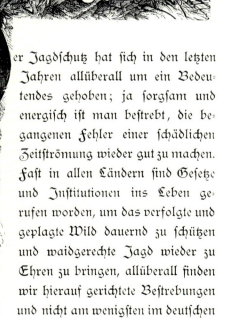

Öde wäre die Erde und schmucklos traurig die Landschaft,
Krönten nicht Wälder die Höh'n, zierten nicht Haine das Thal.
Aber einsam wären die Wälder und Haine, erweckte
Nicht das prächtige Wild Leben und Zauber darin.

Der Jagdschutz hat sich in den letzten Jahren allüberall um ein Bedeutendes gehoben; ja sorgsam und energisch ist man bestrebt, die begangenen Fehler einer schädlichen Zeitströmung wieder gut zu machen. Fast in allen Ländern sind Gesetze und Institutionen ins Leben gerufen worden, um das verfolgte und geplagte Wild dauernd zu schützen und waidgerechte Jagd wieder zu Ehren zu bringen, allüberall finden wir hierauf gerichtete Bestrebungen und nicht am wenigsten im deutschen Reiche, wo die Jagdschutzvereine allerorts blühen und gedeihen. Revierbesitzer, Revierpächter, höhere Forst- und Jagdbeamte sind zur Bildung solcher Vereine zusammengetreten und gehen so der Gesetzgebung hülfreich zur Hand, dem Jägerproletariat, der Vertilgung des Wildes, der Aasjägerei und dem Wildererunfug mit gemeinsamen Kräften entgegentretend, die Wildstände schützend und eine waidmännische Bewirtschaftung der Jagdreviere fördernd.

Suchen wir nach Gründen für diese Erscheinung, so dürften unsere politischen, sozialen und geschäftlichen Verhältnisse dieselben finden lassen. Die angestrengte geistige und körperliche Arbeitskraft, welche die heutige Zeit fast durchgängig fordert und die beinahe drückend auf allen Berufsklassen liegt, erweckt auf der anderen Seite, mehr wie je, das Sehnen und Verlangen, zeitweise auszuruhen vom Kampf des Lebens am Busen der keuschen Göttin.

Großgrundbesitzer, Forstmann und Landwirt sind es nicht allein, die ihre Wälder und Felder belebt sehen wollen; Gelehrte, Künstler, Techniker, Beamte, Studenten, wenn sie ihrer Thätigkeit, ihrem Studium ein Stündlein abringen können, alle eilen sie hinaus, suchen Kraft, Erholung, Gesundheit im weiten Revier. — Der Offizier vertauscht nach beendetem Dienst den bunten mit dem grünen Kragen und nimmt sein narbenvolles Gewehr von der Wand, das die Feldzüge auf dem Krämperwagen mitgemacht, und im Feindesland ebenso ergiebig für das Bivouak sorgte, wie im Frieden für das Kasino. —

Blitzschnell, aber ganz incognito, verschwindet kurz nach dem Appell der Korpsjäger in unscheinbarem, schweißbeflecktem Jagdkittel. Diana hat's ihm angethan auf ewig, sie liebt er mit zärtlichster Leidenschaft — unwiderstehlich elektrisierend zieht ihn ihr Magnet hinaus, wonnig birscht er durchs Revier. Der reiche Handelsherr, dem alle Genüsse des Lebens zu Gebote stehen, welches Vergnügen ist ihm das schönste, zu welchem kehrt er immer wieder verlangend zurück vom schwellenden Teppich aus prunkendem Gemach? Die Jagd ist es, ihr zu Liebe erscheint ihm keine Summe zu hoch, kaum kann er's erwarten, aus dem Bereich der Moden, der pomadeduftenden, aalglatten Gesellschaft zu fliehen — auf Kiefernadeln finden wir ihn wieder, im einsamen Waldkrug sitzt er jetzt und wie wohl fühlt sich sein Sinn in Gesellschaft des rauhen Jagdaufsehers, der Rapport erstattet über den braven Hirsch, das starke Schwein, den guten Bock und des biedern Lampe erfreulich sich mehrende Nachkommenschaft. — Ärzte, Kaufleute, angestrengt von den Mühen und Sorgen des geschäftlichen Lebens, was auf aller Welt hätten sie, um sich zu erfreuen, Zerstreuung zu finden, wenn nicht die Jagd? Büchse und Flinte aus dem Schrank, „Nimrod, herbei, alter Junge!" ruft da die gepreßte Brust. Zugeklappt wird das Hauptbuch, hinaus geht's ins Revier, frei atmet er auf im frischen, deutschen Wald und freut sich im Kreise braunwangiger, lebensfroher Genossen des edlen Waidwerks.

Endlich der Jagdmaler und Poet? — Die Welt ist für ihn fortgegeben, wo kein Wald, kein Wild mehr ist; in seinem Himmel kann er länger dann nicht leben. — Seine genialen Schöpfungen in Wort und Bild erwecken gleiche Freude, ernten gleichen Beifall im glänzend erhellten Schloß, wie im einsamen, traulichen Forsthaus, im freundlichen Heim jedes Naturfreundes und Jüngers Huberti! Sie begeistern das Herz des Volkes, erwecken die Poesie der Seele, veredeln das menschliche Gemüt! — Mit Büchse und Skizzenbuch holt sich der Jagdmaler seine Originalmotive in Gottes freier Natur, öffnet sich sein Himmel im belebten Revier, wenn er Wald und Wild belauscht, den Schöpfer in der Schöpfung bewundert.

Dies alles spricht deutlich dafür, daß die häßliche schändliche Zeit, wo Jagdvernichtung öffentlich gepredigt wurde, vorbei ist, und der entgegengesetzten Strömung Platz gemacht hat, nachdem den zahlreichen, gutgesinnten Elementen aus allen Klassen der Bevölkerung, welche unsere Zeit- und geschäftlichen Verhältnisse zu Jägern gemacht haben, die Erkenntnis geworden ist, daß unsere bestehende Gesetzgebung und deren Handhabung allein nicht ausreichen, um unseren Wildbahnen den notwendigen Schutz zu gewähren. Ganz abgesehen davon, daß die Einigung Deutschlands auf die bestehenden Landesjagdgesetzgebungen, von deren Wiedergabe wir in diesem Werke absehen, da dieselben in den besten Bearbeitungen vorhanden sind, nicht

ohne Einwirkung blieb (verschiedene Höhe der Jagdscheingebühren in aneinander grenzenden Jagdrevieren deutscher Länder), daß ferner unser rapide entwickeltes Volks- und geschäftliches Leben auch auf diesem ebenso volkswirtschaftlichen wie volkstümlichen Boden manche Änderung erwünscht erscheinen ließ (Sonntagsjagden), wurden die bestehenden Gesetze und Verordnungen nicht überall mit der Schärfe gehandhabt und die Beachtung derselben mit der Aufmerksamkeit überwacht, welche vom Standpunkte des Waidmannes angestrebt werden müssen. So bedauerlich wie wahr war weiter die Thatsache, daß es Elemente gab, welche sich Jäger nannten, für welche wohl die Rücksicht auf die strafrechtlichen Folgen der einzige Grund für die Beachtung der jagdgesetzlichen Vorschriften war, über die sich wegzusetzen, wenn sie sich außer Gefahr wußten, ihnen keine Skrupel machte. Daß diese unter dem Schutze der gesetzlichen Flagge segelnden Brodjäger, für welche selbstredend das heute von so vielen braven Waidmännern sich freiwillig auferlegte Schonen weiblichen Wildes, ja ganzer Wildarten in Zeiten, wo der Abschuß gestattet ist, ein unfaßbares Handeln ist, dem Wildstande weit gefährlicher werden als der schlimmste Wilderer, liegt auf der Hand, zumal bei Existenz gewissenloser Wildhändler. — Ein weiterer Übelstand war schließlich der, daß den zur Beurteilung jagdlicher Fragen, Verhältnisse, Vorfälle 2c. 2c. kompetenten Behörden bei Mangel an engerer Wissenschaft und Erfahrung, nur zu oft der legitimierte waidmännische Beirat fehlte, eine Korporation, die gleichfalls die Bestimmung in sich tragen mußte, die Initiative überall dort zu ergreifen, wo die thatsächlichen Verhältnisse Änderungen in dem Bestehenden verlangten resp. wünschenswert erscheinen ließen.

Durch diese Sachlage war nun den guten Elementen der Weg vorgeschrieben, den sie zur Besserung der Verhältnisse zu gehen hatten, welche Besserung sie jedoch nur im engen Anschluß an einander („viribus unitis") erreichen konnten. So entstanden unsere Jagdschutzvereine mit festem Ziel vor Augen und dem ausgesprochenen Zweck:

1. Durch Anträge an maßgebender Stelle erwünschte Änderungen resp. Ergänzungen der bestehenden jagdrechtlichen Vorschriften zu erreichen und den zur Beurteilung dieser Fragen berufenen Behörden mit Gutachten zur Hand zu sein.
2. Die Pflichttreue der Jagdschutzbeamten durch Aussetzen von Belohnungen u. s. w. anzuspornen.
3. Dem Unwesen der Wilddiebe und den Jagdkontraventionen durch energische Verfolgung aller zur Kenntnis gebrachten Fälle entgegenzutreten, sowie für die genaue Beachtung der Vorschriften über die Hege- und Schutzzeiten des Wildes, in specie noch für die Beaufsichtigung des Wildhandels (Wildkontrolle) eifrigst zu sorgen.

Endlich galt es, und dies war gewiß nicht die leichteste Aufgabe, auf die Jagdberechtigten selbst nach dem Geiste der Vereinsbestrebungen zu wirken, und gab es gewiß hierfür kein wirksameres Mittel, als diese selbst als Mitglieder für den Verein zu gewinnen, da man wohl erwarten durfte, daß alle Vereinsmitglieder die Gesetze des Vereins selbst halten und auch über die Beachtung derselben wachen würden.

Bei Bildung der Vereine ist vielfach darüber verhandelt und gestritten worden, inwieweit die gesellige Stellung des Aufzunehmenden für die Mitgliedschaft der Jagdschutzvereine in Betracht zu ziehen sei.

Es will uns scheinen, als seien hier zwei Begriffe nicht streng genug geschieden worden, nämlich der „der Jagdgesellschaft" und der „des Jagdschutzvereins". Mögen alte Freunde und Bekannte, Leute gleicher Bildungsstufen sich zu einer Jagdgesellschaft zusammenthun und so sich waidmännische Freuden schaffen, die zu genießen die Mittel des Einzelnen über Gebühr anstrengen würden — all right; der Jagdschutzverein dürfte jedoch weiter nichts sein als eine von den vielen Assoziationen, die sich im Laufe der Zeit zum Schutze einzelner Zweige der Volkswirtschaft gebildet haben, ein neutraler Boden, auf welchem gleiche Interessen hoch und niedrig sich begegnen lassen, und darum sind wir der Ansicht, daß jeder Jagdkartenberechtigte auch jagdschutzvereinsfähig ist.

Eine große Allgemeinheit dieser Vereine ist zweifellos der beste Boden für bessernde und belehrende Vereinsthätigkeit, ganz abgesehen davon, daß eine große Mitgliederzahl der Kasse des Vereins die Barmittel zur Verfügung stellt, deren der Verein für Prämien und Belohnungen notwendig bedarf, und scheinen auch diese Ansichten bei den Aufnahmen successive Platz gegriffen zu haben. — Einmal Mitglied des Jagdschutzvereins, nimmt der Jäger lebhafteres Interesse an der Korporation, der er angehört; in Unterhaltungen mit ihm jetzt bekannt gewordener Waidmänner von echtem Schrot und Korn erweitern sich seine jagdlichen Auffassungen, jagdliche Vorträge belehren ihn und schließlich finden wir ihn auf der Liste der Abonnenten unserer Fachzeitungen, die seine waidgerechte Erziehung nun in die Hand nehmen. Allen voran: Der Waidmann, Der deutsche Jäger, Die deutsche Jäger- und Neue deutsche Jagdzeitung, Die illustrierte Jagdzeitung, Hugos Jagdzeitung-Wien, Waidmannsheil-Klagenfurt, Diana-Bern, Chasse illustrée-Paris, Chasse et Pêche Bruxelles, The field-London, Neederlandsche Sport, La Caccia-Mailand und die vorzüglichen europäischen und russischen, schwedischen und amerikanischen Fachschriften.

Da wir der segensreichen Thätigkeit unserer Fachpresse gedenken, möchten wir der Erwägung des freundlichen Lesers noch anheimgeben, ob es sich nicht empfehlen dürfte, die Vereinsnachrichten, Propositionen zu Meetings, Nennungen 2c. 2c. unserem Organe „Der Waidmann" in der Form der Rennbulletins des „Sporn", unseres Organs für die Gesamtinteressen des deutschen Sports, beizugeben.

Es hat dies den unbestrittenen Vorzug, daß die Spalten des Blattes für belehrende Aufsätze, interessante Erscheinungen im Jagdgebiete 2c. frei bleiben, während andererseits das Bulletin alles das in geordneter Zusammenstellung enthält, was jetzt zuweilen mühsam zusammengesucht werden muß. Auch könnte dieses Bulletin von anderen Fachzeitungen als Beilage bezogen und so weiteren Jägerkreisen zugängig gemacht werden.

Kehren wir nach diesen kurzen Abschweifen zu unserm Thema zurück und treten in eine intensivere Besprechung des Punktes 1 der Vereinsbestrebungen, so haben wir gerade in letzter Zeit eine angestrengte Thätigkeit unserer Jagdschutzvereine in Rücksicht auf die zur Beratung stehende neue Jagdordnung zu verzeichnen; auch beim Erlaß gelegentlicher Verordnungen hat die Unterstützung der Vereine schon segensreich mitgewirkt, so noch ganz besonders bei den Bestimmungen über die Überwachung des Wildbretmarktes, und dürfte es sich hier empfehlen, die Vereinsorgane als die rechte Hand der Verwaltungsbehörden, denen ja das Jagdkartenwesen, die Jagdpolizei u. s. w. unterstellt ist, wirken zu lassen.

Die Vereine müßten den Behörden, wo Auskunftspersonen benötigt werden, Sachverständige und dergl. zur Verfügung stellen, und würde die Behörde gewiß gern in den Jagdschutzvereinen einen Beirat für alle die Jagd betreffenden Fragen besitzen. — Eine solche gemeinsame Thätigkeit würde vielleicht auch einen sehr günstigen Einfluß auf die Jagdverpachtungen üben, und dadurch die Mißstände, welche die kleinen Jagdreviere und kurzen Jagdperioden begleiten, wenn auch nicht ganz beseitigt, so doch wesentlich verringert, wozu freilich in erster Linie nur die Gemeindevertretungen beitragen können, weshalb es stets vorteilhaft sein muß, auch in diesen Vertretungen ein oder zwei Mitglieder des Jagdschutzvereins zu besitzen. Die Behörde bleibt ja immer noch in der Lage, durch Versagung der Genehmigung der Pachtverträge hier helfend einzugreifen. Auch auf die Bestimmung der Termine für Eröffnung und Schluß der Jagd könnte so vorteilhaft gewirkt werden. —

Was nun den 2. Punkt der Thätigkeit, „Die Pflichttreue der Jagdschutzbeamten durch Aussetzungen von Belohnungen u. s. w. anzuspornen", betrifft, so ist hierfür ja wohl alles Mögliche geschehen, wie die sich regelmäßig wiederholenden Publikationen der gewährten Auszeichnungen und Belohnungen in den Vereinsorganen beweisen. —

Wir möchten jedoch auch auf eine Einrichtung der Niederländischen Jagdvereinigung „Nimrod" hinweisen, welcher Verein nicht nur die Namen der belohnten Jagdschutzbeamten und die erhaltene Belohnung publizieren, sondern auch die Namen der Wilddiebe, die Strafe und den Tenor des Urteils publizieren. — Diese Maßregel hat u. A. auch den Vorzug, daß die wegen Wildfrevel Bestraften im ganzen Lande allgemein bekannt sind, und daher schon so unwillkürlich schärfer beobachtet werden. —

Was nun den 3. Punkt der Vereinsthätigkeit „Die Verfolgung der Wilddieberei, Jagdkontravention und Kontrolle der Schußzeiten des Wildes" betrifft, möchten wir einen z. Z. scherzweise gemachten Vorschlag anregen, nämlich:

„In jedem Vereine eine bestimmte Persönlichkeit, etwa den Schriftführer, mit der Formulierung der Anzeigen und Anfragen bei den Gerichten zu beauftragen und so einen Jagdschutzvereinsstaatsanwalt zu creieren, der dem Vereine in seinen Versammlungen über derartige Klagen für und gegen die Mitglieder referiert und dann je nach Entscheid der Versammlung das Weitere besorgt. In dieser Form könnten auch die Klagen gegen Mitglieder, welche unwaidmännisch jagen und sich über Gesetz und Bestimmungen wegsetzen, ihre Erledigung finden. Auf diese Weise werden persönliche Gehässigkeiten im Keim erstickt, unnötige Klagen vermieden und das Vorgehen erhält gewissermaßen einen offiziösen Charakter, der jeden Beigeschmack von „Denunziation" ausschließt. — Sehr gut bewährt hat sich die Maßregel der Rheinischen Jagdschutzvereine durch Plakate und regelmäßige Annoncen das Publikum auf die Schuß- und Hegezeiten des Wildes aufmerksam zu machen und Belohnungen für die Ermittelung von Verstößen hiergegen auszusetzen.

Dies alles ist aber nur dort möglich, wo die Vereine wirklich arbeiten. Mit der Gründung allein ist nichts gethan, wenn man nachher wieder die Hände in den Schoß legt. Einzelne Vorstände der bestehenden Vereine schreiben sich die Finger wund im Interesse der Sache, andere rühren im Gegensatze dazu keine Hand. Die sogenannten geborenen Vorstände sind für unsere Jagdschutzvereine nicht immer die besten und sollte bei den Ausschußwahlen doch immer darauf Rücksicht genommen werden, daß tüchtige Arbeitskräfte in diese Stellung gelangen. Wo sich glücklicherweise beides vereinigt, wo Arbeitskraft Autorität und Arbeitslust in einer Person sich finden, solche Vereine sind zu beneiden.

Die hervorragendsten der heute bestehenden Vereine sind folgende:

1. Der allgemeine deutsche Jagdschutzverein;
2. Die österreichischen Jagdschutzvereine;
3. Der Jagdschutzverein der Rheinprovinz;
4. Die pfälzisch-bayerischen Jagdschutzvereine;
5. Der Jagdschutzverein Wiesbaden

und weiter noch hierher zu zählen

6. Die Niederländische Jagdvereinigung „Nimrod", welch letzterer Verein neben jagdlichen auch etymologische Zwecke verfolgt.

Die vorgenannten vier Vereine, insbesondere der Rheinische Jagdschutzverein, sein hochverehrter Präsident C. Schillings, sein treuer Adjutant R. Rhodius, haben der Internationalen Jagdausstellung Cleve eine große und munifizente Unterstützung geliehen, für welche denselben auch an dieser Stelle der leitende Vorstand „ein dankerfülltes Waidmannsheil" zuruft.

Möchten alle diese Bestrebungen dazu beitragen, Deutschland waidgerechte Jäger zu erhalten und zu erziehen und die deutschen Jäger nie aufhören, auf dem Wege ihrer Altvordern zu wandeln, möchte niemals das Jägerblut der alten Germanen, das in ihren Adern rollt, sich verleugnen, und wenn Gefahr ihm droht, sich energisch Durchbruch schaffen in der unzweideutigen Devise:

„Wir wollen waidgerechte Jagd!"

Die Geschichte des Allgemeinen deutschen Jagdschutzvereins.

Am 15. November 1874 erließen Herr Graf von Krockow zu Lüben in Schlesien und Herr Fr. von Ivernois zu Gohlis-Leipzig, ersterer für die „deutsche Jagdzeitung", der letztere für die Redaktion des „Waidmanns" an die gesamte deutsche Jägerwelt und Forstschutzbeamten, sowie an alle Jagdliebhaber und Freunde des edlen Waidwerks einen „Aufruf", in welchem dieselben aufgefordert wurden, einen „Allgemeinen deutschen Jagdschutzverein" ins Leben zu rufen; welchen Aufruf genannte Herren am 15. Dezember wiederholten. Bereits am 1. März 1875 meldete der „Waidmann" die Unterzeichnung eines demnächst zu veröffentlichen „Aufrufes" zur Bildung des bereits angekündigten Jagdschutzvereins durch die Herren:

Fr. v. Ivernois zu Gohlis-Leipzig;
von Homeyer-Murchin auf Murchin;
Viktor, Ritter von Tschusi-Schmidhofen, Villa Tannenhof;
E. von Kamecke, Major im 4. Oberschles. Inf.-Regmt. Nr. 63;
Dr. Fr. von Kobell, königl. Professor in München;
Baron von Nolde, Berlin;
von Podewils auf Podewils bei Coeslin;
Graf zu Dohna auf Kotzenau;
Graf von Krockow zu Lüben in Schlesien;
Frhr. von Mirbach-Sorquitten, Mitglied des Herrenhauses;
Georg von Türcke, herzogl. sachsen-meiningenscher Forstmeister;
Graf von Scherr-Thoß auf Dobrau in Oberschlesien;
Dr. Cogho, königl. prinzl. Oberförster in Seitenberg;
Graf von Rittberg, königl. Landrat in Ueckermünde;
von Uechtritz-Mühlraedlitz bei Lüben;
Brandt, Hauptmann in Brandenburg;

welcher Aufruf kurze Zeit nachher in den gelesensten Zeitungen Deutschlands erschien. Derselbe lautete:

„Waidmannsheil!"

Aufruf.

Angesichts des aus mancherlei Ursachen in Deutschland immer mehr abnehmenden Wildstandes, der in größerer Ausdehnung auch wohl auftretenden Wilddieberei und der mangelhaften Ausführung bestehender Schongesetze, sowie der, durch Jagdschutzvereine in benachbarten Ländern erzielten Erfolge, haben wir uns veranlaßt gesehen, einen

Allgemeinen deutschen Jagdschutzverein

anzuregen, zu befürworten und ins Leben zu rufen.

Zu diesem Zwecke fordern wir hierdurch alle Freunde des edlen Waidwerks, alle Jäger und die es mit der Jägerei redlich meinen, auf,

am 15. März 1875, vormittags 11 Uhr in Dresden in der Waldschlößchen-Stadtrestauration, gegenüber dem Hauptpostamt, zu erscheinen, woselbst der von uns bearbeitete Statutenentwurf vorgelegt und besprochen, sowie der neue Verein gegründet und zur Wahl des Vorstandes geschritten wird.

Der Zweck des Vereins soll sein:

1) dem Unwesen der Wilddiebe und den Jagdkontravenienten ganz energisch und mit allen gesetzlichen Mitteln entgegenzutreten, sowie
2) bei Beratung des künftigen neuen Reichsjagdgesetzes vom Standpunkt des praktischen Jägers seiner Meinung Ausdruck zu geben und eine einheitliche Jagdlegislation im ganzen deutschen Reiche anzustreben, und
3) die Pflichttreue einzelner Jagdschutzbeamten durch Aussetzen von Belohnungen u. s. w. anzuspornen.

Alles Nähere muß einer mündlichen Erörterung überlassen bleiben und laden wir ergebenst ein, hierzu recht zahlreich zu erscheinen.

Mit „Waidmannsheil!"

Georg von Türcke, herzogl. sachsen-meiningenscher Forstmeister
Frhr. von Mirbach-Sorquitten, Mitglied des Herrenhauses.
E. von Kamecke, Major im 4. Oberschles. Inf.-Regmt. Nr. 63.
Dr. Cogho, königl. prinzl. Oberförster in Seitenberg.
Graf von Rittberg, königl. Landrat in Ueckermünde.
Dr. von Kobell, königl. Professor in München.
Tramnitz, königl. Oberforstmeister in Liegnitz.
Graf von Scherr-Thoß auf Dobrau in Oberschlesien.
Graf von Krockow zu Lüben in Schlesien.
Viktor, Ritter von Tschusi-Schmidhofen, Villa Tannenhof.
von Podewils auf Podewils bei Coeslin.
von Uechtritz-Mühlraedlitz bei Lüben.
von Elsner-Pilgramsdorf in Sallentin.
Fr. von Ivernois zu Gohlis-Leipzig.
von Homeyer-Murchin auf Murchin.
Brandt, Hauptmann in Brandenburg.
Baron von Nolde in Berlin.
Graf zu Dohna auf Kotzenau.

Die Versammlung fand am genannten Tage statt, und hatten sich 135 Herren in die Präsenzliste eingezeichnet.

Den Vorsitz führte Graf von Krockow. Derselbe eröffnete die Versammlung mit „Waidmannsheil", worauf er zur Kooptation der Herren Graf von Scherr-Thoß und Hofrat Kämmerer aus Dresden als Beisitzer und der Herren von Werther und Forstauditeur Schmasow aus Mecklenburg als Schriftführer schritt, und hierauf den von dem Gründungskomitee ausgearbeiteten Statutenentwurf zur Verhandlung stellte. An diesen Entwurf knüpfte sich eine lebhafte Debatte, die demselben einige Amendements einbrachte. Nach Schluß dieser Debatte konstituierte sich der Verein.

Auf Antrag des Herrn Grafen von Scherr wurde Herr Graf von Krockow per Acclamation zum Präsidenten des „Allgemeinen deutschen Jagdschutzvereins" gewählt, und der Herr Präsident ermächtigt, einen Schatzmeister anzustellen. Nachdem noch die Einreichung einer Petition zu dem den Kammern vorliegenden preußischen Schongesetz, sowie die Frage des Wahlmodus der Landesvorstände an Kommissionen übergeben worden war, wurden noch der „Waidmann" und „die deutsche Jagdzeitung" als Vereinsorgan, Dresden als Centralpunkt des Vereins bestimmt. Am 1. Mai 1875 erließen die Herren Hugo Edler von Querfurth, Eisenhüttenwerk Schönheide und Eugen Käferstein, Rittergut Halsbach bei Freiberg einen Aufruf an alle Jäger und Jagdfreunde Sachsens und forderten zum „Allgemeinen deutschen Jagdschutzverein" auf. Bis zum 15. Mai waren in den „Allgemeinen deutschen Jagdschutzverein" definitiv eingetreten 215 Mitglieder, darunter: Se. Hoheit der Herzog zu Sachsen-Koburg-Gotha.

Se. Majestät der König von Sachsen trat dem Vereine zwar nicht bei, gab jedoch in einem huldvollen Schreiben dem Wunsche, „daß es dem Vereine gelingen möge, die sich gestellte Aufgabe zu erfüllen, lebhaften Ausdruck. Bis zum 15. Juni traten noch bei:

Se. Hoheit der Herzog von Anhalt,
Se. Königliche Hoheit der Herzog Eugen von Württemberg,
Se. Hoheit der Prinz Hermann, Herzog zu Sachsen-Weimar-Eisenach,
Se. Durchlaucht der Fürst zu Putbus,
Se. Durchlaucht der Fürst zu Wied,
Se. Durchlaucht der Graf zu Erbach;

und meldeten die Vereinsorgane am 15. August 1875 den Beitritt des Jagdschutzvereins der Rheinprovinz unter der Benennung „Allgemeiner deutscher Jagdschutzverein, Sektion Rheinprovinz" als Zweigverein unter dem Präsidium des Herrn Bürgermeisters und Gutsbesitzers C. Schillings mit dem Herrn C. Rhodius zu Köln als Schriftführer, und zählte der Verein an Landesvorständen: im Königreich Sachsen 2, Provinz Preußen 10, Provinz Pommern 3, Brandenburg 1, Sachsen 1, Schlesien 2, Hannover 5, ferner im Herzogtum Braunschweig 1, im Großherzogtum Baden 2, im Königreich Württemberg 2 als Präsident und Vicepräsident des Zweigvereins Sektion Württemberg. Am 15. März 1876, dem Jahrestage der Stiftung des Vereins, fand die zweite Generalversammlung in den Räumen des Belvedère der Brülschen Terrasse zu Dresden statt.

Die Präsenzliste wies 150 Vereinsmitglieder nach und eröffnete der Präsident, Graf von Krockow zu Lüben, die Verhandlungen mit folgender kurzen Ansprache: „Wir sind auf das erste Vereinsjahr gut abgekommen, denn der Verein hat in unserm deutschen Vaterlande guten Anklang gefunden. Es steht zu erwarten, daß die Mitgliederzahl, welche jetzt ca. 850 beträgt, auf das doppelte und dreifache sich erhöhen werde. Ich heiße sie alle herzlich willkommen und erkläre hiermit die Versammlung für eröffnet."

Hieran knüpfte der Präsident eine Reihe erfreulicher Mitteilungen über die Thätigkeit des Vereins im abgelaufenen Jahre und teilte dann noch mit, daß der Statutentwurf von der Kommission gründlich durchberaten und nach deren Beschlüssen in Druck gelegt worden sei. Die Debatte eröffnet Freiherr von Mirbach-Sorquitten für den Entwurf. Graf von Schmettow ersucht um „en bloc"-Annahme, und wird der Statutenentwurf in der vorgelegten Fassung en bloc einstimmig angenommen.

Es wurden gewählt:

Präsident: Graf v. Krockow-Lüben;
Vizepräsident: Freiherr v. Mirbach-Sorquitten;
Schatzmeister: Robert Thode-Dresden;
Vereinssekretär: C. G. L. Quensell.

Nachdem die Anwesenden dem Präsidenten durch einmütiges Erheben von den Plätzen ihren Dank für seine erfolgreiche Thätigkeit votiert hatten, wurde die ordentliche Generalversammlung des Vereins geschlossen.

Die zweite Generalversammlung des „Allgemeinen deutschen Jagdschutzvereins" fand am 26. Februar 1877 Vorm. 11 Uhr im Hotel „Norddeutscher Hof" zu Berlin statt. Der Vorsitzende Graf von Krockow eröffnete die Versammlung und teilte die Tagesordnung mit, worauf die Verlesung des Protokolls der vorjährigen Versammlung und die Konstituierung des Büreaus erfolgte. Den Vorsitz übernahm dann Freiherr von Mirbach-Sorquitten, zu Schriftführern wurden die Herren Rittmeister von Plotho, Hauptmann von Homeyer, Graf Rittberg und Graf von der Schulenburg-Trampe gewählt. Punkt 1 der Tagesordnung — das weitere Fortbestehen des Vereins auf Grund des bisherigen Statuts — wurde ohne Debatte genehmigt, und hierdurch die Neuwahl des ersten Präsidenten, des Vizepräsidenten und des Schatzmeisters auf drei Jahre notwendig. Es wurden gewählt: Seine Durchlaucht Fürst Hohenlohe-Langenburg, Präsident des Allgemeinen deutschen Jagdschutzvereins; als zweiter Vorsitzender Freiherr von Mirbach-Sorquitten, und überläßt die Versammlung dem Präsidium die Ernennung des Schatzmeisters. In Erledigung des Punktes 2 der Tagesordnung werden die Herren v. Homeyer, Mirbach-Sorquitten, Regierungsassessor Lotze und Freiherr v. Plotho-Parey mit der Beratung des Statuts beauftragt, um dasselbe mit den gesetzlichen Bestimmungen in Einklang zu bringen. Nach Acceptierung der Berufung der neu ernannten Landesvorstände, wird für die nächste Generalversammlung Frankfurt a/M. in Aussicht genommen. Nach Erledigung der Rechnungsabnahme für 1875 wird noch der Antrag gestellt, daß nur ein Organ und zwar „Der Waidmann" als alleiniges Organ für den Verein bestehen bleibe, diese Frage jedoch ausgesetzt. Mit der Wahl der Rechnungs-Revisionskommission für das Jahr 1876, welcher die Herren Staatsanwalt Kaiser, Graf Schulenburg-Trampe und Baron Nolde angehören, war die Tagesordnung erledigt, nur fand noch eine Besprechung über wünschenswerte Abänderungen die Schonzeit des Wildes betreffend statt, nachdem der Verein auf Antrag des Herrn Major von Falkenstein beschlossen hatte, ein kleines von Herrn von Falkenstein verfaßtes Vademecum, in welchem Aufklärungen über die Schonzeiten ꝛc. gegeben seien, drucken zu lassen. Die Mitgliederzahl des Vereins war auf 1075 gestiegen, Prämien waren ca. 3000 Mark zur Verteilung gelangt. Durch Bekanntmachung des Herrn Präsidenten von 1. Mai 1878 wurden die Landesvorstände auf den 24. Mai vormittags 10 Uhr nach Frankfurt a. M. Hotel d'Angleterre eingeladen und fand am 25. Mai im Restaurationslokale des Zoologischen Gartens die dritte ordentliche Generalversammlung statt.

Dieselbe wurde vormittags 10½ Uhr durch den Präsidenten des Vereins, Fürst zu Hohenlohe-Langenburg eröffnet. Nach Begrüßung der Mitglieder durch den Herrn Präsidenten, erstattete Freiherr von Mirbach-Sorquitten den speziellen Geschäftsbericht, nach welchem der Verein heute 1880 Mitglieder zählt. An Prämien und Ehrengeschenken hat der Verein im Jahre 1877 verteilt zum Betrage von 5360 Mark, an Unterstützungen für Hinterbliebene von Jagd- und Forstschutzbeamten, welche im verflossenen Jahre durch Wilddiebe getötet wurden, 535 Mark in 6 Fällen. Darauf erfolgte die Beratung und Annahme der von dem Fürsten zu Hohenlohe-Langenburg revidierten Statuten, welche am 1. Januar 1879 in Kraft traten.

Dieselben lauten:

§ 1. Die unter dem Namen

„Allgemeiner Deutscher Jagdschutzverein"

mit ihrem Sitz in Dresden bestehende und mit den Rechten einer juristischen Person versehene Genossenschaft, deren Mitglieder für die Verbindlichkeit der Genossenschaft beschränkt haften, verfolgt den Zweck:

a. gegenseitiger Unterstützung mit Beihilfe der Staatsbehörden zur Durchführung der Gesetze über Jagdpolizei und Wildschonung im ganzen deutschen Reiche;
b. insbesondere dem Unwesen der Wilddiebe und Jagdkontravenienten mit allen gesetzlichen Mitteln entgegenzutreten;
c. den Handel mit Wild und Wildpret innerhalb der gesetzlichen Schonzeit zu verhindern;
d. die Pflichttreue einzelner Jagdschutzbeamten durch Prämien und Belohnungen anzuerkennen;
e. auf dem Gebiete der Gesetzgebung eine, den Anforderungen einer guten Jägerei entsprechende Revision der jagdpolizeilichen Vorschriften und Bestimmungen über die Schonzeit des Wildes in den einzelnen Staaten des deutschen Reiches anzustreben.

§ 2. Der Verein kann demjenigen, welcher einen Wilddieb oder einen Käufer resp. Verkäufer gestohlenen Wildes derart zur Anzeige bringt, daß seine Bestrafung erfolgt, nach erlangter Rechtskraft des Erkenntnisses bezw. der Strafverfügung, eine Belohnung bis zur 100 Mark zahlen.

Statt der Geldzahlung kann auch eine Verleihung von Gewehren, Hirschfängern und sonstigen Jagdgeräten erfolgen. Ebenso können außerordentliche Unterstützungen den in Ausübung ihres Dienstes von Wilddieben verwundeten Forst- und Jagdschutzbeamten, sowie bei eintretendem Tode ihren Witwen und Waisen bewilligt werden.

§ 3. Beitrittsfähig sind diejenigen Personen, die nach den Gesetzen ihres Landes zur Lösung einer Jagdkarte, eines Jagdscheines oder zur Ausübung der Jagd berechtigt sind.

Die Anmeldung erfolgt bei den betreffenden Landesvorständen resp. Sektionsvorständen oder in deren Ermangelung bei einem Mitglied des Direktoriums.

Gesuche um Erteilung von Ehrenmitgliedschaft sind von den Landesvorständen zu stellen und vom Präsidenten geeigneten Falles zu vollziehen.

Ehrenmitglieder sind nicht beitragspflichtig, aber stimmberechtigt und erhalten ein vom Präsidenten ausgefertigtes Diplom.

Als Mitglied der Genossenschaft ist jeder zu betrachten, welcher das Eintrittsgeld und den Jahresbeitrag, wie diese von der Generalversammlung für das Jahr des Eintritts festgesetzt worden (§ 17.3), zur Genossenschaftskasse gezahlt und die Mitgliedskarte vom Landesvorstand beziehentlich vom Sektionsvorstande oder dem Direktorium ausgehändigt erhalten hat.

Die jährlichen Geldbeiträge sind in dem ersten Monate jeden Jahres an den Landesvorstand beziehentlich Sektionsvorstand frei einzusenden, welcher dieselben auch mittelst Postvorschuß von den einzelnen Mitgliedern zu erheben berechtigt ist.

Die Mitglieder der Genossenschaft haben nicht nur die Entdeckung der Jagdkontravenienten sich angelegen sein zu lassen, sondern auch das Interesse ihrer Untergebenen und des Publikums an der Beseitigung des Wilddiebstahls und verbotenen Wildhandels nach Kräften zu beleben.

Die gerichtliche Verfolgung eines Jagdkontravenienten kann, auch wenn der Beschädigte nicht Klage erhebt und nicht schon von Amtswegen eingeschritten ist, von dem Präsidenten oder dem Landes- und Sektionsvorstande veranlaßt werden.

§ 4. Die Mitgliedschaft endigt:
a. durch den Tod;
b. durch freiwilliges Ausscheiden, welches jedoch vor dem 1. November des laufenden Jahres dem Landes- oder Sektionsvorstand bez. dem Direktorium anzuzeigen ist, widrigenfalls die Mitgliedschaft für das nächstfolgende Jahr als fortbestehend angenommen wird;
c. durch die Ausschließung, welche von dem Präsidenten auszusprechen ist, sobald ein Mitglied die Erfordernisse seiner Beitrittsfähigkeit verliert, bezw. tritt dieselbe von selbst ein sobald ein Mitglied seinen jährlichen Beitrag nicht rechtzeitig abführt, oder die Einlösung des in § 3 gedachten Postvorschusses verweigert.

Einmal gezahlte Beiträge werden nicht zurückerstattet.

Das Ausscheiden aus dem Verein hat für den Betreffenden den Verlust sämtlicher Anrechte an dem Vermögen des Vereins zur Folge.

§ 5. Die Vereinskasse besteht:
a. aus den Eintrittsgeldern;
b. aus $^1/_5$ der Jahresbeiträge der Mitglieder;
c. aus Schenkungen, Vermächtnissen und sonstigen Zuwendungen, welche zu Gunsten der Kasse unter Lebenden auf den Todesfall erfolgen;
d. aus den Nutzungen desjenigen Vermögens, welches nach § 9 h zinsbar angelegt wird.

§ 6. Die Interessen und die Angelegenheiten der Genossenschaft werden wahrgenommen und geleitet
1. durch die Gesamtheit der Mitglieder in der Generalversammlung;
2. durch das Direktorium nach Maßgabe nachstehender Bestimmungen.

§ 7. Das Direktorium besteht:
1. aus dem Präsidenten, welcher allein als Vorstand der Genossenschaft im Sinne von § 18 des sächsischen Gesetzes, die juristischen Personen betreffend, vom 15. Juni 1868 anzusehen ist, und seinem Stellvertreter (Vizepräsid.);
2. sowie den Landes- u. Sektionsvorständen.

Die Wahl des Präsidenten und seines Stellvertreters geschieht durch die Generalversammlung auf die Dauer von drei Jahren. — Das Amt des Präsidenten und Vizepräsidenten ist ein Ehrenamt.

Der Vizepräsident vertritt den Präsidenten in Behinderungsfällen.

Hermann Fürst zu Hohenlohe-Langenburg, Präsident des Allgemeinen deutschen Jagdschutzvereins.

Der Präsident ist befugt, einen Sekretär zu ernennen, der ihn bei Leitung der Geschäfte des Vereins zu unterstützen hat, vgl. § 10.

Das Direktorium hat über alle den Verein betreffenden Angelegenheiten, mit Ausschluß derjenigen, welche nach §§ 14 und 17 zur Kompetenz der Generalversammlung beziehentlich der Landes- und Sektionsvorstände gehören, zu beschließen. Insbesondere hat dasselbe die Tagesordnung für die abzuhaltende Generalversammlung festzustellen, über die gehörige Beobachtung der Statuten zu wachen und im allgemeinen das Interesse des Vereins zu wahren. Es hält Sitzungen, so oft solche nötig sind und haben die Einladungen hierzu von dem Präsidenten zu erfolgen.

§ 8. Zur Gültigkeit eines Beschlusses des Direktoriums ist die Anwesenheit von mindestens sechs Mitgliedern, sowie des Präsidenten oder Vizepräsidenten desselben nötig. Die Beschlüsse werden mit einfacher Stimmenmehrheit gefaßt; bei Stimmengleichheit entscheidet die Stimme des Präsidenten.

§ 9. Dem Präsidenten liegt ob

a. die Genossenschaft nach außen und gegen die einzelnen Mitglieder, insbesondere in allen bei Behörden zu verhandelnden Angelegenheiten zu vertreten;

b. die von dem Direktorium bezw. von der Generalversammlung gefaßten Beschlüsse auszuführen;

c. die Sitzungen des Direktoriums, sowie die Generalversammlung zu leiten;

d. Anzeigen über alle die Genossenschaft betreffenden Angelegenheiten entgegen zu nehmen;

e. über Landesvorstände und die Mitglieder ein genaues Verzeichnis zu führen und solches nach der Generalversammlung jeden Jahres durch Druck vervielfältigen und den einzelnen Landesvorständen zum Verschicken an die einzelnen Mitglieder zuzusenden;

f. über Bewilligung von Prämien, wo Landes- resp. Sektionsvorstände fehlen, ferner über außerordentliche Unterstützungen (§ 2 Abs. 2) zu beschließen;

g. der Präsident ist ermächtigt, vorschußweise Prämien aus der Vereinskasse einzelnen Landes- und Sektionsvorständen, deren Mittel augenblicklich dem Bedürfnisse nicht entsprechen, zukommen zu lassen;

h. für sofortige Anlage aller für den Verein eingehenden Gelder hat der Präsident bei einem soliden Bankinstitute in einem verzinslichen Kontokorrent, welches für die Genossenschaft geführt wird, resp. in pfandbriefsicheren, zinstragenden Papieren nach seinem Ermessen zu sorgen, und ist er persönlich dem Verein für die Richtigkeit der Rechnungen verantwortlich. Staatspapiere und alle anderen Effekten sind gegen Depositalschein auf den Namen der Genossenschaft ebenfalls bei einem Bankinstitute zu hinterlegen. Die Rechnungen werden jährlich einer von der Generalversammlung zu erwählenden Prüfungskommission, welche aus drei Mitgliedern besteht, zugestellt, und hat diese nach Richtigbefund bei der nächsten Generalversammlung die Decharge für den Präsidenten zu beantragen. Die Namen des Präsidenten und seines Stellvertreters sind in dem offiziellen Vereins-Organe bekannt zu machen. Diese Bekanntmachung genügt zu deren Legitimation.

§ 10. Demselben liegt ob:

a. über Einnahmen und Ausgaben Buch und Rechnung zu führen;

b. jährlich die Rechnungen abzuschließen und dem Präsidenten vorzulegen, welcher dieselben der in § 9 Abs. 2 gedachten Prüfungskommission zur Prüfung mitteilt.

c. die Korrespondenz des Vereins zu besorgen, sowie sonstige

Freiherr von Mirbach-Sorquitten, Vizepräsident des Allgemeinen deutschen Jagdschutzvereins.

Arbeiten auszuführen, welche ihm im Interesse des Vereins aufzutragen der Präsident für gut befindet;

d. er erhält die Reisekosten zur Generalversammlung aus der Vereinskasse ersetzt, falls das Präsidium seine Anwesenheit in derselben für nötig erachtet;

e. er bezieht einen Jahresgehalt, dessen Maximalbetrag durch die Generalversammlung festgestellt wird.

§ 11. Die Mitglieder der Genossenschaft bilden zur Wahrnehmung der lokalen Interessen in den einzelnen Deutschen Bundesstaaten engere Verbände — **Landesvereine**.

In den Königreichen Preußen und Bayern jedoch werden Provinzialvereine gebildet, die den Landesvereinen gleich zu achten sind und die sich möglichst der geographischen Provinzialeinteilung anschließen.

Wo keine Landesvereine zustande kommen, sind kleine Vereine, „Sektionsvereine" zu bilden, denen die gleichen Befugnisse wie den Landesvereinen zustehen.

Die Feststellung ihrer Geschäftsordnung ist diesen Vereinen, soweit die Statuten des Gesamtvereins hierzu Raum geben, überlassen.

§ 12. Bis auf weiteres werden folgende Landesvereine resp. Sektionen gebildet:

Im Königreich Preußen:
Provinz Ostpreußen,
" Westpreußen,
" Brandenburg,
" Pommern,
" Posen,
" Schlesien,
" Sachsen,
" Schleswig-Holstein,
" Hannover,
" Westfalen,
" Hessen-Nassau,
" Rheinprovinz;

im Königreich Baiern:
Regierungsbezirk Unterfranken,
" Oberfranken,
" Mittelfranken,
" Oberbayern,
" Niederbayern,
" Oberpfalz und Regensburg,
" Schwaben,
" Pfalz;
Königreich Sachsen,
" Württemberg,

Großherzogtum Baden,
" Hessen-Darmstadt,
" Sachsen-Weimar,
" Oldenburg,
" Mecklenburg-Schwerin,
" Mecklenburg-Strelitz,
Herzogtum Braunschweig,
" Sachsen-Meiningen,
" Sachsen-Altenburg,
" Sachsen-Coburg-Gotha,
" Anhalt,
Fürstentum Schwarzburg-Rudolstadt,
" Schwarzburg-Sondershausen,
" Waldeck,
" Reuß ältere Linie,
" Reuß jüngere Linie,
" Schaumburg-Lippe,
" Lippe,
Freie Stadt Lübeck,
" " Bremen,
" " Hamburg,
Reichsland Elsaß-Lothringen.

§ 13. Die Wahl der Landes- und Sektionsvorstände geschieht durch die Mitglieder der Landes- oder Sektionsvereine in den Vereinsversammlungen, zu denen übrigens wie zu den Generalversammlungen des Hauptvereins eingeladen wird, durch einfache Stimmenmehrheit der anwesenden Mitglieder.

Die Wahlen erfolgen auf drei Jahre.

Dem Präsidenten des Allgemeinen deutschen Jagdschutzvereins wird von der stattgehabten Wahl unverzüglich Anzeige erstattet.

Das Amt des Landes- und Sektionsvorstandes ist ein Ehrenamt.

§ 14. Denselben liegt ob:

a. innerhalb ihres Landes für die weitere Verbreitung des Vereins zu sorgen und neue Mitglieder heranzuziehen;

b. alle Anträge auf Bewilligung von Prämien, Belohnungen und Unterstützungen, welche an sie gestellt werden, zu prüfen und zu erledigen;

c. halbjährlich ein Verzeichnis ihrer Vereinsmitglieder nebst Angabe über Zugang und Abgang an den Präsidenten einzusenden;

d. die Beiträge der Mitglieder einzuziehen, hierüber Rechnung zu führen und die entsprechende Quote (§ 5) an die Centralkasse des Vereins abzuführen;

e. jährlich dem Präsidenten einen Monat nach Schluß des Rechnungsjahres die Jahresrechnung zu übersenden;

f. die Aufnahme von Mitgliedern.

$^4/_5$ der Jahresbeiträge der Mitglieder werden den betreffenden Landes- und Sektionsvorständen zur Bestreitung des Aufwandes zur Verfügung überlassen.

§ 15. Die Verwaltung der Vereinskasse (§ 5) steht unter Oberaufsicht des Präsidenten. Aus derselben wird der für Zwecke der Genossenschaft erforderliche Aufwand bestritten.

§ 16. Das Rechnungsjahr beginnt mit dem 1. Januar.

§ 17. Die Gesamtheit des Vereins wird durch die Generalversammlung repräsentiert, welche in letzter und höchster Instanz über alle Angelegenheiten des Vereins zu entscheiden hat.

Alljährlich spätestens bis Ende Mai ist die ordentliche Generalversammlung abzuhalten.

Außerordentliche Generalversammlungen werden nach dem Ermessen des Direktoriums, oder wenn der zehnte Teil der Vereinsmitglieder darauf anträgt, abgehalten.

Die Generalversammlungen können an jedem in Deutschland gelegenen Orte abgehalten werden und ist letzterer in der vorhergehenden ordentlichen Generalversammlung zu bestimmen.

Die Einberufung einer Generalversammlung hat durch den Präsidenten zu erfolgen, und ist als gehörig erfolgt anzusehen, wenn die Einladung zu derselben wenigstens vier Wochen vor dem Tage, an welchem deren Abhaltung erfolgen soll, in dem offiziellen Organe des Vereins veröffentlicht ist.

Das Präsidium wird vier Wochen vor Einberufung der Generalversammlung den Landes- und Sektionsvorständen mittelst Schreibens hiervon Kenntnis geben. Diesen liegt es ob, die Vereinsmitglieder zu benachrichtigen.

Die diesfallsige Bekanntmachung ist mit der Unterschrift des Präsidenten oder dessen Stellvertreter zu versehen.

Die Bekanntmachung muß die Tagesordnung enthalten.

An der Generalversammlung können nur diejenigen Mitglieder teilnehmen, welche sich durch Vorzeigung der ihnen ausgestellten Mitgliedskarten beim Eintritt in die Versammlung legitimieren.

Jede Generalversammlung ist ohne Rücksicht auf die Zahl der erschienenen Mitglieder beschlußfähig.

Die Stimmen sind durch Mitgliedskarten übertragbar. Bei den Beschlüssen entscheidet die Stimmenmehrheit, bei Wahlen im ersten Wahlgange absolute, im zweiten relative Majorität. Im Falle der Stimmengleichheit bei Beschlüssen entscheidet die Stimme des Präsidenten, bei Wahlen das Los. Die Beschlüsse der Generalversammlung sind für alle Mitglieder des Vereins verbindlich.

Über die Verhandlungen in derselben wird ein Protokoll geführt, wozu vom Präsidenten ein Protokollführer ernannt wird. Das Protokoll wird vom Präsidenten und dessen Stellvertreter und von drei in der Generalversammlung anwesenden Vereinsmitgliedern nach dessen Vorlesen und Genehmigung unterzeichnet.

Zur Kompetenz der Generalversammlung gehört:

1. Jahresbericht und der Rechnungsabschluß, sowie Justifikation und Decharge der Jahresrechnung;

2. Wahl des Präsidenten und Vizepräsidenten;

3. die Festsetzung der Eintrittsgelder und der Jahresbeiträge. Erstere betragen ebenso wie die Jahresbeiträge bis zum 1. Januar 1881 je 5 Mark, selbstverständlich unbeschadet der von einzelnen Mitgliedern freiwillig zu bewirkenden Erhöhung ihrer Beiträge;

4. Abänderung der Statuten; hierauf bezügliche Anträge müssen von 25 Mitgliedern unterstützt, dem Präsidio spätestens 6 Wochen vor der Generalversammlung schriftlich eingereicht werden;

5. Auflösung des Vereins;

6. Wahl des Stadt, in welcher die nächste ordentliche Generalversammlung abgehalten werden soll;

7. Beschlußfassung über sonstige vor Beginn der Versammlung schriftlich eingereichte Anträge des Direktoriums und der Vereinsmitglieder.

Eine Beschlußfassung über Anträge, welche unmittelbar vor oder während der Generalversammlung eingebracht werden, kann nur stattfinden:

a. wenn der Antrag vom Direktorium ausgeht und wenigstens die Hälfte der persönlich anwesenden Mitglieder mit der Behandlung des Gegenstandes einverstanden ist,

b. wenn der Antrag von einem Mitgliede des Vereins ausgeht und das Direktorium damit einverstanden ist,

jedoch nur unter der Voraussetzung, daß die Vorschriften von § 23 des sächsischen Gesetzes vom 15. Juni 1868 nicht entgegen stehen. Die Verhandlungen finden nach parlamentarischem Gebrauch statt. Die Geschäftsordnung des Deutschen Reichstages ist thunlichst dabei zu benutzen.

§ 18. Sämtliche die Genossenschaft betreffenden Bekanntmachungen sind unter deren Namen in dem Gesellschaftsorgane „Der Waidmann" zu veröffentlichen und gelten unter dieser Voraussetzung als legal erlassen.

§ 19. Die Auflösung des Vereins kann nur erfolgen, wenn solche in einer ordnungsmäßig einberufenen Generalversammlung von zwei Dritteilen der erschienenen Mitglieder beschlossen wird.

Geschieht diese, so wird nach Ablauf eines Jahres von der letzten der nach Maßgabe des § 31 des sächsischen Gesetzes vom 15. Juni 1868 in der Leipziger Zeitung zu erlassenden dreimaligen Bekanntmachung das vorhandene Vereinsvermögen, nach Abzug etwaiger Schulden, dem deutschen Reichskanzleramte behufs Gründung eines Unterstützungsfonds für hülfsbedürftige Försterfamilien, welche ihres Familienhauptes durch Wilddiebshand beraubt wurden und für Forst- und Jagdbeamte, welche von Wilddieben bei Ausübung ihres Dienstes Körperverletzungen erhalten haben und hierdurch invalide wurden, überwiesen.

§ 20. Vorstehende Bestimmungen treten mit dem 1. Januar 1879 in Kraft.

Durch diese Statuten wird „Der Waidmann" alleiniges offizielles Organ des Vereins.

Für die nächste Versammlung wurde Breslau bestimmt, und fand dieselbe am 28. März 1879 dort statt.

Dem Geschäftsberichte entnehmen wir folgende Daten: Die Einnahmen des Vereins inkl. des aus dem Vorjahr übernommenen Bestandes betrug . . . 8672.40 Mk.
Dagegen die Ausgabe . . . . . . 5308.40 „
Barbestand 3364.00 Mk.

Neu eingetreten sind 783 Mitglieder, so daß der Verein 2204 Mitglieder zählt. Derselbe hat 1878 gegeben:

An Geldprämien:
a) das Präsidium (97 Fälle) . . . 2499 Mk.
b) die Landesvorstände (251 Fälle) . . 3512 „
Summa 6011 Mk.

An Unterstützungen:
a) das Präsidium . . . . 100 Mk.
b) die Landesvorstände . . . . . 100 „
Summa 200 Mk.

An Ehrengeschenken:
a) das Präsidium 34 Stück im Werte von 858.20 Mk.
b) die Landesvorstände 13 Stück do. 260.00 „
Summa 1118.10 Mk.

Im ganzen für Prämiierungen im Jahre 1878 ausgegeben . . . . 7329.10 Mk.
im Jahre 1877 . . . . 5753.00 „
also mehr 1576.10 Mk.

Die Generalversammlung pro 1879 fand am 14. Mai im Hôtel de l'Europe zu Frankfurt statt und nahm ihren geschäftlich regelmäßigen Verlauf.

Zur Verhandlung gelangten:
1) Rechenschaftsbericht;
2) Antrag betr. die Verwendung vorrätiger Gelder der Generalkasse event. Verteilung derselben an die Landesvereine nach Maßgabe der Mitgliederzahl;
3) Vorschläge über Abänderung des Vereinsabzeichens;
4) Besprechung des im Entwurf vorliegenden Jagdgesetzes mit den dazu von der Kommission gemachten Amendements;
5) Besprechung über Wildfütterung in freier Wildbahn und im Tiergarten;
6) Besprechung der Erfahrungen, welche hinsichtlich verschiedener Wildgattungen im Tiergarten gemacht worden sind;
7) Besprechung über Gewehrsysteme und deren Leistungen.

Für die nächste Versammlung wurde Berlin festgesetzt.

Am 10. Juli 1880 übernahm Se. Durchlaucht der Fürst Hohenlohe-Langenburg auf Wunsch des zweiten Präsidenten Herrn Freiherrn von Mirbach selbst die Präsidialgeschäfte, die bis dahin in tüchtigster und aufopferndster Weise von dem Herrn Vizepräsidenten geführt worden waren. Mit der Führung der Sekretariatsgeschäfte wurde der Domänenassessor Herr Binz beauftragt, und als Bankstelle des Vereins die Kommandite der Württembergischen Vereinsbank in Gerabronn, Württemberg, bezeichnet.

Der Geschäftsbericht über 1880 giebt folgendes Material:
die Gesamteinnahmen betragen . . 13912.80 Mk.
die Gesamtausgaben „ . . 5961.81 „
Bestand 6950.99 Mk.
hierzu ein Kapital von 1800.00 „
Vermögen 8750.99 Mk.
bei einer Mitgliederzahl von 3049 Mitgliedern.

Die Generalversammlung des Vereins fand in diesem Jahre am 7. April im Centralhotel zu Berlin statt, und beschloß dieselbe unter anderem, der Internationalen Jagdausstellung zu Kleve für die drei besten Fangapparate eine Prämie von je 100 Mark — also im ganzen 300 Mark — zu bewilligen; ferner in Kleve auf der Ausstellung in Tabellenform die Organisation, die Thätigkeit, die Mitgliederzahl und die gezahlten Prämien zur Ansicht zu bringen. Wir geben nachstehend Kopie des Inhaltes dieser Tabelle.

Der Allgemeine deutsche Jagdschutzverein, gegründet im Jahre 1875, Mitgliederzahl im Jahre 1881 3640, bezweckt:
a) gegenseitige Unterstützung mit Beihülfe der Staatsbehörden im ganzen deutschen Reiche in bezug auf Durchführung der Gesetze über Jagdpolizei und Wildschonung;
b) dem Unwesen der Wilddiebe und den Jagdkontravenienten ganz energisch und mit allen gesetzlichen Mitteln entgegen zu treten;
c) den Handel mit gestohlenem Wilde überhaupt und Wildbret innerhalb der gesetzlichen Schonzeit möglichst zu verhindern;
d) die Pflichttreue einzelner Jagdschutzbeamten durch Prämien und Belohnungen anzuerkennen;
e) auf dem Gebiete der Gesetzgebung eine den Anforderungen einer guten Jägerei entsprechende Revision der jagdpolizeilichen Vorschriften und Bestimmungen über die Schonzeit des Wildes in den einzelnen Staaten des deutschen Reiches anzustreben. Vom Vereine werden Prämien für Anzeigen von Jagdkontraventionen erteilt.

Ebenso können außerordentliche Unterstützungen den in Ausübung ihres Dienstes von Wilddieben verwundeten Forst- und Jagdschutzbeamten, sowie bei eintretendem Tode ihren Witwen und Waisen erteilt werden.

Eintrittsbeitrag 5 Mk. Jährlicher Beitrag 5 Mk. Präsident: Fürst zu Hohenlohe-Langenburg; Vizepräsident: Freiherr von Mirbach.

Landesvereine und deren Vorstände:

Herzogtum Anhalt	Graf Wilhelm zu Solms-Sonnewalde-Rösa, Oberjägermeister, Dessau.
Großherzogtum Baden	Se. Erlaucht der Fürst Karl Egon zu Fürstenberg-Donaueschingen.
Herzogtum Braunschweig	Freiherr von Veltheim, Hofjägermeister auf Destedt bei Schandelah.
Provinz Brandenburg	Se. Erlaucht Graf Klemens von Schönburg-Glauchau auf Gusow.
Reichslande Elsaß-Lothringen	
Hannover (Prov. Hannover, Fürstentum Lippe, Freistaaten Bremen und Hamburg)	Graf Eduard zu Inn und Knyphausen-Lützburg.
Großherzogtum Hessen	Se. Erlaucht Graf zu Erbach-Erbach und von Wartenberg-Roth.
Provinz Hessen-Nassau	Baron von Münchhausen, königlicher Forstmeister, Hanau.
Zweigverein Frankfurt a/M.	Ph. Ernst, Frankfurt.
Zweigverein Melsungen	Freiherr von Richthofen, königlicher Landrat, Melsungen.
Herzogtum Lauenburg	Graf Bernstorff-Gyldenstein, königl. Erb-Oberjägermeister auf Schloß Wotersen bei Büchen.
Großherzogtum Mecklenburg	von Schmarsow-Bentin.
Provinz Ostpreußen	Freiherr von Mirbach-Sorquitten.
Provinz Pommern	von Homeyer, Hauptmann a. D. und Rittergutsbesitzer, Murchin.
Provinz Posen	von Nathusius-Ludom.
Provinz Rheinprovinz	Eckard, Landrat in Bitburg.
Fürstentum Reuß, j. L.	Kühn, fürstl. Oberforstmeister und Kammerrat, Schleiz.
Königreich Sachsen	Reich, Rittergutsbesitzer auf Biehla b/Kamenz.
Provinz Sachsen	Freiherr von Plotho, Parey a. d. E.
Großherzogtum Sachs.-Weimar	Kammerherr Freiherr v. d. Gablenz, zur Zeit in Weimar.
Provinz Schlesien	Se. Durchlaucht Erbprinz von Ratibor, Rauden, Kr. Rybnik.
Provinz Schleswig-Holstein	Hörnigk, königlicher Forstmeister, Schleswig.
Thüringen	von Schack, Oberlandes-Jägermeister, Gotha.
Fürstentum Waldeck u. Pyrmont	Graf A. zu Waldeck und Pyrmont, Bergheim.
Provinz Westfalen	Alexander von Kalkstein, Cappeln b/Westercappeln.
Provinz Westpreußen	Graf Theodor zu Stolberg-Wernigerode, Tütz.
Königreich Württemberg	Se. Durchlaucht Fürst zu Hohenlohe-Langenburg, Schloß Langenburg

von Homeyer-Murchin,
zweiter Vizepräsident des Allgem. deutschen Jagdschutzvereins.

Seine achte Generalversammlung hielt der Verein am 23. Mai 1882 zu Heidelberg ab, und ergab sich ein Gesamtvermögen am 1. Jan. 1882 von 10827 Mk., die Gesamteinnahmen beliefen sich auf 23310 Mk., wovon auf 3 Ehrendiplome, 77 Ehrengeschenke und 885 Geldprämien 15854 Mk. verwendet wurden. Eine Zusammenstellung der Mitglieder ergiebt folgendes schöne Resultat:

1.	Landesverein Herzogtum Anhalt	21	Mitglieder.
2.	" Großherzogtum Baden	360	"
3.	" Provinz Brandenburg	346	"
4.	Landesverein Herzogtum Braunschweig	49	"
5.	" Reichsland Elsaß-Lothringen	42	"
6.	" Provinz Hannover	504	"
7.	" Großherzogt. Hessen	51	"
8.	" Provinz Hessen-Nassau	112	"
9.	" Herzogtum Lauenburg	13	"
10.	" Großherzogt. Mecklenburg	78	"
11.	" Provinz Ostpreußen	219	"
12.	" Provinz Pommern	552	"
13.	" Provinz Posen	366	"
14.	" Rheinprovinz	78	"
15.	" Fürstent. Reuß j. L.	22	"
16.	" Königreich Sachsen	364	"
17.	" Provinz Sachsen	215	"
18.	" Großherzogt. Sachs.-Weimar	30	"
19.	" Provinz Schlesien	693	"
20.	" Provinz Schleswig-Holstein	94	"
21.	" Herzogtümer Thüringen	190	"
22.	" Fürstent. Waldeck-Pyrmont	24	"
23.	" Provinz Westfalen	260	"
24.	Landesverein Provinz Westpreußen	253	"
25.	" Königreich Württemberg	288	"

Der Verein zählt somit in Summa — 5224 Mitglieder.

Gewiß eine stattliche Organisation, ein mächtiger Verein!

Die neunte Generalversammlung fand am 31. Mai 1883 in Hannover statt, und wies die Präsenzliste 85 Teilnehmer nach. Die Zahl der Mitglieder ist auf 5220 gestiegen, die Einnahmen des Vereins betragen 5297.86 M., die Ausgaben 3025.60 M., so daß sich ein Überschuß von 2272.26 M. ergiebt. Per Acclamation gewählt wurde Herr von Homeyer-Murchin, zweiter Vizepräsident des Allgemeinen deutschen Jagdschutzvereins. Wildlegitimationskontrolle, Acclimatisierung ausländischer Wildarten, Forstwaisenhaus Schönebeck beschäftigten außerdem noch die Generalversammlung und wurde Stettin als nächstjähriger Generalversammlungsort gewählt.

Die zehnte Generalversammlung des Allgemeinen deutschen Jagdschutzvereins fand am 28. Mai 1884 zu Stettin statt und wurde wegen Abwesenheit des Herrn Präsidenten, Sr. Durchlaucht des Fürsten zu Hohenlohe-Langenburg, durch den Vizepräsidenten des Vereins, Herrn Freiherrn von Mirbach-Sorquitten, mit folgenden Worten eröffnet:

Freiherr von Plotho-Parey,   E. Skillings,   E. Hacke, †
s. Z. Präsident des deutschen Jagdklubs zu Berlin.   Provinzialvorstand des Jagdschutzvereins der Rheinprovinz   s. Z. Präsident der Niederländischen Jagdvereinigung „Nimrod".

„Ich eröffne hiermit die diesjährige Generalversammlung des „Allgemeinen Deutschen Jagdschutzvereins". Meine Herren! Gestatten Sie mir, Sie zunächst im Namen des Präsidiums zu begrüßen und willkommen zu heißen. Es ist uns gewiß eine große Freude, in der gastlichen Hauptstadt Pommerns zu gemeinsamer Arbeit hier versammelt zu sein. Aber, meine Herren, in diese Freude mischt sich doch das Gefühl des Bedauerns, daß wir unsern allverehrten Herrn Präsidenten, den Fürsten zu Hohenlohe-Langenburg, nicht in unserer Mitte sehen. Es ist nicht bloß die persönliche Sympathie, die uns mit unserm Herrn Präsidenten verknüpft; alle, die mit ihm in nahem Verkehr gestanden haben, empfinden gewiß ein hohes Maß von Verehrung für ihn. Unser Verein als solcher ist ihm zu besonderem Danke verpflichtet. Unser Herr Präsident ist der Begründer derjenigen Organisation, die sich für den Verein so glänzend bewährt hat. Dann aber hat unser Herr Präsident, trotzdem er so vielfach nach allen Seiten hin in Anspruch genommen ist, durch seine hohe Stellung und durch seine vielfachen Beziehungen, durch die Objektivität in der Behandlung aller Fragen, durch seine Leutseligkeit so nutzbringend für den Verein gewirkt, daß wir uns das bei jeder Gelegenheit in Erinnerung zurückrufen müssen. Durch die vorzügliche Leitung der Geschäfte ist unser Verein in so erheblichem Maße gewachsen, er gebietet über verhältnismäßig reiche Mittel und macht Fortschritte nach allen Seiten hin. Er hat vorzugsweise die Aufgabe, dem Wilddiebstahl und dem Handel mit gestohlenem Wilde entgegen zu treten und im Publikum das Bewußtsein zu verbreiten und zu befestigen, daß es ein ebensogroßes Unrecht ist, gestohlenes Wild zu kaufen wie anderes gestohlenes Gut. Diese Aufgabe hat der Verein überall, in allen Distrikten Deutschlands, gelöst. Es fragt sich, sollen wir mit den erreichten Erfolgen zufrieden sein, oder sollen wir, da unser Verein so namhafte Mitglieder zählt*) und so große Interessen verfolgt, uns weitere Aufgaben und Ziele stecken? Ich persönlich stehe auf dem Boden, daß ich es für erwünscht und notwendig halte, daß sich der Verein noch weitere Ziele in Bezug auf die Jagdpflege und auf die Hebung des Waidwerks stellt. Diese Anschauung dürfte nicht ganz vereinzelt dastehen, was aus den verschiedenen Anträgen, die Ihnen die heutige Generalversammlung unterbreitet, ersichtlich ist. Wir werden eine noch weitere Verbreitung des Vereins, wenn ich mich so ausdrücken darf, eben nur erreichen können durch eine Erweiterung seines Statuts. Daß damit Schwierigkeiten verknüpft sind, verkenne ich nicht; wird aber die Erkenntnis der Notwendigkeit eines solchen Schrittes von vielen Seiten geteilt, so muß eben die Ausführung erfolgen, und die Fesseln, die das verhindern, würden zu beseitigen sein.

Meine Herren! Der Verein hat nach vielen Richtungen, wie ich das ausgeführt habe, eine segensreiche Thätigkeit entfaltet und eine Menge Gegenstände in den Kreis seiner Beratungen gezogen. Der Verein ist kein preußischer, sondern ein allgemeiner deutscher Jagdschutzverein; aber da die preußische Gesetzgebung auf allen Gebieten von bedeutendem Einfluß auf die Gesetzgebung der übrigen Bundesstaaten ist, so hat unser Verein wiederholt, einmal in Berlin und dann in Hamburg, die preußische Jagdgesetzgebung einer Beratung unterzogen. Meine Herren! Die Beschlüsse dieser Generalversammlung auf diesem Gebiete zeugen von praktischem Verständnis nicht bloß auf dem Gebiete der Jagd, sondern auch auf dem der Land- und Forstwirtschaft. Es sind eben unter unseren Mitgliedern ganz hervorragend tüchtige Land- und Forstwirte, und die zählen gerade zu unseren eifrigsten und thätigsten Mitgliedern. Unsere Beschlüsse zeigen neben Sachkenntnis und praktischem Verständnis weise Mäßigung in Bezug auf das, was angestrebt werden soll.

Meine Herren! Leider hat unser Verein keinen erheblichen Einfluß an der maßgebenden Stelle in den beiden Häusern des Landtages bei der jüngst abgeschlossenen Beratung einer preußischen Jagdordnung ausgeübt, und das ist sehr zu beklagen. Ich selbst habe allerdings im Herrenhause mehrfach auf meine Stellung als Mitglied und Vizepräsident des Vereins hingewiesen, Ihre Anträge dem hohen Hause empfohlen und zum großen Teil zur Annahme durchgebracht. In dem andern Hause hat aber meines Wissens niemand auf den Verein oder auf die Beschlüsse desselben hingewiesen, und es sind Beschlüsse gefaßt, die meines Erachtens nach nicht gefaßt worden wären, wenn der Verein eine größere Verbreitung und größeren Einfluß gehabt hätte. Ich möchte nur ein Thema anführen, die Wildschadenfrage. Es sind Beschlüsse in Bezug auf die Regreßpflicht der Forstbesitzer gefaßt, die jeder gewöhnlichen und juristischen Logik widersprechen, die nur geeignet sind, Zwietracht und Mißgunst unter friedlichen Nachbarn zu säen und endlose Prozesse herbeizuführen. Wenn die Kenntnis über geregelte Jagdpflege im Einklange mit der Land- und Forstwirtschaft durch unseren Verein in weitere Kreise getragen worden wäre, so würden solche Beschlüsse unmöglich gewesen sein. Solche Wirksamkeit können wir nur dadurch erreichen, daß wir unser Statut nicht ändern, sondern erweitern und dem Vereine Einwirkung auf andere Gebiete einräumen.

Meine Herren! Ich glaube, daß der Herr Präsident sehr gern unseren Wünschen nachkommen wird, wenn sie unterstützt und genügend motiviert an ihn herantreten. Streben wir also alle, jeder nach seinen Kräften dahin, den Verein dieses Ziel, nämlich einen allgemeinen und weiter reichenden Einfluß, gewinnen zu lassen."

---

*) Das Mitgliederverzeichnis pro 1883 weist die Zahl 5224 auf, während dasselbe pro 1884, welches uns soeben eingehändigt worden ist, 6105 Mitglieder angiebt; demnach ein Zuwachs von 881 Mitgliedern.

Die Präsenzliste ergab siebenzig Festteilnehmer; und fand die Tagesordnung ihre geschäftsmäßige Erledigung.

Die Rechnung wies in Einnahme   7622.19 Mk.
„   „   „   Ausgabe   4171.12 „
nach, mithin Einnahmeüberschuß von   3451.07 Mk.

Als Ort für die nächste Generalversammlung im Jahre 1885 wurde Dresden, die Geburtsstätte des Vereins gewählt.

Der Jagdschutzverein der Rheinprovinz

begann in der zweiten Hälfte des Jahres 1875 seine Thätigkeit mit wenigen Lokalvereinen, und trat derselbe August 1875 unter der Benennung „Allgemeiner Deutscher Jagdschutzverein, Sektion Rheinprovinz" dem Allgemeinen Deutschen Jagdschutzverein als Zweigverein bei. —

Von den nach und nach zusammengetretenen Lokalvereinen wurden bis zum April 1879 nachstehende Beträge für Belohnungen ausgezahlt:

Vom Lokalverein Aachen 1878 bis April 1879 . 250 Mk.
„   „   Bingen 1877   „   1879 . 50 „
„   „   Köln   „   1879 . 1160 „
„   „   Crefeld . . . . 325 „
„   „   Eschweiler . . . . 160 „
„   „   Mülheim a. d. R. . . . . 550 „
„   „   Neuß . . . . 140 „
„   „   Oberberg . . . . 150 „
„   „   Sieg . . . . 220 „
„   „   Viersen . . . . 225 „
Aus der Vereinskasse . . . . 125 „

Summa 3335 Mk.

und tritt der Verein im Jahre 1879 als „Jagdschutzverein der Rheinprovinz" selbständig auf.

Die Generalversammlung fand in diesem Jahre am 25. Mai 1879 im roten Saale des Kasino zu Köln unter dem Vorsitze des Herrn Karl Schillings, Bürgermeister in Gürzenich bei Düren, statt.

Der „Waidmann" bringt am 1. Oktober 1879 folgenden für die Geschichte dieses Vereins wichtigen Aufsatz:

„Der Jagdschutzverein der Rheinprovinz, dessen Organisation im vergangenen Jahre bereits mehrfach in der früher bestandenen provinziellen Zeitschrift „Aus Wald und Haide" besprochen wurde, hat nach dem Eingange dieses Blattes auf seiner letzten Generalversammlung den Beschluß gefaßt, für die Folge die dort am meisten gelesene Jagdzeitung „Der Waidmann" als Vereinsorgan anzunehmen.

(Die Nummer 36 des „Waidmanns" d. d. 3. Juni 1881 ist jedoch die erste Nummer, welche den Kopf trägt: „Offizielles Organ des Allgemeinen deutschen Jagdschutzvereins" und des „Jagdschutzvereins der Rheinprovinz.")

Infolge unseres Einverständnisses wurden wir um Aufnahme nachstehender Mitteilungen ersucht: „Der Jagdschutzverein der Rheinprovinz hat sich im Jahre 1875, fast gleichzeitig mit dem Allgemeinen deutschen Jagdschutzverein gebildet; er zergliedert sich in Lokalvereine, welche selbständig die sämtlichen Jahresbeiträge ihrer Mitglieder (3 Mark pro Stimme) verwalten und darüber verfügen.

An der Spitze eines jeden Lokalvereins steht ein Lokalvorstand (Ehrenamt), welcher mit 4 seiner Mitglieder alle Anträge, Belohnungen, alle Maßregeln 2c. 2c. prompt erledigt und alljährlich in einer Lokalversammlung seinen Mitgliedern Vortrag hält und Rechenschaft über die Lokalkasse ablegt.

Im Mai jeden Jahres findet auf Einladung des Provinzialvorstandes (Ehrenamt), des Gutsbesitzers und Bürgermeisters Herrn Karl Schillings in Gürzenich bei Düren, eine Generalversammlung in Köln statt, um alle die gemachten Erfahrungen, die geeigneten Maßregeln waidmännisch zu besprechen, zu beraten, und werden die gefaßten Beschlüsse, die Korrespondenz des Vereins durch den Schrift- und Rechnungsführer (Ehrenamt), den Herrn Karl Rhodius in Sonnenberg bei Wiesbaden, zur Erledigung gebracht, von welchem Statuten, alle Drucksachen des Vereins zu beziehen sind und durch welchen alle Anfragen in der Vereinssache prompt erledigt werden. Rechnungsführer ist ferner der genannte Herr über die kleine Vereinskasse, worein nur das einmalige Eintrittsgeld jedes Mitglieds à 3 Mark fließt und woraus die Drucksachen des Vereins, Statuten, Diplome, Mitgliederverzeichnisse, Plakate, Porti und allgemeine Vereinskosten der Generalversammlung 2c. 2c. bezahlt werden.

Diese Organisation mit selbständigen und selbstverwaltenden Lokalvereinen hat den waidmännischen Wünschen der rheinischen Jagdfreunde derart entsprochen, daß dem Vereine im Jahre 1875 sofort 200 Mitglieder und in den letzten Jahren in den Lokalvereinen Aachen, Bingen, Köln, Krefeld, Eschweiler, Jülich, Mülheim am Rhein, Neuß, Oberberg, Sieg und Viersen 700 Mitglieder beigetreten sind.

Sowohl in dem von jedem Lokalvereine gewählten Lokalvorstande, als in dem Vereinsvorstande sind die geeigneten Stellen geschaffen, um denselben jederzeit schriftlich oder mündlich auf einfache Weise, ohne persönliche Lasten und Unannehmlichkeiten die eingetretenen Jagdfrevel zur Kenntnis zu bringen. Die Lokalvereine der großen Städte mit ihrer größeren Anzahl Mitglieder haben im allgemeinen Interesse des Jagdschutzvereins ansehnliche fortdauernde Ausgaben für Inserationen in den Zeitungen betreffs der Schonzeit, Beaufsichtigung der Verkaufsstellen, und ist daher für die ländlichen Bezirke um so ersprießlicher, Lokalvereine und Lokalkassen zu bilden, welchen alle ihre Jahresbeiträge fast nur für Belohnungen zur Verfügung bleiben. —

Ebenso wie der Jagdschutzverein der Rheinprovinz nach eingeholter Erlaubnis an den Eisenbahnstationen, an den Gemeindehäusern 2c. 2c. große grüne Plakate anheften läßt:

Der Jagdschutzverein der Rheinprovinz bezweckt seinem Statut zufolge:

Dem Unwesen der Wilddiebe und den Jagdkontravenienten ganz energisch und mit allen gesetzlichen Mitteln entgegen zu treten;

Den Handel mit gestohlenem Wilde und Wildbret innerhalb der gesetzlichen Schonzeit möglichst zu verhindern;

Die Pflichttreue einzelner Jagdschutzbeamten durch Anerkennungen anzuspornen;

und beabsichtigt, jedem, welcher einen Wilddieb oder einen Verkäufer resp. Käufer gestohlenen Wildes derart zur Anzeige bringt, daß seine Bestrafung erfolgt, nach erlangter Rechtskraft des Erkenntnisses und wenn dies demnächst innerhalb Monatsfrist beantragt wird, eine Belohnung bis zu 100 Mark zu zahlen. Ebenso können außerordentliche Unterstützungen, Anerkennungen, Ehrenmitgliedkarten bewilligt werden.

Alle zuverlässigen Mitteilungen sind mündlich oder schriftlich an den Lokalvorstand des Kreises, Herrn .... zu richten, welcher die nötigen Maßregeln ausführen und die entsprechenden Belohnungen und Anerkennungen erledigen wird.

Die gesetzliche Schonzeit für fast alle Wildarten dauert vom 1. Februar bis 1. September jeden Jahres. Weibliches Rehwild darf nur vom 15. Oktober bis 15. Dezember jeden Jahres erlegt und verkauft werden.

um das Publikum nach Möglichkeit mit den Vereinsbestrebungen bekannt zu machen, erstrebt er jetzt auch die Erlaubnis, zur Belohnung und Warnung für die heranwachsende Jugend passende Plakate:

Der Jagdschutzverein der Rheinprovinz benachrichtigt hiermit die heranwachsende Jugend, sowie jedermann, daß der Verein hauptsächlich den Zweck verfolgt:

1) dem Unwesen der Wilddiebe und Jagdfrevler energisch und mit allen gesetzlichen Mitteln entgegen zu treten,

2) den Handel mit gestohlenem Wilde während der gesetzlichen Schonzeit zu verhindern, und warnt hiermit vor jeder verhängnisvollen Neigung, ehe solche zur Leidenschaft wird, sowie die abschüssige Bahn des Ungehorsams gegen die Jagdgesetze und Anordnungen der Obrigkeit, welche zum Ruin von Wohlstand und Familienglück, zur geistigen und leiblichen Verkommenheit führt, zu betreten; denn der Wilddieb ist ein gemeiner Dieb, welcher, wenn er bewaffnet ist, dem Räuber und Mörder mehr gleicht, als dem Gauner und einfachen Betrüger.

Verboten und deshalb strafbar ist:

Das Erlegen von Wild jeder Art während der gesetzlichen Schonzeit, welche für die meisten Wildarten vom 1. Februar bis 1. September jeden Jahres dauert;

Das Ausnehmen und absichtliche Zerstören von Fasanen-, Enten-, Feldhühner- und allen nützlichen Vogelnestern;

Das Feilbieten und Verkaufen gefrevelten und während der Schonzeit geschossenen Wildes, sowie das Behalten von gefundenem, angeschossenem, krankem oder totem Wilde;

Das Fangen und Schießen von Rehkitzen;

Das Schießen des weiblichen Rehwildes, der Rehgaisen, vom 15. Dezember bis zum 15. Oktober des nächsten Jahres;

Das Fangen und Schießen der Feldhühner, Rebhühner bei tiefem Schnee;

Das Setzen jeglicher Art von Wildschlingen.

Vierzehn Tage nach dem Eintritte der gesetzlichen Schonzeit darf kein Wild zum Verkaufe gebracht werden.

Jedem, welcher einen Wilddieb, Verkäufer gestohlenen Wildes oder Frevler gegen vorstehende Verbote wahrheitsgemäß dem Lokalvorstande des Jagdschutzvereins, Herrn .... mündlich oder schriftlich derart zur Anzeige bringt, daß die Bestrafung erfolgt, kann eine Belohnung von 2 bis 30 Mark bewilligt werden.

> Das ist des Jägers Ehrenschild,
> Der treu beschützt und hegt sein Wild,
> Vernünftig jagt, wie sich's gehört,
> Den Schöpfer im Geschöpfe ehrt.

an den Schullokalen anheften und Flugblätter unter dieselben verteilen zu dürfen.

Für besondere Fälle der Anerkennung und des Dankes hat der Verein von der künstlerischen Hand des Herrn Ludwig Beckmann in Düsseldorf und durch die xylographische Anstalt von Brend'amour ebendaselbst Diplome oder Gedenkblätter anfertigen lassen, welche mit einer entsprechenden Inschrift versehen werden.

Der Jagdschutzverein der Rheinprovinz hat es dankbar anzuerkennen, daß fast alle Behörden, die Polizei-, Steuer- und Eisenbahnverwaltungen in der Rheinprovinz ihn in seinen Bestrebungen und Arbeiten bereitwilligst unterstützen, und waren es bis jetzt nur einzelne Herren Postdirektoren, welche ihre Mitwirkung unter der Devise „Postgeheimnisse" verweigerten.

Verschiedene Fälle, wo Rehwild durch Beseitigung der Geschlechtsteile unkenntlich gemacht, welches in der Schonzeit der Rehgaisen in der Rheinprovinz verboten, unter den Augen des Publikums durch die Post befördert wurde, veranlaßten den Verein, sich am 5. Juli cr. direkt an den Herrn Generalpostmeister in Berlin zu wenden, und wurde uns unterm 8. August d. J. der nachfolgende, unserem Gesuche willfahrende Bescheid, welchen wir hiermit zur allgemeinen Kenntnisnahme bringen.

Berlin W., 8. August 1879.

Kaiserliches Generalpostamt.

Dem Jagdschutzverein der Rheinprovinz wird auf das an den Herrn Generalpostmeister gerichtete gefällige Schreiben vom 5. Juli ergebenst erwidert, daß bereits im Jahre 1873 den innerhalb Preußens belegenen Postanstalten die Mitwirkung zur Ausführung derjenigen Polizeiverordnungen aufgegeben worden ist, welche zum Schutze des Rot-, Damm- und Rehwildes von den königlichen Regierungen entweder schon erlassen waren oder noch erlassen werden sollten. —

Aus den von dem Jagdschutzverein zur Sprache gebrachten Vorkommnissen ist Anlaß genommen worden, den betreffenden Postanstalten die bezüglichen Vorschriften zur genauen Ausführung in Erinnerung zu bringen."

Unsere heutigen Mitteilungen schließen wir mit der Bemerkung, daß der Jagdschutzverein der Rheinprovinz in den letzten Jahren bereits 4000 Mark an Belohnungen ausgezahlt hat.

Im September 1879.   C. Rh.

Der Jagdschutzverein der Rheinprovinz in Köln lenkt hiermit die Aufmerksamkeit der Behörden und Jagdfreunde auf die nachstehende Polizeiverordnung, welche in den Regierungsbezirken Wiesbaden, Aachen, Koblenz, Köln bereits im Jahre 1873 durch das Amtsblatt veröffentlicht wurde.

Polizeiverordnung.

Um die Kontrolle über die Beobachtung der hinsichtlich der Schonung des weiblichen Rot-, Damm- und Rehwildes bestehenden gesetzlichen Bestimmungen zu erleichtern, verordnen wir für den ganzen Umfang unseres Verwaltungsbezirkes wie folgt:

§ 1. Wer nach Ablauf von 14 Tagen nach eingetretener Schonzeit (siehe unten)

a) des weiblichen Rot- und Damwildes, unzerlegtes männliches oder weibliches Rot- und Damwild,

b) des weiblichen Rehwildes, unzerlegtes männliches oder weibliches Rehwild,

bei welchem das Geschlecht nicht mehr mit Sicherheit erkennbar ist, versendet, verkauft, zum Verkaufe herumträgt, in Läden, auf Märkten oder sonst auf irgend eine Art zum Verkaufe ausstellt oder feilbietet, oder den Verkauf derselben vermittelt, verfällt in eine Geldstrafe von 3 bis 10 Thlr.

§ 2. Die Vorschrift § 1 findet keine Anwendung auf das seitens der zuständigen Behörde konfiszierte und auf dasjenige Wild, von welchem auf die in § 7, Alinea 2 des Gesetzes vom 26. Februar 1870 vorgeschriebene Weise nachgewiesen wird, daß es in den § 3 daselbst gedachten Ausnahmefällen erlegt ist.

Köln, am 11. März 1873.

Königliche Regierung.

Die gesetzliche Schonzeit des weiblichen Rehwildes dauert vom 15. Dezember bis zum 15. Oktober des folgenden Jahres.

Die gesetzliche Schonzeit des weiblichen Rot- und Damwildes dauert vom 1. Februar bis zum 15. Oktober jeden Jahres.

Die fünfte Generalversammlung fand am 30. Mai 1880 in Köln statt, und brachte unter anderm zwei Polizeiverordnungen, die Kontrolle des Wildhandels betreffend: Koblenz 24. Oktober 1879 und Münster 14. April 1880 zur Kenntnis der Vereinsmitglieder.

Dem Vereine wurde in Anerkennung seiner großen Verdienste um den Jagdschutz und um das Gelingen und Zustandekommen der Internationalen Jagdausstellung, die große silberne Staatsmedaille und goldene Ausstellungsmedaille verliehen, der Präsident und Schriftführer mit Ehrendiplomen ausgezeichnet.

Die in der sechsten Generalversammlung vom 19. Juni im Kasino zu Köln zur Verteilung der der Ausstellung in Cleve bewilligten Prämien verlieh derselbe wie folgt: Wegen hervorragender, andauernder und verdienstvoller Thätigkeit für das Zustandekommen und Gedeihen der Internationalen Jagdausstellung Cleve.

Je 1 Vereinsdiplom an:

1. Herrn Bürgermeister Corneli in Cleve,
2. „ Oberförster v. Weiler „ „
3. „ Oberforstmeister von der Reck in Düsseldorf,
4. „ Jagdmaler Chr. Kröner in Düsseldorf,
5. „ Lokalvorstand Dr. Gustav Schneider in Crefeld,
6. „ C. Beckmann in Düsseldorf.

Für Ausstellung der prachtvollsten, stärksten, sowie abnormer Rehgehörne:

1 Vereinsdiplom

an Herrn Rittergutsbesitzer Lantz zu Haus Lohausen bei Kaiserwerth.

Je 1 silberne Medaille:

Für hervorragend praktische, exakte und sachkundige Büchsenmacherarbeit:

1. an Herrn Hofbüchsenmacher C. Bartels in Wiesbaden.

Für fabrikmäßige Bearbeitung, die Bewunderung der Jagdfreunde hervorrufende Vervollkommnung der Gußstahlläufe:

2. an Herrn H. Pieper, Waffenfabrikant in Lüttich.

Für gute und billige Metallhülsen:

3. an Herrn Lorenz, Metallpatronen- und Munitionsfabrik in Karlsruhe.

Für Herstellung des besten bis heute bekannten und sich bereits lange bewährenden Jagdpulvers:

4. an die Firmen: Vereinigte rheinisch-westphälische Pulverfabriken in Köln. Cramer & Buchholz, Rönsahl und Rübeland.

Für eine reichhaltige Ausstellung praktischer Raubtierfallen:

5. an Herrn Rudolf Weber, Raubtierfallenfabrik in Haynau, Preußisch-Schlesien.

Für eine große Ausstellung der verschiedensten Jagdartikel bei preiswürdiger Forderung:

6. an Herrn Jakob Sackreuter in Frankfurt a/M.

Für Jagdliteratur, für eine sorgfältig, wissenschaftlich geordnete Ausstellung von Kopfskeletten von Rot- und Rehwild, zur Erläuterung des Entwickelungsganges der Zähne behufs Altersbestimmungen; sowie von Hirschläufen:

7. an Herrn Oberförster C. A. Joseph in Eberstadt bei Darmstadt.

Am 18. Juni 1882 mittags von 12—4 Uhr fand im „Hôtel du Nord" in Köln die 7. Generalversammlung des „Jagdschutzvereins der Rheinprovinz" statt, woran 45 Herren aus 14 Lokalvereinen, die Herren Oberförster Reusch aus Siegburg, Forstmeister Sprengel aus Bonn, Forstmeister Ulrici aus Köln, sowie die Herren Bürgermeister von Cleve, Jülich und Sieglar teilnahmen. Der Provinzialvorstand des Vereins, Herr Schillings, eröffnete die Versammlung und begrüßte die anwesenden Herren mit folgenden Worten:

„Meine Herren! Zu unserer allseitigen Befriedigung habe ich Ihnen mitzuteilen, daß unser Verein in dem letzten Jahr nicht allein, wie früher, weitere und günstige Schritte der Ausdehnung und Anerkennung gemacht, sondern daß er in der Zunahme des Wachstums und des Ruhmes jedes der früheren sechs Jahre weit überstiegen hat, denn während in den früheren Jahren die Mitgliederzahl durchschnittlich und stetig um 150 pro Jahr herangewachsen ist, haben wir in dem letzten Jahr vom 1. April 1881 bis 1. April 1882 429 neue Mitglieder erhalten, und zählt heute unser Verein nach dem eben erschienenen genauen Mitgliederverzeichnis 25 Lokalvereine mit 1370 Mitgliedern.

Diese außergewöhnliche und steigende Zunahme verdanken wir

1. dem sich immer mehr offenkundig machenden Bedürfnis nach Jagdschutz;

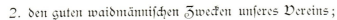

2. den guten waidmännischen Zwecken unseres Vereins;
3. unserer geordneten und prompten Geschäftsführung;
4. der Thätigkeit der meisten unserer Lokalvereine, sowie
5. der Jagdausstellung in Cleve, welche unser Wirken durch die

„Große Silberne Staatsmedaille"
und
„Goldene Ausstellungsmedaille"
anerkannt hat.

Möge uns allen diese hohe Auszeichnung: „Große Silberne Staatsmedaille des Ministeriums für Landwirtschaft, Domänen und Forsten" stets ein Sporn zum thätigen und ernsten Eifer und Schaffen sein und bleiben."

U. s. w.

Aus dem alsdann von dem Schrift- und Rechnungsführer des Vereins, Herrn Karl Rhodius, vorgetragenen Rechenschaftsberichte ergiebt sich:

1. daß der Verein im vergangenen Jahre vom 1. April 1881 bis 1. April 1882 60 Mitglieder durch Tod und Wohnungswechsel verloren, dagegen 429 neue Mitglieder erhalten hat. Der Verein begann 1875 seine Thätigkeit.
2. daß die Lokalkassen am 1. April d. J. einen Barbestand von über 3600 Mark hatten;
3. daß im vergangenen Jahr in 18 Lokalvereinen 2540 Mark an Belohnungen bezahlt und 3 Hirschfänger, verschiedene Vereinsdiplome und Ehrenkarten gegeben worden sind;
4. daß in 8 Lokalvereinen 60 Bestrafungsfälle veranlaßt wurden; im Lokalverein Sieg allein 25. Ein Schlingensteller wurde zu 1 Jahr und ein anderer zu 9 Monaten Gefängnis verurteilt;
5. daß der Verein für die Jagdausstellung in Cleve zusammen 1200 Mark, nämlich 300 Mark für seine Ausstellung, 300 Mark für Drucksachen und 600 Mark für seine Prämiierungen in Diplomen und silbernen Medaillen verwendet hat;
6. daß der Verein durch einzelne seiner Lokalvereine dem Forstwaisenerziehungsinstitut in Groß-Schönebeck bereits ca. 1000 Mark zugewendet;
7. daß die Statistik über erlegtes Wild von den meisten Lokalvereinen leider noch recht mangelhaft ausgeführt, daß jedoch die Hoffnung auf eine allgemeine Ausführung nicht aufgegeben wird.

Alsdann wurde nach längerer sachlicher Diskussion von der Generalversammlung beschlossen, dem Herrn Minister der Landwirtschaft, Domänen und Forsten im Interesse der Jagd, der Jägerei und des Nationalwohlstandes nachfolgende Wünsche gehorsamst zu unterbreiten, welche bereits Anfang Juli nach Berlin abgegangen sind:

a. Die Legitimationsscheine baldgeneigtest und gleichmäßig in der ganzen Rheinprovinz auf alles jagdbare Wild ausdehnen zu wollen, als dieselben dem ehrlichen Wildhandel keinerlei ernstliche Belästigungen verursachen können.
b. Den alljährlichen Schluß der Jagd in der Rheinprovinz künftig auf einen und denselben Tag bestimmen lassen zu wollen.
c. Auf Grund der bestehenden Gesetze die polizeiliche Kontrolle bei dem Wildhandel verschärfen und die Polizeiorgane anweisen zu wollen, diese Kontrolle strenge handhaben zu lassen.
d. Bei der Erteilung von Jagdscheinen künftig mehr Vorsicht als bisher anwenden lassen zu wollen und anerkannten Wilddieben, auch wenn dieselben zufällig die letzten 5 Jahre nicht bestraft sind, den Jagdschein zu verweigern, damit die landläufige Bezeichnung „Konzessionierte Wilddiebe" hinfällig werde.

Die auf der Tagesordnung stehenden beiden Anträge,

1. Daß bei den Jagdverpachtungen dem Höchstgebot der Zuschlag zu erteilen sei;
2. daß jedes Vereinsmitglied nur mit einer Stimme stimmberechtigt sei, ohne Rücksicht auf die Zahl der gezahlten Jahresbeiträge a 3 Mark.

wurden mit großer Stimmenmehrheit abgelehnt, dagegen die seitherigen beiden Herren Rechnungsrevisoren für kommendes Jahr wiedergewählt, sowie dem Herrn Rechnungsführer Entlastung bis 1. April d. J. erteilt.

Der Vorschlag vom Lokalverein Moers:

„Die Lokalvereine möchten die Photographien der bestraften Wilddiebe austauschen und in einem Wilddiebalbum zusammenlegen"

wurde, erheiternd, der Berücksichtigung empfohlen und mehrfach die Wahrnehmung bestätigt, daß die Rehschlingen jetzt mehr aus Hanf, als aus Messingdraht angefertigt würden, um den verdächtigenden Erwerb von Messingdraht zu umgehen.

Die Versammlung endigte gegen 4 Uhr, worauf das gemeinsame Mittagessen von 40 Gedecken in der allbekannten, vorzüglichen und gemütlichen Weise des Hôtel du Nord in Köln begann.

Nachstehende Tabelle dürfte die Entwickelung des Jagdschutzvereins der Rheinprovinz am besten veranschaulichen:

April 1876: 6 Lokalvereine mit 214 Mitgliedern,
" 1877: 8 " " 404 "
" 1878: 9 " " 458 "
" 1879: 10 " " 619 "
" 1880: 14 " " 864 "
" 1881: 16 " " 1001 "
" 1882: 25 " " 1370 "
" 1883: 30 " " 1672 "
" 1884: 32 " " 1838 "

In den Lokalvereinen:

Aachen	mit 117 Mitgl.	Bonn	mit 71 Mitgl.
Barmen	" 57 "	Düren	" 76 "
Bergheim	" 43 "	Düsseldorf	" 82 "
Berncastel	" 38 "	Eschweiler	" 31 "
Bingen	" 6 "	Grevenbroich	" 41 "

Jülich	mit 81 Mitgl.	Mülheim a/Rhein	mit 49 Mitgl.
Kleve	" 33 "	Neuß	" 33 "
Koblenz	" 109 "	Neviges	" 15 "
Köln	" 181 "	Oberwupper	" 51 "
Krefeld	" 260 "	Rheydt-Odenkirchen	" 62 "
Kreuznach	" 22 "	Saarbrücken	" 31 "
Lennep-Remscheid	" 31 "	Saarlouis	" 21 "
Linz	" 19 "	Sieg	" 50 "
Mayen	" 35 "	St. Goar	" 20 "
Mittelmosel	" 48 "	Viersen	" 43 "
Mörs	" 52 "	Ohne Lokalverein	" 14 "
Montjoie	" 16 "		

Gegenwärtig bestehen 32 Lokalabteilungen und steht jeder derselben ein Lokalvorstand vor. Die Namen der Vereinsvorstände und Schriftführer sind folgende:

1. Lokalverein Aachen.
Lokalvorstand: Joh. Jos. Steffens in Aachen.
Schriftführer: Th. Rameken, Rechnungsrevisor bei der Staatsanwaltschaft in Aachen.

2. Lokalverein Barmen.
Lokalvorstand: F. Em. Saatweber in Barmen.
Stellvertreter: Otto v. Egnern in Barmen.

3. Lokalverein Bergheim a. d. B.
Lokalvorstand: Gutsbesitzer Dreling in Angelsdorf.
Schriftführer: Gerichtsschreiber Hagemann in Bergheim.

4. Lokalverein Berncastel.
Lokalvorstand: Oberförster Bauer in Berncastel.
Stellvertreter: Postmeister Muck in Berncastel.
Schriftführer: Königl. Kreisbauinspektor Freudenberg in Berncastel.

5. Lokalverein Bingen.
Lokalvorstand: Karl Gräff in Bingen.

6. Lokalverein Bonn.
Lokalvorstand: Forstmeister Sprengel in Bonn.
Stellvertreter: Karl Kreuser jun. in Bonn.
Schriftführer: Gutsbesitzer Engels auf Marienforst bei Godesberg.

7. Lokalverein Düren.
Lokalvorstand: F. Bering, Premierleutnant d. L. in Düren.
Stellvertreter: Heinrich Franken, Gutsbesitzer in Merzenich.
Schriftführer: Regierungsbauführer Dorst in Düren.

8. Lokalverein Düsseldorf.
Lokalvorstand: Dr. Eckardt in Düsseldorf.
Schriftführer: H. Stahl in Düsseldorf.

9. Lokalverein Eschweiler.
Lokalvorstand: Bürgermeister Fischer in Eschweiler.

10. Lokalverein Grevenbroich.
Lokalvorstand: Gutsbesitzer H. Ditges in Noithausen bei Grevenbroich.
Schriftführer: W. Limpert jun. in Fürth bei Grevenbroich.
Kassirer: W. Michels in Neuroth bei Grevenbroich.

11. Lokalverein Jülich.
Präsident u. Schriftführer: Bürgermeister Uyssen in Jülich.
Stellvertreter: Kreistierarzt Esser in Jülich.
Beisitzer: Gutsbesitzer Peters in Merzenhausen.
" Konstantin Schunk in Güsten.
" Kaufmann Karl Stopp in Jülich.

12. Lokalverein Kleve.
Lokalvorstand: von Rodenberg, Landgerichtsrat a. D. und Rittergutsbesitzer in Kleve.
Schriftführer: Robert Scheibler in Kleve.

13. Lokalverein Koblenz.
Lokalvorstand: Hauptmann a. D. von Roehl zu Ehrenbreitstein.
Schriftführer: F. Schaaffhausen in Koblenz.

14. Lokalverein Köln.
Lokalvorstand: Max Reimbold in Köln.

15. Lokalverein Krefeld.
Lokalvorstand: Dr. Gustav Schneider in Krefeld.
Schriftführer: Ph. H. Baum jun. in Kreuznach.

16. Lokalverein Lennep-Remscheid.
Lokalvorstand: Fritz Hardt in Lennep.
Schriftführer: Dr. August Buchholz in Lennep.

17. Lokalverein Linz.
Lokalvorstand: Bürgermeister Lerner in Linz.
Schriftführer: Direktor Karl Maruhn in Linz.

18. Lokalverein Mayen.
Lokalvorstand: Gutsbesitzer C. J. Peters zu Emming bei Ochtendung.
Stellvertreter: Bürgermeister Hecking in Mayen.
Schriftführer: Bürgermeister Laymann zu Polch.

19. Lokalverein Mittelmosel.
Lokalvorstand: Landrat Steinmann in Zell.
Stellvertreter: Gutsbesitzer A. Böcking in Trarbach.
Schriftführer: Oberförster Quickers in Büchenbeuren.

20. Lokalverein Moers.
Lokalvorstand: Adolf Pieper in Moers.

21. Lokalverein Montjoie.
Lokalvorstand: Albert Christoffel, Fabrikbesitzer in Montjoie.
Stellvertreter: Oberförster Stenzel in Hoeven.
Schriftführer: Becker, Steuerempfänger und Forstrendant in Montjoie.

22. Lokalverein Mülheim a. Rhein.
Lokalvorstand: M. Marx in Leidenhausen bei Wahn.
Schriftführer: Walter van Hees in Mülheim.

23. Lokalverein Mülheim a. Rhein.
Lokalvorstand: Amtsrichter Kuckhoff in Neuß, Präsident.
" Gutsbesitzer Robert Froitzheim in Löveling bei Neuß.
" Klemens Sels in Neuss, Schriftführer.

24. Lokalverein Oberwupper.
Lokalvorstand: Bürgermeister Fischer zu Claswipper.
Stellvertreter: Franz Egon Freiherr von Fürstenberg zu Schloß Gimborn.
Schriftführer: C. A. Buchholz in Ohl bei Rönsahl.

25. Lokalverein Rheydt-Odenkirchen.
Lokalvorstand: August Kropp in Rheydt.
Stellvertreter: Wilhelm Lauffs in Kamphausen.
Schriftführer: Viktor Achter in Rheydt.

26. Lokalverein Saarbrücken.
Lokalvorstand: H. Schöneweg in Dudweiler.

27. Lokalverein Saarlouis.
Lokalvorstand: Baumeister Müller in Fraulautern.
Schriftführer: Kreissekretär Fehres in Saarlouis.

28. Lokalverein Sieg.
Lokalvorstand: Oberförster Reusch in Siegburg.

29. Lokalverein St. Goar.
Lokalvorstand: Oberförster Schirmer in St. Goar.

30. Lokalverein Viersen.
Lokalvorstand: Hugo Menger in Viersen.
Stellvertreter: P. H. Hamm in Viersen.

Jagdschutzverein für den Reg.-Bez. Wiesbaden.

Der Jagdschutzverein für den Regierungsbezirk Wiesbaden ist im Jahre 1878 gestiftet worden. — Die Stifter des Vereins waren:

Präsident von Heemskerk
Rittergutsbesitzer von Köppen
Regierungsrat von Reichenau
Major a. D. von Reichenau
Oberforstmeister Tilmann
Forstmeister Roth.

Die erste Generalversammlung hielt der Verein am 25. Februar 1878 ab, in welcher Versammlung die Statuten festgestellt, ein Direktorium und die Kreisvorstände gewählt wurden. — Dem Vereine traten in dem ersten Jahre seines Bestehens 398 Mitglieder bei, und ist die Mitgliederzahl seit diesem Jahre ziemlich unverändert geblieben.

Der Verein zählte:

im Jahre 1879 = 409 Mitglieder
" " 1880 = 400 "
" " 1881 = 413 "
" " 1882 = 422 "
" " 1883 = 412 "

und zahlte an Prämien:

        im Jahre 1878 an 27 Personen 770 Mk.
         "   " 1879 " 35   "   710 "
         "   " 1880 " 37   "   930 "
         "   " 1881 " 67   "   1150 "
         "   " 1882 " 35   "   720 "
         "   " 1883 " 35   "   865 "

Das Vermögen des Vereins betrug ult. 1883 2080 Mark. —

Im Jahre 1882 hat der Verein auf seine Kosten die von dem Herrn Oberforstmeister Tilmann zu Wiesbaden bearbeitete Statistik der Jagd und Fischerei im Regierungsbezirke Wiesbaden (Verlag von Chr. Limbarth, Wiesbaden) herausgegeben und jedem Mitgliede ein Exemplar derselben gratis zugestellt.

Der Verein umfaßt folgende Bezirke:

Bezirk:	Bezirksvorstand:
Biedenkopf, nördlich der Lahn	Oberförster Jäger.
" südlich der Lahn	Hüttenbesitzer Wehrenbold.
Braubach	Oberförster Winter.
Dietz	" Meyer.
Dillenburg	" Genth.
Eltville	" A. Nilkens.
Frankfurt	Forstmeister Freiherr von Schott.
Hadamar	Gutspächter Frühe.
Herborn	" L. Wenkenbach.
Hochheim	Sanitätsrat Dr. Stifft.
Höchst	P. A. Bied.
Homburg	Oberförster Freiherr von Hime.
Idstein	Fabrikant Landauer.
Königstein	Oberförster Schwab.
Limburg	Justizrat Hilf.
Marienberg	Bezirksgeometer Baldus.
Montabaur	Oberförster Jericho.
Nassau	Karl Gödeke.
Nastätten	Oberförster Speck.
Rennerod	Amtmann Westerburg.
Rüdesheim	Georg Lade.
Runkel	Amtmann Graf Carmer.
St. Goarshausen	Kommerzienrat Lotichius.
Selters	Bürgermeister Schneider.
Usingen	Amtsgerichtsrat Weber.
Wallmerod	Oberförster Scheuch.
Wehen	" Wilhelm.
Weilburg	Kaufmann Faro.
Wiesbaden (Stadt)	Major z. D. Quirin.
" (Land)	Bürgermeister Heppenheimer.

Für das Jahr 1884 ist nach den bis jetzt eingegangenen Meldungen eine Zunahme der Vereinsmitgliederzahl zu erwarten.

Die bairisch-pfälzischen Jagdschutzvereine.

Mit den bairisch-pfälzischen Jagdschutzvereinen hat es seine eigene Bewandtnis. Das Jahr 1878 ist das Gründungsjahr der meisten Vereine. Den Verein Memmingen, einer der ersten Jagdschutzvereine, finden wir jedoch schon 1876 mit 112 Mitgliedern.

Folgender Beschluß dieses Vereines dürfte für die Beurteilung der zu damaliger Zeit in Baiern bestehenden Jagdverhältnisse einen guten Anhalt geben.

„Der Verein geht mit gleicher Strenge wie gegen Nichtmitglieder auch gegen seine eigenen Mitglieder vor, falls diese wegen kleinerer Übertretungen sich nicht zur Selbstanzeige entschließen oder lediglich ein zweifellos entschuldbares Versehen in Mitte liegt, und hält dies für unerläßlich für seine Zwecke."

1878 bildete sich in Nürnberg ein bairischer Jagdschutz-Hauptverein, um den sich die übrigen kleineren Vereine als Zweigvereine gruppieren sollten. Eine Anzahl that dieses — andere blieben selbständig. — Neben dem Nürnberger Hauptverein bilden sich dann noch größere selbständige Vereine, so: der Münchener Jagdschutzverein mit ca. 350 Mitgliedern, der Augsburger, der Weilheimer, der Ingolstädter und Allgäuer Verein. In der Rheinpfalz konstituierte sich noch am 2. Februar 1878 der Pfälzische Jagdschutzverein, und ermächtigte einen Anschluß, den Anschluß des pfälzischen Vereins an den bairischen Jagdschutzverein mit dem Sitze in Nürnberg, unter Wahrung seiner statutenmäßigen Organisation und freien Verfügung über seine finanziellen Mittel, wie auch mit den Nachbarvereinen diejenigen Beziehungen und Anknüpfungen zu unterhalten, welche seinen Tendenzen und Bestrebungen entsprechen.

Am 1. Januar 1879 erschien die erste Nummer des „Deutschen Jägers", Offizielles Organ der pfälzisch-baierischen Jagdschutzvereine, herausgegeben und redigiert von Oskar Horn, und brachte am 30. März 1879 folgende Statistik der baierischen Jagdschutzvereine.

Nummer	Namen der Vereine	Mitgliederzahl	Vorstandschaft
1	Amberg *)	?	?
2	Augsburg	203	Vorstand: Generallieutenant z. D. Rudolf, Freiherr von der Tann-Rathsamhausen, Exc. Kassier: Buchhändler Himmer. Sekretär: städt. Forstrat Ganghofer.
3	Bamberg	86	I. Vorstand: Frhr. v. Redwitz-Küps; II. Vorstand: Fabrikant Panzer; Sekretär und Kassier: Rechnungsrat Utz.
4	München	281	darunter 3 Prinzen des kgl. Hauses. I. Vorstand: Advokat Stenglein; II. " Hofmarsch. Frhr. v. Reck; Sekretär: Hauptm. a. D. v. Sutner; Kassier: Rentier Kurz.
5	Nürnberg, Hauptverein	273	Vorstand: Leykam, k. Oberförster; Kassier: Kaufmann R. Forster; Vorstandsmitglieder: Kleiner, k. Appellrat, Dr. Stapf, k. Rechtsanwalt, Fabrikbesitzer Beißbarth.
	Zweigvereine des Nürnberger Hauptvereins		
6	Aschaffenburg	91	Vorstand: Rauchenberger, k. Forstmeister; Kassier: Forstamtsassistent Gleitsmann.
7	Bayreuth	93	Vorstand: Baier, k. Forstmeister; Sekretär: Müller, Forstamtsassist. Se. kgl. Hoh. Herzog Alexander von Württemberg, Protektor des Vereins.

*) 17. Nov. 1879 aufgelöst, dafür entstanden Cham.

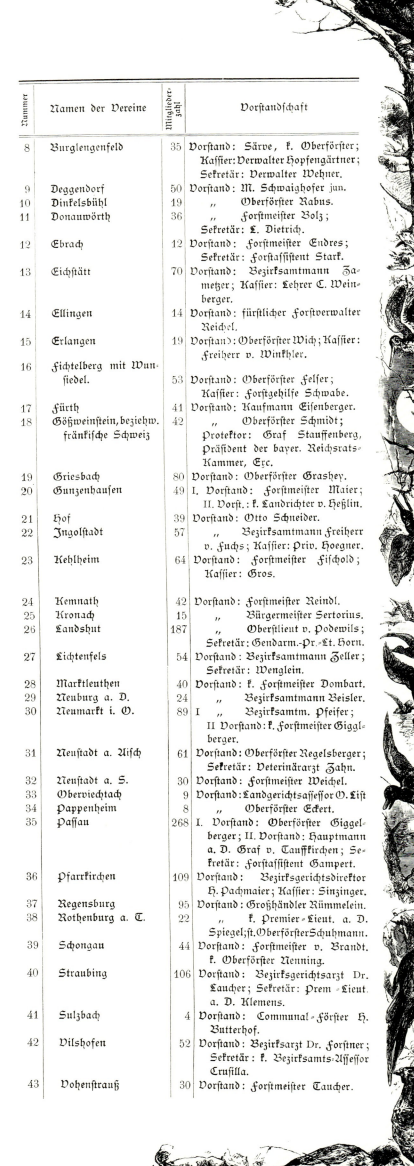

Nummer	Namen der Vereine	Mitgliederzahl	Vorstandschaft
8	Burglengenfeld	35	Vorstand: Särve, k. Oberförster; Kassier: Verwalter Hopfengärtner; Sekretär: Verwalter Wehner.
9	Deggendorf	50	Vorstand: M. Schwaighofer jun.
10	Dinkelsbühl	19	„ Oberförster Rabus.
11	Donauwörth	36	„ Forstmeister Bolz; Sekretär: L. Dietrich.
12	Ebrach	12	Vorstand: Forstmeister Endres; Sekretär: Forstassistent Stark.
13	Eichstätt	70	Vorstand: Bezirksamtmann Zametzer; Kassier: Lehrer C. Weinberger.
14	Ellingen	14	Vorstand: fürstlicher Forstverwalter Reichel.
15	Erlangen	19	Vorstand: Oberförster Wich; Kassier: Freiherr v. Winkhler.
16	Fichtelberg mit Wunsiedel.	53	Vorstand: Oberförster Felser; Kassier: Forstgehilfe Schwabe.
17	Fürth	41	Vorstand: Kaufmann Eisenberger.
18	Gößweinstein, beziehw. fränkische Schweiz	42	„ Oberförster Schmidt, Protektor: Graf Stauffenberg, Präsident der bayer. Reichsrats-Kammer, Exc.
19	Griesbach	80	Vorstand: Oberförster Grashey.
20	Gunzenhausen	49	I. Vorstand: Forstmeister Maier; II. Vorst.: k. Landrichter v. Heßlin.
21	Hof	39	Vorstand: Otto Schneider.
22	Ingolstadt	57	„ Bezirksamtmann Freiherr v. Fuchs; Kassier: Priv. Hoegner.
23	Kehlheim	64	Vorstand: Forstmeister Fischold; Kassier: Gros.
24	Kemnath	42	Vorstand: Forstmeister Reindl.
25	Kronach	15	„ Bürgermeister Sertorius.
26	Landshut	187	„ Oberstlieut. v. Podewils; Sekretär: Gendarm.-Pr.-Lt. Horn.
27	Lichtenfels	54	Vorstand: Bezirksamtmann Zeller; Sekretär: Wenglein.
28	Marktleuthen	40	„ k. Forstmeister Dombart.
29	Neuburg a. D.	24	„ Bezirksamtmann Beisler.
30	Neumarkt i. O.	89	I „ Bezirksamtm. Pfeifer; II Vorstand: k. Forstmeister Gigglberger.
31	Neustadt a. Aisch	61	Vorstand: Oberförster Regelsberger; Sekretär: Veterinärarzt Zahn.
32	Neustadt a. S.	30	Vorstand: Forstmeister Weichel.
33	Oberviechtach	9	Vorstand: Landgerichtsassessor O. List
34	Pappenheim	8	„ Oberförster Eckert.
35	Passau	268	I. Vorstand: Oberförster Gigglberger; II. Vorstand: Hauptmann a. D. Graf v. Taufkirchen; Sekretär: Forstassistent Gampert.
36	Pfarrkirchen	109	Vorstand: Bezirksgerichtsdirektor H. Pachmaier; Kassier: Sinzinger.
37	Regensburg	95	Vorstand: Großhändler Rümmelein.
38	Rothenburg a. T.	22	„ k. Premier-Lieut. a. D. Spiegel; st. Oberförster Schuhmann.
39	Schongau	44	Vorstand: Forstmeister v. Brandt. k. Oberförster Nenning.
40	Straubing	106	Vorstand: Bezirksgerichtsarzt Dr. Laucher; Sekretär: Prem.-Lieut. a. D. Klemens.
41	Sulzbach	4	Vorstand: Communal-Förster H. Butterhof.
42	Vilshofen	52	Vorstand: Bezirksarzt Dr. Forstner; Sekretär: k. Bezirksamts-Assessor Crusilla.
43	Vohenstrauß	30	Vorstand: Forstmeister Taucher.

Nummer	Namen der Vereine	Mitgliederzahl	Vorstandschaft
44	Wendelstein	30	Vorstand: Steinbruchbesitz. Jegel.
45	Windsheim	13	„ k. Oberförster Model.
46	Würzburg *)	70	Vorstand: Graf v. Stauffenberg; Kassier: Fabrik. Dornberger.
47	Pfälzischer Jagdschutzverein	402	Vorstand: Gutsbesitzer W. Schellhorn-Wallbillich in Forst; Kassier: Dr. Michel in Ludwigshafen; Sekretär: k. Triftmeister Hofherr in Neustadt; Beigeordnete: Frhr. v. Gienanth in Hochstein; Eisenwerkbesitzer Kramer in St. Ingbert; Forstmeister Martin in Speyer.
48	Weilheim	126	Vorstand: k. Forstmeister v. Lips; Sekretär: k. Oberstlieut. Neumayer.

Neuerdings gegründet sind Vereine in Vilseck und Beilngries. In der Gründung begriffen Ansbach. — Der Nürnberger Hauptverein mit seinen Zweigvereinen hat im abgelaufenen Jahre in 300 Fällen 4284 Mk. Prämien bezahlt.

Angezeigt und bestraft wurden:												
Schlingenstellen	Jagdfrevler	Jagdpolizei-übertreter	Hehler	in Geld	mit Gefängnis			mit Verlust der bürg. Ehrenrechte	m. Stellung unter Polizeiaufsicht	mit Konfiskation der Gewehre	mit Einziehung der Jagdkarte des Jagdpachtes	Angezeigt
					Jahr	Monat	Tag					von der Gendarmerie	von der Polizei	von anderen Personen
				Mk.										
58	162	186	21	3016	48	2	14	4	6	17	4	1	165	29	102

Wir vermissen in dieser Zusammenstellung den Verein Memmingen, und entstanden 1881 Uffenheim, welcher Verein sich an München anschloß, und Straubing, und bestehen heute:

Der Hauptverein Nürnberg mit seinen Zweigvereinen,

Der Münchener Jagdschutzverein (Vorsitzender: Rechtsanwalt Stenglein),

Der Pfälzische Jagdschutzverein (Vorsitzender: Gutsbesitzer Schellhorn-Wallbiltich),

Der Augsburger Jagdschutzverein (Vorsitzender: Generalleutnant z. D. Freiherr von der Tann),

Der Memminger Jagdschutzverein (Vorsitzender: Generalleutnant z. D. von der Tann),

Der Allgäuer Jagdschutzverein (Vorsitzender: Generalleutnant z. D. von der Tann).

Die Vereine sind alle in einem gewissen Kartellverhältnis miteinander, aber doch als selbständig arbeitende Korporationen unter sich getrennt, bis auf die Gruppe Nürnberg, welche hauptsächlich die 3 Franken und Niederbaiern in sich schließt. —

Die Statuten der Vereine sind ziemlich dieselben, ihr Wirken war auf die Aufbesserung der Wildbahnen und der Förderung waidgerechter Jagd von segensreichstem Einfluß. —

Die österreichischen Jagdschutzvereine.

Der Nieder- und Oberösterreichische Jagdschutzverein, neben ihnen die Provinzialvereine:

1) Böhmischer Forstverein,
2) Steierischer Jagdschutzverein,
3) Jagd- und Fischereischutzverein für den Innkreis in Ried,
4) Salzburger Schutzverein für Jagd und Fischerei,
5) Tiroler Jagd- und Vogelschutzverein,
6) Mährischer Jagd- und Vogelschutzverein,
7) Jagd- und Vogelschutzverein in Aussig und
8) Galizischer Jagdschutzverein

verfolgen für die Kronländer Österreichs im wesentlichen dieselben Zwecke und Ziele wie die deutschen Vereine. Außer diesen Vereinen bestehen noch eine Anzahl Forst- und Fischereivereine, welche neben forstlichen und Fischereiinteressen den Schutz der Jagd mit bezwecken und giebt es ein paar Kronländer, in denen Vereine noch nicht bestehen und der Jagdschutz von einzelnen hervorragenden Jagdherrn gepflegt wird. —

Auf Anregung des o.-ö. Jagdschutzvereins, dessen Präsident Fürst Starchemberg ist, wurde von dem n.-ö. Jagdschutzverein in der am 23. Mai 1885 abgehaltenen VI. ordentlichen Generalversammlung die Frage diskutiert: „Ob es nicht im Interesse des Jagdwesens wünschenswert sei, einen Verband der einzelnen Provinzialjagdschutzvereine anzustreben? und führte der Vicepräsident des Vereins, Herr Dr. Berthold, ungefähr folgendes aus:

„Die Entwickelung des Jagdwesens in den letzten 20 Jahren, die gründliche Umgestaltung desselben infolge der Einschränkung des Dominical-Jagdrechtes durch das kaiserliche Patent vom Jahre 1849, sowie die allgemeine Erkenntnis der Wichtigkeit des Jagdwesens in nationalökonomischer Beziehung haben in den letzten Jahren zur Bildung zahlreicher Provinzialjagdschutzvereine geführt. — Alle diese Vereine sind in ihrer Thätigkeit statutarisch auf die Grenzen ihres engeren Vaterlandes beschränkt. So anerkennenswert nun auch die Leistungen und Erfolge dieser Landesvereine für das Jagdwesen im allgemeinen und für die partikulären Jagdinteressen der einzelnen Länder genannt werden müssen, so steht denselben eben infolge ihrer territorial beschränkten Wirksamkeit nicht das erforderliche Gewicht zur Seite, um in den großen grundsätzlichen Fragen des Jagdwesens, welche allen Ländern gemeinsam sind, jenen Einfluß geltend machen zu können, der dem einheitlichen Eintreten einer Vereinigung aller Provinzialvereine notwendig zur Seite stehen müßte.

Unter solche gemeinsame Fragen und Interessen des Jagdwesens fallen sowohl wichtige Rechtsgrundsätze, als wesentliche Punkte der Exekutive und polizeilichen Jagdordnung und insbesondere auch die Landeswildschongesetze, deren Übereinstimmung untereinander in manchen wesentlichen Punkten ein dringendes Bedürfnis, sowohl für die gesicherte Jagdhege in den Grenzdistrikten, als für den Wildmarktverkehr bildet. Und gerade im gegenwärtigen Augenblicke, wo von der hohen Regierung bei mehreren Statthaltereien Enquêten für die in Aussicht genommenen neuen Landesjagdgesetze einberufen wurden, trat die Aktualität und das unmittelbare Bedürfnis einer gemeinsamen Vertretung mit aller Evidenz hervor, da innerhalb der Beratung dieser Landesgesetze eine Reihe sowohl rechtsgrundsätzlicher, als rein technischer Fragen des Jagdwesens zur Verhandlung kommen wird, welche allen Ländern gemeinsam sind und auch nach gemeinsamen Grundsätzen behandelt werden sollten.

Auf diese Beratungen aber einen maßgebenden Einfluß zu üben und eine sowohl theoretisch auf der Höhe der Zeit stehende, als auch in ihren Ausführungsverordnungen durchaus zweckmäßige neue Jagdgesetzgebung vorzubereiten, dies und die gleichzeitige Gründung eines auf breiterer und jagdwissenschaftlicher Basis stehenden publizistischen Centralorganes für die gemeinsamen Jagdangelegenheiten der österr. Länder aus gemeinsamen Mitteln halten wir für die nächsten wichtigen Aufgaben jener centralen Vertretung der Jagdschutzvereine, welche wir im Plane führen.

Alle diese Erwägungen aber bestimmten den Ausschuß, gemeinschaftlich mit dem o.-ö. Jagdschutzvereine die Vorarbeiten zu unternehmen, um einen solchen centralen Verband der Provinzialjagdschutzvereine, den wir uns vorläufig in der Form eines alljährlich oder nach Bedarf einzuberufenden Jagdkongresses denken, ins Leben zu rufen.

Die von uns gemeinsam mit dem o.-ö. Brudervereine an die übrigen Provinzialvereine ergangenen Einladungen wurden sämtlich mit freudiger Zustimmung begrüßt und findet am 7. Juni d. J. bereits die Vorversammlung der von den einzelnen Vereinen zu entsendenden Delegierten statt, deren Aufgabe es sein wird, die vereinsgesetzlichen Bedingungen für die Einberufung des Kongresses zu erfüllen und eine provisorische Geschäftsordnung und das Aktionsprogramm für den ersten Kongreß festzustellen.

Zu diesem Punkte müssen wir jedoch, um allfällige Befürchtungen zu zerstreuen, daß durch die Bildung eines Centralverbandes die Existenzfähigkeit der einzelnen Provinzialvereine beeinflußt werden könnte, schon jetzt ausdrücklich hervorheben, daß durch den in Aussicht genommenen Jagdkongreß oder wie man den Centralverband sonst nennen will, dem Wirkungskreise der schon bestehenden Jagdschutzvereine in keiner Richtung Eintrag geschehen soll, daß vielmehr die Vertretung der partikulären Provinzialinteressen wie bisher den Landesjagdschutzvereinen ganz autonom überlassen bleiben soll.

Die Provinzialvereine, an welche unsere gemeinsame Einladung für die Beschickung der Vorversammlung gerichtet wurde, und welche diese Vorversammlung zu beschicken sich bereit erklärten, sind folgende:

1. Böhmischer Forstverein,
2. Steierischer Jagdschutzverein,
3. Jagd- und Fischereischutzverein für den Innkreis in Ried,
4. Salzburger Schutzverein für Jagd und Fischerei,
5. Tiroler Jagd- und Vogelschutzverein,
6. Mährischer Jagd- und Vogelschutzverein,
7. Jagd- und Vogelschutzverein in Aussig, und
8. Galizischer Jagdschutzverein.

Die Angelegenheit ist hiernach in vollen Fluß gekommen und hoffen wir in unseren „Mitteilungen" bald weitere Nachrichten über die definitive Konstituierung dieses Vereinsverbandes bringen zu können.

Am 7. Juni 1883 fand im kleinen Saale der k. k. n.-ö. Landwirtschaftsgesellschaft eine Vorversammlung der Delegierten dieser Vereine zum Zwecke der Gründung eines Verbandes der cisleithanischen Jagdschutzvereine statt. — Der Versammlung präsidierte S. Durchlaucht der Fürst Camillo Starchemberg, Präsident des o.-ö. Jagdschutzvereins, nachdem Graf Colloredo, Präsident des n.-ö. Jagdschutzvereins, die Versammlung eröffnet hatte. Der Präsident begründete in eingehender längerer Rede das Vorgehen der beiden Hauptvereine, und gab die Erklärung ab, daß der Idee zur Schaffung eines Jagdkongresses nichts ferner liege, als in die Autonomie der Provinzialschutzvereine einzugreifen und überhaupt ihr internes Wesen und Eigenwirken im geringsten zu beeinflussen, und stellt in erster Linie als Aufgabe des Kongresses hin, sich über gemeinsame Rechtsgrundsätze der künftigen Jagdgesetzgebung zu einigen, die Regelung der jagdpolizeilichen Vorschriften und des Jagdschutzdienstes anzustreben und die möglichste Einigkeit bei der Organisation der Jagdgesetzgebung zu erzielen. — Die heutige Jagdgesetzgebung in Österreich habe durchaus keine Einheitlichkeit mehr, denn sie berufe sich auf das Patent vom Jahre 1876 auf das Gesetz vom Jahre 1849 und auf eine Menge von Erlassen und Ministerialverordnungen der neuen Zeit. — Ein weiterer Gegenstand, der in die Beratung des Jagdkongresses fallen würde, sei das Streben, die möglichste Gleichheit im Wildschongesetze zu erzielen, denn nur wenn eine möglichst gleiche Schonung für das Wild erzielt sei, sei eine strenge Handhabung dieses Gesetzes, eine strenge Überwachung des Wildmarktes möglich und beklagt hierbei die verschiedenen Schonzeiten für das Rehwild und die Schnepfe, für welche letztere wohl eine Internationale Vereinigung anzustreben sei. — Als weitere Mißstände bezeichnet der Herr Präsident das Wildschadenerhebungsverfahren und die ungleiche Behandlung der Jagdkartenfrage und Waffenpaßerteilung, und empfiehlt schließlich die Gründung eines gemeinsamen publicistischen Organes für alle Vereine. —

Das Resultat dieser Vorversammlung war folgendes:

„Der erste Kongreß soll in den ersten Wochen des Jahres 1884 längstens bis Mitte März einberufen werden, und bleibt die Bestimmung des Termines dem Aktionskomitee überlassen. Die Tagesordnung soll folgende Punkte umfassen:

1) Entwurf der Statuten,
2) Referat über die Reform der Jagdgesetzgebung und
3) Gründung eines publicistischen Centralorgans.

Dem Aktionskomitee gehören an:
Herr Oberforstmeister Dimitz,
Herr Professor von Barth,
Herr Dr. Berthold. —

Leider hat sich der Zusammentritt des Kongresses bis heute verzögert, und müssen wir darauf verzichten, die gewiß hochinteressanten Resultate an dieser Stelle mitzuteilen.

Der niederösterreichische Jagdschutzverein.

Im Januar 1879 erschien die erste Nummer der Mitteilungen des N.-Ö. Jagdschutzvereins und scheint dieser Verein sich im Jahre 1878 gebildet zu haben. Derselbe untersteht dem Protektorate S. kais. Hoheit des Herrn Erzherzogs Kronprinz Rudolf und zählt heute über 2000 Mitglieder, ist also der stärkste Verein Österreichs.

Präsident ist: Franz Graf Colloredo-Mannsfeld,
Vicepräsident: Dr. jur. Moritz Berthold,
Schriftführer: Dr. jur. Josef Schwach.

Der Ausschuß besteht aus folgenden Herren:

Breunner-Enkevoirth, August, Graf;
Gudenus, Leo, Baron;
Höyos, Josef, Graf;
Kammel Edler von Hardegger, Dominik, Dr. med;
Leibenfrost, Franz, sen., Hoflieferant;
Lemberg, Eduard, Forstrat;
Lippert, Christian, k. k. Ministerialrat im Ackerbauministerium;
Schaub, Robert, Ritter von;
Schönborn, Erwin, Graf, Erlaucht;
Traun-Abensperg, Hugo, Graf, Excellenz, Sr. Majestät Oberstjägermeister;
Traun-Abensperg, Otto, Graf;
Trauttmansdorff, Karl, Fürst;
Troll, Josef, Dr. jur.;
Wächter, Otto, Baron;

und gehören dem Vereine als Mitglieder an:

Se. kaiserl. Hoheit Erzherzog Karl Ludwig;
Se. kaiserl. Hoheit Erzherzog Ludwig Viktor;
Se. kaiserl. Hoheit Erzherzog Albrecht;
Se. kaiserl. Hoheit Erzherzog Friedrich;
Se. kaiserl. Hoheit Erzherzog Wilhelm;
Se. kaiserl. Hoheit Erzherzog Sigismund;
Se. kaiserl. Hoheit Erzherzog Rainer;
Se. kaiserl. Hoheit Erzherzog Franz Ferdinand.
Se. königl. Hoheit Adolf Herzog von Nassau;
Se. Durchlaucht Johann, regierender Fürst zu Liechtenstein;
Se. Hoheit Prinz August von Sachsen-Coburg-Gotha;
Se. Hoheit Prinz Philipp von Sachsen-Coburg-Gotha.

Seine Statuten sind folgende:

Art. I.

Der niederösterreichische Jagdschutzverein verfolgt nachstehende Zwecke:

a) Die Handhabung der bestehenden jagdpolizeilichen Vorschriften und aller die Jagd betreffenden Landes- und Reichsgesetze in gesetzlicher Weise zu unterstützen und deren Verbesserung im legislativen Wege anzustreben;

b) die gegenseitige Unterstützung der Jagdinhaber in bezug auf Durchführung der Gesetze und Verordnungen über Jagdpolizei und Wildschonung;

c) auf die Unterdrückung und Bestrafung des Wilddiebstahles und aller sonstigen Übertretungen der einschlägigen Gesetze und Verordnungen in gesetzlicher Weise hinzuwirken:

d) die Hebung der Jagdzustände durch Belohnung an besonders verdiente Jagdschutzpersonen und an Personen, welche die Zwecke des Vereines in hervorragender Weise fördern oder welche einen Wilddieb, Hehler oder einen Verkäufer gestohlenen oder während der Schonzeit erlegten Wildes derart zur Anzeige bringen, daß seine Bestrafung erfolgt;

e) die Einführung praktischer Hülfsmittel und Einrichtungen aller Art, wodurch die waidmännische Ausübung der Jagd und die Hebung der Jagdzustände überhaupt gefördert werden soll, als: Herausgabe einer Vereinsschrift, Veranstaltung von Ausstellungen und Abhaltung von Vorträgen u. s. w.;

f) die Unterstützung von Forst- und Jagdschutzpersonen, welche bei Ausübung ihres Dienstes von Wilddieben verwundet wurden, sowie der Witwen und Waisen der bei solchem Anlasse Getöteten.

Art. II.

Der niederösterreichische Jagdschutzverein hat seinen Sitz und seine Verwaltung in Wien.

Der Verein ist konstituiert, sobald 50 Mitglieder demselben beigetreten sind.

Art. III.

Mitglied des Vereines kann jede unbescholtene Person werden, welche an dem Streben des Vereines Anteil nimmt und sich den statutenmäßigen Pflichten des Vereinsmitgliedes unterzieht.

Die Aufnahme der Mitglieder, sowie die Ernennung zum Ehrenmitgliede steht dem Vereinsausschusse zu.

Art. IV.

Die Vereinsmitglieder haben die Vereinszwecke nach Möglichkeit zu fördern.

Ihre allfälligen Anzeigen und Anträge nimmt der Vereinsausschuß entgegen.

Der Jahresbeitrag wird für Mitglieder, die ihren Wohnsitz im Polizeirayon Wien haben, auf 5 fl.; für die außerhalb Wien bleibend wohnenden Mitglieder auf 3 fl.; für Jagd- und Forstschutzpersonen aber auf 2 fl. festgesetzt.

Jedes Mitglied hat das Recht, auf mehrere Jahresbeiträge zu zeichnen und erlangt hierdurch das Recht, bei der Generalversammlung so viele Stimmen abzugeben, als es Jahresbeiträge bezahlt hat.

Der Beitritt wird nur für ein Jahr verstanden, jedoch muß der beabsichtigte Austritt 3 Monate vor Ablauf des Jahres dem Vereinsausschusse gemeldet werden, widrigens das betreffende Mitglied noch für das nächste Jahr verpflichtet angesehen wird.

Art. V.

Die Vereinsleitung besorgt der Vereinsausschuß, der aus 17 Mitgliedern besteht, und zwar aus dem Präsidenten, 1 Stellvertreter desselben, 1 Kassierer, 1 Schriftführer und 13 Ausschußmitgliedern.

Alle diese Funktionäre begleiten ihre Ämter unentgeltlich.

Der Vereinsausschuß wird von der ordentlichen Generalversammlung auf die Dauer von 3 Jahren gewählt.

Art. VI.

Der Vereinsausschuß beruft die Generalversammlung ein, hat deren Beschlüsse auszuführen und leitet die Vereinsangelegenheiten, soweit sie nicht der Generalversammlung vorbehalten sind.

Zur Gültigkeit seiner Beschlüsse ist die Anwesenheit von wenigstens fünf Mitgliedern erforderlich.

Die Beschlüsse werden mit absoluter Majorität gefaßt; bei gleicher Stimmenzahl giebt der Vorsitzende den Ausschlag.

Die Geschäftsordnung des Vereinsausschusses wird von diesem selbst innerhalb der Statuten festgesetzt.

Art. VII.

Der Präsident des Ausschusses vertritt den Verein nach außen und unterzeichnet rechtsgültig alle vom Vereine ausgehenden Ausfertigungen und Bekanntmachungen. Seine Befugnisse werden im Verhinderungsfalle ohne besondere Vollmacht vom Präsidentenstellvertreter ausgeübt.

Art. VIII.

Dem Kassierer obliegt die Buchführung über die Einnahmen und Ausgaben des Vereines und die Kassagebahrung, für die er persönlich verantwortlich ist.

Art. IX.

Bei Beginn des Kalenderjahres ergeht an alle Mitglieder von Seite des Ausschusses die Aufforderung, die Jahresbeiträge einzuzahlen.

Geschieht dies bis zum 20. Jänner nicht, so werden dieselben durch Postnachnahme eingezogen. Verweigert ein Mitglied die Einzahlung auf diesem Wege, so ist dasselbe unbeschadet der schon bestehenden Rechte des Vereines als ausgetreten zu betrachten.

Art. X.

Außer den regelmäßigen Jahresbeiträgen nehmen der Vereinsausschuß und die Funktionäre (Art. V) auch freiwillige Beiträge, sowohl von Mitgliedern als Nichtmitgliedern, zur Bildung eines Fonds für außerordentliche Vereinsauslagen und Prämien entgegen.

Art. XI.

Der Vereinsausschuß ist befugt, überall dort, wo es ihm im Interesse des Vereines gelegen scheint, Mitglieder des Vereines mit besonderer Vollmacht, welche vom Präsidenten ausgefertigt wird, zur Besorgung bestimmter Vereinsangelegenheiten aufzustellen.

Diese Mitglieder haben zu den Verhandlungen des Vereinsausschusses Zutritt und in denselben berathende Stimmen und versehen diese Funktionen unentgeltlich.

Art. XII.

Die ordentliche Generalversammlung ist jährlich einmal, längstens Ende Mai in Wien einzuberufen.

Die Anberaumung derselben ist in wenigstens einer verbreiteten Zeitung kundzumachen.

Zur Gültigkeit ihrer Beschlüsse, welche mit absoluter Majorität gefaßt werden, ist die Anwesenheit von mindestens 20 Mitgliedern erforderlich.

Jedes Mitglied kann sich durch ein anderes Mitglied des Vereines vertreten lassen und genügt zu dessen Legitimation die Vorweisung der Mitgliedkarte des Auftraggebers.

Jedes Mitglied kann so viel Stimmen abgeben, als es Jahresbeiträge eingezahlt hat.

Gegenstände der Generalversammlung sind:

a) Änderung der Statuten;

b) Abänderung der Jahresbeiträge (Art. IV);

c) Prüfung des vom Vereinsausschusse zu erstattenden Jahres- und Rechenschaftsberichtes und nötigenfalls Wahl eines Revisions-Komitees;

d) Wahl des Vereinsausschusses und der Funktionäre desselben;

e) Beschlußfassung über die Auflösung des Vereines.

Selbständige Anträge für die Generalversammlung müssen mindestens acht Tage vor derselben beim Vereinsausschusse angemeldet werden.

Art. XIII.

Außerordentliche Generalversammlungen werden nach dem Ermessen des Vereinsausschusses oder wenn der zehnte Theil der Vereinsmitglieder darauf anträgt, einberufen.

Art. XIV.

Zur Gültigkeit eines Beschlusses auf Statutenänderung oder Auflösung des Vereines sind zwei Drittel der in einer beschlußfähigen Generalversammlung vertretenen Stimmen erforderlich.

Im Falle der Auflösung des Vereines fällt das Vereinsvermögen einem gemeinnützigen Fonde zu, welchen die Generalversammlung zu bestimmen hat.

Art. XV.

Allfällige aus dem Vereinsverhältnisse entstehende Rechtsstreitigkeiten werden endgültig durch ein Schiedsgericht entschieden. Jeder der streitenden Teile wählt aus den Vereinsmitgliedern je einen Schiedsrichter, und diese gleichfalls aus den Vereinsmitgliedern einen Obmann. Können sich dieselben über die Wahl desselben nicht einigen, hat der Präsident den Obmann zu bestimmen.

Z. 18151.

Der Bestand dieses Vereines, nach Inhalt der vorstehenden geänderten Statuten, wird im Sinne des §. 9 des Gesetzes vom 15. November 1867, R.-G.-Bl. Nr. 134, bescheinigt.

Wien, am 13. Juni 1879.

Der k. k. Statthalter:
Konrad von Eybesfeld.

Mit Schluß des Jahres 1878 betrug die Anzahl der Vereinsmitglieder 297 mit 480 Anteilen.

Jagdkartenfrage und Änderung des Schongesetzes zu Gunsten des Rehwildes waren die ersten Aufgaben, welche sich der Verein stellte und deren Behandlung er in Angriff nahm. —

Auf Ansuchen des Vereinsausschusses wurde vom hohen k. k. Handelsministerium durch ein Cirkulare an die Direktionen der in Niederösterreich in Betrieb stehenden Bahnen die Beschränkung des Wildtransportes während der Schonzeit verfügt und wurde ein Gesuch an das hohe k. k. Ackerbauministerium in Vorbereitung genommen, welches diese für Niederösterreich erwirkte Maßregel auch in den übrigen Kronländern einzuführen bezweckte.

Unter den übrigen Vorkommnissen sind besonders hervorzuheben die Zuschriften des Polizeipräsidenten von Wien und Sr. Excellenz des Landesverteidigungsministers mit der Erklärung, die ihnen vom n.-ö. Jagdschutzvereine zur Verfügung gestellten Beträge annehmen und damit Polizei- und Gensdarmerieorgane, die sich um Konstatierung von Übertretungen des Schongesetzes und der übrigen jagdpolizeilichen Vorschriften besonders verdient gemacht haben, beteilen zu wollen.

Von den Bezirkshauptmannschaften wurde mit größter Bereitwilligkeit dem Ansinnen des Vereinsausschusses um Mitteilungen von Jagdpachtungen entsprochen und langten cirka 40 Pachtausschreibungen ein, für deren Einsendungen der Verein den P. T. Herren Leitern der Bezirkshauptmannschaften zum Danke verpflichtet ist. Es wurde Veranlassung getroffen, daß jene Vereinsmitglieder, die ihre Pachtlust dem Vereinsausschuße mitgeteilt hatten, von den einlangenden Pachtausschreibungen verständigt wurden und werden von nun an auch derlei Pachtausschreibungen Raum in den „Mitteilungen" finden.

Als sehr zweckmäßig und die Vereinszwecke fördernd haben sich die vom Vereinsausschuße monatlich veranlaßten Insertionen in den gelesensten Journalen erwiesen, worin die in der Schonzeit befindlichen Wildgattungen namentlich aufgeführt sind, deren Handel verboten und gesundheitsschädlich ist.

Die Tagesblätter haben mit der größten Bereitwilligkeit die ihnen zur Verfügung gestellten Verlautbarungen unentgeltlich aufgenommen und das Publikum, auf dessen Unterstützung es in derlei Fällen wesentlich ankömmt, gewöhnte sich allmählich daran, beim Einkaufe auf den Märkten, diese monatlichen Kundgebungen des n.-ö. Jagdschutzvereines zu Rate zu ziehen, um nicht verbotenes oder gesundheitsschädliches Wildpret auf den Tisch zu bringen.

Seine zweite Generalversammlung hielt der Verein am 21. Mai 1879 ab. Die Mitgliederzahl betrug jetzt 613 Mitglieder mit 694 Anteilen; durch deren Jahresbeiträge nunmehr auch die finanzielle Fundirung des Vereines nachhaltig und in einer Weise gesichert war, die nicht nur seine Lebensfähigkeit und seinen Fortbestand garantierte, sondern ihn auch in die Lage brachte, den an ihn gestellten pecuniären Anforderungen für die Prämiierung verdienten Jagdschutzpersonals und für die strenge Durchführung des Schongesetzes in genügendem Maaße zu entsprechen. Unter den neuen Mitgliedern befinden sich das Adelskasino, der Jokeyclub und der ornithologische Verein zu Wien, und wurde mit dem galizischen Jagdschutzverein in Lemberg, Jagd- und Vogelschutzverein in Aussig, Jagd- und Vogelschutzverein in Innsbruck, Schutzverein für Jagd und Fischerei für den Innkreis Mitgliedschaft getauscht. Die kaiserliche Regierung hatte den Erlaß eines neuen Wild- und Jagdschadengesetzes in Aussicht genommen und wurde der niederösterreichische Jagdschutzverein zu der Enquêtekommission, welcher die Begutachtung der in dieses Gesetz einschlägigen wichtigeren Fragen einleitete, zugezogen, und demselben die Beantwortung einer Reihe von Fragepunkten zugewiesen, welcher Aufgabe der Verein sich mit der peinlichsten Sorgfalt entledigte. Bis heute hatte der Verein in den 72 Gerichtsbezirken des Landes 71 Vereinsmitglieder als Delegierte bestellt, und nur in 11 Gerichtsbezirken war es ihm noch nicht gelungen, für dieses Amt qualifizierte und zur Annahme desselben bereite Personen zu finden.

Der Verein zahlte in dem abgelaufenen Jahre 11 Personen aus dem Jagdschutzpersonal 320 fl. Prämien und erwarb sich um das Zustandekommen des in Wien in diesem Jahre veranstalteten historischen Jagdzuges wesentliche Verdienste. — Die dritte Generalversammlung fand am 19. Mai 1880 statt, und zählte der Verein am 15. df. M. 1115 Personen mit 1189 Anteilen als Mitglieder, und hatte somit eine Zunahme um fast 100 % im letzten Jahre stattgefunden. Diese Thatsache ist das sprechendste Zeugnis dafür, daß sich die Bestrebungen des Vereines in den weitesten Kreisen Geltung zu verschaffen wußten und daß die erfolgreiche Wirksamkeit desselben, auf dem Gebiete des Jagdwesens in allen Kreisen, welche demselben nahe stehen, volle Anerkennung findet.

Dem Berichte des Vizepräsidenten, Herrn Dr. Berthold, entnehmen wir folgende für deutsche Zustände sehr beachtenswerte Mitteilungen.

„Der Ihnen mit unserem vorjährigen Thätigkeitsberichte zugegangene Entwurf eines Wild- und Jagdschadengesetzes wurde noch im Mai 1879 dem Ackerbauministerium überreicht und hat unser Präsidium mit Rücksicht auf die Wichtigkeit des Gegenstandes sich veranlaßt gesehen, Sr. Excellenz dem dermaligen Ackerbauminister in einer besonderen Audienz den Gegenstand zur besonderen Rücksichtnahme zu empfehlen und die Erledigung der Gesetzesvorlage im Sinne des vom Vereinsausschuße abgegebenen Gutachtens zu befürworten. Eine Erledigung dieses Gegenstandes ist bis heute nicht erfolgt.

Das Vereinspräsidium ist ferner bestrebt gewesen, durch unmittelbare Vorstellungen bei Sr. Excellenz dem abgetretenen Statthalter Niederösterreichs den Bestrebungen des Vereines besseren Nachdruck zu verleihen und hatte sich in der That im abgelaufenen Jahre der sorgsamsten Berücksichtigung aller von ihm auf dem Gebiete des Jagdwesens an die Statthalterei gerichteten Eingaben zu erfreuen. Wir verweisen in dieser Beziehung auf den Statthaltereierlaß vom 26. Mai 1879, wodurch an die Bezirkshauptmannschaften eine Direktive hinausgegeben wurde, welche den bisherigen Uebelstand bei Erteilung ausnahmsweiser Abschußbewilligungen außerhalb der Schonzeit abstellte und ein Abgehen von den Abschußterminen des Schongesetzes nur in zweifellos nachgewiesenen und dringlichen Ausnahmsfällen gestattet; — ferner auf den Erlaß des Statthalters an die Bezirkshauptmannschaften vom 3. Dezember 1879, wodurch der in Niederösterreich eingerissene Usus der 3jährigen Verpachtung der Gemeindejagden abgestellt und den Bezirkshauptmannschaften zur Pflicht gemacht wird, von dem regelmäßigen 5jährigen Verpachtungstermin nur dann abzugehen, wenn erhebliche, besonders berücksichtigungswürdige Verhältnisse eine Ausnahme rechtfertigen; — ferner auf den Erlaß des Statthalters vom 12. März 1880, wodurch der Statthalter, indem er ausdrücklich anerkennt, daß der Jagdschutzverein für die Förderung des Jagdwesens in anerkennenswert ersprießlicher Weise wirkt und die Behörden in ihren diesbezüglichen Aufgaben wesentlich unterstütze, die Bezirkshauptmänner von Niederösterreich anweist, den Ausschuß des Jagdschutzvereines in Hinkunft von jeder lizitatorischen Verpachtung einer Gemeindejagd rechtzeitig zu verständigen und diese lizitatorischen Verpachtungen auch auf einen solchen Zeitpunkt festzusetzen, daß der Tag der Lizitation auch in den weitesten Kreisen leicht bekannt werden kann und sich möglichst zahlreiche Pachtlustige an der Pachtverhandlung beteiligen können; — endlich auf jenen wichtigen Erlaß der Statthalterei vom 18. Dezember 1879, womit die das Jagdwesen tief schädigende Sorglosigkeit der politischen Behörden, bei Bestellung des Jagdschutzpersonals sich nicht mit dem einfachen Vorschlage des Jagdpächters, ohne nähere Beurteilung der Qualifikation des vorgeschlagenen Individuums zu begnügen, vielmehr die bestimmte Direktive erlassen wurde, daß von nun an mit aller gesetzlich zuläßigen Strenge vorzugehen, insbesonders ein makeloses Vorleben zu konstatieren und die erforderliche Kenntnis nötigenfalls durch eine von Sachverständigen vorzunehmende Prüfung des Kandidaten außer Zweifel zu setzen sei, und daß insbesondere bei Gemeindejagdverpachtungen ein besonderes Augenmerk auf die Bauernkonsortien zu richten wäre, welche erfahrungsgemäß hiefür Individuen ohne alle Kenntnis auf Grund von Privatzeugnissen als Jagdaufseher in Vorschlag bringen, durch deren Bestellung die jagdpolizeilichen Vorschriften zum Nachteile der Gemeindejagden und der Nachbarn illusorisch werden.

Zu diesem Punkte weisen wir insbesondere noch darauf hin, daß mit demselben Statthaltereierlasse den Bezirkshauptmannschaften auch die sorgfältige Lustrirung des bisher verwendeten Jagdschutzpersonals und die Entfernung ungeeigneter Individuen aus diesem öffentlichen Vertrauensdienste aufgetragen wurde und bringen diesen Umstand, obwohl wir hierüber bereits in dem periodischen Organe des Jagdschutzvereines Mitteilungen machten, hier wiederholt mit der Bitte zur Kenntnis unserer Herren Vereinsmitglieder, daß dieselben dem Vereinsausschuße von allen ihnen bekannten Vorkommenheiten in dieser Richtung baldige Kenntnis geben wollen, damit der Vereinsausschuß in die Lage komme, wie er es in einigen ihm mitgeteilten Fällen bereits that, die Bezirkshauptmannschaften in der ihnen von der Statthalterei aufgetragenen Instruierung des alten Jagdschutzpersonales und Säuberung desselben von den untauglichen Elementen möglichst zu unterstützen.

Sowie aber der Ausschuß, wie aus den vorangestellten Statthaltereidekreten wohl zweifellos hervorgeht, sich in allen seinen Gestionen der einsichtsvollen und thatkräftigen Unterstützung der Landesregierung bisher zu erfreuen hatte, so muß er es auch mit voller Befriedigung konstatieren, daß soweit er in seiner Geschäftsführung mit sonstigen öffentlichen Organen in Berührung trat, seine Bestrebungen immer nur auf das Zuvorkommendste unterstützt sah, ja daß deßen Gutachten und praktische Mithilfe bei Erledigung der einschlägigen Fragen des Jagdwesens und insbesondere in Ausführung des Schongesetzes von den öffentlichen Behörden in wiederholten Fällen nachgesucht wurde, daß also der Verein als zur Vertretung der Jagdinteressen berufenes, autoritatives Institut allenthalben behördlich anerkannt ward.

Wenn wir im Vorigen von den zur Verbesserung der Jagdzustände bereits erreichten Resultaten sprachen, so müssen wir nebenbei auch noch der unerledigten Eingaben des Ausschußes erwähnen, welche gleichfalls kodifikatorische Verbesserungen der Jagdgesetze betreffen. Es sind in dieser Richtung gegenwärtig über Initiative des Vereinsausschußes außer dem noch unerledigten Wildschadengesetze im Zuge: eine Eingabe an das Ackerbauministerium um Abänderung der Bestimmungen des niederösterreichischen Schongesetzes und zwar in folgenden Punkten:

1. daß Jungwild beim Reh bis zum 1. Oktober des Geburtsjahres als Kitz zu gelten habe und als solches zu schonen sei;

2. daß die Schonbestimmungen für Kitze auch auf Gemswild auszudehnen seien;

3. daß die Schonzeit des Birkhahnes erst am 15. Juni einzutreten habe; — ferner ein Einschreiten an die niederösterreichische Statthalterei um Erlassung einer Exekutivverordnung zum Schongesetze, wonach während der gesetzlichen

Schonzeit für Rehgaisen der Verkauf unzerlegten Rehwildes, bei dem das Geschlecht nicht mehr mit Sicherheit zu erkennen ist, unbedingt verboten sei, wornach also jedes bis zur Unkenntlichkeit der geschlechtlichen Unterscheidungsmerkmale verstümmelte Stück Reh ohne weiteres der Konfiskation unterliege und zahlreiche Eingaben von minderem Belange an die Bezirkshauptmannschaften, welche teils konkrete Fälle in Wildschongesetzübertretungen, teils Wildfrevel betreffen und die in den meisten Fällen durch besonderes Einschreiten einzelner Vereinsmitglieder oder Delegierten provociert worden sind.

Was nun die Durchführung des Schongesetzes betrifft, welcher der Ausschuß auch im abgelaufenen Vereinsjahre seine beste Sorgfalt widmete, haben wir auch in dieser Beziehung zu konstatieren, daß der Organismus zur Überwachung der Kontravenienzen ein festgegliederter und durchaus verläßlicher geworden ist und daß wir in allen unseren Aktionen auf diesem Felde durch die musterhafte Haltung der hiesigen Marktkommissariate, sowie auch durch die Zuvorkommenheit der bei den Linienverzehrungssteuerämtern exponierten k. k. Finanzbeamten uns unterstützt sahen. Das Ergebnis der Amtshandlungen auf diesem Gebiete betrug im abgelaufenen Vereinsjahre bis zum 23. April 1880 nach dem offiziellen Ausweise des Marktkommissariats an, bei den Linienämtern und auf den öffentlichen Verkaufsstellen in Wien konfisziertem Wildbret, zusammen 775 Stück, worunter die namhaftesten Rubriken bilden: Rebhühner mit 243 Stück, Hasen mit 81 Stück, Rehe mit 42 Stück, Fasanen mit 92 Stück ꝛc.

Zu einem erheblichen Teile sind diese Konfiskationen möglich geworden durch rechtzeitige Anzeigen von Seite einiger Herren Delegierten, welche die Saisierung der angezeigten Wildsendungen bei ihrem Anlangen auf den Wiener Bahnhöfen ermöglichten; in den meisten Fällen aber sind die Konfiskationen der spontanen Invigilierung von Seite der Beamten der Linienverzehrungssteuerämter zu danken.

Im großen und ganzen können wir zu diesem Punkte wiederholen, was wir schon in dem 1879er Jahresberichte zu konstatieren uns erlaubten, daß nämlich das allgemeine Bewußtsein, es werde dem Schongesetze mit allen möglichen Mitteln Geltung verschafft und es sei hiedurch der Verkauf von Wildbret, dessen Schonzeit eingetreten ist, auf den Wiener Verkaufsstellen eine gefährliche Unternehmung geworden, auch die Zahl der Kontravenienzen gegen das Schongesetz den allergünstigsten Einfluß genommen hat, und daß die Zufuhr von Wildbret, während der Schonzeit an und für sich allmählich ganz wahrnehmbar abnimmt.

Das Netz unseres Delegierteninstitutes hat sich im Laufe des letzten Jahres so ziemlich über unser ganzes Land ausgedehnt; es bestehen dermalen nur mehr vier Bezirke, in denen ein Delegierter des n.-ö. Jagdschutzvereines nicht bestellt ist und zwar sind dies die Gerichtsbezirke Langenlois, Wiener Neustadt, Hainfeld und Mank. Für die erstgenannten drei Bezirke haben Delegierte der Nachbarbezirke geeignete Vorschläge erstattet und werden die bezüglichen Bestallungen im Laufe der nächsten Wochen erfolgen. Rücksichtlich des Bezirkes Mank aber ist uns bisher eine Nomination nicht zugekommen und werden daher die Herren Mitglieder, welche sich für diesen Bezirk interessieren, ersucht, dem Ausschusse Persönlichkeiten namhaft zu machen, welche dort ihren Wohnsitz haben und von welchen sich eine ersprießliche Thätigkeit im Interesse des Jagdwesens erwarten läßt.

Die Ingerenz der Delegierten im Interesse der Vereinszwecke war allenthalben eine ziemlich rege und lieferte schätzenswertes Material zur Förderung der Vereinszwecke; insbesondere haben wir folgende Herren Delegierten zu verzeichnen, welche mit dem Vereine in regeren Kontakt traten und deren Eingaben teils zu unmittelbarem Einschreiten bei den Behörden Anlaß gaben, teils als schätzbares Material für die kodifikatorischen Arbeiten des Ausschusses benützt werden konnten. Es sind dies die Herren Delegierten: Franz Hauck, Forstdirektor in Gutenstein; Johann Hauck, Oberförster in Hohenberg; Ludwig Prasch, Forstmeister in Waidhofen a. d. Ybbs; Pöhr von Pöhrnhoff in Ybbs; Franz Oth, Forstmeister in Rappoltenstein; Johann Pechatschek, k. k. Revierjäger in Traiskirchen; Mathias Gutsch, Revierjäger in Zistersdorf; Josef Höller, Gutsdirektor in Raabs; Johann Peschke, Forstmeister in Wolkersdorf; Eugen Oppolzer, Forstinspektor in Horn; Adalbert Suchomel, Gutsverwalter in Dürnkrut; Krammer, Oberförster in Stixenstein; Josef Loschek, Förster in Marienfee; A. Pürstinger, Oberförster in Gaming; Ferd. Graf Wurmbrand, durch dessen Oberförster Kogelmüller und die Mitglieder Arnold Rottner in Stockerau; Heinrich Rudler in Eßlingen; Johann Geyer in Traiskirchen.

Wir benützen mit Vergnügen den Anlaß des Jahresberichtes, um diesen Herren den Dank des Vereines für ihr am Jagdwesen bethätigtes Interesse öffentlich auszusprechen.

Seiner statutenmäßigen Aufgabe zur Prämiierung verdienter Jagdschutzpersonen ist der Ausschuß durch Prämiierung von Personen aus dem Jagdschutzpersonale nachgekommen, welche zusammen eine Prämienziffer von fl. 470 bereits ausbezahlt erhielten. Es wurde so wie früher vom Ausschusse bei Beurteilung der Prämiengesuche auch jedesmal das Prinzip festgehalten, daß nur konkrete verdienstliche Leistungen im Jagdschutzdienste während des abgelaufenen Jahres den Titel für die Prämiierung bilden sollen, daß hingegen eine allgemein belobte Führung und Dienstleistung des Einschreitenden an sich nicht genüge.

Die Motive unserer letzten Prämienzuerkennung und alle sonstigen Details über diesen Gegenstand werden Sie aus dem ihnen besonders vorzutragenden Berichte des Herrn Grafen Hoyos entnehmen.

Die Prämiierung von um das Jagdschutzwesen verdienten Mitgliedern des Gendarmeriekörpers, zu welchem Zwecke der Vereinsausschuß den Jahresbetrag von fl. 200 widmete, hat laut Mitteilung des Landesverteidigungsministeriums vom 7. Mai 1880 für das Jahr 1879 mit dem Betrage von fl. 150 stattgefunden und sind dem Vereinsausschusse auch die Namen der beteiligten Gendarmen und der Anlaß der Zuerkennung der einzelnen Prämien vom Landesverteidigungsministerium zur Kenntnis gebracht worden. Es erübrigt demnach aus dem alten Gendarmeriefonde noch ein Rest von fl. 50 für das Jahr 1880 und wird dieser Fond auch im nächsten Jahre auf die entsprechende Höhe gebracht werden, da sich der Ausschuß aus der Heranziehung der Gendarmerie zur sorgsamen Überwachung der Jagdgesetzkontravenienzen einen ganz besonderen Erfolg für das Jagdwesen verspricht. —

Zu unserem Cassawesen diene endlich auch die Mitteilung, daß Se. Durchlaucht Fürst Josef Adolf zu Schwarzenberg aus dem durch den Verkauf des Kostümmateriales des historischen Festzugs geschaffenen Fonds den Betrag von fl. 300 dem Ausschusse des Jagdschutzvereins für Vereinszwecke zuwies, über dessen spezielle Verwendung vorläufig vom Ausschusse ein bestimmter Beschluß nicht gefaßt wurde. Dieser außerordentliche Zuwachs des Vereinsvermögens liegt demnach vorläufig in der Vereinscassa fruktifiziert und ist für künftige außerordentliche statutenmäßige Zwecke reserviert.

Unsere periodischen Mitteilungen, welche ihren Zweck, unseren Mitgliedern von Zeit zu Zeit über die Geschäftsführung des Ausschusses und bemerkenswerte Vorkommnisse im Jagdwesen kurze Nachricht zu geben, bisher genügend erfüllt haben dürften, werden wir im laufenden Geschäftsjahre fortsetzen und im Jahre 1880 zehnmal erscheinen lassen.

Zum Schlusse erwähne ich zwei Vorkommnisse des letzten Jahres, die Ihnen auch schon durch unsere „Mitteilungen" zur Kenntnis gebracht wurden.

Von Seite des unter dem Präsidium des Fürsten Karl Trauttmansdorff bestandenen Komitees zur Veranstaltung einer Hundeschau war unser Verein aufgefordert worden, ein Mitglied in die Ausstellungsjury zu entsenden und einen Ehrenpreis zu widmen. Unser Ausschuß delegierte Herrn Josef Grafen Hoyos in die diesfällige Jury und widmete zur Ermunterung von Züchtern reiner Rassen einen Preis von 10 Dukaten für eine reine Zucht kurzhaariger, deutscher Vorstehhunde, welchen Preis sich die Jury bestimmt fand, unserem Vereinsmitgliede Rath in Schwechat zuzuerkennen.

Die Einführung der in unseren „Mitteilungen" wiederholt besprochenen Glaskugelschießen schien dem Ausschusse ein Mittel zur gesellschaftlichen Vereinigung seiner Mitglieder. Ein aus 16 Personen bestehendes Komitee unter dem Präsidium des Fürsten Karl Trauttmansdorff unternahm die Inscenesetzung dieser wöchentlichen Schießen, welche unserem Mitgliederstand nicht unwesentlichen Zuwachs verschaffte und außerdem unserem Prämienfonde 25% des Reinertrages der Schießen zuführen werden. Es erübrigt noch die angenehme Pflicht, allen denjenigen, welche durch Beiträge für unsere „Mitteilungen" und durch Vereinsgeschenke die Zwecke unseres Vereines förderten — der k. k. Landwirtschaftsgesellschaft für Überlassung des Saales — der Journalistik Wiens, welche unseren Verein in liebenswürdigster Weise unterstützte, unseren Dank auszusprechen.

Die nächstfolgende Generalversammlung fand am 25. Mai 1881 statt, und betrug der Personalstatus an diesem Tage 1570 Vereinsmitglieder mit 1649 Anteilen. Das Jagdkartengesetz, zu dessen Erlaß die Initiative des thätigen Vereins nicht das wenigste beigetragen hatte, erhielt am 13. März 1881 die allerhöchste Sanktion, und sandte derselbe Sr. Excellenz dem Statthalter von Niederösterreich ein sorgfältig durchgearbeitetes Promemoria, in welchem er seine Anschauung über die Durchführungsmethode niederlegte, wie denn auch der Verein bez. Beobachtung der vorgeschriebenen Schonzeiten es an Initiative und Anregung nicht fehlen ließ. — Mit der Hubertusmünze, in Anerkennung ganz hervorragender Verdienste um den Jagdschutz werden ausgezeichnet:

1. Hofforstmeister Raoul v. Dombrowski;
2. Josef Kamptner in Wien;
3. Eduard Maucha, Förster in Petronell;
4. Inspizierender Hofjäger Wenzel Patzel in Aspern;
5. Pöhr von Pöhrnhoff in Ybbs;
6. Oberförster Soukop in Steinabrunn.

Auf Ansuchen des Vorstandes der Internationalen Jagdausstellung zu Kleve wählte der Verein in das bestehende Centralkomitee drei Herren als Vertreter Österreichs. Die vorgenommene Wahl ergab die Herren Excellenz Hans Graf Wilczek, August Graf Breuner-Enkevoirth und Franz Graf Colloredo-Mansfeld, Präsidenten unseres Vereines, und Ausschuß beschloß weiters zwei Ehrenpreise u. zw. Goldmedaillen im Werte von je 500 Mark zu widmen und zwar a) für die beste Jagdschießwaffe deutschen oder österreichischen Ursprunges; b für die beste in deutscher Sprache geschriebene litterarische Leistung im Jagdwesen.

Der Verein widmete dann noch dem Komitee der für dieses Jahr in Aussicht genommenen Hundeschau einen Preis von 6 Dukaten, für die nach dem Ausspruche der Jury reinste Zucht von kurzhaarigen Vorstehhunden deutscher Rasse, im übrigen fanden die Glaskugelschießen Beifall und nahm das Vereinsorgan „Mitteilungen" eine erfreuliche Entwickelung an. —

Am 24. Mai 1882, an welchem die jährige Generalversammlung stattfand, war die Zahl der Mitglieder bereits 1848 mit 1891 Anteilen, und entnehmen wir dem Berichte über dasselbe auszugsweise folgendes.

Unserer Verbindung mit der im vorigen Sommer in Kleve veranstalteten internationalen Jagdausstellung haben wir in unserem letzten Generalversammlungsberichte Erwähnung gethan und können heute mit Befriedigung konstatieren, daß unsere Beteiligung an den Bestrebungen und Zwecken dieser Ausstellung, von Seite des Vorstandes derselben vollauf anerkannt und gewürdigt worden ist; die Jury der internationalen Jagdausstellung hat vor allem die Verdienste, welche sich Se. kaif. Hoheit Kronprinz Rudolf, unser durchlauchtigster Protektor, um die Bereicherung unserer jagdwissenschaftlichen Litteratur erworben, durch Verleihung der Verdienstmedaille und Zuerkennung der großen goldenen Medaille anerkannt, die der niederösterreichische Jagdschutzverein für die hervorragendste Leistung auf jagdwissenschaftlichem Gebiete der internationalen Ausstellung widmete.

Dem niederösterreichischen Jagdschutzvereine als solchem aber wurde die goldene Medaille, unserem Ausschußmitgliede Erlaucht Grafen Schönborn-Buchheim das Ehrendiplom und unserem Präsidenten Herrn Grafen Colloredo die Verdienstmedaille der internationalen Jagdausstellung zuerkannt.

In regen und freundschaftlichen Verkehr trat unser Verein mit den im letzten Jahre neu entstandenen Jagdschutzvereinen von Brünn, Pest, Linz und Graz, welche bei ihrer Gründung den Rat und die Beihilfe unseres Vereines wiederholt in Anspruch nahmen, ihren Organismus nach dem Muster unseres Vereines bildeten und denen wir bei ihrer Konstituierung in jeder Hinsicht mit Rat und That bereitwilligst an die Hand gingen.

Unter unseren Agenten nahm auch im abgelaufenen Jahre einen hervorragenden Platz ein unser Verkehr mit den politischen Behörden und darunter insbesondere jene Thätigkeit, welche entfaltet wurde zur möglichst sorgfältigen Handhabung der bestehenden Jagdgesetzgebung und zur Verbesserung der letzteren.

Das vom Landtage beschlossene Schongesetz ist seither von Sr. Majestät sanktioniert worden und bringt dem Jagdwesen, außer einigen minder wesentlichen Verbesserungen in der Abschußzeit der Rebhühner und des Birkwildes, drei wichtige grundsätzliche Änderungen, nämlich:

1. die Unterstellung des Rehkitzes unter das allgemeine Schongesetz, demnach die Schonung des weiblichen Rehkitzes bis zum 15. September des nach der Geburt folgenden Jahres und die Schonung des Kitzbockes durch die ganze für den Rehbock eingesetzte regelmäßige Schonzeit, während nach dem alten Schongesetze Rehkitze vom 1. Oktober des Geburtsjahres bis zum 1. Mai des darauffolgenden Jahres, ohne Unterschied des Geschlechtes, abgeschossen werden durften;

2. die wichtige Neuerung der Schonzeit für Hochwild, welches bekanntlich nach dem alten Gesetze in Niederösterreich eine Schonung gar nicht genoß;

3. endlich den für die Exekutive des Schongesetzes unentbehrlichen Grundsatz, wonach den Bestimmungen des Schongesetzes alles Wild ohne Unterschied seiner Provenienz, mag es aus dem Auslande oder aus anderen Provinzen, selbst mit Ursprungszeugnissen importiert werden, ausnahmslos unterliegt.

Für die außerordentlichen Verdienste, welche Herr Graf Chr. Kinsky sich um das niederösterreichische Jagdwesen durch die Einbringung und den erfolgreichen Durchbruch seines Hochwildschongesetzantrages erwarb, votierte der Ausschuß demselben die Hubertusmedaille in Gold, dem Herrn Abgeordneten Dr. Weitlof drückte das Präsidium seinen Dank für dessen fachgemäße als energische Verteidigung der Intentionen durch persönlichen Besuch aus.

Der Ausschuß beschäftigte sich endlich auch und zwar über Anregung des Mitgliedes Herrn Baron Redl, mit der oft ventilierten Frage, wie dem das Wildschützenwesen erheblich fördernden Usus abzuhelfen sei, wornach die im Strafverfahren abgenommenen Gewehre in kurzer Zeit wieder zur Lizitation gelangen und um Spottpreise an wen immer in öffentlicher Lizitation verkauft werden, ohne Rücksicht darauf, ob nicht etwa der Wildschütze, welchem das Gewehr abgenommen worden ist, oder einer seiner Gesinnungsgenossen der lizitatorische Käufer ist. Zur möglichsten Behebung dieses Übelstandes richtete der Ausschuß eine Eingabe an das Ministerium des Innern, in welcher zunächst das Begehren gestellt wird, daß die politischen Behörden angewiesen werden mögen, bei der Lizitation konfiszierter Gewehre möglichst darauf Rücksicht zu nehmen, daß dieselben nicht in die Hände übel berüchtigter Individuen übergehen und daß der niederösterreichische Jagdschutzverein von diesen Versteigerungen offiziell in Kenntnis gesetzt werde, um sich nötigenfalls selbst als Käufer beteiligen zu können. Zugleich bestimmte der Ausschuß einen Betrag von 100 fl. zu dem Zwecke, um sich bei solchen Lizitationen an der Erstehung zu beteiligen und zu verhindern, daß abgenomme Jagdwaffen wieder in die Hände von Wildschützen gelangen.

Die Erfprießlichkeit der in dieser Beziehung in Aussicht genommenen Aktion wird selbstverständlich zumeist von der Geschicklichkeit und dem Eifer der Herren Delegierten abhängen, an welche der Ausschuß demnach schon hier das Ansuchen stellt, die in ihrem Bezirke vorkommenden Gewehrlizitationen zu invigilieren, sich über die Zahl und den Schätzwert der Stücke zu informieren und sodann sich mit ihrem Vorschlage wegen Widmung eines zum Ankaufe nötigen Betrages aus Vereinsmitteln an den Ausschuß zu wenden.

Das Delegierteninstitut ist nunmehr gänzlich ausgebildet und leistet die besten Dienste. Wir haben gegenwärtig in den 72 Gerichtsbezirken Niederösterreichs 91 aus unseren Mitgliedern ernannte Delegierte, welche durchaus dem ihnen übertragenen Ehrenamte erfolgreich nachkommen. Für besonders rege Beteiligung an den Vereinsinteressen, durch Erstattung von Eingaben in der Berichtsperiode, sieht sich der Ausschuß veranlaßt, seinen besten Dank auszusprechen den nachbenannten Herren Delegierten und zwar:

Hugo Nechansky, Forstmeister in Weitra; Franz Jaburek in Wien; Alfred Eltz, in Ardagger; Eugen Oppolzer, Forstinspektor in Horn; Forstmeister Weiß in Sonnberg; Franz Brodetzky in Petzenkirchen; Pöhr von Pörnhoff, Ybbs; Oberförster Soukup in Steinabrunn; Ritter v. Dombrowsky in Laxenburg; Oberförster Prix in Walpersdorf; Forstmeister Podubetzky in Grafenegg; Forstmeister Steidl in Rosenau; Franz, Graf Beroldingen; Franz Hauptmann jun. in Kierling; E. Baron Thavonat in Sachsengang; Forstverwalter A. Wawruska in Hofarnsdorf; Franz Kerbler in Kematen; Forstmeister Strcha in Neuhaus; Baron Neuenstein in Mannersdorf; Jagdleiter Matzy in Frohsdorf; Dr. Fridinger in Strengberg; Forstdirektor Hauck in Gutenstein; Ökonomieverwalter Patek in Sierndorf; Dr. Schwinner in Mank; Otto Forster auf Schloß Lehenhof; R. Harkup in Krems und Oberförster Spillmann in Königstetten.

Der Ausschuß beschloß ferner auch heuer einzelnen Herren Delegierten und Mitgliedern in Anerkennung hervorragender Verdienste eine besondere Auszeichnung in Form von Hubertusmedaillen zu widmen. Es sind dies die Herren Delegierten:

Franz Jaburek,
Alfred Eltz,
Hugo Nechansky,
Eugen Oppolzer,
Viktor Weiß
und Mitglied Baron Redl.

Wichtig für das Jagdwesen betrachtete der Vereinsausschuß von jeher die Heranbildung eines geeigneten Jagdschutzpersonales und hält es daher auch in seiner Gerechtsame gelegen, Unternehmungen, welche diesen Zweck fördern, aus Vereinsmitteln zu unterstützen. Der Ausschuß wurde deshalb dem Antrage seines Mitgliedes, Herrn Grafen Wallis, mit Vergnügen gerecht, indem er für das Schuljahr 1882 bis 1883 ein Stipendium von fl. 250 an der Waldbauschule in Aggsbach zu gunsten des Sohnes eines unserer Mitglieder, das zugleich beeideter Forstmann ist, kreierte. Es soll mit diesem ersten Schritte vorläufig nur ein Versuch auf diesem Wege gemacht werden und hat sich der Ausschuß auch in keiner Weise gebunden, sondern dieses Stipendium vorläufig nur auf ein Jahr bewilligt.

Seiner statutenmäßigen Aufgabe, zur Prämiierung von verdienten Jagdschutzpersonen, ist der Verein auch heuer in gewissenhafter Weise und in reichlichem Maße nachgekommen. Es ist im ganzen die Summe von fl. 1500 an Prämien, Unterstützungen und Ehrengaben zur Verteilung gelangt, wovon ein Teilbetrag von fl. 200 auf den von seiten des Landesgendarmeriekommandos an um den Jagdschutz verdiente Gendarmen verteilten Gendarmerieprämienfonds entfällt.

Bei Verteilung der Jägerprämien wurde auch heuer das bisherige Prinzip festgehalten, daß Prämien nur für hervorragende positive Leistungen im Jagdschutzdienste der letzten Jahre zuerkannt würden.

Das von unserem Vereine ins Leben gerufene Glaskugelschießen und das Birschstutzenschießen auf den laufenden Hirsch ist auch in dieser Saison auf der Militärschießstätte jeden Mittwoch im vollen Betriebe und erfreut sich der regsten Teilnahme der Mitglieder. Aus dem Ertägnisse dieses Unterhaltungsunternehmens wurde vom Spezial-Schießkomitee auch heuer wieder ein Betrag von 100 fl. dem Prämienfonds unseres Vereines zugewendet.

Ebenso wie in den letzten Jahren hat auch heuer wieder eine Beteiligung unseres Vereines an der vom 28. Mai bis 4. Juni d. in Wien stattfindenden Hundeschau in der Weise stattgefunden, daß aus unserem Ausschuße Herr Josef Graf Hoyos als Mitglied der Jury delegiert wurde. Ferner bestimmte der Ausschuß zur Aneiferung der Züchter tüchtiger Jagdhunde einen Ehrenpreis von 6 Dukaten für die nach dem Ausspruche der Jury reinste Zucht von kurzhaarigen Vorstehhunden deutscher Rasse im Besitze von Inländern. Unsere Mitteilungen werden das Resultat der Preiszuerkennung bringen.

Um den neueren Erfindungen und Verbesserungen in den Fangwerkzeugen für Raubwild leichteren Eingang bei unserer Jägerei zu verschaffen, beschloß unser Ausschuß endlich, über Anregung seines Präsidenten Herrn Grafen Colloredo, daß versuchsweise ein Betrag von 100 fl. aus der Vereinskasse zur Anschaffung von neueren Raubtierfallen und Fangzeugen verwendet werde, welche durch Verlosung zur Verteilung unter unsere Mitglieder gelangen, nach dem Wunsche des Ausschußes jedoch nur zur praktischen Verwendung in Niederösterreich bestimmt sind.

Die folgende jährige Generalversammlung fand am 23. Mai 1883 statt.

Die Mitgliederzahl Ende April 1882 betrug 1845 Personen mit 1891 Anteilen, der Abschluß des Personalstatuts per Ende April 1883 hingegen weist eine Mitgliederzahl von 2125 Personen mit 2196 Anteilen aus, wornach sich ein Zuwachs von nahezu 300 neuen Vereinsmitgliedern ergiebt.

Der finanzielle Status des Vereines stellte sich am 1. Januar 1883 mit einem Aktivsaldo von fl. 4308.63 in Sparkassenbüchern der Neuen Wiener Sparkasse und einem weiteren Fonds, bestehend in 6 Stück Theißlosen à fl. 100.

Als die wichtigsten Aktionen des abgelaufenen Vereinsjahres möchten wir bezeichnen:

1. Die Teilnahme des Jagdschutzvereines an der von der hohen Regierung einberufenen Enquête für ein neues, umfassendes Jagdgesetz für das Land Niederösterreich;

2. Die Vorbereitungsarbeiten zur Gründung eines allgemeinen Verbandes der österreichischen Provinzialjagdschutzvereine.

Der Ausschuß fand auch in diesem Jahr Gelegenheit, von seinem Rechte, hervorragende Verdienste um das Jagdwesen durch Verleihung seiner Hubertusmedaille auszuzeichnen, Gebrauch zu machen, und zwar wurden in der Ausschußsitzung vom 17. Mai zuerkannt:

Die goldene Hubertusmedaille dem Herrn August Grafen Breuner-Enkevoirth für seine Verdienste um die Acclimatisation ausländischer Wildarten, insbesondere des Virginiahirsches; — ebenso die goldene Hubertusmedaille dem ausgeschiedenen Vereinssekretär, Herrn Dr. Josef Troll, für seine gewichtigen Verdienste um den Verein, — endlich die silberne Hubertusmedaille dem gräflich Falkenhaynschen Oberförster, Herrn Karl Prix in Walpersdorf, für seine Verdienste um die Acclimatisation und Hege des Auerwildes.

Seine letzte Generalversammlung hielt der Verein am 2. Mai 1884 ab. — Dem Thätigkeitsberichte entnehme ich folgendes:

Generalversammlung am 21. Mai 1884.

Im vergangenen Jahre betrug die Mitgliederzahl des Vereines mit Ende April einen Status von 2152 Personen mit 2196 Anteilen, wogegen mit Ende April 1884 der Mitgliederstand 2359 Personen mit 2403 Anteilen beträgt, sonach ein Zuwachs von 207 neuen Vereinsmitgliedern konstatiert werden kann.

Der Ausschuß hat in einer seiner Sitzungen den Beschluß gefaßt, um auch fernerhin in der Lage zu sein, ohne bedeutende Inanspruchnahme der Vereinsmittel den Ankauf konfiszierter, zur öffentlichen Lizitation gelangender Schußwaffen durchführen zu können, an die k. k. niederösterreichische Statthalterei das Ersuchen zu stellen, alle jene, bei den politischen und Gerichtsbehörden erliegenden konfiszierten Waffen, welche in die Kategorie der gesetzlich verbotenen Waffen gehören, von einer öffentlichen Lizitation auszuschließen.

Nachdem die Aufzucht und Ausbildung guter Vorstehhunde einen sehr beachtenswerten und wichtigen Teil unserer waidmännischen Bestrebungen bildet, hat der Ausschuß beschlossen, dem zu Beginn des Jahres neu gegründeten Oesterreichischen Hundezuchtvereine mit einem Gründungsbeitrage von 100 fl. beizutreten.

Fernerhin wurden, wie in den vergangenen Jahren, gelegenheitlich der im März dieses Jahres stattgehabten Hundeausstellung in Wien, zwei Ehrenpreise im Betrage von 10 Dukaten, und zugleich für einen reinrassigen, kurzhaarigen deutschen Vorstehhund und für einen Pointer gewidmet.

Im August des vergangenen Jahres wurde die von unserem Vereine veranstaltete erste Hühnerhundprüfungssuche zu Kaiser-Ebersdorf abgehalten.

Wenn diese Suche auch die von mancher Seite gehegten Erwartungen nicht erfüllte, so können wir doch mit Befriedigung auf dieselbe zurückblicken, umsomehr, da damit der erste Schritt in einer die Jagd so nahe berührenden Angelegenheit gemacht wurde und der Grundstein zu dem hoffentlich von Jahr zu Jahr wachsenden Interesse für Hundezucht und Dressur gelegt wurde.

Der Vereinsausschuß, in dem Bewußtsein, daß es seine Pflicht sei, das Interesse unserer Jäger und Jagdfreunde an gutem Hundematerials wach zu erhalten und zu fördern, hat auch für dieses Jahr beschlossen, der ersten Preissuche eine zweite, mit bedeutend erweitertem Programme folgen zu lassen und hierbei namentlich die Heranziehung von edlem, reinblütigen Hundematerials ins Auge gefaßt.

Um unser warmes Interesse für diese Sache zu bethätigen und die Dressur des Jagdhundes nach jeder Richtung hin anzuspornen, wurde bereits für das Jahr 1885 ein Preisschliefen für Dachshunde in Aussicht genommen, dessen nähere Modalitäten dem für die heurige Suche gewählten Komitee vorbehalten bleiben.

Über Ansuchen des österreichischen Kunstvereines, eine in den Lokalen desselben im Laufe des heurigen Frühjahres abzuhaltende Jagdbilderausstellung durch Delegierung zweier Herren des Ausschusses als Sachverständige zu fördern, ist die Vereinsleitung bereitwilligst nachgekommen.

Ebenso wurde unser Verein bei dem im April 1884 in Wien tagenden Ornithologischen Kongresse durch den Herrn Grafen August Breuner-Enkevoirth vertreten.

Ein gewiß sehr anerkennungswerter Schritt wurde weiter dahin gemacht, daß einem täglich mehr auftretenden Bedürfnis abgeholfen wurde, indem über Ansuchen der Vereinsleitung Herr Direktor Wessely die Güte hat, eine Dienstinstruktion für das Jagdschutzpersonal, den heutigen Verhältnissen vollkommen angepaßt, zu verfassen, welche von seiten des Vereines in Druck gelegt und mit den Vereinsmitteilungen an all unsere Mitglieder verteilt wird.

Indem die Heranbildung eines geeigneten Jagdschutzpersonales den hervorragendsten Faktor zur Förderung des Waidwerkes bildet, hat es der Ausschuß auch heuer für angemessen gefunden, für das Schuljahr 1884/85 ein Stipendium von 250 fl. an der Waldbauschule zu Aggsbach, zu gunsten des Sohnes eines unserer Mitglieder, das zugleich beeideter Forstmann ist, zu bewilligen.

Unserer statutenmäßigen Aufgabe, zur Prämiierung von verdienten und Unterstützung von verunglückten Jagdschutzpersonen, ist der Verein auch heuer nachgekommen. Es wurde im ganzen die Summe von 1153 fl. 85 kr.

an Prämien, Unterstützungen und Belohnungen zur Verteilung gebracht.

Unser Vereinsorgan „Mitteilungen des niederösterreichischen Jagdschutzvereines", entspricht vollkommen seinem Zwecke, mit den Mitgliedern im engen Kontakte zu bleiben und unsere Beschlüsse an dieselben zu vermitteln.

Unsere Übungsschießen auf Glaskugeln und die Laufscheibe wurden auch heuer im März aufgenommen und erfreuen sich, nachdem ein neu gewähltes Exekutivkomitee durch zweckmäßige Änderungen in der Einrichtung dieser Übungen erneuertes Interesse zu erwecken verstand, der allseitigen Teilnahme und Anerkennung. Aus dem Erträgnis des Schießens vom Jahre 1883 wurden dem Prämienfonds ein Betrag von 50 fl. gewidmet.

Dem Vereine wurden auch im abgelaufenen Jahre von vielen Seiten Spenden zur Bereicherung unserer Sammlungen eingesendet.

Nachdem es seit Bestand des Vereines Gepflogenheit war, hervorragende Verdienste um das Jagdwesen auszuzeichnen, so machen wir auch heuer von diesem unserem Rechte Gebrauch und verleihen laut Ausschußsitzungsbeschluß vom 17. Mai dieses Jahres folgenden Herren die Hubertusmedaille:

Herrn Karl Ridler Edlen von Greifinstein, k. k. Major a. D. in Wien, für seine dem Vereine geleisteten Dienste, so namentlich für die Verfassung eines dem Vereine zur Verfügung gestellten österreichischen Jagdbuches;

dem gräflichen Breunerschen Forstmeister Emanuel Podubetzky in Grafenegg, für seine großen Verdienste um das Jagdwesen und namentlich die Acclimatisation fremdländischer Wildgattungen.

Oberösterreichischer Schutzverein für Jagd und Fischerei

unter dem Protektorate Sr. kais. Hoheit des durchlauchtigsten Herrn Erzherzogs Kronprinz Rudolf.

Im März 1881 versendet das von Sr. Durchlaucht Camillo Fürsten Starhemberg gebildete Gründungskomitee, welchem sich die Herren: Franz Graf Lamberg, Alfred Graf Harrach, Abt Alois Dorfer, Dr. Anton Ritter von Glanz, Dr. Ladinser, Anton Meyr, Oberforstmeister Dimitz und Hofjagdleiter Brandeis angeschlossen hatten, das Einladungsschreiben zur Vorbesprechung und Statutenberatung.

Am 11. April 1881 findet im Ländlersaale des landschaftlichen Kasinos zu Linz die Vorversammlung statt, welche Se. Durchlaucht Fürst Starhemberg präsidiert. Als Vertreter der hohen Regierung ist Herr Statthaltereirat Karl Heyß zugegen. Anwesend sind außerdem 25 Personen. Se. Durchlaucht begrüßt die Versammlung aufs wärmste und erörtert ausführlich die Zwecke des zu gründenden Vereines. Nach Vorstellung des Herrn Regierungsvertreters leitet sodann Se. Durchlaucht die Wahl des Vorsitzenden und eines Schriftführers ein, welche Ämter über Antrag des Herrn Grafen Franz St. Julien-Wartenburg durch Acclamation Sr. Durchlaucht Fürsten Camillo Starhemberg und beziehungsweise Herrn Dr. Anton Buschmann übertragen werden. Es folgt sodann die Beratung des Statutenentwurfes und in der Generaldebatte hierüber die Erörterung einer Fusion mit dem für das oberösterreichische Innviertel bereits bestehenden Jagd- und Fischereischutzvereine. Nachdem aufgeklärt wird, daß die Fusion von einem Generalversammlungsbeschlusse des Innviertler Vereines abhängig sei, wird diese Frage fallen gelassen und beschlossen, in die Spezialdebatte über den vorliegenden Statutenentwurf einzugehen. — Nach einer sehr eingehenden und lebhaften Debatte, an welcher sich die Mehrzahl der Anwesenden beteiligt, gelangt der Statutenentwurf mit verschiedenen Abänderungen zur Annahme. — Hierauf werden über Antrag des Herrn Grafen St. Julien die Geschäfte des Vereines bis zur ordentlichen Generalversammlung dem bisherigen Komitee übertragen. — Nach Verlesung mehrerer Begrüßungstelegramme und zwar von den Herren: Graf Strachwitz, Graf Harrach, Graf Lamberg, Freiherrn von Frankenstein, Forstdirektor Strisch, Forstmeister Reinisch, Dr. Albach, Kaspar Zeitlinger dankt Se. Durchlaucht der Versammlung für ihre dem Unternehmen bewiesene Teilnahme, worauf dieselbe, nachdem dem Vorsitzenden der Dank für die umsichtige Leitung votiert wurde, für geschlossen erklärt wird.

Am 13. Mai 1881 bescheinigt die hohe k. k. Statthalterei den Bestand des oberösterreichischen Schutzvereines für Jagd und Fischerei.

Am 24. Juli 1881 findet gleichfalls im Ländlersale unter dem Vorsitze Sr. Durchlaucht Fürst Starhemberg die I. Generalversammlung des Vereines statt. Tagesordnung: 1. Wahl eines Protektors. 2. Bericht über die bisher im Interesse des Vereines unternommenen Schritte. 3. Beschluß über eine eventuelle Fusion mit dem Innviertler Schutzvereine. 4. Statutenänderung infolge der Fusion. 5. Wahl des Vereinsausschusses. 6. Beschlußfassung betreffend die Mitteilung der vom Innviertler Schutzvereine in der Generalversammlung vom 15. Mai 1881 gefaßten Beschlüsse. 7. Selbständige Anträge der Mitglieder. Ad 1 wird über Antrag des Herrn Grafen St. Julien-Wartenburg beschlossen, die Protektorswahl erst nach Konstituierung des Vereines vorzunehmen. Ad 2 wird vom Schriftführer mitgeteilt, daß dem Vereine bisher 20 Gründer und 127 sonstige Mitglieder beigetreten sind und die Einnahmen 1206 fl., die Ausgaben 116 fl. betragen. Zum Punkte 3 der Tagesordnung referiert der Herr Präsident über die mit dem Innviertler Vereine gepflogenen Verhandlungen und spricht seine Ansicht dahin aus, daß vorläufig keine Aussicht vorhanden sei, die

angestrebte Fusion zu erreichen. Nach längerer Debatte gelangt der Antrag des Herrn Grafen Dürckheim, dahingehend, es werde der Bericht des Vorsitzenden dankend entgegen genommen und der Beschluß gefaßt, jedem Entgegenkommen des Vereines jederzeit bereitwillig zu entsprechen, zur Annahme. Damit entfällt Punkt 4 des Programms. Das Resultat der hierauf folgenden Ausschußwahl (Punkt 5) wurde bereits im ersten Hefte der „Mitteilungen" veröffentlicht. Ad 6 wird die Erledigung der Mitteilungen des Innviertler Vereines dem Ausschusse überlassen. Hierauf Schluß der Versammlung.

An demselben Tage vereinigt sich der neugewählte Ausschuß zu einer Besprechung, welche zumeist organisatorische Maßnahmen betrifft. Es werden folgende Herren Delegierte bestellt, und zwar: Dr. Heinrich Albach, k. k. Notar in Kirchdorf; Georg Ampler, k. k. Steuereinnehmer in Efferding; Karl Frutschnigg, k. k. Förster in Ischl; Eugen Miller v. Aichholz, Realitätenbesitzer in Wien; Karl Geyer, fürstl. Starhembergscher Oberförster in Waxenberg; Hermann v. Planck, Herrschaftsbesitzer, Schloß Feyregg bei Bad Hall; Ludwig Ridler, k. k. Forstverwalter in Ebensee; Karl Uitz in Irnharting bei Gunskirchen; Franz Weinmeister, Sensengewerksbesitzer in Spital a. P.; Leopold Wiesinger, Besitzer des Schweighofes in Zell a. Moos, Bez. Mondsee; O. Hennigs, herzoglich Chumberlandscher Wildmeister in Gmunden; Michael Burgholzer, Bürgermeister und Realitätenbesitzer in Perg; Wilhelm Klein, Privat in Steyr; Dr. Julius Seidl, Advokat in Steyr; Karl Haßleder, Gemeinde- und Sparkassenbeamter in Neufelden.

Am 9. September 1881 findet im Hôtel „Krebs" die I. ordentliche Ausschußsitzung statt, präsidiert von Sr. Durchlaucht Fürst Starhemberg. Der Schriftführer Dr. Buschmann berichtet über den Stand der Mitglieder und die erfolgte Wahlannahme durch sämtliche bisher ernannte Delegierte. Der Vorsitzende teilt mit, daß auch sämtliche Ausschußmitglieder die auf sie gefallene Wahl angenommen haben. Oberforstmeister Dimitz beantragt den Entwurf eines förmlichen Aktionsprogrammes für die ersten Maßnahmen des Vereins und betont insbesondere die Notwendigkeit der Aufstellung eines Katasters über Jagd und Fischerei in Oberösterreich. Dr. von Glanz schlägt die Bestellung von Rechtsanwälten für Jagdsachen bei jedem Berufungsgerichte vor. Diese beiden Anträge werden angenommen und Oberforstmeister Dimitz mit dem Entwurfe des Programmes betraut. Über Antrag Ritter von Boschans wird ferner beschlossen, in den verschiedenen, im Lande erscheinenden Zeitungen Mitteilungen über den Mitgliederstand und die Thätigkeit des Vereines zu veröffentlichen. Angenommen. Graf Kuenburg schlägt eine Petition an den Landtag um Einführung von Ursprungscertifikaten für den Wildbretverkauf vor. Über Antrag des Ausschußmitgliedes A. Meyer wird hierauf die Debatte hierüber auch auf die Revision des letzterlassenen Fischerei- und Wildschongesetzes ausgedehnt. In einer längeren Beratung, an welcher sich sämtliche Anwesende beteiligten, einigt man sich dahin, zur Verfassung der Petition ein fünfgliedriges Komitee zu wählen, in welches Dr. von Glanz, Forstinspektor Grabner, Kaufmann König, Graf Kuenburg und A. Meyer berufen werden. Prinzipiell wird vorläufig beschlossen, die Einführung der Ursprungscertifikate, die Gleichstellung der Schonzeit für Gemsgeißen und Gemsböcke, die Abkürzung jener für Birkhühner auf die Zeit vom 15. Juni bis Ende Februar, die Verlängerung der Schonung für Hasen (15. Jänner bis 1. September) und für Rebhühner (1. Jänner bis 31. Juli) anzustreben; sowie sich bezüglich des Fischereigesetzes mit dem Linzer Fischerei- und dem Innviertler Schutzvereine in das Einvernehmen zu setzen. Wegen Aufhebung der Frühlingsschonzeit der Schnepfe wird kein Beschluß gefaßt und der Schriftführer lediglich ermächtigt, sich mit den betreffenden Vereinen der Nachbarländer darüber zu verständigen, ob dort Aussicht auf Einführung der gleichen Schutzmaßregel vorhanden sei. Weiters berichtet Landesbuchhalter Straffer über den Kassenbestand, bei welchem Anlasse dem Ausschußmitgliede Dr. von Glanz für seine im Interesse des Vereines verwandte Mühewaltung der Dank des Ausschusses ausgesprochen und demselben für die bis zur konstituierenden Versammlung geführte Vermögensverwaltung das Absolutorium erteilt wird. Schließlich wird der Präsident von sämtlichen Anwesenden ersucht, alles nach seinem Ermessen Erforderliche einzuleiten, daß Se. kaiserliche Hoheit Erzherzog Kronprinz Rudolf das Protektorat übernehme.

Am 20. November 1881 findet im Saale des kaufmännischen Vereines zu Linz die II. Generalversammlung statt, bei welcher Se. Durchlaucht Fürst Starhemberg unter lautem Beifalle die Mitteilung macht, daß Se. k. Hoheit der durchlauchtigste Kronprinz Erzherzog Rudolf die Annahme des Protektorates nicht verweigern werde, falls die Generalversammlung das Ansuchen des Vereines genehmigt. Der Vorsitzende stellt sohin den Antrag, Se. k. Hoheit zum Protektor des Vereines zu wählen. In diesem Moment erheben sich sämtliche (134 Stimmen repräsentierende) Anwesende und geben dem Antrage Sr. Durchlaucht unter begeisterter Acclamation einhellige Zustimmung. — Graf St. Julien-Wartenburg dankt hierauf dem Präsidenten für sein erfolgreiches Wirken in dieser Angelegenheit und bittet ihn, alles nun weiter Erforderliche einleiten zu wollen. Die Versammlung erhebt sich zum Zeichen der Zustimmung, hierauf Schluß der Sitzung.

An demselben Tage findet sofort nach Schluß der Generalversammlung die zweite Ausschußsitzung statt, in welcher Oberforstmeister Dimitz das Aktionsprogramm vorträgt. Dasselbe war den Ausschußmitgliedern in hektographischen Abzügen eingehändigt worden, es enthält

folgende Punkte: 1. Aufstellung eines Jagd- und Fischerei-
katasters in graphischer und tabellarischer Form, Evident-
führung desselben. 2. Herausgabe eines „Taschenbuches
für Jagd und Fischerei" mit dreijährigem Kalendarium.
3. Verfassung einer Instruktion für die Delegierten des
Vereines. 4. Anstrebung einer einheitlichen Kodifikation
aller Jagdnormen. 5. Allmonatliche Einschaltung eines
Verzeichnisses der im darauffolgenden Monate zu schonenden
Wild- und Fischgattungen in sämtliche Tages- und Wochen-
blätter des Landes. 6. Auszahlung von Prämien an
solche Personen aus dem Stande der Gendarmerie und
Sicherheitswache, welche sich um die Eruierung und Bestrafung von Übertretern der Schongesetze verdient gemacht
haben. 7. Umfrage an die Delegierten wegen Namhaft-
machung verdienter Apprehendenten von Wild- und Fisch-
dieben. 8. Ausschreibung von Prämien für jene Jäger,
welche sich 1881 durch Vertilgung der meisten Füchse
und Marder, sowie der meisten Fischottern verdient gemacht
haben. 9. Herausgabe einer Vereinszeitschrift unter dem
Titel: „Mitteilungen des oberösterr. Schutzvereines für
Jagd und Fischerei" in zwanglosen Heften. Wahl des
Redakteurs oder Redaktionskomitees. 10. Abhaltung von
populären Vorträgen in der Landeshauptstadt über Gegenstände aus dem Gebiete der Jagd und Fischerei. 11. Begründung einer Vereinsbibliothek, Votierung eines Betrages
von 100 fl. für dieselbe und Bitte an die Vereinsmitglieder, die Bibliothek durch Zusendung von Druckwerken
zu unterstützen. 12. Einwirkung auf die gesetzliche Regelung
der, einer rationellen Begründung der Fischwässer hinder-
lichen Rechtsverhältnisse und auf Einführung eines Unter-
richtes in der Fischzucht, hiebei einheitliches Vorgehen mit
dem oberösterr. Fischereivereine. — Dieses Programm wird
mit folgenden Abänderungen zum Beschlusse erhoben.
Ad 1 über Antrag der Ausschußmitglieder Graf Kuenburg, Landesbuchhalter Strasser und A. Mayer: Mit-
benützung des Josefinischen Lagerbuches, der Grundbücher
und Landtafel bei Aufstellung des Katasters, Einvernehmen
mit dem steiermärkischen Fischereivereine wegen Art und
Weise der Anlage einer hydrographischen Karte Oberösterreichs; Einsetzung eines Spezialkomitees für Kataster-
arbeiten, in welches Graf Kuenburg, A. Mayer und
A. Strasser gewählt werden. — Ad 2 übernimmt Dimitz
die weitern Vorerhebungen wegen der Auflage des Taschenbuches und sagt eventuell dessen Verfassung zu. Über
Antrag des Dr. v. Glanz wird für den Fall der Herausgabe beschlossen, das Taschenbuch den Mitgliedern, welche
2 fl. Jahresbeitrag zahlen, zum Ladenpreise, den Schutz-
personen aber ohne Entgelt abzulassen. — Bei Besprechung
des Inhaltes des Taschenbuches kommt der Jagdkarten-
preis zur Sprache: Freiherr von Kast und Ritter von
Boschan beantragen eine Erhöhung desselben. Ein Beschluß kommt nicht zustande, die Anträge werden zurückgezogen. Dr. Buschmann berichtet sodann über die Ver-

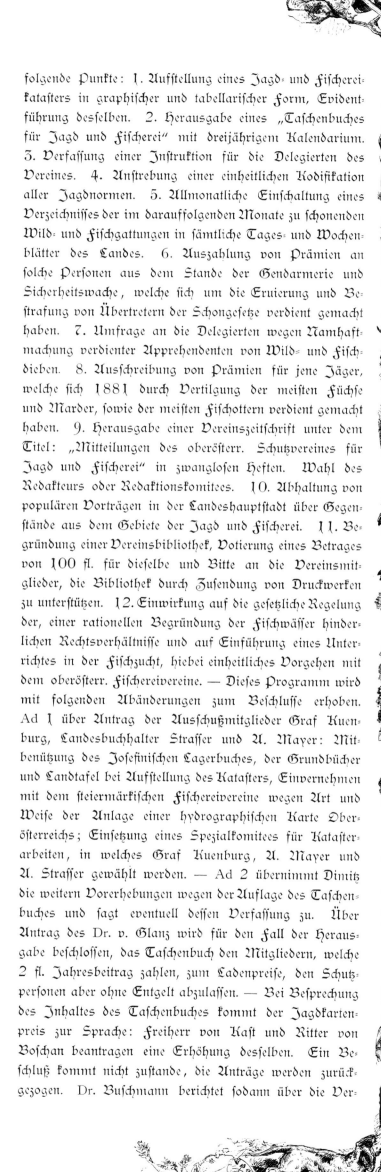

fassung einer Instruktion für die Delegierten. Es wird
über Antrag des Grafen Sprinzenstein beschlossen, die
Delegierten mit entsprechenden Legitimationen zu versehen.
— Ferner gelangen zur Annahme: ein Antrag des Grafen
Kuenburg, durch eine Eingabe an die k. k. Statthalterei
auf die thunlichste Kommassierung der Jagdgebiete hinzuwirken, ferner das k. k. Landesverteidigungsministerium
um die Ermächtigung zur Belohnung verdienter Gendarmen
zu bitten; ein Antrag des Ritters von Boschan, die Eisen-
bahndirektionen zu ersuchen, den Wildtransport während
der Schonzeit hintanzuhalten. Bezüglich der Vereinszeitschrift wird beschlossen, dieselbe mindestens sechsmal im
Jahre erscheinen zu lassen und mit allen verwandten Vereinen Schriftentausch einzuleiten. Die Redaktion übernimmt
Dr. von Glanz. — Für die Wintermonate des nächsten
Jahres werden Vorträge der Ausschußmitglieder Dimitz
und Mayer in Aussicht genommen. Die Beratung über
Punkt 12 des Programms wird vertagt.

Am 2. April 1882 versammelt sich der Ausschuß
unter dem Präsidium Sr. Durchlaucht Fürst Starhemberg
im Hôtel „Krebs" zu seiner dritten Sitzung. Der Präsident
bringt die Annahme des Protektorates durch Se. k. Hoheit
den durchlauchtigsten Kronprinzen Erzherzog Rudolf zur
Kenntnis der Versammlung, desgleichen, daß Höchstderselbe
dem Vereine seine Reise- und Jagdwerke gespendet habe.
Großer Beifall. Auf Antrag der Vorsitzenden wird eine
Eingabe an das k. k. Ackerbauministerium beschlossen um
Verfügung, daß eine Jagdpachtzeit unter acht Jahren
als unzulässig erklärt werde und nur geprüfte Jäger als
Aufsichtsorgane zuzulassen seien. Sodann gelangt eine
Zuschrift des Delegierten Herrn von Planck zur Verlesung,
welche über zunehmende Waldrodungen in der Gegend
von Kremsmünster und Abnahme des Rehwildstandes
klagt. Wird dem oberösterr. Forstvereine wegen entsprechender Einflußnahme zugewiesen. In der vom Salzburger Schutzverein angeregten Frage der Behandlung
konfiszierter Jagdwaffen wird beschlossen dahin zu wirken,
daß die bei Wilderern konfiszierten Waffen nach der
Provinzialhauptstadt geschafft oder doch erst fünf Jahre
nach der Konfiskation unter Zuziehung der Delegierten
des Vereines und nur an solche Personen veräußert werden,
welche zum Tragen von Waffen legitimiert sind. Auf
Antrag der Herrn Delegierten Burgholzer und Klein
werden die Jäger Franz Fischer in Naarn bei Perg, und
Anton Stolz in Alkoven mit je 2 Dukaten, Gregor Holzer
in Garsten und Josef Reindl in Aschach mit je 1 Dukaten
in Anerkennung ihrer tüchtigen Haltung beteilt. Ferner
wird über Anregung des Grafen Sprinzenstein dem Oberjäger Johann Hofmann in Sarleinsbach für langjährige
treue Dienste die Anerkennung des Vereines schriftlich
auszudrücken beschlossen. — Zur Teilnahme an der
Entrevue von Delegierten der oberösterreichischen und salzburgischen Schutz- und Fischereivereine erklären sich Dimitz

und König bereit. Ersterer berichtet auch über die Vorerhebungen bezüglich der Herausgabe des Taschenbuches und beantragt, sich wegen möglichster Verminderung der Kosten mit allen verwandten Vereinen darüber ins Einvernehmen zu setzen, ob sie an diesem litterarischen Unternehmen zu partizipieren und welche Anzahl von Exemplaren des Taschenbuches sie allenfalls zu übernehmen bereit seien. Angenommen.

Am 3. April 1882 Zusammenkunft von Delegierten folgender Vereine in Attnang: Jagd- und Fischereischutzverein von Salzburg, dem Innviertel und Oberösterreich, oberösterreichischer Fischereiverein.

Am 4. Juni 1882 zweite ordentliche Generalversammlung im Ländlersaale des landschaftlichen Kasinos unter dem Vorsitze Sr. Durchlaucht des Fürsten Starhemberg; anwesend 29 Mitglieder mit Legitimationen für 103 Stimmen. Der Vorsitzende begrüßt die Anwesenden und giebt ein vollständiges Resumée über die erstjährige Thätigkeit des Vereines, mit dem Wunsche schließend, derselbe möge wachsen, gedeihen und seinen Zielen unentwegt zustreben. Oberforstmeister Dimitz und Kaufmann König berichten sodann über die Ergebnisse der Delegiertenversammlung in Attnang. Die Ausschußmitglieder Dr. Buschmann und Gewerke Zeitlinger legten ihre Mandate, ersterer speziell seines als Schriftführer zurück. Der Präsident giebt dem Bedauern über diesen Rücktritt Ausdruck, und es wird auf Antrag des Grafen Kuenburg der Ausschuß ermächtigt, die erledigte Stelle des Schriftführers durch Kooptierung eines Mitgliedes zu besetzen. Dr. Buschmann wird an Stelle Zeitlingers in den Ausschuß gewählt, welchem er somit erhalten bleibt. — Die Jahresrechnung wird von den Herren Graf Dürckheim, Graf Weißenwolff und von Planck revidiert, richtig befunden und über Antrag der Revisoren dem Kassierer, Landesbuchhalter Strasser, für sein genaues und geschicktes Gebaren der Dank votiert. Herr v. Planck schlägt schließlich vor, dem Personale des Herrn Dr. von Glanz, welches im verflossenen Jahre die Expeditionen des Vereines besorgte, eine Remuneration von 25 fl. zuzuerkennen. Wird angenommen. Hierauf Schluß der Generalversammlung.

An demselben Tage, unmittelbar nach der Generalversammlung, tritt der Ausschuß zu seiner vierten Sitzung zusammen. Den Gegenstand der Beratung bildet die Acquisition eines Schriftführers an Stelle des Dr. Buschmann, dann die Regelung des Manipulationsdienstes und Aufnahme eines Vereinslokals. Die Stellvertretung des Vereinspräsidenten in Linz wird an das Ausschußmitglied Graf Kuenburg übertragen.

Am 9. Juli 1882 findet unter dem Vorsitze Sr. Durchlaucht des Vereinspräsidenten die fünfte Ausschußsitzung statt. Oberforstmeister Dimitz referiert in ausführlicher Weise über den zum Erlasse der hohen k. k. Statthalterei vom 26. Mai, Z. 1204, in Angelegenheit der beantragten Abänderungen des Wildschongesetzes zu erstattenden Bericht und beantragt eine weitergreifende Revision der Schonzeiten. In der hierüber eröffneten, sehr eingehend geführten Debatte, an welcher sich Fürst Starhemberg, Ritter von Boschan, Kaufmann König und der Referent beteiligen, wird beschlossen: Hochwildkälber und Gemskitz (Geiß und Bock) ferner Rehgeißen und Rehkitzgeißen seien das ganze Jahr zu schonen, der Dachs von der Schonung auszuschließen und die Frühlingsschonzeit der Schnepfe wieder aufzulassen, in welch letzterer Richtung das Einvernehmen mit dem Innviertler Schutzvereine zu pflegen sein werde. Dimitz übernimmt die Abfassung der betreffenden Eingabe an die k. k. Statthalterei. — Eine Zuschrift des Innviertler Schutzvereines in Sachen der Hundesteuer führt nach eingehender Debatte, an welcher die Mehrzahl der Anwesenden und in entscheidender Weise der Präsident teilnimmt, zu dem Ergebnis, es hätten die Jagdschutzvereine unter geeigneter Einflußnahme auf die öffentliche Meinung dahin zu wirken, daß die Einführung der Hundesteuer aus gemeinwohlfahrtlichen Motiven in allen Gemeinden obligatorisch platzgreife, indem nicht erwartet werden dürfe, daß man ein solches Gesetz der Jagd allein zulieb erlassen werde. — Der Schriftführer bringt die in Sachen der Herausgabe des Taschenbuches von den befreundeten Vereinen eingelangten Zuschriften zur Verlesung. Oberforstmeister Dimitz wird ermächtigt, nachdem eine ausgiebige Beteiligung der Vereine an diesem Unternehmen nicht zu erwarten steht, wegen Herausgabe des Werkes durch eine Wiener Verlagsfirma Verhandlungen anzuknüpfen, wobei die Absicht entscheidend ist, den oberösterreichischen Jagdschutzverein als Verleger von jedem Risiko zu befreien. — Ferner werden zwei Berichte des umsichtigen Delegierten Herrn v. Planck in Beratung genommen. Es wird hierüber beschlossen: die hohe k. k. Statthalterei zu ersuchen, daß die Gemeinden über die Vorschriften betreffs Betretung der Feldgründe durch die Jagdberechtigten im Wege der Bezirkshauptmannschaften belehrt werden; in derselben Eingabe auch darauf hinzuweisen, daß den Besitzern von Baumschulen die Verpflichtung obliege, für eine ordentliche Einplankung und deren Herstellung Sorge zu tragen; bei dem gleichen Anlasse überdies auch auf die Mißbräuche aufmerksam zu machen, welche bei Verbreitung der Jahresabschlußlisten vorzukommen pflegen; endlich Daten über sämtliche bezüglich der Handhabung der bestehenden Jagdvorschriften obwaltende Übelstände zu sammeln und dieselben der Regierung zur Kenntnis zu bringen. Der Witwe des ermordeten Jägers Huber wird eine Beihilfe zur Erhaltung ihrer Kinder im Betrage von 100 fl. gewährt und bestimmt, daß ihr diese Spende in einem auf diesen Betrag lautenden Sparkassabüchel übergeben werde. — Mit der Besorgung der Manipulationsgeschäfte des Vereines wird der Sollizitator Heinrich Größl betraut. — Dimitz übernimmt in Verhinderung des auf einer Reise in Norwegen und Schweden befindlichen Ausschußmitgliedes Dr. von Glanz die Redaktion der nächsterscheinenden „Mitteilungen" des Vereines. — Schließlich wird über Antrag Königs dem fürstlich Starhembergschen Forstadjunkten Straffer für sein mutiges und kluges Benehmen in einer Affaire mit Wildschützen eine Belohnung von drei Dukaten zuerkannt.

Sitzung am 17. Dezember 1882 unter dem Vorsitze Sr. Durchlaucht des Fürsten Camillo Starhemberg.

Über schriftlichen Antrag des Ausschußmitgliedes Herrn Anton Mayer wird beschlossen, in der nächsten Nummer der Mitteilungen den im Zirkulare Nr. 8 des „deutschen Fischereivereines" enthaltenen Aufsatz über Otternjagd zum Abdrucke bringen zu lassen. Anläßlich einer Zuschrift des oberösterreichischen Forstvereines wird beschlossen, gelegentlich der im Mai 1883 stattfindenden Generalversammlung selbständig eine Ausstellung fachlicher Gegenstände zu veranstalten, sich aber auch an der vom Forstverein beantragten Ausstellung zur Zeit des nächsten Linzer Volksfestes zu beteiligen.

Die neuerdings angeregte Frage nach einem Vereinslokale wird von der Tagesordnung abgesetzt, nachdem es noch nicht gelungen ist, eine entsprechende Räumlichkeit zu finden. Ferner wird der Vorsitzende ermächtigt, mit dem für das Sekretariat in Vorschlag gebrachten Herrn Rechnungsrate Georg Cahner wegen Übernahme des Schriftführeramtes zu unterhandeln.

Der vom Vizepräsidenten Herrn k. k. Oberforstmeister Dimitz schriftlich gestellte Antrag auf Einberufung eines Kongresses der Jagdschutzvereine Österreichs nach Wien wird verlesen und beschlossen: Der oberösterreichische Schutzverein für Jagd und Fischerei ergreift die Initiative zur Einberufung eines Kongresses von Delegierten sämtlicher österreichischer Jagdschutzvereine nach einem Orte Oberösterreichs, eventuell Linz oder Gmunden im Jahre 1883; zu diesem Ende wäre sich an die Präsidien der übrigen oberösterreichischen Jagdschutzvereine zu wenden, und mit denselben sich ins Einvernehmen zu setzen. Herrn Oberforstmeister Dimitz werden ad hoc die Funktionen des Präsidiums übertragen und derselbe ersucht, das Programm der Verhandlungen des Kongresses, dessen Statut und Organisation zu entwerfen.

Die Berichte der Herren Delegierten Dr. Albach, Uitz, Klein, Hennigs und Geyer werden zur Kenntnis genommen; nach einem Antrage des Delegierten Planck v. Planckburg wird beschlossen, an alle Vereinsdelegierten das Ersuchen um Berichte darüber zu stellen, ob die in ihrem Sprengel bestellten Jäger den gesetzlichen Voraussetzungen entsprechen, an welche ihre Bestallung geknüpft ist.

Ein Dankschreiben des ob seines wackeren Verhaltens beim Zusammenstoße mit mehreren Wildschützen prämiierten fürstlich Starhembergschen Forstadjunkten Franz Straffer wird zur Kenntnis genommen.

Am 10. Februar 1883 fand die erste Ausschußsitzung im neuen Vereinslokale, Altstadt Nr. 30 I. Stock, unter dem Vorsitze des Vereinspräsidenten Durchlaucht Fürsten Starhemberg statt.

Dem abtretenden Schriftführer Dr. Buschmann wird für seine ersprießliche Geschäftsführung der Dank des Ausschusses ausgesprochen und der neue Schriftführer, Herr Landesrechnungsrat Cahner, dem Ausschusse vorgestellt. —

Bei Beratung der Frage wegen Beschickung eines Delegiertenkongresses behufs Herstellung eines Centralverbandes der einzelnen Jagdschutzvereine beantragt Herr Oberforstmeister Dimitz, vorerst an den niederösterreichischen Jagdschutzverein sich zu wenden, um im Einvernehmen mit demselben den Kongreß im heurigen Sommer, und zwar nach Gmunden einzuberufen. Die Anträge wurden angenommen und Herr Oberforstmeister Dimitz mit der Verfassung des Einladeschreibens betraut.

Zur projektierten Ausstellung von Geweihen und anderen Jagd- und Fischereigegenständen wird ein Spezialkomitee, bestehend aus den Vereinsausschüssen Herren Dr. Ritter v. Glanz, Anton Mayer, Karl König, August Straffer nebst dem Schriftführer gewählt, und selben das Recht, sich angemessen zu verstärken, eingeräumt. Über Antrag des Herrn k. k. Oberforstmeisters Dimitz können auch Produkte aus Hirschhorn, gearbeitete und rohe Wildfelle, sowie auf Jagd Bezug habende Holzschnitzereien ausgestellt werden. Punkto Waffen wurde der Grundsatz aufgestellt, daß solche bloß von Amateurs, d. h. Waffen, welche nicht verkäuflich sind, ausgestellt werden können.

Nachdem die Mittel des Vereines noch klein sind, werden keine Preise, sondern bloß Anerkennungsdiplome verliehen.

Über Antrag des Herrn Präsidenten wird beschlossen, am 1. Samstag jeden Monates eine Vereinsausschußsitzung abzuhalten und als Beginn 2 Uhr nachmittags im neuen Vereinslokale festgesetzt; wegen Acquirierung des letzteren erfolgt gleichfalls seitens des Herrn Präsidenten Mitteilung, und wird Se. Durchlaucht für Bestreitung der Hälfte des Jahresmietzinses aus seiner Privatkasse der Dank des Ausschusses votiert.

Herr König beantragt, sich an die Direktion der Eisenbahn im Staatsbetriebe wegen Ermäßigung des bestehenden Tarifes für Vorstehhunde zu wenden, namentlich damit für kürzere Strecken und zum Jagdbedarfe ermäßigte Preise erzielt werden. Herr Dr. v. Glanz übernimmt die Verfassung des Gesuches.

Wegen Herausgabe eines Vademekum für Jagd und Fischerei wird beschlossen, angesichts der geringen Teilnahme von Abnehmern einstweilen hievon abzusehen, und anstatt dessen sich mit einem Verleger eines Jagdkalenders ins Einvernehmen zu setzen.

Ebenso werden weitere Fragen, wie Kommassierung der Jagdgebiete u. s. w., einstweilen in suspenso belassen, bis sich zur Verwirklichung der angestrebten Ziele geeignete Momente ergeben werden.

Herr Graf Kuenburg bespricht noch einige Punkte hinsichtlich der Schonzeit des Wildes, und wird in dieser Richtung das Einvernehmen mit dem Centralausschusse ins Auge gefaßt.

Am 3. März 1883 fand unter dem Vorsitze seiner Durchlaucht des Vereinspräsidenten die zweite diesjährige Ausschußsitzung statt.

Über den Bericht des k. k. Oberförsters Riedler in Ebensee betreffs Verwundung eines Raubschützen durch einen k. k. Aushilfsjäger wird beschlossen, im Falle letzterer bei der gegen den Wilderer stattfindenden Hauptverhandlung in Anklagestand versetzt werden sollte, Herrn Dr. Smrčzka, Advokat in Wels, wegen unentgeltlicher Verteidigung des Jägers zu ersuchen.

Für Anmeldung von Jagd= und Fischereischutzpersonen um Verleihung von Prämien pro 1882 für Erlegung von Raubzeug, namentlich von Füchsen, Mardern und Fischottern, dann Einbringung von Wilddieben wird als äußerster Termin der 6. April 1883 bestimmt; für die Zukunft haben jedoch die Anmeldungen bis Ende Jänner jedes Jahres an den Vereinsausschuß zu erfolgen.

Wegen Abgabe eines Gutachtens, welche Gegenstände aus dem Bereiche der Fischerei zur Annahme für die Ausstellung im Mai 1883 sich eignen, wird ein Ersuchen an den Fischereiverein in Linz gestellt.

Als Eintrittspreis in die Ausstellung für Nichtmitglieder des oberösterreichischen Jagdschutzvereines und Nichtaussteller wird der Betrag von 20 kr. normiert.

Herr König berichtet über eine Zuschrift des Herrn Hermann Danner bezüglich eines im Berichte über die Delegiertenkonferenz der oberösterreichischen und salzburgischen Jagd= und Fischereischutzvereine am 3. April 1882 in Attnang unterlaufenen Irrtums, und wird die bezügliche Richtigstellung in der nächst erscheinenden Nummer der Vereinsmitteilungen zugesagt.

Se. Durchlaucht der Vereinspräsident macht Eröffnung hinsichtlich der Überreichung des Einladeschreibens an den niederösterreichischen Jagdschutzverein wegen Einberufung des Delegiertenkongresses, und verliest das betreffende Antwortschreiben, worin der Vorschlag des oberösterreichischen Vereines mit Befriedigung aufgenommen und demselben die vorbereitenden Schritte der Initiative überlassen werden.

In der hierüber geführten eingehenden Debatte, woran sich Herr Oberforstmeister Dimitz, Graf Kuenburg, Graf Sprinzenstein und Fürst Starhemberg beteiligen, wird beantragt, ein Einladeschreiben an die einzelnen Vereine zu entwerfen und dem niederösterreichischen Jagdschutzvereine zur Mitfertigung vorzulegen, ferner mit der k. k. Regierung sich ins Einvernehmen zu setzen, ob dieselbe das Programm zu unterstützen bereit sei, und wird namentlich auch auf die Verhandlungen des allgemeinen österreichischen Fischereitages hingewiesen, auf welchen die Regierung gleichfalls durch ihre Organe vertreten war.

Es wird endlich beschlossen, daß die Präsidien des ober= und niederösterreichischen Jagdschutzvereines sich noch vor Einberufung der Delegiertenversammlung an den Herrn Ackerbauminister zu wenden hätten, mit der Frage, welche Stellung derselbe einzunehmen gedenke, wenn der Kongreß zustande komme, und wird Se. Durchlaucht, der Herr Vereinspräsident ersucht, sich diesfalls mit dem Präsidium des niederösterreichischen Jagdschutzvereines zu benehmen. Mit der Verfassung des Einladeschreibens an die einzelnen Jagdschutzvereine wird Herr Oberforstmeister Dimitz betraut.

Hinsichtlich des Übelstandes, daß manche Vereinsmitglieder die Vereinsmitteilungen nicht regelmäßig zugestellt erhalten, wird für angezeigt erachtet, in der nächsten Nummer dieser Mitteilungen die Erklärung aufzunehmen, daß von seiten des Vereines sämtliche Exemplare der Vereinszeitung stets pünktlich expediert werden, daß somit die Mängel in der Zustellung nicht im Verschulden des Vereines gegründet seien, daß dieser jedoch bestrebt sein werde, thunlichst Abhilfe zu schaffen.

Nach einigen, die Herstellung des Jagdkatasters, dann die Ausstellung betreffenden Mitteilungen übergibt Se. Durchlaucht der Herr Präsident die von ihm gespendeten Bilder, Se. Majestät den Kaiser Franz Josef I. und den durchlauchtigsten Kronprinzen Erzherzog Rudolf in Waidmannstracht darstellend, welche an den Wänden des Sitzungssaales anzubringen sind. Sonach Schluß der Sitzung. —

In der am 7. April 1883 abgehaltenen Ausschußsitzung werden den Revierjägern Anton Stolz in Alkofen für Ergreifung und Einbringung von Wilddieben, und Johann Etlinger in Lustenau und St. Peter für besondere Thätigkeit von Erlegung von Raubzeug Prämien von je 2 Dukaten in Gold nebst einem Anerkennungsdiplome zuerkannt.

Für den Delegierten Herrn Leopold Wiesinger in Zell am Moos, welcher seine Stelle niederlegt, wird als Delegierter Herr Oberförster Günther nominiert, und das Bedauern über das Ausscheiden des Herrn Wiesinger als Delegierter ausgesprochen.

Hinsichtlich der Generalversammlung und der hiemit in Verbindung zu bringenden Ausstellung von Geweihen und anderen Jagd= und Fischereitrophäen wird nach lebhafter Debatte, woran die Herren Dr. Gandolf Graf Kuenburg, Ritter von Boschan, König, Mayer und Strasser sich beteiligen, beschlossen, als Tag der Generalversammlung den 27. Mai 10 Uhr vormittags zu bestimmen und die Ausstellung in der Zeit vom 27. bis 29. Mai 1883 im landschaftlichen großen Redoutensaale abzuhalten.

Zum Obmanne des Ausstellungskomitees wird Herr Dr. Gandolf Graf Kuenburg gewählt; als Entree wird für Mitglieder des oberösterreichischen Schutzvereines für Jagd und Fischerei gegen Vorweisung der Mitgliedskarte 10 kr., für Nichtmitglieder 20 kr. bestimmt. Als zulässig zur Ausstellung werden auch Photographien von Jagd- und Fischereigegenständen, Gerätschaften von Amateurs, Forellenstöcke, ohne Beschränkung, daß selbe bloß aus Oberösterreich stammen müssen, bezeichnet.

Se. Durchlaucht Fürst Starhemberg berichtet über den Besuch der Hundeausstellung in Wien am 26. März 1883 in Begleitung des Vereinsausschusses Herrn Dr. Ritter von Glanz, und über die Teilnahme an den daselbst gepflogenen Verhandlungen hinsichtlich der Anlegung eines gemeinen österreichischen Hundestammbuches behufs Züchtung reiner Hunderassen und Verbesserung der Points, weiters bezüglich des Standes der Verhandlungen wegen Abhaltung eines Kongresses von Delegierten sämtlicher österreichischer Jagdschutzvereine, und spricht die Hoffnung auf glückliche Lösung des angestrebten Zieles aus.

Die nächste Sitzung des Vereinsausschusses wird, nachdem Se. Durchlaucht Fürst Starhemberg für den programmgemäßen 1. Samstag des Monats Mai l. J. verhindert ist, ausnahmsweise Freitag am 4. Mai 1883 abgehalten werden.

Von seiten des Ausschußmitgliedes Herrn Kurzwernhart wird noch der Wunsch ausgesprochen, daß, wie bei anderen Vereinen, alljährlich Jahreskarten ausgegeben werden sollten, um hinsichtlich der Einzahlung der Jahresbeiträge eine Kontrolle zu haben.

Am 5. Jänner 1884 fand die erste Ausschußsitzung statt, welcher in Verhinderung Sr. Durchl. des Herrn Fürsten Starhemberg Herr Dr. Gandolf Graf Kuenburg präsidierte.

Die Erledigung der k. k. Statthalterei, daß selbe nicht in der Lage ist, dem Einschreiten des oberösterreichischen Schutzvereines für Jagd und Fischerei um Erlassung von administrativen Verfügungen zum Schutze des Wildes bei Überschwemmungen Folge zu geben, wird zur Kenntnis genommen.

Auf ein weiteres Einschreiten des Vereines aus Anlaß der Beschwerde des Josef Werndlschen Jagdleiters, J. Berger, wegen Verpachtung der Gemeindejagd in Kronstorf auf bloß 3 Jahre hat die k. k. Statthalterei unterm 5. Dezember 1883, Z. 11899, mitgeteilt, daß unter einem die sämtlichen unterstehenden k. k. Bezirkshauptmannschaften angewiesen werden, von der in der Ministerialverordnung vom 15. Dezember 1852, R. G. Bl. Nr. 257, enthaltenen Bestimmung hinsichtlich der Herabsetzung der Jagdpachtdauer unter den normalen Termin von 3 Jahren nur ganz ausnahmsweise und bloß in Fällen zwingender Natur Gebrauch zu machen, unter sonstigen normalen Verhältnissen jedoch jene Terminsbeschränkung keineswegs in Anwendung zu bringen.

Nachdem zur Kenntnis des Vereines gelangt ist, daß bei der am 12. November 1882 bei der k. k. Bezirkshauptmannschaft Kirchdorf abgehaltenen öffentlichen Lizitation von konfiszierten Schußwaffen, worunter auch Abschraubgewehre sich befanden, Individuen als Ersteher auftraten, welche dem Jagdschutzpersonale als dem Jagdwild gefährlich bekannt sind, wird beschlossen, sich an die k. k. Statthalterei mit dem Ansuchen zu wenden, wegen Abstellung eines derartigen, der Wildhege in hohem Grade abträglichen Vorganges das Notwendige verfügen zu wollen.

Mehrere Gesuche und Eingaben wegen Prämiierung von verdienten Jagdschutzorganen werden zur definitiven Beschlußfassung in der nächsten Ausschußsitzung vorgemerkt.

Ein Antrag des Ausschußmitgliedes Dr. von Glanz, betreffend die Entladung der Jagdgewehre nach jedem Triebe behufs Vermeidung von Unglücksfällen, wird einer Beschlußfassung noch vor Beginn der nächsten Jagdsaison, in der anfangs Juli 1884 abzuhaltenden Ausschußsitzung vorbehalten.

Vorsitzender Dr. Graf Kuenburg bespricht noch einige für den im Monate März 1884 in Wien abzuhaltenden Centralkongreß sämtlicher Jagdschutzvereine notwendige Vorarbeiten, namentlich in betreff des Wildschongesetzes, und beantragt diesfalls Herrn k. k. Oberforstmeister Dimitz, als Mitglied des Jagdkongreßspezialkomitees wegen Übernahme derselben zu ersuchen; der Antrag wird einhellig angenommen.

Am 9. Februar 1884 fand die zweite diesjährige Ausschußsitzung unter dem Präsidium Sr. Durchlaucht des Fürsten Starhemberg statt.

Über den Antrag des Jagdklubs in Wels, die Erhöhung der Jagdkartengebühr von 2 fl. auf 5 fl. beim hohen Landtage zu befürworten, wurde nach längerer Debatte über Antrag des Ausschußmitgliedes Th. Kurzwernhart zur Tagesordnung übergegangen, nachdem ein analoger Vorschlag auf Erhöhung der Jagdkartengebühr bereits in der Ausschußsitzung vom 20. November 1881 abgelehnt worden ist.

An Stelle des Herrn Oberförsters Riedler in Ebensee, welcher wegen Domizilwechsels auf seine Stelle als Vereinsdelegierter resignierte, wird über Vorschlag des Herrn Oberforstmeisters Dimitz als Nachfolger des Herrn Riedler Herr Forstverwalter Franz Juza designiert.

Zur Frage der Prämiierung verdienter Jagdschutzorgane stellte Herr Graf Kuenburg den Antrag, sämtliche eilf Bewerber mit Prämien zu beteilen und letztere mit 1 bis 3 Dukaten zu fixieren; es gelangen somit im ganzen 23 Dukaten nebst eilf Diplomen zur Verteilung.

Der Einladung des österreichischen Hundezuchtvereines in Wien, der oberösterreichische Schutzverein für Jagd und Fischerei wolle sich als Mitglied beteiligen, wird

Folge gegeben und unter einem auch der erstgenannte Verein zum Beitritte zum Jagdschutzvereine eingeladen.

Herr Karl König legt seine Stelle als Redakteur der Vereinszeitschrift nieder, worüber der Ausschuß das Bedauern ausspricht und der Dank für die Mühewaltung ins Protokoll aufgenommen wird.

Im weiteren gelangen die Jahresberichte der Vereinsdelegierten zur Beratung.

Der Antrag des Delegierten Dr. Seidl auf Schonung der Nöslinge im Ramingbache und Aschabache wird dem oberösterreichischen Fischereivereine zur Begutachtung abgetreten, über den weiteren Antrag des genannten Delegierten wegen Einführung von Maßregeln gegen Vergiftung von Fischwässern durch Abfallstoffe von Fabriken wird beschlossen, die k. k. Statthalterei zu ersuchen, das Nötige im gesetzlichen Wege zu veranlassen und die diesfalls bestehenden Vorschriften neuerlich in Erinnerung zu bringen.

Nachdem wir vorstehend eine genaue Vereinsgeschichte dieses tüchtigen und thätigen Vereines gegeben haben, wollen wir noch kurz der Ausstellung von Geweihen und anderen Jagd- nebst Fischereigegenständen erwähnen, welche der Verein gelegentlich der 3. Generalversammlung im großen Redoutensaale zu Linz veranstaltet hat.

In den Sitzungen vom 17. Dezember 1882 und 10. Februar 1883 hat der Vereinsausschuß beschlossen, gelegentlich der im Mai 1883 stattfindenden III. Generalversammlung eine Ausstellung von Geweihen und anderen Jagd- nebst Fischereigegenständen abzuhalten, und hierzu Objekte von in den letzten fünf Jahren 1878—1883 in Oberösterreich erlegtem Wilde stammend, nebstbei auch Produkte aus Hirschhorn, auf Jagd bezugnehmende Holzschnitzereien, Waffen jedoch bloß von Amateurs, das heißt unverkäuflich, endlich Fischereigegenstände, Präparate u. s. w. zuzulassen.

Am 27. Mai 1883 um 9½ Uhr vormittags wurde im großen landschaftlichen Redoutensaale, welcher zu diesem Zwecke entsprechend adaptiert und mit Festons und passenden Devisen geschmackvoll ausgestattet war, die Ausstellung vom Vereinspräsidenten Seiner Durchlaucht Fürsten Camillo Starhemberg vor einer zahlreichen und distinguierten Versammlung und den Vertretern der Presse eröffnet:

An der Ausstellung haben sich folgende allerhöchste und hohe Herrschaften, ferner Deputationen und Private beteiliget, und eingesendet:

Se. königl. Hoheit Herzog Ernst von Sachsen-Koburg. Se. Excellenz Graf Franz Emmerich Lamberg in Steyr. Konrad Ungnad Graf Weißenwolff in Steyregg. Seine Durchlaucht Fürst Starhemberg: ein Racklhahn, den 600. und 700. von ihm selbst erlegten Auerhahn, einen scheckigen Auerhahn (urogallus maculatus), ein Schildhahn, 34 Rehgeweihe, ein Uhu, ein weißer Rehbock, ein weißes und ein scheckiges Rebhuhn, zwei Fischstöcke, ein Hirschgeweih, und 20 andere Aussteller.

Es wurde als Grundsatz aufgestellt, daß für Hirschgeweihe bloß die Endenzahl, die Stärke und Regelmäßigkeit des Geweihes, ebenso für Gemskrickel die Stärke, Länge und Weite in Anbetracht zu kommen haben, wonach abnorme Hirschgeweihe sohin von der Konkurrenz ausgenommen bleiben.

Dagegen wird für reguläre und für abnorme Rehgehörne je eine eigene separate Konkurrenz für geboten erklärt.

Im Nachstehenden folgen die Zuerkennungen der Ausstellungsjury:

Se. k. k. Apostolische Majestät Kaiser Franz Josef I. außer Konkurs.

Für Hirschgeweihe: 1. Preis: Se. Excellenz Graf Franz Lamberg. 2. Preis: Se. k. k. Hoheit Erzherzog Karl Salvator. 3. Preis: Se. Durchlaucht Fürst Schaumburg-Lippe. Für reguläre Rehgehörne: 1. Preis: Graf Arthur Sprinzenstein. 2. Preis: Se. Durchlaucht Fürst Camillo Starhemberg. 3. Preis: Dr. Moriz Berthold. Für abnorme Rehgehörne: 1. Preis: Se. Durchlaucht Fürst Camillo Starhemberg. 2. Preis: Se. k. k. Hoheit Erzherzog Karl Salvator. 3. Preis: Se. Durchlaucht Fürst Camillo Starhemberg. Für Gemskrickeln: 1. Preis: Dr. Moriz Berthold. 2. Preis: Se. Excellenz Graf Franz Lamberg. 3. Preis: Baron Kast.

Am 29. Mai abends 7 Uhr erfolgte der Schluß der Ausstellung; am 30. wurden über Auftrag Sr. Durchlaucht des Herrn Fürsten Starhemberg sämtliche Abteilungen photographisch aufgenommen, und in kurzer Frist verschwand sodann das farbenreiche Bild und die sinnige Dekoration des alten Saales, und es verblieb von allem so mühsam Geschaffenen bloß die Erinnerung und der Ruhm nach des großen deutschen Dichterfürsten Worten:

„Der Lebensgüter höchstes."

Die Mitgliederzahl betrug am Tage der 1. Generalversammlung Juli 1881 ca. 30 Personen, bei der 2. Generalversammlung Juni 1882 ca. 466 Personen, bei der 3. Generalversammlung im Mai 1883 ca. 521 Personen, bei der gegenwärtigen Generalversammlung im Mai 1884 ca. 549 Personen.

Die Statuten stimmen im Wesentlichen mit denen des niederösterreichischen Jagdschutzvereines überein.

Steiermärkischer Jagdschutzverein.

Der steiermärkische Jagdschutzverein, der wie der Ober- und Niederösterreichische Jagdschutzverein unter dem Protektorate Sr. Kais. Hoheit des durchlauchtigsten Kronprinzen, des Erzherzogs Rudolf, steht, wurde im Mai 1882 gegründet, und zählte anfangs Juni 44 Stifter und 560

Mitglieder, welche Zahl Mitte März 1883 auf 45 Stifter und 626 Mitglieder stieg und bei Beginn März 1884 auf 49 Stifter und 872 Mitglieder sich erhöhte. Heute (15. Mai 1884) beträgt die Zahl 50 Stifter und 903 Mitglieder, zusammen 953 Vereinsgenossen. Der Verein hat sein eigenes Preßorgan, „Die Mitteilungen des steiermärkischen Jagdschutzvereins", welche in Perioden von je zwei Monaten erscheinen, und von welchen bis heute elf Nummern erschienen sind.

Die Tendenzen des Vereins sind gleiche, wie die der anderen Jagdschutzvereine, über die Organisation und Leistungen geben die nachstehenden Berichte Aufschluß.

Bericht über das erste Vereinsjahr 1882.
Vorgetragen in der Generalversammlung am 18. März 1883.

Geehrte Generalversammlung!

Ein Jahr ist verflossen, seit wir Sie, geehrte Herren, in der ehrwürdigen Landstube zum erstenmale versammelten, um unserem jungen Vereine die Grundzüge seiner künftigen Wirksamkeit zu geben und den zur Ausübung derselben berufenen Ausschuß zu wählen. Indem wir heute nach Jahresfrist vor Sie hintreten, um Ihnen Rechenschaft zu geben über unsere Thätigkeit im ersten Vereinsjahre, werden wir bemüht sein, Ihnen im Nachstehenden ein klares Bild über den gegenwärtigen Stand des Vereines, sowie über die Wirksamkeit Ihres Ausschusses darzustellen, in letzterer Beziehung mit Rücksicht auf die Kürze der Zeit ein nachsichtiges Urteil walten zu lassen; denn nicht alles, was mit der Gründung unseres Vereines angestrebt wurde und auch angestrebt werden soll, kann schon im ersten Jahre erreicht werden. Wenn wir aber auch mit Bescheidenheit an die Berichterstattung über unsere Thätigkeit gehen, so glauben wir doch andererseits mit Beruhigung sagen zu dürfen daß wir nicht die Hände in den Schoß gelegt und manches zu einer gedeihlicheren Entwicklung unseres heimatlichen Jagdwesens mindestens angebahnt, ja einige Erfolge in dieser Richtung thatsächlich schon erreicht haben, und daß der dermalige Stand unseres Vereines in Bezug auf die Zahl seiner Mitglieder und auf seine Geldmittel ein sehr günstiger genannt werden kann.

Mit dem allmählichen Bekanntwerden der Tendenzen des Vereines und dank der regen Einflußnahme der Vereinsmitglieder und Delegierten wuchs die Zahl der Gründer und Mitglieder rasch an, so daß wir mit Ende des Jahres 1882 die erfreuliche Zahl von 45 Gründern und 626 Mitgliedern verzeichnen konnten, welche jedoch schon im laufenden Jahre eine neuerliche bedeutende Vermehrung erfahren hat. Wir müssen an dieser Stelle mit besonderer Befriedigung konstatieren, daß der Verein nicht nur unter den Jagdherren und Jagdfreunden, sondern auch unter dem Jagdpersonale zahlreiche Ausschusses gefunden hat, ein Beweis, daß unsere heimatliche Jägerei für die Intentionen unseres Vereines volles Verständnis besitzt. Über den Vermögensbestand des Vereines giebt Ihnen der am Schlusse abgedruckte Rechnungsabschluß pro 1882 Aufklärung.

Sobald der Ausschuß den jungen Verein in dieser Weise erstarkt und gefestigt sah, und ein ersprießliches und ehrenvolles Wirken desselben für die Zukunft gesichert erschien, war der Ausschuß darauf bedacht, dem Vereine eine Auszeichnung in einer Weise zu erwirken, welche nicht nur den Verein als solchen mächtig heben und fördern, sondern auch jedem einzelnen Mitgliede, jedem echten steirischen Jägerherzen zur lebhaftesten Freude gereichen mußte.

In dem 4. Hefte der Mitteilungen haben wir unseren Mitgliedern bereits bekannt gegeben, daß Seine kaiserliche Hoheit der durchlauchtigste Herr Erzherzog Kronprinz Rudolf über unsere Bitte das Protektorat des Vereines in huldvoller Weise angenommen hat. Unter so hoher Agide sehen wir einer ersprießlichen Wirksamkeit unseres Vereines mit um so größerer und freudigerer Zuversicht entgegen.

Sofort nach seiner Wahl durch die erste Generalversammlung beschäftigte sich der Ausschuß mit der inneren Organisation des Vereines; zur gründlichen Vorberatung der einlangenden Geschäftsstücke teilte sich der Ausschuß in eine Rechts-, Finanz- und Redaktionssektion, entwarf eine Geschäftsordnung, und bestellte in allen Teilen des Landes Freunde und Gönner des Vereines als dessen Delegierte, um so das ganze Land gleichsam mit einem Netze von Funktionären zu umspannen. Dieses Institut der Delegierten hat sich auch bereits in mannigfacher Richtung als ein sehr zweckmäßiges erwiesen, indem durch die Herren Delegierten dem Vereine viele neue Mitglieder zugeführt wurden, und der Ausschuß in den Besitz von zahlreichen wertvollen Informationen, Notizen und Gutachten gelangte. Der Umfang der Kanzlei- und Manipulationsgeschäfte wurde bald ein derartiger, daß der Ausschuß die Überzeugung gewann, daß er von keinem seiner Mitglieder die unentgeltliche Besorgung dieser sehr zeitraubenden und eine große Genauigkeit erfordernden Geschäfte beanspruchen könne, und beschloß derselbe daher, dem zum Vereinssekretär gewählten Herrn Forstkommissär Josef Edlen von Metz ein jährliches Honorar von 300 fl. gegen nachträgliche Rechtfertigung dieser Ausgabe bei der nächsten Generalversammlung in einer den dermalen bestehenden Vereinsstatuten entsprechenden Form zur Verfügung zu stellen. Leider sah sich Herr von Metz durch seine anderweitigen Berufsgeschäfte gezwungen, dieses Amt Ende vorigen Jahres niederzulegen, und der Ausschuß war daher bei dem Umstande, als keines seiner Mitglieder in der Lage war, dieses Amt zu übernehmen, genötigt, mit der Führung der Vereinsgeschäfte eine außerhalb des Ausschusses stehende Persönlichkeit gegen Honorierung provisorisch zu betrauen. Es gelang uns hiefür den in derlei Geschäften durch eine langjährige Thätigkeit in anderen Vereinen vollkommen bewanderten Herrn Michael Max Sallinger, k. k. Hauptmann des Ruhestandes, zu gewinnen. Im Zusammenhange mit diesen Verfügungen steht der Ihnen abgesondert vorliegende Antrag auf Abänderung des Artikels V der Statuten.

Unsere weiteren Bemühungen waren auf die Herausgabe eines Fachorganes gerichtet; das erste Heft desselben erschien unter dem Titel: „Mitteilungen des steiermärkischen Jagdschutzvereines" im Juni v. J. und folgten demselben im Jahre 1882 zwei weitere Hefte. Bis heute sind vier Hefte in zwangloser Folge erschienen. Der Ausschuß hätte gern die „Mitteilungen" häufiger erscheinen lassen, mußte sich jedoch in dieser Richtung durch die nicht unbedeutenden Kosten der Auflage bestimmen lassen. Der günstige Stand unserer Finanzen dürfte uns aber im laufenden Jahre nicht so enge Grenzen ziehen, und ersuchen wir gleichzeitig die geehrten Mitglieder, unsere Redaktionssektion mit recht zahlreichen interessanten Artikeln versorgen zu wollen.

Selbstverständlich erachtete es der Ausschuß als seine vornehmlichste Aufgabe, durch eine entsprechende Ingerenz bei den betreffenden Behörden eine Hebung der heimatlichen Jagdverhältnisse durch Verbesserung der bestehenden Gesetze und Verordnungen, sowie durch Abstellung von Unzukömmlichkeiten in der dermaligen Übung der Handhabung derselben anzustreben. Der Ausschuß hat demnach alle in dieser Richtung maßgebenden Fragen wiederholt einer eingehenden Beratung unterzogen, und hiebei insbesondere die gesetzlichen Bestimmungen über die Dauer der Jagdpachtungen, über die Größe des Areales zur Berechtigung der Jagdausübung seitens des Grundbesitzers, und in betreff der gesetzlichen Befähigung der Jagdaufseher, sowie das Wildschongesetz ins Auge gefaßt. Wenn es der Ausschuß bisher noch unterlassen hat, mit bestimmten Anträgen vor die kompetenten legislativen Körperschaften und Behörden zu treten, so geschah dies einerseits, weil der Ausschuß diesfalls vorher die gutachtlichen Äußerungen seiner Mitglieder und Delegierten einholen wollte (siehe 4. Heft der „Mitteilungen"), und andererseits im Einblick auf die von der k. k. steierm. Statthalterei im Auftrage der hohen Regierung einberufene Enquête zur Beratung einer Reform der jagdpolizeilichen Gesetze und Verordnungen, bei welcher den hiezu eingeladenen Delegierten des Vereines die Gelegenheit geboten sein wird, gegenüber der Regierungsvorlage Stellung zu nehmen und die geeigneten Anträge zu stellen. Nichtsdestoweniger haben wir bereits in einigen minder prinzipiellen Fragen (siehe 4. Heft der „Mitteilungen") eingehend begründete Petitionen an die betreffenden Behörden geleitet, um zuförderst die Abstellung mehrerer Übelstände mindestens im administrativen Wege zu erzielen. Wir können es an dieser Stelle nicht unterlassen, des wohlwollenden und gütigen Entgegenkommens zu gedenken, mit welchem unsere diesfälligen Bitten von Sr. Excellenz dem Herrn k. k. Statthalter Freiherrn von Kübeck und von Sr. Excellenz dem Herrn k. k. Oberlandesgerichtspräsidenten Ritter von Waser aufgenommen worden sind, welchen hohen Funktionären wir hierfür zum größten Danke verpflichtet sind. Eine gleiche freundliche Unterstützung haben wir bei vielen Vorständen der politischen und gerichtlichen Unterbehörden gefunden. Der schon früher erwähnte

Umstand, daß der Jagdschutzverein zu der von der k. k. Statthalterei einberufenen Enquête in betreff der Jagdgesetzgebung eingeladen worden ist, scheint uns ein hocherfreuliches Symptom zu sein, daß dem Jagdwesen seitens der h. Regierung wieder jene Beachtung geschenkt wird, welche es verdient.

Die statutenmäßige Verteilung von Prämien an verdienstvolle Jagdschutzpersonen fand im Februar l. J. statt, und wurden hiebei sechs Jäger mit Prämien von 40 bis 15 fl. beteilt. Wenn auch hierdurch die verfügbaren Geldmittel weitaus noch nicht erschöpft wurden, so glaubte der Ausschuß doch keine höheren Beträge beschließen zu sollen, um für den Fall einer größeren Zahl von berücksichtigungswürdigen Gesuchen in den nächsten Jahren — diesmal hatten sich nur sechs Bewerber gemeldet — die Höhe der Prämien gegenüber den im ersten Jahre verliehenen nicht allzusehr reduzieren zu müssen.

Ferner haben wir dem h. k. k. Landesverteidigungsministerium einen Verlag von 100 fl. zur Verfügung gestellt, aus welchem im Wege des k. k. Landesgendarmeriekommandos Geldbelohnungen an solche Gendarmen zur Verteilung kommen, welche sich durch zur Abstrafung führende Anzeigen über Jagd- und Wildfrevel um die Zwecke des Vereines besonders verdient gemacht haben. Se. Excellenz der Herr Landesverteidigungsminister Graf Welsersheimb hatte die Gewogenheit, diesem Antrage des Vereines mit der Zuschrift vom 24. v. M., Z. 2640, seine Zustimmung bereitwilligst zu erteilen.

Um dem Unwesen des Verkaufes von gestohlenen oder während der Schonzeit abgeschossenen Wildes namentlich in Graz nach Thunlichkeit zu steuern, haben wir uns an den Stadtrat der Landeshauptstadt mit der Bitte um strenge Überwachung des Marktverkehres in dieser Richtung gewendet, und auch an mehrere Individuen der städtischen Sicherheitswache, welche derlei Gesetzesübertreter zur gerichtlichen Abstrafung brachten, Geldbelohnungen erfolgt.

Über unser Einschreiten um Veranlassung einer besseren und humaneren Unterbringung der Hunde bei dem Transporte auf den Eisenbahnen hat die k. k. Generalinspektion der österreichischen Eisenbahnen den Ausschusse unterm. 8. März l. J., Z. 2816, eröffnet daß seitens der gemeinschaftlichen Direktorenkonferenz der österreichisch-ungarischen Eisenbahnverwaltungen der Beschluß gefaßt wurde, nach und nach bei Vornahme von Waggonrekonstruktionen auf die Herstellung geeigneterer Behältnisse für den Transport von Hunden Rücksicht zu nehmen. Wir wollen hoffen, daß für unsere treuen Jagdgefährten endlich einmal seitens der Bahnverwaltungen besser gesorgt werden wird und werden unsere Bemühungen in dieser Richtung energisch fortsetzen.

Da erfahrungsgemäß bei den behördlichen Lizitationen der den Wilderern abgenommenen Schußwaffen dieselben häufig wieder in die Hände ihrer ursprünglichen Eigentümer oder anderer „unberufener" Jagdliebhaber zurückkehren, so hat Ihr Ausschuß die Verfügung getroffen, daß er von solchen Lizitationen verständigt wird, um nach Zulänglichkeit der Geldmittel diese Gewehre aufzukaufen, welche sodann je nach ihrer Brauchbarkeit entweder zu vernichten oder an unbemittelte Jagdschutzpersonen zu verteilen sein werden.

Schließlich müssen wir Ihnen mit lebhaftem Bedauern berichten, daß unser Ausschußmitglied Herr Hans Edler von Rebenburg mit Rücksicht auf seine häufige Abwesenheit von Graz seine Stelle niedergelegt hat, daher wir die geehrte Generalversammlung in der heutigen Tagesordnung zu einer Neuwahl eingeladen haben.

Wir schließen unseren Rechenschaftsbericht mit der Hoffnung, daß die geehrte Generalversammlung uns das Zeugnis nicht versagen wird, in der kurzen Zeit des Bestandes des Vereines einiges geschaffen und manches angebahnt zu haben, was geeignet erscheinen mag, das Jagdwesen in Steiermark zu fördern und zu heben; wir bitten Sie, diesen Bericht zur genehmigenden Kenntnis nehmen und uns in unserer Wirksamkeit auch im nächsten Jahre thatkräftigst unterstützen zu wollen.

Graz, im März 1883.

Für den Ausschuß des steierm. Jagdschutzvereines:

Der Präsident: Franz Graf Meran m. p.

Der Sekretär: Michael May Sallinger m. p.

Bericht über das zweite Vereinsjahr 1883.

Vorgetragen in der Generalversammlung am 25. März 1884.

Geehrte Versammlung!

Wenn wir an dieser Stelle im verflossenen Jahre die Hoffnung aussprachen, daß unser Verein in den ferneren Jahren seines Bestandes erstarken, gedeihen und ersprießliche Leistungen aufzuweisen haben wird, so können wir heute mit voller Überzeugung, aber auch mit dem redlichen Bewußtsein der erfüllten Pflicht versichern, daß wir uns nicht getäuscht haben.

Die Zahl der Mitglieder war bis zum 1. März d. J. (gegen 657 im Vorjahre) einschließlich der Gründer auf 921 angewachsen, und es scheint hienach bei der Mehrzahl der Jagdbesitzer und Jagdschutzpersonen der Gedanke zum Durchbruche gekommen zu sein, daß der nicht genug zu würdigende Vorteil der Mitgliedschaft schon im Bewußtsein gelegen ist, zu jeder Zeit bei Verfolgung des eigenen Rechtes Rat und thatkräftige Unterstützung finden zu können, und zwar dies bei einem Organe, welches, wie der Jagdschutzverein mit Stolz sagen darf, bei sämtlichen Behörden in nicht zu unterschätzendem Ansehen steht.

Nicht minder ist der Stand des Vereinsvermögens, wie die geehrten Herren aus dem am Schlusse abgedruckten Rechnungsabschlusse gütigst ersehen wollen, ein sehr günstiger; verfügten wir doch Ende 1883 bei einem Saldo von fl. 778. 98 über ein Vereinskapital von fl. 4522. 66 — Summen, welche eine weit ausgiebigere Belohnung des Jagdschutzpersonales für besonders hervorragende Leistungen ermöglicht hätten, wenn überhaupt pro 1883 mehr als 16 Gesuche eingelangt wären, und welche den Ausschuß vielleicht in den Stand setzen werden, eine größere Summe als wie fl. 100 pro 1883 für solche Mitglieder der k. k. Gendarmerie zu widmen, welche sich im Interesse des Jagdschutzes verdient gemacht haben.

Ihrem in der letzten Generalversammlung ausgesprochenen Wunsche auf Änderung des Artikels V der Statuten haben wir Rechnung getragen, und die geehrten Herren finden den Wortlaut des neuen Artikels V, wie ihn der Ausschuß vorschlägt, am Schlusse dieses Berichtes abgedruckt.

Der Ausschuß hat seit der vorigen Generalversammlung 9 Sitzungen abgehalten, und beschäftigte sich in jenen vom 2. April und 7. Mai 1883 vorzugsweise mit dem Entwurfe eines neuen Schongesetzes, der — endgiltig festgestellt — in Nr. 6 unserer Mitteilungen zum Abdrucke gelangte.

Er folgte auch bereitwilligst der Einladung der k. k. steierm. Statthalterei, sich bei Beratung eines neuen Jagdgesetzes zu beteiligen und hatte die Genugthuung, daß hiebei beschlossen wurde, den künftigen Beratungen jenen Entwurf sowie auch den Entwurf eines Pensionsgesetzes für Jagdschutz-Personen, deren Witwen und Waisen (vgl. Nr. 5. der „Mitteilungen") zu Grunde zu legen.

Bei diesem Anlasse kann aber der Ausschuß nicht umhin, der geehrten Versammlung zu versichern, daß sämtliche Ratschläge und Wünsche, sei es, daß solche von einzelnen Personen ausgehen, oder sei es, daß sie das Ergebnis von Versammlungen sind, von seiner Rechtssektion sorgfältig gesammelt und geprüft wurden und von der Enquêtekommission einer eingehenden Beratung werden unterzogen werden.

Allerdings aber glaubt der Ausschuß, von dem Grundsatz ausgehend, das Bessere sei ein Feind des Guten, sich lieber mit der Anstrebung eines bescheidenen Maßes von Reformen in der Gesetzgebung begnügen zu sollen, als sich der Gefahr auszusetzen, daß bei fortgesetztem Beharren auf Durchsetzung solcher Punkte, deren Annahme bei den hiezu berufenen Vertretungskörpern und bei der hohen Regierung von vorneherein gänzlich aussichtslos ist, das Zustandekommen des ganzen Gesetzes in Frage gestellt wird.

In dieser Beziehung aber hofft der Ausschuß, dessen einzelne Mitglieder sich in fortlaufendem Kontakt mit den maßgebenden Persönlichkeiten befinden, namentlich auf das Vertrauen der sehr geehrten Vereinsmitglieder, welche überzeugt sein mögen, daß seitens des Ausschusses alles darangesetzt werden wird, um das zu erreichen, was im Interesse einer geordneten Jagdpflege zu erreichen überhaupt möglich ist.

Die Beratungen der Enquêtekommission wurden übrigens infolge Auftrags der hohen Regierung bis zu dem Zeitpunkte vertagt, in welchem das in Wien tagende Komitee, welches von Delegierten sämtlicher Jagdschutzvereine gewählt, es unternommen hat, ein alle Zweige umfassendes Gesetz auszuarbeiten, sein Elaborat vorgelegt haben wird.

Der Einladung zur diesfälligen Beratung sehen wir entgegen. Hingegen hat es die k. k. Statthalterei in nicht genug anerkennenswerter Weise nicht unterlassen, den eben erwähnten Pensionsgesetzentwurf — bis nun eine Spezialität für Steiermark — in Beratung zu ziehen und sammelt augenblicklich statistisches Material zu dem Zwecke, um vorläufig festzustellen, welche Summen wenigstens beiläufig erforderlich wären, um ausgedienten Jagdschutzpersonen, deren Witwen und Waisen eine alljährliche Unterstützung angedeihen zu lassen.

In seinen weiteren Sitzungen beschäftigte sich der Ausschuß mit der Aufarbeitung der nicht unbedeutenden Einläufe, strebte eine Verordnung zur Hintanhaltung der Mitnahme von Hunden zu Feld- und Waldarbeiten, einen ihrer Gesundheit zuträglicheren Transport der Hunde auf Eisenbahnzügen, endlich die Herausgabe eines Lehrbüchleins für das niedere Jagdschutzpersonal (welches nahezu vollendet ist), und die sehr geehrten Herren werden aus den in vergangenen Jahre sechsmal erschienenen „Mitteilungen" entnommen haben, daß die Bestrebungen des Ausschusses größtenteils vom besten Erfolge begleitet waren.

Auch hat der Ausschuß im Jahre 1883 einen Betrag von fl. 102.70 angewiesen, um den Ankauf von konfiszierten Jagdgewehren im Lizitationswege, seitens unberufener Personen hintanzuhalten, und dieselben selbst angekauft.

Ebenso ist der Ausschuß von der Erwägung geleitet, daß die Hundezucht in unserem engeren Heimatslande sehr im argen liegt, daher jedes Mittel ergriffen werden muß, um dieselbe zu heben, dem österreichischen Hundezuchtverein in Wien namens des Vereines als Gründer beigetreten.

Indem wir schließlich unserem tiefen Bedauern darüber Ausdruck geben, daß zwei unserer Ausschußmitglieder, nämlich die Herren Ritter von Wiser (wegen Überhäufung mit Amtsgeschäften) und Pengg von Anheim (ob geschwächter Gesundheit und entfernten Wohnortes) ihre Stellen als Vereinsausschüsse niedergelegt haben, bitten wir die geehrte Versammlung, diesen Bericht genehmigend zur Kenntnis zu nehmen und uns das Zeugnis nicht versagen zu wollen, daß wir — getreu unserem Grundsatze, stets nur auf streng legalem Wege vorwärts zu schreiten — das Mögliche gethan, um die Interessen der Jagd zu stützen und zu fördern.

Für den Ausschuß des steierm. Jagdschutzvereines:

Der Präsident: Franz Graf Meran m. p.

Der Sekretär: Michael Max Sallinger m. p.

Artikel V.

Die Vereinsleitung besorgt der Vereinsausschuß, der aus 17 Mitgliedern besteht, und zwar aus dem Präsidenten, dessen Stellvertreter und 15 weiteren Ausschußmitgliedern, welche aus ihrer Mitte den Kassier zu wählen haben.

Diese Funktionäre bekleiden ihre Ämter unentgeltlich.

Die ordentliche Generalversammlung wählt auf die Dauer von drei Jahren den Präsidenten, dessen Stellvertreter und 15 Ausschußmitglieder. Von den letzteren haben alljährlich fünf auszuscheiden, und hat dies in den ersten zwei Jahren durch das Los, späterhin nach Maßgabe der abgelaufenen Mandate zu erfolgen. Die hiedurch erforderlichen Neuwahlen, die jeweilig auf drei Jahr gelten, sind alljährlich vorzunehmen und sind die Ausgeschiedenen wieder wählbar.

Ersatzwahlen werden nur für jene Funktionsdauer vorgenommen, welche den nicht normal ausgeschiedenen Funktionen noch zukam.

Dem Ausschusse steht es frei, einen Vereinssekretär anzustellen und denselben nach seinem Ermessen zu honorieren.

Verzeichnis des Vereinsausschusses im Jahre 1883.

Präsident: Se. Excellenz Franz Graf Meran, Güterbesitzer in Graz.

Vizepräsident: Adalbert Kotulinsky, Gutsbesitzer und steierm. Landesausschuß in Graz.

Ausschuß-Mitglieder

Ferstner, August, k. k. Major a. D. in Graz.

Frank, Josef, Ritter von, Privat in Graz.

Frölichsthal, Eugen, Dr., Ritter von, k. k. Staatsanwalt in Graz.

Frölichsthal, Viktor, Ritter v., k. k. Rittmeister a. D. in Graz.

Jacobi, Ernst, Ritter v., k. k. Linienschiffs-Leutnant a. D. in Graz.

Koch, Georg, Hausbesitzer und Kaufmann in Graz.

Langen, Markus, Rentier in Graz.

Metz Josef, Edler v., k. k. Forstkommissär in Graz.

Presinger, Josef, landsch. Sekretär.

Pölzl, Otto, k. k. Landesforstinspektor in Graz.

Portugal, Ferdinand, Dr., Realitätenbesitzer und Reichsratsabgeordneter in Graz.

Steyrer, Ernest, Ingenieur und Hausbesitzer in Graz.

Steyrer, Franz v., Dr., Gewerksbesitzer in St. Michael b. Loeben.

Zwei Stellen sind derzeit unbesetzt.

Dieses große Material beweist, mit welch unermüdlichem Eifer unsere Brüder in St. Huberto in den österreichischen Kronländern für Wild und waidgerechte Jagd sorgen; daß sie auch im ganzen Lande ein williges Gehör gefunden, das beweist die stattliche Mitgliederzahl, das beweisen die vielen verwandten Vereine, die nach ihrem Vorbilde noch dauernd entstehen. Waidmannsheil und vivat, floreat, crescat den wackeren Vereinen und ihren bewährten Leitern.

Geschichte des Niederländischen Jagdvereins „Nimrod."

Die ersten Anfänge des Jagdvereins Nimrod liegen Mitte der siebenziger Jahre. Wer heute diesen trefflich organisierten, Jagdschutz, Kynologie und Schießkunst umfassenden Verein sieht und seine ersten Anfänge mit durchlebt hat, wird auch hier die Wahrheit der alten Lebensregel herausfinden: „Gut Ding will Weil' haben." Der erste Gedanke war der der Gründung eines Vereines zur Züchtung und Veredelung reiner Hunderassen, und rührte von den Herren G. Amand und E. K. Korthals her, welche im Anfang des Jahres 1874 mit einigen kompetenten Persönlichkeiten über die Bildung eines solchen Vereines in Verhandlung traten. Das Ergebnis dieser Vorverhandlungen war ein Aufruf zur Bildung dieses Vereins, welcher die Unterschriften P. H. Holtzmann, E. K. Korthals und C. A. A. Dudock de Wit trug, und fanden sich cirka 30 Personen zu der anberaumten Versammlung behufs Bildung einer kynologischen Gesellschaft oder eines Jagdvereines ein, der sich folgende Aufgaben stellen sollte:

1. Vertretung der jagdlichen Interessen der Vereinsmitglieder,
2. das Abhalten von Hundeausstellungen,
3. die Abhaltung von Preisschießen,
4. die Schaffung eines Vereinsorganes,
5. das Halten der hervorragendsten jagdwissenschaftlichen Fachschriften.

In dieser Versammlung wurde das Gründungskomitee mit der Ausarbeitung eines Statutenentwurfs beauftragt, demselben noch die Herren J. Elias Hacke und H. P. von Rossum cooptiert und als Termin für die Ablieferung dieser Arbeit Juli 1874 festgesetzt, weiter wurde beschlossen ein Vereinslokal zu mieten und der Jahresbeitrag auf 40 Gulden (68 Mk.) für die in Amsterdam wohnenden Mitglieder und auf 20 Gulden (34 Mk.) für auswärtige Mitglieder festgesetzt. — Der Verein erhielt den Namen „Niederländischer Jagdverein Nimrod", Vorsitzender wurde Herr Holtzmann, den Herren J. P. von Rossum und J. Elias Hacke wurde noch speziell aufgetragen, Vorschläge auszuarbeiten:

1. wie das Erlangen guter Jagdhunde für die Mitglieder des Vereins zu erleichtern sei,

2. wie der Wilddieberei entgegenzutreten und dem Wildstande zu nutzen sei, wofür die Verleihung von Prämien an die Jagdschutzbeamten empfohlen wurde.

Es bestanden also damals weder Abteilungen noch der heutige Jagdfonds, und zählte der Verein 43 Mitglieder in Amsterdam und 68 auswärtige, das Vereinsjahr lief vom 1. September bis 31. August. Im November 1874 wurde der erste Vorstand gewählt und bestand derselbe aus den Herren J. Elias Hacke als Vorsitzender, C. A. A. Dudock de Wit als Schatzmeister und E. Korthals als Sekretär. Im Jahre 1875 hielt der Verein seine erste Hundeausstellung zu Amsterdam ab, und wurde der jährliche Beitrag von 40 auf 25 Gulden ermäßigt, und stellte der Vorstand den Herren C. H. Hacke van Mynden und J. Leembruggen Gzn. eine Summe von 50 Gulden behufs Verteilung von Belohnungen an Jagdschutzbeamte zur Verfügung. Die Herren erklärten jedoch, am 28. Februar 1875 in einer Versammlung, daß es ihnen nicht möglich sei, bei den jetzigen Einrichtungen diese Beträge richtig zur Verteilung zu bringen, erklärten sich jedoch gern bereit, in der nächsten im Juni 1875 zu Utrecht stattfindenden Generalversammlung einen Entwurf zu einem Statut behufs Entgegentreten der Wilddieberei vorzulegen. Herr Leembruggen nahm für diesen Entwurf die Statuten der in Belgien und Limburg bereits bestehenden Vereine, welche ihm in diesen Ländern bekannt geworden waren, zum Muster und schlug gleichzeitig eine allgemeine Reorganisation des Vereins vor. Es sollten in den verschiedenen Provinzen Abteilungen gebildet werden, der Hauptvorstand jedoch in Amsterdam verbleiben. Weiter sollte dann ein besonderer Fonds (der auf den Vorschlag des Herrn Hacke den Namen Jagdfond erhielt) gebildet und dazu bestimmt werden, der Wilddieberei entgegenzutreten. Es sollte eine jede Abteilung aus zwei Unterabteilungen bestehen, die eine, deren Mitglieder ballotiert werden müssen, und die „Jagdfondsabteilung", deren Mitgliedschaft eine Ballotage nicht erfordert. — Mit Einführung dieser Maßnahmen kann eigentlich erst von dem Niederländischen Jagdverein Nimrod die Rede sein. Der betreffende Beschluß wurde auf der bereits erwähnten Generalversammlung vom 6. Juni 1875 gefaßt.

Die Anfertigung der neuen Statuten wurde einer Kommission, bestehend aus den Herren Vorstandsmitgliedern, dem Herrn J. Leembruggen Gzn. und Herrn P. H. Holtzmann, aufgetragen. In den Vorstand waren gewählt:

Herr J. Elias Hacke als Vorsitzender,
Herr J. Leembruggen Gzn., stellvertretender Vorsitzender,
Herr C. A. A. Dudock de Wit, Schatzmeister,
Herr Mr. A. A. Baron de Vos van Steenwyk, Sekretär.

Se. k. Hoheit der Prinz von Oranien übernahm das Protektorat über den Verein.

Von weiteren Beschlüssen dieser für die Geschichte des Vereins so wichtigen Generalversammlung müssen noch folgende angeführt werden.

1. Es sollte ein illustriertes Buch über die Rassekreuzungen der Hunde herausgegeben werden.
2. Das Taubenschießen nach lebendigen zahmen Tauben sollte von jetzt ab nicht mehr stattfinden.

Das ad 1 genannte Buch sollten die Herren G. Amand, C. J. Hacke van Mynven, B. Langeveld und Baron T. van Tuyll van Serroskerken bearbeiten.

Der Verein hatte für seine Hundeausstellungen elegante und praktische Zelte mit den nötigen Boxen zur guten Unterkunft der Hunde anfertigen lassen, welche sich bis heute sehr gut bewährt haben. — Die erste Hundeausstellung war mit 400 Hunden beschickt und hatte ein Defizit von 325,62 Gulden.

Zur Deckung desselben sowie der Kosten der Zelte etc. leistete Herr C. A. A. Dudock de Wit einen Vorschuß von 4000 Gulden zu 5%.

Das Jahr 1875 war nach allen Richtungen hin ein sehr gewichtiges für den Verein. Es wurden neue Statuten geschaffen, der Beitrag für die ballotierte Abteilung auf 15, für die nicht ballotierte auf 5 Gulden festgesetzt, es wurde der erste Jahresbericht herausgegeben, und die Buchführung nach einem einheitlichen Schema den Provinzalabteilungen Utrecht, Süd-Holland, Geldern und Nordholland, welche nach einander im Dezember errichtet waren, zugesandt.

Zu Gliedern des Vorstandes dieser Abteilungen wurden gewählt:

für Utrecht die Herren: A. Langeveld, Vorsitzender; Junker J. E. Huydekoper, zweiter Vorsitzender; G. von Eck, Schatzmeister; Junker Mr. O. de Blocq von Haersma de With, Sekretär.

für Südholland die Herren: James Smith, Vorsitzender; M. ten Kate, zweiter Vorsitzender; J. Canters, Schatzmeister; Mr. W. O. T. von Oudheusden, Sekretär.

für Geldern die Herren: W. O. Frowein, Vorsitzender; C. W. Graf von Limburg Stirum, zweiter Vorsitzender; W. H. von Braam, Schatzmeister; Mr. J. M. Luden, Sekretär.

für Nordholland die Herren: P. H. Holtzman, Vorsitzender; H. M. Wesseling, zweiter Vorsitzender; Mr. H. P. Berlage, Schatzmeister; Mr. M. J. Rikoff, Sekretär.

Anfangs des Jahres 1876 ließ der Verein den Zweck der Abteilung, Jagdfonds, sowie den Prämiierungstarif für Belohnungen bei begangenem Wildfrevel ꝛc. publizieren.

Die zweite Hundeausstellung fand am 10. und 11. Juni 1876 zu Haag im Zoologischen Garten statt, und sandte Se. Durchlaucht Prinz Albrecht zu Solms-Braunfels allein 30 Hunde zu derselben. Im ganzen waren ca. 400 Hunde ausgestellt, das finanzielle Resultat war ein Defizit von 87,70 Gulden.

Das illustrierte Buch über die Rassekennzeichen der Hunde gelangte zur Ausgabe, nachdem acht Mitglieder die Deckung der Kosten garantiert hatten. — Es wurden gedruckt 1000 Exemplare betr. Jagdhunde, 1000 Exemplare betr. nicht zur Jagd verwandte Hunde, die Kosten beliefen sich auf 2000 Gulden.

Bei der am 8. Juni 1876 abgehaltenen Generalversammlung kamen folgende Punkte zur Verhandlung:

1. sollen die Mitglieder beider Abteilungen des Nimrod verpflichtet sein, innerhalb der Schonzeit kein Wild zu essen, auch die Restaurationen, die in dieser Zeit Wild führen, nicht zu besuchen.
2. soll Nimrod mit dem landwirtschaftlichen Verein Vereinbarungen über den Schutz der Singvögel treffen.
3. soll Nimrod die Initiative behufs Feststellung einer Internationalen Übereinkunft zum Schutze der Zugvögel ergreifen. —

Herr J. Leembruggen Gz. tauschte dann mit Herrn Baron de Vos die Stellungen im Vorstande.

Am 10. August dieses Jahres wurde, dank den Bemühungen des Herrn C. Elout, der Verein um eine neue Abteilung, die von Zeeland, vermehrt, welche ihren Sitz zu Middelburg nahm. —

1876 zählte der Verein 178 Mitglieder mit einem Beitrage von 20 Gulden, 21 Mitglieder mit einem Beitrage von 15 Gulden und 32 Mitglieder mit einem Beitrage von 5 Gulden.

Die Einnahmen betrugen 3755.08 Gulden, die Ausgaben 4691.14$^1/_2$ Gulden, so daß das Defizit sich nun auf 4845.83$^1/_2$ Gulden stellte. Auf die Zelte für die Hundeausstellungen waren damals abgezahlt 6600 Gulden.

Die dritte Generalversammlung fand am 28. Juni 1877 im Amstelhotel zu Amsterdam statt, und zählte der Verein:

Abteilung Nordholland	70 Mitglieder,
" Utrecht	43 "
" Südholland	62 "
" Gelderland	29 "
" Zeeland	14 "
Auswärtige Mitglieder	11 "
	229 Mitglieder.

und stellte sich das Defizit am 31. Dezember 1877 auf 4619,99 Mk. — Als zweiter Vorsitzender wurde Herr Holtzmann gewählt, die übrigen Vorstandsmitglieder wurden wiedergewählt. —

Ich beschränke mich nur darauf, die Entwickelung des Vereines in folgender Zusammenstellung zu geben.

	Mitgliederzahl				
	1878	1879	1880	1881	1882
Abteilung Nordholland	71	72	93	91	101
" Utrecht	39	35	33	37	28
" Südholland	79	91	92	91	89
" Gelderland	30	34	39	40	39
" Zeeland	—	—	—	—	—
Auswärtige	16	18	16	16	16

Dem Vorstande gehören heute an:

Jhr. S. B. van Merlen, Vorsitzender,
Jhr. Mr. S. E. Huydewper, stellv. Vorsitzender,
Mr. H. P. Berlage, Schatzmeister,
J. Leembruggen, Gz., Sekretär.

Der Verein hat bis heute jährlich eine Hundeausstellung abgehalten, desgleichen seine Glaskugelschießen. Nimrod ist ein umsichtig, energisch geleiteter Verein und hat das Glück, seit Jahren Leute an der Spitze zu haben, denen ein volles Verständnis für Jagd und Kynologie innewohnt. —

„Diana."
Schweizerischer Jäger- und Wildschutzverein.

Der schweizerische Jäger- und Wildschutzverein Diana wurde in Genf gegründet, und die Statuten desselben in der ersten Hauptversammlung am 15. April 1882 beschlossen. Dieselben stellten als Hauptzwecke folgende Sätze auf

a. Das Studium, den Schutz und die Vermehrung des Jagdwildes,

b. Studien über Jagdgesetzgebung,

c. Unterdrückung des Jagdfrevels,

d. Vervollkommnung des waidmännischen Jagdbetriebes,

e. Entwickelung interkantonaler und internationaler Jagdverhältnisse.

Der Verein besteht aus Gründungsmitgliedern, Effektivmitgliedern, Ehrenmitgliedern und korrespondierenden Mitgliedern.

Der Stand des Vereines am 27. Januar 1883 war folgender:

Herr Edmund Eynard, Vaud, Präsident,
Dr. Karl d'Erlach, Berne, Vizepräsident,
Ludwig de Westerweller, Genf, Schatzmeister,
Heinrich de Westerweller, Genf, Sekretär,
Viktor Tatio, Genf, Sekretär,
Hermann de Groß, Bern, Vorstandsmitglied,
Karl Männi, Grisons,
Ludwig de Sonnenberg, Luzern,
Romain de Weck, Freiburg.

und zählte der Verein drei Ehrenmitglieder, ein korrespondierendes und 246 Mitglieder, welche sich auf die Kantone wie folgt verteilen:

Argovie	1	Neuschatel	14
Basel	3	St. Gallen	2
Bern	24	Solothurn	3
Freiburg	39	Tessin	1
Genf	81	Wallis	4
Glaris	2	Vaud	54
Grefons	10	Zürich	3
Luzern	5		

Die Bestrebungen und Mittel zur Erreichung der sich gestellten Aufgaben hat der Präsident Edmund Eyard in einer, 1883 zu Genf erschienenen Broschure betr. Etude relative au but et aux moyens d'action de la Diana, société suisse de Chasseurs niedergelegt, und können wir dieselbe allen, welche sich speziell für die schweizerischen Verhältnisse interessieren, bestens empfehlen. Organ des Vereins ist das Fachblatt „Diana," welches im Verlage von B. F. Haller zu Bern erscheint, und z. Z. von dem eidgenössischen Major der Kavallerie, Herrn Risold, redigiert wird.

Siebentes Kapitel.

Wildkunde.

Von C. A. Joseph, großh. hess. Oberförster.

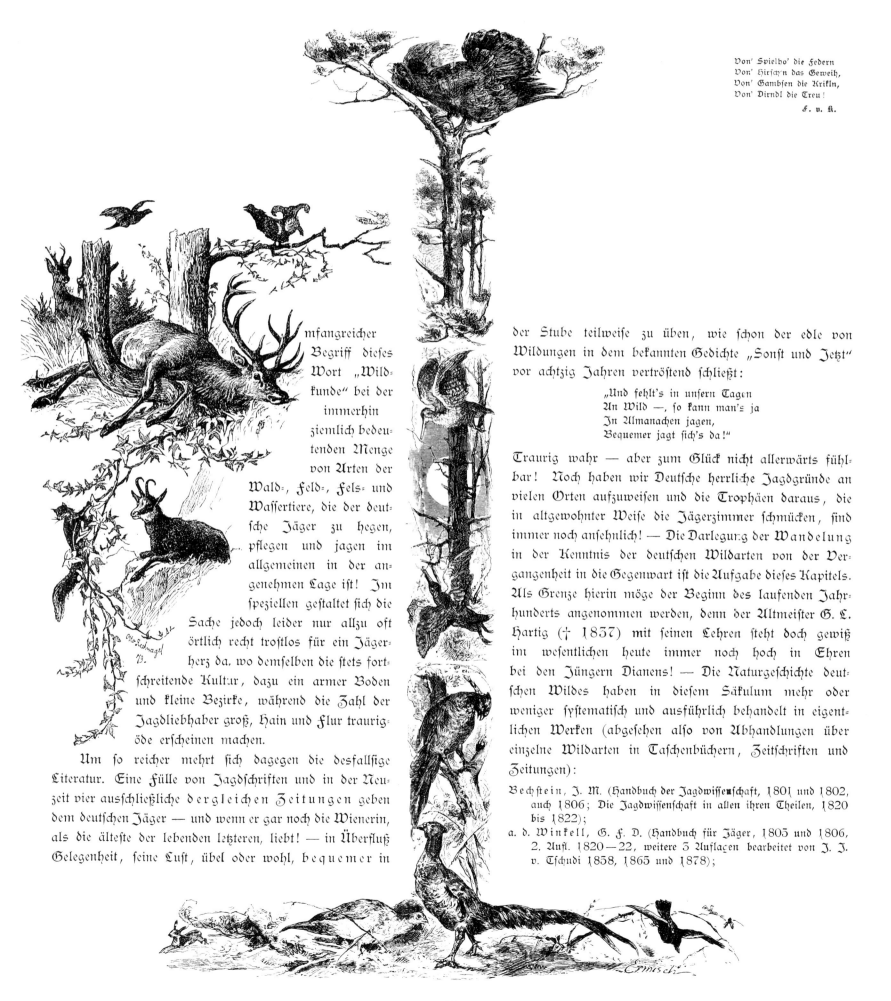

Von' Spielho' die Federn
Von' Hirschy'n das Geweih,
Von' Gambsen die Krikln,
Von' Dirndl die Treu!

F. v. K.

mfangreicher Begriff dieses Wort „Wildkunde" bei der immerhin ziemlich bedeutenden Menge von Arten der Wald-, Feld-, Fels- und Wassertiere, die der deutsche Jäger zu hegen, pflegen und jagen im allgemeinen in der angenehmen Lage ist! Im speziellen gestaltet sich die Sache jedoch leider nur allzu oft örtlich recht trostlos für ein Jägerherz da, wo demselben die stets fortschreitende Kultur, dazu ein armer Boden und kleine Bezirke, während die Zahl der Jagdliebhaber groß, Hain und Flur traurig öde erscheinen machen.

Um so reicher mehr sich dagegen die desfallsige Litteratur. Eine Fülle von Jagdschriften und in der Neuzeit vier ausschließliche dergleichen Zeitungen geben dem deutschen Jäger — und wenn er gar noch die Wienerin, als die älteste der lebenden letzteren, liebt! — in Überfluß Gelegenheit, seine Lust, übel oder wohl, bequemer in der Stube teilweise zu üben, wie schon der edle von Wildungen in dem bekannten Gedichte „Sonst und Jetzt" vor achtzig Jahren vertröstend schließt:

„Und fehlt's in unsern Tagen
An Wild —, so kann man's ja
In Almanachen jagen,
Bequemer jagt sich's da!"

Traurig wahr — aber zum Glück nicht allerwärts fühlbar! Noch haben wir Deutsche herrliche Jagdgründe an vielen Orten aufzuweisen und die Trophäen daraus, die in altgewohnter Weise die Jägerzimmer schmücken, sind immer noch ansehnlich! — Die Darlegung der Wandelung in der Kenntnis der deutschen Wildarten von der Vergangenheit in die Gegenwart ist die Aufgabe dieses Kapitels. Als Grenze hierin möge der Beginn des laufenden Jahrhunderts angenommen werden, denn der Altmeister G. L. Hartig († 1837) mit seinen Lehren steht doch gewiß im wesentlichen heute immer noch hoch in Ehren bei den Jüngern Dianens! — Die Naturgeschichte deutschen Wildes haben in diesem Säkulum mehr oder weniger systematisch und ausführlich behandelt in eigentlichen Werken (abgesehen also von Abhandlungen über einzelne Wildarten in Taschenbüchern, Zeitschriften und Zeitungen):

Bechstein, J. M. (Handbuch der Jagdwissenschaft, 1801 und 1802, auch 1806; Die Jagdwissenschaft in allen ihren Theilen, 1820 bis 1822);

a. d. Winkell, G. F. D. (Handbuch für Jäger, 1805 und 1806, 2. Aufl. 1820—22, weitere 3 Auflagen bearbeitet von J. J. v. Tschudi 1858, 1865 und 1878);

Hartig, G. L. (Lehrbuch für Jäger, 1.–11. Aufl. 1811–1877, von der 7. Aufl. 1852 an herausgegeben von Th. Hartig, die 11. Aufl. 1877 im Verein mit Rob. Hartig);
Jester, F. E. (Über die kleine Jagd, 1817 als 2. Aufl., 3. und 4. Aufl. 1848 und 1859 bearbeitet von v. Berg);
Behlen, St. (Lehrbuch der gesammten Forst- und Jagdthiergeschichte, 1826);
Ziegler, L. (Federwildjagd und die Naturgeschichte des Federwildes, 1846, 4. Aufl. 1872 von v. Thüngen und Haar-Wild-Jagd und Naturgeschichte der jagdbaren Säugethiere, 1848);
Döbner, E. Th. (Handbuch der Zoologie in Bezug auf Forst- und Landwirthschaft, sowie hinsichtlich der Jagd, 1862);
v. H..., L. F. (Jagdthiere Deutschlands, Beschreibung mit naturgetreuen Abbildungen, 1863);
Altum, B. (Forstzoologie I und II, 1873, 2. Aufl. 1876);
v. Meyerinck, R. (Naturgeschichte des Wildes, 1876, 2. Aufl. 1879);
Deutscher Jagd-Schutz-Verein (Deutsches Jagdbuch, 1878);
Grunert, J. Th. (Jagdlehre I. Theil, Jagdthierkunde, 1879);
v. d. Bosch, E., Diezel, C. E., Niederjagd, in 5. Aufl. neu bearbeitet, enthält erst jetzt Naturgeschichte des Wildes, 1880);
v. Riesenthal, O. (Raubvögel Deutschlands, 1876–78, Waidwerk, 1880).

An Monographieen über einzelne Wildarten reihen sich jenen Schriften an diejenigen von:
Bujack, J. G. (Naturgeschichte des Elchwildes, 1837);
Diezel, C. E. (Die Waldschnepfe, 1842);
Seifers, W. (Der Auerhahn und dessen Jagd, 1852);
Hofmann, J. (Die Waldschnepfe, 1867);
Wurm, W. (Naturgeschichte, Hege ... des Auerwildes, 1874);
v. Dombrowski, R. (Das Reh, 1876, Das Edelwild, 1878);
v. Thüngen, C. E. (Der Hase, dessen Naturgeschichte ... 1878).

Wenn in einigen, sogar neueren der vorangeführten Werke Steinbock, Bär und Luchs, die, was zunächst zu konstatieren, doch schon lange als Standwild vom deutschen Boden verschwunden sind, dennoch einen Platz eingeräumt erhalten haben, so geschah es wohl, um die Erinnerung an diese immerhin hochinteressanten Wildarten noch einigermaßen wach zu erhalten und weil ja auch die letzteren beiden dann und wann als Wechselwild an den Grenzen gegen Tirol und Rußland noch vorkommen, oder weil deutsche Jagdbücher auch über den Grenzen Freunde finden dürften, sich also hieran nicht so streng halten mögen.

Diesem Abgange dreier Wildarten gegenüber ist nur der Zugang einer einzigen zu verzeichnen, des in Ostpreußen vorkommenden Moorschneehuhnes, Lagopus albus Gm., das jetzt noch mit dem Alpenschneehuhn, Lagopus alpinus Nilss., früher schlechthin Schneehuhn, Tetrao Lagopus Gm. Lin., genannt, von v. Meyerinck als identisch gehalten, aber von Bechstein (1820), Altum, v. Riesenthal, und auch von A. E. Brehm (Tierleben 1879), als gute Spezies hingestellt wird.

Dagegen ist durch Nilssons Forschungen erwiesen, daß das ehedem als besondere Spezies erachtete Rackelwild, Tetrao hybridus L., T. medius Mey., nur ein Bastard aus Auer- und Birkwild sei, sowie man ja auch Blendlinge von Moorhahn mit Birkhenne als das sogenannte Moorhuhn, Lagopus lagopoides, beobachtet hat. Dennoch sind wieder neuerlich Zweifel gegen den Rackelhahn als Mischling von seiten des Dr. C. Enders in den „Mitteilungen des ornithologischen Vereins zu Wien" laut geworden.

So viel nun auch in den vorbezeichneten Werken an Material niedergelegt ist, das von den Schriftstellern früherer Jahrhunderte, den beliebten Koryphäen Tänzer, v. Flemming, Döbel, v. Mellin, v. Wildungen, wie von den ungenannten Kompilatoren des New Jag und Waydwerk Buchs 1582, der Adelichen Wayd-Werke 1661 und 1699, der Fürst-Adlichen Jagd-Lust 1711 schon bekannt gegeben worden war, so blieb den Beobachtern und Forschern dieser unserer Zeit doch noch vorbehalten, manches Neue aus der Biologie der Jagdtiere zu bringen.

Als wichtigstes und höchst interessantes Resultat sorgfältigster anatomischer, von Dr. Pockels schon begonnener Untersuchungen hat sich in den 1840er Jahren einem Physiologen Dr. L. Ziegler ergeben, daß die Brunft des Rehwildes wirklich in die Zeit Anfang August und nicht in den November, wie man bis dahin von Seiten der Mehrzahl der Jäger und Schriftsteller vermeint, zu verlegen sei, daß aber die befruchteten Eierchen, um von den Eierstöcken durch die Eileiter in die Gebärmutter zu gelangen, fast drei Monate brauchen, während welcher Zeit sie auch nur wenig wachsen, worin die Ursache zu finden, daß die Sache so lange ein Rätsel geblieben. Die Zeit des Trächtiggehens der Rehe währet hiernach auffallenderweise im Vergleich zum Edel- und Damwild vierzig Wochen. (Beobachtungen über die Brunft und den Embryo der Rehe von Dr. L. Ziegler, Hannover 1843). Professor Bischoff, Th. L. W. hat diesen Vorgang bestätigt gefunden; dessen Werk „Entwickelungsgeschichte des Rehes. Gießen" ist erst 1853 erschienen.

In ähnlicher Weise haben ganz neuerlich die Zoologen Professor Herbst und Dr. Fries festgestellt, daß die Ranzzeit des Dachses, die man nach Tänzer und v. Flemming im Februar, nach Döbel, Jester, Bechstein, Hartig und a. d. Winkell im November bis Anfang Dezember vermeinte, während Altum und A. C. Brehm den Oktober angeben, — im Juli und August stattfinden müsse, daß aber die Eier eben wohl Monate lang, bis gegen Dezember, unentwickelt liegen, endlich daß die Trächtigkeitsdauer sieben Monate sei.

Auch hat Professor Herbst der „Tasche" des Dachses, deren Zweck bisher dunkel erschienen, seine Aufmerksamkeit gewidmet und ist, nach Beobachtung eines von früher Jugend an aufgezogenen Paares, zu der Ansicht gelangt, daß das in diesem Beutel enthaltene Secret, das häufig gegenseitig ausgeschlürft wird, diesen Tieren zur Verdauung und Ernährung diene, wenigstens in der Jugendzeit.

Die Nahrung des Dachses betreffend, der als das dem Jungwilde wenigst schadende Raubtier von manchen Schriftstellern, von v. Wildungen sogar als sehr harmlos, bezeichnet wird, daher in Preußen, Bayern, Württemberg, Hessen einer zwei bis fünf Monate andauernden Schonzeit sich erfreut, — sei bemerkt, daß die Anklagen gegen denselben sich von Jahr zu Jahr mehren dahin, daß er nicht nur als sehr zu beachtender Fleischfresser sich erweiset, der sogar Rehkitzchen nicht verschmäht, den Fasanengehegen, Waldhühnerständen und allgemein der Niederjagd beträchtlich schadet, sondern auch den Landwirten, indem er Kartoffeläcker nach Engerlingen durchsucht und dabei viele Knollen auswühlt, für welche Beschädigung wieder der Jagdberechtigte aufzukommen hat. Im Hinblicke auf diese vielerlei Uebelthaten, wozu noch seine bekannte Liebhaberei nach Weinbeeren kommt, verdient Grimmbart also durchaus nicht durch das Gesetz geschont zu werden.

der fossil in der Tertiärmulde bei Steinheim in Württemberg als ganzes Skelett und dann bis zu 1870 in vielen einzelnen Körperteilen, so daß man auf etwa fünfzig hier umgekommene Individuen schließen kann, aufgefunden worden, der Eckzähne gehabt hat und „als der Stammvater der Hirsche dasteht, aus welchem die übrigen Hirschgruppen, ebenso wie die Hohlhörner erst hervorgegangen sind." (Fraas, Die Fauna von Steinheim. 1870).

Von der Wildkatze, Felis Catus L., ist die Mehrzahl der Naturforscher dermalen der Ansicht, daß sie nicht die-

Als Neuheit ist von dem Verfasser dieses Kapitels 1875 der Jägerwelt bekannt gegeben worden, daß Eckzähne im Oberkiefer (Granen, Haken) welche das Edelwild, das Ren und manche amerikanische und asiatische Hirscharten haben, auch bei dem Rehwilde ausnahmsweise vorkommen. Inmittelst, nachdem man auf die Sache aufmerksam gewesen, hat sich denn weiter ergeben, daß diese Abnormität gar nicht so selten auftritt, als Jener von vornherein anzunehmen geneigt war. Auf der Ausstellung in Cleve war dieselbe an acht Köpfen von Böcken und Geisen ein- und zweiseitig wahrzunehmen. Auch bei Damwild hat man diesen Eckzahn in einigen wenigen Fällen nunmehr beobachtet. Nach der Darwin'schen Artentheorie ist man berechtigt, in diesem Vorkommen einen Rückschlag zu finden und zwar, nach dem dermaligen Stande der Wissenschaft, zu Cervus oder Palaeomeryx furcatus,

selbe Spezies sei, wie die Hauskatze, Felis domestica Briss, deshalb zoologisch bezeichnet zum Unterschied von jener. Es verwildern aber viele der letzteren und ähneln dann der Wildkatze oft sehr an Größe und Färbung; doch ist immer charakteristisch verschieden die auf der ganzen Länge hin gleichmäßig dick behaarte Ruthe der Wildkatze von dem mehr zugespitzten Schwanze der Hauskatze. J. H. Blasius (Fauna der Wirbeltiere Deutschlands 1857) glaubte untrügliche anatomische Unterscheidungskennzeichen ermittelt zu haben. Vornehmlich sollte am Schädel der Wildkatze das Stirnbein nach hinten in unmittelbare Berührung mit den Schläfenbeinen treten, während bei der Hauskatze das Stirnbein von den Schläfenbeinen durch eine Fortsetzung des Scheitelbeins und den Flügel des Keilbeins getrennt sei. Altum sagt 1876 in der zweiten Auflage der Forstzoologie bezüglich dessen: „doch zeigen, wenngleich geringe, so doch scharfe Unterschiede in Schädel- und Zahnbau die spezifische Trennung ohne Zweifel an." Und nun gesteht W. Blasius, der Sohn des Vorgenannten, 1878 in der Zeitschrift „Aus Wald und Heide" Bd. 2 zu, daß diese vordem als unfehlbar bezeichneten anatomischen Merkmale nicht stichhaltig seien. In der That, das Variieren des vorerwähnten Schädelkennzeichens geht so weit, wie ich an einem Stücke meiner eigenen desfallsigen Präparate erfunden, daß auf der einen Seite die Wildkatze, andererseits die Hauskatze angezeigt erscheint.

Die Autoren belieben, die Wildkatze als vorzugsweise in ausgedehnten Gebirgswäldern heimisch und überhaupt in Deutschland selten geworden zu bezeichnen. Aus dem Großherzogtum Hessen wurde dieser Ansicht durch Oberförster Muhl, aus Württemberg durch Oberförster Friebolin in der Allg. Forst- und Jagdzeitung von 1877 und 1878 widersprochen; es wurde jene vielmehr, nach eigener Wahrnehmung der Genannten, als ein Raubtier der Ebene und des Hügellandes und als an manchen solcher Örtlichkeiten gar nicht selten erklärt. Diesem Votum muß ich, als Flachlandkollege, mich anschließen mit dem Bemerken, daß in der Zeit vom 6. Febr. 1879 bis 1. Sept. 1880, also während 1½ Jahren, in den großherzoglich-hessischen Hofjagdbezirken der Main-Rheinebene 39 Stück erlegt worden sind.

Des Auerhahns Gehörlosigkeit bei dem „Schleifen" in der Balzarie hat durch Dr. Wurm eine einfache anatomisch-physiologische Erklärung gefunden dahin, daß, indem der Schnabel weit geöffnet wird, ein an den Unterkiefern vorfindlicher Knochenfortsatz von 25—25 mm Länge nach vorn über die Ohröffnung geht oder doch dieser sich so sehr nähert, daß bei der Saftfülle aller Organe der Gehörgang zusammengedrückt wird. Derselbe rühmlich bekannte Forscher hat ferner in den „Rosen" (ein neuer sehr bezeichnender terminus technicus für die rote, warzige Haut um die Augen) des majestätischen Waldvogels ein chemisches Novum, einen Farbstoff entdeckt, den er Wildhahnrot, Tetronerythrin nennt und den er dann auch beim Birkhahn, Haselhahn, Fasanenhahn, Rebhahn vorgefunden. Endlich ist vom Auerhahn noch erwähnenswert die „Schnabelmauser," eine totale periodische Erneuerung der hornigen Bedeckung des Schnabels, von welchem sich bis zu $5/3$ cm lange und $1/6$ cm breite Stücke abblättern und zwar zur Zeit der Federnmauser, eine Beobachtung in der Auerwildkolonie des Notar Sterger zu Krainburg, wie ja auch eine Nägelmauser an den Zehen aller Waldhühnervögel von Schweden aus (1861) bekannt gegeben worden (Waidmann 1874/1875, Nr. 13.

Als eine geheimnisvolle Erscheinung, worüber schon viele Streitworte gewechselt worden sind, steht der Balzlaut, das Meckern der Bekassine, Scolopax gallinago L.,

da. Die Kehllauttheorie, die am nächsten liegende, welcher von Jagdschriftstellern Döbel, Bechstein, a. d. Winkell, Ziegler huldigten, ist von derjenigen, der tremulierende Laut werde durch die Schwingen bei jähem Absturz hervorgebracht, wofür schon der große Ornithologe Naumann sich entschieden, dann Jester, Diezel, Oberforstdirektor Baur, Pfarrer Jäckel eingetreten sind, längere Zeit verdrängt gewesen, bis 1855 Altum die neue Ansicht aufstellte, daß die unter der Flügelmulde nach hinten entweichende und mit äußerster Heftigkeit schräg in die starr ausgebreiteten Schwanzfedern streichende Luft diese letzteren als Zungen in Bewegung setze und so den Ton bewirke, während Forstmeister Gadamer behauptete, daß letzterer durch die Flügel- und Schwanzfedern gemeinsam hervorgebracht werde, und C. Steinbronner die ersterwähnte Theorie dahin modifizierte, der ursprüngliche Kehllaut werde durch den raschen Flügelschlag tremulierend. So war der Stand, bis in der Neuzeit, 1878, Ch. Zöppritz die Kontroverse wieder aufgriff (Waidmann, Bd. 9, Nr. 17), und mit großer Energie für die in den Hintergrund gedrängte Kehllauttheorie eintrat. Ihm stimmten der Ornithologe E. von Homeyer und der Baron Nolde bei, auch v. d. Bosch, mit der Abänderung jedoch, daß er das fibrierende, das ziegenähnliche Meckern in den heftigen Flugbewegungen sucht, während Postdirektor Pralle, unterstützt von Jäckel und Professor Borggreve, an der Flügelschlagtheorie, dagegen Altum an der Schwanzfedernhypothese nach wie vor festhalten. Dabei ist, als besonders wichtig, wiederholt konstatiert worden, daß das Meckern auch am Boden, einmal bei fast windstillem Wetter, und dann von einem flügellahmgeschossenen Exemplare in der Hand des Schützen geschehen war.

Bezüglich der Parasiten unserer Jagdtiere hat die Wissenschaft manches Neue gebracht. Noch in der 2. Auflage des Lerikons für Jäger, von G. L. Hartig und Th. Hartig 1861 sind die Engerlinge, welche die Haut des Wildes bewohnen, als Maden der Ochsenbremse Oestrus bovis angegeben; neuerlich weiß man, hauptsächlich durch Brauer, daß das Edelwild von Hypoderma Actaeon, das Reh von Hyp. Diana in dieser Hinsicht geplagt wird, während Hyp. bovis L. nur dem Rindviehe zukommt. Ebenso ward die Nasenbremse, Oestrus nasalis, früher als allen Wildwiederkäuern zugehörend angesehen; nach heutiger Kenntnis leben in der Nasenhöhle, als junge Larven von der Mutterfliege in den Winder (Nase) eingespritzt, des Edelwildes Cephenomyia rufibarbis Wied. und picta Meig., des Elchwildes C. Ulrichii und des Rehwilds C. stimulator F., welche namentlich beim Reh örtlich den Tod stark befallener Stücke in Menge schon veranlaßt haben. Dieselben verhalten sich also rein artenstetig. Damwild soll bis jetzt von solcher Belästigung frei erfunden worden sein. — Aus meiner eigenen Praxis mag hier ein Beispiel Platz finden, bis zu welcher Anzahl solche Rachendasseln bei einem Individuum sich ansammeln: am 5. Juni 1878 entnahm ich sechsundachtzig solcher Larven der Nasenhöhle eines erlegten Rehbockes von 18 kg Wildbretgewicht, der gut bei Leib gewesen und keinerlei Anzeichen eines Leidens zu erkennen gegeben. Dagegen scheint bei zwei eingegangen gefundenen Schmalrehen vom 29. Mai 1875 und 12. Mai 1880 die Anzahl von 34 resp. 22 hingereicht zu haben, deren Tod herbeizuführen. Diese Larven hatten einzelne bis zu 3 cm Länge, die Mehrzahl doch nur etwa 2 cm, auch waren einige nur 1 cm groß.

Als Ursache der Lungenwurmseuche bei Reh- und Damwild ist der fadenförmige Palissadenwurm, auch Luftröhrenkratzer, Strongylus filaria, und bei Schwarzwild, Strongylus paradoxus, festgestellt.

Die Drehkrankheit, veranlaßt durch die Einwanderung des Gehirnblasenwurmes, Coenurus cerebralis, der nur der Larvenzustand des Hundebandwurmes, Taenia coenurus ist, hat sich bei Reh- und Gemswild als tödlich erwiesen.

Die Wurmkrankheit der jungen Fasanen, der mitunter ganze Aufzüge unterliegen, wird durch Sclerostoma synganus, schmutzigweiße, etwa 2 cm lange, einen Zwirnfaden starke Würmer veranlaßt nach A. Gödde, Fasanenzucht 1880. —

Wie nun viele Wissenschaften in der Neuzeit, der Menge des Stoffes wegen, sich in Spezialdisziplinen sondern, so kann man auch für die Wildkunde deren annehmen. Dahin würden gehören die Fährten- und Spurenkunde, die Geweih- und Gehörnkunde und die Zahnlehre, welch letztere noch ganz neu, gewissermaßen noch in der Entstehung begriffen ist. Dieselben dürften hier eine eingehendere Besprechung erfordern, weil gerade sie wohl den Jäger, dem es überhaupt um tiefere Kenntnisse zu thun ist, besonders interessieren.

Ueber Fährten- und Spurenkunde existieren an selbständigen Schriftchen: Louis C. C. der Fährtegerechte Jäger 1853, wozu zehn Tafeln „Abbildungen, aus welchen die Gangart mehrerer Tiere in natürlicher Größe auf einige Schritte ersichtlich", sowie eine Anzahl Gipsabgüsse von Fährten in natürlicher Größe gehören; Bröbel P., die Fährte des Hirsches in 81 Abbildungen und 9 Blatt Text, 1854; v. d. Bosch, die Fährten- und Spurenkunde, 1879 — und an Abhandlungen sind erwähnenswert diejenigen von F. v. Jvernois „die Fährten des Rotwildes" im „Waidmann" von 1876/77 und „Fährtenkunde. I. Schwarzwild" in der deutschen Jagdzeitung von 1877/78.

Diese Arbeiten haben nicht gerade wesentlich Neues gebracht, denn es war die Kenntnis dieses Zweiges der Jagdtierkunde in früheren Jahrhunderten schon sehr ausgebildet und, bei der größeren Menge des Wildes, insbesondere des zur hohen Jagd gehörigen Haarwildes, sowie weil der hirschgerechte Jäger notwendig fährtegerecht sein mußte, sogar mehr in „Fleisch und Blut" desselben übergegangen, als es jetzt der Fall. Dennoch erscheint ein Eingehen auf diesen Stoff geboten, hauptsächlich bei dem Edelhirsche, dem Könige der Wälder, der, wie in früheren Zeiten so heute noch, von den Endspitzen seines Geweihes bis zu den Schalen herunter das höchste Interesse und zugleich eben hier am „Fuß" dem Jäger so große Schwierigkeiten darbietet, — um eine Klarstellung gewisser dunkeler Punkte möglichst zu erzielen.

„Ho, ho, ho, mein lieber Weidmann, sag mir frei, welches sind ho, ho, woit gut des edlen Hirsches Dreien drei?" Antwort: „Jo, hoho, ho, mein lieber Weidmann, das will ich dir sagen an: die Fährte drei Finger breit, der Schritt*) drei Schuh weit und drei Finger zurück bleib, die thue ich dir nennen, woran ein braver Weidmann ein jagdbaren Hirsch allzeit ansprechen kann."

Die Lehre dieses alten Waidspruches klingt freilich sehr einfach. Andererseits weiß man aber auch, daß eben die Jäger jener Zeit, bei der mühesamen, andauernden Arbeit des Leithundes in ausgedehntester Weise das Augenmerk diesem Zweige zuwenden mußten und in der That sehr feine Unterschiede bei dem Ansprechen des Hirsches nach der Fährte machten: daß 72 verschiedene Zeichen es waren, die angewendet werden konnten zur Bestimmung, ob ein Stück ein Hirsch oder Tier sei, je nach dem welche davon dem Auge sich wirklich darstellten; 15 derselben betrafen jedoch andere Merkmale, als die am Tritt und Schritt haftenden (Beizeichen). Von jenen 72 Zeichen gelten heute nur noch 36 bis 38 als „gerechte." Als „Hauptzeichen an der Hirschfährte" führt G. L. Hartig 1810 nur noch 12, 1861 10 an; Louis begnügt sich überhaupt mit 20 eigentlichen Fährtezeichen;" v. d. Bosch beschreibt 27 „Fährtezeichen und 11 andere Kennzeichen."

Döbel nimmt an, daß der Edelhirsch bis in das 7. Altersjahr im Wachstume zunehme, v. Mellin, Bechstein und G. L. Hartig bis in das 8. und dem entsprechend jährlich stärkere Stangen und mehr Enden aufsetze. Vorausgesetzt, wie man im allgemeinen rechnet, was aber in Wirklichkeit nicht der Fall ist, daß die Endenzahl alljährlich sich um zwei regelmäßige vermehre, würde also der Zwölfender oder besser der Hirsch vom 6. Kopfe nach Döbel, der Vierzehnender aber, oder besser der Hirsch vom 7. Kopfe nach Hartig das Maximum in der Stärke der Schalen, resp. der Tritte am Boden haben. Darauf hin konstruierte wohl G. L. Hartig seinen Fährtemaßstab für den Hinterlauf als Durchschnitt der desfallsigen Größenverhältnisse für das Edelwild in Württemberg vom Kalbe bis zum Sechzehnender sogar, also über das ideelle Maximum hinaus, mit zugehöriger Tabelle für Hinter- und Vorderlauf, welch letzter bekanntlich, wie bei den meisten Wildarten, stärker als der erstere. Der Hinterlauf mußte darum für diesen Zweck gewählt werden, weil der Abdruck des Vorderlaufes durch Einsetzen („Schlußtritt"), Beisetzen („Beitritt"), Vorsetzen („Übereilen"), Hintansetzen („Hintenbleiben") des Hinterlaufes mehr oder weniger verunstaltet wird.

Dieser Maßstab, welchen von Ivernois in der vorbemerkten Abhandlung im wesentlichen unverändert, mit korrekterer Bezeichnung nur versehen, ferner v. d. Bosch modificiert ohne Angabe der Gründe oder der Örtlichkeit, der seine größeren Maße entstammen, beibehalten haben, erscheint im Vereine mit der Tabelle die Grundlage der ganzen Kenntnis der Fährten, weil der Theorie nach der

*) Hier jedenfalls Doppelschritt gemeint.

Sechsender, besser Hirsch des dritten Kopfes, schon breitere Tritte hat als ein Alttier und bei Auffindung eines Ganges mit stärkeren Fährten die Zuhilfenahme der anderen Zeichen eigentlich nur nötig ist, wenn die Bodenbeschaffenheit ungünstig, so daß die Abdrücke nirgends rein sich darstellen, was häufig genug vorkommt. Doch auch zur Vergewisserung, ob das Auge nicht in Beurteilung der Breite der Tritte sich geirrt, denn der ausübende Jäger führt nicht Zirkel und Maßstab mit sich, sind Haupt- und Beizeichen immer sehr angenehm.

In Wirklichkeit sind die genannten Hilfsmittel aber gar oft trügerisch in Bezug auf Endenzahl und Alter und müssen es sein, weil bekanntermaßen der Edelhirsch nicht regelmäßig jährlich sein Gewehr um 2 Enden vermehrt, so daß häufig im 3. Altersjahre anstatt Gabeln ein stärkeres, mit vollständigen Rosen versehenes Spießgehörn auftritt, daß aber auch Sprünge vom Spießer des ersten Kopfes zum Sechser und Achter, vom Sechser zum Zehner u. s. w. nicht selten vorkommen. Ja, man hat beobachtet, daß in manchen Örtlichkeiten Gabelgeweihe äußerst selten sind, daß in andern der jagdbare Hirsch allgemein nicht mehr als acht Enden verecke (von Dombrowski), daß z. B. in den ausgedehnten Glatzschen Gebirgsforsten in Schlesien die Zwölfender eine seltene Erscheinung (Cogho), im Harze schon in den 1840er Jahren der Vierzehnender als große Seltenheit erachtet werden mußte (Pfeil); daß aber auch gewisse Individuen nie mehr als sechs bis acht Enden aufsetzen, daß Kümmerer und alte Hirsche zurücksetzen — und wenn dann v. Dombrowski die Zunahme der Endenzahl als durchaus „unverläßliches Mittel zur Altersbestimmung" bezeichnet, so ist dies auch meine volle Meinung, gegründet auf eingehende Untersuchung an zusammengehörigen Geweihen, Schalen und Unterkiefern.

Darauf macht G. L. Hartig auch wohl aufmerksam, indem er sagt: „Die Anzahl der Enden, welche ein Hirsch wirklich hat, läßt sich freilich aus den Fährten nicht immer genau bestimmen, weil alte Hirsche und die Kümmerer zuweilen zurücksetzen. Dabei vergißt er, vorher schon gelehrt zu haben, daß der Hirsch als 4. Geweih 8 bis 10 Enden, als 5. 10 bis 12 Enden, als 6. 12 bis 14 Enden aufsetze, daß also auch bei den Hirschen im besten Alter eine genaue Gesetzmäßigkeit in dieser Hinsicht nicht bestehe. Ähnliches deutete schon v. Flemming an, während v. Mellin allerdings eine regelmäßige Vermehrung der Enden um 2 von Jahr zu Jahr bis zum Zehnender wenigstens unterstellt.

Und nun noch Altum: In der 2. Auflage der Jagdzoologie 1876 zeigt er auf der 2. Geweihstufe, im 3. Altersjahre, dreierlei vorkommende Bildungen: als Gabelspießer, Gabler und Gabelsechser; auf der 3. Stufe, im 4. Altersjahre, sind Sechser und schwacher Achter, dieser in manchen Revieren als häufig, möglich; auf der 4. Stufe, im 5. Altersjahre, soll nur der Achter vorkommen;

auf der 5. Stufe, im 6. Altersjahre, der Zehner oder nochmals ein stärkerer Achter. Hiernach könnte also ein Achtergeweih der 3., 4. oder auch 5. Stufe angehören, wobei die Stärke der Stangen und Enden u. s. w. den Ausschlag geben soll.

Wenn dagegen v. d. Bosch in dem Spezialschriftchen von 1879, das dem Anfänger vorzugsweise als Leitfaden dienen soll und das sich seiner ganzen Anlage und Ausstattung nach auch sehr dafür eignet, dieser Unregelmäßigkeit im Aufsetzen der Edelhirsche nicht mit einer Silbe gedenkt, vielmehr sagt S. 7: „Was nun das Ansprechen auf das Alter des Hirsches, also auch die Bestimmung der Endenzahl nach der Fährte anbetrifft, so halte man als Grundlage vor allem fest und übe es möglichst oft, sich über diese zu informieren, man benutze es daher jedesmal, wenn man im Walde einen Hirsch zu Gesicht bekommt und verschaffe sich Gewißheit darüber: 1) wie breit und groß die Tritte und wie sie gestaltet sind. Dies vergleiche man mit der soeben konstatierten Endenzahl, also mit dem Alter (!) des vor Augen gehabten Hirsches und 2) messe man mit dem Maßstock genau ab, wie weit der Schritt eines Hirsches von diesem Alter (!) ist" und ferner auf S. 3: „hat man also einen Hirsch vor sich gehabt und ihn nach einer Endenzahl auf das Alter (!) richtig ansprechen können" ... — so ist hier doch unzweideutig vorausgesetzt, daß die Endenzahl genau im Einklang stehe mit dem Alter, daß aus der Endenzahl das Alter bestimmt werde und umgekehrt, was bestritten werden muß.

Zwar heißt es dort auch auf Seite 2 und 3: „Man muß sich also die Gestalt und die Größenmaße der Hirschfährte einprägen, wenn der Hirsch dieses oder jenes Alter erreicht hat, um so, nur nach der Fährte, ihn richtig auf das Alter ansprechen zu können, oder mit andern Worten gesagt, angeben zu können, welche Endenzahl er nach der aus der Fährte beurteilten Stärke des Leibes wohl haben könnte," so liegt hierin wohl eine schwache Andeutung, daß die Endenzahl auch möglichenfalls nicht zutreffend sei, sowie denn auch aus dem auf S. 3 eingeschobenen Satze: — „Täuschungen sind zwar bei aller Sicherheit dennoch nicht immer ganz ausgeschlossen" — hervorgeht, daß das Ansprechen nicht immer mit apodiktischer Gewißheit möglich sei —; aber man vermißt die desfallsigen Gründe.

Aber nicht nur Endenzahl und Alter stehen oft nicht in genauer Beziehung, sondern auch ein Schluß aus der Fährtenstärke auf die Endenzahl ist darum oft trügerisch, weil, wie der Augenschein lehrt, gute Körperstärke nicht immer entsprechend höhere Endenzahl erzeugt, weil vielmehr diesbezüglich sicher auch noch andere Einwirkungen mitsprechen, wie Vererbung, klimatische Verhältnisse, Äsung und Witterung während des Winters. Sehr charakteristisch sagt in dieser Hinsicht schon v. Flemming: „Es mag ein Hirsch so viel Enden bekommen, als seine Natur (!) herauszwinget."

An einer Anzahl Schädeln von Edelhirschen aus fünf verschiedenen Gegenden, aus der Ebene, wie vom Gebirge, habe ich auf der Ausstellung zu Kleve zur Anschauung gebracht, daß gerade die Endenzahl für Stärke der Fährte nur beschränkt maßgebend ist und umgekehrt, und zwar bei Hirschen derselben Örtlichkeit schon, wie vielmehr aber erst bei solchen aus verschiedenen Gegenden, wo die Körperstärken im allgemeinen abweichen.

Dies sind die vorangedeuteten dunkelen Punkte der Fährtenkunde, auf welche aufmerksam zu machen ich für besonders nötig erachtet.

Der Fährten-Maßstab nebst Tabelle enthält nun schein-

bar noch eine Ungereimtheit, schon von G. L. Hartig her, indem für die Breite des Hinterlauftrittes angegeben sind

	von G. L. Hartig	von v. d. Bosch
	Pariser Linien.	mm
des Hirsches von 6 Enden	21½	51
„ „ „ 8 „	22½	53
„ „ „ 10 „	23½	55
„ „ „ 12 „	24½	57
„ „ „ 14 „	25½	59
„ „ „ 16 „	27	61,

so daß also bei G. L. Hartig eine kontinuierliche Stärkezunahme bis zum Vierzehnender um eine pariser Linie, dann nochmals um 1½ bis zum Sechzehnender stattfände, bei v. d. Bosch durchgängig um 2 mm, während doch das Wachstum im 7. bis 8. Altersjahre, also regelmäßige jährliche Vermehrung um 2 Enden unterstellend, bei dem Vierzehnender schon beendet sein sollte und dasselbe jedenfalls auch nicht plötzlich, sondern allmählich aufhört. Hiernach hätte man in der Tabelle eine Stärkeabnahme für den Jahreszuwachs an den Schalen später erwarten dürfen, etwa vom idealen Zehner an. Da aber G. L. Hartig ausdrücklich angiebt, daß seine Zahlen als Durchschnitte aus vielen in Würtemberg seinerzeit gemachten Versuchen berechnet seien, so ist nichts anders möglich, als daß diejenigen Sechzehnender, Vierzehnender, Zwölfender, aus deren Trittbreiten jene Zahlen ermittelt sind, in der Minderzahl vorhandene, von der Natur besonders bevorzugte Individuen gewesen, die ungewöhnliche Stärke an Körper und an den Schalen schon von Jugend gehabt und z. B. im 5. Altersjahre, als ideale Achter, anstatt 22½, wie der Durchschnitt für diese Stufe sagt, 24½ par. Linien an letzteren vielleicht gezeigt, deren einzelne Nachfolger auf niederen Stufen aber dort, der größeren Menge gegenüber, die desfallsigen Durchschnitte nicht erheblich beeinflußt haben mögen.

Eben weil alle diese Zahlen nur Durchschnitte sein sollen, so liegt es nahe, daß man denjenigen derselben, die man auf einen gegebenen Fall anwenden will, auch nur einen Annäherungswert beilegen darf, und daß es verfehlt ist, wenn v. Ivernois gar noch das Verhältnis zwischen Vorder- und Hinterlaufstärke als ausschlaggebend bezeichnen will, falls die abgegriffenen Trittstärken von beiden Füßen nicht mit den in der Tabelle vorfindlichen Zahlen für eine Stufe zugleich übereinstimmen sollten (siehe S. 15 des Waidmann von 1876/77). Man wolle doch bedenken, daß in einem Boden, der die schärfsten Abdrücke bewahrt, diese Trittstärke sich mit dem Zirkel kaum auf 2 mm genau angeben läßt.

Wie diese ganze Sache also überhaupt mehr vom idealen Gesichtspunkte aufzufassen, so dürfte man beim Ansprechen eines Hirsches nach seiner Fährte eigentlich immer nur von einem idealen Sechser, Achter u. s. w. reden. —

Die Geweihe und Gehörne sind für die meisten Jäger, deren nicht wenige sogar, um mit v. Wildungen zu sprechen, an der „Hornsucht" leiden, unstreitig der anziehendste Gegenstand. An besonderen Schriftchen über Teile aus dem weiten Gebiete dieses Spezialzweiges, der als Ganzes noch nicht bearbeitet worden, finden sich vor:

Lieberkühn, A., Über den Abfall der Geweihe, 1861;
Sömmering, Dr. W., Beobachtungen über Wechsel und Wachsthum des Geweihes des Edelhirsches. Nebst einem Anhange über Geweihbildung von Dr. M. Schmidt, 1866;
Altum, Dr. B., Die Geweihbildung bei Rothhirsch, Rehbock und Damhirsch, 1874; ferner: Die Geweihbildung des Elchhirsches, 1874;
Cogho, Dr., Das Erstlings-Geweih des Edelhirsches, 1875.

In Artikeln der Zeitschriften, Jahrbücher, Forst- und Jagdzeitungen u. s. w. behandeln Einzelheiten der Geweih- und Gehörnkunde:

Klett, Dr., Bemerkungen über das jährliche Abwerfen und Wiederaufsetzen der Geweihe; (v. Wildungen, Taschenbuch für Forst- und Jagdfreunde, 1801);
Berthold, Dr. A., Über Wachsthum, den Abfall und die Wiedererzeugung der Hirschgeweihe; (dessen Beiträge zur Anatomie, Zootomie und Physiologie, 1831);
... k, Über abnorme Geweihbildung bei dem Hirschgeschlecht (Allg. Forst- u. Jagd-Zeitung, September-Heft 1845);
Blasius, J. W., Über Hirschgeweihe (Wiener Jagd-Zeitung Nr. 19 von 1861; eine wörtliche Wiedergabe des Inhaltes von S. 444 bis 453 dessen Werkes: Naturgeschichte der Säugethiere Deutschlands 1857, der ebenso in die 4. Auflage des a. d. Winkell'schen Handbuches für Jäger 1865 übergegangen ist);
Joseph, C. A., Der Roth- oder Edel-Spießer und sein Gehörn (Waidmann, 64. Bd., 1874/75), Die Gehörnbildung des Rehbockes (Baur's Monatsschrift für Forst- und Jagdwesen, 1875), Die Doppelgehörn-Bildung bei Damhirschen (dieselbe Zeitschrift 1876);
Minos (pseudonym), Über den Knopfspießer beim Rehwild (Waidmann, 64. Bd., 1874/75);
Cogho, Dr., Das zweite Geweih des Edelhirsches (Deutsche Jagd-Zeitung 1876/77), Beiträge zur Geweih-Pathologie und -Physiologie (Illustr. Jagd-Zeitung 1876/77), Über Farbe und Färbung der Edelhirschgeweihe (Jahrbuch des Schlesischen Forstvereins 1878);
Brandt, C., Über das Aufsetzen castrirter Rehböcke (Waidmann, 1874/75, 64. Bd.), Einiges vom monströsen Gehörn und Geweih (Illustr. Jagd-Zeitung 1880/81 und 1881/82);
Zl., G., Das Geweih castrirter Hirsche (Wiener Jagd-Zeitg. 1878);
Vesely, Geweihe und Gehörne (ebendas. 1878);
v. Homeyer, E. F., Einiges über Geweihbildung (Illustr. Jagd-Zeitung 1879/80);
v. W. u. Zürn, Dr., Abnorme Geweihbildung vom Rehbock (Waidmann 1880/81);
Scott-Preston, Über Färbung der Hirschgeweihe (Jahrbuch des Schlesischen Forstvereins 1880, siehe auch Neue deutsche Jagd-Zeitung 1881/82, S. 78, 84, 116, 124 ꝛc.).

In statistischer Hinsicht ist noch anzuführen eine Abhandlung des Oberförsters Dr. Cogho: Pürsche auf starke und gute Hirsche der Vergangenheit und Gegenwart (Wiener Jagd-Zeitung 1852), sowie diejenige vom Oberforstrat Dr. W. Pfeil: Zur Beurteilung des Wertes starker und ausgezeichneter Gehörne von Rothwild und Rehen (dessen Kritische Blätter für Forst- und Jagdwissenschaft Bd. 21, Heft 1. 1845). Als vollständig soll diese Aufzählung hierher bezüglicher Artikel übrigens nicht gelten.

Den physiologischen Vorgang bei der immer merkwürdigen, in verhältnißmäßig kurzer Zeit sich alljährlich

1. Verkämpfte Hirsche. 2. Abnormes monströses Rehgehörn. 3 u. 5. Perückenböcke aus der Sammlung des Herrn Oberforstrats von Passow-Schwerin. 4 u. 7. Fossile Gehörne aus der Sammlung des Oberjägermeisters Sr. Majestät des Kaisers R. von Meyrinck. 6. Elch. 14. Steinbock. 12. Abnormes Rehgehörn. 16. Abnormer Schaufler. 17. Abnormer Hirsch. 18. Abnormes Geweih aus den Sammlungen Sr. Königlichen Hoheit

des Prinzen Friedrich Karl. 8, 9 u. 10. Abnorme Hasenköpfe. 11. Verkämpfte Hirsche aus der Sammlung Sr. Durchlaucht des Fürsten Georg zu Solms-Braunfels. 13. Kollektion monströser und abnormer Gehörne und Geweihe aus den Sammlungen des Herrn H. Lantz, Rittergutsbesitzer Haus Cobausen. 15. Abnormes Rehgehörn im Besitze von Lebeda, Söhne, Prag. 19. Abnorme Rehkronen im Besitz des Herrn Georg von Oertzen, Rittergutsbesitzer zu Coja. 20. Abnormes Rehgehörn im Besitze des Herrn Otto Hellenschmidt, Forstrevier Stenschewo, Posen.

wiederholenden Erzeugung des Geweihes allgemein der Hirscharten erörtert sehr eingehend Berthold in der vorbezeichneten Abhandlung von 1831 und gelangt zu dem Schlusse, daß das „Wachstum desselben fast einzig und allein der Haut zugeschrieben werden müsse, welche es bedeckt und umgibt und ihm mittelst zahlreicher Gefäße in großer Quantität Nahrung zuführt", so daß „während der Verknöcherungsproceß in dem unteren Teile des Kolbens begonnen hat, neue, den früheren Wirbel oder das frühere Ende wirbelartig bedeckende Blutgefäße (und überhaupt neue Kolbenmasse) sich erzeugen, von denen wiederum ebenso fortwährend die alten wirbelartig bedeckt werden," entgegen der so nahe liegenden Annahme, daß nach dem Abfallen der Geweihe der neue Bildungsstoff durch die Gefäßkanäle des Rosenstockes, die jetzt wirklich erweitert und mit bloßem Auge deutlich erkennbar sind, in den Kolben und durch diesen aufwärts geleitet werde und unter dem Baste, vorzugsweise als Hülle, zum Geweih emporwachse. Kein anderer Fachmann ist dem genannten Physiologen inmittelst auf diesem Felde der exakten Beobachtung gefolgt.

Wenn Altum in der 1. Auflage des Bandes I seiner Forstzoologie 1873 S. 191 sagt: „Die Frage, ob dieselben (die Stirnbeinzapfen oder Rosenstöcke) sich auch an der Geweihbildung beteiligen, oder ob es lediglich die peripherischen Gefäße sind, von denen der Bildungsstoff abgelagert wird, ist meines Erachtens nach eine offene"; so geht er in der 2. Auflage 1876 über diesen allerdings schwierigen Punkt schweigend hinweg.

Das Abwerfen der Geweihe wird veranlaßt durch einen inneren Resorptionsvorgang, dessen erste Spuren mit dem Auftreten einer Demarkationslinie beginnen, wie schon zu Ende des vorigen Jahrhunderts Hunter wahrgenommen und Berthold, sowie später Lieberkühn (1861) und Kölliker (1873) bestätigt haben. Letztgenannter Schriftsteller bemerkt noch, daß die statthabende Resorption von Knochensubstanz eine Folge des Druckes der Gefäße sei, die an einer bestimmten Stelle des Geweihes gleichmäßig sich erweitern und vergrößern, wobei allerdings der letzte Grund für diese Umbildung uns vorläufig verborgen bleibe (Die normale Resorption des Knochengewebes 1873).

Sömmering brachte 1866 in 12 Abbildungen von einem zahm gehaltenen Zwölfender-Edelhirsche instruktive Darstellungen der unteren Fläche des am 11. März abgeworfenen Geweihes, ferner der frischen Rosenstockfläche und nun folgenden Neubildungen in 10 verschiedenen Altersstadien vom 15., 19., 25., 31. März und 3. April, bis dahin in natürlicher Größe, dann bis zum 29. Mai in verkleinertem Maßstabe, wobei als Neuheit bekannt gegeben worden, daß erst am 33. Tage nach dem Abwerfen ein über den Rand des behaarten Rosenstockes hervorragender gefäßreicher bläulicher Ring, der Anfang der sich bildenden Rose und ihrer Perlen, an der Basis des Geweihes deutlich erkennbar war, während Altum die Ursache der Rosenbildung überhaupt gerade in einer Stauchung der peripherischen Gefäße der Knochenhaut mit ihren Bildungsstoffen unter der Platte der alten Rose hauptsächlich finden will (1876). Wenn dies wirklich der Fall, so müßte doch wohl dieser „hervorragende, gefäßreiche, bläuliche Ring" sofort nach dem Abwerfen schon bemerkbar sein und nicht erst über 1 Monat nachher. Ähnliche Beobachtung mache ich seit fünf Jahren an einem Rehbocke im Zwinger.

Die fertigen Geweihe der deutschen Hirscharten hat Professor Blasius gründlichst auf ihre Formen studirt, doch ist er im Idealisieren zu weit gegangen. Derselbe hat bei dem Edelhirsche als charakteristisch und neu gefunden, daß die Stangen, die bei dem Spießer und Gabler nur eine einzige, gleichmäßige schwache Krümmung von den Rosen an nach außen, während die Spitzen nach innen gekehrt sind, haben, beim Sechser etwa in der Mitte der Länge eine plötzliche knieförmige Biegung in diagonaler Richtung nach außen und vorn erhalten, da, wo die „Mittelsprosse" (welcher Terminus früher nicht bekannt war) entspringe, welche Biegung sich in allen folgenden Stufen nicht verliere, ferner daß eine zweite knieförmige Biegung der Hauptstange später in der Krone des Zwölfers, eine dritte in der des Sechzehnenders und endlich bei fortwährend stockwerkförmigem Aufbau immer höher hinauf in der Krone des Zwanzigenders auftrete. Er hat weiter aufmerksam gemacht, daß die Augensprosse anfänglich ziemlich entfernt von der Rose sich abzweige, dieser aber im Verlaufe der Jahre sich immer mehr nähere, sich zugleich senke und an Stärkelänge und Krümmung jährlich fortschreite; daß die Mittelsprosse ähnliche Veränderungen in Bezug auf Richtung, Stärke und Krümmung erleide, endlich die „Eissprosse" (doch nicht, nach Döbel- und Hartig'scher Terminologie, „die zunächst über den Augsprossen hervorstehenden kleinen Enden" allgemein) *erstmals vom Zehner an einschließlich auftrete*, wenn auch nur schwach angedeutet, und dann in den meisten Fällen vorkommen soll.

Es ist also unter „Mittelsprosse" zu verstehen das etwa in der Mitte der Stange, bei gleichzeitiger knieförmiger Biegung dieser, entstehende Ende, das zunächst den Sechser charakterisirt, wenn nicht ausnahmsweise die Augensprosse verkommen ist, — und unter „Eissprosse" nunmehr dasjenige schwächere, das bei späteren Bildungen nahe bei der Augensprosse unter der „Mittelsprosse" steht. Hartig mag die Enden derselben Stellung im Auge gehabt haben, seine Definition des Begriffs „Eissprosse" ist aber nicht scharf genug, denn sie paßt nicht auf das gewöhnliche Sechser-, Achter- und Kronzehnergeweih. — Indem dann Blasius eine normale Entwickelungsreihe vom Spießer bis zum Zweiundzwanzigender gibt, legt er auf die Form der Geweihe, als das Bedingende, das Hauptgewicht, der sich die Zahl der Enden als das Unwesentliche anschließt, sogar daß, wenn die letzteren bei mangelhafter Ausbildung ausbleiben, die Form allein zu entscheiden habe über die Altersstufe, und daß, wenn die Form mit der bedingten Endenzahl verbunden, nur dann ein Geweih normal sei, in allen andern Fällen abnorm, wie zunächst die ungradendigen.

In hohem Grade unnatürlich erscheint in dieser Entwickelungsreihe der Aufbau der Geweihe in Stockwerken vom Sechzehnender aufwärts. Wesentlich ist noch bei der Lehre dieses Forschers, im Gegensatze zu der bisherigen der Jünger Dianens, welche bekanntlich jeden spitzigen Auswuchs am Geweih, lang genug, um das Hornfessel oder einen Handschuh daran hängen zu können, als Ende bezeichnen und nun die Zahl einer Stange verdoppeln, im Falle der Ungleichheit von derjenigen Stange, woran die meisten giltigen sichtbar sind, mit dem Zusatze „ungerade," wenn also jene an den beiden Stangen ungleich ist — daß, vom zoologischen Standpunkte aus, nur die Enden oder deren Anfänge, auch Andeutungen in scharfen Kanten am charakteristischen Platze der Stange selbst als solche betrachtet werden sollen, nicht Abzweigungen oder Nebenenden der Hauptenden, wornach man also ein jagdmäßiges und ein zoologisches Ansprechen eines Geweihes zu unterscheiden hat. Blasius hebt ferner ausdrücklich hervor, daß kein regelmäßiger Fortschritt in der Endenzahl mit den Jahren stattfinde.

Vom Damhirsche handelt Blasius sehr ungenau, während seine desfallsigen Abbildungen besser zutreffen.

Beim Rehbocke wird von Blasius wieder zunächst die knieförmige Biegung der Stange in der beiläufigen Mitte nach hinten als bezeichnend für den Gabelbock, auch in Bezug auf das Alter, das begonnene dritte Altersjahr nämlich, hingestellt selbst dann, wenn das desfallsige Ende fehlen sollte. Für den Sechserbock, im 4. Jahre, soll weiter oben eine zweite knieförmige Biegung der Stange nach vorn charakteristisch sein, während das dortige Ende sich nach hinten wendet, aber auch fehlen kann. Und nun heißt es: „Mit dem Sechser schließt gewöhnlich die Gesamtentwickelung ab, indem der Rehbock dieselbe Zahl von Enden wiederholt; die normale Entwickelung kann jedoch weiter fortschreiten," worauf Beschreibung des Achter- und des Zehnergehörns folgen. Nach gewöhnlichen Begriffen, meine ich, heißt man diejenigen Bildungen normal, die als Regel auftreten, und hiernach dürften doch, weil Achter und Zehner beim Rehbocke höchst selten vorkommen, diese nur als Abnormitäten zu bezeichnen sein, aber nie, selbst wenn sie genau der gegebenen Beschreibung und Abbildung entsprechen, als „die normale Entwickelung" gelten können.

Altum hat sich den Blasiusschen Anschauungen und Darlegungen im allgemeinen angeschlossen, er beliebt aber diese Gesetzmäßigkeit eine ideale zu nennen und sagt diesbezüglich speziell vom Edelhirsche S. 326 der 2. Aufl. der Forstzoologie: „Wie jeder tierische Organismus anfänglich rasch, dann langsamer sich zu seiner Lebenshöhe erhebt, hier aber eine Zeit lang mehr oder weniger stehen bleibt und schließlich altersschwach von dieser Höhe wieder herabtritt, so haben wir darnach ohne Zweifel die Erscheinungen in der Ausgestaltung des Rothirschgeweihes zu beurteilen. Der Zehner scheint diese Höhe erreicht zu haben. Sie steigert sich freilich noch in den nächsten Jahren, allein weder stark noch genau stufenmäßig. Schon unter den Vierzehnern und Sechzehnern muß man länger umhersuchen, um hier und dort ein Geweih mit durchaus gesetzmäßiger Endenbildung zu finden. Höher hinauf wird das Gesetz zunehmend seltener repräsentiert." Also eine Gesetzmäßigkeit von da in der Idee und auf dem Papier!

Eine besondere Beachtung widmet Altum den Rosenstöcken, ihrer Stärke und Länge bei Schätzung des Alters und insbesondere bei dem Edelhirsche der Art und Weise ihrer Verkürzung bei dem alljährlichen Abwerfen, die in einem nach vorn und außen dickeren Scheibchen erfolgt, so daß die konkaven Abwurfsflächen, als eben angenommen, folglich auch die darauf neu aufsitzenden beiderseitigen Rosenebenen, verlängert gedacht, in einem immer kleiner werdenden Winkel gegeneinander sich neigen, der gemessen werden kann und bei dem „Schmalspießer," d. h. dem Altumschen, 150°, beim Achter 115°, bei dem Vierzehner 70°, bei dem Sechzehner 62° beispielsweise betragen soll, Geweihe möglichst normaler Bildung vorausgesetzt. Es ist aber noch nicht festgestellt, ob sich für jedes Lebensalter ein ganz bestimmter Neigungswinkel der Rosenebenen aufstellen läßt und ob ein solcher allgemein giltig ist oder ob auch hierin jede Lokalrace ihre Eigentümlichkeiten hat.

Die einzelnen deutschen Hirscharten entlangend, ist zu konstatieren, daß die erste Geweihform, das Spießgehörn, nach übereinstimmender Angabe einer Anzahl älterer wie neuester Beobachter auf der 2. Altersstufe sich oft wiederhole anstatt Gabeln beim Elch, bei dem Edelhirsche und Rehbocke. Altum ging aber weiter: er nahm und nimmt jetzt noch, d. h. in seiner 2. Aufl. der Forstzoologie 1876, zwei normale Spießerstufen, doch Berichtigung vorbehaltlich, an bei Elch, Damhirsch und Rehbock. Bei dem Edelhirsche hat derselbe seine frühere desfallsige Ansicht, infolge bedeutenden Widerspruches, insbesondere von Seiten des Oberförsters Dr. Cogho (Das Erstlingsgeweih des Edelhirsches 1875), dahin modifiziert, daß in den meisten Revieren nur ein Spießer aufzutreten scheine, daher „es angemessen, hier wo es sich zumeist und zunächst nur um eine Erörterung des Gesetzes über die allmähliche Formveränderung des Geweihes handelt, diese schwankenden Jugendformen nicht getrennt zu behandeln."

Die Veranlassung zu der Annahme zweier verschiedener Spießerstufen von Seiten Altums für den Elch aus einem einzigen Falle ist so höchst absonderlich, daß sie verdient erwähnt zu werden. Ein Forstaufseher hatte Mitte Januar 2 Spieße hart an einer Kiefernstange liegend gefunden, wo sie, nach der Frische der Bruchflächen zu urteilen, ein Hirsch, den jener auch vom November bis dahin beobachtet und häufig gesehen, abgeworfen. Die Spieße waren jedoch ungleich lang und dick; der Durchmesser des einen an der Bruchfläche maß 17 mm, der andere 28 mm und weil Altum nun meint, die Rosenstöcke eines und desselben Individuums müßten gleich stark sein, so erscheint es ihm „gänzlich unmöglich," daß beide Spieße zu derselben Zeit von demselben Stück getragen worden seien, — und so hat er es „gewagt", wie er sich selbst ausdrückt, „für dieselben die Schädel No. 2 und 3 als zwei verschiedene Spießerstufen (!) zu zeichnen." Meine nicht besonders umfangreiche Geweihsammlung weiset 5 Rehbockgehörne nach, an welchen die Stangen tragenden Rosenstöcke verschieden stark und dick sind, bis zu 7 mm abweichend; wenn nun ein solches einseitiges Zurückbleiben im Wachstume aus irgend welcher Ursache bei dem Rehbocke möglich, warum nicht auch bei dem Elch? Jenes Wagnis erscheint somit nicht gerechtfertigt. Das Sitzenbleiben reifer Stangen auf den Rosenstöcken über die zum Abwerfen gewöhnliche Zeit hinaus soll später besprochen werden.

Noch sei von dem weniger gekannten Elch erwähnt, daß das Ansprechen des Hirsches auf sein Alter nach der Stärke und Gestalt der später auftretenden Schaufelfläche des Geweihes oder gar nach der Endenzahl auch für Altum völlig unmöglich ist, unerachtet demselben viel Material zur Untersuchung geboten war; daß aber nach Bujack und v. Meyerinck im 5. Jahre das Geweih gering schaufelförmig sich ausbreiten und im 6. Jahre der Hirsch den Namen eines guten Schauflers erhalten soll; daß die Schaufeln meist in eine Vorder= und eine Hinter= oder Hauptschaufel sich scheiden, daß aber auch individuell und örtlich während des ganzen Lebens nur sog. „Stangengehörne" als Gabel= oder Sechsergeweihe vorkommen.

Bezüglich der zwei normalen Altumschen Damspießerstufen (Knopfspießer und Schmalspießer) habe ich mich bereits in 1875 veranlaßt gesehen, Einspruch zu erheben, wenigstens für meinen Beobachtungskreis, die Mainebene im Großherzogtum Hessen, in einer Recension des Schriftchens: Die Geweihbildung bei Rothirsch, Rehbock und Damhirsch von Dr. B. Altum 1874 (siehe Baurs Monatsschrift für Forst= und Jagdwesen 1875) und zwar auf Grund meiner genauesten Untersuchungen auf die Zahnentwickelung. Auf meiner Seite stehen nach Altum die Oberförster Lange (Zehdenick) und Wieprecht (Grammentin), sowie Rittergutsbesitzer von Homeyer (Murchin); auch Prof. Nitsche (Tharand) neigt zu meiner Behauptung hin, daß es nur eine Spießerstufe bei Damwild gebe.

Der Umstand, daß es in Wirklichkeit Damspießergehörne giebt von sehr verschiedenen Stärke= und Formverhältnissen, die deshalb aber doch gleichalterigen Trägern zustehen, rührt von der mehr oder minder guten Körperbeschaffenheit, auch wohl von Vererbung her, da ein Damspießer schon mit 16 Monaten zeugungsfähig ist, wenigstens nach Wahrnehmungen in hiesiger Gegend, und ein Sprößling eines so jugendlichen Vaters, vielleicht zugleich einer eben so jungen, von Körper geringen Mutter höchst wahrscheinlich demgemäß schmächtig konstituiert sein wird. Aber noch manche andere Ursachen wirken bekanntlich auf bessere oder schlechtere Gehörnbildung ein. Ich besitze dergleichen Spieße aus freier Wildbahn von 2,8 cm bis zu 16,5 cm Höhe.

Zu der Bezeichnung „Schmalspießer", welche Altum bei dem Damhirsche, wie bei dem Rehbocke anwendet (bei dem Edelhirsche hat er solche wieder fallen lassen) sei zur Verhütung von Verwechselungen aufmerksam gemacht, daß dieser Terminus keineswegs neu ist, aber vordem nach Hartig eine andere Bedeutung hatte und noch hat. Bei Edel= und Damwild heißen nach dem genannten Autor „die jungen Hirsche vom ersten Martinitag nach der Geburt, bis sie die ersten Spieße aufsetzen, Schmalspießer, alsdann Spießer." Ebenso sagt Behlen in seinem Real= und Verballexikon für Forst= und Jagdkunde 1843. Altum nennt den Damhirsch auf seiner zweiten Spießerstufe Schmalspießer.

Über die Gehörnbildung des Rehbockes hat Altum seine Ansicht in kurzer Zeit zweimal geändert. Nach Inhalt der 1. Aufl. seiner Jagdzoologie Bd. I (1875) steht er in der Hauptsache noch auf der Seite der früheren Jagdschriftsteller:

erste Stufe, im 2. Altersjahre, Spießbock,

zweite Stufe, im 3. Altersjahre, Gabelbock oder, wenn die Stangen wiederum Spieße, so doch mit knieförmiger Biegung nach Blasius,

dritte Stufe, im 4. Altersjahre, Sechser oder, wenn die Enden fehlen, erkennbar an der zweifachen Biegung, womit die gesetzmäßige Gestaltveränderung der Stangen und Vermehrung der Enden in Deutschland in der Regel beendet. In der vorhererwähnten Spezialarbeit desselben von 1874 findet man:

Knopfspießer, im 2. Altersjahre, Spieße 1—4 cm lang, Rosenstöcke 7 mm dick,

Schmalspießer, im 3. Altersjahre, Rosenstöcke 10 mm stark, Andeutungen der Vorder= und Hintersprosse mitunter vorhanden, Rose noch unvollkommen,

Gablerstufe, im 4. Altersjahre, Rosenstöcke 13 mm stark, Vordersprosse als wirkliches, scharf ausgebildetes Ende, doch auch verkümmerte Vorder= und Hintersprossen vorkommend,

Sechserstufe, im 5. Altersjahre, Rosenstöcke 16 mm stark. Hintersprosse erstmals als scharfes Ende; auch hier können Verkümmerungen der Enden auftreten.

Hier ist also eine zweite normale Spießerstufe eingeschoben und das Alter des Gabelbockes, sowie des Sechserbockes, die man seither auch ziemlich allgemein als „zweijähriger Bock", resp. „dreijähriger Bock" zu bezeichnen pflegte, um ein Jahr höher gerückt, wobei noch charakteristisch, daß die Stärke der Rosenstöcke den Hauptanhaltspunkt für das richtige Ansprechen auf das Alter abgeben sollte.

Daraufhin habe ich in einer Abhandlung: Die Gehörnbildung des Rehbockes (Baurs Monatsschrift 1875), die auch als Separatabdruck von mir ausgegeben worden, auf Grund der von mir festgestellten Zahnlehre bewiesen, daß der Rehbock als „Kitzbock" oder „Bockkalb" noch im Alter von 6 bis 7 Monaten meist schon ein gefegtes Knopfgehörn, mitunter nur einige mm lang, habe, das er mit 8—9 Monaten der Regel nach abwirft und ersetzt entweder wieder durch stärkere Spieße oder durch Gabeln oder dreiendige Stangen, je nach seiner Konstitution, und daß derselbe also im Alter von einem Jahr mit Spießen, die dann auch noch oder wieder Knöpfe nur sein können, bis zum hochausgereckten Sechsergehörn, d. i. mit verschieden starkem und geformten Gehörn versehen, wonach auch die Rosenstockstärken von 6—14 mm abweichen, auftreten kann. Das desfallsige Maximum und Minimum soll hier in Fig. I und II mit zugehörigen Unterkieferteilen aus der vorerwähnten Abhandlung reproduciert werden.

Dessen ungeachtet verharret Altum, meine Entgegnung ignorirend, in der 2. Aufl. der Forstzoologie 1876 bei seinen vorangeführten vier Altersstufen: Knopfspießer, Schmalspießer, Gablerstufe, Sechserstufe, für deren drei letztere er auch noch dieselben Durchmesser der Rosenstöcke resp. 10, 13 und 16 mm als Merkmale angibt, zunächst für seine Gegend. Die gegebenen Abbildungen weisen darauf hin, daß eben dieser Rosenstockdurchmesser für ihn das leitende Prinzip immer noch ist.

Ferner kann die Altumsche These, daß die anfänglich zurückgebogenen und nach ihrer Spitze hin stark konvergierenden Rosenstöcke des Rehbockes beim Abwerfen der ersten und zweiten Spieße ganz auffallend stark nach vorn und außen abgebrochen werdensollen, während bei dem Sechser der jährliche Abbruch der oberen Rosenstockfläche nur noch sehr schwach sei und gar bald ganz aufhöre, — an einer Reihe von Abwürfen, die ich besitze, widerlegt oder vielmehr als oft nicht zutreffend bezeichnet werden.

Meine sämtlichen Abwürfe von Kitzböcken, sechs an der Zahl, haben sogar concave Abbruchflächen.

Die sog. Urbockgehörne, auch ungarische genannt, deren man in Sammlungen Prachtstücke, von kolossaler Länge, bis 57 cm., und Stärke sieht, gehören einem Ausländer, dem sibirischen oder Amurreh, Cervus Pygargus Pallas an, das aber nur eine Varietät des Cervus capreolus L. sein dürfte, gehören daher nicht in den Rahmen dieses Kapitels.

Von den in mannigfacher Weise vorkommenden Abnormitäten der Geweihe und Gehörne sind vornehmlich beliebt und ja auch hochinteressant die Perückenbildungen, welchen terminus technicus übrigens, auffallenderweise, keines der vielen Wörterbücher der Weidmannssprache definiert und überhaupt enthält. Der Jägerwelt ist er jedoch bekannt genug, da der Rehbock nicht gerade sehr selten diese Mißbildung trägt. Die Jagdzeitungen der letzten 8 Jahre brachten hin und wieder Abbildungen solcher, mitunter höchst merkwürdiger Erzeugnisse und in der Cleveer Ausstellung waren sehr charakteristische Exemplare zu sehen. Von dem Edelhirsche mögen nur etwa 4—6 dergleichen Vorkommnisse in der Litteratur bekannt gegeben worden sein, vom Elche 2, vom Damhirsche kenne ich nur ein solches Geweih. In den verschiedensten Modifikationen treten, wie gesagt, diese Gebilde auf: entweder sind sie nur ungewöhnlich dicke, aufgetriebene, gleichsam schwammige, leichte, der Form nach nicht besonders abweichende Stangen, oder sie haben mehr oder weniger starke, unförmige Auswüchse, lockenförmige oder schurfartige Wucherungen als Fortbildungen der Perlen an Rosen und Stangen, die sich mitunter bis zu den Lichtern und Lauschern herunter verbreiten. Doch allen ist das gemeinsam, daß sie im Leben des Trägers den Bast nicht verlieren und nicht verhärten. Verkümmerung, Verletzung oder gar Wegnahme des Kurzwildbrets sind Ursache davon.

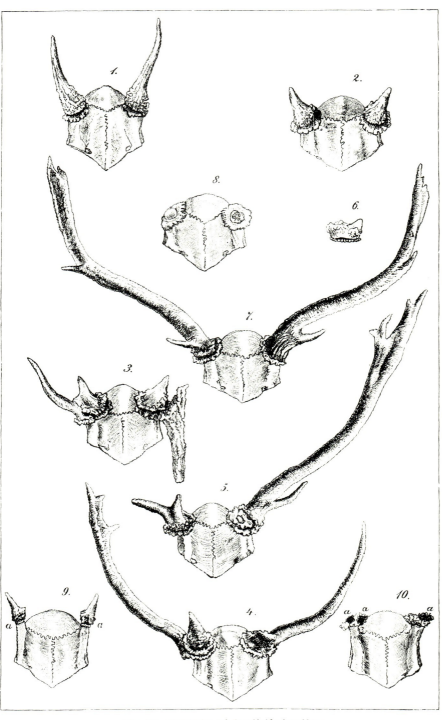

Fig. III. Mißwüchse bei Damhirsch-Geweihen.

Auch die bei weiblichen Rehen vorkommenden Gehörne werden in der Regel nicht gefegt, wenn auch sie fest und demnach als reif erscheinen.

Eine weitere absonderliche Art von Abnormität ist die Doppelgehörnbildung, in 1876 erst durch die periodische Litteratur (Baurs Monatsschrift, April 1876) weiteren Kreisen von mir bekannt gegeben. Obwohl sie von den Jägern in Damwildständen hier zu Land längst beobachtet ist, war sie anderwärts kaum beachtet oder doch auf ihren Entstehungsgrund nicht zurückgeführt worden. Sie tritt auf, vorzugsweise bei Damhirschen, wenn aus irgend welcher, bis jetzt noch nicht aufgeklärter Veranlassung ein naturgemäßes Abwerfen der Spieße oder Stangen nicht stattfindet und dennoch Stoff zu Neubildungen vorhanden ist, der sich dann an der Basis der sitzengebliebenen, alten Gehörne rings um den Rosenstock anlagert, untersetzt entweder nur als Rosen oder auch in Fortbildungen um das Hindernis herum zu Stangenstummeln mit Augsprossen oder ohne solche und sofort bis zu vollständig ausgebildeten Stangen, die gefegt werden und alles dieses entweder nur einerseits oder auch beiderseits. Ja es giebt sogar Tripelgehörne, an welchen also 3 verschiedene Jahrgänge deutlich geschieden in ihrer Lagerung auf resp. um den Rosenstock, zu erkennen sind. Meistens befinden sich die Träger solcher Mißwüchse im 3. Altersjahre als Hirsche des 2. Kopfes, die also ihre Spieße nicht abgeworfen haben; doch auch ältere Hirsche zeigen solche Regelwidrigkeit. Mitunter brechen dergleichen sitzengebliebene Spieße oder Stangen später beim Fegen oder Kämpfen ab, so daß nur die Untersätze zurückbleiben. Auf der Ausstellung in Cleve habe ich 9 Stück solcher Mißwüchse aus meiner Sammlung von Hirschen im 3. und 4. Altersjahre, des 2. und 3. Kopfes, zur Anschauung gebracht und es dürfte interessant genug sein, meine ganze desfallsige Gruppe im Bilde aus der vorbezeichneten Monatsschrift diesen Blättern anzureihen, wozu eine kurze Erklärung wohl nötig: Fig. III. 1, 2 und 3 stellen die Gehörne von Zweiköpfern dar, deren ersteren beiden Untersätze nur Rosen, bei dem letzten aber weitergehende Neubildungen sind. 4 ist das vorerwähnte Triplumgehörn, doch sind die drei Jahrgänge nur noch auf der rechten Seite desselben vorhanden, auf der linken fehlen Spieß und Untersatz des 2. resp. 3. Altersjahres, es ergibt sich als unzweifelhaft dem Auge, daß diese ausgebrochen sind, nachdem der 3. Jahreswuchs fertig gewesen. Auch die linke Seite bei 5 hatte ursprünglich drei Jahreswüchse, der erste, ein Spieß höchstwahrscheinlich, ist später verloren gegangen; man sieht in der Mitte des Untersatzes seine Haftstelle, die Querfläche des Rosenstockes, während rechts ein, dem links vorhandenen Untersatz gleichalteriger Stangenstummel steht und darunter nur ein Rosenuntersatz korrespondierend der ziemlich langen Stange der andern Seite. III. 6 ist ein Spieß mit Rosenuntersatz als rechtzeitiger Abwurf eines Zweiköpfers an einer Salzlacke am 31. Mai aufgefunden. Bei III. 7 ist nur ein Rosenuntersatz unter der rechten Stange, dem die linke gleichalterig, während die rechte also ein Jahr jünger. III. 8 zeigt beiderseits nur Rosenuntersätze eines Dreiköpfers, der am 17. Februar erlegt worden; die zur Zeit des Abwerfens haften gebliebenen Stangen waren später abgebrochen.

Bei Edelhirschen im Harz hat man hin und wieder eben wohl dergleichen Doppelbildungen beobachtet und bei Rehböcken sind mir bis daher 3 bekannt geworden.

Dagegen finden sich aber auch Geweihe und Gehörne auf Schädel, die zur üblichen Zeit nicht abgeworfen werden und keine Neubildungen als Anhängsel aufzuweisen haben, so namentlich bei Rehknopfböcken.

Noch nicht lange ist es her, daß in der Litteratur auf eine weitere, gewisse Art höchst eigentümlicher Mißbildungen aufmerksam gemacht worden und zwar erstmals durch den Fürsten Adolf Schwarzenberg in der Illustrirten Jagdzeitung von 1876/77, obwohl das Faktum schon vorher auch von andern Jägern wahrgenommen worden, daß nämlich bei Laufverletzungen Hirsche und Rehböcke "übers Kreuz" widersinnig aufsetzen, wenn die Zeit dieses Krankseins mit der der Gehörnneubildung zusammen fällt, so zwar, daß ein Bruch oder eine andere starke Beschädigung am linken Hinterlaufe eine auffallende Deformation der rechten Stange im Gefolge hat, wenn auch die linke noch etwas in Mitleidenschaft gezogen worden. Inmittelst sind noch mehrere dergleichen Fälle veröffentlicht worden und ich selbst habe 2 mit eigenen Augen an Rehböcken beobachtet, deren jedem ein Hinterlauf zur Hälfte, wohl infolge eines Schusses, entkommen war.

Die weiter vorkommenden Sippen von Mißbildungen weiter zu besprechen, würde zu weit führen, doch sei noch des sehr seltenen Vorkommnisses der Verwachsung beider Stangen zu einem festen, gefegten Ganzen erwähnt. Man kennt dergleichen nur bei Rehböcken. Auf der Cleveer Ausstellung waren 2 solcher, über ⅓ ihrer Länge hinauf innig zusammengewachsener Stangenpaare von Sechsern, als auf einanderfolgende Abwürfe zweifelsohne von einem und demselben Individuum herrührend, unter Nr. 502 von Rittmeister v. Ortzen zu Kosa in Mecklenburg-Strelitz vorgeführt. Vordem war mir nur ein dergleichen Fall bekannt aus der Anschauung und zwar eines solchen Gehörnes in der Naturaliensammlung des Großherzoglichen Schlosses zu Darmstadt.

Bei manchen Abnormitäten erkennt man leicht, daß sie durch einen Schuß, durch Sturz, Anrennen u. s. w. entstanden, bei der großen Mehrzahl jedoch, so namentlich bei Mehrstangigkeit auf normalen Rosenstöcken, bei Vielendigkeit (Endenwucherung), bei Auftreten einer überzähligen Rose ohne Stangenfortsätze und mit solchen, muß die Ursache geradezu unergründlich erscheinen.

v. Kobell sagt auf S. 59 des "Wildangers": "Da man vielendige Geweihe, sowie auch abnorme besonders schätzte, so suchte man dergleichen auch künstlich zu erzielen, indem man besonders Parkhirschen gelegentlich in der Kolbenzeit, im Mai, einen Schuß mit groben Schroten in die Kolben gab, wo dann das Geweih eine zerrissene Krone mit vielen Enden erhielt" — und Dr. M. Schmidt

Fig. IV. Verkämpfte Hirsche.
(Im Reinhardtswalde verendet gefunden.)

bespricht dies mit einer gewissen Beipflichtung. Ich möchte diese Behauptung einigermaßen in Zweifel ziehen, gegründet auf direkte Versuche, wenn auch nicht mittelst Schießens, und Graf Eberhard-Erbach bestreitet mit Entschiedenheit, daß eine dergleichen künstliche Erzeugung im dortigen Wildparke zur Zeit des Grafen Franz, des Gründers der gerade durch ihre Monstrositäten berühmten Sammlung zu Erbach, wovon man spricht, je stattgefunden. Um mich über die Wirkung ähnlicher Verletzungen der weichen Kolbenmasse zu vergewissern, habe ich nämlich zu verschiedenen Malen einem zahmen Rehbocke mit einem Pfriemen tiefe Stiche darein beigebracht; die stark schweißenden Wunden waren jedoch jedesmal bald geheilt ohne den mindesten Erfolg, kaum daß eine Narbe auf den gefegten Stangen verblieben. Freilich, die Versuche waren insofern mangelhaft zur genauen Vergleichung mit der obenberührten angeblichen Manipulation, weil steckengebliebene Schrotkörner Eiterung veranlassen und also, in einem gewissen Stadium der Geweihbildung, Wülste, Knorren erzeugen werden. Doch besitze und kenne ich weiter Gehörne mit Vertiefungen, die allem Anscheine nach durch Schrotkörner zufällig verursacht worden sind zur Kolbzeit, einmal bis zu 3,2 cm tief, ohne daß die vorangedeutete Veränderung hervorgegangen.

Geradehin rätselhaft erscheinen aber Löcher, welche durch die Schädelknochen hindurch gehen und ausgeheilt sind, so daß man den betreffenden Individuen nicht ein Kümmern angesehen. Ich besitze 2 dergleichen Rehbockgehörne; das Loch des einen im Scheitelbein mißt 13 mm im Durchmesser.

Die Vererbung spielt jedenfalls eine nicht unbedeutende Rolle auch bei der Geweihbildung, und auf dieser Eigenschaft muß es hauptsächlich beruhen, wenn in gewissen Gegenden die Geweihe und Gehörne einen bestimmten Habitus in Höhe, Stärke und Stellung der Stangen, wie der Enden, in Perlenbildung beibehalten, so daß ein geübtes Auge Unterschiede im Vergleiche zu andern Örtlichkeiten sofort herausfindet. Doch ist eine solche typische Eigentümlichkeit nicht allerwärts zu finden. Oder sollte eine solche, wo sie vorkommt, konstant auf äußeren, örtlichen Verhältnissen beruhen? Beobachtet ist übrigens, daß der Habitus eines ziemlich entwickelten Geweihes oder Gehörnes in folgenden Jahrgängen im wesentlichen derselbe bleibt, was dann und wann bei Mißbildungen, die einen inneren Grund haben, sehr augenfällig sich darstellt; sowie daß eben auch Monstrositäten auf die Nachkommen übergehen können.

Über die Farbe der Gehörne, die der Jäger als von dem Fegen und fortgesetzten Schlagen an jungem, saftreichem Holze, also von der Einwirkung des dort vorfindlichen Saft- oder Extraktivstoffes zum Beizen der anfänglich gelblich weißen oder schweißigen Stangen herrührend, leichthin anzunehmen geneigt ist, hat Oberförster Dr. Cogho, angeregt durch Berthold, der schon die Färbung mit dem in den Gefäßen der Beinhaut (Periosteum) verbleibenden Schweiße erfolgen läßt, gründliche Studien und Untersuchungen unter Zuhülfenahme des Mikroskops gemacht und einen Vortrag darüber in der Versammlung des Schlesischen Forstvereins zu Pleß, 1878 gehalten, der im Jahresberichte mit Abbildungen niedergelegt ist. Er gelangt zu dem Schlusse, daß in der Medullarsubstanz (Mark) bei der Verknöcherung des Geweihes immer noch eine gewisse Menge Schweiß (Blut) zurückbleibe, der durch die haverfischen Kanäle in die Cortikularsubstanz (Rinde) und das Periosteum successive übertrete, daß hierdurch die Färbung und eine Nachfärbung bis in den Spätherbst geschehe, während Oberförster Elias als Correferent sich „für organische Prozesse und tellurische Einwirkungen" als desfallsige Agentien entschied. Die Coghosche These hat inmittelst eine Widerlegung gefunden durch Oberförster Scott-Preston in dem Jahrbuche des Schlesischen Forstvereins für 1880. Darin wird von dem Genannten an der alten Annahme, „daß durch das Fegen die braune Färbung hervorgerufen werden möge" festgehalten, gestützt auf Erfahrung und ebensowohl auf Gründe der Wissenschaft. Meine eigenen, daraufhin an einem zahm gehaltenen Rehbocke eingeleiteten direkten Versuche lassen ein Urteil in der Frage noch nicht zu.

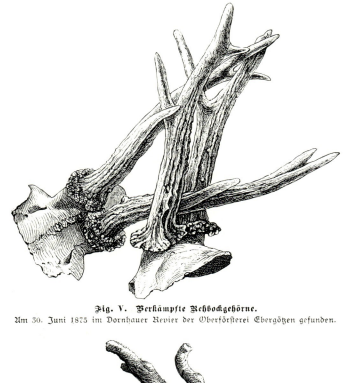

Fig. V. Verkämpfte Rehbockgehörne.
Am 30. Juni 1875 im Dornhauer Revier der Oberförsterei Ebergötzen gefunden.

Fig. VI. Perückenbock.

Es ist in letzter Zeit über die Ursachen, warum die Edelhirsche im allgemeinen jetzt nicht mehr so starke Geweihe aufsetzen, wie ehedem, in der periodischen Litteratur mehrmals geschrieben worden, so von Eberhard Grafen zu Erbach-Erbach in der Wiener Jagdzeitung von 1863, vom Fürsten Adolph Schwarzenberg in der Illustrirten Jagdzeitung von 1876/77, von Oberförster Gerstner ebendaselbst Jahrgang 1881/82. Man wolle aber darum sich nicht der Meinung hingeben, es seien gerade und umsomehr die Edelhirsche der Urzeit, vor 2000, 4000 oder gar 6000 Jahren außerordentlich stark gewesen Stangenteile samt Schädelstücken, die oberen doch so sehr in zerbröckeltem Zustande, daß ein Zusammensetzen unmöglich — aus einer Lettengrube. Der Anblick dieser kleinen Sammlung aus einer grauen Vorzeit macht nun durchaus nicht den Eindruck auf den Beschauer, als ob die Urrace der drei Hirscharten in hiesiger Gegend stark gewesen sei. Zu demselben Urteile gelangte auch der Paläontologe Jäger bei Betrachtung der in württembergischen Torfmooren gefundenen Geweihe und Skelettteile, ebenso Oberförster Dr. Cogho bezüglich solcher aus einem Bruche Schlesiens (siehe dessen Abhandlung: Pürsche

Fig. VII. Perückengehörn einer Ricke. (Eigentum des Herrn Pönsgen.)

und hätten durchgängig kolossale Geweihe produciert, der Art, wie Exemplare in den bekannten Sammlungen Deutschlands uns in Staunen versetzen. Ich sammle seit nahe 30 Jahren die in Torfgruben der Rheinebene meiner Oberförsterei vorkommenden Funde an Geweihen und Gehörnen und habe es zu 20 vom Edelhirsche, darunter 1 ungrad Zwanzigender (zoologischer Sechzehnender), 1 ungrad Vierzehnender (zoologisch Zwölfender), 1 ungrader Kronzehner (zoologisch Zwölfer nach Blasius) als vollständige Geweihe mit Schädelstücken und 17 mehr oder weniger ganze Stangen, allermeist Abwürfe, vom Gabler aufwärts, — und zu 11 Gehörnen von Rehböcken gebracht, von welch letzteren doch nur eines ganz auf Schädel, die andern allermeist einzelne Abwurfstangen sind. Auch Elchgeweihe werden hier gefunden, davon besitze ich jedoch nur eine Spießer- und zwei verschiedene Gablerstangen unversehrt, von einem Schaufler die beiden unteren auf vorzeitliches Wild in der Deutschen Jagdzeitung 1876/77.

Die beiden stärksten vorerwähnten Hirschgeweihe aus Torfgruben, ungrader Zwanzigender und ungrader Vierzehnender, die samt den Körperskeletten nur wenige Schritte von einander, höchst wahrscheinlich als Opfer der Kampfeswut ihrer Träger, auf der Sohle des Torfes $3{,}9$ m tief unter der Erdoberfläche ausgegraben worden, haben die bemerkenswerte Eigentümlichkeit, daß der Zwanzigender am Grunde der Augensprossen je ein Ende von $3{,}6$ und $2{,}9$ cm Länge aufwärts stehen hat und der Vierzehnender oberhalb der linken Eissprosse ein solches von $2{,}9$ cm, rechts an derselben Stelle doch nur eine desfallsige Andeutung; in beiden Fällen also an Stellen wo Enden höchst selten vorkommen.

Anders als mit der Geweihstärke jener vorzeitlichen Hirscharten verhält es sich mit der Körperstärke und man weiß, daß beide nicht immer im gleichmäßigen Verhältnisse stehen. Der Hinterschienbeinknochen, Metatarsus, z. B. meines ungraden Vierzehnenders (zoologisch Zwölfenders), aus dem Torfe, der als voll ausgewachsen anzunehmen ist, mißt 29,5 cm, derjenige eines schlesischen Torfhirsches 30 cm, ebenso der eines schweizer Pfahlbautenhirsches 30 cm, während bei vier Vierzehnern und mehrendigen Hirschen der Neuzeit aus der hiesigen Rheinebene derselbe Knochen nur zu 27,3 cm Länge, also 2,5 cm kürzer von mir ermittelt worden. Hiernach waren also wohl die hiesigen Hirsche der Urzeit an Körper stärker als die jetzigen, nicht aber an Geweih.

Ob früher, als noch überall in Deutschland Wald und Edelwild in Menge vorhanden gewesen, so daß Blutvermischung auf weithin möglich, dennoch Raçenunterschiede bestanden haben? Man wird diese Frage bejahen dürfen, weil Klima, Lage und Boden auch bei den Tieren deßfalls bestimmende Einflüsse äußern. Heute machen sich solche unzweifelhaft für gewisse Gegenden geltend, das lehrt uns die Geweihstatistik, wozu Pfeil in oben erwähnter Abhandlung 1845 einen wertvollen Beitrag lieferte.

Bezüglich der allgemeinen Klage, daß die Hirsche der Neuzeit nicht mehr so gute Geweihe aufsetzen, wie vor 100 bis 300 Jahren, dürfte aber auch zu erwägen sein, daß früher offenbar nur besonders brave Geweihe aufbewahrt wurden, denn wo sollten sich denn die geringen und mittelmäßigen der großen Menge jährlich erbeuteter befinden? Jene guten Geweihe, die man jetzt aus der Zeit von 200 Jahren etwa in lokalen Sammlungen vereinigt sieht, sind vielleicht nur 1/10 Prozent der während dieser Zeit erlegten als Erzeugnisse eines vorzüglichen körperlichen Vermögens (Prävalenz), wie Graf Eberhard-Erbach in dem vorangeführten Artikel von 1863 treffend hervorhebt, indem er vom Beanlagtsein der Individuen spricht. Es werden ja jetzt noch, freilich seltener in Deutschland, Kapitalhirsche erbeutet, wie neuerlich der Zweiundzwanzigender des Oberforstmeisters Ulrici; da aber die Edelwildstände sich außerordentlich gemindert haben, so müssen wir uns, wenn wir denselben Prozentsatz annehmen wollen, selbstverständlich mit einer um so viel geringeren absoluten Zahl starker Geweihe während desselben Zeitraumes begnügen, wobei immer möglichst pfleglich behandelte Wildstände unterstellt werden.

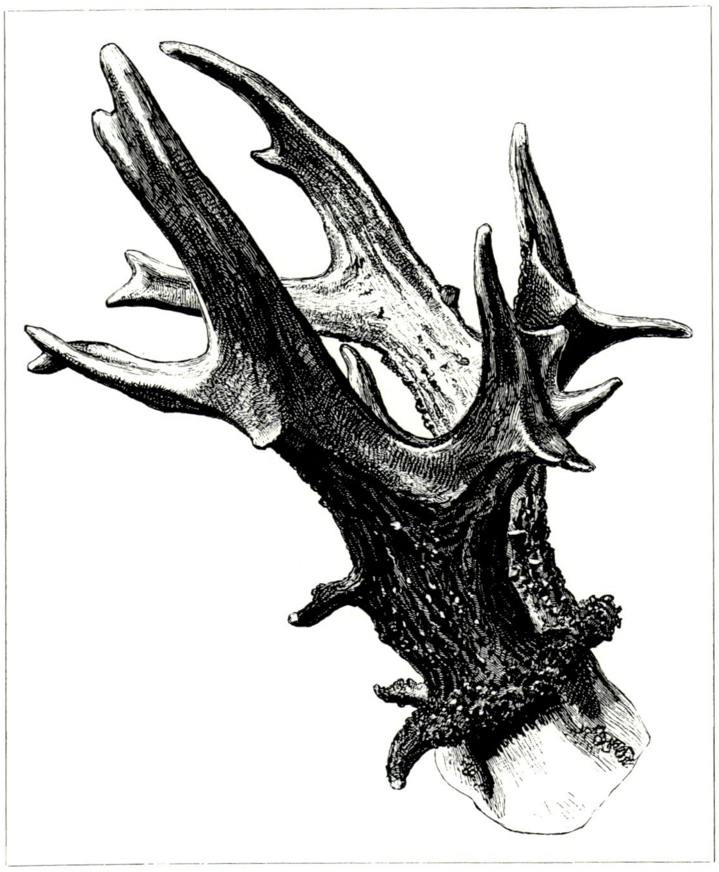

Auch Chemiker haben neuerlich unseren Lieblingsobjekten ihre Aufmerksamkeit zugewendet und gefunden, daß die Gehörne des Edelhirsches, Damhirsches und Rehbockes qualitativ und quantitativ nahe übereinstimmende Bestandteile enthalten und zugleich den Knochen nahe stehen, indem sie vorwiegend aus Ossein, leimgebender Knochensubstanz, während die Hörner der Horntiere aus Keratin, Hornsubstanz, als Hauptbestandteil zusammengesetzt sind. (Vesely, Geweihe und Gehörne. Wiener Jagdzeitung 1878.)

Auf dieses Ergebnis der chemischen Analyse gründet Professor Vesely den gewiß schon an sich gerechtfertigten Antrag, man möchte auch dem Kopfschmucke des Rehbockes die für alle andern Hirscharten gebräuchliche Bezeichnung „Geweih" beilegen, weil derselbe also ebensowenig wie in der Gestalt, auch nach der chemischen Zusammensetzung mit dem Kopfauswuchse der Horntiere übereinkomme. —

Von den Hohlhörnern oder Horntieren (Cavicornia) sind hier, als Deutschland zugehörig, nur die Krickeln der Gemsen, dieser überaus anziehenden Wildart des Hochgebirges, zu besprechen, welche in ihren Ständen zu sehen und zu beobachten doch nur einer verhältnismäßig kleinen Anzahl deutscher Jäger vergönnt ist. Umsomehr üben diese einfachen, schwarzen Haken auf den Jäger und Sammler der Ferne einen großen Reiz aus, als ob ihnen gewissermaßen das Wunderbare und Großartige jenes Stückes Erde, wo die Träger leben und gejagt werden, unwillkürlich anhafte.

Altum lehrt in der Forstzoologie Bd. II. 1876 allgemein, daß der nicht gleichmäßige, sondern periodisch stärker auftretende Jahreszuwachs der Hornscheiden an ringelförmigen oder knotigen Ablagerungen der Hornmasse erkannt werde, welche neuen Bildungen an der Basis mit zunehmenden Jahren stetig geringer werden. Blasius bespricht (1857) den Wachstumsgang noch etwas näher: „Der Knochenzapfen wächst an der Basis ununterbrochen nach und dehnt sich dadurch in die Länge, an der Basis auch in die Dicke aus. Beim Fortwachsen entwickelt sich auf diesem Knochenzapfen der ganzen Länge nach ununterbrochen neue Hornmasse..... Eine Periodicität, wie bei den Hirschen, scheint auf den ersten Blick nicht zu bestehen. Doch zeigt jeder Jahreszuwachs eine schärfere Abschnürung auch äußerlich am Horn durch

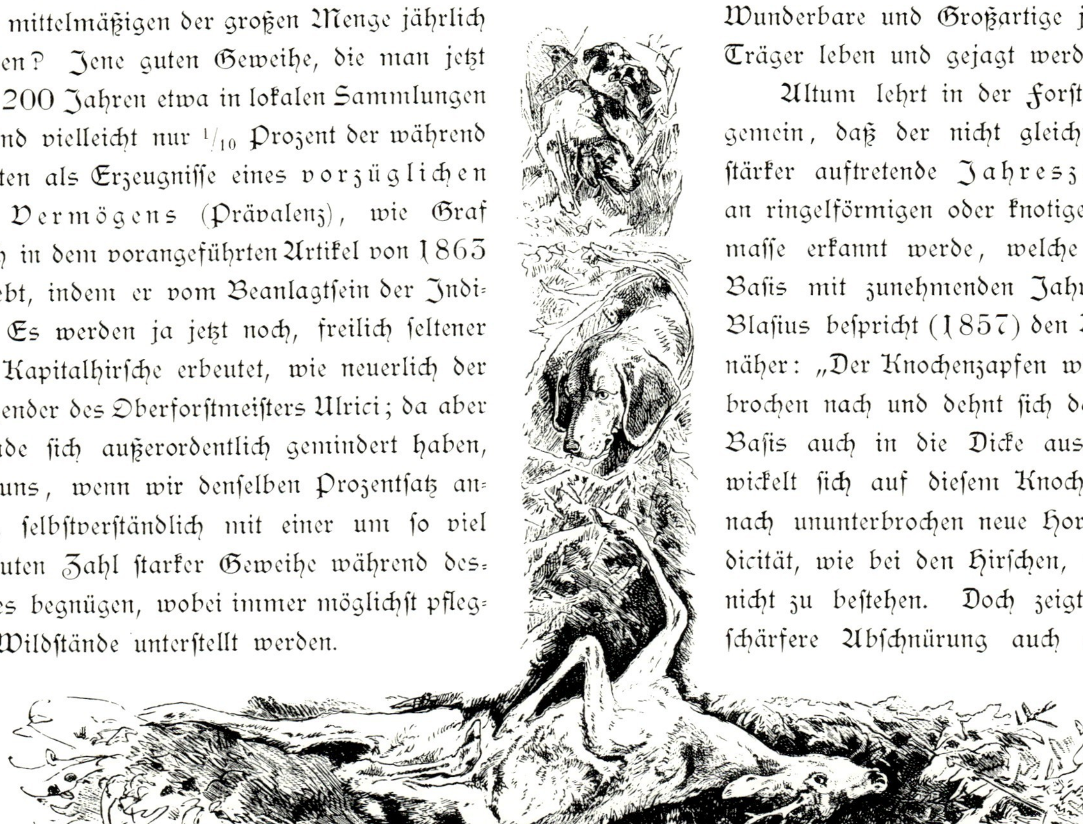

Fig. VIII. Zwanzigender Rehbocksgehörn.
(Im Besitz des Herrn Oberforstmeisters Hotzen, Arolsen.)

wellenförmige Verengungen und sogar durch mechanische, oft tiefer in die Hornmasse eindringende Ablösung der Schichten verschiedenen Alters. Auch ist nicht zu verkennen, daß der Grad des Wachstums der Hornmasse nicht im Verlaufe des ganzen Jahres ein gleichmäßiger ist. Der Jahreszuwachs nach dem Alter ist ebenfalls abweichend; die Länge der hinzutretenden Jahresringe wird mit dem Alter immer kleiner." Während diese angeführte Schriftstelle für alle Scheidenhörner gilt, ist von der Gemse speziell gesagt, daß „die Hörner an der Basis nach den Jahreszuwächsen wellenförmig geringelt" seien.

Wenn nun auch A. E. Brehm in der 2. Auflage seines ‚Tierlebens' 1877, Bd. III. S. 194 die erstere der angestrichenen Stellen von Blasius als „klar und verständlich" wörtlich wiedergegeben hat, so dürfte dennoch ein Widerspruch darin liegen dahin, daß gesagt wird, auf dem Knochenzapfen entwickele sich der ganzen Länge nach ununterbrochen neue Hornmasse und auch zeige sich jeder Jahreszuwachs äußerlich am Horn durch wellenförmige Verengung geschieden. Bei den Bäumen werden die Jahresringe veranlaßt durch das Aufhören des Wachstumes während des Herbstes und Winters. Wie soll sich nun, wenn letzteres bei den fraglichen Horngebilden ununterbrochen fortsetzt, ein jährlicher Absatz außen zu erkennen geben? Während der Strenge des Winters bei Nahrungsmangel mag ja wohl in Wirklichkeit das Wachstum ein geringeres sein, als zur besten Jahreszeit, aber ein völliges Unterbleiben desselben, allgemein, ist nicht wahrscheinlich, liegt wenigstens nicht in dem Sinne der Blasiusschen Darstellung.

Und wenn A. E. Brehm (1877) weiter speziell vom Steinbocke bemerkt: „Einen sicheren Schluß auf das Alter des Tieres gewähren diese Knoten ebensowenig, wie die wenig bemerklichen Wachstumsringe zwischen ihnen oder die flachen Erhebungen zu beiden Seiten des Hornes, aus deren Anzahl die Jäger die Jahre des Tieres bestimmen zu können vermeinen" — so gilt dies gewiß auch für die Querringe oder Runzeln der Gemskrickeln, obgleich Altum (1876) diesbezüglich behauptet, daß vom zweiten Jahre an sich die senkrechte Stange absatzweise bilde und zwar so, daß die einzelnen Jahresbildungen sich durch stärkere Querrunzeln gegeneinander abheben und sich also bis zum fünften Jahre mit annähernder Sicherheit das Alter an der Zahl der stärkeren Querrunzeln erkennen lasse.

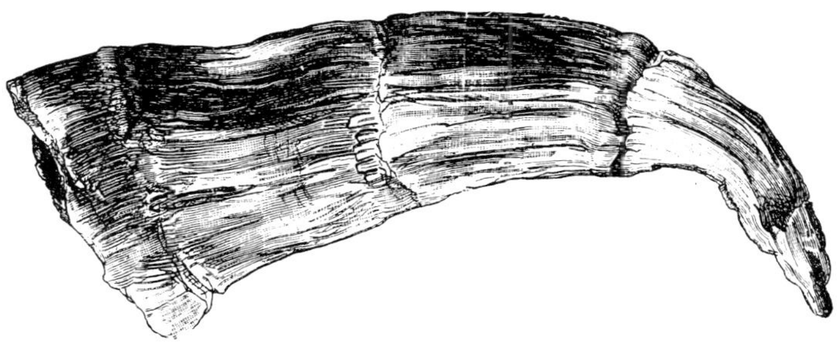

Diese Angaben sind zweifelsohne aus Studien an Krickeln in Sammlungen hervorgegangen, beruhen nicht auf Beobachtungen an Lebewesen und können mich nicht befriedigen, nachdem ich mein nicht so ganz unbedeutendes desfallsiges Material, möglichst stufenweise Folgen von Böcken und Geisen, vom Kitz- bis zum Bockkrickel von 18,5 cm und bis zum Geiskrickel von 18,9 cm Länge, teils in ganzen Kopfskeletten bestehend, seit Jahren eingehend und wiederholt zum Zwecke der Altersbestimmung nach der Zahl der stärkeren Querrunzeln untersucht.

Fig. IX. Hauthorn von einem Gemsbocke.

Fig. X. Abnorme Krickeln.

Fig. XI. Starke Krickeln eines Gemsbockes mit einem Hauthorn im Nacken.

Ich besitze zugleich genaue Abbildungen in natürlicher Größe von Bock- und Geiskrickeln als Jahresstufen von Bock- und Geiskitzen an bis zum vierjährigen, jagdbaren Bocke und bis zur dreijährigen Geis nach Exemplaren, die von erfahrenen Alpenjägern nach der Stärke und sonstigen Merkmalen an Ort und Stelle seinerzeit auf das Alter angesprochen waren. Dasjenige Alter nun, das ich an meinen Stücken nach der Zahl der besonders hervortretenden Querrunzeln ermittelt, hat sich im Vergleich zu jenen Quasimustern und was der Grad der Zahnentwickelung, soweit Kiefern vorhanden, andeutete, immer als viel zu hoch erwiesen. Dabei bin ich weit entfernt davon, jenen Abbildungen, die ich darum auch Quasimuster nenne, einen vollgiltigen Wert beizumessen, ich bin vielmehr gewiß, daß die Krickeln wirklich gleichalteriger Böcke resp. Geisen ebenso wenig in der Stärke einander gleich sind, wie dies bei den Hirscharten der Fall, weil bei den Gemsen die Konstitution des Individuums jedenfalls in gleicher Weise darauf influiert.

Dann habe ich direkte Beobachtungen an den Hörnern von Hausziegen, deren Alter mir genau bekannt, unternommen und bin schließlich zu der Ansicht gelangt, daß ein Ansprechen des Alters nach Maßgabe der Runzeln durchaus unzuverlässig, ja geradehin falsch ist, daß die letzteren vielmehr, ebenso wie die Knoten am Steinbockgehörn, die stark hervortretenden Wülste an dem der Gazelle, spezifische Artenkennzeichen sind, deren sich in der Zeit des Hauptwachstums jährlich mehr, später weniger bilden. Die Zahnlehre wird darüber später, wenn einmal genugsam Material beschafft sein wird, sicheren Aufschluß geben.

Zunächst sei noch bemerkt, daß bei älteren Gemsböcken die Runzeln mitunter durch Schlagen verwischt, auch mit Harz überkleidet sind und bei andern Individuen beinahe ganz fehlen.

Die Krickeln der Böcke unterscheiden sich von denen der Geisen durch stärkeren Durchmesser der Stangen und größere Krümmung der Haken, während die Spitzen der letzteren bei den Geisen mehr von den Stangen abstehen — nach v. Kobell. Altum führt als weiteres Unterscheidungsmerkmal die Stellung der Stangen gegen einander an, indem diejenigen der Böcke nach oben weniger weit divergieren sollen, als die der Geisen. Doch auffallenderweise sagen F. v. Tschudi (Tierleben der Alpenwelt, 10. Aufl. 1875) und A. E. Brehm gerade das Gegenteil: „Beim Bocke stehen die Hörner weiter auseinander ... als bei der Gemsgeis." Ob diese Gelehrten damit bloß ausdrücken wollten, daß die Bockkrickeln unmittelbar auf dem Schädel einen weiteren Abstand von einander hätten? Ich habe das eine, wie das andere an meinen Stücken nicht durchgängig zutreffend erfunden.

Mißbildungen kommen bei den Gemskrickeln so selten vor, daß F. v. Tschudi in der vorerwähnten Auflage des „Tierlebens der Alpenwelt" mehrere desfallsige Abbildungen vorzuführen sich veranlaßt gesehen. Fast ausschließlich mögen solche gewaltsam, durch Sturz, Schuß und dgl., verursacht werden. Die vier bis sechsstangigen Krickel, die hin und wieder im Handel sich vorfinden, sind unecht, wie schon v. Kobell im Wildanger 1859 mitteilt, indem die dickeren Stirnzapfen einer vielhornigen Schafspielart (auch vierhornige Hausziegen gibt es ja als Varietät) abgeraspelt und mit Gemskrickeln besteckt werden.

Noch muß ich einer höchst eigentümlichen Art von Horngebilden gedenken, die den Gemsen als große Seltenheit zukommt, die ihren Sitz aber nicht auf einem Knochenzapfen haben, sondern in der Haut ohne irgend eine Berührung mit einem Knochen. Sie erscheinen als Wucherungen der Oberhaut, Epidermis, und werden daher Hauthörner in der Anatomie genannt. Haare, Hufe, Klauen und alle Hörner stellen ja nur Modifikationen der Epidermis dar. In der Jagdlitteratur geschieht dieser merkwürdigen Bildungen erstmals, doch ganz kurz nebenbei Erwähnung in einem Artikel der Wiener Jagdzeitung von 1870, worin C. Martin, Präparator zu Stuttgart, bei Besprechung einer lose in der Decke hängenden, rudimentären Hirschgeweihstange, die aber infolge eines Rosenstockbruches bis zu 6,5 cm weit von ihrem anfänglichen Standorte sich gesenkt hatte, sagt: lose herabhängende Hörner bei Haustieren seien nicht selten. Verschiedene Tierärzte, die ich darauf befragt, haben indessen dergleichen noch nicht gesehen; wohl aber ist mir ein solches Hauthorn an einem starken Gemsbocke vorgekommen, dessen Kopf ich 1875 aus Oberammergau zugesendet erhalten, woran denn, außer den beiden normalen Krickeln auf Stirnzapfen, ein 8,5 cm langes drittes von derselben Masse und Farbe, wenn auch etwas anders geformt, mit 4 deutlichen Absätzen hinter den Lusern herabhängend, ohne Verbindung mit einem Knochen und ohne Knochenzapfen, zu meinem Staunen sich mir zeigte. Die beifolgende Abbildung stellt unter IX. (s. S. 157) das überzählige Krickel in natürlicher Größe dar. Die Nr. 8 der Jagdzeitung Deutscher Jäger vom 16. Januar 1880 bringt die Abbildung eines Gemsbockes, dem auf dem Vorderrücken oberhalb des Buges ein ähnlicher, doch nur 3,7 cm (1½ Zoll) langer Auswuchs entsprossen, „nicht auf einem Knochen stehend, sondern nur in der Decke festgewachsen und daher beweglich," ebenso wie der in meinem Besitze befindliche war.

Endlich zur Altersbestimmung der stärkeren Wildarten, insbesondere der Cervinen. Körperstärke und demgemäß Gehörnstärke der Hirscharten hielt man früher und halten die Jäger in überwiegender Mehrzahl wohl heute noch als mit dem Alter gleichmäßig vorschreitend. Der Fährten beobachtende Jäger in der Wildbahn schließt aus einem starken Hirsch „tritt" auf einen guten Träger eines braven Geweihes und ist ein solcher glücklich zu Strecke gebracht, so tritt sofort, neben der Freude über die von Dianen, der oft launigen Göttin, gewährte Gunst, die Frage auf, wie alt derselbe wohl sein möge. Es ist dies bei dem wahren Jäger, zum Unterschiede von dem bloßen Schießer, ein Bedürfnis für Erweiterung seiner Kenntnisse, wozu er jeden speziellen Fall benutzen möchte. Ähnlich beim Damhirsche, beim Rehbocke, bei der Sau.

Obwohl man, nach P. de Crescentiis, schon zu Anfang des 17. Jahrhunderts wußte, wie das Alter der Pferde, des Rindviehes nach Wechsel und Abnutzung der Zähne zu bestimmen sei, so haben doch die Jäger und Naturforscher sich mit desfallsigen näheren Untersuchungen nicht befaßt, bis erst ganz in der Neuzeit Licht in dieses seitherige Dunkel gebracht worden. v. Flemming lehrte nur, einen gar alten Hirsch unter anderem an stumpfen, wackelnden Zähnen zu erkennen, Döbel: „wenn die vorderen Zähne wackelnd und gelb werden oder auch wohl gar ausfallen und die zwei Seitenzähne aber braune Flecken in der Mitte bekommen."

Sogar Bsasius, der die Gestalt der Backenzähne des Elen, des Edelhirsches, Rehes, des Schweines ziemlich genau, wenn auch nicht streng richtig beschreibt, kannte den Unterschied zwischen Milch- und Ersatzähnen, wie es scheint, nicht, er erwähnt wenigstens nichts davon in seiner Naturgeschichte der Säugetiere Deutschlands (1857) und doch ist derselbe teilweise von großem Belange.

Von der festen Überzeugung geleitet, daß die Zahnbildung dasjenige Moment sei, wornach das Alter unserer wiederkäuenden Wildarten mit möglichster Zuverlässigkeit, gegenüber den andern desfallsigen Merkmalen, wie: Stärke der Gehörne, Enden- und Perlenmenge, Höhe und Stärke der Rosenstöcke, Länge und Stellung der Enden, insbesondere der Augensprossen, Grad des Neigungswinkels der Rosenebenen, Breite und Stümpfe der Schalen — ermittelt werden könnte, hat sich denn Verfasser dieses im Vereine mit seinem Freunde und Collegen Dr. Cogho in den letzten beiden Dezennien der Aufgabe unterzogen, in dieser Hinsicht bestimmte Anhaltspunkte zu erforschen, überhaupt eine Zahnlehre für diese Wildarten zu beschaffen, zunächst vom Edel-, Dam- und Rehwilde. Eine Monographie, die ich in Arbeit genommen, konnte wegen Mangels an Zeit leider noch nicht vollendet werden.

Die Hauptergebnisse meiner Untersuchungen finden sich bis jetzt von mir veröffentlicht vom Edelwilde in einer Abhandlung: „Der Roth- oder Edelspießer und sein Gehörn" (s. Nr. 15 der Jagdzeitung Waidmann vom 1. Mai 1875), in einer Recension des Altumschen Schriftchens: „Die Geweihbildung bei Rothhirsch, Rehbock und Damhirsch" (siehe Baurs Monatsschrift für Forst- und Jagdwesen, Juni—Juliheft 1875), vom Damhirsche ebendaselbst, vom Rehbocke in einer Abhandlung: „Die Gehörnbildung des Rehbockes" (siehe dasselbe Heft der Baurschen Monatsschrift) endlich in einem Artikel: „Kitzbock oder Kümmerer" (siehe Nr. 1 der Jagdzeitung Deutscher Jäger vom 1. Oktober 1881); durch Freund Cogho bekannt gegeben vom Edelwilde in dessen: Erstlingsgeweih des Edelhirsches 1875; durch v. Dombrowski in dessen Monographie: „Das Edelwild" 1878. Ferner führt Dr. Cogho den weiteren Grad der Zahnentwickelung vor in der Abhandlung: „Das zweite Geweih des Edelhirsches" (siehe Nr. 7 der Deutschen Jagdzeitung vom 1. Januar 1877). Bezüglich des Rehwildes folgt v. Meyerinck in der Naturgeschichte des Wildes, 2. Aufl. 1879, meinen Angaben, die er als an etwa 100 erlegten Exemplaren approbiert erklärt, nachdem derselbe in einem Artikel: „Die Zahnbildung der Rehe" (s. Nr. 4 des Waidmann vom 15. Nov. 1878) sich dahin ausgesprochen, daß er bei Edel- und Damwild mit vieler Mühe vergeblich sich bestrebt, bestimmte Regeln herauszufinden.

Weiter hat ein Verehrer Dianens, H. Simon zu Stuttgart, in 1875 und 1876 über 100 Rehböcke auf Gehörn- und Zahnbildung präpariert und untersucht und seine Resultate, die mit dem meinigen übereinstimmten, größtenteils zur beliebigen Benutzung mir übermacht.

Endlich machte H. Nitsche, Professor der Zoologie an der Forstakademie Tharand „nach den Litteraturangaben der Oberförster Joseph und Dr. Cogho und dem Materiale der Tharander Sammlung" diesen Gegenstand, und zunächst „den Zahnwechsel des Rotwildes" in verdienstvoller Weise durch Beigabe von Abbildungen und eine Tabelle den Jägern von Fach zugänglicher, im „Deutschen Forst- und Jagdkalender auf das Jahr 1879", welcher Abhandlung eine umfangreichere „Über die Altersbestimmung bei Roth-, Dam- und Rehwild" mit Abbildungen, Zahnformeln und Geweihbildungstabellen für verschiedene Zeiten, in dem Indeich'schen Kalender auf das Jahr 1881 von demselben Verfasser folgte. Erstere Abhandlung mit einem kleineren Zusatze findet sich unter der Überschrift: „Der Zahnwechsel des Roth-, Dam- und Rehwildes . . . ." in dem Forst- und Jagdkalender von Dr. Indeich und H. Behm 1882 und ganz neu auch für 1883 wieder vor, immer unter gewissenhafter Angabe der Quellen.

Aus dem Inhalte dieser verschiedenen Veröffentlichungen hebe ich hier hervor, daß das Edelwild mit Vollendung des 2. Altersjahres den successiven Wechsel der Schneidezähne beendet, dem derjenige der ersten Backenzähne folgt bis zum Oktober, dem 29. Monate, während um diese Zeit der 6. Backenzahn meist noch nicht zur vollen Höhe herangewachsen ist; daß bei dem Damwilde die bezeichneten Vorgänge sich resp. im Alter von 16 Monaten, Oktober des 2. Altersjahres, und von 25 Monaten, Mai des 2. Altersjahres, enden, zu welch letzter Zeit auch der 6. Backenzahn wieder seiner Vollendung naht, doch mitunter erst gegen den Oktober hin; endlich daß bei dem Rehwilde die fraglichen Epochen wiederum früher liegen, nämlich für Beendigung des, mit dem 6. Monate schon beginnenden Wechsels der Schneidezähne der Schluß des 1. Altersjahres anzunehmen, woran sich sofort, im Mai und Juni, auch wohl bis zu Anfang Juli, derjenige der drei ersten Backenzähne anreiht, sowie das Vollzähligwerden der Backenzahnreihen.

Alle diese Vorgänge habe ich in entsprechender Aufeinanderfolge an acht Präparaten von Edelwild, teils in vollständigen Kopfskeletten, teils nur aus Unterkiefern mit zugehörigen Gehörnen bestehend, an acht von Damwild und zwanzig von Rehwild auf der Ausstellung in Cleve zur Anschauung gebracht, etwa dem neunten Teile meiner ganzen desfallsigen Sammlung.

Die von Nitsche aufgestellte Regel: „daß Reh-, Roth- und Damwild gleichmäßig zu der Zeit die Schneidezähne wechseln, wenn sie noch ihr erstes Geweih tragen, die Backzähne dagegen, während sie ihr zweites Geweih bilden oder tragen", erweiset sich, da doch hier zunächst gewiß der Zeitraum gemeint sein soll, während dessen der Wechsel aller Schneidezähne sich vollzieht, bei Reh- und Damwild als nicht voll zutreffend, weil bei Rehwild das erste Gehörn im Februar abgeworfen wird, im 10. Altersmonat schon, zu welcher Zeit erst ein Paar Schneidezähne gewechselt sind, also die drei andern Paare während der Bildung des 2. Gehörnes an die Reihe kommen, und bei Damwild das 1. Paar Schneidezähne bereits im April gewechselt wird, ehe noch die Rosenstöcke fertig sind.

Der Zeitraum, innerhalb dessen das Alter der fraglichen drei Wildarten auf Grund der Entwickelung neuer Zähne, seien dieselben nun Zugang zur Vervollständigung der Backenzahnreihen oder Ersatz der abgehenden Milchzähne, genau erkannt werden kann, ist allerdings kein langer. Er umfaßt bei dem Edelwilde nur etwa die $2\frac{1}{4}$ ersten Lebensjahre, bei Damwild $2\frac{1}{4}$, bei Rehwild $1\frac{1}{4}$ Jahre. Aber dadurch ist doch schon viel erreicht! Es sind somit die Altum'schen Spießer-Theorieen rektificirt, man ist imstande, den Edelsechser auf der 2. Geweihstufe von demjenigen auf der 3. zu unterscheiden, den Kitzbock vom Spießbocke auf 2. Gehörnstufe, ob ein Gabel- oder Sechserbock der 2. Stufe angehöre oder ob er älter sei.

An jene genauen Kennzeichen, welche Zahnwechsel und -Zugang in sich begreifen, reihen sich dann diejenigen, durch den Abschliff der Haken (bei Edelwild), Schneide- und hintersten Backenzähnen hauptsächlich dargebotenen an, welche vereinigt, bei einiger Übung an Vergleichsgrößen, in den Stand setzen, Stücke bis zum 6. Altersjahre annähernd auf ein Jahr, ältere freilich nur auf zwei bis drei Jahre genau anzusprechen.

Obgleich nämlich Haken- und Schneidezähne nicht mit Gegenzähnen in Berührung kommen, wie die Backenzähne, so ist doch da wie dort die Abnutzung nicht unbedeutend, an den ersteren freilich am schwächsten. Das Hauptaugenmerk muß man auf den 6. Backenzahn richten, dessen Schmelzzacken, Schmelzbleche nach Frank (Anatomie der Hausthiere 1871), schon bald längs ihrer Schärfe den Email verlieren, so daß das Zahnbein, durch die Äsungsstoffe gelbbraun gefärbt und gesäumt von dem weißen Schmelz, erst in einem feinen Striche erkennbar wird, der immer breiter in der Mitte sich gestaltet, wornach dann die Umgrenzung desselben successive verschiedene Formen annimmt, bis später die halbmondförmigen Ränder der Schmelzeinstülpungen längs der Mitte verschwinden: die Breite und Form dieser „Marke" (Kunde, Bohne bei den Pferden genannt, bei denen auch mit der Zeit die Reibeflächen die Gestalt ändern, je nachdem die Abnutzung stattfindet) ist das Kriterium für die weitere Altersbestimmung, bei Edel- und Damwild in Verbindung überdies mit der Stärke des Abschliffes an den Schneidezähnen.

Regeln und insbesondere Abbildungen in Bezug auf den Abnutzungsgrad von Jahr zu Jahr hier angeben zu zu wollen, würde zu weit führen, dieselben müssen einer Spezialarbeit vorbehalten bleiben; nur sei noch bemerkt, daß mit demselben Rechte, mit dem die Pferdeverständigen als jährliche Abnutzungsgröße an den Schneidezähnen, eine Linie annehmen dürfen, ich bei Edelwild ebenda 1 mm als beiläufiges Maß zu geben mich erkühne, bei einer anfänglichen Höhe der Kronen der „Schaufeln", d. i. des mittelsten Schneidezahnpaares, von 15—16 mm im Alter von $1\frac{1}{4}$ Jahren — das Ergebnis einer größeren Anzahl von Messungen im Vergleiche mit dem Abschliffgrade am hintersten Backenzahne je der betreffenden Unterkiefer. Die Höhe der Schaufelzahnkronen bleibt das letzte und einzige Hülfsmittel für annähernde Altersbestimmung bei sehr alten Hirschen, deren letzter Backenzahn allzusehr abgerieben ist oder gar fehlt.

Da v. Dombrowski meint, die Äsung verschiedener Örtlichkeiten wirke verschieden, weil insbesondere „sandige und undurchläßige Böden vorherrschend hartstengelige Gräser producieren, die ein weit rascheres Abschleifen der Kunden oder Kronen zur Folge haben" sollen — und ich füge hinzu: weil auch Heide und andere holzartige Forstunkräuter, auf welche das Wild oft genug zur Winterzeit, mancher Orten sogar vorzugsweise, angewiesen ist, stärker die Zähne angreifen dürften — so möge man sich für jede Wildbahn seine eigene Stufenfolge sammeln; der wißbegierige Jäger wird seine darauf verwendete Mühe wohl belohnt finden und öfters zu den überraschendsten Resultaten gelangen.

Wo Edel- und Damwild die Untugend hat, Baumrinde zu schälen, wird sich sofort die Abnutzung an den Schaufelschneidezähnen schief nach außen zu erkennen geben, während die normale schief nach dem Innern des Geäses stattfindet. —

Man kann nun einwenden, bei einer Abnahme des Genauigkeitsgrades, wie oben angegeben worden, habe eine Altersbestimmung auf diesem Wege, der immer einigermaßen mit Umständen verknüpft ist, überhaupt keinen Wert mehr; ob ein Hirsch oder ein Rehbock 1 oder 2 Jahre älter oder jünger sei, als man ihn nach sonstigen, näherliegenden Kennzeichen ansprechen würde, thue nichts zur Sache. Dem entgegen sei bemerkt: Für die Wissenschaft ist es immerhin wünschenswert, desfallsige Regeln zu ermitteln, weil in dem einen oder andern Falle es doch von Interesse, wenn auch nicht von Wichtigkeit vielleicht, sein kann, solche zur Hand zu haben. Man trete nur der Sache näher, stelle vergleichsweise Untersuchungen nach den verschiedenen andern Momenten an und man wird, wie ich, in einzelnen Fällen die widersprechendsten Angaben erhalten, aus dem einfachen Grunde schon a priori, weil Rosenstockhöhe und -stärke der Erstlingsbildungen, sowie deren Stangen so sehr verschieden sind

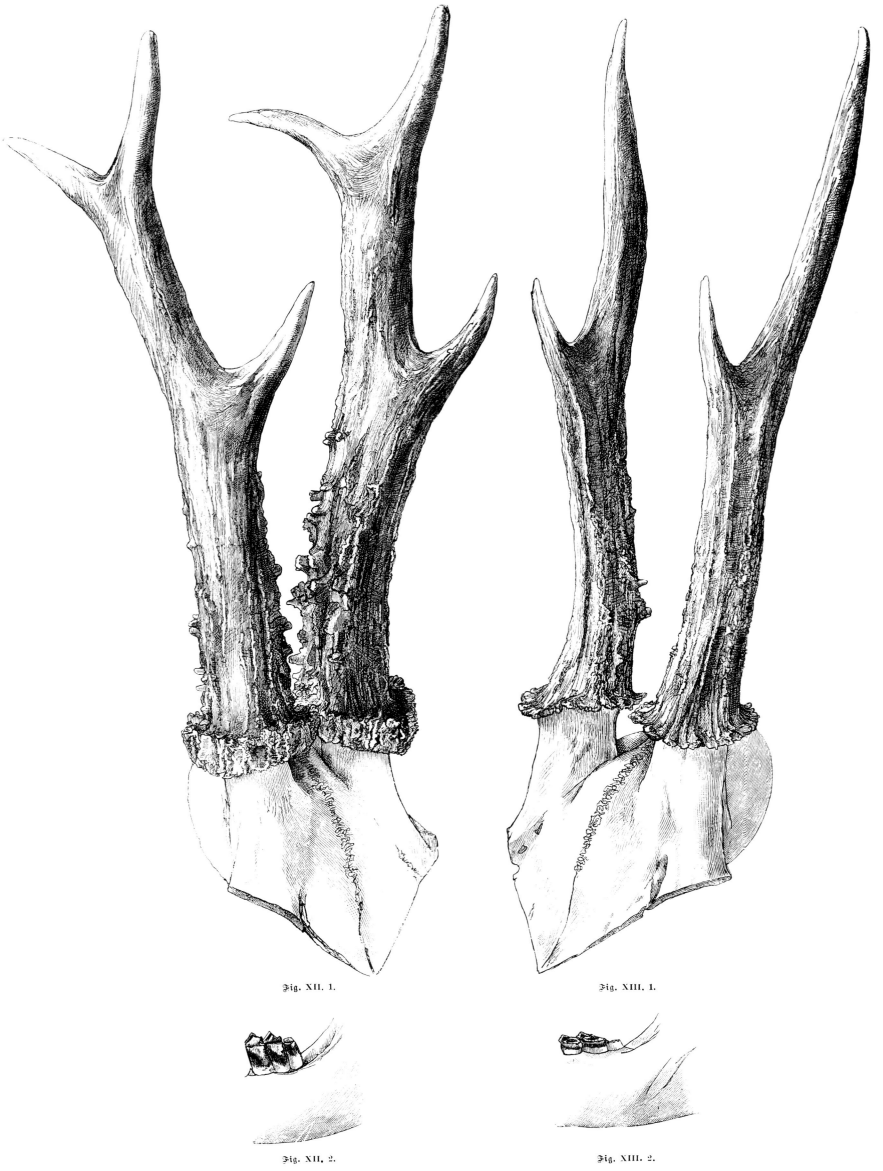

Fig. XII. 1.   Fig. XIII. 1.

Fig. XII. 2.   Fig. XIII. 2.

Kapitales Gehörn eines Bockes von 2 Jahren in natürlicher Größe.   Schwaches Gehörn eines Bockes von 6—7 Jahren in natürlicher Größe.

je nach Körperstärke, Ererbung, und weil in höherem Alter das Dickewachstum der Knochen, also auch des Rosenstockes aufhören muß, während die Be- und Abnutzung der Zähne kontinuierlich geschieht.

Mehr als Worte wird ein Beispiel beweisen, wie sehr man durch Ansprechen des bloßen Gehörnes auf das Alter des Trägers irren kann: Fig. XII. 1 zeigt ein Rehbockgehörn von 252 gr Gewicht, das schon als kapitales gelten mag, in natürlicher Größe, mit 18 mm starken, 8 mm hohen Rosenstöcken, 34 mm dicken, sehr krausen Rosen, 7 mm dickem Stirnbeine zwischen den Rosenstöcken, dessen Träger am 7. Mai 18,5 kg schwer erlegt worden, der hiernach als ein alter Bock nach Altum von mindestens 4 Jahren erscheint; er ist aber nicht älter als 2 Jahre, wie der Abschliff des 6. Backenzahnes, Fig. XII. 2, lehrt. Dagegen weisen die 14 mm hohen Rosenstöcke der Fig. XIII. 1 bei schlechten Rosen, dünnen Stangen mit Gabelbildung von 179 gr Gewicht auf einen jungen Bock hin, womit jedoch 20 mm Rosenstockdicke und 10 mm Stirnbeindicke kontrastieren: der Bock war, ebenfalls 18,5 kg schwer, am 28. April erlegt nach Ausweis des Zahnabschliffes Fig. XIII. 2, — 6 bis 7 Jahr alt, hatte offenbar zurückgesetzt.

Vom Gemswilde sagt Nitsche, daß die Reihenfolge des Zahnwechsels anders sei, als bei den Hirscharten, daß nämlich nach seinen Präparaten, ähnlich wie bei Schaf und Ziege, der Wechsel der Backenzähne früher vollendet werde, als der der Schneidezähne, was ein Teil meiner, leider noch lückenhaften Sammlung desfallsiger Kopfskelette bestätigt. Hiernach wird sich ein längerer Zeitraum als bei den Cerviden von mindestens 4 Jahren, für genaue Altersbestimmung dieser Wildart ergeben.

Mit Weidmannsheil!

Eberstadt bei Darmstadt, Herbst 1882.

C. A. Joseph.

Das Titelbild dieses Kapitels zeigt uns eine wertvolle und hochinteressante Sammlung von Steinbocksgehörnen im Besitz des Herrn Dr. Girtanner. Der „Deutsche Jäger" schreibt über die einzelnen Gehörne dieser Sammlung, die zusammen eine höchst instruktive, planmäßig angelegte und für sich abgeschlossene Kollektion fast ausnahmslos prachtvoller, auf verhältnißmäßig sehr vielen, natürlichen Schädeln sitzender Stücke bilden, noch folgendes: die Zeichnung der Gehörne entspricht so ziemlich $1/11$, diejenige des Tierbildes ungefähr $1/16$ der wirklichen Größe eines so schwer gehörnten Steinbockes, wie ihn das Bild darstellt.

Gehörn Nr. 1. Gehörn von heutzutage wohl kaum nochmals erhältlicher Stärke, Schönheit und Vollständigkeit, mit 19 guten Knoten an jedem Horn, auf seinem natürlichen Schädelstücke mit mächtigen Knochenzapfen und den Ansätzen zu einem entsprechend riesigen Schädel versehen, sitzend. Beide Hörner ziemlich gleichmäßig auseinandergehend, mit leicht einwärts gekehrten vollständigen Spitzen und deshalb nicht völlig der allgemeinen Stärke entsprechendem Spitzenabstand, wie er sich bei der gewöhnlichen, aber weniger schönen, gerade auswärts gehenden Richtung der Spitzen ergeben würde; es wurde, wie alle Gehörne der Sammlung, seiner Zeit aus dem Aostathale direkt eingeführt. Maße: über den äußeren Bogen gemessen 77 cm Länge, 55 cm Spitzenabstand, 25 cm Basisumfang, Abstand der Supraorbitallöcher $7{,}1$ cm, Gewicht beider leeren Hornschalen völlig $3{,}5$ kg!

Nr. 2. Beinahe ebenso starkes Gehörn mit 16—17 Knoten, auf natürlichem Schädel. Leider sind die Spitzen, jedenfalls bei Lebzeiten des Trägers, abgebrochen und dann, noch leiderer! von dem listig sein wollenden Wilderer künstlich zugespitzt worden. Richtige künstliche Spitzen ließen sich leicht ansetzen, doch hätte mir dies bei dem Dienste, den die Sammlung mir zu leisten hatte, nicht gefrommt. Steinbockgehörne mit ein- oder beidseitig defekten Spitzen oder Knoten kommen in der Steinwildkolonie häufig zur Beobachtung, und dürfte die Gelegenheit für die Tiere, ihre Gehörne im erbitterten Kampf mit dem Nebenbuhler oder durch Steinschlag u. s. w. geschädigt zu sehen, sich reichlich bieten. Hier fehlen an jeder Hornspitze jedenfalls 10 cm. Maße: Länge über den äußeren Bogen gemessen bis zu den abgebrochenen Enden 67, bis zu denen der einstigen wirklichen Spitzen 77 cm, Spitzenabstand jetzt 48, früher 58 cm, Basisumfang 24 cm, Supraorbitallöcherabstand $6{,}9$ cm, Gewicht der leeren Hornschalen so noch $2{,}5$ kg.

Nr. 3. Schönes, grazil gebautes, sehr vollständig erhaltenes Gehörn auf natürlichem Schädel; sehr schön auswärts geschweift, mit 15 starken Knoten. Maße: über der Krümmung 65 cm Länge, Spitzenabstand 50, Basisumfang 22 cm, Oberaugenlöcherabstand $6{,}3$ cm. Gewicht der leeren Hornschalen $1{,}87$ kg, Farbe sehr hell. Im allgemeinen variirt dieselbe von dunkelschokoladebraun bis helllehmgelb.

Nr. 4. Starkes, schweres Gehörn mit 12 sehr stark ausgebildeten Knoten, auf natürlichem Schädel. Die eine Hornspitze im Leben eingebüßt und durch eine künstliche ersetzt. Maße: über die Krümmung gemessen 62, Spitzenabstand 36, Basisumfang 24, Oberaugenlöcherabstand $6{,}1$ cm. Gewicht der leeren Hornschalen $1{,}87$ kg.

Nr. 5. Sehr vollständiges, schön gebautes Gehörn mit 12 sehr guten, weit voneinander entfernten Knoten, auf natürlichem Schädel. Maße: über die Krümmung gemessen 61 cm Länge, Spitzenabstand 46, Basisumfang 22, Oberaugenlöcherabstand $6{,}1$ cm. Gewicht der leeren Hornschalen $1{,}87$ kg.

Nr. 6. Gehörn, weil davon nur die Hornschalen erhältlich gewesen waren, jetzt gut auf Gipskopf sitzend;

sehr gut erhalten, mit 11 sehr nahe beisammen stehenden Knoten und dafür sehr langen Spitzen. Maße: über die Krümmung 56 cm Länge, Spitzenabstand 40, Basisumfang 24 cm. Gewicht der leeren Hornschalen 1,125 kg.

Nr. 7. Sehr schönes, wohl erhaltenes Gehörn, auf natürlichem Schädel, mit 9 starken, weit auseinander liegenden Knoten. Maße: über die Krümmung 63 cm Länge, Spitzenabstand 45, Basisumfang 22, Oberaugenlöcherabstand 5,80 cm. Gewicht der leeren Hornschalen 1,75 kg.

Diese sieben ersten von den vierzehn echten Steinbockgehörnen der Sammlung sind als ausnahmslose Prachtstücke an Größe, Schönheit und Stärke und, mit Ausnahme der zwei Paare mit lädirten Spitzen, tadellose Gehörne anzusprechen. Nr. 1 sucht seinesgleichen, kommt dem stärksten in Victor Emanuels Sammlung in [der Länge gleich, übertrifft es an Basisumfang um 2 cm, steht aber aus obenangegebenem Grunde im Spitzenabstande hinter ihm zurück. Das enorme Gewicht von 3½ kg der leeren Hornschalen spricht am deutlichsten für dessen exquisite Stärke. — Die Nrn. 8—13 sind Gehörne von immer noch hübscher Stärke und nur den ganz schweren sieben ersten Paaren gegenüber zurücktretend. Nur Nr. 14 trägt noch den Charakter des ganz jugendlichen Alters seines ehemaligen Trägers an sich. — Nr. 15—17 endlich sind Bastardsteinwild-Gehörne, aus dem königl. Tiergarten la Real mandria bei Turin stammend, als Vergleichsobjekte die Sammlung wertvoll vervollständigend.

Nr. 8. Gehörn auf künstlichem Schädel mit 8 starken, fast überwallenden Knoten. Maße: über die Krümmung gemessen 38 cm Länge, Basisumfang 22, Spitzenabstand vermutlich 35 cm, Gewicht der leeren Hornschalen 0,75 kg. (Auf dem künstlichen Schädel stehen Basis und Spitzen viel zu nahe beisammen.)

Nr. 9. Gehörn auf künstlichem Schädel. Ebenfalls schönes, stark geknotes Gehörn mit 7 Knoten. Maße: über die Krümmung gemessen 44 cm Länge, Basisumfang 20, Spitzenabstand im Leben vermutlich 33 cm. Gewicht der leeren Hornschalen 0,62 kg.

Nr. 10. Gehörn auf künstlichem Schädel. Bei gleicher Länge wie Nr. 9 anstatt sieben Nr. 5, aber weit auseinander stehende, auffallend breite Knoten, lange Spitzen. Maße: über die Krümmung gemessen 44 cm Länge, Basisumfang 22, Spitzenumfang vermutlich 33 cm. Gewicht der leeren Hornschalen 0,625 kg.

Nr. 11. Gehörn auf natürlichem Schädel mit fünf kolossalen Knoten, langgezogenen Spitzen. Maße: über die Krümmung gemessen 37 cm Länge, Basisumfang 20, Spitzenabstand 25, Oberaugenlöcherabstand 5,15 cm. Gewicht der leeren Hornschalen 0,500 kg.

Nr. 12. Gehörn auf künstlichem Schädel mit fünf sehr starken Knoten. Maße: Über die Krümmung gemessen 38 cm Länge; Basisumfang 20, vermutlicher Spitzenabstand 30 cm. Gewicht der leeren Hornschalen 0,600 kg; sehr schönes starkes Gehörn.

Nr. 13. Gehörn auf natürlichem Schädel, vier sehr starke weit auseinanderstehende Knoten. Maße: über die Krümmung gemessen 30 cm Länge, Basisumfang 17, Spitzenabstand 27, Oberaugenlöcherabstand 5,15 cm. Gewicht der leeren Hornschalen 0,300 kg.

Nr. 14. Gehörn auf natürlichem Schädel mit zwei sehr starken Knoten und einem schwachen Endknoten, der unterste an der Wurzel stehend. Maße: Über die Krümmung gemessen 26 cm Länge, Basisumfang 19, Spitzenabstand 22, Oberaugenlöcherabstand 5,20 cm. Gewicht der leeren Hornschalen 0,200 kg.

Nr. 15. Bastardsteinbock-Gehörn, vor mir unbekannter Blutmischung des Trägers. Die scharfe Ziegenbockgehörnkante am inneren Hörnerrande verrät sofort das gemischte Blut. Die 4—5, kaum noch als Knoten anzusprechenden, scharfkantigen Erhebungen stehen ziemlich weit auseinander. Immerhin hat dies Gehörn über diese Erhöhungen weggemessen 38 cm Länge, vermutlichen Spitzenabstand 35, Basisumfang 22 cm. Gewicht der leeren Hornschalen 0,500 kg auf künstlichem Schädel sitzend.

Nr. 16. Gehörn auf künstlichem Schädel, sehr wahrscheinlich weiblichen Geschlechts trotz seiner 31 cm Länge, da wohl auch der weibliche Mischling größer wird als die Steingeis. Basisumfang 13, Spitzenabstand 14 cm. Gewicht der leeren Hornschalen 0,250 kg. — Von Knotung nichts zu sehen, vielmehr Querwurzelung, ähnlich wie bei Steingeis und Hausziege.

Nr. 17. Entschiedenes Blendlings-Geisgehörn auf künstlichem Schädel. Über die Krümmung gemessen 21 cm. Länge, Basisumfang 11, Spitzenabstand vermutlich 8 cm. Gewicht der leeren Hornschalen 0,150 kg. Es sind an ihm nur die Querringe des Steingeisgehörnes sichtbar, mit dem es große Ähnlichkeit besitzt.

Achtes Kapitel.

Wild-Hege und -Pflege.

Von E. von der Bosch.

Jedes waidgerechten Jagdbetriebes Hauptfundament ist die Hege und Pflege des Wildes, also die Erhaltung bestehender und die Verbesserung herabgekommener Wildbahnen. Leider liegen infolge der, nach dem Gesetze zulässigen, kleinen Jagdreviere die Verhältnisse in Deutschland derart, daß von einer Hege überhaupt nur auf ganz großen, gewöhnlich im Besitz des Jagdausübenden befindlichen Komplexen die Rede sein kann; ein Jagdpächter hat, mit seltenen Ausnahmen, wenn er nicht etwa aus Gesundheitsrücksichten oder um seiner Schießwut zu fröhnen, Jäger geworden ist, nur das einzige Interesse, durch starken Abschuß möglichst hohen Ertrag zu erzielen. In leider nur zu vielen Fällen ist dem Pächter sogar der Begriff „Hege des Wildes" etwas ganz unfaßbares und Fütterung des Wildes im Winter eine lächerliche Albernheit, aber selbst wenn auch der Besitzer oder Pächter eines kleinen Revieres etwas für Schutz und Hege seiner Wildbahn thun wollte, würde eben die geringe Ausdehnung sicher seine Bemühungen in den meisten Fällen illusorisch machen. Hat er nicht ringsumher waidmännische Nachbarn, so würde das Resultat seiner Anstrengungen nur den Aasjägern an seinen Grenzen, oder, wenn nicht sein Pachtvertrag noch sehr lange zu laufen hat, seinen Nachfolgern zu gute kommen. Der Waidmann verlangt eine ständig gut besetzte Wildbahn, und diese zu schaffen und zu erhalten ist sein eifriges Bestreben, er läßt seiner Schießsucht niemals die Zügel schießen, sondern bringt mit Überlegung und Berechnung nur so viel zum Abschuß, als notwendig ist, um den gewünschten Erfolg zu sichern.

I. Als erstes Erfordernis für die Hege jeglicher Wildbahn gilt die Verfolgung von Wilddieben und Schlingenstellern und die Ausrottung alles zweibeinigen, vierläufigen und befiederten Raubzeuges.

Was hilft dem Waidmann die sorgfältigste waidgerechte Schonung, was alle Fütterung seines Wildes, wenn Unberechtigte den Nutzen davon vorweg nehmen! Deshalb ist es zunächst notwendig, schonungslos und mit rücksichtslosester Energie gegen das gefährliche und gesetzlose Treiben der Wilderer und Schlingensteller, dieses Raub- und Diebsgesindels, vorzugehen, mit unausgesetzter Aufmerksamkeit das Revier zu überwachen und zu durchstreifen, namentlich des Morgens und Abends den Anstand zu besuchen, alle Pässe und Wechsel, auch alle Plätze zu beobachten, die zum Anbringen von Schlingen geeignet erscheinen, um, wenn irgend möglich, die heimtückischen Schlingensteller abzufassen und ihnen das schändliche Handwerk zu legen.

Der Wildschütz mit der Büchse in der Hand ist wohl ein gefährlicher Gesell, aber er zeigt doch wenigstens einen gewissen Mut, denn er trotzt der Gefahr, durch den Knall seiner Büchse an sich selbst zum Verräter zu werden. Das Resultat seiner Thätigkeit bleibt schließlich immer in gewissen Grenzen, ja in vielen Fällen wird der Wilderer sogar nur aus ungezügelter und unbezähmbarer Jagdpassion zum Verbrecher, der den Ertrag seines ungesetzlichen Thuns mitnimmt, weil dieser eben sonst überhaupt verderben und wertlos werden müßte. Seine Thätigkeit richtet sich überdies vorzugsweise gegen Reh- und Hochwild und wird fast ausschließlich auf dem Anstande ausgeübt. Bei dem Mangel eines dressierten Hundes wird der Wilderer sich auf die Hühner- und Hasenjagd selten einlassen können, umsoweniger als diese naturgemäß hauptsächlich auf freiem Felde ausgeübt werden muß, wo die Wahrscheinlichkeit der Entdeckung die Sache doch gar zu gefährlich macht. Rehwild läßt sich überdies auch einigermaßen dadurch schützen, daß man die Böcke in der Brunftzeit, die Ricken nach der Setzeit verblattet und vergrämt; der Wildschütz weiß so gut wie der Jäger mit dem Blatten umzugehen, aber ein Stück Wild, das einmal verblattet worden ist, dürfte in demselben Jahre kaum wieder dem Lockruf der Blatte folgen.

Anders der feige hinterlistige Schlingensteller; allein von schnödester Gewinnsucht gestachelt, treibt er in heimlichster Verborgenheit sein schändliches Wesen und mordet, was nur immer das Unglück hat, in seine Schlingen zu geraten, lediglich der Pfennige wegen, die der Hehler für die Beute zahlt. Haben Schlingensteller sich einmal in einem Revier eingenistet, so wird der beste Wildstand in verhältnismäßig kurzer Zeit total vernichtet sein, denn ob Rammler oder trächtige Satzhäsin, ob Bock oder hochbeschlagene Ricke der mörderischen Schlinge zum Opfer fällt, gilt ihnen gleich. Gegen dieses Gesindel hilft, wie gesagt, nur rücksichtsloseste Energie und größte Ausdauer im Patrouillieren und Beobachten, unter Abheben jeder aufgefundenen Schlinge; ist es auch nicht immer möglich, die Frevler selbst abzufassen und der gerechten Strafe zu überliefern, so kann ihnen wenigstens ihr sauberes Handwerk dadurch verleidet und sie zum vollständigen Aufgeben desselben veranlaßt werden, wenn ihnen die Überzeugung beigebracht wird, daß alle ihre Bemühungen stets durch die Aufmerksamkeit des Jagdbesitzers und der Schutzbeamten vereitelt werden. Unter Umständen wird es sich allerdings auch empfehlen, eine Schlinge nicht sofort abzuheben, sondern sie von einem sicheren Versteck aus zu beobachten, und wenn möglich, die Wildfrevler in flagranti zu ertappen, aber wie gesagt, die unausgesetzte Beaufsichtigung des Reviers ist das einzige sichere Mittel, dieses Krebsschadens Herr zu werden. So ist namentlich bei Äsungsmangel im Winter, bei hohem Schnee u. s. w. den Umzäunungen der Dorfgärten eine besondere Aufmerksamkeit zu widmen, weil Hasen diese gern annehmen und beim Passieren von Lücken in den dahinter aufgestellten Schlingen ein klägliches Ende finden.

Der Wildstand eines Reviers steht fast immer in geradem Verhältnis zur Beaufsichtigung, je eifriger die letztere, desto reicher der erstere. Wer sein Revier nicht selbst beaufsichtigen kann und will, auch einen tüchtigen und verläßlichen Schutzbeamten nicht zur Seite hat, der stets gerade in demjenigen Teile des Reviers und gerade zu der Zeit erscheint, wann und wo er am wenigsten erwartet werden kann, der sollte mindestens für die Anzeigen von Wilddiebereien Prämien aussetzen, um sein eigenes wohlverstandenes Interesse zu wahren.

Auch auf die Hirten ist ein sorgsames Augenmerk zu richten, Fälle, in denen solchen Biedermännern nachgewiesen worden ist, daß sie mittelst Hirtenstab oder mit Steinwürfen zahllose Hasen ihrem Bauche geopfert haben, sind nicht gar so selten, der Hirte ist in der Regel den ganzen Sommer und Herbst allein im Freien und die Hasen sind trotz ihrer Furchtsamkeit, der Schafherde gegenüber, sorglos genug, den Hirten bis auf ganz kurze Entfernung auszuhalten.

Seiner großen Anzahl wegen fast eben so schlimm ist das Raubzeug jeder Art; der Wolf, Luchs und die Wildkatze kommen zwar ihrer Seltenheit wegen für Deutschland kaum noch in Betracht, aber der Fuchs, der Marder, der Iltis und das Wiesel, alle größeren und mittleren Raubvögel, von Adlern, Bussarden und Falken an bis hinab zu Raben und Saatkrähen, der „harmlose" Storch und, last not least, die Hauskatzen und Dorfköter, sie alle, alle thun der Jagd Abbruch und arbeiten eifrig an der Verminderung des Wildstandes. Schlägt der Steinadler Wildkälber, Kitzchen ꝛc., so schlagen die Raubvögel kleinerer Art Hühner und Junghasen, so reißt der Fuchs Rehkitzchen und Hasen, das kleine Wiesel versteht es, Junghäschen wie Satzhasen im Lager zu beschleichen und sie durch Zerbeißen der Drosselvene zu morden, Krähen und Raben, Reiher und vor allem der unschuldige Storch verspeisen die Gelege und jungen Vögel, verschmähen aber auch ein Junghäschen nicht, wenn sie dessen habhaft werden können; Hauskatzen endlich und Dorfköter würgen und töten, was ihnen irgend erreichbar und beunruhigen das ganze Revier. Was also zu ihrer Vertilgung gethan wird, kommt stets der Jagd und der Wildbahn zu gute; welche Fang- und Schußprämien auch gezahlt werden, der Ertrag der Jagd, oder wenigstens das erhöhte Vergnügen, wiegen dies alles reichlich wieder auf.

Während auf der Krähenhütte, mit Fangeisen, durch Abschießen am Horst und durch Ausnehmen der Eier und Jungen dem Raubgefieder zu Leibe gegangen werden muß, sind im Frühjahr die Fuchsbaue zu graben und der gefräßigen Brut der Garaus zu machen, mit Fangeisen und Fallen aller Art, auf dem Anstande und bei jeder anderen Gelegenheit muß allem Raubwild eifrig nachgestellt werden, durch Schußprämien muß der Jagdherr seine Schutzbeamten anfeuern, die Räuber zu vertilgen, soweit nur immer möglich. Es ist übelangebrachte Spar-

samkeit, im Sommer für Raubwild ein geringeres Schuß=
geld zu zahlen, als im Winter, weil der Balg minderwertig
ist, es müßte vielmehr im Gegenteil für jedes erlegte
Raubtier, ob jung ob alt, ob groß ob klein, jederzeit das
gleiche, und zwar dem Werte des Winterbalgs entsprechende
Schuß=, resp. Fanggeld ausgesetzt sein, um das Jagd=
personal anzuregen, im Interesse der Wildbahn keine
Gelegenheit unbenutzt zu lassen, wo dem Raubzeug Abbruch
gethan werden kann. Unsere weisen Altmeister haben
schon gelehrt, daß jeder Fuchs alljährlich 60 Hasen raube,
d. h. zwischen Frühjahr und
Winter doch mindestens 30
— danach bedarf es nicht
einmal erst eines leichten
Rechenexempels, um den
Vorteil für den Jagdherrn
erkennen zu lassen, er liegt
klar auf der Hand.

Leider muß konstatiert
werden, daß die Raubzeug=
vertilgung noch immer mehr
oder weniger Stiefkind der
Jägerei geblieben ist, so
hochwichtig auch der Krieg
gegen das Raubzeug für
ein gutes Gedeihen der
Wildbahnen erscheint.

Diese Wichtigkeit wird allzusehr unterschätzt, die
Mühen und Schwierigkeiten beim Fange aber werden
nur allzusehr überschätzt; wer sich erst im Fange ein wenig
eingearbeitet hat — und das geschieht mit Hilfe guter
Fanginstrumente sehr leicht, — wird bald dasselbe Ver=
gnügen daran haben, wie an der Ausübung der Jagd
mit Flinte und Hund, vor allem aber werden sich die
segensreichen Folgen durch Vermehrung des Wildstandes
sehr bald bemerklich machen und das wird jeden sorgsamen
Jäger zu neuem Eifer anspornen. Überdies sind auch
die Anschaffungskosten für Fanginstrumente produktiv an=
gelegt, sie machen sich bald durch die Beute und den
Verkauf von Bälgen, wie durch den erhöhten Ertrag der
Jagd bezahlt. Der Anstand auf Raubzeug darf dabei
aber umsoweniger vernachlässigt werden, als gerade durch
diese Jagdart dem Raubwild der meiste Abbruch gethan
werden kann.

Wer im Besitze einer schlechten Jagd ist, wird aller=
dings ein Verschulden seinerseits niemals zugeben, sondern
bald der Witterung, bald den Grenznachbarn, bald wieder
anderen Einflüssen den traurigen Zustand zur Last legen,
für welchen seiner Nachlässigkeit allein ein Vorwurf zu
machen ist, weil er eben nichts für die Verminderung
des Raubzeugs thut.

„Krieg, unerbittlicher Krieg bis aufs Messer allem
Raubzeug" muß der Wahlspruch jedes gerechten Waid=
manns sein, der auf diese ehrenvolle Bezeichnung Ansprüche
erheben will.

II. Von nicht geringerer Wichtigkeit wie die Vertilgung
des Raubzeugs ist der waidgerechte Betrieb der
Jagd, der richtige Abschuß und die Schonung
des weiblichen Geschlechtes bei allen jagd=
baren Tieren, sowie endlich die Fürsorge für
deren Nachkommenschaft.

Seit es jedem, der eine Jagdpacht zu zahlen vermag,
möglich ist, Jagdbesitzer zu werden, wenn er auch absolut

Wild an der Raufe.

nichts von einem waid=
männischen Jagdbetriebe
versteht, ist die Zahl der
Schießer ins Unendliche
gewachsen und hat das
Wild sich in entsprechendem
Maße verringert, denn von
so manchem Jagdpächter
wird auf alles geknallt,
was nur in irgend welcher,
wenn auch kaum noch er=
reichbaren Entfernung vor
die Flinte kommt; ob da=
bei Stücke krank und zu Holze
geschossen werden und dort
kläglich verenden, macht
ihm nichts aus, die Nach=
suche nimmt ja auch zu viel kostbare Schießzeit in Anspruch.

Nebenbei haben die gesetzlich erlaubten, viel zu kleinen
Reviere mit zum Ruin des Wildstandes beigetragen, weil,
wie oben ausgeführt, eine waidgerechte Hege auf kleinem
Revier fast unmöglich ist und viele Jagdpächter ihre 300
Morgen so unzweckmäßig als denkbar bejagen. Bei größeren
und namentlich bei Hochwildjagden wird das Letztere aller=
dings wohl kaum vorkommen, da ein Nichtwaidmann, der
eine Hochwildjagd pachtet und den sehr hohen Pachtschilling
dafür aufwendet, einesteils gar nicht daran denkt, recht
viel Nutzen daraus ziehen zu wollen, andererseits auch
wohl auf einer derartigen gesellschaftlichen und Bildungs=
stufe stehen wird, daß er in Sachen, die ihm unbekannt
sind, seine Zuflucht zu Sachverständigen oder doch min=
destens zu Büchern nehmen wird.

Bei der niederen Jagd aber, deren Hauptrepräsen=
tanten der Hase und das Rebhuhn sind, wird in Bezug auf
unwaidmännisches Bejagen der Reviere oft ganz Unglaub=
liches geleistet.

So beginnt die große Schar der Schießer und
Sonntagsjäger mit dem Abschusse von Hasen bereits beim
Aufgehen der Hühnerjagd. Es ist nun zwar gerade keine
Sünde, zu dieser Zeit einen Dreiläufer für die Küche weg=
zuschießen, aber nach jedem Junghäschen, nach jedem
überhaupt herausfahrenden Hasen mit Hühnerschrot zu
knallen, spricht denn doch jedem waidmännischen Betriebe

Hohn. Selbstverständlich wird dabei viel mehr krank und zu Holze geschossen, als des Jägers Beute wird, der Schießteufel raubt aber jede Überlegung. Gewöhnlich ist auch noch jeder dieser Schützen von seinem „ganz vorzüglichen" Köter gefolgt, der auf das Hasenhetzen vereidet ist.

Die Hühnerjagd bewegt sich hauptsächlich durch Kartoffel- und Rübenfelder, die nach der Ernte der Halmfrüchte von Satzhasen und Junghäschen vorzugsweise angenommen werden und die natürliche Folge ist, daß die Junghäschen und die sehr gut haltenden Satzhasen zu Dutzenden ihr Leben unter den Fängen dieser sogenannten „ferm dressierten Vorstehhunde" lassen müssen. Der waidgerechte Jäger wird, trotzdem die Hasenjagd gesetzlich im September aufgeht, vor Ende oder doch vor Mitte Oktober ebensowenig Hasen schießen, wie vor Anfang Juni Rehböcke, er weiß sehr wohl, daß der letzte Satz Hasen im August und September noch nicht durch ist, aber sehr wahrscheinlich durchkommen wird, wenn nicht die Satzhasen abgeschossen werden. Die so oft ausgesprochene Behauptung, daß aus dem letzten Satze doch nichts werden könne, ist ganz unbegründet, im Gegenteil sogar, die im September gesetzten Häschen haben viel größere Aussicht durchzukommen, als die Märzhasen. Erstens ist im ganzen und großen die trockene und warme Witterung des September und Oktober, den jungen zarten Tierchen viel zuträglicher, als die feuchtkalte in den Monaten März und April, in denen Nachtfröste und kalte Nässe durchaus nicht zu den Seltenheiten gehören, und zweitens sind die Satzhasen nach der zuträglichen und überreichen Sommeräsung viel kräftiger, ihre wie der Rammler geschlechtliche Begierden sind ferner bei weitem nicht mehr so wild und heftig, als beim ersten Erwachen des Frühlings und des Begattungstriebes, so daß die Satzhäsin im Säugungsgeschäft viel weniger von Liebesbedürftigen gestört wird, und schließlich gewähren Kartoffel- und Rübenfelder dem Hasen viel bessere Deckung vor Raubzeug, als die kahlen Felder im März.

Ein weiteres für die Hege des Wildstandes wichtiges Moment ist die Art und Weise, wie das Wild gejagt und zu Schuß gebracht wird, denn dasselbe soll nicht mehr beunruhigt werden, als für die Jagdzwecke unbedingt erforderlich ist und auf diesem Gebiete thut die Suche ungleich mehr Schaden, als die Treibjagd. Wird bei letzterer auch an einem Tage das Wild speziell wieder

An der Salzlecke.

die Hasen, sehr stark beunruhigt und werden auch sehr viele Stücke abgeschossen, so ist doch die Suche eine permanente Beunruhigung des Wildes und der Felder, die zwar denselben reichen Ertrag nicht liefert, wie die Treibjagd, wohl aber das Vergnügen des einzelnen Schützen allerdings verlängert, solange wenigstens Wild vorhanden und noch nicht ausgewechselt ist, aber doch aus verschiedenen Gründen auch den Wildstand total ruinieren kann. Der Hase hält sich bekanntlich in der Nähe der Stelle auf, wo er gesetzt worden und es ist bekannt, daß wenn man einen Junghasen sieht, seine Geschwister gewiß nicht weit sein werden, ebenso auch, daß die Hasen, wenn rege gemacht, gern wieder nach ihrer Heimat zurückkehren u. s. w., die mit der oft exerzierten Suche verbundene häufige Beunruhigung des Reviers veranlaßt aber doch das Wild sehr bald in ruhigere Reviere auszuwechseln.

Die Suche hat ihre unleugbaren Vorzüge, aber nur unter der Voraussetzung, daß sie waidmännisch ausgeübt wird, d. h. daß in erster Reihe das Revier nicht zu oft abgesucht wird und daß der Hund ferm dressirt ist, also weder zu weit hinaussucht, noch Hasen hetzt. Der größte und viel zu wenig beachtete Nachteil der Suche besteht darin, daß viel mehr Satzhasen abgeschossen werden, als Rammler, dadurch also das ohnehin bestehende Mißverhältnis zwischen den beiden Geschlechtern noch vergrößert wird; der scheue Rammler steht auf, lange bevor der Jäger auf Schußweite herangekommen ist, der Satzhase drückt sich viel länger im Lager und fällt dadurch dem Schrote zum Opfer. Eine einzige Ausnahme von diesem, durch langjährige Erfahrung bestätigten Satze giebt es allerdings, und zwar, wenn die Hasen sich in ihrem Lager haben einschneien lassen, denn in solchem Falle hält der Rammler fast eben so gut aus als der Satzhase.

Im allgemeinen wird ein Revier, in welchem nur auf der Suche geschossen wird, aus den angegebenen Gründen viel mehr geschädigt, als wenn es einmal abgetrieben werden würde.

Zu häufig wiederholte Treibjagden, oder zu viele Schützen können dem Wildstand großen Schaden zufügen, namentlich aber sind es die Kesseltreiben, die sehr vernichtend wirken, weil es in einem solchen nur wenigen Hasen möglich ist, ihren Balg zu retten.

Bei Rot-, Dam- und Rehwild ist, außer auf Bauernjagden und häufig auch auf Pachtjagden, wo jedes Stück niedergeknallt wird, das in die betreffenden Reviere wechselt, ein nicht waidgerechtes Bejagen des Reviers nicht wohl denkbar, wohl aber wird bei diesen Wildarten, ebenso wie bei Hasen, bezüglich der Schonung des weiblichen Geschlechtes leider nur zu viel gesündigt. Um einen guten Rot-, Dam- oder Rehwildstand zu erhalten, sollte das weibliche Wild gar nicht, oder doch nur dann abgeschossen werden, wenn dies oder jenes Stück nachweislich mindestens zwei Jahre gelt geblieben ist; von Hirschen sollte man nur jagdbare, von Böcken vornehmlich nur alte abschießen und die jüngeren Stücke zur Nachzucht schonen. Das ist jedoch nicht dahin zu verstehen, daß beim Rehwild z. B. nur Gabler und Spießer übrig bleiben sollen, denn ein drei- oder vierjähriger Bock ist zum Beschlage viel geeigneter, als ein Spießbock.

Auf der Fortpflanzungsfähigkeit der Tiere und Ricken beruht in erster Reihe die Vermehrung des Bestandes, das eigene Interesse des Jagdbesitzers erfordert also, daß er nur solche weibliche Stücke abschieße, von denen es feststeht, daß sie zur Erfüllung ihres Lebenszweckes untauglich geworden sind; namentlich auf Revieren, die von Wilderern und Schlingenstellern heimgesucht werden, muß der Jagdbesitzer das weibliche Wild um so sorgfältiger schonen, als es erfahrungsmäßig gerade dieses ist, welches am meisten den Schlingen verfällt, und weil es ferner von Wildschützen, die ja nehmen, was nur irgend erreichbar ist, nicht geschont wird, so daß eine Verminderung des weiblichen Wildes schon ganz von selbst eintritt. Starke Rehböcke, namentlich allein stehende, werden nicht gar zu selten bei ihrer Unruhe und ihrem weiten Wechseln in andere Reviere geraten, also dem Jagdherrn verloren gehen, wenn er sie nicht abschießt, sie können im Revier in der Regel wenig nützen, da sie zum Beschlage nicht mehr recht tauglich sind, dagegen viel Schaden anrichten, indem sie geringe Böcke abschlagen.

In Bezug auf die Hasenjagd gilt gleichfalls die Regel, möglichst das weibliche Geschlecht, die Satzhasen, zu schonen und die Rammler abzuschießen. So leicht dies auch nun bei Rot- und Rehwild durchzuführen ist, so schwierig ist es bei den Hasen, weil der äußere Unterschied der Geschlechter nur gering und schwer wahrnehmbar ist, namentlich wenn ein rege gemachter Hase aus dem Lager fährt, also nur Sekunden vergehen dürfen, soll nicht die Beute verschwunden sein. Und doch ist die Schonung der Satzhasen so außerordentlich wichtig, zumal, wie oben bereits bemerkt, das Mißverhältniß zwischen den beiden Geschlechtern sehr häufig ein ganz abnormes ist; man kann sich davon namentlich bei Beginn der Rammelzeit überzeugen, wenn oft 6—8 Rammler hinter einem Satzhasen herjagen. Allerdings ist dieses Verhältnis kein bleibendes, denn später im Sommer ist diese Erscheinung weniger zu beobachten, immerhin aber zeigt dieser Umstand recht deutlich, daß auf dem betreffenden Reviere zu viele Rammler und zu wenig Häsinnen vorhanden sind. Wie die Erfahrung gelehrt hat, darf, um eine recht ergiebige Nachzucht zu erzielen, nur etwa ein Rammler auf je 4—5 Satzhasen gerechnet werden; sind der Rammler zu viele, so werden sie entweder sich gegenseitig bei der Begattung, oder den Satzhasen im Säugungsgeschäft stören und hindern, oder, was nicht gar zu selten vorkommt, die Satzhasen zu Tode jagen; sind dagegen zu viel Satzhasen vorhanden, so werden sie Befriedigung ihrer fast unersättlichen Begierden nicht zu finden vermögen, und nach andern Revieren auswechseln, in beiden Fällen aber kommt die Wildbahn zu Schaden.

Leider ist es nun gerade während der Jagdzeit sehr schwierig, die Satzhasen vom Rammler zu unterscheiden, also gerade dann, wenn es für den Waidmann am wünschenswertesten ist; er muß sich daher nach Möglichkeit befleißigen, jeden Hasen, der ihn anläuft, auf Geschlecht anzusprechen zu lernen, um sich an dem erlegten zu überzeugen, ob er recht gehabt hat, er muß ferner soviel als möglich den Anstand besuchen, sich an den Pässen aufstellen und dort durch sorgsamste Beobachtung der vorbeiwechselnden Hasen die Verschiedenheit der beiden Geschlechter sich einzuprägen suchen, um auf solche Weise, allerdings mit vieler Mühe und Ausdauer, sich die notwendige, aber leider sehr seltene, weil höchst schwierige Fertigkeit im richtigen Ansprechen zu erwerben.

Dazu muß sich der Jäger vor allem einprägen, daß beim Rammler, nach „Dietrich aus dem Winkell", die Blätter mehr braunrot sind, als bei der helleren Satzhäsin, deren Kopf auch größer, deren Körper länger ist und deren hellerer Bauch tiefer herabhängt, als bei dem Rammler. Der Rammler läuft flüchtiger als der Satzhase und mit schiefem Hinterteil, während der Satzhase langsamer und mit gerade gestelltem Hinterteil läuft; das bekannte fortgesetzte Schnippen des Rammlers mit der Blume, während er flüchtig ist, dürfte ein sicheres Unterscheidungszeichen sein, da der Satzhase wohl auch einigemal während der ersten Sprünge dies Schnippen zeigt, dann aber die Blume fest an den Leib andrückt.

Ist in einem gelinden Winter die Rammelzeit vor Schluß der Jagd eingetreten, so sollte ein verständiger Waidmann entweder ganz mit dem Abschuß aufhören, oder doch nur noch überzählige Rammler schießen; in letzterem Falle ist darauf zu achten, daß wenn zwei Hasen nicht weit von einander herausgestoßen werden, man nicht, wie sonst üblich, eine Doublette auf beide macht und dabei auf den entfernteren zuerst hält, sondern daß stets nur auf den zuerst aufgestandenen gefeuert werde, weil der zweite, welcher besser ausgehalten hat, in der Regel eine Satzhäsin sein wird. Nur auf einem einzigen Wege aber kann man dahin gelangen, jedem Hasen schon von weitem sein Geschlecht anzusehen, wenn man nämlich die Satzhasen durch Beschneiden der Löffel zeichnet, zu welchem Zwecke vom Anfang Oktober ab mehrere Monate hindurch Hasen entweder mit Garnen oder Hartungschen Horden eingefangen werden müssen. Die Hasenjagd mit dem Garne ist an sich wenig waidmännisch und stets dem Wildstande nachteilig, sie sollte deshalb nur dann vorgenommen werden, wenn es gilt Hasen zum Versetzen in ein anderes Revier einzufangen oder um, wie eben erwähnt, die Satzhasen zu zeichnen. Den gewünschten Erfolg wird dies Zeichnen aber auch nur dann haben, wenn das Revier hinreichend groß ist, also mindestens 600—1000 Morgen umfaßt, oder wenn bei einem kleineren Reviere waidmännische Nachbarn sich bereit erklären, keinen Hasen mit halben Löffeln zu schießen. Die gefangenen Hasen werden aus dem Garn gelöst, resp. an den Löffeln aus den Horden gehoben, nach Konstatierung des Geschlechtes an den Satzhasen die notwendige Operation mittelst einer scharfen Schere vollzogen, die Wundstelle mit Theer oder Arnikatinktur überstrichen und die so gezeichneten dann in Freiheit gesetzt, die Rammler aber, wenn sich aus der Zahl der Gefangenen ein großes Mißverhältniß ergiebt, abgenickt, und dabei aus denselben Gründen wie bei Rehwild die älteren Böcke, so hier die alten Rammler vorzugsweise ausgewählt.

Der Anstand auf Hasen wird den Satzhäsinnen ebenso wie die Suche oft verderblich, weil die ohnehin schwachen natürlichen Unterscheidungszeichen nur bei vollem Tageslicht und von einem darin geübten Auge erkannt werden, überdies die Ansicht weit verbreitet ist, daß wenn zwei Hasen einander jagend wahrgenommen werden, der Gejagte der Satzhase

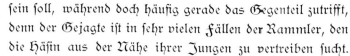

sein soll, während doch häufig gerade das Gegenteil zutrifft, denn der Gejagte ist in sehr vielen Fällen der Rammler, den die Häsin aus der Nähe ihrer Jungen zu vertreiben sucht.

Nach schlechten Hasenjahren, also wenn durch ungünstige Witterungseinflüsse, Überschwemmungen, oder Seuchen unter den Hasen der Bestand stark reduziert worden war, empfiehlt es sich, noch ein, auch wohl mehrere Jahre das Revier gänzlich zu schonen, während auch in gewöhnlichen Jahren besser zu wenig als zu viel abgeschossen wird. Sind die Satzhasen möglichst geschont worden, so wird sich das richtige Verhältnis von selbst wieder herstellen, man kann dann auch mit Sicherheit darauf rechnen, daß unter normalen Bedingungen, nach Abrechnung der Abgänge durch Raubzeug aller Art, auf jeden Satzhasen etwa sechs Junghasen den Bestand vermehren werden. Ein großes Revier von ca. 6000 Morgen teilt man am besten in drei Teile, von denen jedes Jahr nur einer bejagt, resp. jeder immer zwei Jahre vollständig geschont wird, bei kleineren Revieren von ca. 3000 Morgen empfiehlt es sich, wenigstens in der Mitte eine Fläche von etwa 5—600 Morgen stets zu schonen, um auf diese Weise für den umliegenden größeren Teil des Reviers eine Art Hasenkammer zu schaffen.

Geschützte Futterstelle für Rebhühner.

Ebenso wie der Hase in ziemlich bedeutender Anzahl auf einem waidgerecht behandelten Reviere gehegt werden kann, ohne daß Wildschaden zu befürchten wäre, ebenso auch das Rebhuhn. Eine besondere Schonung des weiblichen Geschlechtes ist bei Hühnern nicht notwendig, weil die Natur hier selbst das erforderliche Gleichgewicht herstellt, und schon Dietzel hat die Erfahrung gemacht, daß er seinen Bestand an Hühnern eher vermindert als vermehrt hatte, als er ein Jahr hindurch nur geschilderte Hähne geschossen. Er sagt in seiner „Niederjagd" darüber Folgendes:

„In der festen Meinung, daß die Vermehrung eines Hühnergeheges hauptsächlich von der Herstellung eines möglichst richtigen Verhältnisses zwischen dem männlichen und weiblichen Geschlechte, welches erstere ich der Zahl nach für weit überwiegend hielt, abhänge, beschloß ich in den ersten Jahren meines Aufenthaltes zu Rödlein in Franken, gar keine Hennen zu schießen und führte diesen Vorsatz auch wirklich aus, insoweit es auf mich ankam.

Ich ließ mir nämlich die vielen schmalen, größtenteils am Ufer des Mainstromes sich hinziehenden, überaus günstig situierten Remisen, wo sich im Spätjahre fast alle Hühner zusammenziehen, durchtreiben und schoß nun, vorstehend, nie anders, als wenn ich das braune Schild auf der Brust des Hahnes deutlich erkannt oder doch zu erkennen geglaubt hatte, denn es giebt mitunter auch Hennen, die sehr starke Schilde haben, so daß man sie zwar in der Nähe an den eingemischten weißlichen Federchen, welche der Hahn niemals hat, recht gut erkennen, nicht aber im schnellen Fluge von den Hähnen unterscheiden kann.

Demnach befanden sich unter den 80—90 Hühnern, welche ich auf solche Weise schoß, nur höchstens 16—20 Weibchen, und ich versprach mir von dieser auf gleiche Weise, das heißt, vermittelst des Schießens nach solchen Grundsätzen, vielleicht noch von niemandem vor mir, erzwungene Herstellung eines vollkommen richtigen Geschlechtsverhältnisses ganz besonders günstigen Erfolg.

Mit großer Ungeduld und Neugierde sah ich daher der nächsten Ernte entgegen, die mir im Sommer des dritten Jahres nunmehr einen großen Reichtum an Rebhühnern kundthun solle. Wie aber so manches Luftschloß bei dem ersten Windstoße in sein voriges Nichts zurückfällt und manche schöne Seifenblase ungleich schneller zerstiebt, als sie entstanden war, so ließ auch ich bald genug die Flügel hängen. Meine Hoffnung, so groß sie auch gewesen sein mochte, bewährte sich keineswegs! Ich überzeugte mich nämlich schon während der Erntezeit teils durch fleißig eingezogene Erkundigungen, teils durch Absuchen der besten Lagen mit dem Vorstehhunde, daß meine Hühner sich durchaus nicht in dem Grade vermehrt hatten, wie ich es erwarten zu dürfen geglaubt, vielmehr war der Stand noch derselbe, wie in vorhergegangenen Jahren.

Als nun der Herbst herbeikam, fing ich mit dem November an, in jener Gegend die Hühner ohne Unterschied des Geschlechts zu schießen, und siehe da! es waren durchgängig mehr Hennen unter den Getöteten, als Männchen. Ich überzeugte mich also nur zu deutlich, daß in den letzten zwei Jahren mein fleißiges Enthahnen ohne den gehofften Erfolg geblieben, und die Mehrzahl der Weibchen nicht, wie ich zuversichtlich erwartet hatte, über den Main hinübergestrichen war, um sich jenseits heiratslustige Junggesellen zu holen, sondern daß vielmehr bei weitem der größere Teil gelt geblieben war."—

Fütterung für Rotwild und Hasen.

Bei Aufgang der Hühnerjagd hat der Jäger sorgfältig darauf zu achten, daß nicht das erste aufsteigende Huhn einer Kette herabgeschossen werde, weil dies in der Regel der alte Hahn sein wird, ohne dessen Wachsamkeit und Führung die noch jungen schwachen Tiere hilflos dem Verkommen ausgesetzt sind. Man schone ferner, soweit es möglich ist, die alten Hühner stets, weil Stumpfketten ohne die Alten leichter dem Raubzeug zur Beute fallen und sich, weil an Zahl zu gering, schlechter gegen strenge Kälte schützen können, als unbeschossene Völker. Es sollte überhaupt auf jedem Revier eine Anzahl Völker gar nicht beschossen werden, um den Stamm für die neue Generation abzugeben; jeder Jagdbesitzer kann dies um so leichter thun, als er nur etwa $1/5$ der Gesamtzahl zu schonen hätte, und das ist eher weniger, als nach allgemeinem Brauche überbleiben müßten; von unbeschossenen Völkern überlebt eine größere Anzahl Tiere den Winter, als von Stumpfketten und die Nachzucht ist infolge dessen eine viel reichere.

Von viel größerer Wichtigkeit als bei jeder andern Wildgattung ist bei Rebhühnern die Hege und der Schutz der brütenden Vögel und vor allem der Nachzucht. Das Rebhuhn verlangt zur Brut ein ruhiges ungestörtes Fleckchen, auf welchem Gestrüpp oder Gebüsch die Bruthenne den Augen ihrer zahllosen Feinde entzieht, es wird daher im Frühjahre auch gepflügte Äcker, in deren Furchen es sich verbergen kann und später Klee- und Getreidefelder mit Vorliebe dazu aufsuchen. Namentlich aber in den Kleeäckern droht ihm Verderben. Ist auch das Nest im frühaufschießenden Klee recht hübsch versteckt, so wird doch der Klee schon zu einer Zeit gehauen, wo das Rebhuhn noch brütet, so manche Henne fällt der erbarmungslosen Sense zum Opfer und das ganze Gelege muß verderben. Ein Jagdbesitzer, der zugleich Herr auf seinem Reviere und nicht nur Jagdpächter ist, was die Sache bedeutend erschwert, sollte deshalb bei Beginn der Paarzeit die Kleefelder recht oft durchstreifen und beunruhigen, um die Hühner von vornherein vom Nisten in den gefährlichen Kleestücken abzuhalten, und sollte ferner jedem Arbeiter, welcher ein Rebhuhnnest beim Hauen auffindet

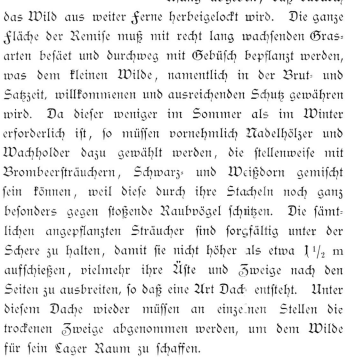

und davon so zeitig Meldung macht, daß zu dessen Schutze der Klee etwa sechs Fuß ringsumher stehen bleiben kann, eine Belohnung in baarem Gelde zusichern. Die Aussicht, drei Mark durch einige Aufmerksamkeit mühelos verdienen zu können, ist für den ländlichen Arbeiter ein mächtiger Sporn und für den Jagdbesitzer eine geringfügige, nutzbar angelegte Ausgabe, die im Herbst durch Abschuß der auf solche Weise geretteten Kette sich zehnfach bezahlt macht.

Wie schon oben bemerkt, werden die Wildschützen den Hühnern in der Regel wenig Abbruch thun, desto mehr aber die Schlingensteller, und ebenso wie diese sorgfältig zu überwachen sind, muß allen Denen scharf auf die Finger gesehen werden, die unter dem Vorwande, Blumen zu suchen, Feld und Wald zur Satzzeit durchstreifen, den Letzteren allerdings weniger wegen zu befürchtender Wildfrevel, als wegen der unausbleiblichen Beunruhigung des Reviers und der Paar- und Bruthühner.

Am ärgsten aber hausen unter den Hühnern ihre Feinde aus der Tierwelt, alles vierläufige Raubzeug, die Raubvögel, Krähen und vor allem der Storch; es liegen zahlreiche beglaubigte Berichte darüber vor, daß gerade dieser „heilige" Vogel unserer Landleute eine ganz besondere Vorliebe für Rebhuhneier an den Tag legt.

III. Ein weiterer wichtiger Faktor der Wildhege ist das Anlegen von Wildremisen.

Wenn auch Remisen in erster Reihe nur für Hasen und Hühner, seltener für Rehwild, bestimmt sind, so ist ihre Anlage, und zwar richtige Anlage, doch von eminentem Werte für die Jagd und speziell wieder für die Niederjagd. Wer künstliche Remisen anlegen will, wird dies selbstverständlich nicht an der Grenze seines Reviers, sondern so viel als möglich in dessen Mitte thun, und je mehr er deren herstellt, um so besser. Einen großen Raum beanspruchen die Remisen selten; falls nicht sehr reicher Wildstand, beabsichtigter Schutz für Rehwild oder die Örtlichkeit eine Ausnahme bedingen, ist $1/4$ bis $1/2$ Morgen im allgemeinen genügend, ein so geringfügiger Raum, daß er sich überall dafür erübrigen läßt, zumal eine notwendige Bedingung, wenn Remisen ihren Zweck erfüllen sollen, die ist, daß sie recht ruhig und ungestört liegen. Die Nähe von Straßen, Wegen und bewohnten Gebäuden

Remise für Rebhühner.

ist deshalb zu vermeiden und irgend ein, wenn thunlich für die Landwirtschaft nicht benutzter, sandiger oder sonst wenig fruchtbarer Fleck, am besten in der Nähe einer Quelle oder eines Wasserlaufs, zu wählen. Bei der Auswahl des Platzes ist nicht allein darauf zu achten, daß ihn harmlose Menschen nicht beunruhigen, sondern in weit höherem Maße noch, daß Wilderer und Raubzeug aller Art ferngehalten wird. Wer nicht diesen auf jede mögliche Art Abbruch thut, dem helfen weder Remisen noch sonst etwas, er wird niemals imstande sein, seinen Wildstand zu erhalten und noch viel weniger ihn zu verbessern.

Rings um die gewählte Stelle, auf welcher und in deren nächster Nähe kein hoher Baum stehen darf, welchen Raubvögel zum Aufhaken benutzen könnten, muß ein ziemlich tieferer und mäßig breiter Graben gezogen und von der ausgeschachteten Erde ein Wall auf dem inneren Rande des Grabens errichtet werden. Dieser Wall wird sehr reichlich mit Stachelginster und Besenpfriemen besetzt, Pflanzen, die schon nach zwei Jahren so dichtes Gesträuch bilden, daß sie dem Weidevieh den Zugang verwehren, die zu gleicher Zeit aber für Rehe und Hasen eine so beliebte Äsung abgeben, daß dadurch

das Wild aus weiter Ferne herbeigelockt wird. Die ganze Fläche der Remise muß mit recht lang wachsenden Grasarten besäet und durchweg mit Gebüsch bepflanzt werden, was dem kleinen Wilde, namentlich in der Brut- und Satzzeit, willkommenen und ausreichenden Schutz gewähren wird. Da dieser weniger im Sommer als im Winter erforderlich ist, so müssen vornehmlich Nadelhölzer und Wachholder dazu gewählt werden, die stellenweise mit Brombeersträuchern, Schwarz- und Weißdorn gemischt sein können, weil diese durch ihre Stacheln noch ganz besonders gegen stoßende Raubvögel schützen. Die sämtlichen angepflanzten Sträucher sind sorgfältig unter der Schere zu halten, damit sie nicht höher als etwa $1\frac{1}{2}$ m aufschießen, vielmehr ihre Äste und Zweige nach den Seiten zu ausbreiten, so daß eine Art Dach entsteht. Unter diesem Dache wieder müssen an einzelnen Stellen die trockenen Zweige abgenommen werden, um dem Wilde für sein Lager Raum zu schaffen.

In den letzten Jahren sind von erfahrenen Waidmännern wiederholt erfolgreiche Versuche gemacht worden, in den Remisen zugleich solche Pflanzen anzubauen, welche

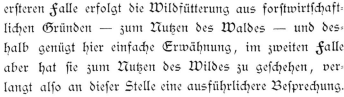

land- und forstwirtschaftlich nutzbar zu machen sind, oder doch dem Wilde zur Äsung dienen können. Zunächst hat Oberforstmeister v. Pannewitz außer der perennierenden Lupine eine Art Erdäpfel dazu verwendet, seine Remisen damit dicht besteckt und gefunden, daß die geringe Mühe des Aussteckens sich reichlich belohnte. Die Erdäpfel treiben, ähnlich wie die Sonnenblume, bis 1,75 m. hohe, blattreiche Stengel, und damit bepflanzte Remisen werden vom Wild häufig schon im heißen Sommer angenommen, weil die kühlen Gebüsche ihm einen behaglichen Aufenthalt gewähren. Je weiter die Jahreszeit fortschreitet, je kahler also die Felder werden, um so häufiger und zahlreicher werden derartige Remisen aufgesucht, die dann im Winter, wenn Wind und Wetter die Blätter umgeknickt haben, ohne sie jedoch ganz zur Erde niederzudrücken, dem Wilde unter diesen Stauden ganz vorzügliche, vor Sturm geschützte schneefreie Lager in großer Zahl bieten. Die Knollen werden im Frühjahr so weit ausgegraben, daß gerade die Fläche noch genügend bestockt bleibt, und als ein gern genommenes Futter für Rindvieh und Schweine verwertet.

Geschützte Futterstelle für Hasen.

Fliegende Hasenremisen, welche vor den gewöhnlichen den Vorzug haben, daß Raubzeug jeder Art sich darin weniger einfindet, werden am besten da anzuwenden sein, wo der Wirtschaftsbetrieb nicht gestattet, eine Remise ständig oder wenigstens für eine Reihe von Jahren in der oben angegebenen Art anzulegen, oder wo besondere Verhältnisse es wünschenswert erscheinen lassen, eine Remise bald da, bald dorthin zu verlegen.

Sie werden, einfach genug, dadurch hergestellt, daß mit Mais bestandene Feldstücke samt der Frucht, welche Rehen und Hasen sehr erwünscht ist, dem Wilde überlassen bleiben. Die dicht stehenden Maisstauden, die durch Sturm und Regen zum Teil niedergedrückt werden, bieten dem Kleinwilde vielen Schutz, während die raschelnden Halme und Blätter des Mais dem Raubzeug sehr unangenehm sind, weil sie ihm gefahrdrohend erscheinen.

IV. Von höchstem Werte für die Erhaltung einer guten Wildbahn sind endlich die Wildfütterungen.

Für alles Schalenwild ist eine Fütterung nur im Winter, und nur dann notwendig, wenn entweder die natürliche Äsung nicht ausreichend vorhanden, oder dem Wilde nicht leicht zugängig ist, also wenn entweder der Wildstand im Verhältnis zur Größe des Reviers zu zahlreich ist, so daß Waldbeschädigungen zu befürchten sind, oder wenn in schneereichen kalten Wintern, namentlich sobald der Schnee mit einer Eiskruste überdeckt ist, das Wild die natürliche Äsung nicht zu erreichen vermag. Im ersteren Falle erfolgt die Wildfütterung aus forstwirtschaftlichen Gründen — zum Nutzen des Waldes — und deshalb genügt hier einfache Erwähnung, im zweiten Falle aber hat sie zum Nutzen des Wildes zu geschehen, verlangt also an dieser Stelle eine ausführlichere Besprechung.

Vor allen Dingen ist es wichtig, die Fütterung vorzubereiten und zu rechter Zeit damit zu beginnen. Zur Vorbereitung gehört aber nicht allein das Abschneiden, Sammeln und Trocknen von Zweigen und Samen der Nährpflanzen und das Einkaufen von Futterstoffen, sondern vor allem auch die Bepflanzung des Reviers mit solchen Pflanzen, die dem Wild auch im Winter eine mehr der natürlichen entsprechende Äsung gewähren, als dies bei der künstlichen Fütterung der Fall ist. Derartige Pflanzen, die weder besonders guten Boden, noch Pflege verlangen, vom Wild aber sehr gern angenommen werden, sind z. B. Vogelbeeren, Stechginster, Besenpfriemen, Goldregen, Hainbuche, Lupine ꝛc. Diese Pflanzen sollten jedoch, mit Ausnahme der Lupine, nicht ausgesät, sondern, ein bis zwei Jahre alt, gesteckt werden, weil das Wild die zarten jungen Triebe verbeißen und dadurch das Aufkommen und Wachsen verhindern würde.

Wenn man auch nur von „Winterfütterung" spricht, so ist dies nicht wörtlich dahin zu verstehen, daß erst im Winter, nachdem Schnee gefallen ist und das Thermometer so und so viel Grad unter Null zeigt, damit begonnen werden soll, sondern unter Winter ist hier die Zeit vom Fallen der Blätter und Welken des Grases in Wald und Flur bis dahin zu verstehen, wo die Erde von den wärmenden Strahlen der Frühlingssonne zu neuem Leben erweckt worden ist und ihr frisches grünes Prachtgewand wieder angelegt hat. Bereits im Oktober, spätestens im November muß begonnen werden und zwar mit irgend einem Lieblingsfutter, das nur in ganz geringen Quantitäten, gleichsam als Leckerbissen, gereicht wird, aber das Wild an die designierten Futterplätze gewöhnt, damit es diese in Zeiten der Not aufzufinden vermag. Wer erst bei hohem Schnee und strenger Kälte anfangen will zu füttern, wenn der Hunger und die unzureichende, sowie höchst ungesunde Äsung von Moos, Rinde und Nadelholzspitzen das Wild bereits entkräftet hat, der darf sich nicht wundern, wenn er an den zu spät angelegten Futterplätzen hin und wieder verendete Stücke antrifft, deren Magen schon zu schwach war, um die dort gereichte kräftige Nahrung zu verdauen, oder wenn dann die Futterplätze überhaupt nicht mehr angenommen d. h. aufgefunden werden, weil das Wild mit seinen von der Eiskruste wund gerissenen Läufen, und überhaupt durch Mangel geschwächt, gar nicht mehr im Stande ist, den Fütterungsplatz aufzusuchen und zu erreichen. Daß bei Schneewetter nicht allein der Futterplatz selbst, sondern auch die dahin führenden Hauptwege möglichst schneefrei gehalten werden müssen, bedarf wohl keiner weiteren Erwähnung. Der Futterplatz muß unweit des gewöhnlichen Standortes des Wildes und möglichst nicht zu entfernt vom Wasser gewählt und passend hergerichtet werden, weil das einfache Hinwerfen des Futters unter Umständen schlimmer sein kann, als gänzliches Unterlassen jeder Fütterung. Futter, das nicht unter Schutz vor Regen und Schnee ausgelegt wird, verdirbt sehr leicht durch Nässe, und nasses Futter, besonders nasses Heu, das vom Wilde in der Not und beim Mangel anderer Äsung angenommen werden muß, ruft Durchfall und mitunter tötlich wirkende Krankheiten hervor. Überdies ist es nicht ökonomisch, Futter, welches einen gewissen Wert repräsentiert, ohne Not dem Verderben auszusetzen.

Man errichtet vielmehr Futterschuppen oder einfache Schutzdächer aus einigen Stangen und deckt sie mit Nadelholzzweigen oder Langstroh ein und bringt unter diesem Dache Futterraufen mit etwa 15 cm Zwischenraum zwischen den einzelnen Stäben an; diese Raufen müssen aber derart befestigt sein, daß das Wild sie nicht umwerfen kann.

Wo es nicht thunlich, oder wegen des geringen Bestandes nicht erforderlich ist, diese Futterhütten zu errichten, genügt es auch, das Futter in strohgedeckten Mieten aufzustellen, oder auch einzelne Bunde Futter an einen stark beästeten Baum, welcher Schnee und Regen nicht durchläßt, in passender Höhe mit Draht anzubringen, jedoch müssen, um dem Wilde den Zutritt zu ermöglichen, die unteren Zweige des Baumes soweit als notwendig entfernt werden. Draht zum Binden ist deshalb jedem anderen Material vorzuziehen, weil er nicht wie z. B. Strohseile vom Wilde zerschnitten werden kann.

Als das gesundeste und beste Futter haben sich gutes, also vor allen Dingen nicht saures Wiesenheu, Kleeheu, Lupinenstroh, hauptsächlich von der perennierenden Lupine, Esparsette, Hafergarben mit den Körnern, Bohnen- und Erbsenstroh, ferner Kartoffeln, Kastanien und Lupinen bewährt; an Waldfutter reicht man getrocknete Zweige von Brombeersträuchern, Saalweiden, Eichen, Aspen und Pappeln mit den Blättern, sowie an Körnerfutter Hafer, Mais, Bohnen, Erbsen und Eicheln. Da Kartoffeln und Kastanien gegen Frost wenig widerstandsfähig sind, so müssen sie zum Schutze vor dem Erfrieren mit Laub bedeckt werden. Saures Wiesenheu und starke Rapsäsung sind in specie Gift für das Rehwild, wer daher reines Kleeheu nicht füttern kann, sollte wenigstens nur ausgezeichnetes süßes Wiesenheu, mit einer der oben genannten Stroharten gemischt, reichen, oder noch besser, wenn es zu erlangen ist, Bergheu. Zu viele Rapsnahrung wirkt auf das Rehwild in gleicher Weise wie nasses Heu, man thut daher gut, da das Reh Raps sehr gern äst, ihm in der Nähe der Rapsschläge auf einem Futterplatze ein Rauhfutter zu bieten, das es gleichfalls liebt, wie Kleeheu oder Hafer in Garben, die Rehe äsen dann von beiden und der schädlichen Wirkung des Raps ist vorgebeugt.

Geschützte Futterstelle für Hühner.

Es darf hierbei aber nicht übersehen werden, daß das variatio delectat nicht nur für die Nahrung der Menschen, sondern in noch höherem Grade für die Fütterung des Wildes gilt. Das Reh kann sich zwar von Waldheu oder Bergheu allein immerhin noch ganz gut durch den Winter bringen, aber es wird bei Beginn des Frühjahrs nicht in besonders gutem Zustande sein.

Schalenwild nimmt bekanntlich Salz, dessen Genuß überdies für sein Wohlbefinden unerläßlich sein dürfte, sehr gern an; es ist daher von großem Werte, ihm neben den Salzlecken auch noch Salz im Rauhfutter anzubieten, was sich ganz bequem thun läßt, wenn man in gut und trocken eingedeckten Mieten immer von Schicht zu Schicht etwas Salz einstreut; es ist das auch dem Futter eher vorteilhaft als nachteilig. Salzlecken sind ebenso wie die Futterplätze an ruhigen ungestörten Stellen und wenn möglich in der Nähe von Wasser anzulegen, da aber das Rehwild die Salzlecken nur schwer annimmt, so ist, um dies schneller herbeizuführen, die Ansamung von Seradella, einer Lieblingsäsung der Rehe, rings um die Sulze mit Erfolg versucht worden, auch hat man mit gleichem Erfolge dem Lehm eine geringe Menge von gestoßenem Anis beigemengt.

Für die Anlage der Salzlecken oder Sulzen wird folgende Anweisung gegeben:

„Zur Anlage zimmere man sich mehrere, etwa 50 cm hohe und vielleicht 1½ m im Quadrat haltende Kästen aus eichenen Bohlen, nehme dann so viel recht guten Lehm als dazu gehört, um einen solchen Kasten reichlich damit zu füllen, reinige ihn sorgfältig von Wurzeln und Steinen, vermische ihn dann stark mit Salz und schlage ihn endlich so in den Kasten, daß in der Mitte ein kleiner Hügel entsteht. Zur Anfrischung nehme man Salzwasser

mit einigen Tropfen Anisöl, auch empfiehlt es sich, schon bei der Mischung des Lehms eine kleine Quantität gestoßenen Anis zuzusetzen. Die beste Zeit zur Anlage von Salzlecken ist der Frühling."

Am wenigsten von allen Wildarten verlangt der Hase eine Fütterung im Winter, denn er nimmt nur, wenn er absolut Äsung nicht zu finden vermag, die Futterplätze an. Trotzdem aber ist aus denselben Gründen wie bei Schalenwild die Herrichtung von Futterplätzen für ihn notwendig und zu derselben Zeit notwendig, wenn für Rot- und Rehwild der Tisch gedeckt wird. Der genügsame Hase nährt sich schließlich zwar auch von Baumrinde und harzigen Zweigen, von Gras und Moos, das aus dem Schnee hervorragt, er wird davon aber derart entkräftet, daß im Frühjahr der Magen zu schwach ist, die kräftige frische Äsung zu verdauen und epidemische Krankheiten den Hasenbestand dezimieren. Jedoch nur der quälendste Hunger treibt den Hasen, derartige Nahrungsmittel anzunehmen, so lange als möglich wird er nach besserer Äsung suchen und — die Kohlbeete in den Dorfgärten sind so verlockend! Daß ihm dort Schlingen gestellt sind und seiner aus den Fenstern der Bauernhäuser ein Gruß von Pulver und Blei wartet, weiß der Hungrige nicht, wohl aber muß der Jagdbesitzer mit dieser Kalamität rechnen.

Die Futterplätze für Hasen werden entweder auf freiem Felde angelegt, oder noch besser an, oder in der Nähe von Hasenpässen, unweit der Waldlisieren, auf Waldblößen, in Remisen, Hecken u. s. w., damit das ausgestreute Futter auch gefunden und angenommen wird; immer aber ist es ratsam, sie an tiefer gelegenen und vor dem Winde geschützten Stellen anzubringen, und den Platz, wenn das Wild sich einmal daran gewöhnt hat, nicht mehr zu wechseln.

Wer nicht einfach kleine Raufen aufstellen und mit Futter füllen, oder einzelne Bunde etwa ¼ Meter hoch an Bäume anbinden will, was auch nicht rationell wäre, weil in beiden Fällen das Futter dem Verwehen durch den Wind und dem Verderben durch Nässe zu sehr ausgesetzt ist, dem ist die Aufstellung von Futterhütten auch für Hasen dringend zu empfehlen.

Einige etwa meterhohe Stangen werden so in die Erde getrieben, daß sie einen Kreis von etwa 3 m Durchmesser bilden, durch einige darüber gelegte leichte Latten wird das Gerippe für ein Dach hergestellt und dies dann vollständig flach mit Stroh oder Reisig eingedeckt, das auch an den Seiten bis fast an den Boden reichen muß, aber dort nicht zu dicht sein darf, damit der Hase aus- und einpassieren kann. Das Futter wird von oben eingeworfen

Hasenfütterung.

und zu diesem Zwecke jedesmal das Deckstroh ein wenig beiseite geschoben, oder noch besser, ein kleines Thürchen angebracht; es ist ratsam, als Kirrung ein wenig Futter rings um diese Hütte auszustreuen.

Eine andere Art leicht zu errichtender Futterhütten wird aus 3 ca. 1½ m langen Stäben hergestellt, die in einem Abstande von etwa 50 cm von einander derart in die Erde gesteckt werden, daß man die oberen freien Enden zu einem kegelförmigen Gehäuse zusammenbinden kann, welches mit Langstroh, das jedoch nicht bis auf den Boden reichen darf, verkleidet, eine hohle Pyramide vorstellt; in dieser wird mit Draht ein den Raum ziemlich ausfüllendes Bund Futter sicher befestigt, das für die Hasen noch erreichbar sein muß, aber der Nässe wegen die Erde nicht berühren darf.

Noch einfacher ist es, an passender Stelle einen ca. 1 m hohen Galgen dadurch herzustellen, daß ein genügend starker Pfahl in die Erde getrieben und auf dessen Kopfende eine 1½ m lange Latte aufgenagelt wird, deren zugespitzte Enden je ein Bund Futter zu tragen bestimmt sind, doch dürfte es vorzuziehen sein, wenn die Futterbündel durch kleine Strohdächer vor Nässe geschützt werden, und der Mittelpfahl hoch genug gewählt wird, um mit Aussicht auf Erfolg ein Tellereisen auf seiner Spitze befestigen zu können.

Rüben, als Beigabe zum Rauhfutter, befestigt man auf kleine Stöcke, die in nicht zu großen Entfernungen von einander in die Erde oder in den Schnee gesteckt, noch etwa 30 cm darüber hervorragen.

Was bezüglich des Wiesenheues und nassen Futters bei den Fütterungen überhaupt gesagt ist, gilt voll und ganz auch für die Fütterung von Hasen. Das ihnen anzubietende Futter ist entweder Rauhfutter oder Grünfutter; das erstere besteht aus Lupinen- und Erbsstroh, ungedroschenem Hafer in Garben, auch Weizengarben und Kleeheu; zum Grünfutter gehören alle Kohlarten, Mohrrüben, Runkelrüben, Stoppelrüben und an passenden Stellen des Reviers anzubauende Besenpfrieme. In neuerer Zeit sind auch erfolgreiche Versuche mit dem Anbau von Waldkorn gemacht worden, das von allen Wildarten außerordentlich gern angenommen wird.

Zur Kostenersparung empfiehlt es sich, dem Hasenwild Zweige von Pappeln, Aspen, Akazien und Schwarzdorn zu bieten, deren Rinde ein bevorzugtes und gesundes Futter ist.

Die geringsten Schwierigkeiten bietet die Fütterung der Rebhühner, sowohl bezüglich des Zeitraumes, während dessen die Fütterung notwendig ist, als auch bezüglich der Herstellung der Futterplätze und des Menu.

Solange das Rebhuhn sich durch den Schnee durchscharren kann, leidet es zwar keine große Not, es ist aber trotzdem geraten, so bald überhaupt Schnee liegt, mit der Fütterung zu beginnen und nicht erst abzuwarten, bis bei tiefem Schnee oder einer Eiskruste die Vögel zu schwach und hinfällig geworden sind, um noch einen Nutzen von dem ausgestreuten Futter zu haben.

Es genügt, falls der Futterplatz nicht in einer Remise eingerichtet werden kann, im Felde einige Plätze von vielleicht 5—7 Meter im Quadrat vom Schnee zu reinigen und mit einer meterhohen Schicht von Schwarzdornzweigen zu belegen, um dem Huhn einen geschützten Futterplatz zu schaffen, denn sind nur die Zweige dicht genug gelegt, daß wohl die Hühner, aber nicht größere Vögel durchschlüpfen können, so bleibt das unter die Reiser gestreute Körnerfutter den Hühnern, die zugleich vor Raubvögeln und Fuchs hinreichende Deckung haben.

Besser aber als diese einfache Anlage sind Futterplätze mit Fangvorrichtungen für Raubvögel.

Auf einigen, etwa einen halben Meter hohen, in die Erde gesteckten Stäben wird aus Reisig ein flaches Dach errichtet, über dessen Mitte ein starker, mit einem Tellereisen ausgerüsteter Pfahl noch etwa zwei Meter emporragt und das Futter unter dieses Dach gestreut; wenn das Dach an der Wetterseite bis zum Boden hinabreicht, so trägt dies wesentlich dazu bei, das Futter trocken zu erhalten. Oder man stellt eine Pyramide, ähnlich der bei der Hasenfütterung beschriebenen, aus einigen 1½ m langen Stäben zusammen und verkleidet sie mit Langstroh derart, daß an der Erde nur noch Raum genug bleibt, um ein Huhn in geduckter Stellung durchschlüpfen zu lassen; auf die oberen Enden der Stangen, welche 10 cm über das Dach herausragen, wird ein Brett und auf dieses wieder ein Tellereisen befestigt; das Futter wird durch ein seitlich angebrachtes Thürchen eingeworfen.

Mit dem günstigsten Erfolge ist nachstehende Futtereinrichtung benutzt worden.

Auf einer freien Stelle wird ein Futterplatz von etwa 2½ m Länge bei 1½ m Breite durch eingerammte Pfählchen abgegrenzt, welche ½ m über dem Boden den Rahmen zu einer Fallthür tragen, die als Schutzdach für den Futterplatz und gleichzeitig als Einwurfsöffnung dient. Rings um diesen Rahmen wird ein Quadrat von 3—4 m Breite ganz dicht mit Nadelhölzern bepflanzt und diese wieder mit einer ebenso breiten und hohen, recht dichten Dornhecke umgeben, welche zwar den Hühnern und anderem kleinen Geflügel, nicht aber deren vierläufigen Feinden den Zugang gestattet. Die vier Ecken werden mit genügend hohen Stangen besetzt, die oben mit Tellereisen versehen sind. Damit man zum Füttern über die etwa 1 m hohe Dorn- und Nadelholzhecke zu dem eigentlichen Futterplatz gelangen kann, wird an einer Seite der Dornhecke ein Bock konstruiert, der ein Brett, das mit dem andern Ende auf dem Thürrahmen aufliegt, tragen kann. Daß das Brett nur dann aufgelegt wird, wenn gefüttert werden soll, ist wohl selbstverständlich.

Als Futter reicht man zweckmäßig Getreidekörner, etwas Brunnenkresse, Rüben, Kohlköpfe und Kartoffeln.

Die Hühner nehmen Wachholderbeeren und Brombeeren sehr gern an, weshalb beide Sträucher nicht allein in den Remisen, sondern auch an allen Rainen, Gräben und anderen für die Landwirtschaft unbenutzbaren Flecken recht zahlreich angepflanzt werden sollten. — —

Und nun allen Denen, die ein Herz haben für den deutschen Wald und seine Bewohner, allen Denen, die das Wild hegen und pflegen, ein frisches frohes Waidmannsheil. Nur der verdient den Ehrennamen Waidmann, der auch der darbenden Geschöpfe draußen in Feld und Wald gedenkt, ihrer Not abhilft und für sie sorgt und damit den Schöpfer im Geschöpfe ehrt.

Wilhelm I, Kaiser von Deutschland.
Wilhelm, Prinz von Preußen. Rudolf, Kronprinz von Österreich. Friedrich Karl, Prinz von Preußen. August, Prinz von Würtemberg.
Fürst Pleß, Sr. Maj. des Kaisers Oberstjägermeister.

Neuntes Kapitel.

Die hohe Jagd.
Eingestellte Jagen.

Auf! Auf! mit Waidmannsheil!
Jagdzeugmeister und Jagdknecht,
Richtet das Zeug hinter mir her
Auf meinem Zuge recht.
Unserm Fürsten zur hohen Freude
Und dem edlen Hirsch zu Leide.

Wie so mancher Veränderung und Neuerung auf dem Gebiete der Jagd, so begegnen wir auch den regulären Anfängen dieses Jagdbetriebes, „den eingestellten Jagen" unter Karl dem Großen, in dessen Zeit zuerst große Netze und hohe Zeuge zum Umstellen des Wildes in größeren Terrainkomplexen Verwendung fanden. Diese Jagdart wurde nur dadurch möglich, daß Karl der Große die freie Jagd einschränkte und für sich allein in ganzen Ländern das Jagdrecht in Anspruch nahm. In einem lateinischen Gedichte, betitelt „Versus de Carolo Magno" finden wir eine ziemlich genaue Beschreibung einer solchen Jagd. Wir sehen daraus, daß das zusammengetriebene und eingestellte Wild von der Jagdgesellschaft, die aus dem Kaiser, der Kaiserin, den Prinzessinnen und den vornehmsten Hofbeamten bestand, in der eingestellten Kammer zu Pferde gejagt und mit Wurfspießen, Lanzen und Pfeilen erlegt wurde. Zuerst verwandte man zum Einstellen des Wildes „Netze" oder „Garne". So lesen wir bei alten Schriftstellern von Hirsch-, Wild-, Sau-, Reh-, Wolfs- und Hasengarnen oder -Netzen, und auch der Elch wurde in Preußen und Polen in Jagdzeugen eingerichtet, teils mit einem Laufe, meist aber in Kesseljagen eingestellt, mit Hunden darin herumgehetzt und erlegt. Die Jagd mit Netzen war überhaupt in früherer Zeit eine allgemein beliebte, und waren Netze nicht nur bei der hohen, sondern auch bei der niederen Jagd gebräuchlich, — ich erinnere nur an das „Tirassieren" und die Jagd auf den Otter mit „Sperrnetzen." — Das Beispiel Karls des Großen veranlaßte minder mächtige Herrscher zu gleichen Maßregeln, und blieben seitdem die eingestellten Jagen auf Hochwild ein großes Vergnügen der regierenden Herren, besonders der Deutschen, und gab es nur wenige Fürsten, die nicht bestätigte Jagen machten. Wenn die Stämme diesseits und jenseits der Vogesen sich anfangs wenig in der Art der Jagdausübung unterschieden, so stoßen wir im neunten Jahrhundert bereits auf mehr oder weniger scharf abgegrenzte Unterschiede zwischen denselben. Der Gallier, rasch, lebhaft, ungeduldig, Geräusch liebend und langwierige Vorbereitungen hassend, legte sich mehr auf die „Parforcejagd" und „das Hetzen mit Windhunden", vermied alle Einschränkungen des Wildes und legte vielfach nebensächlichen Dingen einen allzugroßen Wert bei.

Der Deutsche, langsam, bedächtig und seiner Sache gern gewiß, neigte sich mehr zu „der Jagd mit dem Zeuge." Die düsteren germanischen Waldungen erlaubten nicht so sehr, wie die des bereits mehr kultivierten Galliens, die Hetzjagd. Der Deutsche liebte es, allein in ihnen zu jagen, nur von guten Hunden begleitet und vertrauend auf seinen Jagdspieß und sein Schwert. Nur die Liebe zur „Baizjagd" war beiden Völkern gemein.

Von beiden wiederum verschieden war die Jagdmethode, welche die Normannen mit nach England gebracht hatten.

Vergleichen wir diese drei Völker miteinander, so kommen wir zu dem Schlusse, daß die „Deutschen" im Stellen der Garne, dem Einstellen von Wild und dem Angriff mit Schwert und Spieß, die „Franzosen" in jeder Art der Hetzjagd, die „Angelsachsen" indes im Gebrauch der Armbrust die meiste Fertigkeit besaßen.

Die zunehmende Jagdlust der Fürsten gab dann die weitere Veranlassung zu Gewaltthaten und Bedrückungen, und mit dem zunehmenden Luxus der Jagdmethoden wuchs die Jagdtyrannei mehr und mehr. Dem freien Manne, der bis dahin seine Äcker und Felder vor Wildverwüstungen selbst geschützt, wurde die Jagdausübung gänzlich unmöglich gemacht, und der Schaden, den die übermäßige Hege des Wildes, die prunkvollen Jagdbetriebe den Saaten und Ernten zufügten, endlich die übertriebenen Jagdfrohndienste legten im Volke den ersten Keim zu jenem verbitterten Haß, der sich in den blutigen Katastrophen der verschiedenen Volkserhebungen, und zuerst in den Bauernkriegen Luft machte. So erhielten sich die Verhältnisse Jahrhunderte hindurch als schwere Last für einen großen Teil der Bevölkerung, am schwersten aber wohl in England, in zweiter Reihe in Frankreich empfunden, wo nicht nur die unmenschlichsten Strafen auf Eingriffe in das Jagdrecht verhängt wurden, sondern wo auch dem Landmann die Sorge für die Erhaltung des Wildstandes aufgebürdet war, und er bei ebenso harten Strafen nichts thun durfte, sein Eigentum in welcher Art immer vor Verheerungen durch Wild zu schützen. Kaiser Friedrich II, Philipp August von England und Richard Löwenherz überboten sich in Jagdluxus und Verschwendung. Wilhelm der Eroberer vertrieb in England die Einwohner von mehreren Quadratmeilen Land, die er aufforsten und für sich zur Jagd einrichten ließ. Richard Löwenherz ließ alle Zäune, womit die Bauern ihre Felder gegen das übertretende Wild geschützt hatten, niederreißen, um diesem eine bessere Äsung zu verschaffen; ja es kam so weit, daß das Heerwesen unter dem Prunk der Jagd litt, und berichtet die Geschichte, daß die Besatzung von Parma, als diese Stadt 1248 von Friedrich II belagert war, abwartete, bis der Kaiser zur Jagd war, und dann die Belagerer so heftig überfiel, daß sie ihr ganzes Feldgerät verloren und die Belagerung aufheben mußten. Böse Beispiele verderben gute Sitten, sagt ein altes Sprichwort, und so sehen wir dann auch schon im 11. und 12. Jahrhundert, ungeachtet aller Vorbehalte der Fürsten, die Jagd von allen Vasallen überall und ohne jede Rücksicht ausgeübt. Bis zum Beginn des Mittelalters und auch im Mittelalter selbst spielten in diesen Jagdbetrieben die Armbrust und der Speer, von Hunden die Spür-, Leit- und die Hatzhunde die Hauptrolle. Als später die Schußwaffen aufkamen, wurden diese, anfangs mit Lunten- und Radschlössern versehen, mit zur Erlegung des Wildes benutzt. Bedurfte es auch noch langer Zeit, bis die Feuerwaffen einen nur etwas handlichen Gebrauch zuließen, so änderten sie doch selbst in ihrer ersten, höchst primitiven Beschaffenheit die Ausübung der Jagd, und nimmt mit der fortschreitenden Vervollkommnung der Feuerwaffen der Prunk der hohen Jagd immer mehr zu. Meuten von leichteren Rüden, nicht mehr die schweren Hatzhunde, treiben das Wild, der Eber und der Bär werden immer weniger angegangen und von dem Jäger mittelst Spießen oder Saufedern erlegt, die weitreichende Kugel macht diese ritterlichen Jagdarten und die mit ihnen verbundenen Gefahren überflüssig. — In Österreich, Württemberg, Bayern und in Deutschland überhaupt, wurden viele eingestellte Prunkjagden abgehalten, und beginnt mit dem 18. Jahrhundert eine Glanzperiode der deutschen Jägerei mit den verschiedenen Formen der „eingestellten Jagen" von dem einfachen auf einen oder einige vorzüglich starke Hirsche abgehaltenen „bestätigten Jagen", dem „Kontrajagen" bis zu dem, große Vorbereitungen und viele Mittel erfordernden, Prunk- oder Wasserjagen." Es ist dies eben jene Zeit, die nicht als eine der glücklichsten anzusprechen ist, die aber, durch die Glanz- und Prunksucht der unzähligen kleinen Höfe, par force als eine der glücklichsten gelten sollte. Die Jagdzeuge waren nach und nach sehr verbessert und um manches Stück vermehrt worden, neben den Netzen, die nun vielfach zum Doppeln verwandt werden, sind Lappen und Tücher in Gebrauch und die ganze Ausübung der Jagd basiert auf einer Summe von Kenntnissen der Jagdwissenschaft; ihre Jünger bildeten eine einzige Gilde, deren markige Charakteristik aber die alles nivellierende Neuzeit heute zum großen Teile verwischt hat. In meilenweiten Revieren ließ man alles Wild zusammentreiben und nach einer bestimmten Richtung hindrängen, um es vor die Schützenlinie zu bringen. Tausende von Treibern waren hierzu notwendig, und wenn das oft zu vielen hunderten Stück zusammengedrängte Wild dann endlich irgendwo durchzubrechen versuchte, so wurde es so lange durch einen betäubenden Lärm zurückgetrieben, bis es endlich gezwungen war, durch die Schützenlinie hindurch sein Heil zu versuchen. Bei solchen Jagden war die Jägerei stets im höchsten Staate gekleidet; die hohen Herrschaften in festlichen, reich geputzten Kostümen, mit Kostbarkeiten überladen, als gälte es nicht einer Jagd, sondern irgend einer großartigen Festlichkeit, standen meist in einem prachtvoll dekorierten Pavillon, um von hier aus das vorbeiwechselnde Wild zu erlegen. Musikchöre und Tischgelage durften niemals dabei fehlen. Häufig waren auch die Schönen des Hofes anwesend und Tausende von Zuschauern, für die besondere Tribünen erbaut waren, erhöhten den Glanz solcher Hofjagd.

Auf das Ceremoniell bei der Jagd, auf die waidmännische Ausübung, auf das kunstgerechte Aufbrechen und Zerwirken des Wildes, auf die richtige Anwendung der Jägersprache wurde streng gehalten, und die Übertreter durch das Waidmesser oder Blatt gestraft.

Es war ein breites, schweres, etwa 15 Zoll langes Jagdmesser, vorzugsweise zum Zerwirken des Wildes verwendet, welches der Jäger an der rechten Seite trug, während die linke der Hirschfänger schmückte.

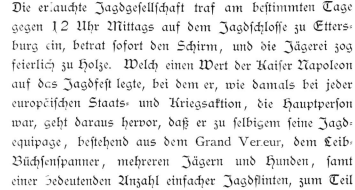

Der Delinquent wurde auf einen Hirsch oder eine Sau, in Ermangelung dessen auch auf ein Stück Wild gelegt, dessen Kopf dahin zeigte, wo der Jagdherr stand und erhielt von dem Ersten und Vornehmsten der Jägerei die „drei Pfunde" oder Hiebe. Die Jagdgenossen standen umher, lüfteten während der Ceremonie den Hirschfänger mit entblößter Hand und die Pfunde wurden gegeben, indem der Austeilende rief:

„Jo ha ho! Das ist vor König, Fürsten und Herrn!
Jo ha ho! Das ist vor Ritter, Reuter und Knecht!
Jo ha ho! Das ist das edle Jägerrecht."

Zum Schluß mußte der, welcher die Pfunde erhalten hatte, sich bedanken und ein unter Hörnerschall ausgebrachtes Jagdgeschrei beendete den Akt. Auch Jägerinnen unterwarfen sich der Strafe, doch berührten diese nur das Wild mit der Hand und die Pfunde erfolgten sanft mit der gegen das schöne Geschlecht nie außer Acht gelassenen Curtoisie.

Das waren die Prachtjagden, wie sie an den Höfen der Kurfürsten und namentlich von dem prachtliebenden August dem Starken bei jeder Gelegenheit in Scene gesetzt wurden.

Die letzten großen Prunkjagden hielten 1808 der Großherzog von Weimar, — ein ausgezeichneter Liebling Dianas, und wie unter Deutschlands Fürsten der Älteste, so unter dieses Landes fürstlichen Jägern der Erste, — zu Ehren der bei dem Kongresse von Erfurt (27. September bis 14. Oktober 1808) versammelten Souveräne in dem wildreichen und wohlgehegten Jagdrevier Ettersburg, und König Friedrich I von Württemberg 1812 bei Beberhausen ab, und erzählt uns Altmeister Döbel die Weimarsche Jagd wie folgt:

„Das Jagen war von dem unlängst verstorbenen Wildmeister Koch, einem würdigen Repräsentanten des alt-ehrhaften Waidwerks, echt kunstgerecht angeordnet, bestätigt und eingestellt; Lauf und Schirm waren mit dem Geschmacke und der Zierlichkeit ausgestattet, die man als Ausdruck von höchster Bildung bei allem, was von Weimars Hofe ausgeht, anzutreffen längst gewohnt ist.

Die erlauchte Jagdgesellschaft traf am bestimmten Tage gegen 12 Uhr Mittags auf dem Jagdschlosse zu Ettersburg ein, betrat sofort den Schirm, und die Jägerei zog feierlich zu Holze. Welch einen Wert der Kaiser Napoleon auf das Jagdfest legte, bei dem er, wie damals bei jeder europäischen Staats- und Kriegsaktion, die Hauptperson war, geht daraus hervor, daß er zu selbigem seine Jagdequipage, bestehend aus dem Grand Veneur, dem Leib-Büchsenspanner, mehreren Jägern und Hunden, samt einer bedeutenden Anzahl einfacher Jagdflinten, zum Teil mit Haarzügen für den Kugelschuß, eigens aus Paris hatte kommen lassen. Das Abjagen dauerte etwa 2 Stunden; es wurden 12 Hirsche, 2 Spießer, 32 Stück Wild, 3 Rehe und 1 Fuchs erlegt. Kaiser Napoleon that 82 Schüsse auf Wild. Daß wir Deutsche die einzigen sind, welche im Jagdbetrieb eine Regel kennen und durchführen, ist bekannt, zugleich aber auch der Grund unserer waidmännischen Vorzüglichkeit. Wenn also auch an diesem denkwürdigen Tage inmitten zahlreicher Verstöße wider ihr Gesetz Diana sich glorreich Recht verschaffte, und einem Deutschen als dem anerkannt Würdigsten die wohlverdiente Palme der Meisterschaft reichte, so geschah nur, was nicht anders sein konnte. Der erlauchte Großherzog von Weimar nämlich, damals seiner hohen Gäste aufmerksamer und verbindlicher Wirt, schoß nicht mit; die beiden Kaiser aber bestanden, in urbaner Gastesweise, auf einen Ehrenschuß. Der Kaiser Napoleon ließ dem Großherzog eine seiner Flinten anbieten; der Großherzog aber erklärte, daß er nur aus eigenem gewohnten Rohre schießen werde, ließ sich hierauf seine Doppelbüchse reichen (die alte Weilburger genannt) und schoß einen Kronenhirsch, der eben in voller Flucht vor dem Schirme vorbei flüchtete, so meisterlich zusammen, daß selbiger keine Spur mehr von Leben zeigte. Die hohen Gäste schienen überrascht, sie riefen dem Meister ein lautes „Bravo" zu." —

Die hereinbrechenden Kriege bereiteten dem Allen ein Ende. Nach einem Zeitraum von dreißig Jahren, in welchem wir die großen Jagden vergebens suchen, woran die langjährigen Kriege und die großen Kosten, welche diese Jagden verursachten, die Ursache, befahl Friedrich Wilhelm IV., König von Preußen, wieder größere Jagden abzuhalten, doch keine Prunkjagden, sondern nur einfache

Jagden ohne großen Luxus, aber auch eingestellte Jagen sollten dabei sein, um große Wildstrecken am Schlusse einer Jagd machen zu können, und damit auch alle eingeladenen Gäste gehörig zu Schuß kämen. Allerhöchstderselbe wählte, und zwar im Jahre 1843, die Letzlinger Haide zu solchen Jagden, und machte diese zu seinem Leibgehege. Es wurde ein jüngerer praktischer Jäger, von Meyerinck, als Oberförster in Letzlingen angestellt, um die Hofjagden mit eingestellten Jagen auf Rot-, Damm- und Schwarzwild einzurichten und zu leiten. Schon im Herbst desselben Jahres wurde eine kleine Hofjagd von Sr. Majestät daselbst abgehalten, und wurden, da die ersten Jagden großen Beifall fanden, seit jener bis auf die neueste Zeit jedes Jahr zwei Tage dort große Hofjagden abgehalten, wozu stets viele Allerhöchste und Höchste Herren Einladungen erhielten. Die Jagdgesellschaft wurde seit 1843 immer größer und auch die Stückzahl des erlegten Wildes stieg von Jahr zu Jahr, da das Wild außer den Hofjagden sehr geschont und vier Quadratmeilen der Letzlinger Haide eingefriedigt wurden, so daß das Wild nicht mehr auswechseln konnte und daher sich schnell vermehrte. Seine Majestät, unser allergnädigster Kaiser, damals noch Prinz von Preußen, heute unser Allerhöchster Jagdherr, als hervorragender Waidmann und vortrefflicher Schütze (vergl. am Schlusse Schußliste Sr. Majestät) weit über seines großen Reiches Grenzen hinaus bekannt, hält jedes Jahr im Herbst zu Letzlingen mehrere größere Hofjagden ab, und dienen hier sowohl wie bei den anderen Jagdrevieren Sr. Majestät schön ausgebaute Jagdschlösser zur Aufnahme Allerhöchstdessen Gäste. Im Jahre 1881 wurden bei einer Hofjagd in Letzlingen in zwei Tagen erlegt: 235 Damschaufler, 365 Stück Spießer und Mutterwild, 138 meist grobe Sauen und im Jahre 1882: 5 Rothirsche, 204 Schaufler, 507 Spießer und Mutterwild und 142 Sauen. Mehrere Jahre nachher, als in „Letzlingen" die größeren Hofjagden wieder begonnen hatten, wurden nun auch in der „Königswusterhauser Forst" bei Berlin, einem Privatrevier Sr. Majestät des Kaisers, und in „der königlichen Schorfheide bei Hubertusstock" größere Hofjagden mit eingestellten Jagen in derselben Art wie die in Letzlingen eingerichtet und ebenfalls mit sehr ergiebigen Wildstrecken abgehalten. So wurden z. B. im Jahre 1882 in der Schorfheide bei Hubertusstock an einem Tage in einem Lappjagen und einem Hauptjagen mit hohen Tüchern erlegt: 60 jagdbare Rothirsche von 10—14 Enden, 60 geringe Hirsche, 297 Spießer und Mutterwild und 9 Stück Damwild. Se. Majestät der Kaiser erlegte hiervon 18 jagdbare, 13 geringe Rothirsche und 28 Stück Mutterwild. —

Nach dem Kriegsjahre 1866 wurden nun auch in den alten berühmten Jagdrevieren „Goehrde" und „Springe" in der Provinz Hannover Lappen- und Hauptjagen im großen Maßstabe wieder eingerichtet und von Sr. Majestät dem Kaiser Wilhelm mit den königlichen Prinzen und vielen hohen Gästen dort Jagden abgehalten, und ebenfalls alle Zeit sehr ergiebige Resultate dabei erzielt. So wurden z. B. 1882 in der Goehrde in zwei eingestellten Jagen erlegt: 44 Rothirsche, 40 Stück Mutterwild und 160 Sauen.

Wie in Deutschland, so stehen die Hofjagden auch in Österreich unter dem Schutze Sr. Majestät des Kaisers Franz Josef und, bei der großen Jagdpassion Sr. k. k. Hoheit des Kronprinzen Rudolf von Österreich, in hoher Blüte. Das Titelblatt dieses Kapitels giebt uns eine Episode aus der Hofjagd, welche Se. Majestät der Kaiser Wilhelm dem Kronprinzen Rudolf von Österreich zu Ehren abhalten ließ, und hat der Künstler die Jagdschlösser seiner

Majestät dekorativ benutzt. Die Jagd fand am 8. und 9. November 1883 in der Schorfheide statt, und eröffnete Se. Majestät mit derselben in höchsteigener Person die jährigen Hofjagden.

Als Gäste begleiteten Se. Majestät Se. k. k. Hoheit Kronprinz Rudolf von Österreich, Se. Majestät der König und S. königl. Hoheit der Prinz Georg von Sachsen. Außerdem nahmen Ihre k. k. Hoheiten Prinz Wilhelm, Prinz Friedrich Karl und Prinz August von Württemberg, sowie die sonst geladenen Gäste teil, zu welch letzteren Graf Perponcher, Generalleutnant von Winterfeld, Oberjägermeister von Meyerinck, Generalarzt Dr. Leuthold, der Adjutant des Kronprinzen Rudolf, Oberstleutnant von Mittrowsky, Major von Plessen und Stabsarzt Dr. Timann zählten.

Die offizielle Mitteilung des königl. Hofjagdamtes über die beiden Jagdtage lautet:

„Bei den am 8. und 9. d. Mts. in der Schorfheide abgehaltenen Hofjagden sind gestreckt: am 8. in einem Lappjagen in den Fliederbergen der Oberförsterei Pechteich, Oberförster Sachse, 18 Hirsche, 22 Stück Wild, 2 Schaufler und 4 Stück Damwild; am 9. in einem Lappjagen im Jagen 9 der Oberförsterei Grimnitz, Oberförster von Hövel, 24 Hirsche, 16 Stück Wild, 1 Schaufler und 9 Stück Damwild, und im Hauptjagen in dem Jagen 45 derselben Oberförsterei 40 Hirsche, 182 Stück Wild, 1 Schaufler und 3 Stück Damwild.

Die Gesamtstrecke beider Tage beträgt also 82 Hirsche, 220 Stück Wild, 4 Schaufler und 10 Stück Damwild, in Sa. 322 Stück Hochwild.

Davon entfallen auf die Strecke:

Sr. Majestät des Kaisers und Königs 12 Hirsche, 23 Stück Wild, 2 Schaufler und 1 Stück Damwild;

Sr. Majestät des Königs von Sachsen 8 Hirsche, 17 Stück Wild und 5 Stück Damwild;

Sr. k. k. Hoheit des Kronprinzen Rudolf von Österreich-Ungarn: 17 Hirsche, 21 Stück Wild, 2 Schaufler und 3 Stück Damwild;

Sr. königl. Hoheit des Prinzen Georg von Sachsen 3 Hirsche und 8 Stück Wild;

Sr. königl. Hoheit des Prinzen Wilhelm von Preußen 7 Hirsche und 8 Stück Wild;

Sr. königl. Hoheit des Prinzen Friedrich Karl von Preußen 8 Hirsche, 15 Stück Wild und 1 Stück Damwild;

Sr. königl. Hoheit des Prinzen August von Württemberg 3 Hirsche und 6 Stück Wild.

Geleitet wurde die Jagd durch den Oberst-Jägermeister Fürsten von Pleß unter Assistenz des Hof-Jägermeisters vom Dienst Freiherrn von Heintze, Oberforstmeisters von Alvensleben und Forstmeisters von Stünzner."

Die Rückkehr nach Berlin erfolgte am 9. gegen 8½ Uhr abends. Kronprinz Rudolf nebst Gemahlin reisten bereits um 10 Uhr nach Wien ab, während der König und Prinz Georg von Sachsen, einer Einladung des Kaisers folgend, bis zum 10. verblieben.

Die Hofjagden mit eingelappten, oder hohen Tüchern und Netzen umstellten, Jagen, werden heute im allgemeinen ohne jeden Prunk und mit möglichst wenig Kosten hergestellt, und sind dieselben daher auch in ganz anderer Art eingerichtet, als dies in früheren Zeiten, wo man mit der Schußwaffe noch nicht so gewandt, die Jagdgesellschaft kleiner war und zum Transport der Jagdzeuge, zur Hilfeleistung beim Stellen der Tücher und Netze, zum Führen der Hunde, endlich um aus weiter Ferne das Wild zusammenzutreiben, tausende von Menschen brauchte, welche Frohndienste zu leisten hatten, eines großen eingeübten Jagdpersonals bedurfte und eine große Zahl Jagdequipagen notwendig war, der Fall gewesen ist.

Kehren wir nach dieser kleinen historischen Skizze dieses Jagdbetriebes zu der früheren Zeit zurück und mögen zuerst die gewöhnlichsten Jagdrequisiten einer Jagdequipage jener Zeit aufgeführt werden. Vor allem gehörten hierzu:

Netze, welche teils zum Fangen, teils zum Einstellen des Wildes angewendet wurden.

(Die Anwendung der Netze ist älter als der Gebrauch der Tücher und anderen Jagdzeuge, welche erst nach und nach entstanden sind.)

Tücher, dunkele Zeuge von starker Leinewand in verschiedener Höhe.

Lappen zum Scheuchen des Wildes, um dasselbe im Treiben zu halten.

(Das Schwarzwild hält die Lappen nicht oder nur kurze Zeit und durchbricht diese dann.)

Zu allem diesen die nötigen Leinen, Stellstangen, Heftel, Schlägel u. dgl.; endlich Zeugwagen zum Transport der Jagdzeuge, Jagdschirme und Zelte, welches Material in besonderen Jagdzeughäusern aufbewahrt wird.

Ein altes Wolfsnetz war von dem Düsseldorfer Museum in Kleve ausgestellt, desgleichen Netze, Tücher und Lappen verschiedener Art von der königlichen Hofjagdverwaltung zu Grunewald bei Potsdam und Goehrde.

Die Netze nannte man in alter Zeit „Hirsch- und Sauseile"; dieselben fanden jedoch ihrer Billigkeit halber mannigfache Verwendung sowohl für Rot-, Damm-, Schwarzwild, wie für Wölfe, Rehe, Füchse ec. Auch wurden dieselben bei großen Jagden zum Doppeln der Tücher und Lappen benutzt.

Bei den Tüchern unterscheidet man:

a) Hohe Tücher,

b) Mitteltücher oder dänisches Zeug,

c) Halbtücher.

Die hohen Tücher, etwa 3 m. hoch, stellen ein jedes Tuch 150 Schritt weit und sind jedes für sich auf einer Winde aufgerollt. Oben an diesen Tüchern befindet sich das Gemäsche; oben und unten sind die Tücher mit

Leinen, der Gemäsch- und Saumleine mit äußerem Ring, Knopflöchern ꝛc. und Windleinen versehen, von denen sich auch je eine an jedem Ende (der Wechsel genannt) befindet; bisweilen findet man auch die Wappen oder Namen der Jagdherren mit der Jahreszahl an den Wechseln der Tücher mit Farbe aufgedruckt. — Je vier Tücher bilden ein Fuder Zeug und machen gerade die richtige Ladung eines Wagens aus, der Wagen und die zugehörigen Tücher erhalten die gleiche Bezeichnung. Die Tücher werden durch Knebel miteinander verbunden. Starke, oben mit hölzernen Gabeln versehene Stellstangen werden in die Erde gestoßen, um die Oberleinen zu tragen, die an starke Heftel gebunden sind, gleich den Unterleinen. Auch die Windleinen werden an die Oberleinen geschleift und auf jeder Seite an eingeschlagene Heftel gebunden, damit der Wind oder das Wild das Tuch nicht umwerfen kann.

Die Mitteltücher oder dänisches Zeug sind nur etwa 2,30 m hoch, haben entweder eine Masche hoch Gemäsche oben und unten Ringe, oder auch Ringe oben und unten; sie stellen in der Länge 150 Schritt. Diese Tücher lassen sich bequemer transportieren und kann man auf eine Fuhre eines mehr laden, weshalb dieselben, abgesehen von Ersparnisrücksichten, noch besonders in schwierigem und gebirgigem Terrain Verwendung finden. Dieselben leisten, wenn das Wild noch nicht in die Hege gebracht, gleich gute Dienste als die hohen Tücher und sind zum Damhirsch- und Saujagen recht verwendbar. Dieselben Rücksichten haben die halben Tücher entstehen lassen. Sie sind wohlfeiler, bequemer, schneller fortzuschaffen und leichter aufzustellen als die hohen Tücher. Ein solches Tuch stellt 200 Schritte weit und 2,30 m. hoch; ein Wagen kann füglich sechs solcher Tücher transportieren und sind diese dennoch nicht so schwer, als ein Fuder hohes Zeug von vier Tüchern. —

Die Lappen zerfallen in Tuch- und Federlappen. Ein Bund „Tuchlappen" soll 150 Waldschritte stellen; deshalb werden diese ¾ Meter lang geschnitten, am untersten Ende besäumt und in der Entfernung ¾ Meter von einander an die Leine festgenäht. Dazu gehören auf 150 Waldschritte 133 Lappen; an jedem Ende muß die Leine anderthalb Klafter zum Anbinden frei sein, Behufs dessen an jedem Ende neben dem letzten Lappen ein eiserner Ring in die Leine gemacht wird, auch neben einem derselben der Hacken, auf den die Lappen aufgenommen, aufgesteckt, festgebunden und fortgetragen werden können, seinen Platz erhält. Die eisernen Ringe dienen zum Anbinden eines Bundes Lappen an das andere. Auf jedem Lappen ist das Wappen oder der Namenszug des Jagdgebieters, auch die Jahrzahl wechselsweise und so gedruckt, daß ein Lappen wie der andere das Wappen auf beiden Seiten zeigt.

Die „Federlappen" sind weniger teuer und leichter zu transportieren als die Tücherlappen. Man schleift Federlappen mit 2 und 3 langen Federn in einen Knoten (Gänse oder Putenfedern je 2 zusammen) jedesmal 15 cm von einander entfernt in die Leine ein, wobei noch darauf zu achten, daß während des Knöpfens die Federn schwarz und weiß oder ähnlich untereinander so eingeschleift werden, daß das Ganze recht bunt erscheint. Man fertigt diese Lappen in Bunden von 150 Schritt Länge und rollt dieselben auf einer Haspel auf. Zu jedem solchen Haspel gehören dann 8—10 Stellstäbe, man legt die Leine jedoch auch auf Äste niedriger Sträuche oder schlingt sie um dünne Bäume. Die Federlappen hält das Hochwild nicht lange, wenn es angeregt oder beschossen wird; die Sauen fast gar nicht und sind diese Lappen mehr für Fuchs und Hasen benutzt worden.

Bei den eingestellten Jagen unterscheidet man:

Das Hauptjagen.

Die bestätigten Jagen.

Das Kontrajagen.

Das Fangjagen.

Das Hauptjagen und dessen Einrichtung beschreibt Döbel wie folgt:

„Mit Recht und deswegen wird dasjenige Jagen ein Hauptjagen genannt, zu welchem das Wild aus einem ganzen Walde oder einer ganzen Haide auf drei bis vier Meilen zusammengetrieben wird, oft auch wohl noch weiter, wenn etwa befohlen worden, ein recht starkes Jagen zu machen. Soll ein dergleichen Jagen gemacht werden, so ist es des Bestimmens der Treiben wegen recht nützlich, wenn der Anordner desselben den ganzen Wald vorher auf einem Risse hat. Diejenigen Jäger, welche mit den Leithunden Dienste thun müssen, werden vorher befehligt, das Waldrevier zu besuchen und zu sehen, ob auch Hirsche und Sauen zur Genüge da sind, und die Forstbedienten genau einberichtet haben. Wenn nämlich nicht recht gute und jagdbare Hirsche und Hauptschweine da sind, macht man kein so großes Hauptjagen, weil eben die recht guten Hirsche und starken Schweine neben den anderen Stücken an schlechten Hirschen und Sauen dem Jagen das Ansehen machen müssen. Ferner wird also vorgeschritten: man macht die angrenzenden Feldhölzer oder kleinen Wälder rege, treibt sie auch wohl ab; worauf dann um den Wald die Zeuge gestellt und gleich auf zwei Flügeln ausgebunden werden. Ist nun der Wald genau auf einem Risse vorhanden, oder doch abgeschritten, so kann an zwei Orten aus einander gebunden, also ein Ganzes von 4 Flügeln zugleich gestellt werden. Gut ist es, wenn die hohen Zeuge zusammenlangen; wo sie aber nicht zureichen, gebraucht man die Cappen und verlappt den Ort vollends. Des Nachts müssen bei den Cappen Feuer angemacht und diese von fleißigen Wachen besetzt sein; desgleichen auch die Tücher dann sorgfältig nachgesehen werden, bei denen es keiner Feuer bedarf; doch sollen da wo die Landstraßen durchgehen, Wachen hingelegt sein, um die Reisenden durchzulassen. Diese Wachen nun müssen an den Zeugen herum nachsehen, ob sie auch noch feststehen, bei Regenwetter auch die Ober- und Windleinen nachlassen, weil diese sonst gar leicht springen.

Bei dem Stellen sowohl als beim Treiben wird die Jägerei förmlich eingeteilt; es bekommt ein jeder seine Nummer, die seine Verrichtung bestimmt. Den rechten Flügel führt der Anordner der Jagd, der nächste nach ihm im Range den linken. Die erste Nacht, wenn das Jagen nicht im ganzen, sondern noch mit in den Cappen steht, bleibt die Jägerei nebst den Jagd- oder Treibleuten bei den Cappen und dem Zeuge. Des andern Tages früh wird mit einem Jagdhorne der Ruf geblasen, auf den die Jägerei mit ihren Leuten sich versammelt. Hier empfängt selbige den Befehl, wo das erste Treiben angelegt werden soll. Dies geht natürlich von den Cappen an, wie denn überhaupt die ersten Treiben groß genommen werden können. Die Jäger teilen sich nach ihren Nummern zwischen den Treibleuten ein. Auf jedem Flügel wie in der Mitte ist ein Jäger mit dem Flügelhorne, am letzten sind auch wohl zwei, je nachdem das Treiben groß ist, damit sie einander vollkommen hören können; wo denn in der Regel der Oberjäger, Hofjäger oder wie der Titel ist, d. h. der erste im Rang, den rechten, der zweite den linken Flügel und der dritte die Mitte führt. Wenn das Treiben angehen soll, so bläst der auf dem rechten Flügel das Treiben an; der auf dem linken folgt sogleich, auch der in der Mitte. Dann geht das Treiben vor sich, und es wird danach gesehen, daß die Leute gerade durchgehn, nicht auf einen Haufen laufen und sich nicht neben den Dickichten herumziehen; denn gerade dort ist das Durchgehen am nötigsten. Bricht nun etwas los, begehrt auch wohl gar durch die Leute zu fliehen, so wird gleich Halt gemacht, die Leute werden nebeneinander gestellt, bis das Wild vor den Leuten gewichen ist, und dann erst geht das Treiben weiter fort. Kommt man auf einen Weg oder Stellflügel, so werden die Leute angehalten, damit sie wieder gerade Richtung gewinnen. Auf dem Stellwege, auf dem wieder durchgestellt werden soll, wird Halt gemacht, wo dann vom rechten Flügel hinunter ein Jäger dem andern zuruft: „Was zurück ho?" bis zum linken Flügel. Ist nun nichts zurück, dann wird zurückgerufen: „Nichts zurück, ho!" Hierauf folgt der Befehlruf: „Stell her, stell her!" worauf möglichst rasch auf dem Stellwege hergestellt wird. Sind Cappen vorrätig, so wird gleich verlappt. Die Treibleute bleiben außer dem Jagen an den Cappen stehen. Wären aber noch keine Tücher losgetrieben, so wird doppelt verlappt; worauf dann die Leute zum Treiben wieder in Ordnung an den Cappen gestellt, und wieder zum anderen Treiben so geordnet werden, wie es beim ersten geschah. In dieser Ordnung fährt man mit dem Treiben fort, bis man zum ganzen, d. h. zu den Tüchern gekommen ist. Nach diesem werden die äußersten Treiben vorgenommen. Wenn man nun die äußersten Treiben abgetrieben hat, soll nachher nach den Dickichten zu gerichtet werden; man nimmt dabei die hellen Holzungen zuerst, damit sich das Wildbret in die Waldungen zurückziehe. Ist das meiste vom Wald abgetrieben und steht schon ziemlich enge in den Tüchern, so untersucht man den für den Lauf am besten geeigneten Platz.

Steht nun das Jagen im ganzen oder in den Tüchern, so brauchen die Jäger und Jagdleute nicht mehr alle des Nachts bei dem Jagen zu bleiben, sondern nur etliche Jäger mit den Jagdleuten, die außerhalb des Zeuges um das Jagen herum Feuer machen, dabei wachsam sein, und die Zeuge die Nacht hindurch mehrmals besichtigen müssen, wobei sie sowohl als auch die Tagwächter allemal Hebegabeln, Heftel und Windleinen bei sich haben müssen, um, wenn irgend etwas fehlt oder wohl gar ein Tuch umfallen, eine Ober- oder Windleine reißen wollte, oder etwa Heftel herausspringen, solchem Übelstande gleich abzuhelfen. Die anderen Jäger und Jagdleute, welche in den benachbarten Dörfern einquartiert liegen, müssen jeden Morgen, sobald der Ruf geblasen wird, sich am bestimmten Orte (der abends vorher angezeigt wird) wieder einfinden. Ist nun die Mannschaft wieder zusammen, so wird das Treiben weiter fortgesetzt.

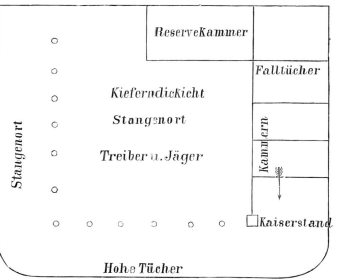

Wildtreiben

Sobald ein Treiben durch ist, müssen die Leute am Stellflügel stehen bleiben; es wird rasch von den Flügeln herein verlappt; auch werden die Tücher von den vorhergehenden Treiben auf beiden Flügeln in Bereitschaft gehalten, von beiden Flügeln mit den Lappen vorgelaufen und rasch mit dem Zeuge nachgestellt. —

Bereits oben habe ich gesagt, wie jedesmal, wenn das Treiben heraus ist, vom rechten Flügel bis hinunter gerufen wird: „Was zurück, ho?" Wenn nun etwas zurück ging, wird sofort „Zurück, zurück!" gerufen und mit dem Horne „Zurück" geblasen. Die Treiber werden alsbald in der Mitte geteilt, auf beiden Flügeln wieder zurückgenommen, und das Treiben wird von neuem angelegt. Dasselbe geschieht, wenn während des Treibens etwas zurück geht, es wird sofort „zurück" gerufen. Sind nun die Beitreiber weg, so muß das Wild sämtlich in dem wirklichen Abjagen stehen. Bevor ich weiter gehe, will ich die Bedeutung des Abjagens und Laufs anzeigen.

Zuerst kommt das Hinterjagen mit seiner Jagensrundung, dann das Zwangtreiben, dann die Kammer oder das letzte Abjagen. Zweckmäßig ist ein Stellflügel, damit das Zwangtreiben nochmals durchschnitten werde; zu beachten sind: das hinterste Quertuch von der Kammer, und die zwei kleinen Rundungen, mittelst derer die scharfen Ecken rundlich gebrochen werden. Oft dringt das Wildbret hart in diese Ecken und verirrt sich, wenn diese nicht abgerundet sind. Ferner beachte man das Quertuch, an welches das Rolltuch kommt, und die zwei Krummruten, die dem Rolltuche gleich stehen.

Endlich kommen noch der Platz des ganzen Laufs, der Jagdherrschaft Leibschirm und der Schirm für die Leibhunde in Betracht. Werden dergleichen Läufe zu Saujagden eingerichtet, so wird an jeder der fünf Krummruten noch ein Holzschirm angebracht. An beiden Enden der Schußlinie werden Brüche auf die Tücher gehängt, als Zeichen, daß sich niemand unterstehen darf, dahin zu gehen; ferner damit die Schützen sich danach richten und nicht eher schießen, als bis das Wild zwischen den Brüchen ist." Als ein Hauptjagen, wo einige hundert Stück Wild sind, muß es wenigstens mit vier Tücher Länge bestellt sein. Die Jagensrundung ist 1½ Tuch breit. Das Wild wird zuerst aus dem Hinterjagen in das Zwangtreiben getrieben, das 1½ Tuch lang ist, und wird nun der Länge nach durch das Zwangtreiben noch ein Stellflügel deshalb gemacht, um, falls Rotwild und Sauen zugleich im Jagen wären, solche vorher scheiden zu können. Wenn die Beitreiben in das wirkliche Jagen hineingebracht sind, muß

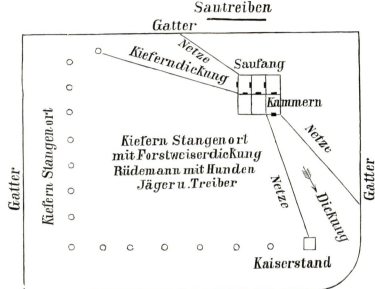

das ganze Jagen ringsher mit Netzen gedoppelt werden. Bei einem Saujagen kommen die Netze inwendig an den Tüchern, bei einem Hirschjagen außerhalb derselben.

An dem Tage des Abjagens wird morgens früh das Wild aus dem Zwangtreiben in die Kammer getrieben. Ist ein Hirschjagen vor, so wird mit den Hirschen und dem Rotwilde angefangen; bei einem Saujagen ist's umgekehrt. Während nun das Zwangtreiben in die Kammer herein gebracht wird, macht man im Laufe ein Thor, in das die Jagdherrschaften herein fahren können.

Beim Einfahren der Jagdherrschaften bewillkommnen die Jagdbläser selbige mit dem Klange ihrer Instrumente, während dessen sich die Jägerei in Ordnung stellt.

Sind die Herrschaften in den Schirm getreten mit fertig zugerichteten Büchsen und Flinten, so steht die Jägerei dem Schirme gegenüber schon in zwei Gliedern auf dem rechten Flügel. Sobald nun vom Oberjägermeister der Befehl erteilt wird: nach dem Holze zu ziehen, nehmen alle Waidmänner ihre Hüte ab, und ziehen mit dem gewöhnlichen Jagdgeschrei: Joho, hoch, do, ho! zu Holze; die Jagdhunde  hinter ihnen drein; die Treibleute werden an das Zeug herum angelegt und der Oberjägermeister hat seinen Stand vorn am Rolltuch nebst ein paar Jägern mit Jagdhörnern. Kommt nun ein Hirsch auf den Lauf, so wird er angeblasen bis zum Schirme, wo die Jagdherrschaft ihn fällt und birscht. Auf einen verwundeten Hirsch hetzt man ein paar Hetzhunde und fängt die jagdbaren Hirsche mit dem Hirschfänger, die schlechten aber mit dem Genickfänger ab. Das gefällte Wild wird auf der rechten Seite des Schirmes, mit dem Gehörn und den Köpfen gegen denselben hingestreckt, und zwar die besten vorne, danach Rottiere, die Damhirsche, Hauptschweine, Keiler, Bachen, Rehböcke, Rehe und zuletzt das Raubwild: alles Wild mit grünen Brüchen bedeckt. Endlich nimmt man die Treiber, treibt mit ihnen das Jagen durch, um zu sehen, ob etwas zu Holze geschossen worden ist. Die Jägerei stellt sich gegen den linken Flügel, die Hüte mit Brüchen besteckt, und zieht wieder nach dem Schirme mit: „Joho, hoch, do, ho!" nimmt Flügel- und Hifthörner und bläst das Jagen ab. Demnächst überreicht der Oberjägermeister dem Jagdherrn ein Bruch und steckt ihm selbigen auf den Hut — was eigentlich nur das Ehrenzeichen von den gefällten guten Hirschen bedeutet, da für unjagdbare Hirsche durchaus kein Bruch aufgesteckt werden darf.

Etwaige Fehler, die von einigen während des Jagens gemacht worden sind, werden bei dem Oberjägermeister angemeldet, z. B. unwaidmännische Ansprache des Wildes, unanständiges Umherschreiten auf und über das Wild, oder sonstiges unschickliches Verhalten. Für diese und ähnliche Verstöße wird den Fehlenden das Waidmesser gegeben.

„Die bestätigten Jagen" waren ganz ähnlich, jedoch wurde das Wild von den Besuchjägern mit den Leithunden bestätigt, und hierbei auch ganz nützlich das Wildfurchen-Pflügen — der stillliegende Leithund — angewandt. Zu diesem Jagdakt gehörten vor allem fleißige, aufmerksame, scharfsinnige und vollkommen hirsch- und jagdgerechte Jäger. Eine große Anzahl herrliche Waidsprüche, welche sich wohl mehr auf diese Jagd als speziell auf die Leithundsarbeit bezogen, sind uns aufbewahrt, und giebt Herr Edmund Freiherr von Berg dieselben in seinem „Birschgange im Dickicht der Jagd- und Forstgeschichte" in folgendem Zusammenhange:

Zieht der Jäger mit dem Leithunde aus:
>Hin, hin, frisch und ritterlich,
>Der helle Tag scheint über dich,
>Ho, ho, ho, trauter Gesell, hin, hin!

Wenn ein Waidmann den andern fragt, wo sie nach ihrem Zuge wieder zusammenkommen wollen:
>Ho! ho! mein lieber Weidemann, wo kommt ho! ho! woit gut, mein Zug zu deinem wieder an?
>>Jo ho! mein lieber Weidemann rund,
>>Ich thue dir kund,
>>Du ziehest auf der 6 bis an U,
>>Allwo ich deiner warte da.

Treffen die Jäger nach der Vorsuche zusammen:
>Ho, lieber Weidemann!
>Was ist dir auf deinem Zuge gangen an!
>>Jo ho, mein lieber Weidemann,
>>Das will ich dir bald sagen an:
>>Ein jagdbarer Hirsch und ein hauend Schwein,
>>Was könnte mir ho, ha! woit gut wohl liebers sein!

Kommt der Jäger bei seinen zunächst Vorgesetzten zum Rapportieren:
>Ho, ho! mein lieber Weidemann gut,
>Sag' mir mit frisch und fröhlichem Muth,
>Was hast du auf deinem Zuge vernommen,
>Wie viel der edel Hirsch zu Holz sind kommen?
>>Jo ho! mein lieber Weidemann, woit gut,
>>Ich sage dir mit frisch und fröhlichem Muth,
>>Sechs gute Hirsch' kommen dort oben bei der Birken,
>>So Gott will, wollen wir sie bald zerwirken;
>>Drei kommen an jener Ecken,
>>Sie thun zusammen hierinnen stecken.
>Mein lieber Weidemann, sage mir an,
>Was hast du mit deinem Hund wechselnd vernommen,
>Wo die Hirsch' von meinem Zuge sind hinkommen?
>>Jo ho! mein lieber Weidemann,
>>Es gingen meine Hund' zehn Hirsche, bei der 4 wechselnd, an.
>>Drei sind heraus und sieben bleiben drüben,
>>Diese sind in unserm Jagen geblieben.
>Jo ho! mein lieber Weidemann,
>Wie viel hat der edle Hirsch woit gut,
>Heut' Widergänge gethan?
>>Jo ho! mein lieber Weidemann, sechs oder sieben,
>>Damit hat der edle Hirsch woit gut seine Zeit vertrieben.
>Jo ho ho! mein lieber Weidemann,
>Was ist dir auf der Vorsuch' gangen an?
>>Ho ho ho! mein lieber Weidemann,
>>Ein edler Hirsch von zwanzig Enden,
>>That sich vor meinem Hund zu Holze wenden,
>>Er steckt über dem Thal dort an den Wänden.

War der Rapport des Leithundjägers nun befriedigend, so wurde mit dem Zeugstellen begonnen, und von dem Befehlenden ein Jagdjunker oder Jagdpage an den Jagdherrn abgeschickt mit der Meldung, wo das Jagen eingerichtet, was und wieviel an Hirschen von den Besuchjägern angegeben worden und wieviele gute und jagdbare Hirsche dabei. War dann alles fertig und kam der Jagdherr mit seiner Gesellschaft an, so fuhr derselbe in den Lauf und stieg bei dem Schirm ab. Das Abjagen des Bestätigungsjagens geschieht ähnlich wie bei dem Hauptjagen, und liegt der Hauptvorteil der bestätigten Jagen darin, daß dieselben schneller und weniger kostspielig hergestellt werden können als die Hauptjagen. Auch handelt es sich hierbei nur um wenige Stücke Wild, in der Regel um einige besonders starke Hirsche.

Nachdem ich nun „das Hauptjagen" und „die bestätigten Jagen" nach alter Weise niederschrieb, möchte ich ein „Kontrajagen" aus den Hofjagden der heutigen Zeit erzählen, dessen Beschreibung ich der trefflichen Feder eines Augenzeugen danke. Dasselbe fand im Sauparke von Springe und zwar im Forstorte „Bruch" auf Rotwild und Sauen statt. Bevor der Abschuß des Wildes in dem Kontrajagen begann, standen an der dem Schirme des Kaisers entgegengesetzten Seite der Kammer auf einer Bahn an der Einstellung Forstleute, bewaffnet mit Saufedern, und plauderten leise mit dem Rüdemann, dessen zehn Hunde aus der berühmten hannoverschen Findermeute ungeduldig, von Treibern gehalten, an den Riemen zerrend des Augenblickes harrten, wo ihnen das trillernde Hornsignal die Koppeln löst, und sie mit ihrem Erz- und einzigen Feinde, dem Schwarzwilde, in dunklem Tannengebüsch den Kampf auf Leben und Tod beginnen sollen.

Der Kaiser hat seinen Stand eingenommen und Waldhornklang verkündet den Treibern, daß sie voran gehen sollen. „Die Meute wird erst gelöst", so lautet der Befehl, „wenn das im Jagen befindliche Rotwild meist abgeschossen ist, und das Hornsignal „hannoverscher Jagdanfang" die Hundeführer zum Entkoppeln auffordert." Die dicht neben einander in langen Ketten, welche quer durch beide Jagen reichen, angestellten Treiber, zwischen denen Förster und Jäger die Ordnung aufrecht erhalten, gehen in langsamem Schritt, ohne Lärm zu machen, sich entgegen auf den Lauf zu. Hin und wieder klopft ein Bursch an einen Stamm oder Busch, oder ein Jäger ruft ein lautes Ho Rito, suchs Schwein mein Hündchen; die Büchsen fangen gleich nach Beginn des Triebes in der Schützenkette lustig an zu knallen. Es ist eine Lust für jeden, der Interesse am Waidwerk hat, in einer solchen Treibwehr zu gehen, wo man, wie hier, fast beständig Wild sieht. Da flieht eine Bache mit Frischlingen zurück — voraus die Mutter und hinterdrein huschen wie Kobolde über den schneeigten Boden die zeringen schwarzen Gesellen mit hochgehobenem Pürzel in sausender Eile, und keine Macht der Welt ist imstande, ihre Richtung zu verändern, sie brechen durch die Treiber und verschwinden in Riedgras und Gestrüpp. Hier hat sich ein Keiler „eingeschoben" und will nicht voran und dort steht Rotwild, ein Hirsch von so und soviel Enden hoch „aufgeworfen", um eine Lücke in der Wehr zu erspähen, weil das Knallen der Büchsen ihm unheimlicher klingt, als das Klopfen der Treiber und das durch Schnee gedämpfte Rauschen ihrer Tritte im gefrorenen Laube. Und hat man Glück, so wird einem auch wohl der Genuß zu teil, eine Scene zu sehen, wie sie uns der Maler Chr. Kröner aus Düsseldorf auf seiner Zeichnung vor Augen führt: Es ist ein Rudel Rotwild. Beschossen und dicht zusammengedrängt in Keilform, dessen Führung, wie ja immer, ein Alttier übernommen, jagt es zurück durch den lichten Bestand in wildester Hast in spitzem Winkel auf die Treiberkette und direkt auf die Einstellung zu — gefolgt von einem guten Zehnender. Da nützt nicht Wehren mit Stock und Arm, da nützt nicht Lärm und Schrei der Treiber, um es von der Einstellung abzulenken, es steigert der Skandal nur noch die Aufregung desselben, und in verdoppelter Eile poltert und prasselt es weiter in der einmal eingeschlagenen Richtung. Jetzt ist das Leittier dicht vor dem niederen Gatter, über welchem die Lappen lustig im Winde flattern — es stutzt nicht, es drückt sich auch nicht zur hohen Flucht zusammen — nein! vorwärts geht's mit der Brust vor die Latten — sie brechen wie morsche Zweige zusammen durch die gewaltige Wucht, aber mit ihnen auch das leitende Alttier; und über dasselbe hinweg, in einen Knäuel zusammengewirrt, flieht das ganze Rudel, und hoch über allen erscheint der Zehnender, mit seinem Geweih die Leine zerreißend, an welcher die Lappen befestigt sind. Auf dem Boden stürzt alles durch und über einander, doch mit elastischem Sprung sind sie wieder auf den Läufen und rasen weiter — — — für heute in die Freiheit. „Das Wild ging durch die Lappen," sagt der Jäger.

Etwa dreihundert Schritte vom Lauf sind parallel mit diesem Strohwische an die Bäume als Zeichen befestigt, wie weit die Treiber gehen dürfen, ohne von den Kugeln der Schützen gefährdet zu sein. Hier blasen die Jäger „Kehrt!" und langsam geht es so lange zwischen diesen Linien und der Einstellung hin und her, bis nur noch einzelne Büchsenschüsse anzeigen, daß das Wild, welches voran gewollt, fast sämtlich zu Schuß gekommen ist. —

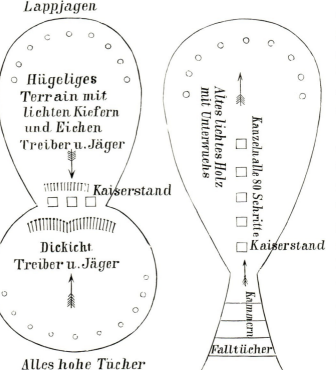

Jetzt erklingt das Jagdhorn wieder in eigentümlich trillernden, sich überschlagenden, fast wie Jauchzer anzuhörenden Tönen, die dreimal vom Baß bis zum höchsten Diskant hinauf und herab steigen, und sofort stimmt die ganze Meute mit lustigem Gebell mit ein. Die Rüden kennen dies Signal, es gilt ja ihren Todfeinden, den Sauen — und entkoppelt stürmen sie suchend ins Dickicht der Kammer und des Jagens. Da schlägt auch schon ein Finder an, es fallen die andern bei — Horido! hu Su! Jetzt bellt es, jaucht es, heult es, kläfft es, es schreien die Treiber, es hetzt der Rüdemann und es klagt dazwischen ein gefangener Frischling. Ja! es ist dies ein Konzert aus lauter Dissonanzen, zu dem der Büchsenknall den Takt schlägt — aber es ist doch für das Ohr eines Jägers eine liebliche Musik.

Es würde mich zu weit führen, wollte ich alle Einzelheiten schildern, welche uns die Dickung der Kammer verbirgt, der tobende Lärm in derselben aber verrät, — hier ist wenig zu sehen, deshalb hinaus ins Jagen, wo gerade eine Anzahl Finder im Dornengebüsch Standlaut geben. Dort ist es licht, und wir können alles genau beobachten. Rückwärts hat sich in einen Dornenbusch ein Keiler eingeschoben, ein Hauptschwein mit Gewehren, die fingerlang drohend aus dem „Gebrech" hervorglänzen. Da ihm von hinten durch die Dornen nicht beizukommen, stehen sieben der Rüde*) in ehrfurchtsvoller Entfernung vor ihm und verbellen ihn so giftig, als bedürfe es nur einer Anregung dazu, daß sie sich auf ihn würfen und ihn packten. Der schwarze starke Recke des Waldes aber „wetzt", daß es laut klatscht und der schaumige Geifer weit umherspritzt, und seine kleinen dunklen Lichter schauen die Feinde so tückisch und wutblitzend an, als wollte der Belagerte plötzlich unverhofft selbst zum Angriff übergehen und aus seiner Feste einen Ausfall machen. Vorsichtig ist ein Förster mit blankem Hirschfänger hinter den Dornenhorst getreten, um durch Abfangen des Keilers die Hunde aus der Gefahr zu erretten, von dem starkbewehrten Burschen „kaput" geschlagen zu werden; doch Arm und Hirschfänger sind zu kurz, der Grünrock kann ihm nicht an die Schwarte kommen. Hätte er eine Saufeder, wäre es ihm ein Leichtes, sein Vorhaben auszuführen, da die mit diesen bewaffneten Jäger aber in der Kammer sind, so bleibt ihm nichts übrig, als durch lauten Weidschrei den Keiler zum Fliehen zu bewegen. „Hu Su!" Wie

---
*) Rüde ist eine Anzahl Hunde, die vom Rüdemeister geführt werden.

auf Kommando stürzen die Hunde gegen ihren Feind und dieser zwischen ihnen hindurch. Ein vom Gewehr des Bassen getroffener Hund wirbelt rücklings zu Boden, ein anderer schreit laut auf, dann geht die wilde Jagd geraden Weges auf den Lauf zu — voraus der Keiler mit weit aufgesperrtem Gebrech, aus welchem der weiße Wutschaum zäh heraustropft, zum Greifen dicht hinter ihm ein gelblich weißer Hatzhund, welchem die andern noch gesunden Rüden auf dem Fuße folgen, und hinter diesen stürmt schmalen Böschung in den Graben, wo dann alle Hunde sich gleichzeitig auf ihren Gegner werfen. Schon ist er fast wieder hoch, der in äußerste Wut geratene Basse, schon fliegt von seinem gewaltigen Hiebe eine Hatze mit durchschlagener Kehle zu Boden — da trifft ihn blitzartig schnell die Hirschfängerklinge des Försters dicht hinters Blatt. Aber seine Kraft ist noch nicht gebrochen, er springt auf, schüttelt die Hunde ab und stürmt auf seinen größten Feind, den Grünrock los, der aber weicht dem im Sprunge

der Forstmann so schnell her, daß die Geschwindigkeit seines Laufes dem der Rüde wenig nachgibt. Jagdleidenschaft verdreifacht die Kraft der Sehnen. Vor einem hohen Eichbaume, an welchem schon ein abgefangenes Schwein lag, wendet sich der Keiler nach links, der Einstellung der Kammer zu, überfällt den Schonungsgraben und rennt mit gewaltiger Kraft gegen den Lattenzaun, welcher jedoch den Schlägen widersteht. Jetzt ist der günstige Augenblick für den Angriff der Hatze gekommen, sie packt ihren Feind in die Heesen und reißt ihn von der ausgeführten wuchtigen Hiebe kaltblütig nur einen Fuß breit aus, und das Gewehr des Keilers trifft da nur die Luft, wo eine Viertelsekunde vorher der Schenkel des Jägers stand.

Ein Schwein, welches einen Menschen annimmt, schlägt gewöhnlich nur einmal nach diesem, dann setzt es seine Flucht fort, so auch dieses. Da ihn aber die Wunde zu schmerzen anfängt, so sucht es Schutz in einer Dickung und rast gegen eine Thür in der Einstellung der Kammer, die vor der Jagd zum Ein- und Auswechseln des Schwarzwildes gedient hatte, jetzt aber geschlossen war, und welche es wahrscheinlich kennt. Mit dem ersten Anprall ist sie zersplittert. Hier aber gab die Rüde Standlauf, um dem Rüdemeister anzuzeigen, wo er den Todesfang geben konnte. — —

Die Suchen waren leer, die Jagd wurde abgeblasen. Se. Majestät der Kaiser ließ sich vor seinen Schirm das von ihm gefällte Wild, drei grobe Sauen und ein Alttier, schleifen, und betrachtete mit sichtbarem Interesse die Jagdbeute dieses Triebes. Mit der Spitze seines Jagdstockes strich er die Borsten der Sauen zur Seite, um die Stellen zu untersuchen, wo der tödliche Schuß saß, dann ließ er von einem Jagdbeamteten Zahl und Alter des Wildes in ein Buch eintragen.

Zwei Stunden später war "Strecke" auf dem Rasenplatze vor dem Jagdschlosse. In langen Reihen lagen der Stärke nach sortiert die borstigen Schwarzkittel (146 Stück), die Hirsche (3 Stück), das Wild (10 Stück). Die von Sr. Majestät erlegten 13 Sauen und 1 Alttier bildeten wie immer eine Strecke für sich. — Der Kaiser trat aus dem Schlosse zwischen die reiche Beute, um das von ihm selbst erlegte Wild noch einmal zu betrachten und als echter Waidmann sich auch an der Strecke seiner Gäste zu erfreuen. Tausend Kehlen aber jauchzten ihm entgegen, und der dämmernde Forst stimmte mit seinem Widerhall in den Jubelruf ein: "Hoch lebe Se. Majestät, der deutsche Kaiser!"

Ein „Fangjagen" veranstaltet man endlich, um Wild lebendig einzufangen und wird hierzu dasselbe gegen vier Reihen in einer Dickung auf hergerichtete Gestelle, fängisch gestellte Netze getrieben, in denen es sich verfängt; dann wird es aus den Netzen herausgenommen, in einen hierzu eigens bestimmten Kasten gesteckt und nach dem Orte seiner Bestimmung gefahren.

Bei den heutigen Hofjagden sind die Vorbereitungen und manches anders, wie in früherer Zeit. Das Rot-, Dam- und Schwarzwild wird gewöhnlich nur acht oder höchstens 14 Tage vor einer Jagd mit Kartoffeln, Eicheln und Heu nach einem bestimmten Forstort hin, wo die Jagd abgehalten werden soll, und wo das Wild im Spätherbst gern zu stehen pflegt, angekirrt. Ist hinlänglich viel Wild in einem solchen Forstorte eingewechselt, so werden etwa 4—500 Morgen oder noch mehr ganz still eingelappt, und das eingelappte Terrain allmälig verkleinert. Will man ein „Hauptjagen" aus solchem Distrikt herstellen, so werden statt der Lappen hohe Tücher und

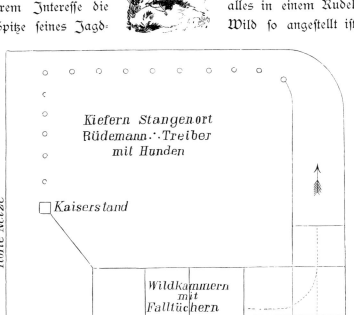

Netze gezogen, und kann das Wild nicht mehr entweichen. Es werden dann innerhalb dieses Raumes diverse Kammern von hohen Tüchern hergestellt und das Wild in kleinen Rudeln darin verteilt, wobei natürlich die Jägerei oder der Dirigent derselben seine größte Kunst an den Tag legen muß. Die Kammern sind auf zwei Seiten mit Fallthüren versehen, so daß das Wild während des Treibens ganz allmälig herausgelassen werden kann, und nicht alles in einem Rudel auf einmal ausbricht. Wenn das Wild so angestellt ist, werden die Jagdschirme gebaut, wobei die Schirme für Se. Majestät den Kaiser und für Allerhöchste und höchste Herren öfters ganz besonders mit grünem Laub oder Fichtenreißern, etwa sechs Fuß über die Erde, sogenannte Kanzeln errichtet und dekoriert werden. Selbstredend werden diese Schirme auf dem besten Wechseln hergestellt, oder auf einem besonderen Lauf, wo das Wild vorbei muß, angebracht. Solche Jagden werden meistens nur da abgehalten, wo viel Wild im Herbst steht und wo Dickungen mit lichten alten schönen Forstorten umgeben sind. In letzteren stehen dann, so weit als möglich die Schützen und alle dürfen nur nach außen, d. h., wo die Lappen, Tücher oder Netze gezogen sind, schießen, da im Rücken der Schützen sich die Jägerei mit den Treibern langsam hin und zurück bewegen, damit das Wild vor die Schützen gebracht und zwischen diesen und den Lappen und Tüchern seinen Wechsel nimmt. Solche Jagd wird nur durch Hornsignale geführt und darf kein Rufen oder Schreien dabei vernommen werden. Bei den Hofjagden auf Schwarzwild besteht das Treiben meistens in einem eingestellten Jagen, das mit festen Gattern, Tüchern oder Netzen umgeben ist. Die Sauen werden in einer Dickung längere Zeit vor der Jagd angekirrt und wenn hinlänglich viel Sauen in das Innere eingewechselt sind, und dieselbe eines Abends spät zugestellt und die Sauen bis zur Jagd wie das eingestellte Wild gut gefüttert und mit Wasser in Trögen versehen. Auch werden einzelne grobe Sauen in entfernteren Revierteilen in Saufängen eingefangen, nach dem zugestellten Jagen hin transportiert und dort wieder frei gelassen. Auch werden dann alte Bachen und schwache Frischlinge wieder eingefangen und bis nach der Jagd festgehalten, damit sie nicht geschossen werden, und in den nächsten Jahren die Jagd um so ergiebiger werde. Die Jagdschirme für die Schützen werden meist 70—80 Schritte, wie bei dem Wildtreiben, vom Gatter oder von den Netzen und Tüchern errichtet, und die Schützen dürfen ebenfalls nur nach der Umfriedigung schießen, um jedes Unglück zu vermeiden. Allezeit darf nicht auf Wild geschossen werden, wenn die Jagd angeblasen ist, und ebenso hört jedes Schießen auf, sobald die Jagd abgeblasen wird. Während des Treibens darf niemand seinen Stand verlassen. Durch ein oder zwei Rüdemänner, welche mit Treibern die Hunde führen, wird die Jagd, sobald die Schützen angestellt sind, angeblasen, und die Suche nach den Sauen beginnt in der Dickung mit einigen Findern, die erst einzelne Sauen aus den Kesseln aufjagen. Später, wenn die Sauen sich vor den Hunden stellen, und nicht vorwärts aus der Dickung heraus wollen, werden nach und nach die ganzen Kuppeln der Saurüden gelöst, worauf gewöhnlich die Sauen in solchen Jagen nach allen Richtungen hin wechseln. Nicht lange währt's dann und Schuß auf Schuß kracht in den frischen Morgen. Bisweilen werden aber auch die Sauen in einem, innerhalb des eingestellten größeren Jagens errichteten Saufang in Kammern eingefangen und diese erst bei Beginn der Jagd allmälig in das Treiben gelassen. Die Saurüden verfolgen dann die Sauen und zwingen dieselben, die Schützenlinie zu durchbrechen und ihre Wechsel zwischen den Jagdschirmen und der Umfriedigung zu nehmen, bis zuletzt der größte Teil der Sauen erlegt ist.

In solchem eingestellten Jagen werden in einem Jagen in „Springe" und in der „Göhrde" alljährlich 160 bis 200 Stück Schwarzwild und im letzteren Jagdreviere außerdem noch 120—140 Stück Rotwild und eine nicht unbedeutende Zahl Rehbeute erlegt.

Am Schlusse einer jeden Jagd wird die Wildstrecke nach Wildart und Geschlecht hergestellt. Seine Majestät der Kaiser und die übrige Jagdgesellschaft besichtigt dieselbe und wird hierbei von der Jägerei, die in Front der Wildstrecke gegenüber steht, der Tod jeder erlegten Wildart und zuletzt „Jagd vorbei" geblasen.

Nach beendeter Jagd findet in dem benachbarten schön eingerichteten Jagdschlosse das Diner statt, bei welchem die Erzählung der Erlebnisse des Tages in heiterster Stimmung manchmal noch bis spät am Abend die erlauchte Gesellschaft vereint.

Zur besseren Orientierung der oben beschriebenen eingestellten Jagen habe ich noch einige kleine Federzeichnungen von verschiedenen eingestellten Jagen beigegeben; woraus zu ersehen ist, wo die Stände der Allerhöchsten Herrschaften und der übrigen Jagdgesellschaft angebracht sind. Diese eingestellten Jagen können eine sehr verschiedene Form haben und richtet diese sich gewöhnlich nach der Lokalität und besonders nach den Holzbeständen.

Möge das edle Waidwerk fort und fort gedeihen unter dem Schirme vaterländischer Scepter, und möge, wenn und wo es auch sei, stets das schöne Wort wahr bleiben:

„Hie gut deutsch Waidewerk allewege!"

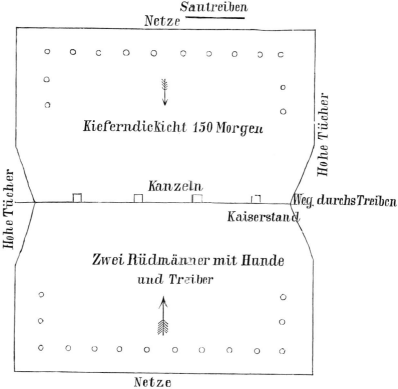

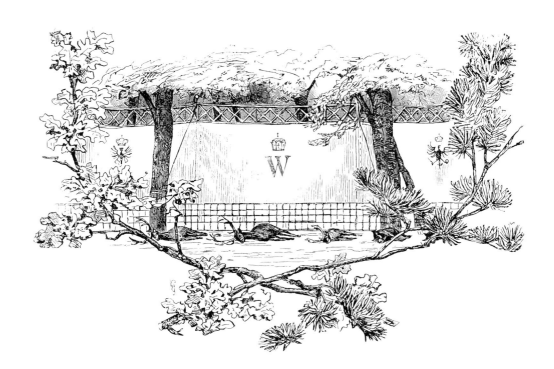

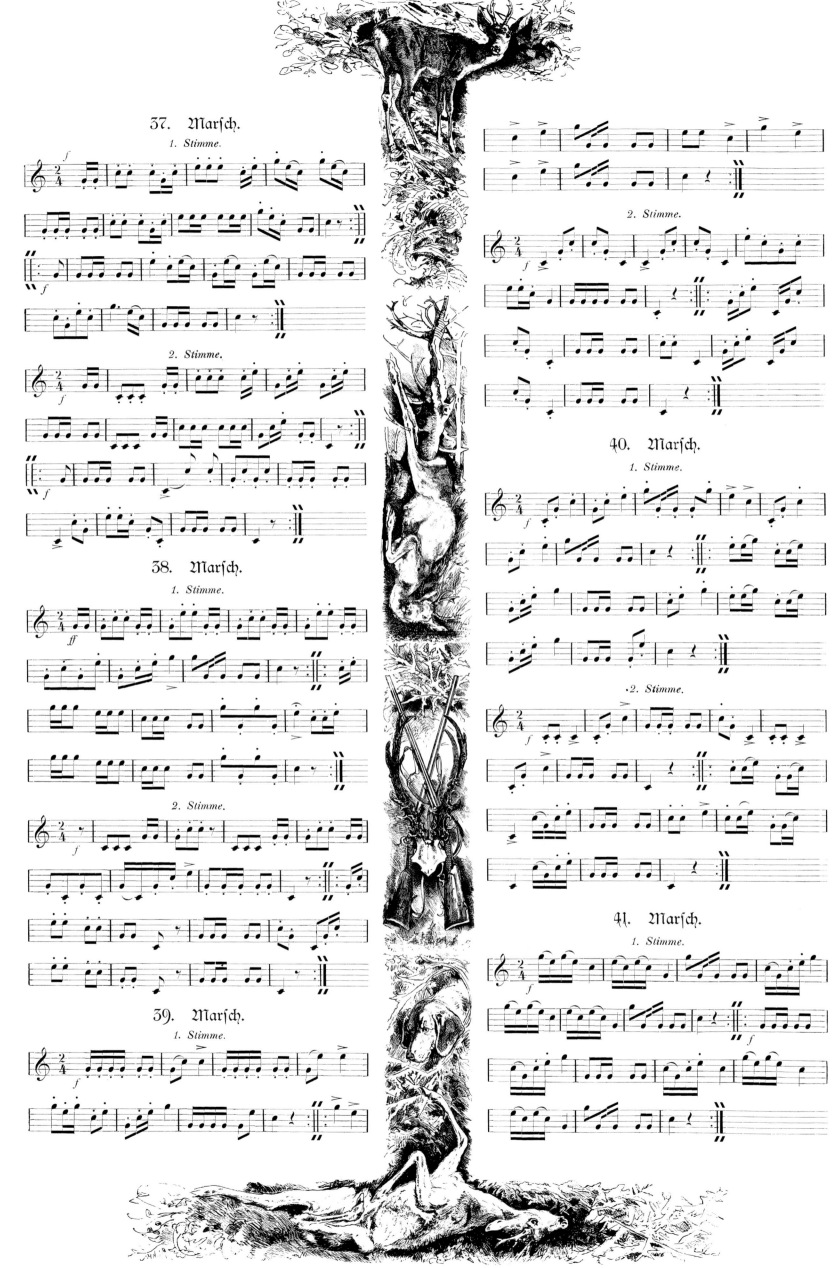

42. Marsch.
1. Stimme.

2. Stimme.

43. Marsch.
1. Stimme.

2. Stimme.

Schuß-Liste
Sr. Majestät Wilhelm I Kaisers von Deutschland und Königs von Preußen
für den Zeitraum von Allerhöchst Seinem Regierungsantritt bis einschließlich 1883.

Jahr	Rotwild Hirsche	Wild	Damwild Schaufler	Wild	Schwarzwild grobe Sauen	geringe	Rehe	Fasanen	Hasen	Füchse	Dachse	Verschiedenes	Summa Stück
1861	—	—	35	9	23	17	3	97	1	—	—	20 Kaninchen	205
1862	5	5	15	5	5	14	—	30	1	—	—	—	80
1863	—	1	32	5	39	38	1	12	—	—	—	—	128
1864	9	1	16	22	32	25	1	35	182	1	—	3 Gemsen, 2 Moufflon, 1 Rebhuhn	330
1865	2	2	23	21	33	27	1	26	25	—	3	6 Gemsen	169
1866	8	3	23	28	37	30	4	46	186	4	1	3 Kaninch.	373
1867	1	3	18	6	49	35	8	20	14	1	—	—	155
1868	3	—	16	19	59	48	1	70	62	2	—	—	280
1869	19	38	22	26	36	32	9	155	183	2	2	1 Auerochs, 1 Kaninch., 1 Perlhuhn, 1 Eule	528
1871	11	11	3	9	49	43	11	16	2	—	—	—	155
1872	29	24	80	61	79	36	9	—	—	1	3	—	322
1873	7	6	—	—	—	—	—	—	54	1	—	—	68
1874	20	36	7	7	67	46	14	24	160	1	—	—	382
1875	17	12	27	13	53	35	6	31	31	—	—	—	225
1876	38	36	11	18	50	32	6	92	6	—	—	—	289
1877	20	26	53	29	67	48	12	19	208	—	—	—	482
1879	20	18	46	49	52	35	—	—	—	1	1	—	222
1880	23	19	92	93	32	33	—	—	—	2	—	—	294
1881	17	24	13	14	55	14	—	—	—	—	—	—	137
1882	44	42	59	44	71	51	4	12	145	—	4	—	476
1883	35	54	79	27	84	49	—	—	80	—	—	—	408

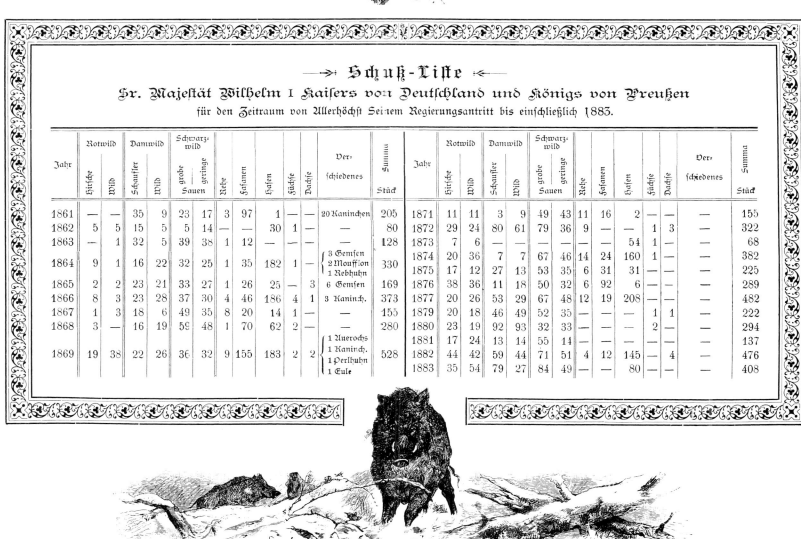

Schuß-Liste

Sr. Majestät des Kaisers Franz Josef von Österreich für den Zeitraum von 1848—1884.

Datum	Gegend und Reviere	Haarwild									Federwild									Zusammen	Anmerkung.
		Rotwild		Damwild	Rehe	Gemsen	Schwarzwild	Hasen	Kaninchen	Füchse	Verschiedenes	Auerhahn	Birkhahn	Haselhuhn	Fasanen	Rebhühner	Wachteln	Schnepfen	Enten	Verschiedenes		
		Hirsche	Tiere								Stücke									Stücke		
1848/49	Jagdbezirke Neuberg, Reichenau, Eisenerz und Leibgehege in Schönbrunn und Gödöllö nebst königl. kaiserl. Tiergarten bei Wien.	1	4	6	14	—	—	25	—	—	3	—	—	—	20	5	—	1	—	—	76	
1849/50		43	4	60	14	10	268	158	606	—	3	—	—	—	1146	1277	67	18	—	103	3777	
1850/51		3	—	12	2	8	105	571	153	1	8	2	1	—	900	566	4	24	6	165	2531	
1851/52		9	8	11	1	13	84	360	80	—	2	6	1	—	1174	764	—	10	108	24	2655	
1852/53		—	—	—	3	7	112	231	137	11	2	17	4	—	1111	719	1	17	37	10	2419	
1853/54		1	—	1	10	11	3	118	257	3	2	18	3	—	824	517	47	13	126	28	1982	
1854/55		10	28	5	34	40	90	551	298	11	3	14	1	1	892	451	2	30	75	162	2698	
1855/56		19	26	—	13	49	130	141	176	6	1	25	1	—	903	145	32	18	34	11	1730	
1856/57		33	20	62	11	60	44	136	—	—	—	21	—	—	620	1	—	42	43	231	1324	
1857/58		14	18	14	22	44	65	1298	114	12	2	14	—	—	616	187	29	11	7	82	2549	
1858/59		15	5	8	11	48	77	553	241	6	1	31	2	—	928	1577	58	55	26	190	3832	
1859/60		17	19	14	36	46	165	336	307	23	4	7	—	1	699	450	14	24	10	13	2185	
1860/61		15	22	3	30	40	58	123	168	5	4	31	8	1	210	222	8	12	37	117	1114	
1861/62		21	7	1	9	33	—	131	198	9	—	14	5	—	419	440	23	22	99	70	1501	
1862/63		20	10	—	22	108	—	145	183	7	—	25	1	—	421	62	—	5	41	12	1062	
1863/64		24	27	2	26	70	34	439	421	4	—	15	4	—	723	154	—	18	111	5	2077	
1864/65		23	23	4	18	74	44	297	250	5	1	28	2	2	470	239	—	40	160	7	1687	
1865/66		22	17	—	12	85	—	184	172	5	—	19	3	—	371	141	—	20	54	8	1113	
1866/67		20	15	—	17	22	—	294	225	7	—	8	—	—	377	167	—	25	131	8	1316	
1867/68		34	39	—	35	68	—	107	412	8	2	15	—	1	941	88	—	51	251	9	2061	
1868/69		31	32	—	3	79	—	25	3	22	1	15	—	—	50	—	—	22	47	2	332	
1869/70		30	40	—	6	64	—	112	7	9	—	21	2	—	88	39	—	42	—	13	473	
1870/71		14	27	—	2	40	—	22	—	11	1	24	2	—	—	—	—	6	—	2	151	
1871/72		28	28	—	2	90	—	—	—	2	—	25	5	—	—	—	—	8	1	2	191	
1872/73		24	43	—	—	55	—	3	—	4	—	9	—	—	—	—	—	154	—	2	294	
1873/74		35	68	—	3	40	—	5	—	6	1 Bär, erlegt bei Wisegrad, Rußland.	8	—	—	—	—	—	43	—	—	208	
1874/75		43	65	—	6	53	—	1	—	2	2	24	2	—	—	—	—	13	—	1	212	
1875/76		23	73	1	1	20	—	9	—	3	—	9	—	—	—	51	1	1	—	—	192	
1876/77		39	4	—	—	42	—	—	—	—	—	15	—	—	—	—	—	3	—	—	103	
1877/78		25	24	—	1	63	—	—	—	2	—	16	—	—	—	2	—	19	—	1	152	
1878/79		2	52	—	—	—	—	—	—	—	—	9	—	—	—	—	—	19	—	—	84	
1879/80		26	58	—	2	42	—	2	—	—	1	14	3	—	—	—	—	—	—	1	149	
1880/81		23	20	—	—	42	—	—	—	—	—	14	—	—	13	—	—	4	—	1	117	
1881/82		49	32	—	1	23	—	11	—	1	—	9	—	—	30	—	—	10	—	—	166	
1882/83		41	22	—	4	36	—	25	3	4	1	9	—	—	29	2	—	12	—	1	189	
1883/84		30	42	—	6	45	—	43	7	8	—	31	4	—	198	4	—	12	—	6	436	
Summa:		807	922	204	377	1570	1279	6456	4418	197	41	562	54	6	14173	8270	286	825	1404	1287	43138	

Zusammenstellung

des von Sr. Hoheit dem regierenden Herzog Ernst II von Sachsen-Koburg-Gotha im Jahre 1883 erlegten Wildes.

Aufenthaltsort Sr. Hoheit	In der Zeit von bis	Rotwild									Damwild		Rehwild		Gemsen		Schwarzwild					Federwild					Bemerkungen.
		Hirsche							Tiere		Schaufler	Tiere	Böcke	Ricken	Böcke	Geißen	Hauptschweine	Keiler	Bachen	Frischlinge	Hasen	Kaninchen	Füchse	Fasanen	Feldhühner	Waldschnepfen	Stockenten	
		unt. 6	6	8	10	12	14	16	Alte	Schmal																		
Gotha	4./1. bis 14./2.	—	—	—	—	—	—	—	—	—	5	3	—	—	—	—	—	—	—	—	—	351	4	4	221	2	—	
Hinterriß	21./7. bis 31./7.	—	2	8	2	1	—	—	2	—	—	—	—	—	—	—	—	—	—	—	—	—	—	1	—	—	—	
Stifting	2./8. bis 5./8.	1	3	1	—	1	—	—	—	—	—	—	1	—	—	—	—	—	—	1	—	—	—	—	—	—	—	
Thür. Wald	10./8. bis 19./9.	11	17	13	17	2	1	1	10	3	—	—	—	—	—	—	—	—	—	—	—	—	—	—	—	—	—	Davon ein Hirsch von 10 Enden monströs.
Kallenberg	20./9. bis 24./9.	—	—	—	—	—	—	—	—	—	—	—	13	—	—	—	—	1	—	—	—	—	—	—	—	—	—	
Hinterriß	25./9. bis 31./10.	2	—	5	5	2	—	—	7	1	—	—	—	—	36	24	—	—	—	—	—	—	—	2	—	—	—	Davon ein Hirsch von 8 Enden monströs.
Wallsee	2./11. bis 7./11.	—	—	—	—	—	—	—	—	—	—	—	—	6	—	—	10	25	27	10	41	—	1	365	—	5	—	Dabei eine Bache, die ein so starkes Gebräch als ein 4 jähr. Keiler hatte.
Koburg	8./11. bis 31./12.	—	—	—	—	—	—	—	—	—	—	—	6	—	—	—	12	26	35	8	29	—	1	60	—	—	38	
Summa 1883:		14	22	27	24	6	1	1	19	4	14	6	11	3	36	24	22	53	62	18	421	4	9	646	2	5	38	
				95 Hirsche					23 Tiere		20		14		60		155											

Schuß-Liste

Sr. Hochfürstlichen Durchlaucht des regierenden Fürsten zur Lippe-Detmold-Woldemar aus den Jahren 1829—1883 incl.

Jahrgang	Rotwild			Damwild			Gemsen		Schwarzwild			Rehwild		Birkhühner	Fasanen	Füchse	Hasen	Rebhühner	Schnepfen	Enten	Verschiedenes
	Jagdbare	Geringe	Tiere	Schaufler	Spießer	Tiere	Böcke	Geißen	Keiler	Bachen	Frischlinge	Auerhähne	Böcke	Ricken								
1829	—	—	—	—	—	—	—	—	—	—	—	—	—	—	—	—	1	—	—	—	
1833	—	—	—	—	—	—	—	—	—	—	—	—	—	—	—	—	3	—	—	—	
1834	—	—	1	—	—	—	—	—	—	—	—	—	1	—	—	—	10	—	—	—	
1835	—	—	1	—	—	—	—	—	—	—	—	—	—	—	—	—	9	—	—	—	
1836	—	—	—	—	—	—	—	—	—	—	—	—	1	—	—	—	20	3	—	—	1 Katze.
1837	—	—	—	—	—	—	—	—	—	—	—	—	—	—	1	—	28	2	—	—	1 Eichhörnchen.
1838	—	—	—	—	—	—	—	—	—	—	—	—	3	1	—	1	76	—	—	—	
1839	—	1	1	—	—	—	—	—	—	—	—	—	4	3	—	2	74	10	3	—	5 Wachteln, 1 Hund.
1840	1	—	9	—	—	—	—	—	—	—	—	—	3	4	—	1	157	12	—	—	7 Wachteln.
1841	—	17	10	—	—	—	—	—	—	—	—	—	3	4	—	3	121	11	7	—	9 Wachteln.
1842	—	6	3	—	—	—	—	—	—	—	—	—	3	—	—	—	62	10	6	—	
1843	—	9	16	—	—	—	—	—	—	—	—	—	1	—	—	1	68	115	—	—	3 Wachteln.
1844	—	3	3	—	—	—	—	—	—	—	—	—	1	1	—	2	70	7	1	—	
1845	—	3	1	—	—	—	—	—	—	—	—	—	1	3	—	2	57	2	5	—	
1846	—	2	—	—	—	—	—	—	1	—	—	—	—	2	—	4	78	—	—	17	1 Katze, 1 Eule.
1847	—	4	—	—	—	—	—	—	—	—	—	—	4	—	—	1	147	2	—	—	1 Taube.
1848	—	5	11	—	—	—	—	—	—	—	—	—	1	1	—	—	53	—	—	—	
1850	—	—	—	—	—	—	—	—	—	—	—	—	—	—	—	—	1	1	—	—	
1851	—	2	—	—	—	—	—	—	—	—	—	—	—	—	—	—	14	—	2	8	
1854	1	—	—	—	—	—	—	—	—	—	—	—	—	—	—	—	—	—	—	—	
1855	—	5	1	—	—	—	—	—	—	—	—	—	—	—	—	—	—	—	—	—	11 Kaninchen, 1 Seehund.
1856	—	6	1	—	—	—	—	—	—	—	—	—	1	—	—	—	97	11	2	2	
1857	—	6	6	—	—	—	—	—	—	—	—	—	4	—	—	2	59	69	1	—	1 Taube.
1858	1	20	4	—	—	—	—	—	—	—	—	—	2	1	—	2	203	32	9	—	6 Wachteln, 1 Taube.
1859	—	14	13	—	—	—	—	—	—	—	—	—	3	—	—	—	13	33	—	—	11 Wachteln, 1 Taube.
1860	1	26	18	—	—	—	—	—	—	—	—	—	4	1	—	6	77	72	5	—	4 Katzen, 8 Wachteln.
1861	—	23	21	—	—	—	—	—	—	—	—	—	9	3	—	10	241	49	6	—	2 Katzen.
1862	—	5	14	—	—	—	—	—	7	—	—	—	16	7	—	69	2	498	24	3	2	5 Falken, 2 Katzen.
1863	5	20	50	1	—	—	—	—	—	1	1	—	12	—	—	2	10	36	16	—	5 Wachteln, 3 Raubtiere.
1864	3	40	52	—	—	—	—	—	8	—	—	—	21	4	—	19	5	233	22	27	—	2 Eulen, 1 Hund.
1865	—	25	13	—	—	—	—	—	4	—	—	—	19	10	—	36	2	258	13	16	—	2 Wachteln, 1 Eule, 2 Sperber.
1866	5	19	23	1	—	—	—	—	2	1	—	—	22	11	—	25	4	309	82	58	—	
1867	2	19	15	1	—	—	—	—	21 St. Schwarz.	—	—	—	31	6	—	—	9	122	56	39	—	3 Wachteln.
1868	4	32	18	—	—	—	—	—	—	—	—	—	34	16	—	1	9	208	36	22	—	
1869	2	27	22	—	—	—	—	—	19 desgleichen	—	—	—	34	12	—	14	7	148	106	33	—	2 Falken, 2 Katzen, 1 Edelmarder.
1870	2	32	32	—	—	—	—	—	24 desgleichen	—	—	—	17	—	—	6	—	34	2	32	—	1 Wasserhuhn.
1871	5	17	9	—	—	—	—	—	—	—	—	—	32	19	—	4	5	138	78	4	—	5 Wachteln, 1 Fischreiher, 2 Katzen, 1 Wiesel.
1872	3	11	8	—	—	—	—	—	—	—	—	—	22	4	—	1	5	57	27	12	—	1 Katze.
1873	1	13	5	—	—	—	—	—	24	1	—	—	35	3	—	1	—	71	41	21	—	2 Katzen, 1 Hund, 1 Weihe, 4 Tauben.
1874/75	1	18	10	—	—	—	8	10	13	1	—	—	20	3	—	—	3	65	51	17	—	2 Raubvögel.
1876	—	11	7	—	—	—	2	4	13	1	—	—	6	—	—	16	—	50	10	11	—	
1877	2	41	20	—	—	—	1	—	35	2	—	4	22	—	—	26	7	123	12	3	1	75 Leporiden, 1 Wildkatze.
1878	6	56	28	—	—	—	3	1	—	—	—	3	24	3	1	—	3	31	15	25	—	
1879	10	99	65	1	—	—	6	7	—	—	—	5	26	4	—	—	6	40	13	24	—	1 Wildkatze.
1880	13	109	70	5	5	1	7	4	—	—	—	1	8	14	10	2	—	54	—	8	—	
1881	3	89	57	4	3	—	9	9	3 desgleichen	—	—	4	8	7	5	128	2	41	30	24	—	3 Wachteln, 1 Hund, 1 Dachs, 5 Tauben.
1882	8	45	43	7	—	1	8	—	3	3	—	—	14	2	1	64	9	632	81	16	15	3 Kaninchen, 2 Dachse, 1 Bekassine, 3 Häher.
1883	21	106	77	5	1	1	4	2	9	6	—	1	5	9	—	3	44	7	383	142	21	—	1 Wildkatze, 4 Kaninchen, 2 Habichte, 7 Häher.

Durch Seine Majestät den König von Sachsen sind im Jagdjahre 1883/84 an Hochwild erlegt worden:

Hirsche	42	Bachen und Frischlinge	12
Wild	36	Auerhähne	4
Schaufler	17	Fasanen	216
Damwild	9	Gemsböcke	12
Keiler	11	Gemsen	11

Von Seiner Königlichen Hoheit dem Prinzen Friedrich Karl von Preußen wurden erlegt: gegen 500 jagdbare Rothirsche (über 10 Enden), 1 Bär, 3 Luchse, 4 Wölfe, andere Wildarten in verhältnismäßig geringerer Zahl.

Schuß-Liste

Sr. Durchl. des Fürsten Georg Viktor zu Waldeck und Pyrmont von 1848 bis 1883 incl.

Edelwild { Hirsche	165	Hasen	2707
Tiere	68	Auerhähne	50
Damwild { Schaufler	31	Birkhähne	5
Tiere	13	Haselwild	1
Schwarzwild	63	Fasanen	68
Rehwild	609	Feldhühner	243
Füchse	528	Enten	10
Baummarder	2	Schnepfen	9
Steinmarder	1	Wachteln	29
Dachse	1	Sonstiges Geflügel	11
Wildkatzen	2		

Schuß-Liste
Sr. Königlichen Hoheit des Großherzogs Ludwig IV von Hessen-Darmstadt.

Zeit der Erlegung Jahr	Hohe Jagd																					Niedere Jagd															Summa
	Haarwild																			Federwild			Haarwild							Federwild								
	Edelwild						Damwild						Sauen										Rehe															
	Hirsche					Tiere		Hirsche				Tiere		Keuler		Bachen																					
	Jagdbare	Achtender	Sechser	Gabler	Spießer	Alte	Schmal	Schaufler	vom III. Kopf	vom II. Kopf	Spießer	Alte	Schmal	Hauptschwein	Dreijährige	Zweijährige	Überlaufene	Alte	Überlaufene	Frischlinge	Gemsen	Mouflon	Auerhähne	Fasanen	Böcke	Geißen	Hasen	Kaninchen	Füchse	Katzen	Dachse	Birkhähne	Schnepfen	Becassinen	Feldhühner	Wachteln	Enten	Große	Schneehühner	Wasserhühner	
1854	—	—	—	—	—	—	—	—	—	—	—	—	—	—	—	—	1	—	—	—	—	—	—	5	—	—	5	—	—	—	—	—	—	—	—	—	—	—	—	—	11
1855	—	—	—	—	—	—	—	—	—	—	1	—	—	—	—	—	—	—	—	1	—	—	—	4	—	—	12	—	—	—	—	—	—	—	2	—	—	—	—	—	20
1856	—	—	—	—	—	—	—	—	—	—	—	—	—	—	—	—	—	—	—	—	—	—	—	—	—	—	16	2	—	—	—	—	—	—	—	—	—	—	—	—	18
1857	1	—	—	—	—	—	—	—	—	—	—	—	—	—	—	—	—	—	—	—	—	—	—	3	—	—	7	—	—	—	—	—	—	—	—	—	—	—	—	—	11
1858	—	—	—	—	—	1	—	—	—	1	—	—	—	—	—	2	—	—	—	4	—	—	1	35	3	3	54	1	4	—	—	—	—	—	3	—	—	—	—	—	112
1859	2	—	—	—	—	—	—	—	—	—	—	1	1	—	—	—	—	—	—	—	—	—	—	22	—	—	21	—	—	—	—	—	—	—	—	—	—	—	—	—	47
1860	—	—	1	—	—	—	—	—	1	—	1	—	—	—	—	—	—	—	—	—	—	—	—	—	—	—	1	—	1	—	—	—	—	—	—	—	—	—	—	—	5
1861	4	3	2	2	—	—	—	—	—	—	—	—	—	—	—	—	1	—	1	1	—	—	—	8	1	4	21	1	2	1	—	1	—	—	1	—	—	9	—	—	62
1862	—	1	—	—	—	—	—	1	—	—	—	—	—	—	—	—	—	—	—	—	—	—	5	149	3	1	90	182	1	—	—	—	3	—	1	1	—	—	—	—	438
1863	5	—	1	—	2	—	1	—	1	—	1	—	—	—	—	—	—	—	—	7	—	—	—	6	10	6	19	2	1	1	—	1	—	—	8	—	—	12	12	—	101
1864	—	—	1	—	—	1	1	7	1	—	2	—	—	6	1	—	—	—	1	2	—	—	—	30	3	4	297	—	1	1	—	—	4	—	2	—	—	—	—	—	365
1865	1	4	—	—	2	2	2	1	2	—	1	3	1	—	—	—	—	1	—	1	—	—	1	212	—	4	61	267	—	—	—	—	3	1	22	—	1	7	—	1	605
1866	1	1	—	—	1	2	6	1	3	—	1	—	—	4	3	4	2	4	—	6	—	—	2	1	3	4	293	3	1	—	—	1	—	—	28	1	6	—	—	—	382
1867	—	1	2	—	—	—	1	—	—	—	1	—	—	2	1	3	—	4	1	—	—	—	—	14	5	4	460	2	11	—	—	—	—	—	15	—	—	—	—	—	527
1868	2	—	—	1	1	—	—	—	1	1	—	—	—	—	—	—	1	—	—	2	—	—	2	5	5	7	42	1	3	1	—	—	—	—	—	—	—	—	—	—	75
1869	1	—	2	—	2	—	1	2	1	—	—	—	—	—	—	—	1	—	—	2	—	—	2	4	5	—	66	—	—	—	—	—	4	—	10	—	—	—	—	—	100
1870	—	—	—	1	—	—	—	—	—	—	—	1	—	—	—	—	—	—	—	—	—	—	2	—	—	—	—	—	—	—	—	—	—	—	—	—	—	—	—	—	4
1871	5	3	5	—	1	—	1	—	—	—	—	—	—	—	—	—	—	—	—	3	—	—	—	165	7	1	98	17	—	—	—	—	—	—	32	—	2	50	—	—	390
1872	1	1	—	—	—	1	—	2	—	—	1	1	1	2	—	—	2	—	—	—	—	—	—	5	4	7	47	2	—	—	—	—	1	—	—	—	—	—	—	—	89
1873	1	—	—	—	—	—	2	—	—	—	1	—	—	3	—	1	—	—	—	—	—	—	—	143	10	2	28	77	—	—	—	—	—	—	—	—	—	—	—	—	270
1874	1	—	1	—	—	1	—	2	—	—	2	4	2	—	—	—	1	—	—	—	—	—	2	—	8	4	29	—	5	1	—	—	—	—	—	—	—	—	—	—	64
1875	3	2	1	—	—	2	2	—	—	—	—	—	—	1	2	—	—	2	—	—	—	—	2	16	10	8	116	6	—	—	—	—	—	—	—	—	—	—	—	—	177
1876	4	3	3	—	—	1	—	—	1	—	—	—	—	—	—	—	1	—	1	1	—	—	—	253	16	4	54	96	2	—	—	—	—	—	16	—	—	—	—	—	457
1877	1	—	—	3	—	4	—	2	2	6	—	4	1	—	—	—	2	—	—	3	—	—	2	11	15	9	31	4	17	1	—	—	1	—	—	—	—	—	—	—	117
1878	2	—	2	1	—	—	4	1	—	1	2	—	—	—	—	—	—	—	—	—	—	—	2	1	29	2	—	—	10	—	—	—	1	—	—	—	—	—	—	—	82
1879	9	10	2	2	—	3	—	6	—	2	—	2	3	1	3	3	3	1	2	2	—	—	2	72	52	5	—	6	55	6	—	—	—	—	—	—	—	1	—	—	251
1880	10	9	3	—	—	2	—	5	3	—	2	1	—	4	3	5	3	2	6	9	—	1	3	16	52	3	40	15	5	—	—	—	—	—	—	—	—	1	—	—	201
1881	8	1	—	—	—	—	4	—	—	1	—	3	1	5	2	8	19	—	1	5	—	—	—	42	56	5	48	38	5	—	—	—	—	2	—	—	—	—	—	—	254
1882	8	5	3	—	—	—	—	—	—	—	1	—	—	3	3	—	—	1	5	—	—	—	—	12	42	10	79	91	13	—	1	—	—	—	—	—	—	—	—	—	277
1883	9	—	3	—	2	5	1	15	5	3	5	20	4	2	2	2	6	4	1	10	—	—	—	—	28	4	52	24	7	—	—	—	—	—	—	—	—	—	—	—	216
	79	44	34	10	6	21	10	65	18	13	21	45	10	32	29	27	17	35	16	69	19	1	22	1234	364	98	2114	884	109	8	1	3	27	1	139	2	10	78	12	1	5728

Schuß-Liste

Seiner Hochfürstlichen Durchlaucht Herrn Heinrich XXII Ältere Linie souveränen Fürsten Reuß, Grafen und Herrn von Plauen ꝛc. ꝛc.

Hirsche	222
Rotwild	56
Damhirsche	5
Damwild	9
Schwarzwild	52
Rehböcke (darunter 1 weißer, 3 schwarze und 1 mit Bläffe)	397
Rehe	54
Hasen	6285
Kaninchen	293
Seehunde	3
Dachse	9
Fischottern	5
Wildkatze	1
Füchse	429
Edelmarder	13
Steinmarder	34
Iltisse	17
Hermeline	7
Wiesel	7
Auerhähne	8
Birkhähne	3
Birkhenne	1
Dickknieige Trappe (otis oedicnemus)	1
Schnepfen	12
Fasanen	309
Rebhühner	90
Wachteln	6
Wilde Enten	460
Seemöven	6
Polartaucher	2
Wilde Tauben	2
Raubvögel	18

Schuß-Liste
Sr. Durchl. des regier. Fürsten Karl Günther von Schwarzburg-Sondershausen.

Es wurden vom Jahre 1856 einschließlich bis zum Schlusse des Jagdjahres 1883 von Höchstdemselben erlegt:

Rothirsche	343	Hasen	14360	Feldhühner	2295
Weibliches Rotwild	257	Kaninchen	173	Füchse	263
Damwild	1134	Auerwild	80	Dachse	26
Wildsauen	702	Birkwild	33	Marder	4
Rehböcke	722	Fasanen	2928	Raubvögel	546
Weibliches Rehwild	319	Waldschnepfen	44	Bären	6
				Seehunde	2

Auszug
des Königlich Würtembergischen Hofjägeramtes aus den Schuß-Listen vom 1. Juli 1881 bis 30. Juni 1884.

	Edelwild	Rehe	Damwild	Rotwild	Schwarzwild	Wildschafe	Hasen	Fasanen	Feldhühner	Wachteln	Enten
in den Parken	101	5	262	54	290	55	2	140	126	3	2	5
in der offenen Jagd	104	254	2	—	38	—	2296	148	514	81	117	10
Zusammen in drei Jahren	205	259	264	54	328	55	2298	288	640	84	119	15

Zehntes Kapitel.

Die Falkenjagd.

Ein guter Falk', ein schneller Hund, ein edles Pferd
Sind mehr als zwanzig Weiber wert.

Nomaden- und Jägervölker in den Steppen Mittelasiens scheinen zuerst die Falken zur Jagd gebraucht zu haben, und bestehen zahlreiche Anzeichen dafür, daß diese Jagdmethode asiatischen Ursprunges ist, und dieselbe im fernen Osten sehr früh geübt wurde. So finden wir die Falkenbeize schon in alten Zeiten in Kleinasien, der Türkei, Tartarei und China als vornehmen Sport, was sie bis auf den heutigen Tag geblieben ist. Marco Polo, der im 13. Jahrhundert die Steppen der Tartarei durchwanderte, liefert Nachrichten über diese Jagden. Er erzählt von dem Palaste des Groß-Chan zu Changanor; zahlreiche Gewässer und ausgedehnte Ebenen boten hier reichliche Gelegenheit zu Land- und Wasserjagden. Hier jagte der Groß-Chan mit grauen Falken und Habichten. In einem andern Palaste zu Chandu wurden zweihundert Habichte gehalten. Außerdem gab es hier auch Adler, welche abgerichtet waren auf Wölfe zu stoßen und ihre Stärke war so groß, daß keine dieser Bestien ihren Krallen entkam. Der Groß-Chan hielt zwei Hofbedienstete, welche den Titel Jägermeister führten und eine Anzahl Falkner.

„Im März, sagt Marco Polo, pflegt Kublai Chan Kambalu zu verlassen mit etwa zehntausend Falknern und Vogelstellern. Diese werden in Abteilungen von zwei- bis dreihundert Mann im Lande verteilt, und ihre Beute gehört dem Chan. Für sich hat der Chan noch besonders zehntausend Mann, deren jeder eine Pfeife trägt. Sie bilden, wenn er jagt, einen weiten Kreis um ihn her, indem sie entfernt von einander aufgestellt sind, achten auf die Falken, welche der Chan fliegen läßt, fangen dieselben wieder ein und bringen sie zurück. Jeder Falke, welcher dem Chan oder einem Großen des Reiches gehört, hat an seinem Fange ein silbernes Täfelchen, auf welchem der Name des Eigentümers und des Falkners eingegraben ist. Ein eigener Beamter ist da, bei welchem diejenigen Vögel abgeliefert werden, deren Eigentümer nicht ermittelt werden kann. Der Chan reitet während der Jagd auf einem Elefanten und hat stets zwölf der besten Falken bei sich. Zu seiner Seite reiten Leute, welche sich immer nach Vögeln umsehen und dem Chan gleich Anzeige machen, wenn sich ein jagdbarer zeigt. Im ganzen Umfange des Reiches wird das Haar- und Federwild stets sorgfältig gehegt, damit immer Überfluß für die Jagden des Chans vorhanden ist." Die Kunst, Falken zur Beize abzurichten, ist uralt. In Japan soll ein König Wen-Wang die Falkenjagd ausgeübt haben, und auch den Chinesen scheint sie bekannt gewesen zu sein. Schon um das Jahr 400 v. Chr. erwähnt ihrer Ktesias, Leibarzt des Artaxerxes, bei den Indiern, nach ihm Mnemon und Elienus, von welchen wir erfahren, daß man die jungen Falken zuerst an zahmen Hasen, welchen Fleischstücke auf den Rücken gebunden waren, einübte und sie nachher alte jagen ließ und mit deren Eingeweiden sie genossen machte. Um das Jahr 75 n. Chr. jagten die Thraker mit Falken, um das Jahr 330 n. Chr. nennt Julius Firmicus Maternus aus Sicilien nutritores accipitrum, falconum caeterarumque avium, quae ad aucupia pertinent und spricht zuerst von der Falkenjagd in Europa, welche unter Konstantin dem Großen aufkam. Ein Jahrhundert später war sie weit verbreitet und in einem Gespräch fordert Gregor von Tours den König Moraväus auf, die Pferde zu besteigen und mit den Falken zu jagen. Nach Firmicus sind die Männer, deren Geburt in die Zeit fällt, wo Venus sich im Zeichen des Wassermannes befindet, nur zur Jagd mit Sperber, Falken, Habichten, Adlern und Pferden brauchbar, die aber, wo Merkur im Zeichen der Jungfrau steht, fleißig, kräftig, klug, und deshalb lieben sie auch Pferde, Hunde, Sperber, Falken und andere Jagdvögel gleichmäßig. Bei den alten Ägyptern, Griechen und Römern muß zu jener Zeit die Falkenjagd nur noch wenig betrieben worden sein, denn Sidonis Apollinaris rühmt um das Jahr 480 des römischen Kaisers Avitus Sohn, Hecdicius, daß er der erste gewesen sei, welcher in seiner Gegend die Falkenbeize eingeführt habe. Bald darauf verbreitete sich aber die Liebhaberei dafür schon so weit, daß Jagdfalken und Jagdhunde im Jahre 506 auf der Kirchenversammlung zu Agda den Geistlichen verboten wurden. Dieses Verbot half nichts und wurde ebenso vergeblich im Jahre 517 zu Epaon und 585 zu Mâion wiederholt. Im achten Jahrhunderte schrieb König Ethelbert an Bonifacius, Erzbischof zu Mainz, um ein paar Falken, mit denen Kraniche gebeizt werden sollten, und Karl der Große gebot, die Hegung des Federspiels ut silvae et forestes nostrae bene custodiant similiter accipitres et sparvarios ad nostrum profectum provideant; und erließ über die zur Jagd abgerichteten Habichte, Falken und Sperber folgendes, später ins Deutsche übertragene Gesetz: „Wer einen Habich stilet oder vahnt, der den Kranich vahnt, der soll ihm einen als gütten geben als yenen was und sechs Schilling und drei Schilling um einen Valken der die Vogel fahnt in den lüfften. Wer einen Sperber oder ander Vogel die auf der Hand treyt, wer die stilt oder schlecht, der geb' einen als gütten als yener was und einen Schilling." Die Falkenjagd fand dann immer mehr Anklang bei den Vornehmen. Der Falke erschien als das Abzeichen der königlichen Würde und die Bildnisse der Fürsten aus dieser Zeit zeigen sie mit dem Falken auf der Faust; später wurde der Orden vom Falken, mit Beziehung auf die königliche Beize, gestiftet. Er existiert jetzt noch. Kaiser Friedrich Barbarossa richtete selbst Falken, Pferde und Hunde ab. Darauf hielt sich, wie Bandollus erzählt, Raynald, Markgraf zu Este, Sohn des Barthold, mit großen Kosten hundertundfünfzig Jagdfalken. Kaiser Heinrich VI, Sohn Friedrich Barberossas, war, wie Collenucio schreibt, ebenfalls ein großer Liebhaber der Falknerkunst. Kein Fürst hat sich aber solchen Ruhm als Falkenjäger erworben, als Friedrich II, der geschickteste und leidenschaftlichste Falkner seiner Zeit. In seinen Mußestunden lebte er nur für seine Vögel, sie pflegend und beobachtend und grade in letzterem Punkte liegt seine Berühmtheit, da er sich nicht mit der Jagd begnügte, sondern sich bemühte, sie in ein System zu bringen und durch unablässiges Forschen zu verbessern. Auf seinem Kreuzzuge nach Palästina hatte er die im Oriente beliebte Falkenjagd kennen gelernt und lieb gewonnen. Zurückgekehrt, ließ er sich orientalische Falkoniere mit ihren Vögeln nachkommen. Er schrieb ein Buch in lateinischer Sprache, „de arte venandi cum avibus," welches aber erst im Jahre 1596, und zwar in Augsburg, gedruckt wurde.

Die Handschrift war mit Anmerkungen von Friedrichs Sohn, Manfred, König von Sizilien, versehen. Vor allem schätzte Kaiser Friedrich die nordischen Jagdfalken, dann den Saker, Lauer, Wanderfalk, Habicht und Sperber, und fing mit ihnen Kraniche, Reiher, Trpapen, Fasane, Rebhühner, Enten, junge Hirsche und Gemsen, Füchse, Hasen und Kaninchen. Von den kleinen Merlinen sprach er nur mit Geringschätzung, von Nestlingen, deren Wert er sorgsam erforscht hatte, hielt er nicht viel, da sie nicht Mut genug zeigten; die Adler waren nach seiner unbestrittenen richtigen Meinung zu schwer auf die Faust. Seine Versuche erstreckten sich sogar so weit, daß er Raubvogeleier wegnehmen und (wahrscheinlich von Hühnern) ausbrüten ließ, die daraus erzielten Jungen aber gänzlich unbrauchbar fand.

Ob Kaiser Friedrich die Falkenhaube erfunden, oder, was wahrscheinlicher, bei den Orientalen kennen gelernt, steht nicht fest, wohl aber, daß er sie in Deutschland eingeführt hat, leider aber auch den barbarischen Gebrauch erfunden hat, widerspenstigen Falken die Augenlieder zuzunähen oder „aufzubräuen."

Die späteren deutschen Kaiser und Fürsten pflegten den Klöstern die Verpflichtung aufzuerlegen, eine bestimmte Anzahl von Falken zu füttern. In Preußen errichtete der Hofmeister des deutschen Ordens Konrad von Jungingen gegen das Jahr 1400 beim Ordenshause eine eigene Falkenschule und gab im Jahre 1500 Karl V den Johanniterrittern die Insel Malta zum Lehen unter der Bedingung, daß sie ihm jährlich einen weißen Falken liefern sollten.

Über die Falknerei des Kaisers Maximilian I erzählt der Verfasser vom „Weißkunig" folgendes:

„Nun empfieng der jung weiß kunig gar große Lust und Neigung zu der edl valkenpaiß und waidenei und erlernet die mit sonderlichem vleiß . . . . . und als er zu seinen Jahren kam, da paißet er so geren, und hett so groß ergötzlichkeit und lust darin, das viel von seinem paißen gesagt und seins gleichen nit was und leget darauf große kosten. Nemlichen er ließ ihme Saykhervalken und andere valken aus der Tatterey, aus der Heidenschaft, aus Reussen und Preussen und von Rhodys und von viel andere weiten enden des erdrichs bringen. Es wissen auch alle kunig des erdrichs, daß er geren paißet, dadurch ine von den kunigen viel valken verert und geschenkt werden. Er hat auch bei ime an seinem hof funfzehn valkmeister und alwegen mehr dann 60 valknerknecht gehabt, die nichts anderes thäten, dann daß sie die valken zubereiten zu der valknerei.

Dieser Kunig war in der valknerei gar künstlichen .. so hat er von neuem in seinen kunigreichen die geiern= paitz aufpracht, die dann eine sondere tapfere und lustige paiß ist.

Er hat auch sonst gar viel stuck in der valknerei von neuem erdacht und erfunden, die vormalen nit gewest

nachdem die Falknerei denselben endlich erfolgreich ver= boten war, behaupteten doch die Barone das Recht, ihre Falken während des Gottesdienstes auf den Altar zu setzen.

Landgraf Ludwig IV von Hessen, so berichtet Landau nach alten Urkunden, verbot am fünften Mai 1547 das Ausnehmen der Falkennester und das Wegfangen der Falken bei strenger Strafe. Man kennt auch noch einen Brief vom achtzehnten November 1629, an Landgraf Wilhelm V von Hessen gerichtet, worin beschrieben ist, wie man zur Einübung von Falken Reihern auf jeder

sind. Er hat auch in allen seinen kunigreichen und landen die raiger und antvogel an den gelegensten enden mit großer kostung hayen und hueten lassen und eigen personen darzu gehalten."

Maxens erste Gemahlin Maria von Burgund, Karl des Kühnen edle Tochter, liebte die Jagd, und fand leider einen vorschnellen Tod durch einen Sturz mit dem Pferde auf der Falkenjagd.

Jenseits des Rheines wurde die Falkenjagd von den Geistlichen mit großer Leidenschaft weiter betrieben, und

Schnabelspitze ein Hollunderröhrchen befestigt hat, damit sie die Falken nicht durch Schnabelstöße beschädigen konnten, wie man ihnen ferner den Hals mit einem Leinwand= futterale verwahrt, damit sie nicht könnten erwürgt werden, und wie man sie endlich mit Gewichten an den Beinen habe fliegen lassen, damit sie sicher von den Falken er= hascht werden möchten. Unter Landgraf Philipp von Hessen ward allen Taubenbesitzern geboten, je die zehnte Taube dem fürstlichen Falkner abzuliefern. Um immer Reiher zur Abrichtung der Falken zu haben, hatte man

Reiherhäuser, wo sie jung aufgezogen wurden. — Nach und nach wich die Falkenjagd dem Feuergewehr; in Preußen verfiel sie gänzlich unter Friedrich dem Großen, der diese kostspieligen Jagdvergnügungen gänzlich verschmähte. Es zeigt sich hierin wieder, daß Herrscherpflicht den ruhmreichen Hohenzollern vor allem ging und sie, obgleich hirschgerechte Jäger, dennoch die Jagd mit wohlverstandener Mäßigung stets nur ausübten.

In England reichen die geschichtlich nachweisbaren Spuren der Falkenjagd bis auf Ethelbert, den Sachsenkönig, im Jahre 760. Derselbe bittet den frommen, heiligen Bonifacius, Erzbischof von Mainz, ihm zwei gute Falken zu besorgen, welche geeignet wären, auf Kraniche zu stoßen, da es solche nur sehr wenige in Kent gäbe. Im neunten Jahrhundert war die Beize unter den Angelsachsen so allgemein geworden, daß es für jeden jungen Mann von Stande unerläßlich galt, sich in dieser Kunst auszubilden. Alfred der Große war ein ausgezeichneter Falkner und er soll sogar ein Buch über diese Kunst geschrieben haben.

Durch die Ankunft der Normannen unter Wilhelm dem Eroberer wuchs womöglich noch das Ansehen der Falkenerei. Germanisches und romanisches Wesen flossen in einander, wie in allem so auch in den Angelegenheiten des Sports. Der Falke galt als ein gefeites Tier, selbst der Diebstahl seiner Eier wurde mit Geld und Gefängnis bestraft. Später wurde zwar die Gefängnisstrafe erniedrigt, aber der Schuldige mußte beim Austritt aus der Haft eine bedeutende Geldsumme hinterlegen oder einen Bürgen als Sicherheit gegen den Rückfall für die nächsten sieben Jahre stellen. Unter Eduard III erging ein Erlaß, der jeden, welcher einen Falken fand, verpflichtete, selben an den Sheriff der Grafschaft abzugeben. Wer einen verflogenen Falken für sich behielt, galt als der Felonie schuldig und wurde demgemäß bestraft. Als Eduard III in Frankreich eindrang, hatte er in seinem Gefolge dreißig berittene Falkeniere.

Sogar die Damen teilten die Strömung des Tages und man erschien auch in den Kirchen mit Hunden und Falken. Selten verließ ein Adliger seine Behausung ohne den Falken auf der Faust und den Hund auf den Fersen und wenn er nicht im Kampfe fiel, zierte sein Grabmonument sicher wenigstens eines der beiden Tiere. Sebastian Brandt, der Verfasser des Narrenschiffes, klagt um das Jahr 1485 über diese Manie des Adels und besonders über die Unsitte, mit diesen Lieblingen die Kirchen zu betreten. Auch Königin Elisabeth war eine Beschützerin der Falkenerei, sie nahm selbst häufig zu Pferde an den Falkenjagden teil.

Noch heute wird in England der Falkensport betrieben, und zwar zu Bedford, beim Herzog von Bedford und zu Didlington-Hall in der Grafschaft Norfolk beim Lord Barnars. Außerdem pflegt der Old-Hawking-Klub noch eifrig die Beize und daß die Falknerei, dieser der Jagd fast verlorene Schatz, noch nicht ganz begraben ist, beweist uns die letzte (1883) Jahresübersicht des Klubs, der immerhin noch mit Befriedigung auf seine Resultate blicken kann. Durch denselben wurde im letzten Jahre folgendes Wild erbeutet: 85 Stück Grousewild, 7 Birkhähne, 87 Rebhühner, 3 Fasanen, 213 Raben und Krähen, 40 Elstern, 21 Stück verschiedenen Wildes, in Summa 456 Stück Wild.

Kronprinz Rudolf von Österreich sah in Alexandra-Hall, bei London, abgetragene Jagdfalken, Wanderfalken und Habichte, mit denen in Irland, der Normandie und Bretagne noch heute die Beize betrieben wird, nahm die Falken selbst auf die Faust und warf einen Wanderfalken auf eine Taube, welche trotz der Nähe der Riesenstadt dem Falken bald zur Beute fiel.

In Frankreich bemerken wir sehr frühe Anzeichen dieser Kunst, überhaupt wurde die Falkenjagd nirgends mit größerem Glanze umgeben, als in Frankreich, wo sie Jahrhunderte gepflegt wurde. Dem König Philipp August entflog 1191 bei der Belagerung von Akkon ein weißer Falk, die Soldaten brachten ihn dem Sultan; Salaheddin behielt ihn, obgleich der König 1000 Goldstücke bot. Man schuf das Amt eines „Maitre fauconnier du roi", dessen erster Inhaber Jean de Beaune von 1250 bis 1258 war, und verwandelte den Titel später in den „grand fauconnier de France", welchen Eustache de Jancourt 1406 zuerst führte.

Der Groß-Falkonier von Frankreich war eine Person von der höchsten Wichtigkeit, sein jährlicher Sold betrug 4000 Gulden, sein Gefolge bildeten 50 Mann, er durfte 310 Falken halten, war der alleinige Verkäufer von Falken in ganz Frankreich und erhielt einen Zoll von jedem Vogel, der im Königreiche gekauft wurde, und selten ritt der König, aus ohne von ihm begleitet zu werden.

Als Bajesid in der Schlacht bei Nekropolis im Jahre 1396 den Herzog von Nevers und viele französische Edelleute gefangen genommen, schlug er jedes für dieselben gebotene Lösegeld aus. Als ihm aber statt des Geldes zwölf weiße Falken, welche der Herzog von Burgund schickte, geboten wurden, gab er dafür sogleich den Herzog und alle gefangenen Franzosen frei. Franz I von Frankreich hielt auch viele Falken. Ludwig XI zog die Jagd mit Hunden auf Hirsch und Schwein zwar vor, lag aber gleichwohl der Falkenerei sehr ob und die Eifersucht, die besten Falken zu haben, ging so weit, daß er bei Tours einen aus der Türkei für den Herzog von Brétagne anlangenden Falkentransport wegnehmen ließ, wobei er in seinem Leben zum ersten Male gelacht haben soll. Der Herzog von Burgund gab zu Ehren König Karls VII in Lille im Saale ein Festspiel, wobei ein Falke während des Mahles einen Reiher schlug. Charle IX zog Hirschjagd vor, Heinrich IV pflegte beide Jagdarten mit gleicher

Leidenschaft, Ludwig XIII aber hing an der Falkenjagd, wie kein anderer, und verschwendete ungeheure Summen für sie. Sie verfiel unter Ludwig XIV, welche ihr wenig zugethan war. Unter Ludwig XIV jagte man nur noch den niederen Flug, bis 1792 die Revolution die Falkenbeize und ihre Herrlichkeit unter ihren Trümmern begrub. Heute wird nur noch von einzelnen reichen Adligen in der Brétagne gebeizt; England liefert hierzu die Falken und Falkoniere.

In den ersten Zeiten des Mittelalters waren die Norweger berühmte Falkner und sie sind es heut noch! Die norwegischen Falken waren die renommirtesten von allen und dienten nicht selten zu Geschenken an Könige. So gab ein gewisser Geoffry Titzpierre zwei ausgezeichnete norwegische Habichte als Geschenk an König Johann von England, um für seinen Freund Walter de Modena die Freiheit der Kahnausfuhr zu erlangen und der Däne Nikolas, der die königlichen Besitzungen als Händler durchzog, mußte, so oft er nach England kam, dem Könige als Zoll für diese Handelsbefugnisse einen Falken überbringen. Dänemark war die Vorratskammer für die meisten nordischen speciell isländischen Jagdfalken. Alljährlich ging das Falkenschiff nach Island, von wo es mit der kostbaren Ladung etwa im September zurückkehrte; teils fingen die mit dem Schiff hingegangenen Falkoniere die Vögel, teils geschah es durch die Landeseinwohner. Die Kosten waren für den König von Dänemark immerhin nicht ganz unerheblich, und nur die unglaublich billigen Preise auf Island für die notwendige Naturalverpflegung ermöglichten diese Expedition und die Geschenke an die verschiedenen Machthaber. Im Jahre 1762 waren auf Island 150 Falken gefangen worden; sie kosteten daselbst mit Verpflegung bis zur Abholung, bestehend aus 8 Ochsen, für zusammen 30 Thaler und 136 Schafe für 106 Thaler, 1082 Thaler, für die Reise wurden verwendet 50 Ochsen und 20 Schafe, zusammen für 362 Thaler, Sa. 1475 Thaler, mithin kam ein Falke in Dänemark auf nur 9 dänische Thaler zu stehen.

Jahrhunderte bestand die beste und zuletzt einzige Falknerschule Europas in dem Dorfe Valkenswaard in Flandern. Die an Ort und Stelle gefangenen Falken reichten früher für den Bedarf durchaus nicht hin, daher gingen die Leute bis Norwegen und Island auf den Fang. Auch in Pommern haben, wie Schmidt aus Kantzows „Pommerania" nachweist, die holländischen Falkner im Herbste am Seestrande den vom Norden über das Meer müde und hungrig anlangenden Falken fleißig nachgestellt, und deren in manchen Jahren über hundert gefangen. In Valkenswaard lebt heute noch die Familie Mollen, die Nachkommen des letzten Falkoniers des Königs von Holland, der im Loo, einem seiner Landgüter, bis ums Jahr 1841 fleißig mit Falken jagte, und beschäftigt sich noch heute mit dem Falkenfang. Der General von Ardeseh teilt um das Jahr 1860 hierüber folgendes mit:

In Valkenswaard leben noch jetzt mehrere Leute, welche den Fang und die Abrichtung der Falken eifrig betreiben. Der Ort liegt auf einer ganz freien Heide und begünstigt daher das Geschäft sehr. Die Falken werden im Herbste gefangen. Man behält in der Regel nur die Weibchen und zwar am liebsten die vom selbigen Jahre, die zweijährigen gelten auch noch als brauchbar; ältere läßt man aber wieder fliegen. Der Fang ist so eingerichtet: Der Falkner sitzt gutverborgen auf freiem Felde, und von ihm aus zieht ein etwa hundert Meter langer Faden, an dessen Ende eine lebende Taube befestigt ist, welche übrigens frei auf der Erde sitzt. Etwa 40 Meter vom Falkner geht der genannte Faden durch einen Ring, und neben diesem Ringe liegt ein Schlagnetzchen, von welchem ebenfalls ein Faden bis zum Falkner geht. Ist ein Falk im Anzuge, so wird der Taube mit dem Faden ein Ruck gegeben, wodurch sie emporfliegt, den Falken anlockt und von ihm in der Luft ergriffen wird. In dem Augenblicke, wo dies geschieht, zieht der Falkner die Taube und mit ihr den sie krampfhaft festhaltenden Falken allmählich bis zu dem Ringe, wo plötzlich das Schlagnetz beide bedeckt. Es kommt viel darauf an, es sogleich zu erfahren, wenn ein Falk die Gegend durchstreift, und deshalb bedient sich der Jäger eines eifrigen und scharfsinnigen Wächters, nämlich des Raubwürgers (Lanius encubitor), welcher unweit der Taube angefesselt wird und nicht verfehlt, sobald er einen Falken gewahrt, sein weit schallendes Geschrei zu erheben. Neben ihm ist eine Grube, in welche er sich verkriecht, wenn es not thut. Der frisch gefangene Falk muß regelmäßig drei Tage hungern und wird während dieser Zeit und späterhin so weit wie möglich auf der Hand verkappt getragen. Schlaflosigkeit wird bei der Dressur nicht angewendet, ein gewöhnlicher Falk wird kaum drei Jahre.

Bei Gelegenheit der internationalen Jagdausstellung wurde zu Kleve eine Falkenbeize abgehalten: nach vielen vergeblichen Anstrengungen war es dem Ausschusse der internationalen Jagdausstellung gelungen, in Thurles, in Irland, abgetragene Edelfalken zu finden, und traf am 20. September ein Falkonier mit drei Falken von dort in Kleve ein. Die Kölnische Zeitung, die in liebenswürdigster Weise die Jagdausstellung dauernd unterstützt hat, brachte hierzu folgenden Artikel: Von der schroffen Felsenküste der grünen Insel bezog man bekanntlich auch in der Blütezeit des Federspiels den stolzen Gerfalken (falco candicans) und den Wanderfalken (falco peregrinus), wenn man den letztern nicht während des Herbstzuges auf der Krähenhütte fing.

Denn auf steilem Felsen, weit über der schäumenden Brandung muß der stolze Vogel gehorstet haben, welcher der hoch sich schwingenden Reiher überflügeln soll; der schmutzige Habicht (falco palumbarius), welcher in niedern Gebirge oder etwa gar an Sandsteinklippen hügeliger

Niederung horstet, ist wohl zur Beize von Rebhühnern und Krähen, doch nicht zum hohen Fluge zu gebrauchen. Auch darf es kein aufgezogener Nestvogel sein, welchen man zur Beize verwendet, sondern einen alten muß man fangen, der gewohnt ist, in weiten Kreisen die klare Luft zu durchschwimmen und im pfeilschnellen Stoße sich auf den Gegner zu werfen, den sein scharfes Auge erspäht. Das Abtragen dieser stolzen Vögel war selbstverständlich eine höchst mühsame Arbeit. Drei Tage und drei Nächte wurde dem Falken durch Schaukeln in einem Ringe der Schlaf entzogen, bis er so gehorsam geworden war, daß er dem Falkonier auf die Hand flog und sich die Haube aufsetzen ließ. Dann wurde er geliebkost, man ließ ihn ein Rebhuhn fangen und gewöhnte ihn bei schönem, klarem Herbstwetter wieder an seine alte Beschäftigung, die Jagd. Die Geschichte dieser anziehenden Jagd ist so bekannt, daß es wohl überflüssig wäre, dieselbe zu schildern. Die Dichter des Morgen- und des Abendlandes haben sie besungen, und die Blüte des Minnesanges läßt sich nicht denken ohne den „aschfarbenen Falken, der die Beute raubt, wie Liebchens Stirnhaar die Herzen." Insbesondere beliebt war im Abendlande die Beize des hoch ziehenden Reihers. Wie der Falke diesem pfeilschnell folgte, mit allerlei Windungen und Wendungen über ihn zu kommen suchte und dann auf den Gegner herunterstieß, um ihn mit den Fängen zu fassen; wie der Reiher ihm den spitzigen Schnabel als Waffe entgegenstreckte, bis er doch schließlich von dem gewandten Kämpfer gepackt wurde und beide nun mit verwirrtem Flügelschlage zu Boden kamen, mit „Hussah" und Hifthornklange begrüßt von der auf findigen Rossen über Stock und Stein daherstiebenden Jagd; wie der erschöpfte Reiher dann, nachdem ein silberner Ring um seinen linken Ständer gelegt war, mit mattem Flügelschlage zu Horste zog, während der aufgehaubte Falke auf die Hand seiner Dame zurückgereicht wurde, das ist in Wort und Bild so hundertfältig beschrieben, daß man dem Leser wohl kaum etwas Neues darüber zu sagen vermöchte. Je seltsamer und entzückender das Schauspiel des Kampfes, desto gefährlicher und schwieriger war selbstverständlich das Reiten; denn die Augen, welche den Himmel offen sahen, achteten leider nicht immer mit der nötigen Sorgfalt auf Hecken und Gräben, und bei der wilden Eile, mit welcher die Jagd dahinzog, konnten leicht ein paar Rippen in Unordnung kommen. Es waren daher zur Falkenbeize ganz vorzügliche Jagdpferde erforderlich, und die ganze Ausrüstung verschlang unglaubliche Summen. „Hunde, Wilbret, Federspiel, Bringt kein Nutz und kostet viel", sagte das Sprichwort mit Recht. Dazu kamen mit der fortschreitenden Kultur die Flurschäden, welche um so größer waren, als die Beize meist im Monat Juni und Juli stattfand, wenn die Reiher noch im Gestände, aber auch die Fluren noch mit Getreide bestanden waren. So ging es in Deutschland zu Ende des vorigen Jahrhunderts mit dem fröhlichen Federspiel zu Ende.

In Holland hingegen blühte es bis vor ganz kurzer Zeit, und selbst die Engländer, welche 1835 und 36 in Brighton und 1839 zu Ditlington-Hall in Norfolk Reiherbeizen hielten, hatten die zu denselben verwandten Falken von einem flandrischen Falkonier bezogen. In der Nähe des königlichen Schlosses Loo in Geldern befinden sich Reihergestände, die vielleicht noch stärker besetzt sind als das im Reiherbusch bei Kleve, und dort haben auch noch bis vor mehreren Jahren Reiherbeizen stattgefunden. Leider scheint in dem verstorbenen Herrn Adrian van Mollen, von welchem in der Jagdausstellung eine Falkenausrüstung ausgestellt war, dem letzten flandrischen Falkonier das große Hallali geblasen zu sein; man war daher, wie gesagt, mit der Beschaffung der Falken zu der bevorstehenden Beize auf Irland angewiesen.

Am 26. und 27. September wurden die Falken zum Fluge gelassen. Der Falkonier zeigte zunächst die Dressur der Falken, indem er diese erst einzeln und dann paarweise, nach dem „Burrel" (einer toten, an der Schnur geschwängten Taube) stoßen ließ. Bei aller scheinbaren Einfachheit war das ein höchst interessantes Schauspiel, da es aufs beste die Ausdauer der Falken bewies, welche in kurzer Wendung umkehrten und nachstießen, so oft ihnen das Burrel fortgezogen ward. Alsdann wurden Tauben aufgelassen, welchen die Falken sofort nachschossen, um sie mit einem oder zwei Stößen zu töten. Für die Zwecke des niederen Fluges war dieser Erfolg durchaus befriedigend; und der Falkonier legte mit der festen und sichern Abrichtung seiner schönen Vögel alle Ehre ein. Zur Reiherbeize waren die Falken ihrer Jugend wegen nicht verwendbar. Der Turfklub von Spaa hatte einen Vertreter nach Cleve gesandt, der die Falken für genannten Klub erwarb.

In allerjüngster Zeit begegnete ich in der Fachpresse folgendem Inserat, das hiermit für Beurteilung der heutigen Lage des Falkensports noch mitgeteilt sei:

„Die Gesellschaft der Falkenjäger in St. Petersburg, unter dem Ehrenpräsidium Seiner Hoheit des Prinzen Alexander Petrowitsch von Oldenburg bringt hiermit zu allgemeiner Kenntnis, daß im August und September dieses Jahres öffentliche Prüfungen der Jagdfalken und verschiedener Hunderassen stattfinden werden. Die höchste Prämie beträgt 500 Rubel und wird laut Entscheidung der Experten für den besten Vogel oder für die beste Falkenjagd bestimmt; außerdem werden einige kleinere Prämien verteilt.

An den Prüfungen können ohne Ausnahme Alle, die es wünschen, mit ihren eignen Falken und Hunden teilnehmen. Genaue Programme (in russischer und französischer Sprache) werden auf Wunsch gratis versandt. Meldungen bittet man rechtzeitig einzureichen unter folgender

Adresse: Konstantin Petrowitsch Haller, St. Petersburg, Pokrowskaja Ploschtschad No. 107, Quart. 2."

Regelmäßig wird die Falkenjagd noch von den Arabern, insbesondere den Beduinen der Sahara, von den Persern, Indiern, verschiedenen Völkern in Kaukasien und Mittelasien, den Chinesen und anderen Mongolen betrieben. — Bei den Persern fand dieselbe bereits im 8. Jahrhundert Eingang.

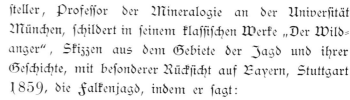

In Persien wird die Falkenjagd auf eigene Weise betrieben, die Jäger haben wie in allen Ländern den Falken auf der Faust sitzen und außerdem führen sie eine Anzahl Grauhunde an der Leine. Sobald die Antilopen sichtbar werden, suchen die Jäger so nahe als möglich zu kommen. Aber die Tiere merken es gewöhnlich und fliehen mit Windesschnelle fort. Die Reiter koppeln die Hunde ab und eilen nach. Handelt es sich nur um eine einzige Antilope, so werden sogleich die Falken aufgestoßen, hat man jedoch eine ganze Herde vor sich, so wartet man, bis die Hunde ein bestimmtes Tier markiert haben. Die Falken fliegen niedrig am Boden im Bogen ab und erreichen das Tier bald. Sie stoßen nun auf den Kopf desselben und führen wiederholte Angriffe in dieser Weise aus, so daß die Antilope vollkommen vom Schrecke erstarren gemacht wird. Sie läßt willenlos die Hunde herankommen, und bald umgeben Menschen, Pferde, Hunde und Falken das unglückliche Tier und richten ihre vereinten Anstrengungen gegen dasselbe. Hunde und Falken unterstützen sich gegenseitig in ausgezeichneter Weise. Die Antilope gilt für das schnellste vierfüßige Tier der Erde und dennoch überschreitet die Wegstrecke, welche sie zurücklegt, bis sie eingeholt wird, selten drei bis vier englische Meilen. Die Falken, welche zu dieser Jagd und auf Hasen und Hühner angewendet werden, sind nicht groß, aber sehr schön und symmetrisch. Wir lesen an verschiedenen Stellen, daß die Perser den Falken auch auf Menschen warfen. Auch in Indien war, wie bereits erwähnt, schon in grauer Vorzeit die Falkenjagd allgemein und die eingeborenen Fürsten des Landes huldigen ihr bis auf den heutigen Tag mit unverändertem Feuergeiste. Hier stieß der Adler sogar auf den Hirsch, die Gazelle, Antilope und den Eber. Heute noch reist der eingeborene indische Adel stets in Begleitung seiner Falken und die Vögel sind abgerichtet, dem Wilde entweder den Kopf zu zerschmettern oder die Augen auszuhacken.

Dr. Franz von Kobell, unser berühmter deutscher, leider kürzlich verstorbener, Jagddichter und Jagdschriftsteller, Professor der Mineralogie an der Universität München, schildert in seinem klassischen Werke „Der Wildanger", Skizzen aus dem Gebiete der Jagd und ihrer Geschichte, mit besonderer Rücksicht auf Bayern, Stuttgart 1859, die Falkenjagd, indem er sagt:

„Zwei Vögel haben Jahrhunderte hindurch eine Rolle auf der Welt gespielt, wie sich deren weder des Zeus blitztragender Adler, noch das Käuzlein der Minerva, noch der Juno stolzer Pfau, oder die Tauben der rosigen Kypris rühmen können. — Diese Vögel sind der Falke und der Reiher.

Was auf festem Grunde im Wald und Flur, Hund und Hirsch für die Parforcejagd, das war im Reich der Lüfte der Falke und der Reiher. In Ermangelung der letzteren oder zur Abwechslung ging die Jagd auch auf andere Vögel und sogar auf Kaninchen und Hasen, und nannte man dieses Jagen „Beizen", oder die „Beize."

Wie schon bemerkt, wurde in den frühesten Zeiten der Falkenbeize die verschiedensten stärkeren vierläufigen Tiere durch den Falken erlegt, in späteren Zeiten aber war der Hase der einzige Vierfüßler, dem man noch die Ehre dieser Jagd anthat. Die vornehmste Falkenjagd war die Reiherbeize, sonst jagte man die Trappen, Enten, das Rebhuhn, die Hühnerweihe, Krähen, Raben, Elstern und auch kleinere Vögel, wie Lerchen und Sperlinge. — Zu diesen Jagden verwendete man je nach dem Wilde, welches verfolgt werden sollte, verschiedene Gattungen von Falken. Bei allen diesen Vögeln ist der Kopf klein und befiedert, ihre Augen seitlich, der Schnabel kurz, schon von der Wachshaut an hakenförmig herabgekrümmt, ohne Kuppe; die Fänge mit langen befiederten Zehen und kräftigen, stark gekrümmten, spitzigen Krallen. Die Flügel sind lang und spitzig, damit sie leicht sehr hoch streichen und sich pfeilschnell auf die Erde niederlassen, um ihren Raub mit den Fängen in die Luft zu erheben. Ihr Gesicht ist außerordentlich scharf. Sie leben fast ausschließlich von rotblütigen Tieren und nur beim äußersten Hunger von Aas. Die Weibchen sind prächtiger und meist um ein Drittel stärker als die Männchen; während das Verhältnis bei anderen Vögeln gerade umgekehrt ist. Die Jungen sind anders gefärbt und bekommen erst im dritten Jahre, wo sie anfangen Eier zu legen, das Gefieder der Alten, wodurch die Unterscheidung der Alten sehr schwer wird.

Es giebt unter den Falken Stand-, Streich- und Zugvögel, sie lassen sich jedoch nur bei Tage sehen und schlafen des Nachts auf Felsen, Türmen und Bäumen,

wohin sie auch ihre Horste bauen. Obschon sie schlau sind, so verführt sie doch ihr Mut, jede Anposchung anzunehmen, dorthin zu streichen und sich fangen zu lassen.

Nach der Länge ihrer Schwungfedern im Vergleich zu ihrem Schwanz werden die Falken im allgemeinen in lang- und kurzflügeliche eingeteilt; ferner unterscheidet man edle und unedle. Nur die Edelfalken werden zur Jagd benutzt, mit diesen allein haben wir uns also hier zu beschäftigen. Die Edelfalken sind im Verhältnis zu ihrer Stärke die mutigsten Vögel, was in der Kraft ihrer Fänge und ihrer Flügel seinen Grund hat. Der Schnabel ist schon von der Basis an gekrümmt, mit einem scharfen Zahn an der Seite, nicht weit von der Spitze; die zweite Schwungfeder ist die längste. Der Falke läßt sich leicht zur Beize abtragen, zur Jagd lehrt man ihn das Wildbret verfolgen und auf den Ruf zurückzukehren. Seine Beute ergreift er, wenn sie nicht ganz klein ist, wie Insekten und Regenwürmer, mit den Fängen, trägt sie auch den Jungen, die mit Flaum bedeckt sind, zu. Diese werden von den Alten sehr lange im Horst und auch später noch eine Zeit lang gefüttert und lassen sich leicht aufziehen. Die Falken dürfen nie anhaltend bloßes Fleisch bekommen, sondern immer zur Abwechslung. Stücke mit Federn oder Haaren, womit sie sich den Magen reinigen und die sie dann zusammengeballt als „Gewölle" (sogenannte Falkenpille) wieder ausspeien.

Für Falkenbeize wurden folgende Falkenarten abgetragen:

1) Der Jagdfalke (falco islandicus Lath.),
2) Der Würgfalke (falco lanarius Linn.),
3) Der Wanderfalke (falco peregrinus Linn.),
4) Der Lerchenfalke (falco subbuteo Lath.),
5) Der Zwergfalke (falco aesalon Lath.),
6) Der Turmfalke (falco tinnunculus Linn.),
7) Der kleine Turmfalke (falco tinnunculoides Natter),
8) Der rotfüßige Falke (falco rufipes Bechst.),

und verweise ich auf die mustergiltige Beschreibung dieser Falken in der deutschen Jäger-Zeitung: Die Artkennzeichen der Tagraubvögel von Professor Dr. Altum in Eberswalde.

ferner werden auch benutzt:

9) Der Habicht (falco palumbarius Bechst.),
10) Der Sperber (astur nisus Linn.)

Zur Ausübung der Falkenjagd und zum Abtragen der Falken brauchte man verschiedene Gerätschaften.

Die Falkenkappe (der lederne Hut) diente dazu, den Falken zeitweise im Finstern zu halten, was von bedeutender Wirkung bei seiner Dressur auf der Faust ist.

Der Hut wird aus einem Mittelstücke von steifem Leder gemacht, an welchem zwei Seitenteile sauber angenäht werden. Eine Öffnung für den Schnabel, so weit, daß der Vogel die Falkenpillen ungehindert ausspeien kann, einen Schlitz, um den Hut leicht über den Kopf ziehen und mit Lederstrippen sicher befestigen zu können. Diesen Hut schlägt man über eine hölzerne Form, worauf die Augen durch aufgeheftete, konvexe Lederstückchen bezeichnet sind, um ihn ganz genau passend und so ausgebogen an den Augen zu machen, daß diese nicht gescheuert werden können. Gewöhnlich schmückt man den Hut mit einem Federbusch, wodurch der Vogel leicht erkennbar wird. Da es jedoch vorkommt, daß der Falkenhut doch nicht ganz genau paßt und oft an den Augen scheuert, so bedient man sich häufig noch einer Haube; sie ist genau in der Form des Hutes, und aus weichem Leder oder Tuch hergestellt. — Da aber diese rauhen Stoffe die Augen leichter scheuern als glattpoliertes Leder, so schafft die Haube eher Nachteil. Sie hat auch einen Ausschnitt für den Schnabel und einen Schlitz, um das Aufsetzen zu erleichtern. — Weiter gehört zur Falkenausrüstung der Riemen zum Festbinden der Fittige von eingefangenen Falken zur Verhütung des Flatterns, wodurch leicht Federn gebrochen werden und Kraft und Ansehen leiden.

Die Kurzfesseln mit Glocken sind kurze Lederriemen, die um jeden Fang des Falken befestigt werden, um ihn daran zu halten, wenn man ihn auf die linke Faust gehoben. An jedem Ende ist ein Ring, in dem bei der Dressur der Karabinerhaken der Langfessel oder die Falkenleine eingehakt wird, am anderen Ende hat diese Langfessel nur eine Schleife, um sie durch eine Schnur nach

Bedürfnis verlängern zu können. Die Kurzfessel ist mit den Glocken verbunden und beide trägt der Falke auch beim Fluge, damit man ihn hören und wiederfinden kann.

Das Federspiel, bestehend aus einem Büschel Federn, in deren Mitte ein gabelförmiges Stück Holz zur Aufnahme von rohem Fleisch befestigt ist, benutzt man, wenn der Falke nach einer Fehlbeize, oder nachdem er seine Beute gefangen hat, wieder auf die Faust des Falkoniers zurückkehren soll. Das Annehmen des rohen Fleisches im Federspiel lernt der Falke nicht beschwerlich, und kommt danach, sowie es ausgeworfen wird, schnell zurück.

Freilich brauchte man noch ein Paar Falkonier-Handschuhe aus festem Leder, welche den Falkonier gegen das Durchgreifen des Falken schützen, wenn er ihn auf der Faust trägt. In den Glanztagen der Falkenjagd wurde gerade hiermit ein großer Luxus getrieben.

Zur Aufbewahrung der Falken dient ein Falkenhaus, das nach Westen und Süden vergittert, nach Norden und Osten gegen die Winde geschützt sein muß. — Bei gutem Wetter wird der Luft Tag und Nacht der Zutritt gestattet, wenn es aber kalt wird, hat man das Haus auch mit Fenstern zu schließen. Der Fußboden der Räume, worin sich die Falken befinden, muß immer mit frischem Sande bestreut werden und in der Mitte ein trockner Stamm stehen, auf dem die Vögel blocken können.

Zum Transport der Falken von einem Ort zum andern braucht man noch einen Käfig aus leichtem Holz, am liebsten 4 Fuß 6 Zoll lang, bei 2 Fuß Höhe, welcher Querstangen hat, deren Stärke nach den Fängen der Falken einzurichten ist, die darauf fußen sollen.

Die zur Abrichtung erforderlichen Falken kann man entweder ganz jung aus den Horsten ausnehmen oder sie später, was viel besser ist, wenn sie selbst schon auf Raub ausgehen, in Falkenkörben fangen.

Die Gesundheit und das Wohlbefinden des Falken hängt von der Art und Weise ab, wie er gehalten wird. Die Vögel brauchen notwendig Bäder an feuchten Stellen in fließendem Wasser, in der warmen Jahreszeit sogar einen Tag wie den andern. Man füttert sie leicht vor dem Bade, nimmt sie ohne Hut an die Langfessel, läßt sie allein ins Wasser gehen, gestattet aber nach dem Bade das Schlagen mit den Flügeln nicht, sondern bedeckt sie und bringt sie ins Haus zurück.

Auch Luftbäder sind notwendig. Hierzu werden sie erst satt gefüttert, damit sie faul werden und keine Lust zum Stoßen haben, darauf läßt man sie, je nach dem Grade der Zähmung, entweder mit oder ohne Haube, auf die zu diesem Zwecke beim Falkenhause aufgestellten trockenen Stämme. Mit Ausnahme der Regentage können sie so täglich mehrere Stunden in frischer Luft zubringen.

Bei der Aufzucht junger Falken muß man sorgsam zu Werke gehen, sie müssen warm gehalten und möglichst wenig angefaßt werden. Am besten stellt man einen Korb in Brusthöhe auf eine Hecke und bereitet ihnen darin ein Bett. Man füttert sie mit magerem Hammel- oder Rindfleisch, was ihnen der Falkonier in schmale, längliche Stücke geschnitten des Morgens und des Abends reicht, indem er sie dabei immer mit demselben Laut, an den sie sich sehr rasch gewöhnen, anruft. Dann und wann erhalten sie auch eine Taube oder Krähe der Reinigung des Magens halber.

Werden die jungen Falken nicht gut gefüttert, so bleiben sie in der Federbildung zurück und es zeigen sich an den Federn sogleich feine Schnitte, wie mit einem Rasirmesser gemacht, in diesem Falle kann man dann nur nachhelfen, indem man ihnen täglich mit dem Fleisch ein rohes Ei giebt.

Sobald die Jungen die vollen Federn haben und anfangen zu streichen, so werden ihnen die Kurzfesseln und die Glocken angelegt, man läßt sie frei umherstreichen oder nimmt sie ohne Glocken an die Falkenleine, wenn man ihrer noch nicht ganz sicher ist. Füttert man die jungen Falken gleich des Morgens ganz satt, so kann man sie schon ziemlich lange in Freiheit lassen, ohne daß sie auf den Gedanken kommen, auf eigene Hand zu jagen, denn das thun sie nur, wenn sie hungrig sind.

In der Mauser, welche früh im Herbst beginnt, verlangt der Falke große Aufmerksamkeit, weil er in dieser Zeit häufig an Appetitlosigkeit, Fieber und Würmern leidet. Er muß warm, aber luftig, ohne dem Zuge ausgesetzt zu sein, in seinem Hause gehalten, gut gefüttert und oft gebadet werden. Erst volle vier Wochen nach der Mauser darf er wieder zur Jagd benutzt werden.

Der Falkonier soll einen großen Vorrat von Federn aller der Gattungen von Falken besitzen welche er in seiner Obhut hat, damit er etwa gebrochene Federn wieder herstellen kann. Dies geschieht, indem die geschädigte Feder schräg durchgeschnitten und eine andere derselben Gattung genau dem Schnitt angepaßt wird; dann werden zwei Nadeln in die Enden eingeführt, welche man nun mit einer Auflösung von Hausenblase und Weingeist wieder verbindet.

Die Kondition des Falken wird dadurch hervorgebracht, daß man ihm durch Diät und Abführungen in der Gefangenschaft das zu ersetzen sucht, was er bei seiner Freiheit verloren hat.

Den Grad seiner Kondition beurteilt man nach dem Gewicht und richtet danach die Quantität und Qualität des Futters ein.

Die Abrichtung des jungen Falken beginnt mit dem Aufsetzen der Haube, sowie dem Anlegen der Kurzfesseln und Glocken.

Zu Anfang wird er nach dem Aufdecken versuchen, die Fesseln zu zerbeißen, was sorgfältig verhindert werden muß. Verträgt er erst diese Geräte, so fesselt man ihn an und läßt ihn 24 Stunden hungern, worauf er auf die Faust genommen, aufgedeckt und mit einem Vogel gefüttert wird.

Will er nicht kröpfen, so wird er wieder verkappt und erst nach 24 Stunden wieder vorgenommen. Sollte er auch fünf Tage lang auf der Faust nicht freiwillig kröpfen wollen, so muß man ihn unbarmherzig jedes Mal wieder verkappen und hungrig anfesseln. Je öfter er übrigens während dieser Zeit abgekappt und auf der Faust getragen wird, desto eher wird er zahm werden und auf der Faust freiwillig kröpfen. Ist er erst so weit, so beginnen nun die eigentlichen Lektionen, vor deren jeder er erst lange auf der Faust getragen und nach denen er bedeckt angefesselt werden muß. Die ersten Lektionen bestehen darin, daß der Vogel aufgedeckt auf eine Stuhllehne gesetzt wird und von da, um zu kröpfen, auf die Faust des Falkoniers erst hüpfen, später immer weiter streichen muß; dasselbe wird dann im Freien wiederholt, wobei man aber durch einen langen, an der Langfessel angebrachten Faden das Entwischen verhindert; der Falkonier steht übrigens so, daß der Falke gegen den Wind zu streichen hat, da er, wie alle Vögel, nicht gerne mit dem Winde zieht. Macht er nun seine Sachen so weit gut, so wird er des Abends verkappt, in einen schwebenden Ring gesetzt und die ganze Nacht hindurch geschaukelt, so daß er gar nicht schlafen kann. Am folgenden Morgen werden die früheren Übungen wiederholt, er bekommt auf der Faust zu kröpfen, wird den ganzen Tag über getragen und dann wieder die ganze Nacht im Reif geschaukelt, ebenso wird am dritten Tage und in der Nacht verfahren; am vierten Tage wird alles wiederholt und ihm nun erst nächtliche Ruhe gegönnt. Am folgenden Tage wird er ohne Schnur, nur mit Beibehaltung der Langfessel, frei auf den Boden gesetzt und muß, um zu kröpfen, auf die Faust streichen. Fliegt er an dieser vorbei, so geht man ihm nach und lockt ihn so lange, bis er doch endlich kommt. Diese Übung wird nun oft im Freien wiederholt, auch der Vogel gewöhnt, dem zu Pferde sitzenden Jäger auf die Faust zu streichen und weder Menschen noch Hunde zu scheuen. Darauf folgen die eigentlichen Übungen zur Beize selbst: man wirft eine tote Taube in die Luft und läßt den an der Langfessel und Schnur gehaltenen Vogel nachschießen und das erste Mal ein wenig daran kröpfen, späterhin wird ihm die Taube aber immer gleich abgenommen und er bekommt auf der Faust etwas zu kröpfen.

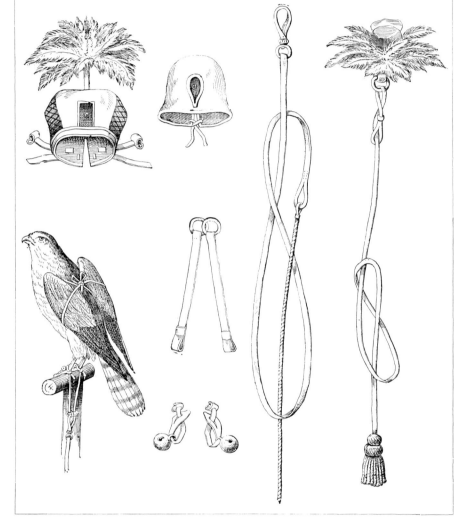

Dieselbe Übung wird an den folgenden Tagen mit lebenden Vögeln, deren Schwingen gestutzt sind, wiederholt. Darauf sucht man mit dem Hühnerhunde nach Rebhühnern, wo möglich einem einzelnen, deckt den Vogel, sobald er aufsteht, schnell auf und läßt ihn nachschießen. Sollte er feststoßen, so lockt man ihn mit einer lebenden Taube, deren Schwingen gestutzt sind, oder mit dem Federspiel zurück. Um ihn zu gewöhnen, auch stärkere Vögel, wie Reiher, Kraniche ꝛc. anzugreifen, übt man ihn erst an den jungen Vögeln dieser Art, oder solchen, deren Schwingen verstutzt sind; auch läßt man ihn anfangs, wenn möglich, in Gesellschaft eines guten Falken arbeiten.

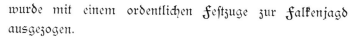

Die Abrichtung alter Falken ist kein so leichtes Geschäft, wie das eben geschilderte. Vor allen Dingen muß man dem Falken die Haube aufsetzen, die Kurzfessel und die Glocken anlegen und dazu wird es im Anfang immer notwendig sein, ihm die Flügel zu binden, damit er sich nicht durch Flattern das Gefieder beschädige, und ihm der Schnabel und die Fänge mit der Zange und Feile abzurunden. In den ersten Tagen darf er nur einmal täglich Futter und zwar abgewaschenes Fleisch bekommen, um ihm erst den Mut zu brechen, wozu auch notwendig sein wird, ihm den Schlaf zu rauben, entweder wie oben beschrieben, durch Schwingen im Ringe, oder daß man ihm von oben herab Wasser auf den Rücken tropfen läßt. Der Falkonier muß sich immerwährend mit ihm beschäftigen und es erst dahin zu bringen suchen, daß er ihn berühren kann, ohne daß der Vogel flattert. Hat sich der alte Falke einmal an den Mann gewöhnt, dann ist er ihm mehr zugethan als die jungen. Verträgt der Vogel nun erst den Hut, so kann er etwas besser, aber immer noch mit gewaschenem Fleische gefüttert werden. Ist er endlich zahm geworden und kröpft auch in Gegenwart des Falkoniers und zwar ganz in seiner Nähe,

dann muß man mit dem Kröpfen am Federspiel beginnen, bis er endlich auch im Freien davon kröpft. Der alte Falke dürfte wohl selten dahin zu bringen sein, daß er dem Falkonier auf die Faust kommt und nach dem Fange des Wildes wird er gewöhnlich nur durch eine lebende Taube zurückzurufen sein.

Soll am nächsten Tage mit dem Falken gejagt werden, so bekommen die Vögel nur ein leichtes Futter; das mehr oder weniger richtet sich nach dem Grade ihrer Kondition und nach ihrer Sicherheit in der Abrichtung. Nach der Jagd werden sie sofort auf dem Felde satt gefüttert und darauf müssen dann zwei volle Tage vergehen, ehe sie wieder zur Jagd zu gebrauchen sind. Ein noch nicht vollkommen abgerichteter Falke muß hungrig zur Jagd genommen werden, jedoch hüte man sich dabei vor Übertreibung, weil sonst der Falke leicht in der Erwartung des Futters um den Falkonier kreisen wird, statt auf die Beute zu stoßen.

Da, wo eine vollständige Falknerei angerichtet war, wurde mit einem ordentlichen Festzuge zur Falkenjagd ausgezogen.

Die Falkenjagd dauert vom Dezember bis zum Juni, weil zu dieser Zeit die Mauser bereits beginnt und die nordischen Falken die Sonnenhitze nicht vertragen.

„Kaum ist die Sonne emporgestiegen, lesen wir in „Daheim", und der Wächter vom Turm hat sein Taglied geblasen, da wird es lebhaft im altertümlichen Burghof. Geschäftig eilen die Knappen und Mannen einher, um alles zum Jagdzuge vorzubereiten. In den Ställen stampfen und wiehern die Rosse, als wüßten sie, daß sie nun bald erlöst würden und hinaus sollten in die frische Morgenluft zum fröhlichen Jagen. Die Rüstkammer wird geöffnet; aber nicht die blinkenden Harnische, die schweren Helme, Schwerter und Radbüchsen werden von ihren Plätzen genommen; heute gilt es keinen Beutezug gegen die Kaufleute der nahen Stadt, so ein berüchtigter „Fehder" der Burgherr auch ist und so oft er auch Bürger gefangen ins Verließ gelegt, bis sie gegen eine hohe Summe gelöst wurden, heute wird zu leichteren Waffen gegriffen, denn das edle Waidwerk soll zu seinem Rechte kommen. Da wird die „Schweinsfeder" genommen, mit der breiten, wehrhaften Spitze, auf der der borstige Eber sich zu Tode rennen soll, die blanken, schön verzierten Hifthörner sind vom Haken gelöst und ein munteres Hallali tönt, im Chore geblasen, durch den Burghof, daß das Echo munter widerhallt von den altersgrauen Wänden, von den Söllern und Giebeln. Dazwischen bellen die angekoppelten Rüden und stampfen die herausgeführten, breitrückigen Jagdpferde. Bunt wogt es durcheinander — ein echt mittelalterliches Bild, im Schatten begraben von den hohen Burgmauern, über welche die Sonne noch nicht hinüberlugt.

Jetzt tönen auch Schritte durch die weiten spitzbogigen Säle des Schloßbaus; niedliche, haubengeschmückte Gesichter der Jungfern werden an den Fenstern der Frauengemächer sichtbar, denn auch die Burgfrau und das Edelfräulein haben sich vom weichen Pfühl erhoben, auch sie wollen teilnehmen an den aufregenden Freuden der Jagd, gilt es doch heute Reiher zu beizen, „ein fürnehmb Handwerk", wie ein Chronist sagt. Das bauschige Reitkleid wird von den Jungfern dem Edelfräulein angelegt, nun folgt das sammtne Mieder mit aufgepufften Ärmeln, um das reiche, wallende Haar wird ein Netz aus Goldfäden gelegt, den Kopf deckt das zierliche Hütchen mit wehenden Federn in den Farben des gräflichen Hauses. Der Frühimbis ist genommen, und in der schöngeschmückten, gotisch gewölbten Jagdhalle trifft die Gesellschaft zusammen, in kolossalen Humpen macht jetzt der Jagdtrunk die Runde; mit einem fröhlichen „Waidmanns Heil!" reicht ihn der Burgherr dem wohlbeleibten Abt des nahen Klosters, der schon früh auf seinem Maultier hierher geritten ist.

Da ertönt ein neues Hallali schmetternd aus den Hifthörnern draußen im Burghof. Alles ist bereit, man bricht auf, die Pferde werden bestiegen. Jetzt erst erscheinen die Falkoniere, schlanke Burschen in malerischer Tracht, jetzt erst haben sie die edlen Jagdfalken aus ihren Behältern geholt, wo sie seit gestern gefastet. Wahrlich, edle Tiere! Wie schön und schlank erscheinen die Verhältnisse, wie glänzt das glatte Gefieder; aber das kühne Auge mit dem scharfen Blick, das aus Himmelshöhen bis auf die Tiefe der Erde herabschaut, das kleinste dort erkennend, vermögen wir nicht zu sehen, denn eine mit Federn geschmückte Lederkappe birgt den Kopf — sie wird erst abgezogen, wenn der geeignete Augenblick gekommen. Die Vögel fühlen ordentlich, was ihnen bevorsteht, sie hören den Hörnerklang, das Wiehern der Rosse, das Klirren der Jagdwaffen, sie wittern die Beute, schlagen mit den schlanken pfeilspitz gebauten Flügeln; kaum kann sie der Falkonier bändigen.

Und nun bricht der Zug auf. Hinaus geht es durch das Thor, rasselnd ist die Zugbrücke über den weiten Burggraben gefallen, und hervorquillt die bunte, vom Strahl der Morgensonne beschienene fröhliche Jagdgesellschaft. Voran die Knappen mit den schmetternden Hifthörnern, dann der Burgherr, der Abt, das Edelfräulein, die Junker und all die anderen Gäste. Flinken Laufs trotten neben ihnen die Falkoniere einher, bis sie im gegebenen Moment die Vögel den Jägern reichen. So geht es fort, weiter und weiter, dem Schauplatze der Jagd zu.

Dort, neben dem dichten Walde, in dem der Zwölfender und das Schwein schon oft bei dem Birschgange und Treiben aufgestört wurden, wo jetzt durch die grünen schattigen Hallen der Vögel munterer Sang den Morgen begrüßt, dort dehnt eine weite, von Sümpfen durchzogene Haide sich aus. Wild und üppig wuchert dort das Gestrüpp, im Haidekraut birgt sich die dunkle Viper, an den Sümpfen fischt der schlanke Reiher. Im nahen Walde, auf den hohen Bäumen steht sein Horst, dorthin hat er dem brütenden Weibchen die Nahrung im Kropfe zu bringen. Er ist ein redlicher Nährvater und schleicht nun am Wasser leise und vorsichtig hin, mit gekrümmtem, abwärts gebogenem Halse und gesenktem Schnabel. Jetzt sieht er den Fisch und blitzschnell stößt er ins Wasser, aus dem er die zappelnde Beute hervorholt und sie verschlingt. Aber lange soll er seines Raubes sich nicht freuen, denn plötzlich stört den scheuen und vorsichtigen Vogel klaffendes Hundegebell auf. Durch Sumpf und Heide sprengt das Edelfräulein, auf hohem Zelter, einher, gefolgt von einem Junker, der laut mit der Peitsche kallt; um das Paar herum stürmen die schlanken Rüden, die den Reiher aufgestört. Es scheint, als wüßte der silberglänzende Vogel, was ihm bevorsteht, denn nur in schleuniger Flucht in die himmelhohen Lüfte kann er Rettung gewinnen. Schnell giebt er, um sich leichter zu machen, den Fisch wieder von sich und steigt auf. Aber fast gleichzeitig hat das Edelfräulein ihrem Jagdfalken die Kappe von den Augen gerissen, und sofort erblickt der hungrige und abgerichtete Raubvogel seine Beute. Der Wettkampf beginnt, spannend verfolgt von den Jägern unten. Höher und höher steigt der Reiher, kühner und kühner schwingt der sehnige Falk die Fittiche; wem von beiden es gelingt, den andern zu ermüden, ihn zu überholen, dem fällt der Siegespreis zu. Gewaltig schlagen die großen Flügel des Reihers die Luft, aber kräftiger, eleganter arbeitet der Falke — nun sind sie in gleicher Höhe, die letzten krampfhaften Anstrengungen werden gemacht, ein kreischender Schrei ertönt herab aus der Luft, der Falke hat gesiegt, und obgleich er schon dem Auge des Menschen zu entschwinden droht, so gewahrt man doch, wie er den Reiher, dessen Kräfte nachlassen, überwirbelt, und er weit über ihn sich im blauen Äther schwingt. Der entscheidende Moment naht. Wie ein ruhender Punkt schwebt der Falk über dem Reiher, der den Kopf aufwärts wendet und den spitzen langen Schnabel als Waffe senkrecht emporhebt. Aber den blutgierigen Räuber der Luft schreckt diese Waffe nicht; eng zieht er die Flügel an und stößt herab wie ein Blitz; der Reiher ist trotz seiner Gegenwehr gepackt, und hinunter stürzen beide schallend ins Haidekraut.

Laut schmettert wieder das Hifthorn des Junkers, triumphierend den fernen Jägern das Ergebnis verkündend. Dann springt er vom Pferde, beraubt den gefangenen Vogel der schönsten Federn und reicht sie galant der Dame. Dem gebeizten Reiher aber legt er einen Ring um die Ständer, auf dem die Jahreszahl des Fanges verzeichnet ist; dann läßt er ihn fliegen, während dem Sieger wieder die Haube angelegt wird.

So etwa betrieb man die Falkenjagd im Mittelalter und bis hinein in das siebenzehnte Jahrhundert. Wer könnte diesen herrlichen, nun fast ganz aus der Übung gekommenen Teil der edlen Waidmannskunst besser darstellen, als Wilhelm Diez in München, der realistische und doch allzeitig anmutige Meister, der seine Stoffe mit gleicher Geschicklichkeit, mit gleichem Geschmacke in unseren Tagen wie in der Zeit des dreißigjährigen Kriegs und im Mittelalter sucht und mit unverkennbarer kulturhistorischer Treue wiederzugeben versteht? Man sieht es diesen

Arbeiten an, daß sie aus einem liebevollen Studium hervorgegangen sind und daß selbst die kleinsten Einzelheiten im Kostüme der Wirklichkeit angepaßt sind. Das Bild, welches Professor Diez uns nach seinem Gemälde zeichnete (vgl. S. 201), wo der schöne Junker dem stattlichen Edelfräulein in der einsamen Heide so nahe zur Seite blieb, es läßt uns ahnen, daß es auch zwischen den beiden an romantischen Abenteuern nicht gefehlt haben mag. Uns wenigstens ist dabei ein Vers aus einem alten Jägerliede eingefallen:

> Er drückt das Händchen so weich und zart,
> Er küßt die Lippen nach Jäger Art.
> Und wolltest du wohl die Jägerin sein
> Du rosenrotes Liebchen mein?
> Trara!
> Das Mägdelein flüsterte: ja!

Betrachten wir nun die verschiedenen Falkenjagden, so finden wir an erster Stelle:

1. Die Reiherbeize,

die vornehmste von allen, wird zur hohen Jagd gerechnet und ist entweder eine Passage- oder Sprungbeize. — Erstere findet statt in einer Gegend, wo Reiherstände sind und diese Vögel zwischen Teichen und Bruthölzern hin und her wechseln. Geht der Reiher zur Atzung nach dem Teich, so heißt er ein Ausgänger, ist körperlich leicht und schwer zu beizen; kehrt er als Eingänger gesättigt nach dem Horst zurück, so ist er schwerfällig im Fluge und wird leicht vom Falken überholt. Auf der Mitte eines solchen Wechsels steht gewöhnlich das sogenannte Jagdschloß, auf dessen flachem Dach die den Flug der Vögel beobachtenden Zuschauer unbeschränkte Aussicht haben. Zu dieser Beize auf einen Reiher benutzt man einen Irländer, einen Geier und einen Schlachtfalken, oder neben ersteren zwei der letzten Gattung. Die Luftjagd ist am günstigsten, wenn der Wind vom Walde herkommt, weil die Falken denselben leichter bekämpfen als die Reiher.

Schon vorher haben berittene Falkoniere die Ufer des Teiches in solcher Entfernung abgeäugt, daß sie den Stand des Reihers kennen, ohne daß dieser sie gewahrte. Die Falkenträger reiten inzwischen in der Richtung nach dem Schlosse, oder haben sich in kurzen Entfernungen von einander aufgestellt. — Sobald der Reiher von der entgegengesetzten Seite aufgestöbert ist, nimmt er seinen Flug nach dem Horste, worauf die Musik eine Fanfare beginnt und die drei Falkoniere ihre Beizvögel aufdecken. Die Falken sehen den Reiher und steigen in die Luft. Der Isländer vermag die Luft geradeauf und geradeaus zu durchschneiden, die Schlachtfalken müssen auf Umwegen und durch Kreisen dahin gelangen, daher wahrscheinlich der Isländer, den Reiher überfliegend, ihn manchmal schon geschlagen hat, wenn die Schlachtfalken ankommen und auf ihn stoßen. Hierbei ereignen sich öfter blutige Szenen; der Reiher legt den Hinterkopf auf den Rücken und hält den Schnabel gleich einem Speer dem Falken entgegen. Stößt dieser unachtsam, so spießt er sich nicht selten auf. Unterdessen wechseln die Falken mit Stoßen ab. Der sich verteidigende Reiher wird an den Flügeln und am Halse geschlagen, manchmal sogar durch einen Schlag an den Kopf betäubt.

Endlich den vielen Angriffen erliegend, oder von der tapferen Verteidigung erschöpft und von einem ihn packenden Falken gekrallt, vermindert sich sein Flug, dann stürzt er zu Boden mit dem auf ihm sitzenden Falken. So oft während der Luftjagd ein Falke stößt, erschallen Pauken und Trompeten. Die schleunigst herbeigeeilten Falkoniere geben den Falken auf dem verendeten Reiher die Atzung.

Die Sprungbeize

findet meistens im Sommer auf einzelne junge Reiher statt. Reviert der reitende Falkonier einen Teich ab, so steht der junge Reiher auf und erhebt sich nach dem Walde zu; sofort werden ein oder mehrere Beizvögel an ihn geworfen. Auch ein Habicht, welcher nur auf Reiher abgerichtet worden, ist am Teiche zu verwenden. Sieht man einen Reiher im Wasser stehen, so läßt man einen Habicht steigen. Dieser kreist über dem sich nicht fürchtenden Reiher eine Zeit lang, bis er den besten Moment zum Stoßen wahrgenommen hat. Gelingt der erste Angriff nicht, oder kann der Reiher erst zum Steigen kommen, dann ist die Jagd ohne Erfolg.

2. Die Hasenbeize

auf freiem Felde, bei Schnee oder im Sturzacker, wo der Hase im Laufen behindert ist, gewährt oft mehr Vergnügen als die Hetze mit Windhunden. Die Reiter verteilen sich auf 50 Schritt Entfernung, wie beim Revieren über die Stoppel. Fährt ein Hase aus dem Lager, so wirft der Träger des „Vorgängers" — besten Edelfalken — diesen an den Hasen, worauf er stürzt, stößt und den Hasen ins Gerick schlägt. Bald folgt der zweite Falke und wechselt mit jenem ab, bis Campe nicht mehr weiter kann. Zuweilen nehmen kräftige Beizvögel den Hasen mit ihren Fängen ein Stück in die Höhe. Dann eilen die stets folgenden Reiter herbei, geben den Falken auf dem Hasen die Atzung und setzen entweder die Jagd fort, oder stellen die Falken, bedeckt, auf die Trage. Damit letztere bei einer Feldjagd nicht abhanden kommen, werden Sie entweder durch das ihnen bekannte Pfeifen, durch einen ausgestopften Hasen oder durch das Federspiel angelockt. Um einen Hasen oder ein Kaninchen in Niederbusch zu legen, benutzt man den Habicht, der unbedeckt vom Falkonier zu Fuß getragen wird. Naht der Hühnerhund einem Hasen, so wirft man den Falken ab, der, sobald der Hund den Hasen „aufsticht" und abgerufen wird, denselben verfolgt und auf den Blößen angreift. Hierbei gehen leicht Falken verloren.

3. Zur Trappenbeize

eignet sich vorzugsweise der Geierfalke. (Wahrscheinlich falco gyrfalco). Etwa 300 Schritt von dem Fluge Trappen, und möglichst näher, läßt man zwei Falken zugleich ausgehen. Gewöhnlich wählt der Vorgänger eine

Trappe zum Angriff, auf die dann der zweite gleichfalls stößt. Die Trappen mit ihren kurzen Flügeln und schweren Körpern müssen, um sich zu erheben, erst eine Strecke laufen, unterdeß haben die Falken eine derselben durch Schläge an den Hals und Kopf so weit gebracht, daß sie nicht mehr zu steigen imstande ist. Die angenehmste Trappenbeize giebt es in der Fristzeit des Herbstes und zwar auf Stoppelfeldern.

4. Die Entenbeize

machen am besten drei Schlachtfalken auf Teichen. Man läßt diese zugleich abgehen. Die Enten sehen sie, tauchen unter, kommen aber wieder zum Vorschein, worauf man sie aufscheucht. Jeder Falke greift dann eine Ente an und nach einer Verfolgung von ca. 200 Schritt ist sie seine Beute.

5. Eine Rebhühnerbeize

mit denselben Falken ist sehr unterhaltend. Sobald der Hühnerhund vorsteht, deckt man die drei Falken auf; der Hund springt auf Befehl in dem Augenblicke ein, wo die Falken abgeworfen werden, und jeder Beizvogel hat seine Huhn gefaßt. Auf diese Weise kann man in hühnerreichen Gegenden während zwei Stunden etwa 50 Hühner fangen. Da diese, wenn der Jäger rasch abnimmt, nicht sehr beschädigt sind, kann man sie zum Aussetzen im Frühjahr benutzen.

6. Krähen, Raben, Elstern

beizt das Weibchen des Schlachtfalken am besten. Sieht ein reitender Falkonier eine Krähe in der Nähe, so läßt er einen Uhu fallen, den die Krähe sofort besucht und befehdet. Unterdes kreisen sie die anderen Falkoniere ein, und werfen ihre drei Falken an den sich hoch erhebenden Vogel. Die Elster, im Baum versteckt, wird aufgestöbert, damit sie die Beizvögel sehen; sodann läßt man sie daran.

7. Die Beize auf die Hühnerweihe

mit einem im Verhältnis zu den andern viel Hitze vertragenden Blaufuß ist amüsant, da er bei seinem hohen Fluge alle übrigen Vorteile der Habichte gewährt und in der Regel mit seinen Stößen den Krieg beendet. Ein Falkonier reitet voraus, eine Hühnerweihe zu erspähen, in deren Nähe er einen Uhu absetzt, an den eine Fuchsstandarte gebunden ist, die ihn am Entfliehen hindert. Diesen verfolgt die Hühnerweihe, worauf die heranreitenden Falkoniere ihre Beizvögel sehen lassen. Die Hühnerweihe steigt steil hoch, so daß das Auge ihr nicht folgen kann, ihre Feinde verfolgen und schlagen sie, bis sie, trotz der Verteidigung bezwungen ist. Da die Beize der Hühnerweihe zur hohen Jagd gehört, wird dem überwundenen Vogel die Ehre des Reihers zu teil, indem er, mit Ringen geschmückt, wieder in Freiheit geht.

8. Die Beize auf kleine Vögel

lohnt kaum der Mühe, weil die Abrichtung der dazu erforderlichen Falken dieselbe Arbeit und Sorgfalt beansprucht, wie für die Gattungen, welche man zur Jagd auf größere Vögel verwendet.

Nach dieser technischen Behandlung der Falkenbeizen geben wir zum Schluß noch einmal unserem Altmeister F. v. Kobell das Wort:

Wer kennt nicht die alten Bilder und Kupferstiche, so fragt der Altmeister, welcher dergleichen Jagden darstellen! Ritterliche Jäger hoch zu Roß und schmucke Damen auf ihren Zeltern, Falkoniere teils beritten, teils zu Fuß, so geht es hinaus im stattlichen Zuge nach der weiten Ebene des Jagdreviers, wo sich die Kunst des Reiters erproben soll, wo es den Wettstreit gilt der erste zu sein, der den Reiher aus den Fängen des Falken erlöst, um ihn seinem Herrn oder seiner Dame zu bringen, da er dann, im Falle er noch frisch genug, mit dem silbernen Ring am langen Ständer, wie mit einem Hosenbandorden wieder ziehen und den wilden Kameraden seine Abenteuer erzählen mag.

Oder wenn beim Gastmahl zu den Füßen der Erwählten ein junger Weidmann mit schmachtenden Blicken die Laute spielt, während sie in holder Verlegenheit oder mit raffiniertester Koketterie das Fächerspiel treibt, daneben bärtige Gesellen von anderer Stimmung die Humpen mit funkelnde Weine erhoben und sich ein Weidmannsheil zutranken und wie dergleichen Scenen so viel gemalt worden sind — Da läßt sich mancherlei schwärmen und phantasiren. — Der weiß nicht, was es ums Weidwerk ist, der nur an das Wild denkt, und an die Art, es zu fällen; er ist wie ein Reisender, der seinen Weg und sein Ziel allein im Auge hat und die Blumen nicht sieht, an denen er vorübergeht, und die Vögel nicht hört, die in den Bäumen singen und nicht Spiegel und Widerhall in der Brust hat für so viel Lust, die rings um ihn lebt und webt auf der Welt.

Der echte Weidmann ist nicht so einseitig, und zu seinen Jagdliedern gesellen sich gern die Lieder von Liebe und Wein, ja ehe er zum Schusse kommt, ist er oft selber getroffen und hat doch kein Bangen d'rum.

Elftes Kapitel.

Die Parforcejagd.

*Hourvari! tönt's, laut wird die Meute,
Kein Roß braucht seines Reiters Sporn,
Sie sprengen jauchzend um die Wette
Mit ho! tjoho! wohlauf! wohlauf!
Durch Dick und Dünn, sind bald zur Stätte!*
Wolf.

Gehört die Parforcejagd dem Gebiete der Jagd oder der Reiterei? Ist dieselbe nicht den Auffassungen tüchtiger Weidmänner zu wenig sympathisch? endlich uns Deutschen zu fremd? — Das waren die Erwägungen, die mich schwanken ließen, ob dieselbe in den Rahmen dieses Werkes passe. Ich habe mich für Aufnahme derselben entschieden.

Die älteste Spur der Parforcejagd reicht bis 400 n. Chr.

„Bereits um 400 nach Chr.", erzählt Aimonius, „jagte der fränkische König Chlodwig einen Hirsch mit seinem Gefolge parforce und entdeckte dabei eine bisher unbekannte Furt, welche die Ursache seines Sieges über die Gothen unter Alarich wurde." Diese Jagdmethode war am frühesten bei den Galliern im Gebrauche.

Als Deutschland den Römern bekannt wurde, gebrauchten die Germanen noch keine Pferde zur Jagd, und Tacitus sowie Cäsar behaupten, daß die deutschen Pferde klein, schwach und langsam, daher auch weder zur Jagd noch zum Kriege tauglich gewesen wären. Die Parforcejagden haben wohl erst gleichzeitig mit den Falkenjagden und den eingestellten Jagen, mit denen sie einen besonderen Teil der hohen Jagd ausmachen, in Europa allgemein Eingang gefunden und greifen wir wohl nicht fehl, wenn wir ihre Einführung in Deutschland Karl dem Großen zuschreiben, der dieselbe von den Galliern zu uns herüberbrachte. Nach ihm bleibt die Geschichte der Parforcejagd spezifisch auf französischem Boden, wo sie als die bevorzugte Jagdmethode mit „Grande Vénerie" bezeichnet, allmählich auf eine hohe Stufe gelangte. Ihr Betrieb entsprach völlig dem ruhelosen und beweglichen Charakter der Gallier. Als Ludwig IX aus dem heiligen Lande zurückkehrte, brachte er eine kleine Meute laut jagender Hunde mit, welche die Stammeltern jener so geschätzten „grauen Hunde des heiligen Ludwig" wurden.

Ludwig XI, der sich zuerst die „Majestät" beilegte, griff mit starker Hand in die feudalen Rechte der Seigneurie ein, indem er ihr das freie Jagdrecht nahm. Er war ein großer Jäger, welcher Ordnung in die Gebräuche der Parforcejagd brachte und die Jagdsignale um die Fanfare „von vierten Kopf" bereicherte. Ludwig XII trat in die Fußstapfen seines Vaters. Wie dieser so zog auch er die grauen Hunde den damals so beliebten „weißen Hunden" des heiligen Hubertus vor, und hatte sich aus denselben „Relais" als Liebling erkoren. Relais ließ sich niemals koppeln und noch an seinem Todestage jagte er einen ungeraden Zehnender Halali. Wir übergehen die krankhafte Phantasie des Herzogs von Orleans, welcher Jagdleoparden in die Meuten einführen wollte, und nahen jetzt der Zeit, wo die Kurtoisie auch auf die rauhen Gebräuche der Jagd ihren veredelnden Schliff zu übertragen begann. Es ist die Zeit, wo die leuchtende Fackel der Renaissance auf den Zinnen des Schlosses Fontaine-Belle-eau entzündet wurde. Franz I war es, der die glänzenden Sitten italienischer Kunst nach Frankreich brachte.

Fast täglich widerhallte der in seiner romantischen Wildheit prachtvolle, fast unermeßliche Wald von Bière von den lustigen Fanfaren des Königs, der dort mit den gelben Hunden der Bretagne jagte. Die mit dem Wald von Fontainebleau gewissermaßen vereinigten Wälder von Morvan und der Bourgogne bildeten einen riesigen Komplex, der zu einem sichern Schlupfwinkel der Wölfe geworden war. Dieselben vermehrten sich von Jahr zu Jahr und wurden bald die Plage der ganzen Umgebung. Franz I (1520) reorganisierte die Wolfsjägerei, eine Meute auf Wölfe wurde aus Leithunden, denen man stets einige Blendlinge beigab, um schneller den Wolf decken zu können, gebildet, und so ein neuer hochinteressanter Sportzweig geschaffen, der seine glühenden Anhänger gerade unter den Parforcejägern fand, und das Halali eines Wolfes galt als das Meisterstück der Jägerei.

Allmählich begann jedoch die Galanterie derart zu dominieren, daß die Jägerei in den Hintergrund trat, und wußte Heinrich II seine Geliebte nicht höher zu ehren, als daß er ihr den Namen der Göttin der Jagd übertrug, der auch auf das reizende Schloß Diannette, heute Annet, den Lieblingsaufenthalt der königlichen Geliebten, überging. Wir finden diesen Zeitgeschmack in den Prunk- und Fest-Jagen, welche zu Ehren der Anwesenheit Karl V am französischen Hofe arrangiert wurden, wo die als Göttinnen oder arkadische Schäferinnen verkleideten Hofdamen den hohen Gast umschwärmten.

Unter solchen Umständen litt die edle Jägerei in ihrem Ernst und ihrer Würde. Die Hunde, mit welchen bis zu dieser Zeit gejagt wurde, waren von französischer Zucht, erst gegen Ende des 16. Jahrhunderts erhielt Heinrich IV von Karl I englische Hunde, von welcher Zeit an die Anglomanie in der französischen Zucht datiert, welche nur ungünstig auf den Jagdbetrieb wirkte. Heinrich IV war ein ausdauernder Jäger und schritt unter ihm die Jagd á cor et á crie rasch ihrer Blüte entgegen.

Unter dem prachtliebenden Ludwig XIV wurde jene Etikette bei der Parforcejagd, besonders beim Curée eingeführt und vervollkommnet, wie dieselbe heute noch üblich ist. Das Jagdpersonal war bedeutend und es wurde mit der Anzahl und der Schönheit der Pferde und Hunde eine große Verschwendung getrieben. Das Jagdkostüm der Edelknappen bestand in einem runden Filzhut mit breiter Krämpe, die von einer seidenen Schnur eingefaßt war, einem weiten Rock von greller Farbe mit weiten Ärmeln, Wildlederhandschuh bis zum Ellbogen, zum Schutz gegen die Äste, starke Stiefel bis über die Knie, Sporen und ein Jagdmesser. Neben der Meute für Edelwild gab es besondere Meuten für Damwild, Rehe, Schwarzwild, Wölfe und Hasen, jede Meute hatte ihr eigenes Personal. Außer der Equipage auf Sauen hielt man eine Meute schwerer Hatzhunde, die man „Vautraits" nannte, um das Schwarzwild in eingestellten Jagen zu hetzen. Später ging dieser Name auf die Saumeuten im allgemeinen über.

Ludwig XV liebte nicht die Jagdweise Ludwig XIV. Der König war in allen Handgriffen der Jägerei wohl erfahren und selbst ein trefflicher Besuchjäger. Er ist mit seinem Lieblingsleithunde, einem ausgesuchten Exemplar aus den Ardennerhunden, welche die Abtei St. Hubert nach altem Herkommen bis zum Jahre 1789 der königlichen Jägerei jährlich übersendete, am Hängeseil oft genug in die Wälder eingedrungen, um Wild zu Holz zu richten. Bei dieser Gelegenheit überzeugte er sich von der Notwendigkeit einer Durchforstung und geregelten Forstwirtschaft. Er war es auch, der die quarréeartige Einteilung der Forste, wie dieselbe noch heute in aller Forsten Deutschlands üblich ist, verließ und das sternförmige System annahm. Die Revolution war das Todesjahr der französischen Parforcejagd. Mit dem Adel wurde auch alles an die feudale Herrschaft erinnernde von der Erde hinweggefegt. Die Hundezwinger wurden zerstört und die edlen Hundestämme zum größten Teil vernichtet. Der Rest zerstreute sich im Lande wo er verbastardierte und unterging. Mit dem Regimente Napoleon Bonapartes treten wir in die Periode des Kaiserreichs. Man jagte, weil dies zu den Attributen des Thrones gehörte, aber der echte Jägersinn mangelte. Der zum Großjägermeister ernannte Marschall Berthier begann eine kaiserliche Equipage zusammenzustellen. Das war in einem Lande, wo man alles, was „edel" hieß, — Mensch oder Tier — vom Erdboden vertilgt hatte, keine leichte Aufgabe. So fiel denn der erste Versuch ziemlich unglücklich aus und man mußte sich mit einer Harriersmeute begnügen, welche den Engländern in einem französischen Hafen abgenommen war. Daß dies dem prachtliebenden Kaiser nicht sonderlich zusagte, läßt sich leicht denken. Man benutzte daher die erste Gelegenheit, um eine Meute sehr schöner Staghounds in England zu erwerben.

Napoleon liebte die Jagd nicht aus Passion, sah jedoch ein, daß die Parforcejagd der Campagnereiterei nützlich sei, und daß dieselbe schneidige, mutige und tüchtige Reiter bilde; daß ferner diese Jagd eine größere Anzahl Familien ernähre, und brachte sie deshalb wieder zu Ehren. Er verlangte sogar von den Präfekten, daß dieselbe diese vornehme Passion fördern sollten; und so sehen wir unter dem ersten Kaiserreich Herrn Merlet in der Vendée eine ausgezeichnete Meute unterhalten. Die kaiserliche Jagdequipage zählte 300 Hunde, 80 Pferde und ein zahlreiches, reich galonniertes und gut bezahltes Personal. Trotz alledem kehrte die alte Jägerei der Bourbonen und Edelleute Frankreichs nicht zurück, nichts destoweniger gebührt Napoleon das Verdienst, diese großartige Einrichtung wieder ins Leben gerufen und alles Mögliche gethan zu haben, um dieselbe zu fördern. Mit der Restauration ersteht die Jägerei wieder aus ihrer Asche. Unter dem Minister Girardin stieg das Jagdbudget des Königs auf 650,000 Francs, und folgten dem von oben gegebenen Beispiele eine große Zahl französischer Edelleute. Die alte Uniform des Königs, so berühmt durch manches Hallali, war der blau galonnierte Rock à la française, silberne Knöpfe, scharlachrote Weste, blaue Sammethose, galonnierter Hut, und ein Gürtel, zwei Drittel Silber, ein Drittel Gold. — Zu jener Zeit hatte der Herzog von Bourbon zu Chantilly die erste Jagdequipage der Welt.

jagd ist die Geschichte dieser Jagd in England. — England ist die eigentliche Heimat der Jagd im höheren Stile und schon in den alten irischen Gesängen finden sich Andeutungen über die Festlichkeiten, welche ihren Betrieb begleiteten. Die Jagdtiere standen bei den Briten in hohem Ansehen. Besonders die Hirschjagd galt seit der grauesten Vorzeit als die Blüte des keltischen Sports, und waren die Gefahren der Hirschjagd damals so groß, daß sie in alten keltischen Balladen mit denen des Krieges in Parallele gesetzt werden, und mehr als ein Jäger büßte sein Leben ein, indem er und sein Roß den Geweihstößen des

Unter Ludwig Philipp wurde die königliche Jagd wieder unterdrückt, und Le Verrier de la Couterie singt in seinem traité de vénerie (1845) dem geschwundenen Glanze seine Klagelieder.

Die Zeit Napoleons des III nahm endlich die Wiederherstellung der altfranzösischen Meuten wieder kräftig in die Hand und man hat sich seit jener Zeit ernstlich bemüht, das gute Renommée der französischen Parforcehunde wieder herzustellen.

Von dem größten Interesse jedoch, wie von der höchsten Wichtigkeit für die Entwickelung der Parforce-

wütend gemachten Tieres erlagen. Den Damen machte der Hirschsport so großes Vergnügen, daß sie ihre eigenen Hirschjagden abhielten, an denen gar keine Männer sich beteiligten.

Sobald der König den Wunsch äußerte, in seinen Parks oder Forsten zu jagen, mußten die Wildmeister und die Parkhüter sorgen, daß alles Erforderliche zur Ausführung der königlichen Wünsche bereit sei. Man unterschied zwei Hauptarten der Hirschjagd, die mit dem Bogen und die Parforce mit den Grauhunden.

Es war die Pflicht des Sheriffs der Distrikte, in welchen die Jagd stattfand, taugliche Ställe für die königllichen Pferde ausfindig zu machen und Karren beizustellen zur Wegschaffung des toten Wildes. Die Förster, Jäger und deren Gehilfen hatten die Aufgabe, eine Anzahl provisorischer Gebäude im Forste für den König und dessen Familie aufzurichten. Diese Gebäude wurden mit frischen Ästen bedeckt, um die Gesellschaft und deren Hunde vor der Einwirkung der Sonne zu schützen. Am frühen Morgen des für den Sport bestimmten Tages führte der Wildmeister die Meute an den gewählten Platz. Ein Jäger hatte die Nacht über das Wild in seinem Lager bewacht und zeigte morgens durch seine Hornstöße der Jagdgesellschaft den Augenblick an, in welchem es dasselbe verließ. Die Zahl und Art der Signale deutete zugleich die Menge und Natur des Wildes an. Eine große Anzahl im weiten Umkreise verteilter Wachen hinderte jedes etwaige störende Herandrängen der Bevölkerung. Um den königlichen Stand herum standen seine Bogenschützen und die Grooms seiner Meute, sie verhinderten jedes Geräusch, das geeignet gewesen wäre, das Wild zu verscheuchen. Sobald der König und die ganze Gesellschaft in ihren Ständen waren, gab der Wildmeister oder sein Leutnant drei langgedehnte Hornstöße ab, das Signal zur Abkoppelung der Hunde. Das Wild wurde nun aufgetrieben und durch die Jäger und die Hunde gegen die königlichen Stände hingelenkt. Dort wurde es entweder mittelst Bogen erlegt oder durch Parforcieren mit der Meute aufgenommen. Heinrich II war nicht nur ein großer Liebhaber der Jagd und Falknerei, sondern er wendete auch der Pferdezucht seine Aufmerksamkeit zu.

Die Kreuzzüge und das Umsichgreifen der Turniere trugen dazu bei, den Geist des Adels von der Jagd abzulenken, die Manege beanspruchte viele Kräfte und die Sorge um das Pferd drängte die um das Wild in den Hintergrund.

Unter Eduard III waren die Jagden in Essex berühmt, besonders das Coursing auf Rotwild in Waltham, die Frauenwelt eiferte mit den Jägern in der Ausführung der kühnsten Reitstücke.

Anna von Böhmen, die Gemahlin Richards II, war die erste Dame, welche sich des heutigen Zeltersattels bediente. In dem Maße, als die Wissenschaften sich entwickelten und das Gebiet der Empfindungen sich ausdehnte, veränderte sich auch der Charakter aller Arten des Jagd- und Feldsports und die äußeren Formen, unter welchen sie in früherer Zeit ausgeübt wurden, erfuhren einen bemerkenswerten Wechsel. Durch die Feuerwaffe sank das Rittertum und die enge mit ihm verbündete Falkenjagd, die Eigenschaften von Pferd und Hund wurden in nahezu unglaublicher Weise verbessert und die Fuchsjagd trat infolge dessen immer mehr an die Stelle der Hirschparforce. Wie auf allen Gebieten, so wurde auch auf dem der Jagd die Methode des Betriebes eine wesentlich veränderte.

In Deutschland erlangte, wiewohl, wie bereits erwähnt, schon Karl der Große eine Art von Parforcejagd ausgeübt hatte, selbe doch erst im 16. Jahrhundert durch die Einführung der französischen und englischen Methoden des Parforcirens den Höhegrad ihrer Ausbildung. Es gab zu dieser Zeit in Deutschland zwölf Hauptparforcejägereien, von denen die größten die folgenden waren: die englische zu Celle in Hannover, diejenige in Meklenburg-Schwerin, die königlich preußische in Potsdam, die churfürstlich bayrische in Nymphenburg, die königlich polnische zu Hubertusburg in Sachsen, die Weimarische und die Hessen-Darmstädtische. Die Hirschparforce galt als eines der höchsten Regalien und die Höfe von Waldeck, Sachsen, Brandenburg, Hannover, Darmstadt und Dessau wetteiferten in der glanzvollen und festlichen Ausführung derselben. — Eine der bedeutendsten Parforcejagden war die am bernburgischen Hofe. Hier zog sich der Parforcedistrikt über steile Berge und tiefe Thäler. Die Parforce in demselben war sehr abwechselungsreich und amüsant, jedoch gefährlich und beschwerlich. Der Fürst Viktor Friedrich parforcierte auf solche Weise manches Jahr vom August bis an den Hubertustag des November — dem Schlußtage der Parforcejagden in allen Ländern — 30 bis 40 Stück Hirsche, ohne daß ihm oder seiner Begleitung ein Unfall zugestoßen wäre.

Es erübrigt uns noch, einen Blick auf das gegenseitige Verhältnis dieser beiden Jagdarten zu werfen, die wohl als diejenigen betrachtet werden können, welche der Jagd der modernen Kulturvölker ihre charakteristische Färbung verliehen.

Die Fuchs- und Hirschparforce schritten anfangs gleichberechtigt nebeneinander, aber bald stellte die erstere die letztere in den Augen echter Sportsmen in den Schatten. Der Umstand, daß der Hirsch ein großes Objekt ist und daher fast während der ganzen Verfolgung stets sichtbar bleibt, schädigte bald das Interesse an diesem Sport. Bei den englischen fox-hunters, besonders des vorigen Jahrhunderts, war daher die Hirschjagd geraume Zeit hindurch als „Kalbsjagd" in Verruf, allein mit Unrecht. Auch sie bietet der schönen und aufregenden Momente in Fülle und die zurückgelegten Distanzen übertreffen nicht selten die, welche beim Fuchsrennen durchmessen werden. Ursprünglich war das Hirschjagen (die Hetze) nur gegen den in Freiheit lebenden Hirsch gerichtet, und in wildreichen Ländern ist dies noch gegenwärtig die beliebteste Form desselben. Die Hunde jagen den gehörnten Waldmonarchen aus seinem Lager auf, sobald konstatiert ist, daß er sich im selben befindet. Dies geschieht durch fährtegerechte Jäger. In England wird kein Hirsch als für das Hunting tauglich erklärt, der nicht mindestens fünf Jahre zählt.

Die Zeit für die Hirschparforce fällt bekanntlich zwischen 20. August und 30. September, während das Tier zwei Rennperioden hat. Die erste fällt zwischen 10. April und 20. Mai, die zweite beginnt im Herbste, sobald die des Hirsches vorüber ist, und kann fortgesetzt werden, so lange das Wetter es gestattet. Weder Dauer noch Art des Rennens lassen sich von vornherein bestimmen, Rennen von 10, 12, ja 15 englischen Meilen zählen in England nicht zu den Seltenheiten.

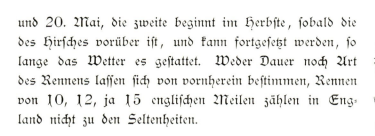

renommierten Nord Devon-Hunde reicht bis in diese Periode zurück, in welcher das englische Waidwerk bereits durch das Kunstvolle seiner Technik und den Glanz seines Betriebes das Auge Europas auf sich zog. Gegenwärtig bestehen nur noch wenige Packs der echten Devon- und Somerset-Hirschhunde, ihre Erhaltung ist zu schwierig und kostspielig.

Berühmt waren zur Zeit der jungfräulichen Elisabeth die Meuten, deren man sich in den Tagen dieser Königin bereits gegen den Hirsch bediente. Der Stammbaum der

England ist gegenwärtig ein wildarmes Land und besonders der in Freiheit lebende Hirsch zählt zu den Seltenheiten. Die Entwaldung des Landes, der industrielle

und freiheitliche Sinn der Bevölkerung haben der Jagd immer steigende Schwierigkeiten bereitet und sie auf exklusive und reiche Kreise beschränkt. Noch im vorigen Jahrhundert zog das Rotwild an den Ufern des Sees von Killarney rudelweise, aber heute ist es auch dort gänzlich ausgerottet. Dieses dem praktischen Sinne des Engländers Carted stag. Die Methode ging auf die deutsche Parforcejagd über und ist jetzt sehr beliebt, auch in wildreichen Distrikten.

Sie kann als die künstliche Methode des Hirschparforcierens bezeichnet werden, denn ihr Objekt wird im Parke gezogen und mit sehr nahrhaftem Futter versehen, um

schon im vorigen Jahrhundert sich aufdrängende Gefühl einer bevorstehenden Verarmung an Wild entwickelte auch eine eigene Jagdart auf den Hirsch, das Hunting the seine Schnelligkeit und Ausdauer zu heben. Diese Jagdart wurde besonders zur Zeit Georg II am großartigsten ausgebildet und die goldverbrämten Scharlachjacken der

huntsmen, wie die große Zahl vornehmer Gäste gewährten ein schönes und lebhaftes Bild. Der Master der königlichen Meute erschien in seinem hunting-Kostüme, dem lichtbraunen Frack, der schwarzen Sammtweste und den goldenen Couple-Schnüren, den Insignien seines Amtes. Glänzende Equipagen, ungeduldige Pferde und nicht minder ungeduldige Reiter füllten den Platz. Es war auch damals bereits üblich, dem aus dem Kasten befreiten Hirsche einen Vorsprung von 5 bis 10 Minuten zu lassen, ehe die Hunde auf seine Fährte gesetzt wurden. Dieses Intervall wurde durch Horntöne ausgefüllt und sobald die Meute losgelassen wurde, machte sich ihre Ungeduld in tiefen Tönen Luft.

Die königliche Meute erlangte hohen Ruf durch ihre exquisite Dressur. Sie hielt auf ein gegebenes Zeichen im Jagen inne und ließ so Damen und schwächeren Reitern Gelegenheit, nachzukommen, um den edlen Sport stets im Auge zu behalten.

Mehrere dieser Rennen erlangten einen hohen Ruf. So das der Osterwoche von 1796. Am Montag dieser eben erwähnten Woche wurde auf der Heide von Ascot ein Hirsch losgelassen, der erst nach einem Jagen von nahezu fünfzig englischen Meilen eingeholt wurde.

Georg III wie Georg IV waren Beide im Besitze herrlicher Meuten, wiewohl sie das von vielen verworfene Prinzip befolgten, die Hunde nur selten bluten zu lassen. Trotzdem behielten die Glieder ihres Packs ihr volles Feuer und ihre ganze Energie.

Eine regelrecht betriebene Parforcejagd auf Edelhirsche fand in den ersten Jahren dieses Jahrhunderts in Dessau statt. Das Jagdpersonal bestand aus einem Chef, einem Oberjäger, zwei Pikeurs, drei Jägern und außerdem sechs Jagdpfeifern, einem Hundearzt und vier Hundewärtern. Die Hundemeute zählte 80—90 sog. englische Jagdhunde. Auf Sauen hielt Friedrich August I von Sachsen bis kurz vor seinem Tode (1827) regelmäßig im Spätherbste allwöchentlich eine Parforcejagd ab; die letzte (146 Sauen auf der Strecke) 1826 im Wermsdorfer Revier.

Bevor wir nun bei der Parforcejagd die historischen Reminiscenzen der großen Jagdbetriebe der früheren Zeit schließen, wollen wir noch einen Rückblick auf diese Jagdverhältnisse im allgemeinen werfen.

Daß die Ausübung der Jagd, vornehmlich in jenen Zeiten, wo mit dem Niedergange der Kaisermacht auch nahezu jedes Gesetz und jede Ordnung in deutschen Landen aufgehört hatte, für die einen eine schrankenlose, ungezügelte Lust, für die anderen aber eine drückend schwere Last war, tritt klar zutage; die Geschichte berichtet, daß Swatopluk, der Fürst des großmährischen Reiches, der Begründer des Christentums in slavischen Landen und Zeitgenosse des deutschen Kaisers Arnulf (880), einstmals von der Jagd zurückkehrend, mit seinem ganzen Jagdgefolge, mit Pferden und Hunden in die Kirche hineinsprengte, an deren Altar Bischof Methodius die Messe las. Wenn der Landesfürst gegenüber der Kirche und deren Dienern solches übte zu einer Zeit, wo noch Bann und Interdikt in den Augen der Welt die nachhaltigste Wirkung nicht verfehlten, wie mögen erst andere den rechtlosen Grundholden begegnet sein. Der Jagdbann wurde mit furchtbarer Strenge gehandhabt, und die geringsten Wildfrevel oft mit barbarischer Grausamkeit geahndet.

Darum sehen wir auch, als die schwäbischen und fränkischen Bauern sich erhoben 1514 beim Aufstande „des armen Konrad" in Württemberg und beim großen Bauernaufstande in den Jahren 1524—26, woselbst Ritter, wie Florian Geyer und Götz von Berlichingen mit der eisernen Hand zu den Bauern übertraten, die Beschwerde der letzteren auch gegen die Jagd gerichtet, und in den berühmten zwölf Artikeln, welche die Forderungen der Bauern enthielten, hieß es im Artikel V: Jagd und Fischerei sollen frei sein, sintemalen die Tiere und die Fische der Gewässer nicht für die Herren allein geschaffen seyen."

Der unerhörte Druck, der in jenen Zeiten von den Mächtigen auf die Schwachen ausgeübt wurde, war auch die Ursache des Entstehens von vielgestaltigen Sagen und Mären, in denen das Volk den rächenden Arm des Himmels auf den unholden Frevler niederfallen läßt, und so entstand auch die Sage von jenem unbarmherzigen Jäger, der für alle Bitten taub und jeglicher Furcht vor Gott und Menschen entbehrend, das Wild bis in die geweihten Hallen des Gotteshauses verfolgte, den zuletzt, als das Maß seiner Frevelthaten voll war, die Strafe des Himmels in fürchterlicher Weise ereilte: „Die Sage vom wilden Jäger und von der wilden Jagd, der Julius Wolf in seinem wilden Jäger folgende Meisterverse widmet:

> „Ewig jagen! Ewig jagen!
> Hallo ho! Hoho! im Bette
> Sprang er halb empor, da flammte
> Schrecklich eines Blitzes Feuer
> Durchs Gemach, und Donner krachten,
> Daß die Burg im Grund erbebte.
> Wode! Ho!" schrie Hakelberend
> Und sank tot zurück ins Kissen.

Was in Frankreich früher die Wälder von Bière, Fontainebleau, Morvan und der Bourgogne für die französischen Jagden waren, das ist heute für die deutsche Parforcejagd der „Grunewald" bei Berlin.

Am 3. November, dem Tage des Herzogsohnes von Guyenne, findet im Grunewalde alljährlich eine königliche Parforcejagd statt. — Zu Tausenden strömt das Publikum herbei aus Berlin, Charlottenburg, Potsdam und Spandau; für alle diese Städte ist der Wald gleich günstig gelegen. Sie kommen zu Fuße und zu Wagen; sie kommen im Arbeitskittel mit dem Pfeifenstummel im Munde und der platten „Kümmelpulle" in der Seitentasche; sie kommen in prächtigen Kaleschen, mit duftenden Havannas, mit feinen Damen und gefüllten Speisekörben, und stellen sich am Wege beim Ausgange aus dem Schloßhofe auf. In den weiten Hof fahren nur die Equipagen des Kaisers und der Prinzessinnen ein. Die Prinzen sind zu Pferde. Für sie wie für die übrigen an der Jagd Teilnehmenden ist ebenfalls der Schloßhof der Sammelplatz.

Die Parforcereiter ergänzen sich zumeist aus den Offizieren der Garde, und die jugendlichen schönen Gestalten nehmen sich in den kleidsamen Jagdkostümen gar schmuck aus. Heute sind es Ihre königlichen Hoheiten, die Prinzen Wilhelm und Leopold von Preußen, welche die Seele dieser Jagden geworden, und tragen diese Jagden, ganz abgesehen von dem äußeren waidmännischen Kleide, das an das Altherkömmliche erinnert, den Charakter schneidiger Campagnereiterei. Rot war von Alters her die brandenburgische Jagdfarbe, wie aus den im Schlosse aufgehängten Schildereien berühmter Hetzjagden zu erschauen ist. Nur ist aus den goldbetreßten Röcken, in denen die Herren vom Hofe des großen Kurfürsten erschienen, ein eleganter Frack geworden und weiße oder graue hirschlederne Beinkleider, Stulpenstiefel, eine weiße Weste und Kravatte und ein schwarzer Cylinderhut vervollständigen die Toilette eines Parforcereiters. Nur Einer von den im Hofe beim Frühstück Versammelten machte davon eine Ausnahme. Er trug einen schwarzen Sammetrock und Brust und Rücken mit einem grellfarbigen Plaid umwickelt. Er war der Älteste unter allen und zwischen ihm und dieser Blüte der adligen Jugend Preußens gab es keine vermittelnde Altersstufe. Aber wie hätte er, gleichsam der Reorganisator der preußischen Kavallerie, auf deren Ausbildung diese Reiterübungen von nicht unwesentlichem Einflusse sind — wie hätte „Papa Wrangel" bei einer Hubertusjagd zu Hause bleiben können! Ebenso fehlte fast bei keiner der wöchentlichen Parforcejagden, welche dieser letzten am 3. November vorausgehen, der verstorbene Protektor derselben, Prinz Karl, der älteste Bruder Kaiser Wilhelms. Obwohl schon Anfangs der Siebenziger, ritt er drauf und drein, mit den Jüngsten und Kühnsten um die Wette.

Es ist ein herrlicher Moment, wenn die Hunde voll Jagdleidenschaft den Moment erwarten, wo die Fährte verbrochen wird. Der Oberpikeur im roten Jagdrocke, mit dem blanken Hifthorn um die Schultern, und mit dem deutlichen Mahner in der Hand, führt sie. Inzwischen ist die zur Jagd bestimmte Sau aus der „Bucht" gelassen. Fünfzehn Minuten sind seitdem verstrichen — noch fünf Minuten — nun ist der Augenblick da. Der Leithund wird auf die Fährte gelassen — die übrigen Hunde nehmen dieselbe auf — der Oberpikeur bläst die Jagd an. Voran die Meute mit hellem Geläute, gefolgt von dem Führer der Jagd und nach diesem dem Leiter der Jagd mit sämtlichen Jagdreitern und dem Vornehmsten voraus — so geht die verwegene Jagd über Stock und Stein, über Damm und Graben. Nach schneidigem Ritt wird das gedeckte Wild ausgehoben und abgefangen. Der Forst hallt von dem lauten, fröhlichen Jagdruf wieder — es wird Hallali geblasen und aus der Hand desjenigen Herrn, der ausgehoben hat, erhält jeder der beim Hallali anwesenden Reiter einen „Bruch" das ist so alter Jagdgebrauch. Die königliche Meute wird heute im Parke Sr. K. Hoheit des Prinzen Friedrich Karl in Glienike bei Potsdam unterhalten.

Wie in Deutschland, so erfreut auch in Oesterreich dieser Sport sich allerhöchster Protektion.

Lange Jahre hindurch war Gödöllö bei Budapest der Lieblingsaufenthalt des österreichischen Kaiserpaares, und in jedem Herbste der Centralpunkt der kühnen Jagden, welche die allerhöchsten Herrschaften stets an ihrer Spitze sahen. Sie galten dem edlen Hirsch und dem listigen Fuchs. Die Teilnahme Ihrer Majestäten an diesen Jagden, das alljährliche Erscheinen einer großen Zahl der vortrefflichsten Sportsmen aus aller Herren Länder, schufen eine Jagdgesellschaft, wie sie nur ein Souverän, der selbst zu den eifrigsten Förderern des Sports gehört, um sich sehen kann. Graf Nikolaus Estérázy, der Meister und Leiter der Jagden, sorgte für die letzten Meuten und wohl selten beherbergte ein Jagdstall solche Jagdpferde, wie sie der Stall von Gödöllö gesehen hat.

Während der Saison fanden dann auch Hindernisrennen statt, und wird jedem Teilnehmer an diesen Jagd- und Rennfreuden Österreichs Kaiserin gleich schneidig im Rennen wie voll Anmut beim Bankett, unvergeßlich sein.

Nach dieser kurzen historischen Skizze mögen der Parforcejagd selbst einige Zeilen gegeben sein. Die Parforcejagd zeichnet sich vor allen andern Jagdweisen durch ihre eigentümlichen Terrainvorbedingungen, durch die Kostspieligkeit der Equipagen und die Anstrengung aus, welche den Jägern, Pferden und Hunden dabei zugemutet wird. Ihre Hauptmerkmale sind, daß jedesmal nur ein Stück Wild zum Erlegen bestimmt ist, dem zu Pferde mit Unterstützung von eigens dazu abgerichteten Hunden, deren zum Verfolgen erforderliche Zahl eine Kuppel oder Meute genannt wird, bis zum Hallali, d. h. bis zum Moment der Erschöpfung des gehetzten Wildes, gefolgt wird, worauf die Erlegung geschieht. Der „Waidmann" teilt uns über die Parforcejagd in seinem sechsten Band folgendes mit:

Das Ausführen der Meute.

Die Meute will mit größter Sorgfalt behandelt werden, wenn sie brauchbar und ferm werden soll. Anfangs Juli beginnt man in der Regel mit dem Ausrücken. Der älteste Pikeur zu Pferde feuert die Hunde durch den Zuruf: Hay! Hay!" an, ihm zu folgen. Auf beiden Seiten cotoyieren die übrigen Pikeure unter Anführung des Direktors und des Oberjägers. Alle Hunde, die sich entfernen, werden mit Peitschenhieben und dem Zurufe, „à la meute!" oder wenn sie voraus wollen, unter „derrière!" zu den übrigen zurück geführt. Erst wird Schritt, dann Trab und in der letzten Zeit fleißig Galopp geritten, um Pferde und Hunde in „Kondition" zu bringen. Hierbei kommt es nun häufig vor, daß Hunde ausbrechen oder zurück bleiben und ist es Obliegenheit der Pikeure, dieselben dann der Meute wieder zuzuführen, welche sie nie verlassen dürfen. Vor dem Einrücken wird wieder zum Schritt übergegangen, damit Pferde und Hunde nicht warm in den Stall gelangen und das Verschlagen derselben verhütet wird.

Das Trainieren.

Mitte August beginnt man, allwöchentlich viermal Train zu jagen, um die Hunde an die Witterung der Hirschschalen zu gewöhnen. Zu diesem Zwecke werden die vier Läufe eines mehrere Tage vorher erlegten Hirsches abgelöst und zwar nicht, wie Winckell sagt, bei dem Oberrücken sondern am Kinn, resp. unter der Heese, wenige Stunden in warmes Wasser eingeweicht und an einer langen Leine dergestalt befestigt, daß, in welche Lage der Train auch kommen möge, stets mindestens eine der Schalen den Boden berühre.

Nun reitet ein Pikeur, der ein ausgezeichnetes Pferd und mehrere Relais haben muß, voraus, läßt den „Train" (so nennt man die oben beschriebene Verbindung von Hirschläufen) fallen, bezeichnet die Stelle durch einen Bruch, und setzt, zunächst im Trabe, die ihm vorgeschriebene Tour fort.

Kurz vor der bezeichneten Stelle wird die Anjagdsfanfare geblasen und die Hunde mit dem Zurufe „Volez! volez! mes chiens" zum Geschleppe geführt. Wenn sie dasselbe nicht eifrig angenommen haben, so ziehen sich die vor dem Kopf der Meute reitenden Jäger, unter dem Zurufe „Toch! Toch!" zurück und mit demselben Geläute jagt diese nunmehr auf dem Geschleppe fort, als wenn sie eine Hirschfährte vor sich hätte.

Jetzt muß der „Traineur" sehr scharf ausgreifen lassen, auch mehrmals Widergänge und Retouren machen, wie es bei einem verfolgten Hirsche vorzukommen pflegt.

Von Zeit zu Zeit wird gestoppt, damit der „Traineur" Vorsprung gewinne. Dies geschieht dadurch, daß ein gut berittener Pikeur dem Kopfhunde zuvorzukommen sucht, ihn beim Namen ruft und unter dem Zuruf „Derrière!" die Peitsche schwenkt, aber nicht damit knallt. Steht der Kopfhund erst, so stehen die andern ebenfalls bald. Nach kurzer Zeit geht es weiter, die Anjagdsfanfare ertönt von neuem und so lange die Hunde auf dem Geschleppe bleiben, werden sie durch die Fanfare „Gute Jagd" und abwechselndes Juchen in fortwährender Aufregung erhalten. Stellen, wo der Traineur einen Widergang gemacht hat, muß er durch einen Bruch bezeichnen. Werden dieselben von der Meute überjagt, und schwärmt sie umher, so wird „Hourvari! hourvari!" gerufen und die Hourvari-Fanfare geblasen, die Jäger müssen vorreiten, damit die Meute nicht weiter jagt, und unter Zurufen und Blasen wieder nach dorthin gebracht wird, wo das Geschleppe von ihr verloren wurde. Nachdem die Retour ausgejagt worden und die Meute wieder auf richtigem Wege ist, ertönt abermals „Toch! Toch!" und „gute Jagd." Der Schluß der Trainjagd kann auf zweierlei Art ausgeführt werden. Am besten ist es, einen vorher erlegten Hirsch (denjenigen, dessen Schalen man zum Train verwendet hat) an einem passenden Ort aufzustellen. Kommt die Meute heran, so verhindert man durch Zurufe und Peitschenhiebe das Anpacken und bewirkt, daß sie sich vor den Hirsch stellt und ihn verbellt. Nun wird „Hallali" geblasen, der Hirsch mit dem Hirschfänger umgestoßen, oder zum Schein eine Pistole abgefeuert und „Curée" gemacht, wie es später bei der wirklichen Jagd vorgeführt werden soll. Viele halten jedoch den Hirsch für unnötig, und da ein solcher nicht immer vorhanden, so endigt die Trainjagd meist damit, daß der Traineur an einer durch einen Bruch bezeichneten Stelle den Train aufhebt, und heimreitet. Sowie die Meute die Witterung der letzten verliert, verstummt sie und fängt zu schwärmen an. Alsdann wird die Fanfare zum Stoppen geblasen, der jüngste Jäger muß die zurückgebliebenen Hunde nachbringen, und in ruhigem Schritt geht es nach Hause. — Gehen wir nun zur eigentlichen Jagd über.

Ist die Fährte eines Hirsches gefunden, so wird sie verbrochen, so zwar, daß das Stammende des Bruches die Richtung andeutet, nach welcher der Hirsch gezogen, die untere Fläche der Blätter aber nach oben zu liegen kommt.

Das Bestätigen.

Nun legen sich mehrere Piqueure vor die Dickung, in welcher der Hirsch steht, so daß er gesehen werden muß, wenn er heraustritt. Alsdann wählt der Direktor einige der besten Hunde und begiebt sich mit ihnen nach der Stelle, wo der Hirsch zu Holze gerichtet ist. Unter dem Zurufe: „Toch! Toch!" läßt er sie nachjagen, bis sich der Hirsch von anderem Wildbret abthut und auf einen freien Platz tritt. Die Jäger, die in der Nähe der betreffenden Orte sind, rufen, wenn letzteres geschieht, „Taiaut! Taiaut!" und versuchen die Lancierhunde zu stoppen.

Das Lancieren.

Wenn der Hirsch bestätigt ist, so zieht die Jägerei mit der Meute voraus und die Gesellschaft folgt zu Pferde, bis unfern von dem Orte, wo derselbe zu Holz gerichtet worden. Hier ist es Sache des Direktors, den bestätigten Hirsch genau anzusprechen, zu sagen, wie er heißt, wenn es ein Namenhirsch, vom wievielten Kopfe derselbe jagdbar und was die besonderen Kennzeichen sind ꝛc., damit ihn jeder sofort erkennen kann.

Das Anlegen der Meute.

Die ganze Meute wird nun nachgebracht und unter den Tönen der Anjagdsfanfare mit dem Zurufe: „Volez! volez! mes chiens! — après! après! mes valets, mes amis!" auf der warmen Fährte angelegt. „Relais" zu stellen, wie es früher vielfach gebräuchlich war, hat keinen rechten Zweck und ist man neuerdings auch vielfach davon abgekommen. Sorgfältig muß vermieden werden, die Meute an einen angeschweißten Hirsch anzubringen, weil sie in diesem Falle fernerhin nur auf Schweiß jagen will; ebenso darf man sie nicht unter Wind heranführen, weil sie dann sehr leicht eher fortjagt als sie soll, was für den Gehorsam höchst nachteilig ist.

Die Jagd.

Sobald die Meute angelegt, sucht die Gesellschaft auf den Alleen, Schweißen und Gestellen, sowie auf größeren Blößen möglichst oft sich vorzuwerfen, um die Jagd zu kupieren. Inzwischen ertönen abwechselnd, nach den jemaligen Peripetien derselben, die verschiedenen Fanfaren. Sind die Hunde auf der richtigen Fährte, so wird „gute Jagd" geblasen und man animiert sie durch „Juchen". Erblickt einer der Jäger den Jagdhirsch, so ruft er „Taiaut! Taiaut!" und bläst: „la vue!" Möglichst oft stoppt man die Meute, um sie in Gehorsam zu erhalten. Wenn die Jagd hierauf weiter geht, wird wieder „gute Jagd" geblasen ꝛc.

Überschießen die Hunde einen Widergang, so wird „Hourvari! Hourvari!" gerufen und die betreffende Fanfare geblasen. Geht der Hirsch ins Wasser, ruft man: „il bat l'eau!" und bläst die Wasserfanfare. Steigt er jenseits aus, muß man den Ort des Aussteigens genau merken, einige Hunde mittelst Kähnen oder zu Pferde hinüberbringen und die Meute stoppen. Am besten geschieht solches am diesseitigen Ufer, event. muß es auf alle Fälle jenseits geschehen, damit die Meute nicht auseinanderkommt.

Jagt dieselbe richtig wieder fort, so wird auf die bereits oben erwähnte Art verfahren, und dauert dieses so lange, bis der Hirsch vor Müdigkeit sich stellt.

Das Halali.

Sowie der Hirsch sich gestellt, wird der „Fürstenruf" geblasen, worauf der Jagdherr und die ganze Jagdgesellschaft herbeieilt. Damit bis zur Ankunft derselben nicht zu viele Hunde geforkelt werden, so steigen zwei Pikeure ab und schleichen sich von hinten an den Hirsch heran, um ihm mit dem Hirschfänger die Sehne über den Heesen abzuschlagen. Dieses Abschlagen ist gefährlich, wenn es nicht geschickt gemacht wird, hat sich aber als durchaus nötig zum Schutz der Hunde erwiesen; zumal bei starken Hirschen. Nun erhält durch den Jagdherrn oder eine von ihm hierzu bestimmte Person der Hirsch den Fang, indem ihm der Hirschfänger ins Herz gestoßen wird; unterdessen entblößen alle Jäger die rechte Hand vom Handschuh und lüften den Hirschfänger zwei Finger breit aus der Scheide, es ertönt der Ruf „Halali" und dann die Fanfare „la mort!"

Die Curée.

Nachdem etwa begangene Fehler an den Missethätern mit dem Blatte gebührend bestraft sind, wird der Hirsch aufgebrochen. Zuvörderst werden der Grund mit dem Gehörn und alle vier Läufe über den Oberrücken abgelöst. Nachdem die Haut daran durchgeschlitzt, so daß man sie aufhängen kann und der rechte Vorderlauf dem Jagdherrn überreicht worden, gelangen die übrigen Läufe an die vornehmsten Jagdgenossen zur Verteilung. Die anderen Teilnehmer erhalten Brüche, die sich die Jägerei selbst abbrechen muß. Nachdem der Hirsch schließlich zerwirkt und zerlegt ist, die besten Braten bei Seite gethan sind und man alles übrige klein zerschnitten und mit der Haut zugedeckt hat, wird die Meute herangeführt und unter „Juchen" und „Curée-Blasen" genossen gemacht.

Die abgelösten Läufe stecken die damit beehrten Jäger an den Hirschfänger, und unter schmetternden Fanfaren reitet nunmehr die Jagdgesellschaft, die Meute an der Spitze, nach Hause.

Die Parforcejagd auf Sauen, welche in Ermangelung des immer mehr verschwindenden Edelhirsches an vielen Orten betrieben wird, beruht auf denselben Prinzipien, wie sie bei der Parforcejagd auf Hirsche angeführt sind.

„Trainjagd" findet unter dem Namen „Schleppjagd" in neuester Zeit als Jagdsport in Ermangelung wirklicher Parforcejagd bei Reitergesellschaften z. B. Kavallerieregimentern sehr empfehlenswerte Aufnahme. Dieselbe gehört in das Gebiet des Reitsports und empfehlen wir allen, die sich hierfür interessieren, die sehr interessante Arbeit des Herrn L. von Heydebrand und der Lasa, Major der Kavallerie z. D.: „Die Schleppjagd und ihre Bedeutung für die Armee." Berlin, Verlag von J. Werner 1877.

Das Schieß- und Jagdpferd.

Das edle Pferd hat durch seine ausgezeichneten Dienste, die es als Schieß- und Jagdpferd seinem Herrn allein und im Verein mit dem Hunde leistet, es verstanden, sich auf der Jagd ebenso unentbehrlich zu machen, wie bei allem anderen ritterlichen Sport.

„Von dir werde ich ein Wesen gebären lassen," sagte der Schöpfer des Weltalls zum Winde, „bestimmt, meine Verehrer zu tragen. Dieses Wesen soll geliebt und geachtet sein von meinen Sklaven. Es soll gefürchtet werden von allen, welche meinen Geboten nicht nachstreben." Und er schuf das Pferd und rief ihm zu: „dich habe ich gemacht ohnegleichen, alle Schätze der Erde liegen zwischen deinen Augen, du wirst meine Feinde werfen unter deine Hufe, meine Freunde aber tragen auf deinem Rücken. Du sollst fliegen ohne Flügel und siegen ohne Schwert."

So stellt die Lehre Mahommeds das Pferd dar und bezeichnet es als das edelste Geschöpf nach dem Menschen. Den Arabern verdanken wir in erster Linie die Veredelung der Pferderassen, bei ihnen existieren noch zur Gegenwart Exemplare von schönster Vollkommenheit und Reinheit des Blutes und der Form. Ein solch edles Pferd muß in sich vereinen: ebenmäßigen Bau, kurze, feingeformte und aufmerksame Ohren, schwere und dabei doch feingebaute Knochen, ein fleischloses Gesicht, weite Nüstern, Augen dunkel, feurig und sanft zugleich, einen langen, gekrümmten Hals, breite Brust, breites Kreuz, schmalen Rücken, runde volle Hinterschenkel, lange wahre und kurze falsche Rippen, einen zusammengeschnürten Leib, lange nervige, muskulöse Oberschenkel. Mähnen- und Schweifhaar muß seidenweich und lang sein.

So beschreibt der Araber das Prototyp des Pferdes, so muß es sein, wenn es dem Menschen als treuester Gefährte dienen soll. Daß nur wenigen Auserwählten es beschieden ist, ein derartiges Geschöpf zu besitzen, weiß wohl ein jeder und auch welch eine Herzenslust es ist, ein solches sein eigen zu nennen. Der Jäger wird es anstreben ein schönes, kluges Pferd in Besitz zu bekommen, das ihm mit Verständnis dient, jederzeit guten Willen zeigt und selbst passioniert ist, ohne durch diese Mitleidenschaft, die es hoch wertvoll für seinen Herren macht, an Gehorsam und Lenkbarkeit zu verlieren.

Die eine Art der Jagd, das Beschleichen des Wildes, das Anbirschen an dasselbe, vermittelst eines Pferdes, verlangt nun freilich kein Pferd oben erwähnter Art, es kann ein ganz gewöhnliches Tier dazu verwendet werden, wenn es nur schußfest und gehorsam ist. Ein edles Pferd wird freilich auch hier dem Jäger lieber und wertvoller sein, denn es ist ungleich intelligenter und zuverlässiger als sein rasseloser Bruder. Dies wird sich besonders auf der Jagd nach sehr scheuem und vorsichtigem Wilde zu erkennen geben und es existieren genug Beispiele, daß in schwierigen Fällen das edel gezogene Roß ganz und gar im Sinne des Jägers, man möchte fast sagen genau nach dessen Intentionen, sich benahm, während umgekehrt das gemeine Pferd, ohne Ahnung und Verständnis für eine außergewöhnliche Situation, aus seinen angelernten Formen nicht heraustrat — es mangelte ihm jede Initiative! Diese muß aber ein brauchbares Schießpferd in wohlverstandenem Maße besitzen! Über die Dressur des Schießpferdes hier zu reden, verbietet der Rahmen des Werks und sei bemerkt, daß in Dietzels Neubearbeitung Ausgezeichnetes darüber zu lesen ist.

Die herrlichen Kupferstiche von Charles Vernet, sechs an der Zahl, zeigen eine andere Art von Schießpferd, welches nicht bloß die Eigenschaften des vorigen in sich vereint, sondern das noch die besitzt, den Jäger während der Jagd und zwar speziell auf Hühner- und Hasensuche zu tragen. Der Jäger jagt zu Pferde, er schießt vom Sattel!

In welch hoher Vollendung der Dressur ein solches Schießpferd, wenn es als braves angesprochen werden soll, sich befinden muß, ist wohl erklärlich. Und nicht bloß tote Dressur allein macht den Wert des Pferdes auch hier aus, es muß der Geist des Reiters in ihm lebendig sein in vollkommenster Weise. Geht das Huhn vor ihm auf, so darf es den Kopf nicht heben, streicht es seitwärts, so darf es sich nicht rühren, damit es dem Reiter möglich ist, sich frei im Sattel drehen, bewegen und feuern zu können. Die sechs Bilder Vernets stellen dar: 1. Aufbruch zur Jagd; 2. die Jagd zu Pferde; 3. die Jagd zu Fuß im unwegsamen Terrain, wo das Pferd folgt; 4. Verirrt; 5. Während des Gewitters; 6. Heimkehr.

Zur selben Klasse dieser Schieß- und Jagdpferde müssen noch die Pferde gerechnet werden, welche dazu bestimmt sind, bei anderem Wilde als Hasen und Hühner, Fasanen ꝛc. Verwendung zu finden. So jagt man im südlichen Afrika den Strauß, die Antilopen und die Elefanten zu Pferde, den Kasuar in Südamerika, das Känguruh in Australien, sowie allerlei anderes Wild und selbst Raubtiere. In den meisten Fällen bedient sich der Jäger eines Wurfgeschosses, des Bogens, des Lasso und der Bola. Das Gewehr wird während der Bewegung seltener benutzt, eigentlich nur dann, wenn der Schuß in die Masse des Wildes hinein gefeuert werden kann oder in nächster Nähe, indem man das Gewehr auch häufig per pistolet gebraucht. In andern Fällen, z. B. beim Zutreiben des Wildes, welches den gewohnten Wechsel einzuhalten bemüht ist, stellt sich der Jäger, auf seinem Pferde sitzend, günstig auf und schießt dann eben so sicher wie zu Fuß. Die Eigenschaften eines solchen Jagdpferdes beruhen nicht bloß in der Ausdauer und Schnelligkeit, dem Wilde folgen zu können, nein, auch Mut, Überlegung, Erfassen des Augenblicks, kurz und gut ein völliges Hineinlenken in die ganze Situation, gehört dazu.

Wie hoch die Intelligenz des Pferdes ist, geht am besten aus den Vorfällen auf den Stier- und Büffelhetzen, die häufig genug auf den weiten Prairien des La Plata auf den endlosen Ebenen Nordamerikas stattfinden, hervor. Dort, wie gleichfalls nicht minder in Ungarn, wo der Hirt auf der schneebedeckten Pußta den Wolf in die Enge treibt und ihm mit der langriemigen Peitsche, deren Schmitz mit Pech und pulverisiertem Glase eingerieben, einen Schlag bis auf die Knochen dringen läßt, kämpfend entgegen tritt, beweisen alle Pferde eine Gewandtheit, eine Wendigkeit, ein Verständnis für die Sachlage, einen Gehorsam und einen Eifer, die hoch bewundernswert sind und welche beweisen, daß das edle Pferd selbst ohne nennenswerte Dressur fähig ist, den Menschen als Jäger erfolgreich zu unterstützen und ihm treu bei jedem Vorkommnis zur Seite zu stehen. Sehen wir das Pferd auf dem Kamp an, wie es sich benimmt, sobald es die Lassoschlinge pfeifen hört und sie um das Haupt des Stieres fallen sieht, wie es den Lauf beschleunigt, wenn die gefährliche Bola in der Luft wirbelt, wie es hart dem Wilde nachdrängt, wenn es weiß, daß der Reiter nur mit der Lanze bewaffnet ist, oder die Entfernung zum Schuß noch zu groß erscheint. Auch giebt es Pferde, welche einen leichten regelmäßigen Gang gehen, sobald der Reiter einen Schuß abzugeben, oder einen Pfeil zu entsenden gedenkt. Alles in allem, es giebt kein Tier, welches sich leichter dem Menschen in allen Lagen anpaßt, als das edle Pferd. Es erscheint wie verwachsen mit ihm, es scheint den Herzschlag seines Reiters zu fühlen, seinen Gedankengang zu ahnen. So soll und muß die eben beschriebene Art dieses Pferdes sein das man als das eigentliche Schieß- und Jagdpferd benennen muß. Das Parforcejagdpferd der heutigen Zeit nimmt vorwiegend die Eigenschaften der Ausdauer und Schnelligkeit für sich in Anspruch. Es soll willig sein in jedem Terrain zu gehen, vor keiner Hecke, keinem Graben, keinem überwindbaren Hindernis zu stutzen oder gar zu refusieren — es soll mit kurzen Worten ein Campagnepferd ersten Ranges sein! Als der augenblickliche Zweck der Jagd wird das Abfangen der Sau, das Greifen des Fuchses oder Hasen betrachtet; der wahre Zweck liegt aber im Reiten, im Campagnereiten, und deshalb werden vornehmlich in Preußen und Oesterreich-Ungarn die Parforcejagden auf Wild und die sogenannten Schnitzeljagden und Kirchturmrennen höchsten Orts begünstigt. Sie sind absolut notwendig, um die Offiziere der Armee im Terrainreiten heran- und auszubilden. Bei diesen Ritten zeigt sich der Mut und die Intelligenz der Pferde in hohem Grade, wenngleich die Eigenschaften des Pferdes hierbei nie in vollem Maße zur Geltung gelangen, da das Roß nicht in direkter Beziehung zum Wilde steht, und es den Hunden überlassen muß, dasselbe zu spüren, zu jagen und zu stellen. Darum schon darf das Parforcepferd nur bedingungsweise den Jagdpferden zugerechnet werden. Ihre Majestät die Kaiserin, Königin Elisabeth von Oesterreich-Ungarn, die Prinzen Wilhelm und Leopold von Preußen stehen zur Zeit an der Spitze der Parforcereiterei, wie ebenso in England, Rußland und Frankreich Träger bedeutender Namen diesem ritterlichen Sport, welcher mit Recht als Kind der Turniere bezeichnet werden muß, Glanz und Ruhm verleihen.

Eine bestimmte edle Pferderasse allein als durchaus geeignet für die Parforcejagden bezeichnen zu wollen, wäre Vermessenheit. Klima, Zone, Futter, Bodenverhältnisse u. s. w. bedingen schon allein die Brauchbarkeit für jedes einzelne Land und man greift wohl nicht fehl, zu behaupten, daß die eingeborene, für den Zweck der Parforcejagd gezüchtete, edle Rasse im Heimatlande vorwiegend am besten zu verwerten sein wird und nur Pferde gleicher Zonen und ähnlicher Klimate in diesen erfolgreiche Verwendung finden können.

Das Parforcejagd- oder besser gesagt „Campagnepferd" ist das Pferd der hohen Jagd. Es wird im Frieden für den Kriegsdienst vorbereitet, und für ihn gilt das treffliche Wort:

„Ein schnelles Pferd,
Ein tüchtiger Reiter,
Ein schneidig Schwert,
Die helfen weiter! —"

Bärenjagd in Rußland.

Zwölftes Kapitel.

Der Bär.

*Jung Fritjof zog nun auf die Jagd,
Wohl Mancher hätte sich bedacht;
Denn ohne Spieß und ohne Degen
Trat er dem Bären kühn entgegen.*

*Brust gegen Brust mit ihm er rang
Bis, doch zerratzt, er ihn bezwang;
Ihr bracht' er heim die rauhe Beute,
Auf daß die Jungfrau sich erfreute.*

In den an der Stirn der Abhandlung stehenden Versen zeigt sich uns germanische Heldenkraft im Kampfe mit dem Bären und wir dürfen mit gerechtem Stolz sagen, daß wir unserer Vorfahren nicht unwert geworden sind und der alte ungebeugte Mut noch in uns und den Völkern germanischen Stammes lebt. Vom Fürsten bis zum niedrigsten Mann herab weilt, wie ehedem, im Volke die alte Entschlossenheit und rinnt das kalte Blut in den Adern, wenn auch die Waffen andere geworden sind und wohl schwerlich jemand den gewaltigen Bären mit der Faust allein zu überwinden vermag und als Angebinde der Auserkorenen zu Füßen legen wird, wie Fritjof es that. Den Bären als Wahrzeichen im Schild und Wappen führen viele Städte und ritterliche Geschlechter, so Berlin, Bernburg; die Nachkommen Albrecht des Bären, die erlauchten Herzöge von Anhalt, deren Hausorden den über die Schloßmauer schreitenden Bären zeigt. Die Städte Bern und Bernburg halten zur Gegenwart ihr Wahrzeichen in Zwingern und eine Menge Namen in Alt-Deutschland weisen auf den Bären, den gewaltigen, hin.

Namen wie Kronprinz Rudolf von Österreich, Prinz Friedrich Karl von Preußen, Fürst Bismarck, der Herzog von Koburg-Gotha und eine große Zahl hoher Herren und echter Waidmänner können auf Trophäen hinweisen, die ihnen der heiße Kampf mit dem Bären gebracht hat, aber auch die rauhen Söhne der Karpathen, der Alpen, der Karst und der Pyrenäen dürfen sich rühmen, gleiche Lorbeeren errungen zu haben.

In den ältesten Zeiten, bis weit in das Mittelalter hinein, war die Jagd neben Anwendung mancher Listen und einfachen Fangarten, wie Gruben und dergl., nur ein persönlicher Kampf mit den wilden Tieren, so auch mit dem Könige der Wälder (wie heute noch der Finne den Bären respektsvoll nennt), und mit der wehrhaften Sau, wobei früh der Hund, der unentbehrliche treue und hochgeschätzte Helfer und Genosse des Jägers war.

Die Entwickelungsgeschichte der Jagd reicht bis an die Uranfänge der menschlichen Gesellschaft; sowie der Mensch aus dem Paradiese scheiden, oder, mit profanen Worten, sowie er den Kampf ums Dasein mit seiner Umgebung aufnehmen, nach Eigentum trachten und das Errungene verteidigen mußte, nicht nur gegen seine Mitmenschen, sondern auch gegen die Tiere, trat die Jagd an ihn heran.

Nicht allein das Nahrungsbedürfnis trieb den ursprünglichen Menschen zur Jagd, sondern ganz besonders die sich ihm gebieterisch aufdrängende Frage: entweder er oder die Tiere; beide konnten sie gleichberechtigt nicht nebeneinander bestehen, eins mußte dem anderen weichen oder sich ihm unterwerfen; welche Tiere das Letztere thaten, resp. dem Menschen nutzbringend schienen, oder sich ihm anschmiegten, die nahm er auf und pflegte sie; die sich ihm widersetzten, die mußte er bekämpfen, und von der Zeit an haben wir die Begriffe von Wild und Jagd.

Es leuchtet ein, daß sich der Mensch zunächst gegen das wehrhafte Wild zu wenden hatte, welches ihn in körperlichen Kräften übertraf und am Leben mit Waffen bedrohte, die ihm die Natur versagt hatte; er konnte mit der Faust nicht dem Horn des Büffels, der Brante des Bären, den Waffen des Schweins entgegentreten, er mußte sich künstliche Waffen beschaffen, mit deren Hilfe er ebenso stoßen, schlagen und hauen konnte wie jene Tiere, und so entsprossen seinem Geiste der Speer, die Keule, der Steinmeißel, entstanden die Schußwaffen, mit denen er jene verderben konnte, ohne immer genötigt zu sein, sich ihrer gefährlichen, unmittelbaren Nähe auszusetzen, sowie ihrer überlegenen Schnelligkeit ein Ziel zu stecken.

Gewiß waren die Männer, welche sich im Kampf mit den gefährlichen Tieren auszeichneten, große Wohlthäter ihrer Mitmenschen, und daß sie uns als Heroen überliefert worden sind, beweist die Dankbarkeit und Verehrung, welche man für ihre aufopfernden Thaten empfand. Und wer möchte ihnen auch die aufrichtigste Bewunderung versagen?! Wir brauchen nicht bis auf das mythische Heroentum zurückzugehen, — betrachten wir einen Jäger des späteren Altertums, selbst noch des Mittelalters, wie er mit einem Jagdspieß, einer Keule und noch früher mit steinernen Waffen dem Auerochs, Bär oder Keiler zu Leibe ging, so müssen wir über diesen Mut staunen; mögen immerhin scharfe Hunde ihm zur Seite gestanden haben, — der Hauptschlag blieb ihm, dem Jäger, nicht erspart. Je unvollkommener die Waffen waren, desto größer mußte die Geschicklichkeit, desto unerschütterlicher der von eiserner Kraft getragene Mut sein; der Jäger war gezwungen, die wilden Tiere auf das eingehendste zu beobachten, um aus ihren Gewohnheiten, resp. Schwächen, Vorteil zu ziehen; nur so durfte er hoffen, sie geistig und körperlich zu beherrschen.

Bei der einförmigen Gleichartigkeit der Waffen des Altertums konnten sich die Jagdmethoden der Völker nur wenig von einander unterscheiden, und daß Reitervölker auf ihren weiten Ebenen, resp. Steppen die Jagd besonders zu Pferde ausübten, ist zu naturgemäß, um weiterer Erörterung zu bedürfen.

Unter den im centralen und westlichen Europa wohnenden Völkerschaften zeichneten sich die Gallier durch besondere Jagdleidenschaft und Tüchtigkeit aus; sie hatten vorzügliche Hunde, welche sie mit den Völkern des Ostens austauschten und Cäsar erzählt in seinen Kommentarien, wie sehr sie sich in der Bekämpfung des furchtbaren wilden Stieres auszeichneten, dessen Hörner als wertvolle Trophäen sich von Generation zu Generation vererbten und ebenso beim Gelage als Trinkgefäße dienten, als in Zeiten der Not und Gefahr als Signalhorn oder „schmetternde Kriegsdrommete" nach unseren Begriffen. Während die Gallier in ihrem zu Cäsars Zeit schon kultivierten Lande sich des Rosses zur Jagd bedienten, kannten die Germanen in ihrem dunklen, dichten, hercynischen Walde diese so erhebliche Jagdhilfe noch nicht. Zwar benutzten sie ihre kleinen, aber dauerhaften Pferde zu Kriegszwecken und war die deutsche Reiterei gefürchtet; doch brachte wohl der dichte Wald dem Jäger zu Pferde erhebliche Schwierigkeiten entgegen. — Erst als der Ackerbau mehr und mehr um sich griff und die von den Römern eingeführten starken Pferde Anwendung fanden, benutzte sie der Germane zur Jagd, wobei er ein langes Schwert führte, während seine ursprünglichen Jagdwaffen nur aus Lanze, Wurfspieß, Steinmeißel, kurzem Schwert und dolchartigem Messer bestanden. Bogen und Pfeile lernte er erst durch die Völkerwanderung von den Asiaten kennen. Gewiß war auch der Deutsche der Jagd mit Leib und Seele ergeben, zumal er aus ihr den größten Teil seiner Lebensbedürfnisse entnahm, aber weniger beweglich und langsameren Temperaments, als sein gallischer Nachbar, jagte er doch mehr um Leibes Nahrung und Notdurft willen als aus Passion, und pflegte er der Ruhe, wenn Vorrat vorhanden war. Nur der Freie lebte der Jagd; der geringe Ackerbau, sowie die Viehzucht lagen den Weibern und Sklaven ob.

Unsere Illustration (S. 230/231) giebt ein Bild jener Zeit. Der Jäger nimmt Abschied von Weib und Kind, und eingedenk der bevorstehenden Gefahren, hält die Mutter den jüngsten Sohn dem Vater zum Kusse hin. Unter weitgeästeter Eiche hält die mutige Schar noch kurze Rast, und bald wütet der Kampf mit Ur und Bär auf Leben und Tod. — Der Ur ist erlegt; vom Speere durchbohrt bricht eine Bärin zusammen, als der Bär, aufgerichtet, den Jäger annimmt, der ihm sein Lieb entrissen. Nur der Streithammer steht diesem noch zur Verfügung, und während er zum entscheidenden Schlage den Arm erhebt, holen die Jagdgefährten zum Speerwurfe aus. Die glückliche Heimkehr bestätigt uns den siegreichen Ausgang des Kampfes, und nach herzlichem Willkommen beherbergt bald die mit Jagdtrophäen gezierte Hütte diese glücklichen Menschen der Urzeit.

Blieb auch lange Jahrhunderte die Jagd rein in diesen einfachen Formen die Lust aller freien Männer, so brachte die Zeit Karls des Großen durch seine Bekanntschaft mit dem Orient, die Einführung der Netze, die Reit-, Hetz- und Falkenjagden wesentliche Veränderungen hervor, die naturgemäß allmählig sich entwickelten und erst durchgreifend mit Einführung der Feuerwaffen wurden. Bären und Sauen rechnete man zur hohen Jagd und zum edlen Wilde. In manchen Ländern war jedoch der Bär als gemeinschädliches Tier vogelfrei.

Langbogen und Armbrust wurden neben den ersten Gewehren mit Spieß und Waidmesser fortgeführt und erst die spätere technische Vollendung der Jagdgewehre ließ die blanke Waffe und mit ihr einen Teil der persönlichen Gefahr verschwinden, und wird heute die Jagd mit dem Schießgewehr, die, wie sich ein Waidmann scherzweise auszudrücken beliebt, aus Gesundheitsrücksichten vorgezogen wird, durchgängig praktiziert. Brehm erzählt, daß noch heute einzelne Russen, Skandinavier, Siebenbürger und namentlich die spanischen „Oseros" oder zünftigen Bärenjäger, deren Gewerbe vom Vater auf dem Sohn erbt, dem Bären mit dem Spieß und dem Waidmesser entgegen treten.

Die Bewohner des Karstes, die armen Tschitschen, sind als die verwegensten Bärenjäger bekannt. Man erzählt von ihnen, daß sie noch heute dem Bären mit einem Messer in der Hand zu Leibe gehen, und wenn er sich, wie er beim Angriff auf den Menschen immer thut, aufrichtet, stoßen sie ihm das Messer in den Rachen. Thatsache ist, daß die Karstbewohner die Bärenjagd noch mit alten Steinschloßgewehren betreiben.

Über die Erlegung der letzten Bären in Deutschland fanden wir folgende Daten: 4. Dezember 1445 bei Soest in Westfalen; Herbst 1446 bei Münster; 1553 Bärin mit zwei Jungen in der Trohser See.

Schon früh begegnen wir der Anlage von Bären- und Saugärten. Karl der Große gedenkt ihrer schon in seinem Capitulare de villis vel curtis.

Noch zu Anfang des vorigen Jahrhunderts galt es als ein fürstliches Vergnügen, gefangene Bären mit großen Hunden kämpfen zu lassen. Die deutschen Fürsten fütterten jene bloß zu diesem Zwecke in eigenen Gärten. „August der Starke," erzählt v. Flemming, „hatte deren zwei, und es ereignete sich, daß einstmals aus dem Garten zu Augustusburg ein Bär entsprang, bei einem Fleischer ein Kalbsviertel herunterriß und, da ihn die Frau verjagen wollte, diese samt ihren Kindern erwürgte, worauf Leute herbeieilten und ihn totschossen." Auf den Platz wurde der für den Kampf bestimmte Bär in einem Kasten gefahren, welcher durch einen Zug aus der Ferne so geöffnet werden konnte, daß er sich nach allen Seiten niederlegte und den Bären dann plötzlich befreite. Hierauf ließ man große schwere Hunde gegen ihn los. Packten ihn diese fest, so konnte er ohne besondere Schwierigkeiten von einem Manne abgefangen werden. Im Dresdner Schloßhofe wurden 1630 binnen acht Tagen drei Bärenhetzen abgehalten. In den beiden ersten mußten sieben Bären mit Hunden, im dritten aber mit großen Keilern kämpfen, von denen fünf auf dem Platze blieben; unter den Bären war einer von acht Zentnern Gewicht. Die Bären wurden noch außerdem durch Schwärmer gereizt und vermittels eines ausgestopften roten Männchens genarrt. Gewöhnlich fingen die großen Herren selbst die von den Hunden festgemachten Bären ab; August der Starke aber pflegte ihnen den Kopf abzuschlagen.

Selbst in der Neuzeit werden noch hier und da ähnliche Kämpfe abgehalten. Auf dem Stiergefechtsplatze in Madrid läßt man bisweilen Bären mit Stieren kämpfen, und in Paris hetzte man noch im Anfange dieses Jahrhunderts angekettete Bären mit Hunden. Kobell, welcher einem derartigen Schauspiele beiwohnte, erzählt, daß der Bär die auf ihn anstürmenden Hunde mit seinen mächtigen Branten rechts und links niederschlug und dabei fürchterlich brummte. Als die Hunde aber hitzig wurden, ergriff er mehrere nacheinander, schob sie unter sich und erdrückte sie, während er andere mit schweren Wunden zur Seite schleuderte.

Die Römer erhielten ihre Bären hauptsächlich vom Libanon, erzählen aber, daß sie solche auch aus Nordafrika und Libyen bezogen. Ihre Beschreibungen der Lebensgeschichte des Tieres sind mit Fabeln gemischt. Aristoteles schildert, wie gewöhnlich, am richtigsten. Plinius schreibt ihm nach, fügt aber bereits einige Fabeln hinzu; Oppian giebt einen trefflichen Bericht über die herrlichen Bärenjagden der Armenier am Tigris; Julius Capitulinus endlich einen solchen über die Kampfspiele im Cirkus, gelegentlich deren er erwähnt, daß Gordian I an einem Tage eintausend Bären auf den Kampfplatz brachte.

In der Waidmannssprache scheidet man die Bärenfamilie in Haupt-, Mittel- und Jungbären. Die Frage, ob es nur eine Bärenart giebt, oder die Bärenfamilie ständige Rassen nachwirft, ist wissenschaftlich noch nicht entschieden, alte erfahrene Bärenjäger nehmen jedoch verschiedene Arten an. Die Füße des Bären heißen Branten oder Tatzen, das Fell Decke oder Haut, das Fett Feist, die Augen Seher, die Ohren Gehör, der Schwanz Pürzel; schreit er, so brummt er, läuft er in den Wald oder aus demselben, so geht er am oder zu Holze, steht er aus seinem Lager auf, so verläßt er sein Lager oder Loch und erhebt sich, legt er sich nieder, so erniedrigt er sich, begiebt er sich ins Winterlager, so schlägt er sich ein und mit den Vorderbranten schlägt er seine Gegner ab oder nieder, die Begattungszeit heißt Bärzeit, der Bär bärt zu dieser Zeit, die Bärin setzt oder bringt Junge. Linné gab die Tragzeit der Bärin zu hundertundzwölf Tagen an, weil er den Oktober für die Bärzeit annahm. Nach Brehm beträgt die Trächtigkeitsdauer mindestens sechs Monate, wahrscheinlich noch etwas mehr. Bärwild wird erlegt, aufgeschärft, nicht aufgebrochen, seine Haut abgeschärft. Alle übrigen Ausdrücke sind wie beim Edelwilde.

Nach von Riesenthal trifft die Bärzeit in den Anfang Mai bis in den Juni, und geschieht der Beschlag sehr oft, täglich mehrere Male nach Hundeart. Die Bärin bringt etwa im Januar Junge von der Größe einer Ratte. Die Bärin verläßt sie in den ersten zwei Wochen gar nicht, nimmt auch nichts zu sich, legt ihre vier Tatzen um die kleinen, fast formlosen Jungen, deckt sie mit der Nase zu und bildet ihnen so eine sehr warme Wiege. Sie sind vier Wochen lang blind und beginnen erst nach acht Wochen umherzuziehen. Wahrscheinlich setzt die Bärin nur ein Jahr um das andere. — Die Jungen des vorhergehenden Satzes sollen in der Nähe der Mutter bleiben und bei den jungen Geschwistern Dienste als Kinderwärter „Postun" thun, wie Eversmann erzählt.

Ein starker Bär mißt am Widerrist 1—1,25 m, in der Länge 2 m inkl. des 8 cm langen Pürzels. Sein Gewicht

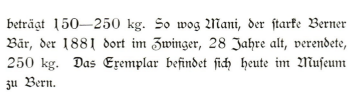

beträgt 150—250 kg. So wog Mani, der starke Berner Bär, der 1881 dort im Zwinger, 28 Jahre alt, verendete, 250 kg. Das Exemplar befindet sich heute im Museum zu Bern.

Der Bär kommt von Spanien bis Kamtschatka vor und von Lappland und Sibirien bis zum Atlas, Libanon

häufig in Rußland, Schweden und Norwegen, Siebenbürgen und den Donautiefländern, der Türkei und Griechenland, nicht selten in Krain und Kroatien, in dem gebirgigen Spanien und Italien, schon sehr selten geworden in der Schweiz und Tirol, fast gänzlich ausgerottet in Frankreich, wie in den österreichisch-deutschen Ländern und gänzlich ver-

und dem nördlichen Himalaja aus. Welch mannigfach abwechselndes Wohngebiet, das auf die Formen des Bären seinen gewaltigen Einfluß geübt hat! In Europa bewohnt er noch gegenwärtig alle Hochgebirge: die Pyrenäen, Alpen, Karpathen, transsylvanischen Alpen, den Balkan, die skandinavischen Alpen, den Kaukasus und Ural, nebst den Ausläufern und einem Teile der Umgebung dieser Gebirge, ebenso ganz Rußland, ganz Nord- und Mittelasien, mit Ausnahme der kahlen Steppen, Kaukasien, Syrien, Palästina, Persien, Tibet und endlich den Atlas. Er ist

tilgt in Deutschland, Belgien, Holland, Dänemark und Großbritanien. Einzelne Überläufer erscheinen dann und wann im bayerischen Hochgebirge, in Kärnten, Steiermark, Mähren und vielleicht noch im Böhmerwalde.

Mit Rücksicht auf die vom Kronprinzen Rudolf in Ungarn und Slavonien abgehaltenen Bärenjagden bringt der „deutsche Jäger" folgende Mitteilungen: Der Bär haust heute noch fast allenthalben in den Karpathen, wo die streckenweise noch vorhandenen Urwälder ihm sichere Zuflucht gewähren. Zu Anfang des Winters steigt er gerne in die ungarische oder galizische

Ebene, soweit die Waldungen sind, hinab. In jedem Jahre werden Bären geschossen in den Wäldern des Herzogs de Castries, bei Teplitz-Trentschin, wo einigemal der Marschall Mac-Mahon, ein fermer Jäger vor dem Herrn, an den Jagden teilnahm. In der hohen Tatra kommt der Bär häufig vor. In der Gegend von Truskawicz, einem be-

und in den Waldungen der Grenze. In Kärnten und Tirol kommt das Raubtier nur noch vereinzelt vor, in Dalmatien gar nicht mehr, dagegen noch sehr häufig in den neuen Acquisitionen, in Bosnien und der Herzegowina. In Bosniens großen Waldungen wird er zuweilen von den Offizieren gejagt. In Böhmen wurde der letzte Bär vor

kannten Badeörtchen auf der galizischen Seite, war vor einigen Jahren der alte Pfarrer ein renommierter Bären- und Wolfsjäger. Die Bestien kommen im Winter in das Dorf und gehen auf den Wegen spazieren, wo zur Sommersaison die Badegäste promenieren. Der Herr Pfarrer saß in einem Badehäuschen und schoß von dort aus die Raubtiere. In der Gegend von Truskawicz befindet sich im Walde ein Denkstein auf einer Stelle, wo vor fünfzehn Jahren der Kaiser einen Bären erlegte. In ganz Siebenbürgen kommt der Bär häufig vor, ebenso in Slavonien

einigen Dezennien geschossen; in Oberösterreich und Salzburg ist er ausgerottet. In Niederösterreich wurde der letzte Bär vor vierzig Jahren erlegt.

Am 12. September 1881 schoß in den Graubündener Alpen Herr Lehrer Janca von Obersaxen einen Bären, der nahezu einen Doppelcentner wog und bei dem der Umfang des Halses 63 cm betrug.

1879 zeigte sich im Elbingenalp, dem bekannten Sommeraufenthalt Ihrer Majestät der Königin-Mutter von Bayern, ein Bär, der wohl aus Graubünden eingewechselt war.

Im September 1882 wurden auf Zernetzer Gebiet ein Bär, und zwar durch die Jäger Methier von Brail und Tester von Einuskel im Val Eluazza erlegt.

Se. k. k. Hoheit der Erzherzog Kronprinz Rudolf erzählt in den N.-Ö. Mitteilungen die Bärenjagden in der Marmaros, die Jagden bei Munkacs, Szigeth, in den fiskalischen Waldungen, im Walde von Rónasseh Babnik und in der Dubrowa, denen Se. k. k. Hoheit der Kronprinz beiwohnte. — Die Aufsätze sind für jeden Waidmann so interessant wie belehrend geschrieben, und schildern nicht allein die Jagden in schlichter, einfacher Wahrheit, sondern bieten interessante Einblicke in die Jagdverhältnisse des Landes, ferner in die Sitten und Gebräuche des dasselbe bewohnenden Volkes.

Die Gräfin D'Equiville ist der gewaltige Nimrod weiblichen Geschlechtes, welcher in den Schluchten des Marmaros schon manchem Bären das Lebenslicht ausgeblasen hat. Vor kurzem wurde beim Grafen D'Equiville eine großartige Jagd arrangiert, welche in jeder Hinsicht gelang. Sie wurde in dem Szaploncziger Reviere abgehalten, und außer den Notabilitäten der Umgegend nahm auch der bekannte Bärenjäger Melles, Pfarrer in Parrackköz, der eigenhändig schon achtundzwanzig Bären getötet hat, daran teil. Das erste Treiben fand auf dem sogen. Faczaberg statt und dauerte ca. 1½ Stunden, dessen Stille durch drei weithallende Schüsse unterbrochen wurde. Den ersten feuerte die Gräfin auf einen Bärenjüngling von 130 kg ab, welcher tot niederstürzte. Der zweite Schuß streifte den Pelz eines Wolfes und der dritte jagte Meister Reineke in die Flucht.

Was die Verbreitung des Bären in Rußland anbelangt, so entnehme ich der „Prirodaiochota", Organ der kaiserlich russischen Gesellschaft für Wildpflege und regelrechten Jagdbetrieb, folgende interessante Notiz: „Im Winter 1878/79 schossen die Herren A. B. und A. W. Wishay und C. Medgers im Ludejnopoler Kreise des Gouvernements Olonetz sieben Bären, von den außerdem noch eingekreisten die Bauern acht, während drei unbeschossen aus dem Lager gingen. 1879/80 schossen ebendaselbst der erste Sekretär der englischen Botschaft in Petersburg, Lord C. und Mr. Clarke in vierzehn Tagen sieben Bären, und drei Jäger aus Moskau fünf. Sie zahlten den Bauern für jeden eingekreisten Bären dreißig bis vierzig Rubel. Die Jagdbeute der Bauernjäger im ganzen Gouvernement Olonetz betrug nach amtlichen Angaben im Jahre 1879: 276 Bären und sehr vieles anderes Wild, zusammen im Werte von 47603 S.-Rubel. Auf einer Bärenjagd, die Lord Dufferin kürzlich in der Umgegend von Petersburg veranstaltete, ereignete sich ein Vorfall, welcher für die Gemahlin des Lord Dufferin, die an der Jagd teilnahm, leicht schlimme Folgen hätte haben können, wenn Lord Fr. Hamilton nicht einen Bären, der sie annahm, fast zu ihren Füßen niedergestreckt hätte.

Kaiser Alexander II war ein großer Liebhaber der Bärenjagd. Er mag mehr als 100 Bären eigenhändig erlegt haben.

Der Bär haust ebenso gern in den Waldungen der Ebene wie im Gebirge. Bedingungen für seinen Aufenthalt sind große, zusammenhängende, schwer zugängliche oder doch wenig besuchte, an Beeren und sonstigen Waldfrüchten reiche Waldungen. Höhlen unter Baumwurzeln oder Baumstämmen, Felsengeklüfte, dunkle undurchdringliche Dickichte und Teiche mit trockenen Inseln gewähren dem Könige unserer Raubtiere Schutz, Obdach und Ruhe vor seinem Erbfeinde, dem Menschen. Bei den Waldbienenstöcken und in den Haferfeldern thun die Bären nicht unbeträchtlichen Schaden, weniger an den Herden. Solange er Pflanzenkost in reichlicher Menge zur Verfügung hat, hält er sich an diese; — hat ein Bär erst Geschmack an Fleisch gefunden, so wird er auch den Herden gefährlich, reißt selbst erwachsenes Vieh, läßt es in Fäulnis übergehen und verzehrt es dann erst, kurz er wird zum Raubtier in der eigentlichen Bedeutung des Wortes. Der pflanzenfressende Bär ist ein feiger und furchtsamer Gesell, der räuberisch auftretende wird zu einem gefährlichen Gegner des Menschen und der von ihm bedrohten Tiere.

Auch heute gehört die Bärenjagd immer noch zu den gefahrvollsten Jagden, und jede Gegend, wo der Bär noch in großer Anzahl vorkommt, hat einige Männer aufzuweisen, die das starke Tier glücklich bekämpft haben oder im Kampfe schwere Wunden davontrugen oder selbst das Leben einbüßten. Die Bären nehmen ziemlich ausnahmslos wenn sie angeschweißt aber nicht tödlich verwundet sind, den Jäger an, ebenso die Bärin ohne Schuß, wenn sie ihre Jungen in Gefahr sieht, ein gefehlter Bär flüchtet in der Regel mit großer Eile.

Das ungarische Blatt „Kelet" schildert einen solchen Bärenkampf: Ein junger Hirte Aram Harsan weidete seine Schafe in dem Görgenyer Waldgebirge „Bunyasza", als er plötzlich bemerkte, daß die Schafe zusammenliefen, offenbar durch etwas geängstigt. Wie er sich umsah, bemerkte er unweit von sich einen großen Bären. Nachdem der Bär auch ihn gesehen, stürzte er sich wütend auf den Hirten, der mit seiner Axt Meister Braun auf den Kopf hieb; mit dem zweiten Schlage traf er eine Brante, mit dem dritten den Bauch, aber dessen ungeachtet rückte ihm der Bär näher an den Leib, und da der Hirte seine Axt nun nicht mehr gebrauchen konnte, packte er ihn an den Vordertatzen, um ihn zur Erde zu werfen, wobei der Bär mit der Schnauze nach dem Gesicht des Hirten schnappte und ihm die Haut, Fleisch und das linke Auge herausriß. Der Hirte war jetzt gezwungen, den Bären loszulassen, der ihn nun an dem rechten Arme packte und diesen zerbrach. Damit war auch die Kraft des Bären erschöpft, er fiel nieder und verendete. Der Hirte wurde später von seinem Herrn gefunden und nach Gyerggo-Szarhegy zur

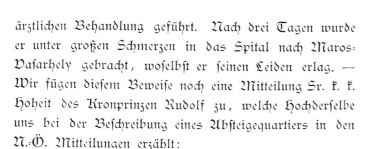

T ärztlichen Behandlung geführt. Nach drei Tagen wurde er unter großen Schmerzen in das Spital nach Maros-Vasarhely gebracht, woselbst er seinen Leiden erlag. — Wir fügen diesem Beweise noch eine Mitteilung Sr. k. k. Hoheit des Kronprinzen Rudolf zu, welche Hochderselbe uns bei der Beschreibung eines Absteigequartiers in den N.-Ö. Mitteilungen erzählt:

„Interessant war der große Schmuck des Hauses, ein schönes Bärenfell, die Schwarte eines starken Keilers und die Decke eines Luchses. Der Jäger, bei dem ich wohnte, war erst seit kurzer Zeit in diesem Hause, sein Vorgänger erlag in einem Kampfe mit einem Bären, den er im Walde nahe dem Badeorte zufällig erspäht und angeschossen hatte. Das kranke Tier schlug sich in einem Windbruche ein, der Jäger und ein ruthenischer Heger folgten zu rasch der Spur und wurden vom Bären, der versteckt lag, schneller angenommen, als sie schußbereit wurden; nun entspann sich ein heißer Kampf, der Jäger blieb tot, der Ruthene, schwer verwundet, erlag auch bald seinen Wunden, der Bär konnte sich auch nicht weiter schleppen und verendete ebenfalls am Platze; als man dann die Vermißten suchen ging, fand man die beiden Männer und den Bären auf einer Stelle ruhig nebeneinander liegend."

Über die Winterruhe des Bären sagt Brehm: „Vor dem Eintritt des Winters bereitet sich der Bär eine Schlafstätte, entweder zwischen Felsen oder in Höhlen, welche er vorfindet, sich selbst gräbt, beziehentlich erweitert, oder in einem hohlen Baum, oft auch in einer dunkeln Dickung, wo er entweder unter einem Windbruche sich verbirgt, oder die um das zu erwählende Lager stehenden Stämme abbricht, auf sich herabzieht und so ein Obdach bildet, unter

welchem er sich einschneien läßt. Das Lager der Bärin wird sorgfältig mit Moos, Laub, Gras und Zweigen ausgepolstert und ist in der That ein sehr bequemes, hübsches Bett. In den galizischen Karpathen, woselbst man diese Winterwohnung „Gaura" nennt, zieht die Bärin, laut Knaur, Höhlen in sehr starken Bäumen anderen Lagerplätzen vor, falls das „Thor", das heißt die Eingangsöffnung, nicht zu groß ist. Noch vor dem ersten Schneefalle ordnet sie ihr Winterlager, indem sie die „Gaura" von Erdteilen, faulem Holze und anderen unsauberen Stoffen reinigt und sodann das Innere mit Reisig auspolstert, welches sie, unter sorgsamer Auswahl der Zweigspitzen, von dem Unterwuchse der nächsten Umgebung abbricht. Mit Eintritt strengerer Kälte bezieht der Bär seinen Schlupfwinkel und hält hier während der kalten Jahreszeit Winterschlaf. Die Zeit des „Einschlagens", oder Beziehens der Wohnung richtet sich wesentlich nach dem Klima der betreffenden Gegend und nach der Witterung. Während die Bärin meist schon anfangs November sich zurückzieht, schweift der Bär, wie ich in Kroatien durch Abspüren einer Fährte selbst erfuhr, noch Mitte Dezember umher, gleichviel ob Schnee liegt und strenge Kälte herrscht, oder nicht. Nach Versicherung russischer Bärenjäger soll er vor dem Schlafengehen die Umgebung seines Lagers genau untersuchen und dasselbe mit einem anderen vertauschen, wenn er nach verschiedenen Seiten auf menschliche Spuren stößt. Tritt mitten im Winter Tauwetter ein, so verläßt er sogar in Rußland und Sibirien zuweilen sein Lager, um zu trinken oder auch Nahrung zu nehmen. Gleichmäßige Kälte und tiefer Schnee fesseln ihn an das Lager, und er kann so fest und tief schlafen, daß ihn selbst das Fällen von Bäumen in der Nähe seines Lagers nicht stört. „Kurz nach Beginn seiner Winterruhe", schreibt Löwis, „scheint der Bär zum Verlassen seines Lagers weit mehr geneigt, als im Hochwinter. Daß er in Livland während 3—4 Monaten gänzlich unter dem Schnee begraben liegt, durchaus keine Nahrung zu sich nimmt, um diese Zeit auch nur mit gänzlich leeren Eingeweiden gefunden wird, ist ganz sicher." Bei gelinder Witterung dagegen währt seine Winterruhe vielleicht nur wenige Wochen und unter milderen Himmelsstrichen denkt er wahrscheinlich gar nicht an einen derartigen Rückzug. Hierauf deuten Beobachtungen, welche ich und andere an gefangenen Bären angestellt haben. Sie halten keinen Winterschlaf, benehmen sich im Winter überhaupt kaum anders, als im Sommer. Solange ihnen regelmäßig Nahrung gereicht wird, fressen sie fast ebensoviel als sonst, und in milden Wintern schlafen sie wenig mehr als im Sommer. Die Bärin ist, wenn die Zeit des Gebährens herannaht, vollständig wach und munter, schläft aber im Freien vor und nach der Geburt der Jungen ebenso tief und fest wie der Bär und frißt, wie ich durch eigene Beobachtungen mich überzeugt habe, während der eben angegebenen Zeit, selbst in der Gefangenschaft nicht das Geringste. Da der Bär im Laufe des Sommers und Herbstes gewöhnlich sich gut genährt hat, ist er, wenn es sein Winterlager bezieht, regelmäßig sehr feist, und von diesem Fette zehrt er zum Teile während des Winters. Im Frühjahr kommt er, wie die meisten anderen Winterschläfer, in sehr abgemagertem Zustande zum Vorschein. Die Alten, denen dies bekannt war, bemerkten auch, daß der ruhende Bär, wie es seine Gewohnheit überhaupt ist, zuweilen seine Pfoten beleckt, und glaubten deshalb annehmen zu müssen, daß er das Fett aus seinen Tatzen sauge. Das letzteres unwahr ist, sieht jedes Kind ein; gleichwohl werden selbst heutigen Tages noch diese Märchen gläubig weiter erzählt. Zum endlichen Verlassen des Winterlagers zwingt ihn immer und überall das Tauwetter, welches sein Bett mit Wasser füllt und ihn dadurch aus dem Schlafe schreckt."

Gehen wir nun zu den verschiedenen Methoden, den Bären zu jagen, über, so finden wir, daß in Rußland und Schweden die Bären am meisten während ihres Winterschlafes gejagt werden, während Se. k. k. Hoheit Erzherzog Kronprinz Rudolf von Österreich mitteilt, daß es in der Marmaros (Ungarn) zwei Arten giebt, nach welchen Bären durch Menschen erlegt werden.

„Erstens durch die Eingeborenen, durch die Heger und Waldläufer auf ihren Walddurchstreifungen zu allen Zeiten des Jahres; im Sommer neben den Alpen, im Herbst in den Buchenwäldern, im Winter hie und da an einer Gaura. Zufälliger Weise trifft der auf seinen Opanken lautlos dahinschleichende Ruthene, wenn der Wind ihm günstig, auf wenige Schritte mit dem Bären zusammen; der erste Schuß wird abgefeuert, und nun entspinnt sich ein Kampf auf Leben und Tod.

Die zweite Art sind die großen Treibjagden im Herbste. Wenn die Buchelmast nicht in allen Wäldern günstig gereift ist, so ziehen sich die Bären in einzelne mit Bucheln besonders reich gesegnete Bestände zusammen, und da gelingt es trotz aller Ungeschicklichkeit denn doch manches Mal, einen derselben zu erlegen. In solchen halbgünstigen Jahren werden hie und da große Jagden veranstaltet. In einem Herbste, wie der letzte es war, wo in allen Wäldern die reichste Bucheläsung den Boden bedeckt und die Bären keinen Stand halten, da sie allenthalben dasselbe gute Fortkommen und die beste Nahrung finden, werden auch niemals Jagden abgehalten; bloß uns zu Ehren wurden unter diesen ungünstigen Umständen dennoch Versuche gemacht, welche nur mit einer echt waidmännisch geschulten Jägerei zu einem günstigen Resultate hätten führen können.

Die Förster wissen recht gut, daß nach längstens drei bis vier Jahren ein Herbst kommt, in welchem infolge der Frühlingsfröste gar keine Bucheln erscheinen; nun suchen die Bären in Ermangelung von etwas Besserem die ihnen auch sehr willkommene Eichelmast auf und ziehen sich alle in die in der Umgebung Szigeths nur spärlich vertretenen kleinen Eichenwälder zusammen; jetzt hat man sie auf engem Raume vereinigt und eine einfache Treibjagd wird gemacht, die selbst durch die größte Ungeschicklichkeit nicht verdorben werden kann.

In einem so kleinen Walde, auf einem von den eigentlichen Bärenrevieren so entlegenen Vorberge, wie die Dubrowa es ist, erlegten die Förster und Jäger im Jahre 1879 in zwei Trieben auf einer Allee — denn zum zweiten Antreiben, das ein Kontratrieb war, kehrten sich die Schützen einfach um — fünf starke Bären; ein Forstwart, den ich öfters auf den Jagden sah, schoß davon drei, zwei im ersten und einen im zweiten Triebe.

Zwingt der Hunger die Bären, bis in die Dubrowa zu gehen, dann ist die Jagd eine sehr einfache; man stellt sich auf der Allee an und die Dickung wird gerade so abgetrieben, als wie zur Schnepfenjagd; was darin steckt, muß zu den Schützen kommen; über das breite Thal und die Straße wechselt ein Bär in den Mittagsstunden doch nicht. Auf das Eintreffen dieser günstigen Umstände warten die Jäger, die mit leichter Mühe schöne Erfolge erringen; unter schwierigen Verhältnissen ist ihnen die Jagd eine mühsame Plage, mit der sie sich nicht gern befassen.

Ich sah in der Wohnung des Herrn Pruggberger die Bärendecken aus der Dubrowa, es waren schöne, starke Exemplare der braunen und auch der schwarzen Varietät."

Weitere Jagdbetriebe, die bei der Bärenjagd Verwendung finden, sind der Anstand und die Jagd mit der Meute, endlich also noch, heute jedoch wohl nur noch ausnahmsweise, der von Brehm erwähnte Kampf mit der blanken Waffe. Von einem Osero, wie dieselben in Spanien existierten, erzählt uns der Volksmund folgendes Abenteuer, die wir auf das Maß der Wahrheit zu reduzieren unseren geehrten Lesern überlassen müssen.

„Pedro, der Bärenjäger, lebte um die Mitte des achtzehnten Jahrhunderts in den Pyrenäen. Hoch und niedrig, reich und arm, liebte Pedro; er war ein unfehlbarer Schütze und verwundete er einen Bären, so erstickte er denselben in seinen Armen. Manche Brante, Bärenhaut zierte seine höhlenartige Wohnung. — Eines Tages befand er sich wieder auf der Bärenjagd. Blutüberströmt stürzte sich der angeschossene Bär auf Pedro, die Vorderbranten zum Schlage bereit, Pedro wirft sich ihm entgegen, umfaßt ihn mit seinen starken Armen, und sucht ihn zu ersticken. Doch der Bär machte sich frei, Pedro führte einige gewaltige Kolbenschläge nach dem Kopf des Bären und als da auch die Büchse in Stücken brach, ergriff Pedro den Bären mit einer Hand am Halse und schlug ihn mit einem schweren Steine nieder. Kaum dieser Gefahr entronnen, stürzte die Bärin auf Pedro ein; kaum konnte er sein Messer ziehen und im Nu saß es im Herzen der Bärin, welche verendend ihn zu Boden warf und unter ihrem Gewicht begrub; Pedro, verwundet und vom Blutverlust entkräftet, starb wie Samson, inmitten seiner Triumphe."

Wie bereits mehrfach erwähnt, jagt man in Rußland und Schweden die Bären fast nur während ihrer Ruhezeit und im Wege der Treibjagden. Die russischen Bauern, namentlich die Marderjäger, suchen mit Beginn des Winters, auf dem Schnee den Spuren der Bären folgend, deren Winterlager zu entdecken. Die Spur des Bären, namentlich die der hinteren Branten, ähnelt sehr der des Menschen, und würde leicht irre führen, wenn man nicht auf den sichtbaren Abdruck der Klauen achten wollte. Haben die Jäger ein solches Lager gefunden und genau konstatiert, so verkaufen sie das Lager, resp. das Treiben, in welchem sich solches befindet, an einen Jagdliebhaber. Ein im Lager gekaufter Bär wird als so sichere Beute betrachtet, daß der bekannte Bärenjäger Herr Rabeneck aus Moskau eine telegraphische Einladung an ihm bekannte Mitglieder des Westerwälder Jagdvereins zu Altenkirchen zu einer solchen Jagd ergehen ließ. Selten begeben sich mehr als sechs Jäger auf die Jagd, öfter weniger, zuweilen nur zwei Personen. In letzterem Falle ist allerdings die Assistenz eines guten Pikeurs dringend zu empfehlen.

Bei den Treibjagden auf Bären machen die russischen Bauern einen Höllenlärm: Trommeln, Schnarren, Klappern, Blechkasserolle und andere tönende und lärmende Instrumente der primitivsten Art finden Verwendung; in Ungarn soll ein wildes Geheul und der dumpfe Klang der Kuhhörner den Bären aufschrecken. Die Schützen stellt man nicht weit von einander ab, da man nicht gerne weit schießt, und außerdem sich gegenseitig sekundieren können muß. Daß man sich nur der Kugel bedient und bei Bärenjagden nicht auf geringes Wild schießt, ist selbstverständlich.

Die Schützen müssen auf ihren Ständen sehr ruhig und still stehen, da der Bär ein sehr feines Gehör hat und unverwundet sehr furchtsam und scheu ist. Der Bär hält die Dickungen, kommt bei tiefem Schnee nicht sehr flüchtig, ist aber nicht leicht im Feuer zu erlegen, es wäre denn, daß der Schütze ihm einen Schuß hinter das Gehör beibringe. Ein guter Blattschuß d. h. gleich hinter dem Blatte tötet freilich auch selbst den stärksten Bären, aber nicht immer auf der Stelle. Der Bär hat ein zähes Leben und wechselt selbst, von verschiedenen Kugeln getroffen, häufig weit fort, oder ist kräftig genug den Schützen anzunehmen, und sind deshalb ein Reservegewehr oder eine Saufeder zu empfehlen.

Über den Anstand auf Bären und eine besondere Jagdart der russischen Bauern erzählt Baron von Nolde:

„Der Anstand auf Bären wird im Herbste, wenn der Hafer bereits der Reife entgegengeht, an den im Walde vorfindlichen Haferfeldern exerziert und zwar am vorteilhaftesten von einem Hochstande (Hochsitze oder Kanzel) aus. — Gewöhnlich kommt man da schon am Abende zeitig vor Einbruch der Nacht zum Schusse. — Hochstände (Kanzeln) sind nötig, weil man da weniger von der Windrichtung abhängig ist, denn der Bär ist das schlaueste, scheueste und vorsichtigste Wild, das es giebt, und viel schwerer auf dem Anstande zu erlegen, als irgend ein anderes Tier. — Der Jäger der sich eines Hochsitzes bedienen will, thut daher gut, bis dicht an die Kanzel zu reiten oder zu fahren und ohne die Erde zu berühren, den Hochsitz zu besteigen.

Die russischen Bauern betreiben eine Jagd, die ich als eine Art Birsch bezeichnen möchte. — Die bäuerlichen Jäger bewaffnen sich in der Regel mit einem elenden einläufigen Schießprügel und mit einer Lanze, russisch Ragatina genannt. Das Beil hat jeder Jäger stets bei sich, wie auch irgend einen auf Bären eingehetzten Köter und zwar am besten keinen zu großen (die Saufinder eignen sich hierzu). — Auf Schneeschuhen gehend, sucht der Bauer eines Bären ansichtig zu werden und giebt ihm einen Schuß, gleichviel tödlich oder nicht, denn derselbe soll nur den Zweck haben, das Tier zum Annehmen zu zwingen, wozu der Hund helfen muß. — Der Hund überholt den flüchtig gewordenen Bären leicht und zwickt und beißt ihn in die Hinterbranten, bis er in Wut versetzt, sich hoch hebt und den Schützen annimmt. — Dieser läßt ihn ganz nahe herankommen, stößt ihm seinen Spieß bis an das Querholz von unten nach oben in den Leib, versetzt dem Bären mehrere wuchtige Hiebe mit der stumpfen Seite des Beils auf den Kopf und tötet ihn durch wiederholte Beilhiebe. — Kraft, Mut und Geschicklichkeit gehört freilich zu solchem Zweikampfe, aber daran mangelt es den russischen Bärenjägern nicht, welche die Jagd mehr des Gelderwerbes wegen betreiben. Eine gute starke Bärendecke wird mit 15 bis 20 und 25 Rubel bezahlt. — Wie bei den rohen Völkerschaften der Aberglaube bei Allem eine gewisse Rolle spielt, so ist es auch bei der Bärenjagd der Fall; der vierzigste Bär, den ein solcher Jäger zu erlegen hat, soll der gefährlichest sein. —"

Es erübrigt noch die Besprechung der Jagd mit Hunden, sowie die Jagd des spanischen Osero. — Die letztere erzählt uns Brehm wie folgt:

„Unter Mithilfe von zwei starken und tüchtigen Hunden sucht der Osero sein Wild in den fast undurchdringlichen Gebirgswäldern auf und stellt sich ihm, sobald er es gefunden, zum Zweikampf gegenüber. Er führt ein breites, schweres und spitziges Waidmesser und einen Doppeldolch, welcher in zwei sich gegenüberstehende, dreieckig ausgeschliffene und nadelscharfe Klingen ausläuft und den Griff in der Mitte trägt.

Den linken Arm hat er zum Schutze gegen das Gebiß und die Krallen des Bären mit einem dicken, aus alten Lumpen zusammengenähten Ärmel überzogen; der Doppeldolch wird mit der linken Hand geführt, das Waidmesser ist die Waffe der rechten. So ausgerüstet tritt der Jäger dem von den Hunden aufgestöberten Bären entgegen, sobald dieser sich anschickt, ihn mit einer jener Umarmungen zu bewillkommnen, welche alle Rippen im Leibe zu zerbrechen pflegen. Furchtlos läßt er den brummenden, auf den Hinterbeinen auf ihn zuwandernden Bären herankommen; im günstigen Augenblicke aber setzt er ihm den Doppeldolch zwischen Kinn und Brust und stößt ihm demselben mit der oberen Spitze in die Gurgel. Sobald sich der Bär verwundet fühlt, versucht er, das Eisen herauszuschleudern, und macht zu diesem Zwecke mit dem Kopfe eine heftige Bewegung nach unten, dabei stößt er sich aber die zweite Klinge in die Brust und jetzt rennt ihm der Osero das breite Waidmesser mehrere Male in den Leib. In dem Dorfe Morselcowa im Ural lebt zur Zeit ein Bauernmädchen, welches in ähnlicher Weise über dreißig Bären erlegt und durch ihre kühnen Heldenthaten einen weitverbreiteten Ruf sich erworben hat."

Bei der Jagd auf solch wehrhaftes Raubzeug, wie den Bär, fällt dem Hunde selbstredend ein bedeutendes Stück Arbeit mit zu. Je mutiger, je schärfer und bissiger der Hund um so besser. Die Hatzrüden, Hunde unbestimmter Rasse, starke Blendlinge, Doggen, Bullenbeißer werden zu dieser Jagd gebraucht, in Schweden finden sich jedoch Hunde, welche den ausdrücklichen Namen Bärenhunde führen. Die Dressur dieser Hunde umfaßt die Gewöhnung, an der Koppel ruhig nebeneinander zu laufen und auf der Jagd den Befehlen, gebe die Stimme des Herrn oder das Horn dieselbe, unbedingt zu gehorchen. Hat man einen Bär eingekreist oder die Vermutung, daß er in einem gewissen Ort steckt, so umstellt man denselben mit Schützen, verteilt zwischen diese die Hatzen und läßt eine oder zwei Koppeln der leichtesten Hunde auf der Fährte oder unter Wind den Bären anjagen; sie werden auf frischer Fährte sofort laut und bald wird Petz die Flucht ergreifen. Natürlich müssen die Schützen ebenso schnell als schußfertig stehen, stellt sich aber der Bär bald den Hunden, dann hetzt man eine oder zwei Hatzen den Kameraden zu Hilfe, damit sie nicht verunglücken. Ist der Bär gepackt, so wird er erlegt, oder mit Hirschfänger oder Saufeder auf den Stich abgefangen.

Das Fangen von Bären in Tellereisen, Gruben, Holzstößen, die Anwendung von Tüchern nach sicherem Einkreisen, überhaupt die vielen primitiv lokalen Jagdarten, welche noch zur Erlegung des Bären Anwendung finden, übergehe ich als unwaidmännisch und nicht in den Rahmen dieser Arbeit passend.

Hiergegen möge noch durch die auf S. 233 stehende Abbildung einer Eisbärenjagd, wie dieselbe heute noch in Norwegen stattfindet, auch diese Jagdart dem geehrten Leser bekannt gegeben werden.

Über den Nutzen der Bärenjagd sagt Brehm:

„Der Nutzen, welchen eine glückliche Bärenjagd abwirft, ist nicht unbeträchtlich. Des von den Regierungen festgesetzten, sehr niedrigen Schießgeldes halber würde freilich kein Jäger sein Leben wagen, übte die Jagd nicht an und für sich selbst einen unwiderstehlichen Reiz auf den mutvollen Mann, und verschaffte sie ihm nicht Nebeneinnahmen, welche ungleich bedeutender sind als jene, welche die Regierungen aus Nützlichkeitsrücksichten zu zahlen sich bewogen finden. Die zweihundert Kilogramm Fleisch geben einen hübschen Ertrag; die Decke ist ihre dreißig bis hundert Mark wert, das Bärenfett wird sehr gesucht und gut bezahlt. Dieses Fett ist weiß, wird nie hart, in verschlossenen Gefäßen selten ranzig, und sein im frischem Zustande widerlicher Geschmack verliert sich, wenn man es vorher mit Zwiebeln abgedämpft hat. — Das Wildbret eines jungen Bären hat einen feinen, angenehmen Geschmack, die Keulen alter feister Bären gelten, gebraten oder geräuchert, als Leckerbissen. Am meisten werden die Branten von den Feinschmeckern gesucht; doch muß man sich erst an den Anblick derselben gewöhnen, weil sie abgehäutet und zur Bereitung fertig gemacht, einem auffallend großen Menschenfuße in widerlicher Weise ähneln. Ein mit Champignons zubereiteter Bärenkopf endlich gilt als ein vortreffliches Gericht.

Die Bäuerinnen im Ural legen der Klaue, die Ostjaken den Reißzähnen geheimnisvolle Kräfte bei. Ein Bärenjäger im Ural muß die Decke eines von ihm erlegten Bären wohl in Acht nehmen, will er nicht erleben, daß die jungen Mädchen alle an ihm haftenden Klauen stehlen. Denn solche Klauen, insbesondere die vierte der rechten Vorderbrante, zwingt jeden Jüngling, das Mädchen, welches ihn heimlich mit ihr kratzt, inbrünstig zu lieben, ist deshalb auch wohl einen bis drei Rubel wert. Der Bärenzahn wird aber dem westlichen Ostjaken zu einem Talisman, welcher vor Krankheit und Gefahr schützt und Falschheit und Lüge an das Licht bringt. Kein Wunder daher, daß der Ostjake, welcher einen Bären erlegte, das glückliche Ereignis durch einen absonderlichen Tanz verherrlicht."

Wie lange nach uns man noch Bären jagen wird, wer kann es sagen? die Civilisation dringt immer weiter in die Urwälder ein, immer weiter spannt die Kultur ihr endloses Netz, und mit dem fortgesetzten Schwinden der Wälder und der Akklimatisation der von Jahr zu Jahr sich mehrenden Menschenmassen, an jenen Orten, wo heute nur des Jägers Tritt in das unwegsame Innere verhallt, werden auch diese kühnen Bewohner den Weg nehmen, den schon so manches edle Wild genommen, den Weg alles Irdischen, mit dem Menschen dem Untergange bestimmt.

Dreizehntes Kapitel.

Das Wildschwein.

> Hetz! hetz! hu Sau! hu Sau! so rufen
> Die Jäger, wie's in Strauchwerk knackt,
> Da bricht hervor auf flinken Hufen
> Der Keiler und wird schnell gepackt.
> Er schlägt sich los, stellt sich den Hunden
> Und streitet, Einer gegen Zehn.

Ja, fürwahr, gar ritterlich und furchtlos hast du dich stets erwiesen, du für vogelfrei erklärtes Schwarzwild! Gar manchen Recken lobesam traf dein fürchterlich Gewehr zu Tode, nicht wenige Hunde zwangst du hinüber zu wechseln in die ewigen Jagdgründe. Wie schlugst du um dich, wackerer Kämpe, wenn der Feinde Schar dich umdrängte am Eichenstamm, dem blitzgespaltenen, der dir Rückendeckung gewährte! Es sträubten sich die Federn, die Lichter glänzten unheimlich und mit dem bleichen, schrecklichen Gewaff hautest du rechts und links, daß der von machtvollem Schlage getroffene Hund winselnd weithin flog.

Trotz Vehme, Acht und Oberacht verschwand der Ritter unsers Waldes nicht, er blieb und mehrte sich in alter Weise. So wird's weiter gehen, bis einst der Wald, die Heimstätte dieses so viel besungenen und viel geschmähten Wildes, ausgerodet ist. Da der deutsche Wald aber bleibt, so wird auch der wehrhafte Keiler nicht verschwinden und unsere Kinder und Kindeskinder werden von ihm singen und sagen, wie wir's thun und unsere Altvorderen gethan haben. Die Verbreitung des Schwarzwildes, Sus scrofa L. umfaßt die gebirgigen, waldigen und sumpfigen Gegenden Europas, in dessen Centrum es vielfach in Saugehegen vorkommt, anderswo weniger als Standwild wie als Wechselwild. In den freien Forsten findet es sich seltener als in dichten, mit viel Unterholz bestandenen, sowie in jungen, undurchdringlichen Kulturen, die ihm Deckung gewähren. Ebenso wie in Europa ist es auf der ganzen Welt verbreitet in verschiedenen Arten und Abarten. Bis in die fernste Vergangenheit läßt sich das Vorkommen des Schwarzwildes nachweisen und seine Beziehungen zum Menschen, die auch damals wie jetzt im — Wildschaden gipfelten. Schwarzwild und Wildschaden sind untrennbar! Denken wir an eine der zwölf Thaten des Herkules. Ihm wurde von der Stadt Theben der Auftrag, den riesenhaften Eber, der weithin die Felder verwüstete und die Weingärten plünderte, zu erlegen. Wir wissen alle, daß Herkules sich seiner Aufgabe brevi manu entledigte und so dem Wildschaden ein Ende machte. Jetzt ist an Stelle des griechischen Halbgottes das Gesetz getreten und hat schonungslose Verfolgung geboten. Wird es Erfolg haben? — Weitere Kunde über das Schwarzwild giebt Plinius, der seinem Freunde Tacitus berichtet, er habe (Plinii epist. Liber I ep. 6) drei wilde Schweine und zwar drei Hauptschweine in Netzen gefangen, als er mit Griffel und Schreibtafel dabei saß — Spieß und Lanze fehlten. „Auf mein Wort, freund, wenn Du jagen willst, nimm außer Eßkorb und flasche auch Deine Schreibtafel. Experieris non Dianam magis montibus quam Minervam inerrare d. h. Du wirst alsdann wahrnehmen, daß nicht bloß Diana, sondern auch Minerva auf waldigen Höhen umherschweift."

Doch nicht allein bei den alten Griechen und Römern und ihren Göttern, jener inzwischen ad acta gelegten ehebrecherischen und wollüstigen Gesellschaft, erschien der Eber als ritterliches streitbares Tier, dessen überall Erwähnung gethan wird — nennt doch sogar Vater Homer den Eumäus einen „göttlichen Sauhirten", trotzdem er nur zu den zahmen Schweinen in Beziehung stand, auch bei den nordischen Völkern und in deren ernster keuscher Götterlehre nimmt der Eber einen hervorragenden Platz ein. Er war dem Gotte Frej, dem Gotte der Fruchtbarkeit, welcher auf der Burg Alfheim residierte, geweiht:

„Nun blies das Horn im Saale, still stand der Zungen Lauf
Nun war Gelübdesstunde, Frej's Eber trug man auf.
Mit Kränzen um die Schultern, den Apfel in dem Mund,
Es beugten sich die Knie wohl in des Fasses Rund."

Der herrschenden Sitte gemäß berührte derjenige, welcher ein Gelübde that, die Stirne des Ebers und somit galt es als eins, von dem nur der Tod entbinden konnte.

Wie sinnig, den Eber dem Gotte der Fruchtbarkeit zu weihen und andererseits, welche Gegensätze berühren sich darin! Die Fruchtbarkeit des Schwarzwildes, seine zahlreiche Nachkommenschaft, verwüstet die Felder und zerstört den fruchtbringenden Acker! —

Im heutigen Deutschland deuten überall Namen auf den wehrhaften Kämpen. So eine große Anzahl Vor- und Geschlechtsnamen, Städte-, Burg- und Klosternamen, wie Eberhardt, Ebersburg, Ebersberg, Eberstein, Eberstadt, Ebersbach, Ebersrode, Eberswalde, Schweinfurt; der alten Geschlechter von Schweinsberg, von Schweinichen, von Eberstein nicht zu vergessen. Beliebt war als Wappenzeichen ein hauend Schwein, der Eberzahn und ein grimm drein schauender Eberkopf — alles Symbole eines ungebrochenen Muthes! Sogar zum Orden erhob man das Bild des Schweins — wenn auch nicht in Deutschland.

Ein Eber brachte auch den „wilden Jäger" zu Tode.

„Ein echter Hakelberg", pflegt man in Deutschland zu sagen, wenn man einen mutvollen, unbändigen, nie rastenden Jäger bezeichnen will. So hat sich das Andenken an den Grafen Hans von Hakelberg oder Hakelberend, den die Sage als den „wilden Jäger" bezeichnet, in Wort und Lied frisch bis auf den heutigen Tag erhalten. Er war der Prototyp eines echten und gerechten Waidmannes aus dem Mittelalter! Unter einem einfachen Grabstein in dem Garten des Steinfelder Kruges, des Klepperkruges bei Goslar, soll dieser „wilde Jäger", den Frau Sage allnächtlich mit Horido und Hussasa durch die Forsten, und über Berge und Thäler des Harzes ziehen läßt, seine letzte Ruhestätte gefunden haben. Ein gewaltiger Eber, den Hakelberg nach heißem Kampf erlegt hatte, brachte ihm noch zuletzt, als Revanche gleichsam für dessen höhnende Worte: „Haue nun, wenn du noch kannst!" eine kleine Wunde am Fuße bei, die der Graf nicht achtete und an welcher er starb. Kurz vor'm Verenden soll er dem Seelsorger, der ihn bekehren wollte, zugerufen haben:

„Was Gott mir im Himmel zugedacht hat, will ich, wenn ich nur ewig jagen darf, gerne einem andern überlassen!" Deswegen wurde er verdammt, ewig in den Lüften zu jagen. Auf seinem Grabstein, auf dem er auf einem Maultier reitend abgebildet ist, steht: Domini — 1581 — den 13. Martius. Allerdings bietet die Geschichte der deutschen Jagd auch frivole Bilder feiger Schlächterei, welche zu dem ritterlichen Mute der früheren Vorzeit in bedauerlichem Gegensatze stehen, und zugleich ein bedauerliches Licht auf das Mißverhältnis zwischen Waidmann und Landbebauer werfen, es sind die Bilder aus jenen Tagen welscher Verweichlichung, als deren letzter Rest uns der geschniegelte Leibjäger mit Tressenrock und Federhut überkommen ist. Die weibische Frivolität jener Zeiten hat sich in keiner Erscheinung des Kulturlebens deutlicher gezeigt, als in der Jagd, und nirgends tritt der unwürdige Gegensatz schärfer hervor in welchen das ritterliche Deutschtum zu sich selbst und seinen kriegerisch stolzen Traditionen geraten war. Es wird niemand behaupten wollen, daß jene Tage nicht manchen wackeren Waidmann, manchen selbstbewußten Edelmann, manchen hochherzigen Regenten gesehen hätten. Der Geist und die Richtung jener Zeit sind es, welche wir als undeutsch und unwaidmännisch verurteilen und beklagen, undeutsch, weil die raffinierte Grausamkeit und der theatralische Aufputz jener blutigen Schlächtereien die verzerrte Fratze welscher Mode war, unwaidmännisch, weil zum feigen Abschlachten des Wildes weder persönlicher Mut noch ritterliches Geschick erforderlich war. Wenn der Jagdherr schließlich in strahlender Glorie der Jagdpraxis dastand, so will uns das heute bei einem Blicke auf die mühsamen Vorbereitungen, welche zur Jagd getroffen werden, kaum noch als verdienstlich erscheinen. Der Reiz jener Jagden lag aber auch in jenen Vorbereitungen, zu denen zweifelsohne ebensoviel waidmännisches Geschick als Erfahrung gehörte, und von diesem Gesichtspunkte aus finden ja die modernen eingestellten Jagen der fürstlichen Jagden sehr viele aufrichtige Waidmänner zu Verteidigern, welche weit entfernt sein dürften die Geschmacklosigkeiten zu billigen, welche bei jenen alten Jagden zu Tage traten. Es dürfte heutzutage glücklicherweise in ganz Deutschland keinen Jäger mehr geben, welcher jener an die schlimmsten Tage Neros erinnernden Grausamkeit das Wort redete mit welcher man das eingestellte Wild so jagte, daß es sich von Felsabhängen herabstürzen mußte und die Zahl jener Jäger dürfte auch gering sein, welche reifrockgeputzte Damen für eine besonders passende Jagdgesellschaft erklären würden. Nur mit Bedauern kann doch der heutige Jäger auf jene „Divertissements" blicken, bei welchen „unter Pauken und Trompeten" das Wild zwischen gemalten Koulissen hindurch in Bassins gejagt und in diesen schwimmend erlegt wurde, während geschminkte und gepuderte Balleteusen „von der im Buschwerk versteckten Vokal- und Instrumental-Musika akkompagnieret" eine prunkende Diana umtanzten. Die Sau hat in diesen Hof- und Prunkjagden naturgemäß die bedeutendste Rolle gespielt; denn die manierierten Possen, welche man den Pariser Komödianten bei ihrer verzopften Darstellung der ilischen Helden abgelauscht hatte, konnte ja nirgends dankbarer verwertet werden, als wenn man mit großem Aplomb einem eingeengten Keiler den Fang gab. Da war es doch ein ander Ding um die wilde Hatz im Freien hinter dem flüchtigen Keiler, bei welcher Roß und Reiter alle Hindernisse der Wildnis durchbrachen, bis die wütenden Hunde in wirrem Knäuel den schäumenden Keiler deckten und der Jäger nun heranstürmen konnte und vom Pferde herab den Fang gab.

Und echte fröhliche Waidmannslust zeigte sich bei auch jenen Streifjagden, bei welchen die Sauen mit schwachen Findern aufgesucht und vor den Schützen gebracht wurden, wie dies noch heute am Harze und im Hannöverischen üblich ist. Da kam die Kraft und Geschicklichkeit des Mannes, der Scharfsinn und Mut der Hunde und die Verschlagenheit des Wildes zu rechter Geltung und auch des Reizes der alten frischen Jagdpoesie entbehrte dieses Jagen nicht, insbesondere gaben die alten Jagdrufe dieser Jagd einen eigenartigen Charakter und eine wild gewaltige Romantik. In das weitschallende Getümmel der Rüden und die schmetternden Signale des Rüdemannes klang das „Zo Rüdo ho hoh!" und „Ho jo hoh! Horidioh!" hinein, wie Fanfarenschall, überboten nur von dem Zorn des wütenden Keilers und dem jauchzenden Rufe: „Hussah Su Su", der erschallte, wenn das gereizte Wild den Jäger vernahm und sich in die ihm vorgehaltene Feder stürzte. Beim Beginnen der Jagd galt der Ruf „Wallo! Wallo! Wallo!" während beim Zusammenblasen der Hunde der Rüdemann „Koppel! Koppel!" rief. Es mag bei dieser Gelegenheit bemerkt werden, daß alle diese Waidschreie Tonmaler sind, und ein Vergleich ihrer Klangfarbe mit ihrer besonderen Bedeutung beweist dies auf das schlagendste. Man sollte daher etwas vorsichtiger sein in dem Nachsprechen der oft gehörten Behauptung, als ob die altgermanischen Jagdrufe dem französischen Einflusse der Barockzeit zu verdanken seien, wie diesbezüglich des Waidschreies „Tirr — hoh!" geschehen ist, den man mit dem französischen „Tire haut" deuten zu müssen geglaubt hat.

Im allgemeinen erreicht das Schwarzwild ein Alter von 25—30 Jahren und manche Hauptschweine weisen geradezu staunenerregende Größen- und Gewichtsverhältnisse auf. Die Jetztzeit vermag sich allerdings nicht zu rühmen, Sauen erlegt zu haben, wie die Vergangenheit uns als Regel meist vorführt. Die damals viel dichteren, mit bergendem Unterholz bestandenen Wälder, weite von der Kultur noch gar nicht in Angriff genommenen Unländereien, Moor- und Sumpfdistrikte, sicherten dem Schwarzwild das stete Wachsthum, die völlige körperliche Ausbildung im höchsten Maße. Mit der steigenden Forstkultur schwanden diese unzugänglichen Schlupfwinkel des Schwarzwildes, die „Einsiedler" entwichen in ferne sichere Gegenden und die nie rastende Verfolgung aller Art sowie ein bestimmungsgemäßer Abschuß ließ dem Wildschwein nicht recht Zeit, ein gewisses Alter zu erreichen und Dimensionen des Körpers wie in jenem goldenen Zeitalter zu erlangen, über welches uns z. B. das Königlich Sächsische Staatsarchiv berichtet:

Am 18. Oktober 1730, als Se. Exzellenz der Graf Manteuffel zum ersten Male seine Starostei Nowodwor (Neuhof) besuchte, fand in den dortigen Wäldern eine Jagd statt, bei welcher sich u. a. auch der Staroste zu Krohne, Freiherr von der Goltz, beteiligte.

Bei derselben glückte es dem Neuhöfschen Hegereiter Wilhelm Schneider, ein Hauptschwein von ungemeiner Stärke, welches schon seit achtzehn Jahren in der Starostei gespürt worden war und in verschiedenen vergeblich nach ihm gehaltenen Jagden siebzehn und in der letzten weitere drei große Hunde geschlagen hatte, in dem Cipnowschen Busche, nachdem er durch zwei Schüsse krank geschossen, mit dem Hirschfänger abzufangen. In Ermanglung einer Wage ließ Graf Manteuffel durch sechs Jagdgerechte, welche größtenteils Sächsische Jäger waren, das Schwein tarieren. Auf 6½ Zentner schätzten es die einen, während andere für 7 stimmten, ja einige sogar 8 Zentner angaben. Endlich versuchten zwei starke Knechte, von denen ein jeder 4 Pommersche oder 2 Dresdener Scheffel Roggen zu heben und zu tragen vermochte, das Kapitalstück mit einer durch die zusammengebundenen vier Läufe gesteckten Stange in die Höhe zu bringen, vermochten es aber kaum von der Erde aufzuheben. Über die Stärke des Wildschweines enthält die Registratur folgende Nachrichten:

Nachdem man es bei den Hinterläufen an einen Balken gehangen hatte, ergab die genaue Ausmessung mit einem Faden

1) von den Hinterläufen bis an den Rüssel über 4 Polnische oder 3 Berliner Ellen,
2) die Höhe von den Schalen der Vorderläufe bis auf den Rücken (die Borsten ungerechnet) 1¾ Ellen,
3) der Umfang des Rumpfes 2½ Ellen,
4) die Länge des Kopfes, so wie er auf die Tafel gegeben zu werden pflegt, 1¼ Elle.

Die Sauen der alten Zeit waren freilich Kapitalkerle, welche ernster genommen zu werden verlangten, als das kümmerliche heutige Schwarzwild. Besonders in Hessen, am Harz und in Sachsen erreichten sie oft eine unglaubliche Stärke. Man findet auf manchem alten Bilde hauende Schweine abgebildet, und die Unterschrift besagt uns, daß das Wild fünf Zentner und darüber wog und 7½ Fuß lang war. Besonders starke derartige Keiler wurden in den Jagden der Kurfürsten Johann Georg I und II erlegt, und man wird sich eine Vorstellung von der Waidlust jener Zeit machen können, wenn man einen Blick auf die Jagdlisten der reichen Gehege dieser beiden Fürsten wirft,

aus denen hervorgeht, daß diese in dem Zeitraum von 68 Jahren (1611—1680) über 50000 Stück Schwarzwild mit ihrer Gesellschaft erlegt haben. Wie sehr an Gewicht das Schwarzwild im Laufe der Zeiten zurückgegangen ist, beweist folgender Bericht: „Am 17. November 1879 wurden in den Revieren der königlichen Oberförsterei Osterode am Harz zwei und am 28. November eine grobe Sau erlegt. Dieselben waren von einer Stärke, wie man solche im Harzgebirge selten beobachtet. Unaufgebrochen wogen sie 145½, 123½ und 106 kg. Auf reines Wildbret kamen 75, 65 und 60 kg. An Feist wurden ca. 5½, 4½ und 3½ kg gewonnen. Die Schwarten wogen ca. 20½, 15 und 12 kg. Aufbruch, Geräusch, Läufe ꝛc. berechnen sich auf ca. 44½, 39 und 30½ kg.

Von solch riesenhaftem Gewicht wie fünf, sechs und sieben Zentnern ist zur Gegenwart nichts zu hören gewesen und überkommt den wissenden Jäger ein mitleidiges Gefühl, wenn er in irgend einem Provinzialblatte liest: Ein Hauptschwein im Gewicht von 218 alten Pfunden wurde da und da erlegt. Aber natürlich mußte mit der steigenden Forstkultur, welche Bestände, so schön ausgerichtet in den einzelnen Baumreihen wie Garderegimenter, verlangte und anlegte, die Mast für das Schwarzwild abnehmen und nur Mast in Hülle und Fülle und Ungestörtsein produziert solche Hauptschweine wie das von 1730. Mit der Abnahme der Mast in unsern modernen Wäldern, vulgo forstlichen Baumzüchtereien, begann der durch das Schwarzwild verursachte Wildschaden immense zuzunehmen und die Klagen und Forderungen der Besitzer von Ackerländereien sind sehr wohl begründet und sollte Alles gethan werden, um das Schwarzwild zu vermindern und zu lokalisieren, d. h. nur in Tiergärten und eingezäumten Revieren zu halten. Von einer Änderung der Forstwirtschaft zu Gunsten des Schwarzwildes kann natürlich nicht die Rede sein, da der Schade, den das Schwein durch sein Wühlen und Aufsuchen seiner Nahrung an jungen Kulturen, auf Wiesen, Feldern und Auen anrichtet, den Nutzen weit übersteigt. Tritt in einzelnen Revieren Maikäferplage ein, so ist allerdings das Schwarzwild ein vortrefflicher Regulator, den die allgütige Mutter Natur dem Walde verliehen hat, und der auch Larven, schädliche Insekten und Würmer aller Art, sowie sogar Luder frißt. Wie bekannt, betrachtet man den Kopf, besonders den der schwächeren Schweine, als Delikatesse ersten Ranges, ebenso vom übrigen Wildpret Rücken und die Schinken. Die Schwarte dient häufig als Fußteppich oder Schlittendecke, und wer kennt nicht jene unverwüstlichen schweinsledernen Einbände der alten Folianten auf Archiven und Bibliotheken? Federn und Borsten finden ebenfalls, wie auch die mächtigen Gewehre ihre Verwendung.

Einer Schonung des Schwarzwildes, das in unsern von der Kultur in Anspruch genommenen Fluren, mit Ausnahme weniger Strecken, wo der Wolf seiner zahlreichen Nachkommenschaft Abbruch thut, fast gar keinen Feind außer dem Menschen und der — Kultur selbst besitzt, soll somit gar nicht das Wort geredet worden, allein auch nicht der vollkommenen Vertilgung desselben, umsoweniger als die Trauben sauer sind! Zur Jagd auf Schwarzwild gehört in erster Linie ein ganzer Mann, ein Mann voll Kraft und Mut, der die Büchse, die Saufeder und den Hirschfänger zu handhaben versteht und ohne zu zittern dem wutschnaubenden Kämpen ins Auge zu schauen vermag. Anderseits wird sich eine gänzliche Ausrottung des Schwarzwildes, trotzdem man von verschiedenen Seiten mit aller Macht darauf hinarbeitet, wegen der großen Fruchtbarkeit desselben und der hochgradigen Unempfindlichkeit gegen alle Witterungsverhältnisse, sowie den wenig vorkommenden Krankheiten unter ihnen — Haar- und Blasenwürmer plagen sie innerlich freilich oft, allein vermindern ihre Zahl nicht — nicht erfolgreich ins Werk setzen lassen. Ja, wenn es ewig Friede bliebe, das Hetzen dieses Wildes in Tiergärten sogar gesetzlich verboten würde, dann könnten unsere Nachkommen vielleicht den letzten Repräsentanten des Schwarzwildes, an dem ihre Vorfahren im ritterlichen Kampfe Mannesmut gestählt und erworben, im zoologischen Garten anzustaunen so — bedauernswert sein! In vielen Gegenden Polens, Rußlands, Österreich-Ungarns und in den großen gebirgigen Walddistrikten Lothringens hegt der kleine Grundbesitzer den gleißenden Wolf der — Schweine wegen. Der Wolf ist dort der Feind der Frischlinge und Überläufer, er, der sonst so feige Isegrim, greift in Massen selbst mit Erfolg den wehrhaften Keiler zur Winterszeit an, wenn der Mangel an Mast bei hohem Schneefall und die darauf lagernde harte, wie Glas schneidende Eiskruste ihn entkräftet und seine Läufe verwundet haben. Oft befanden sich Holzfäller und selbst Hirten in der Nähe eines Wolfsnestes, ohne daß sie solches dem Jäger verrieten, denn der Wolf verursachte ihnen keinen Flurschaden und das Vieh, welches er reißt, gehört nicht ihnen!

Ganz entschieden sei aber dem von einer Seite gemachten Vorschlag entgegenzutreten, alles Schwarzwild anzukirren, künstlich einzufangen und alsdann schonungslos nieder zu metzeln. Einem Waidmanne ist diese jedem menschlichen Gefühl hohnsprechende Idee wohl nicht zuzuschreiben. Gewiß war's ein elender Tintenklexer, ein Ritter des grünen Tisches, der die Ritter des grünen Waldes aus der Reihe der Lebendigen streichen wollte! Dieser Ritter von der Theorie versteht eben nichts von der Jägerei, kennt die überaus feinen Sinne des vorsichtigen Schwarzwildes nicht und bedenkt nicht, daß alle Mühe verloren wäre, wenn sein genialer Vorschlag nicht überall zu gleicher Zeit ausgeführt würde. Wollten wir die Grenzen unseres Landes etwa durch einen Militärkordon gegen ein wechselndes Schwarzwild schützen?! Die Jagd vermittelst Schrotschusses sei hier an dieser Stelle auch verdammt. Bei der dicken, oft förmlich verfilzten Schwarte hat Schrot, ausgenommen hinter dem Gehör, sehr geringe, oft gar keine Wirkung, ebenso auch Posten, und bereitet man dem Wilde, bevor es entweder sich langsam ausheilt oder eingeht, die entsetzlichsten Qualen. Darum fort mit Schroten und Posten als unwaidmännisch und unmenschlich!

Vogelfrei.

In der finstern Fichtendickung, die kein Menschenfuß durchdrang,
Sprudelt fröhlich eine Quelle hart vorbei am Felsenhang;
Doch das frische Wasser fließet durch den Schnee dann blutigrot,
Denn darinnen steht ein Keiler, schaumbedeckt und matt zum Tod.
Er, der letzte Waldesriese, fühlt den
    nahen Untergang,
Und der Brust entquillt ein Stöhnen,
    matt verröchelnd, todesbang:
„Fluch euch Menschen! Fluch euch allen!
    Treff euch gleiche Höllenqual!
Fluch, daß ihr mich grausam hetzet über
    Berg und tiefes Thal!
Ach, wo sind die alten Jäger, deren
    Büchse nie gefehlt,
Während ihr mit Postenschüssen feig zu
    Tode mich gequält?
O, daß eine Kugel hemmte meines Her=
    zens matten Schlag,
Ist das Letzte, ist das Beste, was ich
    hier noch hoffen mag! —
Horch! Schon rauscht es durch die Fichten!
    Auf denn, auf, die Mörder nah'n!
Hütet euch vor meiner Wehr, wollt ihr
    kreuzen meine Bahn!"
Über dicht verwachs'ne Schneiße braust
    er hin mit Ungestüm.
Scharf dort knallt's, verendend sinkt er
    in den tiefen Schnee dahin.
Eine Kugel auf dem Blatte war ein
    ehrlich' Todesgruß.
Und es naht der alte Schütze siegesfroh
    mit raschem Fuß.
„Ha! die treue Büchse endet deinen langen grimmen Schmerz,
Noch ein krampfhaft letztes Zucken — brich in Frieden, stürmisch Herz!"

H. v. D.

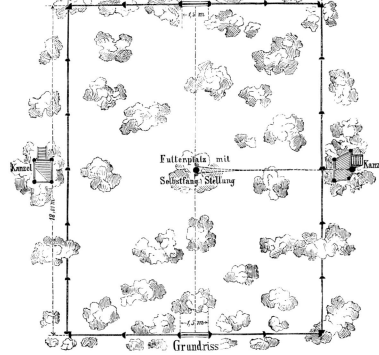

Mögen hier an dieser Stelle einige Worte in Bezug auf den Wildschaden ausgesprochen werden. Die unklarsten und hundertfach gefärbten Ansichten darüber dringen zum Ohr und die Debatten darüber im hohen Hause der Abgeordneten durften recht lebhafte genannt werden, ohne daß ein sichtbares Endresultat erkennbar wurde. Gegen das Faktum des Vorhandenseins von beträchtlichem durch Schwarzwild hervorgerufenen Schaden läßt sich nicht ankämpfen und müssen, da das Wohl des armen Landmannes denn wol doch dem Gedeihen des Schwarzwildes vorangeht — leider begriff man dies nicht zu allen Zeiten — ganz energische Maßnahmen getroffen werden, um das Eigenthum, die sauer erworbene Frucht des Feldes, zu schützen. Mögen hohe und reiche Herren immerhin das Schwarzwild hegen, aber dann nur in fest und gut eingegatterten Tiergärten, aus denen zu entweichen nicht leicht möglich ist. Geschieht letzteres dennoch, so soll das Gesetz eine allgemeine Buße bestimmen in erster Linie und in zweiter für entstandenen Wildschaden den Besitzer des Geheges verantwortlich machen. Sogar möchte ein Gesetz, wonach der Besitzer die Kosten, welche bei der nun folgenden Jagd entstehen, zu tragen hätte, von den unversöhnlichen Gegnern des Schwarzwildes angestrebt werden, doch sehen diese wol selbst ein, daß ein solches nicht angängig wäre. Das Rationellste ist und bleibt unbedingt, das Schwarzwild auf waidmännische Art zu vermindern und einen mäßigen Bestand in den gut eingefriedigten Tiergärten zu halten und für Auffrischung des Blutes Sorge zu tragen. Der verstorbene Großherzog Friedrich Franz II von Mecklenburg, dessen größte Lust die Streife auf den grimmen Eber war, brachte seinem Lande schon vor Zeiten dieses Opfer und er that es mit Freuden! Warum folgen nicht alle Staaten diesem Beispiele? Die stetig zunehmende Bevölkerung Deutschlands wird bald solche Maßregeln notwendig machen. Darauf sollte aber nicht erst gewartet werden!

Auch im jagdfröhlichen Lande Württemberg, welches das Hirschgeweih im Wappen trägt, gab König Friedrich I eine Kabinettsordre, wonach die Frage des Wildschadens sowol als auch der Wildstand weise geregelt wurde. Zum Schluß heißt es:

„Indem Wir durch diese Anordnungen Unserm guten Volke einen aufrichtigen Beweis geben, wie gerne Wir, ohne Rücksicht auf eigenes Vergnügen, jeder gegründeten Beschwerde durchgreifend und nie mit täuschenden und halben Maßregeln begegnen, geben wir Euch auf, diese unsere Allerhöchste Entschließung allgemein bekannt zu machen, damit auch hierdurch den Übelgesinnten und Unser gutes Volk Irreleitenden eine Veranlassung mehr benommen werde, Unsere landesväterlichen, stets auf dessen wahres Wohl gerichteten Absichten zu verkennen machen." —

Diese wahrhaft königlichen Worte datieren vom 7. April 1815, gegeben zu Stuttgart.

Wenn man die furchtbare Not und Klage bedenkt, welche dieses Schwarzwild den fleißigen Ackerbauern zugefügt hat, ohne daß diesen nach dem Gesetze eine Entschädigung dafür zustand, so wird man allerdings unsere milderen und gerechteren Zeiten preisen, aber daraus die Notwendigkeit einer völligen Ausrottung des Schwarzwildes beweisen zu wollen, dürfte denn doch zu weit gehen heißen, und wenn gar von einigen Todfeinden des Schwarzwildes geraten wird, den Sauen mit starken Tellereisen auf den Luder= und Sudelplätzen den Vernichtungskrieg zu erklären, so scheint uns das an Asjägerei zu streifen. Um so eifriger mögen denn die echten und rechten Waidleute jede gefallene „Neue" zu eifrigem Einkreisen benutzen, den alten Saupacker und seine Arbeit wieder zu Ehren bringen, und in jeder andern waidgerechten Weise dem Schwarzwilde den Krieg zu erklären, zur Freude der Bauern und zur Wiederbelebung des echten frischen Waidmannsgeistes, der in unseren heimischen Wäldern keine ritterlichere Bethätigung findet, als in der Jagd auf den wütenden Keiler. Ist doch die Sau das letzte deutsche Wild, welches die Erinnerung an jene Tage in uns wach ruft, in welchen die Jagd wegen der mit ihr verbundenen Gefahr dem Kriegshandwerk gleich geachtet wurde. Weiter verwende man den Saufang aus Stangenholz, welcher dem Jäger gestattet, die groben Sauen, deren er sonst nicht habhaft werden kann, abzuschießen, den Frischlingen aber das Leben zu schenken. Im Parke der internationalen Jagdausstellung zu Kleve hatte die königliche Regierung zu Köln einen solchen Saufang ausgestellt, welcher aus eichenen Pfählen und Kieferstangen hergestellt war und dessen Kostenberechnung sich auf 358 Mark stellte. Bei der Anlegung und Bedienung solcher Saufänge rät Herr Oberforstmeister v. d. Reck namentlich folgendes zu beachten:

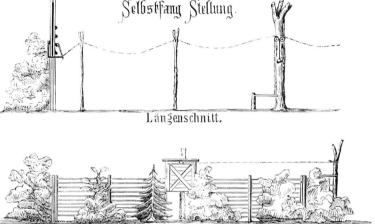
Selbstfang Stellung.
Längenschnitt.
Ansicht der Schmalseite.

1. Den Fang mit zwei sich gegenüberstehenden Fallthüren zu versehen, ist deshalb von Wichtigkeit, weil bei dieser Einrichtung die Sau, wenn sie vor dem Betreten des Fanges sichert, frei durch den ganzen Raum hindurch äugen kann, ohne etwas vom Gitter zu bemerken. Ebenso empfiehlt es sich, die Thüren so breit als möglich zu machen, weil die Sauen es scheuen, schmale Thüren zu passieren.

2. Zur Anlegung eines Saufanges wählt man einen Lieblingsaufenthalt der Sauen in einer 15 bis 25 jährigen Nadelholz- oder Laubholzdickung aus. Im Gebirge werden geschützte Lagen mit südlicher Exposition den Vorzug verdienen, weil solche bei strenger Kälte von den Sauen mit Vorliebe aufgesucht werden. Daß der Fang in den Bestand hineingebaut wird und dieser im Innern des Fanges konserviert bleibt, versteht sich von selbst.

3. Es muß mit Strenge darauf gehalten werden, daß der Fang selbst, wie seine möglichst weit zu greifende Umgebung — mindestens etwa 50 Hektaren — weder durch Menschen noch auch durch Hunde beunruhigt wird. Erforderlichen Falls kann man durch eine besondere Polizeiverordnung das unbefugte Betreten des genau zu bezeichnenden Terrains verbieten und das rücksichtslose Todschießen der dasselbe durchstreifenden Hunde erlauben.

4. Um den Fang allen die Gegend durchstreifenden Sauen bekannt zu machen, muß man denselben das ganze Jahr hindurch offen stehen lassen, und von Zeit zu Zeit mit Futter — Kartoffeln, Erbsen, Bohnen ꝛc. — versehen. (Man nimmt die Fangleinen fort und hält die Thüren durch in die Fallnuten geschobene Stützen offen.) Kann man ein Luder, ein totes Pferd, einen Hammel u. dergl. in den Fang bringen, so ist das ein sehr geeignetes Mittel zur Heranziehung der Sauen.

5. Zu demselben Zwecke sind, sobald sich im Winter — der eigentlichen Fangzeit — Sauen in Gegenden zeigen, von verschiedenen Seiten her nach dem Fange führende Kirrungen anzulegen. Man geht, einen Sack mit Bohnen, Erbsen oder dergl. auf dem Rücken, von dem Fange aus auf wenig betretenen Stegen nach denjenigen Gegenden, in welchen man die Sauen vermutet, und wirft bei jedem Schritte einige Körner auf den Boden. Da die Sauen bei starkem Frost oder tiefem Schnee die größte Not leiden, so nehmen sie die Kirrung bei solchen Witterungsverhältnissen leicht an und folgen ihnen begierig. Infolge dessen kann man bei geschickter Ausführung Sauen stundenweit nach einem bestimmten Punkte hin heranziehen. Haben die Sauen den Fang besucht, so wird in demselben neues Futter ausgestreut, der Fang aber erst dann zum Fangen aufgestellt, wenn er regelmäßig von den Sauen angenommen wird.

6. Will man mit rechtem Erfolge fangen, so empfiehlt es sich, die Selbstfangstellungen nicht zur Anwendung zu bringen. Mit der Anwendung dieser Stellungen ist der große Übelstand verbunden, daß die neugierigen Frischlinge in der Regel voraus sind und dann häufig die Stellung abstoßen, während die alten Sauen noch draußen sind. Alte Sauen, welche das einmal erlebt haben, werden schwerlich einen Fang sobald wieder betreten.

7. Weit erfolgreicher ist es, wenn man das Fangen durch Abschneiden der Fangseile bewirkt. Dies geschieht in folgender Weise: Hat der den Fang beaufsichtigende Jäger festgestellt, daß eine Rotte Sauen den Fang regelmäßig annimmt, so bindet er die Stellseile je nach der Windrichtung neben der einen oder der andern Kanzel (der Sitz auf der Kanzel muß mindestens 3 bis 4 Meter über der Grundfläche liegen) an einem Stamm oder einem hierzu angebrachten Pfahle fest. Er setzt sich dann nachts auf die Kanzel und schneidet, wenn die ganze Rotte im Fange ist, die beiden Stellseile mit einem scharfen Schnitte durch. Die beiden Fallthüren fallen dann gleichzeitig hinunter und die ganze Rotte ist gefangen.

8. Das Wichtigste von allem ist, daß der Fang unter die Aufsicht eines hierzu in jeder Hinsicht geeigneten Menschen gestellt wird. Um mit Erfolg fangen zu können, muß man aber nicht nur den Willen haben, möglichst viel

Sauen zu fangen, sondern auch als findiger, mühsamer Jäger die durchaus erforderliche Beobachtungsgabe und den unermüdlichen Eifer besitzen, welcher nicht nachläßt, bis die Gründe der wahrgenommenen Übelstände entdeckt und beseitigt sind.

Der Aufseher eines Saufanges muß selbstverständlich das ganze Jahr hindurch darüber informiert sein, was im Fange vorgegangen ist, und muß unermüdlich allen den zufälligen Gründen nachspüren, welche sich häufig dem erfolgreichen Fangen entgegenstellen. Läßt er es aber bei dem erforderlichen Geschicke an dem rechten Eifer nicht fehlen, so wird auch — wenn nur Sauen vorhanden sind — der lohnende Erfolg nicht ausbleiben. Mit einem solchen Fange dürfte in jeder Gegend, in welcher das Schwarzwild überhand nimmt, eine genügende Abhilfe gefunden sein, und der Jäger wird in der Wartung eines solchen Saufanges nicht minder Anregung und Waidlust finden, als in dem Abschuß bei dem Treiben.

Die wirksamste Jagd dürfte freilich selbst neben einem solchen Saufange in dem Einkreisen auf einer gefallenen Neuen bestehen.

Der weiße Leithund, das ist der Schnee,
Der bringt den Sauen Tod und Weh.

Die Brunft- oder Rauschzeit der Sauen fängt gegen Ende November an, dauert 5—6 Wochen und dominieren alsdann die alten Keiler, wobei es zu blutigen Kämpfen kommt. Die „Bache" trägt zuerst 16, später 18—20 Wochen und „frischt" vier bis zwölf Junge, die nach etwa 14 Tagen der Mutter vom Lager aus folgen. Etwaigen feindlichen Angriffen tritt die Bache mit wahrhaft heroischem Mute entgegen und wenn auch nicht so gefährlich wie ein mit starkem Gewaff versehener Keiler, ist sie dennoch nicht zu unterschätzen, wovon mancher Waidmann, der Hund und auch Herr Isegrimm ein Liedlein singen kann. Man unterscheidet heurige, jährige, übergangene, überlaufene Frischlinge, zwei- bis dreijährige, nach dem 4ten Jahre starke oder grobe Bachen; ebenso zwei- bis dreijährige Keiler, nach dem 4ten Jahr angehendes Schwein, nach dem 5ten hauendes oder gutes, vom 7ten Jahr aber an „Haupt- oder grobes" Schwein. Die Fährte gleicht im allgemeinen der des zahmen Schweines. Die Vorderfährte ist stets stärker als die hintere. Die Sauen treten immer in die Vorderfährte, nur ein wenig mehr auswärts. Die Afterklauen setzen sich stets ein. Der Keiler schränkt fast dem Hirsche gleich, hat längere Ballen als die Bache, drückt solche auch stärker in den Boden. Das Geäfter setzt er weiter auseinander und auch tiefer ein. Die Jungen haben schärfere Schalen und schreiten mit geschlossenen Spitzen.

Die Feistzeit des Schwarzwildes ist vom Oktober bis Weihnachten.

Als ritterlichem Tiere — das allerdings speziell zur Klasse zur Raubritter zählt — gebührt dem Eber und seiner Sippe der Platz im Rahmen der hohen Jagd. Kaum sinkt Helios hernieder, so verläßt der grimme Kämpe sein Lager, in das er sich bei Tagesanbruch eingeschoben. Er geht im Gebräche, nimmt Gewürm, Maden aller Art, Wurzeln, Trüffeln, Wildobst, Eicheln und Bucheln und nähert sich so allmählich dem Rand des Gehölzes, wo er Kartoffeln und Rüben weiß. Bald befindet sich das ganze Rudel beim Fraß, es verwüstet mutwillig mehr denn als das vier- und fünffache seines Fraßbedarfs. Weithin tönt durch die stille Nacht der tiefe Grunzton des Wohlbehagens. Langsam erhebt sich das Auge der Nacht, Frau Luna, über den östlichen Waldessaum und der harrende Jäger entsendet von seinem Hochsitz den bleiernen Boten und mit vielstimmigem Grunzen und dazwischen tönenden kreischenden Angstlauten der Frischlinge, flüchtet das ganze Rudel zu Holz. Nur das Hauptschwein, von irrender Kugel leicht gestreift, stellt sich aufs höchste gereizt dem unsichtbaren Feinde, wetzt die Gewehre, schlägt und stampft mit den kurzen, gedrungenen Läufen. Am kommenden Morgen sehen wir unseren Waidmann auf dem Birschgange. Er folgt zuerst der breit ausgedrückten Fährte eine Zeit lang in ruhigem Schritt, vorsichtig jedem trocknen Zweige, raschelndem Laube und knirrschenden Stein ausbiegend. Da bemerkt er, wie die Fährte im Kreise herumzugehen beginnt und der Wind ihm ungünstig wird. Er wendet weit herum und schreitet rasch und behutsam weiter, sich im Bogen einer bruchigen Stelle im Revier nähernd, wo er den Keiler eingeschoben vorzufinden hofft.

Die Fährte zog sich nach einem Rohrbruche hin. Behutsam nähert sich der Jäger, löst den Hund und bald stellt sich ihm das Hauptschwein. Ein scharfer Knall in die helle Morgenluft und im Feuer brach der Keiler zusammen. Beim Aufbrechen belohnt der Waidmann den Hund durch Schweiß und Gescheide, er macht ihn genossen.

Dem Ansitz und der Birsch schließt sich die Suche mit dem Saufinder an und darf diese interessante und erfolgreich wol in den meisten Fällen sich erweisen, sowie sich auch als einfachste hinstellen, wenn dem Jäger ein zänkischer, mutiger, unermüdlicher, also guter Finder zur Seite steht. Dieser ist Haupterfordernis; er muß die Fliege nachahmen, welche durch unausgesetzte Belästigungen zum ärgsten Störenfried des Schläfers wird.

Die Treibjagd, durch einen oder mehrere Treiber oder Jäger oder mit Hunden verspricht morgens und abends, wenn das Schwarzwild im Gebräche geht, den meisten Erfolg, vorausgesetzt, daß sach- und revierkundige Jäger sie ausüben und die Treiber gehörig geleitet und instruiert werden, auch nur so weit von einander gehen, daß sie sich gegenseitig Hilfe leisten können. Die Triebe sollen nicht umfangreich sein, die Schützen an den Wechseln — das Schwarzwild hält deren viele — postiert sein, nicht zu weit auseinander und natürlich unter gutem Wind. Die grade Linie als Anstellungslinie ist und bleibt das Ideal bei solchen Jagden, wird sich bei dem oft wechselvollem Terrain und der verschiedenartigen Bodenbedeckung nicht immer erreichen lassen. Im übrigen gelten alle Regeln beim Anlegen der Treiber und Anstellen der Schützen wie bei anderen Waldjagden.

Das Kesseljagen wird entweder mit Jägern oder Hatzrüden ausgeführt. Es ist zu bewerkstelligen, wenn Zeug vorhanden ist. Natürlich darf nur Feuer gerissen werden, wenn die Sauen rückwärts sind.

Die Streifhatzen verursachen viele Kosten und man wendet sie nur in zahlreich besetzten Revieren an.

Zur Bedeutung des Glückes und für dieses Wort gebraucht jedermann den Ausdruck „Schwein haben", was von einem reichen und glücklichen Jagdergäbnis wohl kommen mag. Darum möge man die Anführung dieses volkstümlichen Ausdruckes hier entschuldigen, umsomehr als ein jeder wohl gern einmal Schwein haben möchte!

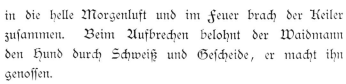

„Im Feuer."

Vierzehntes Kapitel.

Das Reh — Cervus Capreolus L.

Eine jagdzoologische Studie von Raoul R. v. Dombrowski.

Das Gewitter war verzogen, und über das weitgedehnte Waldgebiet feierliche Ruhe gebreitet; — die Rast nach ausgetobtem Sturm.

Das verglühende Abendlicht schmiegte sich an die bemoosten Felsblöcke, an die knorrigen Stämme und lugte tief hinein in die kirchenstillen, düsteren Hallen des Hochwalds, auf dessen Gezweige noch die hellen Wettertropfen glitzerten. Ein leises Rauschen zog durch die Wipfel der Buchen und Tannen, und flüsternd von Ast zu Ast wie ein tiefer Atemzug. — Und ein solcher hob mir die Brust, als ich am Hau, welchen der Hochwald in weitem Bogen säumte, zwischen dem Laubgedränge des emporsteigenden Aufluges äsendes Wild wahrnahm, — plötzlich verschwindend, und bald da bald dort wieder auftauchend; — es waren Rehe.

Diesem edlen zierlichen Wilde galt der Birschgang, denn es war zur Zeit, wo „aufs Blatt die Böcke sprangen," wo auch im Herzen des schüchternen Schmalrehs „die Lieb' war aufgegangen!"

Ich genoß, im Schauen versunken, das herrliche Waldidyll und sog in langen Zügen den würzigen Duft ein, doch mit dem sinkenden Abendlicht schwand auch das Büchsenlicht und es war keine Zeit mehr zu verlieren.

Der Rehbock dort unten mit seinem prächtigen hohen Gehörne sollte von meiner „kurzen Freundin" — der Büchse — gefreit werden. Ich nahm meinen Blatter zur Hand und seinen zärtlich und sehnend lockenden Tönen widerstand der edle Freier, welchem weder dogmatisch noch naturgesetzlich eheliche Treue geboten war, nicht lange und verließ mit rascher Flucht sein zierliches Weibchen. Da stand er, der prächtige Sechser, der ahnungslose Brautwerber, das edle gekrönte Haupt trotzig und unternehmend erhoben.

Ich zwang den Pulsschlag mit ernster Willenskraft zur Ruhe, hob langsam die Büchse, — und als das Wölkchen Rauch schwebend über das nickende Farrenkraut und Riedgras hinzog, lag der Rehbock in demselben gebettet.

Wohl jedem von euch Waidgenossen mag bei der schlicht geschilderten Erinnerung eine verwandte Saite nachklingen, und leise — leise von Erlebtem und Erlauschtem erzählen, von edlem Wild, vom grünen Bruch und Waidmannsheil, — vom herrlichen ernsten Wald, den uns der liebe Gott „aufgebaut, so hoch da droben!"

Das wachgerufene Erinnern an den ersten Rehbock — den zehnten — und wohl noch höher hinauf — es möge auch Stimmung und Geduld für die Schilderung schaffen, die ich euch bieten soll, zu Nutz und Frommen dieses edlen Wildes, zur Ehre des ehrwürdigen Waidwerkes.

Das Reh ist eines der edelsten und unbedingt das zierlichste unserer im Walde heimischen Jagdtiere.

Zutraulich und gesellig, schüchtern und zaghaft, wenn es beunruhigt wird, erfreut es sich hochentwickelter Sinne. Es vernimmt ungemein scharf und versteht es vortrefflich,

Laute und Geräusch zu unterscheiden. Es bleibt ruhig und vertraut im Bette, wenn sausenden Flugs der Schwarzspecht heranstreicht und mit weithin hörbaren Schlägen seiner Schnabelart eine Klopfjagd eigenster Art inscenirt — und blitzschnell wendet es mißtrauisch äugend die Lauscher jener Gegend zu, wo der heranbirschende Waidmann unvorsichtig ein dürres Ästchen zertrat.

Nicht minder hoch entwickelt ist der Geruchssinn und und auch da — mag auch darob immerhin eine gewisse Spezies von Stubengelehrten negierend und zweifelnd den Kopf schütteln — versteht es das Reh zu unterscheiden. Kreuzt das Altreh mit seinem Kitzchen zufällig die Spur des schnürenden Fuchses, dann wird man es stutzen und mit vorgestrecktem Haupte verhoffen sehen, als wollte es die Richtung konstatieren, welche der Feind nahm; dann legt es ängstlich die Lauscher zurück und trollt mit seinem ahnungslosen munteren Kitzchen in entgegengesetzter Richtung weiter. Ein alter, vielfach bereits gewitzigter Rehbock, von dessen jedem guten Jäger sehr wohlbekanntem Maße von Schlauheit und kluger Überlegung selbst Meister Reinecke noch lernen kann, wird ganz sorglos und vertraut über eine Waldstraße wechseln, auf welcher eben einiges Fuhrwerk mit seinen in verschiedenster Weise lärmenden Lenker einherfuhr und selbst einer vergilbten Bänkelsängerin mit ihrer verstimmten Guitarre nicht achten, welche eben dem nächsten Kirchdorf zuzieht, um dort bei Tabaksqualm und Gläserklang schmachtende Liebeslieder vorzutragen. Stutzen wird er aber und dann mit hochgehobenen Läufen abtrollen, wenn der Jäger zur Unzeit seinen gewohnten Wechsel kreuzte. Auch ein vortreffliches Gedächtnis für Orte und Situationen beweist der zierliche Rehbock; denn welcher erfahrene Waidmann wird es, wenn ihm in Bezug auf das Abkommen — auf jener kleinen Waldblöße etwas Menschliches passierte, nicht jederzeit erfahren haben, daß eben auch der Rehbock die Absicht merkte und — darob verkimmt — jene ominöse Blöße für lange Zeit mied?

Minder entwickelt ist das Gesicht des Rehwildes, wie der übrigen Wildgattungen überhaupt. Wenn ich in Bezug auf die vorbezeichneten Sinne demselben Verständnis und Unterscheidungsvermögen vindizierte, muß ich dies rücksichtlich des Äugens eben so entschieden negieren. Ungezählte Male habe ich persönlich die Erfahrung gemacht, daß mich Rehe, wenn ich, zweckmäßig gekleidet, unbeweglich stand und — die Augen nicht sehen ließ — eine Weile neugierig oder mißtrauisch beäugten, um nach einigen äußerst schlau kombinierten Proben, welchen ich indes nicht auf den Leim ging, endlich doch vertraut und langsam weiterzuziehen oder zu äsen.

Eben deshalb — ich will diese Bemerkung vorweg einschieben — halte ich die sogenannten Schreckmännchen, wie sie auf Äckern zumeist aufgepflanzt werden, sofern sie nicht gut verwittert sind, für ein höchst müssiges Bemühen, das kaum ein bis zwei Tage lang seine Wirkung äußern wird. Zu meiner Belustigung beobachtete ich einst einen Gabelbock, der an einer höchst defekten gestreiften Sommerhose eines solchen Schreckmännchens in tollem Übermute und wohl begründeter Vertrauensseligkeit sein Gehörn fegte. Der schreckhafte Kerl wackelte bedenklich und ein Glück war's für ihn und seine aufrechte politisch-ökonomische Stellung, daß er mit sehr gespreizten Beinen da stand. Zwei Schmalrehe ästen indes daneben vertraut auf der Winterroggenbreite, welche jener kühn kostümierte, im Augenblick arg geriebene Schreckensmann mit höchst fraglichem Erfolge bewachte.

Das Reh, zur Familie der Hirsche — Cervina —, in die Ordnung der Wiederkäuer — Ruminantia — gehörig, bewohnt die bewaldeten Teile der europäischen Länder bis zum 58. Grade nördlicher Breite und in Asien die Landstrecken vom Ural bis zur Lena. Empfindlicher als das Edelwild, leidet es unter dem Einflusse eines rauhen Klimas. Feld- und Vorhölzer, von Äckern gesäumt, von Wasserläufen und Wiesen durchzogen, wählt das Reh in erster Reihe zu ständigem Aufenthalte und giebt denselben jenem im geschlossenen Walde gegenüber entschieden den Vorzug.

Die Äsung des Rehwildes, welches sich weniger genügsam als das Damwild und wählerischer als das Edelwild zeigt, ist eine überaus mannigfaltige.

Im Winter bilden die Knospen der Eichen und auch der Nadelhölzer die Hauptnahrung im Walde; auch die Stockloden der Eiche, der Ulme, des Ahornes, der Hainbuche und Aspe sind zumeist dem Verbeißen ausgesetzt. Das Reh äset ferner die Blätter der Brombeere, die längs den Wasserläufen sprossenden Kräuter, insbesondere die Kresse, die grünen Blätter der Wintergetreidesaaten und Ölfrüchte und äußerst begierig die Mistel. Sobald im Frühjahre das Getreide zu schossen beginnt, wird es während dieser Entwickelungsperiode nicht mehr als Äsung angenommen und ich konstatiere an dieser Stelle, daß das Rehwild niemals die Herzblätter der grünen Ackersaaten, sondern nur die Seitentriebe und Spitzen der Bestockung abäset und somit in dieser Richtung eigentlich keinerlei nennenswerten Schaden verursacht.

In der zweiten Hälfte des Frühlings zieht es auf Wiesen und Schläge zur Äsung aus und besucht neben diesen im Sommer und Herbste Rotkleeäcker, Hülsenfrüchte und Kartoffelbreiten. Überdies nimmt es Schwämme, Erd- und Himbeeren, Schwarz- und Preißelbeeren, ferner die Vogelbeere und alle Gattungen Wildobst, von den Getreidekörnern jedoch nur den Hafer als Nahrung auf.

Eben den Jahreszeiten gemäß und mit Rücksicht auf die natürlichen Nahrungsmittel derselben, wählt das Rehwild seinen zeitweiligen Aufenthalt, ohne indes je ungezwungen seinem Standorte untreu zu werden.

Mit dem Schneefall nahen zugleich die schlimmsten Feinde des Rehwildes — der Hunger und jene gefährlichen Eiskrusten, welche zeitweilig die Schneeflächen zu Eisspiegelflächen gestalten. Diese beiden Feinde, auf welche wir bei der Hege dieses Wildes noch eingehender zurückkommen wollen, bilden die Hauptursachen jener krankhaften, zum Teile lebensgefährlichen Erscheinungen, unter welchen das empfindlich organisierte Rehwild zu leiden hat.

Rehe, welche den Winter schutzlos und ungehegt durchhungern müssen, treten in die gefahrvolle Zeitperiode des Vorfrühlings vollständig herabgekommen und deshalb doppelt empfindlich und für schädliche Einflüsse empfänglich ein. Begierig nimmt dann das hungernde Wild das unreife sprießende Grün und heftige Darmaffektionen und Verdauungsbeschwerden rauben den armen Hungerleidern die letzten Reste der Lebenskraft. In diese Zeit fallen auch die gefährlichen Affektionen in den Schleimhäuten der Atmungsorgane, welche durch die Brut der Nasen- und Rachenbrehmen (Cephenemyia) hervorgerufen werden. Minder gefährlich, doch gleichfalls in hohem Grade belästigend wirkt die Brut einer anderen Gattung von Brehmen, der Hautbrehmen (Hypoderma) ein, welche von den Jägern zumeist als Engerlinge bezeichnet werden. In der Zeit, wo die Schneeflächen vereisen, steht oft das Reh lange Zeit hungernd an geschützteren Stellen, weil es sich auf diesen mit den Schalen seiner Läufe nicht ohne Gefahr fortbewegen kann und die scharfen Eiskanten im Falle des Durchtretens häufig gefährliche, ja lähmende Verletzungen zur Folge haben.

Aus der Reihe des Haarraubwildes sind der Luchs, der Wolf, die Wildkatze, der Fuchs und Edelmarder, ja selbst das große Wiesel (M. erminea), vom Flugraubwilde der Adler und Uhu zu nennen, welche dem Rehwilde gefährlich werden.

Gefährlicher noch als die vorgeschilderten Bedränger sind Raubschützen und Schlingensteller mit ihrem lichtscheuen, verderblichen und meist mit großer Schlauheit inscenierten Treiben.

Und nun erübrigt mir noch des allergefährlichsten, das edle Rehwild am ärgsten bedrohenden Feindes mit rücksichtslosem Freimut zu gedenken. Es ist der Berufsjäger, der seine Pflichten und Obliegenheiten weder kennt noch achtet.

Die Gehörnbildung der männlichen Individuen des Rehwildes wie auch die Brunst desselben und deren Konsequenzen repräsentieren so hochinteressante und eigenartige Erscheinungen im Wesen und der Lebensweise dieses edlen Wildes, daß ich glaube, sie eben auch abgesondert und eingehend schildern zu sollen.

Auf den Gebieten der Naturwissenschaften im allgemeinen und auf jenen der Jagdkunde im besonderen erscheint der hochinteressante physiologische Prozeß des Aufbaues, der stufenweisen Entwickelung wie auch der pathologischen und pathogerischen Erscheinungen, welche sich hierbei in drastischer und merkwürdiger Weise bemerkbar machen, teils in höchst lückenhafter, teils auch unrichtiger, aus irrigen Voraussetzungen resultierender Weise behandelt und geschildert.

Ich habe die Geweihbildung der Hirscharten zum Gegenstande meiner persönlichen, durch eine Reihe von Jahren und in den verschiedensten Gegenden vorgenommenen Beobachtungen und eingehenden Studien gemacht, welche alle Stadien und Perioden der hochinteressanten Wandlungsprozesse des Aufbaues, des Abwurfes und der stufenweisen Neubildungen umfaßten.

Ich bin demgemäß im Stande, den Entwicklungsgang der Gehörnbildung in all seinen Stadien und Formen aus eigner Anschauung und Beobachtung zu schildern und werde ohne Rücksicht auf die Lehren und Meinungen anderer eben nur das verzeichnen, was ich wahr und zutreffend fand.

Sobald das männliche Rehkitz etwa den fünften Lebensmonat erreicht hat, werden am Haupte desselben auch äußerlich die Merkmale der künftigen Geweihbildung sichtbar. Die Stirnbeine beginnen sich zu wölben und es werden an denselben oberhalb der Lichter vorerst zwei Haarwirbel und etwa nach Monatsfrist zwei im stumpfen Winkel nach rück- und einwärts gestellte, von der Stirnhaut bedeckte Erhöhungen bemerkbar, — die Träger der künftigen Gehörne, welche der Physiolog Knochenfortsätze, der Waidmann Rosenstöcke nennt. Auf, beziehungsweise aus dieser Basis entwickelt sich unter dem Schutze des Bastes das Erstlingsgehörn, fünf bis acht Centimeter hohe, mit einem spärlichen Perlenkranze gezierte Schiffchen, welche der Schmalspießer zu Ende des Frühlings oder im Beginn des Sommers, somit beiläufig nach Vollendung des ersten Lebensjahres verekt und an schwachem Astwerk vom Baste fegt.

Paralell mit den vorgeschilderten Entwickelungsstadien der Erstlingsgehörnbildung, wie sich dieselben äußerlich bemerkbar machen, vollzieht sich folgender hochinteressante Aufbau- und Ernährungsprozeß im Inneren. Die Stirnbeine erscheinen von Säftekanälchen durchzogen, welche sich in den Rosenstöcken fortsetzen und von Bildungs-, beziehungsweise Ernährungssäften strotzen. Das Gleiche ist bei den Gefäßnetzen des Periosteums — der Beinhaut der Fall, welche unter dem Schutze der Decke bis zum Gipfel der Rosenstöcke emporsteigt. Sobald die Rosenstöcke ihre normale Höhe erreicht haben, zeigt sich am Gipfel derselben eine merkliche Anschwellung, der vorbezeichnete Haarwirbel ist verschwunden und die Bedeckung jener Anschwellung zeigt in der Färbung und Beschaffenheit eine auffällige Verschiedenheit von jener der Rosenstöcke. Sie stellt sich als ein blaugrau gefärbtes, feinbehaartes Häutchen dar, welches als „Bast" die emporwachsenden Stangen schützend bedeckt. Der Aufbau derselben vollzieht sich nun unter dem Schutze des Bastes in zweifacher Weise und zwar durch die gipfelnde Auflagerung, — durch Exsudation aus den die Stirnknochen und Rosenstöcke durchziehenden Säftekanälchen einer- und andererseits durch die Gefäßneste des Periosteums, welche die Peripherie der Stangen bilden und fortbauen. Sobald die normale Höhe der Stange erreicht ist, erhärtet der Gipfel, beziehungsweise die Spitze derselben, nachdem sich dieser Prozeß der allmählichen Verknöcherung an der vom Periosteum gebildeten Stangenperipherie von der Rose nach aufwärts stufenweise vollzogen hat. Die peripherischen Gefäßnetze der vom Baste bedeckten Beinhaut mit Ausnahme der in den längs den Stangen emporsteigenden Rillen eingebetteten Hauptstränge jenes Gefäßnetzes trocknen zugleich mit dem Baste ein. Infolge der Erhärtung und Verknöcherung des Gipfels der Stange erfolgt auch im Inneren derselben naturgemäß die Stauung der in den Kanälchen emporbrängenden Bildungssäfte, welche sich allmählich in eine Verdichtung und endliche Verknöcherung derselben verwandelt. Der Aufbau-, beziehungsweise der Reifeprozeß des Gehörnes vollzieht sich demgemäß in zweifacher und entgegengesetzter Richtung. Während die Peripherie der Stange von der Rose nach aufwärts stufenweise erhärtet, vollzieht sich derselbe Prozeß im Inneren stufenweise vom Gipfel bis zur Rose und herab durch die Stangenbasis, die Rosenstöcke, bis in die Stirnbeine.

Sobald die Peripherie der Stange bis in den Gipfel empor erhärtet ist, und der letztere den Bast durchbricht, fegt der Bock den eingetrockneten Bast, welcher seine naturgesetzliche Funktion vollzogen hat, ab. Die bis nun herrschende Ansicht, daß das Gehörn, sobald es gefegt ist, als reif anzusprechen sei, muß ich bestreiten, da mich diesfällige Untersuchungen belehrten, daß sich die vorbezeichnete Stauung der Bildungssäfte im Innern der Stangen und deren Verknöcherung zur Zeit des Fegens noch nicht vollständig vollzogen habe. Die Verdichtung im Innern, beziehungsweise die völlige Reife des Gehörns ist erst vor Beginn der Brunft als erreicht zu betrachten.

Die komparative Wägung zweier gleichstarken Gehörne, deren Träger einerseits unmittelbar nach dem Fegen, anderseits im Beginne der Brunft erlegt wurden, werden allein schon, abgesehen von vertikalen und horizontalen Schnitten, die vorangestellte Behauptung durch eine Gewichtsdifferenz von 30 bis 40 Prozent dokumentieren.

Vor Ablauf desselben Jahres, in welchem der Spießer sein Erstlingsgehörn fegte, somit im Alter von beiläufig achtzehn Monaten, vollzieht sich der kariöse Prozeß des Abwurfes. Als Beginn desselben zeigt sich dicht unter der Rose ein fahlgrauer, peripherischer Ring — die Demarkationslinie (Resorptions-Sinus) welche die Stelle kennzeichnet, an welcher sich der Abwurf vollzieht. Während oberhalb der Demarkationslinie die Säftekanälchen völlig eingetrocknet, verdichtet und unthätig bleiben, zeigen die Stirnknochen und die Rosenstöcke unterhalb der Demarkationslinie in dieser Periode bereits wieder eine merkliche Belebung, Erweiterung und Infiltration der Säftekanälchen. Das Emporsteigen der Bildungssäfte bis zu den vorbezeichneten unbelebten Teilen bedingt eine Stauung derselben, vermittelt die Lockerung des Zellengewebes dortselbst, und endlich den kariösen Prozeß des Abwurfes.

Wenige Tage nach Vollzug desselben zeigt sich bereits an der Abwurffläche eine gipfelnde Auflagerung des plastischen Serums, der Beginn des Gehörnaufbaues, mit welchem der Rehbock zur zweiten Bildungsstufe, jener des Gabelgehörnes oder seiner Nebenformen, emporsteigt. Bei

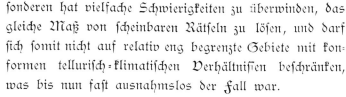

dieser wie bei der dritten Stufe, auf welcher der Rehbock unter normalen Verhältnissen mit dem Verecken des Sechsergehörnes beginnt, vollzieht sich der Aufbau- und Abwurfsprozeß konform der vorangestellten Schilderung.

Während die Rosenstöcke und das aus denselben emporwachsende Erstlingsgehörn in stumpfem Winkel nach rückwärts und einer mäßigen Neigung nach einwärts gestellt erscheinen, verkürzt sich von Stufe zu Stufe der Rosenstock und zeigt eine von Jahr zu Jahr mehr aufrechte, beziehungsweise vertikal gegen die Stirnknochen verlaufende Stellung. Konform mit der stufenweisen Aufrichtung, Verstärkung und Verkürzung der Rosenstöcke vollzieht sich die normale Bildung der Stangen in jenen Formen und Abzweigungen, welche sie für ihre naturgesetzlichen Zwecke als Schutz- und Trutzwaffe im Kampfe ums Dasein und die Gattenrechte geeignet macht.

Die bereits merklich die rückbiegige Stellung des Erstlingsgehörnes verlassende zweite Gehörnstufe zweigt aus der Stange den agressiv nach vorn gestellten Kampf- oder Trutzsproß ab, während die dritte, die Sechserstufe, diesem und dem scharfen Gipfelende der Stange auch noch den Schutzsproß anfügt, welcher dem Trutzsproß entgegengesetzt und oberhalb desselben abweigend nach rückwärts gerichtet ist.

Die Basis der Stange des Erstlingsgehörnes ist meist nur durch kleine rundliche Erhabenheiten in lückenhafter Anordnung markiert, welche sich dann auf der zweiten und den späteren Entwickelungsstufen zunehmend dichter zu einem peripherischen Kranze von Perlen entwickeln, welcher Rose genannt wird.

Die normale Gehörnbildung des Rehbockes umfaßt lediglich drei Entwickelungsstufen, welche, mit der Spießbildung beginnend, mit dem Verecken von sechs Enden abschließt, und ich negiere ganz entschieden die Stichhaltigkeit der von einigen Zoologen und Jagdschriftstellern vertretenen Ansicht, daß auch das Verecken von acht, ja selbst zehn Enden als normale Gehörnbildung, beziehungsweise Stufe anzusehen sei.

Die Erforschung der Bildungsgesetze der Gehörne und Geweihe im allgemeinen und jener des Rehbockes im besonderen hat vielfache Schwierigkeiten zu überwinden, das gleiche Maß von scheinbaren Rätseln zu lösen, und darf sich somit nicht auf relativ eng begrenzte Gebiete mit konformen tellurisch-klimatischen Verhältnissen beschränken, was bis nun fast ausnahmslos der Fall war.

Der äußerst empfindliche Organismus des Rehwildes, welcher ungemein drastisch die tellurisch-klimatischen Einflüsse des Standortes und des Jahrganges, wie auch jene der individuellen Dis- oder Indisposition in der Ausgestaltung der Gehörne reflektiert, bietet der zoologischen Forschung ein schwieriges, von vielfachen Irrpfaden gekreuztes Beobachtungsterrain.

Ich wäre imstande, den Beweis hierfür dadurch zu erbringen, daß ich mich erbötig mache, von fünfzig verschiedenen Standorten nicht nur fünfzig typische Formen der Erstlingsbildung, sondern auch noch die fünf- bis sechsfache Zahl von Nebenformen vorzulegen, die unter dem Einflusse der angeführten Momente nebeneinander gebildet wurden.

Ein relativ noch größerer Formenreichtum macht sich auf den beiden höheren Gehörnstufen bemerkbar und verliert beim Verecken jener Mehrzahl von Sprossen, mit welcher der Rehbock die normal höchste Zahl von Sechs überschreitet, jedwedes gesetzmäßige Merkmal in Bezug auf die Stellung und Anordnung derselben.

Obwohl mir günstige Standorte mehrfach bekannt sind, wo Rehböcke in höheren Altersstufen acht, ja selbst mehr Enden verecken, und sich die Disposition hierzu wohl auch vererbt, so stellt sich doch die Ausladung der Sprossen so verschiedenartig dar, daß wohl von einer individuellen Potenz und Disposition, nicht aber von gesetzmäßigen Stufen die Rede sein kann. Während z. B. ein Achter sein Gehörn mit dieser Zahl vereckt, indem er das Gipfelende der Stange gabelt, zweigt ein anderer desselben Standortes den Schutzsproß in zwei Enden ab. Die Nebeneinanderstellung einer beliebigen Zahl von Gehörnen, welche mehr als sechs Enden aufweisen, wird ebensoviele durchaus verschiedene, jeder Gesetzmäßigkeit spottende Formen zur Darstellung bringen.

Neben den Typen der drei gesetzmäßigen Stufen und ihren zahlreichen, sehr verschiedenartig gestalteten Neben-

formen kommen insbesondere beim Rehwilde häufig widersinnige Bildungen vor, welche als Wirkungen genau bestimmbarer Ursachen zu bezeichnen sind. Diese widersinnigen Gehörnbildungen, welche die Waidmannssprache kollektiv mit dem Terminus Kümmerer bezeichnet, sind als das Resultat krankhafter Affektionen der Genitalien, oder des Gesamtorganismus, oder aber als Konsequenz äußerlicher Verletzungen der Stangen während ihres Aufbaues beziehungsweise deren Basis, der Rosenstöcke, zu betrachten.

Sind die organischen Gebrechen oder äußeren Verletzungen solcher Art, daß ein bedeutender Zuschuß von Säften zur Reproduktion beziehungsweise zur Heilung in Anspruch genommen wird und ist überdies das betroffene Individuum körperlich schwach entwickelt, dann treten die widersinnigen Bildungen als Kümmerer im eigentlichsten Sinne des Wortes, d. h. in Formen und Dimensionen auf, welche sich gegenüber der normalen Bildung, unter welcher sich etwa eine Stange entwickelt als Rückbildungen, oder in jenem als monströse Wucherungen äußern, wenn der Säfteverlust kein bedeutender war und das Individuum kräftig entwickelt ist. Interessant ist die stets und somit gesetzlich auftretende Erscheinung, daß sich bei einseitigen Verletzungen, sei es des Kurzwildbrets oder einzelner Teile des Rumpfes, die Kümmererbildungen oder Monstrositäten stets in diagonaler Richtung, somit an jener Stange äußern, welche auf der entgegengesetzten Seite steht. Die drastischeste Rückwirkung auf die Gehörnbildung des Rehbockes, wie der Cerviden überhaupt, üben Verletzungen des Kurzwildbrets, welche durch die strenge Gesetzmäßigkeit, mit welcher die Wirkungen den Ursachen folgen, wohl den Beweis liefern, daß der innige Rapport derselben nicht nur aus funktionellen, sondern aus physiologischen Momenten resultiere. Wirkungen und Ursachen lassen sich diesfalls kurz in folgender Weise präzisieren:

Sofern eine schwere, die Zeugungsfähigkeit für die Lebensdauer vernichtende Verletzung eingetreten ist, tritt bei der Gehörnbildung im allgemeinen gleichfalls ein völliger Stillstand ein für allemal auf. Erleidet ein Kitzbock eine solche Verletzung, so wird er keine Rosenstöcke bilden; erfolgt dieselbe während des Aufbaues der Gehörne, dann tritt die Perrückenbildung auf, deren vom Bast bedeckte krankhafte Wucherungen niemals den Grad der Reife erreichen; erfolgt dieselbe zur Zeit, wo die Stangen bereits verecket und gefegt sind, dann trägt der Rehbock eben jenes Gehörn für den ganzen Lebenslauf und setzt schließlich, wenn die Verletzung kurz vor oder nach dem Abwurfe erfolgte, nie mehr ein Gehörn auf.

Sind die Verletzungen am Kurzwildbret nicht so schwerer Art, daß sie die Zeugungsfähigkeit gänzlich zerstören, sondern eben nur zeitweilig aufheben, dann wird sich an der Perrückenbildung eine Art von Notreife bemerkbar machen, welche mitunter ein teilweises Fegen des Perrückengehörnes, wohl auch das Abwerfen und dann den Ersatz durch ein normales Gehörn ermöglicht, wenn inzwischen eine vollkommene Heilung eingetreten ist.

Eine Überproduktion von Stangen und deren Basis ist als Naturspiel zu betrachten. Dasselbe gilt von der Gehörnbildung bei Rehen weiblichen Geschlechtes und es ist die Thatsache, daß solche gehörntragenden Ricken nicht ausnahmslos Hermaphroditen, sondern fruchtbare Mütter sind, von hohem physiologischen Interesse. Es wäre diesfalls wichtig, bei solchem Vorkommen stets die Altersstufe eines solchen Individuums möglichst annähernd zu konstatieren und ich spreche diesfalls die Vermutung aus, daß solche gehörntragende Muttertiere wohl schon an der Schwelle des Matronenalters stehen dürften.

Die Brunft des Rehwildes, auch häufig kurzweg „Blattzeit" genannt, beginnt in der zweiten Hälfte des Monats Juli und endet vor Ablauf des folgenden Monats. Nur diese und keineswegs die zu Ende November und im Dezember zu beobachtende Afterbrunft ist als die naturgesetzliche eigentliche Begattungsperiode zu betrachten; nur in dieser Periode verfügt der Rehbock über zeugungsfähigen, d. h. von Samentierchen (Spermatozoën) belebten Samen und auch das weibliche Reh trägt nur in dieser Zeitperiode reife Eier. Das naturgesetzliche Moment der Fortpflanzung, welches in eine relativ kurze Frist gebannt ist, erleidet, wiewohl selten, Ausnahmen. Es treten meinen persönlichen Beobachtungen gemäß beim Rehwilde selten, bei den übrigen Hirscharten häufiger, Fälle ein, daß weibliche Individuen in Konsequenz verschiedener Ursachen, zu einer anderen als der normalen Zeitperiode brunftig werden.

Der hochentwickelte, ungemein empfindliche Geruchssinn des männlichen Individuums, welches die Fährte eines brunftigen Tieres seiner Gattung kreuzt, entdeckt den Zustand desselben sofort und wird zur Nachfolge veranlaßt. Bei dem nun folgenden Tändeln, Schmeicheln und Sprengen werden es wohl zunächst die äußerst empfindlichen Nerven des Geruchsorganes sein, welche die geschlechtliche Erregung nicht nur wecken, sondern auch die Zeugungsfähigkeit durch ihre reflektierende Einwirkung auf die Genitalien unzweifelhaft auch außerhalb der naturgesetzlichen Begattungsperiode zu schaffen imstande sind. Wenn es auch unbedingt richtig ist, daß jene Tiergattungen, deren Fortpflanzungsfunktionen naturgesetzlich in eine bestimmte Zeitperiode gebannt sind, — nur während derselben über die Fortpflanzungsfähigkeit verfügen, so treten doch, wiewohl selten, Ausnahmsfälle ein, deren Ursache und Wirkung ich in der vorstehenden Schilderung zu interpretieren versuchte.

Der Rehbock brunftet in der Regel nicht wie die anderen Hirscharten mit mehreren weiblichen Tieren gleichzeitig. Er wählt nur eine Gefährtin und bleibt meist mit ihr für den Zeitraum einiger Tage vereint. Alte Böcke pflegen indes eine Ausnahme von dieser Regel zu machen, indem sie in der Blattzeit nur mit der Absicht im Reviere umherzutrollen scheinen, um da und dort zärtliche Bande zu trennen, ohne indes die Pflichten des vertriebenen Nebenbuhlers zu erfüllen. Ich habe dies persönlich und wiederholt genau beobachtet und solchen unnützen Störenfrieden stets die wohlverdiente Kugel zukommen lassen.

Der Begattungsakt vollzieht sich innerhalb weniger Sekunden und die hochbeschlagene Ricke setzt nach vierzig Wochen ein, meist zwei Kitzchen, welchen sie eine im hohen

Waidmann „Sprung" nennt, bleibt vom Spätherbste ab bis zu Beginn der folgenden Setzzeit in der Regel ungetrennt.

Obwohl es ein bis heute ungelöstes physiologisches Rätsel ist, welchen Zweck die Afterbrunft zu erfüllen hat und warum die Tragzeit der Rehe eine so unverhältnismäßig lange ist, so ist doch die Thatsächlichkeit des letzteren Momentes durch die Forschungen Doktor Louis Zieglers und des berühmten Physiologen Professor Bischoff unumstößlich erwiesen.

Grade zärtliche, selbstlos treue Mutter ist. Die ungemein zierlichen, munteren Kitzchen folgen der Mutter bald und besäugen sie bis zum Spätherbste.

Die Mutter bleibt mit ihrer Descendenz bis zur künftigen Setzzeit vereint und meist gesellt sich ein Schmalreh, wohl eine Tochter vom Vorjahre — in Begleitung eines Bockes zu denselben und diese Vereinigung, welche der

Ein eigentlicher Brunftlaut ist nur der Ricke eigen und derselbe — aus den Vokalen ī, äe zusammengesetzt, wird waidgerecht „Fipplaut" genannt. Derselbe, indes etwa um eine Terz höher, ist jedoch auch dem Kitzchen eigen, mit welchem es die Mutter ruft.

Der Rehbock, jederzeit und namentlich während der Blattzeit zum Schmälen mit trotzigem Accent geneigt, verfügt nicht wie der Hirsch über einen Brunftschrei und läßt, wenn er die Ricke hitzig und bis zu gänzlicher Ermattung umhersprengt, lediglich ein schnaufendes, von einem unartikulierten Winsellaut begleitetes Atemholen vernehmen. Die Ricke, vom Bock heftig bedrängt und gesprengt, stößt mitunter kreischende Angstlaute aus. Auf diese, wie auch auf den Fipplaut und deren Nachahmung durch die Lippen des Jägers, wollen wir beim Jagen nochmals zurückkommen.

Die überaus interessanten Prozesse des Gehörn-Aufbaues und Abwurfes, der merkwürdige Formenreichtum der Gehörne, der innige Rapport dieses annuellen Hauptschmuckes mit den Genitalien, die physiologisch wie pathogenisch hochinteressanten Konsequenzen, welche Verletzungen auf denselben äußern; der naturgesetzliche Zweck der Afterbrunft und die unverhältnismäßig lange Tragzeit der weiblichen Rehe, welche durch einen andauernden Stillstand in der Entwickelung des Embryos bedingt ist, kennzeichnen den Organismus dieser edlen Wildgattung als einen durchaus eigenartigen.

Die Hege.

Aus den Lebensgewohnheiten des Wildes, aus der Vorsorge für jene Bedürfnisse, welche die lokale natürliche Produktion des Standortes nicht im vollen Maße zu bieten vermag, aus allen jenen Maßnahmen, welche einen energischen Schutz innerhalb des Standortes gewährleisten, resultieren jene Grundsätze und Lehren der waidgerechten Hege, welche der Jäger nicht nur genau kennen, sondern auch pflichttreu handhaben muß, wenn er auf das Ehrenprädikat „Waidmann" Anspruch erheben will.

Hege und Jagd sind durchaus untrennbare Begriffe und wer die letztere auf die Dauer und erfolgreich üben will, muß die Pflichten der ersteren sorgsam und sachkundig erfüllen.

Das edle Rehwild appelliert mehr denn die meisten übrigen Wildgattungen an den energischen Schutz und die gewissenhafte Fürsorge des Jägers, aber es lohnt sie auch.

Die wichtigste Vorbedingung einer rationellen Hege ist die möglichst genaue Feststellung des vorhandenen Standes nach Zahl und Geschlecht. Es ist dies eine zwar nicht mühelose, aber deshalb unerläßliche waidmännische Obliegenheit, weil sie einerseits das Maß der Fürsorge bedingt und eben nur eine genaue Standesevidenz, einen waidgerechten Abschuß-Etat ermöglicht.

Ein gewissenhafter und sachkundiger Revierjäger wird in relativ kurzer Zeit in Bezug auf seinen Wildstand orientiert sein und jeder Regentag, jede einfallende Neue werden ihm die Kontrolle der im Laufe des Jahres notierten Ziffern nach Alter, Zahl und Geschlecht wesentlich begünstigen. Diese vorläufige Standeserhebung genügt vorerst für die Zahl und Situierung von Futterraufen und Salzlecken. Die ersteren, an sonnigen geschützten Stellen aufgestellt, werden, sobald der Schnee einfällt, täglich mit Kleeheu (Rotklee), Lupinen, oder guten Laubbürteln nebst mäßigen Beigaben von Misteln, Vogelbeeren und Garben ungedroschenen Hafers versorgt. Das Rehwild wird diese Futterplätze, welchen man überdies auch einiges Preßholz zuführen kann, regelmäßig besuchen, und der Jäger hat nun Muße und reichlich Gelegenheit, die Zahl, die Altersstufen und die Gehörnbildung der Böcke zu beobachten und zu notieren.

Es werden periodisch wiederkehrend manches Jahr mehr Kitzböcke als weibliche Kitzen gesetzt und es kann dann ohne Nachteil eine entsprechende Zahl von geringen Böcken mit auf den Abschuß-Etat gestellt werden.

Es gilt fast allerorts als waidgerechtes Hegeprinzip — stets nur die stärksten Böcke auf den Abschuß-Etat zu stellen. Ich bezeichne dies ohne jedweden Rückhalt als derben Fehler und als unwaidmännisch. — Die ältesten und alle individuell geringen Böcke ohne Rücksicht auf das Alter gehören auf den Abschuß-Etat.

Standeserhebungen, welche nach meinem vorangestellten Prinzip durchgeführt werden, ermöglichen einen sehr namhaften und genau prätierbaren Abschuß, ohne die befriedigende Standesvermehrung zu stören; sie fördern und sichern das, was man in jedem Reviere als Ziel anstreben soll: Viel schießen und viel hegen.

Die Sorge des hegenden Waidmannes soll sich indes nicht nur darauf beschränken, dem Wilde im Winter ausreichende Äsung zu bieten, er soll dies auch während der übrigen Zeitperioden thun.

Alle Schneußen und weniger befahrenen Wege im Holze und auch die Schläge können nahezu kosten- und mühelos zu guten Äsungsplätzen umgestaltet bez. adaptiert werden, indem man dieselben mit einem der Bodenqualität angepaßten Gemenge von Klee- und Grasarten besamt. Ödungen und kleine Blößen bestockt man mit weichen Holzarten — insbesondere mit Aspen und der Pfrieme, Spartium scoparium — und reserviert die besseren Teile der Schlagflächen für eine periodische Waldfeldwirtschaft. — Letztere alteriert nicht nur, sondern begünstigt, — abgesehen von den namhaften Vorteilen, welche sie der Wildhege bietet, die Forstertragsziffer.

Diese einfachen, wie gesagt nahezu mühe- und kostenlosen Maßnahmen verhüten nicht nur das Auswechseln des Wildes, sie verringern zugleich trotz des verstärkten Standes die Forst- und Ackerkulturschäden bis zu einem kaum nennenswerten Minimum. Mit diesen von mir persönlich praktisch durchgeführten Hegeprinzipien habe ich jene eminenten, ja kaum glaublichen Resultate erzielt, die ich nicht mir zum Verdienst, — einfach nur der Anwendung zutreffender, den Bedürfnissen der Wildgattung angepaßter Mittel anrechne.

Parallel mit all dem muß der Wildschutz gegen fremde Eingriffe sachkundig, klug und energisch gehandhabt werden. Ein Revier, in welchem der Wilddiebstahl in zunehmendem Maße geübt wird, liefert den Beweis, daß es dem Schutze von Jägern anvertraut ist, die ihrem Stande wahrlich keine Ehre machen. — Solche „Männer" mögen den Hirschfänger ablegen und sich etwa dem Handel mit Masthammeln oder Bettfedern zuwenden, da diese verläßlichen Mitteilungen zufolge durchaus — ungefährlich sein sollen.

Gut besetzte Reviere werden jederzeit und allerorts Wilddiebe in ihren Schoß locken. Jenen, die sich mit dem Schießen befassen, wird eine tüchtige Jägerei bald auf den Fersen sein, da sie ihr sauberes Handwerk nicht unhörbar üben, und dieselbe wird dies dort, wo Rehwild gehegt wird, um so eifriger zu besorgen haben, da meist das Mutterwild und der Nachwuchs solchen unberufenen Jagdfreunden zum Opfer fällt.

Höchst gefährlich sind jene Raubschützen, welche mit dem Blatten vertraut sind. Sie ahmen den Ruf der Kitze nach und knallen erbarmungslos die treue säugende Mutter nieder, welche diesem Rufe stets willig folgt. — Das Verblatten — d. h. das Anblatten der Ricken und verscheuchen derselben, ist wohl eine Gattung Abwehr jenes gefährlichen Handwerkes, aber, — wie es für jedes Krankheitssymptom spezielle Heilmittel giebt, wird auch der Jäger diesfalls wirksamer heilen, wenn er nicht nur Pülverchen, sondern auch Pillen mit diesen im Vereine, klug und an rechter Stelle anwendet.

Gleiche Mittel, wenn auch in minder drastischen Dosen werden das Revier von der lichtscheuen Sippe der Schlingensteller frei halten. Diese Sippe wird bald ihre Thätigkeit einstellen, wenn sie die Schlingen, die sie fängisch stellt, — bei der Revision zugezogen findet und derselben überdies auch ein sinnig vorbereiteter — recht freundlicher Empfang seitens des Revierpersonals und ihrer gut dressierten Gebrauchshunde geboten wird.

Jenem Jäger gebührt indes in erster Reihe der grüne Bruch der königlichen Eiche als Ehrenzeichen, der durch seine Pflichttreue und Klugheit, durch seinen gefürchteten Mannesmut die Frevel zu hindern versteht, nicht jenen, welcher die Frevler der Bestrafung zuführt.

Die Jagd.

Die Jagdkunde hat längst ihr primitives Gewand der mündlichen Überlieferung, längst die altehrwürdige katechetische Form von Frage und Antwort, — „der Waidsprüche", mit dem hohen Standpunkt der Wissenschaftlichkeit vertauscht. — Das praktische Waidwerken indes ist eine freie Kunst, welcher die graue Theorie mit ihren, — Begreifliches durch Begriffe mitunter gänzlich unbegreiflich gestaltenden Doktrinen immer zum grünen Bruch verhelfen wird.

Die alten deutschen Jäger wählten einen prächtigen Ausdruck zur Bezeichnung der individuellen Qualifikation:

„Er hat das Zeug zum Jäger!" Wie schlau, wie kurz und gut ist dieses geflügelte Wort. — Mit diesem „Zeug" hat es mitunter einige Schwierigkeiten, und zwar deshalb, weil dieses kurze Wort eine lange Reihe von Eigenschaften und Fähigkeiten bezeichnet — die man weder auswendig lernen, noch gegen bar neben Federhut — Jagdtrophäen und Schießzeug — kaufen kann.

Auch die Jagd auf den edlen zierlichen Rehbock — (von der Jagd aufs Mutterwild mag ich weder etwas hören, geschweige denn lehren) — erfordert das „Zeug" in respektablem Maße. Dieses Zeug wird durch einen Zufallstreffer beim Klopfjagen keineswegs gemindert, denn im allgemeinen sorgt schon der brave alte Rehbock recht gründlich dafür, daß sich der Jäger — ob am Ansitz, beim Birschgang oder im Treiben das prächtige Gehörn und den grünen Bruch auch verdiene.

Mir ist außer dem Feisthirsch und einer alten Sau kein Wild bekannt, welches die Bemühungen und erfahrungsgemäß korrekten Kombinationen des Jägers beim Treibjagen so gründlich zu paralysieren verstände als — das schüchterne Reh.

Auch die beiden Meister Isegrimm und Reinecke können vom gewitzigten Rehbocke lernen, wie man sich im Treiben zu benehmen habe um — desselben unbeschossen gedenken zu können.

Der Ansitz bietet vielfache Gelegenheit, Lehrreiches und Interessantes auf ziemlich mühelose Weise zu erlauschen und ist namentlich allen Jüngeren des Waidwerkes, welche „Jäger" werden wollen, mit dem Beisatze zu empfehlen, daß man den Schirm nicht nur mit der Absicht zu schießen, sondern auch mit jener zu schauen, zu denken und nachzudenken beziehen möge.

Der erfahrene Jäger wird den Ansitz nur dann wählen, wenn es gilt, einen bestimmten Bock auf die Decke zu bringen. Kunstvoll hergerichtete Blenden taugen wenig oder nichts, und es ist weitmehr ratsam, natürliche Deckungen, wie z. B. Felsblöcke, bemantelte Standbäume oder Windbrüche mit Berücksichtigung der Windrichtung und der Wechsel hierzu zu wählen. Den besten Schirm, — auch allerwärts transportabel, — bauen Ruhe, das scharfe Auge und geübte Ohr im Vereine. Auch Hochstände, wenn sie zweckmäßig situiert und gut konstruiert sind — d. h. nicht knarren — bieten einen bequemen und namentlich von der Windrichtung weniger abhängigen Ansitz.

Die Birsch ist in jeder Richtung die interessanteste, dem wirklichen Jäger am meisten zusagende Jagdmethode, aber, — sie fordert „das Zeug" im höchsten Maße. Sie ist im vollen Sinne die hohe Schule des Waidwerkes, und die Jäger sind wahrlich nicht zahlreich, welchen die Berufsgenossen und — das eigene Gewissen Meisterschaft diesfalls zusprechen.

„Hic Rhodus — hic salta!" Dieser klassische provozierende Spruch wird oft mehrfach beim Birschen zum

Cathegorischen Imperativ aber, — zum Springen in diesem Sinne muß man eben auch wieder — das fatale Zeug haben!

Die Birsch ist deshalb eine schwierige Leistung, weil sie eben nie nach der Schablone geübt werden kann, und neben den sich entgegenstellenden Terrainschwierigkeiten in erster Reihe mit den hochentwickelten Sinnen des Rehwildes zu rechnen hat.

Auf dem Wege der Theorie ist sie absolut nicht zu erlernen, nur der Wald, das Wild und — eine Reihe von Mißerfolgen, welche die Erfahrung bilden und bereichern helfen, sind die richtigen Lehrmeister.

Es würde den für die vorliegende Studie gewährten Raum weit überschreiten, wollte ich alle jene Regeln hier aufzählen und erörtern, die ich bereits anderwärts als erprobte Erfahrungen beim Birschgang verzeichnete, doch will ich an dieser Stelle zwei Momente hervorheben, welche im allgemeinen weniger beachtet werden, den Erfolg jedoch mitunter sehr wesentlich beeinflussen.

Das unausgesetzte Umherschleichen unter äußerster Anspannung aller Sinne — muß naturgemäß einer baldigen Reaktion, — der Abspannung weichen, welche dann meist ihre Herrschaft zur ungelegensten Zeit anzutreten pflegt. — Diese nervöse Schleicherei ist kein Birschgang. Ruhig ausschreiten, mit dem ganzen Fuße gleichmäßig und lautlos auftreten, hier einige Augenblicke in gedeckter Stellung lauschen, dort, wo sich ein freierer Ausblick bietet, eine gute Weile und scharf schauen, dann, wenn Wild in Sicht steht, bei der Annäherung nur insoweit Deckung suchen, daß man das Verhalten des Wildes unausgesetzt beobachten kann, — dies sind Regeln, welche nicht allenthalben befolgt und beachtet werden.

Jede unnütze Erregung ist mit ernster Willenskraft zu bekämpfen und mit der Anspannung der Sinne Haus zu halten. — Übung und Erfahrung lehren den Jäger ein scharfsinniges Beurteilen der Situation und des Terrains, und fördern, weil sie seine Schritte wie sein Thun und Lassen beeinflussen, sehr wesentlich den Erfolg des Birschganges.

Ein ferner Birschjäger wird genau wissen, wo und wann er die eigenen Sinne im Vereine mit der Büchse zu spannen, und eventuell wieder abzuspannen hat; — er wägt mit raschem sicherem Blick die Chancen der Situation, und erzwingt sich Erfolge, welche ein anderer eben nur dem seltenen Zufall zu danken hat.

Die Birsch ist weder Dilettanten- noch Gesellenarbeit, sie fordert Meister oder doch solche, die „das Zeug dazu haben."

Das Treibjagen auf Rehwild zweigt in verschiedene Methoden ab, welche meist aus den lokalen Verhältnissen resultieren, es sind dies folgende:

1. „Das Riegeln" d. h. das Regemachen des Wildes im Treiben, welches durch zwei bis drei lokalkundige Leute ruhig und mit Vermeidung unnützen Lärmens auszuführen ist, nachdem die sichersten Wechsel durch Schützen besetzt wurden.

Ich betone — entgegen der herrschenden Meinung ausdrücklich, daß auch die im schlechten Winde gelegenen Posten zu besetzen sind. Ich habe vielfach die Überzeugung gewonnen, daß das Reh- wie das Edelwild die in schlechtem Winde anrückenden Treiber dicht herankommen läßt, um dann durchzubrechen, und daß es sehr häufig bei jenen Ständen ausbricht, die in schlechtem Winde situiert sind. Ausnahmen dieser zu treffenden Regel wird man nur dann beobachten, wenn das Wild ruhig und sichernd heranzieht.

2. „Bei Treibjagen mit einer mehr weniger dicht gereihten Treiberkette" werden die Stände nächst den Stückwechseln stets den sichersten Erfolg bieten, und es wird dies umsomehr der Fall sein, je lauter die Treiber vorgehen. Auch die Stände an den Flanken sind beim Treibjagen auf Rehböcke jenen an der Stirnseite vorzuziehen.

3. „Das Treibjagen mit Jagdhunden." Hierzu werden entweder Dachshunde oder Bracken (Wildbodenhunde) verwendet, welche indes fern eingejagt und den Hornruf unbedingt gehorsam sein müssen. In Revieren, deren Lage und Beschaffenheit die Verwendung einer größeren Zahl von Treibern nicht zuläßt, bietet das Jagen mit Hunden eine Summe aufregender Momente und spannender Situationen. Mit Rücksicht auf die Schüchternheit des Rehwildes, welche sich bei ernster Bedrängnis bis zur Ratlosigkeit steigert, sollen für die Rehjagd niemals hochläufige Bracken in Verwendung kommen, da diese zumeist das Jagen, zugleich aber auch das Zerreißen für eigne Rechnung besorgen.

Treibjagen jeder Art sollen auf Rehwild nur äußerst selten, und dann auch nur waidgerecht und schonend inscenirt werden, da eben diese edle sentible Wildgattung häufige Beunruhigungen durchaus nicht verträgt und in solchem Falle selbst günstige und gewohnte Standorte für lange Zeit gänzlich meidet.

Überdies haben solche wiederholte Treiben zumeist nur negative Resultate zur Folge, da das Rehwild neben seiner angeborenen Schüchternheit ein erstaunliches Maß von Scharfsinn und Schlauheit entwickelt, und selbst unfehlbar scheinende Kombinationen gründlichst zu paralysieren versteht. — Eine gewisse Spezies von Jagdpächtern und deren Helfershelfer sind wohl deshalb „äußerst schlecht auf dieses Wild zu sprechen."

Ich schließe den, in die knappeste Form gefaßten Abschnitt „Jagd" mit jener Methode, welche eben methodisch, waidgerecht und somit maßvoll gehandhabt, dem Jäger vom Fall zu Fall die spannendsten Situationen und eine Fülle unverwelklicher Erinnerungen bietet: „Das Blatten der Rehböcke während der Brunft." Das Blatt der Holzbirne, die Bastrinde der Birke, ein ausgehöhltes, mit einem Kupferblättchen belegtes Langblei, ein Riedgrasblatt und kunstgewerbliche Erzeugnisse verschiedenster, oft recht fragwürdiger Art — dies sind die Instrumente für die Musik, die einfach — wie ein Naturgesetz — ebensoschwer zu Gehör zu bringen ist, wie dieses klar und voll zu erfassen.

„Pfiffen hodr' und plarrt" — berichtete einst schmunzelnd ein alter oberösterreichischer Holzknecht über die Blattversuche eines Jagd-Elegan's (auch eine Spezies) — umanand', daß d' Stanfelten woach' worn san, aber kemma, — aber kemma is eam nix!"

Ja das Pfeifen der simplen zwei Vokale i — a, für welche so mancher die natürlichste Befähigung ja Kompetenz erweist, — das ist wol bald gethan aber, — das Kommen wie jener Holzknecht sagt, hat mitunter seine kleinen Schwierigkeiten. Und wenn er kommt? „Ischt m'r z'erscht e Fröstle komme, nach'r ischt mr's warm komme," — versicherte mir einst ein biederer Waldläufer im Gebiet der herrlichen rauhen Alp Württembergs — mir isch grate als ob ich selber e Jung's kriege sollet, und wie mr's ischt wieder leichter worde, — war der Malefiz-Bock beim Daibel!"

Man blattet in zwei durchaus verschiedenen Melodien und zwar: Indem man den schüchternen Liebesruf der Ricke — den Fipplaut, oder aber jenen schrillen kreischenden Angstlaut derselben täuschend nachahmt, welchen das um seine Tugend besorgte Weibchen ausstößt, wenn es vom begehrlichen Freier allzu scharf, wohl zu vorzeitig bedrängt wird.

Der Rhytmus und die Anreihung des Fipplautes läßt sich etwa in folgender Weise darstellen: ī, — ī, — īā; ī, — īā. Die Klangfarbe ist mehr schüchtern und sehnend, keineswegs herausfordernd, noch mit allzulauter Betonung.

Den Standort zum Blatten wähle man, wenn dies irgend thunlich ist, im Hoch- oder Stangenholze so, daß der dem Rufe folgende Bock nicht gedeckt heranstürmen oder schleichen kann. Alte Böcke werden, wenn sie überhaupt dem Fipplaute folgen, meist mit äußerster Vorsicht, ja mißtrauisch heranschleichen. — Das Haupt am Boden, wie ein Schweißhund auf der Fährte — so zeigt sich der alte geriebene Herr plötzlich am Horizont, wie aus dem Boden gestampft. — Dann wirft er den bekrönten Kopf trotzig auf, um wohlgeduckt lange umherzuäugen und das Terrain zu rekognosciren. Dann naht er langsam mit hochgehobenen Läufen in weitem Bogen jener Stelle, von welcher der Liebesruf erklang. Hitziger stürmt der Bock vom zweiten — dritten Kopf heran, und oft so nahe, daß es schwer wird, — wenn man ihn den lokalen Verhältnissen gemäß überhaupt als schußbar erachtet — richtig abzukommen.

Sicherer als der Fipplaut ruft der Angstlaut den alten Bock herbei, und veranlaßt denn auch den mißgünstigen alten Herrn mitunter in höchst beschleunigtem Tempo auf der Wahlstatt zu erscheinen. — In wohlbesetzten Revieren geschieht es auch nicht selten, daß mehrere Böcke zugleich nebst einzelnen Ricken dem Rufe folgen. Dies schafft denn selbstverständlich Situationen, in welchen der argbedrängte Jäger an den h. Hubertus dasselbe Stoßgebetlein emporsendet, wie einst ein armer böhmischer Schuster, welchem zuerst Zwillinge, und dann noch ein Drilling geboren wurden, verzweifelt ausrief: „Heilige Maria ise schun genug!"

Jener Angstlaut der Ricke, ein schrilles Kreischen, läßt sich nicht gut wiedergeben.

Willst du das eine oder beides erlernen, lieber Waidgenosse, dann suche die zierliche Lehrerin im grünen schattigen Walde zur Zeit, wo auf der sonnbeglänzten Flur die goldige Ähre reift, und schläfernd am Hau die Grille zirpt. Im ragenden Hochwald erlausche und erlerne dann den sehnenden schüchternen Ruf, den keuschen Angstlaut, wie er weithin tönend, endlich ermattend verklingt, — im süßen Gewähren!

Schutz und Schirm dem Rehwilde, der edlen Zierde unserer Wälder und Auen! Mit diesem Appell will ich meine bescheidene Studie schließen. Belausche das Reh, Waidmann, wie es im knisternden Schnee vertrauend deiner Spur bis zur Raufe folgt; belausche, wenn rings der Wald in Blatt- und Blütenfülle prangt, die treue Mutter, die du gehegt, die munteren Kitzchen, die du schirmtest, wie sie ihr grünes Heim und seinen Pfleger beäugen mit dem neugierig-treuherzigen Blick ihrer glänzenden herrlichen Lichter, und du wirst den Lohn für all deine Mühe und Sorge im Pulsschlag des eigenen Herzens fühlen, — im Bewußtsein treu erfüllter Waidmannspflicht.

Ob dein Verdienst denn auch die keusche Göttin lohnen mag mit Waidmannsheil, mit grünem Bruch? — Versuch's!

Fünfzehntes Kapitel.

Der Fang des Raubzeuges.

> O schöne Zeit, wenn weit und breit
> Die Narr'n der Schlaf befallen;
> Dann stört mich nichts in meiner Ruh',
> Dann laß ich weithin mein „Schuhu"
> Im dunkeln Wald erschallen!

Wie es eine unbestrittene Thatsache ist, daß man es den Bestrebungen der Jagdschutzvereine vornehmlich zu danken hat, wenn es um vieles besser geworden ist mit der Hege und Pflege des Wildes, so bleibt es gleichfalls unbestritten, daß der Kampf gegen unwaidmännische Jagdbewirtschaftung und den Wilddiebstahl allein unserem Wilde vollen Schutz nicht gewähren können; — der schlimmste Feind der Hege und Aufsicht ist „das Raubwild." Gegen zweibeiniges Raubzeug, Aasjägerei und Jagdschinderei aller Art schützt uns das Gesetz und es steht zu hoffen, daß eine weise Gesetzgebung diesen Schutz noch vermehren wird. Gegen vierläufiges und fliegendes Raubzeug aber giebt's keinen Gesetzesparagraphen. Hier heißt es „hilf dir selbst."

Der rechte Waidmann, der jagend und pflegend seinen Wildstand vor Räubern aller Art beschützt, der an der Vermehrung und dem Gedeihen des Wildstandes mehr Freude findet als am Totschießen, — der wird auch wissen, daß ein ununterbrochener Kampf gegen das sich rasch vermehrende Raubwild nötig ist, um dem fortwährend von demselben bedrohten Nutzwilde aufzuhelfen. Früher, als man in unseren Gefilden bei bedeutenden Hochwildbeständen noch mit starkem Raubwilde zu rechnen hatte, spielte die Niederjagd und das kleine Raubwild eine gänzlich untergeordnete Rolle; heute haben Kultur, Landwirtschaft, ja selbst die Ansprüche an die Produktivität des Waldes dies alles in ein anderes Verhältnis gedrängt; der Jagdpächter zählt seine Hasen auf dem Felde ebenso gut wie der Groß- und Waldgrundbesitzer von seinem Forst- und Jagdpersonale verlangt, daß es die Bestandesstärke des Rot-, Dam- und Rehwildes in seinen Forsten oder Waldgehegen kenne. Das Hochwild wird immer mehr auf die umzäunten Gehege angewiesen, während der Hasen- und Rebhühnerstand nur bei ununterbrochener Raubwildverfolgung zunehmen resp. erhalten werden kann. Da nun aber das kleinere Raubwild unserem Niederwildstand am meisten Abbruch thut, so ist die Vertilgung dieses Feindes für einen vollkommenen Jäger eine gebotene Notwendigkeit geworden, die — nebenbei bemerkt — auch dem Waidmanne des Interessanten und Lehrreichen viel bietet. Es gehört zunächst dazu Fährtenkenntnis, genaue Beobachtung und Kenntnis der Charakteristik der behaarten und befiederten Räuber, eine gute Dosis Scharfsinn, welcher die schlauesten in der Tierwelt berücken soll, Unverdrossenheit und Waidmannslust, und — auf alles dies hin gut konstruirte Fangapparate. Wie ein gutes Gewehr als Haupterfordernis für den Schützen angesehen wird, ebenso ist auch ein tüchtiges Eisen unentbehrlich für den Raubzeugfänger. Noch vor einem Jahrzehnt kannte man in Deutschland keine Fabrik von Raubtierfallen; nur da und dort fand man einen Schmied oder Schlosser, der ein höchst primitives Eisen anfertigen konnte; gute Fangapparate mußten vom Auslande bezogen werden.

Die neuere Industrie hat sich auch dieses Industriezweiges angenommen, so daß man jetzt in Deutschland wirklich gute Fangapparate für Raubtiere erhält.

Den Fang der einzelnen Raubtiere hier zu erörtern, gestattet der Umfang des Werkes nicht, und muß ich den geehrten Leser hierfür auf von der Bosch's Werk: „Fang des einheimischen Raubzeuges und Naturgeschichte des Haarraubwildes" verweisen, ich beschränke mich darauf, eine Beschreibung der wichtigsten Fangapparate zu geben, wie dieselben heute von den zwei größten deutschen Fallenschmieden:

Rudolf Weber in Hainau (Schlesien),
Adolf Pieper in Mörs (Rheinprovinz),

konstruiert werden.

und mit ihm sind bei richtigem Gebrauch die erstaunlichsten Erfolge erzielt worden.

Mehrere solche Eisen sind sehr wohl imstande, auch ein größeres Revier nahezu rein von Füchsen zu erhalten, und deshalb ist auch der Schwanenhals auserwählter Liebling des gelernten Jägers, sowie aller derer geworden, die mit ihm umzugehen wissen.

Während er im Herbst und Winter als eifriger Wächter im Felde ausharrt und seine Arme unerbittlich um den Leib des roten Räubers schlingt, sichern ihm treu

Der Schwanenhals oder das Berliner Eisen, dieser allgemein bekannte Apparat, wird schon seit Jahrhunderten hauptsächlich zum Fang des Fuchses verwendet, geleistete Dienste, gefällige Form und ein spiegelblankes Aussehen in der Ruhezeit des Sommers einen Ehrenplatz im Gewehrschrank des echten Waidmanns.

Leider finden wir ihn aber auch häufig ganz außer Thätigkeit, ja wohl gar in der Rumpelkammer, — er hat solche Zurücksetzung aber in keiner Weise verdient, möge er daher mit uns als erster in den Kampf ziehen! Aber nicht allein zum Fang des Fuchses ist der Schwanenhals ein vortreffliches Werkzeug, auch alle anderen Raubtiere fängt er mit gleicher Sicherheit. Wir bedienen uns dieses Eisens in verschiedenen Größen und benutzen das größte und stärkste für den Wolf, die mittleren für Fuchs, Dachs und Otter, das kleine für Marder und Iltis.

Wenn auch der Schwanenhals in seiner Konstruktion hauptsächlich auf den Fang mit dem Brocken berechnet ist, so kann er doch, und zwar mit dem günstigsten Erfolg, ebenso wohl als Abzugseisen mit Haarstellung auf dem Wechsel Verwendung finden. In zweiter Linie wagt bescheiden der „Deutsche Schwanenhals" allen Fängern ein herzliches Waidmannsheil zuzurufen.

Dieses wirklich praktische und einfache Abzugseisen, eine Erfindung des Herrn Rudolf Weber, hat nach den Berichten verschiedener tüchtiger Raubzeugfänger bereits die günstigsten Resultate erzielt; seine vielseitigen Vorzüge dürften ihm gewiß die weiteste Verbreitung und allgemeine Anerkennung sichern. Es möge uns deshalb gestattet sein, auf diese verhältnismäßig neue Erfindung etwas näher einzugehen.

Als hauptsächlich bemerkenswert erscheint die innen liegende, auf beide Bügelenden einwirkende Doppelfeder, deren große Elastizität ein erstaunlich rasches und kräftiges Zuschlagen des Eisens ermöglicht, wodurch dasselbe den besten älteren Schwanenhälsen vollständig gleichgestellt wird. Ferner sei die dazu gehörige Stellvorrichtung erwähnt, welche einen besonderen Teil des Apparates bildet. Sie bleibt auf dem Fangplatze zurück und kann somit beim Fort-

schleifen des Eisens niemals beschädigt werden oder gar verloren gehen; ihre Konstruktion ist höchst einfach und bedarf unsere Illustration hierfür wohl keiner weiteren Erklärung. Gleich dem älteren Schwanenhals eignet sich dieses Eisen ganz besonders für die Haarstellung, wozu es durch Anschrauben eines besonderen Stellhakens rasch und leicht sich herrichten läßt. Auch wird es, wie ersterer, in vier verschiedenen Nummern angefertigt. Alles Raubzeug fängt sich sehr sicher um die Mitte des Leibes, doch ist selbstverständlich, je nach Stärke des Stückes, das entsprechende Eisen dafür zu wählen. Zum Fang des Fuchses am

Laufe kann der kleinste Deutsche Schwanenhals mit Kette, Anker und Haarstellung sehr wohl angewendet werden. Die von Herrn Weber gefertigten Deutschen Schwanenhälse sind sämtlich mit Ölfarbe angestrichen, und haben ihre günstigen Fangresultate auf das vollständigste den Beweis geliefert, daß dieser Anstrich, wenn er vollkommen trocken und hart geworden, in keiner Weise nachteilig auf den Fang einwirkt, dabei allen Rost von dem Eisen fernhält und jedes Putzen erspart. Will man den Deutschen Schwanenhals fängisch stellen, so bietet dies zwar nicht die geringsten Schwierigkeiten; da aber die hierzu erforderlichen Hand-

Zunächst spanne man beide Federn, wozu es bei den größeren Eisen eines Federhakens bedarf, lege die Bügel auseinander und drehe die Sicherheitshaken über beide Federschleifen. Hierauf wird die Stellvorrichtung befestigt (indem man sie rechtwinkelig zur Feder, über deren Mitte in das unterhalb letzterer befindliche Lager einschiebt), und dann der dritte Sicherheitshaken über den Bügel gedreht. Legt man sodann die Schnellstange gleichfalls über den Bügel und den Abzugshaken und drückt erstere nieder, bis letzterer eingreift, so steht das Eisen bis auf Entfernung der Sicherheitshaken fängisch. Zum Stellen mit dem Fang-

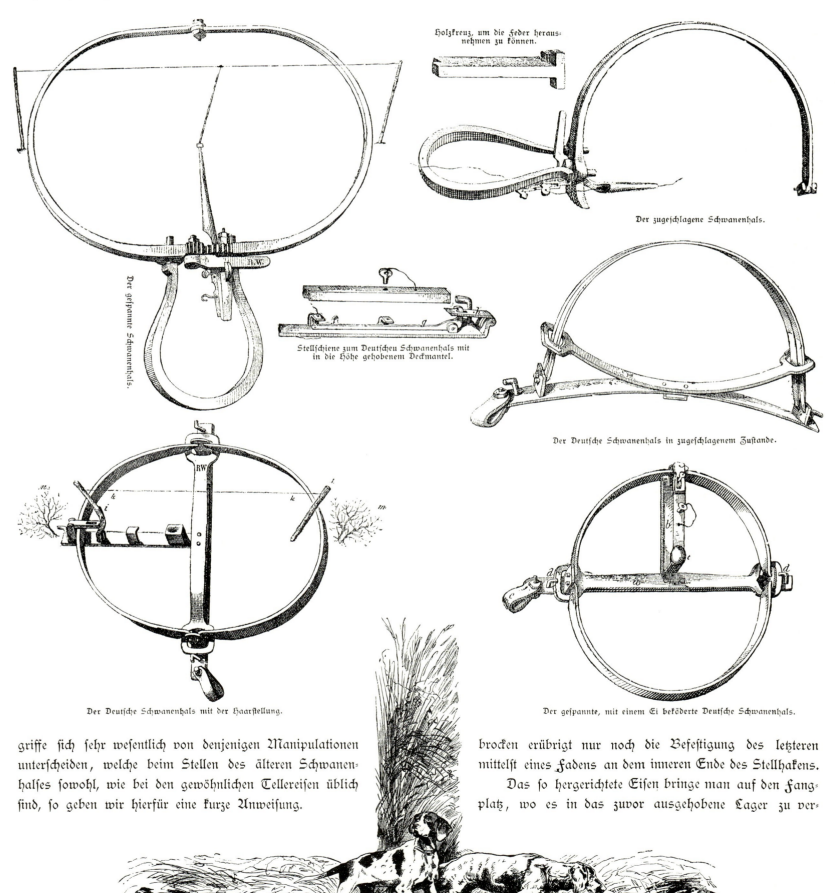

griffe sich sehr wesentlich von denjenigen Manipulationen unterscheiden, welche beim Stellen des älteren Schwanenhalses sowohl, wie bei den gewöhnlichen Tellereisen üblich sind, so geben wir hierfür eine kurze Anweisung.

brocken erübrigt nur noch die Befestigung des letzteren mittelst eines Fadens an dem inneren Ende des Stellhakens.

Das so hergerichtete Eisen bringe man auf den Fangplatz, wo es in das zuvor ausgehobene Lager zu versenken ist, versäume jedoch nicht, jedem Federende einen etwa faustgroßen Stein unterzulegen, wodurch das Hochspringen sehr gefördert und ein sicherer Fang wesentlich bedingt wird. Die erwähnten Steine sind natürlich an erforderlicher Stelle gleichfalls im Boden einzulassen und ist dem ganzen Apparat eine ebene und gleichmäßig feste Unterlage zu geben. Hierauf muß das Eisen aufs sorgfältigste mit geeignetem Deckmaterial verblendet werden, wobei zuletzt nicht zu vergessen ist, auch sämtliche Sicherheitshaken von Feder und Bügel behutsam zurück zu drehen. Hierbei wird diejenige Sicherheit zuerst entfernt, welche über den Bügel greift, worauf sie, ebenso wie die anderen beiden, noch gut zuzudecken ist. Dem geübten Fallensteller werden diese Andeutungen gewiß genügen, sich auch mit dem deutschen Schwanenhals rasch vertraut zu machen. Wir wollen deshalb zum Schluß nur noch kurz die Haarstellung erwähnen, wozu sich dieses Eisen vortrefflich eignet.

Daß wir hierzu eines besonderen Stellhackens bedürfen, ist bereits erwähnt und haben wir diesen also zuvor anzuschrauben resp. mit dem Abzugshaken zu vertauschen. In die aufrecht stehende Hülse des ersteren steckt man ein entsprechend starkes und etwa 12 cm langes, womöglich mit Rinde bedecktes Stäbchen, spannt das Eisen in der angegebenen Weise und legt es auf dem Fangplatz genau so, wie vorhin beschrieben. Zu beachten ist, daß die Feder in die Richtung des Passes, auf dem wir stellen wollen, zu liegen kommt, damit das Abzugshaar quer über diesen läuft. Bevor nun die Verblendung des Eisens stattfindet, steckt man ein zweites Stäbchen etwas innerhalb der Mitte desjenigen Bügelrandes, welcher der Stellung gegenüber liegt, recht fest in den Boden und spannt das Abzugshaar, das entweder ein Pferdehaar oder auch feinster Blumendraht sein kann, zwischen beiden Stäbchen aus, an deren oberen Enden es durch Einklemmen in einen Spalt oder durch Anbinden zu befestigen ist.

Daß es nicht ratsam erscheint, nachdem das Eisen verblendet und entsichert ist, noch in dessen Bereich zu kommen, bedarf wohl keiner Erwähnung und wolle man dies lieber den Feinden überlassen, welche freundlichst eingeladen sind, eine Probe auch mit dem deutschen Schwanenhals zu machen.

Nachdem wir in den vorhergehenden Abschnitten dem geneigten Leser die Schwanenhälse in ihren verschiedenen Arten und Größen zur Anschauung gebracht und deren praktische Anwendung oberflächlich angedeutet haben, wenden wir uns zu dem Tellereisen, einem der weitverbreitetsten Fangapparate, von dem wir annehmen, daß es als nützliches Werkzeug nach seiner allgemeinen Form wohl niemandem fremd sein wird. Zuvor wollen wir jedoch noch eines Apparates Erwähnung thun, welcher gewissermaßen den Übergang vom Schwanenhals zum Tellereisen bildet und die hervorragendsten guten Eigenschaften beider gemeinsam hat. Es ist dies das Tellereisen mit Schwanenhalsfeder (Fig. 1). Die Bügel haben im Gewerbe Verzahnung und die Tellerstellung ist eine lose, also eine beim Zuschlagen abfallende. Es eignet sich besonders zum Fangen des Fuchses am Lauf und ist durch sein Hochspringen dem besten gewöhnlichen Tritteisen vorzuziehen. Besonders glauben wir es denjenigen Jägern empfehlen zu müssen, welche blanke Eisen lieben und auf die Haarstellung, sowie den Fang mit dem Brocken verzichten.

Die eigentlichen Tellereisen unterscheiden wir einesteils nach ihrer Größe und der Kraft ihrer Federn, anderenteils nach den Bügeln, die mit und ohne Greifzähne zu haben sind; drittens aber auch darnach, ob die Stellung resp. der Teller sich in fester Verbindung mit dem Eisen befindet oder ob er lose ist, d. h. nach dem Zuschlagen abfällt und so auf dem Fangplatze zurückbleibt. Form und Stellung der Feder sind ebenfalls wechselnd; wir haben runde, d. h. kreisförmige Federn, die gleichzeitig den Kranz des Eisens bilden und solche, die lang gestreckt und schleifenartig entweder innerhalb oder außerhalb der Bügel liegen. Sämtliche Tellereisen haben fast ausnahmslos den Zweck, am Lauf zu fangen und müssen wir deshalb auf die Stärke des Raubzeugs und seine Gewohnheiten, insbesondere auf die Gestalt des Laufes Rücksicht nehmen, weil wir durch Festhalten des letzteren auch des Körpers habhaft werden wollen. Es verlangen im allgemeinen die stärkeren Raubtiere auch größere und kräftige Eisen, deren mit Greifzähnen bewehrte Bügel ein Herausziehen des gefangenen Laufes nicht zulassen. Das Zerschlagen des letzteren durch die sich mit Kraft und Schnelligkeit schließenden Bügel ist sehr erwünscht und trägt zum Festhalten wesentlich bei. Ein vollständiges Ablösen des Laufes findet so leicht nicht statt, daher wird es immer besser sein, lieber ein Eisen anzuwenden, das etwas heftiger zuschlägt, als unbedingt erforderlich ist, damit sich unter keinen Umständen ein gefangenes Stück selbst wieder befreien kann. Nur allein beim Fuchs müssen wir von dieser Regel eine Ausnahme machen. Mehr als hinlänglich wird es allen Waidmännern bekannt sein, wie Reinecke auch als Chirurgus nicht unerfahren, sich selbst zu amputieren versteht, und haben wir daher dieser Kunstfertigkeit des roten Gesellen Rechnung zu tragen. Ein zerschlagener Lauf und ein schweres oder gar festgebundenes Eisen werden den Fuchs fast immer veranlassen, die bekannte Operation des Abschneidens an sich auszuführen und sind wir frühmorgens nicht zeitig am Platze, so hat sich Reinecke sicher auf Dreien bestens empfohlen. Bleibt der Lauf des Fuchses hingegen unzerschlagen und ist es ihm möglich, auch nur auf kurze Entfernung mit dem Eisen vom Platze zu kommen, so haben wir ein Abschneiden nicht zu besorgen. Wählen wir daher für ihn recht schwache Eisen mit glatten Bügeln und verhüten

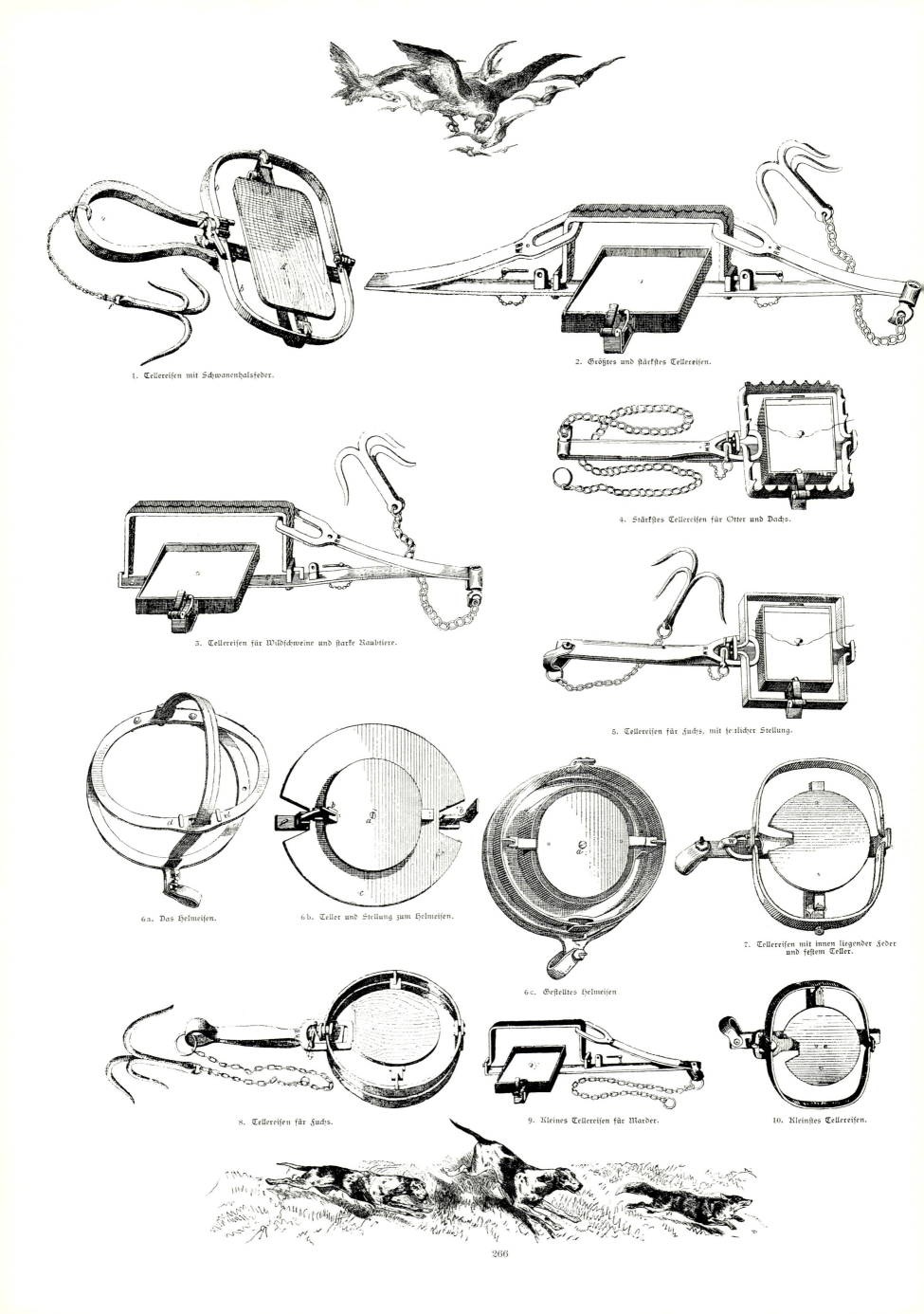

durch Kette und Anker ein allzuweites Verschleppen, so kann uns ein sicherer Fang nicht fehlen. Ein Herausziehen des Laufes brauchen wir bei der Stärke des unteren Gliedes nicht zu fürchten.

Alle diese Momente hat Herr Weber bei Anfertigung seiner Fangapparate berücksichtigt, und sind deshalb mit denselben auch so günstige Resultate erzielt worden.

Von den uns vorliegenden Tellereisen, die wir hier durch Illustrationen zur Anschauung bringen, wollen wir zunächst eines großen und mächtig starken Erwähnung thun (fig. 2), das zum Fang der stärksten Raubtiere, wie sie noch in der Wüste und den Urwäldern ferner Länder hausen, dienen soll. Es hat zwar den Anschein, als könne dieser Apparat sehr wohl auch einen Löwen oder Bären festhalten, doch ist uns die Gewalt, die diese im entscheidenden Moment auszuüben vermögen, viel zu wenig bekannt, als daß wir uns irgendein Urteil darüber erlauben könnten.

Ein ebenfalls sehr starkes, äußerst standfest gearbeitetes Eisen dient zum Fang der Wildschweine (fig. 3). Wir wollen diese Art der Jagdausübung zwar durchaus nicht als waidmännisch hinstellen, doch mag sie unter gewissen Verhältnissen immerhin gerechtfertigt sein. Vielfache praktische Versuche mit diesem Eisen und verschiedene Verbesserungen an ihm haben es für genannten Zweck zu großer Vollkommenheit gebracht, so daß wir glauben, es auf Grundvorliegen der Anerkennungsschreiben, so wie sehr günstiger Fangberichte bestens empfehlen zu können, hauptsächlich aber deshalb, weil es auch das stärkste Raubzeug fangen und sicher festhalten wird.

Etwas kleinere und schwächere, aber immerhin noch sehr kräftige Tellereisen dienen zum Fang des Otters und Dachses (fig. 4). Die gleichfalls mit Zähnen bewehrten Bügel sind verhältnismäßig klein und den kurzen und starken Läufen dieser Wildgattungen vollkommen entsprechend. Die ziemlich lange, sehr elastische Feder schlägt an den Bügeln hoch hinauf und sichert ein unbedingtes Festhalten. Der Teller mit seitlicher Stellung ist in fester Verbindung mit dem Eisen und ein ihn umgebender Mantel sichert seine freie Bewegung. Das Zuschlagen erfolgt sowohl im Wasser als bei stärkerer Bedeckung mit Erde äußerst rasch, so daß ein Fehlfang kaum denkbar ist.

Vielfach selbst erzielte, sehr gute Fangergebnisse, sowie die allseitige Anerkennung, welche dieses Eisen bereits gefunden hat, lassen für dasselbe die weiteste Verbreitung wünschen. Es ist besonders zur Vertilgung des so schädlichen Otters ein ganz vortrefflicher Apparat.

Ähnlich diesem Eisen in der Konstruktion, nur mit viel schwächerer Feder und glatten Bügeln, ist ferner eines, das uns zum Fang des Fuchses sehr geeignet erscheint, und auch für Katze, Marder und Iltis gut verwendet werden kann (fig. 5).

Ein weiterer Fangapparat, der in Form und Zusammensetzung sich sehr wesentlich von allen übrigen unterscheidet, ist das sogenannte Helmeisen (fig. 6a, b, c). Je nach Größe und Stärke, gleichfalls für alle unsere heimischen Raubtiere geeignet, hat es sich bereits eines nicht minder guten Rufes zu erfreuen. Die kreisförmig unter den Bügeln liegende Feder läßt es überall sehr gut verwenden, wo eine lang hervorragende Eisweilen störend ist; hingegen scheint uns die lose Stellvorrichtung zum Fang des Otters im fließenden Wasser weniger geeignet, da erstere hier doch wohl sehr leicht einmal verloren gehen dürfte. Im übrigen können wir auch bei diesem Apparat ein präzises und kräftiges Zuschlagen konstatieren, welche Eigenschaft wir an allen Fangeisen besonders schätzen.

Als zum Fuchsfang geeignet haben wir noch zwei weitere Eisen anzuführen; das eine mit innen liegender Feder, festem Teller und über den Bügel greifender Stellung (fig. 7), das andere mit losem Teller und einer außerhalb liegenden Feder (fig. 8). Beide Eisen sind so eingerichtet, daß sie mit Hilfe eines am Bügel anzuschraubenden Zahnblattes auch zum Fang von Otter und Dachs verwendet werden können. Zwar sind in letzterer Beziehung recht gute Fangergebnisse auch mit diesen beiden Eisen gemeldet worden, doch haben wir uns leider aus eigener Erfahrung bis jetzt noch nicht überzeugen können, ob wir sie auch unter ungünstigen Verhältnissen als vollkommen zuverlässig empfehlen dürfen.

Noch mehrere kleinere Eisen (fig. 9) mit teils glatten, teils gezahnten Bügeln eignen sich vortrefflich für Marder, Iltisse und alle Raubvögel, können auch, mit Kette und Anker versehen, sehr wohl zum Fuchsfang verwendet werden, doch vertragen sie nur eine sehr schwache Bedeckung und ist auch die Fangfläche nur eine kleine.

Sie zerschlagen den Lauf nicht, halten aber ungemein fest. Selbst der Fang von Ottern mit diesem Eisen ist uns gemeldet worden, doch mögen wir sie hierzu natürlich nicht besonders empfehlen.

Zum Schluß unserer heutigen Betrachtung wollen wir noch eines sehr kleinen Tellereisens Erwähnung thun, welches für den Fang der Wiesel, sowie des der Fischerei sehr schädlichen Eisvogels bestimmt ist (fig. 10). Wir glauben annehmen zu dürfen, daß auch dieses ein für seine Zwecke wohlgeeignetes Instrument sein wird, obgleich wir über eigene Versuche damit noch nicht berichten können. — Im Geheimen wollen wir dem geneigten Leser indessen verraten, daß es auch zum Fang von Ratten dienen soll.

In weiterer Betrachtung der zum Fange unserer Raubtiere dienenden Werkzeuge sollen zunächst die verschiedenen Hohlfallen angeführt werden.

Wir haben solche, die aus Holz und andere, welche aus Eisen gefertigt sind. Die Konstruktion ersterer ist allgemein bekannt; es sind die sogenannten Klappfallen,

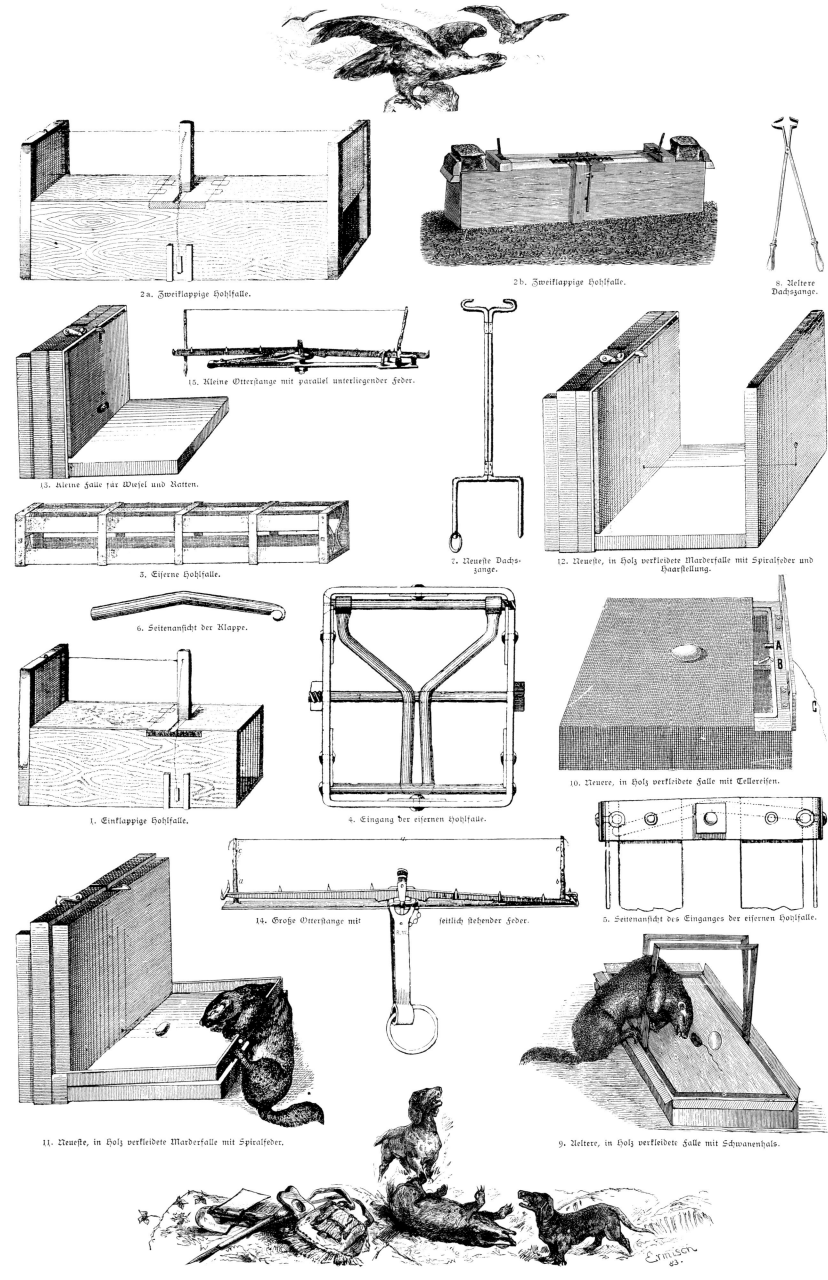

welche besonders zum Fang der kleineren Raubtiere vielfach verwendet werden und die wir fast überall in den Umzäunungen von Fasanen- und Hasengärten antreffen (Fig. 1). In schmalen Durchgängen und Kanälen wird hauptsächlich der Iltis mit den zweiklappigen Hohlfallen sehr leicht und sicher gefangen (Fig. 2 a, b).

Weniger bekannt ist hingegen die eiserne Hohlfalle, (Fig. 3) und wollen wir deshalb auf deren Konstruktion (4—6) und Anwendung etwas näher eingehen.

Erstes Erfordernis für den Fang mit diesem Apparat sind feste Baue und können nur diejenigen Raubtiere erbeutet werden, welche in denselben eingeschlossen sind. Lediglich der Drang nach Freiheit, sowie event. auch Hunger, treiben das Tier in die Falle, in welcher es lebend und unverletzt in die Hände des Jägers gelangt.

Die Konstruktion dieser Falle ist höchst einfach und bedarf unsere Illustration wohl nur einer kurzen Erklärung. Verschiedene Stäbe von Bandeisen sind durch mehrere Ringe zu einem länglichen Kasten verbunden und die an den schmalen Seiten befindlichen Eingänge werden durch nur nach innen bewegliche, frei herabhängende Klappen geschlossen. Die Größe, resp. Weite der Falle richtet sich nach der Stärke des zu fangenden Stückes und muß so bemessen sein, daß das Tier bequem hineinschlüpfen, sich darin aber auf keinen Fall umdrehen kann. In einem festen Bau eingekreiste Raubtiere gelangen mittelst der entsprechenden eisernen Hohlfalle unfehlbar in unseren Besitz und fängt sich selbst der Fuchs häufig schon in der ersten oder zweiten Nacht. Der Erfinder der Falle beschreibt das Aufstellen derselben in einem bereits früher veröffentlichten Artikel: „Über Anlegung von Kunstbauen und die eiserne Hohlfalle", wie folgt:

„Soll nun gestellt werden, so hat man nur nötig, den Sicherheitsstift hinter der Klappe, welcher sich im größeren Eingange befindet, heraus zu nehmen, mit dieser Seite die Falle zu etwa ¾ ihrer Länge in den Bau zu schieben, so daß die Klappe frei beweglich herunter hängt und dann die ganze Falle recht fest in der Röhre zu verkeilen, wozu sowohl Holz als Steine benützt werden können. Die leicht bewegliche Klappe, mit der der Fuchs sich sehr vertraut machen kann, reizt diesen ungemein, so daß er, wie gesagt, oft in der ersten Nacht der Versuchung nicht widerstehen kann, auch die Klappe am anderen Ende der Falle zu heben, um durch beide seine Freiheit zu erlangen. Ehe natürlich der Fuchs die vordere Klappe erreicht, ist die hintere herabgefallen. Er kann diese, da er sich in der engen Falle nicht zu drehen vermag, auch nicht wieder öffnen und muß ruhig warten, bis der Jäger ihn aus der Gefangenschaft erlöst.

Sind zwei oder mehrere Füchse im Bau, was nicht selten vorkommt, so können die gefangenen leicht durch die vordere Klappe herausgenommen werden. Diese verschließt man dann wieder durch den Sicherheitsstift und die Falle ist zum Fang des folgenden Fuchses bereit, der auch bisweilen schon in der nächsten Nacht glaubt, wie sein Vorgänger schlau durch die Falle zu können."

Das Herausnehmen des lebenden Fuchses geschieht mittelst einer hierzu besonders konstruierten Zange (Fig. 7), deren Abbildung leider nicht ganz richtig gelungen ist; bringt man diese durch den vorderen Eingang in die Falle und läßt den Fuchs in einen ihm durch die Zange hindurch entgegengehaltenen Stock beißen, so kann man alsdann die Zange sehr leicht über den Kopf des Fuchses schieben, worauf dieser um den Hals gefaßt und aus der Falle heraus gezogen wird. Beim Dachs- und Fuchsgraben leistet uns dieses Instrument gleichfalls treffliche Dienste und ist in vielen Fällen der älteren Dachszange (Fig. 8) bei weitem vorzuziehen.

Wie wir die hölzernen Klappfallen hauptsächlich zum Fang für Marder und Iltis empfohlen haben, so wollen wir dies ganz besonders mit einem weiteren Apparate thun, welcher sich für diesen Zweck nach langjähriger Erfahrung vorzüglich bewährt hat; es ist dies die in Holz verkleidete ältere Weber'sche Raubtierfalle (Fig. 9). Diese Falle besteht aus einem Schwanenhals, welcher in seiner sonst üblichen Form derart umgeändert ist, daß die Bügel nicht rund, sondern eckig sind und die Feder innerhalb des von den gespannten Bügeln beschriebenen Viereckes liegt Dieses Eisen ist von allen Seiten mit Holz umkleidet, so daß das ganze, wenn die Falle gestellt ist, wie ein altes Bohlenstück aussieht. Durch diese Eigenschaft ist sie allerdings auch für Menschen nicht ungefährlich, aber in verschlossenen Räumen angewendet, darf solche als der sicherste und beste Fangapparat für Marder und Iltisse unbedingt betrachtet werden. Es ist zu erwähnen, daß diese Falle allerdings etwas hoch im Preise steht, daß aber schon einige in guter Zeit gefangene Marder genügen, um die Anschaffungskosten reichlich zu decken. Herr Weber hat zwar, um dem Verlangen nach einem gleich guten, aber billigeren Fangapparat für Marder und Iltis zu entsprechen, neuerdings zwei weitere in Holz verkleidete Fallen konstruiert, von denen wir auch bestimmt glauben annehmen zu dürfen, daß sie ebenso Tüchtiges leisten werden, doch sind von uns selbst zur Zeit erst so wenige praktische Versuche damit gemacht worden, daß wir sie aus eigener Erfahrung noch nicht, wie die ältere Falle, als fast unfehlbar empfehlen wollen. Wir können indes schon jetzt mitteilen, daß uns bereits verschiedene recht günstige Fangberichte zugegangen sind und hoffen auch, uns bald selbst von deren Zuverlässigkeit vollständig zu überzeugen.

Der eine dieser beiden neuen Fangapparate (Fig. 10) unterscheidet sich dadurch von der älteren Weber'schen Raubtierfalle, daß das in einem Holzkasten befindliche Eisen kein Schwanenhals, sondern ein Tellereisen mit innenliegender Feder ist; die Stellvorrichtung hat es aber mit dem Schwanenhals in der Hauptsache gemein.

Der zweite Apparat (fig. 11) ist hingegen wesentlich anders, vor allem aber äußerst einfach und sehr billig.

Zwei im rechten Winkel vereinigte plattenförmige Holzteile schließen im Scheitel des Winkels eine spiralförmige Drahtfeder ein, die nur einen einzigen im Rechteck geformten Bügel bewegt. Derselbe tritt nun, wenn der Apparat gespannt ist, in eine Vertiefung der Rückwand und wird hier von der hinter letzterer angebrachten Stellvorrichtung festgehalten. Die leiseste Berührung des auf dem Boden liegenden Köders veranlaßt das sehr rasche und kräftige Zuschlagen der Falle. Durch eine kleine Abänderung läßt sich dieser Apparat auch leicht für die Haarstellung einrichten (fig. 12) und kann dann zweckmäßig in Kanälen oder schmalen Durchgängen gestellt werden.

machen, der gleichfalls, ja ausschließlich, diesem Zwecke dient. Es ist die Otterstange. Unter Umständen leistet dieselbe allerdings recht gute Dienste und wird sie deshalb auch von vielen Jägern noch mit Vorliebe in Anwendung gebracht. Wir sind aber entschiedene Gegner dieses Apparates geworden, seitdem uns Tellereisen zu Gebote stehen, die gleich gute, ja bessere Resultate geliefert haben als Otterstangen, deren Nutzen in gar keinem Verhältnis zu der durch sie dem Menschen beständig drohenden Gefahr steht. —

Denn nicht bloß zerschlagene Knochen, sondern lebensgefährliche Verletzungen können uns und anderen durch sie zugefügt werden. Wer mit Anwendung dieser Eisen noch nicht genau Bescheid weiß, den ermahnen wir zur

Dieselbe Falle, nur bedeutend kleiner, wird auch zum Wiesel- und Rattenfang angefertigt (fig. 13). Wir glauben sicher, uns auch recht bald selbst noch von der Zuverlässigkeit dieser neuen Fangapparate vollständig überzeugen zu können und soll es uns freuen, wenn sie wirklich das leisten werden, was die ältere Weber'sche Raubtierfalle bereits geleistet hat.

Obwohl wir in unserer bisherigen Betrachtung auch die zum Fang des Fischotters dienenden Eisen schon näher besprochen haben, müssen wir der Vollständigkeit halber den geneigten Leser noch mit einem Apparate bekannt

allergrößten Vorsicht und bemerken, daß Herr Weber Otterstangen auch nicht vorrätig auf Lager hat, sondern sie nur gegen feste Bestellung, aber sofort und je nach Wunsch in zwei verschiedenen Größen, anfertigen läßt; die größere (fig. 14) hat seitlich stehende, die kleinere (fig. 15) eine den Stangen parallel unterliegende Feder. Beide Eisen sind, wie alle Otterstangen überhaupt, nur für die Haarstellung eingerichtet und werden am besten in kleinen Bächen und schmalen Gräben verwendet, deren ganze Breite sie beherrschen, und gebe ich die Illustrationen der Otterstange ohne weitere Beschreibung.

Die bis jetzt beschriebenen Eisen liefert die Firma R. Weber, Hainau (Schlesien).

Eine hervorragende Leistung in Fangapparaten war die Ausstellung der Firma Adolf Pieper aus Mörs a. R. auf der Internationalen Jagdausstellung zu Kleve. Gleich links in der Dianahalle hatte sie ihre vielen und bewunderungswerten Fangapparate aller Art in übersichtlichem und geschmackvollem Arrangement ausgestellt. Wahrhaft imponierend wirkten die in Pyramiden aufgebauten Gruppen der in Fangeisen sitzenden Räuber der Jagd, der Fischerei, der kleinen Vogelwelt und der Geflügelhöfe. Naturgetreu gruppiert und charakteristisch ausgestopft boten sie ein prächtiges Gesamtbild. Eine Kolossalgruppe bildete die Première der interessanten Sammlung: Eine starke Wölfin, an dem einen Hinterlauf vom Fangeisen festgehalten und daneben ihr zuletzt zerrissenes Opfer, ein kapitaler Rehbock mit angeschnittenem Halse. Daneben der schlaue Reineke im Schwanenhalse, der Otter im Stangeneisen, einen geraubten Fisch zwischen den Fängen und der Marder im Haareisen; Meister Grimbart Dachs im Tritttellereisen, ja selbst das blutdurstige Wiesel, der Hamster und die Ratte waren vertreten. Als Pendant zur Wolfsgruppe paradierte ein gewaltiger Seeadler, vergebens seine riesigen Schwingen ausbreitend, um in den blauen Äther aufzusteigen, das Pfahleisen ließ seine kräftigen Fänge nicht frei, ebenso erging es dem daneben stehenden Hühnerhabicht, den seine Raubgier nach der weißen Taube im Habichtskorb ins Eisen brachte, und eine mordsüchtige Weihe, welche sich im Spießeisen gefangen hatte.

Einer der bekanntesten Fischräuber, ein Reiher, klemmte mit seinem langen Halse in einem eigens für dieselben konstruierten und verzinkten Eisen, auf dessen Gabel eine Forelle als Köder aufgespießt war. Sein Kollege, der den Fischzüchtereien schädlichste Vogel, der Eisvogel, saß ebenfalls im für diese Fischräuber eigens konstruierten kleinen Pfahleisen, welches beim Fang sofort ins Wasser fällt, wodurch der Vogel ersäuft und keiner Qual ausgesetzt ist. Das Eisen ist an Kupferdraht gehängt und wird mit dem Gefangenen wieder herausgezogen.

Auf der entgegengesetzten Seite prangten in mit rotem Tuch ausgeschlagenen Glasschränken wohl mehr als hundert Fangeisen in den verschiedensten Arten, samt und sonders in der saubersten Ausführung. Jede Form, Art und Zweck des betr. Eisens war durch eine Aufschrift besonders erklärt. Man muß gestehen, das Ganze machte den sicheren, zuverlässigen Eindruck, daß ein System in der Fabrikation dieser Fangapparate liegt. Leider steht einer speziellen Besprechung dieser Fabrikate der Raum nicht zur Verfügung, der dazu gehören würde, um sich im einzelnen auch über alle die Fangeisen zu verbreiten und ihre Konstruktionen zu besprechen. Das bleibe jedoch nicht unerwähnt, daß an der Spiralfederfalle die zwei halbrunden verkupferten Bügel durch eine messingerne Spiralfeder zusammengeschnellt werden, an der man sowohl einen Lockbrocken als auch einen Teller anbringen kann, und daß diese Bügel mit einer solchen Gewalt zusammengeschnellt werden, daß dem gefangenen Tiere sofort das Genick gebrochen wird. Dem von den Tierschutzvereinen längst gehegten Wunsche entspricht daher diese Falle, da dem gefangenen Tiere alle die Qualen erspart bleiben, die bei dem Fang in den anderen Eisen nicht immer unvermeidlich sind.

In einer am 20. Juli 1881 abgehaltenen Konferenz über Fangapparate, setzte Fabrikant Pieper sein ganzes System der Fallenproduktion motiviert auseinander. Er klassifizierte die Tellereisen in sechs Größen, diese selbst aber benannte er nach verschiedenen Gattungen, zunächst nach der Bügelform, entweder rund gebogene oder eckige, sodann nach den Stellungen, in Tellerfallen mit einseitigen oder doppelten Stellungen, in Abzugseisen, in seine Patentschießeisen zum Abzug und durch Tritt, in Eierabzugseisen durch eigenes Gewicht und in Pfahleisen. Ferner teilte er sie nach der Form der Federn ein in vorstehende oder untergelegte Feder-, in flach aufgeschraubte oder rund gebogene Feder-, in halbrund oder ganz rund gebogene Feder- und in Spiralfedereisen.

Das Interesse der Konferenzteilnehmer an den sachlichen und technischen Erläuterungen nahm während des Vortrags sichtlich zu und ließ unverkennbar den Eindruck bemerken, den Erfahrung und Sachkenntnis hervorbringen.

Die Jagd auf Raubvögel.
Von O. v. Riesenthal.

Jede Verminderung der schädlichen Raubvögel ist mit allen Mitteln zu bewirken und Ehrensache eines Mannes, welcher auf das Prädikat eines wirklichen und tüchtigen Jägers Ansprüche macht. — Selbst wenn ihn seine eigenen Wildbestände dazu nicht auffordern, hat er zu bedenken, daß er durch Schonung der Raubvögel andere Jäger schädigt und somit dem edlen „Viribus unitis" entgegenarbeitet.

Eigentümlich bleibt es immerhin, daß die Raubvogeljagd im ganzen und großen nur als ein notwendiges Übel betrachtet wird, und doch bietet gerade sie des Interessanten mehr, als manche andere Jagd und trifft dazu in ihrem Hauptmoment in eine Zeit, wo die Jagd im allgemeinen ruht. — Freilich ist die Raubvogeljagd nicht ohne Beschwerde, sie erfordert, ähnlich der Birsch, Beherrschung des Körpers und gutes Kombinationsvermögen den sehr vorsichtigen, mit außerordentlich scharfen Sinnen ausgerüsteten Freibeutern gegenüber, dafür aber bietet sie dem Jäger manches Moment hohen Interesses und vollster Entschädigung für seine Ausdauer; möge doch der Jäger berücksichtigen, daß er durch Beseitigung eines Hühnerhabichts, eines Wanderfalken hunderte nützlicher Jagdtiere vor dem Verderben gerettet hat.

Zur Raubvogeljagd gehört ein durchaus ferner und namentlich schneller Flugschütze, denn selbst die weniger schnell fliegenden Raubvögel wissen, wenn sie sich bedroht sehen, durch schnelles Abstreichen und geschickte Wendungen den Schuß zu erschweren, geschweige denn die Falken, deren blitzschnelle Bewegungen nur gar zu oft das Treffen illusorisch machen.

Die Jagd am Horste ist das radikalste Mittel zur Bekämpfung der Raubvögel, denn nicht allein gelingt es in den meisten Fällen die Alten zu schießen, sondern die Brut, also der Zuwachs, wird vernichtet, und das ist die Hauptsache. (— Bez. der Naturgeschichte der Raubvögel, ohne deren Studium der Laie sich vergeblich um die Raubvögel bemühen wird, verweise ich auf die ausgezeichneten Werke und Abhandlungen des Herrn O. von Riesenthal und Professor Altum. Der Herausgeber.)

Hat man einen Raubvogelhorst entdeckt, so wird man an dessen Beschaffenheit bald erkennen, ob er besetzt ist oder nicht. — Jeder Horst wird im Frühjahr mehr oder weniger ausgebessert, daher ist sein Stand immer dicht und rund, während verlassene Horste meist wirr und zerzaust aussehen. — Manchmal wird man den Kopf des Brutvogels über den Rand hinwegragen sehen, beim Hühnerhabicht fast immer den Schwanz, bei Annäherung des Jägers aber drückt sich der Raubvogel in den Horst und der Hühnerhabicht dreht sich unmerklich so um, daß der verräterische Schwanz nach der dem Jäger entgegengesetzten Richtung zu liegen kommt, deshalb beobachte man zunächst jeden Horst aus thunlichster Ferne mit einem guten Glase.

Beim sogenannten Abklopfen wird ein Gehilfe gute Dienste thun; in der Regel streicht der Raubvogel in der dem Anklopfen an den Stamm entgegengesetzten Richtung ab und somit muß der Jäger vorher die beste Schußgelegenheit überblickt haben und an deren entgegengesetzter Seite so stark als möglich mit einem starken Knüppel oder mit Fußtritten klopfen lassen.

Sowie er überhaupt in Schußbereich kommt, muß er schon fertig sein, denn der Brutvogel streicht bald eher, bald später fort, einige und besonders die großen Adler warten das Klopfen überhaupt nur selten ab. — Der Schuß auf den durch das Geäste meist sehr schnell abstreichenden Vogel sieht sich viel leichter an, als er wirklich ist, und so ist es empfehlenswert, kurz vor dem Klopfen mit angeschlagenem Gewehr auf den Horstrand zu halten und Feuer zu geben, sowie sich der Vogel erhebt. — Obgleich mittlere und schwache Schrote immer sicherer treffen als grobe, so werden dennoch letztere bei sehr hoch stehenden Horsten nicht zu vermeiden oder doch wenigstens den schwächeren beizumischen sein; mit der Kugel nach dem fliegenden Vogel im Gezweige zu schießen, gehört den Jägerscherzen an.

Je länger die Eier bebrütet sind, desto widerwilliger verläßt sie der Brutvogel und von dem Auskommen ganz naher wie von noch ganz kleinen Jungen ist er manchmal durch Klopfen überhaupt nicht zu vertreiben, so daß der Kletterer in Thätigkeit treten muß; es sei denn, daß man aufs Geratewohl mit Kugel oder Schroten in den Horst schießen will, was freilich wenig Zweck hat, denn mit ersterer ist ein Treffer doch nur zufällig und letztere schlagen selten durch die dichten Horstwände hindurch. — Es ist daher diese Periode der Horstzeit die günstigste zur Vernichtung und auch deshalb, weil die alten Vögel, wenn sie entkommen sind, wegen der vorgeschrittenen Zeit zu keiner zweiten Brut in einer anderen Örtlichkeit schreiten, was sie aber sicher thun, wenn das Unheil im Anfange des Brütens über sie hereinbricht. Je kleiner die Jungen sind, desto schneidiger kehren die Alten und besonders das Weibchen zu ihnen zurück, während sie den mehr herangewachsenen im Notfall das Futter aus der Luft mit bewundernswürdiger Geschicklichkeit in den Horst fallen lassen. — Nach dem Ausnehmen der Eier oder Jungen lasse man stets die Horste herabwerfen, das verleidet den Raubvögeln die betreffende Örtlichkeit auf lange Zeit, zumal sie alle nur ungern neu bauen.

Das nächstwirksamste Mittel gegen die Raubvögel ist die Krähenhütte; sie bietet an günstigen Tagen Gelegenheit zur förmlichen Massenvertilgung und wenn Altmeister Diezel sich abfällig über sie ausläßt, so läßt sich nur annehmen, daß er lieber frei umhergebirscht, als in der Hütte gesessen hat, ein Geschmack, den übrigens die meisten Jünger Dianens mit ihm teilen werden. — Auch darin stehen wir ihm diametral gegenüber, daß die Hüttenjagd mehr Sache des Vergnügens, als des praktischen Erfolges sei, denn ein ernster Hüttenjagdbetrieb setzt starke Willenskraft voraus, in Anbetracht, daß es sehr viel mehr Jagdtage als Fangtage giebt und erstere in dunstiger oder zugiger Hütte wahrlich nur den Laien oder Anfänger reizen können, — gleichwohl ist die Hüttenjagd in Gegenden mit starkem Raubvogelzuge unentbehrlich. — Auch der Einwurf Diezels, daß man aus der Krähenhütte nur die Zugvögel schieße, ist gegenstandslos, denn der Zugraubvogel schlägt mir meine Hühner, Tauben ꝛc., ebenso gern wie der einheimische, abgesehen davon, daß man diesen vorher abzuthun Gelegenheit suchen mußte.

Der dem Namen nach leider unbekannte Erfinder der Krähenhütte ist sicher nicht nur ein tüchtiger, sondern auch ein denkender Waidmann gewesen, der sich den Zorn der meisten Vögel gegen die Eulen und besonders deren größtes Mitglied, den Uhu, zu deren Vernichtung dienstbar machte. — Die einfache Idee der Krähenhütte ist: aus einem den Schützen verbergenden Raum die auf einen frei aufgestellten lebenden oder toten Uhu stoßenden Vögel zu schießen.

Der Gebrauch des Uhu zu diesem Zweck ist älter als hundert Jahre, und scheinen die alten Hütten meist gemauert gewesen zu sein; ob nun aber eine solche aus Mauerwerk oder Holz besteht, rund oder eckig ist, über oder in der Erde steht, ist ganz gleichgiltig, nicht aber ihre Lage, die so exponiert als möglich sein muß, damit die

Raubvögel den Uhu schon aus der Ferne gewahren und umgekehrt.

Eine Wasserfläche in der Nähe, welche alle Raubvögel gern bestreichen, ist vorteilhaft, dagegen dürfen Wald und einzelne Bäume, überhaupt hohe Gegenstände, auf welchen die Raubvögel außer Schußweite aufhocken könnten, nicht vorhanden sein.

Es giebt feste und transportable Hütten. — Bezüglich der ersteren empfehlen sich die in den Boden eingeschachteten am meisten, einmal, weil die Bekleidung der Wände die billigste ist und zweitens, weil sie am wenigsten auffallen. Das Dach kann direkt auf dem Erdboden aufliegen, oder auch höher stehen, immer aber entsteht dadurch kein loser Bau, und belegt man das Dach mit Rasenstücken wie auch den freistehenden Teil der Wände, so gleicht das Ganze einem Erdhügel. Es ist nicht begründet, daß die Raubvögel besondere Scheu vor gänzlich freistehenden Hütten haben, sind dieselben nur einigermaßen wetterfarbig und merken die Raubvögel den Jäger nicht, oder legt man in der Nähe der Hütte gelegentlich einiges Luder aus, so wird diese Örtlichkeit sogar bald viel Anziehendes haben und die vorüberziehenden zur Unkehr einladen; auch steht fest, daß aus freistehenden Hütten ebenso viele Vögel geschossen werden, als aus eingegrabenen oder mit Reisern ꝛc. verdeckten Erdlöchern, der primitivsten Anlage dieser Art.

Die Thür muß der Seite gegenüber liegen, wo das Hauptschießloch resp. der Uhu angebracht werden sollen, was am besten auf der Nordseite geschieht, weil gegen Osten und Westen der Sonnenschein den Jäger blendet.

Die nach innen zu öffnende Thür muß sich leicht und geräuschlos in den Angeln drehen; macht man mehr als eine Schießscharte, was wünschenswert ist, um nach verschiedenen Seiten ausschauen zu können, so dürfen sie nie direkt einander gegenüber liegen, weil der Lichtschein sonst den Jäger verrät! eine Verschlußvorrichtung dieser Klappen im Innern verhindert das Eindringen von Regen und Ungeziefer. — Ein Schemel ohne Lehne, vielleicht ein Bänkchen längs der Wand und ein Tischbrettchen für die Patronen, sowie einige Nägel in der Wand zum Aufhängen verschiedener Dinge, genügen als Mobiliar, und wenn es sein kann ein Stück alter Teppich oder Läuferzeug, um den Schall des Fußtrittes zu dämpfen.

Der Uhu muß so gestellt werden, daß man ihn von dem Schemel inmitten der Hütte durch das Hauptschießloch gut sehen kann, je weiter er von der Hütte absteht, desto weniger werden die Raubvögel sich um diese resp. den Jäger kümmern, doch dürften 25 Schritt nicht zu überschreiten sein. Der beste Stand für den Uhu ist die sogenannte Jule, ein ausgebohrter Pfahl, der etwa 1,75 m vom Boden ab hoch und oben ausgebohrt ist; in das Bohrloch kommt eine mit Schaffell beschlagene Krücke, auf welcher der Uhu fester steht, als auf dem bloßen, glatten Holz, und welche man nach gemachtem Gebrauch in der Hütte verwahrt. — An dem rechten Lauf des Uhu wird eine, mit einem Ringe versehene, sämischgare Lederschleife befestigt, an dem Ring die Leine, welche durch die an der Krücke und dem Pfahle angebrachten Ringe gezogen und dicht auf dem Erdboden in die Hütte geleitet wird, damit sie den Raubvögeln nicht auffällt.

Somit ist der Uhu genügend gefesselt und hat dabei die Freiheit, von der Jule herabzuspringen und wieder aufzufliegen und dadurch sich sehr bemerklich zu machen, er kann sich im Notfall verteidigen und fühlt sich überhaupt dreister, als wenn er fest angeschnürt ist. — Will man ihn reizen, so genügt ein Ruck an der Leine, um ihn zum Bewegen der Flügel zu veranlassen und andrerseits kann man ihn durch Anziehen der Leine nötigen, auf die Jule zu fliegen, wenn er zu lange auf dem Erdboden verweilt; bei einiger Geduld lernt er dies bald.

Nun sind noch 2—3 Fallbäume oder „Krakeln" zu beschaffen, d. h. trockene Stämme mit einigen wagerecht oder wenig schräg abstehenden Ästen, welche in der Nähe des Uhu eingegraben werden, sodaß sie ein Flintenschuß aus der Hauptschießlufe wirkungsvoll erreicht, einen Ast stelle man mit der Spitze gegen die Luke, damit man möglichst viele Krähen mit einem Schuß erlegen kann; sind lebende Bäume vorhanden, so müssen sie so ausgeästet werden, daß ihr Gezweige keinen Vogel verdeckt. Manche Jäger lassen die Fallbäume ganz weg und schießen die Raubvögel nur im Fluge.

Transportable resp. tragbare Krähenhütten giebt es verschiedene und beschreibt Herr C. Zöpritz eine solche folgendermaßen:

Das Gerippe der tragbaren Krähenhütte bilden acht etwa 1 Zoll breite und $1/3$ Zoll dicke Stäbe von Nußbaumholz, welche von unten noch etwas stärker sein müssen, damit die richtige kegelförmige Rundung erreicht wird. Diese Stäbe werden in regelmäßigen Abständen in eine Runde von etwa sieben Fuß im Durchmesser gesteckt. Zum Zusammenbringen dient ein sechs Zoll breites, rundes doppeltes Blech mit einem runden Loch in der Mitte, das so aufeinander gestiftet war, daß gerade Zwischenraum genug blieb, die Stäbe fest dazwischen zu stecken. War dies geschehen, so bildete das Gerippe einen abgestumpften Kegel. Der Überzug besteht aus Packtuch der allergröbsten Sorte, das halb durchsichtig und von graugrüner Farbe sein muß, wodurch die Hütte das Aussehen eines alten Heuhaufens erhält. Die Thüre, die sehr gut passen muß, damit der Jäger leicht und schnell die Hütte verlassen kann, hat eine Höhe von etwa fünf Fuß und eine Breite von $1/8$ der Hütte, und erhält einen anderen Überzug, damit dieselbe leicht gefunden wird. — Ein Stab, etwa neun Zoll dick und sechs Fuß lang, ragt aus der Hütte heraus, von welcher er bewegt werden kann, und dient dem Uhu als Sitzplatz. Der Uhu selbst ist angefesselt. Das Innere der Hütte muß mit dichtem Zeug so hoch bezogen werden, daß der Jäger sitzend kaum darüber wegsehen kann, damit der Raubvogel die Bewegungen in der Hütte nicht wahrnehmen kann. Nähert sich der Raubvogel, so wird der Uhu durch Ziehen an der Fessel oder Bewegen der Stange lebendig gemacht, stößt der Raubvogel, so springt der Jäger heraus und muß einen wohlgezielten Schuß abgeben, weil Treffen in diesem Falle, wo der Raubvogel, erschreckt, außerordentliche Flugbewegungen macht, sehr schwer ist. Für den Gebrauch des Uhu ohne Krähenfalle empfiehlt Herr Zöpritz folgendes Verfahren:

Man läßt sich einen länglich viereckigen Korb anfertigen, dessen Außengerippe aus vierkantigen, sechs bis sieben Linien dickem hartem Holze besteht. Die Länge beträgt neunzehn, die Breite zwölf, die Höhe siebenzehn Zoll in der Mitte und 16 Zoll zu beiden Seiten. Auch muß in der Mitte auf beiden Seiten ein Balken zur größeren Festigkeit durchgezogen werden. Die beiden Thüren dieses Korbes werden aus vier gleichen Holzteilen gebildet und haben oben zu beiden Seiten etwa zwei Linien lange abgerundete Drahtspitzen, welche links und rechts in glatt gebohrte Löcher eingezwängt werden, wodurch die Thürchen festhangen und ganz in die Höhe gehoben werden können. Zu ihrer Befestigung wird unten ein Querriegel angebracht. Das Gerippe wird dann mit etwa zwei bis drei Linien dicken, geschälten Weiden durchzogen, welche ungefähr $1/2$ Zoll von einander stehen. Unten im Korbe sind drei Sitzstangen (unten flach, oben rund) mit Kuhhaaren dick gepolstert und mit Leder überzogen, im ganzen etwa $2 1/2$ Zoll dick, so daß der Uhu bequem darauf sitzen kann. Im Innern muß alles glatt sein, damit der Vogel sich so wenig als möglich die Federn verstoßen kann, auch muß der Zwischenraum zwischen den Sitzstangen mindestens $1/2$ Zoll betragen, damit die Schwanzfedern gut untergebracht werden können. Zum bequemen Transport des Korbes genügt oben in der Mitte ein starker Holz- oder Drahtring, auch läßt er sich durch leichte Tragbänder auf dem Rücken fortschaffen.

Erspäht man nun in der Ferne einen Raubvogel, so sucht man sich ein Versteck, so gut wie die Umgebung es eben giebt, läßt den Träger des Korbes den Korb an der Seite, wo der Uhu den Kopf hat, öffnen, und ergreift von der entgegengesetzten Seite den Uhu über Schulter und Schenkel. Den Träger läßt man dann, um den Raubvogel sicher zu machen, vorwärts gehen.

Sobald nun der Träger circa zweihundert Schritt entfernt ist, wirft man den Uhu hoch in die Luft, woraufhin derselbe zwanzig bis vierzig Schritte fortstreicht und sich dann niederläßt, um in der Regel mit gesträubten Federn und ausgebreiteten Flügeln die Attaque seines Feindes zu erwarten, von der der Jäger ihn durch sicheren Schuß befreit. — Hat der Raubvogel den Uhu nicht bemerkt, so wiederholt man dieses Manöver. Gezähmte Uhus streichen selten weiter als vierzig Schritt, ohne daß man ihnen die Flügel gestutzt hat, bei wilderen ist dies jedoch nötig, und läßt man diese, wenn nötig, an einer langen dünnen Leine arbeiten. Will man den Uhu wieder in den Korb bringen, so hebt man das Thürchen ganz in die Höhe, deckt den Korb schnell über denselben und schlägt das Thürchen hinter ihm zu; denn gewöhnlich will er sich gegen den Menschen etwas zur Wehr setzen, wodurch der wildere zuweilen überhaupt schwer in den Korb zu bringen ist. — Ein gutes Exemplar ist bei dieser Jagdart sehr nützlich.

Die günstigste Zeit zur Krähenhüttenjagd fällt von Ausgang des August bis in den November hinein; später kann man nur den Rauhfußbussard, den Hühnerhabicht und einzelne Wanderer, aber freilich auch manchen interessanten Gast erwarten. Bezüglich der Tageszeit, so sind die Vormittagstunden von 7—10 und die Nachmittagstunden von 3—5 Uhr die günstigsten, weil alsdann die Raubvögel zu einem Scharmützel mit Urian am meisten aufgelegt sind. — Im zeitigen Frühjahr lassen sich wohl noch einige Erfolge erzielen, wenn aber die Raubvögel zur Paarung schreiten, kümmern sie sich um den Uhu wenig, oder gar nicht, es ist dann schade um die in der Hütte zu verbringende Zeit und umsomehr, als man den Raubvögeln an den Horsten sehr viel nachdrücklicher beikommen kann.

Gewöhnlich trägt man den Uhu im linken Arm zur Hütte, dort angekommen, bringe man ihn schleunigst auf die Jule und halte sich außerhalb der Hütte möglichst wenig auf. Zuerst pflegen die Krähen heranzustürmen und unter großem Lärm aufzuhacken, d. h. Raben- und Nebelkrähen, indem Saatkrähen den Uhu kaum beachten.

Der Wanderfalk stößt blitzschnell auf den verhaßten Feind, so daß er schwer zu schießen ist; da er auf kurze Zeit baumt, so muß dieser Moment benutzt werden.

Ebenso verhält sich der Baumfalk, und der Turmfalk kommt zwar mit Geschrei voran, neckt den Uhu und baumt, pflegt aber sein Mütchen bald gekühlt zu haben.

Der gemeine Bussard zieht meist mit Geschrei heran, umschwärmt den Uhu einigemal und baumt dann, worauf Feuer zu geben ist; denn streicht er von den Krakeln ab, so umkreist er den Uhu wohl nochmals, zieht aber bald ab.

Die Raubvögel verhalten sich folgendermaßen vor dem Uhu:

Der Rauhfußbussard stößt unter Geschrei am heftigsten und unbändigsten auf den Uhu, selbst Fehlschüsse vertreiben ihn oft nicht, umkreist ihn dicht, rüttelt über dessen Kopf, hockt auf kurze Zeit auf und bietet mehrfach Gelegenheit zum Schuß.

Ganz ähnlich verhält sich der Hühnerhabicht, der sogar den Uhu gelegentlich krallt, wenn er sich nicht wehrt, oder wehren kann.

Auch der rote Milan greift den Uhu heftig an, selbst wenn er geschossene Raubvögel liegen sieht, bedarf aber von allen Raubvögeln der größten Vorsicht am Schießloch.

Auch der Sperber hält sich nicht lange auf, ebenso der Wespenbussard und die Weihen, die den Uhu mehr fürchten als hassen und bei unvorsichtigem Reizen desselben überhaupt gar nicht herankommen.

Der Steinadler kesselt hoch über dem Uhu, stößt dann heftig herab und schlägt ihn gelegentlich, wie mehrfach Beispiele bekannt sind, wenn der Uhu fest geschnürt ist; hat dieser jedoch Freiheit genug, so wehrt er sich tapfer und wirft sich am liebsten bei dessen Anzuge auf den Rücken.

Auch Seeadler sind öfter geschossen worden. Kann man den Schuß aus der Hütte nicht anbringen, so springe man schleunigst heraus und suche dann abzukommen, wozu bei einem schnell fliegenden Raubvogel freilich wenig Zeit vorhanden zu sein pflegt.

Junge Uhus sind anfänglich sehr ängstlich und drücken sich vor jedem Schatten, markieren überhaupt oft ohne Grund, sind aber umso interessanter zu beobachten, zumal sie mit der Hütte zugekehrtem Gesicht zu stehen pflegen; erfahrenere verhalten sich zwar ruhiger, wenn sie aber markieren, oder gar Rad schlagen, dann darf man annehmen, daß etwas Lohnendes im Anzuge ist; Aussicht aus verschiedenen Seiten der Hütte, sowie ein guter Feldstecher sind also immer gute Hilfen.

Bei der Wahl eines zu kaufenden Uhus, der etwa 60—80 Mark zu kosten pflegt, achte man zunächst auf ein gutes Federkleid und dann auf sein Benehmen; schlägt er vor einem Fremden Rad, hebt und ballt er die Fänge, knappt und zeigt er überhaupt Lust zur Gegenwehr, wird er mehr wild als ängstlich beim Anblick von Hund oder Katze, dann ist er einem anderen vorzuziehen, der in ausgesprochenster Gleichgiltigkeit verharrt, denn ein solcher pflegt die Zeit auf der Jule am liebsten zu verschlafen.

Da der Uhu in der Freiheit öfter Gewölle auswirft, so muß man ihn auch in der Gefangenschaft durch öfteres Reichen von Fleisch in Haut und Haaren, resp. Federn, veranlassen; dadurch reinigt er Magen und Kropf und bleibt gesünder. — Im Käfig muß öfter Badewasser stehen und dieser so geräumig sein, daß der Uhu die Flügel, ohne sie zu bestoßen, recken kann, daß er nach Belieben Sonnenlicht und Schatten hat und sich auch vom Regen durchnässen lassen kann, zu welchem Zweck die Bedachung nur etwa zur Hälfte dicht sein darf. — Selbstverständlich behüte man den Uhu vor mutwilligen Neckereien und anderen unnützen Aufregungen.

Wo der Uhu noch häufig vorkommt, wie im südöstlichen Europa, da kümmern sich die Raubvögel nur wenig oder gar nicht um ihn, woraus folgt, daß man auch bei uns nicht täglich dieselbe Hütte mit ihm besuchen darf, damit er den Raubvögeln nicht gleichgiltig wird, es sei denn, daß diese sehr stark ziehen, also täglich fremde Gäste zu erwarten sind.

Wer einen lebenden Uhu nicht halten kann oder mag, kann es immerhin mit einem ausgestopften versuchen, wenngleich dieser immer nur ein Notbehelf bleibt. Junge Raubvögel lassen sich leichter mit ihm anführen, als gewitzte alte, — alle übrigens lassen vom Balge weit eher ab, als vom lebenden Vogel.

Nicht ohne Bedeutung ist die dem ausgestopften Balge zu gebende Stellung: je einfacher dieselbe ist, desto sicherer; denn in der Freiheit rührt sich der am Tage von Vögeln belästigte Uhu auch nur wenig und beachtet überhaupt nur diejenigen Angreifer, welche ihm gefährlich scheinen und erkennen die Raubvögel an den gläsernen, also toten und ausdruckslosen Augen des Balges vornehmlich die Täuschung. — Künstliche bewegliche Flügel, zur unrechten Zeit in Bewegung gesetzt, verscheuchen die Raubvögel sicher, daher dergleichen Präparate nur mit Vorsicht zu benutzen sind. — Zieht man jedoch solche vor, dann stelle man den Uhu mit etwas ausgebreiteten Flügeln, struppigen Federn, den Kopf aufwärts gerichtet, mit offenem Schnabel, und setze ihm noch einmal so große Augen ein, als er natürlich hat. Eine solche Stellung nimmt der lebende ein, wenn ihn ein Raubvogel sehr niedrig umkreist, und dreht sich dabei nach den Schwenkungen seines Feindes. Um nun dieses nachzuahmen, wird der ausgestopfte Uhu auf einer Stange befestigt, die in einer glatt gebohrten Röhre läuft und unten in einer Pfanne ruht. Gleichfalls werden Kopf und Flügel beweglich gemacht. Von dem Uhu führen dann Schnüre in die Hütte, die den Jäger in Stand setzen, den Uhu sich drehen und bewegen zu lassen. Die Firma Sackreuter (Frankfurt) hatte ein solches Exemplar in vorzüglicher Ausstattung auf der internationalen Jagdausstellung zu Kleve ausgestellt.

Den Raubvögeln ist auch erfolgreich mit der Flinte an ihren Nachtständen beizukommen, nachdem man diese ausgekundschaftet hat; man muß freilich versteckt und eher zur Stelle sein, als der Raubvogel zu erwarten ist, was bei spät ankommenden, z. B. den Bussarden oft zur Geduldsprobe wird; manche Raubvögel umkreisen erst ihre Schlafstätte einige Male und halten scharfe Umschau, weshalb der Schütze für gute Deckung zu sorgen hat.

Wir sind schließlich beim Fang der Raubvögel angekommen und denken wir auch hier zuerst an die Horste, so zeigt uns die Praxis, daß man diese mit Draht- oder Hanfschlingen gut bestrikt werden, die Brutvögel sich fangen, besonders die Weibchen.

Fallen und Eisen sind notwendige Erfordernisse zum Raubvogelfange, doch hängt ihre Anwendung von der Eigentümlichkeit der Raubvögel ab. — Den Fang eines Edelfalken im Habichtkorbe oder Tellereisen könnte nur der Zufall herbeiführen, da ersterer auf einen Vogel in Ruhe oder toten Köder nicht stößt resp. annimmt, dagegen kann man ihn im Falkenstoß, auch Rönne genannt, fangen, deren Netz er in der Ferne nicht beachtet und durch Stürmen auf die weit sichtbare Taube diese zum Flattern zu veranlassen hofft. — Es besteht aus einem Netz von Garn mit 8—10 cm Weite, 2,5 m breit und 12 m lang. Man rammt 4 Säulen im Quadrat ein, jede mit 3 m Abstand, etwa 4 m hoch, verbindet ihre Köpfe mit Latten, verschalt diese ganze obere Fläche und nagelt auf jeden Säulenkopf ein starkes, viereckiges Stück Bohle, welches nach außen übersteht. Durch diesen überstehenden Teil bohrt man ein daumenstarkes Loch, steckt in jedes einen 2,60 m langen, geraden Stock und schneidet am Kopf, in der Mitte und unten auf der Innenseite Kerbe oder Laschen ein, die beiden oberen von unten schräg nach oben, den untersten von oben nach unten und klemmt in diese

Kerbe das Netz ein, welches die vier Seiten der ganzen Stellung genau umschließt. Mitten auf dem verschalten Boden wird eine helle Taube angefesselt.

Das Netz darf weder zu straff angezogen, noch in die Kerbe zu fest eingeklemmt sein. Der schräg stoßende Habicht prallt mit großer Gewalt gegen das Garn, wirft es aus den Kerben und wird von ihm umschlungen; damit sich aber auch der senkrecht stoßende Falke fange, zieht man einige dünne Leinen kreuzweis über die Stellung, indem man sie in den oberen Saum des Netzes bindet. Dadurch, daß der Falk beim Herabstoßen diese Leinen berühren muß, wirft er das Netz aus den Kerben und über sich.

Für Habichte und andere aufsitzende 2c. Vögel, stoßende Raubvögel ist der allbekannte Habichtskorb sehr empfehlenswert, im ganzen nichts weiter, als ein großer Meisenkasten, dessen Wände aus Drahtgeflecht bestehen, damit die auf dem Boden stehende Locktaube weithin sichtbar ist; der Apparat ist etwa zur Hälfte wagerecht abgeteilt, damit der stoßende Raubvogel an die Taube nicht gelangen kann, den oberen Verschluß bewirkt ein Deckel, welcher bei Berührung der Stellung zuschlägt und den Raubvogel fängt oder ein aufgerolltes, mit Gewichten beschwertes Netz, welches durch Lösen der Stellung die Gewichte löst und durch deren Herabrollen das Netz über den Habichtskorb breitet und somit den Raubvogel fängt.

Neuerdings macht man auch kleine, cylinderförmige Habichtskörbe (Pelowscher Habichtskorb) von Draht, setzt eine Taube hinein und bringt oben ein Tellereisen an, welches infolge Berührung durch den Raubvogel zusammenschlägt und diesen fängt.

Ein beköderes Tellereisen, etwa mit Hasengescheide oder einem Huhn, noch besser mit den Überresten des Raubes, zu welchen der Habicht gern zurückkehrt, thut auch gute Dienste; welche Form solchen Eisens man nimmt, ist ziemlich gleichgiltig, schwach aber darf es nicht sein, muß auch verankert werden, weil der Gefangene alle Gewalt in seine Flügel legt, um von ihm abzukommen. Da alle Raubvögel auf erhabenen Gegenständen, wie Hügel, Steine, Pfähle 2c. gern stoßen, so bringt man auf diesen ein Tellereisen an, welches sie beim Aufhacken fängt.

Zum Schluß mögen noch die Fangapparate selbst eine Besprechung erfahren.

Von diesen erwähnen wir zunächst das sogenannte Pfahleisen. An Stelle des Tellers haben wir bei diesem ein halbrundes, mit Rinde bedecktes Klötzchen. Das Eisen wird auf einen im freien Felde stehenden Pfahl oder die Spitze von Erdhügeln gestellt und ist im letzteren Falle bis auf das Trittholz leicht mit Erde zu bedecken. Besonders Bussarde sind auf diese Weise leicht zu erbeuten, doch hörten wir, man könne auch bisweilen einen müden Hirten darauf fangen. Alle anderen Tellereisen werden für Raubvögel am besten in gleicher Weise auf Erdhügeln gestellt; ein Holzklötzchen ist dann lose auf die Mitte des Tellers zu legen.

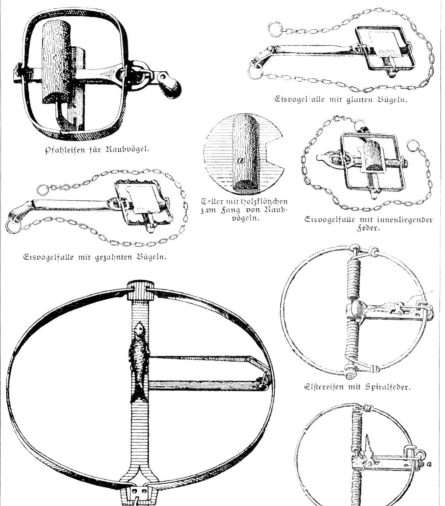

Pfahleisen für Raubvögel.
Eisvogelfalle mit glatten Bügeln.
Teller mit Holzklötzchen zum Fang von Raubvögeln.
Eisvogelfalle mit gezahnten Bügeln.
Eisvogelfalle mit innenliegender Feder.
Stacheleisen für Raubvögel und Reiher.
Elstereisen mit Spiralfeder.
Kräheneisen mit Spiralfeder.

Zur wirksamen Vertilgung des in Forellenbrutbächen sehr schädlichen Eisvogels bediene man sich nach besonderer Empfehlung berühmter Fischzüchter der für diesen Zweck speziell angefertigten Eisvogelfallen.

Um zu fangen, schlage man Pfähle an passenden Stellen ins Wasser, so daß sie etwa einen Fuß darüber herausstehen. Oben auf den Pfahl wird ein Brettchen genagelt, auf welches man das Eisen stellt und mit etwas Sand oder Schlamm bedeckt. Irgend welcher Köder wird dabei nicht angewendet; der Vogel setzt sich auf die Falle, um nach Beute im Wasser auszuschauen und wird so leicht gefangen. Werden diese Fallen in größerer Anzahl aufgestellt, so kann man sich der kleinen Räuber schnell entledigen.

Weiter sei des Stacheleisens Erwähnung gethan; es dient gleichzeitig zum Fang der Reiher und wird, je nachdem Zweck, zu dem es gerade verwendet werden soll, entweder mit einem toten oder ausgestopften Vogel oder auch mit einem Fisch beködert; im letzteren Falle ist es dann unter Wasser zu stellen.

Für Krähen und Elstern giebt es kleine Drahtfallen mit Spiralfedern, die sich ebenso wohl zum Wieselfang benutzen lassen; auch Kammerjägern können wir sie bestens empfehlen.

Als vielfach gerühmten Apparat nennen wir besonders den Pelow'schen Habichtsfang. Er besteht aus einem ziemlich großen, von Draht geflochtenen runden Taubenbehälter, auf dem ein im Durchmesser gleich großes Fangeisen liegt. Das Ganze ist mit moosgrüner Firnißfarbe angestrichen und wird auf einen etwa vier Fuß hohen Pfahl gestellt. Der geeignetste Fangplatz dazu ist an Berglehnen in der Nähe von hohen Bäumen und in niederem Gebüsch, so daß die Taube darüber jeder Zeit zu sehen ist; auch in Fasanerien leistet er vorzügliches, darf aber niemals auf ganz freiem Felde gestellt werden. Nächst diesem haben wir den Habichtskorb mit zwei Seiteneingängen, der durch Fallthüren sich schließt. Es ist ein etwas großer und schwerer Apparat, der aber gut fangen soll; er dürfte wohl besonders für Fasanerien zu empfehlen sein.

Ferner erwähnen wir den Habichtsfang mit Schlagnetz. Das Netz befindet sich an einem eisernen Bügel, der von starken Spiralfedern bewegt wird; ersteres liegt in verdeckter Rinne und die Stellung, ein Schwanenhalsschloß, wird durch verschiedene Haarschnüre abgezogen.

Auch der Habichtskorb älterer Konstruktion wird noch vielfach und gern angewendet. Unsere Illustration hierzu bedarf wohl keiner weiteren Erklärung. In den drei letztgenannten Apparaten fangen sich die Raubvögel lebend und unverletzt. Die einzusetzenden Tauben nehme man für alle Habichtsfänge, wenn irgend möglich, von weißer Farbe; sie müssen gut gepflegt werden und sollen jeden Tag thunlichst zweimal etwas frisches Futter und Trinkwasser erhalten; auch wird empfohlen, die für den Habichtsfang bestimmten Tauben ganz jung hinein zu setzen, darin aufzuziehen und auch nie heraus zu lassen, damit sie die Freiheit gar nicht erst kennen lernen.

Von der Bosch beschreibt in seiner Neubearbeitung von Dietzels Niederjagd noch folgende Eisen:

Bei diesem Raubvogelpfahleisen ist „b" der Teller, der hier die Form eines abgestumpften Kegels hat. Das Trittholz a sowohl als auch der Teller b ragen mehrere Centimeter über die heruntergeschlagenen Bügel hervor. Das Eisen wird mit den beiden an den Seiten befindlichen eisernen Banden an das Ende einer etwa 3 oder 4 m

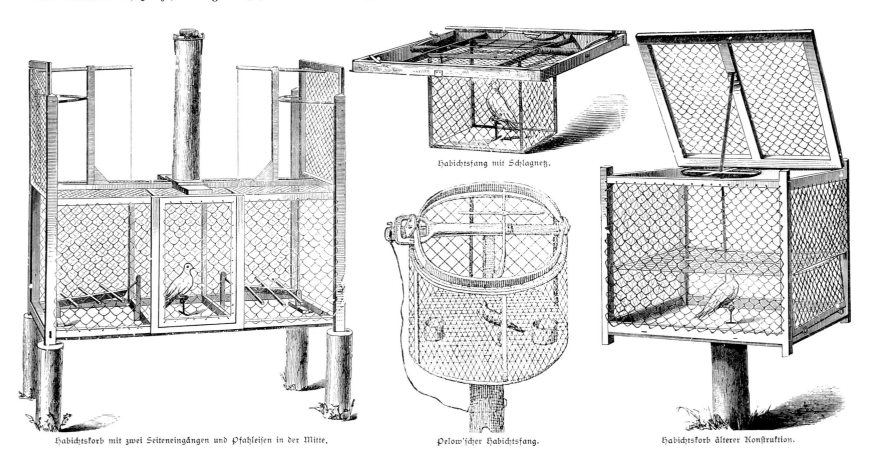

Habichtskorb mit zwei Seiteneingängen und Pfahleisen in der Mitte.   Pelow'scher Habichtsfang.   Habichtskorb älterer Konstruktion.

Habichtsfang mit Schlagnetz.

hohen, mit der Rinde bekleideten und möglichst baumähnlichen Stange befestigt.

Die Stange selbst richtet man entweder zum Niederlassen ein, etwa wie dies bei den Flaggenstangen geschieht, oder man bohre sich mit einem größeren, sogenannten Centrumbohrer in entsprechenden Zwischenräumen eine Anzahl Löcher in die Stange und verfertige sich zwei oder drei Knebel aus hartem Holze von ca. 50 cm Länge, die bequem in diese Löcher hineinzuschieben sind. Diese Knebel lege man sich, nahe dem Fangplatze, irgendwo versteckt hin, damit man sie, wenn ein Fang geglückt ist, gleich zur Hand hat, um sie nun als Leiter zu gebrauchen. Denn während man auf einem der eingesteckten Knebel steht, bücke man sich und ziehe den unteren aus einem Loche heraus, um ihn in das nächste zu stecken; auf diese Weise kann man bequem hinauf- und herabklettern.

Heu- und Getreideschober sind gleichfalls bei vielen Raubvögeln beliebte Ruheplätze; man benutze dies und

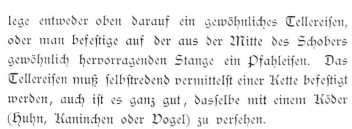

lege entweder oben darauf ein gewöhnliches Tellereisen, oder man befestige auf der aus der Mitte des Schobers gewöhnlich hervorragenden Stange ein Pfahleisen. Das Tellereisen muß selbstredend vermittelst einer Kette befestigt werden, auch ist es ganz gut, dasselbe mit einem Köder (Huhn, Kaninchen oder Vogel) zu versehen.

Das Raubvogeleisen mit Netzen. Zu beiden liegende gespannte Feder ragt gar nicht über die halbmondförmigen Brettchen hinaus. Durch die auf der Mitte des Fanges befindliche Drahtöse zieht man nun den Abzugsfaden und bindet an dessen Ende eine tote weiße Taube als Köder, die nun genau auf der Mitte des Fanges liegen muß. Endlich bindet man den Abzugsfaden, selbstredend jedoch, bevor man das Eisen entsichert, an dem

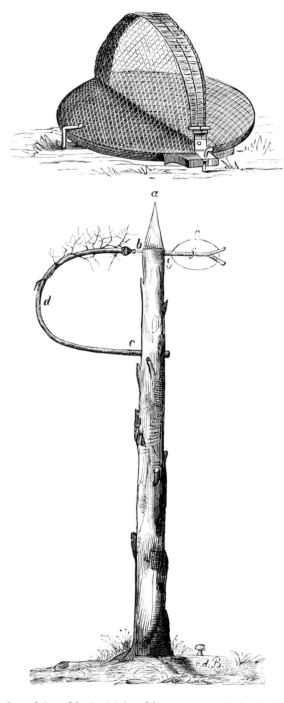

Seiten der unterhalb dieses Apparates liegenden Feder sind dünne Bretter angebracht, die durch drei Querleisten verbunden sind. Beim aufgestellten Fange hängt das Netz an der einen Seite ganz herunter, während auf der andern Seite, wo sich die Stellung befindet, das Netz zwischen dem halbförmigen Brett und der aufrecht stehenden Eisenschiene, an welcher sich oben die Stellzunge befindet, eingelegt und dann die Stellzunge über das Netz gelegt wird. Ist nun das Instrument fängisch gestellt, so sieht man oben nur eine glatte Holzfläche, denn die dazwischen

Stellhaken fest. Auch dieser Apparat muß hoch stehen, wenn man Erfolg haben will.

Der Bügelfangapparat. Wie schon mitgeteilt, haben viele Raubvögel die Gewohnheit, gern auf einzeln stehende Bäume, Stangen ꝛc. aufzuhaken. Das nun folgende Fanginstrument ist auf diese Gewohnheit berechnet und ist nicht nur als gut fangend, sondern auch als billig zu empfehlen. Als Anlageplätze empfehlen sich Anhöhen auf freiem Felde, oder junge Schonungen, aus denen dieser Apparat, wie eine einzeln stehende Stange weit hervorragt.

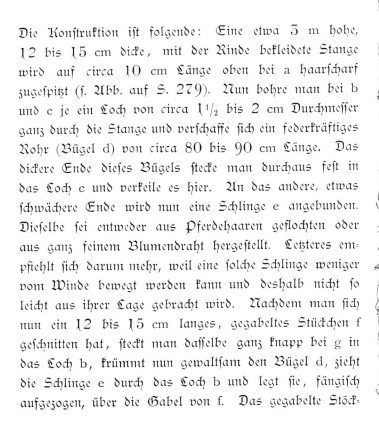

Die Konstruktion ist folgende: Eine etwa 3 m hohe, 12 bis 15 cm dicke, mit der Rinde bekleidete Stange wird auf circa 10 cm Länge oben bei a haarscharf zugespitzt (s. Abb. auf S. 279). Nun bohre man bei b und c je ein Loch von circa 1½ bis 2 cm Durchmesser ganz durch die Stange und verschaffe sich ein federkräftiges Rohr (Bügel d) von circa 80 bis 90 cm Länge. Das dickere Ende dieses Bügels stecke man durchaus fest in das Loch c und verkeile es hier. An das andere, etwas schwächere Ende wird nun eine Schlinge e angebunden. Dieselbe sei entweder aus Pferdehaaren geflochten oder aus ganz feinem Blumendraht hergestellt. Letzteres empfiehlt sich darum mehr, weil eine solche Schlinge weniger vom Winde bewegt werden kann und deshalb nicht so leicht aus ihrer Lage gebracht wird. Nachdem man sich nun ein 12 bis 15 cm langes, gegabeltes Stückchen f geschnitten hat, steckt man dasselbe ganz knapp bei g in das Loch b, krümmt nun gewaltsam den Bügel d, zieht die Schlinge e durch das Loch b und legt sie, fängisch aufgezogen, über die Gabel von f. Das gegabelte Stöckchen f hält den Draht, resp. die aus Pferdehaaren geflochtene Schnur durchaus fest und erhält auch somit den Bügel d in seiner gekrümmten Lage.

Hakt nun ein Raubvogel bei f auf, so muß er immer mit einem oder beiden Ständern in die aufgezogene Schlinge treten. Sowie er aber aufhakt, fällt auch schon der gegabelte und in das Loch nur knapp eingelegte Stock f sofort heraus. Der nun frei gewordene Bügel d schnellt zurück und zieht die Schlinge vehement zusammen, welche den Vogel an seinen Ständern fest an den Pfahl schnürt. Damit jedoch die Raubvögel nicht auch verleitet werden, auf den Bügel d zu blocken, habe ich diesen stets mit einigen dornigen Zäckchen ausgestattet; ebenso soll die scharfe Spitze a das Aufhaken verhindern.

Möge der Jäger sich für diese oder jene Fang- und Jagdart entscheiden, bei richtiger Anwendung führen sie alle zum Ziele, er wird die Erfolge seiner Bemühungen bald erkennen und sich den Ruf eines tüchtigen, rechten Waidmanns sichern.

Sechszehntes Kapitel.

Biber und Otter — Castor Fiber L. et Lutra vulgaris.

> — — consortia tecta
> Urbis habent, magnisque agitant sub legibus aevum.
> Virg. Georg.

Als Germanien noch eine Waldwildnis war und Ure und Elenne darin hausten, fand sich der Biber zahlreich Geschlecht an allen Strömen, Flußläufen und Wasserrinnen vor. Darüber berichten uns römische Schriftsteller und wir lesen in ihnen auch mancherlei fabelhaftes und Ungeheuerliches. So schreibt Juvenal XII 34:

— imitatus Castora, qui
Eunuchum ipse fecit, cupiens evadere damno Testiculorum d. h. so wie's der Biber macht, wenn er sich selbst entmannt, um durch Verlust der Hoden sich zu retten." Denn der Biber wisse sehr wohl, daß er des Geils, dessen Wirkungen bereits in frühester Zeit bekannt waren, halber verfolgt werde und daher bisse er sich die Teile, die Hoden ab, welche irrtümlich damals für die Behälter jener Substanz gehalten wurden. Die Überlieferung umgab die Biber mit einem Sagenkreis und heftete ihnen z. B. an, sie lebten in einer wohlgeordneten Republik, in der gute Regierungsform und Polizei herrsche; ja daß Volksversammlungen stattfänden, Oberbaumeister gewählt würden und alte und faule Biber an Stelle der Wagen herhalten müßten, um das auf sie geladene Strauchwerk zum Wasser zu schleifen. Dergleichen Märchen entstanden in Fülle und wurden mit Vorliebe von den meisten Menschen, denen Nachdenken eine allzu anstrengende Arbeit ist, geglaubt.

Namhafte Schriftsteller und Naturforscher, es seien nur Linné, Buffon, aus dem Winkell, Samuel Hearne, von Wildungen, Brehm genannt, brachten Licht und Aufklärung in die Biberfrage, allein immer noch darf man nicht behaupten, ganz und völlig über den Castor f. orientiert zu sein.

Mit der zunehmenden Kultur, dem Ausroden der Urwälder, nahmen die Biber, welche Jahrhunderte lang in Deutschland, Dänemark, Skandinavien, Rußland, überhaupt im größten Teil des nördlichen Europa, auch am Po, der Überlieferung nach als Standwild sich aufhielten, immer mehr ab. Nicht bloß die mit höchster Energie und nie rastender Unablässigkeit betriebene Jagd auf den braunen, friedfertigen Wasserbaumeister, der sich Mensch und Tier — besonders der Bär (wie noch heut in Amerika), der Wolf und der Luchs, hingaben, trugen zur Verminderung des Wildes fernerhin bei; nein, auch Krankheiten, Kriege und die hin und her flutenden Völkerwanderungen müssen als Ursachen dafür angesehen werden. Zur Jetztzeit leben schüchtern und resigniert die Epigonen jener Biber, welche sich als Herren im weiten Flußgebiet Germaniens betrachten konnten, nur noch an der oberen Donau, am Lech, an der Isar, der Iller der fürstlich Schwarzenbergischen Herrschaft Wittingau in Böhmen und an der mittleren Elbe, von Torgau abwärts bis etwa zur Vische bei Seehausen i. d. Altm. In Westfalen, am Möhneflüßchen existieren sie nicht mehr, vielleicht noch in einzelnen Exemplaren auf der Donauinsel bei Neuenburg. Dennoch beginnt allmählich die Kopfzahl der Biber langsam zwar, aber stetig zuzunehmen. Die Hege und Pflege dieses so selten gewordenen Wildes verdanken wir zur Jetztzeit unbedingt der Fürsorge, welche die bairischen Könige und der verstorbene, sowie der jetzt regierende Herzog von

Anhalt demselben in wahrhaft reichem Maße hat zu teil werden lassen. Ihnen ging aber ein Herrscher voran, der nach dem unheilvollen dreißigjährigen Kriege es sich angelegen sein ließ, den Biber zu erhalten und vor dem Aussterben zu schützen. Es war dies der große Kurfürst Friedrich Wilhelm von Brandenburg. Derselbe ließ Biber, wahrscheinlich Donaubiber und solche aus Westfalen, an der Havel, Elbe und Warthe aussetzen, und von diesen stammen unzweifelhaft die noch jetzt im Anhalt'schen vorhandenen. Bald mehrten sich die Biber, dann aber verringerte sich ihre Zahl durch Verfolgung derartig, daß der Enkel des großen Kurfürsten sich genötigt sah, ein Edikt zu erlassen. König Friedrich Wilhelm I befiehlt in der Märkischen Jagdordnung vom 20. Mai 1720 Tit. 3 also: „Die Biber, welche seit einigen Jahren hier in Unserer Kurmark Brandenburg und im Herzogtum Magdeburg ausgesetzt sind, und vermöge zweier Edikte, vom 8. Dezember 1707 und 20. Jenner 1714, zu schonen anbefohlen worden, sollen auch fernerhin in der Elbe, Havel und Studows Strom bei Potsdam bei Vermeidung schwerer Strafe geheget und von niemand, wer es auch sei, beunruhigt, und um allem Vorwand eines begangenen Irrtums vorzubeugen, an denen Orten, wo diese sich aufhalten, keine Otter ohne Spezialpermission geschossen oder geschlagen werden.

In Sibirien, an der Lena, am Jenesei leben die Biber wie vor Jahrhunderten in ungezählten Mengen auf unbegrenzten wilden Revieren und vermindern sich selbst in Anbetracht der heftigen Verfolgung nicht, da sie durch die meist unzugängliche, oft nur im Winter passirbare Örtlichkeit, sowie durch den Mangel an Bewohnern der dortigen Gegenden wohl auf Jahrtausende hinaus vor Ausrottung geschützt sind. Während daselbst diese Faktoren giltig waren, stand man in Amerika vor etwa einem Menschenalter nahe davor, den letzten Biber in nicht zu ferner Zeit erlegt zu haben. Betrachten wir die ungeheuren Zahlen an Biberfellen, die in der Mitte des 18. Jahrhunderts von Kanada, der Hudsonsbai, dem Mississippi, Virginien u. s. w. nach Europa, Asien, bis auf die großen russisch-chinesischen Messen nach Kiachta gebracht wurden und wie diese Zahlen sich im Laufe der nächsten fünfzig und sechzig Jahre nicht minderten.

Naturgemäß begann der Preis für Balg, Geil ꝛc. mit der Verminderung des Wildes immer höher zu steigen, und wie in Europa die Fürsorge der Fürsten den Biber vorm Aussterben schützte, so erwies diese Wohlthat den kanadischen Bibern ein ingenieuser französischer Hutmacher. Er benutzte Seide zur Herstellung der Cylinder und von Stund ab verschwanden die feinen Biberhaare, aus denen die kostbaren Kastorhüte fabriziert worden waren, vom Markt. Mit einem Schlage war die Situation eine andere geworden! Der Trapper und Biberjäger, seine Mühen und Anstrengungen nicht mehr wie früher belohnt sehend, stellte das Geschäft allmählich ein. Die Preise sanken herab und die Biber atmeten wieder auf; eine kleine Ursache hatte ihr Geschlecht vor dem Aussterben geschützt! — Jetzt beginnen die braunen Nager, deren Balg einen fast unerschwinglichen Wert erhalten hatte und wohl ganz richtig ein „goldenes Vließ" genannt werden durfte, dort, wo sie vor etwa dreißig Jahren verschwunden und ausgerottet schienen, wieder überhand zu nehmen und zur Plage zu werden. Man sehnt im Lande der jungfräulichen Königin, Virginien, z. B., woselbst der Biber gänzlich vertilgt schien, Trapper und Fallensteller aller Art herbei, um Remedur eintreten lassen zu können. Ein Gleiches ist der Fall an vielen kleinen Flüssen, so am Appomattox und nicht minder im Staate Alabama.

In früherer Zeit konnte man sich nicht darüber einigen, ob der Biber den Säugetieren oder den Fischen zuzurechnen sei; ja, ein Noë Meurer schreibt grundweise Th. 4.: „Aus diesem Fundament, daß der Otter und sonderlich der Biber, ex parte Fischart, am Wasser seinen Aufenthalt hat, mag für den Wasserherrn argumentiert werden, einen Otter oder Biber wie andere Fisch im Wasser zu jagen und zu fahen." — Die medizinische Fakultät in Paris aber durchhieb den gordischen Streitknoten und ernannte den Biber kurzweg zum Fisch. Darauf hatte die theologische Fakultät nur gewartet und freute sich, ihn in ihre Fastenspeisen einreihen zu können. Die Rechtsgelehrten dagegen zählten, um die Gunst der Fürsten buhlend, den Biber den besonderen Regalien derselben zu, jedoch waren sie noch im Zweifel darüber, ob er der Jagd- oder Fischereigerechtsame angehöre. Solcher Ehren ward also der braune Nager, der unzweifelhaft zur Niederjagd gezählt werden muß, gewürdigt.

Einer der größten Nager, teilt ihn die Zoologie in zwei Klassen, wenngleich nicht mit Sicherheit. Der Castor Fiber, communis, kommt in Europa und Asien vor, erreicht ein Durchschnittsalter von 20 Jahren, einzelne Exemplare sollen sogar 25 und noch mehr Winter erlebt haben.

Die Zehen besitzen an den Vorder- und Hinterläufen starke Krallen; die Vorderläufe gleichen in der Spur einer Hundefährte, doch erscheinen die Ballen flacher und die Zehen stehen weiter auseinander. Die Hinterläufe dagegen können mit einer Gänsepatte verglichen werden. Der Totaleindruck der Spur ähnelt wohl der eines Otter, nur daß beim Biber die Hinterläufe weiter auseinander stehen. Da der Biber vermöge des vielen Wassers im Balg die eigene Spur fast ganz verwischt und durch das nachschleifende Reisig noch unkenntlicher macht, so vermag dieselbe selten genau und noch seltener in langen Linien ununterbrochen fortlaufend festgestellt zu werden. Ausnahmen finden statt, sobald der Biber durch die Gangmündung auf dem Lande den Bau verläßt oder bei einer Neue. Der Balg besitzt lange, feine, glänzende Haare, welche entweder rötlich oder gelblich braun und schwarz mit heller werdenden Spitzen, Grannen versehen sind, die ca. 3—5 cm lang werden.

Aus beiden Kiefer ragen die gewaltig zu nennenden, im Durchschnitt fast dreischneidigen, an der Seite fast meißelförmigen Nage- oder Schneidezähne hervor, vermöge deren die Biber mit Leichtigkeit Bäume bis zu 60 cm Durchmesser in verhältnißmäßig kurzer Zeit zu schneiden verstehen. Sie greifen nicht nur Weichhölzer, wie Ellern, Espen, Weiden, Pappeln an und äsen sich an der Rinde, den jungen Zweigen und Schößlingen, sondern gehen auch an junge Eichenloden, wie von Hildungen konstatiert und Herr von Lattorff auf Klieken bei Coswig a./E. ebenfalls bewahrheitet, der z. B. mitteilt, daß ihm die Biber innerhalb zweier Nächte eine Eiche vom 21 cm abgeschnitten hätten, von welcher er einen Abschnitt nach Tharandt geschickt habe.

Die Biber leben in Burgen und unterirdischen Bauen. Einem der größten, vom Herzoglich Anhaltinischen Buhnenmeister, Herrn Flügel zu Burow bei Koswig a./E. im Jahre 1881 aufgedeckten Baue zeigt das Bild. Daß diese Wohnungen mit großer Kunst „gemauert" und gegraben werden, ist unzweifelhaft, allein auch in Bezug darauf kursieren viele Fabeln. Es giebt große und kleine Burgen und Baue, je nach der Anzahl der Familien. Die Baue in lockerem Erdreich weisen auf eine größere, nach Überlegung aussehende Thätigkeit hin, da in diesen Stammenden und Strauchwerk als Stützwerk vorhanden ist, während solches bei festem Lehmboden z. B. nicht derartig der Fall ist. Die Kessel sind durchweg mit feinen Gräsern und vornehmlich der Blasenegge (Carex resicaria), welche vor Ungeziefer schützen soll, ausgepolstert, damit sie behagliche Lagerstätten gewähren.

In den ältesten Zeiten betrieb man die Jagd auf dies Wild mit allerlei Mitteln. Ebenso wie zur Jetztzeit spielte der Anstand und Ansitz eine große Rolle und mögen dem Pfeil und dem Armbrustbolzen viele Tiere zum Opfer gefallen sein. Plumpe Holzfallen, inwendig mit Köder, feinen Blatt- und Blütentrieben versehen, thaten auch ihre Schuldigkeit und im Winter fand die Jagdart, wie sie uns Hearne beschreibt und er sie mit nordamerikanischen Indianern ausgeführt hat, auch in Europa statt. Bei starkem Frost nämlich wurden ins Eis unterhalb der Burgen ein oder auch mehrere Löcher geschlagen und nun die oft 6—8 Fuß dicken Wände der Burgen erbrochen. Die Biber fliehen den Löchern zu und werden daselbst auf alle mögliche Art, vermittelst Haken, Gabeln und selbst mit der Hand herausgeholt. Zur Zeit als die Biberjagd

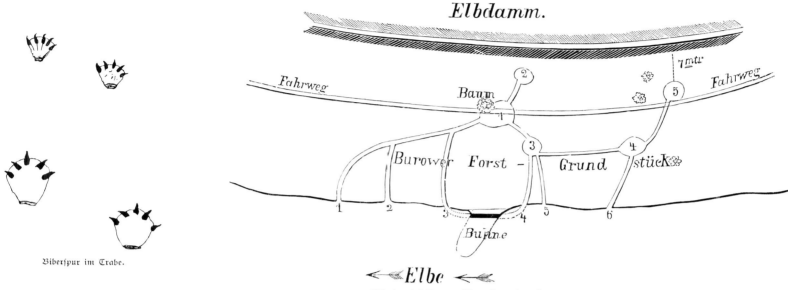

Biberspur im Trabe.

Biberbau bei Burow a/E., aufgegraben 1881. Gesammtlänge 69 m.

zu den Regalien der Fürsten gehörte und manche 3—4 Pfund schwere Kelle, sowie die feisten Hinterkeulen auf den fürstlichen Tafeln prangten, existierte eine besondere Gilde der Biberjäger, welche als eine Art Uniform den mit Biberpelz verbrämten grünen Rock und eine Mütze aus Biberfell trugen, sowie eine Gabel führten, welche sie zum Stechen des Wildes wohl zu handhaben verstanden. Mit der Vervollkommung der Feuerwaffen verschwanden diese Gabeln allmählich und zur Gegenwart dominieren die Tellereisen beim Fang des Bibers, da vermöge derselben der Balg am wenigsten beschädigt wird und auch mit Sicherheit darauf gerechnet werden kann, das Geil unversehrt zu erhalten. Unter allen Umständen kann diese Jagdart als die rationellste und sicherste betrachtet werden. Waidmännisch schöner und unterhaltender ist freilich der Ansitz und vor allen Dingen die Birsche mit einem fermen Vorstehhunde.

Der Ansitz bei hellen Nächten, resp. bei Mondschein, oder unterstützt durch das Blendlicht einer Neue, wird stets gute Resultate aufweisen, wenn der Jäger nur etwas Rücksicht auf die Eigenart des Wildes und seine scharfen Sinne nimmt. Regel ist dabei, womöglich vollständig unter Wind sich zu befinden und den Biber so vertraut werden zu lassen, daß er den Ausstieg, wo er oft lange windet und sichert, verläßt und sich zur Äsung begiebt. Dann gelingt es meist mit Nr. 2, oder 3 sogar, einen sicheren Schuß (Vorderblatt, Kopf am besten), anzubringen, so daß er unter Feuer liegt. Darum habe man Geduld und warte ab, bis der Biber sich 20—30 Schritt vom Ufer landeinwärts entfernt hat und nahe genug ist. Sehr empfiehlt es sich, einen scharfen, kräftigen Vorstehhund, der die Art der Jagd bereits kennt, zur Seite zu haben, damit dieser einen waidewund oder bloß leicht getroffenen Biber stellen und decken kann, bis der Jäger denselben durch einen kräftigen Schlag auf die Nase getötet hat. Hierbei sei bemerkt, daß der Biber, sonst äußerst friedfertig, sich ganz gewaltig zur Wehre setzt im Fall der Not, und ohne weitere Anstrengung imstande ist, dem Hunde einen Lauf glatt abzuschneiden oder sonst schwere Verwundungen beizubringen, falls der Hund nicht geschickt genug ist, ihn hinter dem Gehör gleich fest zu fassen.

Die interessanteste Jagd, aber freilich auch am wenigsten lohnende, ist und bleibt immerhin die Birsche, sowohl bei Tage als besonders bei Nacht. Auf die Vorliebe der Biber, sich zu sonnen, rechnend, gelingt es einem vorsichtigen Jäger wohl sich anzuschleichen. Dabei muß er vollen Wind auch hierbei gegen sich haben und als Hauptbedingnis einen lautlos suchenden und kurz revierenden Vorstehhund. Welch köstliche Befriedigung liegt nicht allein darin, schon so nahe an den auf einem zum Lager ordentlich regelrecht ausgeschnittenen Erlen- oder Weidenstumpf ruhenden, sich der Prallsonne wollüstig aussetzenden Biber heranzukommen, daß man genugsam Muße hat ihn zu beobachten und mit Sicherheit Feuer zu reißen! In Anhalt und den preußischen Teilen der Elbe, wo der Biber größte Schonung genießt, glauben erfahrene Waidmänner versichern zu können, daß er vertrauter geworden und nicht die hochgradige Vorsicht und Scheu dokumentiere, wie seine so rastlos verfolgten amerikanischen und sibirischen Vettern. Daß dies richtig ist, beweisen wohl auch die vielfach ganz in der Nähe von Fährstellen und kleinen Gehöften angelegten Burgen und Baue, so z. B. am linken Ufer der Elbe, wo ca. 150 bis 200 Fuß von dem Gehöfte des Besitzers Paul Richter, da wo der Weg nach Wörlitz abgeht, eine Burg und ein Erdbau hinter einer Strauchbuhne vorhanden sind. Der scheinbare Widerspruch, der darin liegt, daß dieses so scheue Wild dennoch seine Wohnungen dicht bei menschlichen Behausungen, unweit frequenter Wege, wählte, erklärt sich eben durch die Schonung dieses Wildes in Anhalt und Preußen, das im Menschen noch nicht seinen naturgesetzlichen Feind erkannt hat. Tritt ein Kampf ums Dasein dereinst an den Biber heran, so wird sein Vertrautsein bald aufhören und seine Sinne werden über Nacht sozusagen wieder scharf und gestählt sein.

Der Biber ruht immer mit der Kelle im Wasser und wenngleich er fest zu schlafen scheint, so vernimmt er dennoch ausgezeichnet. Fälle, daß ein Jäger den Biber bis auf 5 Schritt beschlichen habe, mögen auf Wahrheit beruhen, gehören aber zu den seltensten Ausnahmen. Die Birsche bei Nacht scheint dem Unbefangenen mehr Vorteil zu versprechen. Dies ist jedoch trotz des weit vernehmbaren, sägeartig schnarrenden Geräusches, was schneidende Biber verursachen, durchaus nicht der Fall, denn jeder Schall trägt in stiller Nacht weiter als bei Tage und die so überaus feinen Sinne des Wildes vernehmen durch das von ihnen hervorgebrachte monotone Geräusch hindurch sehr scharf alle anderen Töne aus weitester Ferne. Daher muß der Jäger Momente, wie das Stürzen eines umgeschnittenen Baumes u. s. w. benutzen, um näher zu kommen und, was ein Meisterstück ist, das Wild vom Wasser abzuschneiden. Dann kann er sicher auf Erfolg rechnen und gewiß sogar manche Doublette in sein Schußbuch eintragen. Zu Lande ist der Biber ungewandt und leicht einzuholen. — So starb der letzte Biber in Westfalen, dies stellen die Akten der Stadt Arnsberg fest, eines unrühmlichen Todes durch Bauernhand im Jahre 1840. Der Mann überraschte den braunen Castor, ein Weibchen, auf einer Wiese an dem Möhneflüßchen und erschlug es mit einem Knüppel. Sein Balg ist noch heute im Naturalienkabinet des Gymnasiums zu sehen und 40 Reichsthaler waren der Erlös für das Geil dieses einen Tieres. Ende des 16ten und Anfang des 17ten Jahrhunderts kam der Biber, nach gleichzeitigen zuverlässigen Notizen, an der Ruhr, unweit des Hauses Füchten, und an den Nebengewässern als ein gewöhnliches jagdbares Wild in Menge vor. — Das Anbirschen bei Nacht verlangt außerdem eine ganz besondere Ortskenntnis, große Orientierungsgabe und — Glück. Gerade bei Nacht und im Halblicht kommt dem vorsichtigsten Waidmann und dem vortrefflich schleichenden Hunde am allerleichtesten ein trockener Zweig unter die Füße und knack! verschwindet der Biber! Deswegen begiebt sich der erfahrene Waidmann gern eine halbe Stunde vor der Zeit des Aussteigens in die Nähe der Arbeitsstätten, um leichter und schneller dem Wilde den Rückweg verlegen zu können. Nach einer Fehljagd soll der Jäger möglichst rasch und geräuschlos den Ansitz resp. den momentan inne gehabten Standpunkt verlassen, nicht leiden daß der Hund reviert oder gar Laut giebt, sondern ihn vielmehr anleinen, und ohne etwa dem Ausstieg sich zu nähern, zurückkehren. Sonst vergrämt er den Biber oft nachhaltig.

Bei Hochwasser und starkem Eisgange, wo die Burgen und Baue überflutet und zerstört werden, gelingt es häufig, die am Baumstumpfe geflüchteten, stark geängstigten Biber lebendig zu fangen, die sie in solchen Fällen fest liegen oder halten und Kähne oft in ihre unmittelbare Nähe kommen lassen. Man fängt sie dann am besten vermittelst starker Netze. Zu schießen verbietet sich wohl von selbst, da in Anbetracht der heftigen Strömung, des trüben und stark gefärbten Wassers und des häufigen Grundeises halber, die Beute unbedingt als verloren betrachtet werden muß. Den Biber mit Hülfe von Otterhunden zu jagen, überhaupt die ganze Jagdart auf den Otter dem Biber anzupassen, möchte keine gewünschten Erfolge haben, da der Biber dem Hunde gegenüber viel zu machtvoll ist und seine Burgen und Baue nicht verlassen wird. Selbst ein Otter muß dem so friedfertigen Biber, der ihn sonst duldet, im Kampfe weichen. Während der Ranzzeit im Januar soll ein Anbirschen verhältnismäßig leichter als sonst zu bewerkstelligen sein.

Wie verlautet, beabsichtigen österreichische und ungarische Magnaten, den Biber auf ihren ausgedehnten, der Kultur noch nicht zugänglichen Distrikten an der Donau, Theiß und deren Nebenflüssen einzubürgern. Möge sich dieses Vorhaben recht bald zu ihrer Freude und zu ihrem Nutzen realisieren. Daraufhin ein kräftiges Waidmannsheil den österreichischen und ungarischen Jägern!

Der Otter (Lutra vulgaris.)

In den letzten zehn Jahren ist es auf dem Gebiete der Jagd und der Fischerei um manches besser geworden; Jagdschutz- und Fischereivereine sind entstanden, und ihre hohe Blüte beweist, daß sich im Volke die Bestrebungen dieser Vereine Eingang verschafft und Verständnis für ihre Ziele gefunden haben.

Handelt es sich in erster Linie um eine gedeihliche Hege und Pflege, so verdient andererseits die Vertilgung des Raubzeuges eine nicht minder große Beachtung. Wie Wolf, Luchs, Fuchs und die nicht geringe Zahl der gefiederten Räuber den Wildbahnen dauernd Abbruch thun, und die Zunahme des nützlichen Wildes von der Abnahme des Raubwildes wesentlich mit abhängt, so kann auch ein Fischstand nicht gedeihen, wo der mord- und raubgierige Otter sein Wesen treibt.

Im Beginn des Mittelalters jagten Otterjäger, ganz ähnlich wie heute, mit eigens dressierten Hunden den Otter und Biber, und zwar berufsmäßig. Dieselben standen unter den Fischmeistern und waren minder angesehen als andere Jäger. Noch bis zu der Mitte des vorigen Jahrhunderts existierten an allen Höfen und größeren Besitzungen Otterjäger, die sich zur Otterjagd einer besonderen, konstanten Rasse von Otterhunden bedienten. Die Hunde waren von niedriger, langgestreckter Figur, stichelhaarig, an Farbe dunkelbraun, mit abständigen (seitwärts abstehenden) Ohren, starkem Gebiß und von bissigem, zänkischem Naturell. Die Rasse ist längst verschollen und mit dem Schwinden des Bibers scheinen in Deutschland auch die Biber- und Otterjäger allmählich in Vergessenheit geraten zu sein, während in England sich der Ottersport bis auf den heutigen Tag in früherer Blüte erhalten hat.

Der Otter gehörte ursprünglich zur Fischerei nach dem Grundsatze: „Was der Fischer mit dem Garn fängt, hört ihm." Später rechnete man ihn ausschließlich zur Jagd und finden wir in alten Jagdgesetzen die Ausrottung desselben ausdrücklichst anempfohlen. Heute ist der Streit in Preußen zur beiderseitigen Zufriedenheit der Interessenten gelöst. Der Otter kann nach dem Artikel IV des Gesetzes vom 30. März 1880 sowohl von Jagdberechtigten als auch von Fischereiberechtigten als ein erlegbares Raubwild ohne Anwendung von Schußwaffen gefangen, getötet und behalten werden; dies gilt auch in einigen Kronländern Österreichs, in anderen jedoch und in Bayern gehört der Otter noch allein zur Jagd. In England hat ein Streit nie darüber bestanden; die Fischer melden dort, sobald sie einen Otter gespürt, dies dem nächsten Besitzer einer Meute, der dann sofort die Jagd anblasen läßt.

Der Ottersport ist heute beliebter geworden wie je; — möge er es bleiben und der Fischerei, der Schwester der Jagd, durch erfolgreiche Jagd auf den Fischräuber hilfreiche Hand leisten zur Verwirklichung der schönen Ziele, welche die Fischereivereine allerorts zu erreichen bestrebt sind.

Der Otter (nicht „die" Otter), auch Fischotter, Fluß- oder Landotter und Fischdieb genannt, ist ein Wassermarder, und gehört naturgeschichtlich zur Ordnung der Raubtiere (Carnivora), zur Familie der Marder (Mustelidae) und zur Sippe der Otter (Lutra); jagdlich gehört er zur niederen Jagd. Er hat eine Körperlänge von 1,20 m und darüber bis zu 1,52 m, einschließlich einer Rute von 30 bis 43 cm. Die Höhe des ausgewachsenen Otters beträgt ca. 30 cm und weichen Exemplare um ca. 4 bis 5 cm nach unten und oben ab; das Durchschnittsgewicht beträgt 8 bis 11 kg.

Allgemeine Erscheinung. Der Otter ist von kräftiger, gestreckter, flacher Bauart. Der lange, runde und volle Leib, den ein dichter und kurz anliegender zäher fester Pelz deckt, ruht auf sehr kurzen, starken, stämmigen Läufen, und bilden fünf gleiche, mit scharfen Klauen bewaffnete Zehen, die unter einander mit sehr ausgebildeten Schwimmhäuten verbunden sind, die Vorder- und Hinterfüße. Kopf und Hals werden immer gesenkt, der Rücken nur wenig gekrümmt, die Rute meist schleppend getragen. Am Rachen hat er zu beiden Seiten mehrere Barthaare. Das Auge ist hell und lebhaft. Der Balg erscheint sehr schön kastanienbraun, bei hellem Licht silberglänzend. Der Otter schwimmt und taucht meisterhaft, sein Gang ist schlangenartig kriechend und ähneln seine Bewegungen auf dem Lande den Windungen des Schwimmens, der Otter tritt mit der ganzen Sohle auf, er trabt bei längeren Wanderungen und flüchtet, wenn ihm Gefahr droht. An steilen feuchten Ufern und auf dem Eise rutscht er, auch klettert er vermöge seiner scharfen Klauen an Wehren und Schleußen leidlich gewandt. Der Gesichtsausdruck ist schelmisch, unstät und intelligent.

Der Kopf ist verhältnismäßig klein, dick, länglich rund, plattgedrückt und stumpfschnauzig, und endet in einem breiten, mit dicken Lippen und einem scharfen und gefährlichen Gebiß versehenen Rachen.

Das Gebiß des Otters besteht aus 36 Zähnen, und zwar: drei Schneide-, einem Eck- (Fang-), drei Lück-, dem Höcker- und noch einem Backenzahn, zusammen neun Zähne in jedem Kiefer.

Die Schnauze ist abgerundet, von starker poröser Haut und zu beiden Seiten mit ca. 8 cm langen silbergrauen steifen Barthaaren besetzt.

Die Nase ist an der Spitze mit einer nackten, netzartig gerissenen und flachwarzigen Haut über dem behaarten Lippenrande bekleidet, zu deren Seite sich die länglichen bezogenen Nasenlöcher öffnen.

Die Seher sind braun, klein, vorstehend, und erscheinen sehr hell; sie stehen ziemlich hoch am Kopfe.

Die Lauscher befinden sich den Sehern zur Seite, jedoch etwas rückwärts; sie sind klein, kurz abgerundet, durch eine Hautfalte verschließbar und fast ganz in Pelz versteckt.

Der Hals ist kräftig, kurz, stärker wie der Kopf und fast gleich dick wie der Leib.

Der Rücken ist lang und leicht gewölbt, die Kroppe kurz und schräg gestellt.

Die Rute ist sehr lang (ca. 55 cm), an der Wurzel stärker, mehr oder weniger flachgedrückt und verschmälert sich stark nach der Spitze hin.

Die Läufe sind sehr kurz, stark und kräftig.

Der Fuß wird, sowohl beim Vorder= wie beim Hinterlauf, von fünf gleichen Zehen, die untereinander mit einer starken Schwimmhaut verbunden sind, gebildet. Die Schwimmhaut der Vorderfüße ist weniger breit als die der hinteren. Die mit unbehaarter Haut bedeckten Vorderzehen sind äußerst scharfklauig, während die Hinterzehen weniger scharfe Klauen haben.

Das Haar ist glatt und glänzend, in der unteren Schicht kurz, sehr dicht und weich, in der zweiten aus dieser hervorragenden Schicht straff und hart.

Die Farbe der Spitzen der Haare des ganzen Oberkörpers und der Rute ist kastanienbraun, am unteren Teile erscheinen dieselben eher weißgräulich, wie die Haare an Kehle, Brust und Bauch, wodurch der Otter in der Sonne und bei hellem Mondschein silberglänzend erscheint. Auf der internationalen Jagdausstellung zu Kleve war ein weißer Otter ausgestellt.

Absonderungsdrüsen. Der männliche Otter hat am Waidloche zwei Absonderungsdrüsen. Die Weibchen haben nächst vier Saugespitzen, von denen zwei beim Nabel und zwei vor den Hinterschenkeln sitzen, an der Nuß eine senkartige Falte. Diese sowohl wie die Drüsen des Männchens enthalten bei frisch erlegten Ottern eine unangenehm riechende Feuchtigkeit. Ist diese Feuchtigkeit getrocknet, so ist der Geruch weniger unangenehm und ist dem Bisam ähnlich. Von diesem Geruche rührt auch die uralte Jägerredensart her: „Es (er) stinkt wie ein Otter."

Ganz Europa, Asien und Nordamerika sind die Heimat des gemeinen Fischotters. Der Otter führt eine versteckte Lebensweise, die ihn größtenteils nur zur Nachtzeit und bald zu Wasser und zu Lande handeln läßt. Das Wasser ist das Heimatselement des Otters, von welchem er sich nur gezwungen entfernt, sei es aus Nahrungsmangel in der Absicht ein anderes Gewässer aufzusuchen, sei es flüchtend vor seinen Verfolgern, wenn er im Wasser vergebens versucht, sich der Verfolgung zu entziehen. Er schwimmt schnell, ausdauernd und sehr gewandt, und zwar unter Wasser, und seine Bewegungen vorwärts, rückwärts, seitwärts, aufwärts und abwärts, und alle Wendungen und Drehungen, welche diese mit sich bringen, führt er überaus glatt, geschmeidig und schön aus.

Sobald sich Otter vereinigen, wandern sie in Trupps von vier bis sechs an den Flüssen auf und ab, gehen Meilen weit über Land und über Sümpfe von einem Ort zum andern, gewöhnlich auf dem kürzesten Wege.

Der Otter wohnt in ausgeschwemmten Löchern und Höhlungen an den Ufern, welche er sich zu einem Baue einrichtet. Der Einstieg befindet sich stets unter der Oberfläche des Wassers, gewöhnlich in einer Tiefe von einem halben Meter, und führt die zu dem Lager führende Röhre aufwärts, damit dieses trocken erhalten wird. Das Lager bildet ein geräumiger Kessel, der mit Gras und trockenem Laube ausgepolstert ist. Ein zweiter schmaler Gang läuft vom Kessel aus nach der Oberfläche des Ufers teils zum Ausstieg, teils zur Ventilation.

Der Otter nährt sich hauptsächlich von Fischen, was ihm auch den Namen „Fischdieb" eingebracht hat, zuweilen frißt er sogar auch Pflanzenstoffe.

Die Otterlosung ist leicht zu erkennen und unterscheidet sich sehr von jeder anderen; sie ist immer stark mit Fischgräten und Schuppen, auch mit Krebsschalen durchsetzt, glänzt daher von weitem und hat eine grünliche Farbe. Der Otter verzehrt nach den vielen Gutachten durchaus kompetenter Fachleute täglich wenigstens 1 kg Fische, und greift man gewiß nicht zu niedrig, wenn man für einen Otter jährlich 400 kg Fische in Ansatz bringt, berücksichtigend, daß es ihm ganz gut möglich ist, einen 4 bis 5 kg schweren Karpfen in einer einzigen Nacht zu verzehren, so daß nur die Knochenreste übrig bleiben. Balg und Kern (Fleisch) des Otters sind verwendbar, und zwar der Balg, da der Otter sich nicht färbt, auch zu allen Jahreszeiten, obgleich derselbe im Winter, wo die Haare länger und etwas heller sind, größeren Wert besitzt. Er wird sehr geschätzt und zu jeder Jahreszeit teuer bezahlt, gewöhnlich mit drei Mark pro Fuß, von der Spitze des Rachens bis zur Rutenspitze gemessen. Der Otter wurde früher meist zu den Fischen, ja sogar propter suam caudam squamosam zu den Amphibien gerechnet, damit der Otterkern als Fastenspeise dienen konnte, als welche er in früheren Zeiten sehr geschätzt wurde. Damals scheint es freilich noch viele Otter gegeben zu haben, wofür folgender kleine historische Beleg spricht: „Unter dem Erzbischofe Heinrich II (1463—1497), Graf von Schwarzenburg, erbaute der Ritter Johann Clüver um 1478 eben oberhalb Sottcum, unmittelbar an der Wieste, das stark befestigte

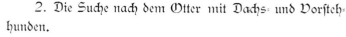

Schloß Clüverborstel und zwar, wie Erzbischof Johann Rode (1497—1511) behauptete, zum großen Nachteil des Erzstifts Bremen. Letzterer bringt in einer seiner hinterlassenen Schriften folgende auf Biber und Otter bezügliche Notiz: „Als Hinrich de Clüver den Borstel bauwet hadde, up der Beike, genimet de Wiestede, fangen das etliche Weydelüde, syne egene Meyer, Bevern, de mösten de rechtigkeit tom Ottersberge bringen, de dorfft he nicht to sich nehmen; he dorfte och nemand verlöff geven Bevern offt Ottern to fangende. He wiese se an den Domdekan und Probst to S. Anschary de hadden up te tydt den Otterbarg van dem Capitel." — An den Fischotter erinnern Namen wie Ottersberg, Otterstedt, Otterndorf und die Otter, ein kleiner Bach, welcher südlich von Bremervörde in die Bever fließt und mit dieser zum Flußgebiete der Oste gehört, dem letzten größeren linksseitigen Nebenfluß der Elbe. Noch jetzt soll der Otter bei Bremen ein häufiges Wild sein. Der Kern wird auch heute noch gegessen, jedoch ist der Preis des Otters bedeutend gefallen, und während früher der Otter so viel Gulden gekostet als er Pfunde gewogen hat, gilt er heute nur mehr die Hälfte. Der Nutzen, den also Balg und Kern bringen, steht auch nicht annähernd im Verhältnis zu dem Schaden, den ein Otterpaar anrichtet, wenn es auch nur einmal einen gut besetzten und gehegten Fischteich sich als Jagdgrund auserwählt.

Die Jagd auf den Otter.

Nachdem die Otterjagd in früherer Zeit bereits besprochen worden ist, beginne ich hier gleich mit den verschiedenen Betriebsmethoden der Otterjagd, welche heute ausgeübt werden, und kennt man als solche:

1. Den Ansitz auf den Otter.
2. Die Suche nach dem Otter mit Dachs- und Vorstehhunden.
3. Die Treibjagd mit Sperrnetzen, die Jagd in wasserreichen Bruchrevieren und das Stechen des Otters mit dem Ger.
4. Die Parforcejagd.

Der Ansitz auf den Otter.

„Man nimmt einen steinbeinhart zugefrorenen Fluß oder Teich, schlägt ein Loch hinein, setzt sich in einer bitterkalten mondhellen Nacht daneben und wartet — wartet stundenlang, bis der Fischotter — nicht kommt," so beginnt ein Jagdschriftsteller seinen Aufsatz.

„Wie jagt man Fischotter? — Wenn du nicht gesunde, vom Rheumatismus verschonte Glieder, genaue Kenntnis der Lebensart der Fischotter, ein scharfes Auge, um die Ufer der Bäche abzuspüren, eiserne Geduld und unverwüstliche Passion besitzest, und zugleich ein gewandter, stets bereiter Schütze bist, dann, lieber Leser, bleibe lieber zu Hause und versuche nicht den Ansitz auf Fischotter" — schreibt ein Zweiter.

„Langweilig kann dieser Ansitz, wie jeder andere, dem passionierten Jäger auch wohl nie werden. Welche interessanten Beobachtungen kann man dabei noch nebenbei an manchen Bewohnern des Waldes erleben" — singt ein Dritter.

„Die Otterjagd auf dem Anstande ist gewiß die lohnendste und sicherste, nur muß sie verstanden und richtig betrieben werden," — behauptet ein weiterer tüchtiger Waidmann.

Endlich lese ich noch: Der Anstand auf Fischotter ist, weil diese in einer einzigen Nacht meilenweite, der Richtung nach nicht gar zu berechnende Streifzüge unternehmen, unter hundert Fällen neunundneunzigmal erfolglos; und zweifellos wird der Jäger Unverdrossen, beiläufig bemerkt der erste Jäger der Welt, die besten Resultate auf derselben erzielen; doch muß die Unverdrossenheit mit Vernunft gepaart sein.

Nach diesem wird der geneigte Leser mit mir einverstanden sein, wenn ich behaupte, daß der Ansitz auf den Otter ein zweifelhaftes Vergnügen ist.

Die Suche nach dem Otter mit Hunden.

Wenn ich diesem Abschnitt die Überschrift „die Suche nach dem Otter mit Hunden" gab, so that ich dies, um diese Jagdart strengstens von der Parforcejagd auf den Otter zu trennen und jeder dieser Jagdmethoden ihren reinen Typus zu erhalten. Bei diesem Jagdbetrieb denke ich nicht an den Otterhund, ich denke nur an den „Dachshund" und den „Vorstehhund", von welchen beiden Hunden ja auch schon eine große Anzahl Otter erbeutet worden sind, sowohl zufällig wie absichtlich aufgesucht, freilich öfter durch Zufall, als daß der Jäger nur um den Otter zu jagen ausgegangen war. Geeigneter wie der Vorstehhund ist zu dieser Suche der Dachshund, und faßt derselbe, wenn er einmal Bekanntschaft mit dem Otter gemacht hat, leicht Passion für diese Jagd und gelingt es ihm auch, seiner natürlichen Anlagen gemäß, schneller, den Otter, durch Einschliefen in Bau oder Röhre zum Springen zu bringen, zu welchem Gebrauche man denselben ja wohl auch Ottermeuten beigiebt.

Die Treibjagd mit Verwendung von Netzen, die Otterjagd in wasserreichen Bruchrevieren und das Stechen des Otters mit dem Stecheisen.

Diese Jagdarten: die Treibjagd mit Verwendung von Netzen, die Otterjagd in wasserreichen Bruchrevieren unter Benutzung des Stecheisens, habe ich selbst nicht praktiziert, und kann ich mich persönlich, so nützlich auch dieselben zur Erbeutung des Otters sein mögen, vom waidmännischen Standpunkte nicht dafür begeistern.

Die Parforcejagd auf den Otter.

Erst seit einigen Jahren interessieren sich die deutschen Jägerkreise für die Parforcejagd auf den Otter, d. h. für die Otterjagd mit der Meute und glaube ich nicht zu fehlen, wenn ich das Verdienst, das Interesse für diese Jagd in Deutschland neu geweckt zu haben, den Otterjägern Gebrüder Schmidt zu Schalksmühle in Westfalen und dem Meistergriffel und der sachkundigen Feder unseres Altmeisters der Kynologie, Herrn Ludwig Beckmann zu Düsseldorf, zuspreche, welch letzterer es verstanden hat, durch seine federgewandten Berichte und schönen Abbildungen der Otterjagd, wie sie in den verschiedenen Fach- und illustrierten Zeitungen erschienen sind, die Jäger für diesen Sport zu gewinnen.

Wie bereits mitgeteilt, hat sich dieser Sport in England seit Jahrhunderten erhalten, wie ich denn auch nachgewiesen, daß der Engländer seit mehr als 200 Jahren Otterhunde rein und konsequent fortgezüchtet hat. Nun darin sind wir ja heute auch eifrig bestrebt, das Versäumte nachzuholen, und gebührt hierin Herrn Freiherrn von Fürstenberg auf Erisburg bei Niedermarsberg in Westfalen und Herrn Rittergutsbesitzer Sperber zu Ensleben, wie wir gesehen haben, die Palme.

England und speziell Schottland ist also die Heimat und Pflegestätte dieses Sports, und jagten die schottischen Meuten und die berühmteste englische Meute des Herrn Carrick noch in der letzten Saison unter großer Beteiligung des Volkes „den Otter".

Ebenso hat in Österreich die Otterjagd einen bemerkenswerten Aufschwung genommen, und dürfte die Zeit nicht mehr fern liegen, wo dieselbe dort ebenso verbreitet als heute geliebt sein wird. Der vielgenannte Zankapfel zwischen Fischer und Jäger, die sich wie feindliche Brüder gegenüberstehen, schreibt Herr Ph. v. Gr. in Hugos trefflicher Jagdzeitung, wird damit zum Ergötzen des Letzteren und zur Befriedigung des Ersteren in der appetitlichsten Weise vom Kern geschält sein. Der Aufschwung der Otterjagd in Österreich ist einzig und allein Sr. k. k. Hoheit dem Erzherzoge Kronprinz Rudolf zu danken, welcher in der richtigen Erkenntnis, daß diese Jagdart dem Waidmann wahren Genuß bietet und daß ein tüchtiger Jäger mit guten Hunden dem Otter mehr Abbruch thun und damit der Fischzucht mehr nützen kann, als es mit Fang, Ansitz ꝛc. möglich ist, mit einem, dem unvermeidlichen Jäger und Forscher eigenen Eifer sich einem förmlichen Studium der Otterjagd widmete.

Die Jagd wird folgendermaßen ausgeübt: Von dem Rendezvous begeben sich die Teilnehmer an der Jagd nach den Gewässern, an welchen gejagt werden soll. Hier angekommen, werden die Hunde gelöst und suchen dieselben nun die Uferstrecken ab. Der starke Scent des Otters läßt die Hunde bald die Spur des Otters finden; sie geben dann Hals und folgen derselben nun laut jagend, bis zu dem Orte, wo der Otter zu Bau gegangen ist. Diesen Ort zeigen die Hunde in der Regel zunächst durch Scharren und Kratzen auf der Oberfläche des Terrains an. Ein kleiner, aber scharfer und herzhafter Hund, am besten starker Dachshund, schlieft nun ein und nach längerem oder kürzerem Widerstand fährt der Otter so still und unbemerkt wie möglich ins Wasser und sucht unter Wasser schwimmend, sich der Verfolgung zu entziehen. Will der Otter dem Hunde nicht weichen, so bleibt nichts anderes übrig, als ihn durch möglichst lautes Anhetzen des Hundes zur Flucht zu bewegen; Schießen, Ausräuchern oder Ausschaufeln des Baues bleiben meistens resultatlos.

Sobald die Hunde nun den Otter im Bau verbellen, stellt sich ein Jäger so auf, daß er den unter Wasser aus-

fahrenden Otter sofort erblicken, und wenn möglich einen Schuß anbringen oder doch beobachten kann, ob der Otter seinen Weg stromauf- oder stromab genommen hat; die aufsteigenden Luftbläschen besorgen dann das Weitere. Die übrigen Schützen haben sich inzwischen an den beiden Ufern verteilt, und wählt man seinen Stand in der Regel da, wo das Wasser seicht ist. Hat der Otter den Bau verlassen, so sucht er möglichst ungesehen zu entwischen, und ist beim Atemholen außerordentlich vorsichtig; sind überhangende, mit Weiden und Schilf bestandene hohe Ufer da, so wird er bestimmt unter diesen das Näschen etwas herausrecken, um zu atmen. Der Otter schwimmt dicht über dem Grunde des Baches; man sieht von ihm fast nichts, gewahrt aber einen Schatten über das Wasser ziehen, ungefähr als wenn eine Wolke hinzöge und sich dabei im Wasser spiegelte. Dem fehlgeschossenen Otter folgen die Hunde wieder mit lautem Halse am Ufer und selbst schwimmend nach, bis er ermüdet, häufiger zum Vorschein kommt und hier oder dort von einem der anstehenden Schützen erlegt wird. Wird der angeschossene Otter nicht erbeutet, so suche man den andern Tag mit Hunden nach, und man wird denselben in der Regel in irgend einer hohlen Stubbe oder sonst wo versteckt finden. Der angeschossene Otter verläßt nämlich, gerade im Gegensatz zu dem gefangenen Otter, der sofort ins Wasser fährt, sein eigentliches Element, und versteckt sich in der Nähe des Ufers.

Neben der Jagd auf den Otter, wird auch der Fang recht fleißig ausgeübt, ohne daß es bis heute gelungen wäre, den schädlichen Otter erheblich zu reduzieren, was eigentlich bei der geringen bisher angenommenen Fortpflanzung, zwei bis vier Jungen pro Jahr, auffallend erscheinen muß, derselbe vielmehr, wenn man allen Schriftstellern, die den Otter in Deutschland als fast ausgerottet erwähnen, glauben darf, heute erheblich und wohl in dem Verhältnis zugenommen hat, als sich unsere Wasserläufe und Teiche an Fischen entvölkert haben, so ist der Fang immerhin im Kampf gegen dieses Raubwild ein nicht zu unterschätzender Bundesgenosse. Man lese nur einmal aufmerksam die Fangberichte der Fachpresse, und man wird sich über die große Zahl der durch Fang erbeuteten Fischräuber wundern. Der Schaden, den der Otter den Fischgewässern zufügt, ist ein immenser.

Doch nicht die Gefräßigkeit allein, sondern die Mord- und Raubgier vor allem, die den Otter bei Überfluß zur Vernichtung lebender Fische reizt, steigert den an sich schon so bedeutenden Schaden noch erheblich und wenn auch der schöne, zu jeder Zeit sehr brauchbare Balg, der schmackhafte Otterkern, endlich die Lust, den Otter zu jagen, den Jäger reizen können, so mögen doch hier diese kleinen Freuden vor der allgemein anerkannten Schädlichkeit dieses Wildes zurücktreten, und Jäger, Fänger und Fischer mögen sich hilfreich die Hand bieten zur nachhaltigen Verfolgung dieses Fischräubers. Ihre Erfolge werden gewiß dazu beitragen, von Jahr zu Jahr unsere Fischwässer belebter zu machen und den Ertrag derselben auf einen Preis zu bringen, der denselben dem ganzen Volke zugängig macht.

Der Jäger braucht hierbei nicht zu fürchten, daß der Otter sobald spurlos verschwunden sein werde. Die geistigen und körperlichen Anlagen bei der versteckten Lebensweise des Otters, vor allem die Schlauheit dieses Tieres, sichern ihm seinen Fortbestand, deshalb heute, wo noch zahlreiche Otter unsere Gewässer gefährden, vereine Jäger, Fischer und Fänger eine Parole: „Tod dem Otter."

Siebenzehntes Kapitel.

Die Jagd auf die Gemse.

Von Oskar Horn.

Kleine Kugeln giaß'n,
Große Garnhsein schiaß'n,
Holdiri — io io!

„Die Jagd auf die Gemse" wird geschrieben, aber „Gamsjagd" heißt es, wo das Krickelwild vorkommt, wie die Gemse auch männlichen Geschlechts ist in Bayern und Österreich: „An guat'n Gams hast' g'schossen." Wie das Schwyzerdytsch zu ihr sich stellt, weiß ich allerdings nicht; ich habe noch nicht in der Schweiz gejagt, weder auf Gemsen, noch in anderem Waidwerk.

Gamsjagd! Es zittert ordentlich jede Faser des Leibes, wie elektrischer Funken durchzuckt es den ganzen Menschen, wenn ich das Wort nur höre. Die Reihe der Krucken über meinem Schreibtisch wird lebendig, unter jedem Paar scheinen die großen schwarzen Augen der deutschen Gazelle wieder wie einst zu funkeln, und wirr durcheinander fahren die schönen Köpfe, so schön, so klug, dem Ansehen nach, und doch wie dumm! Die Gemse denkt nur mit dem Windfang; läßt sie der Wind irgendwo im Stich, ist sie das rat- und hilfloseste Geschöpf, das angst- und kummervoll hin und her trippelt und schließlich ganz gewiß direkt dem Jäger in die Büchse lauft, während ringsum tausend Löcher offen stehen, sich heil dahinein zu salvieren.

Es sind nur erst wenige Tage her, da vermeinte — wir jagten in Tirol das Hasenkar — so ein überschlauer Bock es recht klug zu machen, und zog Schritt für Schritt auf den Schützen los, der regungslos unter einer alten Zirbe saß. Lauf vor Lauf setzend, den Grind weit vorhaltend, die Lauscher spitz und Schritte machend, wie ein Schauspieler, der Stelzen für den Kothurn hält; ganz wie der Rehbock manchmal dem Blatte folgt, zögernd, zögernd, er möchte wohl, alle Sinne horchen auf den süßen Klang, aber er ist gewitzigt und — endlich kommt er doch, und der Schuß kracht in seine Liebessehnsucht hinein; ein Glück nur, daß er den letzten Satz nicht mehr zu Ende denken kann, so schnell ist alles vorüber. Vom Nachbarstande aus sah ich lange dem Gams zu, bis endlich auch seine Vorsicht zu Ende war, aber sehr unfreiwillig; ein Schuß, ein Sprung, und kopfüber stürzte der Bock von seinem letzten Aussichtspunkte herunter. Er hatte vom Schützen wohl nicht viel mehr gesehen, als den Hut und einen Streifen Stirne, die er sich nun ganz in der Nähe beaugapfeln wollte; auch der Schütze sah von ihm nichts anderes als die Krucken, die immer näher und näher kamen, durch verfilzte Almrosen und Leckerstauden, für einen jüngeren Herrn, als den erprobten Gemsjäger, den steirischen Grafen K., der dort postiert war, ein etwas aufregender Moment; da, auf etwa zehn Schritte, standen sich dann plötzlich Jäger und Gams frei gegenüber, da war es aber auch für den Gams zu spät.

„Kleine Kugeln (Kügerln) giaß'n" — schon nach dem Gesetz der Länder, in welchen die Gemse vorkommt, ist zur Ausübung der Jagd auf dieselbe die Büchse vorgeschrieben. Zwar kommen bei Treibjagden die Gemsen den Schützen häufig genug so nahe, daß ein Schrotschuß immerhin Gewalt über sie haben kann. In einem der besten Reviere, das ich kenne, nimmt der hohe Jagdherr in solchen Fällen gern die Flinte zur Hand, und gestattet dann auch den Gästen, was ihm selbst zur lieben Gewohnheit geworden ist. Auch ich habe dort einmal einen im dichten Unterholz — tiefer Stand, im Walde — sehr flüchtig auf wenige Schritte an mir vorüberwechselnden guten Bock, nachdem ich vergebens mit dem Büchslauf ihn zu fassen versucht hatte, im Ärger hierüber und in der Sorge, die guten, hohen Krickeln könnten mir entgehen, mit einem Schrotschuß über den Kopf hinaus ein Rad schlagen lassen — aber heute noch blickt mich dies eine Paar Krucken aus der Reihe der übrigen waidgerecht verdienten vorwurfsvoll an, und diese eine Sünde ist auch die einzige meines Lebens geblieben, wenigstens dieser Art, ich habe das traurige Kunststück nicht wiederholt. — Der erwähnte hohe Herr gehört zu den erfahrensten Hochgebirgsjägern unsrer Tage, in seiner Hand ist die Flinte so sicher wie die Büchse. Aber von den Gästen aus der Ebene kenne ich Fälle, die zur Warnung dienen sollen. Wenn Gesetz und Waidmannsbrauch ihnen den Schrotschuß nicht versagen, müßte es im Hochgebirge ihre mangelnde Erfahrung im Abschätzen der Entfernungen thun. Dreißig und siebenzig Schritte sehen hier wie eines aus, wohin soll da der Ungeübte mit der Schrotspritze kommen; er wird schließlich, wenn er mit dem Büchslauf gefehlt hat, noch mit den Schroten hinterdrein knallen und so den Jochraben und den Füchsen den Tisch bereiten. Ein Major v. O. schoß solcher Weise vor Jahren einmal als mein Nachbarschütze aus einem direkt gegen mich heraufziehenden Rudel die hochgehörnte Kitzgeiß heraus, ich nahm ein zweijähriges Böcklein davon weg, und rechts und links von mir passierten die übrigen Stücke. Nach der Jagd stieg ich von meinem Hochsitz hinab, meinen Gams zu merken. Da kam auch schon, über das unhöfliche Geröll hinweg hoppelnd, der Herr Major mit der Frage, was ich wolle, er habe zwei Gemsen geschossen. Und es lagen nur die Kitzgeiß und das geringe Böckchen vor uns . . . Hier die eine — Die Kitzgeiß lasse ich Ihnen mit Vergnügen — Dort die andere — Bitte recht sehr; der Bock hat meine Kugel auf dem Flecke sitzen — Das werden wir sehen, ich habe mit Schrot geschossen. . . . Über meinen Stand hinaus! — Natürlich hatte das Böcklein kein Korn in der Decke, und mein Nachbar wollte seinen Augen nicht trauen, als ich ihn bat, einmal die Entfernung abzuschreiten. Und so werden die Gemsen zu Schanden geschossen, wo nicht streng an dem alten Brauche festgehalten wird.

Was nun die Büchse anlangt, so passen für das Hochgebirge selbstverständlich nicht die großen Kaliber und die Pappatrone mit ihrer Unzuverläßlichkeit, wie sie in den Waldungen der Ebene und den Hügelgebirgen des mittleren und des nördlichen Deutschlands noch vielfach geführt werden. Nicht als ob nicht auch solche Büchsen sich zeitweilig auf eine Gemsjagd verirren würden. Und man kann auch seinen Gams im Treiben damit niederlegen. So gut wie mit der Schrotflinte; selbst die Lefaucheurbüchse ist ja der letzteren noch vorzuziehen, obschon ich den mit „Stiftfeuer" zur Hochjagd ausziehenden Jäger nicht ohne ein gewisses Mißtrauen betrachten kann. Man mag über das Lefaucheurgewehr denken, wie man will, zur Büchse eignet das System sich von allen bekannten am wenigsten. Doch soll ja hier nicht von den Gewehren gesprochen werden, die möglicherweise einmal bei einer Hochgebirgsjagd Verwendung finden, sondern von dem Gewehr des Gemsjägers. Und dieses ist die Expreßbüchse, wie sie jetzt fast alle besseren Waffenfabriken Deutschlands in hinlänglicher Güte bauen. Wir brauchen im Hochgebirg eine sehr starke Pulverladung, die vor fünfzig Metern Fehler in der Distanzberechnung nicht zurückschreckt, die den Wind nicht scheut, die mit möglichster Rasanz vehementen Durchschlag verbindet und so blitzschnell tötet. Eine rasch fördernde Kugel, denn wer die flüchtige Gemse, wenn sie einen Graben hinabfährt, wer den Hirsch in voller Flucht, über unebenes Terrain hinweg, über hunderte von Metern tiefe Schluchten hinüber, sicher aufs Blatt schießen will, kann sich nicht lange mit dem alten Rechenexempel aufhalten, wie sich die Fuße, die das Wild in der Sekunde zurücklegt, zu den Metern verhalten, welche die Kugel im gleichen kleinen Zeitraum durchmißt, ergo hast du, lieber Leser, auf diese Entfernung so viel, auf jene das doppelte oder dreifache vorzuhalten. Das lächert mich ebensosehr wie die Vorschrift der bairischen Jagdgehilfen, den Hirsch nicht unter 180 und den Gamsbock nicht unter 44 Pfund zu schießen. Vorschrift muß natürlich sein, aber eine Wage gehört doch noch nicht zum Waidwerk, und was ein jagdbarer Hirsch und ein guter Bock ist, kennt man auch ohne sie. — Also eine Büchse, die über diese Schreibstubengelehrsamkeit hinweg sieht und ihr Kügelchen so schnell, als es der Jäger wünscht, auf das bezielte Fleckchen bringt, gleichviel ob hundert Schritte mehr oder weniger zwischen Anfang und Ende des Schusses liegen. Das ist in der Theorie zwar nicht möglich, aber in der Praxis haarspalten wir nicht die Sekunden und verschwindet die Rechnung mit Zeitatomen, wenn der Ausdruck so erlaubt wäre, mit Sekundenhunderttausendsteln. Mit ihnen kann man bekanntlich nach der Professor Jolly'schen Tafel auch theoretisch um die Ecke schießen; in der Praxis aber hat es noch keiner so weit gebracht, und es ist gut das. — Die Boxerpatrone von Eley Brothers in London, Kal. 450, ist vielfach im Gebrauch der Kavaliere, auch die größere Nummer 500 wird zeitweilig gesehen, obwohl ich, wenn es einmal englische Munition sein muß, die erste, kleinere vorziehe. In österreichischen Jägerkreisen — das österreichische Pulver ist herzlich schlecht — rechtfertigt sich diese sauber hergestellte Patrone noch eher, denn in Deutschland, wo uns vortreffliches Pulver und deutsches Fabrikat in hinlänglicher Güte zu Gebote stehen. Die Patrone hat Voll- und Expansionskugel. Doch habe ich zu häufig bei ihren Vollkugeln einen Mangel an Durchschlag wahrgenommen, der mich angesichts der ungeheuren Quantität Pulver erstaunen machte. Bei einem Gamsbock, den Prinz E. A. neben mir auf sehr kurze Distanz waidwund ganz kurz über dem Kurzwildbret schoß, war die Kugel nicht einmal an jener Stelle durch den Gams hindurchgegangen. Er zeichnete mit

einem kaum merkbaren Zusammenzucken und kam dann in voller Flucht zu meinem Stande. — Die Expansion habe ich früher warm für die Hochgebirgsjagd verteidigt, so lange ich die Vollkugel noch nicht kannte, die ich jetzt seit bald fünf Jahren ausschließlich führe, und mit der mir in diesem Zeitraum bis auf zwei Böcke alle damit getroffenen Tiere in der Fährte sozusagen verendeten. Wo ich den Bock nicht bergab flüchtig beschoß, und er schon dieser Flucht halber nicht auf dem Platze zusammensinken konnte — die andern sämtlich stürzten im Rauch nieder, das für Jäger und Wild erfreulichste Resultat. Selbst bei dem einen traurigen Waidwundschuß, der mir in diesem Jahre passierte, gab es keine Arbeit. Mit der Expansion schoß ich vor Jahren einen guten Hirsch, den ich in den Fichtenstangen nicht anders fassen konnte und doch haben wollte, schräg von der Seite nach vorne, durch den Einschuß waidwund, der Ausschuß hätte gegen das Blatt zu sein müssen, wenn es einen solchen gegeben hätte. Der Hirsch ging, trotzdem die Kugel sich deformiert und geteilt hatte, noch ein paar hundert Schritte weit, wo er auf dem Gries verendete. Allerdings hatte er sich schon einmal näher am Anschuß sein Schweißbett gesucht, war aber wieder aufgemüdet worden. Wir fanden das damals eine höchst zufriedenstellende Leistung der Expansionskugel. Vor wenigen Wochen verhoffte ein Rudel Gams, so gegen vierzig Stück, natürlich lauter Lumpenzeug, unter meinem Stand (Nr. VI, Bierbergtrieb, Stände im Rebzaun). Solch einen glücklichen Anlauf verwünscht jedoch der Jäger. Welch Stück heraus suchen? Man kann doch nicht aufs Geratewohl in den Klumpen Wildbret hineinschießen, und Bock ist doch keiner dabei, außer Kindern von ein oder zwei Jahren; endlich hat man sich besonnen, und das Resultat ist gewiß eine Kitzgeiß. Auch mir ging's nicht anders; als die Gemsen rechts und links flüchtig wurden, blieb eine Geiß auf den Hinterläufen sitzen, den Schuß abgezirkelt mitten auf dem Waidsack, als ob dort das Blatt wäre, und ein recht geringes Kitzchen drängelte sich an die Mutter. Die Geiß versuchte ein paar Sprünge, kam aber immer wieder hinten nieder; ich folgte mit der gestochenen Büchse im Anschlag, ihr den Fangschuß zu geben, aber stets stand das Kitzchen zwischen ihr und der Mücke, als wollte das schwache kleine Ding die Mutter mit dem eigenen Körperchen decken. Es war ein Anblick zum Erbarmen, den ich nicht vergessen werde. Und zweimal noch mußte ich dem Gams eine Kugel geben, erst die dritte quittierte die arme Geiß mit dem letzten und definitiven Sturz zwischen zwei Steinblöcke hinein. Aber auch jetzt noch nicht ging das Kleine hinweg. Endlich mußte ihm, endlich, wie einem Menschen, das Verständnis des Todes gekommen sein, und in kurzen Fluchten trachtete es bergan, wo es sich zwei auf dem beschneiten Gletscher droben über dem apereren Gries vorüberwechselnden Gemsen anzuschließen suchte.

Meine Kugel ist die Kropatschek'sche Expreßkugel von Roth in Wien. Ein Langblei ohne Rinnen und Einfettung, mit Papierführung und oben an der Spitze abgeflacht. Auch eine Patrone dieses Namens ist bei Roth zu haben; ich ziehe aber die deutsche Armeepatrone vor, die erstens eine stärkere Pulverladung führt und zweitens und hauptsächlich für mich sehr bequem zu bekommen ist. Auf dem Scheibenstand erprobt, zeigte sich diese Kugel der Boxerpatrone überlegen. War es die Schuld des Büchsenmachers — ich weiß es nicht — die Kugeln der Boxerpatrone flatterten nach meinem Geschmacke zu sehr. Der excellente böhmische Meister, der wundervolle Gewehre lieferte, schrieb mir auf meine Beschwerde, daran liege nichts; die Engländer seien nicht so auf den Fleck erpicht, ein Hirsch oder eine Gemse böten größere Trefflächen als ein neunzölliges Schwarze, und die treffe man auch mit kleinen Abweichungen. Was man die Ansichten eines Büchsenmachers über Jagdgewehre nennt! Nein! Mit der Kropatschek'schen Kugel kam mir das nicht vor. Sie hält ein, ist von außerordentlicher Rasanz, giebt famose Schweißfährte, tötet rasch, — sie vereinigt alle die Eigenschaften in sich — vorausgesetzt immer natürlich, daß das Gewehr korrekt gebaut ist, — die ich an eine Jagdwaffe, vor allem an die Büchse des Hochgebirgsjägers stelle. Es ist denn auch bis jetzt noch jeder Jäger, dem ich sie empfahl, ihr treu geblieben.

Ein anderes Erfordernis der Büchse ist ein richtiges Verhältnis ihrer Teile zu einander, was deren Gewicht anbelangt. Bei der Mehrzahl unserer Gewehre ist der Riemenbügel zu weit abwärts am Laufe, gegen das Schloß hin, angebracht. Dadurch werden sie vorschwer und erhalten eine bedenkliche Neigung, sich mit dem Laufende zu senken. In der Ebene hat das weniger Bedeutung, und der Jagdherr, der sich seine Büchsen von der Treiberschaft auf den Stand tragen läßt, wird natürlich gar nicht von diesem Übelstand irritiert, denn am Schießen hindert diese unrichtige Bügelstellung nicht. Dem Jäger aber, der sich an schmalen Wänden entlang drückt, bringt unter Umständen ein zu lang über dem Arm hervorstehender Gewehrlauf selbst Gefahr, und am Steigen ist er vollends gehindert, wenn ihm, der beide Hände für den Bergstock nötig hat, Schritt für Schritt die Gewehrmündung wider den Boden stößt. Was es heißt, durch Latschen und Leckerstauden, zwischen Felsstücken und Tannenästen mühsam sich hindurch winden, wenn der Gewehrkolben nicht unten bleiben will — der Birschjäger weiß es und hat oft genug den Büchsenmacher, der dafür kein Verständnis hatte, ingrimmig zu allen Teufeln gewünscht.

Auch der Bergstock kann bergauf und bergab zum Hindernis werden, statt den Nachhalt zu gewähren, den der Kundige an ihm hat. Dem Birschjäger, der ihn nicht zu handhaben weiß und jede Sekunde mit seiner Spitze gegen das Gestein stößt, verscheucht er durch den auf große Weiten vernehmbaren spitzen Ton des Eisens das Wild. Beim Auf- und Abstieg hebt er seinen Träger geradezu in die Luft,

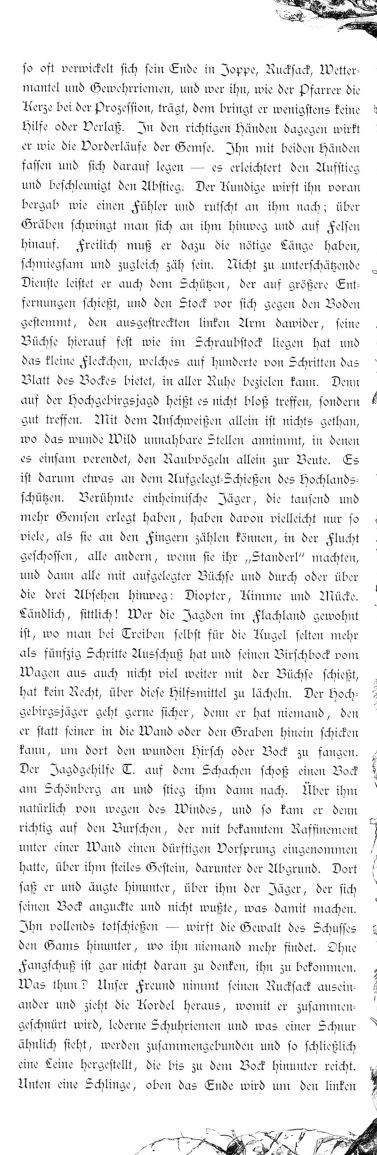

so oft verwickelt sich sein Ende in Joppe, Rucksack, Wettermantel und Gewehrriemen, und wer ihn, wie der Pfarrer die Kerze bei der Prozession, trägt, dem bringt er wenigstens keine Hilfe oder Verlaß. In den richtigen Händen dagegen wirkt er wie die Vorderläufe der Gemse. Ihn mit beiden Händen fassen und sich darauf legen — es erleichtert den Aufstieg und beschleunigt den Abstieg. Der Kundige wirft ihn voran bergab wie einen Fühler und rutscht an ihm nach; über Gräben schwingt man sich an ihm hinweg und auf Felsen hinauf. Freilich muß er dazu die nötige Länge haben, schmiegsam und zugleich zäh sein. Nicht zu unterschätzende Dienste leistet er auch dem Schützen, der auf größere Entfernungen schießt, und den Stock vor sich gegen den Boden gestemmt, den ausgestreckten linken Arm dawider, seine Büchse hierauf fest wie im Schraubstock liegen hat und das kleine Fleckchen, welches auf hunderte von Schritten das Blatt des Bockes bietet, in aller Ruhe bezielen kann. Denn auf der Hochgebirgsjagd heißt es nicht bloß treffen, sondern gut treffen. Mit dem Anschweißen allein ist nichts gethan, wo das wunde Wild unnahbare Stellen annimmt, in denen es einsam verendet, den Raubvögeln allein zur Beute. Es ist darum etwas an dem Aufgelegt-Schießen des Hochlandsschützen. Berühmte einheimische Jäger, die tausend und mehr Gemsen erlegt haben, haben davon vielleicht nur so viele, als sie an den Fingern zählen können, in der Flucht geschossen, alle andern, wenn sie ihr „Standerl" machten, und dann alle mit aufgelegter Büchse und durch oder über die drei Absehen hinweg: Diopter, Kimme und Mücke. Ländlich, sittlich! Wer die Jagden im Flachland gewohnt ist, wo man bei Treiben selbst für die Kugel selten mehr als fünfzig Schritte Ausschuß hat und seinen Birschbock vom Wagen aus auch nicht viel weiter mit der Büchse schießt, hat kein Recht, über diese Hilfsmittel zu lächeln. Der Hochgebirgsjäger geht gerne sicher, denn er hat niemand, den er statt seiner in die Wand oder den Graben hinein schicken kann, um dort den wunden Hirsch oder Bock zu fangen. Der Jagdgehilfe T. auf dem Schachen schoß einen Bock am Schönberg an und stieg ihm dann nach. Über ihm natürlich von wegen des Windes, und so kam er denn richtig auf den Burschen, der mit bekanntem Raffinement unter einer Wand einen dürftigen Vorsprung eingenommen hatte, über ihm steiles Gestein, darunter der Abgrund. Dort saß er und äugte hinunter, über ihm der Jäger, der sich seinen Bock anguckte und nicht wußte, was damit machen. Ihn vollends totschießen — wirft die Gewalt des Schusses den Gams hinunter, wo ihn niemand mehr findet. Ohne Fangschuß ist gar nicht daran zu denken, ihn zu bekommen. Was thun? Unser Freund nimmt seinen Rucksack auseinander und zieht die Kordel heraus, womit er zusammengeschnürt wird, lederne Schuhriemen und was einer Schnur ähnlich sieht, werden zusammengebunden und so schließlich eine Leine hergestellt, die bis zu dem Bock hinunter reicht. Unten eine Schlinge, oben das Ende wird um den linken Arm gebunden und nun mit der Schlinge so lange geangelt, bis sie glücklich dem Gams um die Krickeln geworfen ist und dort sitzt. An ein Aufstehen dachte die Gemse ohnehin nicht mehr. Nun niederlegen und die Büchse vorsichtig vor sich über die Wand hinausschieben und den Fangschuß geben. Das liest sich aber geschrieben leichter, als es in Wirklichkeit auszuführen ist. Als der Schuß krachte, hatte die Kugel richtig die Leine entzwei geschossen und dem Bock kein Härchen gekrümmt; der Letztere ist erst später, als er verendete, über die Felsen heruntergefallen, wo ihn derjenige heute noch suchen mag, der an dem viel verlachten Jäger jetzt wieder, da die Geschichte gedruckt steht, sein Mütchen kühlen will.

Raoul v. Dombrowski, von den lebenden Jagdschriftstellern der mir sympathischeste und wirklich ein zum Amt des Lehrers berufener Jäger, der auf eigene Wahrnehmungen seine Schriften basiert, schreibt für das Schießen in gebirgigem Terrain vor, daß, je steiler der Winkel sei, in welchem das bezielte Wild zu dem Jäger steht, also je höher der letztere, je tiefer das erstere sich befindet, das Korn desto gröber genommen werden müsse. Steht der Schütze tief und das Wild hoch, im selben Verhältnis feiner. Es ist mir rätselhaft, wie gerade dieser tüchtige Schütze und Jäger diese Lehre geben kann: **Das direkte Gegenteil ist der Fall.** Wer nach dem Dombrowskischen Rezepte den Bock behandeln wollte, würde ihn jedesmal fast meterhoch überschießen. Je tiefer — in je spitzerem Winkel abwärts das Wild vom Jäger steht — um so tiefer muß es bezielt werden, da das Feinernehmen des Kornes schließlich ein Ende hat. Als wollte man unter dem Gams wegschießen, muß derjenige zielen, der sein Ziel treffen will, das lehrt praktisch die Erfahrung des Hochgebirgs, und theoretisch weist es sogar mit mathematischer Sicherheit jede Berechnung der Steigungsverhältnisse des Geschosses im Zusammenhang mit der Adhäsionskraft der Erde nach. Die hoch- oder niederstehende Gemse bietet auch ein anderes Scheibenbild als das in gleicher Höhe mit dem Schützen befindliche, in seiner ganzen Breite sich exponierende Tier. Ich selber habe, auf Dombrowski's Autorität hin und dem Widerspruch meiner Freunde trotzend, zu meinem eigenen Schaden die Richtigkeit dieser Einsprüche erfahren müssen. Nach dem dritten Fehlschusse dieser Art war ich dann bekehrt.

Was sonst noch über die Ausrüstung des Bergjägers zu bemerken wäre, ist kurz beisammen. Gutes Schuhwerk, von dem unter Umständen das Leben abhängt. Ich muß mich auf meine Schuhe verlassen können, muß sie wie eins mit dem Fuße fühlen. Heutzutage, wo alpine Touren in ganz Deutschland bekannt sind und das vernünftige Gebirgswandern wie das Bergferentum und Gipfelstürmen alltäglich geworden ist, braucht es für die ins Hochgebirg geeignete Ausrüstung keiner besonderen Anleitung mehr. Ich ziehe Haferlschuhe den über die Knöchel gehenden vor. Aus demselben Grunde, warum ich Kniehosen trage. Alle

Gelenke müssen frei von Hindernissen sein. Haferschuhe haben allerdings, wenn sie nicht sorgfältig angefertigt sind, den Nachteil, daß sich Steinchen und sonstiger Unrat darinnen sammeln, auf denen bekanntlich sich nicht zum besten geht. Beim Diner nach der Jagd wurde das Für oder Wider einmal „wissenschaftlich" erörtert. Schließlich ward ich als warnendes Exempel gegen die Haferschuhe angeführt. Ich ging allerdings an jenem Tage zum Erbarmen Zum ersten waren mir nach Beendigung der Jagd, als ich mich bückte, um den besseren der von mir erlegten Böcke bei den Krucken zu fassen und auf sein Gewicht zu prüfen, die beiden Hosenträgerknöpfe hinten an den Hosen gerissen, und ich hatte den stundenlangen Abstieg zu machen, mit der einen Hand die Gamslederen haltend, die immer über die Knie herabrutschen wollten, in der anderen den Bergstock und zwar diesesmal auch, wie der Geistliche die Kerze in seiner Kirche hält. Es war eine verzweifelte Situation, zum Totlachen für die Anderen, von denen ich mich immer weiter zurückhielt, bis ich endlich ungestört meinem Ingrimm in den bekannten Jägergebetlein Luft machen konnte. Aber das war an jenem Tage noch nicht die ganze Summe des Jammers. Die sorgsame Gattin hatte es vor jener Jagd besonders gut mit mir gemeint und die dickwollenen Socken einer eingehenden Revision unterzogen. Sie überraschte mich beim Einpacken mit lauter frischangestrickten Strümpfen, die sie aber — wer will's der sparsamen Hausfrau verdenken — alle so vorsichtig angestrickt hatte, daß sie auch nach dem Einschrumpfen, dem die Wollwaaren nun einmal leider in der Wäsche ausgesetzt sind, zu gebrauchen wären. Noch aber waren sie nicht im Wasser gewesen, und ihre Falten drückten und scheuerten mich, daß ich hätte aufschreien können bei jedem Schritte. Ein lustiges Marschieren an jenem Tage! — Kniehosen — ich trage sie. Mir ist, als ob ich ein Stück Jugend mit ihnen anzöge und die alte Beweglichkeit. Schleich' ich vorher gelangweilt die Treppen hinauf, jetzt nehm' ich zwei und drei Stufen, und alte Berglust und Jugendfreudigkeit schwellen mir die Seele. Hanswurstrei! Meinetwegen; ich bin ein solcher Narr. Aber ich möchte doch nur denen raten, ihre Knie landesüblich nackt zu tragen, die — das passende Maul dazu haben, d. h. die den österreichischen oder bayerischen Dialekt sprechen. Einen norddeutschen Bruder in Hubertus in solcher Maskerade — warum braucht er nicht lieber die in den Alpenvereinen gebräuchlichen Knickerbockers, die ebenso bequemen Pumphosen. In einer großen Zahl von Gebirgsthälern ist das nackte Knie gar nicht einmal national, ich habe Jagden mitgemacht, bei welchen nicht ein einziger Treiber die Knie unbedeckt trug, und diesen fällt doch allein die Aufgabe des eigentlichen Steigens zu, bei denen selbst von den Jagdaufsehern die Mehrzahl ihre Beine schamhaft verhüllt trug, von wegen der Berührung mit Brennnesseln und sonstigen unartigen Dingen — und nur die Jagdgesellschaft, die Schützen, führte als eine Art Uniform die kurzen Hosen und Wadenstrümpfe. Allerdings als eine zu der Umgebung passende Kleidung, die ich ungern vermissen möchte. Die Mode der Zeit hat auch in meiner oberbayerischen Heimat die althergebrachten charakteristischen Volkstrachten eine Zeit lang auszumerzen gedroht; vor dem Untergang sind sie Gottlob jetzt gerettet, und allerorten entstehen Gesellschaften und Vereine zu ihrem Schutz. Diesen verschlägt es auch nichts, wenn die Bänkelsänger aus den Bergen, die in ihren theatralisch aufgeputzten Kostümen die Jahrmärkte und Konzertsäle Deutschlands unsicher machen, sobald sie zu kurzer sommerlicher Rast nach Hause kommen, dort ihre — „National"tracht ablegen, weil ihr Kostüm in eine Maskengarderobe gehört, nicht hinein in die Hochgebirgsthäler. — Auf dem Rücken den „Schnerfer", um den Leib einen Trageriemen, wer in den Fall kommt, unter Umständen einen Bock selber nach Hause tragen zu müssen, und wir können ausziehen zur Jagd. —

Diese selbst ist nun freilich am bequemsten auszuüben, wenn man sich von irgend einem großen Herrn, der ein Jagdrevier in den Bergen besitzt, einladen läßt. Am relativ bequemsten; denn mit etwas Schweiß und Anstrengung muß die Gemse doch immer erkauft werden. Der große Herr muß aber dann auch wirklich eine Freude daran haben und seinem Gast es gönnen, wenn er zu Schuß kommt. Dann ist solch' eine Jagd selbst wieder eine Freude. Bloß ein weiteres Ornament des Tages in Jagdausrüstung abgeben zu sollen und ängstlich auf den Stand des Jagdherrn hinhorchen zu müssen, ob es dort auch brav knallt, bei jedem Schuß bedenken zu sollen, daß man nur geringere Stücke schießt, als jener, das ist auf die Dauer etwas unbequem. Der unlängst verstorbene Graf E. E., ein großer Jäger vor dem Herrn, trieb es so arg, daß er geradezu verlangte, wenn er einen Fuchs gefehlt hatte, sollte auch kein Gastschütze auf Reineke schießen, oder ihn treffen. Er konnte seine Gäste, namentlich diejenigen, die nicht von Geblüt waren, bös anschnauzen. Auf eine solche Jagd geht, wer auf sich hält, eben einmal und nicht wieder. Auf der anderen Seite muß aber auch der Jagdgast billig sein und nur einmal sich selber in die Lage denken, daß er auf der eigenen Jagd einen Haupthirsch oder Kapitalbock gehen hat, dem er seit Jahren schon vergebens zu Liebe geht, und nun schießt ihn per Zufall beim ersten Treiben ein doch immer mehr oder minder fremder Gast. Bei aller hohen Jagd ist einige Zurückhaltung am Platze und, wo nicht ausdrücklich zum Gegenteil eingeladen wird, auch nur zu empfehlen. Eine gepflegte Gemsjagd kann freilich so zunehmen, daß unter Umständen ein möglichst großer Abschuß notwendig wird, wenn das Wild nicht auswandern oder aus Mangel an Äsung eingehen soll. Ich führe die Seuchen, die in den letzten Jahren die Gemsen einiger Gebirgszüge, namentlich Tirols, heimgesucht haben, nur auf die Thatsache ihrer Übervölkerung zurück. Besonders wo ein Rotwildstand zugleich mit dem Gemsstand gehegt wird, fehlt es dem letzteren in etwas strengen Wintern nur allzuleicht an der nötigen Äsung. Das Rotwild steigt den Sommer über in die höchsten Kare; man trifft es an und spürt es in Regionen, die man für die ausschließliche Gemsdomäne halten möchte. Dort äst es alles Vorhandene ab und zieht sich, kommt der Winter, nach den Fütterungen in den Thälern zurück. Auch die Gemse zu füttern, so weit hat man es noch nicht gebracht; sie kümmert dann in ihren Ständen und geht kraftlos im Frühling, wenn das erste Grün erscheint und im Heißhunger gierig abgeäst wird, ein. Die langen Flechten an den Bäumen selbst, manchmal im Winter ihre letzte Äsung, hat ihnen das Rotwild, das viel höher an den Ästen hinaufreicht, schon vor dem Abzug weggeschnappt.

„Rendezvous am so und so vielten, da und da. Ich habe die Ehre im Auftrag pp. Ihnen ergebenste Mitteilung zu machen." Wem solch frohe Botschaft wird, beneidenswerter Jäger! Die Doppelbüchse ist in Erwartung des Liebesbriefleins längst schon zum so und so vielten Male ausgewischt und nachgesehen worden, die Kugeln stecken frisch gefettet und fest in den Hülsen, und die schnellste Reiseroute ist auf dem bunten Eisenbahnnetz unserer Vaterländer nicht minder seit Wochen ausgeklügelt. Auch drinnen im Hochgebirgsthale ist ähnliche Aufregung zu verspüren. Da arbeiten die Wegmacher, die von Lawinen und Felsstürzen im Frühjahr unterbrochenen Steige wieder herzustellen, die Stege über Gräben und Waldbäche werden nachgesehen und auf ihre Tragfähigkeit geprobt, auszubessern ist überall, und eifriges Studium erfordern vor allem die Stände der Schützen. Jeder der Herren will einen möglichst guten Ausschuß, keiner soll den Nachbar im Schießen hindern, manchmal nicht einmal ihn dabei sehen, damit gewisse kleine Kunststücke nicht beobachtet werden können, die man später beim Renommieren nicht gebrauchen kann. Für jeden Tag der Jagd sind zwei Treiben vorzubereiten. Bei gutem Wetter droben unter den Gipfeln im Kar, an der Grenze des ewigen Schnees — wo solcher nämlich vorkommt, das Kalkgebirge duldet ihn weniger, — für die schlechten Tage tiefer unten ein Waldeck. Die Jäger revidieren die Treiben nochmals, sie haben die Treiben zu führen, Wehrmänner zu stellen; auf ihrer Kenntnis jedes Grates, jeder Wand, auf ihrer Ausdauer und Erfahrung ruht zum mindesten so gut der Erfolg der Jagd, wie auf dem geraden Pulver der Schützen.

Der erwartete Tag ist da; in leichten Wagen fahren von der nächsten Bahnstation die „Herren" zum Dorf herein. Das giebt ein Drängen und Treiben, ein Sichbegrüßen; die alterfahrenen Treiber suchen dem Jagdherrn in die Nähe zu kommen, ein freundliches Wort von ihm zu erhaschen, und der junge Nachwuchs respektiert in ihnen die Meister. In gedrängter Kürze referiert das Jagdpersonal; Wilderergeschichten, sie sind ja überall unausbleiblich, vom milden Winter, der den Gamsen nicht wehgethan, etwas vom Hahnfalz und das Meiste vom Wetter. Da prophezeien ihrer zehne, jeder andere Tage. Kann guat wer'n, kann sei' net a; schließlich weiß doch keiner etwas Gewisses. Im „Heuwinkel" ist es licht, und geschneit hat es auch unlängst hoch droben in den Wänden, — doch wenn es auch fingerdicke Stricke regnete, morgen kann doch der hellste Sonnenschein sein; die Hoffnung läßt nicht aus, so viel Enttäuschungen der Hochgebirgsjäger auch schon erleben mußte. Mittlerweile sind Koffer und Gewehrkisten auf die Rücken der Träger verteilt, die Muli vorgeführt, die Gesellschaft rangiert sich und in langem Zuge windet sie sich durch die engen Dorfgassen hinaus, allmählich ansteigend, bis sie im Wald verschwindet, dort wo der Pfad in das kühle stille Thal mit dem einsamen Birschhaus einmündet. In dem letzteren beginnt jetzt fröhliches Leben. Das ganze Jahr über hat es nichts gesehen, als zeitweilig den hier stationierten Jäger, ein paar Kühe und hier und dort einen Armen von draußen, der zu den Almhütten bitten geht. Das hat sich nun mit einem Schlage geändert. Bis in den letzten Winkel ist das Birschhaus und die Jägerhütte daneben belegt, die Heuböden der Sennhütten thalein und thalaus werden noch von den Treibern und Jägern in Anspruch genommen. In der Küche drängen sich die Mägde, im Vorflur Büchsenspanner und Dienerschaft, Feuer lodern im Freien, die knisternden Späne akkompagnieren das Rauschen des Bergbaches, der zwischen den Felsblöcken hier seinen Ausgang sucht. Auf langer Tafel vor dem Blockhaus ist für das Personal gedeckt, und die schweigsame Nacht selbst scheint um ihre Reputation zu kommen, denn tief hinein tönt Zitherklang und Schnaderhüpferl und dazwischen ein Juchzer, der an den ehrwürdigen Bergriesen rechts und links verwunderndes Echo findet. Wenn die Herren längst schon ihr Lager gesucht, besprechen die Jäger beim reichlich zugemessenen Tiroler noch zum letzten- und allerletzten mal das morgige Treiben.

Der Tag ist gut. Blau das Fleckchen Himmel, das hier herein lugen kann; um die Spitzen des das Thal abschließenden Bergstockes nicht die geringsten Schleier gelagert. Noch liegt die Dämmerung über dem gewaltigen Schneefeld in seinem Schoße, hier aber, wo der Graben einen Einblick hoch hinauf gestattet, hier sieht, vom ersten Sonnenstrahl begrüßt, schon leuchtend einer der steilen Felsgipfel zu uns herunter, wie mit freundlichem Gruße winkend. Schon im ersten Grau sind Jäger und Treiber vorausgegangen. Sie umfassen von rückwärts und aus dem Nachbarthal drüben ansteigend das heutige Treiben. Die am weitesten haben, mögen an sieben Stunden steigen, bis sie am Platze sind, von dem aus sie gegen die Gemsen angehen können. Hoch in den Wänden liegt Schnee, der die Aussichten des Tages einigermaßen trübt. Er erschwert das Steigen, ballt sich unter den Eisen, reißt im Abrutschen den Unvorsichtigen in die Tiefe, und die angelassene Gams nimmt ihn schließlich doch an und versteigt sich, wohin ihr niemand folgen kann. Was kann das helfen; drauf in Gottesnamen!

Noch in der Kühle des Morgens bricht auch die Jagdgesellschaft selber auf. Wer auf Schusters Rappen reitet, um so viel früher; die Kavallerie auf den Maulesel hinterdrein. Längs des Baches im Thal geht die Wanderung, am Kaser vorüber, der freundlich von seinen Vorräten anbietet, bis der Birschpfad plötzlich abbiegt und der eigentliche Anstieg beginnt. Eine grasüberwachsene Geröllhalde überschreitend, neugierig vom Almvieh beglotzt und den braunen hörnerlosen Ziegen beschnuppert, nimmt uns allmählich der immer enger werdende Graben auf, und, dem Zickzack des Pfades folgend, klimmen wir langsam bergan. Für Lackschuhe ist der Weg nicht gemacht, das merkt man allmählich, aber er ist sicher und selbst bequem; wo er an Abstürzen vorüber führt, fehlt sogar ein Geländer nicht, und wenn nicht gerade ein kantiger Stein abgeht und mit einem unglücklichen Schienbein zusammengerät — ist von Fährnissen hier nicht die Rede. Die Gefahr der Gemsjagd existiert ja nur in den Beschreibungen derselben. Wer allerdings körperlich zum Schwindel geneigt ist, wird Anwandlungen davon überall verspüren. Bei ihm helfen Magen und Phantasie zusammen, ein plötzliches Gefühl der Angst hervorzurufen, über das man im nächsten Augenblick selber lacht. Diese Steige sind nicht so angelegt, daß sie fußbreit an Abgründen vorbeiführen, wo für gewöhnlich die Gemse allein ihren Wechsel hat, und von meinen Jagdfreunden hat sich auch noch keiner die Fußsohlen aufgeschnitten, um sich mit dem auf diese empfehlenswerte Weise gewonnenen Blute an die Felsen zu kleben, auf denen er sich anders nicht mehr halten kann, wie es in unsagbar blödsinnigen Büchern zu lesen steht. Ich selber habe jetzt doch schon so manche Gemse geschossen, so weit man's eben bringen kann, wenn man nicht geradezu als Berufsjäger mit dem Wilde lebt und auf freundliche Einladungen für seine Passion angewiesen ist — im Armenrecht jagen, nannte es einmal ein boshafter Mensch — aber, will ich nicht lügen, der gefahrvollen Situationen habe ich doch nur äußerst wenige erlebt. Man ist nicht so thöricht und hat in den gut besetzten Revieren Bayerns und Österreichs es auch nicht nötig, sie aufzusuchen, und so kommt man auch nicht dazu. Doch giebt es immerhin Menschen, die nicht aus einem Kirchturmfenster ins Land blicken können, und wenn ihnen die Brüstung bis an den Hals reicht, und für diese ist dann freilich auch das Hochgebirge und seine Jagd etwas, was sie lieber nicht versuchen sollen. Aber der Reiz, eine Gemse geschossen zu haben, überwiegt manchmal doch. Es sind ein paar Jahre her, daß Exzellenz v. S., ein schneidiger deutscher Reitergeneral, sich sehr schwer that, um seinen Stand am Heimjoch endlich zu gewinnen. Trotz fliegender Geländer und auf einem sanft

sich abflachenden Terrain fieberte die Exzellenz ordentlich, bis die Stelle endlich passiert war. Drüben bemerkte lustig der jagdleitende Wildmeister: „Wenn's einmal zum Krieg kommen sollte zwischen Deutschland und Österreich, was unser Herrgott verhüten möge, dann bitten wir schon recht schön, daß Exzellenz daherin kommandieren; da fürchten wir uns dann nicht so viel." Solcher Schwindel ist eine Krankheit, für die der Einzelne nichts kann, und die den tapfersten und beherztesten Mann, dem eben die Gewohnheit des Hochgebirges fehlt, erfaßt. Versuch es einmal einer, der kein Dachdecker oder Zimmermann ist, den Hahn auf einen Kirchthum hinauf zu setzen; es wird sich jedermann höflich dafür bedanken.

Wir steigen noch immer. Hier durch den Graben werden die Schritte unwillkürlich länger; die Wand über uns sieht zu wenig einladend aus, und abgehende Steine nehmen nicht Rücksicht auf unsere Pläne für den vor uns liegenden Tag.

Eine Treppe aus Steinen wechselt mit einer primitiven Hühnersteige aus Holz, hier fangen die Zirben an, ihre Schatten zu werfen, und ihre zierlichen Nüsse auf dem Wege zeigen an, daß einer der voraneilenden jungen Herren seine botanischen Kenntnisse zu erweitern bestrebt war. Das den Berg hinauf Laufen ist ja das Vorrecht der glücklichen Jugend, das verständigere Alter begrüßt sich beim Begegnen mit dem Zuspruch „Zeitlassen" und handelt auch weise nach dieser Regel. Wozu auch das Gipfelstürmen! Wer zu früh am Platze ankommt, hat dort nur desto länger auf den Beginn der Jagd zu warten. Ihr Anfang aber hängt nicht davon ab, daß wir zur Stelle sind, das müssen vor uns die Treiber sein, und sie haben bekanntlich den dreifachen Weg zurückzulegen, denn wir. — Die Luft wird dünner, ein Jochrabe streicht über uns weg und schreit uns sein schrilles Kri zu; hier legt sich auch heiß die volle Sonne des Septembers auf unsere Schultern, daß ihr bald Thränen des Dankes von allen Stirnen gespendet werden, des Dankes für den schönen Tag, den sie uns beschert. Die Wildwasser schäumen links in überstürzender Eile dem Thale zu, wo sie als dichter Staubregen ankommen; Leben hier oben allüberall. Von jedem Gletscherfelde rieselt ein eiskalter Wasserfaden mit vergnügtem Murmeln hernieder, in der Sonnenglut hat er seine schlimmen Eigenschaften eingebüßt, bis er den Platz unserer jetzigen Rast passiert, und wird zur erquickenden Labung. Inzwischen sind die Stände verteilt und die letzten Verhaltungsmaßregeln werden eben noch schnell ausgetauscht. Die Karawane setzt sich wieder in Bewegung. Ein weites Thal liegt vor unseren Augen. Üppigster Graswuchs und wuchernde Almrosenstöcke; nur ist ihre erste Blüte schon vorüber, und das Auge sucht vergeblich nach ihren freundlichen roten Blumen. Verfallende Viehhütten nach rechts und links, der unterste Stand hart neben der links dort vor uns liegenden. Der Schütze auf

Nummer sieben will schnell seinen Platz einnehmen, aber freundliches Lächeln des erfahrenen Jägermeisters belehrt ihn, daß dies nicht so geschwind gehe. Es ist noch eine gute halbe Stunde dorthin, die seufzend durchmessen wird, bergan, eine Thalsenkung von ungeahnter Breite zeigt sich plötzlich und mit einem Ausdruck der Enttäuschung schickt man sich an, zwischen dem Labyrinth von Felsblöcken, zu denen hier vor tausenden von Jahren irgend ein Naturereignis eine Felswand zerschmettert und herniedergeworfen hatte, sich durchzuwinden. Man kann die Stelle in der Form der Bergzacken, die Lücke noch sehen, aus welcher der Riese herausgebrochen wurde, über dessen zahllose Knochenreste jetzt unser Fuß hinweg zu turnen sucht. Der oberste Stand ist noch eine gute Stunde weit entfernt, zwischen beide teilen die übrigen Schützen sich ein, mit Waidmannsheil und Waidmannsdank sich verabschiedend; endlich krabbelt der letzte mit seinem Träger oben unter der Wand, ganz winzig klein, und allmählich haben wir uns sämtlich häuslich eingerichtet, die Büchsen sind schußfertig, Fernglas und Patronen säuberlich und zur Hand liegend ausgebreitet, Wettermantel und Rucksack suchen den geduldigen Teil unseres Körpers sanfter zu betten, der allein all die kommenden Stunden nichts von dem Jagdvergnügen profitieren soll, und wenn wir bequem und so weich, als es auf dem Lehnstuhl von Stein ermöglicht werden kann, darauf sitzen, wird — gefuttert. Nach dem doch immer ermüdenden Anstieg schmeckt das Frühstück doppelt und das Wasser des Bergbaches ist zwar unvergleichlich schmackhafter, als alle Quellen des Flachlandes, aber ein Glas in ihm gekühlten farbigen Getränkes ist ihm auf dem Stande doch vorzuziehen; die verlorenen Flüssigkeiten im Blute wollen ersetzt werden,

man trinkt und ißt und trinkt wieder, denn wenn die Jagd einmal begonnen hat, ist ja doch für derartige Geschäfte keine Zeit mehr. Aber der Wein ist hier oben ein tückischer Geselle; der ausgetrocknete Körper absorbiert ihn zu rasch und man hat ihn im Kopf, ehe man sich dessen versieht. Ein einziger starker Schluck wirkt wie drunten ein voller Krug, und so ist es jetzt erst recht von Vorteil, daß das Treiben noch lange nicht beginnt, denn die Augen fallen dem Jäger zu, und der Träger, der sich hinter dem Stande des Schützen ein sicheres Plätzchen ausgesucht hat, wo auch er „alle vier" von sich streckte, sieht neugierig über die Steinplatte hinüber nach dem Herrn, der in aller Gemütsruhe „Bretter zu sägen" begann. Lassen wir ihn den Schlaf des Gerechten schlafen! Wenn ein Gams flüchtig bei ihm vorüber will, meldet er sich schon vorher an.

Das ist der wunderbare Reiz der Hochgebirgsjagd: die Hasenjagd im Flachlande gestattet wohl den Anblick einiger Felder, aber der Novembernebel liegt auf der Flur und die umherbockelnden Kapuziner machen hinter seinem Schleier ihre Kapriolen lange genug, ehe sie in den Sehkreis der Schützenlinie kommen. Und so prächtig ein Waldtreiben in der scharfen Winterluft ist, wenn der Rauhfrost jeden Grashalm und jedes Zweiglein mit seinen Krystallen überzogen hat — es ist halt doch nur ein winziges Fleckchen Erde, das um den Schützen herum offen liegt, die ungesägten Bretter der Bäume vernageln überall die Welt. Aber hier! Schon beim Aufstieg! Noch früher im Thale selbst, auf das doch rechts und links die Bergwände drücken, als wollten sie drüber herfallen und den Bach austrinken, der sich deshalb so beeilt, um der gefährlichen Nachbarschaft zu entgehen. Und mit jedem Schritte höher verschieben sich die Schroffen und treten zurück, und was so nah erschien, wird meilenweite Schönheit. Gipfel um Gipfel, Hochthal um Hochthal, alter Zerstörungen rosenüberwucherte Betten, für den mangelnden See blauschillernde Gletscherfelder, grüne Matten inmitten des ewigen Schnees, daraus empor Steinnadeln und Felszacken, in einer Wildheit aufwärts fliehend, als wollten sie sich gewaltig der versöhnenden Vegetation entziehen, und drüber ein Himmel, so blau, so blau, und der alle bändigende Sonnenschein, der wie ein Gebot des Friedens über der Landschaft liegt und in jedes Schneeloch einmal am Tage blickt und der tollen Flucht der Gipfel Ruhe und Stetigkeit aufzwingt. Ein Friede bei aller Großartigkeit und Wildheit, so wirkt allein noch das Meer auf den Seefahrer, der seine Stürme und Gefahren kennt, wenn auf dem ausatmenden der letzte Schimmer des scheidenden Tages ruht. Ruhe und Großartigkeit, unwillkürlich überkommt ein Teil dieses Friedens und dieser Weltverlorenheit auch deine Brust.

Da weckt ein Schuß den Träumer aus seinen Gedanken. Es ist der Hebschuß, der das Zeichen den Treibern giebt, anzugehen, und den Schützen, daß das Jagen seinen Anfang nimmt. Auf 11 Uhr zeigt die Uhr, wie wir uns vergewissern; die Treiber sind pünktlich gewesen, es geht wie am Schnürchen. Ein leises Zucken ums Herz, man läßt die Hähne spielen, um sich zu überzeugen, daß alles in Ordnung ist — und es ist doch noch lange, lange Zeit, bis man daran denken kann, zu Schuß zu kommen, bis die Jagd sich nähert. Ein einzelner Bock, der zufällig in Sicht kommt, hat mit ihr sicherlich nichts zu thun. Ihn hat wahrscheinlich beim Aufsteigen frühmorgens ein Treiber oder Jäger gestört, und nun sucht er sich wieder zurück auf seinen alten Stand. Bumm! Er hat den unrechten Schützen angenommen und macht eben graziös sein Akademisches. Dann ist es wieder ruhig, und das stürmisch gehende Herz hat Zeit, das gewöhnliche Tempo seiner Schläge anzunehmen. Ich prüfe die Entfernungen, hierhin, dorthin mag ein Schuß noch riskiert werden; jenes Buschwerk, das wie ein Grasbüschel aussieht, ist doch über Manneshöhe groß — dahin trägt keine Kugel mehr, das heißt, die Büchse geht wohl noch so weit, aber alle Zielsicherheit ist verloren, wenn die Mücke den ganzen Gams verdeckt. Man hat uns seiner Zeit gelehrt, die Gemse stehe schußmäßig, wenn man ihr zwischen den Krikeln durchblicken könne. Das paßte für die alten Kugelbüchsen mit ihrem braven Rundblei und war übrigens nach den Individuen verschieden; das bessere Auge erkennt den Bock auf größere Entfernungen, aber die Büchse vor dem weniger fernsichtigen Auge schießt deshalb nicht weniger weit; auch gilt für die neuen Expreßbüchsen die Regel nicht mehr, die schießen weiter, als das beste Auge zwischen den beiden Schläuchen unterscheidet. Ich habe mir als Regel genommen, die Gemse für schußmäßig zu erachten, wenn ich die einzelnen Teile derselben noch bezielen konnte. So lang man das Blatt unterscheiden kann, kann man's auch treffen. Das hat mich bisher nicht getäuscht, und dabei gedenk ich auch in Zukunft zu bleiben. Freilich die Unterscheidung von Bock und Geiß wird dem mit der Gemsjagd nicht Vertrauten auf solche Distanzen nicht möglich sein. An ihr liegt aber auch bei großen Jagden nichts, hier gilt die Regel nur, kein Kitz und keine Kitzgeiß zu schießen, und da Mutter und Kind in den meisten Fällen mitsammen sind, als wäre das Kitzlein an die Alte angebunden, wird man bei nur einiger Aufmerksamkeit gegen diese Regel nicht verstoßen. Die Lehre, daß der Bock stärkere und mehr gebogene Krikeln trage, als die Geiß, trifft ebenfalls zu, wenn auch nur sehr allgemein. Ich will dem Laien Krucken vorlegen, und er verwechselt ganz gewiß die Geißkrucken mit den Bockkrucken. Namentlich wenn sie von Gemsen aus verschiedenen Gebirgsgegenden stammen. Alte Geißen sehen oft zum Verwechseln dem Bock ähnlich; alte Großmütter tragen oft Bärte, um die sie ein Leutnant beneiden kann. Der Pinsel des Bockes, dies in die Augen fallende Unter-

Etliche hab ich wohl schon auf solcher Flucht hingelegt und habe mich stets einen Kopf größer nach dem Schuß erachtet. Aber noch öfter bin ich nicht fertig geworden und mußte die Gemse unbeschossen vorbeilassen und war dann sehr kleinlaut beim Jagddiner. Es geht schon wie der helle Satan den Graben hinunter, wenn das Rudel von dem oberen Stand aus Feuer erhalten hat und vielleicht ein Stück davon gestürzt ist. Dann wissen die übrigen, worum es sich handelt, und adieu Neugierde, nun sucht jedes möglichst rasch vom Schuß zu kommen.

Auch haben wir bisher nur von der Jagd hoch oben mit dem freien Ausschuß gesprochen und unter gütigem Sonnenschein. Tiefer unten im Walde heißt es auch bei der Gemsjagd manchmal flüchtig schießen, wenn sie unversehens erscheint, über eine Lichtung hinüber wechselt, wie der Fuchs über die Schneiße. Zwar verleugnet sie ihre Natur auch hier nicht, die sie in kurzen Zwischenräumen immer wieder zu einem Augenblicke stillen Nachdenkens zwingt, der so oft ihr letzter Augenblick wird, und wer es eben weiß, der kann auch hier auf diese ihre Gewohnheit sündigen. Mir ist heuer ein solcher Stand beschieden gewesen, einer der schönsten, dessen ich aus zwanzig Jahren Hochgebirgsjagd mich erinnere. Väterlich breitete eine Zirbe, vielmehr zwei aus einer Wurzel entsprossene dicke Stämme, ihre Äste über mich aus, und ich setzte mich — trotz vermeintlicher Erfahrung immer wieder thöricht — und leider — so ungeschickt, daß ich bergab mit der Büchse immer um den rechten Zirbenstamm herum gehen mußte und zwischen beiden hindurch erst meinen Ausschuß links hinunter hatte, wo verschiedene Gams an derselben Stelle durchkamen, weil ich regelmäßig erst zum Feuern fertig war, wenn das Wild bereits in der Dickung hinter uns verschwunden war. Aber ich hatte unglücklicher Weise den anstellenden Jäger falsch verstanden, den Stand meines Nachbars ober mir über dem Grat drüben vermutet und hielt nun den ganzen Berg nach oben und unten unterm Auge. Links unten war die Almlichtung; eine doppelte Reihe Lappen wehrte den Gemsen hier den Ausweg. Die Gemse wie der Hirsch respektieren unter gewöhnlichen Verhältnissen die bunten Tuchfetzen; sind sie verfolgt und in rascher Flucht, geht es freilich in königlichem Satze darüber weg. Um sie noch wirksamer zu machen, empfiehlt sich ein Wehrmann in Zwischenräumen zu ihnen, der, wenn die Rudel in Sicht kommen, an der Leine ruckt, daß die Lappen flattern. Ein richtiger „Cappino" versteht das ganz trefflich; natürlich müssen die Lappen auch im Verhältnis zur Größe der Gemse gehängt werden. — Über die Maßen possierlich ist es, wenn beim Passieren der Lappen sich eine Gemse darin verfängt und ratlos sich ein paarmal überschlägt. Bei einer Jagd am Sonnjoch ward mir dies Schauspiel einmal in unmittelbarster Nähe. Der Bock verhaspelte sich mit den Krucken, und ich mußte unwillkürlich lachen, so lachen, daß ich — ganz aufs Schießen vergaß. — An die Lappen reihten sich die Stände der Schützen an, bis hinauf fast unters Scharterl; ich konnte jeden einzelnen mit dem Glase beobachten. Vor mir war Erlengestrüpp, dazwischen Steinblöcke, die unterm Laub hier von der Wucht ausruhten, mit der sie aus der Wand heruntergeschleudert worden waren, und Graben an Graben, die ich aber nicht sah, das Gestrüpp schien nirgend unterbrochen zu sein, nur an den Gemsen, die durchwechselten und immer wieder vor meinem Auge verschwanden, mußte ich es allmälig wahrnehmen. Rechts oben eine Wand, mit Gras und Zirben bewachsen, und dann der Grat. Aus den Wehrschüssen der Treiber im Trieb selber, den ich nicht sehen konnte, rechnete ich mir aus, wann sie wieder mit einem Rudel zusammengestoßen waren, bald darauf kamen die Gemsen auch, und dann ging's vor mir auseinander nach den verschiedenen Wechseln. An den Lappen abprallend, gingen sie rechts (von den Lappen) die Schützenlinie empor, wo sie unsanft begrüßt wurden, und wieder zurück in die Erlen. Nun ist es ein Fehler unserer jetzigen Geschosse, und selbst die Expreßbüchse leidet trotz ihres mächtigen Triebes darunter, daß die Kugel abweicht von der Bahn bei der geringsten Berührung mit einem losen Gegenstande. Wo das wackere alte Rundblei durch Blätter und Zweiglein unbekümmert hindurchschlug, irrt das Langblei selbst ein Grashalm, und wer das nicht weiß, zerbricht sich oft vergebens den Kopf nach den Gründen eines Fehlschusses. Ich hatte also eigentlich ein schweres Schießen. Die ganze lange Linie vor mir. Die Gemsen kamen und verschwanden in den Gräben, wo kommen sie wieder zum Vorschein? Denn sie passierten die Gräben nicht quer, sondern wechselten stets unsichtbar von mir in denselben fort, bergauf oder den Berg hinunter. Und gewiß erschienen sie dann, wenn ich sie oben sorgfältig erwartet hatte, drunten, und umgekehrt. Ein, zwei Sprünge im Gestrüpp, kurzes Verhoffen auf einem handgroßen Grasfleck, wieder Gestrüpp, und gerettet waren sie, wenn jetzt auf dem schmalen Graslahner, über den sie in zwei Fluchten hinwegfielen, die Büchse nicht krachte. Bis ich aber glücklich die Büchse um den einen Zirbenstamm gebracht hatte, war alles schon vorbei. Und wartete ich hier zwischen den Zirben einmal auf das nächste Stück, das den gleichen Wechsel anzunehmen schien, dann steinelte es gewiß oberhalb, und auf dem Felsen schräg rechts meinem Stand gegenüber stand plötzlich ein Bock und hatte Ausschlicht gehalten. Eben sah ich noch seinen letzten Sprung in die Tiefe herab. Halt, er könnte dort noch einmal zum Vorschein kommen, gewiß will er dort dem Grat zu das Weite gewinnen. Und richtig, ein Fangschuß, der Bock stürzt. Eben teile ich mir mit vergnügtem Lächeln ein Fleißbillet zu, da poltert es, und wie ein abgehender Stein kugelt die Gemse herunter, beim jedesmaligen Aufschlagen hoch aufspringend. Fast rahm sie mich selber mit, ich drückte mich unwillkürlich zurück, als sie kaum schrittweit an mir vorbei sauste, und prasselnd schlug sie weiter unten ins Unterholz. Als der Treiber sie später holte, präsentierte sie sich sehr malpropre. Den einen Schlauch hatte sie ganz verloren, der nackte Zapfen starrte ins Leere, der andere lag abgebrochen, die untersten Teile noch am Zapfen, unter ihr. Wer sie gegessen hat, weiß ich nicht; gesegnet hat er den Schützen wahrscheinlich nicht um den Braten. Denn solche abstürzende Gemsen kommen gewöhnlich mit zerplatzten Eingeweiden unten an, und durch das oftmalige Aufschlagen teilt sich der Geruch des Darminhalts dem Wildbret in bedenklichstem Maße mit. — St. Hubertus wollte mir trotzdem wohl an diesem Tage; ich war mit 5 Stück, darunter einem Hauptbock, an der Strecke beteiligt, die im Ganzen 41 Gemsen aufwies. Waidmannsheil dem erlauchten liebenswürdigen Herrn jener Jagdgründe! Waidmannsheil jetzt und for ever!

Durch zu frühes Schießen kann der oberste, durch zu spätes der tiefst stehende Schütze das ganze Treiben verderben. Als wir das H. jagten, waren gut 800 Gams im Triebe, und wir alle, die wir das Kar herunter unsere Stände hatten, sahen nichts davon. Der Wind ging von uns weg direkt in den Trieb. Der Pulverrauch vom zweithöchsten Stand legte sich in das Jagen, und die Gemsen waren nicht darüber hinweg zu bringen. Wenn der oberste Herr zu früh schießt, gegen die Gemsen, statt ihnen nach, kann er die Rudel zum Umkehren bringen, und der unterste hat ihnen hinwiederum entgegen zu schießen. Es liegt das auf der Hand, und doch denkt niemand auf dem Stande daran. Ich weiß ein großes Treiben auf diese Weise verdorben, weil der tiefst stehende Herr, dem zufälliger Weise die kolossale Menge Gams des Jagens wie auf Verabredung kam, darüber so aufgeregt wurde, daß er ganz darauf vergaß, warum er denn dort stand. Hätte er nur ins Blaue hinein Feuer gegeben, brachte er die Gemsen zum Umkehren; so schoß er gar nicht, und Rudel für Rudel gaben ihre Visitenkarten bei ihm ab und wechselten dann, ihres Lebens froh, nach den Bergen überm Bache drüben, jenseits des Thales. — Eingestellte Gemsen: die sich vermeintlich verstiegen haben und nun ratlos geduldig ihr Schicksal erwarten. Das kommt bei jedem Treiben vor, ein Beweis für die Fassungslosigkeit des Tieres. Es bleibt einfach stehen, geschehe mit ihm, was da wolle. Die Kanonade nach Beendigung der Jagd, die so regelmäßig ist, wie das B im A B C, geht auf eingestellte Gemsen. Da werden die Kunstschüsse versucht, und das arme Tier hält ruhig als Zielscheibe aus, bis es endlich getroffen ist und nun sich zu Brei zerfällt. Das Letztere ist die natürliche Folge, und jeder Schütze weiß darum. Warum läßt er aber dann die Gemsen nicht lieber ungeschoren? Wenn der Lärm der Jagd verstummt, die Ruhe dem Thal wieder gegeben ist, finden sie sich mühelos von ihren scheinbar unwegsamen Aussichtspunkten wieder herunter. Wo die Gemse hingehen

konnte, dorther kommt sie auch wieder zurück. Sorgen wir uns nicht, daß ihr die Fähigkeit zu klettern mit einmal abhanden gekommen sei. Aber die leidige Schießwut kennt keine Schonung. Da muß darauf los geknallt werden, damit wieder eine Nummer der Schußliste mehr ausgefüllt werden kann; ob die Gemse selbst zum Teufel ging oder nicht, ist Nebensache. Die Mehrzahl der heutigen Jagd ist eben leider nur Schießsport; mit dem Waidwerk hat sie wenig oder nichts zu thun.

Bei schönem Wetter, sagten wir schon einmal. Aber eingekeilt in ein Hochthal, in das enge Birschhaus, und nun hängt plötzlich der Himmel seinen Wettermantel über die Landschaft, und Berg und Thal liegen in einem Nebel, zum Greifen dick, der wie ein Falzbrett vor den Augen steht. Als ich das erstemal das Treiben in der Tristenau mitmachte, war ich so vom Mißgeschick verfolgt. Schon bis wir auf den Stand kamen, hielt kaum mehr das Lederfutteral über der Büchse das Wasser. Wie lange Stricke, Strick an Strick, hingen die Regentropfen dick und schwer vom Himmel herab. Ich kauerte mich auf meinen Stand, nachdem ich vorher in den Latschen eine kleine Verwüstung angerichtet und einen weicheren Sitz mir zurecht gelegt hatte. Aber o weh, die Nadeln waren selbst tropfnaß, und bald fühlt ich's auch dort kalt und feucht, wo ich bisher noch ein rundes trockenes Plätzchen mühsam bewahrt hatte, in der Hoffnung von dort aus wieder dem übrigen Leibe einzuheizen. Und so gamslederne, wenn sie einmal naß geworden sind, halten die Feuchtigkeit mit zäher Beharrlichkeit. Im laufenden Jahre hab ich sie einmal am Samstag noch naß vom Mittwoch angezogen. Das ist ein Gefühl, brr! Die Grundeln des Schneiders, der das Gruseln nicht lernen konnte, sind Wonne dagegen. So hüllte ich mich in den ebenfalls schon nassen Mantel und suchte Trost in der Flasche. Ich hatte gerade an dem Tage so ein hübsches Pöstchen „Spezial" aus der Pertisau mitgenommen. Aber es hielt trotzdem nicht an. Die erstarrenden Hände klammerten sich um die Holzpfeife, das einzig Warme mehr, die nicht ausging. Wolke auf Wolke paffte ich in den Nebel und Regen hinein und gewußt, wenn ich es nicht hätte, daß wir im Hochgebirge jagen, gesehen habe ich nichts davon; so trostlos kann die ödeste Moorgegend irgend einer nordischen Heide oder der Kiefernwald im Sande der Mark nicht einmal sein. Wohin ist deine Poesie, deine Romantik, du vielgepriesenes Thal? Die Pfeife war ausgegangen. Ich stopfte sie mühsam und besorgt, daß mir keiner der kreuzergroßen Regentropfen hineinfalle und meinen kleinen Wärmofen verderbe. Jetzt das Zündholz heraus; da fällt der eine Teil der Schachtel aus den steifen Fingern und hüpft munter die zwanzig Klafter vor mir hinunter. Auweh! Nun ist's vorbei. Diese verdammten Schwedischen entzünden sich ja nirgend anders als an der präparierten Reibefläche. Und auf einem Umweg hinuntersteigen und letztere holen? Bis ich drunten anlange, ist das Dings längst zu Brei durchweicht, und dann der kaum trocken gesessene Latschensitz heroben für die Zwischenzeit derselben Gefahr ausgesetzt. Mißmutig zerknitterte ich die gepriesenen und doch so unbrauchbaren Hölzchen und hätte aufjauchzen mögen, als von dem verachteten alten deutschen Schnellfeuer sich ein paar einzelne Stäbchen darunter vorfanden. Ich hatte sie wohl gestern Abend im Wirtshaus für alle Fälle mit auf mein Zimmer genommen und dann, weil ich nichts besseres damit wußte, sie zu ihren vornehmeren Genossen gelegt. Und der alte Jägerbrauch wußte Rat dafür: am trocken gesessenen Teil der Hose Feuer gerieben, und das erste Rauchwölkchen qualmte als Brandopfer für den schwäbischen Erfinder, der Phosphor und Schwefel zum erstenmale in dieser Weise zum Feueranmachen benutzt hatte. Paff! Paff! So kommt das Alte stets wieder zu Ehren, was der neumodische Schwindel eine Zeit lang schon zu verdrängen gedroht hatte. Schmeckte das Ding so gut, und die Finger hielten das runde Holzköpfchen und ganz behaglich wurde mir's, als ob der dicke Nebel da vor mir nichts als Rauch vom besten Rollenvarinas wäre! — Aber nun 4 Stunden so da zu sitzen in der lieblichen Nässe und der Temperatur des Spätoktobers, und alles, was ich sah, war eine alte Rehgeiß, die auch kein vergnügtes Gesicht dazu machte! Treibjagd bei solchem Hundewetter! mochte auch sie gebrummt haben, als der lärmende Treiber sie aus dem Lager unter den schützenden Ästen einer alten Wettertanne aufgescheucht hatte. — Zwei Jahre später galt es wieder der Tristenau. Die Berge oben waren leicht angeschneit, der Himmel wunderbar klar, die Zeit war auch diesmal Ende Oktober; ein kalter Tag. In dies enge Thal fällt nur kurz am Tage der Sonnenschein. Die Finger klebten ordentlich vor Frost am Eisen des Büchsenlaufes, und zweimal brach mir der Schuß, ehe ich es wollte, weil die steife Hand das Gefühl für den Drücker ganz verloren hatte. Ich schoß auch nur einen dreijährigen Bock — aber welche Landschaft; wie transparent leuchteten die Felsen des Stanserjoches auf mich hernieder. Im Wirrwarr der Krummföhren vor mir bockelte ein weißer Hase, und drüber hoch in den Wänden wechselte Gams auf Gams. — Das war derselbe Stand, wie damals in Regen und Nebel. Wer's für möglich hielte! — „Da ging einem fast niachts Romantisches" gurgelte mich heuer bei solchem Hundewetter der Kaser im Zillerthal an, und Jackel, der Jäger, der mir im strömenden Regen meinen Stand mitten in einer Reißen anwies, über die oben eine böse Wand herunter drohte, that es mit den viel verheißenden Worten: „Falls ein Steinbrocken kommt, nachher schiaben's (laufen), was 's können."

Das Treiben ist zu Ende. Die Treiber eilen, die Jäger zu den Ständen der Schützen, was es zu tragen, was nachzusuchen gebe. Verdutztes Gesicht des Schützen, der sich eben über einen guten Gamsbock seinerseits freut und nun nach dem Nachbar guckt, wie der sich in merkwürdigen Linien seinem Stande nähert. Der Gute hatte den Bock bereits angezwickt und folgt nun auf der Schweißfährte; er bedankt sich höflich für die guten Krucken, die dein nachhelfender Schuß ihm verdient hat; mit der geringen Verwundung durch die erste Kugel wäre der Bock, wer weiß, wie weit noch gegangen. — Was einem recht ist, muß allen billig sein. Waidmannsbrauch ist, daß, wer die erste Kugel auf ein Stück Wild nachweisen kann, als der Schütze desselben gilt. Gleichviel, wo die Kugel sitzt; sie müßte denn gerade durch den Bart, die Haare hindurchgegangen sein. Wer Schweiß herbei bringt, hat das Anrecht auf den Hirsch ec. Wo mit Schrot geschossen wird, gilt der letzte Schuß, derjenige, der das Tier definitiv wirft: Schütze ist, wer es aufhebt. Nicht Zugehörigkeit der hohen oder niederen Jagd entscheidet, sondern die Art des Schusses, ob Kugel, ob Schrot. Wird mit Kugel und Schrot geschossen, hat immer der Kugelschuß das Vorrecht. Nicht zuletzt darum, um die Büchse vor der Schrotspritze auszuzeichnen. Bei der Büchsflinte beginnt erst, was ein Waidmann heißen kann. Es muß namentlich auf die letztere Entscheidung bei allen Hochjagden strengstens gesehen werden, um den Hasenknuffern die Lust der Hirschjagden zu verleiden. Schließlich kann man sich sonst des Schrothagels ja nirgend mehr erwehren. In Bayern ist es Gesetz, daß zur Hochwildjagd nur „mit Kugeln geladene Gewehre" gebraucht werden dürfen. Doch habe ich's dutzendmal gesehen, daß trotzdem und selbst diejenigen mit der Munition des Wilddiebs und Aasjägers, mit dem niederträchtigsten Schießzeug, den Posten, schossen, welche die Wächter dieser Verordnung sein sollten. Nicht im Hoch-

gebirg; dort sind die alten Sitten noch in Ehren. Aber in den offiziellen Jagden in den Mittelgebirgen hat man solchen Ausweg gefunden, — das flüchtige Kugelschießen kennt ja der zehnte der modernen „Jäger" nicht mehr — erst den Schrotlauf zu benutzen und dann schnell mit der Kugel den Fangschuß zu geben. Konstatier' einer, wenn das Wild gestreckt ist, daß gerade so, nicht umgekehrt, die Schüsse sich folgten! Das muß gerügt und abgestellt werden! Aber von wem? Bei der heutigen Erziehung des Forstpersonals heißt es, je höher hinauf in der staatlichen Karriere, desto weniger Verständnis fürs Waidwerk, und die hohen Herren geben leider den Ton an, auch dort, wo sie kein Gehör haben. Gott besser's! —

So zwei Gamsböcke auf dem Rücken eines Treibers; sollen die schnapsduftenden Kerle, die bei den Treiben im Flachwald uns oft die ganze Jagd zu allen Teufeln wünschen lassen, es nachmachen! Aber diese schneidigen Bursche hier gehen mit der Last dahin, so stolz, so aufrecht, es ist eine Lust, ihnen zuzusehen. Und das geht bergab, im Handumdrehen sind sie schon tiefst unter dir. Den Stock eingelegt, eingesprengt und abgefahren! Heuer im Zillerthal begrüßte mich einer der fürstlichen Jäger. Nun, Braunegger, was ist's mit Euch heut'. — Ich mein, ich kann nimmer, mit mir ist's aus, das Schnaufen ist am Ende. — Die Stimme war freilich hohl, und der Arzt meinte, von der Lunge sei die größere Hälfte nicht mehr vorhanden ... hab' mich verdorben neulich! ... Neulich, das war nämlich vor einem halben Monat, da schoß Braunegger zwei Gemsen und trug sie beide auf dem Rücken, auf einmal, die drittehalb Stunden Wegs vom Berg nach Hause. „Hab sie doch nicht können liegen lassen." Das sind die lungensüchtigen Menschen dort zu Lande. In diesem Frühjahr hat derselbe kranke Jäger noch sechs Spielhahnen auf dem Falz geschossen. Und der Falz im Hochgebirge will etwas heißen. — Bergauf gehen mit dem Eingeborenen, das lernt sich noch; auch wessen Wiege im Flachland stand, steigt unter Umständen mit dem Bergler noch um die Wette. Die Bergfexen allerorten zeigen das, die Gipfel besteigen, auf die der Einheimische nie gekommen wäre und auch jetzt nur als Führer der Fremden geht. Für sich allein, ohne bestimmten Zweck etwas zu riskieren, eine waghalsige Tour zu unternehmen, dazu ist der Bauer zu klug. Aber bergab bleibt hinter dem von Jugend auf Gewohnten jedermann zurück. Bergab zeigt sich's, daß zum Steigen doch noch mehr gehört, als ein kurzes Einpauken. Jenes Gefühl der Sicherheit, das eine Wand selbst nicht scheut und sofort weiß, über die kannst du's riskieren, ist einfach angeboren. Warum soll denn gerade hier die Darwinsche Vererbungstheorie nicht zutreffen? Versuch es einmal Einer, einen ausreißenden Wilderer bergab zu fangen! —

Wie in der Ebene kennt auch das Hochgebirg neben den größeren Treibjagden das Riegeln oder Gängeln.

Ein Latschenstreifen, ein Graben wird von einem oder zwei Jagdgehilfen still durchgegangen, und die Gemse kommt auf dem meist gezwungenen Wechsel dem vorstehenden Schützen. Der selige Graf Arco hat zu Berchtesgaden fast nur auf diese Weise gejagt. Sie hat den Vorteil vor den großen Treiben voraus, daß sie nichts oder wenigstens nur ein Trinkgeld kostet, welch letzteres bekanntlich nie fehlen darf, denn die Jagdaufseher, die Professionsjäger sind durstige Burschen. Die Mode des Trinkgeldes ist durch die zu große Liberalität einzelner Liebhaber, die um jeden Preis ein paar Krucken nach Hause bringen wollen, leider im Hochgebirge zu einem Unfug ausgeartet, der bald nicht mehr schön ist. Es halten Leute die Hand auf, die ihrer gesellschaftlichen und staatlichen Stellung halber sich dessen schämen sollten. Wenn man noch so gern bereit ist, das immerhin seltene Vergnügen sich ein Sümmchen kosten zu lassen, die Unverschämtheit widert in allen Lagen des Lebens an, und auch die Jagd soll hiervon keine Ausnahme machen. Der verstorbene Hofrat P. bezahlte dem ihn führenden Jäger für jeden Schuß, den er machte, getroffen oder gefehlt, über alles Andere hinweg, 20 Mk. Was war die Folge? Daß die unverschämten Jagdgehilfen, die natürlich ihren Vorteil sofort verstanden, ihm alle unmöglichen Distanzen für möglich erklärten. Der betreffende Herr brachte es trotzdem, und er zahlte schöne Summen aus, in einigen Jahren dort auf nicht mehr als drei geringe Geißen. Die Jagdhüter aber, die von Jedem nun ähnliche Preise erwarteten und mit ihren Anforderungen immer stiegen, wurden aus ehrlichen Menschen schließlich Säufer, die davon gejagt werden mußten. Der freundliche Leser, der heute in unsere Berge kommt und der Lust auf einen guten Gams begreiflicher Weise nicht widerstehen kann, sorge darum, wenn er bald seine Gelüste befriedigen will, für eine silberne Kugel vom richtigen Kaliber. — Ein Zehner dem Gehilfen beim Hinausgehen aus dem Forsthaus in die Hand gedrückt — ein zweiter ihm vor die Augen gehalten, den bekommst du nach der Jagd, je nachdem die letztere ausgefallen ist. Dann führt der Jäger den „Kavalier" dorthin, wo es nicht zu schiech ist, und Gemsen trifft man ja in den besseren Revieren überall. Dann bleiben auch die kleinen Kunststücke außer Betracht, die für den „Knauser" stets in Bereitschaft stehen, das weiße Sacktuch, das die freundliche Frau Oberförsterin oder Försterin borgt, und das der Gams im entscheidenden Augenblick gewiß sieht, der klingende Bergstock, der Fluch zur Unzeit und der Teufelsknaster, der bergauf voraus stinkt, ganz mit dem Winde, wie gebirscht werden soll. Dem alten seligen Kobell ist viel solcher Schabernack gespielt worden, weil er, mit Recht, nicht Bankierpreise bezahlte. Da hock di' her, Herr Professor, und i geh' dir dasselb Latschenbeet'l durch ... Wer sich hinsetzte und stundenlang in gespanntester Aufmerksamkeit saß, war der Professor und Poet. Der Gehilfe lag derweil eine halbe Stunde weiter oben im kühlen Schatten und schnarchte darauf los, was das Zeug hielt. —

Die Königin der Jagden auch auf die Gemse ist, wie überall, die Birsche. Es stimmt mich ganz wehmütig, wenn ich dies und jenes gottgesegnete Revier betrachte, in das der Jagdherr alljährlich nur auf wenige Tage zur Abhaltung von Treibjagden kommt. Die letzteren werden dann, als würde man selbst gejagt, der Reihe nach heruntergehetzt, und, wie gekommen, verschwindet, kaum daß der letzte Schuß gefallen, die Jagdgesellschaft wieder. Die übrigen 51 Wochen des Jahres ist das Revier leer, nur die Jäger wirtschaften allein darin, soweit ihnen nicht die Bestimmungen des Jagdherrn einen Zaum anlegen. — Die Treiben sind vom Wind und Wetter abhängig und nur in gewissen Teilen des Reviers möglich. Der Birschjäger dagegen kennt sich in jedem Winkel des Gebirges aus und sucht sich seine Böcke zusammen, die doch nur höchst selten bei großen Jagden vorkommen; die dortigen Hekatomben räumen unter dem kleinen Zeug auf, dem man gerne noch einige Jahre Wachstums gönnen würde. Freilich, soviel, wie beim Treiben, bringt man mit der Birsche nicht zur Strecke, die Qualität muß hier die Quantität ersetzen, denn die Birsche geht nicht auf Mutter und Kinder, wenn ihr auch zeitweilig ein und das andere zum Opfer fällt. Sie gilt dem guten Bock, und vielfach sogar einem ganz bestimmten alten Herrn. Fehlgänge sind dabei darum nicht ausgeschlossen. Aber gehst du auch zehn- und zwanzigmal umsonst auf ihn, hängt er endlich im Tragriemen, dann kann auch kein Gott im Himmel diesen Stolz und diese Freude mit Gold aufwiegen, geschweige die Jährlinge und Geißen der großen Treibjagden. — Die Gemse ist lange rege am Morgen und wird Abends früher lebendig, als Hirsch und Reh. Auch unter Tags scherzen und springen die Rudel, daß es nur so eine Lust ist, oben über den Grat hereinzuschauen, wo sie drunten auf dem Grasfleck ihre Spiele aufführen. Die vertraute Büchse unterm Arm, einen braven Gesellen dabei, mit dem man sich ausgesprochen hat und sich nun auskennt, und die nötige Schießerlaubnis in der Tasche, so ein acht Tage auf dem Birschhaus, in der Diensthütte, auf einer verlassenen Alm: Wieviel kann's denn Schöneres auf Gottes schöner Erde geben!

Im Grau des Morgens fort und langsam und vorsichtig unter Wind die Gemsregionen abgebirscht. Kommt die Sonne, müssen wir über ihnen sein, im Schatten tiefer stehen als das Wild. Der Wind spielt ja, wie überall bei der Birsche, so erst recht im Hochgebirg die erste Rolle. Manchmal kann er den Jäger geradezu zur Verzweiflung bringen. Und die beim Treibjagen so blinde Gemse hat dem Birschjäger gegenüber vier Lichter. Natürlich, dort ist sie es, die unruhig ist, und der Schütze erwartet sie still auf seinem Stande, hier sucht der Jäger an die ruhig äsende heranzukommen, und die geringste ungewohnte Bewegung seinerseits wird in der morgenlich stillen Natur sofort von ihr wahrgenommen; ein Pfiff, und das Rudel springt auf und verschwindet in wenig Minuten hinter der nächsten Wand. Die Gemse hält ihre Zeiten und Wechsel ziemlich regelmäßig ein, und man kann seinen Plan darauf bauen und sich dort ansetzen, wo sie beobachtet wurde. — Im großen und ganzen bleibt sich die Birsche natürlich überall gleich, man kann sie niemand lehren, Erfahrung ist hier alles, und Glück. Der beste Jäger birscht wochenlang mit Anstrengung aller Sinne und Aufbietung all seiner Kunst und kommt nicht zu Schuß; der Neuling, den das Glück begünstigt, tappt das erstemal ins Revier, und die Büchse geht ihm los, er weiß nicht, wie und weiß nicht, auf was, war's eine Ziege oder ein Gams: wenn er auf den Platz kommt, liegt der beste Bock der Gegend da, vielleicht durch den Halswirbel oder durch die Lichter geschossen. Bester Dr. K. Sie nehmen mir's gewiß nicht übel, daß ich diese zarte Anspielung auf Ihre augenärztliche Thätigkeit bei der einen Gams im Rebzaun heuer nicht unterdrücken kann; aber schöner hab ich mein Lebtag noch keinen „Lichter ausputzen" gesehen.

Wir gingen einmal — der königl. bayerische Forstgehilfe L. von P., ein trefflicher Hochgebirgsjäger, wenn auch seine Wiege weit draußen im Lande, im Fränkischen gestanden hatte — einem schreienden Hirsche zu Liebe gegen die Rindbergalm. Umsonst. Es schrie nichts, und nur ein Schneider kam uns zu Gesicht, der der Kugel nicht wert war. Erfreulich war das natürlich nicht, und ich paffte sehr verdrießlich die Wolken aus meinem kurzen Stummel vor mich hin. Da schlug mir L., der mich gern zu Schuß gebracht hätte, einen kleinen Abstecher auf einen guten Bock vor: „Ober der Suhl steht einer, vielleicht ist er daheim." — Richtig, die Suhle lag da wie ein Buch, das mit großen Lettern aus den letzten Nächten berichtete. Bald wurde auch ein Rudel Gemsen flüchtig und ging ab, rechts hinauf; wie der Wind ging es über die Lahnen hinweg. Wie immer natürlich geringes Zeug, der gesuchte Bock war nicht dabei, es war ja Anfang Oktober, Hirschbrunft, nicht Gamsbrunft. — „Der steht auch ganz allein; mehr da hinauf, nach jenem Grasflecken zu", flüsterte L., „da steht er ja, sehen Sie ihn nicht, dort über die Kronwittstaude weg? Er äugt kerzengrade auf uns herunter, stat, stat (still), daß er uns nicht wahrnimmt." — Regungslos wurde der Schlachtplan entworfen, und wir sanken alle beide — der Bock schien wieder sicher zu sein, er hatte den Grind nach einer anderen Seite zu geworfen, langsam in die Knie und immer niedriger, um endlich ganz hinter einem moosbewachsenen Steine zu verschwinden, wo L. schnell sein Perspektiv, dies notwendige Requisit des Hochgebirgsjägers, losnestelte und den Gams betrachtete. „Er ist's, der Bock; jetzt schnell, den Graben da" — er deutete nach links — „rasch hindurch, drüben in den Fichtenbüschen hinauf, und dort wieder herüber bis zu dem einzelnen Bäumel. Ich ruf Ihnen schon zu. Aber machen's schnell!" — Ich fand mich bald zurecht, und hinunter ging's und hinauf das Graberl.... „links, links, rechts" — dirigierte mich mit verhaltener Stimme von rückwärts der Gehilfe — „dort nach dem Fichtenbusch" ... ich bückte mich und sah zwischen den Zweigen hindurch den Bock ... „Schießen!" klang hinter mir über den Graben herüber das Kommando. Das Knie gegen den Boden gestemmt, die Büchse langsam zwischen die schwanken Äste hindurchgeschoben und an die Backen die gestochene gebracht ... der Gams äugte unbeweglich nach uns herunter, nach dem entfernteren Freunde unter mir, der längst schon wieder ungeduldig geworden war. .... „Ja, warum schießen's denn nit? Schießen! Schießen! Er stampft schon mit den Läufen .. Um Gottes willen, schießen! .... Kreuzhimmelherrgottsakrament, ja was ist denn das in drei Teufels Namen" ... ging das Wettern und heisere Zureden fort. Nun, wenn der Gams das nicht hört, sagte ich still zu mir, dann ist ihm vom Schicksal heut sein Todestag bestimmt. Endlich — es hat wirklich lange gedauert — kracht mein Schuß, und im selben Augenblick kugelt die Gemse etliche zwanzig Gänge gegen uns herunter und bleibt liegen. „Die ist g'krellt" — ruft L. und läuft, was er laufen kann, den Berg hinan; „schnell, eh' sie wieder hoch wird." — Er kommt atemlos an, bückt sich und wendet sich dann nach mir, der ich langsam und bedächtig nachsteige. Wozu auch eilen? Mehr wie einer ist droben nicht nötig. L. kann noch nicht reden, so schnell ists gegangen, sprachlos kaut er an den Worten, die nicht heraus wollen aus dem weit offenen Munde, endlich hör ich, und seh' heute noch das Gesicht, das er dazu schnitt: „A Geiß!" — und langsam atmete er aus. Als ich bei ihm anlangte, die Gemse brauchte kein Knicken mehr, war seine erste Frage: „Ja, Mensch, wie lang haben denn Sie zum Schießen gebraucht, das war ja gar nicht mehr zu erwarten" .... „Mein Bester, wer keine Fenster vor den Augen tragen muß, wie Sie Glücklicher, kann freilich leicht sagen: Schießen! Schießen! Aber schießen Sie mit angelaufenen Gläsern!" .... Wirklich war ich von dem schnellen Steigen durch den Graben und dem raschen Berganbirschen und plötzlichen Michfallenlassen dann hinter der deckenden kleinen Fichte so echauffiert, daß ich die Büchse zwar noch stechen konnte, aber wie ich visieren wollte, beschlug mir der Hauch vom Munde und die vom Gesicht weg dampfende Hitze die Brille, und so mußte ich dreimal die gestochene Büchse absetzen, sie sorgsam vor mich hinlegen, das Taschentuch ziehen und die Fenster über der Nase putzen. Erst beim viertenmal verhielten sie sich anständig und ließen mich schießen. Dann that das treue Expreßrohr seine Schuldigkeit, und von dem weiten Schuß erzählen sie noch heute, so oft die Jäger birschend zur Rindbergalm steigen.

Aber der Bock war eine Geiß! Nun ja, doch hatte man sie in der ganzen Jägerei für einen Bock angesprochen und zwar für einen Hauptbock, nach dem einsamen Stand, wie nach ihren Krucken. Sie war uralt und hatte eine dreifach vergrößerte, steinharte Leber; beim Schneiden, das Messer wollte nicht hindurch, knirschte es wie Sand. Die Decke schlotterte über den Knochen, die Gemse war so abgemagert, daß sie, eine uralte gelte Großmama, nur 36 Pfund wog. Daß sie geschossen wurde, war jedenfalls gut, denn im Winter darauf wäre sie doch an ihrer Leberverhärtung eingegangen, so heruntergekommen war sie. Und ich war's schließlich auch zufrieden, denn ihre Krucken sind heute noch die besten in meiner kleinen Sammlung, trotz so mancher guten Bockkrucke, die ich mir bisher verdient habe.

Die hauptsächliche Birsche geht auf den Bartbock. Wenn die Gemse ihr falbes Sommerkleid ablegt und in den zottigen schwarzen Winterpelz schlüpft, dann wachsen ihr den Rückgrat entlang prächtige lange Haare, schwarz und leicht an den Spitzen gereift, der „Bart", die Zierde des Jägers, wenn er ihn nämlich nicht gekauft oder geschenkt bekommen hat. So ein guter Bart, der sich umlegt und im Winde hin und her „wachelt:"

> Schöni Granln a Ringei wohl ziern,
> Und's gfreut mi und gfallt mir a guat,
> Wann der Spielho' sei Schaar muß verlier'n,
> Und wann i mir's steck auf'n Huat,
> Aber bring i mir z'wegn
> An wachln'den Gamsbart, verstehst,
> Da is Alls nix dageg'n!

Der Bock fängt zu stinken an, die Gamsbrunft beginnt. Im Oktober wachsen die „Brunftfeigen", „Brunftkappen" zu ganz anständigen Geschwulsten zwischen Krucken und Lauschern hervor und parfümieren das Zwirkgewölbe, wo ein solcher Herr augenblicklich verarbeitet wird. Er hat die Eigenschaft des üblen Geruchs um diese Jahreszeit mit seinem zahmen Vetter gemein, und sein Wildpret bietet dann wenig Einladendes mehr. Aus dem Einsiedel will ein Zweisiedel werden, das fingerdicke Feist, das er den Sommer über sich an den Leib gemästet, macht ihn übermütig und er schüttelt sich auf dem einsamen Stand, den er bisher eingehalten, und sucht Gesellschaft auf. Vorher überlegt er sich lang und breit, wie er das anfangen soll. Den Eintritt der Brunftzeit bezeichnet es, daß man — in gut besetzten Revieren nämlich immer — jetzt mit dem Glas überall die Böcke beobachten kann, wie sie tagelang an hervorragenden Aussichtspunkten wie angenagelt stehen und mit einem unsagbar dummen Blick starr in die Gegend hinunter glotzen. Dann beginnt das Suchen und das Abschlagen der Gegner, dem der süße Minnesold zu folgen pflegt, wenn nicht vorher in die heiße Brunft das noch heißere Blei störend eingegriffen hat. Im Sommer sagt man, daß der Jäger den Bock suchen gehe, im November sucht der Bock den Jäger auf. Einige Wahrheit ist in dem Satz, dort nämlich, wo das Terrain danach beschaffen ist. Im Sommer muß man den Herrschaften nachsteigen bis hoch in die Wände hinauf, jetzt kommen sie unter den Wänden daher, überall nach den Fährten brunftiger Geißen suchend. Oben liegt meist um diese Jahreszeit der Schnee und drängt die Rudel mehr nach dem Thale zu. Doch oft ist gerade der November in den Bergen noch sonnig und mild, daß man das Hemd beim Steigen aufreißt und die wollenen Strümpfe gern wieder über die Knie hinunterschiebt. Ein Nachsommer, freundlich und warm, und die Landschaft aper bis höchst hinauf, dort wo auch an den wärmsten Juliustagen der Schnee nicht schmilzt. Und dann vollzieht sich auch die Brunft in höheren Regionen, und man kann nur den kurzen Tagen gram sein, welche die Jagd ungebührlich beschränken. — Vorsichtig über die Wand hinüber geguckt, hier höchst oben, zwischen den Knieen des „Falken" stehen immer die besten Böcke. Der zu den verwegensten Bergen des Rißthales gehörige Koloß des großen Falken bildet so etwas wie einen Riesenlehnstuhl. Der Gries, der unaufhörlich mit seinen Steinmassen aus den Wänden, die zum Gipfel hinaufgehen, das Falkenkaar hernieder-„rieselt", schmiegt sich wie Polsterung an den Rücken, rechts und links sind zwei vorspringende Wände die Armlehnen — und nun denke man sich den Geist der Berge hier thronend, hoch oben der Abendstern als blitzender Stein in seiner Krone, Wolkenstreifen das Haupthaar des ernsten Greises, die Nebel der Mantel, den er zu Zeiten um seine Schultern faltet, und an ruhigen Abenden breitet er die Arme aus über das wogende Gipfelmeer und segnet die Thäler und Gründe dazwischen. Dann klingt es wie Musik aus den Lüften hoch, die Stimmen der Wandervögel, die nach dem Süden fliegen. Wenn irgend wohin aus dem Dunst und Qualm der Städte und der Unrast der erwerbshaschenden Menschheit sich das Restlein Poesie, das unserer Zeit noch verblieben ist, flüchtet — hier mag es frohen Einzug halten, hier bleibt ihm eine ewige Stätte bereitet.

Das Rudel ist trotzdem allein. Zwei Jährlinge boxen sich und schieben mit den Köpfen gegeneinander, die übermütige Schwester macht daneben einen regelmäßigen Saltomortale vom flachen Boden aus, die Alten umspielen die Kitze vom Jahr — doch die Böcke fehlen, die ausgewachsenen Böcke! Geduld! Es ist undenkbar, daß das Rudel nicht Besuch erhalten sollte im Lauf des Tages. Und die Geduld fehlt uns nicht. Wir machen es uns behaglich, so daß wir jederzeit ins Kar blicken können, selber aber ungesehen und „ungerochen" bleiben. Beim Rehbock kann ich mir zur Sprungzeit die Lippen blutig pfeifen, bis ich endlich zu Schuß komme, hier warten wir in stiller Beschaulichkeit und zählen die Berggipfel, die immer einer grotesker als der andere, hier sich drängen. Heimjoch und Mondscheinköpfe da, Sonnenjoch und Bettlerkar drüben, Großglockner und Venediger ganz hinten, über Plumms hinweg, groß wie der Hirte zwischen der ruhenden Herde steht.... Da sind gleich zwei Böcke für einen, nacheinander hackelnd und in wütender Eifersucht alles ringsum vergessend! Immer näher und näher kommen sie, dem einen scheint bereits übel mitgespielt worden zu sein, der Bart zeigt bedenkliche Lücken — aber der zweite, nachdrängende, wie er die breiten Schalen gegen das Gestein stampft, die spitzen Krucken nach dem Nebenbuhler auswirft, immer an ihm...., bis plötzlich die Büchse dem Kampf ein Ende macht und dem bis jetzt unterliegenden die unbestrittene Herrschaft hier oben übergiebt. Ein Sprung in die Luft mit den Vorderläufern quittiert kurz Blatt den Schuß, einen Gedanken lang überlegt sich der zweite, heil gebliebene Gams die Situation, stößt noch einmal nach dem Verendenden, dann geht es hinter dem in die Wände hineinspringenden Rudel davon, und wir haben freie Bahn. Statt der sommerlichen Röslein haftet jetzt auf den Blättern des Almrausch der Schweiß des erlegten Gamsbockes, schon kniet der Jäger vor demselben und „rupft" ihn, d. h. er zieht vorsichtig die langen Rückenhaare aus, legt sie säuberlich zwischen ein paar zu dem Ende mitgeführte Holzspähne, umwickelt sie sorgfältig mit Papier und steckt sie dann zwischen Hut und Kordel, wo dem Bart nichts passieren, kein Haar davon geknickt werden kann. Dann erst geht es ans Aufbrechen und, wenn der tüchtige Bursche auf den Schultern hängt, nach Hause; denn der Tag ist kurz und, wenn es möglich ist, vermeidet man hier oben die Dunkelheit. Unten, wo die Birschpfade und Reitwege hinführen, hat natürlich eine Wanderung in stockfinsterer Nacht weniger auf sich. — Doch es geht nicht immer so gut. Wenn es dem Bock nachsteigen heißt auf weglosem Terrain, wo der Frost der Novembernacht jeden Stein mit gefrorenem Nebel überzogen hat; durch Latschen hindurch, deren Nadel vom Rauhfrost gespitzt sind, deren Zweige klirrend brechen; über gefrorene Graslahnen hinweg, auf deren Spiegelglätte der Fuß keinen Halt findet; durch frischen Schnee, der sich faustdick unter den Steigeisen ballt; wenn Nebel und Schneesturm plötzlich den Tag zur Nacht machen, kein Schluck mehr in der Flasche, kein Stück Brot im Schnerfer, der Tabak verraucht, wenn der Bock in eine Klamm stürzt, aus der kein Holen möglich ist; der Jäger ist froh, wenn er mit tausend Mühen und unter Lebensgefahr hereingestiegen ist, wenn er ihm glücklich die Krucken heruntergeschlagen hat, das Wildbret bleibt liegen, bis die Raben oder die Adler es finden, denn auch der Fuchs wagt sich nicht hierher......, da merkt man schließlich, daß das, was man so eigentlich erst Gamsjagd nennen kann, doch kein Kinderspiel und wohl kaum auch ein Vergnügen für den Gast aus der Ebene ist. Aber für den Jäger besteht nicht zum wenigsten darin ihr Reiz, und wehmütig zählt er in seinem Kalender die Tage des Novembers, mit dessen Ende auch die Gamsjagd zur Ruhe kommt. Meist haben vorher schon Nebel und Schnee ihm und seiner Büchse ein Halt zugerufen.

Aus alten Zeiten ist über die Gemsjagd wenig bekannt. Damals war die Welt noch voll Wild, und so verzichteten die Jäger der hinter uns liegenden Jahrhunderte auf das beschwerliche Steigen in den Wildnissen des Hochgebirges, wo ihre Waffen nicht ausreichten. Denn mit Wurfspeer und Armbrust war darinnen auf kein großes Vergnügen zu rechnen, und nur vom „letzten Ritter" wissen wir, daß ihm Reiherbeize und Gamsjagd über alles gingen. Zur Zeit dieses Kaisers Maximilian I., also um die Scheide des 15. und den Beginn des 16. Jahrhunderts, zeigten die Berge des Innthals und am Achensee Gemsstände, wie jetzt einige derselben unter der pflegenden Hand fürstlicher Herren nach langer Öde wieder aufzuweisen haben. Der letzte Ritter birschte, wie wir heute noch birschen. Der schwindelfreie Herr, der auf dem Ulmer Münster sich mit halbem Fuße auf den Mauerrand stellte, das andere Bein frei in die Luft streckend — mach's ihm einer nach heutigen Tages — stieg den Gemsen in die Wände nach, schoß sie mit der Armbrust und hob die eingestellten mit dem Schaft des Speeres aus. Wie es ihm dabei erging, weiß jedes Kind aus seinem vielbesungenen Abenteuer an der Martinswand. Jetzt ist ein bequemer Steg nach der Stelle zu vorhanden, wo ein deutscher Kaiser einst zweimal vierundzwanzig Stunden auf den Tod gewartet hatte, bis seine Rettung gelang. — Die großen Jagden dieses Kaisers wurden mit Netzen ausgeführt, in welche die Gemsen getrieben und mit ihnen gedeckt wurden. Bei den kaiserlich österreichischen Gemsjagden sind heute noch Netze in Gebrauch, wenn auch nicht mehr zu diesem Zwecke. Sie sollen dort das Ausbrechen der Gemsen aus dem Jagen verhindern. Auch in die Bergseen ließ der Kaiser die Gemsen treiben, wo sie dann von den auf Kähnen befindlichen Jägern wie Fische gefangen wurden. In der Wiener Stadtbibliothek befindet sich eine von diesem Kaiser verfaßte vollständige Anleitung zur Gemsjagd, die mutatis mutandis noch auf den heutigen Tag gelten kann. Danach mußte der Bogen der Armbrust im Winter von Horn, „hörnen", im Sommer „stechlan", stählern, sein, und für das Gehen im Hochgebirge und in Gesellschaft ist schon die Regel vorgeschrieben, daß der vornehmste Jäger bergauf voran, bergab hinterdrein zu schreiten habe, so treffen ihn die Steine nicht, die die übrigen gehen lassen. — Auch aus späteren Jahren wird von einzelnen Gemsjagden berichtet, welche die Herren von Bayern und Salzburg, die Erzherzöge von Österreich abhielten, und von Hof zu Hof wurden Geschenke mit lebenden Gemsen gemacht. Dabei ging es den armen Gemsen begreiflicher Weise nicht zum besten. Als der bayrische Pfalzgraf Wilhelm von Landshut dem Landgrafen von Hessen gleichen Namens 1591 eine solche Sendung machte und um Hohenschwangau im Juni erwähnten Jahres die erforderliche Zahl gefangen wurde, erstickten nur auf dem Transport vom Fangplatz den Berg herunter von 40 Stücken genau 30. In den Zopfjagden des vorigen Jahrhunderts spielten die Gemsen keine Rolle.

Der Vollständigkeit halber sollten dem Kapitel von der Gemsjagd noch einige Worte über die Jagd auf den Steinbock angefügt werden. Aber ich kann nicht schreiben, was ich nicht aus eigener Erfahrung kenne. Und selbst wenn dies leider dem Aussterben ausgesetzte edlen Tier sterblichen Menschen zugänglicher wäre, als es zum Glücke ist — ich verfüge nicht über die goldenen Kugeln, mit welchen es allein gejagt werden kann, und so wird mir wohl — der Schnabel davon sauber bleiben, wie der landläufige Ausdruck heißt. Gottlob, daß König Humbert von Italien die letzte Steinbockkolonie in den grauen Alpen, auf die sein Vater mit Leidenschaft zu jagen pflegte, obwohl er selbst kein Jäger ist, pietätvoll dennoch in seinen Schutz genommen hat. Gleichwohl — jeder Bock braucht zwei Hüter, und sobald nur einer von diesen die Augen zumacht, ist jener gestohlen. Der Reiz, einen Steinbock zu erlangen, ist für das Jägervolk jener Berge zu groß, als daß nicht den strengen, auf den Wilddiebstahl gesetzten Strafen doch getrotzt würde. Ein weiterer Verderb des Steinbocks sind die zoologischen Gärten, die bis zu 2000 fl. für ein Kitz bezahlen, und auf jedes glücklich verkaufte Kitz kommen so und soviel eingegangene; der Handel mit den Gehörnen, den selbst so sich nennende Verteidiger des Steinbocks betreiben und auf diese Weise dem Wilderer jederzeit Absatz sichern, endlich Lawinen und Wintersnot, die in jenen Gegenden am Tage sind, wohin dies Wild sich vor den Verfolgungen des Raubtiers und der Menschen zurückgezogen hat.

König Viktor Emanuel jagte mit Aufgebot von einigen hundert Treibern und ließ sich das Steinwild auf seinen Stand vortreiben, die Treibjagd also ganz wie auf die Gemse, und auch die Birsche ist keine andere, nur dem Terrain angepaßt. Der Steinbock zieht nachts in die obersten Baumregionen zur Äsung, mit Sonnenaufgang steigt er zurück, wo er auf den höchsten, sonnigsten Stellen der Berge seinen Stand hat. Also, wenn die Gemse zu äsen beginnt, ist das Steinwild bereits gesättigt, das in der Nacht, wo die Gemse ruhig liegt, zur Weide war. Dem entsprechend hat auch der Jäger morgens vor dem Steinbock auf dem Grat zu sein, über dem ruhenden Thiere mit dem hohen Hörnerschmuck sich wie bei der Gemse an dasselbe zu schleichen. Die beiden österreichischen Grafen Hoyos und Wilzek haben vor wenig Jahren auf piemontesischem Gebiete mit königlicher Erlaubnis Steinböcke gebirscht und — beide Herren erfahrene Hochgebirgsjäger, die Jahr für Jahr in der heimischen Steiermark die Jagd auf die Gemse waidmännisch exerzieren — auch erlegt. Von deutschen Herren hat der Augsburger Gutsbesitzer Freiherr Beck-Beccoz Jagdgründe in den grauen Alpen zu eigen, und ich habe auf denselben erlegte mächtige Böcke selbst gesehen. Ich höre nur leider, daß dort die Jagd vielfach mit Bracken betrieben wird, und kann das allerdings nicht eine pflegliche Jagdausübung nennen, zumal auf ein so edles und seltenes Wild, das alles andere eher verdient, als mit Hunden gehetzt zu werden.

Achtzehntes Kapitel.

Das nützliche Federwild der hohen Jagd.

Hähne, welche abends nicht worgen,
Bleiben stumm am nächsten Morgen.

Das Auerwild
(Tetrao Urogallus L.).

Da der Auerhahn unter den uns hier in Deutschland bekannten Vögeln als der edelste zu achten ist, obgleich er an Größe von anderen übertroffen wird, überall unter dem Vogelgeschlecht, wie der Hirsch unter den Säugetieren, als des vaterländischen Waldes stolzester Vogel erscheint, mache ich billig bei der Abhandlung der Jagdvögel mir dessen Beschreibung den Anfang, sagt Altmeister Döbel.

Das Auerwild gehört in die Ordnung der Hühner — Gallinaceae — und zur Gruppe der Waldhühner — Tetraonidae. Die Geschlechter des Auerwildes sind durch ihre Körpergröße wie durch ihr Federkleid auffällig verschieden.

Der Größe nach ist der Auerhahn einem Truthahne vergleichbar; er erreicht eine Länge von 1 m, eine Flügelspannung von 1,40 m und ein Gewicht von 8—9 kg, d. h. ungerupft und unaufgebrochen, und beschreibt von Dombrowski denselben weiter, wie folgt:

„Der starke, kolbig zugespitzte, scharf gekrümmte Schnabel von fahlgrauer Farbe ist $6^{1}/_{2}$ cm lang. In einer Vertiefung des Gaumens ist die spitze Zunge eingebettet, welche der Hahn während des Balzens auffällig zurückstülpt, so daß sie beim Öffnen des Schnabels nicht sichtbar wird.

Die Augen sind oberhalb von einem halbmondförmigen, kahlen, warzigen, leuchtend rot gefärbten Flecke — der Rose — umsäumt, welcher während der Begattungsperiode an Intensivität der Färbung und bei höherem Alter an Umfang zunimmt.

Das Gefieder des Kopfes ist schwarzblau violett überflogen, unterhalb der Kehle erscheinen die Federn auffällig verlängert und sträuben sich im Affekt. Hals, Brust und Bauch sind schwarzblau, erstere blaugrün überflogen und metallisch glänzend.

Die braune Grundfarbe der Flügeldecken ist schwärzlich schattiert und am mittleren Flügelgelenke ist ein rein weißer Fleck deutlich sichtbar. Die Schwung- und Ruderfedern zeigen regelmäßig geordnete lichte Flecken. Die Schwanzfedern — der große Stoß — sind schwarz, über der Mitte mit mehr weniger weißen unregelmäßigen Flecken gezeichnet. — Das Gefieder unter dem Schwanze — der kleine Stoß — ein beliebter Hutschmuck — ist schwarz mit mehr weniger weißen Spitzen. — Bei jungen Hähnen ist die weiße Zeichnung kaum bemerkbar und nimmt mit dem Alter zu. Auch ist es neben der geringeren Länge das charakteristische Zeichen eines jungen Hahnes, daß sich am Stoß stets eine der Mittelfedern auffällig länger zeigt.

Die Füße, 8—8,20 cm lang, sind bis an den dunkelgrauen, mit stumpfen, schwarzen Nägeln bewaffnete Zehen mit dunkel graubraunen, licht gesprenkelten Federn besetzt. Die gezahnte hornige Besäumung der Zehen verliert sich während der Balzperiode allmählich und trägt den Namen Balzstifte, im Herbste nach dem sich bei allen Tetraoniden vollziehenden Nagelwechsel werden sie wieder ersetzt.

Die Auerhenne, um nahezu ein Drittel kleiner als der Hahn, unterscheidet sich überdies, wie bereits erwähnt, auch durch ihr Federkleid von demselben. Ihre Länge beträgt 70 cm, die Flugweite 110 cm, das Gewicht 3—4 kg. Der Schnabel ist dunkler als jener des Hahnes, die Kehle bis zur Brust herab rostrot gefiedert. Die Brust und der Bauch sind fahlgelb, hie und da mit weißlichen, weißen und schwarzbraunen Flecken spärlich besäet. Der Rücken ist rotbraun und erscheint durch die lichtere Zeichnung der Federränder geschuppt. Der rostfarbige, an den Spitzen lichtgesäumte Schwanz ist stellenweise schwärzlich gestreift."

Die Begattungsperiode des Auerwildes — die Balzzeit — fällt in die Monate März und April, je nachdem die Frühlingsluft den Begattungstrieb früher oder später weckt. Sie dauert 4 bis 5 Wochen. Döbel teilt mit, daß ihm bekannt, daß im Gebirge, wo der Schnee lange dauere, das Auerwild bei tiefem Schnee gebalzt habe und ist es ja bekannt, daß die Auerhähne rücksichtlich ihres Balzgesanges launisch wie der Brunfthirsch sind und es treten oft, durch Witterungsverhältnisse provoziert, unliebsame diesfällige Störungen ein, bei welchen selbst in gut besetzten Revieren kein Hahn meldet.

Zur Balzzeit nimmt der Hahn seinen Stand da, wo er schon ehemals gebalzt hat, gerne wieder, und zwar meist in den Revieren, wo Rotbuchen-, Kiefern- und Fichtenholz steht, in der Regel an Berghängen und gegen den Aufgang der Sonne gerichtet. Diese Forstorte werden Balzplätze genannt, und ziehen die alten Hähne, oft aus stundenweit entlegenen Revieren den gewohnten Balzplätzen zu, und herrscht am Balzplatz der alte Auerhahn wie der Platzhirsch am Brunftplatz. Durch seinen Minnesang sammelt er — sonst einsam — 10—12 Hennen um sich, zieht über Tag von seinem Stand weg, um Äsung aufzunehmen, fällt jedoch gegen Abend wieder in die Nähe seines Balzplatzes ein, steht nachts auf einem Baume und fängt am Morgen schon gegen zwei Uhr an zu balzen. Der junge Hahn übt sich beim Beginn seiner ersten Balzzeit, wie D. a. d. Winkell berichtet, abends, wenn er zu Baum gestiegen ist, einigemal in den Balzlauten.

Der Balzlautaufsatz ertönt bei günstiger, d. h. weder stürmischer noch zu warmer Witterung in seinen drei Teilen, die von Wildungen und a. d. Winkell übereinstimmend, wie folgt, schildern:

1. ein schnalzender Doppelschlag, das sogenannte Knappen, welcher fast klingt, als wenn zwei ganz dürre schalenlose Holzstäbe an einander geschlagen würden. Das Knappen, einzeln und abgesetzt vernommen, ist das Vorspiel zum Balzlautsatze.

Öfter, mit wachsender Schnelle, zusammenhängender wiederholt — ein gutes Vorzeichen für den Jäger — schließt es sich in der Regel

2. einem besonders sich unterscheidenden, in abgesetztem Mittelton vernehmbaren schnalzenden Zungenprall, dem sogenannten Hauptschlag an, der deshalb bedeutend ist, weil

3. demselben ein in Tief und Hoch wechselndes, doch nicht widrig dissonierendes, dem leichten Wetzen einer Sense nicht unähnliches Geschwirr unmittelbar folgt, das selten länger als einige Sekunden aushält. Dieser Schlußteil des Balzlautsatzes — das Schleifen oder Wetzen genannt — ist für den Jäger der Hauptpunkt, weil während demselben dem Auerhahn, der dann weder äuget noch vernimmt und nicht unähnlich dem lüsternen Jünglinge mit stutzerhaft gespreiztem Gefieder blind und taub umhertobt, mit Erfolg beizukommen ist.

Der Balzgesang wiederholt sich in der vorbeschriebenen Weise, von mehr oder weniger langen Pausen unterbrochen, während welchen sich der Hahn zuweilen auch überstellt. Geschieht dieses Überstellen auf den Ästen ein und desselben Baumes, dann steigt der Vogel stets in die höher stehenden Äste, bei alten Tannen auch wohl in den Gipfel.

Gestattet es die Form des Standastes, dann geht der Hahn pathetisch auf demselben umher, während er die Schwingen halb geöffnet hängen läßt, den Stoß fächerförmig ausbreitet, den Hals bläht und das Gefieder aufsträubt (vergl. Titelbild). Die Hühner, deren der Hahn 8—10 bestreichen kann, ziehen sich nach dem balzenden Hahn hin, melden sich auch wohl zuweilen durch ein leises „Kach". Der Auerhahn vernimmt das auch bald, steigt, wenn es vollends hell wird, vom Baume herab und tritt die Hühner nach Art des Federwildes, oft nicht ohne vorheriges Treiben. Sobald die Buchenknospen sich zu entfalten beginnen, endet die Balz des Auerhahns.

Nach Ablauf der Balzzeit sondern sich die Hühner wieder ab, suchen auf jungen dichten Schlägen ihre Nestplätze, legen dort in mit wenig trockenen Reisern auf den Erdboden umlegten Nestern 10—12 Eier und brüten diese in vier Wochen ohne Hilfe des Hahnes aus. Dabei sitzen sie so fest auf den Eiern, daß man zur Verwahrung gegen Raubtiere die Nester umzäunen kann, ohne die Hühner dadurch im Brüten zu stören. Ungeachtet der leichten Vermehrung kommen doch nur wenige Junge auf, weil sie erst spät flugbar werden und deshalb den Nachstellungen des Raubwildes sehr ausgesetzt sind.

Des Auerwildes Geäse besteht im Winter aus den Knospen der Nadelhölzer, Buchen und anderer Laubholzgattungen und Wachholderbeeren, während es in den übrigen Jahreszeiten Blätter, Blüten und Samen aller Art und neben Buchnüssen Brom- und Himbeeren, mit besonderer Vorliebe die Heidelbeeren, als Äsung, zur Verdauung Steinchen und Schneckengehäuse aufnimmt.

Auch zieht das Auerwild nicht weg, sondern bleibt beständig, den Fall fortgesetzter Störung ausgenommen, in oder bei den Revieren, wo es gebrütet worden ist. Die Jagd auf Auerwild zerfällt in drei verschiedene Arten und beschreibt von Dombrowski diese Jagdarten wie folgt:

1) Die Jagd auf den balzenden Hahn,
2) Das Erlegen des flugbar gewordenen jungen Auerwildes vor dem Hunde,
3) Das Erlegen des Auerwildes gelegentlich der Waldjagden im Spätherbste und Winter.

1) Die Jagd auf den balzenden Hahn.

Diese an aufregenden, interessanten Episoden ungemein reiche Jagdmethode resultiert aus dem vorgeschilderten Verhalten des Auerhahnes während der Begattungsperiode, und die Art ihrer Ausführung ist auf dasselbe zu basieren.

Dem Berufsjäger erwachsen diesfalls zunächst folgende Obliegenheiten:

Sofort im Beginne der Balzzeit begiebt sich der Jäger auf den Balzplatz und wählt sich einen Stand, von welchem aus er das umliegende Terrain gut gedeckt möglichst übersehen kann, und beobachtet genau, wieviel Hähne überhaupt, und wo sie einfallen. Aus den bald nach dem Einfall der einzelnen Hähne hörbar werdenden gröhlenden, zwei- bis dreimal wiederholten Tönen, wohl auch aus dem Knappen, kann der Jäger ziemlich zutreffend ermessen, wie viel alte Hähne am Platze sind.

Diese Beobachtungen muß der Jäger an zwei bis drei Abenden und bei Tagesanbruch fortsetzen, bis er über die Zahl der balzenden Hähne und ihre Standorte vollständig orientiert ist.

Der Jäger verhört die Hähne am Einfall; er verlost sie.

Es ist selbstverständlich, daß beim Verhören und Bestatten der Hähne jedwede Störung sorgfältig vermieden werden muß. Demgemäß darf sich der Jäger am Abend erst nach Eintritt der Dunkelheit, am Morgen nach Sonnenaufgang von seinem Stande entfernen.

Um das Anspringen der balzenden Hähne zu erleichtern, werden schmale Pfade zu den Standbäumen geführt, welche mit Beihilfe eines Rechens und Besens von dürrem Ast- und Blattwerk sorgsam gereinigt werden sollen.

Solche Pfade können netzförmig und in die bestehenden Wege und Schneußen ein- und ausmündend angelegt und dauernd in Stand erhalten werden. — Diese Arbeiten müssen am Tage und mit strenger Vermeidung jedweder Beunruhigung des Revierdistriktes vorgenommen werden.

Stehen Rehe im Reviere, dann ist es ersprießlich, daß sich ihnen der Jäger, wenn sie am Abend in der Nähe des Balzplatzes ausziehen, sofort zeige. Hierdurch werden die Rehe sehr bald veranlaßt werden, andere Äsungsplätze zu suchen und die Gefahr gemindert, die Balz durch das Schrecken (Schmälen) derselben unliebsam gestört zu sehen.

Das Anspringen des balzenden Hahnes hat wohl mitunter fatale Situationen — und dies besonders im Gebirge — zur Folge, doch wird es der Jäger, sobald er mit dem Verhalten des Auerhahnes vertraut geworden, bald und sicher erlernen. Besonnenheit und kluge Benützung des Terrains begünstigen und sichern den Erfolg auch bei dieser interessanten und aufregenden Jagd.

Um den am Abend am Einfall bestatteten Hahn am Morgen auf der Balz zu erlegen, birscht man rechtzeitig, d. h. mindestens eine halbe Stunde vor Beginn der Balz in die Nähe des Standbaumes und bleibt dann ruhig und unbeweglich, etwa 200 Schritte von letzterem gedeckt stehen. Beginnt der Hahn seinen Balzgesang, dann lasse man 2—3 Strophen vorübergehen, bevor man die Annäherung beginnt. Diese Annäherung wird in der Waidmannssprache „Anspringen" genannt — „Angehen" scheint indeß die Art der Annäherung zweckentsprechender zu bezeichnen.

Sobald man den Hauptschlag vernommen, macht man zwei, höchstens drei beschleunigte Schritte und bleibt dann möglichst gedeckt unbeweglich stehen. Hierbei muß man mit dem ganzen Fuße ruhig und fest auftreten, um gegebenen Falles sofort und längere Zeit ohne die geringste Bewegung stehen bleiben zu können. Nun setzt man diese Annäherung nach jedem Hauptschlage so lange fort, bis man in unmittelbarer Nähe des Standbaumes angelangt ist. Nun erst benützt man das nächstfolgende Schleifen, um sich über den Stand und die Stellung des Hahnes genau zu orientieren.

Ist dies geschehen, dann wähle man nach dem nächsten Hauptschlage jene Stellung, die ein Abkommen von der Seite und von rückwärts ermöglicht, und gebe den Schuß ruhig während des Schleifens ab.

2) Das Erlegen des flugbar gewordenen jungen Auerwildes vor dem Hunde kann in Gegenden ausgeübt werden, wo man keine Balzjagd übt. Man verwendet hierzu entweder ältere feme Vorstehhunde, oder aber solche, welche eigens für diese Jagd dressiert werden. Solche Stöberhunde (ohne bestimmte Rasse) zwingen das Auerwild zum Aufbaumen und verbellen dasselbe. Während nun das auf den Ästen umherstehende Auerwild neugierig seinen Feind aus sicherer Höhe beäugt, schleicht der Jäger unter Wind und gedeckt an, um seinen Schuß abzugeben.

3) Das Erlegen des Auerwildes gelegentlich der Waldjagden im Spätherbste und Winter wird nur in seltenen Fällen ausgeführt. Man soll in diesem Falle dem heranziehenden Hahn nie entgegenschießen, sondern den Schuß stets von der Seite oder von rückwärts anbringen.

Das Aufbrechen des Auerhahnes, wie überhaupt aller zur hohen Jagd zählenden Flugwildgattungen, geschieht auf folgende Weise:

Nachdem der Jäger das Wild gerade vor sich auf den Rücken gelegt hat, — es gestreckt hat, macht derselbe vom Waidloch gegen die Brust einen etwa 8—10 cm langen Einschnitt.

Nun führt er die rechte Hand derart ein, daß er mit den Fingern bis oberhalb des Magens kommt, und zieht das Gescheide, nachdem es abgetrennt ist, vorsichtig, ohne das Gefieder zu beschmutzen, heraus und löst dann noch den Mastdarm mit dem Messer ab.

Das Geräusch, d. h. Herz, Leber und Lungen bleiben zurück.

Nun hebt man den Vogel, nachdem man ihn umgewendet hat, läßt den Schweiß austropfen und schiebt dann einen grünen Tannenbruch in den Einschnitt.

Das Wildbret des jungen Auerwildes hat einen vortrefflichen Geschmack, doch soll sie der Jäger hegen und nicht essen; alte Hähne schießt man dagegen lieber und überläßt das Essen Anderen.

Sonderbar sind die Worte des Altmeisters Döbels, mit welchen derselbe das Kapitel „Das Auerhahnschießen auf dem Balz" schließt und mögen dieselben auch das Schlußwort dieser Abhandlung bilden.

„Die Auerwildjagd ist nicht gemein, und der Seltenheit des Wildes wegen mit Recht den Jagdgebietern allein zu lassen; und wer wollte auch den oft mit vielen Regierungssorgen überhäuften Großen der Erde diese Freude mißgönnen! — Nur der allerundankbarste, des edlen Waidberufs unwürdigste Mensch, ja nur die Mißgunst selbst vermöchte das! Denn die hohen Lenker einer Provinz, eines Landes oder gar eines Reiches erweisen ja dadurch, daß sie selbiges wohl regieren und beherrschen, dem Ganzen, wie dem Einzelnen so große Wohlthat und sind der Sonne gleich, die mit ihren Strahlen allgemach das Wasser von der Erde in die Höhe zieht, damit sie sich befeuchte. Da nun die Fürsten und Hohen hier auf Erden Götter sind, auch selbst in der Schrift so genannt werden, so ist es nicht mehr als gerecht, daß sie ein besonderes ausnehmendes, von den gemeinen und täglich vorfallenden Ergötzlichkeiten ganz abgesondertes Vergnügen sich zueignen, und sind diejenigen böse, undankbare, ungehorsame und strafbare Unterthanen, die sie in den ihre Regierungssorgen erleichternden Freuden stören und hindern, oder irgend ein solches Vergnügen ihnen rauben und entfremden wollen.

Jedoch ich habe mir nicht vorgenommen, ein Lob der Herrschgewalt zu schreiben, werde mich auch eines solchen nicht unterfangen, ja mein schlichter Stil würde sich für so hohe Sachen und Personen nicht schicken. Denn hohe Sachen erfordern hohe Worte, ich aber kümmere überall mich nur um die Sachen, nicht aber um die Worte. Deshalb lasse ich fürstliche und sonstige hohe Jagdgebieter samt den Auerhähnen in Ruh und mache mich an den Kranich; einem Redner von Profession bleibe das Lob der Erdengötter anheimgestellt!

Der Großtrappe (Otis tarda L.).

Seit die edle Baize verschwunden, hörte man nicht viel von andern Jagdarten auf diesen stolzen Vogel, den größten unseres Landes, der den Namen „der Strauß des Nordens" nicht ganz mit Unrecht führt. Die Jagdfalken fielen zwar mutvoll und todeskühn den Trappen an, allein die Größe und Stärke desselben, sowie ein gleich großer Heldensinn ließ sie nur geringe Triumphe über ihn erzielen, auch schützte den Trappen sein vorsichtig-scheues Wesen in höchstem Maße vor nahender Gefahr, so daß er sich meist rechtzeitig derselben zu entziehen vermochte.

Mitte des 17. Jahrhunderts begegnen wir wenigen Notizen über Trappen. So schrieb am 28. Juli 1681 Bischof Kolonitsch, der Kirchenfürst, an den von ihm so sehr verehrten Fürsten Schwarzenberg, und da er es liebte, seine Briefe, ehe er auf sehr ernste und wichtige Dinge einging, auf launige oder kordiale Weise einzuleiten, so schrieb er auch diesmal: „Durchlauchtig hochgeborner Fürst! Gnädiger Herr! Damit Sy Jhres Dieners und Caplans nit gar vergessen, so vnterstehe ich mich Euer hochfürstliche Gnaden 2 Trappen zu schicken auf Wittingau. Weilen aber die hiesigen Landsleuth mit diesen Thieren besser umbzugehen wissen, also will ichs noch herunten behalten, biß eine Gelegenheit nacher Wien kommt, solche nacher Wittingau zu führen."

Schon am 1. August 1681 beantwortete der Fürst von „Wienerisch-Neustadt" aus das Schreiben des Bischofs. Die auf das Tappenpaar bezügliche Stelle lautet:

„Hochwürdigster! daß Euer Bischöfliche Hochwürden, mich mit einem paar Trappen nachher Wittingau regalieren und selbige bis zur Erlangung der Gelegenheit bei sich behalten wolln, dafür erkenne Ich mich obligiert und dankbar. Ich hoffe, in 12 oder 14 Tagen solle eine Fuhr von Wittingau nacher Wien kommen, alsdann mögten gedachte Trappen aldahin überbracht werden. Interim bitte ich, mich zu berichten, welcher Gestalt selbige Winter- und Sommerszeit unterhalten werden können."

Abermals Trappen, aber diesmal nur einem, begegnen wir 35 Jahre später in Böhmen. Am 26. April 1716 berichtete der, vielen geehrten Lesern der „Jagdzeitung" von unseren seinerzeitigen Mitteilungen über „Wölfe und Konsorten" her bekannte Jägermeister Drescher von Cadan seinem hohen Jagdherrn Adam Franz Fürst zu Schwarzenberg von der Erlegung eines Trappen auf der fürstlichen Herrschaft Protivin. Die Briefstelle ist zu charakteristisch, als daß wir sie nicht wörtlich wiedergeben sollten. Der Jägermeister schrieb von Wittingau aus:

„Es hat der waldbereutter von protivin einen trappen, so aldort geschossen worden, anhero geschücket, in meinung, daß ich ihn durch einen botten wegen der Rarität solte nacher wien schicken. Es ist hier überal ein großes reden von diesem Vogel, weihlen sie ziemlich selten anhero kommen, undt sagen die leuth, daß es nun gar gewiß den türkischen krig bedeute und sonsten noch die lächerlichsten meinungen."

Der Großtrappe, jener stolze Vogel Deutschlands, der in der Sprache des Volkes „Ackertrappe" genannt wird, rechnet zu den Sumpfvögeln (Grallatores). Er ist der größte dieser Art, wie überhaupt der Vögel dieser Spezies

in Deutschland. Seine Figur, sein Wesen und sein herrliches Federkleid verschafften ihm den Beinamen des Edlen. In allen Gegenden Deutschlands und Österreich-Ungarns, Rußlands, Rumäniens und in Asien belebt er die dort vorkommenden Ebenen in teils geringeren, teils stärkeren Trupps. Vorwiegend in Deutschland als Standwild

kommt er im Königreich Sachsen (bei Großenhain) und in den Provinzen Schlesien, Sachsen, Brandenburg, Posen, speziell in den Regierungsbezirken Merseburg und Magdeburg, vor. In der mittelrheinischen Ebene, im Elsaß, und bereits auch in den ebenen Landstrichen des Rheins bei Düsseldorf darf man den Edeltrappen zum Standwild rechnen, wenngleich er noch nicht in gleichen Scharen sich zeigt wie bei Schönebeck, Sülldorf, Welsleben und auch bei Lüderitz, Ost= und Westinsel in der Altmark, sowie bei Nauen in der Mark. Das Gewicht des Hahnes beträgt je nach seinem Alter 20 bis 30 Pfund, doch wiesen alte stattliche Exemplare schon 32 Pfund auf. Dagegen erreicht die Henne nur ein Gewicht von höchstens 16 bis 20 Pfund. Die Spannung der Flügel ist, von Spitze zu Spitze gemessen, eine ganz bedeutende und maß ein 32 Pfund schwerer Hahn 2,4 m. Der Trappe erreicht eine Höhe von etwa 2 bis 2¼ Fuß.

Das Federkleid des Trappen erscheint bei der Henne hell zimmetfarben, weißgrau und ziemlich schmucklos. Der Hahn aber prangt Ende Mai resp. Anfang Juni im herrlichsten Brautkleide. Nach der Mauser beginnt ein ganz eigentümliches Verfärben seines Federkleides, welches während der ganzen Balzzeit den April und Mai hindurch andauert. Der Rücken und die Seiten tragen wundervolle Muschelzeichnungen, die Bänder auf Steiß und Schwingen zeigen lebhafte, frische Farben. Der Kopf, die Brust und der Hals sind bedeckt von einem zarten aschgrauen Gefieder, welches durchsetzt ist mit feinen schwarzen und braunen Wellenlinien oder Flecken. Der untere Teil der Brust, der Bauch, die Oberschenkel tragen weißes Gefieder; ebenso sind auch die unteren und vorderen Deckfedern der Flügel weiß. Mit fortschreitender Balz färben sich Kopf und Scheitel und der obere Hals prächtig silberweiß und unterhalb der Wangen bildet sich nach und nach ein etwa thalergroßer, matter stahlblauer Fleck. Die Vorderbrust verändert sich in ein schönes Rostrot, das zur oberen Halspartie in ein leuchtendes Gelbrot übergeht. Die zur Seite der Wangen und hinter dem Gehör befindlichen weißgrauen buschigen Federn, vornehmlich aber die zu beiden Seiten des Unterkiefers etwa 8 Zoll herabhängenden schmalen Bartfedern des Hahnes (der Henne mangelt der Bart) werden länger und erhalten eine lebhaftere Farbe. Erst Ende Mai oder Anfang Juni endet dieses Verfärben und das Federkleid hat seine höchste Pracht erreicht.

Die Balzzeit beginnt bei milden Wintern bereits im März, dauert den April und Mai hindurch und währt oft bis in den Juni hinein.

In den Revieren, wo Hennen in ausreichender Anzahl vorhanden sind, — ein Hahn beansprucht mehrere, er lebt in Polygamie, wenn irgend möglich — finden Kämpfe selten statt, aber bei Hennenmangel kann man hochinteressante, heftige Kämpfe beobachten. Die balzenden Hähne gebaren sich wie die zahmen Puten. Sie drücken gleich jenen die Flügel bis zur Erde hinunter, spreizen den Schwanz radähnlich auseinander, das hochgesträubte Gefieder der Rückens läßt diesen gekrümmt erscheinen und der Kopf wird bei jedem kurzen Anlauf scharf nach vorn gestreckt, doch gleich darauf wieder stolz und parademäßig erhoben. Ein junger Hahn, der es dem alten balzenden gleichzuthun bemüht war, ergötzte mich wegen des naiven Betragens des „Jünglings" in hohem Maße: Der alte Hahn mit seinen Kapriolen vor fünf Hennen, und ca. 20 Schritte von ihm der junge, sichtlich bemüht, sich ebenfalls zu zeigen. Er gelangte jedoch über die ersten Versuche nicht hinaus — ob sich vor dem alten Hahne fürchtete, oder vor den koketten Damen genierte, vermag ich nicht zu sagen. Schnabel und Ständer gewähren dem edlen Hahn die Macht, über seinen Gegner zu triumphieren; es fliegen die Federn bei solchen Liebeskämpfen weit umher, das „blaue Blut" — der Edeltrappe gehört zur Hochjagd — rieselt, und unnachsichtig tritt der Sieger den Besiegten unter die Ständer, er baut ihm keine goldenen Brücken!

Die Henne baut kein Nest, sie scharrt mit den Zehen eine ovale Vertiefung im Korn oder an einem ihr sonst sicher scheinenden, mit Grün bewachsenen Ort, von dem aus eine ungehemmte Übersicht gestattet ist, denn wo solche fehlt, existiert der Trappe überhaupt nicht.

Die Henne legt in der Regel nur zwei, selten drei und ganz ausnahmsweise vier Eier. Die Eier gleichen Gänseeiern an Größe, sind weißlich grün und besprengt mit bräunlichen Flecken.

Die Brutzeit dauert 30 Tage. Während derselben paart sich der Hahn mit einer oder mehreren Hennen. Im allgemeinen halten die Herden zusammen, was um so leichter ist, als der Trappe einen bestimmten Weide-Distrikt gern innehält. Die jungen Trappen laufen, sobald sie ausgeschlüpft sind, mit der Mutter, die wahrhaft zärtlich für sie sorgt und vor jedem der oben genannten Feinde ängstlich behütet und hochherzig verteidigt.

Die verschiedenen Jagdarten auf den Großtrappen sind:

Die Anbirsche zur Balzzeit.

Das Kessel= oder Zutreiben der Trappen.

Der Ansitz.

Die Suche mit dem Vorstehhunde.

Die Jagd zur Winterszeit bei Glatteis.

Der Schwan.

Der große Weltenmeister verlieh in seiner unerforschlichen Weisheit allem Getier, was er schuf, Fähigkeiten, die es besonders charakterisieren. Die sonst so wehrlosen Schwimmvögel stattete er mit viel List, Mißtrauen, Vorsicht, überaus scharfen Sinnen und einem panzerartigen Federkleide aus. Dadurch vermögen sie es, sich dem Feinde, der ihnen in der Luft, auf und unter dem Wasser und auf der Erde in viel hunderterlei Gestalt zu jeder Zeit entgegentritt, zu entziehen. Doch stattete die allgütige Mutter Natur sie auch anderweitig aus, indem sie den Schwan stolz und majestätisch schuf, ihn in ein silberweißes, leuchtendes Gewand kleidete, den Gänsen ein schlichtes grau-weiß, den Enten aber bunte Farben aller Art als Schmuck verlieh. Die Sage berichtet uns vom Schwanenritter, von der Schwanenjungfrau und den „sieben Schwänen"; vom Schwanenorden erzählt uns die Geschichte der letzten Jahrhunderte und vom Schwanengesang spricht der Mund des Volkes, wenn ein tönendes Dichterleben ausgeklungen oder ein Allgewaltiger der Erde letzte Botschaft kundgab. In der Heidenzeit deuteten die Zauberer aus dem Flug der Schwäne und noch heute und wohl später, wenn waidfrohe Nachkommen walten, wird man dem Flug des stolzesten aller Wasservögel Wichtiges beimessen. Das Menschenherz ist einmal so! Es beweist dieser Zug des Erdensohnes, der sich ans Äußerliche klammert, am besten, daß er auch zu den Erschaffenen gehört! Wem ist die schöne Sage vom Schwanenritter Lohengrin nicht bekannt? In Wahrheit, d. h. dem Glauben des Volkes nach, soll sich in diesem Schwan ein Weib verborgen haben, sodaß also hier, wie überall in der Sage und Geschichte, das Weib eine Rolle spielt.

„Du dumme Gans", heißt es und hieß es. Wie bitter Unrecht der Gans mit der Kundgebung solcher Meinung gethan wird, weiß jeder Waidmann. Die Gänse gehören zu den schlauesten Schwimmvögeln, die sich nur mit Hilfe der Witterung und vom Zufall begünstigt, erschleichen lassen. Die Gans ist die personifizierte Wachsamkeit! Kennt ihr, werte Leser, nicht die Geschichte von den Retterinnen des Kapitols? Der schnatternde Gänserich weckte den schlafenden Römer, als in finsterer Nacht Gallier am kapitolinischen Felsen emporzuklettern begannen, Gänse erretteten die heilige Roma! Der Enten muntere, vielfarbige, in 23 Gattungen die Erdoberfläche und in noch unendlicherer Fülle die — Zeitungen belebende Schar steht erst in dritter Linie: Es sagt der Jägersmann von ihr:

Hoch in den Lüften seh' ich einen Schwarm
Von wilden Enten raschen Fluges streichen,
Vergebens zuckt der Zwilling mir in Arm,
Kaum eine Kugel würde sie erreichen.

Von Schwänen zählen wir drei Arten in unseren Regionen. 1. der Höcker- oder stumme Schwan, 2. der Singschwan, 3. der kleine Schwan. Sie rechnen zur hohen Jagd. In bezug auf die Beschreibung der drei Arten verweise ich auf Brehm und Riesenthal und bemerke nur, daß der „Schwanengesang" dieses „Edlen" unter den gefiederten Wasserbewohnern, welcher unstreitig seiner majestätischen Formen, seines herrlich schlanken Halses und seiner Farbe wegen einen Platz unter den „obersten Zehntausend" einzunehmen völlig berechtigt ist, daß also sein Schwanengesang keineswegs sein einziger, sein erster und letzter Gesang ist, sondern vom Singschwan herrührt, der in kalten Frostnächten ganz besonders seine „liebliche Stimme" unaufhörlich ertönen läßt, die, wenn etwas Phantasie hilft, brausender Sturm die Töne untereinander wirft und brandender Wogen Gedonner die Begleitung dazu hergiebt, Motiv zu einem Tonbilde darbieten könnte. Während in früheren Zeiten der Schwan als vornehmstes Tafelwild bei keinem auch nur auf etwas Bedeutung Anspruch machenden Feste fehlte, ist er jetzt ganz und gar aus der Reihe der Tafelfreuden gestrichen. Dagegen sind seine Daunen und die großen Federn in hohen Ehren geblieben. So bürgerten die preußischen Herrscher den wilden Höckerschwan, der mit der fortschreitenden Kultur seine Nistplätze in einsamere Gegenden verlegte, auf der Spree und Havel, von Köpnick bis Spandau, Potsdam und Brandenburg ein und sind die an viele tausend zählenden der lebende Schmuck der weiten, von schwermütig ernsten märkischen Waldungen und wiederum anderseits von stolzen Prunkbauten eingefaßten Augen der Landschaft. Alljährlich im August liefern diese Schwäne dem Hofstaat als Tribut ihre Daunen. — Alle Schwäne lieben die großen, freien Seen, deren die Landrücken unserer Ostseeprovinzen viele tragen, und danken wir nur ihnen, daß der Schwan uns nicht schon längst verlassen. Am Gestade des Bernsteinmeeres und der Nordsee hält sich der Schwan in großen Scharen auf, während er sonst aristokratische Gewohnheiten liebt und sich mit dem Plebs der gefiederten Wasserbewohner nur im Fall der Not, bei Nahrungsmangel in sehr strengem Winter, vermengt. Wenn auch der Schwan an Klugheit die Gans nicht erreicht, so übertrifft er diese doch an machtvoller Stärke, sodaß selbst der Adler sich nur selten an ihn wagt und seinen wuchtigen Flügelschlag fürchtet. Die großen Fische, vornehmlich der räuberische Wels, werden der jungen Brut gefährlich. Es hat sich in neuerer Zeit eine Gesellschaft gebildet, deren Bestreben es ist, die Schwäne da, wo sie noch als Standwild auf unseren großen Seen angetroffen werden, als solches zu erhalten. Vergebliche Mühe! Wie kann man der unaufhaltsam fortschreitenden Kultur einen anderen Weg anweisen? Alle Sommer bleiben in der Nähe unserer Küsten Schwäne zurück, die nicht weiter nach Norden wanderten. So in diesem Jahre bei der Greifswalder Oie und der Lootseninsel Ruden in Bodden mehrere Hundert. Bald wird der stolze Vogel, die weiße Perle auf blauschimmerndem Seenspiegel, nur noch ganz vereinzelt als Standwild anzutreffen sein und in nicht zu ferner Zeit der letzte seines Geschlechts, des der wilden Schwäne, in der That vom germanischen Boden mit dem „Schwanengesang" Abschied nehmen. Die Jagden auf den Schwan sind keineswegs so leicht, wie es v. d. Winckell hinstellt, zu dessen Zeit es vielleicht noch einen Reichtum an Schwänen gab, im Gegenteil. Unter gewöhnlichen Verhältnissen lassen die Gepflogenheiten und die Gewohnheiten dieses scheuen, vorsichtigen Wasserwildes dem Jäger meist das Nachsehen. Junge Schwäne sind leichter zu erschleichen und erlegen und alte fördert man gewöhnlich nur dann zur Strecke, wenn Dianens Huld und besondere Glücksfälle oder Witterungsverhältnisse sich vereinten. Der Schwan zeigt einen bösen, tückischen Charakter, er ist der „Egoist vom reinsten Wasser", der nur aus Berechnung ein treuer Gatte ist und selbst seinen kaum erwachsenen Jungen lebensgefährliche Denkzettel versetzt, wenn seiner Launenhaftigkeit irgend etwas nicht in den Kram paßt. Er ist durch und durch Autokrat! Die Kämpfe unter alten Schwänen werden mit einer Erbitterung ohne Gleichen ausgefochten. Der Ansitz, das Anfahren mit dem Boot und noch andere Methoden ähneln den Jagdarten auf Gans und Ente.

Der Kranich (Grus cinerea).

Gewiß wird die Überschrift manchen Leser mit mir an Schillers schönes Gedicht „Die Kraniche des Ibikus" erinnern, und noch heute bemerken wir im Spätherbste die großen Züge dieser stattlichen Vögel, in welchen sie in Scharen zu 60—100 Stück in Dreiecken und mit einem wechselnden Anführer an der Spitze, den wärmeren Gegenden zuziehen. Aus unerreichbarer Höhe lassen die Kraniche dann ihren kreischenden, weit vernehmbaren Ruf erschallen.

Die eigentliche Heimat des grauen Kranichs ist das nördliche Europa; in Mitteleuropa ist er als regelmäßiger Zugvogel zu verzeichnen. Ende Oktober verlassen die Kranichzüge Europa und ziehen in die wärmeren Gegenden Asiens und Afrikas, von welchen sie im März zurückkehren. Sie halten bei diesen Zügen genau die gleiche Richtung ein, und ist dies der Grund, daß man den Kranich in manchen Gegenden nur aus der Beschreibung kennt.

Das Gefieder ist aschgrau; der Vorderkopf ist schwarz, borstig; der Hinterkopf kahl, mit roter Warzenhaut bedeckt, die bei dem Weibchen blasser erscheint; von ihm herab gegen den Nacken läuft ein schwärzliches Dreieck, ein weißer Streif hinter den Augen in diesem zusammen und vom Halse bis zur Brust herab. Der Steiß ist von einem charakteristischen Büschel lockerer, an den Spitzen gekräuselter Federn bedeckt. Der grade, zusammengedrückte Schnabel ist 9 cm lang, schwarzgrau und an der Spitze weißlich gefärbt; die Füße sind schwarz und mit drei langen und einer hinterwärts gestellten kurzen, bis an das erste Gelenk mit einer Haut verbundenen und mit kurzen Nägeln bewaffneten Zehe versehen. Die Ständer sind 24 cm hoch, schwarz und geschuppt. Die Höhe des Kranichs beträgt 1,10—1,20 m, die Flugweite 1,80—2,15 m, das Gewicht 6—8 kg. Des Kranichs Nahrung sind Körner und grüne Feldfrüchte, Frösche, Schnecken, Würmer ꝛc.

Das Weibchen baut sein Nest aus Rohr, Reisig und Grashalmen in großen Binsen- und Erlenbüschen, legt zwei graubraungelbe Eier und brütet diese in 14 Tagen aus. Brutstätten des Kranichs findet man häufig in Schottland, Skandinavien, Podolien, Litauen, Polen und Kurland.

Die Jagd auf den Kranich beschränkt sich auf ein gelegentliches zufälliges Erlegen, welches dem Jäger durch die besondere Scheu dieses Vogels nicht eben leicht gemacht wird.

Das Birkwild (Tetrao tetrix L.).

Das Birkwild, dieses edle Flugwild, bewohnt den größten Teil Europas; sein südlichster Standort sind die Apenninen; in Schottland, in einigen Gegenden Englands, in Norwegen, Schweden, in den russischen Ostseegrenzen, in Podolien, Litauen, insbesondere in Volhynien und der Ukraine kommt es ungemein zahlreich vor. Deutschland und Österreich-Ungarn hat teilweise gute Birkwildbestände.

Wo die Jagd nur in Hoch- und Niederjagd eingeteilt ist, gehört das Birkwild zur ersteren. Das Birkwild ist gleich dem Auerwilde nach den Geschlechtern sehr verschieden und beschreibt Dombrowski diese Wildgattung wie folgt:

„Der Birkhahn ist 58—70 cm lang und hat eine Flugweite von 87—98 cm.

Die klimatisch-tellurischen Verhältnisse seines Standortes üben auf die körperliche Entwickelung dieses prächtigen Wildes einen sehr wesentlichen Einfluß, so zwar, daß ein alter Birkhahn aus einigen Gegenden Böhmens, der Marmaros-Gebirge Ungarns und der Bukowina um nahezu ein Viertel schwerer ist, als die Hähne im bayerischen Moos, der Hochgebirge und der nordeuropäischen Reviere.

Der schwarze, kolbige Schnabel ist weniger scharf gekrümmt als jener des Auerhahnes und hat eine Länge von 2½ cm. Die mit einem bläulichen Stern versehenen Augen sind mit einem hochroten, nackten, warzigen Hautstreifen — der Rose — umgeben, dessen Umfang und Größe veränderlich ist. Die vorbezeichnete Rose schwillt bei alten Hähnen im Freierkleide zu solch respektabler Höhe und mit solch intensiver, leuchtend roter Färbung, daß sie dem edlen, streitbaren Vogel das Aussehen eines Kobolds verleiht. Kopf und Hals und der obere Teil des Rückens und der Brust sind glänzend schwarzblau gefiedert, mit leuchtendem Metallglanz. Der Stoß, auch Spiel und Leier genannt, besteht aus 18 Ruderfedern, von welchen die mittelsten die kürzesten, die äußeren die längsten sind. Bei jungen Hähnen, schmal und schwach gebogen, erscheinen die äußeren Federn des Spieles alter Hähne breit und scharf sichelförmig gekrümmt, diese Krümmung nimmt allmählich, gegen die Mitte des Spieles zu, ab; alte starke Hähne haben 10 gebogene Federn im Spiel. Der Stoß ist tiefschwarz gefärbt und nur die mittleren, kürzesten Federn zeigen mitunter eine schmale, weiße Randfärbung. Die Stoßfedern, auf der Oberseite mattschwarz, haben auf der Unterseite einen hellen Metallglanz. Das Aftergefieder, der sogenannte kleine Stoß, ist leuchtend weiß, selten mit vereinzelten schwarzen Punkten gezeichnet. Die kleinen Deckfedern der Flügel sind schwarz, bei alten Hähnen bläulich schillernd, und auf den Schultern ist ein dreieckiger, rein weißer Fleck bemerkbar. Die Grundfarbe der unteren Schulter- und Flügeldeckfedern ist dunkel braunrot; einige der letzteren zeigen weiße Ränder, wodurch auf jedem Flügel zwei weiße Querbänder gebildet werden. Die Flügel bestehen aus je 26 bräunlichen, schwarzbraun durchmaserten, einwärts gekrümmten Schwungfedern; die Deckfedern der Unterflügel sind weiß, der Unterleib mattschwarz gefiedert. Die Füße sind bis an die schwarzen, kammartig ausgezackten Zehen mit kurzen, grauen, braungrau melierten Federn bedeckt. Farbenvarietäten kommen bei dieser Wildgattung nicht allzu selten vor, und es wurden bereits mehrfach weiße Birkhähne von mehr oder weniger intensiver Färbung, auch einzelne hellbraun und hellgrau gefiederte Exemplare erlegt.

Die Birkhenne ist wie die Auerhenne merklich kleiner als der Hahn und die Färbung des Gefieders in gleichem Maße von jener des Hahnes abweichend. Der Schnabel ist schwarzgrau und die das Auge umgebende Rose kleiner und von matterer Färbung. Das Gefieder hat im ganzen eine mattbraungraue Färbung und ist mit schwarzen, rostrot geränderten Flecken besäet, welche, am Rücken am größten, längs des Halses gegen den Kopf zu an Dimensionen abnehmend, eine schuppenförmige Zeichnung aufweisen. Auch auf der Schulter der Birkhenne ist der charakteristisch weiße Fleck wie beim Hahne sichtbar. Über die Flügeldecken zieht sich ein weißes Querband und die Schwungfedern sind schwarzgrau, rötlich schillernd. Die Schwanzfedern, bedeutend kürzer als jene des Hahnes, sind braun und zeigen schwarze, in Rostrot verlaufende Querstriche, auch der Stoß der Henne ist, wenn auch nur mäßig, gabelförmig nach außen gebogen."

Das Geäse des Birkwildes besteht in Wachholder-, Him-, Heidel- und Preißelbeeren, auch in Knospen und Zapfen von Birken, Pappeln, Haseln, Erlen ꝛc., endlich in mancherlei Körnern, Insekten und Kräutern. — Die Balzzeit des Birkwildes beginnt mit dem April und dauert 7—8 Wochen. Der Hahn hat selten mehr als 3—4 Hühner, sträubt in der Balz sein Gefieder wie ein Truthahn, und steht im höchsten Affekt mit weitvorgestrecktem Halse und gesträubtem Gefieder, oder er schreitet, die Schwingen am Boden schleifend, gravitätisch einher. Mit dem dämmernden Morgen beginnt er mit Herausfordern und Bekämpfen seiner Nebenbuhler. In der Balz giebt der Hahn einen hellen Laut von sich, dem ein gurgelndes Kollern als Schlußsatz folgt. Der Balzakt beginnt mit der ersten Morgenröte und dauert zuweilen etliche Stunden in den Tag hinein. Von dem Liebesruf der Hähne angelockt, streichen nun auch die Hennen mit gedämpftem, züchtig zärtlichem Glucksen dem Balzplatz zu. Sind mehrere ebenbürtige Rivalen am Platze, dann entwickeln sich hitzige und erbittert geführte Kämpfe um den Minnesold, und führt unsere Titelillustration dem geehrten Leser einen solchen Kampf vor. Der Birkhahn treibt die Hühner weniger als der Auerhahn, ist übrigens nach Döbel in der Balze fast schwerer zum Schusse zu bringen als dieser, weil er an Vorhölzern, auf wüsten Lohden, wo einzelne Birken wachsen, also mehr auf dem Freien sich aufhält, und überall wohl minder im Liebestaumel befangen, demnach aufmerksamer ist.

Die Hennen ziehen sich nach der Befruchtung auf junge Schläge zurück, tragen hinreichend Geniste zusammen und legen 8 bis 16 Eier, die von der Henne ohne Beistand des Hahnes in vier Wochen ausgebrütet werden.

Der Jagdbetrieb auf Birkwild ist im großen und ganzen jenem auf Auerwild gleich, und verweise ich auf die betreffende Abhandlung bei jenem Wildartikel. Da die Annäherung an den Birkhahn, wie erwähnt, noch schwieriger ist als an den Auerhahn, so empfiehlt es sich, mit einem Schießpferde auf ihn heranzuziehen, oder auch Gruben nebst Schirmen zum Vortragen fertigen zu lassen. Sind bei der Birkwildjagd zwei Schützen zusammen, so sucht einer dem andern die Birkhähne zuzujagen und zu Schuß zu bringen.

Das Rackelwild (Tetrao medius).

Das Rackelwild steht in bezug auf seine Stärke und sein Federkleid im vollen Sinne zwischen den beiden vorbeschriebenen Waldhühnern Tetrao urogallus und Tetrix. Die Frage, ob das Rackelwild eine eigene Art oder die geringzahligen Ketten und einzelnen vorkommenden Hähne Bastarde seien, die aus der Begattung von Auer- und Birkwild hervorgehen, ist noch eine unentschiedene. Die August-, September- und Oktoberhefte von Hugos Jagdzeitung in Wien haben über diese Frage eine Reihe höchst interessanter Aufsätze gebracht. Der disponible Raum dieser Arbeit verbietet mir jedoch an dieser Stelle die Frage näher zu behandeln.

Das Haselwild (Tetrao Bornasia L.).

Das Haselwild steht zwischen Fasan und Rebhuhn, hat aber einen länglicheren Kopf und einen längeren, stark gekrümmten Schwanz, ist grau und aschfahl und auf dem Rücken rostfarben, mit wenigem Schwarz gemengt. Vor der Brust haben beide Geschlechter schwarze Schilde wie die Rebhühner deren rote, doch ist des Hahnes Schild schwärzer und reicht bis über die Kehle hinauf. Der Haselhahn ist auch am Leibe durchgehends stärker und hat über den Augen einen mehr geröteten und größeren Warzenstreif. Bei Hahn und Henne sind die Füße mit kleinen Federn, gleich dem Birk- und Auerwilde, bewachsen. Das Haselhuhn, meist wohl in allen Teilen Europas heimisch, hat sich außerordentlich vermindert und ist an vielen Orten ganz ausgestorben, an vielen wenigstens selten geworden, was wohl hauptsächlich seinen Grund darin finden dürfte, daß dasselbe während der Brutzeit und solange die Jungen nicht flugbar sind, vom Raubwilde sehr viel zu leiden hat und namentlich von der Wildkatze, dem Fuchs, Iltis, Edelmarder und Wiesel, dann auch noch von den gefiederten Räubern sehr dezimiert wird. Heute kommt das Haselwild am häufigsten in Polen, Litauen, Podolien, Volhynien, Lappland und der skandinavischen Halbinsel vor; im eigentlichen Mitteleuropa ist es spärlicher und findet sich nur in Bayern und Thüringen, im Böhmerwalde, Erz- und Riesengebirge, in den Karpathen, in Böhmen und dem Waldgebiete der Alpen in namhafter Menge, seltener auch in dem Waldgebiete des Rheines, so namentlich in der Gegend von Vallendar und Koblenz vor.

Das Haselwild hat keine regelmäßigen Balzplätze. Die Balzzeit beginnt Ende März, und besteht der Balzgesang des Haselhahnes in einem eigentümlichen, leisen, aber doch weithin hörbaren zischenden Pfeifen, das mit einem in den höchsten Tönen sich bewegenden Triller schließt. Nachdem die Henne einige Male mit einem leisen, aber etwas tieferen, oft wiederholten Pfiff geantwortet hat, fällt der Hahn in der Nähe der auf der Erde befindlichen Henne ein und tritt dieselbe, nachdem er sich eine Zeit lang vor ihr im vollsten Schmucke, mit hängenden Flügeln, radförmig ausgebreitetem Stoß und gesträubtem Kopfgefieder präsentiert hat.

Die befruchtete Henne baut sich ein Nest auf der Erde unter einem Haselbusch, im Farn- oder Heidekraut, legt 8—12 Eier, brütet selbige in drei Wochen ohne Beihilfe des Hahnes, der jedoch Teil an der Pflege der Küchlein nimmt, aus und hütet ihre Brut unter den Flügeln wie das ganze Hühnergeschlecht.

Sobald die Jungen nur auffliegen können, führen die Alten selbige mit zu Baume, wie sie denn überhaupt des Nachts, oder wenn sie gejagt werden, gerne zu Baume fallen.

Das Haselwild nährt sich von allerhand Beeren und Kräutern, Knospen und jungem Laube.

Das Haselwild bietet einen vortrefflichen Braten und wird heute meistens bei Treibjagden erlegt. Das Locken der Haselhühner mit der Pfeife wird nur noch äußerst selten praktiziert.

Eine Haselwildfamilie wird als Kette oder Volk angesprochen. Das Pfeifen der Hähne in der Balzzeit heißt spissen, der Ruf außer derselben bisten. Das Haselwild bäumt oder fällt zu Baume.

Der Fasan (Phasianus Colchicus L.).

Woher und wann die Fasanen nach Deutschland gekommen sind, darüber fehlen uns zuverlässige Nachrichten, immerhin steht fest, daß es vor Zeiten keine Fasanen in Deutschland gab, und dieselben, wie dies auch heute noch der Fall ist, in besonders dazu angelegten Gehegen gezüchtet wurden. Die Argonauten sollen diesen schmucken, edlen Vogel bei ihrer Fahrt zur Auffindung des goldenen Vließes in Kolchis, dem jetzigen Mingrelien, am Flusse Phasis in zahlreichen Flügen angetroffen und von da nach Griechenland gebracht haben. Martial XIII. Ep. 72 legt dem Fasan folgende biographische Verse in den Schnabel:

„Auf argivischem Kiel ward ich uranfänglich verführet,
Denn in früherer Zeit kannt' ich den Phasis allein."

Nach seiner Einführung in Deutschland scheint der Fasan anfänglich nur in eigens eingerichteten Fasanerien gezüchtet worden zu sein, und behandeln die Jagdschriftsteller des 18. Jahrhunderts diese Zuchten eingehend. Nach und nach mögen dann die Fasanenzüchtereien die jungen Fasanen ausgesetzt und durch Remisen für Akklimatisierung gesorgt haben. Wo das Terrain dem Naturell der Fasanen entsprach, werden dieselben wohl Standwild geblieben sein, wo das nicht der Fall, verstrichen dieselben und bevölkerten geeignete Reviere, sodaß wir gegenwärtig den Fasan in allen Teilen Europas — den hohen Norden ausgenommen — verbreitet finden.

Der Fasanen Lieblingsaufenthalt sind dichte, dornige Laub- und Buschhölzer und röhrichte Brüche, die reich an Wasserläufen und Quellen mit geschützten Ufern sind. — Mit Rücksicht auf die Äsung lieben sie die Nähe von Wiesen und Feldern. Im Sommer bleiben sie auch wohl den ganzen Tag in dem Getreide, im Herbste im hohen Rübkraut liegen, baumen jedoch bei Sonnenuntergang auf, weil sie die Natur lehrt, daß sie daselbst sicherer als auf dem Boden vor den Raubtieren sind. Die Nacht über bleiben sie auf den Bäumen, des Morgens aber kommen sie wieder herunter nach ihrem Geäß. Die Äsung des Fasanen besteht aus Getreide und Sämereien aller Art, Heidekorn und Hirse, grünen Pflanzen und Kräutern, aus Beeren aller Art, den Früchten verschiedener Staudengewächse und Strauchgehölze und den Früchten der Eberesche. Auch die Mistel nimmt dieses Wild begierig als Äsung auf, verschluckt auch kleine Schnecken, Heuschrecken, Käfer, Würmer, Ameiseneier, kleine Sandkörner und Steinchen zur Verdauung. Die Fasanen beschreibt von Dombrowski wie folgt:

„Die Länge des prächtig gefiederten Fasanenhahnes beträgt mit Einschluß des Spiels 1 m, die Flugweite 80 cm. Der lichthornfarbige Schnabel ist etwa 3 cm lang, an der Wurzel oben mit einem schwarzroten, an der Seite abstehenden, schwarzgrünen Federrande umgeben. Rings um das Auge zieht sich ein leuchtend roter, warziger Ring — die Rose.

Die Ohrenöffnungen sind von zwei metallisch grünschillernden Federbüscheln bedeckt, welche der Hahn in der Balz gleich Hörnchen aufwärts sträubt. Das Kopf- und Halsgefieder ist glänzend schwarz, blau, dunkelgrün und purpurschillernd.

Das bunte, harmonisch abgestufte Gefieder des Rückens zeigt eine schillernde Schuppenzeichnung und endet gegen das Spiel zu in einem seitlich abfallenden, braunroten, schillernden Federbüschel. An der Brust und den Seiten ist das Gefieder hell rotgelb, blauschwarz gebändert mit goldigem Schimmer. Die Flügelfedern sind grau, die Schwungfedern graubraun. Das nahezu 60 cm lange Spiel besteht aus 18 Ruderfedern, unter welchen die beiden mittelsten die längsten sind. Die Grundfarbe ist braunrot mit dunkeln Querbändern unregelmäßig gezeichnet. Die faserigen Ränder sind metallisch glänzend.

Die 10 cm hohen Füße sind graubraun geschuppt. Die drei vorderen Zehen haben stark entwickelte Bindehäute und hat der Hahn über der Hinterzehe einen Sporn, welcher mit zunehmendem Alter sich wesentlich verlängert.

Die bedeutend kleinere Henne zeigt ein hell fahlbraunes schwarzbraun geflecktes und geschupptes, unscheinbares Federkleid." —

Die Balzzeit der Fasanen beginnt, je nach Gegend und Klima, im März oder April, und währt wohl zwei Monate.

Keine Federwildgattung weist so mannigfache Spielarten auf, als die mitunter allzusehr domestzierten Fasanen. So fanden sich: weiße Fasanen, Schecken, Ringfasanen und Isabellen.

Die Fasanen leiden von den Raubtieren unendlich viel Schaden, da manche der Bruthennen, die sehr fest auf den Eiern sitzen, darauf umgebracht wird und die Eier von den Wieseln, oder aber die Jungen von Krähen und Elstern oder dergleichen Gelichter geraubt werden. Der Fasan erfordert deshalb einer ganz besonderen Hege und Pflege, und zeigen sowohl hierfür, wie für waidmännischen Jagdbetrieb ausgezeichnete Lehrbücher und Monographien über diese Wildart dem Waidmanne den rechten Weg.

Neunzehntes Kapitel.

Die Niederjagd.

Von R. v. Schmiedeberg.

Es ist bekannt, daß im Mittelalter in frühester Zeit das Oberhaupt des Deutschen Reiches als einziger Jagdherr auf das Wild, welches zur „Reißgejaid" oder zum „kleinen Waidwerk" gehörte, keinen Anspruch machte, sondern überließ es den Forstwarten oder andern ihm genehmen Personen. Als aber die Fürsten und andere Herren souveräne Rechte erlangt hatten, nahmen sie die Niederjagd für sich selbst in Anspruch oder behielten sich das Recht vor, in geeigneter Weise darüber zu verfügen. So gelangten Städte, Klöster, Ritter u. s. w. zum Jagdrecht, oft auch auf Hochwild.

Da jedoch die Ausübung der Jagd damals, der fehlenden Schießwaffen wegen, nur durch Aufwand großer Kosten möglich wurde, indem die Haltung der Beizvögel und die Beschaffung der nötigen Fangnetze einen gewaltigen Jagdtroß erforderte, so verblieb auch die Niederjagd im allgemeinen den großen Herren und deren Dienern, falls nicht Schlingen gestellt wurden, was schon damals von Wilderern stark betrieben wurde. Dank solchen Verhältnissen mußten sich alle zu Jägern und Forstwarten heranbildenden jungen Leute auch die Kenntnis des niederen Waidwerks aus dem Grunde aneignen, doch wurden sie immer nicht so hoch geachtet, wie der hirschgerechte Jäger.

Da aber die hohen Herren ebenfalls vielfach Gefallen an der Niederjagd fanden, so erlernten auch sie und deren Söhne die nötigen Kenntnisse und war daher jeder Herr, dem die Jagd Vergnügen machte, ein Jäger im wahren Sinne des Wortes.

Als jedoch die Feuerwaffen das ganze Jagdwesen umänderten, als das Schießen des Wildes immer bequemer wurde und als gar seit 1848 die Jagd jeglichem offen stand, wenn er nur einen Jagdschein für weniges Geld erwarb, so griff alles zur Flinte und jeder dünkte sich ein großer Nimrod über Nacht geworden zu sein, wenn er auch vom Leben des Wildes, von dessen Hege u. s. w. nicht das geringste erlernt hatte. Diesen neuentstandenen Jagdläufern war selbstverständlich das Totschießen das einzige, was sie als zur Jagd gehörig ansahen und somit konnten sie auch ihre Gäste und andere Genossen nicht im Waidwerk unterrichten, höchstens konnten sie ihnen die Liebe zum Totschießen einflößen. Für die überaus große Mehrzahl der Jagdliebhaber ist das leider bis heute noch so geblieben und würde vielleicht unser ganzes Jagdwesen verloren gewesen sein, wenn sich eine vernünftige Gesetzgebung nicht ins Mittel geschlagen hätte und wenn die früheren Jagdberechtigten, die Herren sowohl wie die Berufsjäger, nicht stets mit Eifer besorgt gewesen wären, soweit als ihnen möglich, die Liebe für waidgerechtes Jagen und die Kenntnis desselben zu erhalten und zu pflegen. Aber trotzdem, daß hierin viel geschehen ist, hat man doch das mögliche noch nicht erreichen können und ebensowenig die vor dreißig und mehr Jahren eingerissenen Übelstände auszurotten vermocht. Hierzu gehört in erster Linie die Degenerierung unserer einstigen deutschen Hühnerhundraffen, der notwendigsten Gehilfen eines jeden Jägers. Leider hat auch die moderne Forstwirtschaft und die Verpachtung der ehemaligen fiskalischen Feldreviere (im Bunde mit der Abnahme des Hochwildes) viel zu verschulden, denn dem Berufsjäger fehlt zur Zeit vielfach die Gelegenheit, die Jagd ausüben und einen etwaigen Forstlehrling darin zu überweisen. So ist selbst bei Fachleuten die Dressierkunst vielfach verloren gegangen und dennoch kommen auf jeden Hühnerhund, der in der alten guten Zeit gehalten wurde, gegenwärtig vielleicht 50 sogenannte Hühnerhunde, die besser im Milchwagen als im Feld zu verwerten wären. Der Übelstand wurde von einzelnen Herren zwar rechtzeitig erkannt, aber sie verfehlten das Mittel zur Besserung. Man glaubte, der englische Hühnerhund könne aushelfen und importierte ihn massenweise. Anfänglich geschah das ohne Auswahl, es war genug, wenn es hieß „aus England." Das Temperament, die Art seiner Dressur kannte man nicht und man ahmte englisches Wesen nach, ohne dortige Verhältnisse zu haben und schaffen zu können. So wurde der deutsche Hund vernachlässigt, der englische uns nicht sympathisch gemacht. Gott sei Dank, gegenwärtig ist man auf dem Wege, diese Fehler einzusehen, d. h. den deutschen Hund ähnlich wie er war, mit guten Formen zu züchten und den englischen auf deutsche Art zu dressieren. Die Hauptsache ist und bleibt indes immer, das Leben des Wildes zu erfassen; dann wird sich waidgerechtes Jagen von selbst wieder finden und damit Hand in Hand wird stets die Züchtung braver Gehilfen gehen. Vor allem ist aber hierzu nötig, daß der Züchter Ausdauer hat, Mißerfolge nicht scheut und sich ein bestimmtes Ziel steckt.

Der Hase (Lepus).

Naturgeschichte. In Deutschland kommen drei Arten vor, nämlich der gemeine Hase, lepus timidus. L., der Schneehase, l. variabilis. Pall. und das Kaninchen, l. cuniculus L., doch findet sich der Schneehase nur in den nördlicheren Teilen von Ostpreußen und dem bayrischen Hochgebirge.

a. Der gemeine Hase. Außer von den genannten Arten sprechen die Jäger noch von Wald-, Feld-, Berg- und Buschhasen, diese repräsentieren indes keine besondere Art, sondern sind nur je nach Klima und Lokalität gemeine Hasen von etwas variierender Stärke oder Farbenzeichnung. Da alle diese Arten bei sich bietender Gelegenheit untereinander rammeln, so kommen sie als sich konstant vererbendes Wild, d. h. in betreff der geringen Farbe- und Stärkeunterschiede, nur in solchen ausgedehnten Terrainverhältnissen vor, aus denen sie nicht leicht durch Störungen aller Art zum Auswandern gezwungen werden. Daß der Hase die Gegend seiner Geburt verläßt, gehört zu den Ausnahmen und können ihn hierzu nur gänzlicher Mangel an Äsung oder tagtägliche Beunruhigung veranlassen. Eine solche Störung sollen auch die Kaninchen hervorbringen und habe ich das auf einigen Revieren bestätigt gefunden, auf anderen aber nicht. Der Feldhase ist häufig heller gefärbt als der Waldhase und unterscheidet er sich ferner von diesem durch eine geringere Stärke. Hierin variieren übrigens in mäßigem Grade auch die Feldhasen je nach Gegend. Die Güte der Äsung scheint hierauf nicht von Einfluß zu sein, denn ich habe in den gesegnetsten Landstrichen die Hasen vielfach geringer, als auf sterilem Boden gefunden. Gemeiniglich schwankt die Schwere ausgewachsener Hasen zwischen 4—6 kg, doch steigt sie ausnahmsweise darüber hinaus. So wurde vor ungefähr dreißig Jahren in Thüringen ein Rammler geschossen, der 8 kg wog. Der Gipsabdruck des Kopfes jenes Riesen befindet sich gegenwärtig noch im Besitz eines Herrn Eduard Brehm. Es hat ungefähr den Umfang wie der eines Rickenkitzes um Martini.

Die zumeist angetroffene Färbung der Hasen ist im allgemeinen ein Gemisch von schwarzbraun und gelben Oberhaaren. Am ausgesprochen stärksten findet sich solche Zeichnung auf dem Rücken; sie geht dann an den Seiten fast ganz ins Gelbe über, und reicht bis auf die Keulen, an denen sich ein blaßgrauer Fleck befindet, und die Laufe hinunter. Der Bauch und die innere Fläche der Keulen ist weiß. Von gleicher Farbe ist die 4 cm lange Blume, welche auf der oberen Seite durch einen breiten schwarzen Längsstrich geziert ist. Der Kopf ist wie die Löffel mit kurzen hellbraunen Haaren bekleidet. Ich spreche hier absichtlich von Haar, zum Unterschied von der kurzen, die Haut dicht bedeckenden Wolle, aus welcher jenes hervorsteht. Der Jäger macht zwischen beiden keinen Unterschied, sondern nennt die gesamte Bekleidung des Hasen „Wolle." In den südlich von Deutschland gelegenen wärmeren Ländern erscheint der Balg mehr rostfarben, jedoch findet sich solche Färbung auch häufig bei uns, namentlich in den südlichen Gegenden. Je mehr man nach Norden kommt, um so grauweißlicher wird der Balg und zeigt sich derselbe Unterschied auch zwischen dem Sommer- und Winterkleid. Wahrscheinlich rammeln die Schneehasen und die dunkeleren Hasen, dort wo ihre Heimat mit der unserer anderen deutschen Hasen grenzt, gerade wie die Feld- und Waldhasen, und würde so der Übergang vom dunkeln zum hellen Balg, außer durch klimatische Verhältnisse, noch anderweitig erklärt.

Ab und zu begegnet man gescheckten Hasen und ebenso mehr oder weniger weißen, an denen jedoch der Rückenstreif durch gelbe und schwärzliche Haare sich stark abzeichnet. Auch schwarze Hasen sollen beobachtet worden sein und habe ich selbst zwei oder drei gesehen, die teilweise schwarze Wollplatten trugen. Von der schwarzen (äußeren) Spitze der Löffel zieht sich an der Außenseite

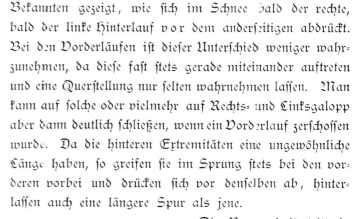

ein weißlicher Strich bis nach der braunen Nase. Auch die Kehle ist weiß, das Genick aber von mäßiger Schwärze, doch stark mit gelbem Haar untermischt. Die hellbraunen Augen, von manchen Jägern Seher genannt, haben eine sehr erweiterte Pupille und fehlt ihnen sowohl die Nickhaut als auch die Augenbrauen, aus welchem Grund der Hase mit offenen Augen schläft. Ob diese Form des Auges bedingt, daß er schlecht sieht, will ich nicht behaupten, doch steht fest, daß der Hase besonders scharf vernimmt und dieses scharfe Vernehmen seine Hauptschutzwaffe ist. Die Länge des Kopfes kommt ungefähr der der Löffel gleich; der Kopf selbst ist rundlich zu nennen und ist namentlich die Stirn stark ausgeprägt. Über die Oberlippe, welche mit langen einzelnen Barthaaren besetzt ist, zieht sich ein tiefer Einschnitt; da sie fast beständig in Bewegung sich befindet, hat man lange geglaubt, daß der Hase zu den Wiederkäuern zähle. Seine Zahnformel lautet: $\frac{1\cdot 5}{5} \frac{2}{2} \frac{5\cdot 1}{5}$;

d. h. er hat im ganzen 28 Zähne und zwar in dem Oberkiefer vorn zwei, an der äußern Fläche gefurchte Schneidezähne, denen sich je ein kurzer, inwendig gefurchter, stiftartiger Zahn anreiht und endlich jederseits sechs Backzähne. In dem unteren Kiefer bemerkt man nur zwei Schneide- und fünf Backenzähne. Die Schneidezähne haben oft eine abnorme Stellung, die verhindert, daß sie sich mit den Zähnen des gegenüberstehenden Kiefers abreiben. Infolge dessen wachsen sie bogenförmig, die ursprüngliche Biegung beibehaltend, zu unglaublicher Länge, oft sogar in den andern Kiefer hinein und wird schließlich der Hungertod hierdurch nicht selten bedingt.

Der Körper des Hasen ist im Verhältnis zur Höhe ziemlich lang und schmächtig und erscheint im Laufen, der langen Hinterläufe wegen, noch länger, als er in Wahrheit ist. Die Sprunggelenke sind ungemein stark ausgebildet, so daß sich der Hase mit deren Hilfe, aber auch der kurzen Vorderläufe halber nur in Galoppsprüngen bewegt, die bei schneller Flucht oft 8 bis 10 Fuß lang sind. Die Läufe besitzen noch andere Eigentümlichkeiten; an den vorderen bemerkt man 5, an den hinteren aber nur 4 Zehen, zwischen welchen, wie auf der Sohle, starkes Haar wächst, das bei weichem Boden und Schnee die Spur verhältnismäßig sehr stark erscheinen läßt.

Hierbei will ich bemerken, daß manchmal behauptet wird, der Hase laufe nur Rechtsgalopp. Mir erscheint dies als ein Irrtum, denn schon oft habe ich meinen Bekannten gezeigt, wie sich im Schnee bald der rechte, bald der linke Hinterlauf vor dem anderseitigen abdrückt. Bei den Vorderläufen ist dieser Unterschied weniger wahrzunehmen, da diese fast stets gerade miteinander auftreten und eine Querstellung nur selten wahrnehmen lassen. Man kann auf solche oder vielmehr auf Rechts- und Linksgalopp aber dann deutlich schließen, wenn ein Vorderlauf zerschossen wurde. Da die hinteren Extremitäten eine ungewöhnliche Länge haben, so greifen sie im Sprung stets bei den vorderen vorbei und drücken sich vor denselben ab, hinterlassen auch eine längere Spur als jene.

Die Rammelzeit tritt in den ersten Monaten des Jahres mit Beginn des warmen Wetters ein und dauert, als Regel, bis in den August und September. Man könnte fast behaupten, daß bei günstiger Witterung der Hase das ganze Jahr hindurch rammelt, denn man hat schon Häschen, die einige Tage alt waren, im Januar angetroffen, dagegen erst wenige Wochen alte noch im Dezember. Etwa vier Wochen nach der Befruchtung setzt die Häsin zwei bis vier, ausnahmsweise auch wohl fünf sehende Junge, kümmert sich aber um deren Ernährung und Schutz nur ca. vierzehn Tage lang. Sie rammelt nun sofort wieder, vielleicht auch schon früher, und setzt demnach bis zu der vorhin angegebenen Zeit ungefähr alle sechs Wochen. Ja, es kommt vor, daß sie ausgetragene Junge setzt, während sie schon wieder Embryos bei sich trägt. Solche Fruchtbarkeit findet sich indes nur bei alten Häsinnen, denn die jüngeren, einjährigen, setzen gewöhnlich nur dreimal im Jahr. Aber es kommt oft vor, daß im zeitigen Frühjahr gesetzte Häsinnen noch im darauffolgenden Herbst für die Vermehrung sorgen.

Die Hasen haben von allerlei innerlichen und äußerlichen Parasiten zu leiden und sollte man deshalb den Hühnerhunden nie erlauben, um bei ihnen nicht den Bandwurm zu erzeugen, rohes Hasengescheide oder -Geräusch zu fressen. Aber auch innere Krankheiten befallen dies Wild und namentlich thut ihm die Leberfäule sehr starken Abbruch; bei Feststellung des Abschußetat wird hierauf selten gebührend Rücksicht genommen.

Die Äsung der Hasen besteht fast in allen Gewächsen, die ihm das Terrain bietet; am liebsten geht er aber an junge Saaten, Knospen und Kohl. Im Winter bei Schnee nimmt er mit der Rinde weicher Laubhölzer fürlieb und zieht hierbei die jungen Obstbäumchen vor. Rückt der

Hase des Morgens früh von der Äsung zu seinem Lager, so sucht er sich solches an gegen das Wetter geschützten und im allgemeinen ruhigen Orten. Er fährt das Lager so aus, daß sein Kopf gegen den Wind gerichtet ist und der Rücken etwas weniges unter dem Niveau des Erdbodens liegt. Sollte die Gegend fast gar nicht beunruhigt werden, so wird öfters das Lager vom Tage vorher wieder angenommen, meistenteils aber in dessen Nähe ein neues bezogen. Ehe das aber geschieht, hat der Hase viele Widergänge und Absprünge gemacht, um so einer Verfolgung von Raubzeug möglichst zu entgehen. Am Tage verläßt der Hase, außer in der Rammelzeit, sein Lager nur dann, wenn er aufgestoßen wird, resp. Gefahr fürchtet. Während er sich der süßen Ruhe überläßt, kann man den Rammler zuweilen dadurch von der Häsin unterscheiden, daß diese die Löffel etwas gespreizt, jener aber dieselben näher zusammen nach dem Genicke zu an den Kopf drückt. Im Laufen erkennt ein geübtes Auge den Rammler vielleicht an dem gedrungeneren Körper und dem dickeren Kopf. Fährt die Häsin aus dem Lager, so drückt sie oft (in der Rammelzeit stets) die Blume fest an das Waidloch, oder hält sie unbeweglich aufwärts; der Rammler dagegen schnellt damit und bewegt auch die Hinterläufe kräftiger. Auch die Löffel geben ein Merkmal ab; die Häsin legt solche meistens zurück, der Rammler trägt sie aber gleich zu Anfang der Flucht aufrecht, oder bewegt sie abwechselnd, wie um zu vernehmen. Oft sind beim Rammler die Blätter etwas dunkel, bei der Häsin dagegen die Seiten etwas heller gefärbt. Alle diese Zeichen mögen aber trügen, so daß es immer besser ist, die Suchjagd nicht zu früh im September zu beginnen. Viele Jäger wollen auch an der Farbe des Balges den alten vom jungen Hasen unterscheiden können, da erstere dunkler sind. Oft trifft dies ja, oft auch nicht und ist das Alter erst bei geschossenen Stücken mit Sicherheit zu ermitteln. Junge Hasen haben die Gelenke noch weich und sind namentlich die Löffel leicht einzureißen.

b. Der Schneehase unterscheidet sich nicht wesentlich vom gemeinen Hasen. Die Gestalt ist fast bei beiden dieselbe, nur ist ersterer geringer. Im Winter wird dessen Balg weiß und nur die Löffelspitzen bleiben schwarz; im Sommer nimmt er dagegen eine blaßgräulich braune Färbung an. Die Zahnformel variiert ebenfalls und sind die Löffel etwas kürzer. Beide Hasen haben dieselben Gewohnheiten und wird auch die Jagd dem Terrain angemessen betrieben.

Die Jagd. Anfänglich haben sich die Jäger zur Habhaftwerdung der Hasen wahrscheinlich nur der Schlingen und Fallen bedient, doch kannten schon die alten Griechen die Parforcejagd aus dem Grunde. Xenophon giebt um 400 v. Chr. in seiner Cynegetica eine Anleitung zum Betriebe der Hasenjagd, die im großen und ganzen noch heute als mustergiltig angesehen werden kann und die Eigenheiten der Hasen, die sie heute noch haben, genau beschreibt. Als einzigen bedeutenden Unterschied findet man, daß damals die Jagd zu Fuß betrieben und der Hase gewöhnlich vor den Hunden in Netzen gefangen wurde, welche man in der Eile dort aufstellte, wo der Hase angejagt war, da es ja heut noch seine Eigentümlichkeit ist, immer noch dem Lager zurückzukehren, falls ihm die Hunde Zeit lassen. Xenophon giebt sehr richtig an, wie das Wetter und die Tageszeit sein muß, damit die Hunde scharfe Witterung haben; ferner auch sehr gute Regeln (allerdings mit einigem Aberglauben vermischt) über die Haltung der Hunde und den Nutzen von deren Reinzucht. Auffällig ist, daß zu damaliger Zeit die Jagd wahrscheinlich nur im zeitigen Herbst und zu Anfang des Winters betrieben wurde. Aus den südlichen Ländern sind die jagenden Hunde wahrscheinlich schon bald nach Cäsars Zeiten nach Deutschland gekommen; aber es scheint, sie wurden meistenteils nicht zur Jagd auf Hasen, sondern nur auf Hochwild benutzt. Erst in der Neuzeit kam die Parforcejagd auf Hasen und schon viel früher die Jagd mit Bracken wieder zu Ehren, erstere namentlich in England, wo man seit über 200 Jahren zwei Rassen Hasenhunde zählt: die Harriers und die Beagles, welche sich indes weniger durch die Art zu jagen, wohl aber nach ihrer Stärke unterscheiden. Beagles sind so niedrig und langsam, daß man ihnen bequem zu Fuß folgen, dafür aber ihren Jagdeifer und außerordentliche Nase bequem bewundern kann. Harriers dagegen besitzen die Flüchtigkeit der Fuchshunde, was sie eigentlich auch sind. Man trennte die Rassen eben nur, um zu vermeiden, daß der Hasenhund den Fuchs, oder der Fuchshund den Hasen jage.

Die Beize. In ganz alter Zeit haftete in Deutschland das Jagdrecht am Grund und Boden. Wir haben, so viel ich weiß, keine genauen Überlieferungen darüber, wie man damals die Hasen erbeutete, jedoch wird in den Gesetzen der Friesen die Bracke erwähnt, welche zur Verfolgung des geringeren Wildes diente. Als die Jagd jedoch später nur von Fürsten und Herren ausgeübt werden durfte, sind die Beize, der Fang mit Windhunden und vielleicht das Schießen mit der Armbrust auf dem Anstand die waidgerechten Jagdarten gewesen. Selbstverständlich konnten zur Beize nur die stärksten Falken, wie der isländische, verwendet werden. Unsere heimischen Falken und Sperber dienten zur Federwildjagd, welche weit mehr als die Hasenjagd betrieben wurde. In der Regel richtete man die Beizvögel nur auf eine Art Federwild ab und nannte sie meistens hiernach z. B. Kranich=, Gänse=, Enten= u. s. w. Habicht, aber weniger isländischer, Wander=, Geierfalke (der aus dem Orient kam) u. s. w.

Näher hier auf die Beize einzugehen, als es die Geschichte der Hasenjagd verlangt, scheint nicht nötig, da ihr besondere Kapitel eingeräumt sind, die aus anderer Feder stammen.

Sowohl durch Einführung und fortschreitende Verbesserung der Feuerwaffe, wie auch durch die gänzlich veränderten Jagdgesetze des Mittelalters und der Neuzeit wandelte sich der Jagdbetrieb gänzlich um und gehe ich nun zur heutigen Art und Weise über.

Das größte Vergnügen gewährt die Suche, vornehmlich im Herbst (nach dem 1. Oktober) oder an warmen sonnigen Tagen im Dezember, wenn eine Neue gefallen ist. Bei hartem, offenen Frost ist die Suche nie lohnend. Je nach dem Wetter liegt der Hase mehr oder weniger fest und zwar die Häsin stets mehr als der Rammler, so daß zu Aufgang der Jagd leider noch recht viel tragende Häsinnen von übereifrigen Jägern umgebracht werden. Will man die Rammler daher vorzugsweise schießen, so ist bei der Suche die größte Ruhe geboten und sind deshalb auch die Hunde ganz kurz zu führen oder nur zum Apportieren vorzuschicken. Wer ferner verlangt, daß sein Hund, welcher Rasse er immer angehört, die Jagd nie störe, halte darauf, daß dieser nur nach gegebenem Kommando apportiere und vor jedem herausfahrenden Hasen still stehen bleibe oder sich setze. Ich ziehe solches Verhalten dem tout-beau vor, denn selbst ein weniger gut gezüchteter Hund, der Jagdpassion hat, lernt bald zu unterscheiden, ob Wild krank geschossen oder gefehlt ist. Aus der tout-beau-Lage wird dieses nicht immer zu erkennen sein und ist deshalb nach dem Schuß das Setzen dem Legen vorzuziehen. Aufmerksam verfolgt der Hund, während er bewegungslos ausharrt, den schußgerecht herausfahrenden Hasen, er nimmt sofort wahr, oft besser als der Jäger, ob der Schuß traf und wird mit Ungeduld das Kommando „Apporte" erwarten, das natürlich in vielen Fällen dem Schuß sehr bald zu folgen hat. Sollte Meister Lampe im Feuer gestürzt sein, so ist es fast ohne Ausnahme besser, ihn selbst aufzunehmen und etwa nur wie zur Belohnung das Apportieren zu gestatten; oder dann, wenn man sein Wild jenseits eines Grabens u. s. w. streckte.

Gehen mehrere Herren auf die Suche, so haben sie sich in möglichst gleicher Höhe miteinander zu halten und laute Zurufe zu vermeiden; etwaige Direktionsveränderungen sind durch Winke zu veranlassen. Obgleich es eine der ersten Regeln ist, stets gegen den Wind zu suchen, so muß man doch auch auf die Lage der Beute Rücksicht nehmen. Gemeiniglich liegen die Hasen in der Furche, so daß sie den nahenden Jäger, wenn er darin entlang geht, entweder vorzeitig gewahren und rege werden, oder auch bei etwas hohen Beeten im Lager nicht gesehen werden und so den Jäger bei sich vorbeigehen lassen, was auch die Rammler an passenden Tagen thun.

Sollte der Hund einen Hasen im Lager stehen, so stoße man diesen selbst heraus, falls man ihn schießen will; anderenfalls rufe man den Hund ab oder führe ihn fort, erlaube aber nie, daß er den Hasen im Lager würgt. Sollte er es dennoch thun, so ist er derb zu züchtigen und bei späteren Schüssen doppelte Vorsicht anzuwenden, um das Wild im Feuer zu erlegen, damit für einige Zeit jedes Apportieren vermieden wird. Auf diese Art beugt man am besten Unannehmlichkeiten vor, daß bei der Hühnersuche unsere Hunde Junghasen fangen, selbst wenn sie in Kraut darauf treten sollten.

Da jedes Wild in den frühen Morgen- oder späten Abendstunden stets reger ist, als in der Mitte des Tages, so richte man seinen Ausgang hiernach ein; auch gehe man nicht erst auf frisch bearbeiteten Acker oder ganz junge Saaten, sondern suche sofort ältere Stürzen, junge Schonungen, geeignete Wiesenstellen (längeres Gras) und Feldraine ab, überhaupt Terrainstücke, die der Sonnenwärme ausgesetzt sind und nicht viel betreten werden.

In der Regel wird das Wild auf der Suche spitz von hinten geschossen werden müssen. Kommen dabei Fehlschüsse vor, so sitzen sie stets zu tief oder die Schrote treffen nur den unteren Teil der Hinterläufe. Daher gilt es als Grundsatz, stets zwischen die Löffel zu halten und niemals so zu zielen, daß der Hase, so zu sagen, auf dem Korn reitet; es ist deshalb ein völlig anderes Abkommen wie beim Flugwildschießen nötig. Sogenannte Hazardschüsse, selbst mit guten Gewehren über 60 Schritt, sind natürlich stets zu vermeiden, denn eine lange Hetze macht die Hunde unnötig stumpf, und sollte sie gar sich wiederholen und erfolglos ausfallen, so ist das ein ganz sicheres Mittel, um gute Hunde aufs schnellste zu verderben.

Will man die Jagd pfleglich behandeln, so darf dort, wo die Suche ausgeübt wird, keine Treibjagd abgehalten werden, sondern sind für erstere gewisse Terrainabschnitte zu reservieren. Auch ist es ein großer Fehler, auf der Suche die sogenannten Grenzhasen zu schießen und fortwährend die Grenzen abzulaufen. Knallt der Nachbar viel herum, so treibt er seine Hasen fort und besetzt damit die angrenzenden Reviere, wo sie Ruhe bis zur Treibjagd haben.

Der Anstand. Wie der Hase zum Standwild zählt, so hält er auch seinen Paß, wenn er zur oder von der Äsung aus dem Holz auf das Feld rückt, sehr regelmäßig. Oft nehmen mehrere Hasen denselben Weg und wird dann der Paß so stark ausgetreten, daß ein förmlicher Steig, Hexensteig, entsteht. Stellt man sich gut gedeckt und namentlich mit günstigem Wind vor Sonnenaufgang oder vor dem Untergang der Sonne dort an, so kommt man mit ziemlicher Sicherheit zu Schuß, falls Arbeiter u. s. w. keine Störung machen. Kennt man aber die Pässe nicht, so stelle man sich in Gräben oder Sträuchern u. s. w. an solche Felder, die wahrscheinlich ihrer Früchte wegen gern als Äsungsplätze gewählt werden. Selbstverständlich muß auch hierbei die möglichste Bewegungslosigkeit herrschen, denn sieht auch der Hase ziemlich schlecht, so ist doch sein Vernehmungsvermögen so stark, daß ihn ein schwaches Rascheln von Ästchen u. s. w. sofort flüchten läßt. Ein guter Hund ist zwar auf dem Anstand ein oft unentbehrlicher Gefährte, aber nicht völlig ferme Hunde bringen in der Regel, wie immer, mehr Schaden als Nutzen. Zum Anstandshund gehört, außer einer wenig sichtbaren Behaarung, daß er die größte Ruhe bewahrt, wenn Wild anläuft und namentlich das unangenehme Klopfen mit der Rute unterläßt. Sollte ein Hase krank geschossen worden sein, so muß selbstverständlich der Hund zum Apportieren beordert werden, anderenfalls läßt man ihn aber besser bis zum Heimgange liegen, denn es ist mir mehr als einmal begegnet, daß der frischen Hasenspur Herr Reinecke nachgeschlichen kam und in sein Ende lief. Selbstverständlich sind weite Schüsse, bei denen ein Krankschießen stets wahrscheinlich ist, auf dem Anstand sorgfältig zu vermeiden, denn an den stillen Abenden und Morgen, an denen jeder Laut weithin vernehmbar ist, macht eine Hetze, namentlich wenn der Hund laut wird das Wild der ganzen Gegend rege. Ist es bereits dunkel geworden, ehe das Wild austritt, so hüte man sich vor dem Überschießen desselben, aber trotzdem will ich den Neuerungen, als Glühkorn u. s. w. nicht das Wort reden.

Finden sich vor langen Waldlisièren nur etwa ein oder zwei günstige Anstandsplätze, so kann man die Hasen des Abends durch Notlappen zwingen, dort herauszurücken. Zu dem Ende steckt man dünne Stäbchen, in welche oben ein weißer Lappen oder Streifen Papier eingeklemmt ist, die Lisière entlang in den Boden; es werden dann die Hasen erst dort zur Äsung heraushoppeln, wo die Verlappung aufgehört hat.

Nötigenfalls kann man sich auch der sogenannten Hasenquäke bedienen, indem man die Klagelaute eines Junghasen nachahmt. Viele Jäger vermögen dies mit dem Daumen und den Lippen, durch scharfes Ausstoßen der Luft, zu thun, doch sind für diejenigen, welche nicht solche Geschicklichkeit besitzen, im Handel recht gute Instrumente zu haben. Wenn die Hasen Ende September oder Anfang Oktober noch rammeln, lassen sich alte Rammler durch die genannten Klagetöne oft verführen, bis vor die Füße anzulaufen, während die Häsinnen dies nicht thun. Nicht selten läßt sich auch ein Füchslein anreizen. Der Anzug des Anstandsjägers muß selbstverständlich möglichst wenig wahrnehmbar sein; es ist daher ratsam, bei Schnee weiße Bekleidung zu wählen. Zur Zeit des Anstandes auf Hasen werden Mücken und Fliegen kaum noch lästig fallen, doch schützt das Bestreichen mit Pfefferminzkrautextrakt gegen deren Stiche.

Die Jagd mit Bracken. In sehr gebirgigen Revieren oder in umfangreichen, koupierten Heidegegenden hält es schwer, den Hasen auf der Suche, bei dem Ansitz oder durch die Treiben zu erlegen, und lassen sich letztere dort oft gar nicht herrichten. Für solches Terrain, aber auch nur für solches, ist in Deutschland die Jagd mit jagenden Hunden, seien es Dächsel, Bracken oder andere dergleichen Hunde, zulässig. Ein Schütze allein wird selten viel dabei ausrichten, selbst wenn er die Wechsel und Pässe des Wildes noch so genau kennt; zur Brackenjagd gehören möglichst so viel Schützen, daß sie die Pässe jedes zu bejagenden Revierteiles sämtlich besetzen können; aber auch in diesem Fall wird Wild oft dort herausflüchten, wo man es nicht vermutete. Die Zahl der Hunde darf dagegen keine zu große sein, vier bis fünf ist in der Regel mehr als nötig; oft genügt schon ein gut eingejagter Hund allein. Nachdem mit möglichster Ruhe die Schützen in die Nähe der Pässe postiert worden sind, geht der Hundeführer mit seiner Meute in die Dickung und löst sie entweder bald, um es jedem einzelnen Hund zu überlassen, zu finden. Ist das geschehen, so muß er durch den Ruf „hier, hei, hei," oder durch Signale die übrigen Hunde auf dieselbe Spur zu hetzen suchen. In der Regel löst man anfänglich nur den besten Finder und legt erst, sobald dieser Laut giebt, die übrige Gesellschaft, welche nun durch Zuruf u. s. w. zur guten Jagd anzufeuern ist, an die Fährte. Wer viel mit Hunden gejagt und diese selbst kennen gelernt hat, hört meistens an dem Geläut, was für Wild gejagt wird und ob solches schon flüchtig ist, oder noch dicht vor den Hunden sich durchzuschleichen sucht oder die Jagd gut oder schlecht geht. Man ist daher fast stets auf das anlaufende Wild vorbereitet und kann sich mit dem Schießen Zeit nehmen, sobald das Terrain nicht gar zu ungünstig ist. Gestattet es dasselbe, so geht einer der Schützen mit dem Hundeführer, ehe dieser die Meute löst, und stellt sich dort an, wo der Hund den Hasen gefunden hat. In der Regel wird dieser, nachdem er eine Strecke fortgeflüchtet ist und seine ihm nutzlosen Widergänge und Absprünge ihm nichts genützt haben, wieder in der Nähe des Anjagdplatzes vorbeiflüchten. Wurde von einem der Schützen das gejagte Wild erlegt, so zeigt er dies durch den Ruf „hoho, tot" an, damit der Hundeführer herbeieilt, und die Meute wieder koppeln hilft, was leicht bei dem geschossenen Hasen geschehen kann. Derselbe ist aber sofort vom Schützen aufzunehmen, da sonst sich die Hunde selbst genossen machen könnten. Sollte das Wild gefehlt worden sein, oder ohne Schuß aus dem Treiben sich hinaus geflüchtet haben, so avertiert dies der Schütze, welcher solches beobachtet, der übrigen Gesellschaft und dem Hundeführer durch den Ruf, „hier nach, zieh' her." Durch Pfeifen oder Signale sind dann die Hunde von der Spur abzurufen oder es muß der betreffende Terrainabschnitt in allergrößter Eile umstellt werden.

Auch bei dieser Jagd hat das Wetter großen Einfluß; bei sehr trockener Luft oder trockenem Boden steht die Spur schlecht, und bei starkem Wind sind die Hunde nicht zu hören. Am lohnendsten werden mithin die Jagden, nachdem das Laub gefallen und die Blätter etwas durch Regen festgedrückt sind. Im losen Laub jagt es sich sehr schlecht. Am besten können aber die Hunde noch bei einer Neue folgen und finden, wenn es aufgehört hatte zu schneien, ehe das Wild zu Holz zog.

Für die Bracken u. s. w. ist keine besondere Dressur nötig; am besten jagt man sie ein, indem sie so früh als ihre Stärke und Wachstum es erlauben, mit gut eingejagten Hunden arbeiten und durch das Beispiel derselben das Verlangte selbst erlernen.

Die Hetze. Nachdem die Felder abgeerntet sind, kann bis zum Eintritt von Frost, also auch im Winter bei mildem Wetter oder tiefem Schnee die Jagd mit Windhunden betrieben werden; das Terrain muß natürlich offen und weder mit zu viel noch zu wenig Wild besetzt sein. Der Jagd selbst, der Hunde und Pferde wegen dürfen höchstens vier Hasen an einem Jagdtage gehetzt, und selbstverständlich ebensowenig auf dem Hetzterrain andere Jagdarten ausgeübt werden; bei solcher Behandlung leidet der Wildstand nicht, vorausgesetzt, daß die Hunde gut sind, nicht zu weit angehetzt werden und öfter Fehlhetzen machen. Bei richtiger Aufsicht dürfen solche eigentlich nur als seltene Ausnahme vorkommen. Meiner Ansicht nach beunruhigt eine richtige Hetzjagd das Wild weniger als jede andere Jagd, denn oft bin ich bei Hasen vorbeigeritten, die ruhig im Lager blieben und Hunde und Pferde über sich wegstürmen ließen, so daß sie bei Ruhe im Feld noch am späteren Tage aufgesucht und gehetzt wurden. Windhunde laufen in gewissen Terrains besser als in andern; bei Wahl neuer Hunde hat man demnach sie dort zu kaufen, wo dem eigenen Terrain ähnliche Verhältnisse herrschen. Genügt auch ein Hund, ein sogenannter Solofänger, so ist doch der Jagd und des Vergnügens halber eine Koppel vorzuziehen, und rechnete man sogar in früherer Zeit, ehe die Hunde und deren Behandlung so ausgezeichnet waren wie heut, drei Hunde zu einem Strick. Das Aufsuchen der Hasen hat querbeet zu geschehen, indem diese dann weniger Furchen und Reine annehmen, auf welchen sie natürlich ihre größte Schnelligkeit ausüben können und den Hunden, die zufällig nicht gerade direkt hinter ihnen folgen, auf den Beeten die schwerere Arbeit geben. Der Hundeführer darf die Koppel nie eher anhetzen, als bis sein Herr das Kommando „Hetz" giebt und hat außerdem darauf zu achten, daß die Hunde stets gleichmäßig aus den Hetzbändern anspringen. Schon von August an sind die Hunde durch fleißige Märsche an harte Arbeit zu gewöhnen und ist ihnen das Futter je nach Arbeit und Körperzustand mit größter Genauigkeit einzuteilen.

Öfters bedient man sich eines sogenannten Retters; es ist das gewöhnlich ein älterer Hund, der durch Erfahrung gelernt hat, daß der Hase nicht angeschnitten werden darf und deshalb die jüngeren Hunde so lange ableitet, bis die Reiter herankommen.

Das Bugsieren ist eigentlich keine Jagd, sondern ein Reiterbravourstück, bei dem es darauf ankommt, den Hasen so lange zu folgen (und, wenn mehrere Reiter teilnehmen, zu koupieren) bis er Halali ist.

Die Treibjagd. Je nachdem Holz oder Feld abgetrieben werden soll, wendet man Stand- oder Kessel- und Streiftreiben an. Im Holz sind nur erstere am Platz, im Feld entscheidet über die Wahl zwischen den beiden anderen Treiben die Vorliebe des Besitzers, jedoch mit dem Vorbehalt, daß Streifen nur ausgedehnte Reviere ermöglichen. Ich für meine Person ziehe die Standtreiben vor, weil sie mit der größten Ordnung auszuführen sind und viel Wild unbeschossen durch die Treiber bricht, was natürlich günstig auf den Wildstand reflektiert. Dasselbe findet auch bei Streiftreiben statt; in Kesseln jedoch erhalten die Hasen nur ausnahmsweise kein Feuer oder keine Schroote und fallen die krank geschossenen zum größten Teil den Raubvögeln und Füchsen zur Beute. Nach meiner Schätzung findet man auf der Suche am Tage nach der Jagd höchstens den vierten Teil der Kranken verendet, während die übrigen erst nach mehreren Tagen eingehen und so verloren sind.

c. Das Kaninchen. Leider zählt dasselbe bei uns in vielen Gegenden nicht zu dem jagdbaren Wilde, sondern unterliegt dem freien Tierfange. Seine Gestalt ist fast die des Hasen, es erreicht aber höchstens die Stärke eines geringen Dreiläufers. Die Läufe sind verhältnismäßig noch kürzer wie beim Hasen, besonders die Hinterläufe. Hierdurch werden die Kaninchen auch in der Dunkelheit kenntlich, indem die Körperbewegung beim Lauf merklich von der der Hasen verschieden ist. Am Tage tritt der Unterschied auch im Sitzen deutlich durch die Färbung des Balges hervor, welcher stark ins Graue fällt und im Nacken einen roströtlichen großen Fleck zeigt. Die Blume ist auf der oberen Seite fast ganz schwarz und hat nur einen hellgelblichbraunen Rand; die Unterseite ist dagegen weiß.

Da die Kaninchen gesellig in Bauen leben, so kommen sie in trockenem, sandigem Boden am besten fort und vermehren sich dort so stark, daß sie den Feld- und Forstkulturen ziemliche Schaden zufügen. Bei schönem sonnigem Wetter hoppeln sie den ganzen Tag umher, wenn ihnen Strauchwerk zur Deckung dient. Fehlt solches, so kommen sie nur in der Dunkelheit zur Äsung heraus, die sie wie der Hase sich wählen.

Die Rammelzeit beginnt schon zeitig im Frühjahr und dauert bis Oktober. Die Häsin setzt alle 5—6 Wochen 5—8, manchmal sogar 12 blinde Junge, die sie säugt, bis sie wieder setzt und vor dem Herrn Vater zu schützen hat, der zuweilen an ihnen zum Mörder wird. Obgleich die Kaninchen erst im Alter eines Jahres ausgewachsen sind, so sind sie doch lange vor dieser Zeit schon zeugungsfähig und setzen regelmäßig die anfangs im Jahr gesetzten Häsinnen schon im darauf folgenden Herbst.

Die Jagd. Finden sich die Baue im Buschwerk, so gewährt das Treiben an klaren Tagen viel Vergnügen, nachdem vorher soviel Röhren als möglich verreisert oder mit Frettchen abgetrieben sind. Da auf kurze Entfernungen die Fortbewegung der Kaninchen eine äußerst schnelle ist, so gehört ein geübter Schütze dazu und ist nicht zu starker Schrot angebracht. Wo sich nicht treiben läßt, bedient man sich der Frettchen, um entweder die aus dem Baue ausfahrenden Kaninchen auf dem Anstand zu schießen oder in vorgelegten Netzen zu fangen. Zieht man sich die Frettchen selbst auf, so gebe man ihnen nie rohes Fleisch, damit sie nicht erst den Geschmack desselben kennen lernen. Milch und Semmel, ab und zu gekochtes Kalbfleisch und rohe Eier sind das beste Futter. Hat aber ein Frettchen erst einmal Kaninchenschweiß und Wildbret gekostet, so hilft nur ein lederner Maulkorb vor ferneren Mahlzeiten. Oft kommt es vor, daß die Frettchen, namentlich wenn sie Kaninchen gewürgt und sich sattgefressen haben, im Bau bleiben; man muß dann geduldig harren, bis es von selbst ausfährt, denn wirklich praktische Mittel, es hervorzulocken giebt es nicht.

Das Rebhuhn (Perdix cinerea).

Naturgeschichte. Nur das gewöhnliche graue Rebhuhn soll hier beschrieben werden. In Deutschland kommt es überall als Standwild vor, wo Getreide gebaut wird, daher es mit Fug und Recht Feldhuhn zu nennen ist. Seine Stärke läßt sich im allgemeinen dahin bestimmen, daß es wenig über 30 cm lang ist und eine Flügelspannung bis ca. 45 cm hat, das Gewicht steigt bis zu 1 kg. Je nach Terrainverhältnissen ist die Federzeichnung sehr verschieden, aber nicht gut nach den Gegenden zu begrenzen. Zoologen haben indeß festgestellt, daß die Hühner in Ostfriesland und Ostpreußen bedeutend und durchgehends von den übrigen im Gefieder abweichen. Auch der Lebensweise nach lassen sich zwei Arten aufstellen. Gewöhnlich zählt das Rebhuhn zum Standwild, doch sind auch Strichrebhühner in Deutschland heimisch, die etwas geringer sein sollen, sich im Herbst zu ungemein vollzähligen Ketten zusammenziehen und von Ort zu Ort streichen, wo sich passende Äsung bietet. Auch Herr von Tschusi bemerkt, diese Strichhühner seien geringer als die Standhühner, mir selbst sind noch keine vorgekommen, wohl aber habe ich gesehen, daß bei mangelnder Äsung im Spätherbst alle Hühner nach besseren Gegenden streichen.

Allgemeine Färbung des ausgewachsenen Hahnes: Stirn und Kopfseiten schmutzig orang-rot; Scheitel dunkel aschgrau gestrichelt; Hals bis zum Rücken und über die Brust aschgrau, mit leichter schwarzer Wellenzeichnung, auf dieser das kastanienbraune sogenannte Schild; Rücken grau, braun und gelb gemischt und quer dunkelbraun liniiert; die Flügeldeckfedern sind ähnlich gezeichnet, haben aber nicht ganz die grelle Farbenzeichnung; Bauch hellaschgrau, Steiß rotbraun, Tritte geschuppt, mit spornartiger Warze und blaugrauer Farbe bei jungen Hühnern schmutzig gelblich.

Am hinteren Teil des rotbraunen Auges befindet sich ein dreieckiger warziger roter Fleck.

Das Federkleid der Henne weicht nur darin ab, daß statt des Schildes sich einzelne rotbraune Federn einfinden und die rote Warze am Auge und die rötliche Kopfzeichnung fehlt.

Mit Anfang September tritt der Zeitpunkt ein, mit dem sich durch das Gefieder die Geschlechter unterscheiden lassen, auch nehmen von dieser Zeit ab die Tritte statt der gelblichen eine mehr und mehr graubläuliche Färbung an.

Hahn und Henne leben in Monogamie; aber leider findet man stets mehr Hähne und stören diese überzähligen das eheliche Glück oder hindern die Begehrte am Legen und Nesterbau. Das Leggeschäft beginnt Ende April oder Anfang Mai. Die Henne bereitet sich auf dem Erdboden in Feldbüschen, im Roggen oder Klee u. s. w. ein kunstloses Nest, in das sie täglich ein grünlichgraues Ei legt und hierbei bis zu 18, 20, ja noch mehr steigt, aber erst zu brüten anfängt, nachdem sie das Legen beendet hat. Sie sitzt dann sehr fest, brütet das Gelege in 21 Tagen aus und hat den Gemahl beständig in der Nähe; ich bin der Ansicht, daß er zuweilen sogar brütet, wenn die Henne sich äst, denn oft habe ich den Hahn so abstreichen sehen, daß man vermuten kann, er sei vom Nest gestrichen. Sobald die jungen Hühnchen ausgebrütet sind, übernimmt der Hahn die Führung in Gemeinschaft mit der Henne und bleibt dann diese Familie oder die Kette, zu der sich nun auch die gelten Hähne und Hennen der Umgegend gesellen, bis zum nächsten Februar zusammen. Dann trennt sich die Kette in einzelne Paare und geht der Fortpflanzungsprozeß, wie eben beschrieben, von neuem an.

Die Äsung der Rebhühner besteht in allerhand Gräsern, deren Samen, in Getreide und Insekten, und sind namentlich die Ameiseneier zum Gedeihen der jungen Hühner eine Notwendigkeit. In Jahren, in denen durch die Winterwitterung die Ameisen stark zu Grunde gegangen sind, findet man stets wenig vollzählige Ketten.

Schon lange vor Sonnenuntergang läuft die Kette aus der schützenden Decke auf die Stoppelfelder zur Weide und bleibt dort, wenn nicht gestört, bis zur Nacht. Dann lockt der alte Hahn oder die Henne die Familie zusammen und eng an einander gedrückt verbringen sie die Zeit bis zum Morgengrauen, wann sie wieder verschiedene Weideplätze besuchen und sich dabei stets durch Lockrufe des Hahnes u. s. w. zusammenhalten. Erst wenn der Tau verdampft ist, suchen sie sich in Feldfrüchten oder Buschwerk den Aufenthalt für den Tag, während dessen sie sich häufig im Sande baden.

Allerhand Raubzeug stellt den Hühnern nach und ist deshalb die Anlage von Remisen das einzige Mittel, einen guten Stand zu halten, um so mehr als im frühen Sommer eine ungünstige Witterung noch größeren Schaden als tiefer Schnee im Winter verursacht.

Die Jagd. Über deren Ausübung ist uns bis zum neunten Jahrhundert wenig überliefert worden, doch darf wohl angenommen werden, daß anfänglich das Federwild in Schlingen, später mit Einführung der Vorstehhunde durch Netze gefangen und auf der Beize erlegt wurde. Die bojischen und friesischen Gesetze erwähnen eines Hapichhundes unter dem Namen canis acceptoritius und canis acceptorius und die Weistümer des Mittelalters sprechen in Gemeinschaft mit dem „Habk" von dem „Vogelhund" canis avicularius. Unter Habk ist wahrscheinlich, so weit die Hühnerjagd in Betracht kommt, der Sperber zu verstehen, da man sich auf stärkeres Wild der stärkeren Falken bediente und solche nach dem zu jagenden Wild entweder Kranich= oder Gänse= und Entenfalken nannte. Waren sonach die Vorstehhunde schon vor Karl dem Großen bekannt, so soll dieser doch sehr edle Hunde aus Spanien nach Deutschland gebracht haben.

Der Sachsenspiegel aus dem 13. Jahrhundert zählt unter den Jagdhunden auf: einen „Leithunt", einen „Triphunt" und auch einen „Spürhunt", womit jedenfalls der Hühnerhund gemeint ist. Für den Diebstahl oder die Beschädigung eines solchen waren 6 Schillinge zu zahlen. Der Schwabenspiegel berichtet aus derselben Zeit: wer einen „Sparwer" oder einen „Sprinzen" (das stärkere Weibchen) stiehlt oder schädigt, soll ihn ersetzen und einen Schilling Strafe zahlen.

Um jene Zeit stand das Jagdrecht über das mindere Wild dem Landesherrn oder den von ihm damit betrauten Fürsten, Herren, Bistümern, später Städten und Rittergütern u. s. w. zu und blieb in deren Besitz bis zum Jahre 1848, wann es unter gewissen Einschränkungen wieder dem Grundeigentume zufiel.

Der Fang mit Netzen geschah derartig, daß man mit dem Vorstehhunde auszog, um die Hühner aufsuchen zu lassen. Sobald jener durch seine Uttitude zu erkennen gab, daß letztere dicht vor ihm lagen, entfalteten zwei Jäger in angemessener Entfernung vor ihm das Netz, so daß die Hühner sich zwischen ihnen und dem Hunde befanden, welcher inzwischen so dicht als möglich heran avancieren und auf das vorsichtig gegebene Kommando tout-beau machen mußte. Das aus starkem Zwirn mit zölligen Maschen gestrickte und etwa 30 m lange und etwas weniger breite

Netz wurde nun mittelst eines in die eine Langseite eingezogenen Strickes vorsichtig über die Hühner weggezogen und, sobald diese überdeckt waren oder die ersten abstrichen, fallen gelassen.

Da zu jener Zeit der Kartoffel= und Rübenbau unbekannt waren, so betrieb man diese Art Jagd wohl nur auf den wenigen vorhandenen Stoppelfeldern, den Wiesen und in dem überall wuchernden niedrigen Gestrüpp, vielleicht auch im Winter bei Schnee, wobei natürlich der Vorstehhund entbehrlich war.

Die bei den großen Herren sehr beliebte Beize ist in diesem Werke in einem selbständigen Artikel behandelt worden und kann daher sofort zur Suchjagd, wie sie in der heutigen Zeit mit Vorstehhunden betrieben wird, übergegangen werden. Welcher Rasse dieselben angehören sollen, ist meiner Ansicht nach eine nichtige Frage, denn sie ist jedenfalls Geschmackssache. Freilich giebt es Herren, welche in einem falsch oder wenigstens engherzig angewandten Patriotismus den sogenannten deutschen Hund über alles stellen, aber sich nicht scheuen, in ihren Ställen ausländisches Rindvieh, ausländische Schafherden und ausländische Pferde zu halten oder französische Weine zu trinken. Chacun à sen goût für mich ist die Hauptsache, daß ein Hühnerhund Rasse, Ausdauer und Appell hat und sind das Requisiten, die jedem guten Hund eigen sein müssen. Ich werde mich daher um die Rasse nicht weiter befassen, sondern direkt die Jagd behandeln.

Auf Revieren mit wenigen Hühnern wird man gut thun, des Abends und des Morgens vor Sonnenaufgang einen Jäger ins Feld zu schicken, um die Hühner zu verhören. Aus der Naturgeschichte haben wir gesehen, daß zeitig des Morgens der Hahn seine Kette zusammenlockt und mehrere Äsungsplätze aufsucht, ehe er den Aufenthalt für den Tag in Kartoffeln, Getreide u. s. w. wählt. Liegt starker Tau, so halten sich die Hühner in der Nähe derselben auf Stoppeln und Äckern so lange auf, bis dieser verdampft ist und laufen dann erst unter Decke. Man kann daher mit der Jagd getrost bis zu jenem Zeitpunkte warten. Sollten irgend welche Gründe dies verbieten, so muß man die genannten Flächen durch flott und weit revierende Hunde absuchen und die Hühner in die Kartoffeln und Krautstücke abstreichen lassen. Einige Leute, oder noch besser, berittene Personen können dies auch besorgen.

Wo viele Hühner ihren Stand haben, kann aber die Suche sofort in mit Feldfrüchten bestandenen Stücken geschehen

und eines nach dem andern abgesucht werden. Das größte Vergnügen hierbei finden zwei oder höchstens drei Jäger, wenn sie gemeinsam mit gut arbeitenden Hunden jagen und das Übereinkommen treffen, daß nur demjenigen von ihnen auf abstreichende Hühner der erste Schuß bleibt, dessen Hund sie zuerst gefunden hatte. Nicht gestandene Hühner werden natürlich nach Umständen geschossen, doch sollte auch hierbei die Rücksicht obwalten, daß man nicht eher quer vor dem Nachbarschützen vorbeischießt, ehe dieser seinen ersten Schuß abgegeben hat. Dem wahren Jäger gewährt eine vortreffliche Führung und Arbeit der Hunde weit mehr Vergnügen als das Schießen, es ist daher eine Suche, bei der 6 bis 8 Schützen oder mehr eine Tirailleur=kette bilden, die Hunde höchstens zum Apportieren oder zum Aufstoßen festliegender Hühner benutzen, eine wenig empfehlenswerte Jagdart und nur wenig besser als das vollständige Treiben von Hühnern, welches jetzt leider von gar vielen großen Herren mit Vorliebe betrieben wird. Am herrlichsten jagt es sich in Gesellschaft, wenn sich die=jenigen Schützen, welche gute, flott suchende, sichere Hunde führen, über das Revier verteilen, doch so, daß sie sich gegenseitig im Auge behalten, um vom Leiter der Jagd die Direktiven erhalten zu können, wenn der Gang der Jagd nicht vorher bestimmt werden konnte. Schützen, die keine Hunde haben, gesellen sich zu den mit Hunden ver=sehenen, und kann so eine große Fläche ohne vieles Laufen abgesucht werden. Die aufgethanenen Ketten werden in der Regel in einem Stück einfallen, wo sich schon Schützen befinden und so senden sich diese gegenseitig die Ketten so lange zu, bis der diesen zugefügte Abbruch für genügend befunden ist. In ähnlicher Weise wird der Raum im anderen Revierteil abgesucht.

In der Regel lassen sich bei Aufgang der Jagd die alten Hühner von den jungen noch leicht unterscheiden; erstere werden dann häufig zuerst geschossen, damit die Kette beim Wiederauffinden besser hält. Es ist das zwar praktisch, doch läßt sich nur empfehlen, den alten Hahn ab=zuschießen, da stets mehr Hähne als Hennen vorhanden sind; letztere sollten wegen des Raubzeuges ꝛc. der Kette besser als Führer belassen werden, geben sie doch ohne=hin kein so gutes Wildbret wie die jungen Hühner ab. Häufig wird eine Kette so lange immer wieder auf=gesucht, bis sie gänzlich abgeschossen ist; ich kann diesem Verfahren nicht unbedingt das Wort reden, sondern möchte vielmehr anraten, von jeder Kette ungefähr sechs Stück un=beschossen zu lassen, damit dem Bestand nicht allzuviel Ab=bruch gethan wird. Maßgebend ist indessen stets der Be=stand, denn bei einem guten oder gar vortrefflichen kommt es nicht darauf an, ob ganze Ketten fehlen. Der achtsame Jäger kennt ja bald alle derselben, die im Revier liegen, er wird daher den Abschuß genau regeln können. Unbe=dingt geboten ist indes, sich nie eine Suche nach krank ab=streichenden Hühnern verdrießen zu lassen. Da diese häufig beim Wiederaufthun der Kette nicht mit abstreichen, so müssen die einzelnen Stücke derselben womöglich stets ge=zählt werden, und ist dann, falls welche fehlen, die Suche nach solchen bis zum Finden nicht aufzugeben. Später im Jahre, wenn das Wild nicht mehr hält, wird es häufig auf lange Distanzen beschossen und zwar nur, um die Kette zu sprengen und dann die Hühner einzeln aufzusuchen, die freilich, so gesprengt, besser halten. Diese Methode ist indes fehlerhaft, denn einzelne Körner treffen doch und geht an diesen viel Wild ein oder wird dem Raubzeug eine leichte Beute. Besser ist es, an Tagen, wenn die Hühner nicht mehr halten, die Jagd aufzugeben, oder, wenn durchaus etwas Wild geliefert werden soll, einer außer Distanz ab=streichenden Kette unermüdlich und wiederholt nachzugehen; nach mehrmaligem Aufthun drückt sie sich doch endlich und giebt dann noch häufig reichen Lohn. Kleine Reviere lassen solche Beharrlichkeit indes nicht zu, auf ihnen streichen aber im Herbst die nicht haltenden Hühner doch meistens über die Grenze.

Seit Einführung der heutigen Feuerwaffen sollte der Fang in Netzen und vor Eintritt des Winters der Kon=servierung der Hühner wegen zum Wiederaussetzen im Früh=jahr geschehen. Es gehören daher die verschiedenen Fang=arten nicht mehr zur eigentlichen Jagd und sollen die nötigen Apparate nicht näher erwähnt werden. Eine genaue Belehrung hierüber ist übrigens schwer zu geben, wer aber einmal den Fang gesehen hat, wird ihn sofort selbst ausüben können. Noch mehr wie bei der Suche ist es hierzu nötig, die Hühner des Morgens zu verhören, um die Netze auf den Stoppelfeldern an geeigneter Stelle vor=stellen zu können. Gelang das Verhören nicht, so suche man die Hühner mit dem Hühnerhund auf und stelle je nach Befund die Netze. An windigen Tagen wird der Fang schwer gelingen und deshalb ist der Versuch hierzu nicht erst zu solcher Zeit zu unternehmen, da andernfalls das Wild sehr rege gemacht wird. Hat man auf die eine oder andere Manier eine Kette bestätigt, so lasse man in geeigneter Entfernung das zum Fang bestimmte Netz stellen, sei dies nun in Hochgarn, Glockgarn, Treibzeug u. s. w., und die zum Ausnehmen der Hühner bestimmten Arbeiter glatt auf den Boden legen oder in Gräben verbergen. Nun nähert sich der Jäger hinter einem hell graugrünen mit Sehlöchern versehenen Leinwandschild, auf welches eine grasende Kuh gemalt ist, ganz langsam den Hühnern oder der Stelle, wo sie vermutet werden, um solche nicht auf=zustoßen. Gelingt dies und machen die Hühner lange Hälse, so rühre man sich durchaus nicht, sondern warte ab, bis sie zu laufen anfangen. Ganz langsames vorsichtiges Treiben durch entsprechende Wendungen hat nun zu erfolgen und wird es bei vorsichtiger Bewegung auch gelingen, das Wild in die Netze zu treiben, aus denen es natürlich die verborgenen Arbeiter baldmöglichst befreien, damit es sich durch starkes Flattern nicht beschädige. Sollte die etwa vorgeschrittene Jahreszeit diese Art Fang verbieten, so posche man die Hühner auf einem bestimmten Platz an, und fange sie dort in der Steige oder mit der Schneehaube. Wem es Spaß macht auf alte Art zu tyrassieren, statt noch im Spätherbst auf die Suche zu gehen, suche zur Mittagszeit die dann meist festliegenden Hühner in Rübenstücken oder anderen sich bietenden Decken mit dem Hühnerhund auf und ziehe dann wie oben beschrieben das Netz über sie, oder man stelle die Steckgarne am Ende eines Rüben- oder Rapsfeldes in eine Querfurche auf und treibe durch langsames Nachziehen in den Längsfurchen 2c. die Hühner in die Netze.

Zur Haltung über den Winter baue man sich eine geräumige, passende Voliere, die nach der Südseite offen sein muß und nur des Nachts oder gegen Schneetreiben durch Vorhänge zu schützen ist. Gut ist es, wenn in der Voliere niedrige Fichten in kleinen einzelnen Gruppen stehen und Sand zum Baden vorhanden ist. Geht es irgend an, so sondert man durch Drahtwände die Hühner jeder Kette von einander ab, denn die alten Hühner lieben es, mit den fremden zu kämpfen.

Die Wachtel (Perdix coturnix).

Sie ist der kleinste Hühnervogel und in Europa nur durch eine Art vertreten, doch kommen nach Bechstein einige Spielarten vor, wie die polnische, die weiße, die gescheckte, die aschgraue und die schwarze; ob der Name polnische Wachtel richtig ist, erscheint fraglich, denn als Hauptmerkmal wird die bedeutendere Stärke angegeben, die sich an vielen Wachteln aber auch in Deutschland findet. Noch mehr als das Rebhuhn ist die Wachtel ein Feldhuhn zu nennen; denn selbst in Vorhölzern oder Mooren hält sie sich nicht auf. Sie gehört nicht zum Standwild, sondern zu den Zugvögeln und brütet in ganz Europa bis etwa zum 55. Breitengrade. In Deutschland erscheint sie in der zweiten Hälfte des Mai; sie verläßt es wieder je nach Witterung etwas früher oder später im October und überwintert in Afrika und Kleinasien.

Sie zieht nur bei Nacht und in Gesellschaften, nie einzeln, denn sobald man die erste Wachtel in Revier findet, ist man sicher, deren noch mehrere anzutreffen.

Das Gefieder am Kopf ist schwarzbraun mit zwei gelblich weißen Längsstreifen über den Scheitel hinweg. Der Augenstern ist gräulich braun; vor den Schläfen zieht sich ein schwärzlicher Streif nach dem Nacken. Der Rücken ist rostfarben, schwarzbraun gefleckt und jede Feder hat einen gelben Schaftstrich. Die sehr kurzen Reißfedern haben gleiche Zeichnung, doch keine Schaftstriche, oben gelbe Ränder. Die Schwungfedern sind schwarzbraun und rostfarben quergestreift.

Bis zum dritten Jahre ist das Männchen vom Weibchen schwer zu unterscheiden, doch dann erscheint beim ersteren an der gelblichen Kehle ein schwarzer bogenförmiger Fleck.

Die Länge der Wachtel ist ca. 18 bis 19 cm, bei einer Flügelbreite von 30 cm, das Gewicht steigt bis zu 280 gr und werden bei guter Nahrung die Vögel oft so fett, daß die Haut platzt, wenn sie nach dem Schuß verendet auf harten Boden fallen.

Die Ankunft der Wachteln im Frühjahr macht sich sofort durch den weithin schallenden Balzlaut des Männchens „Pück wer wück" bemerkbar, doch hört man diesen Ruf auch den ganzen Sommer hindurch, sowohl bei Tage als nach Mitternacht, wahrscheinlich aber nur von solchen Hähnen, denen eine Henne fehlt. Der Lockruf des Weibchens läßt sich mit Buchstaben schwer beschreiben. Er scheint in zweierlei verschiedenen Lauten zu bestehen, von denen der eine in der Paarzeit auch vom Hahne von dem Pück wer wück zu hören ist.

Der Hahn lebt in der eigentlichen Paarzeit in Monogamie, und kümmert sich aber später um seine Familie nicht und sucht sich wahrscheinlich ein neues Weibchen auf.

In dem im Getreide, Klee u. s. w. am Boden hergerichteten Nest findet man bis zu 16 braungelbliche, dunkelgefleckte Eier, welche nach 20 Tagen ausgebrütet werden. Sobald die Jungen flugbar sind, halten sie sich wohl noch in der Nähe der Mutter und des Geburtsplatzes auf, sie bilden aber keine eigentliche Kette, sondern leben mehr einzeln. Mir scheint, sie sind in der Jugend sehr zart, denn hatte ich auch öfters ein Nest mit der angegebenen Anzahl Eier gefunden, so konnte ich später in dessen Nähe doch mit der größten Mühe und den besten Hunden nie mehr als 6—8 zusammengehörende Wachteln auffinden. Jedoch mag das auch darin liegen, daß eben die Wachteln bald für sich selbst auf Äsung gehen, welche übrigens fast dieselbe wie die der Rebhühner ist. Hirse scheinen sie dem besten Weizen vorzuziehen.

Die Jagd. Bei uns gibt es selten so viel Wachteln, daß es sich lohnt, speziell nach ihnen des Wildbrets wegen zu jagen. Man schießt sie gelegentlich vor dem Vorstehhund auf der Hühnersuche. Oft will man indes die Hähne lebendig fangen, um sich im Zimmer an ihrem Schlage zu erfreuen. Man bedient sich dazu der verschiedenen Hühnergarne und verfährt dabei folgendermaßen. Des Morgens geht man mit den Locken, den sogenannten Wachtelpfeifen ins Feld. Es giebt deren 2 Arten, eine ahmt den Lockruf der Henne nach, die andere den Schlag des Hahnes. Zur Balzzeit geht man des Morgens oder Abends aus und lockt die Hähne durch den Hennenruf. Sobald diese antworten, heranstreichen und man durch ihr Schlagen erfahren hat, wo sie sich im Grase, Getreide oder Stoppeln befinden, gehen die Leute mit dem Garne unter Wind und ziehen es über die Wachteln, indem sie das hintere Ende zuerst fallen lassen. Da sich die Hähne nicht um das Brutgeschäft bekümmern, kann man sie fortwährend fangen und ist hierzu die Hahnenlocke als Lockruf zu benutzen. Gegenwärtig wird der Wachtelfang nur wenig betrieben, allenfalls üben ihn Vogelhändler auf Hähne aus.

Die Waldschnepfe (Scolopax rosticola).

Naturgeschichte. Die europäische Waldschnepfe brütet bei uns in Deutschland nur in günstigen Lokalitäten, nördlicher aber bis ungefähr zum 67. nördlichen Breitengrade hinauf, etwa von Mitte April an, und legt in ein kunstloses Nest auf trockenen Stellen in sonst nassem, dichtem Holzbestand gewöhnlich in die Vorhölzer und kleinere Waldungen höchstens 5 schmutzig rötliche, dunkel gefleckte Eier, aus welchen die Jungen nach zwei Tagen oder wenig früher ausfallen. Diese sind in der ersten Woche äußerst ungeschickt und bleiben eigentlich, was das Laufen anbelangt, die ganze Lebenszeit so. Ob beim Brüten der Schnepfenhahn sein Weibchen ablöst, ist zweifelhaft, doch halte ich es für wahrscheinlich, da ich es bei der amerikanischen Waldschnepfe (S. minor) bestimmt beobachtet habe. Sobald die jungen Schnepfen flugbar sind, streichen sie mit den Alten in nicht leicht zugängliche Dichtungen und warten dort deren Mauserzeit ab. So ist wenigstens meine Theorie, denn es steht fest, daß man bei uns im Hochsommer nicht viele von den im Frühjahr im Revier ausgebrüteten Schnepfen finden wird, was freilich auch auf Raubzug und Mangel an Äsung zurückzuführen sein dürfte. In Amerika, in den Neu-England Staaten habe ich diese Wanderung konstatieren können. Dort geht meistens die Jagd auf Schnepfen am 4. Juli auf und fand man auch solche an den geeignetsten Stellen um jene Zeit in noch so großer Anzahl, so waren sie etwa um den 1. August herum plötzlich verschwunden. Stieg man dann in die weißen Berge oder in das Katskill-Gebirge im Staate Newyork in sumpfige Oertlichkeiten hinauf, so fand man seine alten Lieblinge in der Mauser und deren Junge ebenfalls dort vor. Daß einzelne Schnepfen auch auf den Brutplätzen zurückblieben, ist selbstverständlich. Wie es sich hiermit in Schweden verhält, vermag ich nicht anzugeben und wäre es erwünscht, wenn Ornithologen die Sache untersuchten.

Im Oktober, zur Zeit wenn das Laub sich färbt, zieht die Schnepfe in südliche Gegenden, gewöhnlich einzeln. Der Äsung wegen suchen sie nun meist trockene Waldungen auf, während sie im Frühjahr auf dem Widerstrich, von Februar ab, um welche Zeit sie öfters schon in Paaren getroffen werden, sich die Ruheplätze an nassen, sumpfigen Orten wählen. Zu genannter Periode beginnt die Balz. In der Nähe des Platzes, wo die Schnepfen am Morgen eingefallen waren, streichen Männchen und Weibchen, falls sie nicht am Tage zu sehr beunruhigt wurden, an Holzrändern und über Blößen, zur Zeit wenn die ersten Sterne bei wolkenlosem Himmel sichtbar werden, ungefähr 1/2 Stunde lang einzeln oder in Paaren umher. Sie stoßen dabei zwei verschiedene Laute aus, von denen der eine das sogenannte Pfüizen, wahrscheinlich der Lockruf des Weibchens nach dem zu erwartenden Männchen ist, während der andere, das Quarren, als eigentlicher Balzruf erscheint. Beide Geschlechter pfüizen und quarren indes und sieht man häufig mehrere Schnepfenhähne einem Weibchen folgen, wobei sie gegenseitig auf einander stechen. Mit Einbruch völliger Dunkelheit hört der Strich auf und tritt dann der Hahn wahrscheinlich seine Auserwählte, was ich wenigstens in Amerika, wo es sehr viel Schnepfen gab, auf einer Wiese vor meinem im Holz liegenden Haus gesehen habe. Wie schon erwähnt, bleiben einzelne Schnepfen in günstig gelegenen Revieren den Sommer über in Deutschland, die Mehrzahl aber zieht in kältere Landstriche, Schweden und das nördliche Rußland.

Das Männchen unterscheidet sich zwar oft vom Weibchen durch seine geringere Stärke und sein dunkleres Gefieder, immerhin giebt dies aber kein sicheres Zeichen ab. Herr von Tschudi beschreibt die Farbenzeichen wie folgt: „Der Oberschnabel des Männchens erscheint an der Wurzel und bis zur schwärzlichen Spitze schmutzig fleischfarben, der untere bis auf die grünliche Spitze grüngelblich. Beide Teile haben an derselben einen graubräunlichen Punkt. Dicht unter dem von vorne nach hinten gewölbten Scheitel des verhältnißmäßig klein, an den Seiten eckig gekanteten Kopfes stehen die großen, dunkelbraunen, fast schwarzen, glänzenden und hervorliegenden Augen. Die Stirn ist bis zwischen diese mit aschgrauen, rötlich gelben und schwarzen kurzen Federn in ziemlich gleicher Mischung besetzt. Vom Schnabelwinkel bis zum Auge dehnt sich ein schwarzbrauner Strich aus; Gesicht und Wangen sind weißlich schwarz und gesprenkelt. Aus vier schwarzbraunen und drei rotgelben Querbändern besteht die Zeichnung des Scheitels bis zum Nacken hinab, das Genick und die Seiten des Halses haben rotgelbe Grundfarbe und schwarzbraune Querstreifen. Der Oberrücken ist rotbraun, hin und wieder schwarz punktiert mit feinen schwarzen Querlinien, zwischen welchen schmutzig weiße und größere schwarze Flecken sichtbar sind. Der Unterrücken und die ziemlich langen Deckfedern des Schwanzes sind rostfarben, braunschwarz querüber gebändert. Der kurze, nur 6 cm angerundete Schwanz besteht aus 14 Federn; oberwärts sind sie schwarz, weiter unten aschgrau und am Rand mit rotbraunen dreieckigen Fleckchen besetzt. Die Schulterfedern haben gleiche Grundfarbe mit dem Rücken, nur an den Spitzen große schmutzig weiße Flecken, welche hinten an Flügel weg ein Band bilden. Die oberen Flügeldeckfedern sind rotbraun, schwarz, klein und rötlich gelb gebändert und gestreift.

Die vorderste Schwungfeder ist mit schwarzen, rostroten und weißen Flecken geziert, die folgenden, meist dunkelbraunen haben an der äußeren Fahne größere rostrote, an der inneren kleinere gelbgraue, gezackte Flecken; die mittleren sind von gleicher Grundfarbe, auch ebenso gezeichnet, nur verlängern sich die gezackten Flecken. Die Kehle ist weißlich, schwarzbraun gesprenkelt, Vorderhals und Brust grauweißlich, roströtlich und braun gefleckt. Bauch, Seiten und Schenkel, nebst den Deckfedern der Unterflügel sind gelblich weiß, alle genannten unteren Teile des Körpers dunkelbraun, leicht durchwellt, die Seiten außerdem noch rostgelb gefleckt. Die langen unteren Deckfedern des Schwanzes haben, außer den weißen Spitzen und einigen spitzwinklich zusammenlaufenden schwarzen Strichen, eine rostgelbe Farbe.

Die Ständer sind vom ungefiederten Knie bis zu den Fußgelenken 4 cm lang, bei den alten mit gelbrötlicher, vorn geschilderter, sonst überall netzförmiger Haut überzogen, die Zehen ebenso gefärbt, doch nicht durch eine Spannhaut verbunden. Die mittelste mißt 4 cm, die hinterste 1,5 cm, letztere steht näher der Ferse als bei der Wasserschnepfe.

Viele Jäger sind der Meinung, es gebe zwei Arten Waldschnepfen, nämlich eine größere, oder Eulenkopf, und eine kleinere, die Dornschnepfe oder Blaufuß. Dem Gefieder nach lassen sich diese sogenannten Arten nicht unterscheiden, denn bei beiden, nicht nur beim Blaufuß, kommt bald eine hellere, bald eine dunklere Federzeichnung vor und bleibt somit als Merkmal nur der Größenunterschied und die Farbe der Ständer bestehen, allenfalls auch die angebliche Beobachtung, daß die Dornschnepfen im Frühjahr zuerst eintreffen. Alle diese Angaben sind indes nicht zutreffend und habe ich selbst und erst noch in diesem Frühjahr als einen der ersten Ankömmlinge in Schlesien einen Eulenkopf geschossen. Häufig habe ich auch Blaufüße und Eulenköpfe, ebenso wie unsere ersten Autoritäten es beschreiben, sich stechen sehen und ist daher wohl die Annahme richtig, die Dornschnepfen seien jüngere männliche Exemplare, an denen später die Ständer eine andere Farbe angenommen hätten. Möglich auch, daß sie (nach Hoffmann) in gewissen Lokalitäten ausgebrütet sind, in denen das Klima und die Äsung dem Wachstum hinderlich waren. Soviel mir bekannt, sind alle Schnepfen, welche bei uns brütend gefunden oder im Frühjahr mit Eiern geschossen wurden, Eulenköpfe gewesen und giebt dies der Annahme nur einer Art Waldschnepfen ein großes Gewicht.

Die Äsung der Waldschnepfen besteht in Käfern, Larven und Würmern, die sie mit dem langen Schnabel, der deshalb auch Stecher genannt wird, aus dem weichen Boden bohren. Eine solche Beschaffenheit des Bodens bedingt auf dem Herbst- und Frühjahrszuge ihren Weg, so daß in vielen Gegenden die Schnepfen bald häufig, bald spärlich anzutreffen sind. Ist das Frühjahr kalt und rauh, so scheinen sie nach Deutschland zuerst in die Rheingegend zu kommen, nachdem sie sich an den nördlichen Küsten des Mittelländischen Meeres und den daranstoßenden Meeren gesammelt und dann im Westen am Atlantischen Ozean und Kanal entlang oder durch das Rhonethal gezogen sind. Im Osten nehmen sie wohl ihren Zug durch das Donauthal und die Küstenstriche des Adriatischen Meeres, und bin ich der Meinung, sie halten sich dort längere Zeit auf, z. B. in Ungarn und den Thälern Kärnthens und Steiermarks. Wenigstens erscheinen im Frühjahr mit Südwestwinden, also von der Gegend des Atlantischen Ozeans her, die Schnepfen auf Rügen und Pommern viel früher als in Schlesien. Leider werden sie an den Meeresküsten nach dem anstrengenden Zuge über das Meer massenhaft gemordet, selbst mit Knüppeln erschlagen. Es wäre somit äußerst günstig, wenn in Italien, Griechenland, der Türkei u. s. w. Schongesetze eingeführt werden könnten, die die Frühjahrsjagd gänzlich aufhöben; Deutschland und der österreichische Staat würden nicht säumen, nachzufolgen.

Die Jagd. Das Fangen in Dohnen und Netzen kommt hoffentlich in Deutschland heute nicht mehr vor, nachdem in den letzten Dezennien die Schnepfen sich stark vermindert haben. Es bleibt somit zu erwähnen:

a) Das Treiben. Im Frühjahr sollte dieses in Revieren, die einen Reststand besitzen, nicht stattfinden, da das Klappern, das Schreien u. s. w. die hochbeschlagenen Ricken stark beunruhigt. Man macht in geeigneten Lokalitäten, also im Frühjahr in nassem Laubholz, im Herbst in trockenen Flächen und der Sonne zugekehrten Lehnen, ganz kleine Triebe und schärft den Treibern ein, bei jeder aufstehenden Schnepfe tirez-haut zu rufen. Selten streichen die Schnepfen rückwärts über die Treiber, sondern meistens eine kurze Strecke gerade aus oder nach den Flügeln des Treibens zu und ist bei Anstellung der Schützen hierauf Rücksicht zu nehmen. Wird eine Schnepfe drei- bis viermal rege gemacht, ohne daß sie geschossen wird, so streicht sie weit fort und ist dies der Grund, warum die Triebe klein zu machen sind. In ausgedehnten Waldparzellen treibt man daher besser gar nicht, es sei denn, daß sich geeignete Blößen vorfinden oder Schneißen gehauen sind.

b) Der Anstand. Mit Vorteil wird er nur im Frühjahr zur Balzzeit ausgeübt. Eine halbe Stunde vor dem Erscheinen der ersten Sterne stelle man sich möglichst gedeckt, wenigstens nicht in auffallender Kleidung oder mit einem hellfarbigen Hunde, an Stellen auf, über die erfahrungsmäßig die Schnepfen ziehen; es sind dies junge Schläge und Waldränder von niedrigem Holz an Wiesen und Feldern. Fällt ein feiner warmer Regen oder ist es windstill

und mildes Wetter, so hört man die Schnepfen laut pfuitzend und quarrend (meist niedrig) herbeistreichen, ist es aber kalt und windig, so ziehen sie stumm, hoch und sehr schnell. Des Morgens dauert der Strich nur wenige Minuten und lohnt es sich daher nicht, auf den Anstand zu gehen. Die Birkhahn- und Auerhahnbalz geben aber oft Gelegenheit, eine Schnepfe auf dem Morgenstrich zu schießen.

c) Die Suche. Wie jedes Wild liegt am Tage oft die Schnepfe sehr fest, oft sehr lose. Bei warmem Wetter ist ersteres ziemlich oft der Fall und ist deshalb ein langsam suchender Hund unbedingt geboten. Dieses Herankommen vernimmt die Schnepfe weniger und hält daher besser. Ohne viel Pfeifen von Seiten des Jägers muß der Hund kurz vor diesem suchen, indem in dichtem Holz das Stechen des Hundes nicht bemerkt werden würde. Wer keine kurzsuchenden Vorstehhunde hat, muß den etwas zu weit revierenden eine Schelle umhängen, aber es ist das immer eine mißliche Sache und sieht nicht jagdgerecht aus. Außer mit Vorstehhunden jagt es sich herrlich mit gut abgeführten Spaniols, d. h. solchen, die nur höchstens bis 20 Schritt vom Herrn entfernt das Gestrüpp absuchen und bei Aufstoßen von Wild einen kurzen Laut hören lassen. Apportieren solche Spaniols, so achte ich sie sehr hoch. Überhaupt gehört zur Schnepfensuche ein apportierender Vorstehhund, denn der Ballast von einem besonderen Apportierhund und dem Leibjäger, oder sonstigem Gehilfen, der diesen führt, macht im Holz so viel Lärm, daß das Abstreichen einer zufällig nicht gestandenen Schnepfe kaum zu vernehmen sein dürfte. Vom Schnepfenjäger aber zu verlangen, daß er den Vorstehhund und den Apportierhund führt, ist eine starke Zumutung, die nur Dressurvirtuosen leisten. Ein guter Schnepfenhund stellt einem Dresseur das beste Zeugnis aus, ob er seine Sache versteht, denn, da oft die Schnepfen sehr lose liegen, so muß er sich durch Winke führen lassen und überhaupt den Herrn immer im Auge haben. Durch langjährige Erfahrung habe ich gelernt, selbst im Feld sehr schnelle englische Hunde für Schnepfen wunderbar brauchbar zu machen und kann ich meine Methode bestens empfehlen.

Nachdem die acht Wochen bis drei Monate alten Hündchen in der Stube hinreichenden Appell erlangt haben, d. h. auf jedem Fleck im Feld auf Kommando tout-beau machen und auf leisen Pfiff zurückkommen oder wenden, nehme ich sie ins Holz und verstecke mich alle 3—4 Minuten. Die jungen Zöglinge werden mein Verschwinden sofort gewahren und mich suchen und dadurch, bei Belobigung und Abliebeln sich nie weit entfernen. Diese Manier ist überhaupt jedem Hund äußerst zuträglich, da sie den Appell unglaublich befestigt, aber durchaus nicht hindert, daß sie im Feld doch auf Verlangen sehr flott und (falls geboten) auch weitaus suchen. Freilich ist vor einer Frühjahrspreissuche einige Übung nötig, so lange man die Bravour im weiten Reviere erblickt. Hoffentlich geht auch diese Manie vorüber.

Mit Hunden rein deutscher Rasse hat man weniger Mühe; ihr ruhigeres Temperament und angeborene Langsamkeit machen eine frühe Waldsuche nicht unbedingt geboten, ja lassen die Führung im Feld anfänglich vorziehen; wer aber auf seinem Revier Waldhühner (Haselwild, Birkwild) hat, der arbeite seine späteren Schnepfenhunde so früh als möglich auf dieses Wild. Es ist also aus Vorstehendem ersichtlich, daß für die Mehrzahl unserer Jäger zur Schnepfenjagd der deutsche, gut gezüchtete Hund den Vorrang erhalten wird. Auf die Schnepfensuche geht es sich am angenehmsten mit nur einem Gefährten; sind deren mehrere, so verursacht dies teils zu viel Lärm, teils Neid; denn wird eine abstreichende Schnepfe nicht erlegt, so geht man ihr doch nach und ziehen sich dabei die Jäger selbstverständlich ganz nahe der Stelle, wo man das Einfallen der Schnepfe vermutete. Streicht diese dann ab, so knallt gewöhnlich die ganze Gesellschaft oder doch mehrere Herren, und da doch jeder derselben die Schnepfe geschossen haben will, so entsteht leicht ein Wortwechsel. Geht es auch nicht immer so zu, so wird doch jeder von uns solche Szenen erlebt haben.

Die Bekassine.

Naturgeschichte. Unsere gemeine Bekassine (Scolopax gallinago) unterscheidet sich, soviel ich wahrnehmen konnte, durch nichts von der in Nordamerika heimischen, und lebt sie daher auf der ganzen nördlichen Halbkugel, aber als Zugvogel im Winter in Afrika, nach Dr. Altum bis zum 8° nördlicher Breite. In Deutschland erscheint sie Ende März und bleiben ihrer eine bedeutende Anzahl zum Brüten hier. Aus den nördlichen Ländern kommen sie schon Ende August teilweise zurück, doch dauert der Durchzug oft bis in den November hinein. Die Bekassine erreicht etwa das Gewicht eines Ziemers und hat im allgemeinen die Gestalt der Waldschnepfe, es sind jedoch die Formen schlanker und die Ständer bedeutend länger. Das Weibchen ist stärker als der Hahn. Der Scheitel hat ein schwärzliches Gefieder und wird durch drei rostgelbe Streifen, von denen einer genau über die Mitte läuft, abgeteilt. Der Bauch ist dunkelgelbbräunlich und mit weiß vermischt, der Rücken ähnlich wie von der Waldschnepfe. Die Steißfedern sind am Ende rötlich mit weißen Spitzen, sonst aber dunkelbraun und die Schwanzfedern von graubrauner Farbe; die ebenso gefärbten Deckfedern tragen weiße Punkte.

Die Äsung der Bekassine besteht in Würmern, Insekten, Larven u. s. w., doch sucht sie dieselben nur in Sümpfen, nassen Wiesen und den Rändern von sumpfigen Hölzern und wählt sie dort nur ihren Aufenthalt.

Zur Balzzeit stoßen die Bekassinen einen wie Zickup oder Zickip klingenden Ton aus, ich habe aber nie ergründen können, ob er nur vom Weibchen oder nur vom Männchen stammt; mir scheint es, beide lassen denselben

Laut hören oder stoßen einen aus, der sich schwer von andern unterscheiden läßt. Das Meckern wird, wie ich tausend mal beobachten zu können glaubte (in Amerika z. B., wo ich jährlich viel hundert Bekassinen schoß und Unmassen sah) dadurch hervorgebracht, daß der durch Steiß- und Flügelfedern passierende Luftzug diese Federn vibrieren läßt, wenn sich die Vögel durch die Luft fallen lassen, und hört man die betreffenden Laute auch außer der Balzzeit und, wie ich wenigstens bemerkt habe, nur aus der Luft. Wenn andere Jäger ihn von sitzenden Bekassinen vernommen haben, so lag wohl eine Sinnestäuschung vor.

Schon im April findet man in sumpfigen Terrainstrichen, oft in dem darin wuchernden Buschwerk die Nester auf erhöheten Stellen mit etwa 4—5 Eiern von schmutzig grünlicher, grau gefleckter Färbung. Nach drei Wochen werden dieselben ausgebrütet und schon anfangs Juli sind die Jungen flugbar, doch bleiben sie noch einige Zeit in der Gesellschaft der alten Bekassine.

Die Jagd. Die Bekassine ist zu dem scheuen Flugwild zu zählen, an kalten, windigen Tagen, des Morgens früh oder am späten Nachmittage wird man selten finden, daß sie den Jäger aushalten, selbst wenn sie vor dem Hund noch fest liegen sollten. Um die Mittagszeit dagegen, oder wenn das Wetter warm ist, und im Hochsommer, wenn sie fett sind, halten sie meist recht gut, namentlich in höherem Grase oder in sonstiger Decke. Sind viel Bekassinen auf dem Reviere, so hat man oft den besten Jagderfolg, wenn der Hund ganz kurz vor dem Jäger sucht, oder sogar hinter ihm folgt; giebt es dagegen wenig Bekassinen und sind größere Flächen abzusuchen, so halte ich einen Hund für besser, der richtig weitaus suchen kann. Bedingung für ihn sind indes eine vortreffliche Nase und ein Galopp, der wenig Geräusch macht; also ein leichteres Gebäude. Mit dergleichen Hunden habe ich oft und erst heut noch recht lohnende Beute gemacht. Mehr wie anderes Flugwild liebt die Bekassine, wenn sie nicht gerade zufällig überrascht wird, gegen den Wind aufzustehen. Sie macht dann nicht sofort die bekannten Zickzacklinien, sondern kämpft etwas gegen den Wind in langsamen Strichen und wendet sich erst nach einigen Augenblicken, pfeilschnell Haken schlagend, in den Wind. Wo das Terrain es gestattet, suche man daher windab und hat man einen Vorstehhund, der es versteht, sich Wind zu holen, d. h. an der Seite eines Terrainabschnittes, oder 50 bis 60 Schritt seitwärts vom Jäger, 100 bis 200 Schritt voranzugaloppieren und dann gegen den Wind langsamer kreuz und quer revierend zurückzusuchen, um die Schnepfe zu stehen, so bieten diese meist gute Breitschüsse im Abstreichen. Gelingt dies nicht, so schieße man entweder im Moment des Erhebens oder warte mit dem Schuß bis nach dem Hakenschlagen; hat man dann auch öfters auf weite Distanzen zu schießen, so schadet solches wenig bei gut schießenden Gewehren, denn die Bekassine ist ein weicher Vogel, der angeschossen leicht fällt, aber oft noch weit läuft — ergo gute Hunde. Auch unbeschossen läuft sie nach dem Einfallen oft gleich mit fort und ist es daher stets geboten, dem Hund Zeit zu lassen, das Geläufe zu finden.

Wem es nicht um das Jagdvergnügen zu thun ist, sondern wem nur an Erbeutung des Wildes liegt, kann auch den Anstand frequentieren oder Garne stellen und Leimruten legen. Des Abends suchen die Bekassinen an Teichrändern oder auf nassen Hutungen ihre Futterplätze auf. Im Sommer fallen sie dabei noch familienweise, auf dem Zuge öfters in großen Gesellschaften und zu andern Jahreszeiten, wenngleich einzeln, doch immer noch so zahlreich ein, daß sich der Anstand lohnt. Selbstverständlich muß man sich verdeckt aufhalten. Ich will es nicht als Regel angeben, aber ich glaube bemerkt zu haben, daß die Bekassinen an dergleichen Fütterungsplätzen die ganze Nacht ausharren und erst nach Tagesanbruch abstreichen. Wenigstens habe ich öfters dieselben Schwärme, die ich des Abends einfallen sah, zeitig am Morgen noch vorgefunden; erst bei vorgerückterer Tageszeit hatten sie sich in die umliegenden Wiesen und Sümpfe gezogen.

Die Pfuhlschnepfe (Scolopax major) kommt auf dem Wiederzuge im April bei uns an, zieht meist sehr schnell durch Deutschland hindurch, bleibt aber in einzelnen Exemplaren auch in den deutschen Niederungen. Ende August findet schon der Rückzug statt und ist viel früher, als der der gemeinen Bekassine beendet. Die Stärke der Pfuhlschnepfe übersteigt die Stärke jener bedeutend; im Herbst wird sie ungemein fett und liegt sie dann sehr fest; auch der Flug ist verhältnismäßig sehr langsam. Die Steißfedern und Flügeldeckfedern sind stark mit weiß gezeichnet, so daß diese Schnepfe schon hierdurch sich sofort von der gemeinen Bekassine unterscheidet. Zur Balzzeit sollen sich Männchen und Weibchen in einer Reihe aufstellen, ihre Balzarie singen und mit den Flügeln schlagen, ich hatte nie Gelegenheit, einem derartigen Balzkonzert zu begegnen.

Die Stummschnepfe (Scolopax gallinula) gleicht fast der gemeinen Bekassine; sie ist nur geringer und hat einen kürzeren Schnabel. Das bedeutendste Unterscheidungszeichen ist, daß sie beim Abstreichen stumm bleibt und nicht wie die Bekassine das bekannte „Ätsch" hören läßt; oder doch nur ab und zu so leise, daß man es kaum vernehmen kann. Die stumme liegt meistens vor dem Hund sehr fest, oder läuft vor dem Abstreichen fast wie ein Wachtelkönig umher, so daß sie bei grasigem Boden oft den besten Hunden viel Arbeit macht. Sie ist wie die Pfuhlschnepfe auf der westlichen Hemisphäre unbekannt.

Aus dem Vorstehenden ist ersichtlich, daß fast bei allen unseren Wildarten, selbst den am öftersten vorkommenden, noch sehr viel zu beobachten und aufzuklären ist. Jeder Jäger, der bei Ausübung der Jagd auf das unbedeutendste Wild auf Alles achtet, was jenes thut oder läßt, wird von keinem Gang ins Revier unbefriedigt nach Hause kehren, auch wenn dies tagelang hintereinander mit leerer Tasche geschieht. Je mehr man aber in die Gewohnheiten des Wildes eindringt, je seltener wird das geschehen und so hilft das fortwährende Studium der Natur mehr und mehr auch zur Befriedigung des rein materiellen Jagdvergnügens. Der Besitzer des Grund und Bodens seines Jagdreviers wird durch wenig kostende Hilfsmittel, als da sind, stetes Offenhalten von Wasserläufen, Anlagen von kleinen Hecken und Remisen, da wo die Felder Zipfelchen bilden, auf dem der Pflug in der Minute zehnmal wenden muß, Anlagen von Fütterungen; Besaamung etwaiger Tümpel mit solchen Wasserpflanzen, wie sie die Enten lieben und Pflanzung von Bäumen und Sträuchern, die Beeren tragen u. s. w. u. s. w. Es giebt keinen Monat im Jahre, wo der Jäger nicht ausreichende Beschäftigung in der Pflege seines Wildes fände und gerade in der Schonzeit, in welcher die meisten Jagdpächter hübsch daheim bleiben, bietet sich dem sorgsamen Jäger durch Vertilgung des Raubzeuges das größte Tagewerk.

Die Wildgans.

Die Gans (anser), von welcher hier gesprochen werden soll, kommt in unseren Gegenden vor als: 1. Die Graugans (anser cinereus), 2. Saatgans (anser segetum), 3. Die Bläßgans (anser albifrons).

Wenn die Mutter Natur der Gans nicht die stolze Schönheit der Formen verliehen hat, wie dem Schwane und das weiße Federkleid desselben, so stattete sie die graue Wildgans mit Klugheit und scharfen Sinnen in höherem Maße aus. Die Farbe des Gefieders besteht bei den drei genannten Gattungen in grau, graubraun, erdbraun und weiß an den Spitzen der großen Federn. Der königliche Oberförster von Riesenthal giebt in seinem „Waidwerk" eine vortreffliche Beschreibung der äußeren Unterschiede jener Gattungen.

Bereits im August sammeln sich die Graugänse, welche mit Recht als die Stammeltern unserer zahmen Gans angesehen werden müssen, in Scharen und beginnen gen Süden zu ziehen. Bei voraussichtlich milder Witterung bleiben sie bis September und Oktober, ja den ganzen Winter hindurch bei uns. Da die Gans nur Pflanzenfresser ist, so richtet sie oft bedeutenden Schaden auf den Feldern, die sie zur Äsung aufsucht, an. Ihre Paarzeit fällt in den März und dauert bis Ende April. Alte Gänse legen bis 12, junge nur bis 6 Eier, die denen unserer Hausgänse ähneln wie „ein Ei dem andern". Nach ca. 29 Tagen schlüpfen die Jungen aus, die von der Alten sorgsam geführt und geschützt werden. Trotzdem der in treuer Einweibigkeit lebende Gatte das Wächteramt über seine Familie nicht vernachlässigt, ist er bei wirklicher Gefahr doch mehr um seine als um deren Rettung besorgt.

Wegen seiner ehelichen Treue betrachten die Chinesen die Gans als Vertreter der Heiligkeit der Ehe. Kurz vor der Hochzeit überreicht in China der Freund des Bräutigams dem zukünftigen Schwiegervater desselben im Namen des jungen Mannes außer einem lebendigen Ferkel noch ein Paar Wildgänse. Sie glauben, daß sich ein wilder Gänserich stets nur mit einer und derselben Wildgans paare, und daß, falls eine Gans sterbe, die andere der gestorbenen auch noch nach dem Tode treu bleibe. Sind keine Wildgänse zu haben, so ersetzt man sie oft durch zahme. Manche ziehen den letzteren hölzerne oder zinnerne Nachbildungen von Wildgänsen vor. So berichtet der verdienstvolle Engländer John Henry Gray in seinem trefflichen Werke: China, a history of the laws, manners and customs of the people. Wildgänse begegnen uns auch in einer altfranzösischen Sage, welche der treffliche Sagenforscher Wolf zuerst ins Deutsche übertrug. Erzählt wird, daß einst die ganze Besatzung des Schlosses Pirou in der Normandie sich in Wildgänse umwandelte und zwar mit Hilfe von Zauberbüchern. Aber gleich dem Lehrlinge des alten Hexenmeisters, den Goethe uns so ergötzlich vorführt, vergaßen sie, die vom Zauber lösende Form sich zu merken und mußten darum nolens volens in ihrer Tiergestalt verbleiben. Die Schlachtjungfrauen der altnordischen Mythologie, die Walküren, hießen auch Wundermädchen, in Deutschland Wünschelwip, ein Name, der auch für Hexen nicht selten. Sie heißen ferner Schwanenmädchen, weil sie sich in Schwäne verwandelten. Aus diesen Schwänen hat, wie der Sagenforscher Barder uns lehrt, die spätere Volkssage Wildgänse gemacht. So wird erzählt, daß ein Jäger, welcher sich auf Zauberei verstand, eine geweihte Kugel in sein Gewehr geladen habe, um nach Wildgänsen zu schießen. Er schoß und traf eine Wildgans, welche herab ins Gebüsche fiel. Als er hinkam, fand er statt der Gans eine nackte Frau da sitzen, in welcher er die Haarschneiderin aus der Stadt erkannte, die mehr als das Vaterunser konnte.

Die Gänse erreichen ein sehr hohes Alter, sie werden 100 und mehr Jahre alt. Ein alter Ganter oder Gänserich führt den Zug, der sich keilartig, gewöhnlich mit zwei ungleichen Flügeln, formiert und dessen Ordnung streng inne gehalten wird. Die sonore Stimme des würdigen Ganters ertönt weithin, wenn der Zug der Gänse über uns hinweggeht. Im allgemeinen fliegen sie nicht gern höher während des Abend- und Morgenzuges als 60, 80, selten 100 Meter und dann ist's Zeit, der allzeit vorsichtigen, berechnenden Gans durch Ansitz zu nahen. Eine junge Gans liefert einen gar vortrefflichen Braten und wie alle Gänse schöne, weiche Daunen und auch große Federn, die sehr begehrt sind. Alte Gänse setzen aber den Zähnen ein unüberwindbares Hindernis entgegen, das selbst ein „Eisenfresser" nicht zu überwinden vermöchte. Am 11. November jeden Jahres, am St. Martinustag, da schmaust ein jeder im Kreise seiner Familie die „gute" Gans, oder in der Kneipe „die Subskriptionsgans". Darum beklagt sich auch die „vielnutzbare" Gans bitterlich:

> „Ist das der Dank, daß unsere Schar
> Der Hauptstadt der Welt Erretterin einst war?
> Von wegen Weinverkosten
> Schlief alles auf dem Posten,
> Ohn' unser tapfer Schnattern und Schrein
> Hätt' Rom schon anno Tuback französisch müssen sein.
>
> Ihr schmausenden Herrn, doch spart euern Hohn,
> Wir retten nicht zum zweitenmal die Zivilisation:
> Und stürmt am Kapitole
> Rheinwein, Bordeaux und Bowle,
> Keine Gans wird euch mehr warnen und krähn,
> Doch jammernd werden morgen die Katzen vor euch stehn!"

So singt J. V. v. Scheffel treffend. Der leckerhafte Waidmann zieht der zahmen Hausgans aber die wilde Schwester vor und sagt richtig waidmännisch: „Soll der Gänsebraten schmecken, muß er selbst geschossen sein!"

Die Jagdart auf Gänse, eine der schwierigsten und interessantesten, besteht im Ansitz, im Zutreiben und im Anschleichen. Des Waidmanns List, Berechnung und Kaltblütigkeit steht gegen die von nie ruhendem Mißtrauen beseelten Gänse, welche ihren Haupt- und Erzfeind, den Menschen, so wohl kennen, daß keine Verkleidung nützt. Sie stürmen mit donnerndem Flügelschlag davon, wenn er noch fünf- bis sechshundert Schritt entfernt ist, und lassen ihn nur in ganz seltenen Fällen auf vier- bis dreihundert Schritt nahen. Die Gans versteht in weit höherem Maße als Schwan und Ente zu unterscheiden und zu beobachten. Wenn sie sich sagt: „Das fällt mir auf", so regen sich auch mit dem Mißtrauen zugleich die Schwingen! Einer unserer hervorragendsten Waidmänner, Herr Erwin v. d. Bosch, der wohl über 2000 Gänse auf „allerlei Manier" zur Strecke gefördert hat, schildert in seiner Neubearbeitung des Diezel überaus treffend die Gans, ihr Entstehen, ihr Leben und ihr — Sterben! Vor der Erfindung des Schießpulvers fing der Waidmann den Schwan, die Gans und die Ente vermittelst Fallen und Netze, die kunstreich am Schilf aufgestellt waren und durch einen sinnreichen Mechanismus von dem in versteckter Rohrhütte lauernden Jäger zum Zuklappen oder Überfallen gebracht wurden. Der Bolzen der Armbrust förderte manch Wassergeflügel ebenfalls in jenen Tagen zur Küche und wir sehen, daß trotz des Verbotes der Augsburger Synode von 952, wo den Bischöfen und der Geistlichkeit überhaupt das Würfelspiel, die Jagdbelustigung,

das Hunde- und Habichthalten zu diesem Behufe bei Strafe der Absetzung untersagt war, gerade die christlichen Leutepriester auf dem Lande sich in bester Weise der heidnischen Göttin Diana weihten. „Heu quod anseres fugasti, antvogelospue et horotumblum!" „Weh, daß du mir die Wildgänse verscheucht und die Enten samt der Rohrdommel!" ruft der Leutepriester, dessen geistliche Klause mit samt ihrer jagdlichen Einrichtung eher der Behausung eines Försters des königlichen Bannwaldes glich. Im seltsamen Schifflein, im Rindenkanot, verblendet durch allerlei täuschendes Gezweig und Schilfrohr, hatte der geistliche Waidmann gesessen, als ihm der Besuchende sich im offenen Kahne näherte und ein Zug Enten mit heiserem Schrei so zeitig aufstand, daß ein Bolzenschuß zwecklos erschien.

So also beschlich der Waidmann vergangener Jahrhunderte bereits das scheue Wasserwild und heutzutage thun wir es ihm immer noch nach, freilich wesentlich unterstützt vom weittragenden Feuerrohr. Die Alten kannten ebenfalls die jetzt noch viel in Niederdeutschland gebräuchlichen Fänge. Ob wohl unsere Vormänner so viel Bolzen und Pfeile nach den Gänsen unnütz verschossen haben, wie wir es mit Kugeln und Schrot thun? Nein, sicherlich nein! Kein Wasserwild lockt den Schuß mehr heraus als gerade die Gans und in der That wird auf dies Wild eine Unmenge Munition verschwendet. Bei trüben, rauhwindigen Tagen, bei Schneegestöber liegen die Gänse am festesten und ein Anschleichen belohnt sich eher als sonst, kommt aber der Nebel dem Waidmann zu Hilfe, so wähle er den Anstand da, wo der Strich der Gänse, auf Grund vorausgegangener Beobachtungen, sicher stattfindet.

Der Ort des Anstandes sei dem scharfäugigen Vogel so viel als irgend möglich verborgen, denn der Nebel allein hilft nicht! Die Avantgarde der Gänse lasse man vorüber, ohne sich zu rühren, denn andernfalls schwankt der Zug, das Gros, durch den Warnungsschrei veranlaßt, sofort ab und der Jäger mag nur ruhig — nach Hause gehen. Vermittelst der Tellereisen und Weber'schen Raubtierfallen und auch Trittschlingen gelingt es nicht unschwer, die Gänse zu fangen. Die Jagdart der Engländer, mit wahrhaften Geschützen vom Boot aus das Wasserwild zu bekriegen, sei als unwaidmännisch verdammt. Ein solcher Massenmord ist außerdem meist zwecklos, da selten alles erlegte Wild gefunden wird und ferner ein Wegbleiben des nützlichen Wildes von jenen Gegenden, wo diese „Mordart" exerzirt wurde, den Watten an der Nordsee, konstatirt worden ist. Daher begrüßen wir das jüngst von der Regierung dieses Sports erlassene Verbot mit Freuden.

Zuletzt verweise ich in Bezug auf mustergiltige Darstellung der verschiedenen modernen Jagdarten noch einmal auf Erwin v. d. Bosch.

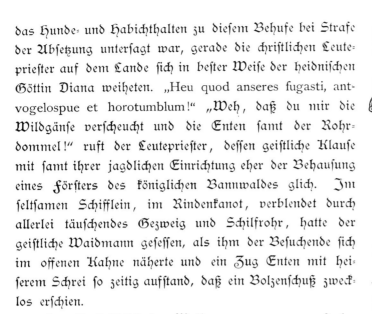

Die Wildente.

Die Ente (anas) zählt zu den Proletariern des Wasserfederwildes, sie ist Pflanzen- und Fleischfresser und ihrer Gier nach verdient sie mit Recht den Beinamen des „Schweins unter den Vögeln". Mit großer Flugkraft und Schnelligkeit ausgestattet, stehen ihr fernerhin die schärfsten Sinne zur Seite und das Wasser ist in weit höherem Grade ihr Element, als es bei Schwan und Gans der Fall. Die Enten „stürzen" und tauchen bewunderungswert, ihr Gang auf dem Lande allerdings darf als recht schwerfällig bezeichnet werden, was seinen Grund in den auffällig hinterwärts stehenden kurzen Rudern hat. Die Wildente kommt in allen Zonen vor, am meisten wohl in der gemäßigten, und in vielerlei Arten, die in Schwimm- und Tauchenten zu unterscheiden sind. Im Gegensatz zum Schwan und zur Gans lebt der „Antvogel, Rätsch oder Enterich" in Vielweiberei, wenn möglich. Nur während der Reihzeit hält der Ehemann zur Ente und verläßt sie schon, wenn sie brütet, um sich in neue Abenteuer zu stürzen. Die Ente dagegen macht die Unterlassungssünden des Vaters an den Kleinen durch treueste, sorgsamste Pflege wieder wett. Sehr scheu und mißtrauisch von Natur beanlagt, verhalten sich die Enten während ihrer Hauptmauser, wo sie abweichend von andern Vögeln ihre Schwingen auf einmal verlieren, sehr still und bescheiden und verleben, da sie Tage lang nicht zu fliegen vermögen, Zeiten entsetzlichster Angst. Die mausernden Erpel heißen Rauh- oder Mausererpel. Das Pracht- oder auch Brautkleid der Erpel darf in Wahrheit Anspruch auf farbenreiche Schönheit machen und manch' „goldgrünhalsiger" Erpel entzückte schon oft das Auge des Waidmannes in hohem Maße. Zur Reihzeit giebt es unter den Antvögeln, die auf vielen Revieren in der Mehrzahl angetroffen werden, heftige Kämpfe um den Besitz der Gattin und es gewährt einen überaus reizvollen Anblick, mehrere dieser im schönsten Brautkleid prangenden Grünhälse sich streiten zu sehen. Selten verlieren sie aber dabei Besonnenheit und Mißtrauen, sie bleiben durchweg fast „hellhörig". Die Ente nistet durchaus nicht immer am Wasser, im Schilf und am Boden, nein, ihr Instinkt treibt sie häufig dazu, für ihre Brut eine sichere Stätte zu wählen, und so finden wir, daß sie Bussardhorste, Krähen- und Elsternester dazu auserwählt haben, ihr Gelege aufzunehmen. Oft wählt sie ihren Standort weit ab vom Wasser und wandert mit den jungen Dunen-Entchen, welche sie im Schnabel vom hohen Nest zur Erde transportirt hat, weite Strecken über Land zum nassen Element. Tausendfach geben unsere vortrefflichen Lehrbücher Beispiele an von der großen Klugheit, der Vorsicht und Berechnung der alten Ente und ihrer wahrhaft bewunderungswerten Muttersorge. Das Gelege der Ente besteht aus 12—16 bläulich oder olivengrünlich weißlichen Eiern, deren Größe etwa denen der zahmen Schwestern nahe kommt. Nach 24—26 Tagen schlüpfen die jungen Entchen aus und werden erst, nachdem sie von der Mutter getrocknet, durchwärmt und „geölt" sind, zum Wasser geführt. Die Stockente, anas boschas Linn., kommt ausgenommen vom heißen Süden und Norden, überall vor; sie darf mit Recht als die Ente unseres Landes genannt werden und sie verläßt uns auch nur bei sehr strengen Wintern. Bereits im März trifft sie auf ihren alten Brutplätzen wieder ein und bald beginnt die Reihzeit. Ende Juni sind die Entchen der ersten Brut ausgewachsen, die der zweiten aber natürlich noch nicht flugbar. Die zweite Brut ist nur Ausnahme und hat stattgefunden, wenn die erste gestört wurde.

Die Enten lernen bald auf dem Zuge eine gewisse Ordnung zu beobachten; starke Schaaren fliegen im Winkel, geringe „Schoofe" in schräger Linie. Ein Nestor von Altvogel führt den Zug an, der mit pfeilschnellem, metallisch klingendem Flug dahineilt. Die Stimme der Enten darf keinen Anspruch auf Schönheit machen, ihr „baak, baak" oder knarrendes „quak" oder heiseres Rufen ist bekannt genug. Der Lockton der alten Ente besteht in einem sanften verhaltenen Quarren. — Die Jagd auf Enten in alten Zeiten ward auch mit Netzen, Fallen aller Art und Armbrust und Bogen betrieben. Leimruten gelangten ebenfalls zur Verwendung und nicht unbeliebt war es, einzelne Schilfstrecken, Stengel für Stengel, mit Leim zu bestreichen, so daß die Enten mit dem Federkleid daran haften blieben und so dem Menschen leicht zur Beute wurden. Der Hund unterstützt den Waidmann auf der Entenjagd ganz vortrefflich und ohne ihn ginge manche Ente verloren. Die Einrichtung des Entenfanges kannte man bereits vor Jahrhunderten und besonders in den Niederlanden und an der deutschen Nordseeküste steht diese Methode, vermittelst deren das Wasserwild zu Tausenden gefangen wird, noch heute sehr im Flor. Wenn ich auch diese „Jagdart" nicht mit dem Attribut „waidmännisch" zu schmücken vermag, so gestehe ich doch ein, daß dieselbe für jene Gegenden, in denen die Enten, besonders die schmackhafte Krikente, in endlosen Schaaren auftritt, eine Rente ausmacht, die dem Bewohner das Meer giebt, um ihn für die verheerenden Sturmfluten zu entschädigen. Im Interesse des rationellen Jagdbetriebs wäre es freilich erwünscht dahin zu wirken, daß schwache Entchen wieder aus dem Garn gelassen werden. Dann kann es nicht vorkommen, daß Exemplare in den Handel gelangen, die nur die Größe einer Lerche haben. Der Fang der Enten dauert ca. vier Monate und wurden z. B. 1884 auf Sylt über 50000 Stück „eingeerntet".

Zwanzigstes Kapitel.

Der Hund.

Der Jäger und sein Leithund
Machen den edlen Hirsch wund,
Und eine schöne Jungfrau macht den Jäger gesund.

Der Leithund und Schweißhund.

Ein guter Jäger macht einen guten Hund, ein guter Hund einen guten Jäger, das ist ebenso wahr, wie alt, und deshalb waren unsere Altvorderen nach Gebühr beflissen, den Hund hirschgerecht zu erziehen, damit sie selbst der höchsten Ehre eines hirschgerechten Jägers sich rühmen könnten. Das war allerdings schwerer, als die gute Abführung eines Pointers, und die modernen kleinen Kunststückchen dieser Dressur, wie das Niederlegen der Hunde auf Befehl, Legen vor dem Wilde, stehen in keinem Verhältnisse zu der Summe von Mühen, Erfahrungen, Beobachtungen und Vorsichtsmaßregeln, welche die Abführung des älteren Hundes, insbesondere das Behängen des Leithundes und seine Ausbildung zur Vorsuche erforderten.

Der Leithund ist nicht der älteste deutsche Hund, vielmehr ist dies der Hatzhund; wir gehen aber aus guten Gründen nicht weiter, als auf den Leithund zurück, weil die Überlieferungen über alle früheren Gebrauchshunde zu gering und undeutlich sind, während uns über den Leithund und seine Arbeit in den alten Waidsprüchen ein vollkommen treues, mehr als ausführliches Bild überliefert ist.

Zunächst sei betont, daß der Leithund keine selbständige Rasse bildete, sondern daß aus den Schweißhunden der tauglichste für die Arbeit am Leitseil gewählt wurde.

Man wählte mit Vorliebe sehr gedrungene und kräftige Hunde. Die uns überlieferten Beschreibungen schildern dieselben als zu ihrem Dienste besonders tauglich; mit dickem Kopf, die Lefzen tief über die Unterlippe herabhängend, die Behänge lang und sehr stark, die Brust sehr kräftig und breit, die Läufe kurz. Die ganze Gestalt des Hundes hat etwas Vierschrötiges, Selbstbewußtes, Achtunggebietendes. Er war unter den Hunden seiner und aller späteren Zeiten, was der Hirsch unter dem Wilde; ein Hochgebirgssohn, ein König der Wälder, ernst, ausdauernd, würdevoll. Allerdings hatte er auch allen Grund, sich seiner Bedeutung bewußt zu sein, denn nur durch die Arbeit des Leithundes war es dem Jäger möglich, des edlen Hirsches Zeichen, Wechsel und Widerzüge so genau zu bestätigen, daß er jederzeit eine Jagd veranstalten konnte. Auch dem Wilde war die Vorsuche des Leithundes insofern sehr dienlich, als es nicht unnötig beunruhigt wurde, weil man nur den Hirsch bestätigte, den man jagen wollte, die Rudel und geringen Hirsche aber ungestört ließ; und später, als das Holz im Werte stieg, war eine möglichst enge Fassung der Jagen auch um deswillen von Nutzen, weil stets viel Holz abgeschlagen wurde. Die vielseitigen Erfahrungen, welche das Bestätigen des Hirsches mittels des Leithundes erforderte, ließen sich begreiflicherweise nicht in acht oder vierzehn Tagen vor dem Beginn der Jagd sammeln, deshalb schreiben denn auch alle alten Waidmannsregeln dem hirschgerechten Jäger vor, den Leithund rechtzeitig zu behängen (am Hängeseile zu führen). So lesen wir in einem alten deutschen Jagdkalender für den Monat Mai die Vorschrift:

Zu Ende des Mayen, wenn blühen die Eichen,
Vom edel Hirschen merk' ja die Zeichen,
Den Leithund brauch zu dieser Frist,
Sonsten du gar kein Jäger bist.

In der That hat der Mai stets als die richtige Behängezeit gegolten, da es nicht ratsam war, den Hund hinauszuführen, bevor das Rotwild völlig verfärbt hatte, weil das an Hecken und Büschen hängende alte Haar durch seine alte Witterung den Hund dazu verführte, die Nase hoch zu tragen, anstatt streng auf die Fährten zu achten. Bei schlechtem Wetter sollte man den Hund nicht drillen. „Fragt der Jäger nichts nach der Stund, so hat er unwillige Hund." Überhaupt forderte der Leithund, so wenig er bei der Jagd aller Unbilden des Wetters achtete, außer der Dienstzeit eine gute Behandlung und Verpflegung, einen geräumigen Zwinger und trockene Lagerstatt, einfache aber gesunde Hausmannskost, nicht zu dick und nicht zu heiß, keine gewürzten Brühen, hin und wieder etwas alten Käse oder Krebse, dann und wann etwas Milch, kurzum die Behandlung, welche er als Waldjunker unter den Hunden beanspruchen durfte. Bei der Ausbildung des Hundes in der Behängezeit empfehlen die alten Meister, einen alten Hund mitzuführen, dem der junge dann leicht sekundierte. Die gebräuchlichsten Namen des Leithundes waren: Gesellmann, abgekürzt in Söllmann, für die Hündin: Heile oder Heele, offenbar von Hel, der altdeutschen Göttin der Winternacht. Bei der Arbeit selbst wurde begreiflicherweise möglichst geräuschlos verfahren und wenn der Hund durch ein „Hei, hin mein Trauter", oder „fornahin, fornahin" angefeuert wurde, so geschah dies in leisem Koseton. Fiel der Hund die Fährte an, oder — um unwaidmännisch zu werden — zeigte er durch Stehenbleiben und Beschnuppern, daß er das Wild wittere, so hieß es „hinfür, laß sehen." Dann zog man, um sicher zu sein, die rechte Fährte gefunden zu haben, eine Strecke auf derselben hin und liebelte den Hund: „so, recht, Gesellmann, hinfür, laß sehen." Zeigte dann die Fährte nach Stücke und Stumpfheit der Schalen oder nach den Schränken (dem schlängelnden Gange, welcher sehr schweren Hirschen eigen ist), daß sie einem starken Hirsch zugehörte, so durfte der Hund nur dessen Fährte zeichnen, wenn dieselbe auch durch noch so viele Widerzüge anderen Wildes führte. Der Jäger aber mußte nicht nur nach der Fährte den Hirsch waidgerecht nach Stücke und Endenzahl ansprechen, sondern den einmal angenommenen Hirsch auch an der Fährte wieder erkennen, was bei dem Wechsel von Wald und Ries, Sumpfboden und Fels keine leichte Aufgabe war. Um solche Sicherheit zu erlangen, mußte man deshalb in der Behängezeit häufig die Probe auf sein Exempel machen, d. h. die Fährte bis ins Bett des Hirsches verfolgen und diesen sprengen, um an der Endenzahl zu sehen, ob er sich nicht getäuscht habe. Ganz besonders war der Hund davor zu hüten, den Wind anzunehmen, da er sich solchen Falles nicht auf der Fährte, sondern unter derselben hielt.

Hatte nun der Jäger in der Jagdzeit einen oder mehrere starke Hirsche bestätigt, so wurde das Jagen mit lichten oder dunklen Zeugen (Netzen oder Tüchern) umstellt und das Probstück des Jägers war gemacht. Ähnlich, doch mühsamer war die Arbeit des Leithundes auf Sauen. Insbesondere galt es da, den Hund sehr kurz zu führen, sobald die Sauen hin und her gebrochen waren, und schnell nachzuziehen, sobald der Hund gerade Fährte anfiel. Junge Hunde ließ man am besten von der Sauarbeit oder nahm doch wenigstens einen Lehrmeister mit. Man ließ dann einen abwechselnd mit dem anderen zeichnen und denjenigen, wenn der alte an der Leine vorgeschossen war, kurz auf der Fährte fortrücken, eine sehr mühsame aber sichere Arbeit. Altmeister Döbel erwähnt, daß die auf Hirsch und Sau gearbeiteten Leithunde auch bei der Wolfsjagd die besten Helfer waren. Den letzten reinen Leithund erwähnt von Berg, welcher 1817 auf der Meiningerschen Akademie Dreißigacker ein Behänge mitgemacht hat. Diese dort gebrauchten Hunde waren 1816 beim Tode Friedrichs I von Württemberg an diesem Jägerhofe verkauft worden. Ob von diesen Hunden noch eine Nachzucht in Thüringen oder sonstwo besteht, dürfte zu erfahren von hohem Interesse sein; denn wenn auch der Leithund mit dem Abkommen der eingestellten Jagen entbehrlich geworden ist, so dürfte er doch noch vielfach, insbesondere bei dem Einkreisen von Sauen u. s. w. gute Dienste thun. Dem rechten Waidmann muß das Herz bluten bei dem Gedanken, daß dieser stolze Waidgenosse in dem Lande, das ihn einst in tausenden von Waidsprüchen gefeiert hatte, ausgestorben und vergessen ist.

Glücklicherweise ist durch die alten Waidsprüche dafür gesorgt, daß man in rechten Jägerkreisen wenigstens des edlen Leithundes und seiner mühsamen Arbeit nicht vergißt. Nol von Neuern (1561) hat uns diese Sprüche in dankenswerter Vollständigkeit überliefert. Wir geben nachstehend einen kurzen Auszug aus denselben:

Wenn am frühen Morgen der Jäger zur Vorsuche auszog, so sollte er seinen Hund in waidelicher Weise liebeln und etwa also ansprechen:

„Gesell, Gesell, wohin mit Lust und Freuden, Herren und Frauen zu Lieb und auch uns Beiden."

„Wolan, Gesellmann, hin zu Holz, da schleicht manch' edel Hirsch heut stolz."

Begann die Vorsuche, so sollte der Jäger dem Hunde also zierlich zureden:

„Gesellmann, hinwider, hinfür, laß sehen, ob de Guts an dem edel Hirsch wöle geschehen."

Wenn die Vorsuche beendet, der Hirsch bestätigt ist, so mochte der Jägerknabe, der mit den Jagdhunden den Jäger erwartete, denselben wohl also fragen:

„Sag an, Waidmann, was hat der edel Hirsch heut zu Feld gethan?"

Und die Antwort:

„Zu Feld, zu Feld, der edel Hirsch hat heut gewaydtzelt."

„Sag an, Waidmann, was hat der edel Hirsch heut Widerzug gethan?"

Antwort:

„Sechs oder sieben, hat der edel Hirsch heut Widerzug getrieben."

Sobald der Jäger mit dem Jagdherrn zur Fährte zurückkehrte, sollte er also mit den Leithunden reden:

„Kom herzu, kom herzu, wollst leid dem edel Hirschen heut thun."

„Wolan, wolan, hin zu der Fert, hin zu der Fert, die der edel Hirsch heut selber thut."

„Wolan, wolan, hin zu jenen Buchen, wollen heut den edel Hirschen dort suchen."

Doch welche Waidlust hub an, wenn nun der Hirsch aus dem Bette gesprengt wurde.

„Da fleucht er her, abher weich gar, nun dar, mein trauter Hund, nun dar."

Hiffhornschall, Waidgeschrei und wilde Lust der Rüden.

Der Leithund aber wird abgetragen, d. h. aufgenommen und eine Strecke weit von der Fährte weggetragen, während er von der falschen Fährte am Hänzeseile abgezogen wurde. Sein Dienst ist gethan, die Rüden werden zur Hatz gelöst und jauchzender und wilder braust die Jagd daher:

„Juh, Hetze fürder, schenk Schirm und Schall,
Hetze hierher die guten Hunde heut al."

Oder: „Wolan, wolan, hin zu jenen Eichen, sollst finden du des edlen Hirsches Zeichen."

Oder: „Wolan, wolan, hin zu jenen Linden, da sollstu den edel Hirschen heut finden."

Oder: „Wolan, wolan, hin zu jenem Born, da sahstu den edel Hirschen stohn."

Und „fornahin" scholl es, wenn der Hund zu der Fährte kam, die der Jäger verbrochen hatte. „Fornahin, daß dir wohl geschehe und den edel Hirschen werde Leid und Wehe." Und „Schone", rief es, wenn der übereifrige Hund verfochte (hitzig wurde und über die Fährte hinaus schritt), „schone, Gesellchen, was da gewesen!"

Hiffhornrufe und jauchzend scholl es von Jäger zu Jäger:

„Da lauft der edel Hirsch, wahrt's gut, da lauft er auch als über."

„Da fleucht der edel Hirsch, wanks und schwanks, seiner Mutter Sohn hat Undanks."

„Da fleucht er wol über Weg und Steg, daß Gott meines schönen Buhlen heut pfleg."

„Da fleucht der edel Hirsch wol über die Trossen, Gott grüß' meinen schönen Buhlen in seinem Schlossen."

„Da lauft er wol über Berg und Thal, Gott grüß' meine Buhle mir überall."

„Da fleucht er einher über Wasser und Grand, auch freut meines schönen Buhlen roter Mund."

„Da fleucht er dahin durch Waid und Tal, wann werde ich erst meine Buhle schön schau!"

„Da fleucht er jachs wol über die Heyd, Gott grüß' meine Buhle im schlohweißen Kleid."

War dann dem Hirsch der Fang gegeben und hatten die Jagdhunde genossen (d. h. von dem geronnenen Schweiße oder dem Aufbruche einen Teil als Lohn erhalten), so sollten alle die Jäger, welche Hörner führten, ein dreimaliges Hallali blasen und der Rüdemann sollte also rufen:

"Umb einen andern, umb einen andern, dem ist heut übels ergangen."

Und, fügt Meurer hinzu:

"Darauff soll man jedermann zu trinken geben."
Waidlust und Jägerblut, Gott erhalt's!

Nun aber trat auch der abgetragene Leithund in seine königlichen Rechte: Nach uraltem Herkommen wurde, wie Flemming erzählt, dem Hirsche nach geendigtem Jagen das Geweih abgeschlagen und dem Leithunde vorgetragen. Dem Verdienste seine Krone, dürfte man in des Wortes engster Bedeutung von dieser alten Zeremonie sagen. Von den bei solcher Gelegenheit gebräuchlichen Waidsprüchen möge nur einer der ältesten, von Köhler uns überliefert, und nachweislich vor dem siebenzehnten Jahrhundert gebräuchlich, hier folgen:

> Gesellmann waid guet,
> Du bist nun wohlgemuet,
> Heut zog zu Holz
> Der edel Hirsch stolz
> Und trug sein edel Kron.
> Joho, Gesell, ich her zu dir, du her zu mir.
> Des edel Hirschen Gehörn trag ich dir für,
> Daß dir nimmer Leid geschehe von des Waldes Reis,
> Dabei man suchet den edel Hirschen mit Fleiß.

Darauf wurde auch der Leithund genossen gemacht, sein Recht (das, was ihm gebührte, daher beim Jäger das Jägerrecht) waren Schweiß, Herz, Lunge, Leber. So viel Leithunde am Laufplatze waren, so viele Gehörne wurden nach Döbel vorgetragen. Über den waidlichen Zweck dieses Gebrauches kann gar kein Zweifel bestehen, man spornte den Ehrgeiz des Hundes durch solches Loben und Liebeln in beispielloser Weise an. Übrigens geht dieser Zweck aus einem der wenigen uns überlieferten Fragesprüche über das Gehörntragen deutlichst hervor:

> "Waidmann kannstu mir sagen,
> Warum du dem Hund dies edel Gehörn thust vortragen?
> Das kann ich dir echt sagen an: Deß eher wird kund und gut,
> Wo sich zu Holz und Feld der edel Hirsch nieder thut."

Das heißt, daß die Kunst des Leithundes, welche den Jäger zu des Hirsches Bette führt, in Ehren gehalten werde.

Wenn außerdem bei besondern Jagden die gesamte Jägerei sich schmückte, Eichenbrüche auf die Hüte steckte und dergl., so war das nur ein schöner Beweis dafür, daß man damals für die tiefe Bedeutung des Waidwerks noch jenes sinnige Verständnis besaß, über dessen Schwinden wir uns heutzutage mit Recht zu beklagen glauben.

Der Gegensatz zwischen der Jagd von heute und ehedem kann nicht treffender illustriert werden, als durch den Unterschied zwischen dem Schießer mit seinem englischen Pointer, der zum Apportieren zu dumm ist, und dem hirschgerechten Jäger mit seinem Leithunde. Mit Recht durfte Wildungen einem solchen Kapitalkerl von altem Schlage die scherzhafte Grabschrift setzen:

> Hier ruht ein Hund, der offenbar
> Viel klüger als der Jäger war.

Die Abstammung des Schweißhundes oder dessen ursprüngliches Vaterland ist nicht bekannt, und sagen unsere ältesten Autoren auch nichts Bestimmtes darüber, so wird man wahrscheinlich nicht weit fehlgreifen, wenn man annimmt, daß der jetzige Schweißhund vielfach aus einer Kreuzung des eigentlichen Schweißhundes mit dem ausgestorbenen Leithunde hervorgegangen und als konstante Rasse weitergezüchtet ist. Es sprechen hierfür nicht allein die Beschreibungen, welche unsere Altmeister, wie Döbel u. A. über den Körperbau ꝛc. des Leithundes und des Schweißhundes überlieferten, sondern ältere Bilder berühmter Jagdmaler bestätigen diese Annahme. Namentlich aber scheint der jetzt über ganz Deutschland und Österreich mehr oder weniger verbreitete hannöversche Schweißhund dafür den Beweis zu liefern, weil er mit jenen Beschreibungen und Bildern am meisten übereinstimmt. Man entschuldige, wenn ich sage, des hannöverschen Schweißhundes, denn es sind von hannöverschen Jägern in den letzten 50 Jahren eine große Menge dieser Hunde nach vielen Gegenden Deutschlands und Österreich-Ungarns, sowie auch nach England, Rußland und Frankreich, ja nach fast allen Gegenden Europas ausgeführt, so daß in dieser Rasse mehr oder weniger der Urtypus des jetzigen Schweißhundes, das Modell desselben, repräsentiert wird.

Wir werden im Weiteren wieder hierauf zurückkommen. Um ein richtiges Bild unseres jetzigen Schweißhundes zu erhalten, mögen hier folgende Beschreibungen älterer Jagdschriftsteller Platz finden. Döbel sagt vom Leithunde:

"Dieser zur Aufsuchung des Aufenthaltes eines einzelnen Edelhirsches, auch wohl Damhirsches und Keilers nötige Hund, der deshalb mit den besten Geruchorganen versehen sein muß, ist von mittlerer Größe, untersetztem Körperbau, starker Brust, verhältnismäßigen Beinen, hat einen starken herabhangenden Schwanz, kurzen Kopf, mit starker Schnauze und breiter Nase, dicke, breite, tiefhangende Ohren und ein kurzes Haar, das braun, gelblich, weiß, oft auch gefleckt ist."

Den Schweißhund beschreibt Döbel folgendermaßen:

"Er ist gewöhnlich von mittlerer Größe (also zwischen Hühnerhund und Dachshund), mit gestrecktem Kopf und Leibe, starker Schnauze, breiten tiefhangenden Ohren, mittelmäßigen Beinen, gradem gefahnten Schwanze, der weiß, gelblich, braun oder schwarz gefärbt ist.

Wenn man einen rötlichen oder bräunlichen Hund und eine gleichfarbige Hündin der beiden beschriebenen Hundearten zusammen bringt, so wird wohl kaum bezweifelt werden, daß aus einer solchen Kreuzung Hunde hervorgehen, die unserem jetzigen Schweißhunde sehr ähnlich sehen.

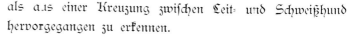

Ein neuerer Jagdschriftsteller, Renner, sagt in seiner Anweisung zur Kenntnis, Erziehung, Wartung ꝛc. des Jagdhundes. (Leipzig 1882, bei C. H. F. Hartmann):

„Ein Leithund der besten Rasse muß dergestalt beschaffen sein: der Kopf muß dick und etwas länglich, die Stirne breit und gewölbt, die Augen helle, vorliegend und braun, die Nase breit und immer feucht; die Nasenlöcher groß und weit geöffnet, die Ohren breit und lang (wohlbehangen); die Oberlefzen über die Unterlefzen herabhängend (wohlbelappt), der Hals stark und kurz, die Brust breit und der Rücken etwas eingebogen sein. Er muß einen starken und dicht behaarten aber nicht unförmlichen Körper, einen langen, dicken, unten spitzig zulaufenden abwärts hängenden Schwanz, feste und fleischige Hüften, breite gerade Beine, starke Füße, wovon die vordern etwas krumm und auswärts gebogen, kürzer als die hintern sind, und eine mittelmäßige Größe haben.

Die Farbe des Haares ist verschieden, es giebt einfarbige und gefleckte. Die ersteren sind weiß, gelb, schwarz, braun oder grau, die anderen haben hin und wieder einzelne große Flecken, oder braune und schwarze Streifen u. s. w.

Weil die einfarbigen unter die reinen unvermischten Rassen zu rechnen sind, so verdienen sie, und darunter wieder die gelb, braun und schwarzfärbigen, vor allen anderen den Vorzug."

Den Schweißhund beschreibt Renner so:

„Der Schweißhund hat einen starken Kopf, breite und sehr lange Ohren, etwas herabgehende Lippen, einen mäßig starken Leib, einen aufgerichteten und vorwärts gekrümmten Schwanz, fleischige Beine und mit Afterzehen versehene Klauen. Die Farbe des Haares ist braun, rot und schwarz. Es giebt verschiedene Rassen der Schweißhunde, und darunter sind die mittelmäßig großen, von der Höhe eines deutschen Jagdhundes, die besten u. s. w.

Nach den Beschreibungen beider Schriftsteller, namentlich aber des letzteren, ist unser jetziger Schweißhund leicht als aus einer Kreuzung zwischen Leit- und Schweißhund hervorgegangen zu erkennen.

Ob nicht auch Schweißhunde aus englischem Jagdhunds- und Leithundsblut gezüchtet sind, bleibt dahingestellt. Es möchten das die Hunde sein, welche spitzere oder längere Köpfe haben, und leicht anschneiden, was sie von den Jagdhunden (Bracken) geerbt haben könnten. Als Beschreibung für das Urbild unseres heutigen Schweißhundes dürfte vielleicht die folgende passen: der Schweißhund ist mittlerer Größe, untersetzt und kräftig gebaut, daher die Brust breit, und die Läufe muskulös, aber nicht plump. Die Rute mäßig stark, unten zulaufend, etwas nach der Seite getragen und an der Spitze sehr wenig nach oben gebogen. Der Kopf ist dick, da, wo der erste Halswirbel einsetzt, gewöhnlich mit stark ausgeprägten sog. Rassezeichen, die Nase mittelmäßig lang, die Stirn flach gewölbt, der Behang breitlappig, lang, die Augen braun, mit melancholisch ernstem, edlem Ausdruck; der Blick erscheint, wenn die Stirn, was öfter vorkommt, mit Falten bedeckt ist, sogar finster. Die Farbe ist dunkellohfarbig, jedoch öfter auch heller, auf dem Rücken aber dunkler, auch brauner oder braungelb und schwarz gewolkt, öfter fast gestreift, getigert, was zu Zeiten auf dem Rücken selbst in reines schwarz übergeht. Auch kommen gelbfahle Hunde vor.

Dem „Deutschen Jäger" entnehme ich über Bayerische Gebirgsschweißhunde aus authentischer Feder folgenden Aufsatz: „Daß wir in unseren bayerischen Bergen in bezug auf die zur Hochgebirgsjagd brauchbaren Schweißhunde einem Chaos von Mischlingen und verschiedenartigen Kreuzungsprodukten mit mehr oder weniger Dachshundblut begegnen, ist wohl weniger in dem Mangel an richtigem Materiale, als vielmehr in dem Mangel rationeller einheitlicher Züchtung zu suchen. — Nicht jeder Hund, welcher zur Schweißarbeit verwendet wird, ist ein — Schweißhund, ebensowenig als ein zufällig vorstehender Pudel ein Hühnerhund ist. — Wir besitzen aber eine alte konstante Rasse von Gebirgsschweißhunden, die allen Anforderungen entsprechen, eine Rasse, welche durch die Verhältnisse wohl verändert, aber ebenso auf den deutschen Jagdhund zurückzuführen sein wird, wie die übrigen Schweißhunde, die ja alle das Produkt einer neueren Zeitperiode sind.

Vielseitig ist auch der Versuch gemacht worden, den schweren (sogenannten hannöverschen) vom ehemaligen Leithunde abstammenden Schweißhund einzubürgern; das Streben scheiterte aber, und mit Recht stets daran, daß:

1. der schwere Schweißhund für die Verhältnisse im Hochgebirge vermöge seiner Körperverhältnisse nicht geeignetschaftet ist,

2. die Schweißarbeit im Hochgebirge in den meisten Fällen ganz anders gehandhabt werden muß, als wie im Flachlande oder Mittelgebirge,

3. gerade deshalb unsern Berufsjägern jener Hund nicht sympathisch ist und

4. in sehr vielen Fällen, wo dessen Fortzeugung auch gewünscht würde, bei den schweren Kommunikationsverhältnissen das notwendige entsprechende Zuchtmaterial nicht zur Hand ist. —

Folge dieser Umstände ist und war stets, daß der Jäger den schweren Hund sich leichter und geeigenschafteter machen wollte und daher bei Deckungen verschiedenartige Kreuzungen, hauptsächlich mit Dachshunden vornahm, welche als ganz heterogen, keine Rasse, sondern nur Zufallsprodukte in allen Formen und Farben zum Vorschein brachten — wie uns zum abschreckenden Beispiele die Hundeausstellung in München 1883 unter der Klasse „Schweißhunde" vor Augen führte. Wohl mögen unter diesen Hunden einzelne recht leistungsfähige Tiere angetroffen werden, wie es ja bei Bastarden jeder Art der Fall ist, als Zuchttiere sind sie aber niemals brauchbar, denn ihre Vererbung ist unberechenbar und ergiebt höchst zweifelhafte Zufallsprodukte.

Diese gemischte Gesellschaft von dazumal ist aber sehr wenig angethan, der mit Recht gerühmten Jägerei in unseren so schönen und reichbesetzten Gebirgsrevieren zur Ehre zu gereichen. Für einen tüchtigen Hochwildjäger paßt kein Schleifer, an seine Seite gehört der rassereine Schweißhund, wie vor dem Jahre 1848 unsere tüchtigen Vorgänger im Waidwerke mit gerechtem Stolze ihn führten. —

Wenn nun der süddeutsche Verein für Züchtung reiner Hunderassen sich angelegen sein ließ, gerade in diesem Gebiete Nachforschungen zu pflegen und darauf hinarbeitet, den passenden und gewünschten Schweißhund zur Geltung zu bringen, den braven Jägern Mittel und Wege an die Hand zu geben, einen ihnen sympathischen, allen Anforderungen entsprechenden Schweißhund zu verschaffen, so möchte dieses Streben zu den schönsten Aufgaben eines diesem Zwecke dienenden und thätigen Vereines gehören und dürfte von den beteiligten Kreisen mit größter Sympathie begrüßt und nach Kräften gefördert werden.

Sorgfältige Nachforschungen haben ergeben, daß in nicht geringer, ja vielleicht in überwiegender Anzahl eine Hunderasse über den ganzen Gebirgszug verbreitet ist, welche unsere Jäger mit besonderer Vorliebe führen, welche dem Abfallen nicht so sehr ausgesetzt ist und alle jene Eigenschaften und Körperverhältnisse besitzt, die für einen Hochgebirgsschweißhund erforderlich sind. —

Wir wollen uns hier über die Provenienz dieser Hunde nicht weiter verbreiten, sondern nur mit der Thatsache rechnen und anführen, daß aller Wahrscheinlichkeit nach ursprünglich diese Rasse durch die Fürsten Taxis eingeführt und durch zeitweise Blutauffrischungen mit möglichst leichten hannöverschen Hunden verbessert wurde.

Eine Anzahl sorgsamer Waidmänner haben sich den Stamm möglichst rein zu erhalten gewußt und die Weiterzüchtung desselben angelegen sein lassen, wodurch die Nachforschungen auf 25 bis 30 Jahre zurückgeführt werden konnten. Wir nennen unter diesen Züchtern unter anderen den verstorbenen Förster Hohenadel, Förster Krembs, vor allen aber Herrn Baron v. Karg-Bebenburg in Reichenhall, ebenso als in dem Jagdgebiete Sr. k. Hoheit Herzog Karl Theodor, sowie durch Se. Exzellenz Oberstallmeister Grafen v. Holnstein u. a. die Rasse mit Vorliebe gezüchtet und geführt wird. —

Der süddeutsche Verein hat vor Jahr und Tag aus diesem Stamme geeignetes Zuchtmaterial sich zu verschaffen gewußt, hat eine Anzahl Hunde bereits abgegeben und ist gegenwärtig selbst im Besitze einer größeren Anzahl recht brauchbarer Tiere.

Nachdem nun auf der Münchener Ausstellung ein Hund und eine Hündin als Mustertiere aufgestellt, prämiiert und in Verbindung mit Sachverständigen die nötige Beschreibung der Hunde (Rassekennzeichen) aufgestellt war, konnte der Verein in jüngster Zeit durch den Nachweis mehrerer Generationen den Antrag an die Delegierten-Versammlung der deutschen Stammbuchskommission stellen, diese Hunde als selbständige konstante Rasse anzuerkennen und Stammbuchfähigkeit dafür auszusprechen.

Auf den 29. Mai l. Js. war die Delegirten-Versammlung von dem Präsidenten derselben, Excellenz General Graf Waldersee nach Berlin einberufen und der süddeutsche Verein durch Herrn Tiermaler Grashey als seinen Delegierten vertreten, welcher denn auch den Antrag zur Annahme brachte und nach den jeweiligen Bestimmungen für Eintragung von Hunden ins deutsche Hundestammbuch, die Eintragungsfähigkeit genannter prämiierter Hunde — Hirschmann I des Herrn Baron v. Karg und Diana des Vereines — sowie nach Maßgabe des Reglements für deren Nachkommen erwirkte. Als Bezeichnung der Rasse wählte auf Vorschlag des Herrn Grafen von Waldersee die Kommission den Titel: „Bayerische Gebirgsschweißhunde" zum Unterschiede vom schwereren sogenannten hannöverschen Schweißhunde.

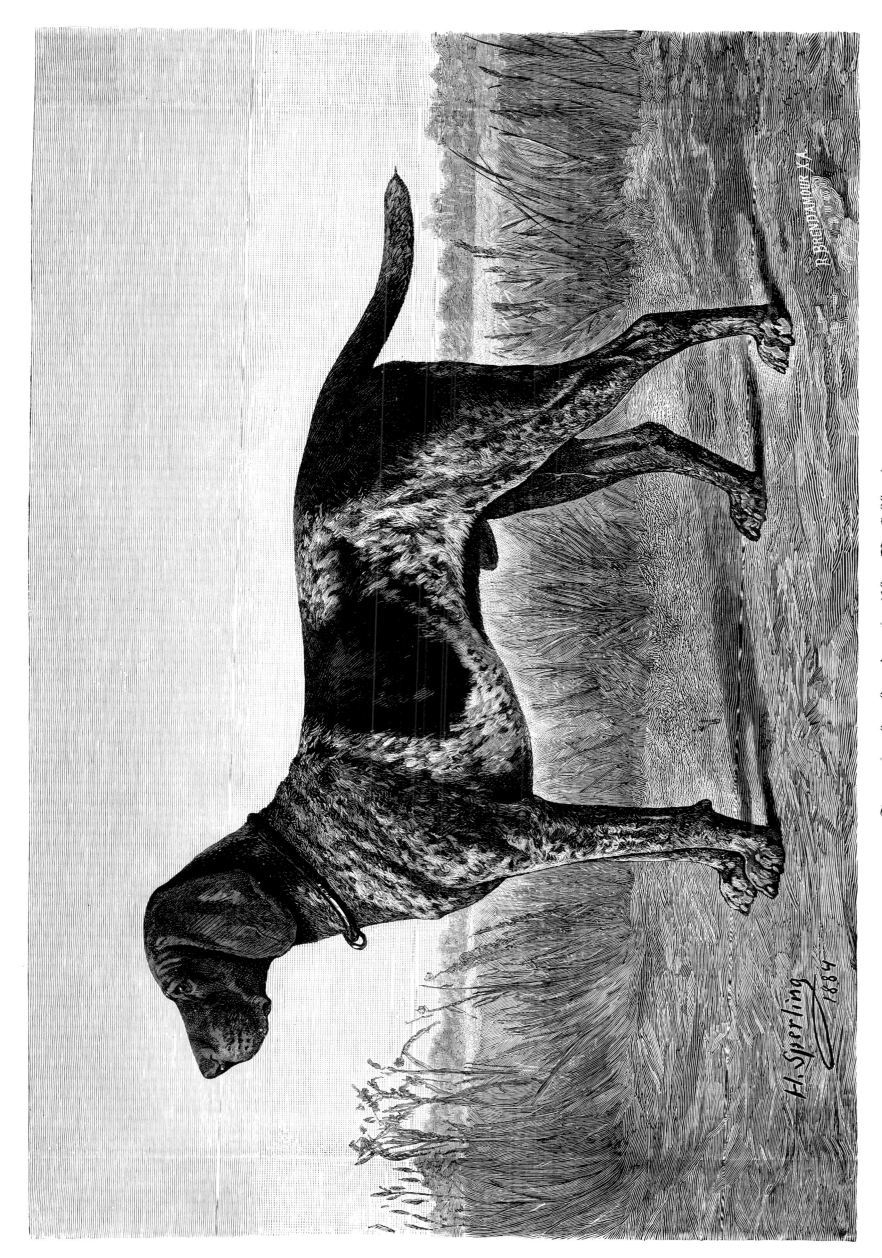

Typus des kurzhaarigen deutschen Vorstehhundes.
Anerkannt von den Vereinen „Hektor" und „Deutscher Jagdklub" zu Berlin.

Es ist sonach für unser Hochgebirge eine obligate Schweißhundrasse aufgestellt — an die Besitzer der Tiere tritt nun die Mahnung heran, dieselben nach den von den deutschen Vereinen aufgestellten Prinzipien rein fortzuzüchten, die Rasse aus Bequemlichkeit oder sonstigen Umständen nicht mit anderen Rassen zu verkreuzen. — Der süddeutsche Verein wird nicht verfehlen durch Aufmunterung, Schau und Prämiierung hervorragender Typen dieser Rasse die Züchter aufzumuntern und für größere Verbreitung ersterer Sorge zu tragen."

Die deutschen Vorstehhunde.
Der kurzhaarige Vorstehhund.

Die Urform des kurzhaarigen Vorstehhundes ist der „Jagdhund", der „canis venaticus" des Marcus Terentius Varro, der „canis moloticus" des Aristoteles, von welchem Hunde sich Abbildungen auf den Denkmälern der alten Griechen und Römer vorfinden, und der zu den sieben Urformen gehört, auf welche alle heute noch existierenden Hunde zurückzuführen sind. Dieser Hund ist der Zivilisation gefolgt, und wie wir denselben bei den Griechen wie bei den Ägyptern, später bei den Römern wie bei den Griechen finden, so begegnen wir demselben noch später in Deutschland, und zwar zur Zeit Karls des Großen (768—814), wo veränderter Jagdbetrieb (Netzjagden) das Bedürfnis nach einem Hunde mit anderen Eigenschaften, als die der bisherigen Hunde, entstehen ließ. Die Zeit bis zur Mitte des 17. Jahrhunderts muß für die Geschichte des kurzhaarigen Vorstehhundes unberücksichtigt bleiben. Die Vorstehhunde, wenigstens die edlen Stämme dieser Art, waren bis zu dieser Zeit langhaarige Hunde; im alemannischen Gesetze Lex Alemannorum (8. und 9. Jahrhundert) geschieht des Treib- oder Laufhundes als „canis seusius vel cursor", im bojischen als „Seuces doctus seu Triphunt", im burgundischen als „canis segutius" Erwähnung. Im friesischen Gesetz heißt er „canis bracco", und nennt ihn Petrus de Crescentiis in seinem im 13. Jahrhundert n. Chr. über die Landwirtschaft geschriebenen Werke, im IX. Buche, 87. Kapitel, canis cursalis. Die Glossarien nennen ihn bald Canis segutius oder seusius, Seuces, Seucis, Seusis, Sucis, Susis oder Sussis und seguax, bald canis cursor oder cursalis. Im Mittelalter heißt er „canis sagax", Hessehunt oder „Hetzhund", dann allmählich nur noch Jagdhund. Alle diese Namen bezeichnen ein und denselben Hund, er war ein laut jagender Hund, der Stöberarbeit verrichtete, und finden wir ihn als solchen sowohl bei allen Schriftstellern des 18. Jahrhunderts (Tänzer, Pärsen, Döbel, von Heppe), als auch noch in der 1828 in Leipzig bei Joh. Friedr. Gleditsch erschienenen vierten Auflage von Döbels „Jäger-Practica".

Wir begegnen dem „kurzhaarigen Jagdhunde" auch neben dem „langhaarigen Vorstehhunde" auf alten Kupfern und Gemälden in Begleitung der Falkoniere, und haben diese herrlichen Bilder wohl zu der nicht wenig verbreiteten irrigen Auffassung Veranlassung gegeben, als sei der kurzhaarige Hund schon damals als Vorstehhund mit verwandt worden. Es schwinden jedoch sofort alle Zweifel hierüber, wenn man sich daran erinnern will, daß bei der Falkenbeize der hohe und der niedere Flug unterschieden werden, daß Falkenjagden zu Fuß und zu Pferde abgehalten wurden, und wird wohl niemand ernstlich glauben, daß der Hund den Reiher vorgestanden habe, ehe er aufgejagt und gebeizt wurde. Der Jagdhund, canis sagax, stöberte vielmehr die Reihergestände ab, während der canis avicularius bei der Beize auf Rebhuhn, Ente, Hahn u. s. w. das Wild, das man beizen wollte, vorstand.

Allmählich ging man dazu über, den „Jagdhund" als „Vorstehhund" zu gebrauchen, ihn hierzu zu erziehen, und in dem Sammelwerke „Fürst-Adlyche Jagdlust" (1711) findet man S. 36 eine Anweisung, wie man „Jagdhunde" zum „Federwild" gewöhnen und zu „Vorstehhunden" ausbilden soll. Es hatte dies wohl seinen Grund darin, daß mit der Entwickelung der Niederjagd ein größeres Bedürfnis an „Vorstehhunden" eintrat, die zu jener Zeit nur in wenigen Exemplaren existierten. So besaß der Landgraf von Darmstadt 1677 als alleiniger Jagdherr in seinem ganzen Lande nur 10 „Vorstehhunde", und war es nach Freiherr von Wagners Geschichte der Jagd in Württemberg unter den Herzögen 1711 noch sämtlichen württembergischen Jagdbediensteten einschließlich der Forstmeister verboten, „Vorstehhunde", womit doch nur der „langhaarige canis avicularius" gemeint sein kann, zu halten. Die Glanzperiode der französischen Parforce-Jagden war, wie bekannt, nicht ohne Einfluß auf die deutschen Höfe geblieben, und wurden dieselben namentlich an den kleinen Höfen mit großem Luxus abgehalten. Mit diesen Jagdarten führten sich die englischen und französischen Parforcehunde ein, und verdrängten den deutschen Jagdhund; zum Beweise für diese Behauptung führe ich folgende Stelle ein, welche sich Seite 101 in Dr. Landauers Geschichte der Jagd der beiden Hessen findet. „Durch Einführung der eingestellten Jagen wurden die Jagdhunde entbehrlicher und wurden schließlich durch massenweise Einfuhr von französischen und englischen Parforcehunden gänzlich im Anfang des vorigen Jahrhunderts verdrängt. Zu derselben Zeit wurde auch der niederen Jagd größere Aufmerksamkeit geschenkt, und hätte man glauben sollen, der Hühnerfänger müsse nun eine große Person werden. Dem war aber nicht so, die hirsch- und holzgerechten Jäger, die den Hühnerfänger bisher mit Geringschätzung betrachtet hatten, trugen dem veränderten Geschmacke der Zeit Rechnung und bequemten sich, selbst eine Schrotflinte in die Hand zu nehmen und einen Vorstehhund zu führen. Der Hühnerfänger verschwand nun ganz von selbst vom Schauplatze und mit ihm die Person, die bis dahin einzig und allein sich eingehend und vorzugsweise mit dem Vorstehhunde beschäftigt hatte.

Wir sind hier bei dem Ende des 18., Anfang des 19. Jahrhunderts, der Zeit der französischen Revolution und langer Kriege, in denen hohe Jagd für lange Zeit und der edle Leithund für immer verloren gehen, angekommen, und müssen hier eine Zeit verweilen, und, um über die Verhältnisse klar zu bleiben, einen kurzen Rückblick werfen.

Vor Allem müssen wir festhalten, daß zu dieser Zeit
1. es nur wenig Jagdberechtigte gab;
2. die Vorstehhunde, damals „Hühnerhunde" („canis avicularius") genannt, nur in wenigen Exemplaren vorhanden waren;
3. der „Jagdhund" infolge der angegebenen Umstände, Verdrängung, Entwicklung der Niederjagd, Vervollkommnung der Schußwaffen, allmählich „Vorstehhund" wird;
4. infolge Niedergang der „hohen Jagd" der Leithund seltener wurde und für ihn der Schweißhund eintrat.

Der Ansicht, daß der kurzhaarige deutsche Vorstehhund von dem spanischen Pointer abstamme, eine Ansicht, die heute wohl die allgemein verbreitetste ist, vermag ich nicht beizutreten. Daß dieser Vorstehhund seinen Weg über Spanien zu uns genommen hat, ist möglich, ebenso wahrscheinlich, daß er aus Gallien oder Italien zu uns kam. Die kurzhaarigen Vorstehhunde aller dieser Länder stammen von dem Jagdhunde der Griechen und Römer ab, und hier wird zugegeben werden müssen, daß klimatische Verhältnisse, Wartung, Pflege, Fütterung und Gebrauch diesen Jagdhund in den einzelnen Ländern zu den Typen der heutigen kurzhaarigen Vorstehhunde entwickelt haben. Nach allgemeiner Ansicht der englischen Kynologen kam anfangs dieses Jahrhunderts der spanische Pointer, und zwar auf dem kleinen Umwege über Kuba, nach England und wurde dort der Stammvater der englischen Pointers. Diese Thatsache mag zu der Annahme, daß auch der deutsche kurzhaarige Hund vom spanischen Pointer abstamme, Veranlassung gegeben haben, während wir doch anfangs dieses Jahrhunderts schon Jahrhunderte den Jagdhund bei uns besaßen, der, wie ich dies bereits ausgesprochen, ebenso wie die anderen kurzhaarigen Typen von dem Jagdhunde der Alten abstammt, und sich neben diesem als selbständige Rasse durch die Jahrhunderte entwickelt und erhalten hat.

Wir stehen also hier an einer Wandlung im Gebrauch der Hunde, welche noch dadurch vermehrt wird, als um diese Zeit „der stichelhaarige Vorstehhund" (Jester 1797) dem langhaarigen Vorstehhunde die Wasserarbeit abnimmt.

Der „Jagdhund" wird „Vorstehhund"; der „Hühnerhund" bleibt „Vorstehhund", und der „Wasserhund" wird allmählich als dritter Vorstehhund mit benutzt. Der Jagdhund hatte bisher nur getrieben, Vorstehhund war er allmählich durch Gebrauch und Erziehung geworden, es fehlte ihm jedoch noch die Eigenschaft „der Fähigkeit zur Nachsuche auf Schweiß". Diese erhielt er dadurch, daß man ihn mit dem Leithunde kreuzte und dann diesen Stamm in sich konstant mit Jagdhundblut weiter züchtete, während dem Schweißhund, der aus derselben Kreuzung hervorging, vorwiegend Leithundsblut zugeführt wurde. Der Leithund verschwand allmählich und tritt nun bei einigen Waidmännern das Bestreben auf, den Vorstehhund auch im Wald zu verwenden. Hätte man sich nun darauf beschränkt, die Farben der Hunde zu verändern, die bis dahin meist leuchtend weiß mit braunen Flecken und Flöckchen von der Größe eines

Bonceur. Besitzer: v. d. Bosch-Berlin.

Tellers bis zu der einer Mücke, d. h. gefleckt, gescheckt und gesprenkelt waren, so wäre der Schaden nicht groß gewesen, aber man kreuzte an manchen Orten mit den Überbleibseln der Leithunde, und zwar war der Leithund des 18. Jahrhunderts da, wo es Parforcejagden gegeben hat, oft mit französischen Parforcehunden vermischt worden, denn die französischen Parforcejäger pflegten die Leithunde aus den Meuten zu nehmen, und thun es heutzutage noch.

Das Resultat war auch das allertraurigste; es entstanden Hunde mit übermäßigen Kehlwammen, geifernden Lefzen, tiefliegenden roten Augen, schmalen, weit hinten angesetzten, übermäßig langen Behängen, und allen sonstigen Attributen, die den Hunden eigen sind, die lange und durch Generationen am Riemen arbeiten. Auch die Flüchtigkeit und die hohe Suche, kurz alles, was man von jeher, so auch noch heute von den Vorstehhunden verlangte, verschwand, nur der Gehorsam blieb. Der so verhunzte Hund war, und ist mitunter noch, das mißverstandene Ideal mancher Jäger, verschwindet aber immer mehr vom Schauplatz und war glücklicherweise nur teilweise verbreitet. Daß diese Hunde dem Holzjäger gute Dienste leisteten, ist nicht zu bestreiten, aber als Vorstehhund waren sie nur zu verwerfen, obwohl es unter ihnen auch weiße Schwalben gegeben haben mag.

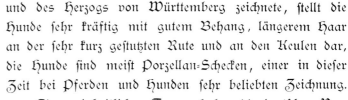

In einer kleinen Schrift von H. M. Hennig, Quedlinburg 1839, kommt die Bezeichnung „Vorstehhund" gar nicht vor, und findet sich der deutsche Jagdhund wie folgt beschrieben:

„Er ist leicht und hurtig und hat dabei einen teils starken, teils schwachen Körperbau, kurze Haare von verschiedener Farbe." — Aus dem geringen Interesse, welches der Verfasser den deutschen Vorstehhunden entgegenbringt, kann man folgern, wie es schon um diese Zeit um dieselben stand, und wurden nur noch, Ende der 30er Jahre, um alles zu verderben, namentlich in Norddeutschland viele englische Pointer von mitunter zweifelhafter Güte eingeführt und zahllose Kreuzungsversuche mit diesen und den deutschen Hühnerhunden gemacht, die nur dazu dienten, eine Unmasse unbrauchbares und charakterloses Hundematerial in die Welt zu setzen, was nicht zu verwundern ist, da der englische Pointer selbst aus mehreren verschiedenen Hunderassen komponiert war und sich daher am allerwenigsten zur Veredlung des deutschen Vorstehhundes eignete. Auch aus diesen Verbastardierungen gingen einzelne Individuen hervor, die ausgezeichnetes leisteten. Doch sind diese Tiere so selten und so verschwindend gegen den großen Haufen unbrauchbarer Tiere, daß man die Kreuzungsversuche mit englischem Pointer für eines der schädigendsten Ereignisse für die Zucht des deutschen Hundes ansehen darf.

Bechstein beschreibt den Jagdhund wie folgt:

„Der deutsche Jagdhund ist fast $3\frac{1}{2}'$ lang, $1\frac{1}{2}'$ hoch, hat einen starken Kopf mit hoher Stirn, langer Schnauze, breiter Nase, einen in den Ecken belappten und stark bezähnten Rachen, vorliegenden finsterblickenden Augen, breiten und tiefhängenden Ohren; — ferner einen starken Hals, schlanken Leib, einen an der Wurzel starken und nach der Spitze hin aufgebogenen Schwanz; hohe Beine mit starken Lenden und Füßen, an denen sich hinten eine Wolfsklaue befindet, endlich glattes kurzes Haar von hell= oder rotbrauner Farbe, oft mit weißen Abzeichen."

Jester 1797, Schönberger 1826, das Jahrbuch für Forstmänner, Sylvan im ersten Drittel dieses Jahrhunderts, beschrieben den deutschen Vorstehhund teils von mittlerer, teils von großer Figur, doch immer leicht gebaut, mit kurzem und schmalem Behang. Die Maler dieser Periode, z. B. Kobell in München, stellen den Hund auch so dar. Riedinger, der meist Hunde der Kurfürsten von Bayern

Cora. Besitzer: v. d. Bosch=Berlin. Kleve 1881. Ehrenpreis.

und des Herzogs von Württemberg zeichnete, stellt die Hunde sehr kräftig mit gutem Behang, längerem Haar an der sehr kurz gestutzten Rute und an den Keulen dar, die Hunde sind meist Porzellan=Schecken, einer in dieser Zeit bei Pferden und Hunden sehr beliebten Zeichnung.

Einen einheitlichen Typus haben die deutschen Vorstehhunde wohl nie gehabt; in gebirgigem Terrain und schwerem Boden waren die Jagdhunde schwerer und stärker als auf leichtem Boden und in der Ebene. Zudem wurden schon im 15. und 16. Jahrhundert Jagdhunde aus anderen Ländern eingeführt, und kann es darum nicht auffallen, wenn da die Jagdhunde ein sehr verschiedenes Äußere hatten. Später wurden, als die Schießjagd Mode wurde, aus Frankreich und Spanien, wo diese schon viel früher im Schwunge war, dressierte Vorstehhunde eingeführt, und oft mit den vorhandenen deutschen Hunden gekreuzt. Da aber diese Hunde auch von Jagdhunden abstammten und unter den deutschen, französischen und spanischen Hunden keine große Verschiedenheit herrschte, so entstanden daraus keine unbrauchbaren Hunde.

Die Einführung und Kreuzung fand jedoch meist nicht in dem Maße statt, daß der Unterschied zwischen französischem oder spanischem Hund aufgehört hatte bemerkbar zu sein. Überhaupt, kann man sagen, kam durch Auswahl guter brauchbarer Hunde zur Weiterzucht der deutsche Vorstehhund auf eine sehr hohe Stufe der Vollkommenheit. Einzelne Länder, z. B. das Großherzogtum Weimar, haben darin Hervorragendes geleistet; beinahe überall gab es Züchter ausgezeichneter Hunde, die einen mehr oder weniger ausgebreiteten Ruf hatten; so auch in Kurhessen die Hunde des Landjägermeisters Baron von Schwerzel.

Das Jahr 1848 war nun der schwerste Schlag, der den guten deutschen Hund treffen sollte. Eine Menge unverständiger Jagdpächter, die von Hund und Jagd keine blasse Idee hatten, kamen zum Vorschein, während im Gegensatz viel Jagdherren und Jäger im ersten Groll Jagd und Hunde aufgaben, und so ging viel wertvolles Material unwiederbringlich verloren. Auch das Jagdpersonal, welches früher mit mehr oder wenigerem Verständnis Hundezucht und Dressur trieb, verminderte sich vom Jahre 1848 sehr fühlbar. Während es früher keinen Wald, keine

Feldflur gab, die nicht von einem gelernten Jäger beaufsichtigt wurde, wurden nun von den Jagdpächtern die Jagden unbeaufsichtigt gelassen, oder von Flurwächtern, Ortsdienern, wenn nicht von noch ungeeigneteren Personen begangen, die nun gleich sich einen Fix zulegten, um auch das ihrige zum Untergange der Jagd und der reinen Jagdhundrassen beizutragen. Wenn es auch Gegenden in Deutschland gab, wo die Vorstehhunde den bisherigen Katastrophen entgangen waren, wie Thüringen und Franken, — der Kalamität von 1848 entgingen sie nicht.

Die Einfuhr ausländischen Materials dauert fort, und genügt ein Blick in die Litteratur der sechziger Jahre: vergl. Albert Vogel, der Hühnerhund (1865). H. Robinson, der Jagdhund (Quedlinburg 1861) u. a. m., um sich sofort zu überzeugen, daß die englischen Hunde, d. h. die mit denselben zu stande gebrachten Kreuzungen, den deutschen Vorstehhund, wenn ich mich so ausdrücken darf, kaput gemacht hatten.

Wir müssen ehrlich bleiben und zugeben, daß, als mit dem Jahre 1879 unsere verdienten Kynologen die Regeneration der deutschen Hunde anfaßten, der „altdeutsche Jagdhund", der spätere „deutsche glatthaarige Vorstehhund" absolut rein nicht mehr vorhanden war. Es konnte sich also nur damals um die Kreierung einer neuen Zucht deutscher Vorstehhunde handeln, und habe ich bereits angegeben, in welcher Weise sich unsere kynologischen Autoritäten dieser Aufgabe entledigt haben.

Wir treten also jetzt in die Ära der Geschichte des deutschen glatthaarigen Vorstehhundes ein, welche mit dem Jahre 1879 beginnt.

Seit dieser Zeit ist eine entschieden günstige Wendung eingetreten. Das Verlangen nach dem deutschen Vorstehhund steigert sich mehr und mehr. Je mehr Jäger mit englischen Vollbluthunden hereinfielen, weil sie dieselben zu Dingen brauchen wollten, die dem Pointer fremd oder zuwider sind, desto größer wird das Verlangen nach dem deutschen Vorstehhund. Die internationalen Ausstellungen in Frankfurt, Berlin, Hannover, Magdeburg, Elberfeld, Kleve ꝛc. ꝛc. gaben Preise für deutsche Hühnerhunde und wurden schöne Exemplare auf denselben von fachkundigen Richtern prämiiert, und demnächst in das deutsche Hundestammbuch eingetragen. Unter diesen Hunden finden sich drei hervorragende Hunde: Cora, Bonceur und Hektor IV., welche Exemplare unserem bewährten Kynologen und Jagdmaler Sperling, Berlin, als Modell für unser Titelbild „Typus des glatthaarigen deutschen Vorstehhundes" gedient haben dürften.

Hektor. Besitzer: van Aceren-Mehr. Kleve 1881. I. Preis.

Der langhaarige deutsche Vorstehhund.

Die Urform des langhaarigen deutschen Vorstehhundes ist der „Seidenhund" (canis extrarius), auf den auch alle anderen Formen der langhaarigen Vorstehhunde, welcher Nationalität dieselben auch heute angehören mögen, zurückzuführen sind. Ebensowenig wie beim kurzhaarigen Vorstehhunde kann mit Bestimmtheit nachgewiesen werden, ob der langhaarige Vorstehhund über Spanien, Gallien, Italien seinen Weg nach Deutschland gefunden hat; er wird, wie der Vorstehhund, der Kultur gefolgt und dann allmählich allgemeiner „der kurzhaarige" geworden sein.

Auch dieser Hund ist in den verschiedenen Ländern zu verschiedenen Zeiten eingeführt worden, in allen jedoch früher als sein Kollege, der kurzhaarige, und glaube ich nicht zu fehlen, wenn ich für Deutschland die Zeit der Einführung der Falkenjagden, die Zeit Karls des Großen (768—814), als die seiner Einführung bezeichne. Seine Verwendung war eine dreifache:

1. beim Tirassieren,
2. bei der Falkenjagd,
3. bei der Entenjagd;

seine Bestimmung die, Flugwild aufzusuchen und vorzustehen. Bei dem Tirassieren fing der Hühnerfänger das aufgejagte Wild mit Schlagnetzen, während der Edelmann dasselbe bei der Falkenjagd mit Falk und Habicht beizte, und der Entenjäger an dem „langhaarigen" zur Wasserjagd einen leistungsfähigen und willigen Gehilfen fand. Im alemannischen Gesetze geschieht dieses Hundes noch kaum Erwähnung, und erscheint derselbe zuerst als canis acceptorius seu Hapichthunt im bojischen, als canis acceptorius im friesischen Gesetze und als „Vogelhunt" (canis avicularius) im Schwabenspiegel; vom 9. bis 13. Jahrhundert behält er diese Namen, später heißt derselbe „Hühnerhund." Wie ich bereits bei dem kurzhaarigen Hunde bemerkte, benutzte man den langhaarigen Vorstehhund bei der Falkenjagd zur Beize auf niederes Wild, wobei man sich in der Regel an Stelle des Falken des Habichts bediente, welcher Behauptung auch der Name „Hapichthunt" das Wort redet. Er verrichtete bei allen Jagdarten, bei denen man ihn gebrauchte, dieselbe Arbeit; Rebhuhn, Hahn, Ente, kurz das Wild der Niederjagd hatte er zu suchen und vorzustehen, und wurde er darum, da diese Wildarten der freien Ebene und dem Bruche angehören, der Hund des freien Feldes und der Wasserjagd, welche letztere Verwendung ihm auch den Beinamen „Wasserhunt" eingetragen hat. Der langhaarige Vorstehhund stand im Dienst des Hühnerfängers resp. Flugwildschützen, dem Berufsjäger der damaligen Zeit, und ist es diesem Umstande wohl zuzuschreiben, daß die langhaarige

Rasse sich im Vergleich zu der kurzhaarigen auffallend rein erhielt. Was auch wohl dadurch mit begründet ist, daß dieser Hund nur selten vorhanden war, woran seine eigenartige Verwendung und der untergeordnete Stand der Niederjagd Schuld trugen. —

Mit der Entwickelung der Niederjagd wurde dieser, durch konsequente Verwendung für die Jagd so ausgezeichnet vorgebildete Hund ein gesuchter Artikel, und bald fand man ihn in jedem Zwinger der vornehmen Jagdherren, die nun ihrerseits pfleglichst über diesen kostbaren Hund wachten. — Dieser Hund genoß ein großes Ansehen, und liegt kein Grund vor, anzunehmen, daß derselbe, so lange das historische Jagdrecht seinen wohlthätigen Einfluß auf unsere Jagd übte, durch ungeschickte Kreuzungen litt, vielmehr daß rechtzeitig aus verwandten Stämmen zugeführtes Blut den Hund in seinem alten Werte erhielt. Als jedoch die Niederjagd immer mehr und mehr Boden gewann, von Jahr zu Jahr der Jäger mehr wurden, das Bedürfnis nach Vorstehhunden, wie ich bereits gezeigt, den kurzhaarigen Jagdhund zum Vorstehhunde werden ließ, blieb auch diese bis dahin rein erhaltene Rasse nicht vor schädlichen Kreuzungen bewahrt. Viele der neuen Jäger standen der alten Schule fern und besaßen nicht das Verständnis für ihren Gefährten, welches den Berufsjägern und den waidgerechten Herren derselben Jahrhunderte innegewohnt hatte. So sehen wir denn kurzhaarige sich mit langhaarigen Vorstehhunden paaren, und noch heute finden wir bei Hunden, welche aus solchen Kreuzungen hervorgegangen sind, die Rückschläge nach der väterlichen und mütterlichen Seite, und in einem Wurfe unter kurzhaarigen noch hin und wieder ein vereinzeltes langhaariges Exemplar, und ebenso umgekehrt.

Bechstein sagt über diesen Hund Folgendes:

„Der Hühnerhund (Vorstehhund), Canis familiaris avicularius, steht unter den Hunden, die der Jäger braucht, obenan; denn es giebt Gegenden, ja, es ist eine Zeit, in welcher er dem Waidmanne alles in allem sein, die Stelle des Schweiß- und Leithundes, des Saufinders ec. vertreten mußte. Er ist aber auch so bildsam, daß er sich zu jedem Jagdgebrauche leicht gewöhnen läßt; denn er muß haben und hat auch: Gehorsam, einen scharfen Geruch, und den steten Trieb, das Wild aufzuspüren, zu erlauern und zu beschleichen. Er hat einen starken Kopf, eine lange starke Schnauze mit breiter Nase, einen weiten, stark bezahnten Rachen, tief herabhängende Ohren; einen verhältnismäßig langen Hals; starken Leib mit breiter Brust, muskelkräftige Beine und einen fleischigen, nicht allzu langen Schwanz. Spielarten an Gestalt und Farbe sind häufig; sie entscheiden wenig, alles aber die Naturanlage und Heimatsart des Hundes."

Die Einfuhr der englischen Hunde war auch für diese Art deutscher Vorstehhunde von schädlichstem Einflusse, und wie man dem kurzhaarigen deutschen Vorstehhunde durch Kreuzung mit dem englischen Pointer, einem Hunde, der selbst ein Kreuzungsprodukt war, seinen Zuchtwert nahm, so schädigten auch Kreuzungen mit dem englischen Setter (auch mit dem Newfoundländer), den Wert unserer vortrefflichen Rasse langhaariger Vorstehhunde. Ende der dreißiger Jahre beschreibt Hennig in seinem Katechismus für Jäger, Jagd- und Hundeliebhaber den langhaarigen Vorstehhund, den er kurz Hühnerhund nennt, ungefähr wie folgt: dicker runder Kopf, kurze starke Schnauze, breite, hängende, lange Ohren, und dürre Läufe. Die Rute steht in die Höhe; und die Haare an den Ohren, dem Halse, an der Hinterseite der Oberschenkel und an der Rute haben eine vorzügliche Länge. Die Farbe ist meistenteils weiß oder braun, viele sind auch gefleckt und getigert."

Wir finden also, wie bei allen Hunderassen, auch das Exterieur unserer langhaarigen Vorstehhunde im Laufe der Zeit in dieser oder jener Richtung verändert, und teilt uns Ludwig Beckmann mit, daß in den vierziger Jahren die bekannte, spitzschnauzige Form dieser Hunde so allgemein verbreitet war, daß Dr. L. Ziegler in seiner Federwildjagd 1847 die spitze Schnauze geradezu als charakteristisches Unterscheidungszeichen unserer langhaarigen Hunde vom Setter und französischen Epagneul aufstellt. Inzwischen soll diese den alten Jägern wohlbekannte Form beinahe völlig wieder verschwunden sein; sie mag — so fährt Beckmann fort, — entstanden sein durch Kreuzung mit der nahe verwandten, ausgestorbenen Rasse der spitzschnauzigen, sogenannten „Spürhunde" (Stöber), welche, wie die heutigen Land-Spaniels nur zum Aufstöbern und Apportieren, nicht aber zum Vorstehen abgerichtet wurden. 1848 und die folgende unheilvolle Zeit war auch der Konservierung der rein erhaltenen Stämme langhaariger Vorstehhunde nicht günstig, doch fand die Reorganisation der deutschen Kynologie unsere langhaarigen Hunde noch weit zahlreicher in guten Exemplaren vertreten, als dies bei den anderen deutschen Vorstehhunden der Fall war.

Auf den seit jener Zeit abgehaltenen Hunde-Ausstellungen zu Hannover, Berlin, Elberfeld und Kleve gelangten sehr schöne, rein gezüchtete Exemplare, vorzugsweise aus Westfalen, Lippe, Thüringen, Hannover und Braunschweig zur Freude der deutschen Jägerei zur Ausstellung.

Unsere namhaftesten Züchter langhaariger deutscher Vorstehhunde sind folgende: H. Bockelmann-Aachen, G. Borchert-Braunschweig, O. Bornemann-Hannover, A. von Kalkstein zu Cappeln bei Westercappeln, Dr. Roßbach-Kahla, v. d. Bosch-Eberswalde, Marquis de Bellegarde-Niemes-Wartenberg.

Der stichelhaarige deutsche Vorstehhund.

Der stichelhaarige deutsche Vorstehhund stammt von dem kurzhaarigen deutschen Vorstehhund ab, und lag jener Züchtung das Bestreben zu Grunde, einen Hund zu erhalten, dessen Konstitution und Behaarung ihn ganz besonders zur Wasserstöberarbeit befähige, in welcher die bisherigen

Formen: der kurzhaarige deutsche Vorstehhund wegen seines zu kurzen Haares, das ihn zu empfindlich machte, der langhaarige deutsche Vorstehhund wegen seines zu langen Haares, das zu viel Wasser aufsog und dem Hunde die Arbeit sehr erschwerte, zu wünschen übrig ließen.

Durch sorgfältige Wahl der Zuchtexemplare für diese Hundeform aus den kurzhaarigen Vorstehhunden mit ganz besonderer Rücksicht auf die Behaarung entwickelte sich der stichelhaarige deutsche Vorstehhund und bildete sich allmählich zur konstanten Rasse aus. Dieser Hund ist also auf demselben Wege entstanden, wie der englische Otterhund, mit dem er die Passion für Wasserarbeit teilt, der ja nach Ansicht aller englischen Kynologen von dem kurzhaarigen südenglischen Hunde abstammt, und ebenfalls durch sorgsame Zuchtwahl sein rauhes Kleid erhalten hat. Die deutschen und englischen Autoritäten auf kynologischem Gebiete stimmen darin überein, daß durch sorgsame Anpaarung, mit besonderer Rücksicht auf die Behaarung ausgewählter Exemplare kurzhaariger Hunderassen, sich rauhhaarige Hunde züchten und dann in sich zu konstanten Rassen entwickeln lassen, und sind der Ansicht, daß auf diesem Wege in England „der Otterhund", in Deutschland „der stichelhaarige deutsche Vorstehhund" entstanden sind, und sich als selbständige Rassen entwickelt haben. Die Urform des stichelhaarigen deutschen Vorstehhundes ist also dieselbe wie die des kurzhaarigen deutschen Vorstehhundes, der Jagdhund der Alten. Wer die verschiedene Länge der Haare unserer kurzhaarigen Rassen sorgfältig betrachtet, wird in dieser Ansicht nichts Unwahrscheinliches finden, und die Beobachtung wird ihm bald thatsächliches Material für diese Ansicht liefern, wie ja denn auch das Auftreten rauher und harter Behaarung fast bei sämtlichen kurzhaarigen Rassen des Haushundes in unseren Breitengraden nachgewiesen werden kann. Ich erinnere nur an die rauhhaarigen Varietäten des Windhundes, der lautjagenden Hunde, der Pintscher, Terriers, Dachs-, Schweiß- und Schäferhunde; auch kommen bei allen diesen rauhhaarigen Formen Rückschläge in die kurzhaarige Stammform vor. Wir begegnen dem Vorfahren unserer stichelhaarigen deutschen Vorstehhunde zuerst gegen Mitte des 18. Jahrhunderts und findet sich auf einem Bilde aus dem vorigen Jahrhundert des Kurfürstlich hessischen Hofmalers Herlein eine ausgezeichnete Abbildung eines stichelhaarigen Vorstehhundes, welches, wenn es sonst nötig wäre, zur Genüge die Existenz dieser Hunde aus jener Zeit in Deutschland feststellen würde. Ich besitze eine Photographie dieses Bildes, die ich Liebhabern gern zur Ansicht sende.

Bechstein nennt den Hund „Wasserhund", „polnischer Hühnerhund", „Niederländer" und beschreibt denselben wie folgt:

„Stammt aus Polen, ist kürzer und gedrungener gebaut als der vorige (der langhaarige Hühnerhund), hat einen stärkern Kopf, eine kürzere Schnauze, breitere Nase, kürzere Ohren, besonders starke Brust und Beine und langes krauses Haar, das an den Ohren Zotten bildet, gewöhnlich braun und weiß gefleckt oder getigert ist. Er geht von Natur gern ins Wasser."

Im vorigen Jahrhundert ist der Hund hauptsächlich im Fuldaischen, auf den Gebieten der Fürsten und Grafen von Ysenburg, der Grafen von Görtz und der Freiherren von Riedesel zu Hause. In Fulda wurden die stichelhaarigen Hunde, wie Oberförster Kaufholz schreibt, einfach deutsche Hunde genannt, sonst aber in Hessen, wo sie auch verbreitet waren, „Rauhbärte", Stachel- und rauhhaarige Hunde; die anderen Benennungen, wie „Niederländer", „dänischer Wasserhund", „Isländer", waren mehr im Norden und Osten von Deutschland landläufig; so erwähnt auch Hartig (1819) die dänischen Wasserhunde. —

Hektor. Stichelhaariger deutscher Vorstehhund.

Nach Baron von Rauch waren diese Hunde noch bis zum Jahre 1848 unter den Forstbeamten des Kurfürstentums Hessen sehr verbreitet, und kennt Herr von Rauch noch über ein Dutzend Namen, deren Träger solche Hunde hielten und züchteten, und wenn auch das, für Jäger und Jagd so verhängnisvolle mehrerwähnte Revolutionsjahr 1848 manchen tüchtigen Waidmann die Flinte an den Nagel hängen und mancher seinen treuen Gefährten verschwinden ließ, so bestanden doch unter dem Schutze der hessischen Berufsjägerei die stichelhaarigen Hunde diese Sturm- und Drangperiode; erst das Jahr 1866 machte, als nach Annektion von Hessen durch Preußen die meisten hessischen Forstbeamten in die alten Provinzen des Königreichs Preußen versetzt wurden, die Rasse in ihrer alten Heimat verschwinden und nur in den Städten Melsungen und Hersfeld kommen noch einige Exemplare vor. Die versetzten hessischen Forstbeamten fanden an ihren neuen Wohnsitzen kein passendes Material, um ihre Hunde oder Hündinnen zu paaren, und so starben diese Tiere beinahe aus. In Fulda und im Kinzigthal findet man wohl noch Hunde, die die Abstammung vom Stichelhaarigen durch ihre Behaarung verraten, aber sie selbst findet man nicht mehr. Die überhandnehmende Vorliebe für englische Rassen verdrängte auch diesen braven, bei allen Jägern, welche ihn geführt hatten, im besten Andenken stehenden Hund und reingezüchtete Exemplare dieser Rasse waren seltene Erscheinungen, und wurde dem völligen Verschwinden dieser Rasse nur dadurch vorgebeugt, daß in letzter Stunde mehrere Freunde dieser Rasse sich die Reinzucht und Verbreitung derselben zur Aufgabe machten. Das Verdienst, in dieser Angelegenheit die Initiative ergriffen zu haben, gebührt ohne Frage Herrn F. Bontant in Frankfurt a. M., ihm folgte Herr Major von Metzen in Boppard a. Rh., Herr Kowalsky in Limnitz, und in jüngster Zeit die Herren B. Siegmund in Basel, Herr Forstmeister Neukamm in Schaffhausen und Herr Dr. Machwürth in Zürich.

Wenden wir uns nun den geistigen Fähigkeiten der deutschen Vorstehhunde zu. Die charakteristischen Eigenschaften der deutschen Vorstehhunde sind in erster Linie große Intelligenz, die dem Hunde eine außerordentliche Dressurfähigkeit verleiht, scharfe Sinne, die ihn für den Gebrauch in den verschiedenartigsten Terrains sehr verwendbar machen. Gehorsam, Treue und außerordentliche Anhänglichkeit an seinen Herrn, sowie ein hervorragend gutmütiges Wesen. Die Intelligenz des Hundes ist die Grundlage seiner vielseitigen Brauchbarkeit; er versteht leicht, was sein Herr von ihm verlangt, fügt sich gern und willig und hat das Bestreben, nach jeder Richtung hin zu befriedigen. Sein kräftiger, muskulöser und gewandter Körper giebt ihm die Möglichkeit, in schneller, ausdauernder Suche fleißig zu revieren, wobei seine vorzügliche Nase ihn leicht das Wild finden läßt. Sein unbedingter Gehorsam qualifiziert ihn als fermen Vorstehhund und sicheren Apporteur, und leistet er vermöge seiner feinen Nase auch im „Such-Verloren" Vortreffliches.

Die Jagdpassion, Dressurfähigkeit und sprüchwörtlich gewordene Treue und Anhänglichkeit an seinen Herrn machen aus ihm den unersetzlichen Begleiter und Gehilfen des Berufsjägers auf seinen oft gefahrvollen Gängen und des auf Waldjagd angewiesenen Waidmannes. Von Ursprung ein jagender Hund, weckt Dressur in ihm leicht wieder die eingeschlummerten Eigenschaften des Jagens mit lautem Halse, und ebenso leicht wird es ihr, demselben eine gewissenhafte Arbeit auf schweißiger Fährte und Tot-Verbellen beizubringen. Die Anhänglichkeit an seinen Herrn macht den Vorstehhund zu dessen treuestem Beschützer, und Besorgnis um ihn läßt den Hund stets aufmerksam im dunkeln Walde alles das beobachten, was ihm verdächtig und ungewöhnlich vorkommt. Noch weit könnte ich diese ausgezeichneten vielseitigen Eigenschaften des deutschen Vorstehhundes und die aus denselben resultierenden, dem deutschen Jäger unentbehrlichen Eigenschaften, die individuell einen erstaunlichen Grad von Vollkommenheit erreichen, ausspinnen und mit ungezählten Beispielen erhärten, doch halte ich es für unnötig für alle die Jäger, die in deutschen Jagdverhältnissen leben und sich in denselben heimisch und glücklich fühlen, und die, ebenso wie ich, den braven deutschen Vorstehhund schätzen und ehren, noch etwas hinzusetzen. Weder Sucht nach Fremden, noch Wohlbehagen in der Sonne der herrschenden Strömungen wird den klaren Blick für die wünschenswerte Entwickelung unserer jagdlichen Verhältnisse dieser Männer trüben, noch die Anhänglichkeit derselben an deutsches Material leiden lassen.

Allen denjenigen deutschen Jägern, welche verschiedene Jagdhundrassen für die verschiedenen Jagdzwecke nicht halten können und wollen, kann der deutsche Vorstehhund aus voller Überzeugung heutzutage als der einzige Hund empfohlen werden, der den durch Terrain und Wildarten, kurz durch die deutschen jagdlichen Verhältnisse gestellten Anforderungen zu entsprechen fähig ist. Jeder rein gezüchtete deutsche Vorstehhund wird bei richtiger Abrichtung und Führung

im Felde schnell und ausdauernd suchen und sicher und fest vorstehen,

im Walde kurz suchen, mit vollem Halse fährtenlaut jagen, sich auf Schweiß arbeiten und auf Verlangen stöbern,

im Wasser fleißig schwimmen und stöbern,

in jedem Terrain aber ein tüchtiger Apporteur und Würger sein, unbedingten Gehorsam und große Anhänglichkeit an seinen Herrn zeigen, und ihm in Gefahren jeder Art beistehen.

Die englischen Vorstehhunde.

Ebenso wie auf vielen anderen sportlichen Gebieten ist in letzter Zeit auf dem Gebiete der Hundezucht ein Gegensatz hervorgetreten, welcher mit der Heftigkeit und Gründlichkeit erörtert wird, die zu den zierenden Eigenschaften des Deutschen gehören.

Mit derselben Hartnäckigkeit, mit welcher die einen den englischen Hund als den allein vollberechtigten darstellen, suchen ihn andere als für die deutsche Jagd wegen seiner Einseitigkeit durchaus unberechtigt hinzustellen.

Selbstverständlich fehlt es denn auch nicht an Kompromißschließen, welche die Wahrheit in der Mitte gefunden zu haben glauben und in der deutsch-englischen Kreuzung die befriedigende Lösung erblicken. Wer hat nun recht?

Aus der Praxis unserer erfahrensten Jäger heraus, die wir uns für die nachstehenden Zeilen zur ausschließlichen Richtschnur nehmen, glauben wir die Frage kurz dahin beantworten zu sollen:

Die deutsch-englischen Hunde soll man aussterben lassen, oder totschießen, da sie weder im freien Felde die Vorzüglichkeit der Nase und das herrliche, nicht ermüdende Temperament des englischen Vollblutes, noch im Walde die zur Genüge bekannten Eigenschaften des deutschen oder polnischen Hundes besitzen.

Für diejenigen Jäger, für welche der Begriff der Jagd mit der vierzehntägigen Hühnerjagd erschöpft ist oder aber insbesondere für solche, welche sich gestatten können, für ihre gutbesetzten Feldjagden besondere Hunde zu halten, wird ohne Zweifel — der englische Vollbluthund ausschließlich oder doch in erster Linie zu empfehlen sein.

Für diejenigen Jäger aber, welche sich durch die hervorragend einseitigen Vorteile, welche der englische Hund in der kurzen Hühnerzeit bietet, nicht über seine großen vielseitigen Nachteile täuschen lassen, wird der deutsche Hund zu empfehlen sein. Denn das leuchtend helle Gewand des englischen Hundes ist im Holz ebenso schädlich, als es im freien Felde notwendig ist, seine nichtswürdige Vorliebe für Rehfährte, sein geringer Schneid gegen Raubzeug, sein nervöses Frösteln bei Nässe und Kälte, sowie im Holze geringer Appell u. s. w. machen ihn für die Waldjagd und auch für die gemischte Buschjagd unbrauchbar.

Am meisten zu empfehlen wird also für Besitzer ausgedehnter Feldjagden die Benutzung eines weißen, schnell revierenden englischen Vollbluthundes sein, jedoch unter gleichzeitiger Mitführung eines sekundierenden deutschen Hundes, welcher im Busch und Remisen den Dienst des Verlorenapportierens bezw. Heraussstoßens übernimmt.

Die Begründung dieser Ansicht ist außerordentlich leicht durch den Hinweis auf die grundsätzliche Verschiedenheit der deutschen und englischen Jagd. Im strengsten Gegensatze zum Deutschen hat der Engländer beim Hunde stets die Teilung der Arbeit im Auge. Um ein Beispiel anzuführen, hält er es geradezu für einen Jagdfrevel, den Fuchs zu schießen, fangen, graben oder zu vergiften. Nur bei Frost darf derselbe gejagt werden. Der Deutsche hingegen kennt kein größeres Pech, als daß ihm Reineke ungeschoren oder ungeflickt davon kommt. Sein größter Stolz besteht darin, wieder einem von der roten Räuberbande das Licht auszublasen, gleichviel ob dies mit Schrot, Schwanenhals, Graben oder Gift geschieht.

Daher kommt es, daß unser „Männe" in England lediglich als Stubenhund geschätzt wird, während er bei uns als eifrigster Gegner des Fuchses geliebelt wird. Daher kommt es, daß der Engländer an seinem Hühnerhunde keine gleichgültigere, ja geradezu gefährliche Eigenschaft kennen würde, als daß dieser sich um den Fuchs kümmerte, geschweige gar den kranken Fuchs sicher verloren apportierte.

Er läßt daher seine Vollbluthühnerhunde am liebsten gar nicht apportieren und das ist ungeheuer klug von ihm. Er hat eben zum Apportieren Retriever, wie er für jedes Wild seine eigene Hunderasse hat, für die Suchjagd im übersichtlichen Feldrevier den Pointer, zum Stöbern im Holze den Land-Spaniel, zum Wasserstöbern den Water-Spaniel, für das Hochwild im Hochlande den Deer-Hound, für die Anhetze des Fuchses den Terrier, für die Bekassinenjagd aber die Perle und Krone britischer Hundezucht, den Setter. Aber er hat in seinem ganzen „Kennel" keinen einzigen Hund, der auf Schritt und Tritt sein treuer Begleiter, sein Freund in einsamen Stunden, sein Gensdarm gegenüber Holz- und Wilddieben, kurzum sein Gebrauchshund ist, der ihm nach des Waidwerks Last und Mühen mit behäbiger Fürsorglichkeit auch noch die Schlafschuhe und Stiefelknecht von der wohlbekannten Stelle bringt. Aus alledem geht zur Genüge hervor, daß der englische Vollbluthund nur denjenigen deutschen Jägern zu empfehlen ist, welche bei ihren Hunden sich den Luxus der Arbeitsteilung gestatten können.

Asso III.

Auf keinen Fall aber darf dieses für die Zwecke der Feldjagd vorzügliche Material durch die Waldjagd verdorben werden.

Gewiß ist die Hühnerjagd ohne Zweifel die Krone aller Suchjagden und es giebt wahrlich kaum einen höheren Genuß, als an frischem Herbstmorgen mit dem unverdorbenen englischen Vollbluthunde durch die Rübenbreiten oder über die Brachen zu ziehen.

> Der Frühling mit Küssen und Rosen
> Für Weiber; Schweiß lassen Franzosen;
> Kartoffelfelder mit herbstlichem Wind
> Des deutschen Waidmanns Frühling sind.

Was der englische Hund da an Vorstcharbeit leistet, ist in der That das glänzendste Resultat der zielbewußten britischen Züchtung. Seine unübertroffene nie versagende Nase, seine feurigen und dauernden Bewegungen, sein blitzschnell erfolgendes, felsenfestes Vorstehen, sein liebenswürdiges Sekundieren, seine vollständige Hasenreinheit — in der That das sind Eigenschaften, in welchen der ehrliche deutsche Hund nicht mitkommt, vom Halbblute ganz zu geschweigen. Vor allen aber wird für die deutsche Hühnerjagd der Pointer zu empfehlen sein.

Der Pointer — (kurzhaariger englischer Hühnerhund) entstammt dem alten spanischen glatthaarigen Vorstehhunde und dem leichteren Schlage der Fox-Hounds. Zu dem letzteren Blute griffen die Züchter offenbar, um der Kreuzung die größere Schnelligkeit der Bewegung zu geben, welche erforderlich wurde, als mit dem Aufkommen der Feuerwaffe die Jagd auf Flußwild dergestalt wechselte, daß es sich mehr um schnelles Vorstehen, als wie bis dahin um vorsichtiges Treiben der Hühner in die aufgestellten Netze handelte, wie dies der alte Setter bestens besorgt hat. Es kam bei den ersten Kreuzungsprodukten der nunmehr als Pointer konstanten Rasse häufig vor, daß einzelne Hunde Doppelnase hatten. Sydenhem Edwards, welcher im Jahre 1800 eine Beschreibung des Pointer gab, meint, daß solche Doppelnasen schärfere Nase als die übrigen gehabt hätten. Auch heute trifft man unter einem Wurf junger Pointer noch hin und wieder eine derartige Abvariation, die englischen Züchter bestreiten indessen die größere Befähigung dieser mißgebildeten Exemplare. Als Merkwürdigkeit mag übrigens in Sydenham Edwards Schilderungen hervorgehoben werden, daß der Preis für einen aus Spanien importierten, vortrefflich geführten Pointer Nelson vom Bounce aus der Bloß 15 Guineen betrug. Die eigentliche Einführung des Pointer nach England ist dem Kolonel Thornoden zuzuschreiben, welchen die Verehrer des englischen Hundes als ihren Patron betrachten mögen. Sein berühmter „Dash" wurde als drei Viertel Fox-Hound bezeichnet und verdiente in der That, wenn wir den Berichten seiner Zeitgenossen glauben dürfen, das höchste Lob, wegen seines flüchtigen und hohen Suchens, seines scharfen Revierens und blitzschnellen Vorstehens. Diese Eigenschaften haben sich in der Pointer-Rasse so sehr gleichmäßig erhalten, daß von ihr im schroffen Gegensatz zum Setter eigentlich keine Unterarten existieren. Selbst der Irländer, der in allen Dingen etwas besonderes haben muß und natürlich seine eigene Setter besitzt, beansprucht nicht, einen besonderen Pointer zu besitzen. Auf den britischen Ausstellungen unterscheidet man daher Pointer, lediglich nach dem Gewicht, meist in der Weise, daß man sie in zwei Klassen teilt, schwere, zu denen man Hunde über 55 und Hündinnen über 50 englische Pfund rechnet, und leichte, welche dieses Gewicht nicht erreichen. Diese letzteren werden im allgemeinen wegen ihrer größeren Schnelligkeit empfohlen, dürften aber auch die Schattenseite derselben, Nervosität, aufweisen. Es ist indes unter den englischen Züchtern selbst schon oft ernst die Frage aufgeworfen worden, ob fernerhin in der Fortentwickelung des Pointer nicht, anstatt auf Schnelligkeit, in erster Linie auf Nase zu achten sei, jene Eigenschaft, welche vom schweren Spaniel ererbt ist und daher auch wohl bei dem schweren Pointer-Schlage in erster Linie zu suchen ist. Was die Farbe betrifft, so erscheint uns der Streit ziemlich müßig, ob der braun und weiß oder gelb und weiß gefleckten der Vorzug zu geben sei; nur würden wir beiden den Vorzug geben vor einfarbigen oder gar dunkelfarbigen Hunden, weil das leuchtende gefleckte Gewand auf weite Distanz am besten kenntlich ist. (Aus eben diesem Grunde geben wir zum Waldgebrauch dem einfarbigen dunkeln Hunde den Vorzug, welcher dem Wilde und dem Holzdiebe sich nicht so leicht verrät.) Ursprünglich waren die braunen und weißen in England die beliebtesten. In England war Devonshire ursprünglich die rechte Heimat des Pointer und unter den dortigen Züchtern nimmt Herr S. Prife den ersten Rang ein, dessen berühmter „Wagg" zur Unsterblichkeit gelangt ist und dessen Bildnis ebenso in der Hütte des schlichten Pächters, als im Saale des herzoglichen Landsitzes prangt. Soweit hat es Naso II des Prinzen Albrecht zu Solms-Braunfels zwar noch nicht gebracht, aber nach dem einstimmigen Urteile der englischen Preisrichter, welche auf deutschen Ausstellungen die Solms'schen Hunde sahen, dürfen die Nasonen kühnlich mit den besten in England gezüchteten Pointers den Kampf aufnehmen; wie sie denn auch wiederholt auf Preissuchen englische Sieger geschlagen haben. Überhaupt ist das zur Zeit in Deutschland gezüchtete Pointermaterial so vorzüglich, daß es den englischen durchweg als ebenbürtig bezeichnet werden darf. Im allgemeinen empfiehlt sich für die deutschen Züchter aus klimatischen Gründen die Züchtung eines mittelschweren Schlages, und wir werden kaum auf Widerspruch stoßen, wenn wir diesem Erfordernisse folgende als zur Beurteilung eines guten Pointer wichtig hinzufügen; in seiner Gesamterscheinung soll der Pointer mit leichter Eleganz die nötige Kraft verbinden:

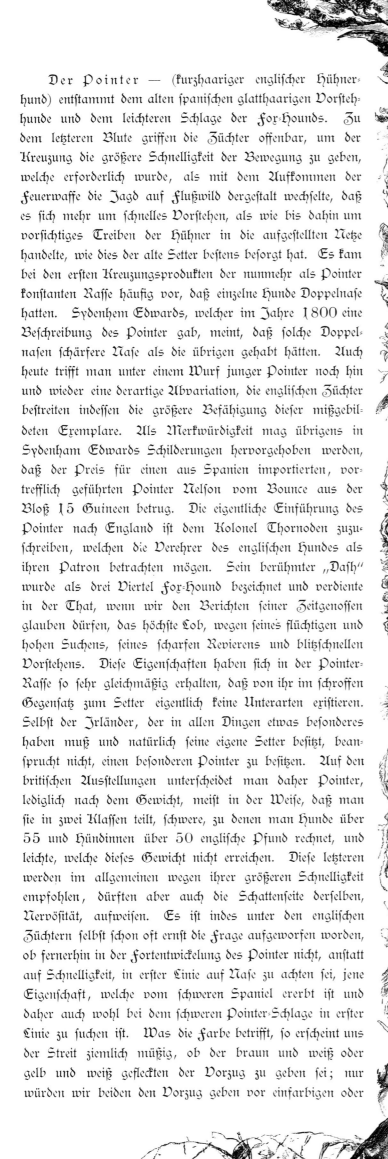

der Kopf soll eine genügend breite Stirn tragen, die Nase soll von der Stirn scharf abgesetzt und kräftig modelliert sein;

die Nase soll breit und nicht hoch sein; die schwarze Farbe der Nase ist bei weiß gefleckten Hunden als ein Fehler zu betrachten;

die Lefzen müssen gut, doch nicht wie beim Bloodhound übermäßig entwickelt sein;

die Augen müssen in der Farbe derjenigen des Gewandes entsprechen; Schweinsaugen sind ein großer Fehler;

der Behang muß zart und dünn sein und sich lang und flach an die Kinnbacken anschmiegen;

der Nacken muß gut aufgesetzt, die Schultern müssen kräftig entwickelt sein;

der Rücken muß dauerhaft, das Hinterteil kräftig sein;

die Brust wird mit Recht tief gefordert, desgleichen ist auf gute Knochen der Vorder- und Hinterläufer zu achten, die Pfoten sind am besten katzenartig rund;

muskulöse Hinterschenkel mit kräftig entwickelten Sprunggelenken und schlanke dünne Rute vervollständigen die Erfordernisse, die an den Bau eines guten Pointer zu stellen sind.

Die langhaarigen englischen Hühnerhunde.

Wenn wir übrigens den Pointer für die Gebrauchszwecke in Hetze nicht empfohlen, so können wir dies ebensowenig mit dem Setter thun. Wenn wir aber vor die Frage gestellt werden, welchen von beiden englischen Vollbluthunden wir den Vorzug für die Hühnerjagd erteilen werden, so möchten wir diese nicht zu Gunsten des einen oder anderen entscheiden. Zweifellos hat der Pointer eine größere Ausdauer wegen seines festeren kräftigeren Hinterteiles, indem sich der zähe unbiegsame Rücken des Fox-

Hound noch heute bekundet, während sich andererseits in dem Gebäude selbst des besten Gordon-Setters unschwer eine gewisse Schwäche des Kreuzes konstatieren läßt, welche gleich der rückseitig abfallenden und verengten Kruppe auf die Erscheinung seines Urvaters, nämlich des seidenhaarigen spanischen Schäferhundes, schließen läßt. Indessen ist es ja die Ausdauer nicht allein, welche für die Brauchbarkeit des Hundes zur Hühnerjagd bestimmend ist, und in Bezug auf Schnelligkeit und Nase dürfte keiner der Setter dem Pointer nachstehen, während sie ihn durch die Schönheit ihres seidenweichen Gewandes alle drei übertreffen, und was die Un-

Robert Dudley, Herzog von Northumberland, zuerst den Setter in der Weise erzogen habe, welche noch heute in England gültig ist. Er lebte um das Jahr 1550. Allerdings hat seine Erziehungsmethode, nach welcher der Setter vor dem Flugwilde „down" machte, um dasselbe möglichst wenig zu beunruhigen und so dem Jäger das Aufstellen der Netze zu erleichtern, später bei der Vervollkommnung der Feuerwaffe insofern eine Abänderung erlitten, als viele Treiner damit einverstanden wurden, daß ihr Hund nach Art des Pointers das Wild stehend markierte, so daß der Name Setter heute eigentlich nur noch bedingungsweise

arten betrifft, als da sind Totengräberei, Schußscheue, Knautschen, Handscheue, Unlust zum Apportieren, allgemeiner Ungehorsam, Abneigung gegen dichtes Gestrüpp 2c. 2c., so wollen wir keinem von beiden Unrecht thun, sie leisten darin beide im Vergleiche zum deutschen Hunde das Größtmöglichste.

Der Ursprung der Setters ist, wie gesagt, auf den spanischen Schäferhund zurückzuführen, von dem ja auch der Pointer eine Abkreuzung ist. Wir haben also die Thatsache vor uns, daß die beiden hochberühmten englischen Hunde, auf welche ganz Großbritannien mit so hohem Stolze blickt, aus Spanien stammen, einem Lande, in welchem der jagdliche Sport niemals, auch nur annähernd, die Höhe wie in England erreichte; indes hat die nationale Eifersucht, welche zwischen den drei Völkern des vereinigten Königreiches von je bestand, sehr schnell dahin geführt, daß jedes derselben sich eines eigenen Setters rühmen konnte, England des weißen „englischen Setters", Schottland des „Gordon Setters", Irland des „irischen Setters". Früher gab es auch noch einen alten welschen Setter, welcher schwarz und weiß war, jedoch bald ausgestorben ist. Man sagt, daß

berechtigt ist. Die früheren Setter waren übrigens bereits berüchtigt durch ihre Nervosität, und es ist erklärlich, daß sich diese Eigenschaft im Laufe der Zeit durch die fortgesetzte Inzucht noch schärfer herausgebildet hat, allerdings behaupten hochgeschätzte Kenner des Setters, daß der heutige Setter einen leichten Zusatz vom Pointerblute aufweise, indessen wird man wohl thun, dieser Behauptung keine allzu durchgängige Bedeutung beizumessen. Andererseits werden bereits die frühesten Setter gerühmt wegen ihrer harten Füße und ihrer besonderen Ausdauer auf den Mooren. In den modernen Field trials hat der Setter häufig über den Pointer gesiegt und noch kein Pointer hat dem berühmten „Ranger III" des Herrn de Landre Macdona den Sieg streitig gemacht. Wir fühlen uns daher gegenüber dieser Thatsache verpflichtet, unsere Leser auf das „Pedegree" dieses berühmten, bekanntlich nach Deutschland importierten Hundes zu verweisen. Übrigens können wir auch wieder die erfreuliche Thatsache verzeichnen, daß die auf dem Festlande gezüchteten Vollblut-Setter dem britischen Material nicht nachstehen. Von den englischen Settern ist der berühmteste der aus der Zucht des Herrn Edward Laverack stammende, auf den auch Ranger III seinen Stammbaum zurückführt. Im allgemeinen war die Farbe des Setters, z. B. auch die des erwähnten Ranger III, weiß mit leichter gelber Einsprenkelung und gelbem Behang. Als eine bemerkenswerte Ausnahme ist die fliegenartig schwarz und weiß gesprenkelte „Novel" des Herrn Shorthose zu bezeichnen. Es erübrigt uns, zum Schlusse die Ansichten mitzuteilen, welche einer der besten lebenden Setter-Kenner, nämlich Herr Wilgam Cort, über die Erfordernisse eines guten Setters hegt. Nach ihm soll der Kopf lang sein und die Augen sollen in Beziehung zur Farbe des Hundes stehen, nicht zu weit auseinander gestellt und nicht zu tief liegend sein; der Behang soll nicht zu hoch angesetzt oder zu weit vom Kopfe abgetragen sein; der vordere Teil des Behanges soll nicht derart abstehen, daß er das Innere der Ohrmuschel zeigt, der Nacken soll lang und gut hinter den Schultern aufgesetzt sein; die Brust soll tief und breit sein, die Rute nicht zu lang, in der Linie des Rückgrats getragen und mit leichter Fahne geziert sein; die Vorderläufer müssen gerade, kräftig und nicht zu lang sein, die Hinterläufer muskulös. Die Füße sollen rund sein, die Zehen nicht zu weit auseinander stehen und gut behaart, das Gewand soll langhaarig, doch nicht lockig sein. Als Farbe wird am höchsten geschätzt weiß mit schwarzen oder gelben Sprenkeln.

Die steinigen und rauhen Felder Irlands machten den dortigen Jägern den hartfüßigen Setter früh beliebt, so daß sich schnell in dem „irischen Setter" eine besondere Abart herausbildete. Wir versagen es uns, auf die wenig begründeten Meinungsverschiedenheiten über den Ursprung dieser Abart näher einzugehen und begnügen uns darauf hinzuweisen, daß das Vorkommen weißer Farbe in dem Gewande des irischen Setter neuerdings vielfach als ein Rassefehler bezeichnet wird. Das ist indes wohl zu weit gegangen, da schwerlich anzunehmen ist, daß die Abstammung des heutigen irischen Setters auf einfarbige Voreltern zurückgeführt werden kann. Man wird indes zugeben dürfen, daß der irische Setter um so besser ist, je reiner das Rot seiner Farbe. Einer der ersten berühmtesten Setter war Carlo, der seinem Besitzer, Herrn Jones von Oscott, manchen Preis gewann. Nach Deutschland kam der irische Setter ziemlich früh, und es wurde hier besonders lebhafter Wert auf sein einfarbiges Rot gelegt, was nach den obigen Aufführungen unseres Erachtens als ein Irrtum zu bezeichnen ist. In seiner Gesamterscheinung weicht der irische Setter vom englischen einigermaßen ab.

> Sein Kopf ist länger und spitzer, die Nase tiefrot, die klugen Augen braun;
> der Behang muß weit hinten angesetzt und tief gestellt sein;
> die Brust tief und schmal;
> der Nacken leicht aufgesetzt;
> die Vorderfüße rund und nicht so lang wie die des englischen Setters;
> die Rute etwas tief angesetzt mit guter Behaarung;
> die Farbe dunkelrot, in der Federung etwas blasser.

Wie bereits erwähnt, ist der nationale Setter Schottlands der Gordon-Setter, so genannt nach seinem Züchter, dem Herzog von Gordon, welcher Anfang dieses Jahrhunderts die betreffende Abart besaß und sorgsam hütete. Man erzählt sich, daß der Herzog zur Auffrischung des Blutes noch einen besonders geeigneten Hund suchte. Es wurde ihm hinterbracht, daß ein benachbarter Hirt eine außerordentlich kluge Schäferhündin besitze, welche Flugwild fest verstehe. Der Herzog kaufte die Hündin, um sie mit einem seiner besten Vorstehhunde zu kreuzen, und dieser Kreuzung entstammt der Fabel nach der so schnell berühmt gewordene Stamm Gordon-Setter. Andererseits wird behauptet, daß das schwarz und roßbraune Kreuzungsprodukt mit irischem Setter-Blute aufgebessert sei.

Wie bekannt, gilt heute schwarz und gelb für die alleinberechtigte Farbe des Gordon-Setters, ursprünglich aber scheint neben dieser auch schwarz und weiß und rot und weiß vorgekommen zu sein. Die Preise, welche für die Gordonschen Hunde bezahlt wurden, ließen für ihre Zeit an Höhe nichts zu wünschen übrig; so brachte der vierjährige „Joung Regent", ein schwarz, weiß und gelber Hund, seinem Besitzer 72 Guineen ein. Herr Laverack, welcher zwei Jahre nach des Herzogs Tode Schloß Gordon besuchte und sich mit dem Wärter der Hunde unterhielt, behauptet denn auch, daß die Farbe dieses so hochbezahlten Hundes, nämlich schwarz-weiß-gelb, an allen Settern im Schloß Gordon anzutreffen sei.

Die Gesamterscheinung des Gordon-Setters ist etwas schwerer, als die des englischen, im übrigen dürfte er sich von jenem im Bau kaum unterscheiden. Als leichtere Unterscheidungsmerkmale führen wir an, daß die Lefzen schwerer sind und denen des Blood-Hound ähneln, daß die Rute kürzer ist und die Farbe, wie gesagt, rabenschwarz mit warmem Mahagonibraun. Im Felde wird der Gordon-Setter wegen seiner geringeren Schnelligkeit weniger geschätzt als der englische, und da er noch nervöser ist, als dieser, so ist er für die deutsche Jagd auch nicht zu empfehlen, dagegen wird ihm seine hohe Schönheit stets Freunde gewinnen.

Vergesse man aber über dieser nicht, was Heinrich Laube bereits vor 30 Jahren sang:

> „In Engel-Land da ist nichts mehr,
> Als nur das Huhn zu Haus,
> Fabriken klappern und dampfen,
> Maschinen hämmern und stampfen,
> Da hält kein Hochwild aus."

So ist's. Die herzerfrischende Birsch gehört bei ihnen längst bereits in das Reich der Fabel, ebenfalls hetzen sie auf spindeldürren Vollblutgäulen im roten Sportfrack und Cylinder einen im Käfig zum Rendezvous transportierten Hirsch, dem sich die klaffende Meute auf die Fehrde wirft und der, sobald er gestellt ist, womöglich in den Käfig des Vermieters zurückgelangt. Mögen sie es halten, wie sie wollen:

*„Laßt das Rot den englischen Reitern,
Deutsche Jägerfarb ist grün
Wie die Farbe stolzer Eichen,
D'ran die wilden Ranken blühen,
Jung und grün, und jung und jagen,
Wär's doch nicht sobald vorbei
Schwärmst doch noch in alten Tagen,
Wie es schön gewesen sei."*

Bedenkt das, ihr Herren, die ihr für den englischen Vollbluthund begeistert seid. Wir wollen euch eure Begeisterung nicht rauben und verkümmern; indessen mit eurem gütigen Verlaub:

*„Die ernste strenge Jägerei,
Die kennen wir allein."*

Die französischen Vorstehhunde.

Fortschreitende Kultur, verbesserte Waffen, Geschicke und Geschichte der Völker haben die Jagd und den Jagdbetrieb, und mit diesen unseren treuesten Jagdgefährten, den Hund, in den verschiedenen Zeiten heftigen Wandlungen unterworfen, und gerade bei dem französischen Vorstehhunde traten diese Einflüsse besonders grell hervor. In erster Linie ist es der rapide Fortschritt in der Vervollkommnung der Jagdwaffen, der hier seinen Einfluß übt. Zur Zeit der Blüte der Falkenjagd hatte der Hund keine andere Aufgabe, als der Aide des Falken zu sein; er mußte das Wild suchen, finden, um es dem Falken und Habicht zum fangen aufzustöbern, und weil er nur dem Vogel (oiseau) zu Diensten war, nannte man ihn chien d'oisel. Die Erfindung des Schrotes und die hierdurch möglich gewordene Verwendung der Lunten- und Radschloßgewehre auf der Jagd gaben der Falkenjagd den Todesstoß, während der Hund nicht nur keine Einbuße erlitt, sondern für die moderne Jagd unentbehrlich wurde. Der Hund durfte nunmehr das Wild nicht mehr aufstöbern, er mußte vorstehen, ja vorliegen, und so dem Jäger den Schuß erleichtern; von da ab führt der Hund denn auch den Namen „chien couchant". Zu dieser Zeit war der Vorstehhund jedoch immer noch eine Ausnahme, erst mit der Einführung der Steinschloßgewehre kam er allgemein zur Verwendung und entsteht zu dieser Zeit allmählich der Name Vorstehhund, chien d'arrêt, welcher Namen sich auf alle für die Feldjagd bestimmten Hunde übertrug, während man die zu den Wald- und Parforcejagden verwandten Hunde chien courrants nannte, Namen, die sich noch bis heute erhalten haben. Wie so manches Gute, so hat die französische Revolution auch die edelsten Stämme der bewährten französischen Rassen vernichtet, mit großer Mühe und eiserner Ausdauer haben einige Züchter die Wiederherstellung der alten Rassen versucht, und kommen wir bei der Beschreibung der einzelnen Rassen noch hierauf zurück. Die Verbastardirungen blieben selbstredend nicht aus. Während die wohlhabende Klasse es sich angelegen sein ließ, die verwüsteten Jagden aufzubessern und die alten Hunderassen wieder herzustellen, löste der kleine Bauer seinen Jagdschein und vernichtete mit einem Hunde so viel Wild, als es eben gelang. So entstanden viele Jäger und viele Hunde, welch' letztere zu dieser Zeit den Familien Braques und Epagneul ausschließlich angehörten.

Ein vollständiger Umschwung in der Hundezucht vollzog sich in der Revolution von 1830, in welcher Zeit der Geschmack an der Jagd weitere Kreise erfaßte und sich bis heute immer weiter ausdehnte. Bis zu dieser Zeit befand sich der französische Hund noch in der Majorität, obgleich schon eine große Zahl sehr entartet waren.

Von hier ab geht es rapide zurück. Die so zahlreich gewordenen Jäger verlangten Hunde, welche, war gleichgültig; es wurden Preise gezahlt, und das Geschäft bemächtigte sich schnell dieses Handelsartikels. Englische Hunde wurden zahlreich eingeführt, zuerst in der Umgebung von Paris, wo die Liebe zum Fremden sich mehr bemerkbar machte wie anderswo; nur in den Provinzen blieben einige Züchter streng vom allem neuen französischen Blute frei. 1840 bis 1850 wurde das Lefaucheurgewehr eingeführt. Während früher der Jäger Zeit zum Laden brauchte, welche der Hund zum Ausruhen benutzte, wurde jetzt im Gehen geladen, man verlangte flottere Suche, und so erfaßte die Krankheit der Anglomanie die Mehrzahl der französischen Jäger und vernichtete die guten alten Rassen. König Karl X hatte übrigens das Beispiel gegeben. Graf Girardin importierte für den König zwei Pointer, Miß und Stop, ausgezeichnete englische Hunde. Nach dem Sturze des Königs gingen diese Hunde in den Besitz des Herrn Baron de Carminat, Inspektor der Waldungen zu Compiegne, über. Stop ging bald darauf ein, Miß wurde von einem braunen langhaarigen deutschen Hunde gedeckt, und die Produkte dieser unglücklichen Kreuzung unter die Förster verteilt.

Zum zweitenmale wurde Miß von einem sehr schönen Broque „Lamor" des Grafen de l'Aigle gedeckt. Sie warf 7 Junge, 4 waren langhaarig, ein Resultat der ersten Kreuzung, 3 kurzhaarig und sehr schöne Hunde. Auch diese Hunde blieben meistens im Besitz der erstgenannten, und als die Waldungen von Compiegne mit denen von Saint-Germain vereinigt wurden, und die Hunde immer mehr Verbreitung gefunden, nannte man sie Hunde von Saint-Germain, Hunde, die wir also nun als englisch-französische Kreuzungsprodukte ansprechen können. Durch fortgesetzt ungeschickte Kreuzung hat diese Rasse immer mehr verloren und kann als Rasse heute nicht mehr betrachtet werden. Auch die in Büchern oft genannten braque picard, braque d'Anjou, braque de la Navarre, braque de Toulouse, braque de Bengale existieren zum größten Teile nicht, oder sind verbastardierte Exemplare, welche den Namen einer Gegend, wo sie in einer gemischten Zahl aufgetreten sind, angenommen haben.

Zu den französischen Vorstehhunden gehören:

1. der Braque français (kurzhaariger Vorstehhund),
2. der Epagneul (langhaariger Vorstehhund),
3. der Griffon (stichelhaariger Vorstehhund).

Die Stammväter dieser Hunde sind dieselben Urformen wie die der deutschen Vorstehhunde, für den kurzhaarigen der „Jagdhund", für den langhaarigen der „Seidenhund", während der Griffon auf dieselbe Weise wie der englische Otterhund und stichelhaarige deutsche Vorstehhund, nämlich durch pflegliche Anzüchtung mit Rücksicht auf die Behaarung besonders ausgewählter kurzhaariger Vorstehhunde entstanden sein dürfte. Klima, Zucht, Gebrauch und die übrigen mehrgenannten Faktoren haben die Urformen der Vorstehhunde in den verschiedenen Ländern zu den heutigen Typen entwickelt, und daß solche Veränderungen, wie die Vorstehhunde zeigen, solchen Einflüssen zugeschrieben werden können, wird wohl nicht bezweifelt werden.

Braque français (kurzhaariger Vorstehhund).

In Frankreich nannte man alle kurzhaarigen Hunde mit hängenden Ohren „Braques". Über die Entstehung dieses Wortes sind die Lesarten verschieden, einige führen das Wort auf das Griechische βραχύς (klein) zurück, andere auf das slavonische bracco, bracchi, Herr de la Rue endlich auf das deutsche Wort Brache, indem er hierfür anführt, daß der Vorstehhund namentlich auf Brachfeldern gebraucht worden sei, der Deutsche den Hund Brachhund genannt habe, welches Wort der Franzose entlehnt, und zu Brach abgekürzt, zu braque französiert habe. — Bei den alten französischen Rassen unterschied man 2 Hauptstämme, die leichten und die schweren Rassen.

Die Heimat des Braque ist Poitou, und geht die Sage, derselbe stamme von den weißen Hunden des Königs. Der Graf de Vaudreuil soll zur Zeit Ludwig XV zwei solcher weißbraunen Braquen seiner Tante, damals Äbtissin zu Argenol, geschenkt haben, und dieses Paar die Stammeltern der heute in der Umgegend von Poitou sehr verbreiteten Rasse der weißbraunen Braque, die übrigens abgesehen von der Lage der Schnauze dem Braque Dupuy sehr ähnlich, sein. Die Behauptung, die Hunde seien von England importiert, dürfte bestimmt unrichtig sein, da zu jener Zeit die französischen Könige den englischen, so Ludwig XIII Jakob I, König von England, Falben, Pferde und — ein Dutzend Vorstehhunde schenkte. — Mehr und allgemeiner verbreitet fand sich die schwere Rasse.

Farbe weiß-kastanienbraun, mit Sprenkeln gleicher Farbe; dickes Haar, der Kopf stark, viereckig knochig, mit hängenden Lefzen, — Wamme, — das Ohr lang und tief angesetzt, Schulter gerade und fleischig, Brust breit und tief, solide Lenden, Rute dick und niedrig angesetzt, Klauen stark und fleischig, Fuß rund und breit, Nägel dick und stark.

Dieser schöne große Hund hatte sehr viel Jagdpassion, jedoch eine ruhige Suche, die ihn sehr ausdauernd machte. Leider wird derselbe von Jahr zu Jahr seltener und auch diese Rasse wohl ein Opfer der unüberlegten Kreuzungen werden, wenn nicht schon geworden sein.

Eine andere Art ist der Braque du Bourbonnais. Dieser Hund ist untersetzter und noch etwas schwerer, ohne Wammen, und hat nicht so guten Behang. Derselbe hat von Geburt eine nur etwa drei Zoll lange Rute. Es ist viel über den Ursprung dieser kurzen Rute gestritten worden; einige machen sich die Sache leicht und behaupten, daß ein konsequentes Koupieren der Rute bei einer Anzahl sich folgender Stämme diese Wirkung ergiebt, andere bestreiten dies, indem sie darauf verweisen, daß die Jungen von Hunden mit koupierter Rute keine minder lange Rute haben ꝛc. ꝛc. Die Rasse du Bourbonnais war wegen vorzüglicher Nase, gutem Appell, guter Suche sehr geschätzt: man führt die Abstammung auf den schweren Braque der alten französischen Rasse zurück.

Wie bereits erwähnt, wurde als die Heimat des reinen französischen Hundes schweren Schlages Poitou angesehen, die Heimat großer Jäger und vorzüglicher Hunde. Aus dieser Contrée stammt auch der Braque Dupuy, über den bisher so widersprechend geurteilt worden ist, daß wir denselben etwas eingehender behandeln wollen.

Es wird behauptet, der Braque Dupuy habe als Eltern eine Hündin Hoch-Poitou und als Vater den französischen Limier. — Sicher ist die lange Schnauze eine charakteristische Eigenschaft dieses Hundes und bleibt nur die Frage, ob dieses Merkmal genügt, um an diese seltsame Kreuzung zu glauben. — Herr de la Rue ist anderer Ansicht und bezweifelt diese Lesart, weil Herr Dupuy Sohn ihm gegenüber niemals diese Kreuzung erwähnt, anderenteils behauptet habe, daß der jetzt vielfach unter dem Namen Braque Dupuy auftretende Hund sehr viel gegen die in jener Familie gezüchteten Hunde verloren habe.

Er sagt dann weiter: „Es sind ungefähr 25 Jahre her, daß der Marquis de la Rochelamberts zu Orleans weiß-kastanienbraune Hunde besaß, die ziemlich groß, sehr gut proportioniert waren, einen feinen Kopf, eine lange Schnauze mit wenig starken Lippen, gut angesetzte aber kurze Behänge und eine sehr feine Rute hatten. Diese Hunde waren in der genannten Familie ungefähr 250 Jahre fortgezüchtet worden; die Hunde waren sehr intelligent, dressierten sich leicht und jagten und apportierten schon mit sechs Monaten, er ist der Ansicht, daß Herr Dupuy diese Hunde aufgefunden, an sich gebracht und rein fortgezüchtet habe.

In Poitou ist der Hund Dupuy sehr verbreitet und geschätzt, und immerhin, wenn auch nicht allgemein so schön und edel wie die Stammexemplare, ein brauchbarer und zur Jagd sehr verwendbarer Hund.

L'Epagneul (langhaariger französischer Vorstehhund).

Der Epagneul ist der Hund, dessen man sich in Frankreich zuerst sowohl bei dem Beizen als auch bei der niederen Jagd bediente, und finden wir im sechzehnten Jahrhundert den Epagneul in allen Falkenequipagen als chien d'oisel par excellence.

Mittlere Statur, zuweilen etwas niedrig auf den Läufen, Farbe weiß-kastanienbraun, das Gesicht kurz behaart mit

T breiten, gut belefztem Fang. Die Behänge sind lang, niedrig angesetzt und gut befranst. Die Behaarung lang, seidenartig gewellt, nicht gerollt. Gerades Kreuz, flache Kruppe, mittelstarke Läufe, der Fuß rund, die Nägel dick, die Rute mit schöner Fahne wird gerade oder hängend, nie gekrümmt getragen. Über die Abstammung des Epagneul bestehen mehrere Kontroversen. Einige leiten den Epagneul von dem spanischen Seidenhunde ab; doch kann man dies doch wohl nur unter Vorbehalt annehmen, wenigstens ist die Frage wohl berechtigt: Gehört der Epagneul mit seinem dichten seidenen Kleide dem Süden oder Norden an? Herr de la Rue giebt an, mehrere Jahre in Spanien gelebt und selten, ja fast gar nicht den Epagneul gefunden zu haben, während im Norden Deutschlands der langhaarige Hund sich recht zahlreich findet, dessen Herkunft mehr nach Polen und Rußland gelegt wird.

Es dürfte daher die Behauptung nicht ohne Berechtigung sein, daß der weiße, langhaarige russische Schäferhund der Stammvater des Epagneul ist, der später durch die Sachsen über England nach Spanien gelangt ist.

Als Vorstehhund genießt der Epagneul nicht den Ruf des Braque, wohl hauptsächlich darum, weil derselbe nicht so ausdauernd ist, eine Folge seiner im ganzen schwächeren Konstitution; derselbe empfiehlt sich jedoch ganz besonders für Sumpf- und Bruchjagd, wie er überhaupt für Wasserjagden dem Braque vorzuziehen ist. Der Epagneul ist sehr treu, von Charakter sanft und furchtsam, und verlangt seine Behandlung eine besondere Aufmerksamkeit. Der französische Epagneul ist viel mit Setterblut gekreuzt worden und sind daher reine Exemplare heute noch selten zu treffen.

Eine besondere Rasse langhaariger Hunde finden wir dann noch in dem Epagneul de Pont-Audemer. Derselbe ist ausführlich von Herrn E. Bellecroix in dem ausgezeichneten Werke Les chiens d'arrêt français et Anglais. Paris, librairie de Firmin-Didot et Cie. 1883 behandelt.

Die Griffons
(rauhhaarige französische Vorstehhunde).

Wie vom Epagneul, so suchen viele die Heimat der Griffons im Süden, in Spanien oder in Italien, während mir die Ansicht glaubwürdiger erscheint, daß der Griffon

Lindor. Braque Dupuy.

mit besonderer Berücksichtigung des Haares von dem kurzhaarigen Hunde stammt.

Die Farbe ist braun, schmutzig grau mit gelb gemischt, der Kopf viereckig und mit langem rauhem Haar bedeckt, der Körper breit und stark, Schulter und Schenkel lang, die Läufe kurz, für gewöhnlich auf kräftigen Klauen hoch gestellt, der Fuß rund, die Nägel stark, die Behänge sind lang und in gleicher Behaarung wie der Körper, die hängend getragene Rute ist nicht befahnt, sondern nur reich bekleidet, ebenso die Läufe, welche keine Behinderung aufweisen.

Die Rasse ist ebenso alt wie die französische Jagd mit Vorstehhunden und schon seit Heinrich IV bekannt.

Der Griffon ist energisch, ausdauernd, widerstandsfähig und wenig empfindlich, mutig und sehr unternehmend; er ist ein Hund de coeur et d'esprit, der eine große Anhänglichkeit an seinen Herrn besitzt. Die Griffons werden nach der Behaarung in stichelhaarige (à pril ras) und langhaarige (à poil long) geteilt. Der Griffon à poil long unterscheidet sich von dem stichelhaarigen nur durch die Struktur der Behaarung, welche halb woll-, halb seidenhaarig ist.

Die eigentliche Bestimmung der Griffons ist die als Wasserhund; seine Verständigkeit hat ihm auch in Deutschland und in Holland Eingang verschafft; speziell in Deutschland, wo der bekannte Züchter Herr Korthals diese Rasse rein züchtet. „Moustache" und „Queridei" errangen auf allen bedeutenden Ausstellungen erste Preise.

Prüfungssuchen und Hundeausstellungen.

Wer den Hundeausstellungen und Prüfungssuchen der letzten Jahre aufmerksam gefolgt ist, wird sich der Beobachtung nicht haben entziehen können, daß dieselben sich die Sympathien der deutschen Jäger nicht erwerben konnten. Das Forcieren fremdländischen Materials, die vielen Berichte über Pointers, Setters, Griffons par excellence, in welchen der deutsche Vorstehhund und der deutsche Jäger nicht selten als Aschenbrödel behandelt werden, sind allerdings keine Thatsachen, die dazu angethan sind, den deutschen Jäger diesen Unternehmungen zu gewinnen, und immer mehr hat sich derselbe von diesem Sport zurückgezogen, und den Züchtern ausländischer Rassen das ihm unsympathische Terrain überlassen.

Der Jäger will jagdliche Leistungen sehen und nach ihnen den Wert des Vorstehhundes wägen. Solchen Leistungen werden aber in der bisherigen Form unserer Prüfungssuchen nicht, wenigstens nicht deutschen Jagdverhältnissen angepaßt, geboten. Daß dieses nicht der Fall ist, vielmehr diesen Suchen englische Jagdverhältnisse zu Grunde liegen, ist eine naturgemäße Folge der Einfuhr der letzten zwanzig Jahre an englischen Hunden, und des Umstandes, daß die größten und einflußreichsten Zwinger Deutschlands sich noch heute fast ausschließlich mit Züchtung englischer Vorstehhunde befassen. So sind denn unsere Prüfungssuchen heute nur noch ein vornehmer Sport, den einige mehr oder weniger wohlsituierte Herren erhalten. Aus deutschen Jägerkreisen sind nun schon lange Zeit Stimmen laut geworden, und werden es immer wieder, Vollblut zu schaffen, damit wir in diesen Exemplaren tüchtiges Zuchtmaterial und auch für die weiten Ebenen Schlesiens und Sachsens den durch die Verhältnisse dieser Provinzen wünschenswerten Hund erhalten. Der Vollbluthund wird dann neben den zur Jagd gebrauchten Hunden vermöge des Trainings, dem er ebenso unterworfen werden muß, dasselbe neben unseren Vorstehhunden werden, was das Rennpferd neben unseren Reit- und Wagenpferden, kurz Gebrauchspferden ist, und während tüchtige deutsche Vorstehhunde sich allmählich im Lande immer mehr verbreiten werden, werden wir ebenso, wie wir heute anerkannt hervorragende Rennställe finden, allgemein anerkannte und geschätzte Zwinger finden. Dann werden die Zuchtsuchen unseren Jägern sagen, woher sie ihre jungen deutschen Vorstehhunde beziehen, wo sie ihre Hündinnen decken lassen sollen. Dies nützt aber alles nichts, wenn die deutschen Jäger sich nicht ermannen und ungekümmert um die „Züchter", von denen ja nicht die geringste Zahl auch andere Hunde wie Jagdhunde züchtet, den Weg vorschreiben, auf welchem sie sich von dem Werte des Materials, das sie zu erwerben wünschen, überzeugen können.

An Stelle unserer heutigen Prüfungen für Vorstehhunde verlange man Prüfungen, die den Eigenschaften der deutschen Vorstehhunde gerecht werden und deutsche Jagdverhältnisse ihren Bedingungen zu Grunde legen. Obgleich nun nichts naturgemäßer ist, als daß jedes Land der Tierzucht seine eigenen Verhältnisse zu Grunde legt, so vermochte doch bei uns dies so berechtigte Verlangen bis heute nicht durchzudringen. Die gut dotierten Suchen für Pointers und Setters blieben bestehen, und fügte man denselben hier und da eine Gebrauchssuche für deutsche Vorstehhunde bei. Man brach also keineswegs mit dem System, sondern behandelte die Frage in der heute so beliebten dilatorischen Weise; und da liegt der Fehler! Das Erste, was der deutsche Jäger thun sollte, ist das, daß er seine eigenen, die deutschen Verhältnisse, den öffentlichen und offiziellen Prüfungen von Vorstehhunden zu Grunde legt, und weiter nicht duldet, daß der erst in der Entwickelung stehende deutsche Vorstehhund gegen den längst fertigen englischen Hund unter Bedingungen kämpfe, die für den letzteren so günstig, für den ersteren so ungünstig als möglich sind. Während die Engländer schon lange Jahre Vollbluthunde besitzen und ihre Field-trials („Feldsuchen" nicht „Prüfungssuchen") den eigenen Verhältnissen und Eigenschaften ihrer Hunde vollständig angepaßt haben, besitzen wir heute noch kein deutsches Vollblut. Was wir aber besitzen, das ist eine große Anzahl recht guter und in mehreren Generationen rein fortgezüchteter deutscher Vorstehhunde, die ihren Züchtern, die fast alle recht tüchtige Jäger sind, Ausgezeichnetes bei der praktischen Jagdausübung leisten; — das sind die Hunde, deren die deutsche Jägerei als Gemeingut bedarf!

Wo finden wir aber Suchen, die den Leistungen dieser Hunde und den Anforderungen, welche deutsche Jagdverhältnisse an dieselben stellen, angepaßt und so dotiert sind, wie die nach englischem Schema zugeschnittenen Suchen? Wo jene Suchen, in denen den deutschen Vorstehhunden Gelegenheit geboten ist, ihre vortrefflichen und vielseitigen, für deutsche Verhältnisse unentbehrlichen Eigenschaften darzuthun? Sagen wir es stets und ohne falsche Scham auf Moderücksichten und die Ansichten einzelner sich als unfehlbar hinstellender Persönlichkeiten, frei heraus, daß wir den deutschen Vorstehhund und keinen anderen für unsere deutsche Jägerei wollen, daß wir vor allem die englischen Vorstehhunde und Griffons für unsere jagdlichen Verhältnisse durchaus nicht gebrauchen können und wollen, und streben wir dahin, daß wir durch fortgesetzte konstante Reinzucht den deutschen Hund zu Vollblut entwickeln.

Die in der Entwickelung stehenden deutschen Stämme

bieten heute ihren Herren schon ganz ausgezeichnete jagdliche Leistungen, ich erinnere an Coraf Trefl, Boncoeur, Chasseur, Bruno u. v. a., aber eine Vollblutleistung bieten und können diese Hunde noch nicht. Unsere heutigen Prüfungssuchen verlangen nun aber partout keine jagdliche Leistung, sie sind wie die Herren heute, wenn man das Wort „Gebrauchssuche" ausspricht, sich auszudrücken belieben, „Zucht-suchen". Ja wohl Zuchtsuchen, aber nach englischem Schema, in denen englische Vollbluthunde gehen; und da soll der deutsche, erst in einigen Generationen konstant fortgezüchtete Vorstehhund, unter Außerachtlassung aller seiner hervorragenden übrigen Eigenschaften, mit dem längst fertigen und für dieses Schema besonders gearbeiteten Material in Konkurrenz treten! Ja man scheue sich nicht, es auszusprechen, unsere heutigen Prüfungssuchen sind weiter nichts als eine Nachahmung der englischen field-trials, bei denen sich englische Vorstehhunde zum Schaden ihrer deutschen Kollegen mit deutschem Geld bezahlte Preise holen, noch abgesehen davon, daß die Siege, die die fremdländischen Hunde unter solch ungleichen Verhältnissen gewinnen, nur zu häufig zum Nachteil des deutschen Materials ausgebeutet werden.

Nach dem Gesagten muß der deutsche Jäger also vor allem bestrebt bleiben, zu erreichen, daß die Bedingungen (Propositionen) unserer offiziellen Prüfungen für Vorstehhunde so gestellt werden, daß die Erfüllung derselben die Leistung ist, welche der deutsche Jäger bei der praktischen Jagdausübung von seinen Vorstehhunden verlangt; auf dieser Grundlage schaffe man Reglements, normiere Preise u. s. w. Es drängt sich hier von selbst die Frage auf: „Wie solche Suchen und welche Suchen zu diesem Zwecke einzurichten sind."

Bei Auswahl des Zuchtmaterials sind folgende Gesichtspunkte festzuhalten:

1. Rassereinheit und Gesundheit des Stammes; 2. dem Typus entsprechende Formen; 3. thatsächlich bewiesene jagdliche Brauchbarkeit.

Die Erfüllungen dieser Anforderungen ist das Resultat:
a) angeborener,
b) anerzogener

Eigenschaften des Hundes, und resultiert hieraus ohne weiteres, daß wir zur Prüfung dieser Eigenschaften zwei Arten von Suchen bedürfen:

Zuchtsuchen und Gebrauchssuchen.

Diesen Suchen kommen noch die Ausstellungen und Schauen bez. die sub 2 angeführten charakteristischen Formen der Typen zu Hilfe. Die Vereinigung kleiner Schauen oder großer Hundeausstellungen mit den Prüfungssuchen, die Verteidigung der auf Ausstellungen gewonnenen Preise in Prüfungssuchen wird wohl hier das Richtige treffen.

Unsere Zuchtsuchen müssen sich darauf beschränken, die Hunde ausfindig zu machen, bei denen die Vorstehhunden notwendigen Eigenschaften in hohem Maße sich „angezüchtet" vorfinden. Dieselben müssen sich daher auf Hunde im ersten und zweiten Felde beschränken.

Die Gebrauchssuchen sollen uns sagen, bei welchen Exemplaren die jagdlichen Eigenschaften durch die Abrichtung und den Gebrauch hervorragend entwickelt worden sind, und sind demnach in ihnen alle nach Ansicht ihres Herrn fertig gearbeiteten Hunde zu prüfen.

Die Klassifizierung der Hunde ergiebt das Alter derselben, und müssen selbstredend die Bedingungen strikte die Altersgrenzen ziehen, und weitere Ungleichheiten durch das von Sr. Durchlaucht dem Prinzen A. zu Solms vorgeschlagene Handikapen ausgeglichen werden.

Weiter kommt es darauf an, das Pensum zu bestimmen, das die Hunde in ihren verschiedenen Altern zu leisten haben. Dasselbe teilt sich in:

a) allgemeine Abrichtung, b) das Abführen des Hundes,
c) die Abrichtung zu außerordentlicher Arbeit.

Von den Hunden im ersten Felde verlange man die Anforderungen der allgemeinen Abrichtung, von denen im zweiten die Ausführung derselben im Terrain, während die routinierte Arbeit im Terrain und die Abrichtung zu außerordentlicher Arbeit das Gebiet der Gebrauchssuchen ausmacht.

Sobald den Prüfungssuchen dieses Fundament gesichert ist, schließe man keine Vorstehhunde, gleich welcher Nationalität, von den Suchen durch die Propositionen aus, schaffe ebensowenig spezielle Suchen für deutsche Vorstehhunde, wie für Pointers, Setters oder Griffons, sondern eröffne den Wettstreit „international"; dann wird die Thatsache bald die Frage entscheiden, welcher Hund der Hund des deutschen Jägers ist. Die günstigste Zeit für die Zuchtsuchen dürfte das Frühjahr sein, auch schon deshalb, weil der Jäger sich bei dieser Suchen den jungen Hund aussuchen kann, den er in der nächsten Saison abführen lassen oder selbst brauchen will. Es liegt auch eine genügende Zeit dazwischen, um Herrn und Hund aneinander zu gewöhnen.

Ein Terrain für die Zuchtsuchen ist unschwer zu erhalten. Die Arbeit auf Paarhühner zeigt Nase, Suche und Vorstehen, sowie das Benehmen vor Wild, kurz die Dressurfähigkeit des Hundes. Für die Arbeit der Hunde im zweiten Felde wird sich lichtes Gehölz, Feldbüschchen, Sumpf oder Heide auch finden lassen.

Verlangen wir bei den Zuchtsuchen abgerichtete, später abgeführte Hunde, so sollen die Gebrauchssuchen uns die routinierten Hunde zeigen. Es sind dies Suchen für jedes Alter, jede Nationalität, Rassereinheit selbstredend vorausgesetzt, doch muß auch hier absolut ein Handikapen stattfinden.

Die Schwierigkeit, solche Suchen zu arrangieren, liegt im Terrain und wird man hier nur, wie auch der Hindernissport, auf künstlichem Wege zum Ziele kommen. Warum soll aber in Deutschland, wo es viele, viele Tausende Jäger giebt, nicht eine Association möglich sein, die sich der praktischen Lösung dieser Aufgabe annähme? Ich werde hierauf noch weiter unten zurückkommen.

Wenn Hegewald vor einigen Jahren schrieb, es fehlen uns

a) die jungen Hunde,
b) die Leute, die sie abzurichten verstehen,

so hatte er sicherlich recht. Gewiß fehlen sie uns, aber warum? Weil das deutsche Material bis heute noch in den Prüfungssuchen, unter denen sich der deutsche Jäger anfangs etwas ganz anderes gedacht, als man ihm später in denselben gezeigt hat, als fünftes Rad am Wagen behandelt wird. Weil es dem bescheidenen deutschen Förster nicht paßt, seinen vielseitigen ausgezeichneten Hund neben einem mit theatralischem Effekt vorgeführten Vollbluthunde Fiasko machen zu sehen, gegen eine Rennleistung, die der jagdlichen Leistung ebenso entfernt steht, wie oft das Auftreten der Führer dieser Hunde dem Auftreten des deutschen Berufsjägers.

Richten wir deutsche Suchen ein, prämiieren wir nicht nur die Hunde, sondern zeichnen wir auch die Jäger, welche den Sieger zu dieser Leistung erzogen und abgerichtet haben, aus, dotieren wir die Suchen mit hohen Preisen, feilschen wir nicht mit dem Werte der Belohnungen und Auszeichnungen; — es wird bald anders aussehen bei unseren Prüfungssuchen und mit dem deutschen Vorstehhunde in unserem schönen Vaterlande, und die gebrachten Opfer werden sich „ideell" und „materiell" reichlichst einbringen. Unsere Väter haben von ihrem Vorstehhunde das stets verlangt, was ich als Arbeit für denselben aufgezeichnet habe. Unglückliche Zeitverhältnisse und überwiegender Einfluß fremdländischer Elemente haben uns von dem Wege abgeführt, auf dem die deutsche Jägerei jedoch bald Halt gemacht hat. Heute befinden wir uns im Stadium des Stillstandes. Kehren wir zu den jagdlichen Auffassungen unserer Väter zurück, passen wir dieselben den Zeit- und Kulturverhältnissen an und führen wir unsern deutschen Hund mit vorwärts auf der Bahn, die uns der stets voranstürmende menschliche Geist kennzeichnet, und wir werden unsere Nachkommen nicht in die Verlegenheit bringen, sich aus dem Auslande ihre treuesten Gefährten zu verschreiben. Doch das Schreiben allein nutzt nichts, es kann nur anregen und die Ansichten klären. Vielmehr wie unsere kynologischen Vereine, deren Thätigkeit strenge genommen doch nur zum geringen Teile der Jagd gilt, sind unsere Jagdschutzvereine mit ihren mächtigen Organisationen und starken Mitteln berufen, diese Frage in ihre Hand zu nehmen. Dies sind Vereine, deren Mitglieder Jäger sind und jagdliche Leistung zu schätzen wissen. Sie mögen ihr Programm um die Gebrauchssuchen erweitern. Folgen wir dem Beispiele unserer österreichischen Brüder in St. Huberto, dem Beispiele des ausgezeichneten N. Ö. Jagdschutzvereins, der bereits seine Gebrauchssuchen in echt jagdlicher Weise abhält. Lassen wir den kynologischen Vereinen, wenn sie es nicht anders wollen, ihre Zuchtsuchen für fremdländisches Material, richten aber die Jagdschutzvereine Gebrauchssuchen ein, auch Zuchtstationen deutscher Vorstehhunde, deren Material unter ihren Mitgliedern zur Verlosung gelangt. Reden wir nicht, schreiben wir nicht, handeln wir, indem unsere berufensten Organe, unsere Jagdschutzvereine, sich des deutschen Vorstehhundes, wie des deutschen Jagdschutzbeamten annehmen, und durch ihre Thätigkeit den bedauerlichen Verhältnissen entgegentreten, in denen die kynologische Bewegung unsere jagdliche gedrängt hat. Wenn diese Vereine unseren Jagdschutzbeamten gutes geeignetes Hundematerial zuführen, werden sie dem Jagd- und Forstschutz mehr nützen, als durch die Prämien, die bisher gezahlt wurden. Es ist nicht möglich, hier schon alles anzugeben, wie im einzelnen zu verfahren ist. Unsere Vereine haben so viele tüchtige Jäger, daß diese gewiß, wenn das nötige Interesse der Sache zugewandt wird, Ausgezeichnetes leisten werden. Kommen wir so nicht zum Ziele, so wird wohl nichts übrig bleiben, als daß sich ein Spezialklub des deutschen Vorstehhundes annimmt, und auf diesem Wege der Versuch gemacht wird, den deutschen Hund vorwärts zu bringen.

Der Dachshund.

Der Dachshund (canis vertagus) ist eine jener selbständigen Arten unseres zahmen Hundes, welche nach Professor Fitzinger zu den „sieben" Haupttypen gehört, auf welche sich die zahlreichen Formen unserer „zahmen" Hunde zurückführen. Sowohl nach den körperlichen Merkmalen als auch nach den geistigen Fähigkeiten läßt sich der Dachshund weder von einer „zahmen" noch von einer der heutzutage noch „wild" vorkommenden Art der Gattung „canis" ableiten. Die Dachshunde müssen deshalb als eine selbständige Art angenommen werden, die ursprünglich zwar in „wildem" oder „halbwildem" Zustande vorkam, im Laufe der Zeit vollständig domestiziert worden ist.

Wie gesagt, weder Exterieur, anatomischer Bau noch Charaktereigenschaften des Dachshundes bekunden auch nur eine nähere Verwandtschaft zu einer der bestehenden Hunderassen. Der niedrige Bau, der verhältnismäßig große, allmählich in eine spitze, lange Schnauze auslaufende Kopf; die große Entfernung zwischen Auge und dem ziemlich weit hinten angesetzten Behange; die breite kräftige Brust; die rüstigen, man könnte sagen derben, eigentümlich geformten, doch nach gleichen Prinzipien angesetzten und gestellten Läufe; die charakteristische Verkürzung des Bugbeines, des Oberarmes und des hinteren Unterschenkels; das eigentümliche Zangengebiß; vor allen Dingen der überaus mutige, zänkische und eigenwillige, dem Menschen aber treu ergebene und anhängliche Charakter, bezeugen, daß wir es mit einer eigenen Rasse zu thun haben.

Die Annahme einzelner Gelehrten, als ob der Dachshund eine durch die Verwendung zur Jagd unter der Erde entstandene und besonders für diese allmählich erzüchtete, zur Konstanz gebrachte Mißbildung einer anderen Hunderasse (etwa des Laufhundes) sei, ist daher zu verwerfen. Ebenso wenig als der Mensch imstande war, durch tausendjährigen und noch längeren Gebrauch die Natur und den Charakter der Laufhunde auch nur im mindesten zu ändern, ebensowenig wäre dies beim Dachshunde möglich gewesen. Derselbe würde, wenn es wirklich nur eine krüppelhafte Mißgestaltung jener Rasse wäre, seine heutigen Formen und Eigenschaften nicht besitzen können. Natur und Charakter dieser beiden Hunderassen ist, wenngleich sie sich in der Jagdpassion nähern, so unendlich verschieden, daß obige Hypothese völlig hinfällig wird.

Der langgestreckte Körper auf kurzen Läufen, der verhältnismäßig lange Kopf mit spitzer Schnauze lassen den Stammvater, oder falls dies bestritten wird, so doch einen nahen Verwandten unserer Dachshunde deutlich erkennen; nur die stehenden „Gehöre" des ägyptischen Dachshundes erlitten eine Wandlung, indem sie, wie dies bei vielen Hundearten geschah, durch die Zucht länger und feiner wurden, umklappten und so zum „Behang" wurden. Eine ganz eigentümliche Erscheinung ist ferner die noch heute von uns angewandte vulgäre Bezeichnung „Teckel", die sich im Altägyptischen als Hundename findet.

Brehm sagt über den Ursprung des Dachshundes: „Man nimmt ziemlich allgemein an, daß die ursprüngliche Heimat des Dachshundes in Spanien gesucht werden müsse. Hiermit stimmt freilich die Thatsache, daß man gegenwärtig in Spanien keine Dachshunde findet, schlecht überein." Aus der ersten Behauptung Brehms läßt sich sehr wohl der Schluß ziehen, daß der Dachshund, wenn er auch nicht aus Spanien stammt, so doch wahrscheinlich durch Spanien zu uns eingeführt worden sei. Vielleicht brachten ihn phönizische Händler, vielleicht Hannibal oder die Mauren mit nach dort. Die von Brehm angeführte Annahme, die sich ziemlich allgemein bei den älteren Autoren findet, dürfte nicht ohne Berechtigung gewesen sein, obgleich der Hund ebensogut über Italien oder Gallien, der Zivilisation folgend (und das halte ich für wahrscheinlicher), zu uns gekommen sein kann. Die germanischen, sehr kundigen Waidmänner, welche in ihren Wäldern mit Raubzeug aller Art zu kämpfen hatten, mögen doch wohl die nützlichen, jagdlichen Eigenschaften dieses braven kleinen Hundes mit zuerst erkannt und gewürdigt haben. Sie nahmen sich mit Vorliebe des Dachshundes an und stempelten ihn bald zu einem deutschen Hunde. Im Lex Bajuvariorum, wie im Schwabenspiegel wird er unter dem Namen „Bibarhunt" erwähnt („De eo cane, quem Bibarhund dicunt qui sub terra venatur, qui occiderit reddat et cum VII solid. componat." Lex Bojoar. cap. XXVII de canibus 114. Ende des fünften Jahrhunderts). In den späteren Schriften des Mittelalters erscheint er als „Canis Bersarius", „Berverarius" und „Bibraeco", dann als „Fuchs- und Dachsschlieferlin", „Erdhürdle", „Lochhündlin", „Schliefer", „Dachsschliefer", „Dachskriecher", „Dachshund" und „Dächsel", und scheint nach seinen Benennungen in jener Zeit hauptsächlich als Dachshund verwendet worden zu sein.

Ludwig Beckmann hält die vorstehend vertretene Ansicht über die Abstammung des Dachshundes für gewagt, und macht in einer Abhandlung über den Dachshund (vgl. Hund Bd. III c. IV) darauf aufmerksam, daß aus der Erwähnung der „jagdlichen Bestimmung" eines Hundes noch keineswegs hervorgeht, daß in jenen früheren Zeiten bereits eine Rasse für die betreffende Jagdart existierte und der „Bibarhunt" des bojischen Gesetzes, welcher unter der Erde jagt, sehr wohl durch die verschiedensten Firköter vertreten gewesen sein könne; wie noch Saubeller und Otterhunde in Ermangelung einer besonderen Rasse bei uns durch alle erdenklichen Hundeformen repräsentiert würden, sobald sie in etwas die erforderlichen Eigenschaften besäßen.

Bei aller Verehrung für unseren Altmeister kann ich ihm hier jedoch nicht beipflichten, ebensowenig in seiner Behauptung, „daß der Ursprung sämtlicher krummläufiger Hunde in rachitischen Exemplaren zu suchen sei". Zum „Saubeller" und „Otterhund" läßt sich mancher Hund gebrauchen und zu der Arbeit beider ganz vorzüglich der „Dachshund".

Zur unterirdischen Erdarbeit läßt sich jedoch heute außer dem Dachshund kein einheimischer anderer Hund verwenden, und deshalb sehen wir uns gezwungen, den Dachshund nolens volens den Otterneuten beizugeben.

Dem canis bersarius (Biberhund) begegnen wir neben dem canis vertagus (krummbeiniger Dachshund), von „verto" und „ago", wenden und treiben (ein Hund, der sich rasch wendet und herumtreibt). Beide Hunde werden in den Glossarien „Beagleterrier" genannt, auch nennen die Glossarien den „Dachshund" wieder „Biberhund". Wenn unsere älteren Jagdschriftsteller Biber-, Otter- und Dachshunde oft in einem Kapitel behandeln, so liegt hierin eher ein Beweis für die Zusammengehörigkeit dieser Hunde, wie für das umgekehrte. Die in solchen Kapiteln als starkknochige, rauhhaarige und dickköpfige, meist von Bullenbeißerkreuzung, mit seitlich abstehenden Ohren und sehr mürrischem Temperament geschilderten Hunde scheinen mir die Biber- und Otterhunde zu sein, welche wohl damals wie heute den Stamm der betreffenden Meute ausmachten, mit dem Dachshund aber nichts gemein haben.

Unser „Dachshund" könnte ja auch manchen anderen Namen mit mehr Recht führen wie den Namen „Dachshund", „Erdhund" wäre gewiß bezeichnender und doch erschöpfend, wenn man ihn nur nach der Arbeit nennen will.

Genauere Nachrichten als die gegebenen dürften bis zum 15. Jahrhundert über den Dachshund nicht bestehen. Erst gegen Ende des 16. Jahrhunderts werden die Nachrichten reichlicher; Beschreibung und Abbildung gehen jedoch manchmal noch sehr auseinander, was wohl teilweise an den bestehenden Varietäten, wie auch in der Zeitrichtung der Maler, „zu idealisieren", gelegen haben mag.

Flick, mehrfach prämiierter Dachshund.

Wie alle Hunderassen, so neigt auch der Dachshund zur Verbastardierung mit seinen Sippeverwandten. — Einzelne dieser Kreuzungen wurden sorgsam in sich fortgezüchtet und entwickelten sich zu konstanten Rassen, wie die „Steinbracke, der „württembergische Wildbodenhund" und „der französische Basset". Sie trugen alle die charakteristischen Zeichen des Dachshundes, mehr oder weniger vermischt mit denen der gekreuzten Rassen, zur Schau. Die übrigen Verbastardierungen mit Pudel, rauhhaarigem Pintscher, Terrier, Spitz, Mops und sonstigen Kötern haben nur dazu geführt, die Zahl der wertlosen Hunde zu vermehren. In früheren Zeiten nahmen es die Jäger weniger genau mit der Farbe der Dachshunde, doch geben schon die älteren Jagdschriftsteller den schwarzen und braunen Hunden mit gelben Abzeichen durchweg den Vorzug vor den weißen und bunten, deren immer nur beiläufig Erwähnung geschieht. Diese älteste schwarzgelbe und braungelbe Färbung hat in neuerer Zeit die übrigen Farben fast ganz verdrängt, nachdem die Delegiertenkommission unserer kynologischen Vereine „weiß" als fehlerhaft erklärt hat. Ob es richtig ist, weiß ganz auszuschließen, gebe ich zu bedenken. Der Engländer verlangt bei seinem Erdhunde, dem „fox-terrier", vorherrschend weiß, und daß der Terrier Fuchs und Otter ausgezeichnet sprengt, weiß jeder. Die blaugrauen, schwarzgefleckten Dachshunde, zuweilen mit gelben Abzeichen, mit Glasaugen, sind ebenso selten heute wie die weiß oder bunt gescheckten. Eine Zeitlang waren letztere sehr häufig, was man dadurch zu erklären sucht, daß zur Zeit der Emigration vielfach französische Bassets in Deutschland eingeführt worden seien, von welchen uns solche Nachkommenschaft geblieben sei.

In Frankreich, wo unter den Merowingern der „Bibarhunt" ebenso gut bekannt war, wie in Deutschland, benutzte man den Dachshund mit Vorliebe zur Jagd über der Erde als langsame Bracke. Die größeren, mit Laufhunden gekreuzten Schläge wurden bevorzugt und als Bassets rein fortgezüchtet. Es kamen jedoch auch unsere Dachshunde, die zur Jagd unter der Erde benutzt wurden, vor. Diese teilte man, auch später noch in Deutschland, in krummbeinige (à jambes torses) und in geradbeinige (à jambes droites). Leverrier de la Conterie behauptet, daß die ersteren in Artois, die letzteren in Flandern heimisch wären.

Durch die zunehmende Einführung und Verwendung englischer Terriers (zuerst terrare im 17. Jahrhundert, Terriere und earth dog; heute ist nur in England der fox-terrier, Erdhund) in Frankreich kam der Basset seit Anfang dieses Jahrhunderts allmählich als Erdhund außer Gebrauch, wurde nur noch zum Jagen über der Erde benutzt, und demzufolge eigentlich nur Laufhund.

Auch in England hat man sich dem bastardierten Hound-Typus zugewendet und eine Sorte Dachshunde geschaffen, die wir nicht als Dachshunde anerkennen können. Es ist höchst sonderbar, daß sich die Herren Engländer nicht genieren, zu behaupten, das von ihnen mit Points nach eigener Erfindung ausgestattete und als korrekt hingestellte Tier sei der deutsche Dachshund. Von dieser Meinung lassen sie sich nicht abbringen.

Auch in Amerika finden wir heute Dachshunde. Seitdem unser Teckel auch in Amerika eingeführt worden, hat er sich rasch Freunde dort erworben, und Mr. Twaddle hat mit zwei Dachshunden aus dem Zwinger Sr. Durchl. des Prinzen Albrecht zu Solms-Braunfels auf der New-Yorker und mehreren anderen Ausstellungen Preise davongetragen.

Gegen Ende des vorigen Jahrhunderts begegnet man dann noch Exemplaren — namentlich unter den kleineren schneidigen Rassen — mit kurzer, gerader, abhängender, starker und ganz breit gedrückter Rute. Diese platten Ruten sind keineswegs als das zufällige Produkt einer unglücklichen Kreuzung zu betrachten, sondern sie sind das vererbte Überbleibsel einer fast verschollenen Rasse, der sogenannten „Otterschwänze", die zu Ende des vorigen Jahrhunderts noch so zahlreich existierte, daß man sämtliche Dachshunde in „rund" und „plattschwänzige" teilte. Ebenso sind die geradläufigen und zottig behaarten Varietäten erloschen, während sich die von Hartig 1814 erwähnten langhaarigen Dachshunde bis heute als konstante Rasse erhielten.

Fitzinger nennt uns nicht weniger als zwölf Arten von Dachshunden. Er unterscheidet „krummbeinige", „geradbeinige", „langhaarige" und „zottige", ferner „Rolldachshunde", „Domingo-", „doppelnasige", „schweineschwänzige", „otterschwänzige", „gefleckte", „bunte" und „gestreifte" Dachshunde. Sämtliche angeführten Unterrassen sind Bastarde. Ich erkenne nur den „krummbeinigen Dachshund" als die allein echte Rasse an.

Nach Zieglers Zeit (1847) verfiel die Dachshundrasse mehr oder weniger wie jede andere Hunderasse in Deutschland, und eine neue Ära tritt für dieselbe erst mit der Feststellung der Rassekennzeichen seitens der Delegiertenkommission zu Hannover ein.

Ich unterlasse es, die Points hier speziell anzuführen, und füge nur noch einige wichtige Punkte zur Beurteilung des Dachshundes an. Die eigentliche Bestimmung des Dachshundes ist, wie schon mehrfach erwähnt, die Jagd unter der Erde, und zwar sind die Hauptfeinde, denen unser Teckel zu Leibe gehen soll, „Dachs" und „Fuchs". Die Leibesbeschaffenheit des Hundes muß daher derart sein, daß er seine Aufgabe auszuführen vermag. Hunde, welche einen Dachsbau nicht durchkriechen können, müssen daher ganz außer Betracht bleiben, da sie die Haupteigenschaft als Erdhund verloren haben. Die Ansicht, daß ein stärkerer Hund, wenn er nur den richtigen Schneid habe, überall hinein komme, ist eine irrige und zeigt von wenig Erfahrung. Die Praxis hat ergeben, daß ein Gewicht von 10 kg im allgemeinen die äußerste Grenze für die Gebrauchsfähigkeit des Dachshundes zur Erdarbeit ist.

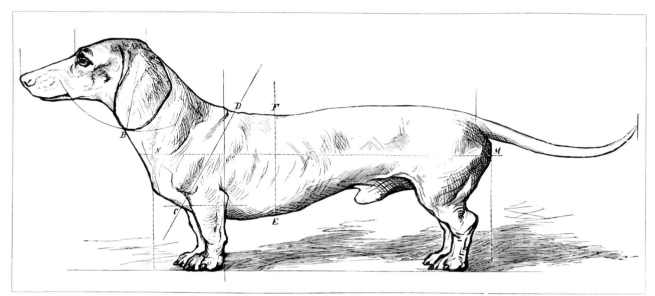

Dachshundmodell.

Der langhaarige Dachshund.

Über den langhaarigen Dachshund, dessen Rassekennzeichen erst 1882 zu Hannover aufgestellt worden sind, lesen wir im IV. Band des deutschen Hundestammbuches S. 33 folgendes:

„Diese Varietät unseres gewöhnlichen Dachshundes verdankt ihre Entstehung wahrscheinlich einer früheren Spaniel-Kreuzung, ist indes allmählich zur konstanten Rasse ausgebildet worden.

„In Bezug auf Form, Farbe und Größe gelten hier dieselben Bestimmungen wie für den gewöhnlichen Dachshund und ist allein die seidenartige Behaarung des langhaarigen Dachshundes als unterscheidendes Rassezeichen zu betrachten. Das weiche, sanft gewellte Haar verlängert sich unter dem Halse, der ganzen Unterseite des Körpers und der Hinterseite der Läufe zu einer hervorragenden Feder und erreicht seine größte Länge an den Behängen und an der Unterseite der Rute, wo es eine vollständige Fahne wie beim Wachtelhunde bildet."

Hauptmann von Bünau-Berlin züchtet seit dem Jahre 1874 diese Rasse, auch Herr Baron von Kramer-Ölber-Braunschweig ist im Besitz eines sehr schönen Stammes langhaariger Dachshunde. Das erste Paar der von Bünauschen Hunde stammt aus Thüringen; 1877 wechselte Herr von Bünau zur Blutauffrischung mit der Zuchthündin und bezog von einem Fabrikbesitzer aus Ruhla eine ältere, sehr scharfe und brauchbare Hündin „Schnipp"; sie war sehr sicher auf Schweiß, im Bau selten scharf, und ersetzte auf Entenjagd durch fleißiges, unermüdliches Stöbern und Apportieren den besten Wasserhund.

von Bünau meint: „Wenn gegen die langhaarige Rasse der Vorwurf erhoben wird, sie sei nicht konstant, so muß ich dieses Urteil auf Unkenntnis zurückführen. Ich habe diese Hunde in seltener Übereinstimmung in Bau, Farbe, Abzeichen ꝛc. an den verschiedenen Orten Thüringens gesehen und selbst während acht Jahren gezüchtet. Die langhaarigen Dachshunde haben sich reiner vererbt als die kurzhaarigen, bei denen so leicht weiße Flecke zum Vorschein kommen, zur Verwunderung der Herren Züchter."

Seit 1882 erkennen die kynologischen Vereine nun auch die Richtigkeit dieser Behauptung an; immerhin ist diese Varietät rassereiner Exemplare heute ziemlich selten.

Der Fox-Terrier (Fuchs-Pintscher).

Zu den Rassen, die sich seit einiger Zeit bei uns einer großen Beliebtheit erfreuen, gehört unstreitig der Fox-Terrier. Forscht man aber mit Beharrlichkeit nach, wo dieser oder jener Fox-Terrier herstammt, so wird sich in den meisten Fällen ergeben, daß entweder er selbst oder seine Mutter von einem Rennpferd-Trainer erhalten worden sei, der ihn aus England hierher gebracht habe. Das ist nun ganz richtig, aber leider verhält es sich hiermit gerade so wie mit Pointers und Setters u. s. w.; die Hunde stammen wohl aus England, doch wurden sie dort nicht mit Verständnis ausgewählt und sind daher keineswegs immer als tadellos zu bezeichnen. Vero Shaw's „The illustrated Book of the Dog" giebt uns eine genaue Beschreibung dieses Hundes, welche hiermit bestens empfohlen sei.

Die Windhunde.

Der Windhund ist eine Urform und gehört zu den Hunderassen, über deren Verwendung zur Jagd die Daten weit zurück reichen, nur hat sich derselbe im Laufe der Jahrhunderte nur wenig verändert. Die Windhundrasse ist die einzige Hunderasse, welche mit dem Auge ohne Zuhilfenahme der Nase jagt, und das Wild durch Schnelligkeit zu überholen und zu fangen sucht.

Die allgemeinen charakteristischen Eigenschaften dieser Hunde sind folgende:

Der Hinterkopf ist erhaben, die Schnauze lang und zugespitzt, der weitgeschlitzte Fang mit einem starken Gebiß bewaffnet; das Auge ist dunkel und feurig; der schlanke Leib und der hohe Rücken werden von muskulösen langen Läufen getragen, die mit harten Ballen und starken Zehen

versehen sind; die Schultern sind schräg und nahe an den Körper angesetzt; die Rute ist lang, dünn und mäßig aufwärts gekrümmt.

Die Windhunde zerfallen nach ihrer Behaarung in: kurzhaarige, langhaarige und stichelhaarige Windhunde.

Die kurzhaarigen Windhunde.

Zu den kurzhaarigen Windhunden zählen wir den Greyhound und den arabischen Windhund.

Wie der Name anzeigt, muß die Gruppe der Greyhounds zu den „hounds" (jagenden Hunden) gehören, aber sie weicht von allen anderen Arten hounds darin ab, daß sie ihr Wild jagt, solange sie es sieht. Aber man muß nicht glauben, daß unser moderner Greyhound ganz ohne die Gaben ist, die Witterung aufzunehmen, denn es giebt zahllose Beispiele vom Gegenteil bei ganz rein gezogenen Hunden dieser Art, und man gebraucht sie bisweilen auch als Spürhunde oder Stöberer. Ein guter Windhund wird vom Jagen mit Hilfe der Nase und umgekehrt so oft übergehen, als es die Beschaffenheit des Bodens erfordert, und von jedem Hasen, den er ungestört jagen darf, Rechenschaft ablegen. Die Hauptschwierigkeit für den Trainer von Windhunden besteht in der That darin, seine Zöglinge davon abzuhalten, ihre Nasen zu gebrauchen, was manche Arten sehr geneigt sind zu thun, zum großen Mißfallen des öffentlichen Hetzers, obgleich die Neigung der Entwickelung der Geruchsorgane so sehr zu Gunsten von Leckerbissen (of currant jelly) spricht, daß der Privathetzer nicht immer dagegen ist. Im ganzen jedoch muß der Windhund als der einzige englische Hund bezeichnet werden, der sein Wild à vue allein jagt.

Der arabische Windhund

unterscheidet sich von dem Greyhound, dessen Merkmale im allgemeinen auch für diesen gelten, nur dadurch, daß er in Figur geringer ist. Die Farbe geht vom fahlen in ein rehbraun über und sind uns Hunde dieser Farbe bekannt geworden. Man nimmt im allgemeinen an, daß der arabische Windhund dem Greyhound an Schnelligkeit nachsteht, aber ihn dafür an Gewandtheit und Ausdauer übertreffe. Sehr schöne Exemplare dieser Rasse finden sich im zoologischen Garten zu Berlin.

Die langhaarigen Windhunde

haben langes weiches Haar, befederte Läufe und schöne Fahne. Zu denselben gehören die persischen und russischen Windhunde.

Der persische Windhund, als der edelste Repräsentant und zugleich als Prototyp der langhaarigen Arten der Windhunde, ist bei uns am meisten bekannt, wenn auch nicht durch die besten Exemplare vertreten; er dient zur Jagd auf Gazellen und kleineres Wild; zur Jagd auf Raubtiere werden in Persien selbst andere Windhunde, die Tazis und Tschitrals, verwendet.

Dem persischen Windhunde zunächst steht der russische Windhund, ein kräftiger und in der Größe des Deerhound stehender Hund, welcher durch seinen edel geformten Kopf und den strammen Bau einer der prächtigsten Hunde ist.

gezüchtete und sehr geschickte Rasse. Diese Hunde sind meist mittelgroß, sehr muskulös und korrekt gebaut, schnell und ausdauernd. — Sie sind gegen die Witterung viel weniger empfindlich als die kurzhaarigen Windhunde und eignen sich deshalb in Gegenden mit rauherem Klima besser als diese.

Der Deerhound.

Der Deerhound gleicht im allgemeinen dem rauhhaarigen schottischen Windhund, nur ist die Schnauze stets noch stärker mit stichlichen Haaren versehen. Der Unter-

An Größe, Kraft und Stärke des Gebisses dem erstgenannten weit überlegen, stammt er doch unzweifelhaft von ihm ab und wurde er durch passende Kreuzungen zu dem mächtigen, womöglich im Baue den echten Typus der Art repräsentierenden Hunde, der herzhaft und mit Erfolg den Wolf jagt, gleichwie der Deerhound den Hirsch.

Die stichelhaarigen Windhunde.

Zu den stichelhaarigen Windhunden gehört der polnische (rauhaarige) Windhund und der schottische Hirschhund (Deerhound).

Der polnische Windhund hat das Haar des sturrhaarigen Griffon und wird noch heute eine in der Provinz Posen sowie im Königreich Polen und in Rußland

schied liegt eigentlich nur in der bei weitem stärkeren Figur, die bei Hündinnen über 66 cm und bei Hunden oft über 79 cm hoch wird. Außerdem ist die Art des Jagens oder Hetzens verschieden, indem der Deerhound sich nicht allein auf seine Schnelle und sein Auge, sondern auch auf die sehr feine Nase verläßt. Obgleich es viel wollige oder auch mehr seidige Exemplare giebt, so ist doch die richtige Form der Behaarung ein recht stichliches Haar von stahlgrauer, häufig etwas gestromter Färbung.

Der schottische Windhund ist jedenfalls der Urstamm des Deerhounds; um diese zu erhalten, hat man die stärksten Windhunde mit anderen Rassen gepaart, z. B. mit dem Fox- und Bloodhound, auch dem Bulldog und selbst anderen großen Rassen. Daraus entstand die schon oben erwähnte Verschiedenheit der Behaarung, jedoch mit steter Beibehaltung der Windhundform. In heutiger Zeit verschwindet durch sorgfältige Züchtung der Unterschied im Haar mehr und mehr und bleibt nur die rauhhaarige Form als die beliebteste bestehen.

Drualuna wurde in Frankfurt a. M. im Jahre 1878 mit dem I. und in Hannover 1879 mit dem II. Preise prämiiert, in Kleve rangierte dieselbe in der Siegerklasse. Drualuna ist sehr edel gezogen. Vater ist Swavan, die Mutter Linda.

Die rein jagdliche Verwendung der Windhunde in europäischen Ländern ist ziemlich beschränkt. In England ist es der Deerhound, wie bekannt ein rauhhaariger Hund, der zur Jagd auf den Rothirsch verwendet wird; der kurzhaarige, Greyhund genannt, wird zu Coursing-Zwecken gezüchtet und trainiert, indes er in Deutschland und Ungarn, wenn auch nicht vielen Orts, zur eigentlichen Hasenhetze dient. Fügen wir dem eben Angeführten die vorhin erwähnten Wolfsjagden in Rußland hinzu, so ist damit die jagdliche Verwendung des Windhundes abgeschlossen.

In Deutschland bestehen zur Zeit verschiedene Hetzklubs, so der Norddeutsche, Magdeburgische, der Pommersche, Posensche und Schlesische Klub. Neben diesen Vereinen, welche die öffentliche Hetze pflegen, hetzen in Norddeutschland auch viele Grundbesitzer. In Süddeutschland dagegen ist der Windhund als Jagdhund fast gar nicht bekannt.

Mit den übrigen Hunderassen steht der Windhund nur durch gemeinschaftliches Zeugungsvermögen in Verwandtschaft, nähere Verwandtschaft zeigt er mit der Kaberu (canis simensis) einer Schakalart, dem einzigen hundeartigen Raubtier.

Der Windhund ist einer der ältesten, wenn nicht der älteste Begleiter des Jägers, der aus der Schnelligkeit des gezähmten Raubtieres den ersten Nutzen zu ziehen wußte.

Daß die Ägypter, Griechen und Römer diesen Hund schon in den frühesten Zeiten zum Fang der wilden Tiere benutzten, bezeugen die ältesten Denkmäler und Schriften dieser Nationen, und ebenso war er den Chinesen seit undenklichen Zeiten bekannt.

Ossians Lieder feiern die Tugenden der Windhunde, ebenso das Lied der Nibelungen und auch die Franzosen, vorzüglich aber die Niederländer, machten schon vor Bekanntwerden des Schießpulvers Gebrauch von ihm. Erst späterhin mag er in das innere Deutschland verpflanzt worden sein, jedoch begünstigte unser waldreiches Vaterland in den früheren Perioden die Windhundhetze nicht.

Zur Zeit sind die zahlreichsten Windhunde auf deutschem Grund und Boden in den Länderteilen Posen, Westpreußen, Preußisch Litauen und Oberschlesien zu finden.

Hier sind die Polen die eigentlichen Bannerträger der so interessanten Windhundjagden und züchten vorzügliche Hunde; auch Pommern, beide Mecklenburg, Schleswig-Holstein besitzen sporadisch gute Windhunde, und finden wir die berühmten Windhunde der Herren von Nathusius im Hetzkalender des Norddeutschen Hetzklubs, dessen Mitglieder, Statuten sowie die Thakerschen Hetzgesetze wir hier noch folgen lassen, verzeichnet. Mit guten verläßlichen Windhunden kann man dem Fuchs, namentlich bei Schnee, bedeutenden Abbruch thun.

Der Windhund ist in seiner Sphäre ebenso einseitig, als Schweißhund, Pointer und Setter.

Jagende Hunde.

Die deutschen Bracken.

Es dürfte ein vergebenes Mühen sein, für die einzelnen Stämme deutscher Bracken genaue Rassenkennzeichen anführen zu wollen, da diese interessante Jagdhundklasse noch wenig oder doch nicht eingehend auf Rassenverschiedenheit untersucht worden ist, und dieselben selbst unseren in letzter Zeit doch sehr fortgeschrittenen Kynologen noch manches unklar gelassen haben.

Ludwig Beckmann unterscheidet unter den im nördlichen Deutschland auftretenden Bracken folgende mehr oder weniger konstante Formen:

1) Holsteinische Stöber; 2) Heidbracken; 3) Holzbracken; 4) Steinbracken

und sagt hierüber Folgendes:

Die alten Holsteinischen Stöber,

welche mit jedem Jahre seltener werden, sind von mittlerer Größe und darüber, stark, jedoch nicht plump gebaut, der Rücken gerade, mitunter etwas eingesenkt, Rute stark, an der Unterseite fast buschig behaart und im Gange säbelförmig aufwärts getragen. — Behang gut, breit und glatt anliegend. Gesichtsausdruck meist trübe, oft mit faltiger Stirn, Haar dicht, grob und voll. Farbe wolfsgrau oder schwarz und braungrau meliert, mit gelbbraunen Abzeichen und Augenflecken, auch wohl hell aschgrau mit großen dunkeln Platten und gelben Abzeichen. — Diese Hunde entsprechen genau der Beschreibung, welche schon Jester (1797) von den alten ostpreußischen Bracken entwarf, und wahrscheinlich ist diese Form eine der ältesten unserer heimatlichen Bracken.

Die Heidbracken der Lüneburger Heide

sind von mittlerer Höhe, leicht und hochläufig gebaut, mit langer, schlank auslaufender Rute, welche an der Unterseite oft etwas länger behaart ist — mit dichtem, derbem Haar, Farbe meist einfarbig rostgelb — doch kommen auch weiß- und gelbgefleckte vor.

Die Westfälische oder Sauerländer Holzbracke ist bedeutend kleiner, leichter und auch eleganter als die vorige, der sie übrigens im Habitus, Rute und Färbung völlig gleicht. Die Holzbracke hat ein kürzeres, feineres Haar, die weißen Abzeichen sind bedeutender und treten bei den meisten Exemplaren als breiter Halsring, Bläße und weißer Schnauze auf. — Möglicherweise ist diese Rasse nur eine kleinere lokale Varietät der Heidbracke.

Die Steinbracke

des Sauerländer und Siegener Kreises, die kleinste und niedlichste von allen, meist dunkelfarbig mit gelbbraunen Augenflecken und Extremitäten, wie beim Dachshund.

Der Otterhund.

Eine anerkannte und konstant gezüchtete Rasse deutscher Otterhunde giebt es heute in Deutschland noch nicht und nicht mehr. Auf der letzten Generalversammlung des Vereines zur Züchtung und Veredlung reiner Hunderassen in Süddeutschland regte Herr O. Grashey=München eine Fixierung der Points für Otterhunde an, und stellte die Realisierung dieses Gedankens seitens der deutschen Vereine in Aussicht. Wie die Otterhundfrage anfangs dieses Jahrhunderts stand, sagen uns Döbel und a. d. Winckell, und führe ich das von ersterem uns Aufbewahrte an:

„Zu den Otterhunden taugen die Hunde am besten, die von einem kleinen Bären= oder Bullenbeißer und von sonstigen kleinen Blendlingen gezogen werden. Doch hat man auch eine reine Rasse von Otterhunden, etwa so groß als ein Hühnerhund, dabei aber gesetzter und von stärkerem Gebisse. Ferner nimmt man Wasserhunde zum Otterhetzen, endlich auch wohl Dachshunde, besonders solche, die für die Erdarbeit zu stark sind."

Die österreichische Bracke.

1. Allgemeine Erscheinung: Mittelgröße, von kräftigem und doch elastischem, langgestrecktem Bau, Kopf hoch und Rute im ruhigen Gange abwärts, bei der Suche aufwärts gerichtet getragen, Physiognomie intelligent, ernst.
2. Kopf: Mittelgroß. Oberkopf breit, gegen das Schnauzenteil schmal werdend, Hinterhauptbein schwach ausgebildet, Nasenrücken gerade, der Absatz vor der Stirn flach ansteigend, Lippen gut entwickelt, Augenbrauen meist stark ausgebildet.
3. Behang: Mittellang, nicht zu breit, unten abgerundet, hoch angesetzt, womöglich glatt herabhängend.
4. Augen: Klar, kein Rot im Augenwinkel zeigend. Meistens braun mit klugem Ausdruck.
5. Hals: Mittellang, sehr kräftig, gegen die Brust sich erweiternd. Halshaut keine Kehlwamme bildend.
6. Rücken: Lang, hinter den Schultern leicht eingesenkt. Krupe schwach schräg abfallend.
7. Brust und Bauch: Brust breit, Rippenkorb ziemlich tief und lang. Bauch etwas eingezogen.
8. Rute: Lang, an der Wurzel stark, allmählich sich verjüngend, ohne in eine zu dünne Spitze zu verlaufen, etwas gebogen, unten grob behaart, eine nicht zu breite Bürste bildend.
9. Vorderläufe: Stark entwickelt, Schultern schräg gestellt, sehr beweglich; Schultermuskel stark, Lauf gerade, kräftig. Fußwurzel breit und gerade gestellt.
10. Hinterläufe: Keulen mäßig stark entwickelt, Unterschenkel mittellang, schräg gestellt. Fußwurzel fast gerade gestellt, stark.
11. Fuß: Derb, rund, mit gewölbten geschlossenen Zehen; Nägel stark, krumm; Ballen groß und stark.
12. Haar: Dicht und voll, glatt und elastisch, mit Seidenglanz.
13. Farbe: Schwarz mit rostbraunen oder gelben Abzeichen. Weiß ist nur als Bruststreif und als Zehenspitze zu gestatten.
14. Gebiß: Ober= und Unterkiefer genau aufeinander passend, so daß die Zähne des Unterkiefers die oberen weder überragen, noch hinter denselben stehen. Starke derbe Eckzähne.

Die englischen Laufhunde.

Zu den englischen Laufhunden, d. h. den Hunden, welche noch heute in England bei der Jagd als solche Verwendung finden, dürften wohl nur noch der Fox-hound, Harner und Beagle gerechnet werden, da der Staghound wohl zu den Foxhounds gerechnet und der Foxterrier als Erdhund behandelt werden muß, auch der Bloodhound heute zu Jagdhunden, weil zu langsam, eine Verwendung nicht mehr findet.

Schweizer Bracken.

Die Schweizer Laufhunde stammen ursprünglich von verschiedenen französischen Laufhunden ab, welche gegen das Ende des 18. Jahrhunderts, hauptsächlich von Schweizer Offizieren, die bis zur Revolution in französischen Diensten standen, wohl mit nach Hause gebracht worden sind, um mit ihnen die in Frankreich lieb gewonnenen Parforcejagden auch in der Heimat ausüben zu können. Die Stammeltern der heutigen Rassen sind demnach durchweg französische Laufhunde de grand oder petit equipage aus verschiedenen Landesteilen und von verschiedenen Stämmen. Man nannte diese Hunde Fährten= oder Meuten=Hunde, und zählte eine Meute 16—24 Hunde dieser Art. Später mögen diese Hunde teilweise gekreuzt worden sein, teilweise wurden sie aber auch in verschiedenen Meuten ziemlich rein fortgezüchtet und haben sich nur durch klimatisch-tellurische Einflüsse in Form und Leistung verändert. Besonders dadurch, daß diese Hunde nicht nur in größeren Meuten, sondern vielfach auch einzeln und in schwierigem Terrain zur Jagd verwendet wurden, bildeten sich darunter die ausgezeichnetsten Finder und Solojäger aus. Doch auch in der Form veränderten sich dieselben ganz bedeutend im Laufe der Jahrzehnte, was besonders in wild gebirgigen Gegenden auffällt, wo die Hunde weit niedriger, breiter und kräftiger gebaut erscheinen, als in ebeneren Gegenden mit weniger Terrainschwierigkeiten. Seit Einführung der Stammeltern dieser

Laufhunde ist nun bald ein Jahrhundert verflossen, in welcher Zeit bei der früheren Abgeschlossenheit der schweizer Hochthäler und dem Hundeneide der Gebirgsjäger notwendigerweise sich einzeln nicht zu verwechselnde Laufhundschläge ausbilden mußten. Der kynologische Verein zu Aarburg hat die nachstehend aufgeführten Rassekennzeichen der bestehenden Rassen festgestellt:

a) Gewöhnliche Schweizer Laufhunde;
b) Thurgauer Laufhunde;
c) Luzerner Laufhunde;
d) Dreifarbige Berner Laufhunde;
e) Hurleur-Bracken, Meutehunde, Große, Aargauer Laufhunde.

Die Geschichte der französischen Laufhunde ist ausführlich von dem Grafen Chabot behandelt, und verweise ich hier auf dessen vorzügliches Werk, das im Verlage von Firmin-Didot zu Paris erschienen ist.

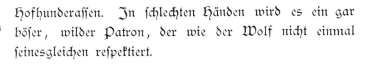

Die Hatzhunde.

Die Hatzhunde, schreibt Herr von Hirschfeld in seiner Abhandlung über Jagdhunde, gehören zu den Reliquien der vaterländischen Jägerei. — Sie waren in den frühesten Zeiten die wichtigsten Gehilfen des Menschen, die demselben die Oberherrschaft im Reiche der Natur verschafften. Mit der Konsolidierung der Herrschaft und der Vernichtung der Feinde wurde der treue Helfer entbehrlich. Die zunehmende Kultur, welche die ganze Jägerei umgestaltete, bannte ihn in den Hof, wo einzelne Rassen durch Bastardierung ganz verschwanden, andere zu Wächtern degradiert wurden. Eine in seiner Reinheit ganz untergegangene Rasse sind die

Schweren Hatzhunde.

Die deutschen Bullen- oder Bärenbeißer waren kolossale Tiere von 3 Fuß 3 Zoll bis 3 Fuß 4 Zoll Höhe und ca. $5\frac{1}{2}$ Fuß Länge, von riesiger Stärke, welche sie befähigte, den Kampf mit Bär und Wolf aufzunehmen und Ur und Wisent zu stellen.

Die schweren Hatzhunde wurden in verschiedenen Stämmen rein fortgezüchtet. Ein naher Verwandter derselben ist der englische Mastiv, der früher ebenfalls den schweren Hatzhunden zugezählt, heute kaum noch unter die Jagdhunde gerechnet werden kann. Dasselbe gilt von der Bulldogge, die indes sich vermöge ihrer Schärfe vortrefflich zur Sauhatz eignet.

Der Saurüde (C. suillius)

gehört unstreitig einer eigenen Rasse, vielleicht einer der ältesten an. Er ist der Stammvater vieler Schäfer- und

Hofhunderassen. In schlechten Händen wird es ein gar böser, wilder Patron, der wie der Wolf nicht einmal seinesgleichen respektiert.

Leichte Hatzhunde
(Blendlinge, deutsche Doggen).

Um die schweren Hunde schneller und gewandter zu machen, wurden dieselben mit Windhunden gekreuzt und durch weitere Zuführung von Windhund- oder Bärenbeißerblut mehr oder weniger schwere oder leichte Hunde geschaffen. Die leichten Hatzhunde waren also Blendlinge, zu denen auch die dänische Dogge zu rechnen ist. Es galt die Hunde leicht und gewandt zu machen, ohne ihnen von dem Mute und der Kraft des schweren Hatzhundes zu viel zu benehmen. Eine glücklich ausgefallene Kreuzung, die sich als brauchbar bewährte, wurde als Stamm in sich fortgezüchtet. In Dänemark schien man eine richtige Mischung getroffen zu haben und wurden gewisse von dort bezogene Arten der leichten Hatzhunde lange Zeit dänische Hunde (C. daniculis) genannt. Der dänische Hund entstammte der Kreuzung einer schweren Hündin mit einem Windhunde und wurden diese Hunde viel zahlreicher in Deutschland gezüchtet, als in Dänemark, wo sie heute gänzlich unbekannt sind.

Dieser Stamm, welcher eine richtige Mitte zwischen schweren und leichten Hatzhunden hält, hat sich zur konstanten Rasse entwickelt, die heute unter dem Namen „deutsche Dogge" (fälschlich „Ulmer Dogge") allgemein bekannt ist.

Der Saufinder oder Dachsfinder
(Saubeller, Dachsbeller)

gehört keiner bestimmten Rasse an, und eignet sich jeder Hund, welcher das Schwein mit Passion jagt, zum Finder; gleichwohl wählt, respektive züchtet man für diesen Zweck am liebsten Hunde unter Mittelgröße mit rauherem, nicht kurzem Haar, weil vor kleinen Hunden das Schwein zwar sich bald stellt, aber nicht halten läßt und von diesem schwer eingeholt wird, vor großen aber sich fürchtet, und nicht gern stellt: glatthaarige Hunde werden außerdem leichter geschlagen, als rauhhaarige; der Finder muß dem Schlage des Schweines gewandt ausweichen und darf sich niemals zum Anfassen verleiten lassen.

Das Amt des Hundes ist, das Wildschwein zu finden und durch unabläßiges Beunruhigen zu beschäftigen, resp. an der Flucht zu verhindern, wenn es aber doch flüchtig wird, so lange zu verfolgen, bis es sich stellt.

Apportierhunde (Retriever).

Während wir in dem Kapitel „Vorstehhunde" mit deutschen, englischen und französischen Hunden zu rechnen hatten, handelt es sich bei den Apportier- und Stöberhunden ausschließlich um englisches Material. — Der Engländer läßt seine Vorstehhunde nicht apportieren noch stöbern; die Teilung der Arbeit bei den Hunden ist sein Prinzip, und hat dies natürlicherweise seine großen Vorzüge; denn es liegt auf der Hand, daß, wenn man einen Hund nur auf Flugwild oder nur auf Suchjagd führt, derselbe hierin schnellere und größere Vollkommenheit, gleiche Eigenschaften und Anlagen vorausgesetzt, erlangen wird, als wenn er nebenbei apportieren oder gar stöbern soll. Diesem Prinzip getreu haben denn auch die Engländer Pointer und Setter zur Suchjagd im Feld und übersichtlichen Revier, den Setter noch speziell als „König" der Bekassinenjagd. Sie haben den Land-Spaniel zum Stöbern im Holz, den Water-Spaniel zum Stöbern im Wasser, den Deerhound im Hochland für Hochwild, die verschiedenen Rassen Hounds, um das Wild zu fangen durch Jagen oder Hetzen, die Terriers, um den Fuchs aus dem Bau, für Zwecke der Parforcejagd, schnell zum Springen zu bringen, den Retriever als Apporteur.

Vero Shaw berichtet in seinem Werke im 50. Kapitel über den Retriever folgendes:

„Schon der Ausdruck Retriever (Apporteur) kennzeichnet die Dienstleistungen, welche man von diesem Hunde verlangt. Es beschränken sich solche aber nicht auf ihn allein, sondern gar viele Rassen vermögen sie auszuführen und thaten es auch bis noch vor wenigen Jahren, seit welchen erst der Retriever als Rassehund geschaffen wurde. Früher waren die Jäger gezwungen, andere Jagdhunde apportieren zu lassen, und die Mehrzahl der Pointers, Setters und Spaniels wurde dazu dressiert. Da nun aber eine solche Praxis viel Mühe verursacht, indem so mancher Hund, der apportieren lernte, nach dem Schuß nicht ruhig bleibt, ein fermer Apporteur aber eine Notwendigkeit und ganz besonders auf Treibjagden ist, züchtete man den eigentlichen Retriever.

Natürlich giebt es wegen dieser kurzen Existenz der Rasse noch eine Menge sogenannter Retrievers, die man nur als unwürdige Exemplare, um es mild auszudrücken, ansprechen kann. Sie sind die Produkte vielfacher Kreuzungs-Experimente, die in dem Gehirn gewisser Köpfe, aber zum eigenen Schaden ersonnen wurden. Fast alle schwarzen Hunde, die man in Massen über das ganze Land verbreitet findet, werden Retrievers genannt und wohl auch von ihren Eigentümern dafür gehalten. Das ist am Ende natürlich, denn jedes Individuum kann das Apportieren bei nur wenig Dressur erlernen. Ich habe Bullterriers besessen, die es brillant ausgeführt hätten, wenn sie nicht Drücker gewesen wären. Das subtile Fassen des Wildes ist aber eine große Hauptsache und liegt diese Tugend weniger in der mühsamen Dressur, als im Hund selbst. Sehr viele gute Apporteure sind für ihren Herrn gar nichts wert, weil sie ihm nur gedrücktes, unansehnliches Wild bringen. Dies wurde, als man den Verlust eines Wildes mehr als heut beachtete, ein neuer Grund, warum man die früheren apportierenden Vorstehhunde durch sanft fassende, besondere Apporteure ersetzen wollte. Wahrscheinlich versuchte man es dazumal zuerst mit dem Spaniel, der sich auch für längere Zeit als Apporteur erhalten hatte. Ab und zu wurde wohl eine zweckentsprechendere Züchtung versucht, aber erst in diesem Jahrhundert ging man mit Eifer daran.

Bis zur Einführung der Ausstellungen folgten viele Züchter ihrer eigenen Eingebung; sie benutzten Schäferhund-, Bulldog- und selbst Fuchshundblut. Nach und nach erst erkannte man endlich, daß ein gut aussehender Retriever seine Arbeit ebensogut verrichten könne und dabei mehr Geld bringen würde, als Köter. Deshalb sehen wir jetzt eine ganz andere Klasse ausgeglichener Retrievers, als das noch 1860 der Fall in Birmingham war; wo wir früher auf der Jagd gemeinen Bastarden und Knautschern begegneten, treffen wir jetzt zartfassende Apporteure von außerordentlichem Wert.

Sie verlangen indes eine unendlich vorsichtige Dressur und Führung, denn ihr Benehmen kann alles Vergnügen und jeden Erfolg der Jagd beeinträchtigen. Ihre Gelehrigkeit und Verstand muß im höchsten Grade vorhanden sein, da ihre Arbeit leider häufig derart ist, daß eine unzeitige Nachhilfe des Führers mehr schaden als nützen würde. Freilich tritt das oft ein.

Wir haben heute zwei Stämme Retrievers, die woll- und die kraushaarigen. Letztere sind entweder schwarz oder chokoladenbraun (liver, Leber), erstere manchmal heckgraubraun (sandy) oder schwarz und rot, doch gilt bei vielen Kennern die schwarze Färbung als die einzig richtige. Obgleich die Figur bei beiden Stämmen ziemlich dieselbe ist, beschreibt Vero Shaw dieselben doch getrennt, und verweise zur genaueren Orientierung auf das Werk selbst.

Stöberhunde.

Wie der Engländer zur Suche im freien Terrain sich des Pointer und Setter, zum Apportieren der Retrievers bedient, so hat er zum Durchstöbern dichter Holzkomplexe sowie zur eigentlichen Wasserjagd kleine Hunde gezüchtet, von denen er nur verlangt, daß sie das Wild finden und aufstöbern. Er nennt dieselben Cockers und Spaniels, und unterscheidet noch bei den letzteren Spaniels zur Holz- und zur Wasserjagd, während die Cockers nur zur Holzjagd verwandt werden.

Die Cockers.

Der Cocker ist ein kleiner, sehr kräftiger, langhaariger Hund mit kurzen Läufen. Der breite Kopf mit klaren, lebhaften, feurigen Augen verrät die Intelligenz dieser Rasse; die Behänge sind lang und mit seidenem gekräuselten Haar bekleidet; seine Füße sind stark, die Zehe solide. Die Rute wird meistens koupiert, damit dieselbe im Holz nicht zu schnell wund werde. Die Farbe des Cockers ist meistens weiß-kastanienbraun, doch giebt es auch schwarze, schwarz- und weißgefleckte und noch eine besonders schöne Art, welche man in England golden liver (goldene Leber) nennt. — Für einen Hund, der zur Waldjagd bestimmt ist, dürfte sich zu dessen eigenem Schutz immer die weiße Farbe besonders empfehlen.

Der Cocker soll sich nicht zu weit vom Jäger entfernen, unermüdlich stöbern, kein Dornendickicht, keine noch so rauhe Hecke fürchten, und in der That sieht man diese kleinen Burschen mit blutenden zerrissenen Ohren, mit tiefer Nase der Fährte eines Kaninchens, einer Schnepfe oder eines Fasans unermüdlich und unerschrocken folgen. Auch zum Apportieren läßt sich der Cocker leicht bringen, ja wenn das Wild ihm nicht zu schwer, schleppt er es bis zu seinem Herrn, oder wenn ihm auch dies nicht möglich, verbellt er es.

In England benutzt man dieselben auch als Treiber. Man umstellt einen Busch und läßt zwei bis drei gut dressierte Cockers, die dann das Wild besser vorbringen, als eine Treiberlinie, die die dichten Stellen, die ja meistens gerade das Wild bergen, in der Regel meidet.

Neben dem Cocker verwendet man zur Waldjagd und zu solchen Treibjagden auch die Clumbers-, Sussex-, Norfolk- und Black-Spaniels, die langsamer sind und deshalb wohl noch vorzuziehen.

Der Clumber-Spaniel.

Der Clumber-Spaniel ist ein niedriger, lang gestreckter*), schwer aussehender Hund.

---
*) Er soll zweimal so lang wie hoch sein.

Der Sussex-Spaniel gehört zu den ältesten Hunderassen Englands und steht dem spanischen Seidenhunde am nächsten.

Der Norfolk-Spaniel ist eine Spielart, welche nicht im englischen Kennel Club Stood Boock verzeichnet ist. Die Rasse soll einer Kreuzung mit Gordon-Setter-Blut entstammen, doch sieht man viele Hunde, welche die rotbraunen Abzeichen nicht aufweisen.

Der Black-Spaniel (schwarze Field Spaniel) reiht sich den vorigen in Form und Größe an, jedoch ist die Schnauze mehr tief wie breit. Der Schädel ist edel und Stirn wie Hinterhaupt kräftig entwickelt.

Der Water-Spaniel.

Der Water-Spaniel wird, wie schon sein Name besagt, fast ausschließlich zur Wasserjagd gebraucht, bei welcher er nicht nur das Wild zu finden und aufzustöbern, sondern auch zu apportieren hat. Die eigentliche Heimat des Water-Spaniel scheint Irland zu sein. Man muß an der See wohnen und die Sumpfbrüche kennen, in welchen zu Zeiten das Wasserwild in ungezählten Scharen sich aufhält, um den Wert eines Hundes, wie den des Water-Spaniels, richtig schätzen zu können. Hier ist das Finden weniger die Aufgabe des Hundes, das geschossene Wild apportieren, das verwundete verfolgen, laufend, kriechend, tauchend und schwimmend, wie das Terrain es eben verlangt, das holt der Water-Spaniel.

Die Farbe ist braun (heller oder dunkler). Die zwischen den Augen herunterhängende Kopfschleife und die Rute, welche, mit kurzen Haaren bedeckt, wie geschoren aussieht, sind die charakteristischen Kennzeichen dieser Rasse. Der Körper ist mit Ausnahme des Gesichts mit harten, kurzen, krausen Locken bedeckt, die jedoch nicht wollig sind. Das Gesicht ist lang und kurz behaart.

Man unterscheidet heute noch den Irish Water-Spaniel und den English Water-Spaniel. Ein Irländer, M. Marc Carthy, hat um die Züchtung dieses Hundes seine großen Merite, und bestand lange Zeit ein Stamm, der dessen Namen führte.

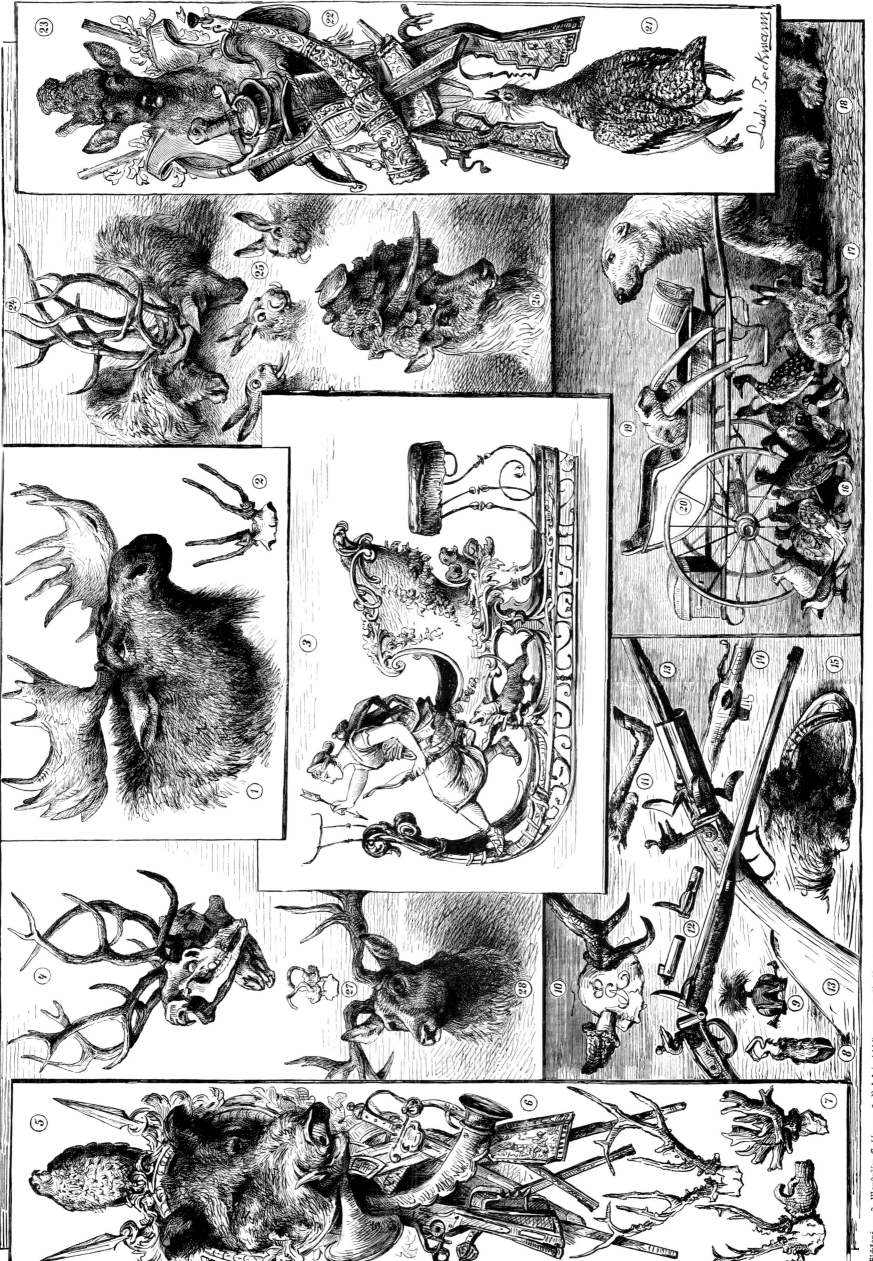

1. Elchkopf. — 2. Monströser Gabler. — 3. Rokokojagdschlitten. — 4. Verkämpfte Hirschgeweihe. — 5, 6, 7. Nothhornwaffen. Alte Jagdwaffen. Abnorme und Urbockgehörne. — 8. Parforcejagdtrophäe (Vorderlauf der Jagdhirsche). — 9. Falkenhaube des falkoniers Mossen. — 10. Ungerader Viererkner, die linke Stange versummert und ohne eigentliche Rosenstock. — 11. Vorschäpseler Nehlauf. — 12. Hinterlader mit eisernen Einsatzpatronen 18. Jahrhundert. — 13. Revolvergewehr, 18. Jahrh. — 14. Hinterlader mit rotierender Bewegung, 18. Jahrh. — 15. Tellereisen in einen Baumstamm verwachsen. — 16, 17, 18, 19, 20. Nordwestliche Abteilung: Bessarde versichelten Waldhühner, Taucher, Schneehase, Eisbär, Jagdcaniole. — 21. Ausgestopfte Trappe. — 22. Alte Jagd- und Prunkwaffen. — 23. Perückengehörn. — 24. Verkämpfte Hirschgeweihe aus dem Museum zu Poppelsdorf. — 25. Hasenköpfe mit monströsen Schneidezähnen. — 26. Kolossale Geweihwucherung eines Rothhirsches. — 27. Abnormes Rehspießergehörn. — 28. Hirschkopf mit abnormen Geweih.

Einundzwanzigstes Kapitel.

Die Internationale Jagdausstellung zu Kleve.

Von * *

*Ihr wißt doch, warum just im deutschen Land
Man das edle Waidwerk noch liebet?
Weil's deutscher Fürsten wohlkundige Hand
Nach Väter Art ritterlich übet.*

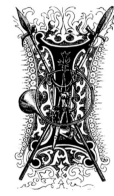

n der „Chronik des deutschen Forstwesens vom Jahre 1880" erwähnten wir bei Schilderung der in ihrer Eigenart und in ihren finanziellen Erfolgen unübertroffenen Kunst- und Gewerbeausstellung zu Düsseldorf des Jagdpavillons; was wir damals voraussagten, hat sich im Jahre 1881 in dem sagenumkränzten Kleinod des Niederrheins zu Kleve in schönster Form erfüllt. Von jenem Pavillon der Düsseldorfer Ausstellung, welcher dem edlen Waidwerk diente, lautete die Chronik: „Nicht Erzeugnisse menschlichen Gewerbfleißes waren hier in der Hauptsache zusammengestellt, aber mit der Kunst gesellten sich hier die historisch und geographisch geordneten Embleme menschlichen Ringens jener Gewerbsgenossen der grünen Farbe nach selbstgesteckten Zielen, waidgerecht und den Gesetzen des Jagdhandwerks folgend. Das gekrönte Haupt und der Jägersmann, der sonst kein weiteres Gewerbe erlernte, als der Jagd waidmännischen Betrieb, hatten die Gedenkzeichen ihrer Jagdübung, die Trophäen angestrengten Fleißes nach Düsseldorf gesendet, zu einer Ausstellung, wie solche in der Geschichte dieser völkerbewegenden Erscheinungen der Neuzeit noch unerreicht dasteht und nur im Jahre 1881 in der bevorstehenden Internationalen Jagdausstellung zu Kleve übertroffen werden wird."

Eingehüllt und durchwoben von den Schöpfungen höchster Blüte der Kunst, welche ihren ordnenden Geist der ganzen Ausstellung eingehaucht hatte, und deren Pinsel in den Farbenreichtum des Waldes getaucht war, vom „Nebelhauch im Morgengrauen" bis zu des Abendrots Erglänzen an den schneebehangenen Baumkronen des winterlichen Nadelwaldes, getragen von Begeisterung für das edle Waidwerk in Sage und Geschichte, wie in eigener fröhlicher Umgebung: in diesem wundersamen unvergeßlichen Bilde steht die Klever Ausstellung an ihrem waldumrahmten Platze vor unserem rückblickenden Auge.

Die internationale Jagdausstellung des Jahres 1881 bildet eine statistische Epoche, welche den Querschnitt zeichnet in dem Strom der Entwicklung der Jagd und ihrer Ausübung — von den Zeiten der Verteidigung der Herden, des mittelalterlichen Barbarismus, gepaart mit Verehrung der Frauen als Genossinnen der Jagd, von der Periode der Jäger auf Herscherthronen, ausgestattet mit dem Glanze des Jagdregals, bis zu der modernen Ära des an dem Grund und Boden haftenden Jagdrechts. Auf diesem letzteren Gebiete entwickelte sich, anfänglich unter traurigen Erscheinungen freiheitlich-extravaganter Jagdausübung, welche manchem alten Jäger das Blut vor Schmerz und Scham in die Wangen trieb, so daß er sich lossagte von seinem von Jugend auf betriebenen, hoch in Ehren gehaltenen Jagdhandwerk, die jüngste historische Blüte des jägerischen Genossenschaftslebens in den Jagdschutzvereinen.

Diese haben angefangen, einen internationalen Charakter zu tragen, ein Gepräge von Ordnungssinn und Gesetzesachtung, von höchster Selbstbeschränkung und Selbstschätzung in der „Verehrung des Schöpfers im Geschöpfe". Alle diese Phasen jagdhistorischer Entwicklung fanden in den Ausstellungsräumen zu Kleve den schönsten Ausdruck in der Anordnung des dargebotenen Materials unter den von Kunstgesetzen geleiteten Händen.

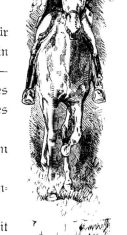

Wir meinen, den Männern, welche opferbereit für die Verwirklichung des kühnen Gedankens eintraten, in Kleve — an den Grenzmarken des deutschen Reiches — die erste Internationale Jagdausstellung zu begründen, es schuldig zu sein, den Weg der Entstehung ihres Werkes nach dem vorliegenden Aktenmaterial zu zeichnen.

Der treibende Gedanke keimte und wuchs in dem zeitigen Bürgermeister von Kleve, Reiner Corneli.

Eine Perle Dianas sollte in die Sagenkrone des Lohengrin eingefügt werden.

So eigenartig die liebliche Stadt auch sein mag mit ihrer von Helden- und Rittertum erzählenden Geschichte, welche Richard Wagner durch eine seiner melodieenreichsten Opern aus der Vergessenheit gezogen und allen kunstsinnigen Völkern im Gewande des werdenden Musikdramas — „der Tonkunst der Zukunft" — dauernd in die Erinnerung gebracht hat: ebenso kühn mußte es doch genannt werden, an jener Burg des Schwanenritters einem eigenartigen Gewerbe einen Ausstellungsstempel zu errichten, welches bisher seit dem Aufblühen der fast zu Jahrmärkten entwickelten Ausstellungen nur dekorativ benutzt, oder als eine mitgenommene entfernte Verwandte der Industrie oder landwirtschaftlicher Gewerbe betrachtet war und in dem großen internationalen Schaufenster ein Winkelchen gefunden hatte. In Kleve wurde zum erstenmal das Jagdgewerbe zur selbständigen Existenz in der Reihe völkerbewegender Ausstellungen erhoben.

Die Vorarbeiten schilderte Herr Corneli in einem gedruckten „Memorandum", welches derselbe in einer am 15. Januar 1881 von Köln a. Rhein von dem provisorischen Ausstellungsvorstande eingeladenen größeren Versammlung von Interessenten vorlegte, zugleich mit der Geschäfts- und der Ausstellungsordnung.

Am 15. Januar 1881 fand zu Köln im Hotel du Nord die konstituierende Versammlung statt. Die Versammlung wählte zu Vorstandsmitgliedern:

Herrn Grafen Max Loë auf Wissen,
Freiherrn A. von Steengracht auf Moyland,
Herrn H. de Greiff auf Schönwasser,
Herrn R. Corneli, Bürgermeister von Kleve

und nahm für das Zentralkomitee eine Anzahl hervorragender Personen der deutschen und fremden Länder in Aussicht.

Die Gesamtorganisation umfaßte nachstehende Persönlichkeiten ꝛc., welche in dankenswerter Weise dem Gelingen des Werkes durch ihr Wohlwollen, ihr Interesse und ihre Arbeit auf verschiedenen Gebieten gedient haben:

A. von Meyrinck,
Oberjägermeister Sr. Majestät des Kaisers.

1. Ehrenmitglieder:

Excellenz Dr. von Bardeleben, Wirklicher Geheimrat und Oberpräsident der Rheinprovinz. Excellenz von Kühlwetter, Wirklicher Geheimrat und Oberpräsident von Westfalen. Freiherr von Ende, Oberpräsident der Provinz Hessen-Nassau. Excellenz von Thiele, General-Leutnant und kommandierender General des VIII. Armeekorps. Excellenz Graf zu Stollberg, General der Kavallerie und kommandierender General des VII. Armeekorps. von Hagemeister, Präsident der Königlichen Regierung zu Düsseldorf. Fürst Wied, Landtagsmarschall. Maximilian, Fürst von Thurn und Taxis, Bonn. Fürst Hohenlohe-Langenburg, Präsident des allgemeinen deutschen Jagdschutzvereins. Alfred, Graf von Walderfee, General-Major, Präsident des Vereins zur Veredelung der Hunderassen für Deutschland. Franz, Graf Colloredo-Mannsfeld, Präsident des Niederösterreichischen Jagdschutzvereins, Wien. J. E. Hacke, Präsident der Niederländischen Jagdvereinigung „Nimrod", Amsterdam. August, Graf Breuner-Enkevoirth, Neuaigen. Excellenz Hans Graf Wilczek, Wien.

2. Zentralkomitee:

H. Ameshoff, Direkteur-Presid. van de Nederlandsche Rynspoorweg, Maatschappy te Utrecht. C. Asbjörnsen, Forstmeister, Christiania. L. Beckmann, Tiermaler, Düsseldorf. W. Beckmann, Historienmaler, Düsseldorf. M. Bellecroix, Paris. M. Conzen, Düsseldorf. C. F. Deiker, Tiermaler, Düsseldorf. Baron William Delmarmol, Enzival bei Verviers. Alfr. Firmin Didot, Paris. Oscar von Dicksen, Gothenburg. Eckhard, Königlicher Landrat, Vorstand des Landesvereins Rheinpreußen, Bitburg. Max Ewald, Rüdesheim. Dr. Wilhelm, Baron von Erlanger, Nieder-Ingelheim, Rheinhessen. Johannes Fehling, Senator der freien Stadt Lübeck. Graf Fürstenberg, Herdringen. Gjerdrum, Hofjägermeister, Christiania. Lord Claude John Hamilton, London. Baron M. van Havre, Antwerpen. von Heemskerck, Präsident des Jagdschutzvereins, Wiesbaden. H. W. Hofmann, Köln. Ed. van Hoboken van Oudelande, Rotterdam. von Homeyer, Hauptmann a. D. und Rittergutsbesitzer, Murchin i. P. Jacobsen, Maler, Düsseldorf. Graf Edzard zu Inn- und Knyphausen, Lütetsburg bei Hannover. Geheimer Regierungsrat Kaiser, Berlin. Alexander von Kalckstein, Kappeln bei Westerkappeln i. V. Chr. Kroener, Tiermaler, Düsseldorf. Freiherr von Landsberg, Landesdirektor der Rheinprovinz, Düsseldorf. Freiherr von der Leyen, Haus Meer bei Osterath. J. Leembruggen, Sekretaris van de Nederlandsche Jagdvereinigung „Nimrod", Amsterdam. Gustav Lang, Stuttgart. Rittergutsbesitzer H. Lantz, Haus Lohausen bei Düsseldorf. Graf Mirbach, Schloß Harff bei Bergheim. Graf Mörmer Roisdorf bei Bonn. Leo Müsch, Bildhauer, Düsseldorf. Charles Henry Parkes Esq. Präsident der Great-Eastern Eisenbahngesellschaft, London. E. Pfedboeuf, Aachen. von Plotho, Rittmeister a. D., Parey a. d. Elbe. Graf Praschma, Schloß Falkenburg bei Falkenburg, O.-Schlesien. von Rath-Lauersforth, Präsident des landwirtschaftlichen Vereins für Rheinpreußen. Baron Adalbert von Rauch, Frankfurt a. M. Freiherr v. d. Reck, Oberforstmeister, Düsseldorf. Geheimrat Rennen, Präsident der Direktion der Königl. Rheinischen Eisenbahn, Köln. Max Reimbold, Köln. Prinz Eduard Salm-Horstmar, Major im 2. Westf. Husaren-Regt. Nr. 11, Düsseldorf. Karl Schillings, Bürgermeister und Provinzialvorstand des Jagdschutzvereins für die Rheinprovinz, Bonn. Rob. Scheibler, Kleve. Dr. Schneider, Krefeld. W. Simmler, Maler, Düsseldorf. H. Seyd, Elberfeld. Se. Durchlaucht Albrecht Prinz zu Solms-Braunfels, Braunfels bei Wetzlar. Graf Spee, Heltorf bei Düsseldorf. Graf Wilderich Spee, Maubach bei Düren. Forstmeister Sprengel, Bonn. J. J. Steffens, Aachen. Freiherr F. O. von Trützschler-Falkenstein, im Vogtlande. Heinrich, Prinz zu Waldeck und Pyrmont, Kleve. Wallmann, Oberförster, Behörde bei Hannover. von Weiler, Oberförster, Kleve. Joseph, Graf Westphalen, Fürstenberg b. Nieder-Marsberg i. W. F. Windscheidt, Düsseldorf. Wüster jun., Elberfeld.

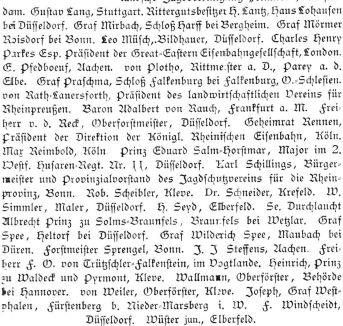

3. Vorstand:

Baron N. A. von Steengracht-Moyland, auf Moyland, Vorsitzender. R. Corneli, Bürgermeister von Kleve, stellvertr. Vorsitzender. M. Graf Loë, Wissen bei Weeze.

4. Lokalkomitees in:

Aachen, Berlin, Bonn, Broich, Düren, Düsseldorf, Elberfeld, Emmerich, Essen, Köln, Krefeld, M.-Gladbach, Rheydt, Uckensdorf, Wesel, Wiesbaden.

5. Geschäftliche Vertretungen in:

Paris, Zürich, Liége, London, Hamburg.

Außerdem stand der Vorstand mit in- und ausländischen Jagdschutzvereinen in Verbindung.

Unter günstigen Auspizien vollzogen sich die mit Fleiß und hohem Geschmack aufgeführten Bauten — die innere Ausstattung und der äußerliche Schmuck.

Schon am 12. Juni 1881, früher als geplant, wurde die Ausstellung durch einen feierlichen Akt, zu welchem von Seiten der preußischen Staatsregierung der Präsident der Regierung zu Düsseldorf, Herr v. Hagemeister, erschienen war, unter Anwesenheit eines großen Teiles der Mitglieder des Gesamtkomitees und von Ausstellern eröffnet.

Dem Eröffnungsgange durch die weiten Räume der Pavillons und Hallen folgte ein Bankett unter zahlreicher Teilnahme von Ehrengästen, Komitee-Mitgliedern und Ausstellern; hier bildete eine Waldes- und Jagdatmosphäre die schönste Würze des Mahles, welches manch festlich gestimmtes Wort den von Begeisterung getragenen Ausdruck verlieh.

Schöner konnte die Wiege der ersten internationalen Jagdausstellung nicht geschildert werden, und einladender der Ruf an die große Familie der Jäger aller Nationen nicht ertönen.

Der im Verlage von Rudolf Mosse erschienene Ausstellungskatalog enthält als „Vorrede" einen von O. von Riesenthal verfaßten „kurzen Abriß der Jagdgeschichte". Ein Bild der Jagdverhältnisse in ihrer historischen Entwickelung führt den Besucher, sei er Jäger oder Freund des Waidwerkes, durch den Sagenkreis bis in die Gegenwart und bereitet ihn vor auf den Genuß, welchen der Besuch und das Durchwandern der kunstvoll geschmückten, von der Dichtkunst schönsten Blüten in Hunderten von Sinnsprüchen und Waidmannsdichtungen belebten Räume in jedem Gaste dieses Tempels der Diana hervorrufen mußten.

Der für sein Werk begeisterte Baumeister der Ausstellungsgebäude J. Statz hatte uns jenen reichen Kranz gewunden, welchem er mit dem Titel „Jägerwitz in Reimen und Sprüchen" eine nur zu bescheidene Überschrift gegeben, indem er diese Sammlung in geschmackvoller Widmung der deutschen Jägerei übergab.

E. von der Bosch,
Verfasser der „Fährten- und Spurenkunde", „Fang des einheimischen Raubzeuges" und der „Neubearbeitung von Dietzels Niederjagd".

Drinnen in jenen künstlerisch erdachten und dichterisch geschmückten Bauwerken hatten Christian Kröner, Ludwig Beckmann, C. F. Deiker, Simmler und Jacobsen, welche Düsseldorfs Malerschule zieren und wie die Kunst daheim, so das edle Waidwerk draußen in Gottes schöner Welt pflegen, um neue, die Jagd verherrlichende Motive oder wertvolle Beute mit heimzubringen, ihre Künstlerwerkstatt für einige Wochen aufgeschlagen. Wie einst Pygmalion mit Aphroditens Hilfe das im Werden lieb gewonnene eherne Bildwerk zum Leben erwachen ließ, so haben jene Künstler im Jägerkleide den Tausenden von Trophäen, welche verendeter edeler Beute von Jahrhunderten entstammen, einen kunstbelebten Odem einzuhauchen vermocht. Diese unvergeßlichen Bilder waren, um auch dem nüchternen strengen Ordnungssinn zu genügen eingeordnet in die nachstehenden zehn Gruppen des Kataloges:

1. Schieß- und blanke Waffen, Prunkwaffen, Munition von den primitivsten Anfängen bis zur heutigen Vollkommenheit.
2. Fangeisen, Tierfallen, Netze, Schläge, Käfige.
3. Jagd-Utensilien, Ausrüstungen und Anzüge für den Jäger.
4. Jagd-, Reise- und Luxus-Artikel.
5. Ausrüstungs-, Dressur-, ꝛc. Stücke für den Hund.
6. Jagdzimmereinrichtungen, Möbel, Ölgemälde, Zeichnungen, Albums, Beschreibungen, Litteratur, Zeitungen und Zeitschriften.
7. Sammlungen und Gruppen von Geweihen, Gehörnen, Häuten, Fellen, ausgestopften Tieren; aus denselben hergestellte Produkte.
8. Parkdekorationen, Volièren, Statuen, Vasen, Nistkästchen.
9. Einrichtungen zum Scheiben-, Glaskugel- ꝛc. Schießen.
10. Diverse auf Jagd bezügliche Gegenstände.

Es sei gestattet, an dieser Stelle zu verzeichnen, welche der hohen fürstlichen Jäger ihre meist unersetzlichen Schätze nach Kleve gesendet haben. Die Jäger aller Nationen werden diesen Fürsten und Herren ihre Opferbereitwilligkeit nimmer vergessen und dankbar der Eindrücke gedenken, welche jene einzelnen Gruppen gleichsam als Abschnitte der Weltgeschichte versinnbildlichten.

Der Katalog führt auf:

1. Seine Königliche Hoheit Prinz Friedrich Karl von Preußen. 2. Seine Hoheit Georg II. Herzog von Sachsen-Meiningen. 3. Seine Königliche Hoheit Landgraf Friedrich Wilhelm von Hessen. 4. Seine Durchlaucht Maximilian Fürst von Thurn und Taxis. 5. Seine Durchlaucht Bruno Fürst zu Ysenburg und Büdingen. 6. Seine Durchlaucht Fürst zu Wied. 7. Seine Durchlaucht Fürst zu Solms-Braunfels. 8. Seine Durchlaucht Fürst Hohenlohe-Langenburg. 9. Seine Durchlaucht Fürst Hohenlohe-Schillingsfürst. 10. Seine Durchlaucht Fürst zu Loewenstein-Wertheim. 11. Seine Durchlaucht Erbprinz zu Schaumburg-Lippe. 12. Seine Durchlaucht Gustav Prinz zu Wittgenstein. 13. Seine Durchlaucht Fürst Salm-Salm. 14. Die Hof-Jagdverwaltung Seiner Durchlaucht des Fürsten von Waldeck.

An diese erlauchten Aussteller, wehrhaften deutschen Geschlechtern entstammend, deren Ahnen auf der Wahlstatt ihre blutgetränkten Fährten zurückgelassen haben, wie sie

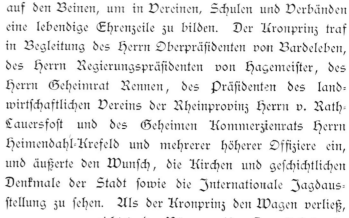

auf der Jagd, jenem „Gleichnis der Schlachten" ihre Waffen waidgerecht geführt und ihren Wappen waid=
männische Insignien einverleibt haben, schloß sich die lange Reihe der Jäger und Jagdfreunde, wie der Gewerbs=
genossen an, welche die Pfeile schärfen und die Schwerter schmieden für der Jagd waidmännischen Betrieb, endlich jene alle, welche den Jäger ausrüsten für die Birsch zu Wagen, zu Pferde und zu Fuß und für das fröhliche Jagen in den herbstlichen Gefilden der Ebene wie für den ernsten Aufstieg auf den eisstarrten Pfaden des Hochgebirges. Roß und Reiter wie des Jägers treuester Begleiter, der brave Hund, finden ihre Ausrüstungsstätten.

Zwischen diesen Ausstellern des Jagd=
gewerbes verbreitet die Jagdlitteratur bildende und darstellende Kunst jenen romantischen Hauch, welchen nur der=
jenige ihrer Jünger über seine Bildwerke auszugießen vermag, welcher selbst vor dem Frührot und im Abendsonnengold durch die Wälder gezogen ist; erfüllt von der Liebe zur Jagd „des ernsten Kriegs=
gottes lustiger Braut."

Die genaue Beschreibung der Aus=
stellung hier wiederzugeben, würde den Rahmen dieses Werkes überschreiten und verweise ich diesbezüglich auf den Katalog, und mögen zum Schlusse noch einiger Ehrentage der Ausstellung gedacht werden.

18. 19. 20. Juni: Internationale Ausstellung von Hunden aller Rassen.

10. Juli: Konzert des Männergesangvereins „Kölner Liederkranz".

14. 15. Juli: Prüfungsschliefen für Dachshunde.

31. Juli: Internationales Pferderennen.

12. 13. 14. August: Pferdeausstellung des Rheinischen Provinzial=
Pferdezuchtvereins.

12. August: Preistaubenschießen.

15. 16. 17. 18. 19. August: Gewehr= und Munitionsversuche.

26. August: Besuch S. Kaiserlich Königlichen Hoheit des Kron=
prinzen.

29. August: Armbrustschießen.

4. 5. September: Niederrheinisches Sängerfest.

8. September: Preiskugelschießen auf Zugscheibe.

11. September: Historischer Festzug, die Sage und Geschichte von Kleve darstellend.

19. 20. 22. September: Internationales Prüfungssuchen von Vorstehhunden.

26. 27. September: Falkenbeize. — Schlußbankett.

Für Glaskugel= und Scheibenschießen waren permanente Ein=
richtungen getroffen.

Der Besuch Sr. k. k. Hoheit des Kronprinzen
(26. August 1881).

Seit langen Jahren hatte Kleve keinen Tag gefeiert, dessen es sich mit so dankbarem Stolze erinnern darf, als des 26. August 1881, an welchem der Kronprinz es mit seinem Besuche beehrte.

Ganz Kleve prangte denn auch am Morgen dieses Tages in festlichem Schmucke, und Jung und Alt war

Raoul R. von Dombrowski,
Verfasser der jagdzoologischen Monographien „Das Reh", „Das Edelwild", „Der Fuchs" u. s. w.

auf den Beinen, um in Vereinen, Schulen und Verbänden eine lebendige Ehrenzeile zu bilden. Der Kronprinz traf in Begleitung des Herrn Oberpräsidenten von Bardeleben, des Herrn Regierungspräsidenten von Hagemeister, des Herrn Geheimrat Rennen, des Präsidenten des land=
wirtschaftlichen Vereins der Rheinprovinz Herrn v. Rath=
Lauersfost und des Geheimen Kommerzienrats Herrn Heimendahl=Krefeld und mehrerer höherer Offiziere ein, und äußerte den Wunsch, die Kirchen und geschichtlichen Denkmale der Stadt sowie die Internationale Jagdaus=
stellung zu sehen. Als der Kronprinz den Wagen verließ, richtete der Bürgermeister Corneli folgende Ansprache an ihn:

„Kaiserliche Hoheit!

Froh auf! jauchzte Kleve, und von inniger Freude war jedes Herz ergriffen, als die Kunde die Stadt durcheilte, daß Ew. Kaiserliche Hoheit ihr die Gnade hohen Besuchs gewährt.

Die Stadt Kleve, stolz, Preußens erster Besitz im Westen geworden zu sein, trägt ein schönes Stück nationaler Geschichte im Busen. — Sie stand in schlimmen und in guten Tagen, bei äußeren und bei inneren Kämpfen stets treu und uner=
schütterlich zum Hause Hohenzollern, und so liegt sie heute Ew. Kaiserlichen Hoheit zu Füßen und schwört von neuem den heiligen Schwur unver=
brüchlicher Treue zu dem angestammten Herrscher=
hause in dem Rufe:

Se. Kaiserlich Königliche Hoheit, Friedrich Wilhelm, der deutsche Kronprinz, er lebe hoch, nochmals hoch und immer hoch!!!"

welches Hoch in nichtendenwollende Jubel=
rufe der zahllosen Menge überging.

Der hohe Gast fuhr alsdann, nachdem er sich die auf dem Perron des Bahnhofs zum Empfange aufgestellten Beamten, die Geistlichen der Stadt und die einzelnen Mitglieder des Stadtrats hatte vorstellen lassen, durch die vom Geläute der Glocken und die stürmischen Zurufe der Menge erdröhnenden Straßen der Stadt, besuchte die evangelische und katholische Kirche, das Rathaus, das alte Schloß und bestieg den Schwanenturm, und war sichtlich erfreut über den sich ihm dort darbietenden Fernblick über die alten klevischen Lande, und fuhr dann zur Ausstellung. Dort wurde der Gast von dem Vorsitzenden der Jagd=
ausstellung, Herrn Freiherrn von Steergracht=Moyland auf Moyland begrüßt und überreichte Frau Corneli beim Eintritt in den Hubertuspavillon dem Kronprinzen das Wappen der Stadt Kleve, in Blumen zum Boukett ge=
wunden, wofür ihr dieser dankend die Hand reichte. Der Kronprinz begab sich hierauf in die Haupthalle und be=
sichtigte die Ausstellung eingehend. In der Sammlung sportlicher Schmucksachen des Goldwarenfabrikanten Herrn A. Roghmann=Kleve fiel Sr. Kaiserlich Königlichen Hoheit „der Klever Schwan" auf, welchen Se. Kaiserlich König=
liche Hoheit als Erinnerung an Kleve erwarb. Es war mittlerweile 7 Uhr geworden und in der Hauptrestauration die Tafel vorbereitet.

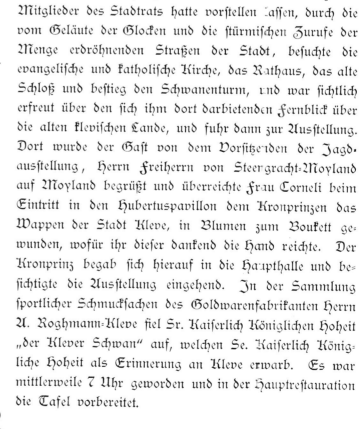

Se. Kaiserlich Königliche Hoheit der Kronprinz hob nach 8 Uhr die Tafel auf und verließ kurz darauf die Ausstellung, nachdem er seine hohe Befriedigung dem Vorstande ausgesprochen.

Mittlerweile hatte die Stadt Zeit zur Illumination gehabt, und unter nicht endenwollendem Jubel fuhr der Kronprinz durch die festlich beleuchteten Straßen zum Bahnhofe. Hier reichte er dem Bürgermeister die Hand und sprach für die Stadt Kleve die besten Segenswünsche aus.

Der Tag wird für alle, welche ihn miterlebt, ein unvergeßlicher bleiben.

In Erinnerung an denselben haben eine Anzahl deutscher Jäger und Freunde des Unternehmens sich vereinigt, um einen Gedenkstein zu errichten, dem folgende Inschrift gegeben werden soll:

In Erinnerung
an den Besuch Sr. k. k. Hoheit des Kronprinzen in Kleve
bei Gelegenheit der Internationalen Jagdausstellung
am 26. August 1881
haben deutsche Jäger und Freunde der Ausstellung diesen Gedenkstein errichtet.

Schlußbankett.

Vor fast Jahresfrist hatte zu Köln im Hotel du Nord die erste konstituierende Versammlung getagt, heute sollte dort das Schlußbankett gespielt werden. Der Einladung des Vorstandes war eine Anzahl Komitee-Mitglieder, Aussteller und Freunde des Unternehmens gefolgt, um nach geschlagener Schlacht noch einmal froh unter wahren Waidmännern zu weilen. Herr Oberforstmeister Freiherr von der Reck gedachte in innigen Worten des Allerhöchsten Jagdherrn, unseres erhabenen Kaisers, und noch nicht waren die frohen Hochs aus deutschen Männerherzen in den nahen Rheineswellen versunken, als Herr Corneli, stellvertretender Vorsitzender der Ausstellung, folgende Worte an die Fest-Versammlung richtete, die auch die Schlußworte dieses Werkes sein sollen:

Waidmanns Gruß aus frohem Jägerherzen Ihnen allen, nach gethaner Arbeit.

Von Jugendliebe zu der mir anvertrauten Stadt getrieben, sann ich auf Mittel sie vorwärts zu forcieren und war so glücklich, Männer zu finden, bereit, edlen Zwecken zu dienen.

So erwachte die erste Internationale Jagdausstellung für eine Gegend, die seit Otto des Schützen Zeiten an Liebreiz der Natur nur gewonnen, deren Entwickelung jedoch unter dem Drucke enger Auffassung, bar jeder Hingebung für sie, leidet.

Kein Wort unsererseits dem Werke, das in der Vergangenheit Schoße ruht, — lassen wir ihm und seiner Geschichte das Wort und zukünftigen Geschlechtern soll es sagen und unseren Dank bewahren den Kräften, den Ausstellern aller Nationen, die ihm gedient, den Künstlern, die die Massen belebt, den Vereinen und Freunden edlen Sports, die unter dem Schutze wohlwollender Staatsbehörden es vollendet.

Übergehen wir die Einzelheiten und kehren wir zu dem ersten Gedanken dieser wenigen Worte zurück und fassen Sie die Erfolge für das mir anvertraute Gut an dem Tage zusammen, wo Kleve, eine kleine Stadt an des Reiches äußerster Grenze, die Gnade hatte, dem Erben des Reiches huldigen zu dürfen.

In der Erinnerung an diesen Tag sei der Alltäglichkeit gerne vergessen und in ihr das Herbe, das Leitern kühner Schöpfungen nie erspart, — begraben. Für die Zukunft aber lebt in uns nur der Wunsch, daß unser Unternehmen auch dem Vaterlande seine Früchte trage, ihm zu Nutz, der Krone zur Freude.

Daß dieser Wunsch der Wunsch unser aller, das besiegeln Sie, indem Sie in hoher Begeisterung mit mir rufen:

"Se. Kaiserlich und Königliche Hoheit der Kronprinz, er lebe hoch, nochmals hoch und hoch!"